C000099880

1 MONTH OF FREE READING

at

www.ForgottenBooks.com

By purchasing this book you are eligible for one month membership to ForgottenBooks.com, giving you unlimited access to our entire collection of over 1,000,000 titles via our web site and mobile apps.

To claim your free month visit:

www.forgottenbooks.com/free1014460

* Offer is valid for 45 days from date of purchase. Terms and conditions apply.

ISBN 978-0-331-10283-3
PIBN 11014460

This book is a reproduction of an important historical work. Forgotten Books uses state-of-the-art technology to digitally reconstruct the work, preserving the original format whilst repairing imperfections present in the aged copy. In rare cases, an imperfection in the original, such as a blemish or missing page, may be replicated in our edition. We do, however, repair the vast majority of imperfections successfully; any imperfections that remain are intentionally left to preserve the state of such historical works.

Forgotten Books is a registered trademark of FB &c Ltd.
Copyright © 2018 FB &c Ltd.
FB &c Ltd, Dalton House, 60 Windsor Avenue, London, SW19 2RR.
Company number 08720141. Registered in England and Wales.

For support please visit www.forgottenbooks.com

Wörterbuch

des

rgerlichen Gesetzbuches.

Herausgegeben
von

A. Ehmcke,
Landgerichtsrat — Berlin.

Zweiter Band.
F. — H.

102804
24/6/10.

1904
Verlag von Otto Dreyer, Berlin W, Kurfürstenstr. 19.

F.

Fabrik.

§ **Sachen.**

98 Dem wirtschaftlichen Zwecke der Hauptsache sind zu dienen bestimmt:

1. bei einem Gebäude, das für einen gewerblichen Betrieb dauernd eingerichtet ist, insbesondere bei einer Mühle, einer Schmiede, einem Brauhaus, einer F., die zu dem Betriebe bestimmten Maschinen und sonstigen Gerätschaften.

Fabrikant.

Verjährung.

196 In zwei Jahren verjähren die Ansprüche:

1. der Kaufleute, F., Handwerker und derjenigen, welche ein Kunstgewerbe betreiben, für Lieferung von Waren, Ausführung von Arbeiten und Besorgung fremder Geschäfte, mit Einschluß der Auslagen, es sei denn, daß die Leistung für den Gewerbebetrieb des Schuldners erfolgt. 201.

Fabrikarbeiter.

196 In zwei Jahren verjähren die Ansprüche:

1. . . . .

9. der gewerblichen Arbeiter — Gesellen, Gehülfen, Lehrlinge, F. —, der Tagelöhner und Handarbeiter wegen des Lohnes und anderer an Stelle oder als Teil des Lohnes vereinbarter Leistungen, mit Einschluß der Auslagen, sowie der Arbeitgeber wegen der auf solche Ansprüche gewährten Vorschüsse. 201.

Fähigkeit.

Art. **Einführungsgesetz.**

24 Erwirbt ein Ausländer, der eine Verfügung von Todeswegen errichtet oder aufgehoben hat, die Reichsangehörigkeit, so behält er die F. zur Errichtung einer Verfügung von Todeswegen, selbst wenn er das nach den deutschen G. erforderliche Alter noch nicht erreicht hat. Die Vorschrift des Art. *11* Abs. 1 Satz 2 bleibt unberührt.

215 Wer vor dem Inkrafttreten des B.G.B. die F. zur Errichtung einer Verfügung von Todeswegen erlangt und eine solche Verfügung errichtet hat, behält die F. auch wenn er das nach dem B.G.B. erforderliche Alter noch nicht erreicht hat.

Fahrgeld.

§ **Verjährung.**

196 In zwei Jahren verjähren die Ansprüche:

1. . . . .

3. der Eisenbahnunternehmungen, Frachtfuhrleute, Schiffer, Lohnkutscher und Boten wegen des F., der Fracht, des Fuhr- und Botenlohns mit Einschluß der Auslagen. 201.

Fahrlässigkeit.

Dienstvertrag.

617 s. **Dienstberechtigter** — Dienstvertrag.

§ **Eigentum.**

912 s. **Duldung** — Eigentum.

932 Der Erwerber einer beweglichen Sache ist nicht in gutem Glauben, wenn ihm bekannt oder infolge grober F. unbekannt ist, daß die Sache nicht dem Veräußerer gehört. 926, 933 bis 936.

968 Der Finder einer verlorenen Sache hat nur Vorsatz und grobe F. zu vertreten. 978.

Art. **Einführungsgesetz.**

95 s. Dienstvertrag § 617.

116 s. Eigentum § 912.

146 s. Schuldverhältnis § 372.

Erbe.

1980 Der Kenntnis der Überschuldung eines Nachlasses steht die auf F. beruhende Unkenntnis gleich. Als F. gilt es insbesondere, wenn der Erbe das Aufgebot der Nachlaßgläubiger nicht beantragt, obwohl er Grund hat, das Vorhandensein unbekannter Nachlaßverbindlichkeiten anzunehmen; das Aufgebot ist nicht erforderlich, wenn die Kosten des Verfahrens dem Bestande des Nachlasses gegenüber unverhältnismäßig groß sind. 1985, 2013, 2036.

Geschäftsführung.

680 Bezweckt die Geschäftsführung die Abwendung einer dem Geschäftsherrn drohenden dringenden Gefahr, so hat der Geschäftsführer nur Vorsatz und grobe F. zu vertreten. 687.

Gesellschaft.

723 Ist die Gesellschaft nicht für eine bestimmte Zeit eingegangen, so kann jeder Gesellschafter sie jederzeit kündigen. Ist eine Zeitdauer bestimmt, so ist die Kündigung vor dem Ablaufe der Zeit zulässig, wenn ein wichtiger Grund vorliegt; ein solcher Grund ist insbesondere vorhanden, wenn ein anderer Gesellschafter eine ihm nach dem Gesellschaftsvertrag obliegende wesentliche Verpflichtung vorsätzlich oder aus grober F. verletzt oder wenn die Erfüllung einer solchen Verpflichtung unmöglich wird. Unter der gleichen Voraussetzung ist, wenn eine Kündigungsfrist bestimmt ist, die Kündigung ohne Einhaltung der Frist zulässig. 737.

Handlung.

823 Wer vorsätzlich oder fahrlässig das Leben, den Körper, die Gesundheit, die Freiheit, das Eigentum oder ein sonstiges Recht eines anderen widerrechtlich verletzt, ist dem anderen zum Ersatze des daraus entstehenden Schadens verpflichtet. 829, 840.

827 Wer im Zustande der Bewußtlosigkeit oder in einem die freie Willensbestimmung ausschließenden Zustande krankhafter Störung der Geistesthätigkeit einem anderen Schaden zufügt, ist für den Schaden nicht verantwortlich. Hat er sich durch geistige Getränke oder ähnliche Mittel in einen vorübergehenden Zustand dieser Art versetzt, so ist er für einen Schaden, den er in diesem Zustande widerrechtlich verursacht, in gleicher Weise verantwortlich, wie wenn ihm F. zur Last fiele; die Verantwortlichkeit tritt nicht ein, wenn er ohne Verschulden in den Zustand geraten ist. 829, 840.

839 Verletzt ein Beamter vorsätzlich oder fahrlässig die ihm einem Dritten gegenüber obliegende Amtspflicht, so hat er dem Dritten den daraus entstehenden Schaden zu ersetzen. Fällt dem Beamten nur F. zur Last, so kann er nur dann in Anspruch genommen werden, wenn der Verletzte nicht auf andere Weise Ersatz zu erlangen vermag.

Verletzt ein Beamter bei dem Urteil in einer Rechtssache seine Amtspflicht, so ist er für den daraus entstehenden

§ Schaden nur dann verantwortlich, wenn die Pflichtverletzung mit einer im Wege des gerichtlichen Strafverfahrens zu verhängenden öffentlichen Strafe bedroht ist. Auf eine pflichtwidrige Verweigerung oder Verzögerung der Ausübung des Amtes findet diese Vorschrift keine Anwendung.

Die Ersatzpflicht tritt nicht ein, wenn der Verletzte vorsätzlich oder fahrlässig unterlassen hat, den Schaden durch Gebrauch eines Rechtsmittels abzuwenden.

851 s. **Dritte** — Handlung.

1141 **Hypothek** s. Willenserklärung 132.

Kauf.

460 Der Verkäufer hat einen Mangel der verkauften Sache nicht zu vertreten, wenn der Käufer den Mangel bei dem Abschlusse des Kaufes kennt. Ist dem Käufer ein Mangel der im § 459 Abs. 1 bezeichneten Art infolge grober F. unbekannt geblieben, so haftet der Verkäufer, sofern er nicht die Abwesenheit des Fehlers zugesichert hat, nur, wenn er den Fehler arglistig verschwiegen hat. 462, 481.

Leihe.

599 Der Verleiher einer Sache hat nur Vorsatz und grobe F. zu vertreten.

Leistung.

276 Der Schuldner hat, sofern nicht ein anderes bestimmt ist, Vorsatz und F. zu vertreten. Fahrlässig handelt, wer die im Verkehr erforderliche Sorgfalt außer Acht läßt. Die Vorschriften der §§ 827, 228 finden Anwendung.

Die Haftung wegen Vorsatzes kann dem Schuldner nicht im Voraus erlassen werden. 278.

Miete.

539 Kennt der Mieter bei dem Abschlusse des Vertrags den Mangel der gemieteten Sache, so stehen ihm die in den §§ 537, 538 bestimmten Rechte nicht zu. Ist dem Mieter ein Mangel der im § 537 Abs. 1 bezeichneten Art infolge grober F. unbekannt geblieben oder nimmt er eine mangelhafte Sache an, obschon er den Mangel kennt, so kann er diese Rechte nur unter den Voraussetzungen geltend machen, unter welchen dem Käufer einer mangelhaften Sache nach den §§ 460, 464 Gewähr zu leisten ist. 541, 543.

1032 **Nießbrauch** s. Eigentum 932.

1207 **Pfandrecht** 1244, 1266, 1272 s. Eigentum 932.

Schenkung.

521 Der Schenker hat nur Vorsatz und grobe F. zu vertreten.

523 Hatte der Schenker die Leistung eines Gegenstandes versprochen, den er erst erwerben sollte, so kann der Beschenkte wegen eines Mangels im Rechte Schadensersatz wegen Nichterfüllung verlangen, wenn der Mangel dem Schenker bei dem Erwerbe der Sache bekannt gewesen oder infolge grober F. unbekannt geblieben ist. Die für die Gewährleistungspflicht des Verkäufers geltenden Vorschriften des § 433 Abs. 1, der §§ 434—437, des § 440 Abs. 2—4 und der §§ 441—444 finden entsprechende Anwendung.

524 Hatte der Schenker die Leistung einer nur der Gattung nach bestimmten Sache versprochen, die er erst erwerben sollte, so kann der Beschenkte, wenn die geleistete Sache fehlerhaft und der Mangel dem Schenker bei dem Erwerbe der Sache bekannt gewesen oder infolge grober F. unbekannt geblieben ist, verlangen, daß ihm an Stelle der fehlerhaften Sache eine fehlerfreie geliefert wird.

529 Der Anspruch auf Herausgabe des Geschenkes ist ausgeschlossen, wenn der Schenker seine Bedürftigkeit vor-

§ sätzlich oder durch grobe F. herbeigeführt hat oder wenn zur Zeit des Eintritts seiner Bedürftigkeit seit der Leistung des geschenkten Gegenstandes zehn Jahre verstrichen sind.

Das Gleiche gilt, soweit der Beschenkte bei Berücksichtigung seiner sonstigen Verpflichtungen außer stande ist, das Geschenk herauszugeben, ohne daß sein standesmäßiger Unterhalt oder die Erfüllung der ihm kraft G. obliegenden Unterhaltspflichten gefährdet wird.

Schuldverhältnis.

372 Geld, Wertpapiere und sonstige Urkunden sowie Kostbarkeiten kann der Schuldner bei einer dazu bestimmten öffentlichen Stelle für den Gläubiger hinterlegen, wenn der Gläubiger im Verzuge der Annahme ist. Das Gleiche gilt, wenn der Schuldner aus einem anderen in der Person des Gläubigers liegenden Grunde oder infolge einer nicht auf F. beruhenden Ungewißheit über die Person des Gläubigers seine Verbindlichkeit nicht oder nicht mit Sicherheit erfüllen kann. 383.

Selbsthülfe.

231 Wer eine der im § 229 bezeichneten Handlungen in der irrigen Annahme vornimmt, daß die für den Ausschluß der Widerrechtlichkeit erforderlichen Voraussetzungen vorhanden seien, ist dem anderen Teile zum Schadensersatze verpflichtet, auch wenn der Irrtum nicht auf F. beruht.

2078 **Testament** s. Willenserklärung 122.

68 **Verein** s. **Dritte** — Verein.

Verwandtschaft.

1674 Verletzt der Vormundschaftsrichter vorsätzlich oder fahrlässig die ihm obliegenden Pflichten, so ist er dem Kinde nach § 839 Abs. 1, 3 verantwortlich.

§ **Vormundschaft.**

1848 Verletzt der Vormundschaftsrichter vorsätzlich oder fahrlässig die ihm obliegenden Pflichten, so ist er dem Mündel nach § 839 Abs. 1, 3 verantwortlich.

651 **Werkvertrag** s. Kauf 460.

Willenserklärung.

122 s. **Dritte** — Willenserklärung.

132 Befindet sich der Erklärende über die Person desjenigen, welchem gegenüber die Erklärung abzugeben ist, in einer nicht auf F. beruhenden Unkenntnis oder ist der Aufenthalt dieser Person unbekannt, so kann die Zustellung nach den für die öffentliche Zustellung einer Ladung geltenden Vorschriften der C.P.O. erfolgen.

Fahrnisgemeinschaft.

1581 **Ehescheidung** s. Verwandtschaft 1604.

Erbe.

2054 Eine Zuwendung, die aus dem Gesamtgute der a. Gütergemeinschaft, der Errungenschaftsgemeinschaft oder der F. erfolgt, gilt als von jedem der Ehegatten zur Hälfte gemacht. Die Zuwendung gilt jedoch, wenn sie an einen Abkömmling erfolgt, der nur von einem der Ehegatten abstammt, oder wenn einer der Ehegatten wegen der Zuwendung zu dem Gesamtgut Ersatz zu leisten hat, als von diesem Ehegatten gemacht.

Diese Vorschriften finden auf eine Zuwendung aus dem Gesamtgute der f. Gütergemeinschaft entsprechende Anwendung.

Güterrecht. §§ 1549—1557.

1436 Wird durch Ehevertrag die Verwaltung und Nutznießung des Mannes ausgeschlossen oder die a. Gütergemeinschaft, die Errungenschaftsgemeinschaft oder die F. aufgehoben, so tritt Güter-

§ trennung ein, sofern sich nicht aus dem Vertrag ein anderes ergiebt.

1549 Auf die Gemeinschaft des beweglichen Vermögens und der Errungenschaft (F.) finden die für die a. Gütergemeinschaft geltenden Vorschriften Anwendung, soweit sich nicht aus den §§ 1550 bis 1557 ein anderes ergiebt.

1550 Von dem Gesamtgut der F. ausgeschlossen ist das eingebrachte Gut eines Ehegatten.

Auf das eingebrachte Gut finden die bei der Errungenschaftsgemeinschaft für das eingebrachte Gut geltenden Vorschriften Anwendung. 1549.

1551 Eingebrachtes Gut eines Ehegatten bei F. ist das unbewegliche Vermögen, das er bei dem Eintritte der F. hat oder während der Gemeinschaft durch Erbfolge, durch Vermächtnis oder mit Rücksicht auf ein künftiges Erbrecht durch Schenkung oder als Ausstattung erwirbt.

Zum unbeweglichen Vermögen im Sinne dieser Vorschrift gehören Grundstücke nebst Zubehör, Rechte an Grundstücken, mit Ausnahme der Hypotheken, Grundschulden und Rentenschulden, sowie Forderungen, die auf die Übertragung des Eigentums an Grundstücken oder auf die Begründung oder Übertragung eines der bezeichneten Rechte oder auf die Befreiung eines Grundstücks von einem solchen Rechte gerichtet sind. 1549.

1552 Eingebrachtes Gut eines Ehegatten bei F. sind Gegenstände, die nicht durch Rechtsgeschäft übertragen werden können. 1549.

1553 Eingebrachtes Gut eines Ehegatten bei F. ist:

1. was durch Ehevertrag für eingebrachtes Gut erklärt ist;
2. was er nach § 1369 erwirbt, sofern die Bestimmung dahin getroffen ist, daß der Erwerb eingebrachtes Gut sein soll. 1549.

1554 Eingebrachtes Gut eines in F. lebenden Ehegatten ist, was er in der im § 1524 bezeichneten Weise erwirbt. Ausgenommen ist, was an Stelle von Gegenständen erworben wird, die nur deshalb eingebrachtes Gut sind, weil sie nicht durch Rechtsgeschäft übertragen werden können. 1549.

1555 Vorbehaltsgut des Mannes ist bei der F. ausgeschlossen. 1549.

1556 Erwirbt ein Ehegatte während der F. durch Erbfolge, Vermächtnis oder mit Rücksicht auf ein künftiges Erbrecht, durch Schenkung oder als Ausstattung Gegenstände, die teils Gesamtgut, teils eingebrachtes Gut werden, so fallen die infolge des Erwerbes entstehenden Verbindlichkeiten im Verhältnisse der Ehegatten zu einander dem Gesamtgut und dem Ehegatten, der den Erwerb macht, verhältnismäßig zur Last. 1549.

1557 F. Gütergemeinschaft tritt bei F. nur ein, wenn sie durch Ehevertrag vereinbart ist. 1549.

Pflichtteil.

2331 Eine Zuwendung, die aus dem Gesamtgut der a. Gütergemeinschaft der Errungenschaftsgemeinschaft oder der F. erfolgt, gilt als von jedem der Ehegatten zur Hälfte gemacht. Die Zuwendung gilt jedoch, wenn sie an einen Abkömmling, der nur von einem der Ehegatten abstammt oder an eine Person, von der nur einer der Ehegatten abstammt, erfolgt oder wenn der Ehegatte wegen der Zuwendung zu dem Gesamtgut Ersatz zu leisten hat, als von diesem Ehegatten gemacht.

Diese Vorschriften finden auf eine Zuwendung aus dem Gesamtgute der f. Gütergemeinschaft entsprechende Anwendung.

§

2204 Testament s. Erbe 2054.

Verwandtschaft.

1604 Besteht a. Gütergemeinschaft, Errungenschaftsgemeinschaft oder F., so bestimmt sich die Unterhaltspflicht des Mannes oder der Frau Verwandten gegenüber so, wie wenn das Gesamtgut dem unterhaltspflichtigen Ehegatten gehörte. 1620.

Fahrzeug.

Art.

44 **Einführungsgesetz** s. **Dienst** — Einführungsgesetz.

§

2251 **Testament** s. **Deutsche** — Testament.

Todeserklärung.

16 Wer sich bei einer Seefahrt auf einem während der Fahrt untergegangenen F. befunden hat und seit dem Untergange des F. verschollen ist, kann für tot erklärt werden, wenn seit dem Untergang ein Jahr verstrichen ist.

Der Untergang des F. wird vermutet, wenn es an dem Orte seiner Bestimmung nicht eingetroffen oder in Ermangelung eines festen Reiseziels nicht zurückgekehrt ist und wenn

bei Fahrten innerhalb der Ostsee ein Jahr,

bei Fahrten innerhalb anderer europäischer Meere, mit Einschluß sämtlicher Teile des Mittelländischen, Schwarzen und Asowschen Meeres, zwei Jahre, bei Fahrten, die über außereuropäische Meere führen, drei Jahre

seit dem Antritte der Reise verstrichen sind. Sind Nachrichten über das F. eingegangen, so ist der Ablauf des Zeitraumes erforderlich, der verstrichen sein müßte, wenn das F. von dem Orte abgegangen wäre, an dem es sich den Nachrichten zufolge zuletzt befunden hat. 13, 17, 18.

18 Im Falle einer Todeserklärung ist als Zeitpunkt des Todes, sofern nicht

§ die Ermittelungen ein anderes ergeben, anzunehmen:

in den Fällen des § 16 der Zeitpunkt, in welchem das F. untergegangen ist oder von welchem an der Untergang vermutet wird. 19.

Fall.

Art.

95 **Einführungsgesetz** s. Geschäftsfähigkeit § 113.

§ **Geschäftsfähigkeit.**

113 Die für einen einzelnen F. erteilte Ermächtigung für einen Minderjährigen zu einem Dienst- oder Arbeitsverhältnis gilt im Zweifel als a. Ermächtigung zur Eingehung von Verhältnissen derselben Art. 106.

Fälligkeit.

Bürgschaft.

770 Der Bürge kann die Befriedigung des Gläubigers verweigern, solange dem Hauptschuldner das Recht zusteht, das seiner Verbindlichkeit zu Grunde liegende Rechtsgeschäft anzufechten.

Die gleiche Befugnis hat der Bürge, solange sich der Gläubiger durch Aufrechnung gegen eine fällige Forderung des Hauptschuldners befriedigen kann.

775 Ist die Hauptverbindlichkeit eines Bürgen noch nicht fällig, so kann der Hauptschuldner den Bürgen, statt ihn zu befreien, Sicherheit leisten.

Darlehen.

609 Ist für die Rückerstattung eines Darlehens eine Zeit nicht bestimmt, so hängt die F. davon ab, daß der Gläubiger oder der Schuldner kündigt.

Art.

53 **Einführungsgesetz** s. Hypothek § 1123.

§ **Erbe.**

2019, 2041 s. Schuldverhältnis 406.

2046 Ist eine Nachlaßverbindlichkeit bei der Auseinandersetzung noch nicht fällig, so ist das zur Berichtigung Erforderliche zurückzubehalten.

§ **Gesellschaft.**

720 s. Schuldverhältnis 406.

733 Ist eine Schuld unter Gesellschaftern noch nicht fällig oder ist sie streitig, so ist das zur Berichtigung Erforderliche zurückzubehalten. 731.

Grundschuld.

1193 Das Kapital der Grundschuld wird erst nach vorgängiger Kündigung fällig.

Güterrecht.

1473, 1497, 1546, 1524, 1554 s. Schuldverhältnis 406.

1475 s. **Berichtigung** — Güterrecht.

Hypothek.

1123 Ist ein Grundstück vermietet oder verpachtet, so erstreckt sich die Hypothek auf die Miet- oder Pachtzinsforderung.

Soweit die Forderung fällig ist, wird sie mit dem Ablauf eines Jahres nach dem Eintritte der F. von der Haftung frei, wenn nicht vorher die Beschlagnahme zu Gunsten des Hypothekengläubigers erfolgt. Ist der Miet- oder Pachtzins im Voraus zu entrichten, so erstreckt sich die Befreiung nicht auf den Miet- oder Pachtzins für eine spätere Zeit als das zur Zeit der Beschlagnahme laufende und das folgende Kalendervierteljahr. 1126, 1129.

1126 Ist mit dem Eigentum an einem mit Hypotheken belasteten Grundstück ein Recht auf wiederkehrende Leistungen verbunden, so erstreckt sich die Hypothek auf die Ansprüche auf diese Leistungen. Die Vorschriften des § 1123 Abs. 2 Satz 1, des § 1124 Abs. 1, 3 und des § 1125 finden entsprechende Anwendung. Eine vor der Beschlagnahme erfolgte Verfügung über den Anspruch auf eine Leistung, die erst drei Monate nach der Beschlagnahme fällig wird, ist dem Hypothekengläubiger gegenüber unwirksam.

1133 s. **Beseitigung** — Hypothek.

1137 s. Bürgschaft 770.

§

1141 Hängt die F. einer Forderung, für die eine Hypothek bestellt ist, von einer Kündigung ab, so ist die Kündigung für die Hypothek nur wirksam, wenn sie von dem Gläubiger dem Eigentümer oder von dem Eigentümer dem Gläubiger erklärt wird. Zu Gunsten des Gläubigers gilt derjenige, welcher im Grundbuch als Eigentümer eingetragen ist, als der Eigentümer. 1185.

1142 Der Eigentümer ist berechtigt, den Gläubiger zu befriedigen, wenn die Forderung ihm gegenüber fällig geworden oder wenn der persönliche Schuldner zur Leistung berechtigt ist.

Die Befriedigung kann auch durch Hinterlegung oder durch Aufrechnung erfolgen.

1149 Der Eigentümer kann, solange nicht die Forderung ihm gegenüber fällig geworden ist, dem Gläubiger nicht das Recht einräumen, zum Zwecke der Befriedigung die Übertragung des Eigentums an dem Grundstücke zu verlangen oder die Veräußerung des Grundstücks auf andere Weise als im Wege der Zwangsvollstreckung zu bewirken.

1156, 1185 s. Schuldverhältnis 406.

1158 Soweit die Forderung auf Zinsen oder andere Nebenleistungen gerichtet ist, die nicht später als in dem Kalendervierteljahr, in welchem der Eigentümer von der Übertragung Kenntnis erlangt, oder dem folgenden Vierteljahre fällig werden, finden auf das Rechtsverhältnis zwischen dem Eigentümer und dem neuen Gläubiger die Vorschriften der §§ 406—408 Anwendung; der Gläubiger kann sich gegenüber den Einwendungen, welche dem Eigentümer nach den §§ 404, 406—408, 1157 zustehen, nicht auf die Vorschriften des § 892 berufen.

Leistung.

248 Eine im Voraus getroffene Verein-

§ barung, daß fällige Zinsen wieder Zinsen tragen sollen, ist nichtig.

257 Ist die für einen bestimmten Zweck eingegangene Verbindlichkeit noch nicht fällig, so kann ihm der Ersatzpflichtige, statt ihn zu befreien, Sicherheit leisten.

272 Bezahlt der Schuldner eine unverzinsliche Schuld vor der F., so ist er zu einem Abzuge wegen der Zwischenzinsen nicht berechtigt.

273 Hat der Schuldner aus demselben rechtlichen Verhältnis, auf dem seine Verpflichtung beruht, einen fälligen Anspruch gegen den Gläubiger, so kann er, sofern nicht aus dem Schuldverhältnisse sich ein anderes ergiebt, die geschuldete Leistung verweigern, bis die ihm gebührende Leistung bewirkt wird. (Zurückbehaltungsrecht.)

Wer zur Herausgabe eines Gegenstandes verpflichtet ist, hat das gleiche Recht, wenn ihm ein fältiger Anspruch wegen Verwendungen auf den Gegenstand oder wegen eines ihm durch diesen verursachten Schaden zusteht, es sei denn, daß er den Gegenstand durch eine vorsätzlich begangene unerlaubte Handlung erlangt hat.

Der Gläubiger kann die Ausübung des Zurückbehaltungsrechts durch Sicherheitsleistung abwenden. Die Sicherheitsleistung durch Bürgen ist ausgeschlossen.

284 Leistet der Schuldner auf eine Mahnung des Gläubigers nicht, die nach dem Eintritte der F. erfolgt, so kommt er durch die Mahnung in Verzug. Der Mahnung steht die Erhebung der Klage auf die Leistung, sowie die Zustellung eines Zahlungsbefehls im Mahnverfahren gleich.

291 Eine Geldschuld hat der Schuldner von dem Eintritte der Rechtshängigkeit an zu verzinsen, auch wenn er nicht im Verzug ist; wird die Schuld erst später fällig, so ist sie von der F. an zu verzinsen. Die Vorschriften des § 288 Abs. 1 und des § 289 Satz 1 finden entsprechende Anwendung.

Miete.

575 Soweit die Entrichtung des Mietzinses an den Vermieter nach § 574 dem Erwerber gegenüber wirksam ist, kann der Mieter gegen die Mietzinsforderung des Erwerbers eine ihm gegen den Vermieter zustehende Forderung aufrechnen. Die Aufrechnung ist ausgeschlossen, wenn der Mieter die Gegenforderung erworben hat, nachdem er von dem Übergange des Eigentums Kenntnis erlangt hat, oder wenn die Gegenforderung erst nach der Erlangung der Kenntnis und später als der Mietzins fällig geworden ist. 577, 579.

Nießbrauch.

1056 s. Miete 575.

1074 Der Nießbraucher einer Forderung ist zur Einziehung der Forderung und, wenn die F. von einer Kündigung des Gläubigers abhängt, zur Kündigung berechtigt. 1068.

1078 Ist die Forderung fällig, so sind der Nießbraucher und der Gläubiger einander verpflichtet, zur Einziehung mitzuwirken. Hängt die F. von einer Kündigung ab, so kann jeder Teil die Mitwirkung des anderen zur Kündigung verlangen, wenn die Einziehung der Forderung wegen Gefährdung ihrer Sicherheit nach den Regeln einer ordnungsmäßigen Vermögensverwaltung geboten ist. 1068, 1076.

1083 Der Nießbraucher und der Eigentümer eines Inhaber- oder Orderpapiers, das mit Blankoindossament versehen ist, sind einander verpflichtet, zur Einziehung des fälligen Kapitals, zur Beschaffung neuer Zins-, Renten- oder Gewinnanteilscheine, sowie zu sonstigen Maßnahmen mitzuwirken, die zur

§ ordnungsmäßigen Vermögensverwaltung erforderlich sind. 1068.

1887 Der Besteller eines Nießbrauchs an dem Vermögen einer Person kann, wenn eine vor der Bestellung entstandene Forderung fällig ist, von dem Nießbraucher Rückgabe der zur Befriedigung des Gläubigers erforderlichen Gegenstände verlangen. Die Auswahl steht ihm zu; er kann jedoch nur die vorzugsweise geeigneten Gegenstände auswählen. 1085, 1089.

Pfandrecht.

1211, 1266 s. Bürgschaft 770.

1228 Ein Pfandgläubiger ist zum Verkaufe des Pfandes berechtigt, sobald die Forderung ganz oder zum Teil fällig ist. 1243, 1266, 1272, 1282, 1283, 1294—1296.

1283 Hängt die F. der verpfändeten Forderung von einer Kündigung ab, so bedarf der Gläubiger zur Kündigung der Zustimmung des Pfandgläubigers nur, wenn dieser berechtigt ist, die Nutzungen zu ziehen. 1273, 1279, 1228, 1284.

1286 Hängt die F. der verpfändeten Forderung von einer Kündigung ab, so kann der Pfandgläubiger, sofern nicht das Kündigungsrecht ihm zusteht, von dem Gläubiger die Kündigung verlangen, wenn die Einziehung der Forderung wegen Gefährdung ihrer Sicherheit nach den Regeln einer ordnungsmäßigen Vermögensverwaltung geboten ist. Unter der gleichen Voraussetzung kann der Gläubiger von dem Pfandgläubiger die Zustimmung zur Kündigung verlangen, sofern die Zustimmung erforderlich ist. 1273, 1279.

1289 s. Hypothek 1123.

Reallast.

1108 Der Eigentümer eines Grundstücks haftet für die während der Dauer seines Eigentums fällig werdenden Leistungen auch persönlich, soweit nicht ein anderes bestimmt ist.

Wird das Grundstück geteilt, so haften die Eigentümer der einzelnen Teile als Gesamtschuldner.

Schuldverhältnis.

366 Ist der Schuldner dem Gläubiger aus mehreren Schuldverhältnissen zu gleichartigen Leistungen verpflichtet und reicht das von ihm Geleistete nicht zur Tilgung sämtlicher Schulden aus, so wird diejenige Schuld getilgt, welche er bei der Leistung bestimmt.

Trifft der Schuldner keine Bestimmung, so wird zunächst die fällige Schuld, unter mehreren fälligen Schulden diejenige, welche dem Gläubiger geringere Sicherheit bietet, unter mehreren gleich sicheren, die dem Schuldner lästigere, unter mehreren gleich lästigen die ältere Schuld und bei gleichem Alter jede Schuld verhältnismäßig getilgt. 396.

392 Durch die Beschlagnahme einer Forderung wird die Aufrechnung einer dem Schuldner gegen den Gläubiger zustehenden Forderung nur dann ausgeschlossen, wenn der Schuldner seine Forderung nach der Beschlagnahme erworben hat oder wenn seine Forderung erst nach der Beschlagnahme und später als die in Beschlag genommene Forderung fällig geworden ist.

406 Der Schuldner kann eine ihm gegen den bisherigen Gläubiger zustehende Forderung auch dem neuen Gläubiger gegenüber aufrechnen, es sei denn, daß er bei dem Erwerbe der Forderung von der Abtretung Kenntnis hatte oder daß die Forderung erst nach der Erlangung der Kenntnis und später als die abgetretene Forderung fällig geworden ist. 412.

Testament.

2111 s. Schuldverhältnis 406.

2181 Ist die Zeit der Erfüllung eines Ver-

§ mächtnisses dem freien Belieben des Beschwerten überlassen, so wird die Leistung im Zweifel mit dem Tode des Beschwerten fällig. 2192.

2204 s. Erbe 2046.

Verjährung.

202 s. Bürgschaft 770.

218 Soweit sich die Feststellung eines Anspruchs auf regelmäßig wiederkehrende erst künftig fällig werdende Leistungen bezieht, bewendet es bei der kürzeren Verjährungsfrist. 220.

320 **Vertrag** s. Leistung 273.

Verwandtschaft.

1713 Der Unterhaltsanspruch des unehelichen Kindes erlischt mit dem Tode des Kindes, soweit er nicht auf Erfüllung oder Schadensersatz wegen Nichterfüllung für die Vergangenheit oder auf solche im voraus zu bewirkende Leistungen gerichtet ist, die zur Zeit des Todes des Kindes fällig sind. 1717.

Familie.

Dienstbarkeit.

1093 Der zur Ausübung einer beschränkten persönlichen Dienstbarkeit Berechtigte ist befugt, seine F. sowie die zur standesmäßigen Bedienung und zur Pflege erforderlichen Personen in die ihm zur Benutzung zustehende Wohnung aufzunehmen.

Art. **Einführungsgesetz.**

57 s. **Ansehung** — E.G.

58 In Ansehung der Familienverhältnisse und der Güter derjenigen Häuser, welche vormals reichsständisch gewesen und seit 1806 mittelbar geworden sind oder welche diesen Häusern bezüglich der Familienverhältnisse und der Güter durch Beschluß der vormaligen deutschen Bundesversammlung oder vor dem Inkrafttreten des B.G.B. durch L.G. gleichgestellt worden sind, bleiben die Vorschriften der L.G. und

Art. nach Maßgabe der L.G. die Vorschriften der Hausverfassungen unberührt.

Das Gleiche gilt zu Gunsten des vormaligen Reichsadels und derjenigen F. des landsässigen Adels, welche vor dem Inkrafttreten des B.G.B. dem vormaligen Reichsadel durch L.G. gleichgestellt worden sind. *60, 61.*

135 Die L.G. können die Entscheidung darüber, ob der Minderjährige, dessen Zwangserziehung angeordnet ist, in einer F. oder in einer Erziehungs- oder Besserungsanstalt unterzubringen sei, einer Verwaltungsbehörde übertragen, wenn die Unterbringung auf öffentliche Kosten zu erfolgen hat. *136.*

s. Verwandschaft § 1666.

s. Vormundschaft § 1838.

136 Unberührt bleiben die landesg. Vorschriften, nach welchen

1. der Vorstand einer unter staatlicher Verwaltung oder Aufsicht stehenden Erziehungs- oder Verpflegungsanstalt oder ein Beamter alle oder einzelne Rechte und Pflichten eines Vormundes für diejenigen Minderjährigen hat, welche in der Anstalt oder unter der Aufsicht des Vorstandes oder des Beamten in einer von ihm ausgewählten F. oder Anstalt erzogen oder verpflegt werden, und der Vorstand der Anstalt oder der Beamte auch nach der Beendigung der Erziehung oder der Verpflegung bis zur Volljährigkeit des Mündels diese Rechte und Pflichten behält, unbeschadet der Befugnis des Vormundschaftsgerichts, einen anderen Vormund zu bestellen;
2. die Vorschriften der Nr. 1 bei unehelichen Minderjährigen auch dann gelten, wenn diese unter der Aufsicht des Vorstandes oder des Beamten

Art. in der mütterlichen F. erzogen oder verpflegt werden.

216 Die landesg. Vorschriften, nach welchen Mitglieder gewisser ritterschaftlicher F. bei der Ordnung der Erbfolge in ihren Nachlaß durch das Pflichtteilsrecht nicht beschränkt sind, bleiben in Ansehung derjenigen F. in Kraft, welchen dieses Recht zur Zeit des Inkrafttretens des B.G.B. zusteht.

§ **Entmündigung.**

6 Entmündigt kann werden:

1. . . . .
2. wer durch Verschwendung sich oder seine F. der Gefahr des Notstandes aussetzt;
3. wer infolge von Trunksucht seine Angelegenheiten nicht zu besorgen vermag oder sich oder seine F. der Gefahr des Notstandes aussetzt oder die Sicherheit anderer gefährdet.

Erbe.

2047 Schriftstücke, die sich auf die persönlichen Verhältnisse des Erblassers, auf dessen F. oder auf den ganzen Nachlaß beziehen, bleiben den Erben gemeinschaftlich.

2204 **Testament** s. Erbe 2047.

Verwandtschaft.

1666 Das Vormundschaftsgericht kann anordnen, daß das Kind zum Zwecke der Erziehung in einer geeigneten F. oder in einer Erziehungsanstalt oder einer Besserungsanstalt untergebracht wird. 1687.

Vormundschaft.

1838 Das Vormundschaftsgericht kann anordnen, daß der Mündel zum Zwecke der Erziehung in einer geeigneten F. oder in einer Erziehungsanstalt oder einer Besserungsanstalt untergebracht wird.

Familienangehörige.

Erbe.

1969 Der Erbe ist verpflichtet, F. des Erblassers, die zur Zeit des Todes des Erblassers zu dessen Hausstande gehört und von ihm Unterhalt bezogen haben, in den ersten 30 Tagen nach dem Eintritte des Erbfalls in demselben Umfange, wie der Erblasser es gethan hat, Unterhalt zu gewähren und die Benutzung der Wohnung und der Haushaltsgegenstände zu gestatten. Der Erblasser kann durch letztwillige Verfügung eine abweichende Anordnung treffen.

Die Vorschriften über Vermächtnisse finden entsprechende Anwendung.

Familienbilder.

Erbschaftskauf.

2373 Ein Erbteil, der dem Verkäufer nach dem Abschlusse des Kaufes durch Nacherbfolge oder infolge des Wegfalls eines Miterben anfällt, sowie ein dem Verkäufer zugewendetes Vorausvermächtnis ist im Zweifel nicht als mitverkauft anzusehen. Das Gleiche gilt von Familienpapieren und F.

Familienfideikommis.

Art. **Einführungsgesetz.**

59 Unberührt bleiben die landesg. Vorschriften über F. und Lehen, mit Einschluß der allodifizierten Lehen, sowie über Stammgüter. *60, 61.*

Familiennamen.

§ **Ehe.**

1355 Die Frau erhält den F. des Mannes.

Ehescheidung.

1577 Die geschiedene Frau behält den F. des Mannes.

Die Frau kann ihren F. wieder annehmen. War sie vor der Eingehung der geschiedenen Ehe verheiratet, so kann sie auch den Namen wieder annehmen, den sie zur Zeit der Eingehung dieser Ehe hatte, es

§ sei denn, daß sie allein für schuldig erklärt ist. Die Wiederannahme des Namens erfolgt durch Erklärung gegenüber der zuständigen Behörde; die Erklärung ist in öffentlich beglaubigter Form abzugeben.

Ist die Frau allein für schuldig erklärt, so kann der Mann ihr die Führung seines Namens untersagen. Die Untersagung erfolgt durch Erklärung gegenüber der zuständigen Behörde; die Erklärung ist in öffentlich beglaubigter Form abzugeben. Die Behörde soll der Frau die Erklärung mitteilen. Mit dem Verluste des Namens des Mannes erhält die Frau ihren F. wieder.

Art. **Einführungsgesetz.**

208 Die rechtliche Stellung eines vor dem Inkrafttreten des B.G.B. geborenen unehelichen Kindes bestimmt sich von dem Inkrafttreten des B.G.B. an nach dessen Vorschriften; für die Erforschung der Vaterschaft, für das Recht des Kindes, den F. des Vaters zu führen, sowie für die Unterhaltspflicht des Vaters bleiben jedoch die bisherigen G. maßgebend.

Diese Vorschriften gelten auch für ein nach den französischen oder den badischen G. anerkanntes Kind.

§ **Verwandtschaft.**

1616 Das Kind erhält den F. des Vaters.

1706 Das uneheliche Kind erhält den F. der Mutter.

Führt die Mutter infolge ihrer Verheiratung einen anderen Namen, so erhält das Kind den F., den die Mutter vor der Verheiratung geführt hat.

1758 Das an Kindesstatt angenommene Kind erhält den F. des Annehmenden. Wird das Kind von einer Frau angenommen, die infolge ihrer Verheiratung einen anderen Namen führt, so erhält es den F., den die Frau vor

§ der Verheiratung geführt hat. In den Fällen des § 1757 Abs. 2 erhält das Kind den F. des Mannes.

Das Kind darf dem neuen Namen seinen früheren F. hinzufügen, sofern nicht in dem Annahmevertrag ein anderes bestimmt ist.

1772 Mit der Aufhebung der Annahme an Kindesstatt verlieren das Kind und diejenigen Abkömmlinge des Kindes, auf welche sich die Aufhebung erstreckt, das Recht, den F. des Annehmenden zu führen.

Diese Vorschrift findet in den Fällen des § 1757 Abs. 2 keine Anwendung, wenn die Aufhebung nach dem Tode eines der Ehegatten erfolgt.

Familienpapiere.

2373 **Erbschaftskauf** s. **Familienbilder** — Erbschaftskauf.

Familienrat.

Art. **Einführungsgesetz.**

160 Soweit nach den Vorschriften des B.G.B. infolge einer Todeserklärung die elterliche Gewalt des Verschollenen, die Vormundschaft, die Pflegschaft sowie das Amt als Vormund, Gegenvormund, Pfleger, Beistand oder Mitglied eines F. endigt, gelten diese Vorschriften von dem Inkrafttreten des B.G.B. an auch für eine vorher erfolgte Todeserklärung. *158, 161.*

210 Die bisherigen Vormünder und Pfleger bleiben bei dem Inkrafttreten des B.G.B. im Amte. Das Gleiche gilt im Geltungsbereiche der preußischen Vormundschaftsordnung vom 5. Juli 1875 für den F. und dessen Mitglieder.

§ **Vormundschaft.**

1791 In der Bestallung des Vormundes ist, wenn ein F. eingesetzt ist, auch dies anzugeben.

1849 Der Gemeindewaisenrat hat dem

§ Vormundschaftsgericht die Personen vorzuschlagen, die sich im einzelnen Falle zum Vormund, Gegenvormund oder Mitgliede eines F. eignen.

1858 Ein F. soll von dem Vormundschaftsgericht eingesetzt werden, wenn der Vater oder die eheliche Mutter des Mündels die Einsetzung angeordnet hat.

Der Vater oder die Mutter kann die Einsetzung des F. von dem Eintritt oder Nichteintritt eines bestimmten Ereignisses abhängig machen.

Die Einsetzung unterbleibt, wenn die erforderliche Zahl geeigneter Personen nicht vorhanden ist. 1868.

1859 Ein F. soll von dem Vormundschaftsgericht eingesetzt werden, wenn ein Verwandter oder Verschwägerter des Mündels oder der Vormund oder der Gegenvormund die Einsetzung beantragt und das Vormundschaftsgericht sie im Interesse des Mündels für angemessen erachtet.

Die Einsetzung unterbleibt, wenn der Vater oder die eheliche Mutter des Mündels sie untersagt hat. 1868, 1905.

1860 Der F. besteht aus dem Vormundschaftsrichter als Vorsitzenden und aus mindestens zwei, höchstens sechs Mitgliedern.

1861 Als Mitglied des F. ist berufen, wer von dem Vater oder der ehelichen Mutter des Mündels als Mitglied benannt ist. Die Vorschriften des § 1778 Abs. 1, 2 finden entsprechende Anwendung. 1862, 1868.

1862 Soweit eine Berufung nach § 1861 nicht vorliegt oder die Berufenen die Übernahme des Amtes ablehnen, hat das Vormundschaftsgericht die zur Beschlußfähigkeit des F. erforderlichen Mitglieder auszuwählen. Vor der Auswahl sollen der Gemeindewaisenrat und nach Maßgabe des § 1847 Verwandte oder Verschwägerte des Mündels gehört werden.

Die Bestimmung der Zahl weiterer Mitglieder und ihre Auswahl steht dem F. zu.

1863 Sind neben dem Vorsitzenden nur noch die zur Beschlußfähigkeit des F. erforderlichen Mitglieder vorhanden, so sind ein oder zwei Ersatzmitglieder zu bestellen.

Der F. wählt die Ersatzmitglieder aus und bestimmt die Reihenfolge, in der sie bei der Verhinderung oder dem Wegfall eines Mitgliedes in den F. einzutreten haben.

Hat der Vater oder die eheliche Mutter Ersatzmitglieder benannt und die Reihenfolge ihres Eintritts bestimmt, so ist diese Anordnung zu befolgen. 1868.

1864 Wird der F. durch vorübergehende Verhinderung eines Mitgliedes beschlußunfähig und ist ein Ersatzmitglied nicht vorhanden, so ist für die Dauer der Verhinderung ein Ersatzmitglied zu bestellen. Die Auswahl steht dem Vorsitzenden zu. 1867.

1865 Zum Mitgliede des F. kann nicht bestellt werden, wer geschäftsunfähig oder wegen Geistesschwäche, Verschwendung oder Trunksucht entmündigt ist.

1866 Zum Mitgliede des F. soll nicht bestellt werden:

1. der Vormund des Mündels;
2. wer nach § 1781 oder nach § 1782 nicht zum Vormunde bestellt werden soll;
3. wer durch Anordnung des Vaters oder der ehelichen Mutter des Mündels von der Mitgliedschaft ausgeschlossen ist. 1868.

1867 Zum Mitgliede des F. soll nicht bestellt werden, wer mit dem Mündel weder verwandt noch verschwägert ist, es sei denn, daß er von dem Vater oder

§ der ehelichen Mutter des Mündels benannt oder von dem F. oder nach § 1864 von dem Vorsitzenden ausgewählt ist.

1868 Für die nach den §§ 1858, 1859, 1861, 1863, 1866 zulässigen Anordnungen des Vaters oder der Mutter gelten die Vorschriften des § 1777.

Die Anordnungen des Vaters gehen den Anordnungen der Mutter vor.

1869 Niemand ist verpflichtet, das Amt eines Mitgliedes des F. zu übernehmen.

1870 Die Mitglieder des F. werden von dem Vorsitzenden durch Verpflichtung zu treuer und gewissenhafter Führung des Amtes bestellt. Die Verpflichtung soll mittelst Handschlags an Eidesstatt erfolgen.

1871 Bei der Bestellung eines Mitgliedes des F. kann die Entlassung für den Fall vorbehalten werden, daß ein bestimmtes Ereignis eintritt oder nicht eintritt.

1872 Der F. hat die Rechte und Pflichten des Vormundschaftsgerichts. Die Leitung der Geschäfte liegt dem Vorsitzenden ob.

Die Mitglieder des F. können ihr Amt nur persönlich ausüben. Sie sind in gleicher Weise verantwortlich wie der Vormundschaftsrichter.

1873 Der F. wird von dem Vorsitzenden einberufen. Die Einberufung hat zu erfolgen, wenn zwei Mitglieder, der Vormund oder der Gegenvormund sie beantragen oder wenn das Interesse des Mündels sie erfordert. Die Mitglieder können mündlich oder schriftlich eingeladen werden.

1874 Zur Beschlußfähigkeit des F. ist die Anwesenheit des Vorsitzenden und mindestens zweier Mitglieder erforderlich.

Der F. faßt seine Beschlüsse nach der Mehrheit der Stimmen der Anwesenden. Bei Stimmengleichheit entscheidet die Stimme des Vorsitzenden.

Steht in einer Angelegenheit das Interesse des Mündels zu dem Interesse eines Mitglieds in erheblichem Gegensatze, so ist das Mitglied von der Teilnahme an der Beschlußfassung ausgeschlossen. Über die Ausschließung entscheidet der Vorsitzende.

1875 Ein Mitglied des F., das ohne genügende Entschuldigung der Einberufung nicht Folge leistet, oder die rechtzeitige Anzeige seiner Verhinderung unterläßt oder sich der Teilnahme an der Beschlußfassung enthält, ist von dem Vorsitzenden in die dadurch verursachten Kosten zu verurteilen.

Der Vorsitzende kann gegen das Mitglied eine Ordnungsstrafe bis zu einhundert Mark verhängen.

Erfolgt nachträglich genügende Entschuldigung, so sind die getroffenen Verfügungen aufzuheben.

1876 Wird ein sofortiges Einschreiten nötig, so hat der Vorsitzende die erforderlichen Anordnungen zu treffen, den F. einzuberufen, ihn von den Anordnungen in Kenntnis zu setzen und einen Beschluß über die etwa weiter erforderlichen Maßregeln herbeizuführen.

1877 Die Mitglieder des F. können von dem Mündel Ersatz ihrer Auslagen verlangen; der Betrag der Auslagen wird von dem Vorsitzenden festgesetzt.

1878 Das Amt eines Mitglieds des F. endigt aus denselben Gründen, aus denen nach den §§ 1885, 1886, 1889 das Amt eines Vormundes endigt.

Ein Mitglied kann gegen seinen Willen nur durch das dem Vormundschaftsgericht im Instanzenzuge vorgeordnete Gericht entlassen werden.

1879 Das Vormundschaftsgericht hat den F. aufzuheben, wenn es in der zur

§ Beschlußfähigkeit erforderlichen Zahl von Mitgliedern fehlt und geeignete Personen zur Ergänzung nicht vorhanden sind.

1880 Der Vater des Mündels kann die Aufhebung des von ihm angeordneten F. für den Fall des Eintritts oder Nichteintritts eines künftigen Ereignisses nach Maßgabe des § 1777 anordnen. Das gleiche Recht steht der ehelichen Mutter des Mündels für den von ihr angeordneten F. zu.

Tritt der Fall ein, so hat das Vormundschaftsgericht den F. aufzuheben.

1881 Von der Aufhebung des F. hat das Vormundschaftsgericht die bisherigen Mitglieder, den Vormund und den Gegenvormund in Kenntnis zu setzen.

Der Vormund und der Gegenvormund erhalten neue Bestallungen.

Die früheren Bestallungen sind dem Vormundschaftsgerichte zurückzugeben.

1905 Ein F. kann nur nach § 1859 Abs. 1 eingesetzt werden.

Der Vater und die Mutter des Mündels sind nicht berechtigt, Anordnungen über die Einsetzung und Aufhebung eines F. oder über die Mitgliedschaft zu treffen. 1897.

Art. **Familienrecht.**

7, 22 **Einführungsgesetz** s. **Deutsche Gesetze** — E.G.

§ **Verjährung.**

194 Der Anspruch aus einem familienrechtlichen Verhältnis unterliegt der Verjährung nicht, soweit er auf die Herstellung des dem Verhältnis entsprechenden Zustandes für die Zukunft gerichtet ist.

200 s. **Beginn** — Verjährung.

Familienstand.

Vormundschaft.

1773 Ein Minderjähriger erhält einen Vormund, wenn sein F. nicht zu ermitteln ist. 1882.

Art. **Familienverhältnis.**

58 **Einführungsgesetz** s. **Familie** — E.G.

Fasan.

71, 72 **Einführungsgesetz** s. Handlung § 835.

§

835 **Handlung** s. **Damwild** — Handlung.

Fassung.

Art. **Einführungsgesetz.**

47 Aufhebung des Art. *3* des G., betreffend den Wucher, vom 24. Mai 1880 in der F. des Art. II des G., betreffend Ergänzung der Bestimmungen über den Wucher, vom 19. Juni 1893. s. **E.G.** — E.G.

Februar.

Einführungsgesetz.

46 Änderung des G. über die Beurkundung des Personenstandes und die Eheschließung vom 6. Februar 1875 s. **E.G.** — E.G.

Fehlbetrag.

§ **Gesellschaft.**

735 Reicht das Gesellschaftsvermögen zur Berichtigung der gemeinschaftlichen Schulden und zur Rückerstattung der Einlagen nicht aus, so haben die Gesellschafter für den F. nach dem Verhältnis aufzukommen, nach welchem sie den Verlust zu tragen haben. 731.

739 Reicht der Wert des Gesellschaftsvermögens zur Deckung der gemeinschaftlichen Schulden und der Einlagen nicht aus, so hat der Ausscheidende den übrigen Gesellschaftern für den F. nach dem Verhältnisse seines Anteils am Verlust aufzukommen.

§ **Güterrecht.**

1478 Reicht der Wert des Gesamtguts bei a. Gütergemeinschaft zur Rückerstattung des in die Gütergemeinschaft Eingebrachten nicht aus, so hat jeder Ehegatte die Hälfte des F. zu tragen. 1474.

Schenkung.

526 Soweit infolge eines Mangels im Rechte oder eines Mangels der verschenkten Sache der Wert der Zuwendung die Höhe der zur Vollziehung der Auflage erforderlichen Anordnungen nicht erreicht, ist der Beschenkte berechtigt, die Vollziehung der Auflage zu verweigern, bis der durch den Mangel entstandene F. ausgeglichen wird.

Fehlen.

Art. **Einführungsgesetz.**

152 Soweit Vorschriften über die Vorgänge fehlen, mit denen die nach den Vorschriften des B.G.B. an die Klageerhebung und an die Rechtshängigkeit geknüpften Wirkungen eintreten, finden die Vorschriften der Civilprozeßordnung entsprechende Anwendung.

§ **Erbschein.**

2369 Gehören zu einer Erbschaft, für die es an einem zur Erteilung des Erbscheins zuständigen deutschen Nachlaßgerichte fehlt, Gegenstände, die sich im Inlande befinden, so kann die Erteilung eines Erbscheins für diese Gegenstände verlangt werden.

Geschäftsführung.

685 Gewähren Eltern oder Voreltern ihren Abkömmlingen oder diese jenen Unterhalt, so ist im Zweifel anzunehmen, daß die Absicht fehlt, von dem Empfänger Ersatz zu verlangen. 687.

Güterrecht.

1397 Derjenige, der im Falle des g. Güterrechts mit der Frau einen Vertrag über eingebrachtes Gut schließt, kann denselben nicht widerrufen, wenn ihm das F. der Einwilligung des Mannes bei dem Abschlusse des Vertrages bekannt war. 1525, 1401, 1404, 1448.

1448 Nimmt der Mann bei a. Gütergemeinschaft ohne Einwilligung der Frau ein Rechtsgeschäft der in den §§ 1444—1446 bezeichneten Art vor, so finden die für eine Verfügung der Frau über eingebrachtes Gut geltenden Vorschriften des § 1396 Abs. 1, 3 und der §§ 1397, 1398 entsprechende Anwendung. 1487.

1487 Die Rechte und Verbindlichkeiten des überlebenden Ehegatten sowie der anteilsberechtigten Abkömmlinge in Ansehung des Gesamtguts der f. Gütergemeinschaft bestimmen sich nach den für die eheliche Gütergemeinschaft geltenden Vorschriften der §§ 1442 bis 1449, 1455—1457, 1466; der überlebende Ehegatte hat die rechtliche Stellung des Mannes, die anteilsberechtigten Abkömmlinge haben die rechtliche Stellung der Frau. 1518.

1525 Auf das eingebrachte Gut der Frau bei der Errungenschaftsgemeinschaft finden die Vorschriften der §§ 1373 bis 1383, 1390—1417 entsprechende Anwendung.

Kauf.

463 Fehlt der verkauften Sache zur Zeit des Kaufes eine zugesicherte Eigenschaft, so kann der Käufer statt der Wandelung oder der Minderung Schadensersatz wegen Nichterfüllung verlangen. Das Gleiche gilt, wenn der Verkäufer einen Fehler arglistig verschwiegen hat. 464, 481.

480 Fehlt der Sache zu der Zeit, zu welcher die Gefahr auf den Käufer übergeht, eine zugesicherte Eigenschaft oder hat der Verkäufer einen Fehler arglistig verschwiegen, so kann der Käufer statt der Wandelung, der Minderung oder der Lieferung einer

§ mangelfreien Sache Schadensersatz wegen Nichterfüllung verlangen. 481.

Miete.

537 Ist die vermietete Sache zur Zeit der Überlassung an den Mieter mit einem Fehler behaftet, der ihre Tauglichkeit zu dem vertragsmäßigen Gebrauch aufhebt oder mindert, oder entsteht im Laufe der Miete ein solcher Fehler, so ist der Mieter für die Zeit, während deren die Tauglichkeit aufgehoben ist, von der Entrichtung des Mietzinses befreit, für die Zeit, während deren die Tauglichkeit gemindert ist, nur zur Entrichtung eines nach den §§ 472, 473 zu bemessenden Teiles des Mietzinses verpflichtet.

Das Gleiche gilt, wenn eine zugesicherte Eigenschaft fehlt oder später wegfällt. Bei der Vermietung eines Grundstücks steht die Zusicherung einer bestimmten Größe der Zusicherung einer Eigenschaft gleich. 538, 539, 541, 545.

1643, 1690 **Verwandtschaft** s. Vormundschaft 1830.

Vormundschaft.

1830 Wer mit dem Vormund einen Vertrag schließt, kann denselben nicht widerrufen, wenn ihm das F. der Genehmigung des Vormundschaftsgerichts bei dem Abschlusse des Vertrages bekannt war. 1832.

651 **Werkvertrag** s. Kauf 463.

Fehler.

Erbschaftskauf.

2376 F. einer zur Erbschaft gehörenden Sache hat der Verkäufer nicht zu vertreten. 2378, 2385.

Kauf.

459 Der Verkäufer einer Sache haftet dem Käufer dafür, daß sie zu der Zeit, zu welcher die Gefahr auf den Käufer übergeht, nicht mit F. behaftet ist, die den Wert oder die Tauglichkeit zu dem gewöhnlichen oder dem nach dem Vertrage vorausgesetzten Gebrauch aufheben oder mindern. Eine unerhebliche Minderung des Wertes oder der Tauglichkeit kommt nicht in Betracht. 460, 462, 481.

460 s. **Fahrlässigkeit** — Kauf.

463, 480 s. **Fehlen** — Kauf.

482 Der Verkäufer hat nur bestimmte F. (Hauptmängel) und diese nur dann zu vertreten, wenn sie sich innerhalb bestimmter Fristen (Gewährfristen) zeigen. 481.

492 Übernimmt der Verkäufer die Gewährleistung wegen eines nicht zu den Hauptmängeln gehörenden F. oder sichert er eine Eigenschaft des Tieres zu so finden die Vorschriften der §§ 487 bis 491 und, wenn eine Gewährfrist vereinbart wird, auch die Vorschriften der §§ 483—485 entsprechende Anwendung. Die im § 490 bestimmte Verjährung beginnt, wenn eine Gewährfrist nicht vereinbart wird, mit der Ablieferung des Tieres. 481.

Leihe.

600 Verschweigt der Verleiher arglistig einen Mangel im Rechte oder einen F. der verliehenen Sache, so ist er verpflichtet, dem Entleiher den daraus entstehenden Schaden zu ersetzen.

Miete.

537 s. **Fehlen** — Miete.

539 s. Kauf 460.

Schenkung.

524 Verschweigt der Schenker arglistig einen F. der verschenkten Sache, so ist er verpflichtet, dem Beschenkten den daraus entstehenden Schaden zu ersetzen.

Hatte der Schenker die Leistung einer nur der Gattung nach bestimmten Sache versprochen, die er erst erwerben sollte, so kann der Beschenkte, wenn die geleistete Sache fehlerhaft und der Mangel dem Schenker bei dem Erwerbe der Sache bekannt gewesen oder

§ infolge grober Fahrlässigkeit unbekannt geblieben ist, verlangen, daß ihm an Stelle der fehlerhaften Sache eine fehlerfreie geliefert wird. Hat der Schenker den F. arglistig verschwiegen, so kann der Beschenkte statt der Lieferung einer fehlerfreien Sache Schadensersatz wegen Nichterfüllung verlangen. Auf diese Ansprüche finden die für die Gewährleistung wegen F. einer verkauften Sache geltenden Vorschriften entsprechende Anwendung.

Testament.

2183 Ist eine nur der Gattung nach bestimmte Sache vermacht, so kann der Vermächtnisnehmer, wenn die geleistete Sache mangelhaft ist, verlangen, daß ihm an Stelle einer mangelhaften Sache eine mangelfreie geliefert wird. Hat der Beschwerte einen F. arglistig verschwiegen, so kann der Vermächtnisnehmer statt der Lieferung einer mangelfreien Sache Schadensersatz wegen Nichterfüllung verlangen. Auf diese Ansprüche finden die für die Gewährleistung wegen Mängel einer verkauften Sache geltenden Vorschriften entsprechende Anwendung.

Werkvertrag.

633 Der Unternehmer ist verpflichtet, das Werk so herzustellen, daß es die zugesicherten Eigenschaften hat und nicht mit F. behaftet ist, die den Wert oder die Tauglichkeit zu dem gewöhnlichen oder dem nach dem Vertrage vorausgesetzten Gebrauch aufheben oder mindern. 634, 640, 651.

651 s. Kauf 460, 463.

Fehlerfreiheit.

459 **Kauf** 460, 462, 481 f. **Fehler** — Kauf.

539 **Miete** s. Kauf 459.

633 **Werkvertrag** 634, 640, 651 f. Kauf 459.

Fehlerhaftigkeit.

§

Besitz.

858 Der durch verbotene Eigenmacht erlangte Besitz ist fehlerhaft. Die F. muß der Nachfolger im Besitze gegen sich gelten lassen, wenn er Erbe des Besitzers ist oder die F. des Besitzes seines Vorgängers bei dem Erwerbe kennt. 859, 865.

859 Der Besitzer darf sich verbotener Eigenmacht mit Gewalt erwehren.

Wird eine bewegliche Sache dem Besitzer mittelst verbotener Eigenmacht weggenommen, so darf er sie dem auf frischer That betroffenen oder verfolgten Thäter mit Gewalt wieder abnehmen.

Wird dem Besitzer eines Grundstücks der Besitz durch verbotene Eigenmacht entzogen, so darf er sofort nach der Entziehung sich des Besitzes durch Entsetzung des Thäters wieder bemächtigen.

Die gleichen Rechte stehen dem Besitzer gegen denjenigen zu, welcher nach § 858 Abs. 2 die F. des Besitzes gegen sich gelten lassen muß. 860, 865.

861 Wird der Besitz durch verbotene Eigenmacht dem Besitzer entzogen, so kann dieser die Wiedereinräumung des Besitzes von demjenigen verlangen, welcher ihm gegenüber fehlerhaft besitzt.

Der Anspruch ist ausgeschlossen, wenn der entzogene Besitz dem gegenwärtigen Besitzer oder dessen Rechtsvorgänger gegenüber fehlerhaft war und in dem letzten Jahre vor der Entziehung erlangt worden ist. 863, 864, 865, 869.

908 **Eigentum** s. Handlung 836.

Handlung.

836 Wird durch den Einsturz eines Gebäudes oder eines anderen mit einem Grundstücke verbundenen Werkes oder durch die Ablösung von Teilen des

§ Gebäudes oder des Werkes ein Mensch getötet, der Körper oder die Gesundheit eines Menschen verletzt oder eine Sache beschädigt, so ist der Besitzer des Grundstücks, sofern der Einsturz oder die Ablösung die Folge fehlerhafter Errichtung oder mangelhafter Unterhaltung ist, verpflichtet, dem Verletzten den daraus entstehenden Schaden zu ersetzen. Die Ersatzpflicht tritt nicht ein, wenn der Besitzer zum Zwecke der Abwendung der Gefahr die im Verkehr erforderliche Sorgfalt beobachtet hat. 837, 838, 840.

537 **Miete** s. **Fehlen** — Miete.

Feiertag s. auch Sonntag, Tag, Werktag.

Frist.

193 Ist an einem bestimmten Tage oder innerhalb einer Frist eine Willenserklärung abzugeben, oder eine Leistung zu bewirken und fällt der bestimmte Tag oder der letzte Tag der Frist auf einen Sonntag oder einen am Erklärungs- oder Leistungsorte staatlich anerkannten a. F., so tritt an die Stelle des Sonntags oder des F. der nächstfolgende Werktag. 186.

Feind.

Art. **Einführungsgesetz.**

44 Die Vorschriften des § 44 des Reichs-Militärg. vom 2. Mai 1874 (Reichs-Gesetzbl. S. 45) finden entsprechende Anwendung auf Personen, die zur Besatzung eines in Dienst gestellten Schiffes der Kaiserlichen Marine gehören, solange das Schiff sich außerhalb eines inländischen Hafens befindet oder die Personen als Kriegsgefangene oder Geißeln in der Gewalt des F. sind, ingleichen auf andere an Bord eines solchen Schiffes genommene Personen, solange das Schiff sich außerhalb eines inländischen Hafens befindet

Art. und die Personen an Bord sind. Die Frist, mit deren Ablaufe die letztwillige Verfügung ihre Gültigkeit verliert, beginnt mit dem Zeitpunkt, in welchem das Schiff in einen inländischen Hafen zurückkehrt oder der Verfügende aufhört, zu dem Schiffe zu gehören oder als Kriegsgefangener oder als Geißel aus der Gewalt des F. entlassen wird. Den Schiffen stehen die sonstigen Fahrzeuge der Kaiserlichen Marine gleich.

Feldwebel.

Einführungsgesetz.

51 Aufhebung des § 8 Abs. 2 des G. betreffend die Fürsorge für die Witwen und Waisen der Personen des Soldatenstandes, des Reichsheeres und der Kaiserlichen Marine vom F. abwärts, vom 13. Juni 1895. S. **E.G.** — E.G.

Fernhaltung.

§ **Ehescheidung.**

1567 Bösliche Verlassung liegt vor:

1. . . . .
2. wenn sich ein Ehegatte ein Jahr lang gegen den Willen des anderen Ehegatten in böslicher Absicht von der häuslichen Gemeinschaft fern gehalten hat und die Voraussetzungen für die öffentliche Zustellung seit Jahresfrist gegen ihn bestanden haben. 1564, 1570, 1571, 1574.

Art.

201 **Einführungsgesetz** s. Ehescheidung § 1567.

§

2335 **Pflichtteil** s. Ehescheidung 1567.

1635 **Verwandtschaft** s. Ehescheidung § 1567.

Fernsprecher.

Vertrag.

147 Der einem Anwesenden gemachte An-

§ trag auf Schließung eines Vertrags kann nur sofort angenommen werden. Dies gilt auch von einem mittelst F. von Person zu Person gemachten Antrage. 146.

Festnahme.

Selbsthülfe.

229 s. **Duldung** — Selbsthülfe.

230 Die Selbsthülfe darf nicht weitergehen, als zur Abwendung der Gefahr erforderlich ist.

Im Falle der Wegnahme von Sachen ist, sofern nicht Zwangsvollstreckung erwirkt wird, der dingliche Arrest zu beantragen.

Im Falle der F. des Verpflichteten ist, sofern er nicht wieder in Freiheit gesetzt wird, der persönliche Sicherheitsarrest bei dem Amtsgerichte zu beantragen, in dessen Bezirke die F. erfolgt ist; der Verpflichtete ist unverzüglich dem Gerichte vorzuführen.

Wird der Arrestantrag verzögert oder abgelehnt, so hat die Rückgabe der weggenommenen Sachen und die Freilassung des Festgenommenen unverzüglich zu erfolgen.

Festsetzung.

1308 **Ehe** s. Vormundschaft 1847.

Kauf.

469 Sind von mehreren verkauften Sachen nur einzelne mangelhaft, so kann nur in Ansehung dieser Wandelung verlangt werden, auch wenn ein Gesamtpreis für alle Sachen festgesetzt ist. Sind jedoch die Sachen als zusammengehörend verkauft, so kann jeder Teil verlangen, daß die Wandelung auf alle Sachen erstreckt wird, wenn die mangelhaften Sachen nicht ohne Nachteil für ihn von den übrigen getrennt werden können. 480, 481.

473 Sind neben dem in Geld festgesetzten Kaufpreise Leistungen bedungen, die nicht vertretbare Sachen zum Gegenstande haben, so sind diese Leistungen in den Fällen der §§ 471, 472 nach dem Werte zur Zeit des Verkaufs in Geld zu veranschlagen. Die Herabsetzung der Gegenleistung des Käufers erfolgt an dem in Geld festgesetzten Preise; ist dieser geringer als der abzusetzende Betrag, so hat der Verkäufer den überschießenden Betrag dem Käufer zu vergüten. 481.

537, 543 **Miete** s. Kauf 469, 473.

323 **Vertrag** s. Kauf 473.

1673 **Verwandtschaft** s. Vormundschaft 1847.

Vormundschaft.

1847 Die Verwandten und Verschwägerten können von dem Mündel Ersatz ihrer Auslagen verlangen, die dadurch entstehen, daß das Vormundschaftsgericht sie hört; der Betrag der Auslagen wird von dem Vormundschaftsgericht festgesetzt. 1862.

1877 Die Mitglieder des Familienrats können von dem Mündel Ersatz ihrer Auslagen verlangen; der Betrag der Auslagen wird von dem Vorsitzenden festgesetzt.

634 **Werkvertrag** s. Kauf 469, 473.

Feststellung.

Besitz.

864 Ein nach den §§ 861, 862 begründeter Anspruch erlischt mit dem Ablauf eines Jahres nach der Verübung der verbotenen Eigenmacht, wenn nicht vorher der Anspruch im Wege der Klage geltend gemacht wird.

Das Erlöschen tritt auch dann ein, wenn nach der Verübung der verbotenen Eigenmacht durch rechtskräftiges Urteil festgestellt wird, daß dem Thäter ein Recht an der Sache zusteht, vermöge dessen er die Herstellung eines seiner Handlungsweise

§ entsprechenden Besitzstandes verlangen kann. 865.

1093 **Dienstbarkeit** s. Nießbrauch 1034.

Ehe.

1312 Eine Ehe darf nicht geschlossen werden zwischen einem wegen Ehebruchs geschiedenen Ehegatten und demjenigen, mit welchem der geschiedene Ehegatte den Ehebruch begangen hat, wenn dieser Ehebruch in dem Scheidungsurteil als Grund der Scheidung festgestellt ist.

Von dieser Vorschrift kann Befreiung bewilligt werden. 1322, 1328.

Eigentum.

914 Das Recht auf die Rente für den Überbau geht allen Rechten an dem belasteten Grundstück, auch den älteren, vor. Es erlischt mit der Beseitigung des Überbaues.

Das Recht wird nicht in das Grundbuch eingetragen. Zum Verzicht auf das Recht sowie zur F. der Höhe der Rente durch Vertrag ist die Eintragung erforderlich.

Im übrigen finden die Vorschriften Anwendung, die für eine zu Gunsten des jeweiligen Eigentümers eines Grundstücks bestehende Reallast gelten. 916, 917.

920 Läßt sich im Falle einer Grenzverwirrung die richtige Grenze nicht ermitteln, so ist für die Abgrenzung der Besitzstand maßgebend. Kann der Besitzstand nicht festgestellt werden, so ist jedem der Grundstücke ein gleich großes Stück der streitigen Fläche zuzuteilen.

Soweit eine diesen Vorschriften entsprechende Bestimmung der Grenze zu einem Ergebnisse führt, das mit den ermittelten Umständen, insbesondere mit der feststehenden Größe der Grundstücke, nicht übereinstimmt, ist die Grenze so zu ziehen, wie es unter Berücksichtigung dieser Umstände der Billigkeit entspricht. 924.

941, 945 f. Verjährung 209.

1003 Bestreitet der Eigentümer den Anspruch auf Ersatz der vom Besitzer gemachten Verwendungen vor dem Ablaufe der Frist, so kann sich der Besitzer aus der Sache erst dann befriedigen, wenn er nach rechtskräftiger F. des Betrags der Verwendungen den Eigentümer unter Bestimmung einer angemessenen Frist zur Erklärung aufgefordert hat und die Frist verstrichen ist; das Recht auf Befriedigung aus der Sache ist ausgeschlossen, wenn die Genehmigung rechtzeitig erfolgt. 974, 1007.

Art. **Einführungsgesetz.**

70 Unberührt bleiben die landesg. Vorschriften über die Grundsätze, nach welchen der Wildschaden festzustellen ist, sowie die landesg. Vorschriften, nach welchen der Anspruch auf Ersatz des Wildschadens innerhalb einer bestimmten Frist bei der zuständigen Behörde geltend gemacht werden muß.

79 Unberührt bleiben die landesg. Vorschriften, nach welchen die zur amtlichen F. des Wertes von Grundstücken bestellten Sachverständigen für den aus einer Verletzung ihrer Berufspflicht entstandenen Schaden in weiterem Umfange als nach dem B.G.B. haften.

120 Unberührt bleiben die landesg. Vorschriften, nach welchen im Falle der Veräußerung eines Teiles eines Grundstücks dieser Teil von den Belastungen des Grundstücks befreit wird, wenn von der zuständigen Behörde festgestellt wird, daß die Rechtsänderung für die Berechtigten unschädlich ist.

137 Unberührt bleiben die landesg. Vorschriften über die Grundsätze, nach denen in den Fällen des § 1515 Abs. 2, 3 und der §§ 2049, 2312 des B.G.B. der Ertragswert eines Landguts festzustellen ist.

Art.

150 s. Testament § 2249.

151 s. Testament §§ 2241, 2242, 2243, 2244.

§ **Erbe.**

1964 Wird der Erbe nicht innerhalb einer den Umständen entsprechenden Frist ermittelt, so hat das Nachlaßgericht festzustellen, daß ein anderer Erbe als der Fiskus nicht vorhanden ist.

Die F. begründet die Vermutung, daß der Fiskus g. Erbe sei.

1965 Der F. hat eine öffentliche Aufforderung zur Anmeldung der Erbrechte unter Bestimmung einer Anmeldungsfrist vorauszugehen.

1966 Von dem Fiskus als g. Erben und gegen den Fiskus als g. Erben kann ein Recht erst geltend gemacht werden, nachdem von dem Nachlaßgerichte festgestellt worden ist, daß ein anderer Erbe nicht vorhanden ist.

2022 s. Eigentum 1003.

Erbschein.

2358 Das Nachlaßgericht hat vor der Erteilung des Erbscheins unter Benutzung der von dem Antragsteller angegebenen Beweismittel von Amtswegen die zur F. der Thatsachen erforderlichen Ermittelungen zu veranstalten und die geeignet erscheinenden Beweise aufzunehmen.

2359 Der Erbschein ist nur zu erteilen, wenn das Nachlaßgericht die zur Begründung des Antrags erforderlichen Thatsachen für festgestellt erachtet.

2276, 2290 Erbvertrag s. Testament 2241 bis 2244.

2300 Erbvertrag s. Testament 2260.

Güterrecht.

1372 Jeder Ehegatte kann bei g. Güterrecht verlangen, daß der Bestand des eingebrachten Gutes durch Aufnahme eines Verzeichnisses unter Mitwirkung des anderen Ehegatten festgestellt wird. Auf die Aufnahme des Verzeichnisses

§ finden die für den Nießbrauch geltenden Vorschriften des § 1035 Anwendung.

Jeder Ehegatte kann den Zustand der zum eingebrachten Gute gehörenden Sachen auf seine Kosten durch Sachverständige feststellen lassen.

1528 Jeder Ehegatte kann verlangen, daß der Bestand seines eigenen und des dem anderen Ehegatten gehörenden eingebrachten Gutes im Falle der Errungenschaftsgemeinschaft durch Aufnahme eines Verzeichnisses unter Mitwirkung des anderen Ehegatten festgestellt wird. Auf die Aufnahme des Verzeichnisses finden die für den Nießbrauch geltenden Vorschriften des § 1035 Anwendung.

Jeder Ehegatte kann den Zustand der zum eingebrachten Gute gehörenden Sachen auf seine Kosten durch Sachverständige feststellen lassen.

Hypothek.

1190 Eine Hypothek kann in der Weise bestellt werden, daß nur der Höchstbetrag, bis zu dem das Grundstück haften soll, bestimmt, im übrigen die F. der Forderung vorbehalten wird. Der Höchstbetrag muß in das Grundbuch eingetragen werden.

490 **Kauf** s. Verjährung 215.

Nießbrauch.

1034 Der Nießbraucher kann den Zustand der Sache auf seine Kosten durch Sachverständige feststellen lassen. Das gleiche Recht steht dem Eigentümer zu.

1038 Ist ein Wald Gegenstand des Nießbrauchs, so kann sowohl der Eigentümer als der Nießbraucher verlangen, daß das Maß der Nutzung und die Art der wirtschaftlichen Behandlung durch einen Wirtschaftsplan festgestellt werden. Tritt eine erhebliche Änderung der Umstände ein, so kann jeder Teil eine entsprechende Änderung des Wirtschaftsplans verlangen. Die Kosten hat jeder Teil zur Hälfte zu tragen.

§ Das Gleiche gilt, wenn ein Bergwerk oder eine andere auf Gewinnung von Bodenbestandteilen gerichtete Anlage Gegenstand des Nießbrauchs ist.

1067 Sowohl der Besteller als der Nießbraucher kann den Wert der zum Nießbrauch überlassenen verbrauchbaren Sachen auf seine Kosten durch Sachverständige feststellen lassen. 1075, 1084.

Pfandrecht.

1271 Das Pfandrecht an einer beweglichen Sache kann in der Weise bestellt werden, daß nur der Höchstbetrag, bis zu dem das Schiff haften soll, bestimmt, im Übrigen die F. der Forderung vorbehalten wird. Der Höchstbetrag muß in das Schiffsregister eingetragen werden. 1259, 1272.

Pflichtteil.

2310 Bei der F. des für die Berechnung des Pflichtteils maßgebenden Erbteils werden diejenigen mitgezählt, welche durch letztwillige Verfügung von der Erbfolge ausgeschlossen sind oder die Erbschaft ausgeschlagen haben oder für erbunwürdig erklärt sind. Wer durch Erbverzicht von der g. Erbfolge ausgeschlossen ist, wird nicht mitgezählt. 2311.

2313 Bei der F. des Wertes des Nachlasses bleiben Rechte und Verbindlichkeiten, die von einer aufschiebenden Bedingung abhängig sind, außer Ansatz. Rechte und Verbindlichkeiten, die von einer auflösenden Bedingung abhängig sind, kommen als unbedingte in Ansatz. Tritt die Bedingung ein, so hat die der veränderten Rechtslage entsprechende Ausgleichung zu erfolgen.

Für ungewisse oder unsichere Rechte sowie für zweifelhafte Verbindlichkeiten gilt das Gleiche wie für Rechte und Verbindlichkeiten, die von einer aufschiebenden Bedingung abhängig sind. Der Erbe ist den Pflichtteilsberechtigten gegenüber verpflichtet, für die F. eines ungewissen und für die Verfolgung eines unsicheren Rechtes zu sorgen, soweit es einer ordnungsmäßigen Verwaltung entspricht.

Testament.

2122 Der Vorerbe kann den Zustand der zur Erbschaft gehörenden Sachen auf seine Kosten durch Sachverständige feststellen lassen. Das gleiche Recht steht dem Nacherben zu.

2123 Gehört ein Wald zur Erbschaft, so kann sowohl der Vorerbe als der Nacherbe verlangen, daß das Maß der Nutzung und die Art der wirtschaftlichen Behandlung durch einen Wirtschaftsplan festgestellt werden. Tritt eine erhebliche Änderung der Umstände ein, so kann jeder Teil eine entsprechende Änderung des Wirtschaftsplans verlangen. Die Kosten fallen der Erbschaft zur Last.

Das Gleiche gilt, wenn ein Bergwerk oder eine andere auf Gewinnung von Bodenbestandteilen gerichtete Anlage zur Erbschaft gehört. 2136.

2166 s. Hypothek 1190.

2241 Das Protokoll über Errichtung eines Testamentes muß enthalten:

1. . . . .

3. Die nach § 2238 erforderlichen Erklärungen des Erblassers und im Falle der Übergabe einer Schrift die F. der Übergabe. 2232, 2249, 2250.

2242 Das Protokoll muß vorgelesen, von dem Erblasser genehmigt und von ihm eigenhändig unterschrieben werden. Im Protokolle muß festgestellt werden, daß dies geschehen ist. Das Protokoll soll dem Erblasser auf Verlangen auch zur Durchsicht vorgelegt werden.

Erklärt der Erblasser, daß er nicht schreiben könne, so wird seine Unterschrift durch die F. dieser Erklärung im Protokoll ersetzt.

Das Protokoll muß von den mit-

§ wirkenden Personen unterschrieben werden. 2232, 2249, 2250.

2243 Das eigenhändige Niederschreiben der Erklärung, sowie die Überzeugung des Richters oder des Notars, daß der Erblasser am Sprechen verhindert ist, muß im Protokolle über Errichtung eines Testaments festgestellt werden. Das Protokoll braucht von dem Erblasser nicht besonders genehmigt zu werden. 2232, 2249.

2244 Das Protokoll muß die Erklärung des Erblassers, daß er der deutschen Sprache nicht mächtig sei, sowie den Namen des Dolmetschers und die F. enthalten, daß der Dolmetscher die Übersetzung angefertigt oder beglaubigt und sie vorgelesen hat. Der Dolmetscher muß das Protokoll unterschreiben. 2232, 2249.

2249 Die Besorgnis, daß die Errichtung eines Testaments vor einem Richter oder vor einem Notar nicht mehr möglich sein werde, muß im Protokolle festgestellt werden. Der Gültigkeit des Testaments steht nicht entgegen, daß die Besorgnis nicht begründet war. 2252, 2256, 2266.

2260 In dem Protokoll über Eröffnung eines Testamentes ist festzustellen, ob der Verschluß unversehrt war.

Todeserklärung.

18 Die Todeserklärung begründet die Vermutung, daß der Verschollene in dem Zeitpunkte gestorben sei, welcher in dem die Todeserklärung aussprechenden Urteile festgestellt ist.

Ist die Todeszeit nur dem Tage nach festgestellt, so gilt das Ende des Tages als Zeitpunkt des Todes. 19.

Verjährung.

209 Die Verjährung wird unterbrochen, wenn der Berechtigte auf Befriedigung oder auf F. des Anspruchs, auf Erteilung der Vollstreckungsklausel oder auf Erlassung des Vollstreckungsurteils Klage erhebt. 220.

215 Die Unterbrechung der Verjährung durch Geltendmachung der Aufrechnung im Prozeß oder durch Streitverkündung gilt als nicht erfolgt, wenn nicht binnen sechs Monaten nach der Beendigung des Prozesses Klage auf Befriedigung oder F. des Anspruchs erhoben wird. Auf diese Frist finden die Vorschriften der §§ 203, 206, 207 entsprechende Anwendung. 220.

218 Ein rechtskräftig festgestellter Anspruch verjährt in dreißig Jahren, auch wenn er an sich einer kürzeren Verjährung unterliegt. Das Gleiche gilt von dem Anspruch aus einem vollstreckbaren Vergleich oder einer vollstreckbaren Urkunde sowie von einem Anspruch, welcher durch die im Konkurs erfolgte F. vollstreckbar geworden ist.

Soweit sich die F. auf regelmäßig wiederkehrende, erst künftig fällig werdende Leistungen bezieht, bewendet es bei der kürzeren Verjährungsfrist. 219, 220.

Verwandtschaft.

1642 s. Vormundschaft 1807.

1677 Die elterliche Gewalt des Vaters ruht, wenn von dem Vormundschaftsgericht festgestellt wird, daß der Vater auf längere Zeit an der Ausübung der elterlichen Gewalt thatsächlich verhindert ist.

Das Ruhen endigt, wenn von dem Vormundschaftsgerichte festgestellt wird, daß der Grund nicht mehr besteht. 1702, 1738, 1765.

Vormundschaft.

1807 Die L.G. können für die innerhalb ihres Geltungsbereichs belegenen Grundstücke die Grundsätze bestimmen, nach denen die Sicherheit einer Hypothek, einer Grundschuld oder einer Renten-

§ schuld festzustellen ist. 1808, 1810, 1811.

1883 Wird der Mündel durch nachfolgende Ehe legitimiert, so endigt die Vormundschaft erst dann, wenn die Vaterschaft des Ehemannes durch ein zwischen ihm und dem Mündel ergangenes Urteil rechtskräftig festgestellt ist oder die Aufhebung der Vormundschaft von dem Vormundschaftsgericht angeordnet wird.

Festung.

Art. **Einführungsgesetz.**

54 Die Vorschrift des § 36 Abs. 4 des G. betreffend die Beschränkungen des Grundeigentums in der Umgebung von F., vom 21. Dezember 1871 (Reichs-Gesetzbl. S. 459) wird durch die Vorschriften der Art. *52, 53* nicht berührt.

Finder.

§ **Eigentum.**

965 Wer eine verlorene Sache findet und an sich nimmt, hat dem Verlierer oder dem Eigentümer oder einem sonstigen Empfangsberechtigten unverzüglich Anzeige zu machen.

Kennt der F. die Empfangsberechtigten nicht oder ist ihm ihr Aufenthalt unbekannt, so hat er den Fund und die Umstände, welche für die Ermittelung der Empfangsberechtigten erheblich sein können, unverzüglich der Polizeibehörde anzuzeigen. Ist die Sache nicht mehr als drei Mark wert, so bedarf es der Anzeige nicht. 978.

966 Der F. ist zur Verwahrung der Sache verpflichtet.

Ist der Verderb der Sache zu besorgen oder ist die Aufbewahrung mit unverhältnismäßigen Kosten verbunden, so hat der F. die Sache öffentlich versteigern zu lassen. Vor der Versteigerung ist der Polizeibehörde Anzeige zu machen. Der Erlös tritt an die Stelle der Sache. 978.

967 Der F. ist berechtigt und auf Anordnung der Polizeibehörde verpflichtet, die Sache oder den Versteigerungserlös an die Polizeibehörde abzuliefern. 978.

968 Der F. hat nur Vorsatz und grobe Fahrlässigkeit zu vertreten. 978.

969 Der F. wird durch die Herausgabe der Sache an den Verlierer auch den sonstigen Empfangsberechtigten gegenüber befreit. 978.

970 Macht der F. zum Zwecke der Verwahrung oder Erhaltung der Sache oder zum Zwecke der Ermittelung eines Empfangsberechtigten Aufwendungen, die er den Umständen nach für erforderlich halten darf, so kann er von dem Empfangsberechtigten Ersatz verlangen. 972, 974, 978.

971 Der F. kann von dem Empfangsberechtigten einen Finderlohn verlangen. Der Finderlohn beträgt von dem Werte der Sache bis zu dreihundert Mark fünf vom Hundert; bei Tieren eins vom Hundert. Hat die Sache nur für den Empfangsberechtigten einen Wert, so ist der Finderlohn nach billigem Ermessen zu bestimmen.

Der Anspruch ist ausgeschlossen, wenn der F. die Anzeigepflicht verletzt oder den Fund auf Nachfrage verheimlicht. 972, 974, 978.

973 Mit dem Ablauf eines Jahres nach der Anzeige des Fundes bei der Polizeibehörde, erwirbt der F. das Eigentum an der Sache, es sei denn, daß vorher ein Empfangsberechtigter dem F. bekannt geworden ist oder sein Recht bei der Polizeibehörde angemeldet hat. Mit dem Erwerbe des Eigentums erlöschen die sonstigen Rechte an der Sache.

Ist die Sache nicht mehr als drei

§ Mark wert, so beginnt die einjährige Frist mit dem Funde. Der F. erwirbt das Eigentum nicht, wenn er den Fund auf Nachfrage verheimlicht. Die Anmeldung eines Rechtes bei der Polizeibehörde steht dem Erwerbe des Eigentums nicht entgegen. 974, 976, 977, 978.

974 Sind vor dem Ablaufe der einjährigen Frist Empfangsberechtigte dem F. bekannt geworden oder haben sie bei einer Sache, die mehr als drei Mark wert ist, ihre Rechte bei der Polizeibehörde rechtzeitig angemeldet, so kann der F. die Empfangsberechtigten nach den Vorschriften des § 1003 zur Erklärung über die ihm nach den §§ 970—972 zustehenden Ansprüche auffordern. Mit dem Ablaufe der für die Erklärung bestimmten Frist erwirbt der F. das Eigentum und erlöschen die sonstigen Rechte an der Sache, wenn nicht die Empfangsberechtigten sich rechtzeitig zu der Befriedigung der Ansprüche bereit erklären. 976, 977, 978.

975 Durch die Ablieferung der Sache oder des Versteigerungserlöses an die Polizeibehörde werden die Rechte des F. nicht berührt. Läßt die Polizeibehörde die Sache versteigern, so tritt der Erlös an die Stelle der Sache. Die Polizeibehörde darf die Sache oder den Erlös nur mit Zustimmung des F. einem Empfangsberechtigten herausgeben. 978.

976 Verzichtet der F. der Polizeibehörde gegenüber auf das Recht zum Erwerbe des Eigentums an der Sache, so geht sein Recht auf die Gemeinde des Fundorts über.

Hat der F. nach der Ablieferung der Sache oder des Versteigerungserlöses an die Polizeibehörde auf Grund der Vorschriften der §§ 973, 974 das Eigentum erworben, so geht

§ es auf die Gemeinde des Fundorts über, wenn nicht der F. vor dem Ablauf einer ihm von der Polizeibehörde bestimmten Frist die Herausgabe verlangt. 977, 978.

977 Wer infolge der Vorschriften der §§ 973, 974, 976 einen Rechtsverlust erleidet, kann in den Fällen der §§ 973, 974 von dem F., in den Fällen des § 976 von der Gemeinde des Fundorts die Herausgabe des durch die Rechtsänderung Erlangten nach den Vorschriften über die Herausgabe einer ungerechtfertigten Bereicherung fordern. Der Anspruch erlischt mit dem Ablaufe von drei Jahren nach dem Übergange des Eigentums auf den F. oder die Gemeinde, wenn nicht die gerichtliche Geltendmachung vorher erfolgt. 978.

Finderlohn.

971 **Eigentum** 972, 974, 978 s. **Finder** — Eigentum.

Fische.

Eigentum.

960 Wilde Tiere sind herrenlos, solange sie sich in der Freiheit befinden. Wilde Tiere in Tiergärten und F. in Teichen oder anderen geschlossenen Privatgewässern sind nicht herrenlos.

Fischerei.

Art. **Einführungsgesetz.**

69 Unberührt bleiben die landesg. Vorschriften über Jagd und F., unbeschadet der Vorschrift des § 958 Abs. 2 des B.G.B. und der Vorschriften des B.G.B. über den Ersatz des Wildschadens.

Fiskus.

§ **Eigentum.**

928 Das Recht zur Aneignung des aufgegebenen Grundstücks steht dem F.

§ des Bundesstaats zu, in dessen Gebiete das Grundstück liegt. Der F. erwirbt das Eigentum dadurch, daß er sich als Eigentümer in das Grundbuch eintragen läßt.

981 Sind seit dem Ablaufe der in der öffentlichen Bekanntmachung bestimmten Frist drei Jahre verstrichen, so fällt der Versteigerungserlös eines Fundes, wenn nicht ein Empfangsberechtigter sein Recht angemeldet hat, bei Reichsbehörden und Reichsanstalten an den Reichsf., bei Landesbehörden und Landesanstalten an den F. des Bundesstaats, bei Gemeindebehörden und Gemeindeanstalten an die Gemeinde, bei Verkehrsanstalten, die von einer Privatperson betrieben werden, an diese. 983.

Art. **Einführungsgesetz.**

85 Unberührt bleiben die landesg. Vorschriften, nach welchen im Falle des § 45 Abs. 3 des B.G.B. das Vermögen des aufgelösten Vereins an Stelle des F. einer Körperschaft, Stiftung oder Anstalt des öffentlichen Rechtes anfällt.

91 Unberührt bleiben die landesg. Vorschriften, nach welchen der F., eine Körperschaft, Stiftung oder Anstalt des öffentlichen Rechtes oder eine unter der Verwaltung einer öffentlichen Behörde stehende Stiftung berechtigt ist, zur Sicherung gewisser Forderungen, die Eintragung einer Hypothek an Grundstücken des Schuldners zu verlangen, und nach welchen die Eintragung der Hypothek auf Ersuchen einer bestimmten Behörde zu erfolgen hat. Die Hypothek kann nur als Sicherungshypothek eingetragen werden; sie entsteht mit der Eintragung.

129 Unberührt bleiben die landesg. Vorschriften, nach welchen das Recht zur Aneignung eines nach § 928 des

Art. B.G.B. aufgegebenen Grundstücks an Stelle des F. einer bestimmten anderen Person zusteht. *190.*

138 Unberührt bleiben die landesg. Vorschriften, nach welchen im Falle des § 1936 des B.G.B. an Stelle des F. eine Körperschaft, Stiftung oder Anstalt des öffentlichen Rechtes g. Erbe ist.

139 Unberührt bleiben die landesg. Vorschriften, nach welchen dem F. oder einer anderen juristischen Person in Ansehung des Nachlasses einer verpflegten oder unterstützten Person ein Erbrecht, ein Pflichtteilsanspruch oder ein Recht auf bestimmte Sachen zusteht.

145 Die L.G. können über die Hinterlegung nähere Bestimmungen treffen, insbesondere den Nachweis der Empfangsberechtigung regeln und vorschreiben, daß die hinterlegten Gelder und Wertpapiere gegen die Verpflichtung zur Rückerstattung in das Eigentum des F. oder der als Hinterlegungsstelle bestimmten Anstalt übergehen, daß der Verkauf von hinterlegten Sachen von Amtswegen angeordnet werden kann, sowie daß der Anspruch auf Rückerstattung mit dem Ablauf einer gewissen Zeit oder unter sonstigen Voraussetzungen zu Gunsten des F. oder der Hinterlegungsanstalt erlischt.

163 s. Jurist. Person d. öff. Rechts § 89. s. Verein §§ 45—47.

190 Das nach § 928 Abs. 2 des B.G.B. dem F. zustehende Aneignungsrecht erstreckt sich auf alle Grundstücke, die zu der Zeit herrenlos sind, zu welcher das Grundbuch als angelegt anzusehen ist. Die Vorschrift des Art. *129* findet entsprechende Anwendung.

§ **Erbe.**

1942 Der F. kann die ihm als g. Erben angefallene Erbschaft nicht ausschlagen.

1964 Wird der Erbe nicht innerhalb einer

§ den Umständen entsprechenden Frist ermittelt, so hat das Nachlaßgericht festzustellen, daß ein anderer Erbe als der F. nicht vorhanden ist.

Die Feststellung begründet die Vermutung, daß der F. g. Erbe sei. 1966, 2011.

1965 Ein Erbrecht bleibt unberücksichtigt, wenn nicht dem Nachlaßgerichte binnen drei Monaten nach dem Ablaufe der Anmeldungsfrist nachgewiesen wird, daß das Erbrecht besteht oder daß es gegen den F. im Wege der Klage geltend gemacht ist. Ist eine öffentliche Aufforderung nicht ergangen, so beginnt die dreimonatige Frist mit der gerichtlichen Aufforderung, das Erbrecht oder die Erhebung der Klage nachzuweisen.

1966 Von dem F. als g. Erben und gegen den F. als g. Erben kann ein Recht erst geltend gemacht werden, nachdem von dem Nachlaßgerichte festgestellt worden ist, daß ein anderer Erbe nicht vorhanden ist.

2011 Dem F. als g. Erben kann eine Inventarfrist nicht bestimmt werden, der F. ist den Nachlaßgläubigern gegenüber verpflichtet, über den Bestand des Nachlasses Auskunft zu erteilen.

Erbfolge.

1936 Ist zur Zeit des Erbfalls weder ein Verwandter noch ein Ehegatte des Erblassers vorhanden, so ist der F. des Bundesstaats, dem der Erblasser zur Zeit des Todes angehört hat, g. Erbe. Hat der Erblasser mehreren Bundesstaaten angehört, so ist der F. eines jeden dieser Staaten zu gleichem Anteile zur Erbfolge berufen.

War der Erblasser ein Deutscher, der keinem Bundesstaate angehörte, so ist der Reichsf. g. Erbe.

Juristische Pers. d. öff. Rechts.

89 Die Vorschrift des § 31 findet auf den F. sowie auf die Körperschaften,

§ Stiftungen und Anstalten des öffentlichen Rechtes entsprechende Anwendung.

Das Gleiche gilt, soweit bei Körperschaften, Stiftungen und Anstalten des öffentlichen Rechtes der Konkurs zulässig ist, von der Vorschrift des § 42 Abs. 2.

Sicherheitsleistung.

233 Mit der Hinterlegung erwirbt der Berechtigte ein Pfandrecht an dem hinterlegten Gelde oder an den hinterlegten Wertpapieren und, wenn das Geld oder die Wertpapiere nach landesg. Vorschrift in das Eigentum des F. oder der als Hinterlegungsstelle bestimmten Anstalt übergehen, ein Pfandrecht an der Forderung auf Rückerstattung.

88 **Stiftung** s. Verein 45—47.

Testament.

2104 Hat der Erblasser angeordnet, daß der Erbe nur bis zu dem Eintritt eines bestimmten Zeitpunkts oder Ereignisses Erbe sein soll, ohne zu bestimmen, wer alsdann die Erbschaft erhalten soll, so ist anzunehmen, daß als Nacherben diejenigen eingesetzt sind, welche die g. Erben des Erblassers sein würden, wenn er zur Zeit des Eintritts des Zeitpunkts oder des Ereignisses gestorben wäre. Der F. gehört nicht zu den g. Erben im Sinne dieser Vorschrift

2149 Hat der Erblasser bestimmt, daß dem eingesetzten Erben ein Erbschaftsgegenstand nicht zufallen soll, so gilt der Gegenstand als den g. Erben vermacht. Der F. gehört nicht zu den g. Erben im Sinne dieser Vorschrift.

Verein.

45 Fehlt es im Falle einer Auflösung des Vereins oder der Entziehung der Rechtsfähigkeit an einer Bestimmung der Anfallberechtigten, so fällt das

§ Vermögen, wenn der Verein nach der Satzung ausschließlich den Interessen seiner Mitglieder diente, an die zur Zeit der Auflösung oder der Entziehung der Rechtsfähigkeit vorhandenen Mitglieder zu gleichen Teilen, anderenfalls an den F. des Bundesstaats, in dessen Gebiete der Verein seinen Sitz hatte.

46 Fällt das Vereinsvermögen an den F., so finden die Vorschriften über eine dem F. als g. Erben anfallende Erbschaft entsprechende Anwendung. Der F. hat das Vermögen thunlichst zu einer den Zwecken des Vereins entsprechenden Weise zu verwenden.

47 Fällt das Vereinsvermögen nicht an den F., so muß eine Liquidation stattfinden.

Flössereirecht.

Art. **Einführungsgesetz.**

65 Unberührt bleiben die landesg. Vorschriften, welche dem Wasserrecht angehören, mit Einschluß des Mühlenrechts, des Flötzrechts und des F. sowie der Vorschriften zur Beförderung der Bewässerung und Entwässerung der Grundstücke und der Vorschriften über Anlandungen, entstehende Inseln und verlassene Flußbetten.

Art. **Flötzrecht.**

65 **Einführungsgesetz** s. **Flössereirecht** — E.G.

§ **Flucht.**

229 **Selbsthülfe** s. **Duldung** — Selbsthülfe.

Art. **Flussbett.**

65 **Einführungsgesetz** s. **Flössereirecht** — E.G.

§ **Folgen.**

159 **Bedingung** s. **Bedingung** — Bedingung.

§ **Ehe.**

347 Erklärt der Ehegatte, dem das im § 1345 Abs. 1 bestimmte Recht zusteht, dem anderen Ehegatten, daß er von dem Rechte Gebrauch mache, so kann er die F. der Nichtigkeit der Ehe nicht mehr geltend machen; erklärt er dem anderen Ehegatten, daß es bei diesen F. bewenden solle, so erlischt das im § 1345 Abs. 1 bestimmte Recht.

Art. **Einführungsgesetz.**

33 Soweit in dem Gerichtsverfassungsgesetze, der Civilprozeßordnung, der Strafprozeßordnung, der Konkursordnung und in dem G., betreffend die Anfechtung von Rechtshandlungen eines Schuldners außerhalb des Konkursverfahrens, vom 21. Juli 1879 (Reichs-Gesetzbl. S. 297) an die Verwandtschaft oder die Schwägerschaft rechtliche F. geknüpft sind, finden die Vorschriften des B.G.B. über Verwandtschaft oder Schwägerschaft Anwendung.

151 Durch die Vorschriften der §§ 2234 bis 2245, 2276 des B.G.B. und des Art. *149* dieses G. werden die a. Vorschriften der L.G. über die Errichtung gerichtlicher oder notarieller Urkunden nicht berührt. Ein Verstoß gegen eine solche Vorschrift ist, unbeschadet der Vorschriften über die F. des Mangels der sachlichen Zuständigkeit, ohne Einfluß auf die Gültigkeit der Verfügung von Todeswegen.

§ **Testament.**

2085 Die Unwirksamkeit einer von mehreren in einem Testament enthaltenen Verfügungen hat die Unwirksamkeit der übrigen Verfügungen nur zur Folge, wenn anzunehmen ist, daß der Erblasser diese ohne die unwirksame Verfügung nicht getroffen haben würde.

§ Vollmacht.
166 Soweit die rechtlichen F. einer Willenserklärung durch Willensmängel oder durch die Kenntnis oder das Kennenmüssen gewisser Umstände beeinflußt werden, kommt nicht die Person des Vertretenen, sondern die des Vertreters in Betracht.

Folgeleistung.

Besitz.

855 Übt jemand die thatsächliche Gewalt über eine Sache für einen anderen in dessen Haushalt oder Erwerbsgeschäft oder in einem ähnlichen Verhältnis aus, vermöge dessen er den sich auf die Sache beziehenden Weisungen des anderen Folge zu leisten hat, so ist nur der andere Besitzer. 860.

Ehe.

1353 Die Ehegatten sind einander zur ehelichen Lebensgemeinschaft verpflichtet.

Stellt sich das Verlangen eines Ehegatten nach Herstellung der Gemeinschaft als Mißbrauch seines Rechtes dar, so ist der andere Ehegatte nicht verpflichtet, dem Verlangen Folge zu leisten. Das Gleiche gilt, wenn der andere Ehegatte berechtigt ist, auf Scheidung zu klagen.

1354 Dem Manne steht die Entscheidung in allen das gemeinschaftliche eheliche Leben betreffenden Angelegenheiten zu; er bestimmt insbesondere Wohnort und Wohnung.

Die Frau ist nicht verpflichtet, der Entscheidung des Mannes Folge zu leisten, wenn sich die Entscheidung als Mißbrauch seines Rechtes darstellt. 1356.

Ehescheidung.

1567 Bösliche Verlassung liegt vor:

1. wenn ein Ehegatte, nachdem er zur Herstellung der häuslichen Gemeinschaft rechtskräftig verurteilt worden ist, ein Jahr lang gegen den Willen des anderen Ehegatten in böslicher Absicht dem Urteile nicht Folge geleistet hat. 1564, 1570, 1571, 1574.

Art.
201 **Einführungsgesetz** s. Ehescheidung § 1567.

§
2335 **Pflichtteil** s. Ehescheidung 1567.
1635 **Verwandtschaft** s. Ehescheidung 1567.
1875 **Vormundschaft** s. **Familienrat** — Vormundschaft.

Forderung.

Anweisung.

792 Auf die Übertragung der Anweisung finden im übrigen die für die Abtretung einer F. geltenden Vorschriften entsprechende Anwendung.

Bürgschaft.

770 Der Bürge kann die Befriedigung des Gläubigers verweigern, solange dem Hauptschuldner das Recht zusteht, das seiner Verbindlichkeit zu Grunde liegende Rechtsgeschäft anzufechten.

Die gleiche Befugnis hat der Bürge, solange sich der Gläubiger durch Aufrechnung gegen eine fällige F. des Hauptschuldners befriedigen kann.

774 Soweit der Bürge den Gläubiger befriedigt, geht die F. des Gläubigers gegen den Hauptschuldner auf ihn über . . . . .

Mitbürgen haften einander nur nach § 426, 776.

776 Giebt der Gläubiger ein mit der F. verbundenes Vorzugsrecht, eine für sie bestehende Hypothek, ein für sie bestehendes Pfandrecht oder das Recht gegen einen Mitbürgen auf, so wird der Bürge insoweit frei, als er aus dem aufgegebenen Rechte nach § 774 hätte Ersatz verlangen können. Dies gilt auch dann, wenn das aufgegebene

§ Recht erst nach der Übernahme der Bürgschaft entstanden ist.

777 Hat sich der Bürge für eine bestehende Verbindlichkeit auf bestimmte Zeit verbürgt, so wird er nach dem Ablaufe der bestimmten Zeit frei, wenn nicht der Gläubiger die Einziehung der F. unverzüglich nach Maßgabe des § 712 betreibt, das Verfahren ohne wesentliche Verzögerung fortsetzt und unverzüglich nach der Beendigung des Verfahrens dem Bürgen anzeigt, daß er ihn in Anspruch nehme.

Eigentum.

952 Das Eigentum an dem über eine F. ausgestellten Schuldscheine steht dem Gläubiger zu, das Recht eines Dritten an der F. erstreckt sich auf den Schuldschein.

Das Gleiche gilt für Urkunden über andere Rechte, kraft deren eine Leistung gefordert werden kann, insbesondere für Hypotheken-, Grundschuld- und Rentenschuldbriefe.

1010 s. Gemeinschaft 756.

1011 s. Schuldverhältnis 432.

Art. **Einführungsgesetz.**

53 s. Hypothek §§ 1123, 1124, 1128.

81 s. Schuldverhältnis 394.

91 Unberührt bleiben die landesg. Vorschriften, nach welchen der Fiskus eine Körperschaft, Stiftung oder Anstalt des öffentlichen Rechtes oder eine unter der Verwaltung einer öffentlichen Behörde stehende Stiftung berechtigt ist, zur Sicherung gewisser F., die Eintragung einer Hypothek an Grundstücken des Schuldners zu verlangen, und nach welchen die Eintragung der Hypothek auf Ersuchen einer bestimmten Behörde zu erfolgen hat. Die Hypothek kann nur als Sicherungshypothek eingetragen werden; sie entsteht mit der Eintragung.

120 s. Hypothek § 1128.

163 s. Verein § 49.

Art.

192 Ist der Betrag der F., für die das Pfandrecht besteht, nicht bestimmt, so gilt das Pfandrecht als Sicherungshypothek. *184, 193, 194.*

§ **Erbe.**

1970 Die Nachlaßgläubiger können im Wege des Aufgebotsverfahrens zur Anmeldung ihrer F. aufgefordert werden. 1974, 2045, 2061.

1973 Der Erbe hat den ausgeschlossenen Gläubiger vor den Verbindlichkeiten aus Pflichtteilsrechten, Vermächtnissen und Auflagen zu befriedigen, es sei denn, daß der Gläubiger seine F. erst nach der Berichtigung dieser Verbindlichkeiten geltend macht. 1974, 1989, 2013.

1974 Ein Nachlaßgläubiger, der seine F. später als fünf Jahre nach dem Erbfalle dem Erben gegenüber geltend macht, steht einem ausgeschlossenen Gläubiger gleich, es sei denn, daß die F. dem Erben vor dem Ablaufe der fünf Jahre bekannt geworden oder im Aufgebotsverfahren angemeldet worden ist. 2013, 2060.

1977 Hat ein Nachlaßgläubiger vor der Anordnung der Nachlaßverwaltung oder vor der Eröffnung des Nachlaßkonkurses seine F. gegen eine nicht zum Nachlaß gehörende F. des Erben ohne dessen Zustimmung aufgerechnet, so ist nach der Anordnung der Nachlaßverwaltung oder der Eröffnung des Nachlaßkonkurses die Aufrechnung als nicht erfolgt anzusehen.

Das Gleiche gilt, wenn ein Gläubiger, der nicht Nachlaßgläubiger ist, die ihm gegen den Erben zustehende F. gegen eine zum Nachlasse gehörende F. aufgerechnet hat. 2013.

1986 Für die bedingte F. eines Nachlaßgläubigers ist Sicherheitsleistung nicht erforderlich, wenn die Möglichkeit des Eintritts der Bedingung eine so ent-

§ fernte ist, daß die F. einen gegenwärtigen Vermögenswert nicht hat.

1994 Der Antragsteller (bezüglich der Bestimmung einer Inventarfrist) hat seine F. glaubhaft zu machen. Auf die Wirksamkeit der Fristbestimmung ist es ohne Einfluß, wenn die F. des Nachlaßgläubigers nicht besteht. 2013.

2019 Die Zugehörigkeit einer mit Mitteln der Erbschaft durch Rechtsgeschäft erworbenen F. zur Erbschaft hat der Schuldner erst dann gegen sich gelten zu lassen, wenn er von der Zugehörigkeit Kenntnis erlangt; die Vorschriften der §§ 406—408 finden entsprechende Anwendung. 2041.

2040 Gegen eine zum Nachlasse gehörende F. kann der Schuldner nicht eine ihm gegen einen einzelnen Miterben zustehende F. aufrechnen. 2032.

2041 Auf eine durch ein sich auf den Nachlaß beziehendes Rechtsgeschäft erworbene F. findet die Vorschrift des § 2019 Abs. 2 Anwendung. 2032.

2042 s. Gemeinschaft 754, 756.

2060 Nach der Teilung des Nachlasses haftet jeder Miterbe nur für den seinem Erbteil entsprechenden Teil einer Nachlaßverbindlichkeit:

1. . . . . .
2. wenn der Gläubiger seine F. später als fünf Jahre nach dem im § 1974 Abs. 1 bestimmten Zeitpunkt geltend macht, es sei denn, daß die F. vor dem Ablauf der fünf Jahre dem Miterben bekannt geworden oder im Aufgebotsverfahren angemeldet worden ist.

Die Vorschrift findet keine Anwendung, soweit der Gläubiger nach § 1971 von dem Aufgebote nicht betroffen wird.

2061 Jeder Miterbe kann die Nachlaßgläubiger öffentlich auffordern, ihre F. binnen sechs Monaten bei ihm oder bei dem Nachlaßgericht anzumelden.

§ Ist die Aufforderung erfolgt, so haftet nach der Teilung jeder Miterbe nur für den seinem Erbteil entsprechenden Teil einer F., soweit nicht vor dem Ablaufe der Frist die Anmeldung erfolgt oder die F. ihm zur Zeit der Teilung bekannt war. 2045.

Gemeinschaft.

754 Der Verkauf einer gemeinschaftlichen F. ist nur zulässig, wenn sie noch nicht eingezogen werden kann. Ist die Einziehung möglich, so kann jeder Teilhaber gemeinschaftliche Einziehung verlangen. 741.

756 Hat ein Teilhaber gegen einen anderen Teilhaber eine F., die sich auf die Gemeinschaft gründet, so kann er bei der Aufhebung der Gemeinschaft die Berichtigung seiner F aus dem auf den Schuldner entfallenden Teile des gemeinschaftlichen Gegenstandes verlangen. Die Vorschriften des § 755 Abs. 2, 3 finden Anwendung. 741.

Gesellschaft.

719 Gegen eine F., die zum Gesellschaftsvermögen gehört, kann der Schuldner nicht eine ihm gegen einen einzelnen Gesellschafter zustehende F. aufrechnen.

720 Die Zugehörigkeit einer nach § 718 Abs. 1 erworbenen F. zum Gesellschaftsvermögen hat der Schuldner erst dann gegen sich gelten zu lassen, wenn er von der Zugehörigkeit Kenntnis erlangt; die Vorschriften der §§ 406—408 finden entsprechende Anwendung. 718.

Grundschuld.

1192 Auf die Grundschuld finden die Vorschriften über die Hypothek entsprechende Anwendung, soweit sich nicht daraus ein anderes ergiebt, daß die Grundschuld nicht eine F. voraussetzt.

Für Zinsen der Grundschuld gelten die Vorschriften über die Zinsen einer Hypothekenforderung.

887 **Grundstück** s. Hypothek 1170.

§ **Güterrecht.**

1376 Ohne Zustimmung der Frau kann der Mann bei g. Güterrecht
1. . . . .
2. F. der Frau gegen solche F. an die Frau, deren Berichtigung aus dem eingebrachten Gute verlangt werden kann, aufrechnen. 1377, 1392, 1525.

1439 Von dem Gesamtgut bei a. Gütergemeinschaft ausgeschlossen sind Gegenstände, die nicht durch Rechtsgeschäft übertragen werden können. Auf solche Gegenstände finden die bei der Errungenschaftsgemeinschaft für das eingebrachte Gut geltenden Vorschriften mit Ausnahme des § 1524, entsprechende Anwendung.

1442 Gegen eine F., die bei a. Gütergemeinschaft zu dem Gesamtgute gehört, kann der Schuldner nur eine F. aufrechnen, deren Berichtigung aus dem Gesamtgute verlangt werden kann. 1471, 1487, 1497, 1519, 1546.

1473 Die Zugehörigkeit einer durch Rechtsgeschäft erworbenen F. zum Gesamtgute bei a. Gütergemeinschaft hat der Schuldner erst dann gegen sich gelten zu lassen, wenn er von der Zugehörigkeit Kenntnis erlangt; die Vorschriften der §§ 406—408 finden entsprechende Anwendung. 1497, 1546.

1486 Gehören zu dem Vermögen des überlebenden Ehegatten bei a. Gütergemeinschaft Gegenstände, die nicht durch Rechtsgeschäft übertragen werden können, so finden auf sie die bei der Errungenschaftsgemeinschaft für das eingebrachte Gut des Mannes geltenden Vorschriften, mit Ausnahme des § 1524, entsprechende Anwendung. 1518.

1487 Die Rechte und Verbindlichkeiten des überlebenden Ehegatten sowie der anteilsberechtigten Abkömmlinge in Ansehung des Gesamtguts der f. Gütergemeinschaft bestimmen sich nach den für die eheliche Gütergemeinschaft geltenden Vorschriften der §§ 1442 bis 1449, 1455—1457, 1466; der überlebende Ehegatte hat die rechtliche Stellung des Mannes, die anteilsberechtigten Abkömmlinge haben die rechtliche Stellung der Frau.

Was der überlebende Ehegatte zu dem Gesamtgute schuldet oder aus dem Gesamtgut zu fordern hat, ist erst nach der Beendigung der f. Gütergemeinschaft zu leisten. 1518.

1497 Bis zur Auseinandersetzung bestimmt sich das Rechtsverhältnis der Teilhaber am Gesamtgut der f. Gütergemeinschaft nach den §§ 1442, 1472, 1473, 1518.

1519 Auf das Gesamtgut der Errungenschaftsgemeinschaft finden die für die a. Gütergemeinschaft geltenden Vorschriften des § 1438 Abs. 2, 3 und der §§ 1442—1453, 1455—1457 Anwendung.

1524 Die Zugehörigkeit einer durch Rechtsgeschäft erworbenen F. zum eingebrachten Gute im Falle der Errungenschaftsgemeinschaft hat der Schuldner erst dann gegen sich gelten zu lassen, wenn er von der Zugehörigkeit Kenntnis erlangt; die Vorschriften der §§ 406—408 finden entsprechende Anwendung. 1439, 1486, 1554.

1525 Auf das eingebrachte Gut der Frau finden im Falle der Errungenschaftsgemeinschaft die Vorschriften der §§ 1373—1383, 1390—1417 entsprechende Anwendung.

1546 Nach der Beendigung der Errungenschaftsgemeinschaft findet in Ansehung des Gesamtguts die Auseinandersetzung statt. Bis zur Auseinandersetzung bestimmt sich das Rechtsverhältnis der Ehegatten nach den §§ 1442, 1472, 1473.

1551 Zum unbeweglichen Vermögen, das

§ bei der Fahrnisgemeinschaft eingebrachtes Gut eines Ehegatten ist, gehören F., die auf die Übertragung des Eigentums an Grundstücken oder auf die Begründung oder Übertragung eines der Rechte an Grundstücken oder auf die Befreiung eines Grundstücks von einem solchen Rechte gerichtet sind. 1549.

1554 Eingebrachtes Gut eines Ehegatten ist im Falle der Fahrnisgemeinschaft, was er in der im § 1524 bezeichneten Weise erwirbt. Ausgenommen ist, was an Stelle von Gegenständen erworben wird, die nur deshalb eingebrachtes Gut sind, weil sie nicht durch Rechtsgeschäft übertragen werden können. 1549.

Handlung.

853 Erlangt jemand durch eine von ihm begangene unerlaubte Handlung eine F. gegen den Verletzten, so kann der Verletzte die Erfüllung auch dann verweigern, wenn der Anspruch auf Aufhebung der F. verjährt ist.

Hypothek.

1113 Ein Grundstück kann in der Weise belastet werden, daß an denjenigen, zu dessen Gunsten die Belastung erfolgt, eine bestimmte Geldsumme zur Befriedigung wegen einer ihm zustehenden F. aus dem Grundstücke zu zahlen ist (Hypothek).

Die Hypothek kann auch für eine künftige oder eine bedingte F. bestellt werden.

1115 Bei der Eintragung der Hypothek müssen der Gläubiger, der Geldbetrag der F. und, wenn die F. verzinslich ist, der Zinssatz, wenn andere Nebenleistungen zu entrichten sind, ihr Geldbetrag im Grundbuch angegeben werden; im Übrigen kann zur Bezeichnung der F. auf die Eintragungsbewilligung Bezug genommen werden.

1118 Kraft der Hypothek haftet das Grundstück auch für die g. Zinsen der F. sowie für die Kosten der Kündigung und der die Befriedigung aus dem Grundstücke bezweckenden Rechtsverfolgung. 1145, 1159.

1119 Ist die F. unverzinslich oder ist der Zinssatz niedriger als fünf vom Hundert, so kann die Hypothek ohne Zustimmung der im Range gleich- oder nachstehenden Berechtigten dahin erweitert werden, daß das Grundstück für Zinsen bis zu fünf vom Hundert haftet.

1123 Ist das Grundstück vermietet oder verpachtet, so erstreckt sich die Hypothek auf die Miet- oder Pachtzinsforderung.

Soweit die F. fällig ist, wird sie mit dem Ablauf eines Jahres nach dem Eintritte der Fälligkeit von der Haftung frei, wenn nicht vorher die Beschlagnahme zu Gunsten des Hypothekengläubigers erfolgt. 1124, 1126, 1129.

1124 Wird der Miet- oder Pachtzins eingezogen, bevor er zu Gunsten des Hypothekengläubigers in Beschlag genommen worden ist, oder wird vor der Beschlagnahme in anderer Weise über ihn verfügt, so ist die Verfügung dem Hypothekengläubiger gegenüber wirksam. Besteht die Verfügung in der Übertragung der F. auf einen Dritten, so erlischt die Haftung der F.; erlangt ein Dritter ein Recht an der F., so geht es der Hypothek im Range vor.

Der Übertragung der F. auf einen Dritten steht es gleich, wenn das Grundstück ohne die F. veräußert wird. 1126, 1129.

1125 Soweit die Einziehung des Miet- oder Pachtzinses dem Hypothekengläubiger gegenüber unwirksam ist, kann der Mieter oder der Pächter nicht eine ihm gegen den Vermieter oder den Verpächter zustehende F. gegen den Hypothekengläubiger aufrechnen. 1126.

§

1127 Sind Gegenstände, die der Hypothek unterliegen, für den Eigentümer oder den Eigenbesitzer des Grundstücks unter Versicherung gebracht, so erstreckt sich die Hypothek auf die F. gegen den Versicherer.

Die Haftung der F. gegen den Versicherer erlischt, wenn der versicherte Gegenstand wiederhergestellt oder Ersatz für ihn beschafft ist.

1128 Auf die Versicherung eines mit einer Hypothek belasteten Gebäudes finden die für eine verpfändete F. geltenden Vorschriften Anwendung; der Versicherer kann sich jedoch nicht darauf berufen, daß er eine aus dem Grundbuch ersichtliche Hypothek nicht gekannt habe.

1129 Ist ein anderer Gegenstand als ein Gebäude versichert, so bestimmt sich die Haftung der F. gegen den Versicherer nach den Vorschriften des § 1123 Abs. 2 Satz 1 und des § 1124 Abs. 1, 3.

1132 Besteht für die F. eine Hypothek an mehreren Grundstücken (Gesamthypothek), so haftet jedes Grundstück für die ganze F. Der Gläubiger kann die Befriedigung nach seinem Belieben aus jedem der Grundstücke ganz oder zu einem Teile suchen.

Der Gläubiger ist berechtigt, den Betrag der F. auf die einzelnen Grundstücke in der Weise zu verteilen, daß jedes Grundstück nur für den zugeteilten Betrag haftet. Auf die Verteilung finden die Vorschriften der §§ 875, 876, 878 entsprechende Anwendung. 1133—1135, 1172.

1133 Ist infolge einer Verschlechterung des Grundstücks die Sicherheit der Hypothek gefährdet, so kann der Gläubiger dem Eigentümer eine angemessene Frist zur Beseitigung der Gefährdung bestimmen. Nach dem Ablaufe der Frist ist der Gläubiger berechtigt, sofort Befriedigung aus dem Grundstücke zu suchen, wenn nicht die Gefährdung durch Verbesserung des Grundstücks oder durch anderweitige Hypothekenbestellung beseitigt worden ist. Ist die F. unverzinslich und noch nicht fällig, so gebührt dem Gläubiger nur die Summe, welche mit Hinzurechnung der g. Zinsen für die Zeit von der Zahlung bis zur Fälligkeit dem Betrage der F. gleichkommt. 1135.

1137 Der Eigentümer kann gegen die Hypothek die dem persönlichen Schuldner gegen die F., sowie die nach § 770 einem Bürgen zustehenden Einreden geltend machen. 1138.

1138 Die Vorschriften der §§ 891—899 gelten für die Hypothek auch in Ansehung der F. und der dem Eigentümer nach § 1137 zustehenden Einreden. 1185.

1141 Hängt die Fälligkeit der F. von einer Kündigung ab, so ist die Kündigung für die Hypothek nur wirksam, wenn sie von dem Gläubiger dem Eigentümer oder von dem Eigentümer dem Gläubiger erklärt wird. 1185.

1142 Der Eigentümer ist berechtigt, den Gläubiger zu befriedigen, wenn die F. ihm gegenüber fällig geworden oder wenn der persönliche Schuldner zur Leistung berechtigt ist.

Die Befriedigung kann auch durch Hinterlegung oder durch Aufrechnung erfolgen.

1143 Ist der Eigentümer nicht der persönliche Schuldner, so geht, soweit er den Gläubiger befriedigt, die F. auf ihn über. Die für einen Bürgen geltenden Vorschriften des § 774 Abs. 1 finden entsprechende Anwendung.

Besteht für die F. eine Gesamthypothek, so gelten für diese die Vorschriften des § 1173.

1149 Der Eigentümer kann, solange nicht

§ die F. ihm gegenüber fällig geworden ist, dem Gläubiger nicht das Recht einräumen, zum Zwecke der Befriedigung die Übertragung des Eigentums an dem Grundstücke zu verlangen oder die Veräußerung des Grundstücks auf andere Weise als im Wege der Zwangsvollstreckung zu bewirken.

1150 f. Leistung 268.

1151 Wird die F. geteilt, so ist zur Änderung des Rangverhältnisses der Teilhypotheken untereinander die Zustimmung des Eigentümers nicht erforderlich.

1152 Im Falle einer Teilung der F. kann, sofern nicht die Erteilung des Hypothekenbriefs ausgeschlossen ist, für jeden Teil ein Teilhypothekenbrief hergestellt werden; die Zustimmung des Eigentümers des Grundstücks ist nicht erforderlich. Der Teilhypothekenbrief tritt für den Teil, auf den er sich bezieht, an die Stelle des bisherigen Briefes.

1153 Mit der Übertragung der F. geht die Hypothek auf den neuen Gläubiger über.

Die F. kann nicht ohne die Hypothek, die Hypothek kann nicht ohne die F. übertragen werden. 1155, 1156.

1154 Zur Abtretung der F. ist Erteilung der Abtretungserklärung in schriftlicher Form und Übergabe des Hypothekenbriefs erforderlich; die Vorschriften des § 1117 finden Anwendung.

Ist die Erteilung des Hypothekenbriefs ausgeschlossen, so finden auf die Abtretung der F. die Vorschriften der §§ 873, 878 entsprechende Anwendung. 1187.

1155 Einer öffentlich beglaubigten Abtretungserklärung steht gleich ein gerichtlicher Überweisungsbeschluß und das öffentlich beglaubigte Anerkenntnis einer kraft G. erfolgten Übertragung der F. 1160.

1156 Die für die Übertragung der F. geltenden Vorschriften der §§ 406—408 finden auf das Rechtsverhältnis zwischen dem Eigentümer und dem neuen Gläubiger in Ansehung der Hypothek keine Anwendung. 1185.

1158 Soweit die F. auf Zinsen oder andere Nebenleistungen gerichtet ist, die nicht später als in dem Kalendervierteljahr, in welchem der Eigentümer von der Übertragung Kenntnis erlangt, oder dem folgenden Vierteljahre fällig werden, finden auf das Rechtsverhältnis zwischen dem Eigentümer und dem neuen Gläubiger die Vorschriften der §§ 406—408 Anwendung; der Gläubiger kann sich gegenüber den Einwendungen, welche dem Eigentümer nach den §§ 404, 406—408, 1157 zustehen, nicht auf die Vorschriften des § 892 berufen.

1159 Soweit die F. auf Rückstände von Zinsen oder anderen Nebenleistungen gerichtet ist, bestimmt sich die Übertragung, sowie das Rechtsverhältnis zwischen dem Eigentümer und dem neuen Gläubiger nach den für die Übertragung von F. geltenden a. Vorschriften. Das Gleiche gilt für den Anspruch auf Erstattung von Kosten, für die das Grundstück nach § 1118 haftet.

Die Vorschriften des § 892 finden auf die im Abs. 1 bezeichneten Ansprüche keine Anwendung. 1160.

1161 Ist der Eigentümer der persönliche Schuldner, so finden die Vorschriften des § 1160 auch auf die Geltendmachung der F. Anwendung. 1176.

1163 Ist die F., für welche die Hypothek bestellt ist, nicht zur Entstehung gelangt, so steht die Hypothek dem Eigentümer zu. Erlischt die F., so erwirbt der Eigentümer die Hypothek. 1172, 1176.

1164 Der Befriedigung des Gläubigers steht es gleich, wenn sich F. und Schuld

§ in einer Person vereinigen. 1165, 1173, 1176.

1168 Verzichtet der Gläubiger für einen Teil der F. auf die Hypothek, so stehen dem Eigentümer die im § 1145 bestimmten Rechte zu. 1176.

1170 Besteht für die F., für welche eine Hypothek bestellt ist, eine nach dem Kalender bestimmte Zahlungszeit, so beginnt die Frist zum Ausschluß eines unbekannten Gläubigers mit seinem Rechte nicht vor dem Ablauf des Zahlungstages. 1175, 1188.

1171 Der unbekannte Gläubiger kann im Wege des Aufgebotsverfahrens mit seinem Rechte auch dann ausgeschlossen werden, wenn der Eigentümer zur Befriedigung des Gläubigers oder zur Kündigung berechtigt ist und den Betrag der F. für den Gläubiger unter Verzicht auf das Recht zur Rücknahme hinterlegt.

1173 Der Befriedigung des Gläubigers durch den Eigentümer steht es gleich, wenn das Gläubigerrecht auf den Eigentümer übertragen wird oder wenn sich F. und Schuld in der Person des Eigentümers vereinigen. 1143, 1176, 1164.

1174 Befriedigt der persönliche Schuldner den Gläubiger, dem eine Gesamthypothek zusteht, oder vereinigen sich bei einer Gesamthypothek F. und Schuld in einer Person, so geht, wenn der Schuldner nur von dem Eigentümer eines der Grundstücke oder von einem Rechtsvorgänger des Eigentümers Ersatz verlangen kann, die Hypothek an diesem Grundstück auf ihn über; die Hypothek an den übrigen Grundstücken erlischt. 1176.

1177 Vereinigt sich die Hypothek mit dem Eigentum in einer Person, ohne daß dem Eigentümer auch die F. zusteht, so verwandelt sich die Hypothek in eine Grundschuld. In Ansehung der Verzinslichkeit, des Zinssatzes, der Zahlungszeit, der Kündigung und des Zahlungsorts bleiben die für die F. getroffenen Bestimmungen maßgebend.

Steht dem Eigentümer auch die F. zu, so bestimmen sich seine Rechte aus der Hypothek, solange die Vereinigung besteht, nach den für eine Grundschuld des Eigentümers geltenden Vorschriften.

1180 An die Stelle der F., für welche die Hypothek besteht, kann eine andere F. gesetzt werden. . . . .

Steht die F., die an die Stelle der bisherigen F. treten soll, nicht dem bisherigen Hypothekengläubiger zu, so ist dessen Zustimmung erforderlich.

1184 Eine Hypothek kann in der Weise bestellt werden, daß das Recht des Gläubigers aus der Hypothek sich nur nach der F. bestimmt und der Gläubiger sich zum Beweise der F. nicht auf die Eintragung berufen kann.

1187 Für die F. aus einer Schuldverschreibung auf den Inhaber, aus einem Wechsel oder aus einem anderen Papiere, das durch Indossament übertragen werden kann, kann nur eine Sicherungshypothek bestellt werden. 1189.

1188 Zur Bestellung einer Hypothek für die F. aus einer Schuldverschreibung auf den Inhaber genügt die Erklärung des Eigentümers gegenüber dem Grundbuchamte, daß er die Hypothek bestelle und die Eintragung in das Grundbuch; die Vorschrift des § 878 findet Anwendung.

1190 Eine Hypothek kann in der Weise bestellt werden, daß nur der Höchstbetrag, bis zu dem das Grundstück haften soll, bestimmt, im Übrigen die Feststellung der F. vorbehalten wird. Der Höchstbetrag muß in das Grundbuch eingetragen werden.

Ist die F. verzinslich, so werden

§ die Zinsen in den Höchstbetrag eingerechnet.

Die Hypothek gilt als Sicherungshypothek, auch wenn sie im Grundbuche nicht als solche bezeichnet ist.

Die F. kann nach den für die Übertragung von F. geltenden a. Vorschriften übertragen werden. Wird sie nach diesen Vorschriften übertragen, so ist der Übergang der Hypothek ausgeschlossen.

Kauf.

437 Der Verkäufer einer F. oder eines sonstigen Rechtes haftet für den rechtlichen Bestand der F. oder des Rechtes. 440, 443, 445.

438 Übernimmt der Verkäufer einer F. die Haftung für die Zahlungsfähigkeit des Schuldners, so ist die Haftung im Zweifel nur auf die Zahlungsfähigkeit zur Zeit der Abtretung zu beziehen. 445.

Leistung.

241 Kraft des Schuldverhältnisses ist der Gläubiger berechtigt, von dem Schuldner eine Leistung zu fordern. Die Leistung kann auch in einem Unterlassen bestehen.

253 Wegen eines Schadens, der nicht Vermögensschaden ist, kann Entschädigung in Geld nur in den durch das G. bestimmten Fällen gefordert werden.

268 Soweit ein Dritter den Gläubiger befriedigt, geht die F. auf ihn über. Der Übergang kann nicht zum Nachteile des Gläubigers geltend gemacht werden.

270 Geld hat der Schuldner im Zweifel auf seine Gefahr und seine Kosten dem Gläubiger an dessen Wohnsitz zu übermitteln. Ist die F. im Gewerbebetriebe des Gläubigers entstanden, so tritt, wenn der Gläubiger seine gewerbliche Niederlassung an einem anderen Orte hat, der Ort der

§ Niederlassung an die Stelle des Wohnsitzes.

Miete.

559 Der Vermieter eines Grundstücks hat für seine F. aus dem Mietverhältnis ein Pfandrecht an den eingebrachten Sachen des Mieters. Für künftige Entschädigungsf. und für den Mietzins für eine spätere Zeit als das laufende und das folgende Mietjahr kann das Pfandrecht nicht geltend gemacht werden. Es erstreckt sich nicht auf die der Pfändung nicht unterworfenen Sachen.

575 Soweit die Entrichtung des Mietzinses an den Vermieter nach § 574 dem Erwerber gegenüber wirksam ist, kann der Mieter gegen die Mietzinsf. des Erwerbers eine ihm gegen den Vermieter zustehende F. aufrechnen. Die Aufrechnung ist ausgeschlossen, wenn der Mieter die Gegenf. erworben hat, nachdem er von dem Übergange des Eigentums Kenntnis erlangt hat, oder wenn die Gegenf. erst nach der Erlangung der Kenntnis und später als der Mietzins fällig geworden ist. 577, 579.

Nießbrauch.

1045 Der Nießbraucher hat die Sache für die Dauer des Nießbrauchs gegen Brandschaden und sonstige Unfälle auf seine Kosten unter Versicherung zu bringen, wenn die Versicherung einer ordnungsmäßigen Wirtschaft entspricht. Die Versicherung ist so zu nehmen, daß die F. gegen den Versicherer dem Eigentümer zusteht.

1046 An der F. gegen den Versicherer steht dem Nießbraucher der Nießbrauch nach den Vorschriften zu, die für den Nießbrauch an einer auf Zinsen ausstehenden F. gelten.

1056 s. Miete 575.

1070 Ist ein Recht, kraft dessen eine Leistung gefordert werden kann, Gegenstand

§ des Nießbrauchs, so finden auf das Rechtsverhältnis zwischen dem Nießbraucher und dem Verpflichteten die Vorschriften entsprechende Anwendung, welche im Falle der Übertragung des Rechtes für das Rechtsverhältnis zwischen dem Erwerber und dem Verpflichteten gelten. 1068.

1073 Dem Nießbraucher einer Leibrente, eines Auszugs und ähnlicher Rechte gebühren die einzelnen Leistungen, die auf Grund des Rechts gefordert werden können. 1068.

1074 Der Nießbraucher einer F. ist zur Einziehung der F. und, wenn die Fälligkeit von einer Kündigung des Gläubigers abhängt, zur Kündigung berechtigt. Er hat für die ordnungsmäßige Einziehung zu sorgen. Zu anderen Verfügungen über die F. ist er nicht berechtigt. 1068.

1076 Ist eine auf Zinsen ausstehende F. Gegenstand des Nießbrauchs, so gelten die Vorschriften der §§ 1077—1079. 1068.

1077 Der Schuldner kann das Kapital nur an den Nießbraucher und den Gläubiger gemeinschaftlich zahlen. Jeder von beiden kann verlangen, daß an sie gemeinschaftlich gezahlt wird; jeder kann statt der Zahlung die Hinterlegung für beide fordern.

Der Nießbraucher und der Gläubiger können nur gemeinschaftlich kündigen. Die Kündigung des Schuldners ist nur wirksam, wenn sie dem Nießbraucher und dem Gläubiger erklärt wird. 1068, 1076.

1078 Ist die F. fällig, so sind der Nießbraucher und der Gläubiger einander verpflichtet, zur Einziehung mitzuwirken. Hängt die Fälligkeit von einer Kündigung ab, so kann jeder Teil die Mitwirkung des anderen zur Kündigung verlangen, wenn die Einziehung der F. wegen Gefährdung ihrer Sicherheit nach den Regeln einer ordnungsmäßigen Vermögensverwaltung geboten ist. 1068, 1076.

1080 Die Vorschriften über den Nießbrauch an einer F. gelten auch für den Nießbrauch an einer Grundschuld und an einer Rentenschuld. 1068.

1086 Die Gläubiger des Bestellers eines Nießbrauchs an einem Vermögen können, soweit ihre F. vor der Bestellung entstanden sind, ohne Rücksicht auf den Nießbrauch Befriedigung aus den dem Nießbrauch unterliegenden Gegenständen verlangen. Hat der Nießbraucher das Eigentum an verbrauchbaren Sachen erlangt, so tritt an die Stelle der Sachen der Anspruch des Bestellers auf Ersatz des Wertes; der Nießbraucher ist den Gläubigern gegenüber zum sofortigen Ersatze verpflichtet. 1085, 1089.

1087 Der Besteller kann, wenn eine vor der Bestellung entstandene F. fällig ist, von dem Nießbraucher Rückgabe der zur Befriedigung des Gläubigers erforderlichen Gegenstände verlangen. 1085, 1089.

1088 Die Gläubiger des Bestellers, deren F. schon zur Zeit der Bestellung verzinslich waren, können die Zinsen für die Dauer des Nießbrauchs auch von dem Nießbraucher verlangen. Das Gleiche gilt von anderen wiederkehrenden Leistungen, die bei ordnungsmäßiger Verwaltung aus den Einkünften des Vermögens bestritten werden, wenn die F. vor der Bestellung des Nießbrauchs entstanden ist. 1089, 1085.

Pacht.

590 Dem Pächter eines Grundstücks steht für die F. gegen den Verpächter, die sich auf das mitgepachtete Inventar beziehen, ein Pfandrecht an den in seinen Besitz gelangten Inventarstücken zu. Auf das Pfandrecht findet die

§ Vorschrift des § 562 Anwendung. 581.

Pfandrecht.

1204 Eine bewegliche Sache kann zur Sicherung einer F. in der Weise belastet werden, daß der Gläubiger berechtigt ist, Befriedigung aus der Sache zu suchen. (Pfandrecht.)

Das Pfandrecht kann auch für eine künftige oder bedingte F. bestellt werden.

1209 Für den Rang des Pfandrechts ist die Zeit der Bestellung auch dann maßgebend, wenn es für eine künftige oder bedingte F. bestellt ist. 1266, 1272.

1210 Das Pfand haftet für die F. in deren jeweiligem Bestand, insbesondere auch für Zinsen und Vertragsstrafen. Ist der persönliche Schuldner nicht der Eigentümer des Pfandes, so wird durch ein Rechtsgeschäft, das der Schuldner nach der Verpfändung vornimmt, die Haftung nicht erweitert. 1266, 1272.

1211 Der Verpfänder kann dem Pfandgläubiger gegenüber die dem persönlichen Schuldner gegen die F. sowie die nach § 770 einem Bürgen zustehenden Einreden geltend machen. 1266, 1272.

1222 Besteht das Pfandrecht an mehreren Sachen, so haftet jede für die ganze F. 1266, 1272.

1225 Ist der Verpfänder nicht der persönliche Schuldner, so geht, soweit er den Pfandgläubiger befriedigt, die F. auf ihn über. Die für einen Bürgen geltenden Vorschriften des § 774 finden entsprechende Anwendung. 1266, 1272.

1228 Der Pfandgläubiger ist zum Verkauf des Pfandes berechtigt, sobald die F. ganz oder zum Teil fällig ist. Besteht der geschuldete Gegenstand nicht in Geld, so ist der Verkauf erst zulässig, wenn die F. in eine Geldforderung übergegangen ist. 1243, 1266, 1272. 1282, 1283, 1294—1296.

1247 Soweit der Erlös aus dem Pfande dem Pfandgläubiger zu seiner Befriedigung gebührt, gilt die F. als von dem Eigentümer berichtigt. Im übrigen tritt der Erlös an die Stelle des Pfandes. 1266, 1272.

1249 s. Leistung 268.

1250 Mit der Übertragung der F. geht das Pfandrecht auf den neuen Gläubiger über. Das Pfandrecht kann nicht ohne die F. übertragen werden.

Wird bei der Übertragung der F. der Übergang des Pfandrechts ausgeschlossen, so erlischt das Pfandrecht. 1266, 1272.

1251 Wenn die F. kraft G. auf den neuen Pfandgläubiger übergeht oder ihm auf Grund einer g. Verpflichtung abgetreten wird, so tritt die Haftung des bisherigen Pfandgläubigers nicht ein. 1266, 1272.

1252 Das Pfandrecht erlischt mit der F., für die es besteht. 1266, 1272.

1256 Das Pfandrecht erlischt, wenn es mit dem Eigentum in derselben Person zusammentrifft. Das Erlöschen tritt nicht ein, solange die F., für welche das Pfandrecht besteht, mit dem Rechte eines Dritten belastet ist. 1266, 1272.

1260 In der Eintragung eines Pfandrechts in ein Schiffsregister müssen der Gläubiger, der Geldbetrag der F. und, wenn die F. verzinslich ist, der Zinssatz angegeben werden. Zur näheren Bezeichnung der F. kann auf die Eintragungsbewilligung Bezug genommen werden. 1259, 1272.

1261 s. Hypothek 1151.

1264 Die Haftung des Schiffes beschränkt sich auf den eingetragenen Betrag der F. und die Zinsen nach dem eingetragenen Zinssatze. Die Haftung für g. Zinsen und für Kosten be-

§ stimmt sich nach der für die Hypothek geltenden Vorschrift des § 1118.

Ist die F. unverzinslich oder ist der Zinssatz niedriger als fünf vom Hundert, so kann das Pfandrecht ohne Zustimmung der im Range gleich- oder nachstehenden Berechtigten dahin erweitert werden, daß das Schiff für Zinsen bis zu fünf vom Hundert haftet. 1259, 1272.

1269 f. Hypothek 1170, 1171.

1270 Auf das Pfandrecht für die F. aus einer Schuldverschreibung auf den Inhaber, aus einem Wechsel oder aus einem anderen Papiere, das durch Indossament übertragen werden kann, finden die Vorschriften des § 1189, auf das Pfandrecht für die F. an einer Schuldverschreibung auf den Inhaber finden auch die Vorschriften des § 1188 entsprechende Anwendung. 1259, 1272.

1271 Das Pfandrecht kann in der Weise bestellt werden, daß nur der Höchstbetrag, bis zu dem das Schiff haften soll, bestimmt. im übrigen die Feststellung der F. vorbehalten wird. Der Höchstbetrag muß in das Schiffsregister eingetragen werden.

Ist die F. verzinslich, so werden die Zinsen in den Höchstbetrag eingerechnet. 1259, 1272

1279 Für das Pfandrecht an einer F. gelten die besonderen Vorschriften der §§ 1280—1290, 1273.

1280 Die Verpfändung einer F., zu deren Übertragung der Abtretungsvertrag genügt, ist nur wirksam, wenn der Gläubiger sie dem Schuldner anzeigt. 1273, 1279.

1282 Sind die Voraussetzungen des § 1228 Abs. 2 eingetreten, so ist der Pfandgläubiger zur Einziehung der F. berechtigt und kann der Schuldner nur an ihn leisten. Die Einziehung einer Geldf. steht dem Pfandgläubiger nur insoweit zu, als sie zu seiner Befriedigung erforderlich ist. Soweit er zur Einziehung berechtigt ist, kann er auch verlangen, daß ihm die Geldf. an Zahlungsstatt abgetreten wird.

Zu anderen Verfügungen über die F. ist der Pfandgläubiger nicht berechtigt; das Recht, die Befriedigung aus der F. nach § 1277 zu suchen, bleibt unberührt. 1273, 1279, 1284.

1283 Hängt die Fälligkeit der verpfändeten F. von einer Kündigung ab, so bedarf der Gläubiger zur Kündigung der Zustimmung des Pfandgläubigers nur, wenn dieser berechtigt ist, die Nutzungen zu ziehen. 1273, 1279, 1284.

1285 Hat die Leistung an den Pfandgläubiger und den Gläubiger gemeinschaftlich zu erfolgen, so sind beide einander verpflichtet, zur Einziehung mitzuwirken, wenn die F. fällig ist.

Soweit der Pfandgläubiger berechtigt ist, die F. ohne Mitwirkung des Gläubigers einzuziehen, hat er für die ordnungsmäßige Einziehung zu sorgen. Von der Einziehung hat er den Gläubiger unverzüglich zu benachrichtigen, sofern nicht die Benachrichtigung unthunlich ist. 1273, 1279.

1286 Hängt die Fälligkeit der verpfändeten F. von einer Kündigung ab, so kann der Pfandgläubiger, sofern nicht das Kündigungsrecht ihm zusteht, von dem Gläubiger die Kündigung verlangen, wenn die Einziehung der F. wegen Gefährdung ihrer Sicherheit nach den Regeln einer ordnungsmäßigen Vermögensverwaltung geboten ist. Unter der gleichen Voraussetzung kann der Gläubiger von dem Pfandgläubiger die Zustimmung zur Kündigung verlangen, sofern die Zustimmung erforderlich ist. 1273, 1279.

§

1288 Wird eine Geldf. in Gemäßheit des § 1281 eingezogen, so sind der Pfandgläubiger und der Gläubiger einander verpflichtet, dazu mitzuwirken, daß der eingezogene Betrag, soweit es ohne Beeinträchtigung des Interesses des Pfandgläubigers thunlich ist, nach den für die Anlegung von Mündelgeld geltenden Vorschriften verzinslich angelegt und gleichzeitig dem Pfandgläubiger das Pfandrecht bestellt wird. Die Art der Anlegung bestimmt der Gläubiger.

Erfolgt die Einziehung in Gemäßheit des § 1282, so gilt die F. des Pfandgläubigers, soweit ihm der eingezogene Betrag zu seiner Befriedigung gebührt, als von dem Gläubiger berichtigt. 1273, 1279.

1289 Das Pfandrecht an einer F. erstreckt sich auf die Zinsen der F. Die Vorschriften des § 1123 Abs. 2 und der §§ 1124, 1125 finden entsprechende Anwendung; an die Stelle der Beschlagnahme tritt die Anzeige des Pfandgläubigers an den Schuldner, daß er von dem Einziehungsrechte Gebrauch mache. 1273, 1279.

1290 Bestehen mehrere Pfandrechte an einer F., so ist zur Einziehung nur derjenige Pfandgläubiger berechtigt, dessen Pfandrecht den übrigen Pfandrechten vorgeht. 1273, 1279.

1291 Die Vorschriften über das Pfandrecht an einer F. gelten auch für das Pfandrecht an einer Grundschuld und an einer Rentenschuld. 1273.

1109 **Reallast** s. Schuldverhältnis 432.

1201 **Rentenschuld** s. Hypothek 1133.

Sachen.

704 Der Gastwirt hat für seine F. für Wohnung und andere dem Gaste zur Befriedigung seiner Bedürfnisse gewährte Leistungen, mit Einschluß der Auslagen, ein Pfandrecht an den eingebrachten Sachen des Gastes. Die für das Pfandrecht des Vermieters geltenden Vorschriften des § 559 Satz 3 und der §§ 560—563 finden entsprechende Anwendung.

523 **Schenkung** s. Kauf 437.

Schuldverhältnis.

365 Wird eine Sache, eine F. gegen einen Dritten oder ein anderes Recht an Erfüllungsstatt gegeben, so hat der Schuldner wegen eines Mangels im Rechte oder wegen eines Mangels der Sache in gleicher Weise wie ein Verkäufer Gewähr zu leisten.

369 Treten infolge einer Übertragung der F. oder im Wege der Erbfolge an die Stelle des ursprünglichen Gläubigers mehrere Gläubiger, so fallen die Mehrkosten den Gläubigern zur Last.

371 Ist über die F. ein Schuldschein ausgestellt worden, so kann der Schuldner neben der Quittung Rückgabe des Schuldscheins verlangen. Behauptet der Gläubiger, zur Rückgabe außer stande zu sein, so kann der Schuldner das öffentlich beglaubigte Anerkenntnis verlangen, daß die Schuld erloschen sei.

387 Schulden zwei Personen einander Leistungen, die ihrem Gegenstande nach gleichartig sind; so kann jeder Teil seine F. gegen die F. des anderen Teiles aufrechnen, sobald er die ihm gebührende Leistung fordern und die ihm obliegende Leistung bewirken kann.

389 Die Aufrechnung bewirkt, daß die F., soweit sie sich decken, als in dem Zeitpunkt erloschen gelten, in welchem sie zur Aufrechnung geeignet einander gegenübergetreten sind.

390 Eine F., der eine Einrede entgegensteht, kann nicht aufgerechnet werden. Die Verjährung schließt die Aufrechnung nicht aus wenn die verjährte F. zu der Zeit, zu welcher sie gegen die andere F. aufgerechnet

§ werden konnte, noch nicht verjährt war.

391 Die Aufrechnung wird nicht dadurch ausgeschlossen, daß für die F. verschiedene Leistungs- oder Ablieferungsorte bestehen. Der aufrechnende Teil hat jedoch den Schaden zu ersetzen, den der andere Teil dadurch erleidet, daß er infolge der Aufrechnung die Leistung nicht an dem bestimmten Ort erhält oder bewirken kann.

Ist vereinbart, daß die Leistung zu einer bestimmten Zeit an einem bestimmten Orte erfolgen soll, so ist im Zweifel anzunehmen, daß die Aufrechnung einer F., für die ein anderer Leistungsort besteht, ausgeschlossen sein soll.

392 Durch die Beschlagnahme einer F. wird die Aufrechnung einer dem Schuldner gegen den Gläubiger zustehenden F. nur dann ausgeschlossen, wenn der Schuldner seine F. nach der Beschlagnahme erworben hat oder wenn seine F. erst nach der Beschlagnahme und später als die in Beschlag genommene F. fällig geworden ist.

393 Gegen eine F. aus einer vorsätzlich begangenen unerlaubten Handlung ist die Aufrechnung nicht zuläſſig.

394 Soweit eine F. der Pfändung nicht unterworfen ist, findet die Aufrechnung gegen die F. nicht statt. Gegen die aus Kranken-, Hülfs- oder Sterbekassen, insbesondere aus Knappschaftskassen und Kassen der Knappschaftsvereine, zu beziehenden Hebungen können jedoch geschuldete Beiträge aufgerechnet werden.

395 Gegen eine F. des Reichs oder eines Bundesstaats sowie gegen eine F. einer Gemeinde oder eines anderen Kommunalverbandes ist die Aufrechnung nur zulässig, wenn die Leistung an dieselbe Kasse zu erfolgen hat, aus der die F. des Aufrechnenden zu berichtigen ist.

396 Hat der eine oder der andere Teil mehrere zur Aufrechnung geeignete F., so kann der aufrechnende Teil die F. bestimmen, die gegeneinander aufgerechnet werden sollen. Wird die Aufrechnung ohne eine solche Bestimmung erklärt oder widerspricht der andere Teil unverzüglich, so findet die Vorschrift des § 366 Abs. 2 entsprechende Anwendung.

Schuldet der aufrechnende Teil dem anderen Teile außer der Hauptleistung Zinsen und Kosten, so finden die Vorschriften des § 367 entsprechende Anwendung.

398—413 Übertragung der F.

398 Eine F. kann von dem Gläubiger durch Vertrag mit einem anderen auf diesen übertragen werden (Abtretung). Mit dem Abschlusse des Vertrags tritt der neue Gläubiger an die Stelle des bisherigen Gläubigers.

399 Eine F. kann nicht abgetreten werden, wenn die Leistung an einen anderen als den ursprünglichen Gläubiger nicht ohne Veränderung ihres Inhalts erfolgen kann oder wenn die Abtretung durch Vereinbarung mit dem Schuldner ausgeschlossen ist. 412.

400 Eine F. kann nicht abgetreten werden, soweit sie der Pfändung nicht unterworfen ist. 412.

401 Mit der abgetretenen F. gehen die Hypotheken oder Pfandrechte, die für sie bestehen, sowie die Rechte aus einer für sie bestellten Bürgschaft auf den neuen Gläubiger über.

Ein mit der F. für den Fall der Zwangsvollstreckung oder des Konkurses verbundenes Vorzugsrecht kann auch der neue Gläubiger geltend machen. 412.

402 Der bisherige Gläubiger ist verpflichtet, dem neuen Gläubiger die zur Geltendmachung der F. nötige Auskunft zu

§ erteilen und ihm die zum Beweise der F. dienenden Urkunden, soweit sie sich in seinem Besitze befinden, auszuliefern. 412.

403 Der bisherige Gläubiger hat dem neuen Gläubiger auf Verlangen eine öffentlich beglaubigte Urkunde über die Abtretung auszustellen, die Kosten hat der neue Gläubiger zu tragen und vorzuschießen. 412.

404 Der Schuldner kann dem neuen Gläubiger die Einwendungen entgegensetzen, die zur Zeit der Abtretung der F. gegen den bisherigen Gläubiger begründet waren. 412.

405 Hat der Schuldner eine Urkunde über die Schuld ausgestellt, so kann er sich, wenn die F. unter Vorlegung der Urkunde abgetreten wird, dem neuen Gläubiger gegenüber nicht darauf berufen, daß die Eingehung der Anerkennung des Schuldverhältnisses nur zum Schein erfolgt oder daß die Abtretung durch Vereinbarung mit dem ursprünglichen Gläubiger ausgeschlossen sei, es sei denn, daß der neue Gläubiger bei der Abtretung durch Vereinbarung mit dem ursprünglichen Gläubiger ausgeschlossen sei, es sei denn, daß der neue Gläubiger bei der Abtretung den Sachverhalt kannte oder kennen mußte.

406 Der Schuldner kann eine ihm gegen den bisherigen Gläubiger zustehende F. auch dem neuen Gläubiger gegenüber aufrechnen, es sei denn, daß er bei dem Erwerbe der F. von der Abtretung Kenntnis hatte oder daß die F. erst nach der Erlangung der Kenntnis und später als die abgetretene F. fällig geworden ist. 412.

407 Der neue Gläubiger muß eine Leistung, die der Schuldner nach der Abtretung an den bisherigen Gläubiger bewirkt, sowie jedes Rechtsgeschäft, das nach der Abtretung zwischen dem Schuldner und dem bisherigen Gläubiger in Ansehung der F. vorgenommen wird, gegen sich gelten lassen, es sei denn, daß der Schuldner die Abtretung bei der Leistung oder der Vornahme des Rechtsgeschäfts kennt.

Ist in einem nach der Abtretung zwischen dem Schuldner und dem bisherigen Gläubiger anhängig gewordenen Rechtsstreit ein rechtskräftiges Urteil über die F. ergangen, so muß der neue Gläubiger das Urteil gegen sich gelten lassen, es sei denn, daß der Schuldner die Abtretung bei dem Eintritte der Rechtshängigkeit gekannt hat. 408, 412.

408 Wird eine abgetretene F. von dem bisherigen Gläubiger nochmals an einen Dritten abgetreten, so finden, wenn der Schuldner an den Dritten leistet oder wenn zwischen dem Schuldner und dem Dritten ein Rechtsgeschäft vorgenommen oder ein Rechtsstreit anhängig wird, zu Gunsten des Schuldners die Vorschriften des § 407 dem früheren Erwerber gegenüber entsprechende Anwendung.

Das Gleiche gilt, wenn die bereits abgetretene F. durch gerichtlichen Beschluß einem Dritten überwiesen wird oder wenn der bisherige Gläubiger dem Dritten gegenüber anerkennt, daß die bereits abgetretene F. kraft G. auf den Dritten übergegangen sei. 412.

409 Zeigt der Gläubiger dem Schuldner an, daß er die F. abgetreten habe, so muß er dem Schuldner gegenüber die angezeigte Abtretung gegen sich gelten lassen, auch wenn sie nicht erfolgt oder nicht wirksam ist. Der Anzeige steht es gleich, wenn der Gläubiger eine Urkunde über die Abtretung dem in der Urkunde bezeichneten neuen Gläubiger ausgestellt hat und dieser sie dem Schuldner vorlegt.

Die Anzeige kann nur mit Zu-

§ stimmung desjenigen zurückgenommen werden, welcher als der neue Gläubiger bezeichnet worden ist. 412.

410 Der Schuldner ist dem neuen Gläubiger gegenüber zur Leistung nur gegen Aushändigung einer von dem bisherigen Gläubiger über die Abtretung ausgestellten Urkunde verpflichtet. Eine Kündigung oder eine Mahnung des neuen Gläubigers ist unwirksam, wenn sie ohne Vorlegung einer solchen Urkunde erfolgt und der Schuldner sie aus diesem Grunde unverzüglich zurückweist.

Diese Vorschriften finden keine Anwendung, wenn der bisherige Gläubiger dem Schuldner die Abtretung schriftlich angezeigt hat. 412.

411 Tritt eine Militärperson, ein Beamter, ein Geistlicher oder ein Lehrer an einer öffentlichen Unterrichtsanstalt den übertragbaren Teil des Diensteinkommens, des Wartegeldes oder des Ruhegehaltes ab, so ist die auszahlende Kasse durch Aushändigung einer von dem bisherigen Gläubiger ausgestellten, öffentlich beglaubigten Urkunde von der Abtretung zu benachrichtigen. Bis zur Benachrichtigung gilt die Abtretung als der Kasse nicht bekannt.

412 Auf die Übertragung einer F. kraft G. finden die Vorschriften der §§ 399 bis 404, 406—410 entsprechende Anwendung.

413 Die Vorschriften über die Übertragung von F. finden auf die Übertragung anderer Rechte entsprechende Anwendung, soweit nicht das G. ein anderes vorschreibt.

417 Der Übernehmer einer Schuld kann dem Gläubiger die Einwendungen entgegensetzen, welche sich aus dem Rechtsverhältnisse zwischen dem Gläubiger und dem bisherigen Schuldner ergeben. Eine dem bisherigen Schuldner zustehende F. kann er nicht aufrechnen.

§

418 Infolge der Schuldübernahme erlöschen die für die F. bestellten Bürgschaften und Pfandrechte. Besteht für die F. eine Hypothek, so tritt das Gleiche ein, wie wenn der Gläubiger auf die Hypothek verzichtet. Diese Vorschriften finden keine Anwendung, wenn der Bürge oder derjenige, welchem der verhaftete Gegenstand zur Zeit der Schuldübernahme gehört, in diese einwilligt.

Ein mit der F. für den Fall des Konkurses verbundenes Vorzugsrecht kann nicht im Konkurs über das Vermögen des Übernehmers geltend gemacht werden.

420 Schulden mehrere eine teilbare Leistung oder haben mehrere eine teilbare Leistung zu fordern, so ist im Zweifel jeder Schuldner nur zu einem gleichen Anteile verpflichtet, jeder Gläubiger nur zu einem gleichen Anteile berechtigt.

421 Schulden mehrere eine Leistung in der Weise, daß jeder die ganze Leistung zu bewirken verpflichtet, der Gläubiger aber die Leistung nur einmal zu fordern berechtigt ist (Gesamtschuldner), so kann der Gläubiger die Leistung nach seinem Belieben von jedem der Schuldner ganz oder zu einem Teile fordern. Bis zur Bewirkung der ganzen Leistung bleiben sämtliche Schuldner verpflichtet.

422 Eine F., die einem Gesamtschuldner zusteht, kann nicht von den übrigen Schuldnern aufgerechnet werden. 425, 429.

425 Andere als die in den §§ 422 bis 424 bezeichneten Thatsachen wirken, soweit sich nicht aus dem Schuldverhältnis ein anderes ergiebt, nur für und gegen den Gesamtschuldner, in dessen Person sie eintreten.

Dies gilt insbesondere von der Kündigung, dem Verzuge, dem Verschulden, von der Unmöglichkeit der Leistung in der Person eines Gesamt-

§ schuldners, von der Verjährung, deren Unterbrechung und Hemmung, von der Vereinigung der F. mit der Schuld und von dem rechtskräftigen Urteile. 429.

426 Soweit ein Gesamtschuldner den Gläubiger befriedigt und von den übrigen Schuldnern Ausgleichung verlangen kann, geht die F. des Gläubigers gegen die übrigen Schuldner auf ihn über. Der Übergang kann nicht zum Nachteile des Gläubigers geltend gemacht werden.

428 Sind mehrere eine Leistung in der Weise zu fordern berechtigt, daß jeder die ganze Leistung fordern kann, der Schuldner aber die Leistung nur einmal zu bewirken verpflichtet ist (Gesamtgläubiger), so kann der Schuldner nach seinem Belieben an jeden der Gläubiger leisten. Dies gilt auch dann, wenn einer der Gläubiger bereits Klage auf die Leistung erhoben hat.

429 Der Verzug eines Gesamtgläubigers wirkt auch gegen die übrigen Gläubiger.

Vereinigen sich F. und Schuld in der Person eines Gesamtgläubigers, so erlöschen die Rechte der übrigen Gläubiger gegen den Schuldner.

Im übrigen finden die Vorschriften der §§ 422, 423, 425 entsprechende Anwendung. Insbesondere bleiben, wenn ein Gesamtgläubiger seine F. auf einen anderen überträgt, die Rechte der übrigen Gläubiger unberührt.

432 Haben mehrere eine unteilbare Leistung zu fordern, so kann, sofern sie nicht Gesamtgläubiger sind, der Schuldner nur an alle gemeinschaftlich leisten und jeder Gläubiger nur die Leistung an alle fordern.

Sicherheitsleistung.

232 Wer Sicherheit zu leisten hat, kann dies bewirken

. . . . .

durch Verpfändung von F., die in das Reichsschuldbuch oder in das Staatsschuldbuch eines Bundesstaats eingetragen sind, 236.

. . . . .

durch Verpfändung von F., für die eine Hypothek an einem inländischen Grundstücke besteht, oder durch Verpfändung von Grundschulden oder Rentenschulden an inländischen Grundstücken. 238.

233 Mit der Hinterlegung erwirbt der Berechtigte ein Pfandrecht an dem hinterlegten Gelde oder an den hinterlegten Wertpapieren und, wenn das Geld oder die Wertpapiere nach landesg. Vorschrift in das Eigentum des Fiskus oder der als Hinterlegungsstelle bestimmten Anstalt übergehen, ein Pfandrecht an der F. auf Rückerstattung.

236 Mit einer Buchforderung gegen das Reich oder gegen einen Bundesstaat kann Sicherheit nur in Höhe von drei Vierteilen des Kurswerts der Wertpapiere geleistet werden, deren Aushändigung der Gläubiger gegen Löschung seiner F. verlangen kann.

238 Eine Hypothekenforderung, eine Grundschuld oder eine Rentenschuld ist zur Sicherheitsleistung nur geeignet, wenn sie den Voraussetzungen entspricht, nnter denen am Orte der Sicherheitsleistung Mündelgeld in Hypothekenforderungen, Grundschulden oder Rentenschulden angelegt werden darf.

Eine F. für die eine Sicherungshypothek besteht, ist zur Sicherheitsleistung nicht geeignet.

88 **Stiftung** s. Verein. 49.

Testament.

2111 s. Schuldverhältnis 406—408.

2129 Für die zur Erbschaft gehörenden F. ist die Entziehung der Verwaltung der Erbschaft dem Schuldner gegenüber erst wirksam, wenn er von der getroffenen Anordnung Kenntniß er-

§ langt oder wenn ihm eine Mitteilung von der Anordnung zugestellt wird. Das Gleiche gilt von der Aufhebung der Entziehung. 2136.

2156 s. Vertrag 316.

2166 s. Hypothek 1190.

2173 Hat der Erblasser eine ihm zustehende F. vermacht, so ist, wenn vor dem Erbfalle die Leistung erfolgt und der geleistete Gegenstand noch in der Erbschaft vorhanden ist, im Zweifel anzunehmen, daß dem Bedachten dieser Gegenstand zugewendet sein soll. War die F. auf die Zahlung einer Geldsumme gerichtet, so gilt im Zweifel die entsprechende Geldsumme als vermacht, auch wenn sich eine solche in der Erbschaft nicht vorfindet.

2174 Durch das Vermächtnis wird für den Bedachten das Recht begründet, von dem Beschwerten die Leistung des vermachten Gegenstandes zu fordern.

2175 Hat der Erblasser eine ihm gegen den Erben zustehende F. oder hat er ein Recht vermacht, mit dem eine Sache oder ein Recht des Erben belastet ist, so gelten die infolge des Erbfalls durch Vereinigung von Recht und Verbindlichkeit oder von Recht und Belastung erloschenen Rechtsverhältnisse in Ansehung des Vermächtnisses als nicht erloschen.

2176 Die F. des Vermächtnisnehmers kommt, unbeschadet des Rechtes, das Vermächtnis auszuschlagen, zur Entstehung (Anfall des Vermächtnisses) mit dem Erbfalle.

2182 s. Kauf 437.

Verein.

49 Die Liquidatoren haben die laufenden Geschäfte zu beendigen, die F. einzuziehen, das übrige Vermögen in Geld umzusetzen, die Gläubiger zu befriedigen und den Überschuß den Anfallberechtigten auszuantworten. Zur Beendigung schwebender Geschäfte können die Liquidatoren auch neue Geschäfte eingehen. Die Einziehung der F. sowie die Umsetzung des übrigen Vermögens in Geld darf unterbleiben, soweit diese Maßregeln nicht zur Befriedigung der Gläubiger oder zur Verteilung des Überschusses unter die Anfallsberechtigten erforderlich sind.

Der Verein gilt bis zur Beendigung der Liquidation als fortbestehend, soweit der Zweck der Liquidation es erfordert.

79 Von den Eintragungen in das Vereinsregister kann eine Abschrift gefordert werden, die Abschrift ist auf Verlangen zu beglaubigen.

Verjährung.

202 s. Bürgschaft 770.

214 Wird bei der Beendigung des Konkurses für eine F., die infolge eines bei der Prüfung erhobenen Widerspruchs in Proceß befangen ist, ein Betrag zurückbehalten, so dauert die Unterbrechung der Verjährung auch nach der Beendigung des Konkurses fort; das Ende der Unterbrechung bestimmt sich nach den Vorschriften des § 211.

223 Ist zur Sicherung eines Anspruchs ein Recht übertragen worden, so kann die Rückübertragung nicht auf Grund der Verjährung des Anspruchs gefordert werden.

Vertrag.

316 Ist der Umfang der für eine Leistung versprochenen Gegenleistung nicht bestimmt, so steht die Bestimmung im Zweifel demjenigen Teile zu, welcher die Gegenleistung zu fordern hat.

328 Durch Vertrag kann eine Leistung an einen Dritten mit der Wirkung bedungen werden, daß der Dritte unmittelbar das Recht erwirbt, die Leistung zu fordern.

329 Verpflichtet sich in einem Vertrage der

§ eine Teil zur Befriedigung eines Gläubigers des anderen Teiles, ohne die Schuld zu übernehmen, so ist im Zweifel nicht anzunehmen, daß der Gläubiger unmittelbar das Recht erwerben soll, die Befriedigung von ihm zu fordern.

330 Wird in einem Lebensversicherungs- oder einem Leibrentenvertrage die Zahlung der Versicherungssumme oder der Leibrente an einen Dritten bedungen, so ist im Zweifel anzunehmen, daß der Dritte unmittelbar das Recht erwerben soll, die Leistung zu fordern. Das Gleiche gilt, wenn bei einer unentgeltlichen Zuwendung dem Bedachten eine Leistung an einen Dritten auferlegt oder bei einer Vermögens- oder Gutsübernahme von dem Übernehmer eine Leistung an einen Dritten zum Zwecke der Abfindung versprochen wird.

335 Der Versprechensempfänger kann, sofern nicht ein anderer Wille der Vertragschließenden anzunehmen ist, die Leistung an den Dritten auch dann fordern, wenn diesem das Recht auf die Leistung zusteht.

1630 **Verwandtschaft** 1642, 1643 s. Vormundschaft 1795, 1807, 1821, 1822.

1104 **Vorkaufsrecht** s. Hypothek 1170.

Vormundschaft.

1795 Der Vormund kann den Mündel nicht vertreten

1. . . . . . .
2. bei einem Rechtsgeschäfte, das die Übertragung oder Belastung einer durch Pfandrecht, Hypothek oder Bürgschaft gesicherten F. des Mündels gegen den Vormund oder die Aufhebung oder Minderung dieser Sicherheit zum Gegenstande hat oder die Verpflichtung des Mündels zu einer solchen Übertragung, Belastung, Aufhebung oder Minderung begründet;
3. bei einem Rechtsstreit zwischen den in Nr. 1 bezeichneten Personen sowie bei einem Rechtsstreit über eine Angelegenheit, der in Nr. 2 bezeichneten Art.

Die Vorschrift des § 181 bleibt unberührt.

1807 s. **Bundesstaat** — Vormundschaft.

1812 Der Vormund kann über eine F. des Mündels nur mit Genehmigung des Gegenvormundes verfügen, sofern nicht nach den §§ 1819—1822 die Genehmigung des Vormundschaftsgerichts erforderlich ist. 1825, 1852.

1821 Der Vormund bedarf der Genehmigung des Vormundschaftsgerichts:

1. . . . .
2. zur Verfügung über eine F., die auf Übertragung des Eigentums an einem Grundstücke oder auf Begründung oder Übertragung eines Rechtes an einem Grundstück oder auf Befreiung eines Grundstücks von einem solchen Rechte gerichtet ist;
3. zur Eingehung der Verpflichtung zu einer der in Nr. 1, 2 bezeichneten Verfügungen. 1812, 1827.

1822 . . . . .

13. zu einem Rechtsgeschäft, durch das die für eine F. des Mündels bestehende Sicherheit aufgehoben oder gemindert oder die Verpflichtung dazu begründet wird. 1812.

Werkvertrag.

647 Der Unternehmer hat für seine F. aus dem Werkvertrag ein Pfandrecht an den von ihm hergestellten oder ausgebesserten beweglichen Sachen des Bestellers, wenn sie bei der Herstellung oder zum Zwecke der Ausbesserung in seinen Besitz gelangt sind. 651.

§

648 Der Unternehmer eines Bauwerkes oder eines einzelnen Teiles eines Bauwerkes kann für seine F. aus dem Werkvertrage die Einräumung einer Sicherungshypothek an dem Baugrundstücke des Bestellers verlangen. Ist das Werk noch nicht vollendet, so kann er die Einräumung der Sicherungshypothek für einen der geleisteten Arbeit entsprechenden Teil der Vergütung und für die in der Vergütung nicht inbegriffenen Auslagen verlangen. 651.

Förderung.

§

Gesellschaft.

705 Durch den Gesellschaftsvertrag verpflichten sich die Gesellschafter gegenseitig, die Erreichung eines gemeinsamen Zweckes in der durch den Vertrag bestimmten Weise zu fördern, insbesondere die vereinbarten Beiträge zu leisten.

Volljährigkeit.

5 Die Volljährigkeitserklärung soll nur erfolgen, wenn sie das Beste des Minderjährigen befördert.

Form.

Anweisung.

784 Die Annahme einer Anweisung erfolgt durch einen schriftlichen Vermerk auf der Anweisung.

792 Die Übertragungserklärung bezüglich einer Anweisung bedarf der schriftlichen F. Zur Übertragung ist die Aushändigung der Anweisung an den Dritten erforderlich.

Bürgschaft.

766 Zur Gültigkeit des Bürgschaftsvertrags ist schriftliche Erteilung der Bürgschaftserklärung erforderlich. Soweit der Bürge die Hauptverbindlichkeit erfüllt, wird der Mangel der F. geheilt.

Dienstvertrag.

630 Bei der Beendigung eines dauernden Dienstverhältnisses kann der Verpflichtete von dem anderen Teile ein schriftliches Zeugnis über das Dienstverhältnis und dessen Dauer fordern. Das Zeugnis ist auf Verlangen auf die Leistungen und die Führung im Dienste zu erstrecken.

Ehe.

1316 Der Eheschließung soll ein Aufgebot vorhergehen. Das Aufgebot verliert seine Kraft, wenn die Ehe nicht binnen sechs Monaten nach der Vollziehung des Aufgebots geschlossen wird.

Das Aufgebot darf unterbleiben, wenn die lebensgefährliche Erkrankung eines der Verlobten den Aufschub der Eheschließung nicht gestattet.

Von dem Aufgebote kann Befreiung bewilligt werden. 1322.

1317 Die Ehe wird dadurch geschlossen, daß die Verlobten vor einem Standesbeamten persönlich und bei gleichzeitiger Anwesenheit erklären, die Ehe mit einander eingehen zu wollen. Der Standesbeamte muß zur Entgegennahme der Erklärungen bereit sein.

Die Erklärungen können nicht unter einer Bedingung oder einer Zeitbestimmung abgegeben werden. 1319, 1324.

1318 Der Standesbeamte soll bei der Eheschließung in Gegenwart von zwei Zeugen an die Verlobten einzeln und nach einander die Frage richten, ob sie die Ehe mit einander eingehen wollen, und, nachdem die Verlobten die Frage bejaht haben, aussprechen, daß sie kraft dieses G. nunmehr rechtmäßig verbundene Eheleute seien.

Als Zeugen sollen Personen, die der bürgerlichen Ehrenrechte für verlustig erklärt sind, während der Zeit, für welche die Aberkennung der Ehrenrechte erfolgt ist, sowie Minderjährige nicht zugezogen werden. Personen,

§ die mit einem der Verlobten, mit dem Standesbeamten oder mit einander verwandt oder verschwägert sind, dürfen als Zeugen zugezogen werden.

Der Standesbeamte soll die Eheschließung in das Heiratsregister eintragen.

1319 Als Standesbeamter im Sinne des § 1317 gilt auch derjenige, welcher, ohne Standesbeamter zu sein, das Amt eines Standesbeamten öffentlich ausübt, es sei denn, daß die Verlobten den Mangel der amtlichen Befugnis bei der Eheschließung kennen.

1320 Die Ehe soll vor dem zuständigen Standesbeamten geschlossen werden.

Zuständig ist der Standesbeamte, in dessen Bezirk einer der Verlobten seinen Wohnsitz oder seinen gewöhnlichen Aufenthalt hat.

Hat keiner der Verlobten seinen Wohnsitz oder seinen gewöhnlichen Aufenthalt im Inland und ist auch nur einer von ihnen ein Deutscher, so wird der zuständige Standesbeamte von der obersten Aufsichtsbehörde des Bundesstaats, dem der Deutsche angehört, und, wenn dieser keinem Bundesstaat angehört, von dem Reichskanzler bestimmt.

Unter mehreren zuständigen Standesbeamten haben die Verlobten die Wahl.

1321 Auf Grund einer schriftlichen Ermächtigung des zuständigen Standesbeamten darf die Ehe auch vor dem Standesbeamten eines anderen Bezirkes geschlossen werden.

1322 Die Bewilligung einer nach den §§ 1303, 1313 zulässigen Befreiung steht dem Bundesstaate zu, dem die Frau, die Bewilligung einer nach § 1312 zulässigen Befreiung steht dem Bundesstaate zu, dem der geschiedene Ehegatte angehört. Für Deutsche, die keinem Bundesstaat angehören, steht die Bewilligung dem Reichskanzler zu.

§ Die Bewilligung einer nach § 1316 zulässigen Befreiung steht dem Bundesstaate zu, in dessen Gebiete die Ehe geschlossen werden soll.

Über die Erteilung der einem Bundesstaate zustehenden Bewilligung hat die Landesregierung zu bestimmen.

1324 Eine Ehe ist nichtig, wenn bei der Eheschließung die im § 1317 vorgeschriebene F. nicht beobachtet worden ist. 1323, 1329.

1325 Die Bestätigung einer nichtigen Ehe bedarf nicht der für die Eheschließung vorgeschriebenen F. 1323, 1329, 1331.

1342 Die Erklärung der Anfechtung einer Ehe ist in öffentlich beglaubigter F. abzugeben.

1344 Einem Dritten gegenüber können aus der Nichtigkeit der Ehe Einwendungen gegen ein zwischen ihm und einem der Ehegatten vorgenommenes Rechtsgeschäft oder gegen ein zwischen ihnen ergangenes rechtskräftiges Urteil nur hergeleitet werden, wenn zur Zeit der Vornahme des Rechtsgeschäfts oder zur Zeit des Eintritts der Rechtshängigkeit die Ehe für nichtig erklärt oder die Nichtigkeit dem Dritten bekannt war.

Die Nichtigkeit kann ohne diese Beschränkung geltend gemacht werden, wenn sie auf einem Formmangel beruht und die Ehe nicht in das Heiratsregister eingetragen worden ist.

1345 War dem einen Ehegatten die Nichtigkeit der Ehe bei der Eheschließung bekannt, so kann der andere Ehegatte, sofern nicht auch ihm die Nichtigkeit bekannt war, nach der Nichtigkeitserklärung oder der Auflösung der Ehe verlangen, daß ihr Verhältnis in vermögensrechtlicher Beziehung, insbesondere auch in Ansehung der Unterhaltspflicht, so behandelt wird, wie wenn die Ehe zur Zeit der

§ Richtigkeitserklärung oder der Auflösung geschieden und der Ehegatte, dem die Richtigkeit bekannt war, für allein schuldig erklärt worden wäre.

Diese Vorschrift findet keine Anwendung, wenn die Richtigkeit auf einem Formmangel beruht und die Ehe nicht in das Heiratsregister eingetragen worden ist.

Ehescheidung.

1577 Die Wiederannahme eines früheren Namens seitens der Frau nach der Ehescheidung erfolgt durch Erklärung gegenüber der zuständigen Behörde; die Erklärung ist in öffentlich beglaubigter F. abzugeben.

Das Gleiche gilt von der Untersagung seitens des Mannes der allein für schuldig erklärten Frau gegenüber, seinen Namen zu führen.

Eigentum.

925 Die zur Übertragung des Eigentums an einem Grundstücke nach § 873 erforderliche Einigung des Veräußerers und des Erwerbers (Auflassung) muß bei gleichzeitiger Anwesenheit beider Teile vor dem Grundbuchamt erklärt werden.

Eine Auflassung, die unter einer Bedingung oder einer Zeitbestimmung erfolgt, ist unwirksam.

Art. **Einführungsgesetz.**

11 Die F. eines Rechtsgeschäfts bestimmt sich nach den G., welche für das den Gegenstand des Rechtsgeschäfts bildende Rechtsverhältnis maßgebend sind. Es genügt jedoch die Beobachtung der G. des Ortes, an dem das Rechtsgeschäft vorgenommen wird.

Die Vorschrift des Abs. 1 Satz 2 findet keine Anwendung auf ein Rechtsgeschäft, durch das ein Recht an einer Sache begründet oder über ein solches Recht verfügt wird. *24.*

13 Die F. einer Ehe, die im Inlande geschlossen wird, bestimmt sich ausschließlich nach den deutschen G.

68 s. Erbbaurecht § 1015.

95 s. Geschäftsfähigkeit § 111.

100 Unberührt bleiben die landesg. Vorschriften, nach welchen bei Schuldverschreibungen auf den Inhaber, die der Bundesstaat oder eine ihm angehörende Körperschaft, Stiftung oder Anstalt des öffentlichen Rechtes ausstellt:

1. die Gültigkeit der Unterzeichnung von der Beobachtung einer besonderen F. abhängt, auch wenn eine solche Bestimmung in die Urkunde nicht aufgenommen ist.

142 s. Grundstück § 873, Vertrag § 313.

143 s. Eigentum § 925, Erbbaurecht § 1015.

151 s. Erbvertrag § 2276.

163 s. Verein §§ 33, 37.

§ **Erbbaurecht.**

1015 Die zur Bestellung des Erbbaurechts nach § 873 erforderliche Einigung des Eigentümers und des Erwerbers muß bei gleichzeitiger Anwesenheit beider Teile vor dem Grundbuchamt erklärt werden.

Erbe.

1945 Die Ausschlagung der Erbschaft erfolgt durch Erklärung gegenüber dem Nachlaßgerichte; die Erklärung ist in öffentlich beglaubigter F. abzugeben.

Ein Bevollmächtigter bedarf einer öffentlich beglaubigten Vollmacht. Die Vollmacht muß der Erklärung beigefügt oder innerhalb der Ausschlagungsfrist nachgebracht werden. 1955.

1955 Die Anfechtung der Annahme oder der Ausschlagung der Erbschaft erfolgt durch Erklärung gegenüber dem Nachlaßgerichte. Für die Erklärung gelten die Vorschriften des § 1945.

2033 Der Vertrag, durch den ein Miterbe über seinen Anteil verfügt, bedarf der

§ gerichtlichen oder notariellen Beurkundung. 2032, 2037.

Erbvertrag.

2276 Ein Erbvertrag kann nur vor einem Richter oder vor einem Notar bei gleichzeitiger Anwesenheit beider Teile geschlossen werden. Die Vorschriften der §§ 2233—2245 finden Anwendung; was nach diesen Vorschriften für den Erblasser gilt, gilt für jeden der Vertragschließenden.

Für einen Erbvertrag zwischen Ehegatten oder zwischen Verlobten, der mit einem Ehevertrag in derselben Urkunde verbunden wird, genügt die für den Ehevertrag vorgeschriebene F. 2290.

2277 Die über einen Erbvertrag aufgenommene Urkunde soll nach Maßgabe des § 2246 verschlossen, mit einer Aufschrift versehen und in besondere amtliche Verwahrung gebracht werden, sofern nicht die Parteien das Gegenteil verlangen. Das Gegenteil gilt im Zweifel als verlangt, wenn der Erbvertrag mit einem anderen Vertrag in derselben Urkunde verbunden wird.

Über einen in besondere amtliche Verwahrung genommenen Erbvertrag soll jedem der Vertragschließenden ein Hinterlegungsschein erteilt werden.

2282 Die Anfechtung eines Erbvertrages kann nicht durch einen Vertreter des Erblassers erfolgen. Ist der Erblasser in der Geschäftsfähigkeit beschränkt, so bedarf er zur Anfechtung nicht der Zustimmung seines g. Vertreters.

Für einen geschäftsunfähigen Erblasser kann sein g. Vertreter mit Genehmigung des Vormundschaftsgerichts den Erbvertrag anfechten.

Die Anfechtungserklärung bedarf der gerichtlichen oder notariellen Beurkundung. 2283.

2290 Ein Erbvertrag sowie eine einzelne vertragsmäßige Verfügung kann durch Vertrag von den Personen aufgehoben werden, die den Erbvertrag geschlossen haben. Nach dem Tode einer dieser Personen kann die Aufhebung nicht mehr erfolgen.

Der Erblasser kann den Vertrag nur persönlich schließen. Ist er in der Geschäftsfähigkeit beschränkt, so bedarf er nicht der Zustimmung seines g. Vertreters.

Steht der andere Teil unter Vormundschaft, so ist die Genehmigung des Vormundschaftsgerichts erforderlich. Das Gleiche gilt, wenn er unter elterlicher Gewalt steht, es sei denn, daß der Vertrag unter Ehegatten oder unter Verlobten geschlossen wird.

Der Vertrag bedarf der im § 2276 für den Erbvertrag vorgeschriebenen F. 2291, 2292.

2291 Eine vertragsmäßige Verfügung, durch die ein Vermächtnis oder eine Auflage angeordnet ist, kann von dem Erblasser durch Testament aufgehoben werden. Zur Wirksamkeit der Aufhebung ist die Zustimmung des anderen Vertragschließenden erforderlich; die Vorschriften des § 2290 Abs. 3 finden Anwendung.

Die Zustimmungserklärung bedarf der gerichtlichen oder notariellen Beurkundung; die Zustimmung ist unwiderruflich.

2292 Ein zwischen Ehegatten geschlossener Erbvertrag kann auch durch ein gemeinschaftliches Testament der Ehegatten aufgehoben werden; die Vorschriften des § 2290 Abs. 3 finden Anwendung.

2296 Der Rücktritt von einem Erbvertrage kann nicht durch einen Vertreter erfolgen. Ist der Erblasser in der Geschäftsfähigkeit beschränkt, so bedarf er nicht der Zustimmung seines g. Vertreters.

§ Der Rücktritt erfolgt durch Erklärung gegenüber dem anderen Vertragschließenden. Die Erklärung bedarf der gerichtlichen oder notariellen Beurkundung.

2301 f. Schuldversprechen 780, 781.

Erbverzicht.

2348 Der Erbverzichtsvertrag bedarf der gerichtlichen oder notariellen Beurkundung. 2351, 2352.

Geschäftsfähigkeit.

111 Ein einseitiges Rechtsgeschäft, das der Minderjährige ohne die erforderliche Einwilligung des g. Vertreters vornimmt, ist unwirksam. Nimmt der Minderjährige mit dieser Einwilligung ein solches Rechtsgeschäft einem anderen gegenüber vor, so ist das Rechtsgeschäft unwirksam, wenn der Minderjährige die Einwilligung nicht in schriftlicher F. vorlegt und der andere das Rechtsgeschäft aus diesem Grunde unverzüglich zurückweist. Die Zurückweisung ist ausgeschlossen, wenn der Vertreter den anderen von der Einwilligung in Kenntnis gesetzt hatte. 106.

Grundstück.

873 Zur Übertragung des Eigentums an einem Grundstücke, zur Belastung eines Grundstücks mit einem Rechte sowie zur Übertragung oder Belastung eines solchen Rechtes ist die Einigung des Berechtigten und des anderen Teiles über den Eintritt der Rechtsänderung und die Eintragung der Rechtsänderung in das Grundbuch erforderlich, soweit nicht das G. ein anderes vorschreibt.

Vor der Eintragung sind die Beteiligten an die Einigung nur gebunden, wenn die Erklärungen gerichtlich oder notariell beurkundet oder vor dem Grundbuchamt abgegeben oder bei diesem eingereicht sind oder wenn der Berechtigte dem anderen

§ Teile eine den Vorschriften der Grundbuchordnung entsprechende Eintragungsbewilligung ausgehändigt hat. 877—880, 892.

Güterrecht.

1372, 1528 f. Nießbrauch 1035.

1434 Der Ehevertrag muß bei gleichzeitiger Anwesenheit beider Teile vor Gericht oder vor einem Notar geschlossen werden.

1484, 1518 f. Erbe 1945, 1955.

1491 Ein anteilsberechtigter Abkömmling kann auf seinen Anteil an dem Gesamtgute der f. Gütergemeinschaft verzichten. Der Verzicht erfolgt durch Erklärung gegenüber dem für den Nachlaß des verstorbenen Ehegatten zuständigen Gerichte; die Erklärung ist in öffentlich beglaubigter F. abzugeben. Das Nachlaßgericht soll die Erklärung dem überlebenden Ehegatten und den übrigen anteilsberechtigten Abkömmlingen mitteilen.

Der Verzicht kann auch durch Vertrag mit dem überlebenden Ehegatten und den übrigen anteilsberechtigten Abkömmlingen erfolgen. Der Vertrag bedarf der gerichtlichen oder notariellen Beurkundung.

Steht der Abkömmling unter elterlicher Gewalt oder unter Vormundschaft, so ist zu dem Verzichte die Genehmigung des Vormundschaftsgerichts erforderlich.

Der Verzicht hat die gleichen Wirkungen, wie wenn der Verzichtende zur Zeit des Verzichts ohne Hinterlassung von Abkömmlingen gestorben wäre. 1518.

1492 Der überlebende Ehegatte kann die f. Gütergemeinschaft jederzeit aufheben. Die Aufhebung erfolgt durch Erklärung gegenüber dem für den Nachlaß des verstorbenen Ehegatten zuständigen Gerichte; die Erklärung ist in öffentlich beglaubigter F. abzugeben. Das

§ Nachlaßgericht soll die Erklärung den anteilsberechtigten Abkömmlingen und, wenn der überlebende Ehegatte g. Vertreter eines der Abkömmlinge ist, dem Vormundschaftsgerichte mitteilen.

Die Aufhebung kann auch durch Vertrag zwischen dem überlebenden Ehegatten und den anteilsberechtigten Abkömmlingen erfolgen. Der Vertrag bedarf der gerichtlichen oder notariellen Beurkundung.

Steht der überlebende Ehegatte unter elterlicher Gewalt oder unter Vormundschaft, so ist zu der Aufhebung die Genehmigung des Vormundschaftsgerichts erforderlich. 1518.

1501 Ist einem anteilsberechtigten Abkömmlinge für den Verzicht auf seinen Anteil eine Abfindung aus dem Gesamtgute der f. Gütergemeinschaft gewährt worden, so wird sie bei der Auseinandersetzung in das Gesamtgut eingerechnet und auf die den Abkömmlingen gebührende Hälfte angerechnet.

Der überlebende Ehegatte kann mit den übrigen anteilsberechtigten Abkömmlingen schon vor der Aufhebung der f. Gütergemeinschaft eine abweichende Vereinbarung treffen. Die Vereinbarung bedarf der gerichtlichen oder notariellen Beurkundung; sie ist auch denjenigen Abkömmlingen gegenüber wirksam, welche erst später in die f. Gütergemeinschaft eintreten. 1518.

1516 Zur Wirksamkeit der in den §§ 1511 bis 1515 bezeichneten Verfügungen eines Ehegatten ist die Zustimmung des anderen Ehegatten erforderlich.

Die Zustimmung kann nicht durch einen Vertreter erteilt werden. Ist der Ehegatte in der Geschäftsfähigkeit beschränkt, so ist die Zustimmung seines g. Vertreters nicht erforderlich. Die Zustimmungserklärung bedarf der gerichtlichen oder notariellen Beurkundung. Die Zustimmung ist unwiderruflich.

Die Ehegatten können die in den §§ 1511—1515 bezeichneten Verfügungen auch in einem gemeinschaftlichen Testamente treffen. 1518.

1517 Zur Wirksamkeit eines Vertrags, durch den ein gemeinschaftlicher Abkömmling einem der Ehegatten gegenüber für den Fall, daß die Ehe durch dessen Tod aufgelöst wird, auf seinen Anteil am Gesamtgute der f. Gütergemeinschaft verzichtet oder durch den ein solcher Verzicht aufgehoben wird, ist die Zustimmung des anderen Ehegatten erforderlich. Für die Zustimmung gelten die Vorschriften des § 1516 Abs. 2 Satz 3, 4.

Die für den Erbverzicht geltenden Vorschriften finden entsprechende Anwendung. 1518.

1560 Eine Eintragung in das Güterrechtsregister soll nur auf Antrag und nur insoweit erfolgen, als sie beantragt ist. Der Antrag ist in öffentlich beglaubigter F. zu stellen.

1563 Die Einsicht des Güterrechtsregisters ist jedem gestattet. Von den Eintragungen kann eine Abschrift gefordert werden; die Abschrift ist auf Verlangen zu beglaubigen.

Hypothek.

1116 Über die Hypothek wird ein Hypothekenbrief erteilt.

Die Erteilung des Briefes kann ausgeschlossen werden. Die Ausschließung kann auch nachträglich erfolgen. Zu der Ausschließung ist die Einigung des Gläubigers und des Eigentümers sowie die Eintragung in das Grundbuch erforderlich; die Vorschriften des § 873 Abs. 2 und der §§ 876, 878 finden entsprechende Anwendung.

Die Ausschließung der Erteilung des Briefes kann aufgehoben werden;

§ die Aufhebung erfolgt in gleicher Weise wie die Ausschließung.

1154 Zur Abtretung der Hypothekenforderung ist Erteilung der Abtretungserklärung in schriftlicher F. und Übergabe des Hypothekenbriefs erforderlich; die Vorschriften des § 1117 finden Anwendung. Der bisherige Gläubiger hat auf Verlangen des neuen Gläubigers die Abtretungserklärung auf seine Kosten öffentlich beglaubigen zu lassen.

Die schriftliche F. der Abtretungserklärung kann dadurch ersetzt werden, daß die Abtretung in das Grundbuch eingetragen wird.

Ist die Erteilung des Hypothekenbriefs ausgeschlossen, so finden auf die Abtretung der Forderung die Vorschriften der §§ 873, 878 entsprechende Anwendung. 1187.

1180 An die Stelle der Forderung, für welche die Hypothek besteht, kann eine andere Forderung gesetzt werden. Zu der Änderung ist die Einigung des Gläubigers und des Eigentümers sowie die Eintragung in das Grundbuch erforderlich; die Vorschriften des § 873 Abs. 2 und der §§ 876, 878 finden entsprechende Anwendung.

Steht die Forderung, die an die Stelle der bisherigen Forderung treten soll, nicht dem bisherigen Hypothekengläubiger zu, so ist dessen Zustimmung erforderlich; die Zustimmung ist dem Grundbuchamt oder demjenigen gegenüber zu erklären, zu dessen Gunsten sie erfolgt. Die Vorschriften des § 875 Abs. 2 und des § 876 finden entsprechende Anwendung.

Kauf.

444 Der Verkäufer ist verpflichtet, dem Käufer über die den verkauften Gegenstand betreffenden rechtlichen Verhältnisse, insbesondere im Falle des Verkaufs eines Grundstückes über die

§ Grenzen, Gerechtsame und Lasten, die nötige Auskunft zu erteilen und ihm die zum Beweise des Rechtes dienenden Urkunden, soweit sie sich in seinem Besitze befinden, auszuliefern. Erstreckt sich der Inhalt einer solchen Urkunde auch auf andere Angelegenheiten, so ist der Verkäufer nur zur Erteilung eines öffentlich beglaubigten Auszugs verpflichtet. 445.

449 Dem Käufer eines Grundstücks oder eines Rechtes an einem Grundstück fallen die Kosten der Beurkundung des Kaufes zur Last. 451.

497 Hat sich der Verkäufer in dem Kaufvertrage das Recht des Wiederkaufs vorbehalten, so kommt der Wiederkauf mit der Erklärung des Verkäufers gegenüber dem Käufer, daß er das Wiederkaufsrecht ausübe, zustande. Die Erklärung bedarf nicht der für den Kaufvertrag bestimmten F.

505 Die Ausübung des Vorkaufsrechts erfolgt durch Erklärung gegenüber dem Verpflichteten. Die Erklärung bedarf nicht der für den Kaufvertrag bestimmten F.

Leibrente.

761 Zur Gültigkeit eines Vertrags durch den eine Leibrente versprochen wird, ist, soweit nicht eine andere F. vorgeschrieben ist, schriftliche Erteilung des Versprechens erforderlich.

Miete.

566 Ein Mietvertrag über ein Grundstück, der für längere Zeit als ein Jahr geschlossen wird, bedarf der schriftlichen F. Wird die F. nicht beobachtet, so gilt der Vertrag als für unbestimmte Zeit geschlossen; die Kündigung ist jedoch nicht für eine frühere Zeit als für den Schluß des ersten Jahres zulässig.

Nießbrauch.

1035 Bei dem Nießbrauch an einem Inbegriffe von Sachen sind der Nieß-

§ braucher und der Eigentümer einander verpflichtet, zur Aufnahme eines Verzeichnisses der Sachen mitzuwirken. Das Verzeichnis ist mit der Angabe des Tages der Aufnahme zu versehen und von beiden Teilen zu unterzeichnen; jeder Teil kann verlangen, daß die Unterzeichnung öffentlich beglaubigt wird. Jeder Teil kann auch verlangen, daß das Verzeichnis durch die zuständige Behörde oder durch einen zuständigen Beamten oder Notar aufgenommen wird. Die Kosten hat derjenige zu tragen und vorzuschießen, welcher die Aufnahme oder die Beglaubigung verlangt.

Pfandrecht.

1260 Zur Bestellung des Pfandrechts ist die Einigung des Eigentümers des Schiffes und des Gläubigers darüber, daß dem Gläubiger das Pfandrecht zustehen soll, und die Eintragung des Pfandrechts in das Schiffsregister erforderlich. Die Vorschriften des § 873 Abs. 2 und des § 878 finden entsprechende Anwendung.

In der Eintragung müssen der Gläubiger, der Geldbetrag der Forderung und, wenn die Forderung verzinslich ist, der Zinssatz angegeben werden. Zur näheren Bezeichnung der Forderung kann auf die Eintragungsbewilligung Bezug genommen werden. 1259, 1272.

1261 Das Rangverhältnis der an dem Schiffe bestellten Pfandrechte bestimmt sich nach den Vorschriften der §§ 879 bis 881 und des § 1151. 1259, 1272.

2301 **Pflichtteil** s. Schuldversprechen 780, 781.

Schenkung.

518 Zur Gültigkeit eines Vertrags, durch den eine Leistung schenkweise versprochen wird, ist die gerichtliche oder notarielle Beurkundung des Versprechens erforderlich. Das Gleiche

§ gilt, wenn ein Schuldversprechen oder ein Schuldanerkenntnis der in den §§ 780, 781 bezeichneten Art schenkweise erteilt wird, von dem Versprechen oder der Anerkennungserklärung.

Der Mangel der F. wird durch die Bewirkung der versprochenen Leistung geheilt.

523 s. Kauf 444.

Schuldverhältnis.

368 Der Gläubiger hat gegen Empfang der Leistung auf Verlangen ein schriftliches Empfangsbekenntnis (Quittung) zu erteilen. Hat der Schuldner ein rechtliches Interesse, daß die Quittung in anderer F. erteilt wird, so kann er die Erteilung in dieser F. verlangen.

371 Ist über die Forderung ein Schuldschein ausgestellt worden, so kann der Schuldner neben der Quittung Rückgabe des Schuldscheins verlangen. Behauptet der Gläubiger, zur Rückgabe außer stande zu sein, so kann der Schuldner das öffentlich beglaubigte Anerkenntnis verlangen, daß die Schuld erloschen sei.

403 Der bisherige Gläubiger hat dem neuen Gläubiger auf Verlangen eine öffentlich beglaubigte Urkunde über die Abtretung der Forderungen auszustellen. 412.

410 Der Schuldner ist im Falle der Abtretung der Forderung dem neuen Gläubiger gegenüber zur Leistung nur gegen Aushändigung einer von dem bisherigen Gläubiger über die Abtretung ausgestellten Urkunde verpflichtet. Eine Kündigung oder eine Mahnung des neuen Gläubigers ist unwirksam, wenn sie ohne Vorlegung einer solchen Urkunde erfolgt und der Schuldner sie aus diesem Grunde unverzüglich zurückweist.

Diese Vorschriften finden keine

§ Anwendung, wenn der bisherige Gläubiger dem Schuldner die Abtretung schriftlich angezeigt hat. 412.

416 Die Mitteilung des Veräußerers eines Grundstücks von der Schuldübernahme muß schriftlich geschehen und den Hinweis enthalten, daß der Übernehmer an die Stelle des bisherigen Schuldners tritt, wenn nicht der Gläubiger die Verweigerung innerhalb der sechs Monate erklärt.

Schuldverschreibung.

793 Die Gültigkeit der Unterzeichnung einer Schuldverschreibung auf den Inhaber kann durch eine in die Urkunde aufgenommene Bestimmung von der Beobachtung einer besonderen F. abhängig gemacht werden. Zur Unterzeichnung genügt eine im Wege der mechanischen Vervielfältigung hergestellte Namensunterschrift.

Schuldversprechen.

780 Zur Gültigkeit eines Vertrags, durch den eine Leistung in der Weise versprochen wird, daß das Versprechen die Verpflichtung selbständig begründen soll (Schuldversprechen), ist, soweit nicht eine andere F. vorgeschrieben ist, schriftliche Erteilung des Versprechens erforderlich. 782.

781 Zur Gültigkeit eines Vertrags, durch den das Bestehen eines Schuldverhältnisses anerkannt wird (Schuldanerkenntnis), ist schriftliche Erteilung der Anerkennungserklärung erforderlich. Ist für die Begründung des Schuldverhältnisses, dessen Bestehen anerkannt wird, eine andere F. vorgeschrieben, so bedarf der Anerkennungsvertrag dieser F. 782.

782 Wird ein Schuldversprechen oder eine Schuldanerkenntnis auf Grund einer Abrechnung oder im Wege des Vergleichs erteilt, so ist die Beobachtung der in den §§ 780, 781 vorgeschriebenen schriftlichen F. nicht erforderlich.

Stiftung.

81 Das Stiftungsgeschäft unter Lebenden bedarf der schriftlichen F.

Bis zur Erteilung der Genehmigung ist der Stifter zum Widerrufe berechtigt. Ist die Genehmigung bei der zuständigen Behörde nachgesucht, so kann der Widerruf nur dieser gegenüber erklärt werden. Der Erbe des Stifters ist zum Widerruf nicht berechtigt, wenn der Stifter das Gesuch bei der zuständigen Behörde eingereicht oder im Falle der gerichtlichen oder notariellen Beurkundung des Stiftungsgeschäfts das Gericht oder den Notar bei oder nach der Beurkundung mit der Einreichung betraut hat.

Testament.

2120 Ist zur ordnungsmäßigen Verwaltung, insbesondere zur Berichtigung von Nachlaßverbindlichkeiten, eine Verfügung erforderlich, die der Vorerbe nicht mit Wirkung gegen den Nacherben vornehmen kann, so ist der Nacherbe dem Vorerben gegenüber verpflichtet, seine Einwilligung zu der Verfügung zu erteilen. Die Einwilligung ist auf Verlangen in öffentlich beglaubigter F. zu erklären. Die Kosten der Beglaubigung fallen dem Vorerben zur Last.

2121 Der Vorerbe hat dem Nacherben auf Verlangen ein Verzeichnis der zur Erbschaft gehörenden Gegenstände mitzuteilen. Das Verzeichnis ist mit der Angabe des Tages der Aufnahme zu versehen und von dem Vorerben zu unterzeichnen; der Vorerbe hat auf Verlangen die Unterzeichnung öffentlich beglaubigen zu lassen.

Der Nacherbe kann verlangen, daß er bei der Aufnahme des Verzeichnisses zugezogen wird.

Der Vorerbe ist berechtigt und auf

§ Verlangen des Nacherben verpflichtet, das Verzeichnis durch die zuständige Behörde oder durch einen zuständigen Beamten oder Notar aufnehmen zu lassen.

Die Kosten der Aufnahme und der Beglaubigung fallen der Erbschaft zur Last.

2182 s. Kauf 444.

2198 Die Bestimmung der Person des Testamentsvollstreckers erfolgt durch Erklärung gegenüber dem Nachlaßgerichte. Die Erklärung ist in öffentlich beglaubigter F. abzugeben. 2199, 2228.

2215 Der Testamentsvollstrecker hat dem Erben unverzüglich nach der Annahme des Amtes ein Verzeichnis der seiner Verwaltung unterliegenden Nachlaßgegenstände und der bekannten Nachlaßverbindlichkeiten mitzuteilen und ihm die zur Aufnahme des Inventars sonst erforderliche Beihülfe zu leisten.

Das Verzeichnis ist mit der Angabe des Tages der Aufnahme zu versehen und von dem Testamentsvollstrecker zu unterzeichnen; der Testamentsvollstrecker hat auf Verlangen die Unterzeichnung öffentlich beglaubigen zu lassen.

Der Erbe kann verlangen, daß er bei der Aufnahme des Verzeichnisses zugezogen wird.

Der Testamentsvollstrecker ist berechtigt und auf Verlangen des Erben verpflichtet, das Verzeichnis durch die zuständige Behörde oder durch einen zuständigen Beamten oder Notar aufnehmen zu lassen.

Die Kosten der Aufnahme und der Beglaubigung fallen dem Nachlasse zur Last. 2220.

Testament.

2231 Ein Testament kann in ordentlicher F. errichtet werden:

§ 1. vor einem Richter oder vor einem Notar 2232;

2. durch eine von dem Erblasser unter Angabe des Ortes und Tages eigenhändig geschriebene und unterschriebene Erklärung. 2247, 2248, 2267.

2267 Zur Errichtung eines gemeinschaftlichen Testaments nach § 2231 Nr. 2 genügt es, wenn einer der Ehegatten das Testament in der dort vorgeschriebenen F. errichtet und der andere Ehegatte die Erklärung beifügt, daß das Testament auch als sein Testament gelten solle. Die Erklärung muß unter Angabe des Ortes und Tages eigenhändig geschrieben und unterschrieben werde n

2271 s. Erbvertrag 2296.

Verein.

33 Die Zustimmung der in der Mitgliederversammlung nicht erschienenen Mitglieder zur Änderung des Zweckes des Vereins muß schriftlich erfolgen. 40.

37 Die Mitgliederversammlung ist zu berufen, wenn der durch die Satzung bestimmte Teil oder in Ermangelung einer Bestimmung der zehnte Teil der Mitglieder die Berufung schriftlich unter Angabe des Zweckes und der Gründe verlangt.

58 Die Satzung eines eingetragenen Vereins soll Bestimmungen enthalten:

1. . . . .

4. über die Voraussetzungen, unter denen die Mitgliederversammlung zu berufen ist, über die F. der Berufung und über die Beurkundung der Beschlüsse. 60.

66 Das Amtsgericht hat die Eintragung des Vereins durch das für seine Bekanntmachungen bestimmte Blatt zu veröffentlichen.

Die Urschrift der Satzung ist mit der Bescheinigung der Eintragung zu

§ versehen und zurückzugeben. Die Abschrift wird von dem Amtsgerichte beglaubigt und mit den übrigen Schriftstücken aufbewahrt. 71.

77 Die Anmeldungen zum Vereinsregister sind von den Mitgliedern des Vorstandes sowie von den Liquidatoren mittelst öffentlich beglaubigter Erklärung zu bewirken.

79 Von den Eintragungen in das Vereinsregister kann eine Abschrift gefordert werden. Die Abschrift ist auf Verlangen zu beglaubigen.

Vertrag.

152 Wird ein Vertrag gerichtlich oder notariell beurkundet, ohne daß beide Teile gleichzeitig anwesend sind, so kommt der Vertrag mit der nach § 128 erfolgten Beurkundung der Annahme zustande, wenn nicht ein anderes bestimmt ist. Die Vorschrift des § 151 Satz 2 findet Anwendung.

154 Ist eine Beurkundung des beabsichtigten Vertrags verabredet worden, so ist im Zweifel der Vertrag nicht geschlossen, bis die Beurkundung erfolgt ist.

313 Ein Vertrag, durch den sich der eine Teil verpflichtet, das Eigentum an einem Grundstücke zu übertragen, bedarf der gerichtlichen oder notariellen Beurkundung. Ein ohne Beobachtung dieser F. geschlossener Vertrag wird seinem ganzen Inhalte nach gültig, wenn die Auflassung und die Eintragung in das Grundbuch erfolgen.

Verwandtschaft.

1595 Die Anfechtung der Ehelichkeit kann nicht durch einen Vertreter erfolgen. Ist der Mann in der Geschäftsfähigkeit beschränkt, so bedarf er nicht der Zustimmung seines g. Vertreters.

Für einen geschäftsunfähigen Mann kann sein g. Vertreter mit Genehmigung des Vormundschaftsgerichts die Ehelichkeit anfechten. Hat der g. Vertreter die Ehelichkeit nicht rechtzeitig angefochten, so kann nach dem Wegfalle der Geschäftsunfähigkeit der Mann selbst die Ehelichkeit in gleicher Weise anfechten, wie wenn er ohne g. Vertreter gewesen wäre. 1598 bis 1600.

1596 Die Anfechtung der Ehelichkeit erfolgt bei Lebzeiten des Kindes durch Erhebung der Anfechtungsklage. Die Klage ist gegen das Kind zu richten.

Wird die Klage zurückgenommen, so ist die Anfechtung als nicht erfolgt anzusehen. Das Gleiche gilt, wenn der Mann vor der Erledigung des Rechtsstreits das Kind als das seinige anerkennt.

Vor der Erledigung des Rechtsstreits kann die Unehelichkeit nicht anderweit geltend gemacht werden. 1599, 1600.

1597 Nach dem Tode des Kindes erfolgt die Anfechtung der Ehelichkeit durch Erklärung gegenüber dem Nachlaßgericht; die Erklärung ist in öffentlich beglaubigter F. abzugeben. 1599, 1600.

1598 Die Anfechtung der Ehelichkeit ist ausgeschlossen, wenn der Mann das Kind nach der Geburt als das seinige anerkennt.

Die Anerkennung kann nicht unter einer Bedingung oder einer Zeitbestimmung erfolgen.

Für die Anerkennung gelten die Vorschriften des § 1595 Abs. 1. Die Anerkennung kann auch in einer Verfügung von Todeswegen erfolgen. 1600.

1599 Ist die Anerkennung der Ehelichkeit anfechtbar, so finden die Vorschriften der §§ 1595—1597 und, wenn die Anfechtbarkeit ihren Grund in arglistiger Täuschung oder in Drohung hat, neben den Vorschriften des § 203 Abs. 2 und des § 206 auch die Vor-

§ schrift des § 203 Abs. 1 entsprechende Anwendung. 1600.

1643 s. Vormundschaft 1831.

1662 Der Vater kann auf die Nutznießung an dem Vermögen des ehelichen Kindes verzichten. Der Verzicht erfolgt durch Erklärung gegenüber dem Vormundschaftsgerichte. Die Erklärung ist in öffentlich beglaubigter F. abzugeben.

1690 s. Vormundschaft 1831.

1706 Der Ehemann der Mutter des unehelichen Kindes kann durch Erklärung gegenüber der zuständigen Behörde dem Kinde mit Einwilligung des Kindes und der Mutter seinen Namen erteilen; die Erklärung des Ehemanns sowie die Einwilligungserklärungen des Kindes und der Mutter sind in öffentlich beglaubigter F. abzugeben.

1730 Der Antrag auf Ehelichkeitserklärung sowie die Einwilligungserklärung der im § 1726 bezeichneten Personen bedarf der gerichtlichen oder notariellen Beurkundung.

1733 Nach dem Tode des Vaters ist die Ehelichkeitserklärung nur zulässig, wenn der Vater den Antrag bei der zuständigen Behörde eingereicht oder bei oder nach der gerichtlichen oder notariellen Beurkundung des Antrags das Gericht oder den Notar mit der Einreichung betraut hat.

1741 Wer keine ehelichen Abkömmlinge hat, kann durch Vertrag mit einem anderen diesen an Kindesstatt annehmen. Der Vertrag bedarf der Bestätigung durch das zuständige Gericht. 1770.

1742 Die Annahme an Kindesstatt kann nicht unter einer Bedingung oder einer Zeitbestimmung erfolgen.

1748 Die Einwilligung der in den §§ 1746, 1747 bezeichneten Personen hat dem Annehmenden oder dem Kinde oder dem für die Bestätigung des Annahmevertrags zuständigen Gerichte gegenüber zu erfolgen; sie ist unwiderruflich.

Die Einwilligung kann nicht durch einen Vertreter erteilt werden. Ist der Einwilligende in der Geschäftsfähigkeit beschränkt, so bedarf er nicht der Zustimmung seines g. Vertreters.

Die Einwilligungserklärung bedarf der gerichtlichen oder notariellen Beurkundung. 1755.

Vollmacht.

167 Die Erteilung der Vollmacht erfolgt durch Erklärung gegenüber dem zu Bevollmächtigenden oder dem Dritten, dem gegenüber die Vertretung stattfinden soll.

Die Erklärung bedarf nicht der F., welche für das Rechtsgeschäft bestimmt ist, auf das sich die Vollmacht bezieht. 168.

1098 **Vorkaufsrecht** s. Kauf 505.

Vormundschaft.

1789 Der Vormund wird von dem Vormundschaftsgerichte durch Verpflichtung zu treuer und gewissenhafter Führung der Vormundschaft bestellt. Die Verpflichtung soll mittelst Handschlags an Eidesstatt erfolgen.

1831 Ein einseitiges Rechtsgeschäft, das der Vormund ohne die erforderliche Genehmigung des Vormundschaftsgerichts vornimmt, ist unwirksam. Nimmt der Vormund mit dieser Genehmigung ein solches Rechtsgeschäft einem anderen gegenüber vor, so ist das Rechtsgeschäft unwirksam, wenn der Vormund die Genehmigung nicht in schriftlicher F. vorlegt und der andere das Rechtsgeschäft aus diesem Grunde unverzüglich zurückweist. 1832.

1873 Die Mitglieder können zum Familienrat mündlich oder schriftlich eingeladen werden.

Willenserklärung.

125 Ein Rechtsgeschäft, welches der durch

§ G. vorgeschriebenen F. ermangelt, ist nichtig. Der Mangel der durch Rechtsgeschäft bestimmten F. hat im Zweifel gleichfalls Nichtigkeit zur Folge.

126 Ist durch G. schriftliche F. vorgeschrieben, so muß die Urkunde von dem Aussteller eigenhändig durch Namensunterschrift oder mittelst gerichtlich oder notariell beglaubigten Handzeichens unterzeichnet werden.

Bei einem Vertrage muß die Unterzeichnung der Parteien auf derselben Urkunde erfolgen. Werden über den Vertrag mehrere gleichlautende Urkunden aufgenommen, so genügt es, wenn jede Partei die für die andere Partei bestimmte Urkunde unterzeichnet.

Die schriftliche F. wird durch die gerichtliche oder notarielle Beurkundung ersetzt. 127, 129.

127 Die Vorschriften des § 126 gelten im Zweifel auch für die durch Rechtsgeschäft bestimmte schriftliche F. Zur Wahrung der F. genügt jedoch, soweit nicht ein anderer Wille anzunehmen ist, telegraphische Übermittelung und bei einem Vertrage Briefwechsel; wird eine solche F. gewählt, so kann nachträglich eine dem § 126 entsprechende Beurkundung verlangt werden.

128 Ist durch G. gerichtliche oder notarielle Beurkundung eines Vertrags vorgeschrieben, so genügt es, wenn zunächst der Antrag und sodann die Annahme des Antrags von einem Gericht oder einem Notar beurkundet wird.

129 Ist durch G. für eine Erklärung öffentliche Beglaubigung vorgeschrieben, so muß die Erklärung schriftlich abgefaßt und die Unterschrift des Erklärenden von der zuständigen Behörde oder einem zuständigen Beamten oder Notar beglaubigt werden.

§ Wird die Erklärung von dem Aussteller mittelst Handzeichens unterzeichnet, so ist die im § 126 Abs. 1 vorgeschriebene Beglaubigung des Handzeichens erforderlich und genügend.

Die öffentliche Beglaubigung wird durch die gerichtliche oder notarielle Beurkundung der Erklärung ersetzt.

144 Die Bestätigung eines anfechtbaren Rechtsgeschäfts bedarf nicht der für das Rechtsgeschäft bestimmten F.

Zustimmung.

182 Hängt die Wirksamkeit eines Vertrags oder eines einseitigen Rechtsgeschäfts, das einem anderen gegenüber vorzunehmen ist, von der Zustimmung eines Dritten ab, so kann die Erteilung sowie die Verweigerung der Zustimmung sowohl dem einen als dem anderen Teile gegenüber erklärt werden.

Die Zustimmung bedarf nicht der für das Rechtsgeschäft bestimmten F.

Wird ein einseitiges Rechtsgeschäft, dessen Wirksamkeit von der Zustimmung eines Dritten abhängt, mit Einwilligung des Dritten vorgenommen, so finden die Vorschriften des § 111 Satz 2, 3 entsprechende Anwendung.

Forstwirtschaft.

Art. **Einführungsgesetz.**

64 f. **Beschränkung** — E.G.

164 f. **B.G.B.** — E.G.

§ **Verjährung.**

196 In zwei Jahren verjähren die Ansprüche:

1. . . . .
2. derjenigen, welche Land- oder F. betreiben, für Lieferung von land- oder forstwirtschaftlichen Erzeugnissen, sofern die Lieferung zur Verwendung im Haushalte des Schuldners erfolgt; 201.

Fortbestehen.

§ **Auftrag.**

672 Der Auftrag erlischt im Zweifel nicht durch den Tod oder den Eintritt der Geschäftsunfähigkeit des Auftraggebers. Erlischt der Auftrag, so hat der Beauftragte, wenn mit dem Aufschube Gefahr verbunden ist, die Besorgung des übertragenen Geschäfts fortzusetzen, bis der Erbe oder der g. Vertreter des Auftraggebers anderweit Fürsorge treffen kann; der Auftrag gilt insoweit als fortbestehend. 675.

673 Der Auftrag erlischt im Zweifel durch den Tod des Beauftragten. Erlischt der Auftrag, so hat der Erbe des Beauftragten den Tod dem Auftraggeber unverzüglich anzuzeigen und, wenn mit dem Aufschube Gefahr verbunden ist, die Besorgung des übertragenen Geschäfts fortzusetzen, bis der Auftraggeber anderweit Fürsorge treffen kann, der Auftrag gilt insoweit als fortbestehend. 675.

674 Erlischt der Auftrag in anderer Weise als durch Widerruf, so gilt er zu Gunsten des Beauftragten gleichwohl als fortbestehend, bis der Beauftragte von dem Erlöschen Kenntnis erlangt oder das Erlöschen kennen muß. 675.

Eigentum.

922 Solange einer der Nachbarn an dem F. einer der im § 921 bezeichneten Einrichtungen ein Interesse hat, darf sie nicht ohne seine Zustimmung beseitigt oder geändert werden. Im übrigen bestimmt sich das Rechtsverhältnis zwischen den Nachbarn nach den Vorschriften über die Gemeinschaft.

949 Erlischt nach den §§ 946—948 das Eigentum an einer Sache, so erlöschen auch die sonstigen an der Sache bestehenden Rechte. Erwirbt der Eigentümer der belasteten Sache Miteigentum, so bestehen die Rechte an dem Anteile fort, der an die Stelle der

§ Sache tritt. Wird der Eigentümer der belasteten Sache Alleineigentümer, so erstrecken sich die Rechte auf die hinzutretende Sache. 951.

Art. **Einführungsgesetz.**

163 s. Verein § 49, Stiftung § 88.

184 s. Grunddienstbarkeit § 1025.

202 s. **B.G.B.** — E.G.

§ **Gesellschaft.**

727 Die Gesellschaft wird durch den Tod eines der Gesellschafter aufgelöst, sofern nicht aus dem Gesellschaftsvertrage sich ein anderes ergiebt.

Im Falle der Auflösung hat der Erbe des verstorbenen Gesellschafters den übrigen Gesellschaftern den Tod unverzüglich anzuzeigen und, wenn mit dem Aufschube Gefahr verbunden ist, die seinem Erblasser durch den Gesellschaftsvertrag übertragenen Geschäfte fortzuführen, bis die übrigen Gesellschafter in Gemeinschaft mit ihm anderweit Fürsorge treffen können. Die übrigen Gesellschafter sind in gleicher Weise zur einstweiligen Fortführung der ihnen übertragenen Geschäfte verpflichtet. Die Gesellschaft gilt insoweit als fortbestehend. 728.

728 Die Gesellschaft wird durch die Eröffnung des Konkurses über das Vermögen eines Gesellschafters aufgelöst. Die Vorschriften des § 727 Abs. 2 Satz 2, 3 finden Anwendung.

729 Wird die Gesellschaft in anderer Weise als durch Kündigung aufgelöst, so gilt die einem Gesellschafter durch den Gesellschaftsvertrag übertragene Befugnis zur Geschäftsführung zu seinen Gunsten gleichwohl als fortbestehend, bis er von der Auflösung Kenntnis erlangt oder die Auflösung kennen muß.

730 Nach der Auflösung der Gesellschaft findet in Ansehung des Gesellschaftsvermögens die Auseinandersetzung unter den Gesellschaftern statt.

Für die Beendigung der schweben-

§ den Geschäfte, für die dazu erforderliche Eingehung neuer Geschäfte sowie für die Erhaltung und Verwaltung des Gesellschaftsvermögens gilt die Gesellschaft als fortbestehend, soweit der Zweck der Auseinandersetzung es erfordert. Die einem Gesellschafter nach dem Gesellschaftsvertrage zustehende Befugnis zur Geschäftsführung erlischt jedoch, wenn nicht aus dem Vertrage sich ein anderes ergiebt, mit der Auflösung der Gesellschaft; die Geschäftsführung steht von der Auflösung an allen Gesellschaftern gemeinschaftlich zu.

736 Ist im Gesellschaftsvertrage bestimmt, daß, wenn ein Gesellschafter kündigt oder stirbt oder wenn der Konkurs über sein Vermögen eröffnet wird, die Gesellschaft unter den übrigen Gesellschaftern fortbestehen soll, so scheidet bei dem Eintritt eines solchen Ereignisses der Gesellschafter, in dessen Person es eintritt, aus der Gesellschaft aus.

737 Ist im Gesellschaftsvertrage bestimmt, daß, wenn ein Gesellschafter kündigt, die Gesellschaft unter den übrigen Gesellschaftern fortbestehen soll, so kann ein Gesellschafter, in dessen Person ein die übrigen Gesellschafter nach § 723 Abs. 1 Satz 2 zur Kündigung berechtigender Umstand eintritt, aus der Gesellschaft ausgeschlossen werden. Das Ausschließungsrecht steht den übrigen Gesellschaftern gemeinschaftlich zu. Die Ausschließung erfolgt durch Erklärung gegenüber dem auszuschließenden Gesellschafter.

Grunddienstbarkeit.

1025 Wird das Grundstück des Berechtigten geteilt, so besteht die Grunddienstbarkeit für die einzelnen Teile fort; die Ausübung ist jedoch im Zweifel nur in der Weise zulässig, daß sie für den Eigentümer des belasteten Grundstücks nicht beschwerlicher wird. Gereicht die Dienstbarkeit nur einem der Teile zum Vorteile, so erlischt sie für die übrigen Teile.

Nießbrauch.

1063 Der Nießbrauch an einer beweglichen Sache erlischt, wenn er mit dem Eigentum in derselben Person zusammentrifft.

Der Nießbrauch gilt als nicht erloschen, soweit der Eigentümer ein rechtliches Interesse an dem F. des Nießbrauchs hat. 1072.

Pfandrecht.

1256 Das Pfandrecht gilt, wenn es mit dem Eigentum in derselben Person zusammentrifft, als nicht erloschen, soweit der Eigentümer ein rechtliches Interesse an dem F. des Pfandrechts hat. 1266.

Reallast.

1109 Wird das Grundstück des Berechtigten geteilt, so besteht die Reallast für die einzelnen Teile fort.

88 **Stiftung** s. Verein 49.

2218 **Testament** s. Auftrag 673, 674.

Verein.

49 Der Verein gilt bis zur Beendigung der Liquidation als fortbestehend, soweit der Zweck der Liquidation es erfordert.

Vollmacht.

168 Das Erlöschen der Vollmacht bestimmt sich nach dem ihrer Erteilung zu Grunde liegenden Rechtsverhältnisse. Die Vollmacht ist auch bei dem F. des Rechtsverhältnisses widerruflich, sofern sich nicht aus diesem ein anderes ergiebt. Auf die Erklärung des Widerrufs findet die Vorschrift des § 167 Abs. 1 entsprechende Anwendung.

169 Soweit nach den §§ 674, 729 die erloschene Vollmacht eines Beauftragten oder eines geschäftsführenden Gesellschafters als fortbestehend gilt, wirkt sie nicht zu Gunsten eines Dritten, der bei der Vornahme eines Rechts-

§ geschäfts das Erlöschen kennt oder kennen muß.
171 Die Vertretungsmacht bleibt bestehen:
a) bis die Kundgebung in derselben Weise, wie sie erfolgt ist, widerrufen wird. 173;
172 b) bis die Vollmachtsurkunde dem Vollmachtgeber zurückgegeben oder für kraftlos erklärt wird. 173.

Fortdauer.

941 **Eigentum** 945 f. Verjährung 211.

Erbschaftskauf.

2382 Der Käufer einer Erbschaft haftet von dem Abschlusse des Kaufes an den Nachlaßgläubigern, unbeschadet der F. der Haftung des Verkäufers. Dies gilt auch von den Verbindlichkeiten, zu deren Erfüllung der Käufer dem Verkäufer gegenüber nach den §§ 2378, 2379 nicht verpflichtet ist.

Kauf.

477 Beantragt der Käufer gerichtliche Beweisaufnahme zur Sicherung des Beweises, so wird die Verjährung des Anspruches auf Wandelung oder auf Minderung oder auf Schadensersatz wegen Mangels einer zugesicherten Eigenschaft unterbrochen. Die Unterbrechung dauert bis zur Beendigung des Verfahrens fort. Die Vorschriften der §§ 211 Abs. 2, 212 finden entsprechende Anwendung. 480, 481, 490.
490 f. Verjährung 215.

Pfandrecht.

1253 Das Pfandrecht erlischt, wenn der Pfandgläubiger das Pfand dem Verpfänder oder dem Eigentümer zurückgiebt. Der Vorbehalt der F. des Pfandrechts ist unwirksam. 1266, 1272, 1278.

Schuldverhältnis.

419 Übernimmt jemand durch Vertrag das Vermögen eines anderen, so können dessen Gläubiger, unbeschadet der F. der Haftung des bisherigen Schuldners, von dem Abschlusse des Vertrags an ihre zu dieser Zeit bestehenden Ansprüche auch gegen den Übernehmer geltend machen.

Testament.

2210 Eine nach § 2209 getroffene Anordnung wird unwirksam, wenn seit dem Erbfalle dreißig Jahre verstrichen sind. Der Erblasser kann jedoch anordnen, daß die Verwaltung bis zum Tode des Erben oder des Testamentsvollstreckers oder bis zum Eintritt eines anderen Ereignisses in der Person des einen oder des anderen fortdauern soll. Die Vorschrift des § 2163 Abs. 2 findet entsprechende Anwendung.

Verjährung.

211 Die Unterbrechung der Verjährung durch Klageerhebung dauert fort, bis der Prozeß rechtskräftig entschieden oder anderweit erledigt ist. 219, 220.
214 Die Unterbrechung der Verjährung durch Anmeldung im Konkurse dauert fort, bis der Konkurs beendigt ist.

Die Unterbrechung gilt als nicht erfolgt, wenn die Anmeldung zurückgenommen wird.

Wird bei der Beendigung des Konkurses für eine Forderung, die infolge eines bei der Prüfung erhobenen Widerspruchs in Prozeß befangen ist, ein Betrag zurückbehalten, so dauert die Unterbrechung auch nach der Beendigung des Konkurses fort; das Ende der Unterbrechung bestimmt sich nach den Vorschriften des § 211.
215 Die Unterbrechung der Verjährung durch Geltendmachung der Aufrechnung im Prozeß oder durch Streitverkündung dauert fort, bis der Prozeß rechtskräftig entschieden oder anderweit erledigt ist; die Vorschriften des § 211 Abs. 2 finden Anwendung. 220.

Verwandtschaft.

1590 Die Schwägerschaft dauert fort, auch

§ wenn die Ehe, durch die sie begründet wurde, aufgelöst ist.
1643 s. Vormundschaft 1822.

Vormundschaft.

1822 Der Vormund bedarf der Genehmigung des Vormundschaftsgerichts:
1. . . . . .
5. zu einem Miet- oder Pachtvertrage oder einem anderen Vertrage, durch den der Mündel zu wiederkehrenden Leistungen verpflichtet wird, wenn das Vertragsverhältnis länger als ein Jahr nach der Vollendung des einundzwanzigsten Lebensjahres des Mündels fortdauern soll. 1812.

639 **Werkvertrag** 651 s. Kauf 477.

Fortentrichtung.

Eigentum.

915 Der Rentenberechtigte kann jederzeit verlangen, daß der Rentenpflichtige ihm gegen Übertragung des Eigentums an dem überbauten Teile des Grundstücks den Wert ersetzt, den dieser Teil zur Zeit der Grenzüberschreitung gehabt hat. Macht er von dieser Befugnis Gebrauch, so bestimmen sich die Rechte und Verpflichtungen beider Teile nach den Vorschriften über den Kauf.

Für die Zeit bis zur Übertragung des Eigentums ist die Rente fortzuentrichten. 924.

Leistung.

288 Eine Geldschuld ist während des Verzugs mit vier vom Hundert für das Jahr zu verzinsen. Kann der Gläubiger aus einem anderen Rechtsgrunde höhere Zinsen verlangen, so sind diese fortzuentrichten.

Die Geltendmachung eines weiteren Schadens ist nicht ausgeschlossen. 291.

Fortführung.

727 **Gesellschaft** s. **Fortbestehen** — Gesellschaft.

§ **Güterrecht.**

1421, 1546 s. Pacht 593.

1424 Der Mann ist bei g. Güterrecht auch nach der Beendigung der Verwaltung und Nutznießung zur F. der Verwaltung berechtigt, bis er von der Beendigung Kenntnis erlangt oder sie kennen muß. Ein Dritter kann sich auf diese Berechtigung nicht berufen, wenn er bei der Vornahme eines Rechtsgeschäfts die Beendigung der Verwaltung und Nutznießung kennt oder kennen muß.

Endigt die Verwaltung und Nutznießung infolge des Todes der Frau, so hat der Mann diejenigen zur Verwaltung gehörenden Geschäfte, mit deren Aufschube Gefahr verbunden ist, zu besorgen, bis der Erbe anderweit Fürsorge treffen kann. 1472, 1546.

1472 Die Verwaltung des Gesamtguts der a. Gütergemeinschaft steht bis zur Auseinandersetzung beiden Ehegatten gemeinschaftlich zu. Der § 1424 findet entsprechende Anwendung. 1497, 1546.

1497 Bis zur Auseinandersetzung bestimmt sich das Rechtsverhältnis der Teilhaber am Gesamtgute der f. Gütergemeinschaft nach den §§ 1442, 1472, 1473, 1518.

1546 Auf das eingebrachte Gut der Frau bei der Errungenschaftsgemeinschaft finden die für den Güterstand der Verwaltung und Nutznießung geltenden Vorschriften der §§ 1421—1424 Anwendung.

1055 **Nießbrauch** s. Pacht 593.

Pacht.

593 Der Pächter eines Landguts hat von den bei der Beendigung der Pacht vorhandenen landwirtschaftlichen Erzeugnissen ohne Rücksicht darauf, ob er bei dem Antritte der Pacht solche Erzeugnisse übernommen hat, so viel zurückzulassen, als zur F. der Wirt-

§ schaft bis zu der Zeit erforderlich ist, zu welcher gleiche oder ähnliche Erzeugnisse voraussichtlich gewonnen werden.

Soweit der Pächter landwirtschaftliche Erzeugnisse in größerer Menge oder besserer Beschaffenheit zurückzulassen verpflichtet ist, als er bei dem Antritte der Pacht übernommen hat, kann er von dem Verpächter Ersatz des Wertes verlangen.

Den vorhandenen auf dem Gute gewonnenen Dünger hat der Pächter zurückzulassen, ohne daß er Ersatz des Wertes verlangen kann. 581.

98 **Sachen** s. **Bestimmung** — Sachen.

Testament.

2130, 2136 s. Pacht 593.

2209 Der Erblasser kann einem Testamentsvollstrecker die Verwaltung des Nachlasses übertragen, ohne ihm andere Aufgaben als die Verwaltung zuzuweisen; er kann auch anordnen, daß der Testamentsvollstrecker die Verwaltung nach der Erledigung der ihm sonst zugewiesenen Aufgaben fortzuführen hat. Im Zweifel ist anzunehmen, daß einem solchen Testamentsvollstrecker die im § 2207 bezeichnete Ermächtigung erteilt ist. 2210.

Verwandtschaft.

1663 s. Pacht 593.

1682 Der Vater ist auch nach der Beendigung seiner elterlichen Gewalt zur F. der mit der Sorge für die Person und das Vermögen des Kindes verbundenen Geschäfte berechtigt, bis er von der Beendigung Kenntnis erlangt oder sie kennen muß. Ein Dritter kann sich auf diese Berechtigung nicht berufen, wenn er bei der Vornahme eines Rechtsgeschäfts die Beendigung der elterlichen Gewalt kennt oder kennen muß.

Diese Vorschriften finden entsprechende Anwendung, wenn die elterliche Gewalt des Vaters ruht oder aus einem anderen Grunde seine Vermögensverwaltung aufhört.

Vormundschaft.

1886 Das Vormundschaftsgericht hat den Vormund zu entlassen, wenn die F. des Amtes, insbesondere wegen pflichtwidrigen Verhaltens des Vormundes, das Interesse des Mündels gefährden würde oder wenn in der Person des Vormundes einer der im § 1781 bestimmten Gründe vorliegt. 1878, 1895.

1887 Das Vormundschaftsgericht kann eine Frau, die zum Vormunde bestellt ist, entlassen, wenn sie sich verheiratet.

Das Vormundschaftsgericht hat eine verheiratete Frau, die zum Vormunde bestellt ist, zu entlassen, wenn der Mann seine Zustimmung zur Übernahme oder zur F. der Vormundschaft versagt oder die Zustimmung widerruft. Diese Vorschrift findet keine Anwendung, wenn der Mann der Vater des Mündels ist. 1895.

1888 Ist ein Beamter oder ein Religionsdiener zum Vormunde bestellt, so hat ihn das Vormundschaftsgericht zu entlassen, wenn die Erlaubnis, die nach den L.G. zur Übernahme der Vormundschaft oder zur F. der vor dem Eintritt in das Amts- oder Dienstverhältnis übernommenen Vormundschaft erforderlich ist, versagt oder zurückgenommen wird oder wenn die nach den L.G. zulässige Untersagung der F. der Vormundschaft erfolgt. 1895.

1893, 1895 s. Verwandtschaft 1682.

Fortkommen.

618 **Dienstvertrag** s. Handlung 842.

Handlung.

824, 829 s. **Behauptung** — Handlung.

842 Die Verpflichtung zum Schadensersatze wegen einer gegen die Person gerichteten

§ unerlaubten Handlung erstreckt sich auf die Nachteile, welche die Handlung für den Erwerb oder das F. des Verletzten herbeiführt.

Fortleben.

Todeserklärung.

19 Solange nicht die Todeserklärung erfolgt ist, wird das F. des Verschollenen bis zu dem Zeitpunkte vermutet, der nach § 18 Abs. 2 in Ermangelung eines anderen Ergebnisses der Ermittelungen als Zeitpunkt des Todes anzunehmen ist; die Vorschrift des § 18 Abs. 3 findet entsprechende Anwendung.

Fortsetzung.

672 **Auftrag** 673 s. **Fortbestehen** — Auftrag.

777 **Bürgschaft** s. **Bürge** — Bürgschaft.

Dienstvertrag.

625 Wird das Dienstverhältnis nach dem Ablaufe der Dienstzeit von dem Verpflichteten mit Wissen des anderen Teiles fortgesetzt, so gilt es als auf unbestimmte Zeit verlängert, sofern nicht der andere Teil unverzüglich widerspricht.

Ehe.

1314 **Fortgesetzte Gütergemeinschaft** s. **Gütergemeinschaft** — Ehe.

Ehescheidung.

1568 Ein Ehegatte kann auf Scheidung klagen, wenn der andere Ehegatte durch schwere Verletzung der durch die Ehe begründeten Pflichten oder durch ehrloses oder unsittliches Verhalten eine so tiefe Zerrüttung des ehelichen Verhältnisses verschuldet hat, daß dem Ehegatten die F. der Ehe nicht zugemutet werden kann. Als schwere Verletzung der Pflichten gilt auch grobe Mißhandlung. 1564, 1570, 1571, 1574.

§ **Eigentum.**

939 Die Ersitzung kann nicht beginnen und, falls sie begonnen hat, nicht fortgesetzt werden, solange die Verjährung des Eigentumsanspruchs gehemmt ist oder ihrer Vollendung die Vorschriften der §§ 206, 207 entgegenstehen. 945.

Art. **Einführungsgesetz.**

201 s. Ehescheidung § 1568.

206 s. Verwandtschaft § 1635.

§ **Gesellschaft.**

724 Ist eine Gesellschaft für die Lebenszeit eines Gesellschafters eingegangen, so kann sie in gleicher Weise gekündigt werden wie eine für unbestimmte Zeit eingegangene Gesellschaft. Dasselbe gilt, wenn eine Gesellschaft nach dem Ablaufe der bestimmten Zeit stillschweigend fortgesetzt wird.

Güterrecht.

1407 Bei g. Güterrecht bedarf die Frau nicht der Zustimmung des Mannes:
1. zur F. eines zur Zeit der Eheschließung anhängigen Rechtsstreits; 1525.

1454 Zur F. eines bei dem Eintritte der a. Gütergemeinschaft anhängigen Rechtsstreits bedarf die Frau nicht der Zustimmung des Mannes.

1483—1518 **Fortgesetzte Gütergemeinschaft** s. **Gütergemeinschaft** — Güterrecht.

1507 Das Nachlaßgericht hat dem überlebenden Ehegatten auf Antrag ein Zeugnis über die F. der Gütergemeinschaft zu erteilen. Die Vorschriften über den Erbschein finden entsprechende Anwendung. 1518.

1525 Auf das eingebrachte Gut der Frau finden bei der Errungenschaftsgemeinschaft die §§ 1373—1383, 1390 bis 1417 entsprechende Anwendung.

Miete.

550 Macht der Mieter von der gemieteten Sache einen vertragswidrigen Gebrauch

§ und setzt er den Gebrauch ungeachtet einer Abmahnung des Vermieters fort, so kann der Vermieter auf Unterlassung klagen.

553 Der Vermieter kann ohne Einhaltung einer Kündigungsfrist das Mietverhältnis kündigen, wenn der Mieter oder derjenige, welchem der Mieter den Gebrauch der gemieteten Sache überlassen hat, ungeachtet einer Abmahnung des Vermieters einen vertragswidrigen Gebrauch der Sache fortsetzt, der die Rechte des Vermieters in erheblichem Maße verletzt, insbesondere einem Dritten den ihm unbefugt überlassenen Gebrauch beläßt, oder die Sache durch Vernachlässigung der dem Mieter obliegenden Sorgfalt erheblich gefährdet. 555.

568 Wird nach dem Ablaufe der Mietzeit der Gebrauch der Sache von dem Mieter fortgesetzt, so gilt das Mietverhältnis als auf unbestimmte Zeit verlängert, sofern nicht der Vermieter oder der Mieter seinen entgegenstehenden Willen binnen einer Frist von zwei Wochen dem anderen Teile gegenüber erklärt. Die Frist beginnt für den Mieter mit der F. des Gebrauchs, für den Vermieter mit dem Zeitpunkt, in welchem er von der F. Kenntnis erlangt.

Nießbrauch.

1053 Macht der Nießbraucher einen Gebrauch von der Sache, zu dem er nicht befugt ist, und setzt er den Gebrauch ungeachtet einer Abmahnung des Eigentümers fort, so kann der Eigentümer auf Unterlassung klagen.

1054 Verletzt der Nießbraucher die Rechte des Eigentümers in erheblichem Maße und setzt er das verletzende Verhalten ungeachtet einer Abmahnung des Eigentümers fort, so kann der Eigentümer die Anordnung einer Verwaltung nach § 1052 verlangen.

§ **Pfandrecht.**

1217 Verletzt der Pfandgläubiger die Rechte des Verpfänders in erheblichem Maße und setzt er das verletzende Verhalten ungeachtet einer Abmahnung des Verpfänders fort, so kann der Verpfänder verlangen, daß das Pfand auf Kosten des Pfandgläubigers hinterlegt oder, wenn es sich nicht zur Hinterlegung eignet, an einen gerichtlich zu bestellenden Verwahrer abgeliefert wird.

Statt der Hinterlegung oder der Ablieferung der Sache an einen Verwahrer kann der Verpfänder die Rückgabe des Pfandes gegen Befriedigung des Gläubigers verlangen. Ist die Forderung unverzinslich und noch nicht fällig, so gebührt dem Pfandgläubiger nur die Summe, welche mit Hinzurechnung der g. Zinsen für die Zeit von der Zahlung bis zur Fälligkeit dem Betrage der Forderung gleichkommt. 1266, 1272, 1275.

2335 **Pflichtteil** s. Ehescheidung 1568.

Testament.

2130 Der Vorerbe ist nach dem Eintritte der Nacherbfolge verpflichtet, dem Nacherben die Erbschaft in dem Zustande herauszugeben, der sich bei einer bis zur Herausgabe f. ordnungsmäßigen Verwaltung ergiebt. Auf die Herausgabe eines landwirtschaftlichen Grundstücks findet die Vorschrift des § 592, auf die Herausgabe eines Landguts finden die Vorschriften der §§ 592, 593 entsprechende Anwendung.

Der Vorerbe hat auf Verlangen Rechenschaft abzulegen. 2136.

2218, 2220 s. Auftrag 673.

1635, 1636 **Verwandtschaft** s. Ehescheidung 1568.

Werkvertrag.

639 Auf die Verjährung der im § 638

Friedensschluss.

§ **Todeserklärung.**

15 s. **Dienstverhältnis** — Todeserklärung.

18 Als Zeitpunkt des Todes ist, sofern nicht die Ermittelungen ein anderes ergeben, anzunehmen:

. . . .

in den Fällen des § 15 der Zeitpunkt des F. oder der Schluß des Jahres, in welchem der Krieg beendigt worden ist; 19.

Frist s. auch **Inventarfrist, Verjährungsfrist, Vorlegungsfrist, Gewährfrist, Kündigungsfrist.**

§ **Anweisung.**

786 Der Anspruch des Anweisungsempfängers gegen den Angewiesenen aus der Annahme der Anweisung verjährt in drei Jahren.

790 Der Anweisende kann die Anweisung dem Angewiesenen gegenüber widerrufen, solange nicht der Angewiesene sie dem Anweisungsempfänger gegenüber angenommen oder die Leistung bewirkt hat. Dies gilt auch dann, wenn der Anweisende durch den Widerruf einer ihm gegen den Anweisungsempfänger obliegenden Verpflichtung zuwiderhandelt.

658 **Auslobung** 661 s. **Auslobung** — Auslobung.

Besitz.

861 Wird der Besitz durch verbotene Eigenmacht dem Besitzer entzogen, so kann dieser die Wiedereinräumung des Besitzes von demjenigen verlangen, welcher ihm gegenüber fehlerhaft besitzt.

Der Anspruch ist ausgeschlossen, wenn der entzogene Besitz dem gegenwärtigen Besitzer oder dessen Rechtsvorgänger gegenüber fehlerhaft war und in dem letzten Jahre vor der Entziehung erlangt worden ist. 863 bis 865, 869.

§

862 Wird der Besitzer durch verbotene Eigenmacht im Besitze gestört, so kann er von dem Störer die Beseitigung der Störung verlangen. Sind weitere Störungen zu besorgen, so kann der Besitzer auf Unterlassung klagen.

Der Anspruch ist ausgeschlossen, wenn der Besitzer dem Störer oder dessen Rechtsvorgänger gegenüber fehlerhaft besitzt und der Besitz in dem letzten Jahre vor der Störung erlangt worden ist. 863—865, 869.

864 Ein nach den §§ 861, 862 begründeter Anspruch erlischt mit dem Ablauf eines Jahres nach der Verübung der verbotenen Eigenmacht, wenn nicht vorher der Anspruch im Wege der Klage geltend gemacht wird.

Das Erlöschen tritt auch dann ein, wenn nach der Verübung der verbotenen Eigenmacht durch rechtskräftiges Urteil festgestellt wird, daß dem Thäter ein Recht an der Sache zusteht, vermöge dessen er die Herstellung eines seiner Handlungsweise entsprechenden Besitzstandes verlangen kann. 865.

608 **Darlehen** 609 s. **Darlehen** — Darlehen.

1093 **Dienstbarkeit** s. Nießbrauch 1057.

Dienstvertrag.

617 Ist bei einem dauernden Dienstverhältnisse, welches die Erwerbsthätigkeit des Verpflichteten vollständig oder hauptsächlich in Anspruch nimmt, der Verpflichtete in die häusliche Gemeinschaft aufgenommen, so hat der Dienstberechtigte ihm im Falle der Erkrankung die erforderliche Verpflegung und ärztliche Behandlung bis zur Dauer von sechs Wochen, jedoch nicht über die Beendigung des Dienstverhältnisses hinaus, zu gewähren, sofern nicht die Erkrankung von dem Verpflichteten vorsätzlich oder durch grobe Fahrlässigkeit herbeigeführt worden ist. Die Verpflegung und

§ ärztliche Behandlung kann durch Aufnahme des Verpflichteten in eine Krankenanstalt gewährt werden. Die Kosten können auf die für die Zeit der Erkrankung geschuldete Vergütung angerechnet werden. Wird das Dienstverhältnis wegen der Erkrankung von dem Dienstberechtigten nach § 626 gekündigt, so bleibt die dadurch herbeigeführte Beendigung des Dienstverhältnisses außer Betracht.

Die Verpflichtung des Dienstberechtigten tritt nicht ein, wenn für die Verpflegung und ärztliche Behandlung durch eine Versicherung oder durch eine Einrichtung der öffentlichen Krankenpflege Vorsorge getroffen ist. 619.

621 Ist die Vergütung nach Tagen bemessen, so ist die Kündigung an jedem Tage für den folgenden Tag zulässig.

Ist die Vergütung nach Wochen bemessen, so ist die Kündigung nur für den Schluß einer Kalenderwoche zulässig; sie hat spätestens am ersten Werktage der Woche zu erfolgen.

Ist die Vergütung nach Monaten bemessen, so ist die Kündigung nur für den Schluß eines Kalendermonats zulässig; sie hat spätestens am fünfzehnten des Monats zu erfolgen.

Ist die Vergütung nach Vierteljahren oder längeren Zeitabschnitten bemessen, so ist die Kündigung nur für den Schluß eines Kalendervierteljahres und nur unter Einhaltung einer Kündigungsfrist von sechs Wochen zulässig. 620.

622 Das Dienstverhältnis der mit festen Bezügen zur Leistung von Diensten höherer Art Angestellten, deren Erwerbsthätigkeit durch das Dienstverhältnis vollständig oder hauptsächlich in Anspruch genommen wird, insbesondere der Lehrer, Erzieher, Privatbeamten, Gesellschafterinnen, kann nur

§ für den Schluß eines Kalendervierteljahres und nur unter Einhaltung einer Kündigungsfrist von sechs Wochen gekündigt werden, auch wenn die Vergütung nach kürzeren Zeitabschnitten als Vierteljahren bemessen ist. 620.

623 Ist die Vergütung nicht nach Zeitabschnitten bemessen, so kann das Dienstverhältnis jederzeit gekündigt werden; bei einem die Erwerbsthätigkeit des Verpflichteten vollständig oder hauptsächlich in Anspruch nehmenden Dienstverhältnis ist jedoch eine Kündigungsfrist von zwei Wochen einzuhalten. 620.

624 Ist das Dienstverhältnis für die Lebenszeit einer Person oder für längere Zeit als fünf Jahre eingegangen, so kann es von dem Verpflichteten nach dem Ablaufe von fünf Jahren gekündigt werden. Die Kündigungsfrist beträgt sechs Monate.

Ehe.

1305 Ein eheliches Kind bedarf bis zur Vollendung des einundzwanzigsten Lebensjahrs zur Eingehung einer Ehe der Einwilligung des Vaters, ein uneheliches Kind bedarf bis zum gleichen Lebensalter der Einwilligung der Mutter. An die Stelle des Vaters tritt die Mutter, wenn der Vater gestorben ist oder wenn ihm die sich aus der Vaterschaft ergebenden Rechte nach § 1701 nicht zustehen. Ein für ehelich erklärtes Kind bedarf der Einwilligung der Mutter auch dann nicht, wenn der Vater gestorben ist.

Dem Tode des Vaters oder der Mutter steht es gleich, wenn sie zur Abgabe einer Erklärung dauernd außer stande sind oder wenn ihr Aufenthalt dauernd unbekannt ist. 1306.

1309 Niemand darf eine Ehe eingehen, bevor seine frühere Ehe aufgelöst oder für nichtig erklärt worden ist. Wollen Ehegatten die Eheschließung wieder-

§ holen, so ist die vorgängige Nichtigkeitserklärung nicht erforderlich.

Wird gegen ein Urteil, durch das die frühere Ehe aufgelöst oder für nichtig erklärt worden ist, die Nichtigkeitsklage oder die Restitutionsklage erhoben, so dürfen die Ehegatten nicht vor der Erledigung des Rechtsstreits eine neue Ehe eingehen, es sei denn, daß die Klage erst nach dem Ablaufe der vorgeschriebenen fünfjährigen Frist erhoben worden ist.

1313 Eine Frau darf erst zehn Monate nach der Auflösung oder Nichtigkeitserklärung ihrer früheren Ehe eine neue Ehe eingehen, es sei denn, daß sie inzwischen geboren hat.

Von dieser Vorschrift kann Befreiung bewilligt werden. 1322.

1314 Wer ein eheliches Kind hat, das minderjährig ist oder unter seiner Vormundschaft steht, darf eine Ehe erst eingehen, nachdem ihm das Vormundschaftsgericht ein Zeugnis darüber erteilt hat, daß er die im § 1669 bezeichneten Verpflichtungen erfüllt hat oder daß sie ihm nicht obliegen.

Ist im Falle der f. Gütergemeinschaft ein anteilsberechtigter Abkömmling minderjährig oder bevormundet, so darf der überlebende Ehegatte eine Ehe erst eingehen, nachdem ihm das Vormundschaftsgericht ein Zeugnis darüber erteilt hat, daß er die im § 1493 Abs. 2 bezeichneten Verpflichtungen erfüllt hat oder daß sie ihm nicht obliegen.

1316 Der Eheschließung soll ein Aufgebot vorhergehen. Das Aufgebot verliert seine Kraft, wenn die Ehe nicht binnen sechs Monaten nach der Vollziehung des Aufgebots geschlossen wird. 1322.

1324 Eine Ehe ist nichtig, wenn bei der Eheschließung die im § 1317 vorgeschriebene Form nicht beobachtet worden ist.

§ Ist die Ehe in das Heiratsregister eingetragen worden und haben die Ehegatten nach der Eheschließung zehn Jahre oder, falls einer von ihnen vorher gestorben ist, bis zu dessen Tode, jedoch mindestens drei Jahre, als Ehegatten mit einander gelebt, so ist die Ehe als von Anfang an gültig anzusehen. Diese Vorschrift findet keine Anwendung, wenn bei dem Ablaufe der zehn Jahre oder zur Zeit des Todes des einen Ehegatten die Nichtigkeitsklage erhoben ist. 1323, 1329.

1339 Die Anfechtung einer Ehe kann nur binnen sechs Monaten erfolgen.

Die F. beginnt in den Fällen des § 1331 mit dem Zeitpunkt, in welchem die Eingehung oder die Bestätigung der Ehe dem g. Vertreter bekannt wird oder der Ehegatte die unbeschränkte Geschäftsfähigkeit erlangt, in den Fällen der §§ 1332—1334 mit dem Zeitpunkt, in welchem der Ehegatte den Irrtum oder die Täuschung entdeckt, in dem Falle des § 1335 mit dem Zeitpunkt, in welchem die Zwangslage aufhört.

Auf die F. finden die für die Verjährung geltenden Vorschriften der §§ 203, 206 entsprechende Anwendung. 1350.

1347 Erklärt der Ehegatte, dem das im § 1345 Abs. 1 bestimmte Recht zusteht, dem anderen Ehegatten, daß er von dem Rechte Gebrauch mache, so kann er die Folgen der Nichtigkeit der Ehe nicht mehr geltend machen; erklärt er dem anderen Ehegatten, daß es bei diesen Folgen bewenden solle, so erlischt das im § 1345 Abs. 1 bestimmte Recht.

Der andere Ehegatte kann den berechtigten Ehegatten unter Bestimmung einer angemessenen F. zur Erklärung darüber auffordern, ob er von dem

§ Rechte Gebrauch mache. Das Recht kann in diesem Falle nur bis zum Ablaufe der F. ausgeübt werden.

1349 Ist das Urteil, durch das einer der Ehegatten für tot erklärt worden ist, im Wege der Klage angefochten, so darf der andere Ehegatte nicht vor der Erledignng des Rechtsstreits eine neue Ehe eingehen, es sei denn, daß die Anfechtung erst zehn Jahre nach der Verkündung des Urteils erfolgt ist.

1350 Jeder Ehegatte der neuen Ehe kann, wenn der für tot erklärte Ehegatte noch lebt, die neue Ehe anfechten, es sei denn, daß er bei der Eheschließung von dessen Leben Kenntnis hatte. Die Anfechtung kann nur binnen sechs Monaten von dem Zeitpunkt an erfolgen, in welchem der anfechtende Ehegatte erfährt, daß der für tot erklärte Ehegatte noch lebt.

Die Anfechtung ist ausgeschlossen, wenn der anfechtungsberechtigte Ehegatte die Ehe bestätigt, nachdem er von dem Leben des für tot erklärten Ehegatten Kenntnis erlangt hat, oder wenn die neue Ehe durch den Tod eines der Ehegatten aufgelöst worden ist. 1330, 1351.

1361 f. Leibrente 760.

Ehescheidung.

1567 Ein Ehegatte kann auf Scheidung klagen, wenn der andere Ehegatte ihn böslich verlassen hat.

Bösliche Verlassung liegt nur vor:

1. wenn ein Ehegatte, nachdem er zur Herstellung der häuslichen Gemeinschaft rechtskräftig verurteilt worden ist, ein Jahr lang gegen den Willen des anderen Ehegatten in böslicher Absicht dem Urteile nicht Folge geleistet hat;
2. wenn ein Ehegatte sich ein Jahr lang gegen den Willen des anderen Ehegatten in böslicher Absicht von der häuslichen Gemeinschaft fern gehalten hat und die Voraussetzungen für die öffentliche Zustellung seit Jahresfrist gegen ihn bestanden haben.

Die Scheidung ist im Falle des Abs. 2 Nr. 2 unzulässig, wenn die Voraussetzungen für die öffentliche Zustellung am Schlusse der mündlichen Verhandlung, auf die das Urteil ergeht, nicht mehr bestehen. 1564, 1570, 1571, 1574.

1571 Die Scheidungsklage muß in den Fällen der §§ 1565—1568 binnen sechs Monaten von dem Zeitpunkte an erhoben werden, in dem der Ehegatte von dem Scheidungsgrunde Kenntnis erlangt. Die Klage ist ausgeschlossen, wenn seit dem Eintritte des Scheidungsgrundes zehn Jahre verstrichen sind.

Die Frist läuft nicht, solange die häusliche Gemeinschaft der Ehegatten aufgehoben ist. Wird der zur Klage berechtigte Ehegatte von dem anderen Ehegatten aufgefordert, entweder die häusliche Gemeinschaft herzustellen oder die Klage zu erheben, so läuft die Frist von dem Empfange der Aufforderung an.

Der Erhebung der Klage steht die Ladung zum Sühnetermine gleich. Die Ladung verliert ihre Wirkung, wenn der zur Klage berechtigte Ehegatte im Sühnetermine nicht erscheint oder wenn drei Monate nach der Beendigung des Sühneverfahrens verstrichen sind und nicht vorher die Klage erhoben worden ist.

Auf den Lauf der sechsmonatigen und der dreimonatigen F. finden die für die Verjährung geltenden Vorschriften der §§ 203, 206 entsprechende Anwendung. 1572, 1576.

1572 Ein Scheidungsgrund kann, auch wenn die für seine Geltendmachung im § 1571 bestimmte F. verstrichen

§ ist, im Laufe des Rechtsstreits geltend gemacht werden, sofern die F. zur Zeit der Erhebung der Klage noch nicht verstrichen war. 1576.

1580 s. Leibrente 760.

1584 Ist ein Ehegatte allein für schuldig erklärt, so kann der andere Ehegatte Schenkungen, die er ihm während des Brautstandes oder während der Ehe gemacht hat, widerrufen. Die Vorschriften des § 531 finden Anwendung.

Der Widerruf ist ausgeschlossen, wenn seit der Rechtskraft des Scheidungsurteils ein Jahr verstrichen oder wenn der Schenker oder der Beschenkte gestorben ist.

Eigentum.

910 Der Eigentümer eines Grundstücks kann Wurzeln eines Baumes oder eines Strauches, die von einem Nachbargrundstück eingedrungen sind, abschneiden und behalten. Das Gleiche gilt von herüberragenden Zweigen, wenn der Eigentümer dem Besitzer des Nachbargrundstücks eine angemessene F. zur Beseitigung bestimmt hat und die Beseitigung nicht innerhalb der F. erfolgt.

913 Die Rente für den Überbau ist jährlich im voraus zu entrichten. 916, 917.

927 Der Eigentümer eines Grundstücks kann, wenn das Grundstück seit dreißig Jahren im Eigenbesitz eines anderen ist, im Wege des Aufgebotsverfahrens mit seinem Rechte ausgeschlossen werden. Die Besitzzeit wird in gleicher Weise berechnet wie die F. für die Ersitzung einer beweglichen Sache. Ist der Eigentümer im Grundbuch eingetragen, so ist das Aufgebotsverfahren nur zulässig, wenn er gestorben oder verschollen ist und eine Eintragung in das Grundbuch, die der Zustimmung

§ des Eigentümers bedurfte, seit dreißig Jahren nicht erfolgt ist.

937 Wer eine bewegliche Sache zehn Jahre im Eigenbesitze hat, erwirbt das Eigentum (Ersitzung).

939 s. Verjährung 206, 207.

940 Die Ersitzung wird durch den Verlust des Eigenbesitzes unterbrochen.

Die Unterbrechung gilt als nicht erfolgt, wenn der Eigenbesitzer den Eigenbesitz ohne seinen Willen verloren und ihn binnen Jahresf. oder mittelst einer innerhalb dieser F. erhobenen Klage wiedererlangt hat. 945, 955.

941 s. Verjährung 210, 212.

945 Mit dem Erwerbe des Eigentums durch Ersitzung erlöschen die an der Sache vor dem Erwerbe des Eigenbesitzes begründeten Rechte Dritter, es sei denn, daß der Eigenbesitzer bei dem Erwerbe des Eigenbesitzes in Ansehung dieser Rechte nicht in gutem Glauben ist oder ihr Bestehen später erfährt. Die Ersitzungsf. muß auch in Ansehung des Rechtes des Dritten verstrichen sein; die Vorschriften der §§ 939—944 finden entsprechende Anwendung.

973 Mit dem Ablauf eines Jahres nach der Anzeige des Fundes bei der Polizeibehörde erwirbt der Finder das Eigentum an der Sache, es sei denn, daß vorher ein Empfangsberechtigter dem Finder bekannt geworden ist oder sein Recht bei der Polizeibehörde angemeldet hat. Mit dem Erwerbe des Eigentums erlöschen die sonstigen Rechte an der Sache.

Ist die Sache nicht mehr als drei Mark wert, so beginnt die einjährige F. mit dem Funde. Der Finder erwirbt das Eigentum nicht, wenn er den Fund auf Nachfrage verheimlicht. Die Anmeldung eines Rechtes bei der Polizeibehörde steht dem Erwerbe

§ des Eigentums nicht entgegen. 976 bis 978.

974 Sind vor dem Ablaufe der einjährigen F. Empfangsberechtigte dem Finder bekannt geworden oder haben sie bei einer Sache, die mehr als drei Mark wert ist, ihre Rechte bei der Polizeibehörde rechtzeitig angemeldet, so kann der Finder die Empfangsberechtigten nach den Vorschriften des § 1003 zur Erklärung über die ihm nach den §§ 970—972 zustehenden Ansprüche auffordern. Mit dem Ablaufe der für die Erklärung bestimmten F. erwirbt der Finder das Eigentum und erlöschen die sonstigen Rechte an der Sache, wenn nicht die Empfangsberechtigten sich rechtzeitig zu der Befriedigung der Ansprüche bereit erklären. 976, 978.

976 Verzichtet der Finder der Polizeibehörde gegenüber auf das Recht zum Erwerbe des Eigentums an der Sache, so geht sein Recht auf die Gemeinde des Fundorts über.

Hat der Finder nach der Ablieferung der Sache oder des Versteigerungserlöses an die Polizeibehörde auf Grund der Vorschriften der §§ 973, 974 das Eigentum erworben, so geht es auf die Gemeinde des Fundorts über, wenn nicht der Finder vor dem Ablauf einer ihm von der Polizeibehörde bestimmten F. die Herausgabe verlangt. 977, 978.

977 Wer infolge der Vorschriften der §§ 973, 974, 976 einen Rechtsverlust erleidet, kann in den Fällen der §§ 973, 974 von dem Finder, in den Fällen des § 976 von der Gemeinde des Fundorts die Herausgabe des durch die Rechtsänderung Erlangten nach den Vorschriften über die Herausgabe einer ungerechtfertigten Bereicherung fordern. Der Anspruch erlischt mit dem Ablaufe von drei Jahren nach dem Übergange des Eigentums auf den Finder oder die Gemeinde, wenn nicht die gerichtliche Geltendmachung vorher erfolgt. 978.

980 Die Versteigerung der gefundenen Sache ist erst zulässig, nachdem die Empfangsberechtigten in einer öffentlichen Bekanntmachung des Fundes zur Anmeldung ihrer Rechte unter Bestimmung einer F. aufgefordert worden sind und die F. verstrichen ist; sie ist unzulässig, wenn eine Anmeldung rechtzeitig erfolgt ist.

Die Bekanntmachung ist nicht erforderlich, wenn der Verderb der Sache zu besorgen oder die Aufbewahrung mit unverhältnismäßigen Kosten verbunden ist. 982, 983.

981 Sind seit dem Ablaufe der in der öffentlichen Bekanntmachung bestimmten F. drei Jahre verstrichen, so fällt der Versteigerungserlös, wenn nicht ein Empfangsberechtigter sein Recht angemeldet hat, bei Reichsbehörden und Reichsanstalten an den Reichsfiskus, bei Landesbehörden und Landesanstalten an den Fiskus des Bundesstaats, bei Gemeindebehörden und Gemeindeanstalten an die Gemeinde, bei Verkehrsanstalten, die von einer Privatperson betrieben werden, an diese.

Ist die Versteigerung ohne die öffentliche Bekanntmachung erfolgt, so beginnt die dreijährige F. erst, nachdem die Empfangsberechtigten in einer öffentlichen Bekanntmachung des Fundes zur Anmeldung ihrer Rechte aufgefordert worden sind. Das Gleiche gilt, wenn gefundenes Geld abgeliefert worden ist.

Die Kosten werden von dem herauszugebenden Betrag abgezogen. 982, 983.

1002 Giebt der Besitzer die Sache dem Eigentümer heraus so erlischt der

§ Anspruch auf den Ersatz der Verwendungen mit dem Ablauf eines Monats, bei einem Grundstücke mit dem Ablaufe von sechs Monaten nach der Herausgabe, wenn nicht vorher die gerichtliche Geltendmachung erfolgt oder der Eigentümer die Verwendungen genehmigt.

Auf diese F. finden die für die Verjährung geltenden Vorschriften der §§ 203, 206, 207 entsprechende Anwendung. 972, 1007.

1003 Der Besitzer kann den Eigentümer unter Angabe des als Ersatz verlangten Betrags auffordern, sich innerhalb einer von ihm bestimmten angemessenen F. darüber zu erklären, ob er die Verwendungen genehmige. Nach dem Ablaufe der F. ist der Besitzer berechtigt, Befriedigung aus der Sache nach den Vorschriften über den Pfandverkauf, bei einem Grundstücke nach den Vorschriften über die Zwangsvollstreckung in das unbewegliche Vermögen zu suchen, wenn nicht die Genehmigung rechtzeitig erfolgt.

Bestreitet der Eigentümer den Anspruch vor dem Ablaufe der F., so kann sich der Besitzer aus der Sache erst dann befriedigen, wenn er nach rechtskräftiger Feststellung des Betrags der Verwendungen den Eigentümer unter Bestimmung einer angemessenen F. zur Erklärung aufgefordert hat und die F. verstrichen ist; das Recht auf Befriedigung aus der Sache ist ausgeschlossen, wenn die Genehmigung rechtzeitig erfolgt. 974, 1007.

Art. **Einführungsgesetz.**

44 Die Vorschriften des § 44 des Reichs-Militärg. vom 2. Mai 1874 (Reichs-Gesetzbl. S. 45) finden entsprechende Anwendung auf Personen, die zur Besatzung eines in Dienst gestellten Schiffes der Kaiserlichen Marine gehören, solange das Schiff sich außerhalb eines inländischen Hafens befindet oder die Personen als Kriegsgefangene oder Geißeln in der Gewalt des Feindes sind, ingleichen auf andere an Bord eines solchen Schiffes genommene Personen, solange das Schiff sich außerhalb eines inländischen Hafens befindet und die Personen an Bord sind. Die F., mit deren Ablaufe die letztwillige Verfügung ihre Gültigkeit verliert, beginnt mit dem Zeitpunkt, in welchem das Schiff in einen inländischen Hafen zurückkehrt oder der Verfügende aufhört, zu dem Schiffe zu gehören, oder als Kriegsgefangener oder Geißel aus der Gewalt des Feindes entlassen wird. Den Schiffen stehen die sonstigen Fahrzeuge der Kaiserlichen Marine gleich.

53 Ist in einem Falle des Art. *52* die Entschädigung dem Eigentümer eines Grundstücks zu gewähren, so finden auf den Entschädigungsanspruch die Vorschriften des § 1128 des B.G.B. entsprechende Anwendung. Erhebt ein Berechtigter innerhalb der im § 1128 bestimmten F. Widerspruch gegen die Zahlung der Entschädigung an den Eigentümer, so kann der Eigentümer und jeder Berechtigte die Eröffnung eines Verteilungsverfahrens nach den für die Verteilung des Erlöses im Falle der Zwangsversteigerung geltenden Vorschriften beantragen. Die Zahlung hat in diesem Falle an das für das Verteilungsverfahren zuständige Gericht zu erfolgen. *54, 67, 109.* s. Hypothek 1123, 1124.

70 Unberührt bleiben die landesg. Vorschriften über die Grundsätze, nach welchen der Wildschaden festzustellen ist, sowie die landesg. Vorschriften, nach welchen der Anspruch auf Ersatz des Wildschadens innerhalb einer bestimmten F. bei der zuständigen

Art. Behörde geltend gemacht werden muß.

86 f. Erbe § 2043.

93 Unberührt bleiben die landesg. Vorschriften über die F. bis zu deren Ablauf gemietete Räume bei Beendigung des Mietverhältnisses zu räumen sind.

95 f. Dienstvertrag §§ 617, 624, Geschäftsfähigkeit §§ 108, 109.

100, 174 f. Schuldverschreibung §§ 802, 804.

117 f. Rentenschuld § 1202.

122, 183 f. Eigentum § 910.

131 f. Gemeinschaft §§ 749—751.

145 . . . . In den Fällen des § 382, 1171 Abs. 3 und 1269 Satz 3 des B.G.B. muß dem Hinterleger die Rücknahme des hinterlegten Betrages mindestens während eines Jahres von dem Zeitpunkt an gestattet werden, mit welchem das Recht des Gläubigers auf den hinterlegten Betrag erlischt.

146 f. Schuldverhältnis § 382.

159 f. Ehe §§ 1349, 1350.

163 f. Stiftung § 88, Verein § 39.

188 Durch landesherrliche Verordnung kann bestimmt werden, daß g. Pfandrechte, die zu der Zeit bestehen, zu welcher das Grundbuch als angelegt anzusehen ist, zur Erhaltung der Wirksamkeit gegenüber dem öffentlichen Glauben des Grundbuchs während einer zehn Jahre nicht übersteigenden, von dem Inkrafttreten des B.G.B. an zu berechnenden F. nicht der Eintragung bedürfen.

Durch landesherrliche Verordnung kann bestimmt werden, daß Mietrechte und Pachtrechte, welche zu der im Abs. 1 bezeichneten Zeit als Rechte an einem Grundstücke bestehen, zur Erhaltung der Wirksamkeit gegenüber dem öffentlichen Glauben des Grundbuchs nicht der Eintragung bedürfen.

189 f. Grundstück § 900.

198 f. **B.G.B.** — E.G.

Art.

201 f. Ehescheidung § 1567.

206 f. Verwandtschaft § 1635.

211 Die nach den französischen oder den badischen G. für einen Geistesschwachen angeordnete Bestellung eines Beistandes verliert mit dem Ablaufe von sechs Monaten nach dem Inkrafttreten des B.G.B. ihre Wirkung.

§ **Erbe.**

1943 Der Erbe kann die Erbschaft nicht mehr ausschlagen, wenn er sie angenommen hat oder wenn die für die Ausschlagung vorgeschriebene F. verstrichen ist; mit dem Ablaufe der F. gilt die Erbschaft als angenommen.

1944 Die Ausschlagung kann nur binnen sechs Wochen erfolgen.

Die F. beginnt mit dem Zeitpunkt, in welchem der Erbe von dem Anfall und dem Grunde der Berufung Kenntnis erlangt. Ist der Erbe durch Verfügung von Todeswegen berufen, so beginnt die F. nicht vor der Verkündung der Verfügung. Auf den Lauf der F. finden die für die Verjährung geltenden Vorschriften der §§ 203, 206 entsprechende Anwendung.

Die F. beträgt sechs Monate, wenn der Erblasser seinen letzten Wohnsitz nur im Auslande gehabt hat oder wenn sich der Erbe bei dem Beginne der F. im Ausland aufhält.

1945 Die Ausschlagung der Erbschaft erfolgt durch Erklärung gegenüber dem Nachlaßgerichte; die Erklärung ist in öffentlich beglaubigter Form abzugeben.

Ein Bevollmächtigter bedarf einer öffentlich beglaubigten Vollmacht. Die Vollmacht muß der Erklärung beigefügt oder innerhalb der Ausschlagungsf. nachgebracht werden. 1955.

1946 Der Erbe kann die Erbschaft annehmen oder ausschlagen, sobald der Erbfall eingetreten ist.

§

1954 Ist die Annahme oder die Ausschlagung der Erbschaft anfechtbar, so kann die Anfechtung nur binnen sechs Wochen erfolgen.

Die F. beginnt im Falle der Anfechtbarkeit wegen Drohung mit dem Zeitpunkt, in welchem die Zwangslage aufhört, in den übrigen Fällen mit dem Zeitpunkt, in welchem der Anfechtungsberechtigte von dem Anfechtungsgrunde Kenntnis erlangt. Auf den Lauf der F. finden die für die Verjährung geltenden Vorschriften der §§ 203, 206, 207 entsprechende Anwendung.

Die F. beträgt sechs Monate, wenn der Erblasser seinen letzten Wohnsitz nur im Auslande gehabt hat oder wenn sich der Erbe bei dem Beginne der F. im Ausland aufhält.

Die Anfechtung ist ausgeschlossen, wenn seit der Annahme oder der Ausschlagung dreißig Jahre verstrichen sind.

1956 Die Versäumung der Ausschlagungsf. kann in gleicher Weise wie die Annahme angefochten werden.

1964 Wird der Erbe nicht innerhalb einer den Umständen entsprechenden F ermittelt, so hat das Nachlaßgericht festzustellen, daß ein anderer Erbe als der Fiskus nicht vorhanden ist.

Die Feststellung begründet die Vermutung, daß der Fiskus g. Erbe sei.

1965 Der Feststellung hat eine öffentliche Aufforderung zur Anmeldung der Erbrechte unter Bestimmung einer Anmeldungsf. vorauszugehen; die Art der Bekanntmachung und die Dauer der Anmeldungsf. bestimmen sich nach den für das Aufgebotsverfahren geltenden Vorschriften. Die Aufforderung darf unterbleiben, wenn die Kosten dem Bestande des Nachlasses gegenüber unverhältnismäßig groß sind.

Ein Erbrecht bleibt unberücksichtigt, wenn nicht dem Nachlaßgerichte binnen drei Monaten nach dem Ablaufe der Anmeldungsf. nachgewiesen wird, daß das Erbrecht besteht oder daß es gegen den Fiskus im Wege der Klage geltend gemacht ist. Ist eine öffentliche Aufforderung nicht ergangen, so beginnt die dreimonatige F. mit der gerichtlichen Aufforderung, das Erbrecht oder die Erhebung der Klage nachzuweisen.

1966 Von dem Fiskus als g. Erben und gegen den Fiskus als g. Erben kann ein Recht erst geltend gemacht werden, nachdem von dem Nachlaßgerichte festgestellt worden ist, daß ein anderer Erbe nicht vorhanden ist.

1969 Der Erbe ist verpflichtet, Familienangehörigen des Erblassers, die zur Zeit des Todes des Erblassers zu dessen Hausstande gehört und von ihm Unterhalt bezogen haben, in den ersten dreißig Tagen nach dem Eintritte des Erbfalls in demselben Umfange, wie der Erblasser es gethan hat, Unterhalt zu gewähren und die Benutzung der Wohnung und der Haushaltsgegenstände zu gestatten. Der Erblasser kann durch letztwillige Verfügung eine abweichende Anordnung treffen.

Die Vorschriften über Vermächtnisse finden entsprechende Anwendung.

1974 Ein Nachlaßgläubiger, der seine Forderung später als fünf Jahre nach dem Erbfalle dem Erben gegenüber geltend macht, steht einem ausgeschlossenen Gläubiger gleich, es sei denn, daß die Forderung dem Erben vor dem Ablaufe der fünf Jahre bekannt geworden oder im Aufgebotsverfahren angemeldet worden ist. Wird der Erblasser für tot erklärt, so beginnt die F. nicht vor der Erlassung des die Todeserklärung aussprechenden Urteils. 2013, 2060.

§

1981 Der Antrag auf Anordnung einer Nachlaßverwaltung kann nicht mehr gestellt werden, wenn seit der Annahme der Erbschaft zwei Jahre verstrichen sind.

1994 Das Nachlaßgericht hat dem Erben auf Antrag eines Nachlaßgläubigers zur Errichtung des Inventars eine F. (Inventarf.) zu bestimmen. Nach dem Ablaufe der F. haftet der Erbe für die Nachlaßverbindlichkeiten unbeschränkt, wenn nicht vorher das Inventar errichtet wird.

Der Antragsteller hat seine Forderung glaubhaft zu machen. Auf die Wirksamkeit der Fristbestimmung ist es ohne Einfluß, wenn die Forderung nicht besteht. 2013.

1995 Die Inventarf. soll mindestens einen Monat, höchstens drei Monate betragen. Sie beginnt mit der Zustellung des Beschlusses, durch den die F. bestimmt wird.

Wird die F. vor der Annahme der Erbschaft bestimmt, so beginnt sie erst mit der Annahme der Erbschaft.

Auf Antrag des Erben kann das Nachlaßgericht die F. nach seinem Ermessen verlängern.

1996 Ist der Erbe durch höhere Gewalt verhindert worden, das Inventar rechtzeitig zu errichten oder die nach den Umständen gerechtfertigte Verlängerung der Inventarf. zu beantragen, so hat ihm auf seinen Antrag das Nachlaßgericht eine neue Inventarf. zu bestimmen. Das Gleiche gilt, wenn der Erbe von der Zustellung des Beschlusses, durch den die Inventarf. bestimmt worden ist, ohne sein Verschulden Kenntnis nicht erlangt hat.

Der Antrag muß binnen zwei Wochen nach der Beseitigung des Hindernisses und spätestens vor dem Ablauf eines Jahres nach dem Ende der zuerst bestimmten F. gestellt werden.

Vor der Entscheidung soll der Nachlaßgläubiger, auf dessen Antrag die erste F. bestimmt worden ist, wenn thunlich gehört werden. 1997, 1998.

1997 Auf den Lauf der Inventarf. und der im § 1996 Abs. 2 bestimmten F. von zwei Wochen finden die für die Verjährung geltenden Vorschriften des § 203 Abs. 1 und des § 206 entsprechende Anwendung.

1998 Stirbt der Erbe vor dem Ablaufe der Inventarf. oder der im § 1996 Abs. 2 bestimmten F. von zwei Wochen, so endigt die F. nicht vor dem Ablaufe der für die Erbschaft des Erben vorgeschriebenen Ausschlagungsf.

1999 Steht der Erbe unter elterlicher Gewalt oder unter Vormundschaft, so soll das Nachlaßgericht dem Vormundschaftsgerichte von der Bestimmung der Inventarf. Mitteilung machen.

2000 Die Bestimmung einer Inventarf. wird unwirksam, wenn eine Nachlaßverwaltung angeordnet oder der Nachlaßkonkurs eröffnet wird. Während der Dauer der Nachlaßverwaltung oder des Nachlaßkonkurses kann eine Inventarf. nicht bestimmt werden. Ist der Nachlaßkonkurs durch Verteilung der Masse oder durch Zwangsvergleich beendigt, so bedarf es zur Abwendung der unbeschränkten Haftung der Inventarerrichtung nicht.

2014 Der Erbe ist berechtigt, die Berichtigung einer Nachlaßverbindlichkeit bis zum Ablaufe der ersten drei Monate nach der Annahme der Erbschaft, jedoch nicht über die Errichtung des Inventars hinaus, zu verweigern. 2016, 2017.

2015 Hat der Erbe den Antrag auf Erlassung des Aufgebots der Nachlaßgläubiger innerhalb eines Jahres nach

§ der Annahme der Erbschaft gestellt und ist der Antrag zugelassen, so ist der Erbe berechtigt, die Berichtigung einer Nachlaßverbindlichkeit bis zur Beendigung des Aufgebotsverfahrens zu verweigern.

Der Beendigung des Aufgebotsverfahrens steht es gleich, wenn der Erbe in dem Aufgebotstermine nicht erschienen ist und nicht binnen zwei Wochen die Bestimmung eines neuen Termins beantragt oder wenn er auch in dem neuen Termine nicht erscheint.

Wird das Ausschlußurteil erlassen oder der Antrag auf Erlassung des Urteils zurückgewiesen, so ist das Verfahren nicht vor dem Ablauf einer mit der Verkündung der Entscheidung beginnenden F. von zwei Wochen und nicht vor der Erledigung einer rechtzeitig eingelegten Beschwerde als beendigt anzusehen. 2017, 2016.

2017 Wird vor der Annahme der Erbschaft zur Verwaltung des Nachlasses ein Nachlaßpfleger bestellt, so beginnen die im § 2014 und im § 2015 Abs. 1 bestimmten F. mit der Bestellung.

2022 s. Eigentum 1003.

2031 Überlebt eine für tot erklärte Person den Zeitpunkt, der als Zeitpunkt ihres Todes gilt, so kann sie die Herausgabe ihres Vermögens nach den für den Erbschaftsanspruch geltenden Vorschriften verlangen. Solange der für tot Erklärte noch lebt, wird die Verjährung seines Anspruchs nicht vor dem Ablauf eines Jahres nach dem Zeitpunkte vollendet, in welchem er von der Todeserklärung Kenntnis erlangt.

Das Gleiche gilt, wenn der Tod einer Person ohne Todeserklärung mit Unrecht angenommen worden ist.

2034 Die F. für die Ausübung des Vorkaufsrechts seitens der Miterben beträgt zwei Monate. 2032, 2035.

§

2038 Die Verwaltung des Nachlasses steht den Erben gemeinschaftlich zu. Jeder Miterbe ist den anderen gegenüber verpflichtet, zu Maßregeln mitzuwirken, die zur ordnungsmäßigen Verwaltung erforderlich sind; die zur Erhaltung notwendigen Maßregeln kann jeder Miterbe ohne Mitwirkung der anderen treffen.

Die Vorschriften der §§ 743, 745, 746, 748 finden Anwendung. Die Teilung der Früchte erfolgt erst bei der Auseinandersetzung. Ist die Auseinandersetzung auf längere Zeit als ein Jahr ausgeschlossen, so kann jeder Miterbe am Schlusse jedes Jahres die Teilung des Reinertrags verlangen. 2032.

2042 s. Gemeinschaft 749—751.

2043 Soweit die Erbteile wegen der zu erwartenden Geburt eines Miterben noch unbestimmt sind, ist die Auseinandersetzung bis zur Hebung der Unbestimmtheit ausgeschlossen.

Das Gleiche gilt, soweit die Erbteile deshalb noch unbestimmt sind, weil die Entscheidung über eine Ehelichkeitserklärung, über die Bestätigung einer Annahme an Kindesstatt oder über die Genehmigung einer vom Erblasser errichteten Stiftung noch aussteht. 2042.

2044 Der Erblasser kann durch letztwillige Verfügung die Auseinandersetzung in Ansehung des Nachlasses oder einzelner Nachlaßgegenstände ausschließen oder von der Einhaltung einer Kündigungsf. abhängig machen. Die Vorschriften des § 749, Abs. 2, 3, der §§ 750, 751 und des § 1010, Abs. 1, finden entsprechende Anwendung.

Die Verfügung wird unwirksam, wenn dreißig Jahre seit dem Eintritte des Erbfalls verstrichen sind. Der Erblasser kann jedoch anordnen, daß die Verfügung bis zum Eintritt eines

§ bestimmten Ereignisses in der Person eines Miterben oder, falls er eine Nacherbfolge oder ein Vermächtnis anordnet, bis zum Eintritte der Nacherbfolge oder bis zum Anfalle des Vermächtnisses gelten soll. Ist der Miterbe, in dessen Person das Ereignis eintreten soll, eine juristische Person, so bewendet es bei der dreißigjährigen F. 2042.

2045 Jeder Miterbe kann verlangen, daß die Auseinandersetzung bis zur Beendigung des nach § 1970 zulässigen Aufgebotsverfahrens oder bis zum Ablaufe der im § 2061 bestimmten Anmeldungsf. aufgeschoben wird. Ist das Aufgebot noch nicht beantragt oder die öffentliche Aufforderung nach § 2061 noch nicht erlassen, so kann der Aufschub nur verlangt werden, wenn unverzüglich der Antrag gestellt oder die Aufforderung erlassen wird. 2042.

2060 Nach der Teilung des Nachlasses haftet jeder Miterbe nur für den seinem Erbteil entsprechenden Teil einer Nachlaßverbindlichkeit:

1. wenn der Gläubiger im Aufgebotsverfahren ausgeschlossen ist; das Aufgebot erstreckt sich insoweit auch auf die im § 1972 bezeichneten Gläubiger sowie auf die Gläubiger, denen der Miterbe unbeschränkt haftet;
2. wenn der Gläubiger seine Forderung später als fünf Jahre nach dem im § 1974 Abs. 1 bestimmten Zeitpunkte geltend macht, es sei denn, daß die Forderung vor dem Ablaufe der fünf Jahre dem Miterben bekannt geworden oder im Aufgebotsverfahren angemeldet worden ist; die Vorschrift findet keine Anwendung, soweit der Gläubiger nach § 1971 von dem Aufgebote nicht betroffen wird;
3. wenn der Nachlaßkonkurs eröffnet und durch Verteilung der Masse oder durch Zwangsvergleich beendigt worden ist.

2061 Jeder Miterbe kann die Nachlaßgläubiger öffentlich auffordern, ihre Forderungen binnen sechs Monaten bei ihm oder bei dem Nachlaßgericht anzumelden. Ist die Aufforderung erfolgt, so haftet nach der Teilung jeder Miterbe nur für den seinem Erbteil entsprechenden Teil einer Forderung, soweit nicht vor dem Ablaufe der F. die Anmeldung erfolgt oder die Forderung ihm zur Zeit der Teilung bekannt ist.

Die Aufforderung ist durch den Deutschen Reichsanzeiger und durch das für die Bekanntmachungen des Nachlaßgerichts bestimmte Blatt zu veröffentlichen. Die F. beginnt mit der letzten Einrückung. Die Kosten fallen dem Erben zur Last, der die Aufforderung erläßt. 2045.

Erbschein.

2358 Das Nachlaßgericht kann vor der Erteilung des Erbscheins eine öffentliche Aufforderung zur Anmeldung der anderen Personen zustehenden Erbrechte erlassen; die Art der Bekanntmachung und die Dauer der Anmeldungsfrist bestimmen sich nach den für das Aufgebotsverfahren geltenden Vorschriften.

2361 Mit dem Ablauf eines Monats nach der letzten Einrückung des Beschlusses der Kraftloserklärung des unrichtigen Erbscheines in die öffentlichen Blätter wird die Kraftloserklärung wirksam.

Erbunwürdigkeit.

2340 Die Erbunwürdigkeit wird durch Anfechtung des Erbschaftserwerbs geltend gemacht.

Die Anfechtung ist erst nach dem Anfalle der Erbschaft zulässig. Einem Nacherben gegenüber kann die An-

§ fechtung erfolgen, sobald die Erbschaft dem Vorerben angefallen ist.

Die Anfechtung kann nur innerhalb der im § 2082 bestimmten F. erfolgen.

2342 Die Wirkung der Anfechtung des Erbschaftserwerbes tritt erst mit der Rechtskraft des Urteils ein.

2345 s. Testament 2082.

Erbvertrag.

2283 Die Anfechtung eines Erbvertrages durch den Erblasser kann nur binnen Jahresf. erfolgen.

Die F. beginnt im Falle der Anfechtbarkeit wegen Drohung mit dem Zeitpunkt, in welchem die Zwangslage aufhört, in den übrigen Fällen mit dem Zeitpunkt, in welchem der Erblasser von dem Anfechtungsgrunde Kenntnis erlangt. Auf den Lauf der F. finden die für die Verjährung geltenden Vorschriften der §§ 203, 206 entsprechende Anwendung.

Hat im Falle des § 2282 Abs. 2 der g. Vertreter den Erbvertrag nicht rechtzeitig angefochten, so kann nach dem Wegfalle der Geschäftsunfähigkeit der Erblasser selbst den Erbvertrag in gleicher Weise anfechten, wie wenn er ohne g. Vertreter gewesen wäre.

2287 Hat der Erblasser in der Absicht, den Vertragserben zu beeinträchtigen, eine Schenkung gemacht, so kann der Vertragserbe, nachdem ihm die Erbschaft angefallen ist, von dem Beschenkten die Herausgabe des Geschenkes nach den Vorschriften über die Herausgabe einer ungerechtfertigten Bereicherung fordern.

Der Anspruch verjährt in drei Jahren von dem Anfalle der Erbschaft an. 2288.

Frist §§ 186—193.

186 Für die in G., gerichtlichen Verfügungen und Rechtsgeschäften enthaltenen Frist- und Terminsbestimmungen gelten die Auslegungsvorschriften der §§ 187 bis 193.

187 Ist für den Anfang einer F. ein Ereignis oder ein in den Lauf eines Tages fallender Zeitpunkt maßgebend, so wird bei der Berechnung der F. der Tag nicht mitgerechnet, in welchen das Ereignis oder der Zeitpunkt fällt.

Ist der Beginn eines Tages der für den Anfang einer F. maßgebende Zeitpunkt, so wird dieser Tag bei der Berechnung der F. mitgerechnet. Das Gleiche gilt von dem Tage der Geburt bei der Berechnung des Lebensalters. 186, 188.

188 Eine nach Tagen bestimmte F. endigt mit dem Ablaufe des letzten Tages der F.

Eine F., die nach Wochen, nach Monaten oder nach einem mehrere Monate umfassenden Zeitraume — Jahr, halbes Jahr, Vierteljahr — bestimmt ist, endigt im Falle des § 187 Abs. 1 mit dem Ablaufe desjenigen Tages der letzten Woche oder des letzten Monats, welcher durch seine Benennung oder seine Zahl dem Tage entspricht, in den das Ereignis oder der Zeitpunkt fällt, im Falle des § 187 Abs. 2 mit dem Ablaufe desjenigen Tages der letzten Woche oder des letzten Monats, welcher dem Tage vorhergeht, der durch seine Benennung oder seine Zahl dem Anfangstage der F. entspricht.

Fehlt bei einer nach Monaten bestimmten F. in dem letzten Monate der für ihren Ablauf maßgebende Tag, so endigt die F. mit dem Ablaufe des letzten Tages dieses Monats. 186.

189 Unter einem halben Jahre wird eine F. von sechs Monaten, unter einem Vierteljahre eine F. von drei Monaten, unter einem halben Monat eine F. von fünfzehn Tagen verstanden.

Ist eine F. auf einen oder mehrere

§ ganz Monate und einen halben Monat gestellt, so sind die fünfzehn Tage zuletzt zu zählen. 186.

190 Im Falle der Verlängerung einer F. wird die neue F. von dem Ablaufe der vorigen F. an berechnet. 186.

191 Ist ein Zeitraum nach Monaten oder nach Jahren in dem Sinne bestimmt, daß er nicht zusammenhängend zu verlaufen braucht, so wird der Monat zu dreißig, das Jahr zu dreihundertfünfundsechzig Tagen gerechnet. 186.

192 Unter Anfang des Monats wird der erste, unter Mitte des Monats der fünfzehnte, unter Ende des Monats der letzte Tag des Monats verstanden. 186.

193 Ist an einem bestimmten Tage oder innerhalb einer F. eine Willenserklärung abzugeben, oder eine Leistung zu bewirken und fällt der bestimmte Tag oder der letzte Tag der F. auf einen Sonntag oder an einem am Erklärungs- oder Leistungsorte staatlich anerkannten allgemeinen Feiertag, so tritt an die Stelle des Sonntags oder des Feiertags der nächstfolgende Werktag. 186.

Gemeinschaft.

749 Jeder Teilhaber kann jederzeit die Aufhebung der Gemeinschaft verlangen.

Wird das Recht, die Aufhebung zu verlangen, durch Vereinbarung für immer oder auf Zeit ausgeschlossen, so kann die Aufhebung gleichwohl verlangt werden, wenn ein wichtiger Grund vorliegt. Unter der gleichen Voraussetzung kann, wenn eine Kündigungsf. bestimmt wird, die Aufhebung ohne Einhaltung der F. verlangt werden.

Eine Vereinbarung, durch welche das Recht, die Aufhebung zu verlangen, diesen Vorschriften zuwider ausgeschlossen oder beschränkt wird, ist nichtig. 741.

§

750 Haben die Teilhaber das Recht, die Aufhebung der Gemeinschaft zu verlangen, auf Zeit ausgeschlossen, so tritt die Vereinbarung im Zweifel mit dem Tode eines Teilhabers außer Kraft. 741.

751 Haben die Teilhaber das Recht, die Aufhebung der Gemeinschaft zu verlangen, für immer oder auf Zeit ausgeschlossen oder eine Kündigungsf. bestimmt, so wirkt die Vereinbarung auch für und gegen die Sondernachfolger. Hat ein Gläubiger die Pfändung des Anteils eines Teilhabers erwirkt, so kann er ohne Rücksicht auf die Vereinbarung die Aufhebung der Gemeinschaft verlangen, sofern der Schuldtitel nicht bloß vorläufig vollstreckbar ist. 741.

Geschäftsfähigkeit.

108 Schließt der Minderjährige einen Vertrag ohne die erforderliche Einwilligung des g. Vertreters, so hängt die Wirksamkeit des Vertrags von der Genehmigung des Vertreters ab.

Fordert der andere Teil den Vertreter zur Erklärung über die Genehmigung auf, so kann die Erklärung nur ihm gegenüber erfolgen; eine vor der Aufforderung dem Minderjährigen gegenüber erklärte Genehmigung oder Verweigerung der Genehmigung wird unwirksam. Die Genehmigung kann nur bis zum Ablaufe von zwei Wochen nach dem Empfange der Aufforderung erklärt werden; wird sie nicht erklärt, so gilt sie als verweigert.

Ist der Minderjährige unbeschränkt geschäftsfähig geworden, so tritt seine Genehmigung an die Stelle der Genehmigung des Vertreters. 106.

109 Bis zur Genehmigung des Vertrags ist der andere Teil zum Widerrufe berechtigt. Der Widerruf kann auch dem Minderjährigen gegenüber erklärt werden. 106.

§ **Gesellschaft.**

723 Ist die Gesellschaft nicht für eine bestimmte Zeit eingegangen, so kann jeder Gesellschafter sie jederzeit kündigen. Ist eine Zeitdauer bestimmt, so ist die Kündigung vor dem Ablaufe der Zeit zulässig, wenn ein wichtiger Grund vorliegt; ein solcher Grund ist insbesondere vorhanden, wenn ein anderer Gesellschafter eine ihm nach dem Gesellschaftsvertrag obliegende wesentliche Verpflichtung vorsätzlich oder aus grober Fahrlässigkeit verletzt oder wenn die Erfüllung einer solchen Verpflichtung unmöglich wird. Unter der gleichen Voraussetzung ist, wenn eine Kündigungsf. bestimmt ist, die Kündigung ohne Einhaltung der F. zulässig.

Die Kündigung darf nicht zur Unzeit geschehen, es sei denn, daß ein wichtiger Grund für die unzeitige Kündigung vorliegt. Kündigt ein Gesellschafter ohne solchen Grund zur Unzeit, so hat er den übrigen Gesellschaftern den daraus entstehenden Schaden zu ersetzen.

Eine Vereinbarung, durch welche das Kündigungsrecht ausgeschlossen oder diesen Vorschriften zuwider beschränkt wird, ist nichtig. 737.

725 Hat ein Gläubiger eines Gesellschafters die Pfändung des Anteils des Gesellschafters an dem Gesellschaftsmögen erwirkt, so kann er die Gesellschaft ohne Einhaltung einer Kündigungsf. kündigen, sofern der Schuldtitel nicht bloß vorläufig vollstreckbar ist.

Solange die Gesellschaft besteht, kann der Gläubiger die sich aus dem Gesellschaftsverhältnis ergebenden Rechte des Gesellschafters, mit Ausnahme des Anspruchs auf einen Gewinnanteil, nicht geltend machen.

Grundschuld.

1193 Das Kapital der Grundschuld wird erst nach vorgängiger Kündigung fällig. Die Kündigung steht sowohl dem Eigentümer als dem Gläubiger zu. Die Kündigungsfrist beträgt sechs Monate.

Abweichende Bestimmungen sind zulässig.

Grundstück.

887 s. Hypothek 1170.

900 Wer als Eigentümer eines Grundstücks im Grundbuch eingetragen ist, ohne daß er das Eigentum erlangt hat, erwirbt das Eigentum, wenn die Eintragung dreißig Jahre bestanden und er während dieser Zeit das Grundstück im Eigenbesitze gehabt hat. Die dreißigjährige F. wird in derselben Weise berechnet wie die F. für die Ersitzung einer beweglichen Sache. Der Lauf der F. ist gehemmt, solange ein Widerspruch gegen die Richtigkeit der Eintragung im Grundbuch eingetragen ist.

Diese Vorschriften finden entsprechende Anwendung, wenn für jemand ein ihm nicht zustehendes anderes Recht im Grundbuch eingetragen ist, das zum Besitze des Grundstücks berechtigt oder dessen Ausübung nach den für den Besitz geltenden Vorschriften geschützt ist. Für den Rang des Rechtes ist die Eintragung maßgebend.

Güterrecht.

1396, 1397, 1448, 1487, 1519, 1525 s. **Frau** — Güterrecht.

1423, 1546 s. Nießbrauch 1056.

1484, 1518 s. Erbe 1943—1946, 1954.

Handlung.

843, 844, 845 s. Leibrente 760.

852 Der Anspruch auf Ersatz des aus einer unerlaubten Handlung entstandenen Schadens verjährt in drei Jahren von dem Zeitpunkt an, in welchem der Verletzte von dem Schaden und der Person des Ersatzpflichtigen

§ Kenntnis erlangt, ohne Rücksicht auf diese Kenntnis in dreißig Jahren von der Begehung der Handlung an.

Hat der Ersatzpflichtige durch die unerlaubte Handlung auf Kosten des Verletzten etwas erlangt, so ist er auch nach der Vollendung der Verjährung zur Herausgabe nach den Vorschriften über die Herausgabe einer ungerechtfertigten Bereicherung verpflichtet.

Hypothek.

1123 Ist das Grundstück vermietet oder verpachtet, so erstreckt sich die Hypothek auf die Miet- oder Pachtzinsforderung.

Soweit die Forderung fällig ist, wird sie mit dem Ablauf eines Jahres nach dem Eintritte der Fälligkeit von der Haftung frei, wenn nicht vorher die Beschlagnahme zu Gunsten des Hypothekengläubigers erfolgt. Ist der Miet- oder Pachtzins im voraus zu entrichten, so erstreckt sich die Befreiung nicht auf den Miet- oder Pachtzins für eine spätere Zeit als das zur Zeit der Beschlagnahme laufende und das folgende Kalendervierteljahr. 1126, 1129.

1124 Wird der Miet- oder Pachtzins eingezogen, bevor er zu Gunsten des Hypothekengläubigers in Beschlag genommen worden ist, oder wird vor der Beschlagnahme in anderer Weise über ihn verfügt, ist ist die Verfügung dem Hypothekengläubiger gegenüber wirksam. Besteht die Verfügung in der Übertragung der Forderung auf einen Dritten, so erlischt die Haftung der Forderung; erlangt ein Dritter ein Recht an der Forderung, so geht es der Hypothek im Range vor.

Die Verfügung ist dem Hypothekengläubiger gegenüber unwirksam, soweit sie sich auf den Miet- oder Pachtzins für eine spätere Zeit als das zur Zeit der Beschlagnahme laufende und das folgende Kalendervierteljahr bezieht.

Der Übertragung der Forderung auf einen Dritten steht es gleich, wenn das Grundstück ohne die Forderung veräußert wird. 1126, 1129.

1126 Ist mit dem Eigentum an dem Grundstück ein Recht auf wiederkehrende Leistungen verbunden, so erstreckt sich die Hypothek auf die Ansprüche auf diese Leistungen. Die Vorschriften des § 1123 Abs. 2 Satz 1, des § 1124 Abs. 1, 3 und des § 1125 finden entsprechende Anwendung. Eine vor der Beschlagnahme erfolgte Verfügung über den Anspruch auf eine Leistung, die erst drei Monate nach der Beschlagnahme fällig wird, ist dem Hypothekengläubiger gegenüber unwirksam.

1128 Ist ein Gebäude versichert, so kann der Versicherer die Versicherungssumme mit Wirkung gegen den Hypothekengläubiger an den Versicherten erst zahlen, wenn er oder der Versicherte den Eintritt des Schadens dem Hypothekengläubiger angezeigt hat und seit dem Empfange der Anzeige ein Monat verstrichen ist. Der Hypothekengläubiger kann bis zum Ablaufe der F. dem Versicherer gegenüber der Zahlung widersprechen. Die Anzeige darf unterbleiben, wenn sie unthunlich ist; in diesem Falle wird der Monat von dem Zeitpunkt an berechnet, in welchem die Versicherungssumme fällig wird.

Im übrigen finden die für eine verpfändete Forderung geltenden Vorschriften Anwendung; der Versicherer kann sich jedoch nicht darauf berufen, daß er eine aus dem Grundbuch ersichtliche Hypothek nicht gekannt habe.

1133 Ist infolge einer Verschlechterung des Grundstücks die Sicherheit der Hypo-

§ thek gefährdet, so kann der Gläubiger dem Eigentümer eine angemessene F. zur Beseitigung der Gefährdung bestimmen. Nach dem Ablaufe der F. ist der Gläubiger berechtigt, sofort Befriedigung aus dem Grundstücke zu suchen, wenn nicht die Gefährdung durch Verbesserung des Grundstücks oder durch anderweitige Hypothekenbestellung beseitigt worden ist. Ist die Forderung unverzinslich und noch nicht fällig, so gebührt dem Gläubiger nur die Summe, welche mit Hinzurechnung der g. Zinsen für die Zeit von der Zahlung bis zur Fälligkeit dem Betrage der Forderung gleichkommt. 1135.

1139 Ist bei der Bestellung einer Hypothek für ein Darlehen die Erteilung des Hypothekenbriefes ausgeschlossen worden, so genügt zur Eintragung eines Widerspruchs, der sich darauf gründet, daß die Hingabe des Darlehens unterblieben sei, der von dem Eigentümer an das Grundbuchamt gerichtete Antrag, sofern er vor dem Ablauf eines Monats nach der Eintragung der Hypothek gestellt wird. Wird der Widerspruch innerhalb des Monats eingetragen, so hat die Eintragung die gleiche Wirkung, wie wenn der Widerspruch zugleich mit der Hypothek eingetragen worden wäre. 1185.

1170 Ist der Gläubiger unbekannt, so kann er im Wege des Aufgebotsverfahrens mit seinem Rechte ausgeschlossen werden, wenn seit der letzten sich auf die Hypothek beziehenden Eintragung in das Grundbuch zehn Jahre verstrichen sind und das Recht des Gläubigers nicht innerhalb dieser F. von dem Eigentümer in einer nach § 208 zur Unterbrechung der Verjährung geeigneten Weise anerkannt worden ist. Besteht für die Forderung eine nach dem Kalender bestimmte Zahlungszeit, so beginnt die F. nicht vor dem Ablaufe des Zahlungstags.

Mit der Erlassung des Ausschlußurteils erwirbt der Eigentümer die Hypothek. Der dem Gläubiger erteilte Hypothekenbrief wird kraftlos. 1175, 1188.

1171 Der unbekannte Gläubiger kann im Wege des Aufgebotsverfahrens mit seinem Rechte auch dann ausgeschlossen werden, wenn der Eigentümer zur Befriedigung des Gläubigers oder zur Kündigung berechtigt ist und den Betrag der Forderung für den Gläubiger unter Verzicht auf das Recht zur Rücknahme hinterlegt. Die Hinterlegung von Zinsen ist nur erforderlich, wenn der Zinssatz im Grundbuch eingetragen ist; Zinsen für eine frühere Zeit als das vierte Kalenderjahr vor der Erlassung des Ausschlußurteils sind nicht zu hinterlegen.

Mit der Erlassung des Ausschlußurteils gilt der Gläubiger als befriedigt, sofern nicht nach den Vorschriften über die Hinterlegung die Befriedigung schon vorher eingetreten ist. Der dem Gläubiger erteilte Hypothekenbrief wird kraftlos.

Das Recht des Gläubigers auf den hinterlegten Betrag erlischt mit dem Ablaufe von dreißig Jahren nach der Erlassung des Ausschlußurteils, wenn nicht der Gläubiger sich vorher bei der Hinterlegungsstelle meldet; der Hinterleger ist zur Rücknahme berechtigt, auch wenn er auf das Recht zur Rücknahme verzichtet hat.

1188 Zur Bestellung einer Hypothek für die Forderung aus einer Schuldverschreibung auf den Inhaber genügt die Erklärung des Eigentümers gegenüber dem Grundbuchamte, daß er die Hypothek bestelle, und die Eintragung in das Grundbuch; die Vorschrift des § 878 findet Anwendung.

§ Die Ausschließung des Gläubigers mit seinem Rechte nach § 1170 ist nur zulässig, wenn die im § 801 bezeichnete Vorlegungsf. verstrichen ist. Ist innerhalb der F. die Schuldverschreibung vorgelegt oder der Anspruch aus der Urkunde gerichtlich geltend gemacht worden, so kann die Ausschließung erst erfolgen, wenn die Verjährung eingetreten ist.

Kauf.

440, 454 f. Vertrag 325, 326.

458 f. Vollmacht 177.

466 Behauptet der Käufer dem Verkäufer gegenüber einen Mangel der Sache, so kann der Verkäufer ihn unter dem Erbieten zur Wandelung und unter Bestimmung einer angemessenen F. zur Erklärung darüber auffordern, ob er Wandelung verlange. Die Wandelung kann in diesem Falle nur bis zum Ablaufe der F. verlangt werden. 480, 481.

467, 480, 481 s. Vertrag 354.

477 Der Anspruch auf Wandelung oder auf Minderung sowie der Anspruch auf Schadensersatz wegen Mangels einer zugesicherten Eigenschaft verjährt, sofern nicht der Verkäufer den Mangel arglistig verschwiegen hat, bei beweglichen Sachen in sechs Monaten von der Ablieferung, bei Grundstücken in einem Jahre von der Übergabe an. Die Verjährungsf. kann durch Vertrag verlängert werden.

Beantragt der Käufer gerichtliche Beweisaufnahme zur Sicherung des Beweises, so wird die Verjährung unterbrochen. Die Unterbrechung dauert bis zur Beendigung des Verfahrens fort. Die Vorschriften des § 211 Abs. 2 und des § 212 finden entsprechende Anwendung.

Die Hemmung oder Unterbrechung der Verjährung eines der im Abs. 1 bezeichneten Ansprüche bewirkt auch die Hemmung oder Unterbrechung der Verjährung der anderen Ansprüche 480, 481. 490.

482 Der Verkäufer hat nur bestimmte Fehler (Hauptmängel) und diese nur dann zu vertreten, wenn sie sich innerhalb bestimmter F. (Gewährf.) zeigen.

Die Hauptmängel und die Gewährf. werden durch eine mit Zustimmung des Bundesrats zu erlassende Kaiserliche Verordnung bestimmt. Die Bestimmung kann auf demselben Wege ergänzt und abgeändert werden. 481.

483 Die Gewährf. beginnt mit dem Ablaufe des Tages, an welchem die Gefahr auf den Käufer übergeht. 481, 492.

484 Zeigt sich ein Hauptmangel innerhalb der Gewährf., so wird vermutet, daß der Mangel schon zu der Zeit vorhanden gewesen sei, zu welcher die Gefahr auf den Käufer übergegangen ist. 481, 492.

485 Der Käufer verliert die ihm wegen des Mangels zustehenden Rechte, wenn er nicht spätestens zwei Tage nach dem Ablaufe der Gewährf. oder, falls das Tier vor dem Ablaufe der F. getötet worden oder sonst verendet ist, nach dem Tode des Tieres den Mangel dem Verkäufer anzeigt oder die Anzeige an ihn absendet oder wegen des Mangels Klage gegen den Verkäufer erhebt oder diesem den Streit verkündet oder gerichtliche Beweisaufnahme zur Sicherung des Beweises beantragt. Der Rechtsverlust tritt nicht ein, wenn der Verkäufer den Mangel arglistig verschwiegen hat. 481, 492.

486 Die Gewährf. kann durch Vertrag verlängert oder abgekürzt werden. Die vereinbarte F. tritt an die Stelle der g. F. 481.

§

490 Der Anspruch auf Wandelung sowie der Anspruch auf Schadensersatz wegen eines Hauptmangels, dessen Nichtvorhandensein der Verkäufer zugesichert hat, verjährt in sechs Wochen von dem Ende der Gewährf. an. Im übrigen bleiben die Vorschriften des § 477 unberührt.

An die Stelle der in den §§ 210, 212, 215 bestimmten F. tritt eine F. von sechs Wochen.

Der Käufer kann auch nach der Verjährung des Anspruchs auf Wandelung die Zahlung des Kaufpreises verweigern. Die Aufrechnung des Anspruchs auf Schadensersatz unterliegt nicht der im § 479 bestimmten Beschränkung. 481, 491, 492.

492 Übernimmt der Verkäufer die Gewährleistung wegen eines nicht zu den Hauptmängeln gehörenden Fehlers oder sichert er eine Eigenschaft des Tieres zu, so finden die Vorschriften der §§ 487 bis 491 und, wenn eine Gewährf. vereinbart wird, auch die Vorschriften der §§ 483 bis 485 entsprechende Anwendung Die im § 490 bestimmte Verjährung beginnt, wenn eine Gewährf. nicht vereinbart wird, mit der Ablieferung des Tieres. 481.

496 Die Billigung eines auf Probe oder auf Besicht gekauften Gegenstandes kann nur innerhalb der vereinbarten F. und in Ermangelung einer solchen nur bis zum Ablauf einer dem Käufer von dem Verkäufer bestimmten angemessenen F. erklärt werden. War die Sache dem Käufer zum Zwecke der Probe oder der Besichtigung übergeben, so gilt sein Schweigen als Billigung.

503 Das Wiederkaufsrecht kann bei Grundstücken nur bis zum Ablaufe von dreißig, bei anderen Gegenständen nur bis zum Ablaufe von drei Jahren nach der Vereinbarung des Vorbehalts ausgeübt werden. Ist für die Ausübung eine F. bestimmt, so tritt diese an die Stelle der g. F.

504 Wer in Ansehung eines Gegenstandes zum Vorkaufe berechtigt ist, kann das Vorkaufsrecht ausüben, sobald der Verpflichtete mit einem Dritten einen Kaufvertrag über den Gegenstand geschlossen hat.

510 Der Verpflichtete hat dem Vorkaufsberechtigten den Inhalt des mit dem Dritten geschlossenen Vertrags unverzüglich mitzuteilen. Die Mitteilung des Verpflichteten wird durch die Mitteilung des Dritten ersetzt.

Das Vorkaufsrecht kann bei Grundstücken nur bis zum Ablaufe von zwei Monaten, bei anderen Gegenständen nur bis zum Ablauf einer Woche nach dem Empfange der Mitteilung ausgeübt werden. Ist für die Ausübung eine F. bestimmt, so tritt diese an die Stelle der g. F.

Leibrente.

760 Die Leibrente ist im Voraus zu entrichten.

Eine Geldrente ist für drei Monate vorauszuzahlen; bei einer anderen Rente bestimmt sich der Zeitabschnitt, für den sie im Voraus zu entrichten ist, nach der Beschaffenheit und dem Zwecke der Rente.

Hat der Gläubiger den Beginn des Zeitabschnitts erlebt, für den die Rente im voraus zu entrichten ist, so gebührt ihm der volle, auf den Zeitabschnitt entfallende Betrag.

Leihe.

606 Die Ersatzansprüche des Verleihers wegen Veränderungen oder Verschlechterungen der verliehenen Sache, sowie die Ansprüche des Entleihers auf Ersatz von Verwendungen oder auf Gestattung der Wegnahme einer Einrichtung verjähren in sechs Monaten.

§ Die Vorschriften des § 558 Abs. 2, 3 finden entsprechende Anwendung.

Leistung.

247 Ist ein höherer Zinssatz als sechs vom Hundert für das Jahr vereinbart, so kann der Schuldner nach dem Ablaufe von sechs Monaten das Kapital unter Einhaltung einer Kündigungsf. von sechs Monaten kündigen. Das Kündigungsrecht kann nicht durch Vertrag ausgeschlossen oder beschränkt werden.

Diese Vorschriften gelten nicht für Schuldverschreibungen auf den Inhaber.

264 Nimmt der wahlberechtigte Schuldner die Wahl nicht vor dem Beginne der Zwangsvollstreckung vor, so kann der Gläubiger die Zwangsvollstreckung nach seiner Wahl auf die eine oder auf die andere Leistung richten; der Schuldner kann sich jedoch, solange nicht der Gläubiger die gewählte Leistung ganz oder zum Teil empfangen hat, durch eine der übrigen Leistungen von seiner Verbindlichkeit befreien.

Ist der wahlberechtigte Gläubiger im Verzuge, so kann der Schuldner ihn unter Bestimmung einer angemessenen F. zur Vornahme der Wahl auffordern. Mit dem Ablaufe der F. geht das Wahlrecht auf den Schuldner über, wenn nicht der Gläubiger rechtzeitig die Wahl vornimmt.

280, 286 f. Vertrag 354, 355.

283 Ist der Schuldner rechtskräftig verurteilt, so kann der Gläubiger ihm zur Bewirkung der Leistung eine angemessene F. mit der Erklärung bestimmen, daß er die Annahme der Leistung nach dem Ablaufe der F. ablehne. Nach dem Ablaufe der F. kann der Gläubiger Schadensersatz wegen Nichterfüllung verlangen, soweit nicht die Leistung rechtzeitig bewirkt

§ wird; der Anspruch auf Erfüllung ist ausgeschlossen. Die Verpflichtung zum Schadensersatze tritt nicht ein, wenn die Leistung infolge eines Umstandes unmöglich wird, den der Schuldner nicht zu vertreten hat.

Wird die Leistung bis zum Ablaufe der F. nur teilweise nicht bewirkt, so steht dem Gläubiger auch das im § 280 Abs. 2 bestimmte Recht zu.

Miete.

542 Wird dem Mieter der vertragsmäßige Gebrauch der gemieteten Sache ganz oder zum Teil nicht rechtzeitig gewährt oder wiederentzogen, so kann der Mieter ohne Einhaltung einer Kündigungsf. das Mietverhältnis kündigen. Die Kündigung ist erst zulässig, wenn der Vermieter eine ihm von dem Mieter bestimmte angemessene F. hat verstreichen lassen, ohne Abhülfe zu schaffen. Der Bestimmung einer F. bedarf es nicht, wenn die Erfüllung des Vertrags infolge des die Kündigung rechtfertigenden Umstandes für den Mieter kein Interesse hat.

Wegen einer unerheblichen Hinderung oder Vorenthaltung des Gebrauchs ist die Kündigung nur zulässig, wenn sie durch ein besonderes Interesse des Mieters gerechtfertigt wird.

Bestreitet der Vermieter die Zulässigkeit der erfolgten Kündigung, weil er den Gebrauch der Sache rechtzeitig gewährt oder vor dem Ablaufe der F. die Abhilfe bewirkt habe, so trifft ihn die Beweislast. 543, 545.

543 Auf das dem Mieter nach § 542 zustehende Kündigungsrecht finden die Vorschriften der §§ 539—541 sowie die für die Wandelung bei dem Kaufe geltenden Vorschriften der §§ 469 bis 471 entsprechende Anwendung.

Ist der Mietzins für eine spätere Zeit im voraus entrichtet, so hat ihn

§ der Vermieter nach Maßgabe des § 347 oder, wenn die Kündigung wegen eines Umstandes erfolgt, den er nicht zu vertreten hat, nach den Vorschriften über die Herausgabe einer ungerechtfertigten Bereicherung zurückzuerstatten.

544 Ist eine Wohnung oder ein anderer zum Aufenthalte von Menschen bestimmter Raum so beschaffen, daß die Benutzung mit einer erheblichen Gefährdung der Gesundheit verbunden ist, so kann der Mieter das Mietverhältnis ohne Einhaltung einer Kündigungsf. kündigen, auch wenn er die gefahrbringende Beschaffenheit bei dem Abschlusse des Vertrags gekannt oder auf die Geltendmachung der ihm wegen dieser Beschaffenheit zustehenden Rechte verzichtet hat.

545 Zeigt sich im Laufe der Miete ein Mangel der gemieteten Sache oder wird eine Vorkehrung zum Schutze der Sache gegen eine nicht vorhergesehene Gefahr erforderlich, so hat der Mieter dem Vermieter unverzüglich Anzeige zu machen. Das Gleiche gilt, wenn sich ein Dritter ein Recht an der Sache anmaßt.

Unterläßt der Mieter die Anzeige, so ist er zum Ersatze des daraus entstehenden Schadens verpflichtet; er ist, soweit der Vermieter infolge der Unterlassung der Anzeige Abhilfe zu schaffen außer stande war, nicht berechtigt, die im § 537 bestimmten Rechte geltend zu machen oder nach § 542 Abs. 1 Satz 3 ohne Bestimmung einer F. zu kündigen oder Schadensersatz wegen Nichterfüllung zu verlangen.

551 Der Mietzins ist am Ende der Mietzeit zu entrichten. Ist der Mietzins nach Zeitabschnitten bemessen, so ist er nach dem Ablaufe der einzelnen Zeitabschnitte zu entrichten.

§ Der Mietzins für ein Grundstück ist, sofern er nicht nach kürzeren Zeitabschnitten bemessen ist, nach dem Ablaufe je eines Kalendervierteljahrs am ersten Werktage des folgenden Monats zu entrichten.

553 Der Vermieter kann ohne Einhaltung einer Kündigungsf. das Mietverhältnis kündigen, wenn der Mieter oder derjenige, welchem der Mieter den Gebrauch der gemieteten Sache überlassen hat, ungeachtet einer Abmachung des Vermieters einen vertragswidrigen Gebrauch der Sache fortsetzt, der die Rechte des Vermieters in erheblichem Maße verletzt, insbesondere einem Dritten den ihm unbefugt überlassenen Gebrauch beläßt, oder die Sache durch Vernachlässigung der dem Mieter obliegenden Sorgfalt erheblich gefährdet. 555.

554 Der Vermieter kann ohne Einhaltung einer Kündigungsf. das Mietverhältnis kündigen, wenn der Mieter für zwei auf einander folgende Termine mit der Entrichtung des Mietzinses oder eines Teiles des Mietzinses im Verzug ist. Die Kündigung ist ausgeschlossen, wenn der Mieter den Vermieter befriedigt, bevor sie erfolgt.

Die Kündigung ist unwirksam, wenn sich der Mieter von seiner Schuld durch Aufrechnung befreien konnte und unverzüglich nach der Kündigung die Aufrechnung erklärt. 555.

558 Die Ersatzansprüche des Vermieters wegen Veränderungen oder Verschlechterungen der vermieteten Sache sowie die Ansprüche des Mieters auf Ersatz von Verwendungen oder auf Gestattung der Wegnahme einer Einrichtung verjähren in sechs Monaten.

Die Verjährung der Ersatzansprüche des Vermieters beginnt mit dem Zeitpunkt, in welchem er die Sache

§ zurückerhält, die Verjährung der Ansprüche des Mieters beginnt mit der Beendigung des Mietverhältnisses.

Mit der Verjährung des Anspruchs des Vermieters auf Rückgabe der Sache verjähren auch die Ersatzansprüche des Vermieters.

561 Der Vermieter darf die Entfernung der seinem Pfandrecht unterliegenden Sachen, soweit er ihr zu widersprechen berechtigt ist, auch ohne Anrufen des Gerichts verhindern und, wenn der Mieter auszieht, die Sachen in seinen Besitz nehmen.

Sind die Sachen ohne Wissen oder unter Widerspruch des Vermieters entfernt worden, so kann er die Herausgabe zum Zwecke der Zurückschaffung in das Grundstück und, wenn der Mieter ausgezogen ist, die Überlassung des Besitzes verlangen. Das Pfandrecht erlischt mit dem Ablauf eines Monats, nachdem der Vermieter von der Entfernung der Sachen Kenntnis erlangt hat, wenn nicht der Vermieter diesen Anspruch vorher gerichtlich geltend gemacht hat.

563 Wird eine dem Pfandrechte des Vermieters unterliegende Sache für einen anderen Gläubiger gepfändet, so kann diesem gegenüber das Pfandrecht nicht wegen des Mietzinses für eine frühere Zeit als das letzte Jahr vor der Pfändung geltend gemacht werden.

564 Das Mietverhältnis endigt mit dem Ablaufe der Zeit, für die es eingegangen ist.

Ist die Mietzeit nicht bestimmt, so kann jeder Teil das Mietverhältnis nach den Vorschriften des § 565 kündigen.

565 Bei Grundstücken ist die Kündigung nur für den Schluß eines Kalendervierteljahrs zulässig; sie hat spätestens am dritten Werktage des Vierteljahrs zu erfolgen. Ist der Mietzins nach Monaten bemessen, so ist die Kündigung nur für den Schluß eines Kalendermonats zulässig; sie hat spätestens am fünfzehnten des Monats zu erfolgen. Ist der Mietzins nach Wochen bemessen, so ist die Kündigung nur für den Schluß einer Kalenderwoche zulässig; sie hat spätestens am ersten Werktage der Woche zu erfolgen.

Bei beweglichen Sachen hat die Kündigung spätestens am dritten Tage vor dem Tage zu erfolgen, an welchem das Mietverhältnis endigen soll.

Ist der Mietzins für ein Grundstück oder für eine bewegliche Sache nach Tagen bemessen, so ist die Kündigung an jedem Tage für den folgenden Tag zulässig.

Die Vorschriften des Abs. 1 Satz 1, Abs. 2 gelten auch für die Fälle, in denen das Mietverhältnis unter Einhaltung der g. F. vorzeitig gekündigt werden kann. 564.

566 Ein Mietvertrag über ein Grundstück, der für längere Zeit als ein Jahr geschlossen wird, bedarf der schriftlichen Form. Wird die Form nicht beobachtet, so gilt der Vertrag als für unbestimmte Zeit geschlossen; die Kündigung ist jedoch nicht für eine frühere Zeit als für den Schluß des ersten Jahres zulässig.

567 Wird ein Mietvertrag für eine längere Zeit als dreißig Jahre geschlossen, so kann nach dreißig Jahren jeder Teil das Mietverhältnis unter Einhaltung der g. F. kündigen. Die Kündigung ist unzulässig, wenn der Vertrag für die Lebenszeit des Vermieters oder des Mieters geschlossen ist.

568 Wird nach dem Ablaufe der Mietzeit der Gebrauch der Sache von dem Mieter fortgesetzt, so gilt das Mietverhältnis als auf unbestimmte Zeit verlängert, sofern nicht der Vermieter

§ oder der Mieter seinen entgegenstehenden Willen binnen einer F. von zwei Wochen dem anderen Teile gegenüber erklärt. Die F. beginnt für den Mieter mit der Fortsetzung des Gebrauchs, für den Vermieter mit dem Zeitpunkt, in welchem er von der Fortsetzung Kenntnis erhält.

569 Stirbt der Mieter, so ist sowohl der Erbe als der Vermieter berechtigt, das Mietverhältnis unter Einhaltung der g. F. zu kündigen. Die Kündigung kann nur für den ersten Termin erfolgen, für den sie zulässig ist.

570 Militärpersonen, Beamte, Geistliche und Lehrer an öffentlichen Unterrichtsanstalten können im Falle der Versetzung nach einem anderen Orte das Mietverhältnis in Ansehung der Räume, welche sie für sich oder ihre Familie an dem bisherigen Garnison- oder Wohnorte gemietet haben, unter Einhaltung der g. F. kündigen. Die Kündigung kann nur für den ersten Termin erfolgen, für den sie zulässig ist.

Nießbrauch.

1052 Ist der Nießbraucher zur Sicherheitsleistung rechtskräftig verurteilt, so kann der Eigentümer statt der Sicherheitsleistung verlangen, daß die Ausübung des Nießbrauchs für Rechnung des Nießbrauchers einem von dem Gerichte zu bestellenden Verwalter übertragen wird. Die Anordnung der Verwaltung ist nur zulässig, wenn dem Nießbraucher auf Antrag des Eigentümers von dem Gericht eine F. zur Sicherheitsleistung bestimmt worden und die F. verstrichen ist; sie ist unzulässig, wenn die Sicherheit vor dem Ablaufe der F. geleistet wird.

Der Verwalter steht unter der Aufsicht des Gerichts wie ein für die Zwangsverwaltung eines Grundstücks bestellter Verwalter. Verwalter kann auch der Eigentümer sein.

Die Verwaltung ist aufzuheben, wenn die Sicherheit nachträglich geleistet wird. 1054, 1070.

1056 Hat der Nießbraucher ein Grundstück über die Dauer des Nießbrauchs hinaus vermietet oder verpachtet, so finden nach der Beendigung des Nießbrauchs die für den Fall der Veräußerung geltenden Vorschriften der §§ 571, 572, des § 573 Satz 1 und der §§ 574—576, 579 entsprechende Anwendung.

Der Eigentümer ist berechtigt das Miet- oder Pachtverhältnis unter Einhaltung der g. Kündigungsf. zu kündigen. Verzichtet der Nießbraucher auf den Nießbrauch, so ist die Kündigung erst von der Zeit an zulässig, zu welcher der Nießbrauch ohne den Verzicht erlöschen würde.

Der Mieter oder der Pächter ist berechtigt, den Eigentümer unter Bestimmung einer angemessenen F. zur Erklärung darüber aufzufordern, ob er von dem Kündigungsrechte Gebrauch mache. Die Kündigung kann nur bis zum Ablaufe der F. erfolgen.

1057 Die Ersatzansprüche des Eigentümers wegen Veränderungen oder Verschlechterungen der Sache sowie die Ansprüche des Nießbrauchers auf Ersatz von Verwendungen oder auf Gestattung der Wegnahme einer Einrichtung verjähren in sechs Monaten. Die Vorschriften des § 558 Abs. 2, 3 finden entsprechende Anwendung.

Pacht.

584 Ist bei der Pacht eines landwirtschaftlichen Grundstücks der Pachtzins nach Jahren bemessen, so ist er nach dem Ablaufe je eines Pachtjahres am ersten Werktage des folgenden Jahres zu entrichten. 581.

585 s. Miete 563.

§

595 Ist bei der Pacht eines Grundstücks oder eines Rechtes die Pachtzeit nicht bestimmt, so ist die Kündigung nur für den Schluß eines Pachtjahrs zulässig; sie hat spätestens am ersten Werktage des halben Jahres zu erfolgen, mit dessen Ablaufe die Pacht endigen soll.

Diese Vorschriften gelten bei der Pacht eines Grundstücks oder eines Rechtes auch für die Fälle, in denen das Pachtverhältnis unter Einhaltung der g. F. vorzeitig gekündigt werden kann. 581.

596 s. Miete 569, 570.

Pfandrecht.

1220 Die Versteigerung des Pfandes ist erst zulässig, nachdem sie dem Verpfänder angedroht worden ist; die Androhung darf unterbleiben, wenn das Pfand dem Verderb ausgesetzt und mit dem Aufschube der Versteigerung Gefahr verbunden ist. Im Falle der Wertminderung ist außer der Androhung erforderlich, daß der Pfandgläubiger dem Verpfänder zur Leistung anderweitiger Sicherheit eine angemessene F. bestimmt hat und diese verstrichen ist.

Der Pfandgläubiger hat den Verpfänder von der Versteigerung unverzüglich zu benachrichtigen; im Falle der Unterlassung ist er zum Schadensersatze verpflichtet.

Die Androhung, die Fristbestimmung und die Benachrichtigung dürfen unterbleiben, wenn sie unthunlich sind. 1266, 1272.

1226 Die Ersatzansprüche des Verpfänders wegen Veränderung oder Verschlechterungen des Pfandes sowie die Ansprüche des Pfandgläubigers auf Ersatz von Verwendungen oder auf Gestattung der Wegnahme einer Einrichtung verjähren in sechs Monaten. Die Vorschriften des § 558 Abs. 2, § 3 finden entsprechende Anwendung. 1266, 1272.

1234 Der Pfandgläubiger hat dem Eigentümer den Verkauf vorher anzudrohen und dabei den Geldbetrag zu bezeichnen, wegen dessen der Verkauf stattfinden soll. Die Androhung kann erst nach dem Eintritte der Verkaufsberechtigung erfolgen; sie darf unterbleiben, wenn sie unthunlich ist.

Der Verkauf darf nicht vor dem Ablauf eines Monats nach der Androhung erfolgen. Ist die Androhung unthunlich, so wird der Monat von dem Eintritte der Verkaufsberechtigung an berechnet. 1245, 1233, 1266, 1272.

1269 s. Hypothek 1170, 1171.

1270 s. Hypothek 1188.

1289 s. Hypothek 1123.

Pflichtteil.

2306 Ist ein als Erbe berufener Pflichtteilsberechtigter durch die Einsetzung eines Nacherben, die Ernennung eines Testamentsvollstreckers oder eine Teilungsanordnung beschränkt oder ist er mit einem Vermächtnis oder einer Auflage beschwert, so gilt die Beschränkung oder die Beschwerung als nicht angeordnet, wenn der ihm hinterlassene Erbteil die Hälfte des g. Erbteils nicht übersteigt. Ist der hinterlassene Erbteil größer, so kann der Pflichtteilsberechtigte den Pflichtteil verlangen, wenn er den Erbteil ausschlägt; die Ausschlagungsfrist beginnt erst, wenn der Pflichtteilsberechtigte von der Beschränkung oder der Beschwerung Kenntnis erlangt.

Einer Beschränkung der Erbeinsetzung steht es gleich, wenn der Pflichtteilsberechtigte als Nacherbe eingesetzt ist. 2307, 2308.

2307 Ist ein Pflichtteilsberechtigter mit einem Vermächtnisse bedacht, so kann er den Pflichtteil verlangen, wenn er

§ das Vermächtnis ausschlägt. Schlägt er nicht aus, so steht ihm ein Recht auf den Pflichtteil nicht zu, soweit der Wert des Vermächtnisses reicht; bei der Berechnung des Wertes bleiben Beschränkungen und Beschwerungen der im § 2306 bezeichneten Art außer Betracht.

Der mit dem Vermächtnisse beschwerte Erbe kann den Pflichtteilsberechtigten unter Bestimmung einer angemessenen F. zur Erklärung über die Annahme des Vermächtnisses auffordern. Mit dem Ablaufe der F. gilt das Vermächtnis als ausgeschlagen, wenn nicht vorher die Annahme erklärt wird.

2325 Hat der Erblasser einem Dritten eine Schenkung gemacht, so kann der Pflichtteilsberechtigte als Ergänzung des Pflichtteils den Betrag verlangen, um den sich der Pflichtteil erhöht, wenn der verschenkte Gegenstand dem Nachlasse hinzugerechnet ist.

Eine verbrauchbare Sache kommt mit dem Werte in Ansatz, den sie zur Zeit der Schenkung hatte. Ein anderer Gegenstand kommt mit dem Werte in Ansatz, den er zur Zeit des Erbfalls hat; hatte er zur Zeit der Schenkung einen geringeren Wert, so wird nur dieser in Ansatz gebracht.

Die Schenkung bleibt unberücksichtigt, wenn zur Zeit des Erbfalls zehn Jahre seit der Leistung des verschenkten Gegenstandes verstrichen sind; ist die Schenkung an den Ehegatten des Erblassers erfolgt, so beginnt die F. nicht vor der Auflösung der Ehe. 2330.

2332 Der Pflichtteilsanspruch verjährt in drei Jahren von dem Zeitpunkt an, in welchem der Pflichtteilsberechtigte von dem Eintritte des Erbfalls und von der ihn beeinträchtigenden Verfügung Kenntnis erlangt, ohne Rücksicht auf diese Kenntnis in dreißig Jahren von dem Eintritte des Erbfalls an.

Der nach § 2329 dem Pflichtteilsberechtigten gegen den Beschenkten zustehende Anspruch verjährt in drei Jahren von dem Eintritte des Erbfalls an.

2335 Der Erblasser kann dem Ehegatten den Pflichtteil entziehen, wenn der Ehegatte sich einer Verfehlung schuldig macht, auf Grund deren der Erblasser nach den §§ 1565—1568 auf Scheidung zu klagen berechtigt ist.

Das Recht zur Entziehung erlischt nicht durch den Ablauf der für die Geltendmachung des Scheidungsgrundes im § 1571 bestimmten F.

1112 **Reallast** s. Vorkaufsrecht 1104.

Rentenschuld.

1201 s. Hypothek 1133.

1202 Der Eigentümer kann das Ablösungsrecht erst nach vorgängiger Kündigung ausüben. Die Kündigungsf. beträgt sechs Monate, wenn nicht ein anderes bestimmt ist.

Eine Beschränkung des Kündigungsrechts ist nur soweit zulässig, daß der Eigentümer nach dreißig Jahren unter Einhaltung der sechsmonatigen F. kündigen kann.

Hat der Eigentümer gekündigt, so kann der Gläubiger nach dem Ablaufe der Kündigungsf. die Zahlung der Ablösungssumme aus dem Grundstücke verlangen.

704 **Sachen** s. Miete 561, 563.

Schenkung.

516 Eine Zuwendung, durch die jemand aus seinem Vermögen einen anderen bereichert, ist Schenkung, wenn beide Teile darüber einig sind, daß die Zuwendung unentgeltlich erfolgt.

Ist die Zuwendung ohne den Willen des anderen erfolgt, so kann ihn der Zuwendende unter Bestimmung einer

§ angemessenen F. zur Erklärung über die Annahme auffordern. Nach dem Ablaufe der F. gilt die Schenkung als angenommen, wenn nicht der andere sie vorher abgelehnt hat. Im Falle der Ablehnung kann die Herausgabe des Zugewendeten nach den Vorschriften über die Herausgabe einer ungerechtfertigten Bereicherung gefordert werden.

528 s. Leibrente 760.

529 Der Anspruch auf Herausgabe des Geschenkes ist ausgeschlossen, wenn der Schenker seine Bedürftigkeit vorsätzlich oder durch grobe Fahrlässigkeit herbeigeführt hat oder wenn zur Zeit des Eintritts seiner Bedürftigkeit seit der Leistung des geschenkten Gegenstandes zehn Jahre verstrichen sind.

Das Gleiche gilt, soweit der Beschenkte bei Berücksichtigung seiner sonstigen Verpflichtungen außer stande ist, das Geschenk herauszugeben, ohne daß sein standesmäßiger Unterhalt oder die Erfüllung der ihm kraft G. obliegenden Unterhaltspflichten gefährdet wird.

532 Der Widerruf ist ausgeschlossen, wenn der Schenker dem Beschenkten verziehen hat oder wenn seit dem Zeitpunkt, in welchem der Widerrufsberechtigte von dem Eintritte der Voraussetzungen seines Rechts Kenntnis erlangt hat, ein Jahr verstrichen ist. Nach dem Tode des Beschenkten ist der Widerruf nicht mehr zulässig.

Schuldverhältnis.

382 Das Recht des Gläubigers auf den hinterlegten Betrag erlischt mit dem Ablaufe von dreißig Jahren nach dem Empfange der Anzeige von der Hinterlegung, wenn nicht der Gläubiger sich vorher bei der Hinterlegungsstelle meldet; der Schuldner ist zur Rücknahme berechtigt, auch wenn er auf das Recht zur Rücknahme verzichtet hat.

§

415 Wird die Schuldübernahme von dem Dritten mit dem Schuldner vereinbart, so hängt ihre Wirksamkeit von der Genehmigung des Gläubigers ab. Die Genehmigung kann erst erfolgen, wenn der Schuldner oder der Dritte dem Gläubiger die Schuldübernahme mitgeteilt hat. Bis zur Genehmigung können die Parteien den Vertrag ändern oder aufheben.

Wird die Genehmigung verweigert, so gilt die Schuldübernahme als nicht erfolgt. Fordert der Schuldner oder der Dritte den Gläubiger unter Bestimmung einer F. zur Erklärung über die Genehmigung auf, so kann die Genehmigung nur bis zum Ablaufe der F. erklärt werden; wird sie nicht erklärt, so gilt sie als verweigert.

Solange nicht der Gläubiger die Genehmigung erteilt hat, ist im Zweifel der Übernehmer dem Schuldner gegenüber verpflichtet, den Gläubiger rechtzeitig zu befriedigen. Das Gleiche gilt, wenn der Gläubiger die Genehmigung verweigert. 416.

416 Übernimmt der Erwerber eines Grundstücks durch Vertrag mit dem Veräußerer eine Schuld des Veräußerers, für die eine Hypothek an dem Grundstücke besteht, so kann der Gläubiger die Schuldübernahme nur genehmigen, wenn der Veräußerer sie ihm mitteilt. Sind seit dem Empfange der Mitteilung sechs Monate verstrichen, so gilt die Genehmigung als erteilt, wenn nicht der Gläubiger sie dem Veräußerer gegenüber vorher verweigert hat; die Vorschrift des § 415 Abs. 2 Satz 2 findet keine Anwendung.

Die Mitteilung des Veräußerers kann erst erfolgen, wenn der Erwerber als Eigentümer im Grundbuch eingetragen ist. Sie muß schriftlich geschehen und den Hinweis enthalten,

§ daß der Übernehmer an die Stelle des bisherigen Schuldners tritt, wenn nicht der Gläubiger die Verweigerung innerhalb der sechs Monate erklärt.

Der Veräußerer hat auf Verlangen des Erwerbers dem Gläubiger die Schuldübernahme mitzuteilen. Sobald die Erteilung oder Verweigerung der Genehmigung feststeht, hat der Veräußerer den Erwerber zu benachrichtigen.

Schuldverschreibung.

801 Der Anspruch aus einer Schuldverschreibung auf den Inhaber erlischt mit dem Ablaufe von dreißig Jahren nach dem Eintritte der für die Leistung bestimmten Zeit, wenn nicht die Urkunde vor dem Ablaufe der dreißig Jahre dem Aussteller zur Einlösung vorgelegt wird. Erfolgt die Vorlegung, so verjährt der Anspruch in zwei Jahren von dem Ende der Vorlegungsf. an. Der Vorlegung steht die gerichtliche Geltendmachung des Anspruchs aus der Urkunde gleich.

Bei Zins-, Renten- und Gewinnanteilscheinen beträgt die Vorlegungsf. vier Jahre. Die F. beginnt mit dem Schlusse des Jahres, in welchem die für die Leistung bestimmte Zeit eintritt.

Die Dauer und der Beginn der Vorlegungsf. können von dem Aussteller in der Urkunde anders bestimmt werden.

802 Der Beginn und der Lauf der Vorlegungsf. sowie der Verjährung werden durch die Zahlungssperre zu Gunsten des Antragstellers gehemmt. Die Hemmung beginnt mit der Stellung des Antrags auf Zahlungssperre; sie endigt mit der Erledigung des Aufgebotsverfahrens und, falls die Zahlungssperre vor der Einleitung des Verfahrens verfügt worden ist, auch dann, wenn seit der Beseitigung des der Einleitung entgegenstehenden Hindernisses sechs Monate verstrichen sind und nicht vorher die Einleitung beantragt worden ist. Auf diese F. finden die Vorschriften der §§ 203, 206, 207 entsprechende Anwendung. 800.

804 Ist ein Zins-, Renten- oder Gewinnanteilschein abhanden gekommen oder vernichtet und hat der bisherige Inhaber den Verlust dem Aussteller vor dem Ablaufe der Vorlegungsf. angezeigt, so kann der bisherige Inhaber nach dem Ablaufe der F. die Leistung von dem Aussteller verlangen. Der Anspruch ist ausgeschlossen, wenn der abhanden gekommene Schein dem Aussteller zur Einlösung vorgelegt oder der Anspruch aus dem Scheine gerichtlich geltend gemacht worden ist, es sei denn, daß die Vorlegung oder die gerichtliche Geltendmachung nach dem Ablaufe der F. erfolgt ist. Der Anspruch verjährt in vier Jahren.

In dem Zins-, Renten- oder Gewinnanteilscheine kann der im Abs. 1 bestimmte Anspruch ausgeschlossen werden.

88 **Stiftung** s. Verein 50, 53.

Testament.

2082 Die Anfechtung einer letztwilligen Verfügung kann nur binnen Jahresf. erfolgen.

Die F. beginnt mit dem Zeitpunkt, in welchem der Anfechtungsberechtigte von dem Anfechtungsgrunde Kenntnis erlangt. Auf den Lauf der F. finden die für die Verjährung geltenden Vorschriften der §§ 203, 206, 207 entsprechende Anwendung.

Die Anfechtung ist ausgeschlossen, wenn seit dem Erbfalle dreißig Jahre verstrichen sind. 2083.

2109 Die Einsetzung eines Nacherben wird mit dem Ablaufe von dreißig Jahren nach dem Erbfall unwirksam, wenn

§ nicht vorher der Fall der Nacherbfolge eingetreten ist. Sie bleibt auch nach dieser Zeit wirksam:
1. wenn die Nacherbfolge für den Fall angeordnet ist, daß in der Person des Vorerben oder des Nacherben ein bestimmtes Ereignis eintritt, und derjenige, in dessen Person das Ereignis eintreten soll, zur Zeit des Erbfalls lebt;
2. wenn dem Vorerben oder einem Nacherben für den Fall, daß ihm ein Bruder oder eine Schwester geboren wird, der Bruder oder die Schwester als Nacherbe bestimmt ist.

Ist der Vorerbe oder der Nacherbe, in dessen Person das Ereignis eintreten soll, eine juristische Person, so bewendet es bei der dreißigjährigen F.

2128, 2129 s. Nießbrauch 1052.

2135 s. Nießbrauch 1056.

2151 Der Erblasser kann mehrere mit einem Vermächtnis in der Weise bedenken, daß der Beschwerte oder ein Dritter zu bestimmen hat, wer von den mehreren das Vermächtnis erhalten soll.

Die Bestimmung des Beschwerten erfolgt durch Erklärung gegenüber demjenigen, welcher das Vermächtnis erhalten soll; die Bestimmung des Dritten erfolgt durch Erklärung gegenüber dem Beschwerten.

Kann der Beschwerte oder der Dritte die Bestimmung nicht treffen, so sind die Bedachten Gesamtgläubiger. Das Gleiche gilt, wenn das Nachlaßgericht dem Beschwerten oder dem Dritten auf Antrag eines der Beteiligten eine F. zur Abgabe der Erklärung bestimmt hat und die F. verstrichen ist, sofern nicht vorher die Erklärung erfolgt. Der Bedachte, der das Vermächtnis erhält, ist im Zweifel nicht zur Teilung verpflichtet. 2153, 2154, 2193.

2156 s. Vertrag 318.

§

2162 Ein Vermächtnis, das unter einer aufschiebenden Bedingung oder unter Bestimmung eines Anfangstermins angeordnet ist, wird mit dem Ablaufe von dreißig Jahren nach dem Erbfall unwirksam, nenn nicht vorher die Bedingung oder der Termin eingetreten ist.

Ist der Bedachte zur Zeit des Erbfalls noch nicht erzeugt oder wird seine Persönlichkeit durch ein erst nach dem Erbfall eintretendes Ereignis bestimmt, so wird das Vermächtnis mit dem Ablaufe von dreißig Jahren nach dem Erbfall unwirksam, wenn nicht vorher der Bedachte erzeugt oder das Ereignis eingetreten ist, durch das seine Persönlichkeit bestimmt wird. 2163.

2163 Das Vermächtnis bleibt in den Fällen des § 2162 auch nach dem Ablaufe von dreißig Jahren wirksam:
1. wenn es für den Fall angeordnet ist, daß in der Person des Beschwerten oder des Bedachten ein bestimmtes Ereignis eintritt, und derjenige, in dessen Person das Ereignis eintreten soll, zur Zeit des Erbfalls lebt;
2. wenn ein Erbe, ein Nacherbe oder ein Vermächtnisnehmer für den Fall, daß ihm ein Bruder oder eine Schwester geboren wird, mit einem Vermächtnisse zu Gunsten des Bruders oder der Schwester beschwert ist.

Ist der Beschwerte oder der Bedachte, in dessen Person das Ereignis eintreten soll, eine juristische Person, so bewendet es bei der dreißigjährigen F. 2210.

2193 Der Erblasser kann bei der Anordnung einer Auflage, deren Zweck er bestimmt hat, die Bestimmung der Person, an welche die Leistung erfolgen soll, dem Beschwerten oder einem Dritten überlassen.

§ Steht die Bestimmung dem Beschwerten zu, so kann ihm, wenn er zur Vollziehung der Auflage rechtskräftig verurteilt ist, von dem Kläger eine angemessene F. zur Vollziehung bestimmt werden; nach dem Ablaufe der F. ist der Kläger berechtigt, die Bestimmung zu treffen, wenn nicht die Vollziehung rechtzeitig erfolgt.

Steht die Bestimmung einem Dritten zu, so erfolgt sie durch Erklärung gegenüber dem Beschwerten. Kann der Dritte die Bestimmung nicht treffen, so geht das Bestimmungsrecht auf den Beschwerten über. Die Vorschrift des § 2151 Abs. 3 Satz 2 findet entsprechende Anwendung; zu den Beteiligten im Sinne dieser Vorschrift gehören der Beschwerte und diejenigen, welche die Vollziehung der Auflage zu verlangen berechtigt sind.

2198 Der Erblasser kann die Bestimmung der Person des Testamentsvollstreckers einem Dritten überlassen. Die Bestimmung erfolgt durch Erklärung gegenüber dem Nachlaßgerichte; die Erklärung ist in öffentlich beglaubigter Form abzugeben.

Das Bestimmungsrecht des Dritten erlischt mit dem Ablauf einer ihm auf Antrag eines der Beteiligten von dem Nachlaßgerichte bestimmten F. 2199, 2228.

2202 Das Amt des Testamentsvollstreckers beginnt mit dem Zeitpunkt, in welchem der Ernannte das Amt annimmt.

Die Annahme sowie die Ablehnung des Amtes erfolgt durch Erklärung gegenüber dem Nachlaßgerichte. Die Erklärung kann erst nach dem Eintritte des Erbfalls abgegeben werden; sie ist unwirksam, wenn sie unter einer Bedingung oder einer Zeitbestimmung abgegeben wird.

Das Nachlaßgericht kann dem Ernannten auf Antrag eines der Beteiligten eine F. zur Erklärung über die Annahme bestimmen. Mit dem Ablaufe der F. gilt das Amt als abgelehnt, wenn nicht die Annahme vorher erklärt wird. 2228.

2204 s. Erbe 2043—2045.

2210 Eine nach § 2209 getroffene Anordnung wird unwirksam, wenn seit dem Erbfalle dreißig Jahre verstrichen sind. Der Erblasser kann jedoch anordnen, daß die Verwaltung bis zum Tode des Erben oder des Testamentsvollstreckers oder bis zum Eintritt eines anderen Ereignisses in der Person des einen oder des anderen fortdauern soll. Die Vorschrift des § 2163 Abs. 2 findet entsprechende Anwendung.

2252 Ein nach § 2249, § 2250 oder § 2251 errichtetes Testament gilt als nicht errichtet, wenn seit der Errichtung drei Monate verstrichen sind und der Erblasser noch lebt.

Beginn und Lauf der F. sind gehemmt, solange der Erblasser außer Stande ist, ein Testament vor einem Richter oder vor einem Notar zu errichten.

Tritt im Falle des § 2251 der Erblasser vor dem Ablaufe der F. eine neue Seereise an, so wird die F. dergestalt unterbrochen, daß nach der Beendigung der neuen Reise die volle F. von neuem zu laufen beginnt.

Wird der Erblasser nach dem Ablaufe der F. für tot erklärt, so behält das Testament seine Kraft, wenn die F. zu der Zeit, zu welcher der Erblasser den vorhandenen Nachrichten zufolge noch gelebt hat, noch nicht verstrichen war.

14 **Todeserklärung** 15—18 s. **Todeserklärung** — Todeserklärung.

Verein.

39 Die Mitglieder sind zum Austritt aus dem Vereine berechtigt.

Durch die Satzung kann bestimmt

§ werden, daß der Austritt nur am Schlusse eines Geschäftsjahrs oder erst nach dem Ablauf einer Kündigungsf. zulässig ist; die Kündigungsf. kann höchstens zwei Jahre betragen.

50 Die Auflösung des Vereins oder die Entziehung der Rechtsfähigkeit ist durch die Liquidatoren öffentlich bekannt zu machen. In der Bekanntmachung sind die Gläubiger zur Anmeldung ihrer Ansprüche aufzufordern. Die Bekanntmachung erfolgt durch das in der Satzung für Veröffentlichungen bestimmte Blatt, in Ermangelung eines solchen durch dasjenige Blatt, welches für Bekanntmachungen des Amtsgerichts bestimmt ist, in dessen Bezirke der Verein seinen Sitz hatte. Die Bekanntmachung gilt mit dem Ablaufe des zweiten Tages nach der Einrückung oder der ersten Einrückung als bewirkt.

Bekannte Gläubiger sind durch besondere Mitteilung zur Anmeldung aufzufordern. 53.

51 Das Vermögen darf den Anfallberechtigten nicht vor dem Ablauf eines Jahres nach der Bekanntmachung der Auflösung des Vereins oder der Entziehung der Rechtsfähigkeit ausgeantwortet werden. 53.

63 Die Eintragung darf, sofern nicht die Verwaltungsbehörde dem Amtsgerichte mitteilt, daß Einspruch nicht erhoben werde, erst erfolgen, wenn seit der Mitteilung der Anmeldung an die Verwaltungsbehörde sechs Wochen verstrichen sind und Einspruch nicht erhoben oder wenn der erhobene Einspruch endgültig aufgehoben ist. 71.

Verjährung.

195 Die regelmäßige Verjährungsf. beträgt dreißig Jahre.

196 In zwei Jahren verjähren die Ansprüche:

1. der Kaufleute, Fabrikanten, Handwerker und derjenigen, welche ein Kunstgewerbe betreiben, für Lieferung von Waren, Ausführung von Arbeiten und Besorgung fremder Geschäfte, mit Einschluß der Auslagen, es sei denn, daß die Leistung für den Gewerbebetrieb des Schuldners erfolgt;
2. derjenigen, welche Land- oder Forstwirtschaft betreiben, für Lieferung von land- oder forstwirtschaftlichen Erzeugnissen, sofern die Lieferung zur Verwendung im Haushalte des Schuldners erfolgt;
3. der Eisenbahn-Unternehmungen, Frachtfuhrleute, Schiffer, Lohnkutscher und Boten wegen des Fahrgeldes, der Fracht, des Fuhr- und Botenlohns, mit Einschluß der Auslagen;
4. der Gastwirte und derjenigen, welche Speisen oder Getränke gewerbsmäßig verabreichen, für Gewährung von Wohnung und Beköstigung sowie für andere den Gästen zur Befriedigung ihrer Bedürfnisse gewährte Leistungen, mit Einschluß der Auslagen;
5. derjenigen, welche Lotterielose vertreiben, aus dem Betriebe der Lose, es sei denn, daß die Lose zum Weitervertriebe geliefert werden;
6. derjenigen, welche bewegliche Sachen gewerbsmäßig vermieten, wegen des Mietzinses;
7. derjenigen, welche, ohne zu den in Nr. 1 bezeichneten Personen zu gehören, die Besorgung fremder Geschäfte oder die Leistung von Diensten gewerbsmäßig betreiben, wegen der ihnen aus dem Gewerbebetriebe gebührenden Vergütungen, mit Einschluß der Auslagen;
8. derjenigen, welche im Privatdienste stehen, wegen des Gehalts, Lohnes oder anderer Dienstbezüge, mit Ein-

§ schluß der Auslagen, sowie der Dienstberechtigten wegen der auf solche Ansprüche gewährten Vorschüsse;

9. der gewerblichen Arbeiter — Gesellen, Gehülfen, Lehrlinge, Fabrikarbeiter —, der Tagelöhner und Handarbeiter wegen des Lohnes und anderer an Stelle oder als Teil des Lohnes vereinbarter Leistungen, mit Einschluß der Auslagen, sowie der Arbeitgeber wegen der auf solche Ansprüche gewährten Vorschüsse;

10. der Lehrherren und Lehrmeister wegen des Lehrgeldes und anderer im Lehrvertrage vereinbarter Leistungen sowie wegen der für die Lehrlinge bestrittenen Auslagen;

11. der öffentlichen Anstalten, welche dem Unterrichte, der Erziehung, Verpflegung oder Heilung dienen, sowie der Inhaber von Privatanstalten solcher Art für Gewährung von Unterricht, Verpflegung oder Heilung und für die damit zusammenhängenden Aufwendungen;

12. derjenigen, welche Personen zur Verpflegung oder zur Erziehung aufnehmen, für Leistungen und Aufwendungen der in Nr. 11 bezeichneten Art;

13. der öffentlichen Lehrer und Privatlehrer wegen ihrer Honorare, die Ansprüche der öffentlichen Lehrer jedoch nicht, wenn sie auf Grund besonderer Einrichtungen gestundet sind;

14. der Ärzte, insbesondere auch der Wundärzte, Geburtshelfer, Zahnärzte und Tierärzte, sowie der Hebammen für ihre Dienstleistungen, mit Einschluß der Auslagen;

15. der Rechtsanwälte, Notare und Gerichtsvollzieher sowie aller Personen, die zur Besorgung gewisser Geschäfte öffentlich bestellt oder zugelassen sind, wegen ihrer Gebühren und Auslagen, soweit nicht diese zur Staatskasse fließen;

16. der Parteien wegen der ihren Rechtsanwälten geleisteten Vorschüsse;

17. der Zeugen und Sachverständigen wegen ihrer Gebühren und Auslagen;

Soweit die im Abs. 1, Nr. 1, 2, 5 bezeichneten Ansprüche nicht der Verjährung von zwei Jahren unterliegen, verjähren sie in vier Jahren. 197, 201.

197 In vier Jahren verjähren die Ansprüche auf Rückstände von Zinsen, mit Einschluß der als Zuschlag zu den Zinsen, zum Zwecke allmählicher Tilgung des Kapitals zu entrichtenden Beträge, die Ansprüche auf Rückstände von Miet- und Pachtzinsen, soweit sie nicht unter die Vorschrift des § 196 Abs. 1 Nr. 6 fallen, und die Ansprüche auf Rückstände von Renten, Auszugsleistungen, Besoldungen, Wartegeldern, Ruhegehalten, Unterhaltsbeiträgen und allen anderen regelmäßig wiederkehrenden Leistungen. 201.

199 Kann der Berechtigte die Leistung erst verlangen, wenn er dem Verpflichteten gekündigt hat, so beginnt die Verjährung mit dem Zeitpunkte, von welchem an die Kündigung zulässig ist. Hat der Verpflichtete die Leistung erst zu bewirken, wenn seit der Kündigung eine bestimmte F. verstrichen ist, so wird der Beginn der Verjährung um die Dauer der F. hinausgeschoben. 201.

201 Die Verjährung der in den §§ 196, 197 bezeichneten Ansprüche beginnt mit dem Schlusse des Jahres, in

§ welchem der nach den §§ 198—200 maßgebende Zeitpunkt eintritt. Kann die Leistung erst nach dem Ablauf einer über diesen Zeitpunkt hinausreichenden F. verlangt werden, so beginnt die Verjährung mit dem Schlusse des Jahres, in welchem die F. abläuft.

203 Die Verjährung ist gehemmt, solange der Berechtigte durch Stillstand der Rechtspflege innerhalb der letzten sechs Monate der Verjährungsf. an der Rechtsverfolgung verhindert ist.

Das Gleiche gilt, wenn eine solche Verhinderung in anderer Weise durch höhere Gewalt herbeigeführt wird. 210, 212, 215.

204 Die Verjährung von Ansprüchen zwischen Ehegatten ist gehemmt, solange die Ehe besteht. Das Gleiche gilt von Ansprüchen zwischen Eltern und Kindern während der Minderjährigkeit der Kinder und von Ansprüchen zwischen dem Vormund und dem Mündel während der Dauer des Vormundschaftsverhältnisses.

205 Der Zeitraum, während dessen die Verjährung gehemmt ist, wird in die Verjährungsf. nicht eingerechnet.

206 Ist eine geschäftsunfähige oder in der Geschäftsfähigkeit beschränkte Person ohne g. Vertreter, so wird die gegen sie laufende Verjährung nicht vor dem Ablaufe von sechs Monaten nach dem Zeitpunkte vollendet, in welchem die Person unbeschränkt geschäftsfähig wird oder der Mangel der Vertretung aufhört. Ist die Verjährungsf. kürzer als sechs Monate, so tritt der für die Verjährung bestimmte Zeitraum an die Stelle der sechs Monate.

Diese Vorschriften finden keine Anwendung, soweit eine in der Geschäftsfähigkeit beschränkte Person prozeßfähig ist. 210, 212, 215.

207 Die Verjährung eines Anspruchs, der zu einem Nachlasse gehört oder sich gegen einen Nachlaß richtet, wird nicht vor dem Ablaufe von sechs Monaten nach dem Zeitpunkte vollendet, in welchem die Erbschaft von dem Erben angenommen oder der Konkurs über den Nachlaß eröffnet wird oder von welchem an der Anspruch von einem Vertreter oder gegen einen Vertreter geltend gemacht werden kann. Ist die Verjährungsf. kürzer als sechs Monate, so tritt der für die Verjährung bestimmte Zeitraum an die Stelle der sechs Monate. 210, 212, 215.

210 Hängt die Zulässigkeit des Rechtsweges von der Vorentscheidung einer Behörde ab oder hat die Bestimmung des zuständigen Gerichts durch ein höheres Gericht zu erfolgen, so wird die Verjährung durch die Einreichung des Gesuchs an die Behörde oder das höhere Gericht in gleicher Weise wie durch Klageerhebung unterbrochen, wenn die Klage binnen drei Monaten nach der Erledigung des Gesuchs erhoben wird. Auf diese F. finden die Vorschriften der §§ 203, 206, 207 entsprechende Anwendung. 220.

212 Die Unterbrechung der Verjährung durch Klageerhebung gilt als nicht erfolgt, wenn die Klage zurückgenommen oder durch ein nicht in der Sache selbst entscheidendes Urteil rechtskräftig abgewiesen wird.

Erhebt der Berechtigte binnen sechs Monaten von neuem Klage, so gilt die Verjährung als durch die Erhebung der ersten Klage unterbrochen. Auf diese F. finden die Vorschriften der §§ 203, 206, 207 entsprechende Anwendung. 220.

215 Die Unterbrechung der Verjährung durch Geltendmachung der Aufrechnung im Prozeß oder durch Streitverkündung dauert fort, bis der Prozeß

§ rechtskräftig entschieden oder anderweit erledigt ist; die Vorschriften des § 211 Abs. 2 finden Anwendung.

Die Unterbrechung gilt als nicht erfolgt, wenn nicht binnen sechs Monaten nach der Beendigung des Prozesses die Klage auf Befriedigung oder Feststellung des Anspruchs erhoben wird. Auf diese F. finden die Vorschriften der §§ 203, 206, 207 entsprechende Anwendung. 220.

218 Ein rechtskräftig festgestellter Anspruch verjährt in dreißig Jahren, auch wenn er an sich einer kürzeren Verjährung unterliegt. Das Gleiche gilt von dem Anspruch aus einem vollstreckbaren Vergleich oder einer vollstreckbaren Urkunde sowie von einem Anspruche, welcher durch die im Konkurs erfolgte Feststellung vollstreckbar geworden ist.

Soweit sich die Feststellung auf regelmäßig wiederkehrende, erst künftig fällig werdende Leistungen bezieht, bewendet es bei der kürzeren Verjährungsf. 219, 220.

Verlöbnis.

1302 Die in den §§ 1298—1301 bestimmten Ansprüche verjähren in zwei Jahren von der Auflösung des Verlöbnisses an.

Vertrag.

148 Hat der Antragende für die Annahme des Antrags auf Schließung eines Vertrags eine F. bestimmt, so kann die Annahme nur innerhalb der F. erfolgen. 146.

318 Die einem Dritten überlassene Bestimmung der Leistung erfolgt durch Erklärung gegenüber einem der Vertragschließenden.

Die Anfechtung der getroffenen Bestimmung wegen Irrtums, Drohung oder arglistiger Täuschung steht nur den Vertragschließenden zu; Anfechtungsgegner ist der andere Teil. Die Anfechtung muß unverzüglich er-

§ folgen, nachdem der Anfechtungsberechtigte von dem Anfechtungsgrunde Kenntnis erlangt hat. Sie ist ausgeschlossen, wenn dreißig Jahre verstrichen sind nachdem die Bestimmung getroffen worden ist.

325 Wird die aus einem gegenseitigen Vertrage dem einen Teile obliegende Leistung infolge eines Umstandes, den er zu vertreten hat, unmöglich, so kann der andere Teil Schadensersatz wegen Nichterfüllung verlangen oder von dem Vertrage zurücktreten. Bei teilweiser Unmöglichkeit ist er, wenn die teilweise Erfüllung des Vertrags für ihn kein Interesse hat, berechtigt, Schadensersatz wegen Nichterfüllung der ganzen Verbindlichkeit nach Maßgabe des § 280 Abs. 2 zu verlangen oder von dem ganzen Vertrage zurückzutreten. Statt des Anspruchs auf Schadensersatz und des Rücktrittsrechts kann er auch die für den Fall des § 323 bestimmten Rechte geltend machen.

Das Gleiche gilt in dem Falle des § 283, wenn nicht die Leistung bis zum Ablaufe der F. bewirkt wird oder wenn sie zu dieser Zeit teilweise nicht bewirkt ist. 326, 327.

326 Ist bei einem gegenseitigen Vertrage der eine Teil mit der ihm obliegenden Leistung im Verzuge, so kann ihm der andere Teil zur Bewirkung der Leistung eine angemessene F. mit der Erklärung bestimmen, daß er die Annahme der Leistung nach dem Ablaufe der F. ablehne. Nach dem Ablaufe der F. ist er berechtigt, Schadensersatz wegen Nichterfüllung zu verlangen oder von dem Vertrage zurückzutreten, wenn nicht die Leistung rechtzeitig erfolgt ist; der Anspruch auf Erfüllung ist ausgeschlossen. Wird die Leistung bis zum Ablaufe der F. teilweise nicht bewirkt, so findet die Vorschrift des

§ § 325 Abs. 1 Satz 2 entsprechende Anwendung.

Hat die Erfüllung des Vertrags infolge des Verzugs für den anderen Teil kein Interesse, so stehen ihm die im Abs. 1 bezeichneten Rechte zu, ohne daß es der Bestimmung einer F. bedarf. 327.

354 Kommt der zum Rücktritt Berechtigte mit der Rückgewähr des empfangenen Gegenstandes oder eines erheblichen Teiles des Gegenstandes in Verzug, so kann ihm der andere Teil eine angemessene F. mit der Erklärung bestimmen, daß er die Annahme nach dem Ablaufe der F. ablehne. Der Rücktritt wird unwirksam, wenn nicht die Rückgewähr vor dem Ablaufe der F. erfolgt. 327.

355 Ist für die Ausübung des Rücktrittsrechts eine F. nicht vereinbart, so kann dem Berechtigten von dem anderen Teile für die Ausübung eine angemessene F. bestimmt werden. Das Rücktrittsrecht erlischt, wenn nicht der Rücktritt vor dem Ablaufe der F. erklärt wird. 327.

361 Ist in einem gegenseitigen Vertrage vereinbart, daß die Leistung des einen Teiles genau zu einer festbestimmten Zeit oder innerhalb einer festbestimmten F. bewirkt werden soll, so ist im Zweifel anzunehmen, daß der andere Teil zum Rücktritte berechtigt sein soll, wenn die Leistung nicht zu der bestimmten Zeit oder innerhalb der bestimmten F. erfolgt.

Verwandtschaft.

1592 Als Empfängniszeit gilt die Zeit von dem 181sten bis zum 302ten Tage vor dem Tage der Geburt des Kindes, mit Einschluß sowohl des 181sten als des 302ten Tages.

Steht fest, daß das Kind innerhalb eines Zeitraumes empfangen worden ist, der weiter als 302 Tage vor dem Tage der Geburt zurückliegt, so gilt zu Gunsten der Ehelichkeit des Kindes dieser Zeitraum als Empfängniszeit. 1600.

1593 Die Unehelichkeit eines Kindes, das während der Ehe oder innerhalb 302 Tage nach der Auflösung der Ehe geboren ist, kann nur geltend gemacht werden, wenn der Mann die Ehelichkeit angefochten hat, oder ohne das Anfechtungsrecht verloren zu haben, gestorben ist. 1600.

1594 Die Anfechtung der Ehelichkeit kann nur binnen Jahresf. erfolgen.

Die F. beginnt mit dem Zeitpunkt, in welchem der Mann die Geburt des Kindes erfährt.

Auf den Lauf der F. finden die für die Verjährung geltenden Vorschriften der §§ 203, 206 entsprechende Anwendung. 1600.

1599 s. Verjährung 203, 206.

1612, 1614 s. Leibrente 760.

1623 Der Anspruch auf die Aussteuer verjährt in einem Jahr von der Eingehung der Ehe an.

1635 Ist die Ehe aus einem der in den §§ 1565—1568 bestimmten Gründe geschieden, so steht, solange die geschiedenen Ehegatten leben, die Sorge für die Person des Kindes, wenn ein Ehegatte allein für schuldig erklärt ist, dem anderen Ehegatten zu; sind beide Ehegatten für schuldig erklärt, so steht die Sorge für einen Sohn unter sechs Jahren oder für eine Tochter der Mutter, für einen Sohn, der über sechs Jahre alt ist, dem Vater zu. Das Vormundschaftsgericht kann eine abweichende Anordnung treffen, wenn eine solche aus besonderen Gründen im Interesse des Kindes geboten ist; es kann die Anordnung aufheben, wenn sie nicht mehr erforderlich ist.

Das Recht des Vaters zur Ver-

§ tretung des Kindes bleibt unberührt. 1636, 1637.

1643 s. Vormundschaft 1822, 1829.

1655 Gehört zu dem der Nutznießung des Vaters unterliegenden Vermögen ein Erwerbsgeschäft, das von dem Vater im Namen des Kindes betrieben wird, so gebührt dem Vater nur der sich aus dem Betrieb ergebende jährliche Reingewinn. Ergiebt sich in einem Jahre ein Verlust, so verbleibt der Gewinn späterer Jahre bis zur Ausgleichung des Verlustes dem Kinde. 1658.

1663 s. Nießbrauch 1056.

1680 Der Vater verwirkt die elterliche Gewalt, wenn er wegen eines an dem Kinde verübten Verbrechens oder vorsätzlich verübten Vergehens zu Zuchthausstrafe oder zu einer Gefängnisstrafe von mindestens sechs Monaten verurteilt wird. Wird wegen des Zusammentreffens mit einer anderen strafbaren Handlung auf eine Gesamtstrafe erkannt, so entscheidet die Einzelstrafe, welche für das an dem Kinde verübte Verbrechen oder Vergehen verwirkt ist.

Die Verwirkung der elterlichen Gewalt tritt mit der Rechtskraft des Urteils ein.

1690 s. Vormundschaft 1829.

1710 Der Unterhalt ist durch Entrichtung einer Geldrente zu gewähren.

Die Rente ist für drei Monate vorauszuzahlen. Durch eine Vorausleistung für eine spätere Zeit wird der Vater nicht befreit.

Hat das Kind den Beginn des Vierteljahrs erlebt, so gebührt ihm der volle auf das Vierteljahr entfallende Betrag. 1717.

Der Unterhalt kann auch für die Vergangenheit verlangt werden. 1717.

1715 Der Vater ist verpflichtet, der Mutter die Kosten der Entbindung sowie die Kosten des Unterhalts für die ersten sechs Wochen nach der Entbindung und, falls infolge der Schwangerschaft oder der Entbindung weitere Aufwendungen notwendig werden, auch die dadurch entstehenden Kosten zu ersetzen. Den gewöhnlichen Betrag der zu ersetzenden Kosten kann die Mutter ohne Rücksicht auf den wirklichen Aufwand verlangen.

Der Anspruch steht der Mutter auch dann zu, wenn der Vater vor der Geburt des Kindes gestorben oder wenn das Kind tot geboren ist.

Der Anspruch verjährt in vier Jahren. Die Verjährung beginnt mit dem Ablaufe von sechs Wochen nach der Geburt des Kindes. 1716, 1717.

1716 Schon vor der Geburt des Kindes kann auf Antrag der Mutter durch einstweilige Verfügung angeordnet werden, daß der Vater den für die ersten drei Monate dem Kinde zu gewährenden Unterhalt alsbald nach der Geburt an die Mutter oder an den Vormund zu zahlen und den erforderlichen Betrag angemessene Zeit vor der Geburt zu hinterlegen hat. In gleicher Weise kann auf Antrag der Mutter die Zahlung des gewöhnlichen Betrags der nach § 1715 Abs. 1 zu ersetzenden Kosten an die Mutter und die Hinterlegung des erforderlichen Betrags angeordnet werden.

Zur Erlassung der einstweiligen Verfügung ist nicht erforderlich, daß eine Gefährdung des Anspruchs glaubhaft gemacht wird. 1717.

1717 Als Vater des unehelichen Kindes im Sinne der §§ 1708—1716 gilt, wer der Mutter innerhalb der Empfängniszeit beigewohnt hat, es sei denn, daß auch ein anderer ihr innerhalb dieser Zeit beigewohnt hat. Eine

§ Beiwohnung bleibt jedoch außer Betracht, wenn es den Umständen nach offenbar unmöglich ist, daß die Mutter das Kind aus dieser Beiwohnung empfangen hat.

Als Empfängniszeit gilt die Zeit von dem einhunderteinundachtzigsten bis zu dem dreihundertundzweiten Tage vor dem Tage der Geburt des Kindes, mit Einschluß sowohl des einhunderteinundachtzigsten als des dreihundertundzweiten Tages. 1720.

1744 Der an Kindesstatt Annehmende muß das fünfzigste Lebensjahr vollendet haben und mindestens achtzehn Jahre älter sein als das Kind. 1745.

Vollmacht.

176 Der Vollmachtgeber kann die Vollmachtsurkunde durch eine öffentliche Bekanntmachung für kraftlos erklären; die Kraftloserklärung muß nach den für die öffentliche Zustellung einer Ladung geltenden Vorschriften der Civilprozeßordnung veröffentlicht werden. Mit dem Ablauf eines Monats nach der letzten Einrückung in die öffentlichen Blätter wird die Kraftloserklärung wirksam.

Zuständig für die Bewilligung der Veröffentlichung ist sowohl das Amtsgericht, in dessen Bezirke der Vollmachtgeber seinen a. Gerichtsstand hat, als das Amtsgericht, welches für die Klage auf Rückgabe der Urkunde, abgesehen von dem Werte des Streitgegenstandes, zuständig sein würde.

Die Kraftloserklärung ist unwirksam, wenn der Vollmachtgeber die Vollmacht nicht widerrufen kann.

177 Schließt jemand ohne Vertretungsmacht im Namen eines anderen einen Vertrag, so hängt die Wirksamkeit des Vertrags für und gegen den Vertretenen von dessen Genehmigung ab.

Fordert der andere Teil den Vertretenen zur Erklärung über die Genehmigung auf, so kann die Erklärung nur ihm gegenüber erfolgen; eine vor der Aufforderung dem Vertreter gegenüber erklärte Genehmigung oder Verweigerung der Genehmigung wird unwirksam. Die Genehmigung kann nur bis zum Ablaufe von zwei Wochen nach dem Empfange der Aufforderung erklärt werden; wird sie nicht erklärt, so gilt sie als verweigert.

Vorkaufsrecht.

1098, 1099 f. Kauf 504, 510.

1104 f. Hypothek 1170.

Vormundschaft.

1788 Die Ordnungsstrafen, durch die jemand zur Übernahme der Vormundschaft angehalten wird, dürfen nur in Zwischenräumen von mindestens einer Woche verhängt werden.

1822 Der Vormund bedarf der Genehmigung des Vormundschaftsgerichts:

1. . . . .

5. zu einem Miet- oder Pachtvertrage oder einem anderen Vertrage, durch den der Mündel zu wiederkehrenden Leistungen verpflichtet wird, wenn das Vertragsverhältnis länger als ein Jahr nach der Vollendung des 21. Lebensjahres des Mündels fortdauern soll;
6. zu einem Lehrvertrage, der für längere Zeit als ein Jahr geschlossen wird;
7. zu einem auf die Eingehung eines Dienst- oder Arbeitsverhältnisses gerichteten Vertrage, wenn der Mündel zu persönlichen Leistungen für längere Zeit als ein Jahr verpflichtet werden soll. 1812, 1902.

1829 Schließt der Vormund einen Vertrag ohne die erforderliche Genehmigung des Vormundschaftsgerichts, so hängt die Wirksamkeit des Vertrags von der nachträglichen Genehmigung des

§ Vormundschaftsgerichts ab. Die Genehmigung sowie deren Verweigerung wird dem anderen Teile gegenüber erst wirksam, wenn sie ihm durch den Vormund mitgeteilt wird.

Fordert der andere Teil den Vormund zur Mitteilung darüber auf, ob die Genehmigung erteilt sei, so kann die Mitteilung der Genehmigung nur bis zum Ablaufe von zwei Wochen nach dem Empfange der Aufforderung erfolgen; erfolgen sie nicht, so gilt die Genehmigung als verweigert.

Ist der Mündel volljährig geworden, so tritt seine Genehmigung an die Stelle der Genehmigung des Vormundschaftsgerichts. 1832.

1840 Der Vormund hat über seine Vermögensverwaltung dem Vormundschaftsgerichte Rechnung zu legen.

Die Rechnung ist jährlich zu legen. Das Rechnungsjahr wird von dem Vormundschaftsgerichte bestimmt.

Ist die Verwaltung von geringem Umfange, so kann das Vormundschaftsgericht, nachdem die Rechnung für das erste Jahr gelegt worden ist, anordnen, daß die Rechnung für längere, höchstens dreijährige Zeitabschnitte zu legen ist.

1954 Der Vormund hat nach dem Ablaufe von je zwei Jahren eine Übersicht über den Bestand des seiner Verwaltung unterliegenden Vermögens dem Vormundschaftsgericht einzureichen. Das Vormundschaftsgericht kann anordnen, daß die Übersicht in längeren, höchstens fünfjährigen Zwischenräumen einzureichen ist. 1855, 1856, 1903, 1917.

1902 Der Vormund kann eine Ausstattung aus dem Vermögen des Mündels nur mit Genehmigung des Vormundschaftsgerichts versprechen oder gewähren.

§ Zu einem Miet- oder Pachtvertrage sowie zu einem anderen Vertrage, durch den der Mündel zu wiederkehrenden Leistungen verpflichtet wird, bedarf der Vormund der Genehmigung des Vormundschaftsgerichts, wenn das Vertragsverhältnis länger als vier Jahre dauern soll. Die Vorschrift des § 1822 Nr. 4 bleibt unberührt. 1897.

634 Zur Beseitigung eines Mangels der im § 633 bezeichneten Art kann der Besteller dem Unternehmer eine angemessene F. mit der Erklärung bestimmen, daß er die Beseitigung des Mangels nach dem Ablaufe der F. ablehne. Zeigt sich schon vor der Ablieferung des Werkes ein Mangel, so kann der Besteller die F. sofort bestimmen; die F. muß so bemessen werden, daß sie nicht vor der für die Ablieferung bestimmten F. abläuft. Nach dem Ablaufe der F. kann der Besteller Rückgängigmachung des Vertrags (Wandelung) oder Herabsetzung der Vergütung (Minderung) verlangen, wenn nicht der Mangel rechtzeitig beseitigt worden ist; der Anspruch auf Beseitigung des Mangels ist ausgeschlossen.

Der Bestimmung einer F. bedarf es nicht, wenn die Beseitigung des Mangels unmöglich ist oder von dem Unternehmer verweigert wird oder wenn die sofortige Geltendmachung des Anspruchs auf Wandelung oder auf Minderung durch ein besonderes Interesse des Bestellers gerechtfertigt wird.

Die Wandelung ist ausgeschlossen, wenn der Mangel den Wert oder die Tauglichkeit des Werkes nur unerheblich mindert.

Auf die Wandelung und die Minderung finden die für den Kauf geltenden Vorschriften der §§ 465—467,

§ 469—475 entsprechende Anwendung. 636, 640.

638 Der Anspruch des Bestellers auf Beseitigung eines Mangels des Werkes sowie die wegen des Mangels dem Besteller zustehenden Ansprüche auf Wandelung, Minderung oder Schadensersatz verjähren, sofern nicht der Unternehmer den Mangel arglistig verschwiegen hat, in sechs Monaten, bei Arbeiten an einem Grundstücke in einem Jahre, bei Bauwerken in fünf Jahren. Die Verjährung beginnt mit der Abnahme des Werkes.

Die Verjährungsf. kann durch Vertrag verlängert werden. 639, 646.

643 Der Unternehmer ist im Falle des § 642 berechtigt, dem Besteller zur Nachholung der Handlung eine angemessene F. mit der Erklärung zu bestimmen, daß er den Vertrag kündige, wenn die Handlung nicht bis zum Ablaufe der F. vorgenommen werde. Der Vertrag gilt als aufgehoben, wenn nicht die Nachholung bis zum Ablaufe der F. erfolgt. 645.

651 s. Kauf 477.

Willenserklärung.

121 Die Anfechtung einer Willenserklärung muß in den Fällen der §§ 119, 120 ohne schuldhaftes Zögern (unverzüglich) erfolgen, nachdem der Anfechtungsberechtigte von dem Anfechtungsgrunde Kenntnis erlangt hat. Die einem Abwesenden gegenüber erfolgte Anfechtung gilt als rechtzeitig erfolgt, wenn die Anfechtungserklärung unverzüglich abgesendet worden ist.

Die Anfechtung ist ausgeschlossen, wenn seit der Abgabe der Willenserklärung dreißig Jahre verstrichen sind.

124 Die Anfechtung einer nach § 123 anfechtbaren Willenserklärung kann nur binnen Jahresf. erfolgen.

Die F. beginnt im Falle der arglistigen Täuschung mit dem Zeitpunkt, in welchem der Anfechtungsberechtigte die Täuschung entdeckt, im Falle der Drohung mit dem Zeitpunkt, in welchem die Zwangslage aufhört. Auf den Lauf der F. finden die für die Verjährung geltenden Vorschriften des § 203 Abs. 2 und der §§ 206, 207 entsprechende Anwendung.

Die Anfechtung ist ausgeschlossen, wenn seit der Abgabe der Willenserklärung dreißig Jahre verstrichen sind.

Fristbestimmung.

Frist.

186 Auslegung einer F. s. **Frist** — Frist.

Früchte.

Eigentum.

911 F., die von einem Baume oder einem Strauche auf ein Nachbargrundstück hinüberfallen, gelten als F. dieses Grundstücks. Diese Vorschrift findet keine Anwendung, wenn das Nachbargrundstück dem öffentlichen Gebrauche dient.

923 Steht auf der Grenze ein Baum, so gebühren die F. und, wenn der Baum gefällt wird, auch der Baum den Nachbarn zu gleichen Teilen.

955 s. **Berechtigung** — Eigentum.

993 s. **Besitzer** — Eigentum.

Art. **Einführungsgesetz.**

53 s. **Entschädigung** — E.G.

122, 183 s. Eigentum § 923.

§ **Erbe.**

2020 Der Erbschaftsbesitzer hat dem Erben die gezogenen Nutzungen herauszugeben; die Verpflichtung zur Herausgabe erstreckt sich auch auf F., an denen er das Eigentum erworben hat. 2021, 2022.

2038 s. **Frist** — Erbe.

Gemeinschaft.

743 Jedem Teilhaber gebührt ein seinem

§ Anteil entsprechender Bruchteil der F. 741.

1421 **Güterrecht** 1546 s. Pacht 592.

1120 **Hypothek** s. Eigentum 955.

256 **Leistung** s. **Aufwendung** — Leistung.

Nießbrauch.

1039 s. **Betrag** — Nießbrauch.

1043 s. **Bestandteil** — Nießbrauch.

1055 s. Pacht 592.

Pacht.

581 Durch den Pachtvertrag wird der Verpächter verpflichtet, dem Pächter den Gebrauch des verpachteten Gegenstandes und den Genuß der F., soweit sie nach den Regeln einer ordnungsmäßigen Wirtschaft als Ertrag anzusehen sind, während der Pachtzeit zu gewähren. Der Pächter ist verpflichtet, dem Verpächter den vereinbarten Pachtzins zu entrichten.

Auf die Pacht finden, soweit sich nicht aus den §§ 582—597 ein anderes ergiebt, die Vorschriften über die Miete entsprechende Anwendung.

585 s. **Beschränkung** — Nießbrauch.

592 Endigt die Pacht eines landwirtschaftlichen Grundstücks im Laufe eines Pachtjahrs, so hat der Verpächter die Kosten, die der Pächter auf die noch nicht getrennten, jedoch nach den Regeln einer ordnungsmäßigen Wirtschaft vor dem Ende des Pachtjahrs zu trennenden F. verwendet hat, insoweit zu ersetzen, als sie einer ordnungsmäßigen Wirtschaft entsprechen und den Wert dieser F. nicht übersteigen. 581.

Sachen.

99 F. einer Sache sind die Erzeugnisse der Sache und die sonstige Ausbeute, welche aus der Sache ihrer Bestimmung gemäß gewonnen wird.

F. eines Rechtes sind die Erträge, welche das Recht seiner Bestimmung gemäß gewährt, insbesondere bei einem Rechte auf Gewinnung von Bodenbestandteilen die gewonnenen Bestandteile.

F. sind auch die Erträge, welche eine Sache oder ein Recht vermöge eines Rechtsverhältnisses gewährt. 101.

100 Nutzungen sind die F. einer Sache oder eines Rechtes sowie die Vorteile, welche der Gebrauch der Sache oder des Rechtes gewährt.

101 Ist jemand berechtigt, die F. einer Sache oder eines Rechtes bis zu einer bestimmten Zeit oder von einer bestimmten Zeit an zu beziehen, so gebühren ihm, sofern nicht ein anderes bestimmt ist:

1. die im § 99 Abs. 1 bezeichneten Erzeugnisse und Bestandteile, auch wenn er sie als F. eines Rechtes zu beziehen hat, insoweit als sie während der Dauer der Berechtigung von der Sache getrennt werden;
2. andere F. insoweit, als sie während der Dauer der Berechtigung fällig werden; bestehen jedoch die F. in der Vergütung für die Überlassung des Gebrauchs oder des Fruchtgenusses, in Zinsen, Gewinnanteilen oder anderen regelmäßig wiederkehrenden Erträgen, so gebührt dem Berechtigten ein der Dauer seiner Berechtigung entsprechender Teil.

102 Wer zur Herausgabe von F. verpflichtet ist, kann Ersatz der auf die Gewinnung der F. verwendeten Kosten insoweit verlangen, als sie einer ordnungsmäßigen Wirtschaft entsprechen und den Wert der F. nicht übersteigen.

Testament.

2130, 2136 s. Pacht 592.

2133 Zieht der Vorerbe F. den Regeln einer ordnungsmäßigen Wirtschaft zuwider oder zieht er F. deshalb im

§ Übermaße, weil dies infolge eines besonderen Ereignisses notwendig geworden ist, so gebührt ihm der Wert der F. nur insoweit als durch den ordnungswidrigen oder den übermäßigen Fruchtbezug die ihm gebührenden Nutzungen beeinträchtigt werden und nicht der Wert der F. nach den Regeln einer ordnungsmäßigen Wirtschaft zur Wiederherstellung der Sache zu verwenden ist. 2136.

2184 s. **Bestimmung** — Testament.

1663 Verwandtschaft s. Pacht 592.

Fruchtbezug.

955 **Eigentum** s. **Berechtigung** — Eigentum.

1120 **Hypothek** s. Eigentum 955.

1039 **Nießbrauch** s. **Betrag** — Nießbrauch.

1213 **Pfandrecht** 1266, 1273 s. **Berechtigung** — Pfandrecht.

2133 **Testament** s. **Früchte** — Testament.

Fruchtgenuss.

993 **Eigentum** 1007 s. **Besitzer** — Eigentum.

581 **Pacht** s. **Früchte** — Pacht.

101 **Sachen** s. **Früchte** — Sachen.

Fuhrlohn.

196 **Verjährung** 201 s. **Fahrgeld** — Verjährung.

Fund.

Eigentum 965—984.

965—971 s. **Finder** — Eigentum.

972 s. **Besitzer** — Eigentum.

973—977 s. **Finder** — Eigentum.

978 s. **Beförderungsmittel** — Eigentum.

979 s. **Behörde** — Eigentum.

980, 981 s. **Frist** — Eigentum.

982 s. **Bundesrat** — Eigentum.

983, 984 s. **Besitz** — Eigentum.

§ **Nießbrauch.**

1040 Das Recht des Nießbrauchers erstreckt sich nicht auf den Anteil des Eigentümers an einem Schatze, der in der Sache gefunden wird.

Fundort.

Eigentum.

976, 977 s. **Finder** — Eigentum.

978 s. **Beförderungsmittel** — Eigentum.

979, 983 s. **Behörde** — Eigentum.

Führung.

Dienstvertrag.

630 Bei der Beendigung eines dauernden Dienstverhältnisses kann der Verpflichtete von dem anderen Teile ein schriftliches Zeugnis über das Dienstverhältnis und dessen Dauer fordern. Das Zeugnis ist auf Verlangen auf die Leistungen und die F. im Dienste zu erstrecken.

1361 **Ehe** s. **Ehefrau** — Ehe.

1577 **Ehescheidung** s. **Ehefrau** — Ehescheidung.

Art. **Einführungsgesetz.**

9 s. Erbschein § 2369.

90 Unberührt bleiben die landesg. Vorschriften über die Rechtsverhältnisse, welche sich aus einer auf Grund des öffentlichen Rechtes wegen der F. eines Amtes oder wegen eines Gewerbebetriebs erfolgten Sicherheitsleistung ergeben.

163 s. Stiftung § 86, Verein § 37.

208 s. **B.G.B.** — E.G.

§ **Erbe.**

1978 Ist die Nachlaßverwaltung angeordnet oder der Nachlaßkonkurs eröffnet, so ist der Erbe den Nachlaßgläubigern für die bisherige Verwaltung des Nachlasses so verantwortlich, wie wenn er von der Annahme der Erbschaft an die Verwaltung für sie als Beauftragter zu führen gehabt hätte. Auf die vor der Annahme der Erb-

§ schaft von dem Erben besorgten erbschaftlichen Geschäfte finden die Vorschriften über die Geschäftsführung ohne Auftrag entsprechende Anwendung.

Die den Nachlaßgläubigern nach Abs. 1 zustehenden Ansprüche gelten als zum Nachlasse gehörend.

Aufwendungen sind dem Erben aus dem Nachlasse zu ersetzen, soweit er nach den Vorschriften über den Auftrag oder über die Geschäftsführung ohne Auftrag Ersatz verlangen könnte. 1985, 1991, 2013, 2036.

1987 Der Nachlaßverwalter kann für die F. seines Amtes eine angemessene Vergütung verlangen.

2028 Wer sich zur Zeit des Erbfalls mit dem Erblasser in häuslicher Gemeinschaft befunden hat, ist verpflichtet, dem Erben auf Verlangen Auskunft darüber zu erteilen, welche erbschaftliche Geschäfte er geführt hat und was ihm über den Verbleib der Erbschaftsgegenstände bekannt ist.

Besteht Grund zu der Annahme, daß die Auskunft nicht mit der erforderlichen Sorgfalt erteilt worden ist, so hat der Verpflichtete auf Verlangen des Erben den Offenbarungseid dahin zu leisten:

daß er seine Angaben nach bestem Wissen so vollständig gemacht habe, als er dazu imstande sei.

Die Vorschriften des § 259 Abs. 3 und des § 261 finden Anwendung.

2369 **Erbschein** s. **Berechtigter** — Erbschein.

677, 687 **Geschäftsführung** s. **Berechtigung** — Geschäftsführung.

Gesellschaft.

709 Die F. der Geschäfte der Gesellschaft steht den Gesellschaftern gemeinschaftlich zu; für jedes Geschäft ist die Zustimmung aller Gesellschafter erforderlich.

§ Hat nach dem Gesellschaftsvertrage die Mehrheit der Stimmen zu entscheiden, so ist die Mehrheit im Zweifel nach der Zahl der Gesellschafter zu berechnen. 710.

710 Ist in dem Gesellschaftsvertrage die F. der Geschäfte einem Gesellschafter oder mehreren Gesellschaftern übertragen, so sind die übrigen Gesellschafter von der Geschäftsf. ausgeschlossen. Ist die Geschäftsf. mehreren Gesellschaftern übertragen, so finden die Vorschriften des § 709 entsprechende Anwendung.

711 Steht nach dem Gesellschaftsvertrage die F. der Geschäfte allen oder mehreren Gesellschaftern in der Art zu, daß jeder allein zu handeln berechtigt ist, so kann jeder der Vornahme eines Geschäfts durch den anderen widersprechen. Im Falle des Widerspruchs muß das Geschäft unterbleiben.

712 Die einem Gesellschafter durch den Gesellschaftsvertrag übertragene Befugnis zur Geschäftsf. kann ihm durch einstimmigen Beschluß oder, falls nach dem Gesellschaftsvertrage die Mehrheit der Stimmen entscheidet, durch Mehrheitsbeschluß der übrigen Gesellschafter entzogen werden, wenn ein wichtiger Grund vorliegt; ein solcher Grund ist insbesondere grobe Pflichtverletzung oder Unfähigkeit zur ordnungsmäßigen Geschäftsf.

Der Gesellschafter kann auch seinerseits die Geschäftsf. kündigen, wenn ein wichtiger Grund vorliegt; die für den Auftrag geltenden Vorschriften des § 671 Abs. 2, 3 finden entsprechende Anwendung. 715.

713 Die Rechte und Verpflichtungen der geschäftsführenden Gesellschafter bestimmen sich nach den für den Auftrag geltenden Vorschriften der §§ 664 bis 670, soweit sich nicht aus dem

§ Gesellschaftsverhältnis ein anderes ergiebt.

714 Soweit einem Gesellschafter nach dem Gesellschaftsvertrage die Befugnis zur Geschäftsf. zusteht, ist er im Zweifel auch ermächtigt, die anderen Gesellschafter Dritten gegenüber zu vertreten.

715 Ist im Gesellschaftsvertrag ein Gesellschafter ermächtigt, die anderen Gesellschafter Dritten gegenüber zu vertreten, so kann die Vertretungsmacht nur nach Maßgabe des § 712 Abs. 1 und, wenn sie in Verbindung mit der Befugnis zur Geschäftsf. erteilt worden ist, nur mit dieser entzogen werden.

716 Ein Gesellschafter kann, auch wenn er von der Geschäftsf. ausgeschlossen ist, sich von den Angelegenheiten der Gesellschaft persönlich unterrichten, die Geschäftsbücher und die Papiere der Gesellschaft einsehen und sich aus ihnen eine Übersicht über den Stand des Gesellschaftsvermögens anfertigen.

Eine dieses Recht ausschließende oder beschränkende Vereinbarung steht der Geltendmachung des Rechtes nicht entgegen, wenn Grund zu der Annahme unredlicher Geschäftsf. besteht.

717 Die Ansprüche, die den Gesellschaftern aus dem Gesellschaftsverhältnisse gegen einander zustehen, sind nicht übertragbar. Ausgenommen sind die einem Gesellschafter aus seiner Geschäftsf. zustehenden Ansprüche, soweit deren Befriedigung vor der Auseinandersetzung verlangt werden kann, sowie die Ansprüche auf einen Gewinnanteil oder auf dasjenige, was dem Gesellschafter bei der Auseinandersetzung zukommt.

718 Die Beiträge der Gesellschafter und die durch die Geschäftsf. für die Gesellschaft erworbenen Gegenstände werden gemeinschaftliches Vermögen der Gesellschafter (Gesellschaftsvermögen).

Zu dem Gesellschaftsvermögen gehört auch, was auf Grund eines zu dem Gesellschaftsvermögen gehörenden Rechtes oder als Ersatz für die Zerstörung, Beschädigung oder Entziehung eines zu dem Gesellschaftsvermögen gehörenden Gegenstandes erworben wird. 720.

Güterrecht.

1387, 1388, 1400, 1450 s. **Ehefrau** — Güterrecht.

1443 s. **Berechtigung** — Güterrecht.

1558 s. **Bezirk** — Güterrecht.

2333 **Pflichtteil** s. **Abkömmling** — Pflichtteil.

Stiftung.

80 s. **Bundesrat** — Stiftung.

86 s. **Behörde** — Stiftung.

Testament.

2221 Der Testamentsvollstrecker kann für die F. seines Amtes eine angemessene Vergütung verlangen, sofern nicht der Erblasser ein anderes bestimmt hat.

2224 Mehrere Testamentsvollstrecker führen das Amt gemeinschaftlich; bei einer Meinungsverschiedenheit entscheidet das Nachlaßgericht. Fällt einer von ihnen weg, so führen die übrigen das Amt allein. Der Erblasser kann abweichende Anordnungen treffen.

Jeder Testamentsvollstrecker ist berechtigt, ohne Zustimmung der anderen Testamentsvollstrecker diejenigen Maßregeln zu treffen, welche zur Erhaltung eines der gemeinschaftlichen Verwaltung unterliegenden Nachlaßgegenstandes notwendig sind.

Verein.

24 Als Sitz eines Vereins gilt, wenn nicht ein anderes bestimmt ist, der Ort, an welchem die Verwaltung geführt wird.

37 Die Mitgliederversammlung ist zu berufen, wenn der durch die Satzung bestimmte Teil oder in Ermangelung einer Bestimmung der zehnte Teil der Mitglieder die Berufung schriftlich

§ unter Angabe des Zweckes und der Gründe verlangt.

Wird dem Verlangen nicht entsprochen, so kann das Amtsgericht, in dessen Bezirke der Verein seinen Sitz hat, die Mitglieder, welche das Verlangen gestellt haben, zur Berufung der Versammlung ermächtigen und über die F. des Vorsitzes in der Versammlung Bestimmung treffen. Auf die Ermächtigung muß bei der Berufung der Versammlung Bezug genommen werden.

69 Der Nachweis, daß der Vorstand des Vereins aus den im Register eingetragenen Personen besteht, wird Behörden gegenüber durch ein Zeugnis des Amtsgerichts über die Eintragung geführt.

Vormundschaft.

1779 f. **Auswahl** — Vormundschaft.

1786, 1889 f. **Berechtigung** — Vormundschaft.

1789, 1792 f. **Bestellung** — Vormundschaft.

1793—1836 F. der Vormundschaft.

1797 Mehrere Vormünder führen die Vormundschaft gemeinschaftlich. Bei einer Meinungsverschiedenheit entscheidet das Vormundschaftsgericht, sofern nicht bei der Bestellung ein anderes bestimmt wird.

Das Vormundschaftsgericht kann die F. der Vormundschaft unter mehrere Vormünder nach bestimmten Wirkungskreisen verteilen. Innerhalb des ihm überwiesenen Wirkungskreises führt jeder Vormund die Vormundschaft selbständig.

Bestimmungen, die der Vater oder die Mutter für die Entscheidung von Meinungsverschiedenheiten zwischen den von ihnen benannten Vormündern und für die Verteilung der Geschäfte unter diese nach Maßgabe des § 1777 getroffen hat, sind von dem Vormundschaftsgerichte zu befolgen, sofern nicht ihre Befolgung das Interesse des Mündels gefährden würde. 1810, 1812.

1799 Der Gegenvormund hat darauf zu achten, daß der Vormund die Vormundschaft pflichtmäßig führt. Er hat dem Vormundschaftsgerichte Pflichtwidrigkeiten des Vormundes sowie jeden Fall unverzüglich anzuzeigen, in welchem das Vormundschaftsgericht zum Einschreiten berufen ist, insbesondere den Tod des Vormundes oder den Eintritt eines anderen Umstandes, infolge dessen das Amt des Vormundes endigt oder die Entlassung des Vormundes erforderlich wird.

Der Vormund hat dem Gegenvormund auf Verlangen über die F. der Vormundschaft Auskunft zu erteilen und die Einsicht der sich auf die Vormundschaft beziehenden Papiere zu gestatten. 1839.

1810 Der Vormund soll die in den §§ 1806 bis 1808 vorgeschriebene Anlegung nur mit Genehmigung des Gegenvormundes bewirken; die Genehmigung des Gegenvormundes wird durch die Genehmigung des Vormundschaftsgerichts ersetzt. Ist ein Gegenvormund nicht vorhanden, so soll die Anlegung nur mit Genehmigung des Vormundschaftsgerichts erfolgen, sofern nicht die Vormundschaft von mehreren Vormündern gemeinschaftlich geführt wird. 1852.

1812 Der Vormund kann über eine Forderung oder über ein anderes Recht, kraft dessen der Mündel eine Leistung verlangen kann, sowie über ein Wertpapier des Mündels nur mit Genehmigung des Gegenvormundes verfügen, sofern nicht nach den §§ 1819 bis 1822 die Genehmigung des Vormundschaftsgerichts erforderlich ist. Das Gleiche gilt von der Eingehung

§ der Verpflichtung zu einer solchen Verfügung.

Die Genehmigung des Gegenvormundes wird durch die Genehmigung des Vormundschaftsgerichts ersetzt.

Ist ein Gegenvormund nicht vorhanden, so tritt an die Stelle der Genehmigung des Gegenvormundes die Genehmigung des Vormundschaftsgerichts, sofern nicht die Vormundschaft von mehreren Vormündern gemeinschaftlich geführt wird. 1825, 1852.

1835 Macht der Vormund zum Zwecke der F. der Vormundschaft Aufwendungen, so kann er nach den für den Auftrag geltenden Vorschriften der §§ 669, 670 von dem Mündel Vorschuß oder Ersatz verlangen. Das gleiche Recht steht dem Gegenvormunde zu.

Als Aufwendungen gelten auch solche Dienste des Vormundes oder des Gegenvormundes, die zu seinem Gewerbe oder seinem Berufe gehören.

1836 Die Vormundschaft wird unentgeltlich geführt. Das Vormundschaftsgericht kann jedoch dem Vormund und aus besonderen Gründen auch dem Gegenvormund eine angemessene Vergütung bewilligen. Die Bewilligung soll nur erfolgen, wenn das Vermögen des Mündels, sowie der Umfang und die Bedeutung der vormundschaftlichen Geschäfte es rechtfertigen. Die Vergütung kann jederzeit für die Zukunft geändert oder entzogen werden.

Vor der Bewilligung, Änderung, oder Entziehung soll der Vormund und, wenn ein Gegenvormund vorhanden oder zu bestellen ist, auch dieser gehört werden.

1837 Das Vormundschaftsgericht hat über die gesamte Thätigkeit des Vormundes und des Gegenvormundes die Aufsicht zu führen und gegen Pflichtwidrigkeiten durch geeignete Gebote und Verbote einzuschreiten.

§ Das Vormundschaftsgericht kann den Vormund und den Gegenvormund zur Befolgung seiner Anordnungen durch Ordnungsstrafen anhalten. Die einzelne Strafe darf den Betrag von deihundert Mark nicht übersteigen.

1839 Der Vormund, sowie der Gegenvormund hat dem Vormundschaftsgericht auf Verlangen jederzeit über die F. der Vormundschaft und über die persönlichen Verhältnisse des Mündels Auskunft zu erteilen.

1870 Die Mitglieder des Familienrats werden von dem Vorsitzenden durch Verpflichtung zu treuer und gewissenhafter F. des Amtes bestellt. Die Verpflichtung soll mittelst Handschlags an Eidesstatt erfolgen.

1891 Ist ein Gegenvormund vorhanden, so hat ihm der Vormund die Rechnung vorzulegen. Der Gegenvormund hat die Rechnung mit den Bemerkungen zu versehen, zu denen die Prüfung ihm Anlaß giebt.

Der Gegenvormund hat über die F. der Gegenvormundschaft und, soweit er dazu imstande ist, über das von dem Vormunde verwaltete Vermögen auf Verlangen Auskunft zu erteilen.

Fürsorge.

Auftrag.

671 Der Auftrag kann von dem Auftraggeber jederzeit widerrufen, von dem Beauftragten jederzeit gekündigt werden.

Der Beauftragte darf nur in der Art kündigen, daß der Auftraggeber für die Besorgung des Geschäfts anderweit F. treffen kann, es sei denn, daß ein wichtiger Grund für die unzeitige Kündigung vorliegt. Kündigt er ohne solchen Grund zur Unzeit, so hat er dem Auftraggeber den daraus entstehenden Schaden zu ersetzen.

Liegt ein wichtiger Grund vor, so

§ ist der Beauftragte zur Kündigung auch dann berechtigt, wenn er auf das Kündigungsrecht verzichtet hat. 675.

672, 673 s. **Fortbestehen** — Auftrag.

Art. **Einführungsgesetz.**

23 Eine Vormundschaft oder eine Pflegschaft kann im Inland auch über einen Auslönder, sofern der Staat, dem er angehört, die Fürsorge nicht übernimmt, angeordnet werden, wenn der Ausländer nach den G. dieses Staates der F. bedarf oder im Inlande entmündigt ist.

Das deutsche Vormundschaftsgericht kann vorläufige Maßregeln treffen, solange eine Vormundschaft oder Pflegschaft nicht angeordnet ist.

48 Aufhebung des § 16 Abs. 2 des G. betreffend die F. für die Witwen und Waisen der Reichsbeamten der Civilverwaltung, vom 20. April 1881, s. **E.G.** — E.G.

49 Aufhebung des § 18 Abs. 2 des G. betreffend die F. für die Witwen und Waisen von Angehörigen des Reichsheeres und der Kaiserlichen Marine, vom 17. Juni 1887, s. **E.G.** — E.G.

51 Aufhebung des § 8 Abs. 2 des G. betreffend die F. für die Witwen und Waisen der Personen des Soldatenstandes des Reichsheers und der Kaiserlichen Marine vom Feldwebel abwärts, vom 13. Juni 1895, s. **E.G.** — E.G.

§ **Erbe.**

1960—1966 F. des Nachlaßgerichts s. **Erbe** — Erbe.

Gesellschaft.

712 s. Auftrag 671.

727, 728 s. **Fortbestehen** — Gesellschaft.

Güterrecht.

1424, 1472, 1497, 1546 s. **Fortführung** — Güterrecht.

2226 **Testament** s. Auftrag 671.

Verwandtschaft.

1683 Endigt die elterliche Gewalt infolge des Todes des Kindes, so hat der Vater diejenigen Geschäfte, mit deren Aufschube Gefahr verbunden ist, zu besorgen, bis der Erbe anderweit F. treffen kann.

Vormundschaft.

1837—1848 F. und Aufsicht des Vormundschaftsgerichts s. **Vormundschaft** — Vormundschaft.

1893 s. Verwandtschaft 1683.

1911 Ein abwesender Volljähriger, dessen Aufenthalt unbekannt ist, erhält für seine Vermögensangelegenheiten, soweit sie der F. bedürfen, einen Abwesenheitspfleger. Ein solcher Pfleger ist ihm insbesondere auch dann zu bestellen, wenn er durch Erteilung eines Auftrags oder einer Vollmacht F. getroffen hat, aber Umstände eingetreten sind, die zum Widerrufe des Auftrags oder der Vollmacht Anlaß geben.

Das Gleiche gilt von einem Abwesenden, dessen Aufenthalt bekannt, der aber an der Rückkehr und der Besorgung seiner Vermögensangelegenheiten verhindert ist.

1912 Eine Leibesfrucht erhält zur Wahrung ihrer künftigen Rechte, soweit diese einer F. bedürfen, einen Pfleger. Die F. steht jedoch dem Vater oder der Mutter zu, wenn das Kind, falls es bereits geboren wäre, unter elterlicher Gewalt stehen würde.

1913 Ist unbekannt oder ungewiß, wer bei einer Angelegenheit der Beteiligte ist, so kann dem Beteiligten für diese Angelegenheit, soweit eine F. erforderlich ist, ein Pfleger bestellt werden. Insbesondere kann einem Nacherben, der noch nicht erzeugt ist oder dessen Persönlichkeit erst durch ein künftiges Ereignis bestimmt wird, für die Zeit bis zum Eintritte der Nacherbfolge ein Pfleger bestellt werden.

Fürst.

Art. **Einführungsgesetz.**

57 Fürstliche Familie Hohenzollern s. **E.G.** — E.G.

Fürstenhaus.

57 **Einführungsgesetz** s. **B.G.B.** — E.G.

§ **Fütterung.**

488 **Kauf** 481, 491, 492 s. **Behandlung** — Kauf.

Leihe.

601 Der Entleiher hat die gewöhnlichen Kosten der Erhaltung der geliehenen Sache, bei der Leihe eines Tieres insbesondere die Fütterungskosten, zu tragen.

§ Die Verpflichtung des Verleihers zum Ersatz anderer Verwendungen bestimmt sich nach den Vorschriften über die Geschäftsführung ohne Auftrag. Der Entleiher ist berechtigt, eine Einrichtung, mit der er die Sache versehen hat, wegzunehmen.

Miete.

547 Der Vermieter ist verpflichtet, dem Mieter die auf die Sache gemachten notwendigen Verwendungen zu ersetzen. Der Mieter eines Tieres hat jedoch die Fütterungskosten zu tragen.

Die Verpflichtung des Vermieters zum Ersatze sonstiger Verwendungen bestimmt sich nach den Vorschriften über die Geschäftsführung ohne Auftrag.

G.

§ **Garnisonort.**

9 **Wohnsitz** s. **Erfüllung** — Wohnsitz.

Art. **Gärten.**

71 **Einführungsgesetz** s. **E.G.**—E.G.

§ **Gase.**

906 **Eigentum** s. **Eigentum** — Eigentum.

Gast.

701 **Sachen** 703, 704 s. **Einbringung** — Sachen.

196 **Verjährung** s. **Frist**—Verjährung.

Gastwirt.

701 **Sachen** 702—704 s. **Einbringung** — Sachen.

196 **Verjährung** s. **Frist** — Verjährung.

Gattung.

Art. **Einführungsgesetz.**

71 s. **E.G.** — E.G.

§ **Kauf.**

480 Der Käufer einer nur der G. nach bestimmten Sache kann statt der Wandelung oder der Minderung verlangen, daß ihm an Stelle der mangelhaften Sache eine mangelfreie geliefert wird. Auf diesen Anspruch finden die für die Wandelung geltenden Vorschriften der §§ 464—466, des § 467 Satz 1 und der §§ 469, 470, 474—479 entsprechende Anwendung.

Fehlt der Sache zu der Zeit, zu welcher die Gefahr auf den Käufer übergeht, eine zugesicherte Eigenschaft oder hat der Verkäufer einen Fehler arglistig verschwiegen, so kann der Käufer statt der Wandelung, der

§ Minderung oder der Lieferung einer mangelfreien Sache Schadensersatz wegen Nichterfüllung verlangen. 481.

491 Der Käufer eines nur der G. nach bestimmten Tieres kann statt der Wandelung verlangen, daß ihm an Stelle des mangelhaften Tieres ein mangelfreies geliefert wird. Auf diesen Anspruch finden die Vorschriften der §§ 488—490 entsprechende Anwendung. 492.

Leistung.

243 Wer eine nur der G. nach bestimmte Sache schuldet, hat eine Sache von mittlerer Art und Güte zu leisten.

Hat der Schuldner das zur Leistung einer solchen Sache seinerseits Erforderliche gethan, so beschränkt sich das Schuldverhältnis auf diese Sache.

279 Ist der geschuldete Gegenstand nur der G. nach bestimmt, so hat der Schuldner, solange die Leistung aus der G. möglich ist, sein Unvermögen zur Leistung auch dann zu vertreten, wenn ihm ein Verschulden nicht zur Last fällt.

300 Der Schuldner hat während des Verzugs des Gläubigers nur Vorsatz und grobe Fahrlässigkeit zu vertreten.

Wird eine nur der G. nach bestimmte Sache geschuldet, so geht die Gefahr mit dem Zeitpunkt auf den Gläubiger über, in welchem er dadurch in Verzug kommt, daß er die angebotene Sache nicht annimmt.

Schenkung.

524 Hatte der Schenker die Leistung einer nur der G. nach bestimmten Sache versprochen, die er erst erwerben sollte, so kann der Beschenkte, wenn die geleistete Sache fehlerhaft und der Mangel dem Schenker bei dem Erwerbe der Sache bekannt gewesen oder infolge grober Fahrlässigkeit unbekannt geblieben ist, verlangen,

§ daß ihm an Stelle der fehlerhaften Sache eine fehlerfreie geliefert wird. Hat der Schenker den Fehler arglistig verschwiegen, so kann der Beschenkte statt der Lieferung einer fehlerfreien Sache Schadensersatz wegen Nichterfüllung verlangen. Auf diese Ansprüche finden die für die Gewährleistung wegen Fehler einer verkauften Sache geltenden Vorschriften entsprechende Anwendung.

Sicherheitsleistung.

234 Wertpapiere sind zur Sicherheitsleistung nur geeignet, wenn sie auf den Inhaber lauten, einen Kurswert haben und einer G. angehören, in der Mündelgeld angelegt werden darf. Den Inhaberpapieren stehen Ordrepapiere gleich, die mit Blankoindossament versehen sind.

2155 **Testament** 2182, 2183 s. **Erblasser** — Testament.

Gebäude.

1093 **Dienstbarkeit** s. **Benutzung** — Dienstbarkeit.

908 **Eigentum** 912 s. **Eigentum** — Eigentum.

Art. **Einführungsgesetz.**

53, *120* s. Hypothek § 1128.

110, *131*, *133* s. **E.G.** — E.G.

116 s. Eigentum § 912.

§

836 **Handlung** 837, 838 s. **Handlung** — Handlung.

1128 **Hypothek** s. **Frist** — Hypothek.

Sachen.

94, 95 s. **Bestandteil** — Sachen.

98 Dem wirtschaftlichen Zweck der Hauptsache sind zu dienen bestimmt:

1. bei einem G., das für einen gewerblichen Betrieb dauernd eingerichtet ist, insbesondere bei einer Mühle, einer Schmiede, einem Brauhaus, einer Fabrik, die zu

§ dem Betriebe bestimmten Maschinen und sonstigen Gerätschaften;

2. . . . .

Geber.

336 Vertrag 337, 338 s. **Draufgabe** — Vertrag.

Gebiet.

1322 Ehe s. **Ehe** — Ehe.

928 Eigentum s. **Eigentum** — Ehe.

Art. Einführungsgesetz.

10 s. Verein § 22.

28, 142, 143 s. **E.G.** — E.G.

85, 163 s. Verein § 45.

129, 190 s. Eigentum § 928.

§

795 Schuldverschreibung s. **Bundesstaat** — Schuldverschreibung.

80 Stiftung s. **Bundesrat** — Stiftung.

Verein.

22 s. **Bundesstaat** — Verein.

45 s. **Bestimmung** — Verein.

Gebot.

1239 Pfandrecht s. **Eigentümer** — Pfandrecht.

Selbstverteidigung.

227 Eine durch Notwehr gebotene Handlung ist nicht widerrechtlich.

Vertrag.

156 Bei einer Versteigerung kommt der Vertrag erst durch den Zuschlag zustande. Ein G. erlischt, wenn ein Übergebot abgegeben oder die Versteigerung ohne Erteilung des Zuschlags geschlossen wird.

1837 Vormundschaft s. **Führung** — Vormundschaft.

Gebrauch.

Besitz.

866 Besitzen mehrere eine Sache gemeinschaftlich, so findet in ihrem Verhältnis zu einander ein Besitzschutz

§ insoweit nicht statt, als es sich um die Grenzen des den einzelnen zustehenden G. handelt.

1093 Dienstbarkeit s. **Benutzung** — Dienstbarkeit.

Ehe.

1347, 1361, 1362 s. **Ehe** — Ehe.

Eigentum.

911 s. **Früchte** — Eigentum.

993 s. Sachen 101.

Art. Einführungsgesetz.

16 s. Ehe § 1362.

106 s. **E.G.** — E.G.

137 s. Pflichtteil § 2312.

§

2038 Erbe s. Gemeinschaft 743.

Gemeinschaft.

743 Jeder Teilhaber ist zum G. des gemeinschaftlichen Gegenstandes insoweit befugt, als nicht der Mitg. der übrigen Teilhaber beeinträchtigt wird. 741.

Güterrecht.

1366, 1377 s. **Ehefrau** — Güterrecht.

1392 s. Sachen 92.

1423 s. Nießbrauch 1056.

1477, 1502 s. **Ehegatte** — Güterrecht.

1525, 1546 s. **Errungenschaftsgemeinschaft** — Güterrecht.

839 Handlung s. **Fahrlässigkeit** — Handlung.

598 Leihe 602—605 s. **Leihe** — Leihe.

Miete.

535 Durch den Mietvertrag wird der Vermieter verpflichtet, dem Mieter den G. der vermieteten Sache während der Mietzeit zu gewähren. Der Mieter ist verpflichtet, dem Vermieter den vereinbarten Mietzins zu entrichten.

536 Der Vermieter hat die vermietete Sache dem Mieter in einem zu dem vertragsmäßigen G. geeigneten Zustande zu überlassen und sie während der Mietzeit in diesem Zustande zu erhalten.

537 s. **Fehler** — Miete.

541 Wird durch das Recht eines Dritten dem Mieter der vertragsmäßige G

§ der gemieteten Sache ganz oder zum Teil entzogen, so finden die Vorschriften der §§ 537, 538, des § 539 Satz 1 und des § 540 entsprechende Anwendung. 543.
542 s. **Erfüllung** — Miete.
548 Veränderungen und Verschlechterungen der gemieteten Sache, die durch den vertragsmäßigen G. herbeigeführt werden, hat der Mieter nicht zu vertreten.
549 s. **Dritte** — Miete.
550 Macht der Mieter von der gemieteten Sache einen vertragswidrigen G. und setzt er den G. ungeachtet einer Abmahnung des Vermieters fort, so kann der Vermieter auf Unterlassung klagen.
552, 553 s. **Dritte** — Miete.
555 Macht der Vermieter von dem ihm nach den §§ 553, 554 zustehenden Kündigungsrechte G., so hat er den für eine spätere Zeit im voraus entrichteten Mietzins nach Maßgabe des § 347 zurückzuerstatten.
556 Hat der Mieter den G. der Sache einem Dritten überlassen, so kann der Vermieter die Sache nach der Beendigung des Mietverhältnisses auch von dem Dritten zurückfordern.
568 s. **Frist** — Miete.
577, 578 s. **Dritte** — Miete.
12 **Namen** s. **Beeinträchtigung** — Namen.

Nießbrauch.

1053, 1056 s. **Eigentümer** — Nießbrauch.
1084 s. Sachen 92.

Pacht.

581 s. **Früchte** — Pacht.
596 s. Miete 549.

Pfandrecht.

1238 s. **Bestimmung** — Pfandrecht.
1289 s. **Forderung** — Pfandrecht.
2312 **Pflichtteil** s. **Erbe** — Pflichtteil.

Sachen.

92 s. **Bestimmung** — Sachen.
100, 101 s. **Früchte** — Sachen.

§ **Testament.**

2116 s. Sachen 92.
2135 s. Nießbrauch 1056.
200 **Verjährung** s. **Beginn** — Verjährung.

Verwandtschaft.

1650 Von der Nutznießung des Vaters ausgeschlossen (freies Vermögen) sind die ausschließlich zum persönlichen G. des Kindes bestimmten Sachen, insbesondere Kleider, Schmucksachen und Arbeitsgeräte.
1653 s. **Berechtigung** — Verwandtschaft.
1663 s. Nießbrauch 1056.
1674 s. Handlung 839.

Vormundschaft.

1814 s. Sachen 92.
1848 s. Handlung 839.

Gebrauchsrecht.

552 **Miete** s. **Dritte** — Miete.

Gebrechen.

Art. **Einführungsgesetz.**

210 s. **E.G.** — E.G.

§

1418 **Güterrecht** 1428 s. Vormundschaft 1910.
2201 **Testament** s. Vormundschaft 1910.

Verwandtschaft.

1676 s. Vormundschaft 1910.
1708 Ist das uneheliche Kind zur Zeit der Vollendung des sechzehnten Lebensjahres infolge körperlicher oder geistiger G. außer stande, sich selbst zu unterhalten, so hat ihm der Vater auch über diese Zeit hinaus Unterhalt zu gewähren; die Vorschrift des § 1603 Abs. 1 findet Anwendung. 1717.

Vormundschaft.

1786 Die Übernahme der Vormundschaft kann ablehnen:

1. . . . .

4. wer durch Krankheit oder durch G. verhindert ist, die Vormundschaft ordnungsmäßig zu führen. 1889.

1910 s. **Gebrechlicher** — Vormundschaft.

§ lebte, aber bereits erzeugt war, gilt als vor dem Erbfalle geboren.

2281 **Erbvertrag** 2285 f. Testament 2079.

Frist.

187 Der Tag der G. wird bei der Berechnung des Lebensalters mitgerechnet. 186, 188.

Handlung.

844 Im Falle der Tötung hat der Ersatzpflichtige die Kosten der Beerdigung demjenigen zu ersetzen, welchem die Verpflichtung obliegt, diese Kosten zu tragen.

Stand der Getötete zur Zeit der Verletzung zu einem Dritten in einem Verhältnisse, vermöge dessen er diesem gegenüber kraft Gesetzes unterhaltspflichtig war oder unterhaltspflichtig werden konnte, und ist dem Dritten infolge der Tötung das Recht auf den Unterhalt entzogen, so hat der Ersatzpflichtige dem Dritten durch Entrichtung einer Geldrente insoweit Schadensersatz zu leisten, als der Getötete während der mutmaßlichen Dauer seines Lebens zur Gewährung des Unterhalts verpflichtet gewesen sein würde; die Vorschriften des § 843 Abs. 2—4 finden entsprechende Anwendung. Die Ersatzpflicht tritt auch dann ein, wenn der Dritte zur Zeit der Verletzung erzeugt, aber noch nicht geboren war. 846.

Rechtsfähigkeit.

1 Die Rechtsfähigkeit des Menschen beginnt mit der Vollendung der G.

Testament.

2079 f. **Erblasser** — Testament.

2106 Ist die Einsetzung einer noch nicht erzeugten Person als Erbe nach § 2101 Abs. 1 als Nacherbeinsetzung anzusehen, so fällt die Erbschaft dem Nacherben mit dessen G. an. 2191.

2108 f. Erbfolge 1923.

2109 Die Einsetzung eines Nacherben bleibt auch nach dem Ablauf von 30 Jahren nach dem Erbfall wirksam:

1. . . . .
2. wenn dem Vorerben oder einem Nacherben für den Fall, daß ihm ein Bruder oder eine Schwester geboren wird, der Bruder oder die Schwester als Nacherbe bestimmt ist. 2141.

2141 Ist bei dem Eintritt des Falles der Nacherbfolge die G. eines Nacherben zu erwarten, so finden auf den Unterhaltsanspruch der Mutter die Vorschriften des § 1963 entsprechende Anwendung.

2163 Das Vermächtnis bleibt in den Fällen des § 2162 auch nach dem Ablaufe von dreißig Jahren wirksam:

1. . . . .
2. wenn ein Erbe, ein Nacherbe oder ein Vermächtnisnehmer für den Fall, daß ihm ein Bruder oder eine Schwester geboren wird, mit einem Vermächtnisse zu Gunsten des Bruders oder der Schwester beschwert ist. 2210.

2178 Ist der Bedachte zur Zeit des Erbfalls noch nicht erzeugt, oder wird seine Persönlichkeit durch ein erst nach dem Erbfall eintretendes Ereignis bestimmt, so erfolgt der Anfall des Vermächtnisses im ersteren Falle mit der G., im letzteren Falle mit dem Eintritte des Ereignisses. 2179.

2204 f. Erbe 2043.

Vertrag.

331 Stirbt der Versprechensempfänger vor der G. des Dritten, so kann das Versprechen, an den Dritten zu leisten, nur dann noch aufgehoben oder geändert werden, wenn die Befugnis dazu vorbehalten worden ist.

Verwandtschaft.

1589 Der Grad der Verwandtschaft bestimmt sich nach der Zahl der sie vermittelnden G.

§

1591—1594, 1598, 1600 s. **Ehe** — Verwandtschaft.

1687, 1688 s. Vormundschaft 1777.

1712 s. **Erbe** — Verwandtschaft.

1715—1717 s. **Frist** — Verwandtschaft.

1718 s. **Berufung** — Verwandtschaft.

1720 s. **Empfängniszeit** — Verwandtschaft.

1762 Die Wirkungen der Annahme an Kindesstatt erstrecken sich auf einen zur Zeit des Vertragsabschlusses schon vorhandenen Abkömmling des angenommenen Kindes und dessen später geborene Abkömmlinge nur, wenn der Vertrag auch mit dem schon vorhandenen Abkömmlinge geschlossen wird.

Vormundschaft.

1777 Der Vater kann für ein Kind, das erst nach seinem Tode geboren wird, einen Vormund benennen, wenn er dazu berechtigt sein würde, falls das Kind vor seinem Tode geboren wäre. 1782, 1797, 1856, 1868, 1880.

1791 Die Bestallung des Vormundes soll u. a. enthalten den Namen und die Zeit der G. des Mündels.

1912 Die Fürsorge für künftige Rechte eines Kindes steht dem Vater oder der Mutter zu, wenn das Kind, falls es bereits geboren wäre, unter elterlicher Gewalt stehen würde.

1918 Die Pflegschaft für eine Leibesfrucht endigt mit der G. des Kindes.

Gefahr.

Auftrag.

665 Der Beauftragte ist berechtigt von den Weisungen des Auftraggebers abzuweichen, wenn er den Umständen nach annehmen darf, daß der Auftraggeber bei Kenntnis der Sachlage die Abweichung billigen würde. Der Beauftragte hat vor der Abweichung dem Auftraggeber Anzeige zu machen und dessen Entschließung abzuwarten, wenn nicht mit dem Aufschube G. verbunden ist. 675.

672 Erlischt der Auftrag durch den Tod oder den Eintritt der Geschäftsunfähigkeit des Auftraggebers, so hat der Beauftragte, wenn mit dem Aufschube G. verbunden ist, die Besorgung des übertragenen Geschäfts fortzusetzen, bis der Erbe oder der g. Vertreter des Auftraggebers anderweit Fürsorge treffen kann; der Auftrag gilt insoweit als fortbestehend. 675.

673 Erlischt der Auftrag durch den Tod des Beauftragten, so hat der Erbe des Beauftragten den Tod dem Auftraggeber unverzüglich anzuzeigen und, wenn mit dem Aufschube G. verbunden ist, die Besorgung des übertragenen Geschäfts fortzusetzen, bis der Auftraggeber anderweit Fürsorge treffen kann; der Auftrag gilt insoweit als fortbestehend. 675.

Besitz.

867 Der Besitzer eines Grundstücks kann, wenn die Entstehung eines Schadens zu besorgen ist, die Gestattung der Aufsuchung oder Wegschaffung einer auf sein Grundstück gelangten fremden Sache verweigern bis ihm Sicherheit geleistet wird; die Verweigerung ist unzulässig, wenn mit dem Aufschube G. verbunden ist. 869.

1093 **Dienstbarkeit** s. Nießbrauch 1042.

Dienstvertrag.

618 Der Dienstberechtigte hat Räume, Vorrichtungen oder Gerätschaften, die er zur Verrichtung der Dienste zu beschaffen hat, so einzurichten und zu unterhalten und Dienstleistungen, die unter seiner Anordnung oder seiner Leitung vorzunehmen sind, so zu regeln, daß der Verpflichtete gegen G. für Leben und Gesundheit soweit geschützt ist, als die Natur der Dienstleistung es gestattet. 619.

1358 **Ehe** s. **Ehe** — Ehe.

Geschäftsführung.

680 Bezweckt die Geschäftsführung die Abwendung einer dem Geschäftsherrn drohenden dringenden G., so hat der Geschäftsführer nur Vorsatz und grobe Fahrlässigkeit zu vertreten. 687.

681 Der Geschäftsführer hat die Uebernahme der Geschäftsführung, sobald es thunlich ist, dem Geschäftsherrn anzuzeigen und, wenn nicht mit dem Aufschube G. verbunden ist, dessen Entschließung abzuwarten. Im Übrigen finden auf die Verpflichtungen des Geschäftsführers die für einen Beauftragten geltenden Vorschriften der §§ 666 bis 668 entsprechende Anwendung. 687.

Kauf.

446 Mit der Übergabe der verkauften Sache geht die G. des zufälligen Unterganges und einer zufälligen Verschlechterung auf den Käufer über. Von der Übergabe an gebühren dem Käufer die Nutzungen und trägt er die Lasten der Sache.

Wird der Käufer eines Grundstücks vor der Übergabe als Eigentümer in das Grundbuch eingetragen, so treten diese Wirkungen mit der Eintragung ein. 451.

447 Versendet der Verkäufer auf Verlangen des Käufers die verkaufte Sache nach einem anderen Orte als dem Erfüllungsorte, so geht die G. auf den Käufer über, sobald der Verkäufer die Sache dem Spediteur, dem Frachtführer oder der sonst zur Ausführung der Versendung bestimmten Person oder Anstalt ausgeliefert hat. 451.

450 Ist vor der Übergabe der verkauften Sache die G. auf den Käufer übergegangen und macht der Verkäufer vor der Übergabe Verwendungen auf die Sache, die nach dem Übergange der G. notwendig geworden sind, so kann er von dem Käufer Ersatz verlangen, wie wenn der Käufer ihn mit der Verwaltung der Sache beauftragt hätte.

Die Verpflichtung des Käufers zum Ersatze sonstiger Verwendungen bestimmt sich nach den Vorschriften über die Geschäftsführung ohne Auftrag. 451.

459 Der Verkäufer einer Sache haftet dem Käufer dafür, daß sie zu der Zeit, zu welcher die G. auf den Käufer übergeht, nicht mit Fehlern behaftet ist, die den Wert oder die Tauglichkeit zu dem gewöhnlichen oder dem nach dem Vertrage vorausgesetzten Gebrauch aufheben oder mindern. Eine unerhebliche Minderung des Wertes oder

§ der Tauglichkeit kommt nicht in Betracht.

Der Verkäufer haftet auch dafür, daß die Sache zur Zeit des Überganges der G. die zugesicherten Eigenschaften hat. 460, 462, 481.

480 Der Käufer einer nur der Gattung nach bestimmten Sache kann statt der Wandelung oder der Minderung verlangen, daß ihm an Stelle der mangelhaften Sache eine mangelfreie geliefert wird. Auf diesen Anspruch finden die für die Wandelung geltenden Vorschriften der §§ 464—466, des § 467 Satz 1 und der §§ 469, 470, 474—479 entsprechende Anwendung.

Fehlt der Sache zu der Zeit, zu welcher die G. auf den Käufer übergeht, eine zugesicherte Eigenschaft oder hat der Verkäufer einen Fehler arglistig verschwiegen, so kann der Käufer statt der Wandelung, der Minderung oder der Lieferung einer mangelfreien Sache Schadensersatz wegen Nichterfüllung verlangen. 481.

483 Die Gewährfrist beginnt mit dem Ablaufe des Tages, an welchem die G. auf den Käufer übergeht. 481, 492.

484 Zeigt sich ein Hauptmangel innerhalb der Gewährfrist, so wird vermutet, daß der Mangel schon zu der Zeit vorhanden gewesen sei, zu welcher die G. auf den Käufer übergegangen ist. 481, 492.

Leistung.

254 Hat bei der Entstehung des Schadens ein Verschulden des Beschädigten mitgewirkt, so hängt die Verpflichtung zum Ersatze sowie der Umfang des zu leistenden Ersatzes von den Umständen, insbesondere davon ab, inwieweit der Schaden vorwiegend von dem einen oder dem anderen Teile verursacht worden ist.

§ Dies gilt auch dann, wenn sich das Verschulden des Beschädigten darauf beschränkt, daß er unterlassen hat, den Schuldner auf die G. eines ungewöhnlich hohen Schadens aufmerksam zu machen, die der Schuldner weder kannte noch kennen mußte, oder daß er unterlassen hat, den Schaden abzuwenden oder zu mindern. Die Vorschrift des § 278 findet entsprechende Anwendung.

268 Betreibt der Gläubiger die Zwangsvollstreckung in einen dem Schuldner gehörenden Gegenstand, so ist jeder, der G. läuft, durch die Zwangsvollstreckung ein Recht an dem Gegenstande zu verlieren, berechtigt, den Gläubiger zu befriedigen. Das gleiche Recht steht dem Besitzer einer Sache zu, wenn er G. läuft, durch die Zwangsvollstreckung den Besitz zu verlieren.

Die Befriedigung kann auch durch Hinterlegung oder durch Aufrechnung erfolgen.

Soweit der Dritte den Gläubiger befriedigt, geht die Forderung auf ihn über. Der Übergang kann nicht zum Nachteile des Gläubigers geltend gemacht werden.

270 Geld hat der Schuldner im Zweifel auf seine G. und seine Kosten dem Gläubiger an dessen Wohnsitz zu übermitteln.

Ist die Forderung im Gewerbebetriebe des Gläubigers entstanden, so tritt, wenn der Gläubiger seine gewerbliche Niederlassung an einem anderen Orte hat, der Ort der Niederlassung an die Stelle des Wohnsitzes.

Erhöhen sich infolge einer nach der Entstehung des Schuldverhältnisses eintretenden Änderung des Wohnsitzes oder der gewerblichen Niederlassung des Gläubigers die Kosten oder die G. der Übermittelung, so hat der

§ Gläubiger im ersteren Falle die Mehrkosten, im letzteren Falle die G. zu tragen.

Die Vorschriften über den Leistungsort bleiben unberührt.

300 Der Schuldner hat während des Verzugs des Gläubigers nur Vorsatz und grobe Fahrlässigkeit zu vertreten.

Wird eine nur der Gattung nach bestimmte Sache geschuldet, so geht die G. mit dem Zeitpunkt auf den Gläubiger über, in welchem er dadurch in Verzug kommt, daß er die angebotene Sache nicht annimmt.

Miete.

544 Ist eine Wohnung oder ein anderer zum Aufenthalte von Menschen bestimmter Raum so beschaffen, daß die Benutzung mit einer erheblichen Gefährdung der Gesundheit verbunden ist, so kann der Mieter das Mietverhältnis ohne Einhaltung einer Kündigungsfrist kündigen, auch wenn er die gefahrbringende Beschaffenheit bei dem Abschlusse des Vertrags gekannt oder auf die Geltendmachung der ihm wegen dieser Beschaffenheit zustehenden Rechte verzichtet hat.

545 Zeigt sich im Laufe der Miete ein Mangel der gemieteten Sache oder wird eine Vorkehrung zum Schutze der Sache gegen eine nicht vorhergesehene G. erforderlich, so hat der Mieter dem Vermieter unverzüglich Anzeige zu machen. Das Gleiche gilt, wenn sich ein Dritter ein Recht an der Sache anmaßt.

Unterläßt der Mieter die Anzeige, so ist er zum Ersatze des daraus entstehenden Schadens verpflichtet; er ist, soweit der Vermieter infolge der Unterlassung der Anzeige Abhülfe zu schaffen außer stande war, nicht berechtigt, die im § 537 bestimmten Rechte geltend zu machen oder nach § 542 Abs. 1 Satz 3 ohne Bestimmung einer Frist zu kündigen oder Schadensersatz wegen Nichterfüllung zu verlangen.

Nießbrauch.

1042 Wird die mit einem Nießbrauch belastete Sache zerstört oder beschädigt oder wird eine außergewöhnliche Ausbesserung oder Erneuerung der Sache oder eine Vorkehrung zum Schutze der Sache gegen eine nicht vorhergesehene G. erforderlich, so hat der Nießbraucher dem Eigentümer unverzüglich Anzeige zu machen. Das Gleiche gilt, wenn sich ein Dritter ein Recht an der Sache anmaßt.

1048 s. Pacht 588.

1087 Der Nießbraucher kann eine vor der Bestellung des Nießbrauchs entstandene Verbindlichkeit des Bestellers durch Leistung des geschuldeten Gegenstandes erfüllen. Gehört der geschuldete Gegenstand nicht zu dem Vermögen, das dem Nießbrauch unterliegt, so ist der Nießbraucher berechtigt, zum Zwecke der Befriedigung des Gläubigers einen zu dem Vermögen gehörenden Gegenstand zu veräußern, wenn die Befriedigung durch den Besteller nicht ohne G. abgewartet werden kann. Er hat einen vorzugsweise geeigneten Gegenstand auszuwählen. Soweit er zum Ersatze des Wertes verbrauchbarer Sachen verpflichtet ist, darf er eine Veräußerung nicht vornehmen. 1085, 1089.

Pacht.

588 Der Pächter trägt die G. des zufälligen Unterganges und einer zufälligen Verschlechterung des Inventars. Er kann über die einzelnen Stücke innerhalb der Grenzen einer ordnungsmäßigen Wirtschaft verfügen.

Pfandrecht.

1220 Die Versteigerung des Pfandes ist erst zulässig, nachdem sie dem Verpfänder angedroht worden ist; die

§ Androhung darf unterbleiben, wenn das Pfand dem Verderb ausgesetzt und mit dem Aufschube der Versteigerung G. verbunden ist. 1266, 1272.

1249 f. Leistung 268.

Sachen.

811 Die Vorlegung einer in fremdem Besitze befindlichen Sache hat in den Fällen der §§ 809, 810 an dem Orte zu erfolgen, an welchem sich die vorzunehmende Sache befindet. Jeder Teil kann die Vorlegung an einem anderen Orte verlangen, wenn ein wichtiger Grund vorliegt.

Die G. und die Kosten hat derjenige zu tragen, welcher die Vorlegung verlangt. Der Besitzer kann die Vorlegung verweigern, bis ihm der andere Teil die Kosten vorschießt und wegen der G. Sicherheit leistet.

Schuldverhältnis.

379 Solange die geschuldete Sache hinterlegt ist, trägt der Gläubiger die G. und ist der Schuldner nicht verpflichtet, Zinsen zu zahlen oder Ersatz für nicht gezogene Nutzungen zu leisten.

384 Die Versteigerung einer hinterlegten geschuldeten Sache ist erst zulässig, nachdem sie dem Gläubiger angedroht worden ist; die Androhung darf unterbleiben, wenn die Sache dem Verderb ausgesetzt und mit dem Aufschube der Versteigerung G. verbunden ist.

Selbsthülfe.

229 Wer zum Zwecke der Selbsthülfe eine Sache wegnimmt, zerstört oder beschädigt oder wer zum Zwecke der Selbsthülfe einen Verpflichteten, welcher der Flucht verdächtig ist, festnimmt oder den Widerstand des Verpflichteten gegen eine Handlung, die dieser zu dulden verpflichtet ist, beseitigt, handelt nicht widerrechtlich, wenn obrigkeitliche Hülfe nicht rechtzeitig zu erlangen ist

§ und ohne sofortiges Eingreifen die G. besteht, daß die Verwirklichung des Anspruchs vereitelt oder wesentlich erschwert werde. 231.

230 Die Selbsthülfe darf nicht weiter gehen, als zur Abwendung der G. erforderlich ist.

Selbstverteidigung.

228 Wer eine fremde Sache beschädigt oder zerstört, um eine durch sie drohende G. von sich oder einem anderen abzuwenden, handelt nicht widerrechtlich, wenn die Beschädigung oder die Zerstörung zur Abwendung der G. erforderlich ist und der Schaden nicht außer Verhältnis zu der G. steht. Hat der Handelnde die G. verschuldet, so ist er zum Schadensersatze verpflichtet.

2218 **Testament** f. Auftrag 672.

Todeserklärung.

20 Sind mehrere in einer gemeinsamen G. umgekommen, so wird vermutet, daß sie gleichzeitig gestorben seien.

27 **Verein** f. Auftrag 665.

Verwahrung.

692 Der Verwahrer ist berechtigt, die vereinbarte Art der Aufbewahrung zu ändern, wenn er den Umständen nach annehmen darf, daß der Hinterleger bei Kenntnis der Sachlage die Änderung billigen würde. Der Verwahrer hat vor der Änderung dem Hinterleger Anzeige zu machen und dessen Entschließung abzuwarten, wenn nicht mit dem Aufschube G. verbunden ist.

Verwandtschaft.

1666, 1667 f. **Gefährdung** — Verwandtschaft.

1683 Endigt die elterliche Gewalt infolge des Todes des Kindes, so hat der Vater diejenigen Geschäfte, mit deren Aufschube G. verbunden ist, zu besorgen, bis der Erbe anderweit Fürsorge treffen kann.

§ auf das Grundstück in solcher Weise ein, daß eine die Sicherheit der Hypothek gefährdende Verschlechterung des Grundstücks zu besorgen ist, so kann der Gläubiger auf Unterlassung klagen.

Geht die Einwirkung von dem Eigentümer aus, so hat das Gericht auf Antrag des Gläubigers die zur Abwendung der G. erforderlichen Maßregeln anzuordnen. Das Gleiche gilt, wenn die Verschlechterung deshalb zu besorgen ist, weil der Eigentümer die erforderlichen Vorkehrungen gegen Einwirkungen Dritter oder gegen andere Beschädigungen unterläßt. 1135.

1138, 1155, 1157 s. Grundstück 899.

440 **Kauf** s. Vertrag 321.

605 **Leihe** s. **Leihe** — Leihe.

Miete.

544 s. **Gefahr** — Miete.

553 Der Vermieter kann ohne Einhaltung einer Kündigungsfrist das Mietverhältnis kündigen, wenn der Mieter oder derjenige, welchem der Mieter den Gebrauch der gemieteten Sache überlassen hat, ungeachtet einer Abmahnung des Vermieters einen vertragswidrigen Gebrauch der Sache fortsetzt, der die Rechte des Vermieters in erheblichem Maße verletzt, insbesondere einem Dritten den ihm unbefugt überlassenen Gebrauch beläßt, oder die Sache durch Vernachlässigung der dem Mieter obliegenden Sorgfalt erheblich gefährdet. 555.

Nießbrauch.

1067 Sind verbrauchbare Sachen Gegenstand des Nießbrauchs, so wird der Nießbraucher Eigentümer der Sachen; nach der Beendigung des Nießbrauchs hat er dem Besteller den Wert zu ersetzen, den die Sachen zur Zeit der Bestellung hatten. Sowohl der Besteller als der Nießbraucher kann den

§ Wert auf seine Kosten durch Sachverständige feststellen lassen.

Der Besteller kann Sicherheitsleistung verlangen, wenn der Anspruch auf Ersatz des Wertes gefährdet ist. 1075, 1084.

1078 Ist eine Forderung, an der ein Nießbrauch besteht fällig, so sind der Nießbraucher und der Gläubiger einander verpflichtet, zur Einziehung mitzuwirken. Hängt die Fälligkeit von einer Kündigung ab, so kann jeder Teil die Mitwirkung des anderen zur Kündigung verlangen, wenn die Einziehung der Forderung wegen G. ihrer Sicherheit nach den Regeln einer ordnungsmäßigen Vermögensverwaltung geboten ist. 1068, 1076.

Pfandrecht.

1219 Wird durch den drohenden Verderb des Pfandes oder durch eine zu besorgende wesentliche Minderung des Wertes die Sicherheit des Pfandgläubigers gefährdet, so kann dieser das Pfand öffentlich versteigern lassen. 1266, 1272.

1263 s. Grundstück 899.

1286 Hängt die Fälligkeit der verpfändeten Forderung von einer Kündigung ab, so kann der Pfandgläubiger, sofern nicht das Kündigungsrecht ihm zusteht, von dem Gläubiger die Kündigung verlangen, wenn die Einziehung der Forderung wegen G. ihrer Sicherheit nach den Regeln einer ordnungsmäßigen Vermögensverwaltung geboten ist. Unter der gleichen Voraussetzung kann der Gläubiger von dem Pfandgläubiger die Zustimmung zur Kündigung verlangen, sofern die Zustimmung erforderlich ist. 1273, 1279.

2338 **Pflichtteil** s. **Erbe** — Pflichtteil.

1201 **Rentenschuld** s. Hypothek 1133.

Schenkung.

519 Der Schenker ist berechtigt, die Er-

§ füllung eines schenkweise erteilten Versprechens zu verweigern, soweit er bei Berücksichtigung seiner sonstigen Verpflichtungen außer stande ist, das Versprechen zu erfüllen, ohne daß sein standesmäßiger Unterhalt oder die Erfüllung der ihm kraft Gesetzes obliegenden Unterhaltspflichten gefährdet wird.

Treffen die Ansprüche mehrerer Beschenkten zusammen, so geht der früher entstandene Anspruch vor.

529 Der Anspruch auf Herausgabe des Geschenkes ist ausgeschlossen, wenn der Schenker seine Bedürftigkeit vorsätzlich oder durch grobe Fahrlässigkeit herbeigeführt hat oder wenn zur Zeit des Eintritts seiner Bedürftigkeit seit der Leistung des geschenkten Gegenstandes zehn Jahre verstrichen sind.

Das Gleiche gilt, soweit der Beschenkte bei Berücksichtigung seiner sonstigen Verpflichtungen außer stande ist, das Geschenk herauszugeben, ohne daß sein standesmäßiger Unterhalt oder die Erfüllung der ihm kraft Gesetzes obliegenden Unterhaltspflichten gefährdet wird.

Stiftung.

87 Ist die Erfüllung des Stiftungszweckes unmöglich geworden oder gefährdet sie das Gemeinwohl, so kann die zuständige Behörde der Stiftung eine andere Zweckbestimmung geben oder sie aufheben.

2216 **Testament** s. **Erblasser** — Testament.

Verein.

43 Dem Vereine kann die Rechtsfähigkeit entzogen werden, wenn er durch einen gesetzwidrigen Beschluß der Mitgliederversammlung oder durch gesetzwidriges Verhalten des Vorstandes das Gemeinwohl gefährdet. 44, 74.

Vertrag.

321 Wer aus einem gegenseitigen Vertrage

§ vorzuleisten verpflichtet ist, kann, wenn nach dem Abschlusse des Vertrags in den Vermögensverhältnissen des anderen Teiles eine wesentliche Verschlechterung eintritt, durch die der Anspruch auf die Gegenleistung gefährdet wird, die ihm obliegende Leistung verweigern, bis die Gegenleistung bewirkt oder Sicherheit für sie geleistet wird.

Verwandtschaft.

1603 Unterhaltspflichtig ist nicht, wer bei Berücksichtigung seiner sonstigen Verpflichtungen außer stande ist, ohne G. seines standesmäßigen Unterhalts den Unterhalt zu gewähren.

Befinden sich Eltern in dieser Lage, so sind sie ihren minderjährigen unverheirateten Kindern gegenüber verpflichtet, alle verfügbaren Mittel zu ihrem und der Kinder Unterhalte gleichmäßig zu verwenden. Diese Verpflichtung tritt nicht ein, wenn ein anderer unterhaltspflichtiger Verwandter vorhanden ist; sie tritt auch nicht ein gegenüber einem Kinde, dessen Unterhalt aus dem Stamme seines Vermögens bestritten werden kann. 1607, 1708.

1620 Der Vater ist verpflichtet, einer Tochter im Falle ihrer Verheiratung zur Einrichtung des Haushalts eine angemessene Aussteuer zu gewähren, soweit er bei Berücksichtigung seiner sonstigen Verpflichtungen ohne G. seines standesmäßigen Unterhalts dazu imstande ist und nicht die Tochter ein zur Beschaffung der Aussteuer ausreichendes Vermögen hat. Die gleiche Verpflichtung trifft die Mutter, wenn der Vater zur Gewährung der Aussteuer außer stande oder wenn er gestorben ist.

Die Vorschriften des § 1604 und des § 1607 Abs. 2 finden entsprechende Anwendung.

§
1639 s. Vormundschaft 1803.
1666 Wird das geistige oder leibliche Wohl des Kindes dadurch gefährdet, daß der Vater das Recht der Sorge für die Person des Kindes mißbraucht, das Kind vernachlässigt oder sich eines ehrlosen oder unsittlichen Verhaltens schuldig macht, so hat das Vormundschaftsgericht die zur Abwendung der Gefahr erforderlichen Maßregeln zu treffen. Das Vormundschaftsgericht kann insbesondere anordnen, daß das Kind zum Zwecke der Erziehung in einer geeigneten Familie oder in einer Erziehungsanstalt oder einer Besserungsanstalt untergebracht wird.

Hat der Vater das Recht des Kindes auf Gewährung des Unterhalts verletzt und ist für die Zukunft eine erhebliche G. des Unterhalts zu besorgen, so kann dem Vater auch die Vermögensverwaltung sowie die Nutznießung entzogen werden.
1667 Wird das Vermögen des Kindes dadurch gefährdet, daß der Vater die mit der Vermögensverwaltung oder die mit der Nutznießung verbundenen Pflichten verletzt oder daß er in Vermögensverfall gerät, so hat das Vormundschaftsgericht die zur Abwendung der Gefahr erforderlichen Maßregeln zu treffen. 1670, 1687, 1692.
1716 Schon vor der Geburt des unehelichen Kindes kann auf Antrag der Mutter durch einstweilige Verfügung angeordnet werden, daß der Vater den für die ersten drei Monate dem Kinde zu gewährenden Unterhalt alsbald nach der Geburt an die Mutter oder an den Vormund zu zahlen und den erforderlichen Betrag angemessene Zeit vor der Geburt zu hinterlegen hat. In gleicher Weise kann auf Antrag der Mutter die Zahlung des gewöhnlichen Betrags der nach § 1715 Abs. 1 zu ersetzenden Kosten an die Mutter und die Hinterlegung des erforderlichen Betrags angeordnet werden.

Zur Erlassung der einstweiligen Verfügung ist nicht erforderlich, daß eine G. des Anspruchs glaubhaft gemacht wird. 1717.

Vormundschaft.

1778 Wer nach § 1776 als Vormund berufen ist, darf ohne seine Zustimmung nur übergangen werden, wenn er nach den §§ 1780—1784 nicht zum Vormunde bestellt werden kann oder soll oder wenn er an der Übernahme der Vormundschaft verhindert ist oder die Übernahme verzögert oder wenn seine Bestellung das Interesse des Mündels gefährden würde. 1861, 1917.
1797 Bestimmungen, die der Vater oder die Mutter für die Entscheidung von Meinungsverschiedenheiten zwischen den von ihnen benannten Vormündern und für die Verteilung der Geschäfte unter diese nach Maßgabe des § 1777 getroffen hat, sind von dem Vormundschaftsgerichte zu befolgen, sofern nicht ihre Befolgung das Interesse des Mündels gefährden würde.
1803 Was der Mündel von Todeswegen erwirbt oder was ihm unter Lebenden von einem Dritten unentgeltlich zugewendet wird, hat der Vormund nach den Anordnungen des Erblassers oder des Dritten zu verwalten, wenn die Anordnungen von dem Erblasser durch letztwillige Verfügung von dem Dritten bei der Zuwendung getroffen worden sind.

Der Vormund darf mit Genehmigung des Vormundschaftsgerichts von den Anordnungen abweichen, wenn ihre Befolgung das Interesse des Mündels gefährden würde.
1838 s. Verwandtschaft 1666.
1850 Erlangt der Gemeindewaisenrat Kennt-

§ nis von einer G. des Vermögens eines Mündels, so hat er dem Vormundschaftsgericht Anzeige zu machen.

1857 Die Anordnungen des Vaters oder der Mutter können von dem Vormundschaftsgericht außer Kraft gesetzt werden, wenn ihre Befolgung das Interesse des Mündels gefährden würde.

1886 Das Vormundschaftsgericht hat den Vormund zu entlassen, wenn die Fortführung des Amtes, insbesondere wegen pflichtwidrigen Verhaltens des Vormundes, das Interesse des Mündels gefährden würde oder wenn in der Person des Vormundes einer der im § 1781 bestimmten Gründe vorliegt. 1878, 1895.

1903 Wird der Vater des volljährigen Mündels zum Vormunde bestellt, so unterbleibt die Bestellung eines Gegenvormundes. Dem Vater stehen die Befreiungen zu, die nach den §§ 1852 bis 1854 angeordnet werden können. Das Vormundschaftsgericht kann die Befreiungen außer Kraft setzen, wenn sie das Interesse des Mündels gefährden.

Diese Vorschriften finden keine Anwendung, wenn der Vater im Falle der Minderjährigkeit des Mündels zur Vermögensverwaltung nicht berechtigt sein würde. 1897, 1904.

1906 Ein Volljähriger, dessen Entmündigung beantragt ist, kann unter vorläufige Vormundschaft gestellt werden, wenn das Vormundschaftsgericht es zur Abwendung einer erheblichen G. der Person oder des Vermögens des Volljährigen für erforderlich erachtet. 1781, 1897.

1917 Für den benannten Pfleger kann der Erblasser durch letztwillige Verfügung, der Dritte bei der Zuwendung die in den §§ 1852—1854 bezeichneten Befreiungen anordnen. Das Vormundschaftsgericht kann die Anordnungen

§ außer Kraft setzen, wenn sie das Interesse des Pflegebefohlenen gefährden.

Gefangenschaft.

960 **Eigentum** s. **Eigentum** — Eigentum.

Gefängnisstrafe.

1680 **Verwandtschaft** s. **Frist** — Verwandtschaft.

Gegenforderung.

575 **Miete** s. **Forderung** — Miete.

1056 **Nießbrauch** s. Miete 575.

Art. **Gegenleistung.**

146 **Einführungsgesetz** s. Schuldverhältnis § 373.

§ **Kauf.**

440 s. Vertrag 320—324.

467 s. Vertrag 346.

473 s. **Festsetzung** — Kauf.

Leistung.

298 Ist der Schuldner nur gegen eine Leistung des Gläubigers zu leisten verpflichtet, so kommt der Gläubiger in Verzug, wenn er zwar die angebotene Leistung anzunehmen bereit ist, die verlangte G. aber nicht anbietet.

Schuldverhältnis.

373 Ist der Schuldner nur gegen eine Leistung des Gläubigers zu leisten verpflichtet, so kann er das Recht des Gläubigers zum Empfange der hinterlegten Sache von der Bewirkung der G. abhängig machen.

2156 **Testament** s. Vertrag 316.

Vertrag.

316 s. **Bestimmung** — Vertrag.

320—322 s. **Berechtigung** — Vertrag.

323 s. **Ersatz** — Vertrag.

324 s. **Befreiung** — Vertrag.

346 s. **Bestimmung** — Vertrag.

634 **Werkvertrag** s. Kauf 467, 473.

§ **Gegensatz.**

1630 **Verwandtschaft** s. Vormundschaft 1796.

Vormundschaft.

1796 s. **Dritte** — Vormundschaft.

1874 s. **Familienrat** — Vormundschaft.

Gegenseitigkeit.

Art. **Einführungsgesetz.**

199 s. **E.G.** — E.G.

§

2280 **Erbvertrag** s. **Erbvertrag** — Erbvertrag.

705 **Gesellschaft** s. **Gesellschaft** — Gesellschaft.

440, 454 **Kauf** s. Vertrag 320—327.

2098 **Testament** 2269 s. **Erblasser** — Testament.

779 **Vergleich** s. **Beseitigung** — Vergleich.

Vertrag.

320—327 gegenseitiger Vertrag.

320 Wer aus einem gegenseitigen Vertrage verpflichtet ist, kann die ihm obliegende Leistung bis zur Bewirkung der Gegenleistung verweigern, es sei denn, daß er vorzuleisten verpflichtet ist. Hat die Leistung an mehrere zu erfolgen, so kann dem einzelnen der ihm gebührende Teil bis zur Bewirkung der ganzen Gegenleistung verweigert werden. Die Vorschrift des § 273 Abs. 3 findet keine Anwendung.

Ist von der einen Seite teilweise geleistet worden, so kann die Gegenleistung insoweit nicht verweigert werden, als die Verweigerung nach den Umständen, insbesondere wegen verhältnismäßiger Geringfügigkeit des rückständigen Teiles, gegen Treu und Glauben verstoßen würde. 348.

321 Wer aus einem gegenseitigen Vertrage vorzuleisten verpflichtet ist, kann, wenn nach dem Abschlusse des Vertrags in den Vermögensverhältnissen des anderen Teiles eine wesentliche Verschlechterung eintritt, durch die der Anspruch auf die Gegenleistung gefährdet wird, die ihm obliegende Leistung verweigern, bis die Gegenleistung bewirkt oder Sicherheit für sie geleistet wird.

322 Erhebt aus einem gegenseitigen Vertrage der eine Teil Klage auf die ihm geschuldete Leistung, so hat die Geltendmachung des dem anderen Teile zustehenden Rechtes, die Leistung bis zur Bewirkung der Gegenleistung zu verweigern, nur die Wirkung, daß der andere Teil zur Erfüllung Zug um Zug zu verurteilen ist.

Hat der klagende Teil vorzuleisten, so kann er, wenn der andere Teil im Verzuge der Annahme ist, auf Leistung nach Empfang der Gegenleistung klagen.

Auf die Zwangsvollstreckung findet die Vorschrift des § 274 Abs. 2 Anwendung.

323 Wird die aus einem gegenseitigen Vertrage dem einen Teile obliegende Leistung infolge eines Umstandes unmöglich, den weder er noch der andere Teil zu vertreten hat, so verliert er den Anspruch auf die Gegenleistung; bei teilweiser Unmöglichkeit mindert sich die Gegenleistung nach Maßgabe der §§ 472, 473.

Verlangt der andere Teil nach § 281 Herausgabe des für den geschuldeten Gegenstand erlangten Ersatzes oder Abtretung des Ersatzanspruchs, so bleibt er zur Gegenleistung verpflichtet; diese mindert sich jedoch nach Maßgabe der §§ 472, 473 insoweit, als der Wert des Ersatzes oder des Ersatzanspruchs hinter dem Werte der geschuldeten Leistung zurückbleibt.

Soweit die nach diesen Vorschriften nicht geschuldete Gegenleistung bewirkt ist, kann das Geleistete nach den Vorschriften über die Herausgabe einer

§ ungerechtfertigten Bereicherung zurückgefordert werden. 325.

324 Wird die aus einem gegenseitigen Vertrage dem einen Teile obliegende Leistung infolge eines Umstandes, den der andere Teil zu vertreten hat, unmöglich, so behält er den Anspruch auf die Gegenleistung. Er muß sich jedoch dasjenige anrechnen lassen, was er infolge der Befreiung von der Leistung erspart oder durch anderweitige Verwendung seiner Arbeitskraft erwirbt oder zu erwerben böswillig unterläßt.

Das Gleiche gilt, wenn die dem einen Teile obliegende Leistung infolge eines von ihm nicht zu vertretenden Umstandes zu einer Zeit unmöglich wird, zu welcher der andere Teil im Verzuge der Annahme ist.

325 Wird die aus einem gegenseitigen Vertrage dem einen Teile obliegende Leistung infolge eines Umstandes, den er zu vertreten hat, unmöglich, so kann der andere Teil Schadensersatz wegen Nichterfüllung verlangen oder von dem Vertrage zurücktreten. Bei teilweiser Unmöglichkeit ist er, wenn die teilweise Erfüllung des Vertrags für ihn kein Interesse hat, berechtigt, Schadensersatz wegen Nichterfüllung der ganzen Verbindlichkeit nach Maßgabe des § 280 Abs. 2 zu verlangen oder von dem ganzen Vertrage zurückzutreten. Statt des Anspruchs auf Schadensersatz und des Rücktrittsrechts kann er auch die für den Fall des § 323 bestimmten Rechte geltend machen.

Das Gleiche gilt in dem Falle des § 283, wenn nicht die Leistung bis zum Ablaufe der Frist bewirkt wird oder wenn sie zu dieser Zeil teilweise nicht bewirkt ist. 326, 327.

326 Ist bei einem gegenseitigen Vertrage der eine Teil mit der ihm obliegenden Leistung im Verzuge, so kann ihm der andere Teil zur Bewirkung der Leistung eine angemessene Frist mit der Erklärung bestimmen, daß er die Annahme der Leistung nach dem Ablaufe der Frist ablehne. Nach dem Ablaufe der Frist ist er berechtigt, Schadensersatz wegen Nichterfüllung zu verlangen oder von dem Vertrage zurückzutreten, wenn nicht die Leistung rechtzeitig erfolgt ist; der Anspruch auf Erfüllung ist ausgeschlossen. Wird die Leistung bis zum Ablaufe der Frist teilweise nicht bewirkt, so findet die Vorschrift des § 325 Abs. 1 Satz 2 entsprechende Anwendung.

Hat die Erfüllung des Vertrags infolge des Verzugs für den anderen Teil kein Interesse, so stehen ihm die im Abs. 1 bezeichneten Rechte zu, ohne daß es der Bestimmung einer Frist bedarf. 327.

327 Auf das in den §§ 325, 326 bestimmte Rücktrittsrecht finden die für das vertragsmäßige Rücktrittsrecht geltenden Vorschriften der §§ 346 bis 356 entsprechende Anwendung. Erfolgt der Rücktritt wegen eines Umstandes, den der andere Teil nicht zu vertreten hat, so haftet dieser nur nach den Vorschriften über die Herausgabe einer ungerechtfertigten Bereicherung.

361 Ist in einem gegenseitigen Vertrage vereinbart, daß die Leistung des einen Teiles genau zu einer festbestimmten Zeit oder innerhalb einer festbestimmten Frist bewirkt werden soll, so ist im Zweifel anzunehmen, daß der andere Teil zum Rücktritte berechtigt sein soll, wenn die Leistung nicht zu der bestimmten Zeit oder innerhalb der bestimmten Frist erfolgt.

636 **Werkvertrag** s. Vertrag 327.

Gegenstand.

675 **Auftrag** s. **Auftrag** — Auftrag.

§

661 **Auslobung** s. **Auslobung** — Auslobung.

161 **Bedingung** s. **Bedingung** — Bedingung.

816 **Bereicherung** s. **Bereicherung** — Bereicherung.

611 **Dienstvertrag** s. **Dienstvertrag** — Dienstvertrag.

1010 **Eigentum** s. Gemeinschaft 755, 756.

Art. **Einführungsgesetz.**

9 s. Erbschein § 2369.

11, 28, 53, 61, 86, 113, 161, 178 s. **E.G.** — E.G.

53, 120 s. Hypothek § 1128.

163 s. Verein § 32.

§ **Erbe.**

1971 s. **Erbe** — Erbe.

2038 s. Gemeinschaft 743, 745, 746, 748.

2042 s. Gemeinschaft 752, 753, 755—757.

1932 **Erbfolge** s. **Erbe** — Erbfolge.

2369 **Erbschein** s. **Erbschein** — Erbschein.

2288 **Erbvertrag** 2301 s. **Erbvertrag** — Erbvertrag.

743 **Gemeinschaft** 744—748, 752, 753, 755—757 s. **Gemeinschaft** — Gemeinschaft.

718 **Gesellschaft** 732, 738 s. **Gesellschaft** — Gesellschaft.

Güterrecht.

1370, 1376 s. **Ehefrau** — Güterrecht.

1384 s. **Ehemann** — Güterrecht.

1385, 1438 s. **Ehefrau** — Güterrecht.

1439 Von dem Gesamtgut der a. Gütergemeinschaft ausgeschlossen sind G., die nicht durch Rechtsgeschäft übertragen werden können. Auf solche G. finden die bei der Errungenschaftsgemeinschaft für das eingebrachte Gut geltenden Vorschriften, mit Ausnahme des § 1524, entsprechende Anwendung.

1440, 1442 s. **Ehegatte** — Güterrecht.

1473 s. **Erwerb** — Güterrecht.

1477, 1480, 1485, 1486 s. **Ehegatte** — Güterrecht.

1487, 1497, 1498 s. **Ehefrau** — Güterrecht.

1502, 1504 s. **Erbe** — Güterrecht.

§

1515, 1516 s. **Ehegatte** — Güterrecht.

1519, 1522, 1524—1526, 1529, 1546 s. **Errungenschaftsgemeinschaft** — Güterrecht.

1554, 1556 s. **Fahrnisgemeinschaft** — Güterrecht.

Hypothek.

1127 s. **Eigentümer** — Hypothek.

1128 s. **Berechtigung** — Hypothek.

1129, 1130 s. **Bestimmung** — Hypothek.

1147 Die Befriedigung des Gläubigers aus dem Grundstück und den G., auf die sich die Hypothek erstreckt, erfolgt im Wege der Zwangsvollstreckung.

1150 s. Leistung 268.

1181 s. **Erlöschen** — Hypothek.

Kauf.

434 s. **Dritte** — Kauf.

444 s. **Besitz** — Kauf.

445 s. **Belastung** — Kauf.

452 Der Käufer ist verpflichtet, den Kaufpreis von dem Zeitpunkt an zu verzinsen, von welchem an die Nutzungen des gekauften G. ihm gebühren, sofern nicht der Kaufpreis gestundet ist.

456 Bei einem Verkauf im Wege der Zwangsvollstreckung dürfen der mit der Vornahme oder Leitung des Verkaufs Beauftragte und die von ihm zugezogenen Gehilfen, mit Einschluß des Protokollführers, den zum Verkaufe gestellten G. weder für sich persönlich oder durch einen anderen noch als Vertreter eines anderen kaufen. 457, 458.

457 s. **Ermächtigung** — Kauf.

458 s. **Erklärung** — Kauf.

467 s. Vertrag 351, 353, 354.

487 s. Vertrag 351, 353.

495 s. **Besicht** — Kauf.

496 s. **Frist** — Kauf.

498 Der Wiederverkäufer ist verpflichtet, dem Wiederkäufer den gekauften G. nebst Zubehör herauszugeben.

Hat der Wiederverkäufer vor der Ausübung des Wiederkaufsrechts

§ eine Verschlechterung, den Untergang oder eine aus einem anderen Grunde eingetretene Unmöglichkeit der Herausgabe des gekauften G. verschuldet oder den G. wesentlich verändert, so ist er für den daraus entstehenden Schaden verantwortlich. Ist der G. ohne Verschulden des Wiederverkäufers verschlechtert oder ist er nur unwesentlich verändert, so kann der Wiederkäufer Minderung des Kaufpreises nicht verlangen.

499 s. **Beseitigung** — Kauf.

500 s. **Berechtigung** — Kauf.

501 Ist als Wiederkaufpreis der Schätzungswert vereinbart, den der gekaufte G. zur Zeit des Wiederkaufs hat, so ist der Wiederverkäufer für eine Verschlechterung, den Untergang oder die aus einem anderen Grunde eingetretene Unmöglichkeit der Herausgabe des G. nicht verantwortlich, der Wiederkäufer zum Ersatze von Verwendungen nicht verpflichtet.

503 s. **Frist** — Kauf.

504, 508, 509 s. **Dritte** — Kauf.

510 s. **Frist** — Kauf.

Leistung.

256 s. **Ersatz** — Leistung.

260 s. **Erteilung** — Leistung.

268 s. **Besitz** — Leistung.

273 s. **Berechtigung** — Leistung.

279 s. **Gattung** — Leistung.

280, 286 s. Vertrag 350, 351, 353, 354.

281 s. **Ersatz** — Leistung.

290, 292 s. **Bestimmung** — Leistung.

302, 304 s. **Ersatz** — Leistung.

Nießbrauch.

1038 s. **Eigentümer** — Nießbrauch.

1066 Besteht ein Nießbrauch an dem Anteil eines Miteigentümers, so übt der Nießbraucher die Rechte aus, die sich aus der Gemeinschaft der Miteigentümer in Ansehung der Verwaltung der Sache und der Art ihrer Benutzung ergeben.

§ Die Aufhebung der Gemeinschaft kann nur von dem Miteigentümer und dem Nießbraucher gemeinschaftlich verlangt werden.

Wird die Gemeinschaft aufgehoben, so gebührt dem Nießbraucher der Nießbrauch an den G. welche an die Stelle des Anteils treten.

1068 G. des Nießbrauchs kann auch ein Recht sein.

1070 s. **Erwerber** — Nießbrauch.

1075 s. **Eigentum** — Nießbrauch.

1076 s. **Forderung** — Nießbrauch.

1081 s. **Besitz** — Nießbrauch.

1085 s. **Bestellung** — Nießbrauch.

1086—1088 s. **Besteller** — Nießbrauch.

Pacht.

581 s. **Früchte** — Pacht.

597 s. **Entschädigung** — Pacht.

Pfandrecht.

1228 s. **Berechtigung** — Pfandrecht.

1249 s. Leistung 268.

1258 Besteht ein Pfandrecht an dem Anteil eines Miteigentümers, so übt der Pfandgläubiger die Rechte aus, die sich aus der Gemeinschaft der Miteigentümer in Ansehung der Verwaltung der Sache und der Art ihrer Benutzung ergeben.

Die Aufhebung der Gemeinschaft kann vor dem Eintritte der Verkaufsberechtigung des Pfandgläubigers nur von dem Miteigentümer und dem Pfandgläubiger gemeinschaftlich verlangt werden. Nach dem Eintritte der Verkaufsberechtigung kann der Pfandgläubiger die Aufhebung der Gemeinschaft verlangen, ohne daß es der Zustimmung des Miteigentümers bedarf; er ist nicht an eine Vereinbarung gebunden, durch welche die Miteigentümer das Recht, die Aufhebung der Gemeinschaft zu verlangen, für immer oder auf Zeit ausgeschlossen oder eine Kündigungsfrist bestimmt haben.

Gegenvormund.

Art. **Einführungsgesetz.**

136, 160, 210 s. **E.G.** — E.G.

§ **Verwandtschaft.**

1643 s. Vormundschaft 1825.

1690 Die Genehmigung des der Mutter bestellten Beistandes ist innerhalb seines Wirkungskreises zu jedem Rechtsgeschäft erforderlich, zu dem ein Vormund der Genehmigung des Vormundschaftsgerichts oder des G. bedarf. Ausgenommen sind Rechtsgeschäfte, welche die Mutter nicht ohne die Genehmigung des Vormundschaftsgerichts vornehmen kann. Die Vorschriften der §§ 1828—1831 finden entsprechende Anwendung.

Die Genehmigung des Beistandes wird durch die Genehmigung des Vormundschaftsgerichts ersetzt.

Das Vormundschaftsgericht soll vor der Entscheidung über die Genehmigung in allen Fällen, in denen das Rechtsgeschäft zu dem Wirkungskreise des Beistandes gehört, den Beistand hören, sofern ein solcher vorhanden und die Anhörung thunlich ist. 1686.

1691 s. Vormundschaft 1809, 1810.

1694 Für die Berufung, Bestellung und Beaufsichtigung des der Mutter bestellten Beistandes, für seine Haftung und seine Ansprüche, für die ihm zu bewilligende Vergütung und für die Beendigung seines Amtes gelten die gleichen Vorschriften wie bei dem G.

Das Amt des Beistandes endigt auch dann, wenn die elterliche Gewalt der Mutter ruht. 1686.

Vormundschaft.

1791 Der Vormund erhält eine Bestallung.

Die Bestallung soll enthalten den Namen und die Zeit der Geburt des Mündels, die Namen des Vormundes, des G. und der Mitvormünder sowie im Falle der Teilung der Vormundschaft die Art der Teilung. Ist ein Familienrat eingesetzt, so ist auch dies anzugeben.

1792 Neben dem Vormunde kann ein G. bestellt werden.

Ein G. soll bestellt werden, wenn mit der Vormundschaft eine Vermögensverwaltung verbunden ist, es sei denn, daß die Verwaltung nicht erheblich oder daß die Vormundschaft von mehreren Vormündern gemeinschaftlich zu führen ist.

Ist die Vormundschaft von mehreren Vormündern nicht gemeinschaftlich zu führen, so kann der eine Vormund zum G. des anderen bestellt werden.

Auf die Berufung und Bestellung des G. finden die für die Berufuug und Bestellung des Vormundes geltenden Vorschriften Anwendung.

1799 Der G. hat darauf zu achten, daß der Vormund die Vormundschaft pflichtmäßig führt. Er hat dem Vormundschaftsgerichte Pflichtwidrigkeiten des Vormundes sowie jeden Fall unverzüglich anzuzeigen, in welchem das Vormundschaftsgericht zum Einschreiten berufen ist, insbesondere den Tod des Vormundes oder den Eintritt eines anderen Umstandes, infolge dessen das Amt des Vormundes endigt oder die Entlassung des Vormundes erforderlich wird.

Der Vormund hat dem G. auf Verlangen über die Führung der Vormundschaft Auskunft zu erteilen und die Einsicht der sich auf die Vormundschaft beziehenden Papiere zu gestatten.

1802 Der Vormund hat das Vermögen, das bei der Anordnung der Vormundschaft vorhanden ist oder später dem Mündel zufällt, zu verzeichnen und das Verzeichnis, nachdem er es mit der Versicherung der Richtigkeit und Vollständigkeit versehen hat, dem Vor-

§ mundschaftsgericht einzureichen. Ist ein G. vorhanden, so hat ihn der Vormund bei der Aufnahme des Verzeichnisses zuzuziehen; das Verzeichnis ist auch von dem G. mit der Versicherung der Richtigkeit und Vollständigkeit zu versehen.

Der Vormund kann sich bei der Aufnahme des Verzeichnisses der Hülfe eines Beamten, eines Notars oder eines anderen Sachverständigen bedienen.

Ist das eingereichte Verzeichnis ungenügend, so kann das Vormundschaftsgericht anordnen, daß das Verzeichnis durch eine zuständige Behörde oder durch einen zuständigen Beamten oder Notar aufgenommen wird.

1809 Der Vormund soll Mündelgeld nach § 1807 Abs. 1 Nr. 5 oder nach § 1808 nur mit der Bestimmung anlegen, daß zur Erhebung des Geldes die Genehmigung des G. oder des Vormundschaftsgerichts erforderlich ist. 1852.

1810 Der Vormund soll die in den §§ 1806 bis 1808 vorgeschriebene Anlegung von Mündelgeld nur mit Genehmigung des G. bewirken; die Genehmigung des G. wird durch die Genehmigung des Vormundschaftsgerichts ersetzt. Ist ein G. nicht vorhanden, so soll die Anlegung nur mit Genehmigung des Vormundschaftsgerichts erfolgen, sofern nicht die Vormundschaft von mehreren Vormündern gemeinschaftlich geführt wird. 1852.

1812 Der Vormund kann über eine Forderung oder über ein anderes Recht, kraft dessen der Mündel eine Leistung verlangen kann, sowie über ein Wertpapier des Mündels nur mit Genehmigung des G. verfügen, sofern nicht nach den §§ 1819—1822 die Genehmigung des Vormundschaftsgerichts erforderlich ist. Das Gleiche gilt von der Eingehung der Verpflichtung zu einer solchen Verfügung.

Die Genehmigung des G. wird durch die Genehmigung des Vormundschaftsgerichts ersetzt.

Ist ein G. nicht vorhanden, so tritt an die Stelle der Genehmigung des G. die Genehmigung des Vormundschaftsgerichts, sofern nicht die Vormundschaft von mehreren Vormündern gemeinschaftlich geführt wird. 1825, 1852.

1813 Der Vormund bedarf nicht der Genehmigung des G. zur Annahme einer geschuldeten Leistung:

1. wenn der Gegenstand der Leistung nicht in Geld oder Wertpapieren besteht;
2. wenn der Anspruch nicht mehr als dreihundert Mark beträgt;
3. wenn Geld zurückgezahlt wird, das der Vormund angelegt hat;
4. wenn der Anspruch zu den Nutzungen des Mündelvermögens gehört;
5. wenn der Anspruch auf Erstattung von Kosten der Kündigung oder der Rechtsverfolgung oder auf sonstige Nebenleistungen gerichtet ist.

Die Befreiung nach Abs. 1 Nr. 2, 3 erstreckt sich nicht auf die Erhebung von Geld, bei dessen Anlegung ein anderes bestimmt worden ist. Die Befreiung nach Abs. 1 Nr. 3 gilt auch nicht für die Erhebung von Geld, das nach § 1807 Abs. 1 Nr. 1 bis 4 angelegt ist.

1824 Der Vormund kann Gegenstände, zu deren Veräußerung die Genehmigung des G. oder des Vormundschaftsgerichts erforderlich ist, dem Mündel nicht ohne diese Genehmigung zur Erfüllung eines von diesem geschlossenen Vertrags oder zu freier Verfügung überlassen.

§

1825 Das Vormundschaftsgericht kann dem Vormunde zu Rechtsgeschäften, zu denen nach § 1812 die Genehmigung des G. erforderlich ist, sowie zu den im § 1822 Nr. 8 bis 10 bezeichneten Rechtsgeschäften eine allgemeine Ermächtigung erteilen.

Die Ermächtigung soll nur erteilt werden, wenn sie zum Zwecke der Vermögensverwaltung, insbesondere zum Betrieb eines Erwerbsgeschäfts, erforderlich ist.

1826 Das Vormundschaftsgericht soll vor der Entscheidung über die zu einer Handlung des Vormundes erforderliche Genehmigung den G. hören, sofern ein solcher vorhanden und die Anhörung thunlich ist.

1832 Soweit der Vormund zu einem Rechtsgeschäfte der Genehmigung des G. bedarf, finden die Vorschriften der §§ 1828—1831 entsprechende Anwendung.

1833 Der Vormund ist dem Mündel für den aus einer Pflichtverletzung entstehenden Schaden verantwortlich, wenn ihm ein Verschulden zur Last fällt. Das Gleiche gilt von dem G.

Sind für den Schaden mehrere neben einander verantwortlich, so haften sie als Gesamtschuldner. Ist neben dem Vormunde für den von diesem verursachten Schaden der G. oder ein Mitvormund nur wegen Verletzung seiner Aufsichtspflicht verantwortlich, so ist in ihrem Verhältnisse zu einander der Vormund allein verpflichtet.

1835 Macht der Vormund zum Zwecke der Führung der Vormundschaft Aufwendungen, so kann er nach den für den Auftrag geltenden Vorschriften der §§ 669, 670 von dem Mündel Vorschuß oder Ersatz verlangen. Das gleiche Recht steht dem G. zu.

Als Aufwendungen gelten auch solche Dienste des Vormundes oder des G., die zu seinem Gewerbe oder seinem Berufe gehören.

1836 Die Vormundschaft wird unentgeltlich geführt. Das Vormundschaftsgericht kann jedoch dem Vormund und aus besonderen Gründen auch dem G. eine angemessene Vergütung bewilligen. Die Bewilligung soll nur erfolgen, wenn das Vermögen des Mündels sowie der Umfang und die Bedeutung der vormundschaftlichen Geschäfte es rechtfertigen. Die Vergütung kann jederzeit für die Zukunft geändert oder entzogen werden.

Vor der Bewilligung, Änderung oder Entziehung soll der Vormund und, wenn ein G. vorhanden oder zu bestellen ist, auch dieser gehört werden.

1837 Das Vormundschaftsgericht hat über die gesamte Thätigkeit des Vormundes und des G. die Aufsicht zu führen und gegen Pflichtwidrigkeiten durch geeignete Gebote und Verbote einzuschreiten.

Das Vormundschaftsgericht kann den Vormund und den G. zur Befolgung seiner Anordnungen durch Ordnungsstrafen anhalten. Die einzelne Strafe darf den Betrag von dreihundert Mark nicht übersteigen.

1839 Der Vormund sowie der G. hat dem Vormundschaftsgericht auf Verlangen jederzeit über die Führung der Vormundschaft und über die persönlichen Verhältnisse des Mündels Auskunft zu erteilen.

1842 Ist ein G. vorhanden oder zu bestellen, so hat ihm der Vormund die Rechnung über die Vermögensverwaltung unter Nachweisung des Vermögensbestandes vorzulegen. Der G. hat die Rechnung mit den Bemerkungen zu versehen, zu denen die Prüfung ihm Anlaß giebt.

1847 Das Vormundschaftsgericht soll vor

§ einer von ihm zu treffenden Entscheidung auf Antrag des Vormundes oder des G. Verwandte oder Verschwägerte des Mündels hören, wenn es ohne erhebliche Verzögerung und ohne unverhältnismäßige Kosten geschehen kann. In wichtigen Angelegenheiten soll die Anhörung auch ohne Antrag erfolgen; wichtige Angelegenheiten sind insbesondere die Volljährigkeitserklärung, die Ersetzung der Einwilligung zur Eheschließung im Falle des § 1304, die Ersetzung der Genehmigung im Falle des § 1337, die Entlassung aus dem Staatsverband und die Todeserklärung.

Die Verwandten und Verschwägerten können von dem Mündel Ersatz ihrer Auslagen verlangen; der Betrag der Auslagen wird von dem Vormundschaftsgerichte festgesetzt. 1862.

1849 Der Gemeindewaisenrat hat dem Vormundschaftsgerichte die Personen vorzuschlagen, die sich im einzelnen Falle zum Vormunde, G. oder Mitglied eines Familienrats eignen.

1851 Das Vormundschaftsgericht hat dem Gemeindewaisenrate die Anordnung der Vormundschaft über einen sich in dessen Bezirk aufhaltenden Mündel unter Bezeichnung des Vormundes und des G. sowie einen in der Person des Vormundes oder des G. eintretenden Wechsel mitzuteilen.

1852 Der Vater kann, wenn er einen Vormund benennt, die Bestellung eines G. ausschließen.

Der Vater kann anordnen, daß der von ihm benannte Vormund bei der Anlegung von Geld den in den §§ 1809, 1810 bestimmten Beschränkungen nicht unterliegen und zu den im § 1812 bezeichneten Rechtsgeschäften der Genehmigung des G. oder des Vormundschaftsgerichts nicht bedürfen soll. Diese Anordnungen sind als getroffen anzusehen, wenn der Vater die Bestellung eines G. ausgeschlossen hat. 1855, 1856, 1903, 1904, 1917.

1854 Der Vater kann den von ihm benannten Vormund von der Verpflichtung entbinden, während der Dauer seines Amtes Rechnung zu legen.

Der Vormund hat in einem solchen Falle nach dem Ablaufe von je zwei Jahren eine Übersicht über den Bestand des seiner Verwaltung unterliegenden Vermögens dem Vormundschaftsgericht einzureichen. Das Vormundschaftsgericht kann anordnen, daß die Übersicht in längeren, höchstens fünfjährigen Zwischenräumen einzureichen ist.

Ist ein G. vorhanden oder zu bestellen, so hat ihm der Vormund die Übersicht unter Nachweisung des Vermögensbestandes vorzulegen. Der G. hat die Übersicht mit den Bemerkungen zu versehen, zu denen die Prüfung ihm Anlaß giebt. 1855, 1856, 1903, 1917.

1859 Ein Familienrat soll von dem Vormundschaftsgericht eingesetzt werden, wenn ein Verwandter oder Verschwägerter des Mündels oder der Vormund oder der G. die Einsetzung beantragt und das Vormundschaftsgericht sie im Interesse des Mündels für angemessen erachtet.

Die Einsetzung unterbleibt, wenn der Vater oder die eheliche Mutter des Mündels sie untersagt hat. 1868, 1905.

1873 Der Familienrat wird von dem Vorsitzenden einberufen. Die Einberufung hat zu erfolgen, wenn zwei Mitglieder, der Vormund oder der G. sie beantragen oder wenn das Interesse des Mündels sie erfordert. Die Mitglieder können mündlich oder schriftlich eingeladen werden.

§

1881 Von der Aufhebung des Familienrats hat das Vormundschaftsgericht die bisherigen Mitglieder, den Vormund und den G. in Kenntnis zu setzen.

Der Vormund und der G. erhalten neue Bestallungen. Die früheren Bestallungen sind dem Vormundschaftsgerichte zurückzugeben.

1891 Ist ein G. vorhanden, so hat ihm der Vormund nach der Beendigung seines Amtes die Rechnung vorzulegen. Der G. hat die Rechnung mit den Bemerkungen zu versehen, zu denen die Prüfung ihm Anlaß giebt.

Der G. hat über die Führung der Gegenvormundschaft und, soweit er dazu imstande ist, über das von dem Vormunde verwaltete Vermögen auf Verlangen Auskunft zu erteilen.

1892 Der Vormund hat die Rechnung, nachdem er sie dem G. vorgelegt hat, dem Vormundschaftsgericht einzureichen.

Das Vormundschaftsgericht hat die Rechnung rechnungsmäßig und sachlich zu prüfen und deren Abnahme durch Verhandlung mit den Beteiligten unter Zuziehung des G. zu vermitteln. Soweit die Rechnung als richtig anerkannt wird, hat das Vormundschaftsgericht das Anerkenntnis zu beurkunden.

1894 Den Tod des G. oder eines Mitvormundes hat der Vormund unverzüglich anzuzeigen. 1895.

1895 Die Vorschriften der §§ 1885—1889, 1893, 1894 finden auf den G. entsprechende Anwendung.

1903 Wird der Vater des volljährigen Mündels zum Vormunde bestellt, so unterbleibt die Bestellung eines G. Dem Vater stehen die Befreiungen zu, die nach den §§ 1852—1854 angeordnet werden können. Das Vormundschaftsgericht kann die Befreiungen außer Kraft setzen, wenn sie das Interesse des Mündels gefährden.

Diese Vorschriften finden keine Anwendung, wenn der Vater im Falle der Minderjährigkeit des Mündels zur Vermögensverwaltung nicht berechtigt sein würde. 1897, 1904.

1904 Ist die eheliche Mutter des volljährigen Mündels zum Vormunde bestellt, so gilt für sie das Gleiche wie nach § 1903 für den Vater. Der Mutter ist jedoch ein G. zu bestellen, wenn sie die Bestellung beantragt oder wenn die Voraussetzungen vorliegen, unter denen ihr nach § 1687 Nr. 3 ein Beistand zu bestellen sein würde. Wird ein G. bestellt, so stehen der Mutter die im § 1852 bezeichneten Befreiungen nicht zu. 1897.

1915 Auf die Pflegschaft finden die für die Vormundschaft geltenden Vorschriften entsprechende Anwendung, soweit sich nicht aus dem Gesetz ein anderes ergiebt.

Die Bestellung eines G. ist nicht erforderlich.

Gegenvormundschaft.

Vormundschaft.

1786 Die Führung von zwei G. steht der Führung einer Vormundschaft gleich.

1891 s. **Gegenvormund** — Vormundschaft.

Gegenwart.

1318 **Ehe** s. **Ehe** — Ehe.

Art.

151 **Einführungsgesetz** s. Testament § 2239.

§

1986 **Erbe** s. **Erbe** — Erbe.

Erbvertrag.

2276 s. Testament 2239.

2277 s. Testament 2246.

2300 s. Testament 2262.

§
2239 **Testament** 2246, 2262 s. **Erblasser** — Testament.

Gehalt.

196 **Verjährung** s. **Frist** — Verjährung.

Art. **Gehege.**

71 **Einführungsgesetz** s. **E.G.** — E.G.

Gehülfe.

§ **Auftrag.**

664 Der Beauftragte ist für das Verschulden eines G. nach § 278 verantwortlich.

Art. **Einführungsgesetz.**

78 s. **E.G.** — E.G.

151 s. Testament § 2237.

§

2276 **Erbvertrag** s. Testament 2237.

713 **Gesellschaft** s. Auftrag 664.

Handlung.

830 Anstifter und G. stehen Mitthätern gleich.

Kauf.

456 Bei einem Verkauf im Wege der Zwangsvollstreckung dürfen der mit der Vornahme oder Leitung des Verkaufs Beauftragte und die von ihm zugezogenen G. mit Einschluß des Protokollführers, den zum Verkaufe gestellten Gegenstand weder für sich persönlich oder durch einen anderen noch als Vertreter eines anderen kaufen. 457, 458.

278 **Leistung** s. **Erfüllung** — Leistung.

Testament.

2218 s. Auftrag 664.

2237 Als Zeuge soll bei der Errichtung des Testaments nicht mitwirken

1. . . . . .

4. wer als Gesinde oder G. im Dienste des Richters oder des beurkundenden Notars steht. 2232, 2244, 2249, 2250.

27 **Verein** s. Auftrag 664.

§ **Verjährung.**

196 In zwei Jahren verjähren die Ansprüche:

1. . . . . .

9. der gewerblichen Arbeiter — Gesellen, G., Lehrlinge, Fabrikarbeiter —, der Tagelöhner und Handarbeiter wegen des Lohnes und anderer an Stelle oder als Teil des Lohnes vereinbarter Leistungen, mit Einschluß der Auslagen, sowie der Arbeitgeber wegen der auf solche Ansprüche gewährten Vorschüsse; 201.

Verwahrung.

691 Für das Verschulden eines G. ist der Verwahrer nach § 278 verantwortlich.

Art. **Geissel.**

44 **Einführungsgesetz** s. **E.G.** — E.G.

§ **Geist.**

1569 **Ehescheidung** s. **Geisteskrankheit** — Ehescheidung.

Art. **Einführungsgesetz.**

135, *204* s. Verwandtschaft § 1666.

210 s. Vormundschaft § 1910.

§

1418 **Güterrecht** 1428 s. Vormundschaft 1910.

827 **Handlung** s. **Handlung** — Handlung.

2201 **Testament** s. Vormundschaft 1910.

Verwandtschaft.

1666 Wird das geistige oder leibliche Wohl des ehelichen Kindes dadurch gefährdet, daß der Vater das Recht der Sorge für die Person des Kindes mißbraucht, das Kind vernachlässigt oder sich eines ehrlosen oder unsittlichen Verhaltens schuldig macht, so hat das Vormundschaftsgericht die zur Abwendung der Gefahr erforderlichen Maßregeln zu treffen. 1687.

1676 s. Vormundschaft 1910.

1708 Ist das uneheliche Kind zur Zeit der

§ Vollendung des sechszehnten Lebensjahrs infolge körperlicher oder geistiger Gebrechen außer stande, sich selbst zu unterhalten, so hat ihm der Vater auch über diese Zeit hinaus Unterhalt zu gewähren; die Vorschrift des § 1603 Abs. 1 findet Anwendung. 1717.

Vormundschaft.

1838 s. Verwandtschaft 1666.

1910 Vermag ein Volljähriger, der nicht unter Vormundschaft steht, infolge geistiger oder körperlicher Gebrechen einzelne seiner Angelegenheiten oder einen bestimmten Kreis seiner Angelegenheiten, insbesondere seine Vermögensangelegenheiten, nicht zu besorgen, so kann er für diese Angelegenheiten einen Pfleger erhalten.

Die Pflegschaft darf nur mit Einwilligung des Gebrechlichen angeordnet werden, es sei denn, daß eine Verständigung mit ihm nicht möglich ist. 1781, 1920.

Geisteskrankheit.

1569 **Ehescheidung** s. **Ehe** — Ehescheidung.

Art. **Einführungsgesetz.**

95 s. Geschäftsfähigkeit § 104.

155 s. **E.G.** — E.G.

§

6 **Entmündigung** s. **Entmündigung** — Entmündigung.

Geschäftsfähigkeit.

104 Geschäftsunfähig ist:

1\. . . . .

3\. wer wegen G. entmündigt ist.

1478 **Güterrecht** s. **Ehegatte** — Güterrecht.

Geistesschwäche.

Art. **Einführungsgesetz.**

95 s. Geschäftsfähigkeit § 114.

210 s. **E.G.** — E.G.

§

6 **Entmündigung** s. **Entmündigung** — Entmündigung.

114 **Geschäftsfähigkeit** s. **Entmündigung** — Geschäftsfähigkeit.

2229 **Testament** 2253 s. **Entmündigung** — Testament.

Vormundschaft.

1780 s. **Entmündigung** — Vormundschaft.

1865 s. **Familienrat** — Vormundschaft.

Geistesschwacher.

Art. **Einführungsgesetz.**

210 Ist die Vormundschaft wegen Geistesschwäche angeordnet, ohne daß eine Entmündigung erfolgt ist, so gilt sie als eine nach § 1910 Abs. 2 des B.G.B. für die Vermögensangelegenheiten des G. angeordnete Pflegschaft.

211 Die nach den französischen oder den badischen Gesetzen für einen G. angeordnete Bestellung eines Beistandes verliert mit dem Ablaufe von sechs Monaten nach dem Inkrafttreten des B.G.B. ihre Wirkung.

Geistesthätigkeit.

§

1325 **Ehe** s. **Ehe** — Ehe.

Art. **Einführungsgesetz.**

95 s. Geschäftsfähigkeit §§ 104, 105.

§

104 **Geschäftsfähigkeit** 105 s. **Geschäftsfähigkeit** — Geschäftsfähigkeit.

827 **Handlung** s. **Handlung** — Handlung.

276 **Leistung** s. Handlung 827.

Geistlicher.

Art. **Einführungsgesetz.**

80 s. **E.G.** — E.G.

§

570 **Miete** s. **Beamter** — Miete.

596 **Pacht** s. Miete 570.

411 **Schuldverhältnis** s. **Beamter** — Schuldverhältnis.

473 Sind neben dem in G. festgesetzten Kaufpreise Leistungen bedungen, die nicht vertretbare Sachen zum Gegenstande haben, so sind diese Leistungen in den Fällen der §§ 471, 472 nach dem Werte zur Zeit des Verkaufs in G. zu veranschlagen. Die Herabsetzung der Gegenleistung des Käufers erfolgt an dem in G. festgesetzten Preise; ist dieser geringer als der abzusetzende Betrag, so hat der Verkäufer den überschießenden Betrag dem Käufer zu vergüten. 481.

507 Hat sich der Dritte in dem Vertrage zu einer Nebenleistung verpflichtet, die der Vorkaufsberechtigte zu bewirken außer stande ist, so hat der Vorkaufsberechtigte statt der Nebenleistung ihren Wert zu entrichten. Läßt sich die Nebenleistung nicht in G. schätzen, so ist die Ausübung des Vorkaufsrechts ausgeschlossen; die Vereinbarung der Nebenleistung kommt jedoch nicht in Betracht, wenn der Vertrag mit dem Dritten auch ohne sie geschlossen sein würde.

Leistung.

250 Der Gläubiger kann dem Ersatzpflichtigen zur Herstellung eines früheren Zustandes eine angemessene Frist mit der Erklärung bestimmen, daß er die Herstellung nach dem Ablaufe der Frist ablehne. Nach dem Ablaufe der Frist kann der Gläubiger den Ersatz in G. verlangen, wenn nicht die Herstellung rechtzeitig erfolgt; der Anspruch auf die Herstellung ist ausgeschlossen.

251 Soweit die Herstellung des früheren Zustandes nicht möglich oder zur Entschädigung des Gläubigers nicht genügend ist, hat der Ersatzpflichtige den Gläubiger in G. zu entschädigen.

Der Ersatzpflichtige kann den Gläubiger in G. entschädigen, wenn die Herstellung nur mit unverhältnismäßigen Aufwendungen möglich ist.

253 Wegen eines Schadens, der nicht Vermögensschaden ist, kann Entschädigung in G. nur in den durch das Gesetz bestimmten Fällen gefordert werden.

256 Wer zum Ersatze von Aufwendungen verpflichtet ist, hat den aufgewendeten Betrag oder, wenn andere Gegenstände als G. aufgewendet worden sind, den als Ersatz ihres Wertes zu zahlenden

§ Betrag von der Zeit der Aufwendung an zu verzinsen. Sind Aufwendungen auf einen Gegenstand gemacht worden, der dem Ersatzpflichtigen herauszugeben ist, so sind Zinsen für die Zeit, für welche dem Ersatzberechtigten die Nutzungen oder die Früchte des Gegenstandes ohne Vergütung verbleiben, nicht zu entrichten.

270 G. hat der Schuldner im Zweifel auf seine Gefahr und seine Kosten dem Gläubiger an dessen Wohnsitz zu übermitteln.

Ist die Forderung im Gewerbebetriebe des Gläubigers entstanden, so tritt, wenn der Gläubiger seine gewerbliche Niederlassung an einem anderen Orte hat, der Ort der Niederlassung an die Stelle des Wohnsitzes.

Erhöhen sich infolge einer nach der Entstehung des Schuldverhältnisses eintretenden Änderung des Wohnsitzes oder der gewerblichen Niederlassung des Gläubigers die Kosten oder die Gefahr der Übermittelung, so hat der Gläubiger im ersteren Falle die Mehrkosten, im letzteren Falle die Gefahr zu tragen.

Die Vorschriften über den Leistungsort bleiben unberührt.

280, 286 s. Vertrag 346, 347.

Miete.

537 s. Kauf 473.

543, 555 s. Vertrag 347.

1032 **Nießbrauch** s. Eigentum 935.

Pfandrecht.

1207, 1208 s. Eigentum 935.

1228 Die Befriedigung des Pfandgläubigers aus dem Pfande erfolgt durch Verkauf.

Der Pfandgläubiger ist zum Verkaufe berechtigt, sobald die Forderung ganz oder zum Teil fällig ist. Besteht der geschuldete Gegenstand nicht in G., so ist der Verkauf erst zulässig, wenn die Forderung in eine Geldforderung übergegangen ist. 1243, 1266, 1282, 1283, 1294—1296.

702 **Sachen** s. **Einbringung** — Sachen.

Schuldverhältnis.

372 G., Wertpapiere und sonstige Urkunden sowie Kostbarkeiten kann der Schuldner bei einer dazu bestimmten öffentlichen Stelle für den Gläubiger hinterlegen, wenn der Gläubiger im Verzuge der Annahme ist. Das Gleiche gilt, wenn der Schuldner aus einem anderen in der Person des Gläubigers liegenden Grunde oder infolge einer nicht auf Fahrlässigkeit beruhenden Ungewißheit über die Person des Gläubigers seine Verbindlichkeit nicht oder nicht mit Sicherheit erfüllen kann. 383.

Sicherheitsleistung.

232 Wer Sicherheit zu leisten hat, kann dies bewirken

durch Hinterlegung von G. oder Wertpapieren;

. . . .

233 Mit der Hinterlegung erwirbt der Berechtigte ein Pfandrecht an dem hinterlegten G. oder an den hinterlegten Wertpapieren und, wenn das G. oder die Wertpapiere nach landesgesetzlicher Vorschrift in das Eigentum des Fiskus oder der als Hinterlegungsstelle bestimmten Anstalt übergehen, ein Pfandrecht an der Forderung auf Rückerstattung.

234 **Mündelgeld** s. **Mündelgeld** — Sicherheitsleistung.

235 Wer durch Hinterlegung von G. oder von Wertpapieren Sicherheit geleistet hat, ist berechtigt, das hinterlegte G. gegen geeignete Wertpapiere, die hinterlegten Wertpapiere gegen andere geeignete Wertpapiere oder gegen G. umzutauschen.

88 **Stiftung** s. Verein 49.

Testament.

2119 G., das nach den Regeln einer ord-

§ nungsmäßigen Wirtschaft dauernd anzulegen ist, darf der Vorerbe nur nach den für die Anlegung von Mündelgeld geltenden Vorschriften anlegen. 2136.

2204 s. Erbe 2046.

2218 s. Auftrag 668.

Verein.

27 s. Auftrag 668.

49 Die Liquidatoren haben im Falle der Auflösung des Vereins die laufenden Geschäfte zu beendigen, die Forderungen einzuziehen, das übrige Vermögen in G. umzusetzen, die Gläubiger zu befriedigen und den Überschuß den Anfallberechtigten auszuantworten. Zur Beendigung schwebender Geschäfte können die Liquidatoren auch neue Geschäfte eingehen. Die Einziehung der Forderungen sowie die Umsetzung des übrigen Vermögens in G. darf unterbleiben, soweit diese Maßregeln nicht zur Befriedigung der Gläubiger oder zur Verteilung des Überschusses unter die Anfallberechtigten erforderlich sind.

Der Verein gilt bis zur Beendigung der Liquidatoren als fortbestehend, soweit der Zweck der Liquidation es erfordert.

Verjährung.

196 **Lehrgeld** s. D.

Verlöbnis.

1300 Hat eine unbescholtene Verlobte ihrem Verlobten die Beiwohnung gestattet, so kann sie, wenn die Voraussetzungen des § 1298 oder des § 1299 vorliegen, auch wegen des Schadens, der nicht Vermögensschaden ist, eine billige Entschädigung in G. verlangen.

Der Anspruch ist nicht übertragbar und geht nicht auf die Erben über, es sei denn, daß er durch Vertrag anerkannt oder daß er rechtshängig geworden ist. 1302.

Vertrag.

323 s. Kauf 473.

§

346 Hat sich in einem Vertrag ein Teil den Rücktritt vorbehalten, so sind die Parteien, wenn der Rücktritt erfolgt, verpflichtet, einander die empfangenen Leistungen zurückzugewähren. Für geleistete Dienste sowie für die Überlassung der Benutzung einer Sache ist der Wert zu vergüten oder, falls in dem Vertrag eine Gegenleistung in G. bestimmt ist, diese zu entrichten. 327.

347 Der Anspruch auf Schadensersatz wegen Verschlechterung, Unterganges oder einer aus einem anderen Grunde eintretenden Unmöglichkeit der Herausgabe bestimmt sich im Falle des Rücktritts von einem Vertrage von dem Empfange der Leistung an nach den Vorschriften, welche für das Verhältnis zwischen dem Eigentümer und dem Besitzer von dem Eintritte der Rechtshängigkeit des Eigentumsanspruchs an gelten. Das Gleiche gilt von dem Anspruch auf Herausgabe oder Vergütung von Nutzungen und von dem Anspruch auf Ersatz von Verwendungen. Eine Geldsumme ist von der Zeit des Empfanges an zu verzinsen. 327.

Verwahrung.

698 Verwendet der Verwahrer hinterlegtes G. für sich, so ist er verpflichtet, es von der Zeit der Verwendung an zu verzinsen.

Verwandtschaft.

1642 Der Vater hat das seiner Verwaltung unterliegende G. des ehelichen Kindes, unbeschadet der Vorschrift des § 1653, nach den für die Anlegung von Mündelgeld geltenden Vorschriften der §§ 1807, 1808 verzinslich anzulegen, soweit es nicht zur Bestreitung von Ausgaben bereit zu halten ist.

Das Vormundschaftsgericht kann dem Vater aus besonderen Gründen eine andere Anlegung gestatten.

§

1643 s. Vormundschaft 1822.

1653 Der Vater darf verbrauchbare Sachen, die zu dem seiner Nutznießung unterliegenden Vermögen gehören, für sich veräußern oder verbrauchen, G. jedoch nur mit Genehmigung des Vormundschaftsgerichts. Macht der Vater von dieser Befugnis Gebrauch, so hat er den Wert der Sachen nach der Beendigung der Nutznießung zu ersetzen; der Ersatz ist schon vorher zu leisten, wenn die ordnungsmäßige Verwaltung des Vermögens es erfordert. 1642, 1659.

1691 Soweit die Anlegung des zu dem der Verwaltung der Mutter unterliegenden Vermögen des ehelichen Kindes gehörenden G. in den Wirkungskreis des Beistandes fällt, finden die für die Anlegung von Mündelg. geltenden Vorschriften der §§ 1809, 1810 entsprechende Anwendung.

1098 **Vorkaufsrecht** s. Kauf 507.

Vormundschaft.

1806 Der Vormund hat das zum Vermögen des Mündels gehörende G. verzinslich anzulegen, soweit es nicht zur Bestreitung von Ausgaben bereit zu halten ist. 1807, 1810.

1807 ff. Mündelgeld s. **Mündelgeld** — Vormundschaft.

1813 Der Vormund bedarf nicht der Genehmigung des Gegenvormundes zur Annahme einer geschuldeten Leistung:

1. wenn der Gegenstand der Leistung nicht in G. oder Wertpapieren besteht;
2. wenn der Anspruch nicht mehr als 300 M. beträgt;
3. wenn G. zurückgezahlt wird, das der Vormund angelegt hat;
4. . . . .
5. . . . .

Die Befreiung nach Abs. 1 Nr. 2, 3 erstreckt sich nicht auf die Erhebung von G., bei dessen Anlegung ein anderes bestimmt worden ist. Die Befreiung nach Abs. 1 Nr. 3 gilt auch nicht für die Erhebung von G., das nach § 1807 Abs. 1 Nr. 1—4 angelegt ist.

1822 Der Vormund bedarf der Genehmigung des Vormundschaftsgerichts:

1. . . . .

8. zur Aufnahme von G. auf den Kredit des Mündels;

9. . . . .

12. zu einem Vergleiche oder einem Schiedsvertrage, es sei denn, daß der Gegenstand des Streites oder der Ungewißheit in G. schätzbar ist und den Wert von 300 M. nicht übersteigt. 1812, 1825.

13. . . . .

1834 Verwendet der Vormund G. des Mündels für sich, so hat er es von der Zeit der Verwendung an zu verzinsen.

1852 Der Vater kann, wenn er einen Vormund benennt, die Bestellung eines Gegenvormundes ausschließen.

Der Vater kann anordnen, daß der von ihm benannte Vormund bei der Anlegung von G. den in den §§ 1809, 1810 bestimmten Beschränkungen nicht unterliegen und zu den im § 1812 bezeichneten Rechtsgeschäften der Genehmigung des Gegenvormundes oder des Vormundschaftsgerichts nicht bedürfen soll. Diese Anordnungen sind als getroffen anzusehen, wenn der Vater die Bestellung eines Gegenvormundes ausgeschlossen hat. 1855, 1856, 1903, 1904, 1917.

Werkvertrag.

634 s. Kauf 467, 473.

641 Die Vergütung ist bei der Abnahme des Werkes zu entrichten. Ist das Werk in Teilen abzunehmen und die Vergütung für die einzelnen Teile bestimmt, so ist die Vergütung für

§ jeden Teil bei dessen Abnahme zu entrichten.

Eine in G. festgesetzte Vergütung hat der Besteller von der Abnahme des Werkes an zu verzinsen, sofern nicht die Vergütung gestundet ist. 646.

Geldbetrag s. auch **Betrag.**

Hypothek.

1115 Bei der Eintragung der Hypothek müssen der Gläubiger, der G. der Forderung und, wenn die Forderung verzinslich ist, der Zinssatz, wenn andere Nebenleistungen zu entrichten sind, ihr G. im Grundbuch angegeben werden; im übrigen kann zur Bezeichnung der Forderung auf die Eintragungsbewilligung Bezug genommen werden.

Bei der Eintragung der Hypothek für ein Darlehen einer Kreditanstalt, deren Satzung von der zuständigen Behörde öffentlich bekannt gemacht worden ist, genügt zur Bezeichnung der außer den Zinsen satzungsgemäß zu entrichtenden Nebenleistungen die Bezugnahme auf die Satzung.

Leistung.

249 Wer zum Schadensersatze verpflichtet ist, hat den Zustand herzustellen, der bestehen würde, wenn der zum Ersatze verpflichtende Umstand nicht eingetreten wäre. Ist wegen Verletzung einer Person oder wegen Beschädigung einer Sache Schadensersatz zu leisten, so kann der Gläubiger statt der Herstellung den dazu erforderlichen G. verlangen.

Pfandrecht.

1234 Der Pfandgläubiger hat dem Eigentümer den Verkauf des Pfandes vorher anzudrohen und dabei den G. zu bezeichnen, wegen dessen der Verkauf stattfinden soll. Die Androhung kann erst nach dem Eintritte der Verkaufsberechtigung erfolgen; sie darf unterbleiben, wenn sie unthunlich ist.

§ Der Verkauf darf nicht vor dem Ablauf eines Monats nach der Androhung erfolgen. Ist die Androhung unthunlich, so wird der Monat von dem Eintritte der Verkaufsberechtigung an berechnet. 1233, 1245, 1266.

1260 Zur Bestellung des Pfandrechts an einem Schiffe ist die Einigung des Eigentümers des Schiffes und des Gläubigers darüber, daß dem Gläubiger das Pfandrecht zustehen soll, und die Eintragung des Pfandrechts in das Schiffsregister erforderlich. Die Vorschriften des § 873 Abs. 2 und des § 878 finden entsprechende Anwendung.

In der Eintragung müssen der Gläubiger, der G. der Forderung und, wenn die Forderung verzinslich ist, der Zinssatz angegeben werden. Zur näheren Bezeichnung der Forderung kann auf die Eintragungsbewilligung Bezug genommen werden. 1259, 1272.

Geldforderung s. auch **Forderung.**

772 **Bürgschaft** s. **Bürge** — Bürgschaft.

Pfandrecht.

1228 s. **Geld** — Pfandrecht.

1282 Sind die Voraussetzungen des § 1228 Abs. 2 eingetreten, so ist der Pfandgläubiger zur Einziehung der Forderung berechtigt und kann der Schuldner nur an ihn leisten. Die Einziehung einer G. steht dem Pfandgläubiger nur insoweit zu, als sie zu seiner Befriedigung erforderlich ist. Soweit er zur Einziehung berechtigt ist, kann er auch verlangen, daß ihm die Geldforderung an Zahlungsstatt abgetreten wird.

Zu anderen Verfügungen über die Forderung ist der Pfandgläubiger nicht berechtigt; das Recht, die Befriedigung aus der Forderung nach

§ § 1277 zu suchen, bleibt unberührt. 1273, 1279, 1284, 1287, 1288.

1288 Wird eine G. in Gemäßheit des § 1281 eingezogen, so sind der Pfandgläubiger und der Gläubiger einander verpflichtet, dazu mitzuwirken, daß der eingezogene Betrag, soweit es ohne Beeinträchtigung des Interesses des Pfandgläubigers thunlich ist, nach den für die Anlegung von Mündelgeld geltenden Vorschriften verzinslich angelegt und gleichzeitig dem Pfandgläubiger das Pfandrecht bestellt wird. Die Art der Anlegung bestimmt der Gläubiger.

Erfolgt die Einziehung in Gemäßheit des § 1282, so gilt die Forderung des Pfandgläubigers, soweit ihm der eingezogene Betrag zu seiner Befriedigung gebührt, als von dem Gläubiger berichtigt. 1273, 1279.

Geldrente s. auch **Rente, Leibrente, Rentenschuld.**

§

618 **Dienstvertrag** s. Handlung 843 bis 845.

Ehe.

1351 s. Ehescheidung 1580, 1582.

1361 s. **Ehe** — Ehe.

1580 **Ehescheidung** 1592 s. **Ehe** — Ehescheidung.

912 Eigentum 913—917 s. **Eigentum** — Eigentum.

Art. **Einführungsgesetz.**

116, 118 s. **E.G.** — E.G.

§

843 **Handlung** 844, 845 s. **Handlung** — Handlung.

760 **Leibrente** s. **Leibrente** — Leibrente.

528 **Schenkung** s. Leibrente 760.

Verwandtschaft.

1612 Der Verwandten zu gewährende Unterhalt ist durch Entrichtung einer G. zu gewähren. Der Verpflichtete kann verlangen, daß ihm die Gewährung des Unterhalts in anderer Art gestattet wird, wenn besondere Gründe es rechtfertigen.

Haben Eltern einem unverheirateten Kinde Unterhalt zu gewähren, so können sie bestimmen, in welcher Art und für welche Zeit im voraus der Unterhalt gewährt werden soll. Aus besonderen Gründen kann das Vormundschaftsgericht auf Antrag des Kindes die Bestimmung der Eltern ändern.

Im übrigen finden die Vorschriften des § 760 Anwendung. 1703.

1614 s. Leibrente 760.

1710 Der Unterhalt ist dem unehelichen Kinde durch Entrichtung einer G. zu gewähren.

Die Rente ist für drei Monate vorauszuzahlen. Durch eine Vorausleistung für eine spätere Zeit wird der Vater nicht befreit.

Hat das Kind den Beginn des Vierteljahrs erlebt, so gebührt ihm der volle auf das Vierteljahr entfallende Betrag. 1717.

Geldschuld s. auch **Schuld.**

Leistung.

244 Ist eine in ausländischer Währung ausgedrückte G. im Inlande zu zahlen, so kann die Zahlung in Reichswährung erfolgen, es sei denn, daß Zahlung in ausländischer Währung ausdrücklich bedungen ist.

Die Umrechnung erfolgt nach dem Kurswerte, der zur Zeit der Zahlung für den Zahlungsort maßgebend ist.

245 Ist eine G. in einer bestimmten Münzsorte zu zahlen, die sich zur Zeit der Zahlung nicht mehr im Umlaufe befindet, so ist die Zahlung so zu leisten, wie wenn die Münzsorte nicht bestimmt wäre.

288 Eine G. ist während des Verzugs mit vier vom Hundert für das Jahr zu

§ verzinsen. Kann der Gläubiger aus einem anderen Rechtsgrunde höhere Zinsen verlangen, so sind diese fortzuentrichten.

Die Geltendmachung eines weiteren Schadens ist nicht ausgeschlossen. 291.

291 Eine G. hat der Schuldner von dem Eintritte der Rechtshängigkeit an zu verzinsen, auch wenn er nicht im Verzug ist; wird die Schuld erst später fällig, so ist sie von der Fälligkeit an zu verzinsen. Die Vorschriften des § 288 Abs. 1 und des § 289 Satz 1 finden entsprechende Anwendung.

301 Von einer verzinslichen G. hat der Schuldner während des Verzugs des Gläubigers Zinsen nicht zu entrichten.

Geldsumme s. auch **Summe.**

628 **Dienstvertrag** s. Vertrag 347.

Grundschuld.

1191 Ein Grundstück kann in der Weise belastet werden, daß an denjenigen, zu dessen Gunsten die Belastung erfolgt, eine bestimmte G. aus dem Grundstücke zu zahlen ist (Grundschuld).

Die Belastung kann auch in der Weise erfolgen, daß Zinsen von der G. sowie andere Nebenleistungen aus dem Grundstücke zu entrichten sind.

Hypothek.

1113 Ein Grundstück kann in der Weise belastet werden, daß an denjenigen, zu dessen Gunsten die Belastung erfolgt, eine bestimmte G. zur Befriedigung wegen einer ihm zustehenden Forderung aus dem Grundstücke zu zahlen ist (Hypothek).

Die Hypothek kann auch für eine künftige oder eine bedingte Forderung bestellt werden.

467 **Kauf** s. Vertrag 347.

543, 555 **Miete** s. Vertrag 347.

Rentenschuld.

1199 Eine Grundschuld kann in der Weise bestellt werden, daß in regelmäßig wiederkehrenden Terminen eine bestimmte G. aus dem Grundstücke zu zahlen ist (Rentenschuld).

Bei der Bestellung der Rentenschuld muß der Betrag bestimmt werden, durch dessen Zahlung die Rentenschuld abgelöst werden kann. Die Ablösungssumme muß im Grundbuch angegeben werden.

Schuldverschreibung.

795 Im Inland ausgestellte Schuldverschreibungen auf den Inhaber, in denen die Zahlung einer bestimmten G. versprochen wird, dürfen nur mit staatlicher Genehmigung in den Verkehr gebracht werden.

Die Genehmigung wird durch die Centralbehörde des Bundesstaates erteilt, in dessen Gebiete der Aussteller seinen Wohnsitz oder seine gewerbliche Niederlassung hat. Die Erteilung der Genehmigung und die Bestimmungen, unter denen sie erfolgt, sollen durch den Deutschen Reichsanzeiger bekannt gemacht werden.

Eine ohne staatliche Genehmigung in den Verkehr gelangte Schuldverschreibung ist nichtig; der Aussteller hat dem Inhaber den durch die Ausgabe verursachten Schaden zu ersetzen.

Diese Vorschriften finden keine Anwendung auf Schuldverschreibungen, die von dem Reiche oder einem Bundesstaat ausgegeben werden.

2173 **Testament** s. **Erblasser** — Testament.

Vertrag.

339 Verspricht der Schuldner dem Gläubiger für den Fall, daß er seine Verbindlichkeit nicht oder nicht in gehöriger Weise erfüllt, die Zahlung einer G. als Strafe, so ist die Strafe verwirkt, wenn er in Verzug kommt. Besteht die geschuldete Leistung in

§ einem Unterlassen, so tritt die Verwirkung mit der Zuwiderhandlung ein. 342, 343.

342 Wird als Strafe eine andere Leistung als die Zahlung einer G. versprochen, so finden die Vorschriften der §§ 339 bis 341 Anwendung; der Anspruch auf Schadensersatz ist ausgeschlossen, wenn der Gläubiger die Strafe verlangt. 343.

347 s. **Geld** — Vertrag.

634 **Werkvertrag** s. Kauf 467.

Gelegenheit.

Mäklervertrag.

652 Wer für den Nachweis der G. zum Abschluß eines Vertrags oder für die Vermittelung eines Vertrags einen Mäklerlohn verspricht, ist zur Entrichtung des Lohnes nur verpflichtet, wenn der Vertrag infolge des Nachweises oder infolge der Vermittlung des Mäklers zustande kommt. Wird der Vertrag unter einer aufschiebenden Bedingung geschlossen, so kann der Mäklerlohn erst verlangt werden, wenn die Bedingung eintritt.

Aufwendungen sind dem Mäkler nur zu ersetzen, wenn es vereinbart ist. Dies gilt auch dann, wenn ein Vertrag nicht zustande kommt.

655 Ist für den Nachweis der G. zum Abschluß eines Dienstvertrags oder für die Vermittelung eines solchen Vertrags ein unverhältnismäßig hoher Mäklerlohn vereinbart worden, so kann er auf Antrag des Schuldners durch Urteil auf den angemessenen Betrag herabgesetzt werden. Nach der Entrichtung des Lohnes ist die Herabsetzung ausgeschlossen.

656 Durch das Versprechen eines Lohnes für den Nachweis der G. zur Eingehung einer Ehe oder für die Vermittlung des Zustandekommens einer Ehe wird die Verbindlichkeit nicht begründet. Das auf Grund des Versprechens Geleistete kann nicht deshalb zurückgefordert werden, weil eine Verbindlichkeit nicht bestanden hat.

Diese Vorschriften gelten auch für eine Vereinbarung, durch die der andere Teil zum Zwecke der Erfüllung des Versprechens dem Mäkler gegenüber eine Verbindlichkeit eingeht, insbesondere für eine Schuldanerkenntnis.

Geleistetes.

813 **Bereicherung** s. **Bereicherung** — Bereicherung.

440 **Kauf** s. Vertrag 323.

656 **Mäklervertrag** s. **Gelegenheit** — Mäklervertrag.

366 **Schuldverhältnis** s. **Fälligkeit** — Schuldverhältnis.

Verjährung.

222 Nach der Vollendung der Verjährung ist der Verpflichtete berechtigt, die Leistung zu verweigern.

Das zur Befriedigung eines verjährten Anspruchs G. kann nicht zurückgefordert werden, auch wenn die Leistung in Unkenntnis der Verjährung bewirkt worden ist. Das Gleiche gilt von einem vertragsmäßigen Anerkenntnisse sowie einer Sicherheitsleistung des Verpflichteten.

323 **Vertrag** s. **Gegenseitigkeit** — Vertrag.

Geltendmachung

s. auch **Arrest (einstweilige) Verfügung, Einspruch, Klage, Einrede.**

789 **Anweisung** s. **Anweisung** — Anweisung.

813 **Bereicherung** s. **Bereicherung** — Bereicherung.

863 **Besitz** 864 s. **Besitz** — Besitz.

768 **Bürgschaft** 774 s. **Bürgschaft** — Bürgschaft.

§ stimmung des Mannes geltend machen. 1401, 1404, 1525.

1407 Die Frau bedarf bei g. Güterrecht nicht der Zustimmung des Mannes:

1. zur Fortsetzung eines zur Zeit der Eheschließung anhängigen Rechtsstreits;
2. zur gerichtlichen G. eines zum eingebrachten Gute gehörenden Rechtes gegen den Mann;
3. zur gerichtlichen G. eines zum eingebrachten Gute gehörenden Rechtes gegen einen Dritten, wenn der Mann ohne die erforderliche Zustimmung der Frau über das Recht verfügt hat;
4. zur gerichtlichen G. eines Widerspruchsrechts gegenüber einer Zwangsvollstreckung. 1525.

1449 Verfügt der Mann ohne die erforderliche Zustimmung der Frau über ein zu dem Gesamtgute der a. Gütergemeinschaft gehörendes Recht, so kann die Frau das Recht ohne Mitwirkung des Mannes gegen Dritte gerichtlich geltend machen. 1487, 1519.

1487 Die Rechte und Verbindlichkeiten des überlebenden Ehegatten sowie der anteilsberechtigten Abkömmlinge in Ansehung des Gesamtguts der f. Gütergemeinschaft bestimmen sich nach den für die eheliche Gütergemeinschaft geltenden Vorschriften der §§ 1442 bis 1449, 1455—1457, 1466, 1518.

1513 s. Pflichtteil 2336.

1519, 1525, 1529 s. **Errungenschaftsgemeinschaft** — Güterrecht.

Hypothek.

1137 Der Eigentümer kann gegen die Hypothek die dem persönlichen Schuldner gegen die Forderung sowie die nach § 770 einem Bürgen zustehenden Einreden geltend machen. Stirbt der persönliche Schuldner, so kann sich der Eigentümer nicht darauf berufen, daß der Erbe für die Schuld nur beschränkt haftet.

Ist der Eigentümer nicht der persönliche Schuldner, so verliert er eine Einrede nicht dadurch, daß dieser auf sie verzichtet. 1138.

1143 s. Bürgschaft 774.

1148 Bei der Verfolgung des Rechtes aus der Hypothek gilt zu Gunsten des Gläubigers derjenige, welcher im Grundbuch als Eigentümer eingetragen ist, als der Eigentümer. Das Recht des nicht eingetragenen Eigentümers, die ihm gegen die Hypothek zustehenden Einwendungen geltend zu machen, bleibt unberührt.

1150 s. Leistung 268.

1160 Der G. der Hypothek kann, sofern nicht die Erteilung des Hypothekenbriefes ausgeschlossen ist, widersprochen werden, wenn der Gläubiger nicht den Brief vorlegt; ist der Gläubiger nicht im Grundbuch eingetragen, so sind auch die im § 1155 bezeichneten Urkunden vorzulegen.

Eine dem Eigentümer gegenüber erfolgte Kündigung oder Mahnung ist unwirksam, wenn der Gläubiger die nach Abs. 1 erforderlichen Urkunden nicht vorlegt und der Eigentümer die Kündigung oder die Mahnung aus diesem Grunde unverzüglich zurückweist

Diese Vorschriften gelten nicht für die im § 1159 bezeichneten Ansprüche. 1161.

1161 Ist der Eigentümer der persönliche Schuldner, so finden die Vorschriften des § 1160 auch auf die G. der Forderung, für die die Hypothek bestellt ist, Anwendung.

1169 Steht dem Eigentümer des belasteten Grundstücks eine Einrede zu, durch welche die G. der Hypothek dauernd ausgeschlossen wird, so kann er ver-

§ langen, daß der Gläubiger auf die Hypothek verzichtet.

1176 Liegen die Voraussetzungen der §§ 1163, 1164, 1168, 1172—1175 nur in Ansehung eines Teilbetrags der Hypothek vor, so kann die auf Grund dieser Vorschriften dem Eigentümer oder einem der Eigentümer oder dem persönlichen Schuldner zufallende Hypothek nicht zum Nachteile der dem Gläubiger verbleibenden Hypothek geltend gemacht werden.

1182 Soweit im Falle einer Gesamthypothek der Eigentümer des Grundstücks, aus dem der Gläubiger befriedigt wird, von dem Eigentümer eines der anderen Grundstücke oder einem Rechtsvorgänger dieses Eigentümers Ersatz verlangen kann, geht die Hypothek an dem Grundstücke dieses Eigentümers auf ihn über. Die Hypothek kann jedoch, wenn der Gläubiger nur teilweise befriedigt wird, nicht zum Nachteile der dem Gläubiger verbleibenden Hypothek und, wenn das Grundstück mit einem im Range gleich- oder nachstehenden Rechte belastet ist, nicht zum Nachteile dieses Rechtes geltend gemacht werden.

1188 Zur Bestellung einer Hypothek für die Forderung aus einer Schuldverschreibung auf den Inhaber genügt die Erklärung des Eigentümers gegenüber dem Grundbuchamte, daß er die Hypothek bestelle, und die Eintragung in das Grundbuch; die Vorschrift des § 878 findet Anwendung.

Die Ausschließung des Gläubigers mit seinem Rechte nach § 1170 ist nur zulässig, wenn die im § 801 bezeichnete Vorlegungsfrist verstrichen ist. Ist innerhalb der Frist die Schuldverschreibung vorgelegt oder der Anspruch aus der Urkunde gerichtlich geltend gemacht worden, so kann die Ausschließung erst erfolgen, wenn die Verjährung eingetreten ist.

1189 Bei einer Hypothek der im § 1187 bezeichneten Art kann für den jeweiligen Gläubiger ein Vertreter mit der Befugnis bestellt werden, mit Wirkung für und gegen jeden späteren Gläubiger bestimmte Verfügungen über die Hypothek zu treffen und den Gläubiger bei der G. der Hypothek zu vertreten. Zur Bestellung des Vertreters ist die Eintragung in das Grundbuch erforderlich.

Ist der Eigentümer berechtigt, von dem Gläubiger eine Verfügung zu verlangen, zu welcher der Vertreter befugt ist, so kann er die Vornahme der Verfügung von dem Vertreter verlangen.

Kauf.

434, 442 s. **Kauf**—Kauf.

440 s. Vertrag 322.

Leistung.

268 Soweit der Dritte den Gläubiger befriedigt, geht die Forderung auf ihn über. Der Übergang kann nicht zum Nachteile des Gläubigers geltend gemacht werden.

274 Gegenüber der Klage des Gläubigers hat die G. des Zurückbehaltungsrechts nur die Wirkung, daß der Schuldner zur Leistung gegen Empfang der ihm gebührenden Leistung (Erfüllung Zug um Zug) zu verurteilen ist.

Auf Grund einer solchen Verurteilung kann der Gläubiger seinen Anspruch ohne Bewirkung der ihm obliegenden Leistung im Wege der Zwangsvollstreckung verfolgen, wenn der Schuldner im Verzuge der Annahme ist.

288 Eine Geldschuld ist während des Verzugs mit vier vom Hundert für das Jahr zu verzinsen. Kann der Gläubiger aus einem anderen Rechts-

§ grunde höhere Zinsen verlangen, so sind diese forzuentrichten.

Die G. eines weiteren Schadens ist nicht ausgeschlossen.

Miete.

538 Ist ein Mangel der im § 537 bezeichneten Art bei dem Abschlusse des Vertrags vorhanden oder entsteht ein solcher Mangel später infolge eines Umstandes, den der Vermieter zu vertreten hat, oder kommt der Vermieter mit der Beseitigung eines Mangels in Verzug, so kann der Mieter, statt die im § 537 bestimmten Rechte geltend zu machen, Schadensersatz wegen Nichterfüllung verlangen.

Im Falle des Verzugs des Vermieters kann der Mieter den Mangel selbst beseitigen und Ersatz der erforderlichen Aufwendungen verlangen. 539, 541.

544 Ist eine Wohnung oder ein anderer zum Aufenthalte von Menschen bestimmter Raum so beschaffen, daß die Benutzung mit einer erheblichen Gefährdung der Gesundheit verbunden ist, so kann der Mieter das Mietverhältnis ohne Einhaltung einer Kündigungsfrist kündigen, auch wenn er die gefahrbringende Beschaffenheit bei dem Abschlusse des Vertrags gekannt oder auf die G. der ihm wegen dieser Beschaffenheit zustehenden Rechte verzichtet hat.

545 Zeigt sich im Laufe der Miete ein Mangel der gemieteten Sache oder wird eine Vorkehrung zum Schutze der Sache gegen eine nicht vorhergesehene Gefahr erforderlich, so hat der Mieter dem Vermieter unverzüglich Anzeige zu machen. Das Gleiche gilt, wenn sich ein Dritter ein Recht an der Sache anmaßt.

Unterläßt der Mieter die Anzeige, so ist er zum Ersatze des daraus entstehenden Schadens verpflichtet; er

§ ist, soweit der Vermieter infolge der Unterlassung der Anzeige Abhülfe zu schaffen außer stande war, nicht berechtigt, die im § 537 bestimmten Rechte geltend zu machen oder nach § 542 Abs. 1 Satz 3 ohne Bestimmung einer Frist zu kündigen oder Schadensersatz wegen Nichterfüllung zu verlangen.

557 Giebt der Mieter die gemietete Sache nach der Beendigung des Mietverhältnisses nicht zurück, so kann der Vermieter für die Dauer der Vorenthaltung als Entschädigung den vereinbarten Mietzins verlangen. Die G. eines weiteren Schadens ist nicht ausgeschlossen.

559 Der Vermieter eines Grundstücks hat für seine Forderungen aus dem Mietverhältnis ein Pfandrecht an den eingebrachten Sachen des Mieters. Für künftige Entschädigungsforderungen und für den Mietzins für eine spätere Zeit als das laufende und das folgende Mietjahr kann das Pfandrecht nicht geltend gemacht werden. Es erstreckt sich nicht auf die der Pfändung nicht unterworfenen Sachen.

561 Der Vermieter darf die Entfernung der seinem Pfandrecht unterliegenden Sachen, soweit er ihr zu widersprechen berechtigt ist, auch ohne Anrufen des Gerichts verhindern und, wenn der Mieter auszieht, die Sachen in seinen Besitz nehmen.

Sind die Sachen ohne Wissen oder unter Widerspruch des Vermieters entfernt worden, so kann er die Herausgabe zum Zwecke der Zurückschaffung in das Grundstück und, wenn der Mieter ausgezogen ist, die Überlassung des Besitzes verlangen. Das Pfandrecht erlischt mit dem Ablauf eines Monats, nachdem der Vermieter von der Entfernung der Sachen Kenntnis erlangt hat, wenn

§ nicht der Vermieter diesen Anspruch vorher gerichtlich geltend gemacht hat.

562 Der Mieter kann die G. des Pfandrechts des Vermieters durch Sicherheitsleistung abwenden; er kann jede einzelne Sache dadurch von dem Pfandrechte befreien, daß er in Höhe ihres Wertes Sicherheit leistet.

563 Wird eine dem Pfandrechte des Vermieters unterliegende Sache für einen anderen Gläubiger gepfändet, so kann diesem gegenüber das Pfandrecht nicht wegen des Mietzinses für eine frühere Zeit als das letzte Jahr vor der Pfändung geltend gemacht werden.

Pacht.

585 Das Pfandrecht des Verpächters eines landwirtschaftlichen Grundstücks kann für den gesamten Pachtzins geltend gemacht werden und unterliegt nicht der im § 563 bestimmten Beschränkung. Es erstreckt sich auf die Früchte des Grundstücks sowie auf die nach § 715 Nr. 5 der Civilprozeßordnung der Pfändung nicht unterworfenen Sachen. 581.

590 s. Miete 562.

597 Giebt der Pächter den gepachteten Gegenstand nach der Beendigung der Pacht nicht zurück, so kann der Verpächter für die Dauer der Vorenthaltung als Entschädigung den vereinbarten Pachtzins nach dem Verhältnisse verlangen, in welchem die Nutzungen, die der Pächter während dieser Zeit gezogen hat oder hätte ziehen können, zu den Nutzungen des ganzen Pachtjahres stehen. Die G. eines weiteren Schadens ist nicht ausgeschlossen. 581.

Pfandrecht.

1211 Der Verpfänder kann dem Pfandgläubiger gegenüber die dem persönlichen Schuldner gegen die Forderung sowie die nach § 770 einem Bürgen zustehenden Einreden geltend machen.

§ Stirbt der persönliche Schuldner, so kann sich der Verpfänder nicht darauf berufen, daß der Erbe für die Schuld nur beschränkt haftet.

Ist der Verpfänder nicht der persönliche Schuldner, so verliert er eine Einrede nicht dadurch, daß dieser auf sie verzichtet. 1266, 1272.

1225 s. Bürgschaft 774.

1249 s. Leistung 268.

1254 Steht dem Pfandrecht eine Einrede entgegen, durch welche die G. des Pfandrechts dauernd ausgeschlossen wird, so kann der Verpfänder die Rückgabe des Pfandes verlangen. Das gleiche Recht hat der Eigentümer. 1266, 1272.

1270 s. Hypothek 1188, 1189.

Pflichtteil.

2332 Die Verjährung des Pflichtteilsanspruches und des nach § 2329 dem Pflichtteilsberechtigten gegen den Beschenkten zustehenden Anspruches wird nicht dadurch gehemmt, daß die Ansprüche erst nach der Ausschlagung der Erbschaft oder eines Vermächtnisses geltend gemacht werden können.

2335 Das Recht zur Entziehung des Pflichtteils erlischt nicht durch den Ablauf der für die G. des Scheidungsgrundes im § 1571 bestimmten Frist.

2336 Der Beweis des Grundes für die Entziehung des Pflichtteils liegt demjenigen ob, welcher die Entziehung geltend macht. 2338.

704 **Sachen** s. Miete 559, 561—563.

523 **Schenkung** s. Kauf 434, 442.

Schuldverhältnis.

401, 402, 418 s. **Forderung** — Schuldverhältnis.

419 Übernimmt jemand durch Vertrag das Vermögen eines anderen, so können dessen Gläubiger, unbeschadet der Fortdauer der Haftung des bisherigen Schuldners, von dem Abschlusse des Vertrags an ihre zu dieser Zeit be-

§ stehenden Ansprüche auch gegen den Übernehmer geltend machen.

426 Soweit ein Gesamtschuldner den Gläubiger befriedigt und von den übrigen Schuldnern Ausgleichung verlangen kann, geht die Forderung des Gläubigers gegen die übrigen Schuldner auf ihn über. Der Übergang kann nicht zum Nachteile des Gläubigers geltend gemacht werden.

Schuldverschreibung.

800 Ist eine Schuldverschreibung auf den Inhaber für kraftlos erklärt, so kann derjenige, welcher das Ausschlußurteil erwirkt hat, von dem Aussteller, unbeschadet der Befugnis, den Anspruch aus der Urkunde geltend zu machen, die Erteilung einer neuen Schuldverschreibung auf den Inhaber an Stelle der für kraftlos erklärten verlangen. Die Kosten hat er zu tragen und vorzuschießen.

801 Der Anspruch aus einer Schuldverschreibung auf den Inhaber erlischt mit dem Ablaufe von dreißig Jahren nach dem Eintritte der für die Leistung bestimmten Zeit, wenn nicht die Urkunde vor dem Ablaufe der dreißig Jahre dem Aussteller zur Einlösung vorgelegt wird. Erfolgt die Vorlegung, so verjährt der Anspruch in zwei Jahren von dem Ende der Vorlegungsfrist an. Der Vorlegung steht die gerichtliche G. des Anspruchs aus der Urkunde gleich.

802 s. Verjährung 207.

804 Ist ein Zins-, Renten- oder Gewinnanteilschein abhanden gekommen oder vernichtet und hat der bisherige Inhaber den Verlust dem Aussteller vor dem Ablaufe der Vorlegungsfrist angezeigt, so kann der bisherige Inhaber nach dem Ablaufe der Frist die Leistung von dem Aussteller verlangen. Der Anspruch ist ausgeschlossen, wenn der abhanden gekommene Schein dem Aussteller zur Einlösung vorgelegt oder der Anspruch aus dem Scheine gerichtlich geltend gemacht worden ist, es sei denn, daß die Vorlegung oder die gerichtliche G. nach dem Ablaufe der Frist erfolgt ist. Der Anspruch verjährt in vier Jahren.

In dem Zins-, Renten- oder Gewinnanteilscheine kann der im Abs. 1 bestimmte Anspruch ausgeschlossen werden.

Testament.

2082 s. Verjährung 207.

2115, 2206, 2213 s. **Erblasser** — Testament.

2182 s. Kauf 434, 442.

2271 s. Pflichtteil 2336.

Verjährung.

207 Die Verjährung eines Anspruchs, der zu einem Nachlasse gehört oder sich gegen einen Nachlaß richtet, wird nicht vor dem Ablaufe von sechs Monaten nach dem Zeitpunkte vollendet, in welchem die Erbschaft von dem Erben angenommen oder der Konkurs über den Nachlaß eröffnet wird oder von welchem an der Anspruch von einem Vertreter oder gegen einen Vertreter geltend gemacht werden kann. Ist die Verjährungsfrist kürzer als sechs Monate, so tritt der für die Verjährung bestimmte Zeitraum an die Stelle der sechs Monate. 210, 212, 215.

209 Die Verjährung wird durch Klageerhebung unterbrochen.

Der Erhebung der Klage stehen gleich:

1. . . . .

3. die G. der Aufrechnung des Anspruchs im Prozesse; 220;

4. . . . .

220 Ist der Anspruch vor einem Schiedsgericht oder einem besonderen Gerichte, vor einem Verwaltungsgericht

§ oder einer Verwaltungsbehörde geltend zu machen, so finden die Vorschriften der §§ 209—213, 215, 216, 218, 219 entsprechende Anwendung.

Vertrag.

322 s. **Gegenseitigkeit** — Vertrag.

340 Hat der Schuldner die Strafe für den Fall versprochen, daß er seine Verbindlichkeit nicht erfüllt, so kann der Gläubiger die verwirkte Strafe statt der Erfüllung verlangen. Erklärt der Gläubiger dem Schuldner, daß er die Strafe verlange, so ist der Anspruch auf Erfüllung ausgeschlossen.

Steht dem Gläubiger ein Anspruch auf Schadensersatz wegen Nichterfüllung zu, so kann er die verwirkte Strafe als Mindestbetrag des Schadens verlangen. Die G. eines weiteren Schadens ist nicht ausgeschlossen. 341, 342.

Verwandtschaft.

1593, 1596 s. **Ehe** — Verwandtschaft.

1607 Soweit ein Verwandter auf Grund des § 1603 nicht unterhaltspflichtig ist, hat der nach ihm haftende Verwandte den Unterhalt zu gewähren.

Das Gleiche gilt, wenn die Rechtsverfolgung gegen einen Verwandten im Inland ausgeschlossen oder erheblich erschwert ist. Der Anspruch gegen einen solchen Verwandten geht, soweit ein anderer Verwandter den Unterhalt gewährt, auf diesen über. Der Übergang kann nicht zum Nachteile des Unterhaltsberechtigten geltend gemacht werden. 1608, 1620.

1709 Der Vater des unehelichen Kindes ist vor der Mutter und den mütterlichen Verwandten des Kindes unterhaltspflichtig.

Soweit die Mutter oder ein unterhaltspflichtiger mütterlicher Verwandter dem Kinde den Unterhalt gewährt, geht der Unterhaltsanspruch des Kindes

§ gegen den Vater auf die Mutter oder den Verwandten über. Der Übergang kann nicht zum Nachteile des Kindes geltend gemacht werden. 1717.

Vorkaufsrecht.

1102 Verliert der Käufer oder sein Rechtsnachfolger infolge der G. des Vorkaufsrechts das Eigentum, so wird der Käufer, soweit der von ihm geschuldete Kaufpreis noch nicht berichtigt ist, von seiner Verpflichtung frei; den berichtigten Kaufpreis kann er nicht zurückfordern.

Vormundschaft.

1786 Das Recht, die Übernahme der Vormundschaft abzulehnen, erlischt, wenn es nicht vor der Bestellung bei dem Vormundschaftsgericht geltend gemacht wird.

1843 Ansprüche, die zwischen dem Vormund und dem Mündel streitig bleiben, können schon vor der Beendigung des Vormundschaftsverhältnisses im Rechtswege geltend gemacht werden.

Werkvertrag.

634 Der Bestimmung einer Frist zur Beseitigung des Mangels bedarf es nicht, wenn die Beseitigung unmöglich ist oder von dem Unternehmer des Werkes verweigert wird oder wenn die sofortige G. des Anspruchs auf Wandelung oder auf Minderung durch ein besonderes Interesse des Bestellers gerechtfertigt wird. 636, 640.

124 **Willenserklärung** s. Verjährung 207.

Art. **Geltungsbereich.**

210 **Einführungsgesetz** s. **E.G.**—E.G.

§

1642 **Verwandtschaft** s. Vormundschaft 1807.

Vormundschaft.

1807 Die L.G. können für die innerhalb

§ ihres G. belegenen Grundstücke die Grundsätze bestimmen, nach denen die Sicherheit einer Hypothek, einer Grundschuld oder einer Rentenschuld festzustellen ist. 1808, 1810, 1811.

Art. **Gelübde.**

87 **Einführungsgesetz** s. **E.G.**—E.G.

Gemeinde.

§ **Eigentum.**

976, 977, 979, 981 s. **Eigentum**—Eigentum.

Art. **Einführungsgesetz.**

71, 77 s. **E.G.**—E.G.

150 s. Testament § 2249.

§ **Schuldverhältnis.**

395 Gegen eine Forderung des Reichs oder eines Bundesstaats sowie gegen eine Forderung einer G. oder eines anderen Kommunalverbandes ist die Aufrechnung nur zulässig, wenn die Leistung an dieselbe Kasse zu erfolgen hat, aus der die Forderung des Aufrechnenden zu berichtigen ist.

Testament.

2072, 2249 s. **Erblasser** — Testament.

Verein.

57 Der Name eines eingetragenen Vereins soll sich von den Namen der an demselben Orte oder in derselben G. bestehenden eingetragenen Vereine deutlich unterscheiden. 60.

Gemeindeanstalt.

981 **Eigentum** s. **Eigentum** — Eigentum.

Gemeindebehörde.

981 **Eigentum** s. **Eigentum** — Eigentum.

Gemeindewaisenrat.

Verwandtschaft.

1675 Der G. hat dem Vormundschaftsgericht Anzeige zu machen, wenn ein Fall zu seiner Kenntnis gelangt, in welchem das Vormundschaftsgericht zum Einschreiten berufen ist.

Vormundschaft.

1779 Ist die Vormundschaft nicht einem nach § 1776 Berufenen zu übertragen, so hat das Vormundschaftsgericht nach Anhörung des G. den Vormund auszuwählen.

1849—1851 Mitwirkung des G.

1849 Der G. hat dem Vormundschaftsgerichte die Personen vorzuschlagen, die sich im einzelnen Falle zum Vormunde, Gegenvormund oder Mitglied eines Familienrates eignen.

1850 Der G. hat in Unterstützung des Vormundschaftsgerichts darüber zu wachen, daß die Vormünder der sich in seinem Bezirk aufhaltenden Mündel für die Person der Mündel, insbesondere für ihre Erziehung und ihre körperliche Pflege pflichtmäßig Sorge tragen. Er hat dem Vormundschaftsgerichte Mängel und Pflichtwidrigkeiten, die er in dieser Hinsicht wahrnimmt anzuzeigen und auf Erfordern über das persönliche Ergehen und das Verhalten eines Mündels Auskunft zu erteilen.

Erlangt der G. Kenntnis von einer Gefährdung des Vermögens eines Mündels, so hat er dem Vormundschaftsgericht Anzeige zu machen.

1851 Das Vormundschaftsgericht hat dem G. die Anordnung der Vormundschaft über einen sich in dessen Bezirk aufhaltenden Mündel unter Bezeichnung des Vormundes und des Gegenvormundes sowie einen in der Person des Vormundes oder des Gegenvormundes eintretenden Wechsel mitzuteilen.

Wird der Aufenthalt eines Mündels in den Bezirk eines anderen G. verlegt, so hat der Vormund dem G. des bisherigen Aufenthaltsortes und

§ dieser dem G. des neuen Aufenthaltsortes die Verlegung mitzuteilen.

1862 Vor der Auswahl der zur Beschlußfähigkeit des Familienrates erforderlichen Mitglieder sollen der G. und nach Maßgabe des § 1847 Verwandte oder Verschwägerte des Mündels gehört werden.

Art. **Gemeinheit.**

105 **Einführungsgesetz** s. **E.G.** — E.G.

Gemeinheitsleistung.

113 **Einführungsgesetz** s. **E.G.** — E.G.

Gemeinschaft s. auch **Gütergemeinschaft, Errungenschaftsgemeinschaft, Lebensgemeinschaft, Fahrnisgemeinschaft.**

§ **Besitz.**

866 Besitzen mehrere eine Sache gemeinschaftlich, so findet in ihrem Verhältnisse zu einander ein Besitzschutz insoweit nicht statt, als es sich um die Grenzen des den Einzelnen zustehenden Gebrauchs handelt.

Bürgschaft.

769 Verbürgen sich mehrere für dieselbe Verbindlichkeit, so haften sie als Gesamtschuldner, auch wenn sie die Bürgschaft nicht gemeinschaftlich übernehmen.

Dienstvertrag.

617, 618 s. **Dienstvertrag** — Dienstvertrag.

Ehe.

1306, 1352—1354, 1356, 1358, 1361 s. **Ehe** — Ehe.

1314 s. Verwandtschaft 1669.

1353 **Lebensgemeinschaft** s. **Lebensgemeinschaft** — Ehe.

Ehescheidung.

1567, 1569, 1571, 1575, 1576, 1585 bis 1587 s. **Ehe** — Ehescheidung.

§ **Eigentum.**

921, 922, 1009, 1010 s. **Eigentum** — Eigentum.

Art. **Einführungsgesetz.**

17, 71, 113, 131, 173, 201, 206, 214 s. **E.G.** — E.G.

72 s. Handlung § 835.

95 s. Dienstvertrag §§ 617, 618; Ehe § 1358.

159 s. Ehe § 1352.

§ **Erbe.**

2028, 2032, 2038—2040, 2047, 2058, 2062 s. **Erbe** — Erbe.

2042 s. Gemeinschaft 749—758.

2044 s. Eigentum 1010, Gemeinschaft 749 bis 751.

1933 **Erbfolge** s. **Erbe** — Erbfolge.

Erbschein.

2357 Sind mehrere Erben vorhanden, so ist auf Antrag ein gemeinschaftlicher Erbschein zu erteilen.

Erbvertrag.

2279 s. Testament 2077.

2292 Ein zwischen Ehegatten geschlossener Erbvertrag kann auch durch ein gemeinschaftliches Testament aufgehoben werden; § 2290 Abs. 3 findet Anwendung.

2300 s. Testament 2273.

Gemeinschaft §§ 741—758.

741 Steht ein Recht mehreren gemeinschaftlich zu, so finden, sofern sich nicht aus dem Gesetz ein anderes ergiebt, die Vorschriften der §§ 742—758 Anwendung (G. nach Bruchteilen).

742 Im Zweifel ist anzunehmen, daß den Teilhabern gleiche Anteile zustehen. 741.

743 Jedem Teilhaber gebührt ein seinem Anteil entsprechender Bruchteil der Früchte.

Jeder Teilhaber ist zum Gebrauche des gemeinschaftlichen Gegenstandes insoweit befugt, als nicht der Mitgebrauch der übrigen Teilhaber beeinträchtigt wird. 741, 745, 746.

§

744 Die Verwaltung des gemeinschaftlichen Gegenstandes steht den Teilhabern gemeinschaftlich zu.

Jeder Teilhaber ist berechtigt, die zur Erhaltung des Gegenstandes notwendigen Maßregeln ohne Zustimmung der anderen Teilhaber zu treffen; er kann verlangen, daß diese ihre Einwilligung zu einer solchen Maßregel im voraus erteilen. 741, 745, 746, 748.

745 Durch Stimmenmehrheit kann eine der Beschaffenheit des gemeinschaftlichen Gegenstandes entsprechende ordnungsmäßige Verwaltung und Benutzung beschlossen werden. Die Stimmenmehrheit ist nach der Größe der Anteile zu berechnen.

Jeder Teilhaber kann, sofern nicht die Verwaltung und Benutzung durch Vereinbarung oder durch Mehrheitsbeschluß geregelt ist, eine dem Interesse aller Teilhaber nach billigem Ermessen entsprechende Verwaltung und Benutzung verlangen.

Eine wesentliche Veränderung des Gegenstandes kann nicht beschlossen oder verlangt werden. Das Recht des einzelnen Teilhabers auf einen seinem Anteil entsprechenden Bruchteil der Nutzungen kann nicht ohne seine Zustimmung beeinträchtigt werden. 741.

746 Haben die Teilhaber die Verwaltung und Benutzung des gemeinschaftlichen Gegenstandes geregelt, so wirkt die getroffene Bestimmung auch für und gegen die Sondernachfolger. 741.

747 Jeder Teilhaber kann über seinen Anteil verfügen. Über den gemeinschaftlichen Gegenstand im ganzen können die Teilhaber nur gemeinschaftlich verfügen. 741.

748 Jeder Teilhaber ist den anderen Teilhabern gegenüber verpflichtet, die Lasten des gemeinschaftlichen Gegenstandes, sowie die Kosten der Erhaltung, der Verwaltung und einer gemeinschaftlichen Benutzung nach dem Verhältnisse seines Anteils zu tragen. 741, 755.

749 Jeder Teilhaber kann jederzeit die Aufhebung der G. verlangen.

Wird das Recht, die Aufhebung zu verlangen, durch Vereinbarung für immer oder auf Zeit ausgeschlossen, so kann die Aufhebung gleichwohl verlangt werden, wenn ein wichtiger Grund vorliegt. Unter der gleichen Voraussetzung kann, wenn eine Kündigungsfrist bestimmt wird, die Aufhebung ohne Einhaltung der Frist verlangt werden.

Eine Vereinbarung, durch welche das Recht, die Aufhebung zu verlangen, diesen Vorschriften zuwider ausgeschlossen oder beschränkt wird, ist nichtig. 741.

750 Haben die Teilhaber das Recht, die Aufhebung der G. zu verlangen, auf Zeit ausgeschlossen, so tritt die Vereinbarung im Zweifel mit dem Tode eines Teilhabers außer Kraft. 741.

751 Haben die Teilhaber das Recht, die Aufhebung der G. zu verlangen, für immer oder auf Zeit ausgeschlossen oder eine Kündigungsfrist bestimmt, so wirkt die Vereinbarung auch für und gegen die Sondernachfolger. Hat ein Gläubiger die Pfändung des Anteils eines Teilhabers erwirkt, so kann er ohne Rücksicht auf die Vereinbarung die Aufhebung der G. verlangen, sofern der Schuldtitel nicht bloß vorläufig vollstreckbar ist. 741.

752 Die Aufhebung der G. erfolgt durch Teilung in Natur, wenn der gemeinschaftliche Gegenstand oder, falls mehrere Gegenstände gemeinschaftlich sind, diese sich ohne Verminderung des Wertes in gleichartige, den Anteilen der Teilhaber entsprechende Teile zerlegen lassen. Die Verteilung gleicher

§ Teile unter die Teilhaber geschieht durch das Los. 741.

753 Ist die Teilung in Natur ausgeschlossen, so erfolgt die Aufhebung der G. durch Verkauf des gemeinschaftlichen Gegenstandes nach den Vorschriften über den Pfandverkauf, bei Grundstücken durch Zwangsversteigerung und durch Teilung des Erlöses. Ist die Veräußerung an einen Dritten unstatthaft, so ist der Gegenstand unter den Teilhabern zu versteigern.

Hat der Versuch, den Gegenstand zu verkaufen, keinen Erfolg, so kann jeder Teilhaber die Wiederholung verlangen; er hat jedoch die Kosten zu tragen, wenn der wiederholte Versuch mißlingt. 741, 755.

754 Der Verkauf einer gemeinschaftlichen Forderung ist nur zulässig, wenn sie noch nicht eingezogen werden kann. Ist die Einziehung möglich, so kann jeder Teilhaber gemeinschaftliche Einziehung verlangen. 741.

755 Haften die Teilhaber als Gesamtschuldner für eine Verbindlichkeit, die sie in Gemäßheit des § 748 nach dem Verhältnisse ihrer Anteile zu erfüllen haben oder die sie zum Zwecke der Erfüllung einer solchen Verbindlichkeit eingegangen sind, so kann jeder Teilhaber bei der Aufhebung der G. verlangen, daß die Schuld aus dem gemeinschaftlichen Gegenstande berichtigt wird.

Der Anspruch kann auch gegen die Sondernachfolger geltend gemacht werden.

Soweit zur Berichtigung der Schuld der Verkauf des gemeinschaftlichen Gegenstandes erforderlich ist, hat der Verkauf nach § 753 zu erfolgen. 741, 756.

756 Hat ein Teilhaber gegen einen anderen Teilhaber eine Forderung, die sich auf die G. gründet, so kann er bei der Aufhebung der G. die Berichtigung seiner Forderung aus dem auf den Schuldner entfallenden Teile des gemeinschaftlichen Gegenstandes verlangen. Die Vorschriften des § 755 Abs. 2, 3 finden Anwendung. 741.

757 Wird bei der Aufhebung der G. ein gemeinschaftlicher Gegenstand einem der Teilhaber zugeteilt, so hat wegen eines Mangels im Rechte oder wegen eines Mangels der Sache jeder der übrigen Teilhaber zu seinem Anteil in gleicher Weise wie ein Verkäufer Gewähr zu leisten. 741.

758 Der Anspruch auf Aufhebung der G. unterliegt nicht der Verjährung. 741.

Gesellschaft.

705, 706, 709, 718, 727, 730, 733 bis 735, 737—739 s. **Gesellschaft** — Gesellschaft.

Güterrecht.

1389 Der Mann hat bei g. Güterrecht den ehelichen Aufwand zu tragen.

Die Frau kann verlangen, daß der Mann den Reinertrag des eingebrachten Gutes, soweit dieser zur Bestreitung des eigenen und des der Frau und den gemeinschaftlichen Abkömmlingen zu gewährenden Unterhalts erforderlich ist, ohne Rücksicht auf seine sonstigen Verpflichtungen zu diesem Zwecke verwendet. 1394.

1418 Die Frau kann im Falle g. Güterrechtes auf Aufhebung der Verwaltung und Nutznießung klagen:

1. . . . .
2. wenn der Mann seine Verpflichtung, der Frau und den gemeinschaftlichen Abkömmlingen Unterhalt zu gewähren, verletzt hat und für die Zukunft eine erhebliche Gefährdung des Unterhalts zu besorgen ist. Eine Verletzung der Unterhaltspflicht liegt schon dann vor, wenn der Frau und den

§ gemeinschaftlichen Abkömmlingen nicht mindestens der Unterhalt gewährt wird, welcher ihnen bei ordnungsmäßiger Verwaltung und Nutznießung des eingebrachten Gutes zukommen würde; 1422, 1426.

1426 Tritt nach § 1364 die Verwaltung und Nutznießung des Mannes nicht ein oder endigt sie auf Grund der §§ 1418—1420, so tritt Gütertrennung ein.

Für die Gütertrennung gelten die Vorschriften der §§ 1427—1431.

1428 Ist im Falle der Gütertrennung eine erhebliche Gefährdung des Unterhalts zu besorgen, den der Mann der Frau und den gemeinschaftlichen Abkömmlingen zu gewähren hat, so kann die Frau den Beitrag zu dem ehelichen Aufwand insoweit zur eigenen Verwendung zurückbehalten, als er zur Bestreitung des Unterhalts erforderlich ist. 1426.

1438 Das Vermögen des Mannes und das Vermögen der Frau werden durch die a. Güterg. gemeinschaftliches Vermögen beider Ehegatten (Gesamtgut). Zu dem Gesamtgute gehört auch das Vermögen, das der Mann oder die Frau während der Güterg. erwirbt.

Die einzelnen Gegenstände werden gemeinschaftlich, ohne daß es einer Übertragung durch Rechtsgeschäft bedarf.

Wird ein Recht gemeinschaftlich, das im Grundbuch eingetragen ist oder in das Grundbuch eingetragen werden kann, so kann jeder Ehegatte von dem anderen die Mitwirkung zur Berichtigung des Grundbuchs verlangen. 1485, 1519.

1465 Im Verhältnisse der Ehegatten zu einander fällt eine Ausstattung, die der Mann einem gemeinschaftlichen Kinde aus dem Gesamtgute der a. Güterg. verspricht oder gewährt, dem Manne insoweit zur Last, als sie das dem Gesamtgut entsprechende Maß übersteigt.

Verspricht oder gewährt der Mann einem nicht gemeinschaftlichen Kinde eine Ausstattung aus dem Gesamtgute, so fällt sie im Verhältnisse der Ehegatten zu einander dem Vater oder der Mutter des Kindes zur Last, der Mutter jedoch nur insoweit, als sie zustimmt oder die Ausstattung nicht das dem Gesamtgut entsprechende Maß übersteigt. 1538.

1468 Die Frau kann auf Aufhebung der a. Güterg. klagen:

1. . . . . .

3. wenn der Mann seine Verpflichtung, der Frau und den gemeinschaftlichen Abkömmlingen Unterhalt zu gewähren, verletzt hat und für die Zukunft eine erhebliche Gefährdung des Unterhalts zu besorgen ist; 1470, 1479, 1542.

1472 Die Verwaltung des Gesamtguts der a. Güterg. steht bis zur Auseinandersetzung beiden Ehegatten gemeinschaftlich zu. Die Vorschriften des § 1424 finden entsprechende Anwendung. 1497, 1546.

1477 Die Teilung des Überschusses aus dem Gesamtgut der a. Güterg. erfolgt nach den Vorschriften über die G. 1474, 1498, 1546.

1482 Wird die Ehe durch den Tod eines der Ehegatten aufgelöst und ist ein gemeinschaftlicher Abkömmling nicht vorhanden, so gehört der Anteil des verstorbenen Ehegatten am Gesamtgut der a. Güterg. zum Nachlasse. Die Beerbung des Ehegatten erfolgt nach den a. Vorschriften. 1484, 1510.

1483 Sind bei dem Tode eines Ehegatten gemeinschaftliche Abkömmlinge vorhanden, so wird zwischen dem überlebenden Ehegatten und den gemein-

§ schaftlichen Abkömmlingen, die im Falle der g. Erbfolge als Erben berufen sind, die Güterg. fortgesetzt. Der Anteil des verstorbenen Ehegatten am Gesamtgute gehört in diesem Falle nicht zum Nachlasse; im übrigen erfolgt die Beerbung des Ehegatten nach den a. Vorschriften.

Sind neben den gemeinschaftlichen Abkömmlingen andere Abkömmlinge vorhanden, so bestimmen sich ihr Erbrecht und ihre Erbteile so, wie wenn f. Güterg. nicht eingetreten wäre. 1485, 1518.

1485 Das Gesamtgut der f. Güterg. besteht aus dem ehelichen Gesamtgute, soweit es nicht nach § 1483 Abs. 2 einem nicht anteilsberechtigten Abkömmlinge zufällt, und aus dem Vermögen, das der überlebende Ehegatte aus dem Nachlasse des verstorbenen Ehegatten oder nach dem Eintritte der f. Güterg. erwirbt.

Das Vermögen, das ein gemeinschaftlicher Abkömmling zur Zeit des Eintritts der f. Güterg. hat oder später erwirbt, gehört nicht zum Gesamtgut der f. Güterg.

Auf das Gesamtgut finden die für die eheliche Güterg. geltenden Vorschriften des § 1438 Abs. 2, 3 entsprechende Anwendung. 1518.

1497 Bis zur Auseinandersetzung bestimmt sich das Rechtsverhältnis der Teilhaber am Gesamtgute der f. Güterg. nach den §§ 1442, 1472, 1473. 1518.

1498 Auf die Auseinandersetzung in Ansehung des Gesamtguts der f. Güterg. finden die Vorschriften der §§ 1475, 1476, 1477 Abs. 1, 1479 bis 1481 Anwendung; an die Stelle des Mannes tritt der überlebende Ehegatte, an die Stelle der Frau treten die anteilsberechtigten Abkömmlinge. Die im § 1476 Abs. 2 Satz 2 bezeichnete Verpflichtung besteht nur für den überlebenden Ehegatten. 1518.

1502 Wird die f. Güterg. auf Grund des § 1495 durch Urteil aufgehoben, so steht dem überlebenden Ehegatten das im Abs. 1 bestimmte Recht nicht zu. Die anteilsberechtigten Abkömmlinge können in diesem Falle diejenigen Gegenstände gegen Ersatz des Wertes übernehmen, welche der verstorbene Ehegatte nach § 1477 Abs. 2 zu übernehmen berechtigt sein würde. Das Recht kann von ihnen nur gemeinschaftlich ausgeübt werden. 1518.

1506 Ist ein gemeinschaftlicher Abkömmling erbunwürdig, so ist er auch des Anteils an dem Gesamtgut der f. Güterg. unwürdig. Die Vorschriften über die Erbunwürdigkeit finden entsprechende Anwendung. 1518.

1511 Jeder Ehegatte kann für den Fall, daß die Ehe durch seinen Tod aufgelöst wird, einen gemeinschaftlichen Abkömmling von der f. Güterg. durch letztwillige Verfügung ausschließen. 1516, 1518.

1516 Die Ehegatten können die in den §§ 1511—1515 bezeichneten Verfügungen auch in einem gemeinschaftlichen Testamente treffen. 1518.

1517 Zur Wirksamkeit eines Vertrags, durch den ein gemeinschaftlicher Abkömmling einem der Ehegatten gegenüber für den Fall, daß die Ehe durch dessen Tod aufgelöst wird, auf seinen Anteil am Gesamtgute der f. Güterg. verzichtet oder durch den ein solcher Verzicht aufgehoben wird, ist die Zustimmung des anderen Ehegatten erforderlich. Für die Zustimmung gelten die Vorschriften des § 1516 Abs. 2 Satz 3, 4.

Die für den Erbverzicht geltenden Vorschriften finden entsprechende Anwendung. 1518.

§

1519, 1538, 1542, 1546 s. **Errungenschaftsgemeinschaft** — Güterrecht.

1549 s. **Fahrnisgemeinschaft** — Güterrecht.

Handlung.

830, 835 s. **Handlung** — Handlung.

Hypothek.

1172, 1175 s. **Hypothek** — Hypothek.

Kauf.

502, 513 s. **Kauf** — Kauf.

Nießbrauch.

1066 Besteht ein Nießbrauch an dem Anteil eines Miteigentümers, so übt der Nießbraucher die Rechte aus, die sich aus der G. der Miteigentümer in Ansehung der Verwaltung der Sache und der Art ihrer Benutzung ergeben.

Die Aufhebung der G. kann nur von dem Miteigentümer und dem Nießbraucher gemeinschaftlich verlangt werden.

Wird die G. aufgehoben, so gebührt dem Nießbraucher der Nießbrauch an den Gegenständen, welche an die Stelle des Anteils treten.

1076 Ist eine auf Zinsen ausstehende Forderung Gegenstand des Nießbrauchs, so gelten die Vorschriften der §§ 1077—1079.

1077 Der Schuldner kann das Kapital nur an den Nießbraucher und den Gläubiger gemeinschaftlich zahlen. Jeder von beiden kann verlangen, daß an sie gemeinschaftlich gezahlt wird; jeder kann statt der Zahlung die Hinterlegung für beide fordern.

Der Nießbraucher und der Gläubiger können nur gemeinschaftlich kündigen. Die Kündigung des Schuldners ist nur wirksam, wenn sie dem Nießbraucher und dem Gläubiger erklärt wird. 1068, 1076.

1081 Ist ein Inhaberpapier oder ein Ordrepapier, das mit Blankoindossament versehen ist, Gegenstand des Nießbrauchs, so steht der Besitz des Papiers und des zu dem Papiere gehörenden Erneuerungsscheins dem Nießbraucher und dem Eigentümer gemeinschaftlich zu. Der Besitz der zu dem Papiere gehörenden Zins-, Renten- oder Gewinnanteilscheine steht dem Nießbraucher zu.

Zur Bestellung des Nießbrauchs genügt an Stelle der Übergabe des Papiers die Einräumung des Mitbesitzes. 1068.

1082 Das dem Nießbrauch unterliegende Inhaberpapier ist nebst dem Erneuerungsschein auf Verlangen des Nießbrauchers oder des Eigentümers bei einer Hinterlegungsstelle mit der Bestimmung zu hinterlegen, daß die Herausgabe nur von dem Nießbraucher und dem Eigentümer gemeinschaftlich verlangt werden kann. Der Nießbraucher kann auch Hinterlegung bei der Reichsbank verlangen. 1068.

Pfandrecht.

1206 An Stelle der Übergabe der Sache zwecks Bestellung eines Pfandrechts genügt die Einräumung des Mitbesitzes, wenn sich die Sache unter dem Mitverschlusse des Gläubigers befindet oder, falls sie im Besitz eines Dritten ist, die Herausgabe nur an den Eigentümer und den Gläubiger gemeinschaftlich erfolgen kann. 1266, 1272, 1274

1231 Ist der Pfandgläubiger nicht im Alleinbesitze des Pfandes, so kann er nach dem Eintritte der Verkaufsberechtigung die Herausgabe des Pfandes zum Zwecke des Verkaufs fordern. Auf Verlangen des Verpfänders hat an Stelle der Herausgabe die Ablieferung an einen gemeinschaftlichen Verwahrer zu erfolgen; der Verwahrer hat sich bei der Ablieferung zu verpflichten, das Pfand zum Verkaufe bereit zu stellen. 1266, 1272.

1258 Besteht ein Pfandrecht an dem Anteil

§ eines Miteigentümers, so übt der Pfandgläubiger die Rechte aus, die sich aus der G. der Miteigentümer in Ansehung der Verwaltung der Sache und der Art ihrer Benutzung ergeben.

Die Aufhebung der G. kann vor dem Eintritte der Verkaufsberechtigung des Pfandgläubigers nur von dem Miteigentümer und dem Pfandgläubiger gemeinschaftlich verlangt werden. Nach dem Eintritte der Verkaufsberechtigung kann der Pfandgläubiger die Aufhebung der G. verlangen, ohne daß es der Zustimmung des Miteigentümers bedarf; er ist nicht an eine Vereinbarung gebunden, durch welche die Miteigentümer das Recht, die Aufhebung der G. zu verlangen, für immer oder auf Zeit ausgeschlossen oder eine Kündigungsfrist bestimmt haben.

Wird die G. aufgehoben, so gebührt dem Pfandgläubiger das Pfandrecht an den Gegenständen, welche an die Stelle des Anteils treten.

Das Recht des Pfandgläubigers zum Verkaufe des Anteils bleibt unberührt.

1281 Der Schuldner kann nur an den Pfandgläubiger und den Gläubiger gemeinschaftlich leisten. Jeder von beiden kann verlangen, daß an sie gemeinschaftlich geleistet wird; jeder kann statt der Leistung verlangen, daß die geschuldete Sache für beide hinterlegt oder, wenn sie sich nicht zur Hinterlegung eignet, an einen gerichtlich zu bestellenden Verwahrer abgeliefert wird. 1273, 1279, 1284, 1287, 1288.

1285 Hat die Leistung an den Pfandgläubiger und den Gläubiger gemeinschaftlich zu erfolgen, so sind beide einander verpflichtet, zur Einziehung mitzuwirken, wenn die Forderung fällig ist.

Soweit der Pfandgläubiger berechtigt ist, die Forderung ohne Mitwirkung des Gläubigers einzuziehen, hat er für die ordnungsmäßige Einziehung zu sorgen. Von der Einziehung hat er den Gläubiger unverzüglich zu benachrichtigen, sofern nicht die Benachrichtigung unthunlich ist. 1273, 1279.

2335 **Pflichtteil** s. Ehescheidung 1567.

Testament.

2077, 2093, 2094, 2098, 2224, 2265—2273 s. **Erblasser** — Testament.

2204 s. Erbe 2047.

Verwandtschaft.

1635 s. Ehescheidung 1567.

1669 Will der Vater eine neue Ehe eingehen, so hat er seine Absicht dem Vormundschaftsgericht anzuzeigen, auf seine Kosten ein Verzeichnis des seiner Verwaltung unterliegenden Vermögens einzureichen und, soweit in Ansehung dieses Vermögens eine G. zwischen ihm und dem Kinde besteht, die Auseinandersetzung herbeizuführen. Das Vormundschaftsgericht kann gestatten, daß die Auseinandersetzung erst nach der Eheschließung erfolgt. 1670, 1740, 1761.

1691 s. Vormundschaft 1810.

1749 Als gemeinschaftliches Kind kann ein Kind nur von einem Ehepaar angenommen werden.

1757 Wird von einem Ehepaar gemeinschaftlich ein Kind angenommen, oder nimmt ein Ehegatte ein Kind des anderen Ehegatten an, so erlangt das Kind die rechtliche Stellung eines gemeinschaftlichen ehelichen Kindes der Ehegatten. 1758, 1772, 1769.

1768 Hat ein Ehepaar gemeinschaftlich ein Kind angenommen, so ist zur Aufhebung des durch die Annahme be-

§ gründeten Rechtsverhältnisses die Mitwirkung beider Ehegatten erforderlich.

1098 **Vorkaufsrecht** s. Kauf 513.

Vormundschaft.

1786 Die Übernahme der Vormundschaft kann ablehnen:

1. . . . . .

7. wer mit einem anderen zur gemeinschaftlichen Führung der Vormundschaft bestellt werden soll. 1889.

1792 Ein Gegenvormund soll bestellt werden, wenn mit der Vormundschaft eine Vermögensverwaltung verbunden ist, es sei denn, daß die Verwaltung nicht erheblich oder daß die Vormundschaft von mehreren Vormündern gemeinschaftlich zu führen ist.

Ist die Vormundschaft von mehreren Vormündern nicht gemeinschaftlich zu führen, so kann der eine Vormund zum Gegenvormunde des anderen bestellt werden.

1797 Mehrere Vormünder führen die Vormundschaft gemeinschaftlich.

1810 Ist ein Gegenvormund nicht vorhanden, so soll die Anlegung des Mündelgeldes nur mit Genehmigung des Vormundschaftsgerichts erfolgen, sofern nicht die Vormundschaft von mehreren Vormündern gemeinschaftlich geführt wird. 1852.

1812 Ist zu einer Handlung des Vormundes die Genehmigung des Gegenvormundes erforderlich und ist ein Gegenvormund nicht vorhanden, so tritt an die Stelle der Genehmigung des Gegenvormundes die Genehmigung des Vormundschaftsgerichts, sofern nicht die Vormundschaft von mehreren Vormündern gemeinschaftlich geführt wird. 1825, 1852.

1845 s. Verwandtschaft 1669.

Art. **Gemeinschaftsverhältnis.**

131 **Einführungsgesetz** s. **E.G.** — E.G.

Art. **Gemeinwohl.**

163 **Einführungsgesetz** s. Stiftung § 87, Verein § 43.

§ **Stiftung.**

87 Ist die Erfüllung des Stiftungszweckes unmöglich geworden oder gefährdet sie das G., so kann die zuständige Behörde der Stiftung eine andere Zweckbestimmung geben oder sie aufheben.

Verein.

43 Dem Vereine kann die Rechtsfähigkeit entzogen werden, wenn er durch einen gesetzwidrigen Beschluß der Mitgliederversammlung oder durch gesetzwidriges Verhalten des Vorstandes das G. gefährdet. 44, 74.

Genehmigender.

Zustimmung.

184 Die nachträgliche Zustimmung (Genehmigung) wirkt auf den Zeitpunkt der Vornahme des Rechtsgeschäfts zurück, soweit nicht ein anderes bestimmt ist.

Durch die Rückwirkung werden Verfügungen nicht unwirksam, die vor der Genehmigung über den Gegenstand des Rechtsgeschäfts von dem G. getroffen worden oder im Wege der Zwangsvollstreckung oder der Arrestvollziehung oder durch den Konkursverwalter erfolgt sind.

Genehmigung s. auch **Einwilligung, Zustimmung.**

§ **Ehe.**

1336, 1337, 1341 s. **Ehe** — Ehe.

Eigentum.

1001—1003 s. **Eigentum** — Eigentum.

Art. **Einführungsgesetz.**

86—88 s. **E.G.** — E.G.

95 s. Geschäftsfähigkeit §§ 108, 109, 112, 113.

136 s. Vormundschaft § 1852.

151 s. Testament §§ 2242, 2243.

163 s. Verein § 33.

§ **Erbe.**

2022 s. Eigentum 1001—1003.

2043 Soweit die Erbteile deshalb noch unbestimmt sind, weil die Entscheidung über eine Ehelichkeitserklärung, über die Bestätigung einer Annahme an Kindesstatt oder über die G. einer vom Erblasser errichteten Stiftung noch aussteht, ist die Auseinandersetzung unter Miterben bis zur Hebung der Unbestimmtheit ausgeschlossen. 2042.

Erbvertrag.

2275, 2282, 2290 s. **Erbvertrag** — Erbvertrag.

2276 s. Testament 2242, 2243.

Erbverzicht.

2347 Zu dem Erbverzicht ist, wenn der Verzichtende unter Vormundschaft steht, die G. des Vormundschaftsgerichts erforderlich; steht er unter elterlicher Gewalt, so gilt das Gleiche, sofern nicht der Vertrag unter Ehegatten oder unter Verlobten geschlossen wird.

Der Erblasser kann den Vertrag nur persönlich schließen; ist er in der Geschäftsfähigkeit beschränkt, so bedarf er nicht der Zustimmung seines g. Vertreters. Ist der Erblasser geschäftsunfähig, so kann der Vertrag durch den g. Vertreter geschlossen werden; die G. des Vormundschaftsgerichts ist in gleichem Umfange wie nach Abs. 1 erforderlich. 2351, 2352.

Geschäftsfähigkeit.

108, 109, 112, 113 s. **Geschäftsfähigkeit** — Geschäftsfähigkeit.

Geschäftsführung.

684 Liegen die Voraussetzungen des § 683 nicht vor, so ist der Geschäftsherr verpflichtet, dem Geschäftsführer alles, was er durch die Geschäftsführung erlangt, nach den Vorschriften über die Herausgabe einer ungerechtfertigten Bereicherung herauszugeben. Genehmigt der Geschäftsherr die Geschäftsführung, so steht dem Geschäftsführer der im § 683 bestimmte Anspruch zu. 687.

Güterrecht.

1396 Verfügt die Frau bei g. Güterrecht durch Vertrag ohne Einwilligung des Mannes über eingebrachtes Gut, so hängt die Wirksamkeit des Vertrags von der G. des Mannes ab.

Fordert der andere Teil den Mann zur Erklärung über die G. auf, so kann die Erklärung nur ihm gegenüber erfolgen; eine vor der Aufforderung der Frau gegenüber erklärte G. oder Verweigerung der G. wird unwirksam. Die G. kann nur bis zum Ablaufe von zwei Wochen nach dem Empfange der Aufforderung erklärt werden; wird sie nicht erklärt, so gilt sie als verweigert.

Verweigert der Mann die G., so wird der Vertrag nicht dadurch wirksam, daß die Verwaltung und Nutznießung aufhört. 1397, 1401, 1404, 1448, 1525.

1397 Bis zur G. des Vertrags ist der andere Teil zum Widerrufe berechtigt. 1401, 1404, 1448, 1525.

1437 Ein Ehevertrag, durch den die a. Gütergemeinschaft vereinbart oder aufgehoben wird, kann nicht durch einen g. Vertreter geschlossen werden.

Ist einer der Vertragschließenden in der Geschäftsfähigkeit beschränkt, so bedarf er der Zustimmung seines g. Vertreters. Ist der g. Vertreter ein Vormund, so ist die G. des Vormundschaftsgerichts erforderlich. 1508.

1448 Nimmt der Mann im Falle a. Gütergemeinschaft ohne Einwilligung der Frau ein Rechtsgeschäft der in den §§ 1444—1446 bezeichneten Art vor, so finden die für eine Verfügung der Frau über eingebrachtes Gut geltenden Vorschriften des § 1396 Abs. 1, 3

§ und der §§ 1397, 1398 entsprechende Anwendung.

Fordert bei einem Vertrage der andere Teil den Mann auf, die G. der Frau zu beschaffen, so kann die Erklärung über die G. nur ihm gegenüber erfolgen; eine vor der Aufforderung dem Manne gegenüber erklärte G. oder Verweigerung der G. wird unwirksam. Die G. kann nur bis zum Ablaufe von zwei Wochen nach dem Empfange der Aufforderung erklärt werden; wird sie nicht erklärt, so gilt sie als verweigert.

Wird die G. der Frau durch das Vormundschaftsgericht ersetzt, so ist im Falle einer Aufforderung nach Abs. 2 der Beschluß nur wirksam, wenn der Mann ihn dem anderen Teile mitteilt; die Vorschriften des Abs. 2 Satz 2 finden entsprechende Anwendung. 1487, 1519.

1484 Der überlebende Ehegatte kann die Fortsetzung der Gütergemeinschaft ablehnen.

Auf die Ablehnung finden die für die Ausschlagung einer Erbschaft geltenden Vorschriften der §§ 1943 bis 1947, 1950, 1952, 1954 bis 1957, 1959 entsprechende Anwendung. Steht der überlebende Ehegatte unter elterlicher Gewalt oder unter Vormundschaft, so ist zur Ablehnung die G. des Vormundschaftsgerichts erforderlich.

Lehnt der Ehegatte die Fortsetzung der Gütergemeinschaft ab, so gilt das Gleiche wie im Falle des § 1482. 1518.

1487 Die Rechte und Verbindlichkeiten des überlebenden Ehegatten, sowie der anteilsberechtigten Abkömmlinge in Ansehung des Gesamtguts der f. Gütergemeinschaft bestimmen sich nach den für die eheliche Gütergemeinschaft geltenden Vorschriften der §§ 1442 bis 1449, 1455—1457, 1466.

1491 Steht ein anteilsberechtigter Abkömmling unter elterlicher Gewalt oder unter Vormundschaft, so ist zu dem Verzichte auf seinen Anteil an dem Gesamtgute der f. Gütergemeinschaft die G. des Vormundschaftsgerichts erforderlich. 1518.

1492 Steht der überlebende Ehegatte unter elterlicher Gewalt oder unter Vormundschaft, so ist zu der Aufhebung der f. Gütergemeinschaft die G. des Vormundschaftsgerichts erforderlich. 1518.

1508 Auf einen Ehevertrag, durch welchen die Fortsetzung der Gütergemeinschaft ausgeschlossen oder die Ausschließung aufgehoben wird, finden die Vorschriften des § 1437 Anwendung. 1518.

1519, 1525 f. **Errungenschaftsgemeinschaft** — Güterrecht.

Handlung.

841 Ist ein Beamter, der vermöge seiner Amtspflicht einen anderen zur Geschäftsführung für einen Dritten zu bestellen oder eine solche Geschäftsführung zu beaufsichtigen oder durch G. von Rechtsgeschäften bei ihr mitzuwirken hat, wegen Verletzung dieser Pflichten neben dem anderen für den von diesem verursachten Schaden verantwortlich, so ist in ihrem Verhältnisse zu einander der andere allein verpflichtet.

Kauf.

458 Die Wirksamkeit eines den Vorschriften der §§ 456, 457 zuwider erfolgten Kaufes und der Übertragung des gekauften Gegenstandes hängt von der Zustimmung der bei dem Verkauf als Schuldner, Eigentümer oder Gläubiger Beteiligten ab. Fordert der Käufer einen Beteiligten zur Erklärung über die G. auf, so finden

§ die Vorschriften des § 177 Satz 2, 3 entsprechende Anwendung.

Wird infolge der Verweigerung der Genehmigung ein neuer Verkauf vorgenommen, so hat der frühere Käufer für die Kosten des neuen Verkaufs, sowie für einen Mindererlös aufzukommen.

Schuldverhältnis.

362 f. Zustimmung 185.

415 Wird die Schuldübernahme von dem Dritten mit dem Schuldner vereinbart, so hängt ihre Wirksamkeit von der G. des Gläubigers ab. Die G. kann erst erfolgen, wenn der Schuldner oder der Dritte dem Gläubiger die Schuldübernahme mitgeteilt hat. Bis zur G. können die Parteien den Vertrag ändern oder aufheben.

Wird die G. verweigert, so gilt die Schuldübernahme als nicht erfolgt. Fordert der Schuldner oder der Dritte den Gläubiger unter Bestimmung einer Frist zur Erklärung über die G. auf, so kann die G. nur bis zum Ablaufe der Frist erklärt werden; wird sie nicht erklärt, so gilt sie als verweigert.

Solange nicht der Gläubiger die G. erteilt hat, ist im Zweifel der Übernehmer dem Schuldner gegenüber verpflichtet, den Gläubiger rechtzeitig zu befriedigen. Das Gleiche gilt, wenn der Gläubiger die G. verweigert. 416.

416 Übernimmt der Erwerber eines Grundstücks durch Vertrag mit dem Veräußerer eine Schuld des Veräußerers, für die eine Hypothek an dem Grundstücke besteht, so kann der Gläubiger die Schuldübernahme nur genehmigen, wenn der Veräußerer sie ihm mitteilt. Sind seit dem Empfange der Mitteilung sechs Monate verstrichen, so gilt die G. als erteilt, wenn nicht der Gläubiger sie dem Veräußerer gegenüber vorher verweigert hat; die Vorschrift des § 415 Abs. 2 Satz 2 findet keine Anwendung.

Die Mitteilung des Veräußerers kann erst erfolgen, wenn der Erwerber als Eigentümer im Grundbuch eingetragen ist. Sie muß schriftlich geschehen und den Hinweis enthalten, daß der Übernehmer an die Stelle des bisherigen Schuldners tritt, wenn nicht der Gläubiger die Verweigerung innerhalb der sechs Monate erklärt.

Der Veräußerer hat auf Verlangen des Erwerbers dem Gläubiger die Schuldübernahme mitzuteilen. Sobald die Erteilung oder Verweigerung der G. feststeht, hat der Veräußerer den Erwerber zu benachrichtigen.

Schuldverschreibung.

795 Im Inlande ausgestellte Schuldverschreibungen auf den Inhaber, in denen die Zahlung einer bestimmten Geldsumme versprochen wird, dürfen nur mit staatlicher G. in den Verkehr gebracht werden.

Die G. wird durch die Zentralbehörde des Bundesstaates erteilt, in dessen Gebiete der Aussteller seinen Wohnsitz oder seine gewerbliche Niederlassung hat. Die Erteilung der G. und die Bestimmungen, unter denen sie erfolgt, sollen durch den Deutschen Reichsanzeiger bekannt gemacht werden.

Eine ohne staatliche G. in den Verkehr gelangte Schuldverschreibung ist nichtig; der Aussteller hat dem Inhaber den durch die Ausgabe verursachten Schaden zu ersetzen.

Diese Vorschriften finden keine Anwendung auf Schuldverschreibungen, die von dem Reiche oder einem Bundesstaat ausgegeben werden.

Spiel.

763 Ein Lotterievertrag oder ein Ausspielvertrag ist verbindlich, wenn die Lotterie oder die Ausspielung staatlich

§ genehmigt ist. Anderenfalls finden die Vorschriften des § 762 Anwendung.

Stiftung.

80 Zur Entstehung einer rechtsfähigen Stiftung ist außer dem Stiftungsgeschäfte die G. des Bundesstaats erforderlich, in dessen Gebiete die Stiftung ihren Sitz haben soll. Soll die Stiftung ihren Sitz nicht in einem Bundesstaate haben, so ist die G. des Bundesrats erforderlich. Als Sitz der Stiftung gilt, wenn nicht ein anderes bestimmt ist, der Ort, an welchem die Verwaltung geführt wird.

81 Das Stiftungsgeschäft unter Lebenden bedarf der schriftlichen Form.

Bis zur Erteilung der G. ist der Stifter zum Widerrufe berechtigt. Ist die G. bei der zuständigen Behörde nachgesucht, so kann der Widerruf nur dieser gegenüber erklärt werden. Der Erbe des Stifters ist zum Widerrufe nicht berechtigt, wenn der Stifter das Gesuch bei der zuständigen Behörde eingereicht oder im Falle der gerichtlichen oder notariellen Beurkundung des Stiftungsgeschäfts das Gericht oder den Notar bei oder nach der Beurkundung mit der Einreichung betraut hat.

82 Wird die Stiftung genehmigt, so ist der Stifter verpflichtet, das in dem Stiftungsgeschäfte zugesicherte Vermögen auf die Stiftung zu übertragen. Rechte, zu deren Übertragung der Abtretungsvertrag genügt, gehen mit der G. auf die Stiftung über, sofern nicht aus dem Stiftungsgeschäfte sich ein anderer Wille des Stifters ergiebt.

83 Besteht das Stiftungsgeschäft in einer Verfügung von Todeswegen, so hat das Nachlaßgericht die G. einzuholen, sofern sie nicht von dem Erben oder

§ dem Testamentsvollstrecker nachgesucht wird.

84 Wird die Stiftung erst nach dem Tode des Stifters genehmigt, so gilt sie für die Zuwendungen des Stifters als schon vor dessen Tode entstanden.

Testament.

2101 s. Stiftung 84.

2204 s. Erbe 2043.

2242, 2243 s. **Erblasser** — Testament.

Verein.

33 Beruht die Rechtsfähigkeit des Vereins auf Verleihung, so ist zu jeder Änderung der Satzung staatliche G. oder, falls die Verleihung durch den Bundesrat erfolgt ist, die G. des Bundesrats erforderlich. 40.

Verwandtschaft.

1595 Für einen geschäftsunfähigen Mann kann sein g. Vertreter mit G. des Vormundschaftsgerichts die Ehelichkeit eines Kindes anfechten. 1599, 1600.

1639 s. Vormundschaft 1803.

1643 Zu Rechtsgeschäften für das eheliche Kind bedarf der Vater der G. des Vormundschaftsgerichts in den Fällen, in denen nach § 1821 Abs. 1 Nr. 1—3, Abs. 2 und nach § 1822 Nr. 1, 3, 5, 8—11 ein Vormund der G. bedarf.

Das Gleiche gilt für die Ausschlagung einer Erbschaft oder eines Vermächtnisses sowie für den Verzicht auf einen Pflichtteil. Tritt der Anfall an das Kind erst infolge der Ausschlagung des Vaters ein, so ist die G. nur erforderlich, wenn der Vater neben dem Kinde berufen war.

Die §§ 1825, 1828—1831 finden entsprechende Anwendung.

1644 Der Vater kann Gegenstände, zu deren Veräußerung die G. des Vormundschaftsgerichts erforderlich ist, dem ehelichen Kinde nicht ohne diese G. zur Erfüllung eines von dem

§ Kinde geschlossenen Vertrags oder zu freier Verfügung überlassen.

1645 Der Vater soll nicht ohne G. des Vormundschaftsgerichts ein neues Erwerbsgeschäft im Namen des ehelichen Kindes beginnen.

1651 s. Geschäftsfähigkeit 112.

1653 Der Vater darf Geld, das zu dem seiner Nutznießung unterliegenden Vermögen des ehelichen Kindes gehört, nur mit G. des Vormundschaftsgerichts für sich veräußern oder verbrauchen. 1642, 1659.

1667 s. Vormundschaft 1814—1816, 1819, 1820.

1690 Die G. des der Mutter zur Ausübung der elterlichen Gewalt bestellten Beistandes ist innerhalb seines Wirkungskreises zu jedem Rechtsgeschäft erforderlich, zu dem ein Vormund der G. des Vormundschaftsgerichts oder des Gegenvormundes bedarf. Ausgenommen sind Rechtsgeschäfte, welche die Mutter nicht ohne die G. des Vormundschaftsgerichts vornehmen kann. Die Vorschriften der §§ 1828—1831 finden entsprechende Anwendung.

Die G. des Beistandes wird durch die G. des Vormundschaftsgerichts ersetzt.

Das Vormundschaftsgericht soll vor der Entscheidung über die G. in allen Fällen, in denen das Rechtsgeschäft zu dem Wirkungskreise des Beistandes gehört, den Beistand hören, sofern ein solcher vorhanden und die Anhörung thunlich ist. 1686.

1691 s. Vormundschaft 1809, 1810.

1714 Eine Vereinbarung zwischen dem Vater und dem unehelichen Kinde über den Unterhalt für die Zukunft oder über eine an Stelle des Unterhalts zu gewährende Abfindung bedarf der G. des Vormundschaftsgerichts.

§ Ein unentgeltlicher Verzicht auf den Unterhalt für die Zukunft ist nichtig. 1717.

1728 Mit G. des Vormundschaftsgerichts kann der g. Vertreter des unehelichen Kindes, wenn dieses geschäftsunfähig ist oder das 14. Lebensjahr nicht vollendet hat, die Einwilligung zur Ehelichkeitserklärung erteilen. 1731.

1729 Ist der Vater des unehelichen Kindes in der Geschäftsfähigkeit beschränkt, so bedarf er zu dem Antrag auf Ehelichkeitserklärung, außer der Zustimmung seines g. Vertreters, der G. des Vormundschaftsgerichts.

Ist das Kind in der Geschäftsfähigkeit beschränkt, so gilt das Gleiche für die Erteilung seiner Einwilligung.

Ist die Mutter des Kindes oder die Frau des Vaters in der Geschäftsfähigkeit beschränkt, so ist zur Erteilung ihrer Einwilligung die Zustimmung des g. Vertreters nicht erforderlich. 1731.

1750 Hat das an Kindesstatt anzunehmende Kind nicht das 14. Lebensjahr vollendet, so kann sein g. Vertreter den Annahmevertrag mit G. des Vormundschaftsgerichts schließen.

1751 Ist der Annehmende in der Geschäftsfähigkeit beschränkt, so bedarf er zur Eingehung des Annahmevertrags, außer der Zustimmung seines g. Vertreters, der G. des Vormundschaftsgerichts.

Das Gleiche gilt für das Kind, wenn es in der Geschäftsfähigkeit beschränkt ist. 1755, 1770.

1752 Will ein Vormund seinen Mündel an Kindesstatt annehmen, so soll das Vormundschaftsgericht die G. nicht erteilen, solange der Vormund im Amte ist. Will jemand seinen früheren Mündel an Kindesstatt annehmen, so soll das Vormundschaftsgericht die G. nicht erteilen, bevor er über seine Ver-

§ waltung Rechnung gelegt und das Vorhandensein des Mündelvermögens nachgewiesen hat.

Das Gleiche gilt, wenn ein zur Vermögensverwaltung bestellter Pfleger seinen Pflegling oder seinen früheren Pflegling an Kindesstatt annehmen will.

Vollmacht.

177 Schließt jemand ohne Vertretungsmacht im Namen eines anderen einen Vertrag, so hängt die Wirksamkeit des Vertrags für und gegen den Vertretenen von dessen G. ab. Fordert der andere Teil den Vertretenen zur Erklärung über die G. auf, so kann die Erklärung nur ihm gegenüber erfolgen; eine vor der Aufforderung dem Vertreter gegenüber erklärte G. oder Verweigerung der G. wird unwirksam. Die G. kann nur bis zum Ablaufe von zwei Wochen nach dem Empfange der Aufforderung erklärt werden; wird sie nicht erklärt, so gilt sie als verweigert.

178 Bis zur G. des Vertrags ist der andere Teil zum Widerrufe berechtigt, es sei denn, daß er den Mangel der Vertretungsmacht bei dem Abschlusse des Vertrags gekannt hat. Der Widerruf kann auch dem Vertreter gegenüber erklärt werden.

179 Wer als Vertreter einen Vertrag geschlossen hat, ist, sofern er nicht seine Vertretungsmacht nachweist, dem anderen Teile nach dessen Wahl zur Erfüllung oder zum Schadensersatze verpflichtet, wenn der Vertretene die G. des Vertrags verweigert.

Hat der Vertreter den Mangel der Vertretungsmacht nicht gekannt, so ist er nur zum Ersatze desjenigen Schadens verpflichtet, welchen der andere Teil dadurch erleidet, daß er auf die Vertretungsmacht vertraut, jedoch nicht über den Betrag des Interesses hinaus, welches der andere Teil an der Wirksamkeit des Vertrags hat.

Der Vertreter haftet nicht, wenn der andere Teil den Mangel der Vertretungsmacht kannte oder kennen mußte. Der Vertreter haftet auch dann nicht, wenn er in der Geschäftsfähigkeit beschränkt war, es sei denn, daß er mit Zustimmung seines g. Vertreters gehandelt hat.

Vormundschaft.

1803 Der Vormund darf mit G. des Vormundschaftsgerichts von Anordnungen über die Verwaltung dessen, was der Mündel von Todeswegen erwirbt oder was ihm unter Lebenden von einem Dritten unentgeltlich zugewendet wird, abweichen, wenn ihre Befolgung das Interesse des Mündels gefährden würde.

1809 Der Vormund soll Mündelgeld nach § 1807 Abs. 1 Nr. 5 oder nach § 1808 nur mit der Bestimmung anlegen, daß zur Erhebung des Geldes die G. des Gegenvormundes oder des Vormundschaftsgerichts erforderlich ist. 1852.

1810 Der Vormund soll die in den §§ 1806 bis 1808 vorgeschriebene Anlegung des Mündelgeldes nur mit G. des Gegenvormundes bewirken; die G. des Gegenvormundes wird durch die G. des Vormundschaftsgerichts ersetzt. Ist ein Gegenvormund nicht vorhanden, so soll die Anlegung nur mit G. des Vormundschaftsgerichts erfolgen, sofern nicht die Vormundschaft von mehreren Vormündern gemeinschaftlich geführt wird. 1852.

1812 Der Vormund kann über eine Forderung oder über ein anderes Recht, kraft dessen der Mündel eine Leistung verlangen kann, sowie über ein Wertpapier des Mündels nur mit G. des Gegenvormundes verfügen, sofern nicht nach den §§ 1819—1822 die G. des Vormundschaftsgerichts erforderlich ist.

§ Das Gleiche gilt von der Eingehung der Verpflichtung zu einer solchen Verfügung.

Die G. des Gegenvormundes wird durch die G. des Vormundschaftsgerichts ersetzt.

Ist ein G. nicht vorhanden, so tritt an die Stelle der G. des Gegenvormundes die G. des Vormundschaftsgerichts, sofern nicht die Vormundschaft von mehreren Vormündern gemeinschaftlich geführt wird. 1825, 1852.

1813 Der Vormund bedarf nicht der G. des Gegenvormundes zur Annahme einer geschuldeten Leistung:

1. wenn der Gegenstand der Leistung nicht in Geld oder Wertpapieren besteht;
2. wenn der Anspruch nicht mehr als dreihundert Mark beträgt;
3. wenn Geld zurückgezahlt wird, das der Vormund angelegt hat;
4. wenn der Anspruch zu den Nutzungen des Mündelvermögens gehört;
5. wenn der Anspruch auf Erstattung von Kosten der Kündigung oder der Rechtsverfolgung oder auf sonstige Nebenleistungen gerichtet ist.

Die Befreiung nach Abs. 1 Nr. 2, 3 erstreckt sich nicht auf die Erhebung von Geld, bei dessen Anlegung ein anderes bestimmt worden ist. Die Befreiung nach Abs. 1 Nr. 3 gilt auch nicht für die Erhebung von Geld, das nach § 1807 Abs. 1 Nr. 1 bis 4 angelegt ist.

1814 Der Vormund hat die zu dem Vermögen des Mündels gehörenden Inhaberpapiere nebst den Erneuerungsscheinen bei einer Hinterlegungsstelle oder bei der Reichsbank mit der Bestimmung zu hinterlegen, daß die Herausgabe der Papiere nur mit G. des Vormundschaftsgerichts verlangt werden kann. Die Hinterlegung von Inhaberpapieren, die nach § 92 zu den verbrauchbaren Sachen gehören, sowie von Zins-, Renten- oder Gewinnanteilscheinen ist nicht erforderlich. Den Inhaberpapieren stehen Orderpapiere gleich, die mit Blankoindossament versehen sind. 1815, 1817 bis 1819.

1815 Der Vormund kann die zu dem Vermögen des Mündels gehörenden Inhaberpapiere, statt sie nach § 1814 zu hinterlegen, auf den Namen des Mündels mit der Bestimmung umschreiben lassen, daß er über sie nur mit G. des Vormundschaftsgerichts verfügen kann. Sind die Papiere von dem Reiche oder einem Bundesstaat ausgestellt, so kann er sie mit der gleichen Bestimmung in Buchforderungen gegen das Reich oder den Bundesstaat umwandeln lassen.

Sind Inhaberpapiere zu hinterlegen, die in Buchforderungen gegen das Reich oder einen Bundesstaat umgewandelt werden können, so kann das Vormundschaftsgericht anordnen, daß sie nach Abs. 1 in Buchforderungen umgewandelt werden. 4820.

1816 Gehören Buchforderungen gegen das Reich oder gegen einen Bundesstaat bei der Anordnung der Vormundschaft zu dem Vermögen des Mündels oder erwirbt der Mündel später solche Forderungen, so hat der Vormund in das Schuldbuch den Vermerk eintragen zu lassen, daß er über die Forderungen nur mit G. des Vormundschaftsgerichts verfügen kann.

1819 Solange die nach § 1814 oder nach § 1818 hinterlegten Wertpapiere oder Kostbarkeiten nicht zurückgenommen sind, bedarf der Vormund zu einer Verfügung über sie und, wenn Hypotheken-, Grundschuld- oder Rentenschuldbriefe hinterlegt sind, zu einer Verfügung über die Hypotheken-

§ forderung, die Grundschuld oder die Rentenschuld der G. des Vormundschaftsgerichts. Das Gleiche gilt von der Eingehung der Verpflichtung zu einer solchen Verfügung. 1812.

1820 Sind Inhaberpapiere nach § 1815 auf den Namen des Mündels umgeschrieben oder in Buchforderungen umgewandelt, so bedarf der Vormund auch zur Eingehung der Verpflichtung zu einer Verfügung über die sich aus der Umschreibung oder der Umwandlung ergebenden Stammforderungen der G. des Vormundschaftsgerichts.

Das Gleiche gilt, wenn bei einer Buchforderung des Mündels der im § 1816 bezeichnete Vermerk eingetragen ist. 1812.

1821 Der Vormund bedarf der G. des Vormundschaftsgerichts:

1. zur Verfügung über ein Grundstück oder über ein Recht an einem Grundstücke;
2. zur Verfügung über eine Forderung, die auf Übertragung des Eigentums an einem Grundstück oder auf Begründung oder Übertragung eines Rechts an einem Grundstück oder auf Befreiung eines Grundstücks von einem solchen Rechte gerichtet ist;
3. zur Eingehung der Verpflichtung zu einer der in Nr. 1, 2 bezeichneten Verfügungen;
4. zu einem Vertrage, der auf den entgeltlichen Erwerb eines Grundstücks oder eines Rechts an einem Grundstücke gerichtet ist.

Zu den Rechten an einem Grundstück im Sinne dieser Vorschriften gehören nicht Hypotheken-, Grundschulden und Rentenschulden. 1812, 1827.

1822 Der Vormund bedarf der G. des Vormundschaftsgerichts

1. zu einem Rechtsgeschäfte, durch das der Mündel zu einer Verfügung über sein Vermögen im ganzen oder über eine ihm angefallene Erbschaft oder über seinen künftigen g. Erbteil oder seinen künftigen Pflichtteil verpflichtet wird, sowie zu einer Verfügung über den Anteil des Mündels an einer Erbschaft;
2. zur Ausschlagung einer Erbschaft oder eines Vermächtnisses, zum Verzicht auf einen Pflichtteil sowie zu einem Erbteilungsvertrage;
3. a) zu einem Vertrage, der auf den entgeltlichen Erwerb oder die Veräußerung eines Erwerbsgeschäfts gerichtet;
   b) zu einem Gesellschaftsvertrage, der zum Betriebe eines Erwerbsgeschäfts eingegangen wird;
4. zu einem Pachtvertrage über ein Landgut oder einen gewerblichen Betrieb;
5. zu einem Miet- oder Pachtvertrage oder einem anderen Vertrage, durch den der Mündel zu wiederkehrenden Leistungen verpflichtet wird, wenn das Vertragsverhältnis länger als ein Jahr nach der Vollendung des einundzwanzigsten Lebensjahrs des Mündels fortdauern soll;
6. zu einem Lehrvertrage, der für längere Zeit als ein Jahr geschlossen wird;
7. zu einem auf die Eingehung eines Dienst- oder Arbeitsverhältnisses gerichteten Vertrage, wenn der Mündel zu persönlichen Leistungen für längere Zeit als ein Jahr verpflichtet werden soll;
8. zur Aufnahme von Geld auf den Kredit des Mündels;
9. zur Ausstellung einer Schuldverschreibung auf den Inhaber oder

§ zur Eingehung einer Verbindlichkeit aus einem Wechsel oder einem anderen Papiere, das durch Indossament übertragen werden kann.

10. zur Übernahme einer fremden Verbindlichkeit, insbesondere zur Eingehung einer Bürgschaft;

11. zur Erteilung einer Prokura;

12. zu einem Vergleiche oder einem Schiedsvertrag, es sei denn, daß der Gegenstand des Streites oder der Ungewißheit in Geld schätzbar ist und den Wert von dreihundert Mark nicht übersteigt;

13. zu einem Rechtsgeschäfte, durch das die für eine Forderung des Mündels bestehende Sicherheit aufgehoben oder gemindert oder die Verpflichtung dazu begründet wird. 1812, 1825, 1827, 1902.

1823 Der Vormund soll nicht ohne G. des Vormundschaftsgericht ein neues Erwerbsgeschäft im Namen des Mündels beginnen oder ein bestehendes Erwerbsgeschäft des Mündels auflösen.

1824 Der Vormund kann Gegenstände, zu deren Veräußerung die G. des Gegenvormundes oder des Vormundschaftsgerichts erforderlich ist, dem Mündel nicht ohne diese G. zur Erfüllung eines von diesem geschlossenen Vertrages oder zu freier Verfügung überlassen.

1825 Das Vormundschaftsgericht kann dem Vormunde zu Rechtsgeschäften, zu denen nach § 1812 die G. des Gegenvormundes erforderlich ist, sowie zu den im § 1822 Nr. 8—10 bezeichneten Rechtsgeschäften eine allgemeine Ermächtigung erteilen.

Die Ermächtigung soll nur erteilt werden, wenn sie zum Zwecke der Vermögensverwaltung, insbesondere zum Betrieb eines Erwerbsgeschäfts, erforderlich ist.

§

1826 Das Vormundschaftsgericht soll vor der Entscheidung über die zu einer Handlung des Vormundes erforderliche G. den Gegenvormund hören, sofern ein solcher vorhanden und die Anhörung thunlich ist.

1827 Das Vormundschaftsgericht soll den Mündel hören vor der Entscheidung über die G. eines Lehrvertrages oder eines auf die Eingehung eines Dienst- oder Arbeitsverhältnisses gerichteten Vertrags und, wenn der Mündel das vierzehnte Lebensjahr vollendet hat, über die Entlassung aus dem Staatsverbande.

Hat der Mündel das achtzehnte Lebensjahr vollendet, so soll ihn das Vormundschaftsgericht, soweit thunlich, auch hören vor der Entscheidung über die G. eines der im § 1821 und im § 1822 Nr. 3 bezeichneten Rechtsgeschäfte sowie vor der Entscheidung über die G. des Beginns oder der Auflösung eines Erwerbsgeschäfts.

1828 Das Vormundschaftsgericht kann die G. zu einem Rechtsgeschäfte nur dem Vormunde gegenüber erklären. 1832.

1829 Schließt der Vormund einen Vertrag ohne die erforderliche G. des Vormundschaftsgerichts, so hängt die Wirksamkeit des Vertrags von der nachträglichen G. des Vormundschaftsgerichts ab. Die G., sowie deren Verweigerung wird dem anderen Teile gegenüber erst wirksam, wenn sie ihm durch den Vormund mitgeteilt wird.

Fordert der andere Teil den Vormund zur Mitteilung darüber auf, ob die G. erteilt sei, so kann die Mitteilung der G. nur bis zum Ablaufe von zwei Wochen nach dem Empfange der Aufforderung erfolgen; erfolgt sie nicht, so gilt die G. als verweigert.

Ist der Mündel volljährig geworden, so tritt seine G. an die

§ Stelle der G. des Vormundschafts-gerichts. 1832.

1830 Hat der Vormund dem anderen Teile gegenüber der Wahrheit zuwider die G. des Vormundschaftsgerichts behauptet, so ist der andere Teil bis zur Mitteilung der nachträglichen G. des Vormundschaftsgerichts zum Widerrufe berechtigt, es sei denn, daß ihm das Fehlen der G. bei dem Abschlusse des Vertrags bekannt war. 1832.

1831 Ein einseitiges Rechtsgeschäft, das der Vormund, ohne die erforderliche G. des Vormundschaftsgerichts vornimmt, ist unwirksam. Nimmt der Vormund mit dieser G. ein solches Rechtsgeschäft einem anderen gegenüber vor, so ist das Rechtsgeschäft unwirksam, wenn der Vormund die G. nicht in schriftlicher Form vorlegt und der andere das Rechtsgeschäft aus diesem Grunde unverzüglich zurückweist. 1832.

1832 Soweit der Vormund zu einem Rechtsgeschäfte der G. des Gegenvormundes bedarf, finden die Vorschriften der §§ 1828—1831 entsprechende Anwendung.

1847 Das Vormundschaftsgericht soll vor einer von ihm zu treffenden Entscheidung auf Antrag des Vormundes oder des Gegenvormundes Verwandte oder Verschwägerte des Mündels hören, wenn es ohne erhebliche Verzögerung und ohne unverhältnismäßige Kosten geschehen kann. In wichtigen Angelegenheiten soll die Anhörung auch ohne Antrag erfolgen; wichtige Angelegenheiten sind insbesondere die Volljährigkeitserklärung, die Ersetzung der Einwilligung zur Eheschließung im Falle des § 1304, die Ersetzung der G. im Falle des § 1337, die Entlassung aus dem Staatsverband und die Todeserklärung. 1862.

1852 Der Vater kann, wenn er einen Vormund benennt, die Bestellung eines Gegenvormundes ausschließen.

Der Vater kann anordnen, daß der von ihm benannte Vormund bei der Anlegung von Geld den in den §§ 1809, 1810 bestimmten Beschränkungen nicht unterliegen und zu den im § 1812 bezeichneten Rechtsgeschäften der G. des Gegenvormundes oder des Vormundschaftsgerichts nicht bedürfen soll. Diese Anordnungen sind als getroffen anzusehen, wenn der Vater die Bestellung eines Gegenvormundes ausgeschlossen hat. 1855, 1856, 1903, 1904, 1917.

1902 Der Vormund kann eine Ausstattung aus dem Vermögen des Mündels nur mit G. des Vormundschaftsgerichts versprechen oder gewähren.

Zu einem Miet- oder Pachtvertrage sowie zu einem anderen Vertrage, durch den der Mündel zu wiederkehrenden Leistungen verpflichtet wird, bedarf der Vormund der G. des Vormundschaftsgerichts, wenn das Vertragsverhältnis länger als vier Jahre dauern soll. Die Vorschrift des § 1822 Nr. 4 bleibt unberührt. 1897.

Zustimmung.

184, 185 s. **Einwilligung** — Zustimmung.

Art. **Genossenschaftsregister.**

166 **Einführungsgesetz** s. **E.G.**—E.G.

Genuss.

Einführungsgesetz.

161, 162 s. **E.G.** — E.G.

§

581 **Pacht** s. **Früchte** — Pacht.

Gerät.

Sachen.

98 Dem wirtschaftlichen Zwecke der Hauptsache sind zu dienen bestimmt:

1. . . . . .

§ 2. bei einem Landgute das zum Wirtschaftsbetriebe bestimmte G. und Vieh, ...

Gerätschaften.

618 **Dienstvertrag** f. **Dienstvertrag** — Dienstvertrag.

Art. **Einführungsgesetz.**

95 f. Dienstvertrag § 618, Handlung § 831.

§

831 **Handlung** f. **Handlung** — Handlung.

Sachen.

98 Dem wirtschaftlichen Zwecke der Hauptsache sind zu dienen bestimmt:

1. bei einem Gebäude, das für einen gewerblichen Betrieb dauernd eingerichtet ist, insbesondere bei einer Mühle, einer Schmiede, einem Brauhaus, einer Fabrik, die zu dem Betriebe bestimmten Maschinen und sonstigen G.;
2. . . . .

Geräusch.

906 **Eigentum** f. **Eigentum** — Eigentum.

Gerechtsame.

Kauf.

444 Der Verkäufer ist verpflichtet, dem Käufer über die den verkauften Gegenstand betreffenden rechtlichen Verhältnisse, insbesondere im Falle des Verkaufs eines Grundstücks über die Grenzen, G. und Lasten, die nötige Auskunft zu erteilen und ihm die zum Beweise des Rechtes dienenden Urkunden, soweit sie sich in seinem Besitze befinden, auszuliefern. Erstreckt sich der Inhalt einer solchen Urkunde auch auf andere Angelegenheiten, so ist der Verkäufer nur zur Erteilung eines öffentlich beglaubigten Auszugs verpflichtet. 445.

523 **Schenkung** f. Kauf 444.

2182 **Testament** f. Kauf 444.

Gericht f. auch **Amtsgericht, Nachlassgericht, Vormundschaftsgericht, Grundbuchamt, Prozessgericht, Verwaltungsgericht, Schiedsgericht.**

§ **Eigentum.**

925 f. Grundstück 873.

941, 977, 1002 f. **Eigentum** — Eigentum.

Art. **Einführungsgesetz.**

9 f. Erbschein § 2369.

53, 54, 141—143, 145, 147, 151 f. **E.G.** — E.G.

100, 174 f. Schuldverschreibung § 804.

163 f. Verein § 26.

§

1015 **Erbbaurecht** f. Grundstück 873.

Erbe.

1958, 1961, 1965, 2033, 2039 f. **Erbe** — Erbe.

2019 f. Schuldverhältnis 408.

2022 f. Eigentum 1002.

2028, 2057 f. Leistung 261.

Erbschaftskauf.

2371 Ein Vertrag, durch den der Erbe eine ihm angefallene Erbschaft verkauft, bedarf der gerichtlichen oder notariellen Beurkundung.

Erbschein.

2356, 2369 f. **Erbschein** — Erbschein.

Erbvertrag.

2282, 2291, 2296 f. **Erbvertrag** — Erbvertrag.

2300 f. Testament 2259, 2261.

Erbverzicht.

2348 Der Erbverzichtsvertrag bedarf der gerichtlichen oder notariellen Beurkundung. 2351, 2352.

Frist.

186 Für die in Gesetzen, gerichtlichen Verfügungen und Rechtsgeschäften enthaltenen Frist- und Terminsbestimmungen gelten die Auslegungsvorschriften der §§ 187—193.

720 **Gesellschaft** f. Schuldverhältnis 408.

Grundstück.

873 Zur Übertragung des Eigentums an

§ einem Grundstücke, zur Belastung eines Grundstücks mit einem Rechte sowie zur Übertragung oder Belastung eines solchen Rechtes ist die Einigung des Berechtigten und des anderen Teiles über den Eintritt der Rechtsänderung und die Eintragung der Rechtsänderung in das Grundbuch erforderlich, soweit nicht das Gesetz ein anderes vorschreibt.

Vor der Eintragung sind die Beteiligten an die Einigung nur gebunden, wenn die Erklärungen gerichtlich oder notariell beurkundet, oder vor dem Grundbuchamt abgegeben oder bei diesem eingereicht sind oder wenn der Berechtigte dem anderen Teile eine den Vorschriften der Grundbuchordnung entsprechende Eintragungsbewilligung ausgehändigt hat. 877—880.

Güterrecht.

1380 Der Mann kann bei g. Güterrechte ein zum eingebrachten Gute gehörendes Recht im eigenen Namen gerichtlich geltend machen. Ist er befugt, über das Recht ohne Zustimmung der Frau zu verfügen, so wirkt das Urteil auch für und gegen die Frau. 1525.

1394 Die Frau kann Ansprüche, die ihr auf Grund der Verwaltung und Nutznießung gegen den Mann zustehen, bei g. Güterrecht erst nach der Beendigung der Verwaltung und Nutznießung gerichtlich geltend machen, es sei denn, daß die Voraussetzungen vorliegen, unter denen die Frau nach § 1391 Sicherheitsleistung verlangen kann. Der im § 1389 Abs. 2 bestimmte Anspruch unterliegt dieser Beschränkung nicht. 1411, 1525.

1407 Die Frau bedarf bei g. Güterrecht nicht der Zustimmung des Mannes;

1. zur Fortsetzung eines zur Zeit der Eheschließung anhängigen Rechtsstreits;
2. zur gerichtlichen Geltendmachung eines zum eingebrachten Gute gehörenden Rechtes gegen den Mann;
3. zur gerichtlichen Geltendmachung eines zum eingebrachten Gute gehörenden Rechtes gegen einen Dritten, wenn der Mann ohne die erforderliche Zustimmung der Frau über das Recht verfügt hat;
4. zur gerichtlichen Geltendmachung eines Widerspruchsrechts gegenüber einer Zwangsvollstreckung. 1525.

1434 Der Ehevertrag muß bei gleichzeitiger Anwesenheit beider Teile vor G. oder vor einem Notar geschlossen werden.

1449 Verfügt der Mann bei a. Gütergemeinschaft ohne die erforderliche Zustimmung der Frau über ein zu dem Gesamtgute gehörendes Recht, so kann die Frau das Recht ohne Mitwirkung des Mannes gegen Dritte gerichtlich geltend machen. 1487, 1519.

1473, 1524 f. Schuldverhältnis 408.

1487 Die Rechte und Verbindlichkeiten des überlebenden Ehegatten sowie der anteilsberechtigten Abkömmlinge in Ansehung des Gesamtguts der f. Gütergemeinschaft bestimmen sich nach den für die eheliche Gütergemeinschaft geltenden Vorschriften der §§ 1442 bis 1449, 1455—1457, 1466; der überlebende Ehegatte hat die rechtliche Stellung des Mannes, die anteilsberechtigten Abkömmlinge haben die rechtliche Stellung der Frau. 1518.

1491 Ein anteilsberechtigter Abkömmling kann auf seinen Anteil an dem Gesamtgute der f. Gütergemeinschaft verzichten. Der Verzicht erfolgt durch Erklärung gegenüber dem für den Nachlaß des verstorbenen Ehegatten zuständigen G.; die Erklärung ist in öffentlich beglaubigter Form abzugeben. Das Nachlaßgericht soll die Erklärung

§ dem überlebenden Ehegatten und den übrigen anteilsberechtigten Abkömmlingen mitteilen.

Der Verzicht kann auch durch Vertrag mit dem überlebenden Ehegatten und den übrigen anteilsberechtigten Abkömmlingen erfolgen. Der Vertrag bedarf der gerichtlichen oder notariellen Beurkundung.

Steht der Abkömmmling unter elterlicher Gewalt oder unter Vormundschaft, so ist zu dem Verzichte die Genehmigung des Vormundschaftsgerichts erforderlich.

Der Verzicht hat die gleichen Wirkungen, wie wenn der Verzichtende zur Zeit des Verzichts ohne Hinterlassung von Abkömmlingen gestorben wäre. 1518.

1492 Der überlebende Ehegatte kann die f. Gütergemeinschaft jederzeit aufheben. Die Aufhebung erfolgt durch Erklärung gegenüber dem für den Nachlaß des verstorbenen Ehegatten zuständigen G.; die Erklärung ist in öffentlich beglaubigter Form abzugeben. Das Nachlaßgericht soll die Erklärung den anteilsberechtigten Abkömmlingen und, wenn der überlebende Ehegatte g. Vertreter eines der Abkömmlinge ist, dem Vormundschaftsgerichte mitteilen.

Die Aufhebung kann auch durch Vertrag zwischen dem überlebenden Ehegatten und den anteilsberechtigten Abkömmlingen erfolgen. Der Vertrag bedarf der gerichtlichen oder notariellen Beurkundung.

Steht der überlebende Ehegatte unter elterlicher Gewalt oder unter Vormundschaft, so ist zu der Aufhebung die Genehmigung des Vormundschaftsgerichts erforderlich. 1518.

1501 Ist einem anteilsberechtigten Abkömmlinge für den Verzicht auf seinen Anteil eine Abfindung aus dem Gesamtgute gewährt worden, so wird sie bei der Auseinandersetzung in das Gesamtgut eingerechnet und auf die den Abkömmlingen gebührende Hälfte angerechnet.

Der überlebende Ehegatte kann mit den übrigen anteilsberechtigten Abkömmlingen schon vor der Aufhebung der f. Gütergemeinschaft eine abweichende Vereinbarung treffen. Die Vereinbaruung bedarf der gerichtlichen oder notariellen Beurkundung; sie ist auch denjenigen Abkömmlingen gegenüber wirksam, welche erst später in die f. Gütergemeinschaft eintreten. 1518.

1516 Zur Wirksamkeit der in den §§ 1511 bis 1515 bezeichneten Verfügungen eines Ehegatten ist die Zustimmung des anderen Ehegatten erforderlich.

Die Zustimmung kann nicht durch einen Vertreter erteilt werden. Ist der Ehegatte in der Geschäftsfähigkeit beschränkt, so ist die Zustimmung seines g. Vertreters nicht erforderlich. Die Zustimmungserklärung bedarf der gerichtlichen oder notariellen Beurkundung. Die Zustimmung ist unwiderruflich.

Die Ehegatten können die in den §§ 1511—1515 bezeichneten Verfügungen auch in einem gemeinschaftlichen Testamente treffen. 1517, 1518.

1519, 1525 f. **Errungenschaftsgemeinschaft** — Güterrecht.

1561 Der Antrag eines der Ehegatten genügt:

1. zur Eintragung eines Ehevertrags oder einer auf gerichtlicher Entscheidung beruhenden Änderung der güterrechtlichen Verhältnisse der Ehegatten, wenn mit dem Antrage der Ehevertrag oder die mit dem Zeugnisse der Rechtskraft versehene Entscheidung vorgelegt wird;
2. . . . .

§ **Handlung.**

839 Verletzt ein Beamter bei dem Urteil in einer Rechtssache seine Amtspflicht, so ist er für den daraus entstehenden Schaden nur dann verantwortlich, wenn die Pflichtverletzung mit einer im Wege des gerichtlichen Strafverfahrens zu verhängenden öffentlichen Strafe bedroht ist. Auf eine pflichtwidrige Verweigerung oder Verzögerung der Ausübung des Amtes findet diese Vorschrift keine Anwendung.

Die Ersatzpflicht tritt nicht ein, wenn der Verletzte vorsätzlich oder fahrlässig unterlassen hat, den Schaden durch Gebrauch eines Rechtsmittels abzuwenden.

Hypothek.

1116, 1154, 1180 s. Grundstück 873.
1134, 1155, 1188 s. **Hypothek** — Hypothek.
1156, 1158 s. Schuldverhältnis 408.

Kauf.

477, 478, 485 s. **Kauf** — Kauf.
490 s. Verjährung 210.

Leistung.

261 Der Offenbarungseid ist, sofern er nicht vor dem Prozeßgerichte zu leisten ist, vor dem Amtsgerichte des Ortes zu leisten, an welchem die Verpflichtung zur Rechnungslegung oder zur Vorlegung des Verzeichnisses zu erfüllen ist. Hat der Verpflichtete seinen Wohnsitz oder seinen Aufenthalt im Inlande, so kann er den Eid vor dem Amtsgerichte des Wohnsitzes oder des Aufenthaltsortes leisten.

Das G. kann eine den Umständen entsprechende Änderung der Eidesnorm beschließen.

Die Kosten der Abnahme des Eides hat derjenige zu tragen, welcher die Leistung des Eides verlangt.

Miete.

561 Der Vermieter darf die Entfernung der seinem Pfandrecht unterliegenden Sachen, soweit er ihr zu widersprechen berechtigt ist, auch ohne Anrufen des G. verhindern und wenn der Mieter auszieht, die Sachen in seinen Besitz nehmen.

Sind die Sachen ohne Wissen oder unter Widerspruch des Vermieters entfernt worden, so kann er die Herausgabe zum Zwecke der Zurückschaffung in das Grundstück und, wenn der Mieter ausgezogen ist, die Überlassung des Besitzes verlangen. Das Pfandrecht erlischt mit dem Ablauf eines Monats, nachdem der Vermieter von der Entfernung der Sachen Kenntnis erlangt hat, wenn nicht der Vermieter diesen Anspruch vorher gerichtlich geltend gemacht hat.

Nießbrauch.

1052 Ist der Nießbraucher zur Sicherheitsleistung rechtskräftig verurteilt, so kann der Eigentümer statt der Sicherheitsleistung verlangen, daß die Ausübung des Nießbrauchs für Rechnung des Nießbrauchers einem von dem G. zu bestellenden Verwalter übertragen wird. Die Anordnung der Verwaltung ist nur zulässig, wenn dem Nießbraucher auf Antrag des Eigentümers von dem G. eine Frist zur Sicherheitsleistung bestimmt worden und die Frist verstrichen ist; sie ist unzulässig, wenn die Sicherheit vor dem Ablaufe der Frist geleistet wird.

Der Verwalter steht unter der Aufsicht des G. wie ein für die Zwangsverwaltung eines Grundstücks bestellter Verwalter. Verwalter kann auch der Eigentümer sein.

Die Verwaltung ist aufzuheben, wenn die Sicherheit nachträglich geleistet wird. 1054, 1070.

Pfandrecht.

1217 Verletzt der Pfandgläubiger die Rechte des Verpfänders in erheblichem Maße und setzt er das verletzende Verhalten

§ ungeachtet einer Abmahnung des Verpfänders fort, so kann der Verpfänder verlangen, daß das Pfand auf Kosten des Pfandgläubigers hinterlegt oder, wenn es sich nicht zur Hinterlegung eignet, an einen gerichtlich zu bestellenden Verwahrer abgeliefert wird.

Statt der Hinterlegung oder der Ablieferung der Sache an einen Verwahrer kann der Verpfänder die Rückgabe des Pfandes gegen Befriedigung des Gläubigers verlangen. Ist die Forderung unverzinslich und noch nicht fällig, so gebührt dem Pfandgläubiger nur die Summe, welche mit Hinzurechnung der g. Zinsen für die Zeit von der Zahlung bis zur Fälligkeit dem Betrage der Forderung gleichkommt. 1266, 1275.

1246 Entspricht eine von den Vorschriften der §§ 1235 bis 1240 abweichende Art des Pfandverkaufs nach billigem Ermessen den Interessen der Beteiligten, so kann jeder von ihnen verlangen, daß der Verkauf in dieser Art erfolgt. Kommt eine Einigung nicht zu stande, so entscheidet das G. 1266.

1260 s. Grundstück 873.

1270 s. Hypothek 1188.

1275 Ist ein Recht, kraft dessen eine Leistung gefordert werden kann, Gegenstand des Pfandrechts, so finden auf das Rechtsverhältnis zwischen dem Pfandgläubiger und dem Verpflichteten die Vorschriften, welche im Falle der Übertragung des Rechtes für das Rechtsverhältnis zwischen dem Erwerber und dem Verpflichteten gelten, und im Falle einer nach § 1217 Abs. 1 getroffenen g. Anordnung die Vorschrift des § 1670 Abs. 2 entsprechende Anwendung. 1273.

1281 Der Schuldner kann nur an den Pfandgläubiger und den Gläubiger gemeinschaftlich leisten. Jeder von beiden kann verlangen, daß an sie gemeinschaftlich geleistet wird; jeder kann statt der Leistung verlangen, daß die geschuldete Sache für beide hinterlegt oder, wenn sie sich nicht zur Hinterlegung eignet, an einen g. zu bestellenden Verwahrer abgeliefert wird. 1273, 1279, 1284, 1287, 1288.

704 **Sachen** s. Miete 561.

Schenkung.

518 Zur Gültigkeit eines Vertrags, durch den eine Leistung schenkweise versprochen wird, ist die g. oder notarielle Beurkundung des Versprechens erforderlich. Das Gleiche gilt, wenn ein Schuldversprechen oder ein Schuldanerkenntnis der in den §§ 780, 781 bezeichneten Art schenkweise erteilt wird, von dem Versprechen oder der Anerkennungserklärung.

Der Mangel der Form wird durch die Bewirkung der versprochenen Leistung geheilt.

Schuldverhältnis.

408 Wird eine abgetretene Forderung von dem bisherigen Gläubiger nochmals an einen Dritten abgetreten, so finden, wenn der Schuldner an den Dritten leistet oder wenn zwischen dem Schuldner und dem Dritten ein Rechtsgeschäft vorgenommen oder ein Rechtsstreit anhängig wird, zu Gunsten des Schuldners die Vorschriften des § 407 dem früheren Erwerber gegenüber entsprechende Anwendung.

Das Gleiche gilt, wenn die bereits abgetretene Forderung durch gerichtlichen Beschluß einem Dritten überwiesen wird oder wenn der bisherige Gläubiger dem Dritten gegenüber anerkennt, daß die bereits abgetretene Forderung kraft Gesetzes auf den Dritten übergegangen sei. 412.

§ **Schuldverschreibung.**

801 Der Anspruch aus einer Schuldverschreibung auf den Inhaber erlischt mit dem Ablaufe von dreißig Jahren nach dem Eintritte der für die Leistung bestimmten Zeit, wenn nicht die Urkunde vor dem Ablaufe der dreißig Jahre dem Aussteller zur Einlösung vorgelegt wird. Erfolgt die Vorlegung, so verjährt der Anspruch in zwei Jahren von dem Ende der Vorlegungsfrist an. Der Vorlegung steht die gerichtliche Geltendmachung des Anspruchs aus der Urkunde gleich.

Bei Zins-, Renten- und Gewinnanteilscheinen beträgt die Vorlegungsfrist vier Jahre. Die Frist beginnt mit dem Schlusse des Jahres, in welchem die für die Leistung bestimmte Zeit eintritt.

Die Dauer und der Beginn der Vorlegungsfrist können von dem Aussteller in der Urkunde anders bestimmt werden.

804 Ist ein Zins-, Renten- oder Gewinnanteilschein abhanden gekommen oder vernichtet und hat der bisherige Inhaber den Verlust dem Aussteller vor dem Ablaufe der Vorlegungsfrist angezeigt, so kann der bisherige Inhaber nach dem Ablaufe der Frist die Leistung von dem Aussteller verlangen. Der Anspruch ist ausgeschlossen, wenn der abhanden gekommene Schein dem Aussteller zur Einlösung vorgelegt oder der Anspruch aus dem Scheine gerichtlich geltend gemacht worden ist, es sei denn, daß die Vorlegung oder die gerichtliche Geltendmachung nach dem Ablaufe der Frist erfolgt ist. Der Anspruch verjährt in vier Jahren.

In dem Zins-, Renten- oder Gewinnanteilscheine kann der im Abs. 1 bestimmte Anspruch ausgeschlossen werden.

§ **Stiftung.**

81 Das Stiftungsgeschäft unter Lebenden bedarf der schriftlichen Form.

Bis zur Erteilung der Genehmigung ist der Stifter zum Widerrufe berechtigt. Ist die Genehmigung bei der zuständigen Behörde nachgesucht, so kann der Widerruf nur dieser gegenüber erklärt werden. Der Erbe des Stifters ist zum Widerrufe nicht berechtigt, wenn der Stifter das Gesuch bei der zuständigen Behörde eingereicht oder im Falle der gerichtlichen oder notariellen Beurkundung des Stiftungsgeschäfts das G. oder den Notar bei oder nach der Beurkundung mit der Einreichung betraut hat.

86 s. Verein 26.

Testament.

2111 s. Schuldverhältnis 408.

2128, 2129 s. Nießbrauch 1052.

2212, 2213, 2259, 2261 s. **Erblasser** — Testament.

2271 s. Erbvertrag 2296.

Verein.

26 Der Vorstand vertritt den Verein gerichtlich und außergerichtlich; er hat die Stellung eines g. Vertreters.

67 Die Eintragung gerichtlich bestellter Vorstandsmitglieder des Vereins erfolgt von Amtswegen.

76 Die Eintragung gerichtlich bestellter Liquidatoren geschieht von Amtswegen. 78.

Verjährung.

209 Der Erhebung der Klage, durch welche die Verjährung unterbrochen wird, stehen gleich:

1. . . . .
5. Die Vornahme einer Vollstreckungshandlung und, soweit die Zwangsvollstreckung den G. oder anderen Behörden zugewiesen ist, die Stellung des Antrags auf Zwangsvollstreckung. 220.

210 Hängt die Zulässigkeit des Rechtsweges

§ von der Vorentscheidung einer Behörde ab oder hat die Bestimmung des zuständigen G. durch ein höheres G. zu erfolgen, so wird die Verjährung durch die Einreichung des Gesuchs an die Behörde oder das höhere G. in gleicher Weise wie durch Klageerhebung unterbrochen, wenn die Klage binnen drei Monaten nach der Erledigung des Gesuchs erhoben wird. Auf diese Frist finden die Vorschriften der §§ 203, 206, 207 entsprechende Anwendung. 220.

211 Die Unterbrechung der Verjährung durch Klageerhebung dauert fort, bis der Prozeß rechtskräftig entschieden oder anderweit erledigt ist.

Gerät der Prozeß infolge einer Vereinbarung oder dadurch, daß er nicht betrieben wird, in Stillstand, so endigt die Unterbrechung mit der letzten Prozeßhandlung der Parteien oder des G. Die nach der Beendigung der Unterbrechung beginnende neue Verjährung wird dadurch, daß eine der Parteien den Prozeß weiter betreibt, in gleicher Weise wie durch Klageerhebung unterbrochen. 214, 215, 219, 220.

220 Ist der Anspruch vor einem Schiedsg. oder einem besonderen G., vor einem Verwaltungsg. oder einer Verwaltungsbehörde geltend zu machen, so finden die Vorschriften der §§ 209—213, 215, 216, 218, 219 entsprechende Anwendung.

Sind in dem Schiedsvertrage die Schiedsrichter nicht ernannt oder ist die Ernennung eines Schiedsrichters aus einem anderen Grunde erforderlich oder kann das Schiedsgericht erst nach der Erfüllung einer sonstigen Voraussetzung angerufen werden, so wird die Verjährung schon dadurch unterbrochen, daß der Berechtigte das zur Erledigung der Sache seinerseits Erforderliche vornimmt.

Vertrag.

152 Wird ein Vertrag gerichtlich oder notariell beurkundet, ohne daß beide Teile gleichzeitig anwesend sind, so kommt der Vertrag mit der nach § 128 erfolgten Beurkundung der Annahme zustande, wenn nicht ein anderes bestimmt ist. Die Vorschrift des § 151 Satz 2 findet Anwendung.

311 Ein Vertrag, durch den sich der eine Teil verpflichtet, sein gegenwärtiges Vermögen oder einen Bruchteil seines gegenwärtigen Vermögens zu übertragen oder mit einem Nießbrauche zu belasten, bedarf der gerichtlichen oder notariellen Beurkundung.

312 Ein Vertrag über den Nachlaß eines noch lebenden Dritten ist nichtig. Das Gleiche gilt von einem Vertrage über den Pflichtteil oder ein Vermächtnis aus dem Nachlaß eines noch lebenden Dritten.

Diese Vorschriften finden keine Anwendung auf einen Vertrag, der unter künftigen g. Erben über den g. Erbteil oder den Pflichtteil eines von ihnen geschlossen wird. Ein solcher Vertrag bedarf der gerichtlichen oder notariellen Beurkundung.

313 Ein Vertrag, durch den sich der eine Teil verpflichtet, das Eigentum an einem Grundstücke zu übertragen, bedarf der gerichtlichen oder notariellen Beurkundung. Ein ohne Beobachtung dieser Form geschlossener Vertrag wird seinem ganzen Inhalte nach gültig, wenn die Auflassung und die Eintragung in das Grundbuch erfolgen.

Verwandtschaft.

1730 Der Antrag auf Ehelichkeitserklärung, sowie die Einwilligungserklärung der im § 1726 bezeichneten Personen bedarf der gerichtlichen oder notariellen Beurkundung.

§

1733 Die Ehelichkeitserklärung kann nicht nach dem Tode des Kindes erfolgen.

Nach dem Tode des Vaters ist die Ehelichkeitserklärung nur zulässig, wenn der Vater den Antrag bei der zuständigen Behörde eingereicht oder bei oder nach der gerichtlichen oder notariellen Beurkundung des Antrags das G. oder den Notar mit der Einreichung betraut hat.

Die nach dem Tode des Vaters erfolgte Ehelichkeitserklärung hat die gleiche Wirkung, wie wenn sie vor dem Tode des Vaters erfolgt wäre.

1741 Wer keine ehelichen Abkömmlinge hat, kann durch Vertrag mit einem anderen diesen an Kindesstatt annehmen. Der Vertrag bedarf der Bestätigung durch das zuständige G. 1770.

1748 Die Einwilligung der in den §§ 1746, 1747 bezeichneten Personen zur Annahme an Kindesstatt hat dem Annehmenden oder dem Kinde oder dem für die Bestätigung des Annahmevertrags zuständigen G. gegenüber zu erfolgen; sie ist unwiderruflich.

Die Einwilligung kann nicht durch einen Vertreter erteilt werden. Ist der Einwilligende in der Geschäftsfähigkeit beschränkt, so bedarf er nicht der Zustimmung seines g. Vertreters.

Die Einwilligungserklärung bedarf der gerichtlichen oder notariellen Beurkundung. 1755.

1750 Der Annahmevertrag (an Kindesstatt) muß bei gleichzeitiger Anwesenheit beider Teile vor G. oder einem Notar geschlossen werden. 1770.

1753 Die Bestätigung des Annahmevertrags (an Kindesstatt) kann nicht nach dem Tode des Kindes erfolgen.

Nach dem Tode des Annehmenden ist die Bestätigung nur zulässig, wenn der Annehmende oder das Kind den Antrag auf Bestätigung bei dem zuständigen G. eingereicht oder bei oder nach der gerichtlichen oder notariellen Beurkundung des Vertrags das Gericht oder den Notar mit der Einreichung betraut hat.

Die nach dem Tode des Annehmenden erfolgte Bestätigung hat die gleiche Wirkung, wie wenn sie vor dem Tode erfolgt wäre. 1770.

Vormundschaft.

1878 Ein Mitglied des Familienrates kann gegen seinen Willen nur durch das dem Vormundschaftsgericht im Instanzenzuge vorgeordnete G. entlassen werden.

639 **Werkvertrag** 651 f. Kauf 477, 478.

Willenserklärung.

126 Ist durch Gesetz für ein Rechtsgeschäft schriftliche Form vorgeschrieben, so muß die Urkunde von dem Aussteller eigenhändig durch Namensunterschrift oder mittelst gerichtlich oder notariell beglaubigten Handzeichens unterzeichnet werden.

Bei einem Vertrage muß die Unterzeichnung der Parteien auf derselben Urkunde erfolgen. Werden über den Vertrag mehrere gleichlautende Urkunden aufgenommen, so genügt es, wenn jede Partei die für die andere Partei bestimmte Urkunde unterzeichnet.

Die schriftliche Form wird durch die gerichtliche oder notarielle Beurkundung ersetzt. 127, 129.

128 Ist durch Gesetz gerichtliche oder notarielle Beurkundung eines Vertrags vorgeschrieben, so genügt es, wenn zunächst der Antrag und sodann die Annahme des Antrags von einem G. oder einem Notar beurkundet wird

129 Ist durch Gesetz für eine Erklärung öffentliche Beglaubigung vorgeschrieben, so muß die Erklärung schriftlich abgefaßt und die Unterschrift des Er-

§ klärenden von der zuständigen Behörde oder einem zuständigen Beamten oder Notar beglaubigt werden. Wird die Erklärung von dem Aussteller mittelst Handzeichens unterzeichnet, so ist die im § 126 Abs. 1 vorgeschriebene Beglaubigung des Handzeichens erforderlich und genügend.

Die öffentliche Beglaubigung wird durch die gerichtliche oder notarielle Beurkundung der Erklärung ersetzt.

136 Ein Veräußerungsverbot, das von einem G. oder von einer anderen Behörde innerhalb ihrer Zuständigkeit erlassen wird, steht einem g. Veräußerungsverbote der im § 135 bezeichneten Art gleich.

Gerichtsbarkeit.

Art. **Einführungsgesetz.**

1 Das B.G.B. tritt am 1. Januar 1900 gleichzeitig mit einem Gesetz über die Angelegenheiten der freiwilligen G. in Kraft.

Gerichtsschreiber.

Art. **Einführungsgesetz.**

149 s. **E.G.** — E.G.

151 s. Testament §§ 2234—2236.

§

2276 **Erbvertrag** s. Testament 2233 bis 2236.

Testament.

2233—2236 s. **Erblasser** — Testament.

Gerichtsstand.

Sicherheitsleistung.

239 Ein Bürge ist tauglich, wenn er ein der Höhe der zu leistenden Sicherheit angemessenes Vermögen besitzt und seinen a. G. im Inlande hat.

Vollmacht.

176 Zuständig für die Bewilligung der Veröffentlichung der Kraftloserklärung einer Vollmachtsurkunde ist sowohl das Amtsgericht, in dessen Bezirke

§ der Vollmachtgeber seinen a. G. hat, als das Amtsgericht, welches für die Klage auf Rückgabe der Urkunde, abgesehen von dem Werte des Streitgegenstandes, zuständig sein würde.

Gerichtsverfassungsgesetz.

Art. **Einführungsgesetz.**

1, 6, 33 s. **E.G.** — E.G.

§ **Gerichtsvollzieher.**

457 **Kauf** s. Schuldverhältnis 383.

Schuldverhältnis.

383 Die Versteigerung einer geschuldeten hinterlegten Sache hat durch einen für den Versteigerungsort bestellten G. oder zu Versteigerungen befugten anderen Beamten oder öffentlich angestellten Versteigerer öffentlich zu erfolgen (öffentliche Versteigerung). Zeit und Ort der Versteigerung sind unter a. Bezeichnung der Sache öffentlich bekannt zu machen.

Verjährung.

196 In zwei Jahren verjähren die Ansprüche:

1. . . . .

15. Der Rechtsanwälte, Notare und G. sowie aller Personen die zur Besorgung gewisser Geschäfte öffentlich bestellt oder zugelassen sind, wegen ihrer Gebühren und Auslagen, soweit nicht diese zur Staatskasse fließen. 201.

Willenserklärung.

132 Eine Willenserkärung gilt auch dann als zugegangen, wenn sie durch Vermittelung eines G. zugestellt worden ist. Die Zustellung erfolgt nach den Vorschriften der Civilprozeßordnung.

Geringfügigkeit.

440 **Kauf** s. Vertrag 320.

Vertrag.

320 Ist bei einem gegenseitigen Vertrage von der einen Seite teilweise geleistet

§ worden, so kann die Gegenleistung insoweit nicht verweigert werden, als die Verweigerung nach den Umständen, insbesondere wegen verhältnismäßiger G. des rückständigen Teiles, gegen Treu und Glauben verstoßen würde. 348.

Gerüche.

906 **Eigentum** s. **Eigentum** — Eigentum.

Gesamtbetrag.

Pflichtteil.

2327 Ein nach § 2315 anzurechnendes Geschenk ist auf den G. des Pflichtteils und der Ergänzung anzurechnen. 2330.

Gesamtgläubiger.

1011 **Eigentum** s. Schuldverhältnis 432.

1109 **Reallast** s. Schuldverhältnis. 432.

Schuldverhältnis.

428 Sind Mehrere eine Leistung in der Weise zu fordern berechtigt, daß jeder die ganze Leistung fordern kann, der Schuldner aber die Leistung nur einmal zu bewirken verpflichtet ist (G.), so kann der Schuldner nach seinem Belieben an jeden der Gläubiger leisten. Dies gilt auch dann, wenn einer der Gläubiger bereits Klage auf die Leistung erhoben hat.

429 Der Verzug eines G. wirkt auch gegen die übrigen Gläubiger.

Vereinigen sich Forderung und Schuld in der Person eines G., so erlöschen die Rechte der übrigen Gläubiger gegen den Schuldner.

Im übrigen finden die Vorschriften der §§ 422, 423, 425 entsprechende Anwendung. Insbesondere bleiben, wenn ein G. seine Forderung auf einen anderen überträgt, die Rechte der übrigen Gläubiger unberührt.

430 Die G. sind im Verhältnisse zu einander zu gleichen Anteilen berechtigt, soweit nicht ein anderes bestimmt ist.

§

432 Haben Mehrere eine unteilbare Leistung zu fordern, so kann, sofern sie nicht G. sind, der Schuldner nur an alle gemeinschaftlich leisten und jeder Gläubiger nur die Leistung an alle fordern. Jeder Gläubiger kann verlangen, daß der Schuldner die geschuldete Sache für alle Gläubiger hinterlegt oder, wenn sie sich nicht zur Hinterlegung eignet, an einen gerichtlich zu bestellenden Verwahrer abliefert.

Im übrigen wirkt eine Thatsache, die nur in der Person eines der Gläubiger eintritt, nicht für und gegen die übrigen Gläubiger.

Testament.

2151 Der Erblasser kann mehrere mit einem Vermächtnis in der Weise bedenken, daß der Beschwerte oder ein Dritter zu bestimmen hat, wer von den Mehreren das Vermächtnis erhalten soll.

Die Bestimmung des Beschwerten erfolgt durch Erklärung gegenüber demjenigen, welcher das Vermächtnis erhalten soll; die Bestimmung des Dritten erfolgt durch Erklärung gegenüber dem Beschwerten.

Kann der Beschwerte oder der Dritte die Bestimmung nicht treffen, so sind die Bedachten G. Das Gleiche gilt, wenn das Nachlaßgericht dem Beschwerten oder dem Dritten auf Antrag eines der Beteiligten eine Frist zur Abgabe der Erklärung bestimmt hat und die Frist verstrichen ist, sofern nicht vorher die Erklärung erfolgt. Der Bedachte, der das Vermächtnis erhält, ist im Zweifel nicht zur Teilung verpflichtet. 2153, 2154, 2193.

Gesamtgrundschuld.

Testament.

2168 Besteht an mehreren zur Erbschaft gehörenden Grundstücken eine G. oder

§ eine Gesamtrentenschuld und ist eines dieser Grundstücke vermacht, so ist der Vermächtnisnehmer im Zweifel dem Erben gegenüber zur Befriedigung des Gläubigers in Höhe des Teiles der Grundschuld oder der Rentenschuld verpflichtet, der dem Verhältnisse des Wertes des vermachten Grundstücks zu dem Werte der sämtlichen Grundstücke entspricht.

Ist neben dem vermachten Grundstück ein nicht zur Erbschaft gehörendes Grundstück mit einer G. oder einer Gesammtrentenschuld belastet, so finden, wenn der Erblasser zur Zeit des Erbfalls gegenüber dem Eigentümer des anderen Grundstücks oder einem Rechtsvorgänger des Eigentümers zur Befriedigung des Gläubigers verpflichtet ist, die Vorschriften des § 2166 Abs. 1 und des § 2167 entsprechende Anwendung.

Gesamtgut.

1314 **Ehe** s. Güterrecht 1493.

1581 **Ehescheidung** s. Verwandtschaft 1604.

Art.
137 **Einführungsgesetz** s. Güterrecht § 1515.

§ **Erbe.**

2008 Ist eine Ehefrau die Erbin und gehört die Erbschaft zum eingebrachten Gute oder zum G., so ist die Bestimmung der Inventarfrist nur wirksam, wenn sie auch dem Manne gegenüber erfolgt. Solange nicht die Frist dem Manne gegenüber verstrichen ist, endigt sie auch nicht der Frau gegenüber. Die Errichtung des Inventars durch den Mann kommt der Frau zu statten.

Gehört die Erbschaft zum G., so gelten diese Vorschriften auch nach der Beendigung der Gütergemeinschaft.

2054 Eine Zuwendung, die aus dem G. der
a) a. Gütergemeinschaft,
b) Errungenschaftsgemeinschaft,
c) Fahrnisgemeinschaft,
d) f. Gütergemeinschaft

erfolgt, gilt als von jedem der Ehegatten zur Hälfte gemacht. Die Zuwendung gilt jedoch, wenn sie an einen Abkömmling erfolgt, der nur von einem der Ehegatten abstammt, oder wenn einer der Ehegatten wegen der Zuwendung zu dem G. Ersatz zu leisten hat, als von diesem Ehegatten gemacht.

Güterrecht.

1438 Durch die a. Gütergemeinschaft werden das Vermögen der Frau und das Vermögen des Mannes gemeinschaftliches Vermögen beider Ehegatten (G.). Zu dem G. gehört auch das Vermögen, das der Mann oder die Frau während der Gütergemeinschaft erwirbt.

Die einzelnen Gegenstände werden gemeinschaftlich, ohne daß es einer Übertragung durch Rechtsgeschäft bedarf.

Wird ein Recht gemeinschaftlich, das im Grundbuch eingetragen ist oder in das Grundbuch eingetragen werden kann, so kann jeder Ehegatte von dem anderen die Mitwirkung zur Berichtigung des Grundbuchs verlangen. 1485, 1519.

1439 Von dem G. der a. Gütergemeinschaft ist ausgeschlossen.

a) Gegenstände, die nicht durch Rechtsgeschäft übertragen werden können; 1485, 1519.

1440 b) Das Vorbehaltsgut.

1441 Auf das Vorbehaltsgut der Frau finden bei a. Gütergemeinschaft die bei der Gütertrennung für das Vermögen der Frau geltenden Vorschriften entsprechende Anwendung; die Frau hat jedoch dem Manne zur Bestreitung des ehlichen Aufwandes einen Beitrag nur insoweit zu leisten, als die in

§ das G. fallenden Einkünfte zur Bestreitung des Aufwandes nicht ausreichen.

1442 Ein Ehegatte kann nicht über seinen Anteil an dem G. der a. Gütergemeinschaft und an den einzelnen dazu gehörenden Gegenständen verfügen; er ist nicht berechtigt, Teilung zu verlangen.

Gegen eine Forderung, die zu dem G. gehört, kann der Schuldner nur eine Forderung aufrechnen, deren Berichtigung aus dem G. verlangt werden kann. 1471, 1487, 1497, 1519, 1546.

1443 Das G. der a. Gütergemeinschaft unterliegt der Verwaltung des Mannes. Der Mann ist insbesondere berechtigt, die zu dem G. gehörenden Sachen in Besitz zu nehmen, über das G. zu verfügen sowie Rechtsstreitigkeiten, die sich auf das G. beziehen, im eigenen Namen zu führen.

Die Frau wird durch die Verwaltungshandlungen des Mannes weder Dritten noch dem Manne gegenüber persönlich verpflichtet. 1487, 1519.

1444 Der Mann bedarf der Einwilligung der Frau zu einem Rechtsgeschäfte, durch das er sich zu einer Verfügung über das G. der a. Gütergemeinschaft im Ganzen verpflichtet, sowie zu einer Verfügung über G., durch die eine ohne Zustimmung der Frau eingegangene Verpflichtung dieser Art erfüllt werden soll. 1447, 1448, 1468, 1487, 1495, 1519.

1445 Der Mann bedarf der Einwilligung der Frau zur Verfügung über ein zu dem G. der a. Gütergemeinschaft gehörendes Grundstück sowie zur Eingehung der Verpflichtung zu einer solchen Verfügung. 1447, 1448, 1468, 1487, 1495, 1519.

1446 Der Mann bedarf der Einwilligung der Frau zu einer Schenkung aus dem G. der a. Gütergemeinschaft sowie zu einer Verfügung über G., durch welche das ohne Zustimmung der Frau erteilte Versprechen einer solchen Schenkung erfüllt werden soll. Das Gleiche gilt von einem Schenkungsversprechen, das sich nicht auf das G. bezieht.

Ausgenommen sind Schenkungen, durch die einer sittlichen Pflicht oder einer auf den Anstand zu nehmenden Rücksicht entsprochen wird. 1448, 1468, 1487, 1495, 1519.

1447 Ist zur ordnungsmäßigen Verwaltung des G. der a. Gütergemeinschaft ein Rechtsgeschäft der in den §§ 1444, 1445 bezeichneten Art erforderlich, so kann die Zustimmung der Frau auf Antrag des Mannnes durch das Vormundschaftsgericht ersetzt werden, wenn die Frau sie ohne ausreichenden Grund verweigert.

Das Gleiche gilt, wenn die Frau durch Krankheit oder durch Abwesenheit an der Abgabe einer Erklärung verhindert und mit dem Aufschube Gefahr verbunden ist. 1487, 1519.

1449 Verfügt der Mann ohne die erforderliche Zustimmung der Frau über ein zu dem G. der a. Gütergemeinschaft gehörendes Recht, so kann die Frau das Recht ohne Mitwirkung des Mannes gegen Dritte gerichtlich geltend machen. 1487, 1519.

1450 Ist der Mann durch Krankheit oder durch Abwesenheit verhindert, ein sich auf das G. der a. Gütergemeinschaft beziehendes Rechtsgeschäft vorzunehmen oder einen sich auf das G. beziehenden Rechtsstreit zu führen, so kann die Frau im eigenen Namen oder im Namen des Mannes das Rechtsgeschäft vornehmen oder den Rechtsstreit führen, wenn mit dem Aufschube Gefahr verbunden ist. 1519.

1451 Ist zur ordnungsmäßigen Besorgung

§ der persönlichen Angelegenheiten der Frau ein Rechtsgeschäft erforderlich, das die Frau mit Wirkung für das G. der a. Gütergemeinschaft nicht ohne Zustimmung des Mannes vornehmen kann, so kann die Zustimmung auf Antrag der Frau durch das Vormundschaftsgericht ersetzt werden, wenn der Mann sie ohne ausreichenden Grund verweigert. 1519.

1455 Wird durch ein Rechtsgeschäft, das der Mann oder die Frau ohne die erforderliche Zustimmung des anderen Ehegatten vornimmt, das G. der a. Gütergemeinschaft bereichert, so kann die Herausgabe der Bereicherung aus dem G. nach den Vorschriften über die Herausgabe einer ungerechtfertigten Bereicherung gefordert werden. 1487, 1519.

1456 Der Mann ist der Frau für die Verwaltung des G. der a. Gütergemeinschaft nicht verantwortlich. Er hat jedoch für eine Verminderung des G. zu diesem Ersatz zu leisten, wenn er die Verminderung in der Absicht, die Frau zu benachteiligen, oder durch ein Rechtsgeschäft herbeiführt, das er ohne die erforderliche Zustimmung der Frau vornimmt. 1487, 1519.

1457 Steht der Mann unter Vormundschaft, so hat ihn der Vormund in den Rechten und Pflichten zu vertreten, die sich aus der Verwaltung des G. der a. Gütergemeinschaft ergeben. Dies gilt auch dann, wenn die Frau Vormund des Mannes ist. 1487, 1519.

1458 Der eheliche Aufwand fällt dem G. der a. Gütergemeinschaft zur Last. 1529.

1459 Aus dem G. der a. Gütergemeinschaft können die Gläubiger des Mannes und, soweit sich nicht aus den §§ 1460—1462 ein anderes ergiebt, auch die Gläubiger der Frau Befriedigung verlangen (G.-Verbindlichkeiten).

Für Verbindlichkeiten der Frau, die G.-Verbindlichkeiten sind, haftet der Mann auch persönlich als Gesamtschuldner. Die Haftung erlischt mit der Beendigung der Gütergemeinschaft, wenn die Verbindlichkeiten im Verhältnisse der Ehegatten zu einander nicht dem G. zur Last fallen.

1460 Das G. der a. Gütergemeinschaft haftet für eine Verbindlichkeit der Frau, die aus einem nach dem Eintritte der Gütergemeinschaft vorgenommenen Rechtsgeschäft entsteht, nur dann, wenn der Mann seine Zustimmung zu dem Rechtsgeschäft erteilt oder wenn das Rechtsgeschäft ohne seine Zustimmung für das G. wirksam ist.

Für die Kosten eines Rechtsstreits der Frau haftet das G. auch dann, wenn das Urteil dem G. gegenüber nicht wirksam ist. 1459.

1461 Das G. der a. Gütergemeinschaft haftet nicht für Verbindlichkeiten der Frau, die infolge des Erwerbes einer Erbschaft oder eines Vermächtnisses entstehen, wenn die Frau die Erbschaft oder das Vermächtnis nach dem Eintritte der Gütergemeinschaft als Vorbehaltsgut erwirbt. 1459.

1462 Das G. der a. Gütergemeinschaft haftet nicht für eine Verbindlichkeit der Frau, die nach dem Eintritte der Gütergemeinschaft infolge eines zu dem Vorbehaltsgute gehörenden Rechtes oder des Besitzes einer dazu gehörenden Sache entsteht, es sei denn, daß das Recht oder die Sache zu einem Erwerbsgeschäfte gehört, das die Frau mit Einwilligung des Mannes selbstständig betreibt. 1459.

1464 Im Verhältnisse der Ehegatten zu einander fallen bei a. Gütergemein-

§ schaft die Kosten eines Rechtsstreits zwischen ihnen der Frau zur Last, soweit nicht der Mann sie zu tragen hat.

Das Gleiche gilt von den Kosten eines Rechtsstreites zwischen der Frau und einem Dritten, es sei denn, daß das Urteil dem G. gegenüber wirksam ist. Betrifft jedoch der Rechtsstreit eine persönliche Angelegenheit der Frau oder eine nicht unter die Vorschriften des § 1463 Nr. 1, 2 fallende G.-Verbindlichkeit der Frau, so findet diese Vorschrift keine Anwendung, wenn die Aufwendung der Kosten den Umständen nach geboten ist.

1465 Im Verhältnisse der Ehegatten zu einander fällt eine Ausstattung, die der Mann einem gemeinschaftlichen Kinde aus dem G. der a. Gütergemeinschaft verspricht oder gewährt, dem Manne insoweit zur Last, als sie das dem G. entsprechende Maß übersteigt.

Verspricht oder gewährt der Mann einem nicht gemeinschaftlichen Kinde eine Ausstattung aus dem G., so fällt sie im Verhältnisse der Ehegatten zu einander dem Vater oder der Mutter des Kindes zur Last, der Mutter jedoch nur insoweit, als sie zustimmt oder die Ausstattung nicht das dem G. entsprechende Maß übersteigt. 1538.

1466 Verwendet der Mann G. der a. Gütergemeinschaft in sein Vorbehaltsgut, so hat er den Wert des Verwendeten zu dem G. zu ersetzen.

Verwendet der Mann Vorbehaltsgut in das G., so kann er Ersatz aus dem G. verlangen. 1487.

1467 Was ein Ehegatte zu dem G. der a. Gütergemeinschaft oder die Frau zu dem Vorbehaltsgute des Mannes schuldet, ist erst nach der Beendigung der Gütergemeinschaft zu leisten; soweit jedoch zur Berichtigung einer Schuld der Frau deren Vorbehaltsgut ausreicht, hat sie die Schuld schon vorher zu berichtigen.

Was der Mann aus dem G. zu fordern hat, kann er erst nach der Beendigung der Gütergemeinschaft fordern.

1468 Die Frau kann auf Aufhebung der a. Gütergemeinschaft klagen:

1. wenn der Mann ein Rechtsgeschäft der in den §§ 1444 bis 1446 bezeichneten Art ohne Zustimmung der Frau vorgenommen hat und für die Zukunft eine erhebliche Gefährdung der Frau zu besorgen ist;
2. wenn der Mann das G. in der Absicht, die Frau zu benachteiligen, vermindert hat;
3. wenn der Mann seine Verpflichtung, der Frau und den gemeinschaftlichen Abkömmlingen Unterhalt zu gewähren, verletzt hat und für die Zukunft eine erhebliche Gefährdung des Unterhalts zu besorgen ist;
4. wenn der Mann wegen Verschwendung entmündigt ist oder wenn er das G. durch Verschwendung erheblich gefährdet;
5. wenn das G. infolge von Verbindlichkeiten, die in der Person des Mannes entstanden sind, in solchem Maße überschuldet ist, daß ein späterer Erwerb der Frau erheblich gefährdet wird.

1469 Der Mann kann auf Aufhebung der a. Gütergemeinschaft klagen, wenn das G. infolge von Verbindlichkeiten der Frau, die im Verhältnisse der Ehegatten zu einander nicht dem G. zur Last fallen, in solchem Maße überschuldet ist, daß ein späterer Erwerb des Mannes erheblich gefährdet wird. 1470, 1479, 1542.

1471 Nach der Beendigung der a. Güter-

§ gemeinschaft findet in Ansehung des G. die Auseinandersetzung statt.

Bis zur Auseinandersetzung gelten für das G. die Vorschriften des § 1442.

1472 Die Verwaltung des G. der a. Gütergemeinschaft steht bis zur Auseinandersetzung beiden Ehegatten gemeinschaftlich zu. Die Vorschriften des § 1424 finden entsprechende Anwendung.

Jeder Ehegatte ist dem anderen gegenüber verpflichtet, zu Maßregeln mitzuwirken, die zur ordnungsmäßigen Verwaltung erforderlich sind; die zur Erhaltung notwendigen Maßregeln kann jeder Ehegatte ohne Mitwirkung des anderen treffen. 1497, 1546.

1473 Was auf Grund eines zu dem G. der a. Gütergemeinschaft gehörenden Rechtes oder als Ersatz für die Zerstörung, Beschädigung oder Entziehung eines zu dem G. gehörenden Gegenstandes oder durch ein Rechtsgeschäft erworben wird, das sich auf das G. bezieht, wird G.

Die Zugehörigkeit einer durch Rechtsgeschäft erworbenen Forderung zum G. hat der Schuldner erst dann gegen sich gelten zu lassen, wenn er von der Zugehörigkeit Kenntnis erlangt; die Vorschriften der §§ 406 bis 408 finden entsprechende Anwendung. 1497, 1546.

1475 Aus dem G. der a. Gütergemeinschaft sind zunächst die G.-Verbindlichkeiten zu berichtigen. Ist eine G.-Verbindlichkeit noch nicht fällig oder ist sie streitig, so ist das zur Berichtigung Erforderliche zurückzubehalten.

Fällt eine G.-Verbindlichkeit im Verhältnisse der Ehegatten zu einander einem der Ehegatten allein zur Last, so kann dieser die Berichtigung aus dem G. nicht verlangen.

Zur Berichtigung der G.-Verbindlichkeiten ist das G., soweit erforderlich, in Geld umzusetzen. 1474, 1498, 1546.

1476 Der nach der Berichtigung der G.-Verbindlichkeiten verbleibende Überschuß gebührt den Ehegatten zu gleichen Teilen.

Was einer der Ehegatten zu dem G. zu ersetzen verpflichtet ist, muß er sich auf seinen Teil anrechnen lassen. Soweit die Ersatzleistung nicht durch Anrechnung erfolgt, bleibt er dem anderen Ehegatten verpflichtet. 1474, 1498, 1546.

1477 Die Teilung des nach der Berichtigung der G.-Verbindlichkeiten verbleibenden Überschusses erfolgt bei a. Gütergemeinschaft nach den Vorschriften über die Gemeinschaft.

Jeder Ehegatte kann gegen Ersatz des Wertes die ausschließlich zu seinem persönlichen Gebrauche bestimmten Sachen, insbesondere Kleider, Schmucksachen und Arbeitsgeräte, sowie diejenigen Gegenstände übernehmen, welche er in die Gütergemeinschaft eingebracht oder während der Gütergemeinschaft durch Erbfolge, durch Vermächtnis oder mit Rücksicht auf ein künftiges Erbrecht, durch Schenkung oder als Ausstattung erworben hat. 1474, 1498, 1502, 1546.

1478 Sind die Ehegatten geschieden und ist einer von ihnen allein für schuldig erklärt, so kann der andere verlangen, daß jedem von ihnen der Wert desjenigen zurückerstattet wird, was er in die a. Gütergemeinschaft eingebracht hat; reicht der Wert des G. zur Rückerstattung nicht aus, so hat jeder Ehegatte die Hälfte des Fehlbetrags zu tragen.

Als eingebracht ist anzusehen, was eingebrachtes Gut gewesen sein würde, wenn Errungenschaftsgemeinschaft bestanden hätte. Der Wert des Ein-

§ gebrachten bestimmt sich nach der Einbringung.

Das im Abs. 1 bestimmte Recht steht auch dem Ehegatten zu, dessen Ehe wegen seiner Geisteskrankheit geschieden worden ist. 1474.

1480 Wird eine G.-Verbindlichkeit nicht vor der Teilung des G. der a. Gütergemeinschaft berichtigt, so haftet dem Gläubiger auch der Ehegatte persönlich als Gesamtschuldner, für den zur Zeit der Teilung eine solche Haftung nicht besteht. Seine Haftung beschränkt sich auf die ihm zugeteilten Gegenstände; die für die Haftung des Erben geltenden Vorschriften der §§ 1990, 1991 finden entsprechende Anwendung. 1474, 1498, 1504, 1546.

1481 Unterbleibt bei der Auseinandersetzung die Berichtigung einer G.-Verbindlichkeit, die im Verhältnisse der Ehegatten zu einander dem G. der a. Gütergemeinschaft oder dem Manne zur Last fällt, so hat der Mann dafür einzustehen, daß die Frau von dem Gläubiger nicht in Anspruch genommen wird. Die gleiche Verpflichtung hat die Frau dem Manne gegenüber, wenn die Berichtigung einer G.-Verbindlichkeit unterbleibt, die im Verhältnisse der Ehegatten zu einander der Frau zur Last fällt. 1474, 1498, 1546.

1482 Wird die Ehe durch den Tod eines der Ehegatten aufgelöst und ist ein gemeinschaftlicher Abkömmling nicht vorhanden, so gehört der Anteil des verstorbenen Ehegatten am G. der a. Gütergemeinschaft zum Nachlasse. Die Beerbung des Ehegatten erfolgt nach den a. Vorschriften. 1484, 1510.

1483 Sind bei dem Tode eines Ehegatten gemeinschaftliche Abkömmlinge vorhanden, so wird zwischen dem überlebenden Ehegatten und den gemeinschaftlichen Abkömmlingen, die im Falle der g. Erbfolge als Erben berufen sind, die Gütergemeinschaft fortgesetzt. Der Anteil des verstorbenen Ehegatten am G. gehört in diesem Falle nicht zum Nachlasse; im übrigen erfolgt die Beerbung des Ehegatten nach den a. Vorschriften.

Sind neben den gemeinschaftlichen Abkömmlingen andere Abkömmlinge vorhanden, so bestimmen sich ihr Erbrecht und ihre Erbteile so, wie wenn f. Gütergemeinschaft nicht eingetreten wäre. 1485, 1518.

1484 Lehnt der überlebende Ehegatte die Fortsetzung der Gütergemeinschaft ab, so gilt das Gleiche wie im Falle des § 1482. 1518.

1485 Das G. der f. Gütergemeinschaft besteht aus dem ehelichen G., soweit es nicht nach § 1483 Abs. 2 einem nicht anteilsberechtigten Abkömmlinge zufällt, und aus dem Vermögen, das der überlebende Ehegatte aus dem Nachlasse des verstorbenen Ehegatten oder nach dem Eintritte der f. Gütergemeinschaft erwirbt.

Das Vermögen, das ein gemeinschaftlicher Abkömmling zur Zeit des Eintritts der f. Gütergemeinschaft hat oder später erwirbt, gehört nicht zu dem G.

Auf das G. finden die für die eheliche Gütergemeinschaft geltenden Vorschriften des § 1438 Abs. 2, 3 entsprechende Anwendung. 1518.

1487 Die Rechte und Verbindlichkeiten des überlebenden Ehegatten und der anteilsberechtigten Abkömmlinge in Ansehung des G. der f. Gütergemeinschaft bestimmen sich nach den für die eheliche Gütergemeinschaft geltenden Vorschriften der §§ 1442—1449, 1455 bis 1457, 1466; der überlebende Ehegatte hat die rechtliche Stellung des Mannes, die anteilsberechtigten Abkömmlinge haben die rechtliche Stellung der Frau.

§

Was der überlebende Ehegatte zu dem G. schuldet oder aus dem G. zu fordern hat, ist erst nach der Beendigung der f. Gütergemeinschaft zu leisten. 1518.

1490 Stirbt ein anteilsberechtigter Abkömmling, so gehört sein Anteil an dem G. der f. Gütergemeinschaft nicht zu seinem Nachlasse. Hinterläßt er Abkömmlinge, die anteilsberechtigt sein würden, wenn er den verstorbenen Ehegatten nicht überlebt hätte, so treten die Abkömmlinge an seine Stelle. Hinterläßt er solche Abkömmlinge nicht, so wächst sein Anteil mit den übrigen anteilsberechtigten Abkömmlingen und, wenn solche nicht vorhanden sind, dem überlebenden Ehegatten an. 1518.

1491 Ein anteilsberechtigter Abkömmling kann auf seinen Anteil an dem G. der f. Gütergemeinschaft verzichten. Der Verzicht erfolgt durch Erklärung gegenüber dem für den Nachlaß des verstorbenen Ehegatten zuständigen Gerichte; die Erklärung ist in öffentlich beglaubigter Form abzugeben. Das Nachlaßgericht soll die Erklärung dem überlebenden Ehegatten und den übrigen anteilsberechtigten Abkömmlingen mitteilen.

Der Verzicht kann auch durch Vertrag mit dem überlebenden Ehegatten und den übrigen anteilsberechtigten Abkömmlingen erfolgen. Der Vertrag bedarf der gerichtlichen oder notariellen Beurkundung.

Steht der Abkömmling unter elterlicher Gewalt oder unter Vormundschaft, so ist zu dem Verzichte die Genehmigung des Vormundschaftsgerichts erforderlich.

Der Verzicht hat die gleichen Wirkungen, wie wenn der Verzichtende zur Zeit des Verzichts ohne Hinterlassung von Abkömmlingen gestorben wäre. 1518.

§

1493 Die f. Gütergemeinschaft endigt mit der Wiederverheiratung des überlebenden Ehegatten.

Der überlebende Ehegatte hat, wenn ein anteilsberechtigter Abkömmling minderjährig ist oder bevormundet wird, die Absicht der Wiederverheiratung dem Vormundschaftsgericht anzuzeigen, ein Verzeichnis des G. einzureichen, die Gütergemeinschaft aufzuheben und die Auseinandersetzung herbeizuführen. Das Vormundschaftsgericht kann gestatten, daß die Aufhebung der Gütergemeinschaft bis zur Eheschließung unterbleibt und daß die Auseinandersetzung erst später erfolgt. 1518.

1495 Ein anteilsberechtigter Abkömmling kann gegen den überlebenden Ehegatten auf Aufhebung der f. Gütergemeinschaft klagen:

1. wenn der überlebende Ehegatte ein Rechtsgeschäft der in den §§ 1444 bis 1446 bezeichneten Art ohne Zustimmung des Abkömmlinges vorgenommen hat und für die Zukunft eine erhebliche Gefährdung des Abkömmlinges zu besorgen ist;
2. wenn der überlebende Ehegatte das G. in der Absicht, den Abkömmling zu benachteiligen, vermindert hat;
3. wenn der überlebende Ehegatte seine Verpflichtung, dem Abkömmling Unterhalt zu gewähren, verletzt hat und für die Zukunft eine erhebliche Gefährdung des Unterhalts zu besorgen ist;
4. wenn der überlebende Ehegatte wegen Verschwendung entmündigt ist oder wenn er das G. durch Verschwendung erheblich gefährdet;
5. wenn der überlebende Ehegatte die elterliche Gewalt über den Abkömmling verwirkt hat oder, falls

§ sie ihm zugestanden hätte, verwirkt haben würde. 1496, 1502, 1518.

1497 Nach der Beendigung der f. Gütergemeinschaft findet in Ansehung des G. die Auseinandersetzung statt.

Bis zur Auseinandersetzung bestimmt sich das Rechtsverhältnis der Teilhaber am G. nach den §§ 1442, 1472, 1473, 1518.

1498 Auf die Auseinandersetzung in Ansehung des G. der f. Gütergemeinschaft finden die Vorschriften der §§ 1475, 1476, 1477 Abs. 1, 1479—1481 Anwendung; an die Stelle des Mannes tritt der überlebende Ehegatte, an die Stelle der Frau treten die anteilsberechtigten Abkömmlinge. Die im § 1476 Abs. 2 Satz 2 bezeichnete Verpflichtung besteht nur für den überlebenden Ehegatten. 1518.

1499 Bei der Auseinandersetzung in Ansehung des G. der f. Gütergemeinschaft fallen dem überlebenden Ehegatten zur Last:

1. die ihm bei dem Eintritte der f. Gütergemeinschaft obliegenden G.-Verbindlichkeiten, für die das eheliche G. nicht haftete oder die im Verhältnisse der Ehegatten zu einander ihm zur Last fielen;
2. die nach dem Eintritte der f. Gütergemeinschaft entstandenen G.-Verbindlichkeiten, die, wenn sie während der ehelichen Gütergemeinschaft in seiner Person entstanden wären, im Verhältnisse der Ehegatten zu einander ihm zur Last gefallen sein würden;
3. eine Ausstattung, die er einem anteilsberechtigten Abkömmling über das dem G. entsprechende Maß hinaus oder die er einem nicht anteilsberechtigten Abkömmlinge versprochen oder gewährt hat. 1518.

1500 Die am G. der f. Gütergemeinschaft anteilsberechtigten Abkömmlinge müssen sich Verbindlichkeiten des verstorbenen Ehegatten, die diesem im Verhältnisse der Ehegatten zu einander zur Last fielen, bei der Auseinandersetzung auf ihren Anteil insoweit anrechnen lassen, als der überlebende Ehegatte nicht von dem Erben des verstorbenen Ehegatten Deckung hat erlangen können.

In gleicher Weise haben sich die anteilsberechtigten Abkömmlinge anrechnen zu lassen, was der verstorbene Ehegatte zu dem G. zu ersetzen hatte. 1511, 1518.

1501 Ist einem anteilsberechtigten Abkömmlinge für den Verzicht auf seinen Anteil eine Abfindung aus dem G. der f. Gütergemeinschaft gewährt worden, so wird sie bei der Auseinandersetzung in das G. eingerechnet und auf die den Abkömmlingen gebührende Hälfte angerechnet.

Der überlebende Ehegatte kann mit den übrigen anteilsberechtigten Abkömmlingen schon vor der Aufhebung der f. Gütergemeinschaft eine abweichende Vereinbarung treffen. Die Vereinbarung bedarf der gerichtlichen oder notariellen Beurkundung; sie ist auch denjenigen Abkömmlingen gegenüber wirksam, welche erst später in die f. Gütergemeinschaft eintreten. 1518.

1502 Der überlebende Ehegatte ist berechtigt, das G. der f. Gütergemeinschaft oder einzelne dazu gehörende Gegenstände gegen Ersatz des Wertes zu übernehmen. Das Recht geht nicht auf die Erben über.

Wird die f. Gütergemeinschaft auf Grund des § 1495 durch Urteil aufgehoben, so steht dem überlebenden Ehegatten das im Abs. 1 bestimmte Recht nicht zu. Die anteilsberechtigten Abkömmlinge können in diesem Falle diejenigen Gegenstände gegen Ersatz des Wertes übernehmen, welche der

§ verstorbene Ehegatte nach § 1477 Abs 2 zu übernehmen berechtigt sein würde. Das Recht kann von ihnen nur gemeinschaftlich ausgeübt werden. 1518.

1503 Mehrere anteilsberechtigte Abkömmlinge teilen die ihnen zufallende Hälfte des G. der f Gütergemeinschaft nach dem Verhältnisse der Anteile, zu denen sie im Falle der g. Erbfolge als Erben des verstorbenen Ehegatten berufen sein würden, wenn dieser erst zur Zeit der Beendigung der f. Gütergemeinschaft gestorben wäre.

Das Vorempfangene kommt nach den für die Ausgleichung unter Abkömmlingen geltenden Vorschriften zur Ausgleichung, soweit nicht eine solche bereits bei der Teilung des Nachlasses des verstorbenen Ehegatten erfolgt ist.

Ist einem Abkömmlinge, der auf seinen Anteil verzichtet hat, eine Abfindung aus dem G. gewährt worden, so fällt sie den Abkömmlingen zur Last, denen der Verzicht zu statten kommt. 1518.

1504 Soweit die anteilsberechtigten Abkömmlinge nach § 1480 den G.-Gläubigern haften, sind sie im Verhältnisse zu einander nach der Größe ihres Anteils an dem G. der f. Gütergemeinschaft verpflichtet. Die Verpflichtung beschränkt sich auf die ihnen zugeteilten Gegenstände; die für die Haftung des Erben geltenden Vorschriften der §§ 1990, 1991 finden entsprechende Anwendung. 1518.

1505 Die Vorschriften über das Recht auf Ergänzung des Pflichtteils finden zu Gunsten eines am G. der f. Gütergemeinschaft anteilsberechtigten Abkömmlinges entsprechende Anwendung; an die Stelle des Erbfalls tritt die Beendigung der f. Gütergemeinschaft, als g. Erbteil gilt der dem Abkömmlinge zur Zeit der Beendigung gebührende Anteil an dem G., als Pflichtteil gilt die Hälfte des Wertes dieses Anteils. 1518.

1506 Ist ein gemeinschaftlicher Abkömmling erbunwürdig, so ist er auch des Anteils am G. der f. Gütergemeinschaft unwürdig. Die Vorschriften über die Erbunwürdigkeit finden entsprechende Anwendung. 1518.

1510 Wird die Fortsetzung der Gütergemeinschaft ausgeschlossen, so gilt das Gleiche wie im Falle des § 1482.

1511 Jeder Ehegatte kann für den Fall, daß die Ehe durch seinen Tod aufgelöst wird, einen gemeinschaftlichen Abkömmling von der f. Gütergemeinschaft durch letztwillige Verfügung ausschließen.

Der ausgeschlossene Abkömmling kann, unbeschadet seines Erbrechts, aus dem G. der f. Gütergemeinschaft die Zahlung des Betrags verlangen, der ihm von dem G. der ehelichen Gütergemeinschaft als Pflichtteil gebühren würde, wenn die f. Gütergemeinschaft nicht eingetreten wäre. Die für den Pflichtteilsanspruch geltenden Vorschriften finden entsprechende Anwendung.

Der dem ausgeschlossenen Abkömmlinge gezahlte Betrag wird bei der Auseinandersetzung den anteilsberechtigten Abkömmlingen nach Maßgabe des § 1500 angerechnet. Im Verhältnisse der Abkömmlinge zu einander fällt er den Abkömmlingen zur Last, denen die Ausschließung zu statten kommt. 1516, 1518.

1512 Jeder Ehegatte kann für den Fall, daß mit seinem Tode die f. Gütergemeinschaft eintritt, den einem anteilsberechtigten Abkömmlinge nach der Beendigung der f. Gütergemeinschaft gebührenden Anteil an dem G. durch letztwillige Ver-

§ fügung bis auf die Hälfte herabsetzen. 1514, 1516, 1518.

1513 Jeder Ehegatte kann für den Fall, daß mit seinem Tode die f. Gütergemeinschaft eintritt, einem anteilsberechtigten Abkömmlinge den diesem nach der Beendigung der f. Gütergemeinschaft gebührenden Anteil an dem G. durch letztwillige Verfügung entziehen, wenn er berechtigt ist, dem Abkömmlinge den Pflichtteil zu entziehen. Die Vorschriften des § 2336 Abs. 2—4 finden entsprechende Anwendung.

Der Ehegatte kann, wenn er nach § 2338 berechtigt ist, das Pflichtteilsrecht des Abkömmlinges zu beschränken, den Anteil des Abkömmlinges am G. einer entsprechenden Beschränkung unterwerfen. 1514, 1516, 1518.

1514 Jeder Ehegatte kann den Betrag, den er nach § 1512 oder nach § 1513 Abs. 1 einem Abkömmling entzieht, auch einem Dritten durch letztwillige Verfügung zuwenden.

1515 Jeder Ehegatte kann für den Fall, daß mit seinem Tode die f. Gütergemeinschaft eintritt, durch letztwillige Verfügung anordnen, daß ein anteilsberechtigter Abkömmling das Recht haben soll, bei der Teilung das G. oder einzelne dazu gehörende Gegenstände gegen Ersatz des Wertes zu übernehmen.

Gehört zu dem G. ein Landgut, so kann angeordnet werden, daß das Landgut mit dem Ertragswert oder mit einem Preise, der den Ertragswert mindestens erreicht, angesetzt werden soll. Die für die Erbfolge geltenden Vorschriften des § 2049 finden Anwendung.

Das Recht, das Landgut zu dem im Abs. 2 bezeichneten Werte oder Preise zu übernehmen, kann auch dem

§ überlebenden Ehegatten eingeräumt werden. 1516, 1518.

1517 Zur Wirksamkeit eines Vertrags, durch den ein gemeinschaftlicher Abkömmling einem der Ehegatten gegenüber für den Fall, daß die Ehe durch dessen Tod aufgelöst wird, auf seinen Anteil am G. der f. Gütergemeinschaft verzichtet oder durch den ein solcher Verzicht aufgehoben wird, ist die Zustimmung des anderen Ehegatten erforderlich. Für die Zustimmung gelten die Vorschriften des § 1516 Abs. 2 Satz 3, 4.

Die für den Erbverzicht geltenden Vorschriften finden entsprechende Anwendung.

1519 Was der Mann oder die Frau während der Errungenschaftsgemeinschaft erwirbt, wird gemeinschaftliches Vermögen beider Ehegatten (G.).

Auf das G. finden die für die a. Gütergemeinschaft geltenden Vorschriften der §§ 1438 Abs. 2, 3, 1442—1453, 1455—1457 Anwendung.

1525 Das eingebrachte Gut wird bei der Errungenschaftsgemeinschaft für Rechnung des G. in der Weise verwaltet, daß die Nutzungen, welche nach den für den Güterstand der Verwaltung und Nutznießung geltenden Vorschriften dem Manne zufallen, zu dem G. gehören.

1527 Es wird bei der Errungenschaftsgemeinschaft vermutet, daß das vorhandene Vermögen G. sei.

1529—1535, 1537—1541, 1546 f. **Errungenschaftsgemeinschaft** — Güterrecht.

1550, 1556 f. **Fahrnisgemeinschaft** — Güterrecht.

2331 **Pflichtteil** f. **Fahrnisgemeinschaft** — Pflichtteil.

2204 **Testament** f. Erbe 2054.

1604 **Verwandtschaft** f. **Ehefrau** — Verwandtschaft.

§ friedigung des Gläubigers verpflichtet ist, die Vorschriften des § 2166 Abs. 1 und des § 2167 entsprechende Anwendung.

Gesamtschätzungswert

s. auch **Schätzung, Schätzungswert.**

1048 **Nießbrauch** s. Pacht 589.

Pacht.

589 Ist der G. der vom Pächter übernommenen Inventarstücke höher oder niedriger als der G. der zurückzugewährenden Stücke, so hat im ersteren Falle der Pächter dem Verpächter, im letzteren Falle der Verpächter dem Pächter den Mehrbetrag zu ersetzen. 581, 587, 594.

Gesamtschuldner.

774 **Bürgschaft** s. Schuldverhältnis 426.

1010 **Eigentum** s. Gemeinschaft 755.

Art. **Einführungsgesetz.**

10 s. Verein § 54.

95 s. Handlung § 840.

163 s. Verein §§ 42, 53.

§ **Erbe.**

2042 s. Gemeinschaft 755.

2058 Die Erben haften für die gemeinschaftlichen Nachlaßverbindlichkeiten als G.

Gemeinschaft.

755 Haften die Teilhaber als G. für eine Verbindlichkeit, die sie in Gemäßheit des § 748 nach dem Verhältnisse ihrer Anteile zu erfüllen haben oder die sie zum Zwecke der Erfüllung einer solchen Verbindlichkeit eingegangen sind, so kann jeder Teilhaber bei der Aufhebung der Gemeinschaft verlangen, daß die Schuld aus dem gemeinschaftlichen Gegenstande berichtigt wird.

Der Anspruch kann auch gegen die Sondernachfolger geltend gemacht werden.

Soweit zur Berichtigung der Schuld der Verkauf des gemeinschaftlichen Gegenstandes erforderlich ist, hat der

§ Verkauf nach § 753 zu erfolgen. 741, 756.

Güterrecht.

1388 Soweit der Mann bei g. Güterrecht nach den §§ 1385—1387 der Frau gegenüber deren Verbindlichkeiten zu tragen hat, haftet er den Gläubigern neben der Frau als G.

1459 Für Verbindlichkeiten der Frau, die Gesamtgutsverbindlichkeiten sind, haftet bei a. Gütergemeinschaft der Mann auch persönlich als G. Die Haftung erlischt mit der Beendigung der Gütergemeinschaft, wenn die Verbindlichkeiten im Verhältnisse der Ehegatten zu einander nicht dem Gesamtgute zur Last fallen. 1530.

1480 Wird eine Gesamtgutsverbindlichkeit im Falle a. Gütergemeinschaft nicht vor der Teilung des Gesamtguts berichtigt, so haftet dem Gläubiger auch der Ehegatte persönlich als G., für den zur Zeit der Teilung eine solche Haftung nicht besteht. Seine Haftung beschränkt sich auf die ihm zugeteilten Gegenstände; die für die Haftung des Erben geltenden Vorschriften der §§ 1990, 1991 finden entsprechende Anwendung. 1474, 1498, 1504, 1546.

1498 Auf die Auseinandersetzung in Ansehung des Gesamtguts der f. Gütergemeinschaft finden die Vorschriften der §§ 1475, 1476, 1477 Abs. 1, 1479—1481 Anwendung. 1518.

1504 Soweit die anteilsberechtigten Abkömmlinge nach § 1480 den Gesamtgutsgläubigern haften, sind sie im Verhältnisse zu einander nach der Größe ihres Anteils an dem Gesamtgute der f. Gütergemeinschaft verpflichtet. Die Verpflichtung beschränkt sich auf die ihnen zugeteilten Gegenstände; die für die Haftung des Erben geltenden Vorschriften der §§ 1990, 1991 finden entsprechende Anwendung. 1518.

§

1530, 1546 s. **Errungenschaftsgemeinschaft** — Güterrecht.

Handlung.

840 Sind für den aus einer unerlaubten Handlung entstehenden Schaden mehrere neben einander verantwortlich, so haften sie, vorbehaltlich der Vorschrift des § 835 Abs. 3, als G.

Ist neben demjenigen, welcher nach den §§ 831, 832 zum Ersatze des von einem anderen verursachten Schadens verpflichtet ist, auch der andere für den Schaden verantwortlich, so ist in ihrem Verhältnisse zu einander der andere allein, im Falle des § 829 der Aufsichtspflichtige allein verpflichtet.

Ist neben demjenigen, welcher nach den §§ 833—838 zum Ersatze des Schadens verpflichtet ist, ein Dritter für den Schaden verantwortlich, so ist in ihrem Verhältnisse zu einander der Dritte allein verpflichtet.

89 **Jur. Personen d. öff. Rechts** s. Verein 42.

Reallast.

1108 Wird das mit einer Reallast belastete Grundstück geteilt, so haften die Eigentümer der einzelnen Teile als G.

Schuldverhältnis.

420 Schulden mehrere eine teilbare Leistung oder haben mehrere eine teilbare Leistung zu fordern, so ist im Zweifel jeder Schuldner nur zu einem gleichen Anteile verpflichtet, jeder Gläubiger nur zu einem gleichen Anteile berechtigt.

421 Schulden mehrere eine Leistung in der Weise, daß jeder die ganze Leistung zu bewirken verpflichtet, der Gläubiger aber die Leistung nur einmal zu fordern berechtigt ist (G.), so kann der Gläubiger die Leistung nach seinem Belieben von jedem der Schuldner ganz oder zu einem Teile fordern. Bis zur Bewirkung der ganzen Leistung bleiben sämtliche Schuldner verpflichtet.

422 Die Erfüllung durch einen G. wirkt auch für die übrigen Schuldner. Das Gleiche gilt von der Leistung an Erfüllungsstatt, der Hinterlegung und der Aufrechnung.

Eine Forderung, die einem G. zusteht, kann nicht von den übrigen Schuldnern aufgerechnet werden. 425, 429.

423 Ein zwischen dem Gläubiger und einem G. vereinbarter Erlaß wirkt auch für die übrigen Schuldner, wenn die Vertragschließenden das ganze Schuldverhältnis aufheben wollten. 425, 429.

424 Der Verzug des Gläubigers gegenüber einem G. wirkt auch für die übrigen Schuldner. 425.

425 Andere als die in den §§ 422—424 bezeichneten Thatsachen wirken, soweit sich nicht aus dem Schuldverhältnis ein anderes ergiebt, nur für und gegen den G. in dessen Person sie eintreten.

Dies gilt insbesondere von der Kündigung, dem Verzuge, dem Verschulden, von der Unmöglichkeit der Leistung in der Person eines G., von der Verjährung, deren Unterbrechung und Hemmung, von der Vereinigung der Forderung mit der Schuld und von dem rechtskräftigen Urteile. 429.

426 Die G. sind im Verhältnisse zu einander zu gleichen Anteilen verpflichtet, soweit nicht ein anderes bestimmt ist. Kann von einem G. der auf ihn entfallende Beitrag nicht erlangt werden, so ist der Ausfall von den übrigen zur Ausgleichung verpflichteten Schuldnern zu tragen.

Soweit ein G. den Gläubiger befriedigt und von den übrigen Schuldnern Ausgleichung verlangen kann, geht die Forderung des Gläubigers gegen

§ die übrigen Schuldner auf ihn über. Der Übergang kann nicht zum Nachteile des Gläubigers geltend gemacht werden.

427 Verpflichten sich mehrere durch Vertrag gemeinschaftlich zu einer teilbaren Leistung, so haften sie im Zweifel als G.

431 Schulden Mehrere eine unteilbare Leistung, so haften sie als G.

Stiftung.

86 s. Verein 42.

88 s. Verein 53.

Testament.

2219 Mehrere Testamentsvollstrecker, denen ein Verschulden zur Last fällt, haften als G. 2220.

Verein.

42 Der Verein verliert die Rechtsfähigkeit durch die Eröffnung des Konkurses.

Der Vorstand hat im Falle der Überschuldung die Eröffnung des Konkurses zu beantragen. Wird die Stellung des Antrags verzögert, so sind die Vorstandsmitglieder, denen ein Verschulden zur Last fällt, den Gläubigern für den daraus entstehenden Schaden verantwortlich; sie haften als G. 53.

53 Liquidatoren, welche die ihnen nach dem § 42 Abs. 2 und den §§ 50 bis 52 obliegenden Verpflichtungen verletzen oder vor der Befriedigung der Gläubiger Vermögen den Anfallberechtigten ausantworten, sind, wenn ihnen ein Verschulden zur Last fällt, den Gläubigern für den daraus entstehenden Schaden verantwortlich; sie haften als G.

54 Auf Vereine, die nicht rechtsfähig sind, finden die Vorschriften über die Gesellschaft Anwendung. Aus einem Rechtsgeschäfte, das im Namen eines solchen Vereins einem Dritten gegenüber vorgenommen wird, haftet der

§ Handelnde persönlich; handeln Mehrere, so haften sie als G.

1654 **Verwandtschaft** s. Güterrecht 1388.

Vormundschaft.

1833 Der Vormund ist dem Mündel für den aus einer Pflichtverletzung entstehenden Schaden verantwortlich, wenn ihm ein Verschulden zur Last fällt. Das Gleiche gilt von dem Gegenvormunde.

Sind für den Schaden Mehrere nebeneinander verantwortlich, so haften sie als G. Ist neben dem Vormunde für den von diesem verursachten Schaden der Gegenvormund oder ein Mitvormund nur wegen Verletzung seiner Aufsichtspflicht verantwortlich, so ist in ihrem Verhältnisse zu einander der Vormund allein verpflichtet.

Gesamtschwarm.

Eigentum.

963 Vereinigen sich ausgezogene Bienenschwärme mehrerer Eigentümer, so werden die Eigentümer, welche ihre Schwärme verfolgt haben, Miteigentümer des eingefangenen G.; die Anteile bestimmen sich nach der Zahl der verfolgten Schwärme.

Gesamtstrafe.

Verwandtschaft.

1680 Der Vater verwirkt die elterliche Gewalt, wenn er wegen eines an dem Kinde verübten Verbrechens oder vorsätzlich verübten Vergehens zu Zuchthausstrafe oder zu einer Gefängnisstrafe von mindestens sechs Monaten verurteilt wird. Wird wegen des Zusammentreffens mit einer anderen strafbaren Handlung auf eine G. erkannt, so entscheidet die Einzelstrafe, welche für das an dem Kinde verübte Verbrechen oder Vergehen verwirkt ist.

Die Verwirkung der elterlichen

§ Gewalt tritt mit der Rechtskraft des Urteils ein.

Gesamtwert.

471 **Kauf** 472 s. **Kauf** — Kauf.

Miete.

537 s. Kauf 472.
543 s. Kauf 471.
323 **Vertrag** s. Kauf 472.

Verwandtschaft.

1640 Bei der Aufnahme eines Verzeichnisses über das Vermögen des Kindes genügt bei Haushaltsgegenständen die Angabe des G. 1670.

634 **Werkvertrag** s. Kauf 471, 472.

Geschäft s. auch **Erwerbsgeschäft, Rechtsgeschäft, Scheingeschäft.**

662, 663, 666, 671—673, 675 s. **Auftrag** — Auftrag.

Ehe.

1356, 1357 s. **Ehe** — Ehe.

Art. **Einführungsgesetz.**

16 s. Ehe § 1357.
163 s. Verein §§ 30, 49.

§ **Erbe.**

1959, 1978, 2028 s. **Erbe** — Erbe.

Geschäftsführung.

677, 687 s. **Geschäftsführung** — Geschäftsführung.
681 s. Auftrag 666.

Gesellschaft.

709—711 s. **Gesellschaft** — Gesellschaft.
712 s. Auftrag 671.
713 s. Auftrag 666.
727 Die Gesellschaft wird durch den Tod eines der Gesellschafter aufgelöst, sofern nicht aus dem Gesellschaftsvertrage sich ein anderes ergiebt.

Im Falle der Auflösung hat der Erbe des verstorbenen Gesellschafters den übrigen Gesellschaftern den Tod unverzüglich anzuzeigen und, wenn mit dem Aufschube Gefahr verbunden ist, die seinem Erblasser durch den Gesellschaftsvertrag übertragenen G. fortzuführen, bis die übrigen Gesellschafter in Gemeinschaft mit ihm anderweit Fürsorge treffen können. Die übrigen Gesellschafter sind in gleicher Weise zur einstweiligen Fortführung der ihnen übertragenen G. verpflichtet. Die Gesellschaft gilt insoweit als fortbestehend. 728.

730, 740 s. **Gesellschaft** — Gesellschaft.

Güterrecht.

1424 Endigt die Verwaltung und Nutznießung bei g. Güterrecht infolge des Todes der Frau, so hat der Mann diejenigen zur Verwaltung gehörenden G., mit deren Aufschub Gefahr verbunden ist, zu besorgen, bis der Erbe anderweit Fürsorge treffen kann. 1472, 1546.

1472 Die Verwaltung des Gesamtguts der a. Gütergemeinschaft steht bis zur Auseinandersetzung beiden Ehegatten gemeinschaftlich zu. Die Vorschriften des § 1424 finden entsprechende Anwendung. 1497, 1546.

1484 s. Erbe 1959.
1546 s. **Errungenschaftsgemeinschaft** — Güterrecht.
1561 s. Ehe 1357.

Stiftung.

86 s. Verein 30.
88 s. Verein 49.

Testament.

2218 s. Auftrag 666, 673.
2226 s. Auftrag 671.

Verein.

27 s. Auftrag 666.
30 Durch die Satzung kann bestimmt werden, daß neben dem Vorstande für gewisse G. besondere Vertreter zu bestellen sind. Die Vertretungsmacht eines solchen Vertreters erstreckt sich im Zweifel auf alle Rechtsgeschäfte, die der ihm zugewiesene Geschäftskreis gewöhnlich mit sich bringt.

49 Die Liquidatoren haben die laufenden G. des Vereins zu beendigen, die

§ Forderungen einzuziehen, das übrige Vermögen in Geld umzusetzen, die Gläubiger zu befriedigen und den Überschuß den Anfallberechtigten auszuantworten. Zur Beendigung schwebender G. können die Liquidatoren auch neue G. eingehen. Die Einziehung der Forderungen sowie die Umsetzung des übrigen Vermögens in Geld darf unterbleiben, soweit diese Maßregel nicht zur Befriedigung der Gläubiger oder zur Verteilung des Überschusses unter die Anfallberechtigten erforderlich sind.

Der Verein gilt bis zur Beendigung der Liquidation als fortbestehend, soweit der Zweck der Liquidation es erfordert.

Verjährung.

196 In zwei Jahren verjähren die Ansprüche:

1. der Kaufleute, Fabrikanten, Handwerker und derjenigen, welche ein Kunstgewerbe betreiben, für Lieferung von Waren, Ausführung von Arbeiten und Besorgung fremder G., mit Einschluß der Auslagen, es sei denn, daß die Leistung für den Gewerbebetrieb des Schuldners erfolgt;
2. . . . .
7. derjenigen, welche, ohne zu den in Nr. 1 bezeichneten Personen zu gehören, die Besorgung fremder G. oder die Leistung von Diensten gewerbsmäßig betreiben, wegen der ihnen aus dem Gewerbebetriebe gebührenden Vergütungen mit Einschluß der Auslagen;
8. . . . .

Soweit die im Abs. 1 Nr. 1, 2, 5 bezeichneten Ansprüche nicht der Verjährung von zwei Jahren unterliegen, verjähren sie in vier Jahren. 201.

Verwandtschaft.

1617, 1682, 1683 s. **Kind** — Verwandtschaft.

§ **Vormundschaft.**

1797 Bestimmungen, die der Vater oder die Mutter für die Verteilung der G. unter die von ihnen benannten Vormünder nach Maßgabe des § 1777 getroffen hat, sind von dem Vormundschaftsgerichte zu befolgen, sofern nicht ihre Befolgung das Interesse des Mündels gefährden würde.

1836 Die Bewilligung der Vergütung für den Vormund oder den Gegenvormund soll nur erfolgen, wenn das Vermögen des Mündels sowie der Umfang und die Bedeutung der vormundschaftlichen G. es rechtfertigen.

1872 Dem Vorsitzenden des Familienrats liegt die Leitung der G. ob.

1893 s. Verwandtschaft 1682, 1683.

Geschäftsbesorgung.

Auftrag.

662, 663, 667, 675 s. **Auftrag** — Auftrag.

Art. **Einführungsgesetz.**

95 s. Handlung § 831.

§ **Geschäftsführung.**

677, 687 s. **Geschäftsführung** — Geschäftsführung.

681 s. Auftrag 667.

713 **Gesellschaft** s. Auftrag 667.

Handlung.

831 Wer einen anderen zu einer Verrichtung bestellt, ist zum Ersatze des Schadens verpflichtet, den der andere in Ausführung der Verrichtung einem Dritten widerrechtlich zufügt. Die Ersatzpflicht tritt nicht ein, wenn der Geschäftsherr bei der Auswahl der bestellten Personen und, sofern er Vorrichtungen oder Gerätschaften zu beschaffen oder die Ausführung der Verrichtung zu leiten hat, bei der Beschaffung oder der Leitung die im Verkehr erforderliche Sorgfalt beobachtet oder wenn der Schaden auch bei Anwendung dieser Sorgfalt entstanden sein würde.

§ Die gleiche Verantwortlichkeit trifft denjenigen, welcher für den Geschäftsherrn die Besorgung eines der im Abs. 1 Satz 2 bezeichneten Geschäfte durch Vertrag übernimmt. 840.

2218 **Testament** s. Auftrag 667.

27 **Verein** s. Auftrag 667.

Geschäftsbetrieb.

Art. **Einführungsgesetz.**

10 s. Verein §§ 21, 22.

16 s. Güterrecht § 1405.

85 s. Verein § 45.

94 s. **E.G.** — E.G.

95 s. Geschäftsfähigkeit § 112.

163 s. Verein §§ 43, 45.

§

112 **Geschäftsfähigkeit** s. **Geschäftsfähigkeit** — Geschäftsfähigkeit.

Güterrecht.

1405 Erteilt der Mann bei g. Güterrecht der Frau die Einwilligung zum selbstständigen Betrieb eines Erwerbsgeschäfts, so ist seine Zustimmung zu solchen Rechtsgeschäften und Rechtsstreitigkeiten nicht erforderlich, die der G. mit sich bringt. Einseitige Rechtsgeschäfte, die sich auf das Erwerbsgeschäft beziehen, sind der Frau gegenüber vorzunehmen.

Der Einwilligung des Mannes in den G. steht es gleich, wenn die Frau mit Wissen und ohne Einspruch des Mannes das Erwerbsgeschäft betreibt.

Dritten gegenüber ist ein Einspruch und der Widerruf der Einwilligung nur nach Maßgabe des § 1435 wirksam. 1452, 1525, 1561.

1452 Auf den selbständigen Betrieb eines Erwerbsgeschäftes durch die Frau finden bei a. Gütergemeinschaft die Vorschriften des § 1405 entsprechende Anwendung. 1519.

1519, 1525 s. **Errungenschaftsgemeinschaft** — Güterrecht.

1561 Die Eintragung in das Güterrechtsregister erfolgt in den Fällen des § 1357 Abs. 2 und des § 1405 Abs. 3 auf Antrag des Mannes.

Miete.

560 Das Pfandrecht des Vermieters erlischt mit der Entfernung der Sachen von dem Grundstück, es sei denn, daß die Entfernung ohne Wissen oder unter Widerspruch des Vermieters erfolgt. Der Vermieter kann der Entfernung nicht widersprechen, wenn sie im regelmäßigen Betriebe des Geschäfts des Mieters oder den gewöhnlichen Lebensverhältnissen entsprechend erfolgt oder wenn die zurückbleibenden Sachen zur Sicherung des Vermieters offenbar ausreichen.

704 **Sachen** s. Miete 560.

Verein.

21 Ein Verein, dessen Zweck nicht auf einen wirtschaftlichen G. gerichtet ist, erlangt Rechtsfähigkeit durch Eintragung in das Vereinsregister des zuständigen Amtsgerichts. 55.

22 Ein Verein, dessen Zweck auf einen wirtschaftlichen G. gerichtet ist, erlangt in Ermangelung b sonderer reichsg. Vorschriften Rechtsfähigkeit durch staatliche Verleihung. Die Verleihung steht dem Bundesstaate zu, in dessen Gebiete der Verein seinen Sitz hat.

43 Einem Vereine, dessen Zweck nach der Satzung nicht auf einen wirtschaftlichen G. gerichtet ist, kann die Rechtsfähigkeit entzogen werden, wenn er einen solchen Zweck verfolgt. 44, 74.

45 Mit der Auflösung des Vereins oder der Entziehung der Rechtsfähigkeit fällt das Vermögen an die in der Satzung bestimmten Personen.

Durch die Satzung kann vorgeschrieben werden, daß die Anfallberechtigten durch Beschluß der Mitgliederversammlung oder eines anderen Vereinsorgans bestimmt werden. Ist

§ der Zweck des Vereins nicht auf einen wirtschaftlichen G. gerichtet, so kann die Mitgliederversammlung auch ohne eine solche Vorschrift das Vermögen einer öffentlichen Stiftung oder Anstalt zuweisen.

Geschäftsbücher.

Gesellschaft.

716 Ein Gesellschafter kann, auch wenn er von der Geschäftsführung ausgeschlossen ist, sich von den Angelegenheiten der Gesellschaft persönlich unterrichten, die G. und die Papiere der Gesellschaft einsehen und sich aus ihnen eine Übersicht über den Stand des Gesellschaftsvermögens anfertigen.

Eine dieses Recht ausschließende oder beschränkende Vereinbarung steht der Geltendmachung des Rechtes nicht entgegen, wenn Grund zu der Annahme unredlicher Geschäftsführung besteht.

Geschäftsfähigkeit.

Ehe.

1304, 1307, 1331, 1336, 1337, 1339, 1358 s. **Ehe** — Ehe.

1571 **Ehescheidung** s. Verjährung 206.

939 **Eigentum** 1002 s. Verjährung 206.

Art. **Einführungsgesetz.**

7, 200 s. **E.G.** — E.G.

95 s. Ehe § 1358, Geschäftsfähigkeit §§ 104—115, Willenserklärung § 131.

§ **Erbe.**

1944, 1954. 1997 s. Verjährung 206.

Erbvertrag.

2275, 2284, 2290, 2296 s. **Erbvertrag** — Erbvertrag.

2283 s. Verjährung 206.

Erbverzicht.

2347 Zu dem Erbverzicht ist, wenn der Verzichtende unter Vormundschaft steht, die Genehmigung des Vormundschaftsgerichts erforderlich; steht er unter elterlicher Gewalt, so gilt das Gleiche, sofern nicht der Vertrag unter Ehegatten oder unter Verlobten geschlossen wird.

Der Erblasser kann den Vertrag nur persönlich schließen; ist er in der G. beschränkt, so bedarf er nicht der Zustimmung seines g. Vertreters. Ist der Erblasser geschäftsunfähig, so kann der Vertrag durch den g. Vertreter geschlossen werden; die Genehmigung des Vormundschaftsgerichts ist in gleichem Umfange wie nach Abs. 1 erforderlich. 2351, 2352.

Geschäftsfähigkeit §§ 104—115.

104 Geschäftsunfähig ist:

1. wer nicht das siebente Lebensjahr vollendet hat;
2. wer sich in einem die freie Willensbestimmung ausschließenden Zustande krankhafter Störung der Geistesthätigkeit befindet, sofern nicht der Zustand seiner Natur nach ein vorübergehender ist;
3. wer wegen Geisteskrankheit entmündigt ist.

105 Die Willenserklärung eines Geschäftsunfähigen ist nichtig.

Nichtig ist auch eine Willenserklärung, die im Zustande der Bewußtlosigkeit oder vorübergehender Störung der Geistesthätigkeit abgegeben wird.

106 Ein Minderjähriger, der das siebente Lebensjahr vollendet hat, ist nach Maßgabe der §§ 107—113 in der G. beschränkt.

107 Der Minderjährige bedarf zu einer Willenserklärung, durch die er nicht lediglich einen rechtlichen Vorteil erlangt, der Einwilligung seines g. Vertreters. 106.

108 Schließt der Minderjährige einen Vertrag ohne die erforderliche Einwilligung des g. Vertreters, so hängt die Wirksamkeit des Vertrags von der Genehmigung des Vertreters ab.

§ Fordert der andere Teil den Vertreter zur Erklärung über die Genehmigung auf, so kann die Erklärung nur ihm gegenüber erfolgen; eine vor der Aufforderung dem Minderjährigen gegenüber erklärte Genehmigung oder Verweigerung der Genehmigung wird unwirksam. Die Genehmigung kann nur bis zum Ablaufe von zwei Wochen nach dem Empfange der Aufforderung erklärt werden; wird sie nicht erklärt, so gilt sie als verweigert.

Ist der Minderjährige unbeschränkt geschäftsfähig geworden, so tritt seine Genehmigung an die Stelle der Genehmigung des Vertreters. 106.

109 Bis zur Genehmigung des mit einem Minderjährigen abgeschlossenen Vertrags ist der andere Teil zum Widerrufe berechtigt. Der Widerruf kann auch dem Minderjährigen gegenüber erklärt werden.

Hat der andere Teil die Minderjährigkeit gekannt, so kann er nur widerrufen, wenn der Minderjährige der Wahrheit zuwider die Einwilligung des Vertreters behauptet hat; er kann auch in diesem Falle nicht widerrufen, wenn ihm das Fehlen der Einwilligung bei dem Abschlusse des Vertrags bekannt war. 106.

110 Ein von dem Minderjährigen ohne Zustimmung des g. Vertreters geschlossener Vertrag gilt als von Anfang an wirksam, wenn der Minderjährige die vertragsmäßige Leistung mit Mitteln bewirkt, die ihm zu diesem Zwecke oder zu freier Verfügung von dem Vertreter oder mit dessen Zustimmung von einem Dritten überlassen worden sind. 106.

111 Ein einseitiges Rechtsgeschäft, das der Minderjährige ohne die erforderliche Einwilligung des g. Vertreters vornimmt, ist unwirksam. Nimmt der Minderjährige mit dieser Einwilligung ein solches Rechtsgeschäft einem anderen gegenüber vor, so ist das Rechtsgeschäft unwirksam, wenn der Minderjährige die Einwilligung nicht in schriftlicher Form vorlegt und der andere das Rechtsgeschäft aus diesem Grunde unverzüglich zurückweist. Die Zurückweisung ist ausgeschlossen, wenn der Vertreter den anderen von der Einwilligung in Kenntnis gesetzt hatte. 106.

112 Ermächtigt der g. Vertreter mit Genehmigung des Vormundschaftsgerichts den Minderjährigen zum selbständigen Betrieb eines Erwerbsgeschäfts, so ist der Minderjährige für solche Rechtsgeschäfte unbeschränkt geschäftsfähig, welche der Geschäftsbetrieb mit sich bringt. Ausgenommen sind Rechtsgeschäfte, zu denen der Vertreter der Genehmigung des Vormundschaftsgerichts bedarf.

Die Ermächtigung kann von dem Vertreter nur mit Genehmigung des Vormundschaftsgerichts zurückgenommen werden. 106.

113 Ermächtigt der g. Vertreter den Minderjährigen, in Dienst oder in Arbeit zu treten, so ist der Minderjährige für solche Rechtsgeschäfte unbeschränkt geschäftsfähig, welche die Eingehung oder Aufhebung eines Dienst- oder Arbeitsverhältnisses der gestatteten Art oder die Erfüllung der sich aus einem solchen Verhältnisse ergebenden Verpflichtungen betreffen. Ausgenommen sind Verträge, zu denen der Vertreter der Genehmigung des Vormundschaftsgerichts bedarf.

Die Ermächtigung kann von dem Vertreter zurückgenommen oder eingeschränkt werden.

Ist der g. Vertreter ein Vormund, so kann die Ermächtigung, wenn sie von ihm verweigert wird, auf Antrag des Minderjährigen durch das Vor-

§ mundschaftsgericht ersetzt werden. Das Vormundschaftsgericht hat die Ermächtigung zu ersetzen, wenn sie im Interesse des Mündels liegt.

Die für einen einzelnen Fall erteilte Ermächtigung gilt im Zweifel als a. Ermächtigung zur Eingehung von Verhältnissen derselben Art. 106.

114 Wer wegen Geistesschwäche, wegen Verschwendung oder wegen Trunksucht entmündigt oder wer nach § 1906 unter vorläufige Vormundschaft gestellt ist, steht in Ansehung der G. einem Minderjährigen gleich, der das siebente Lebensjahr vollendet hat.

115 Wird ein die Entmündigung aussprechender Beschluß infolge einer Anfechtungsklage aufgehoben, so kann die Wirksamkeit der von oder gegenüber dem Entmündigten vorgenommenen Rechtsgeschäfte nicht auf Grund des Beschlusses in Frage gestellt werden. Auf die Wirksamkeit der von oder gegenüber dem g. Vertreter vorgenommenen Rechtsgeschäfte hat die Aufhebung keinen Einfluß.

Diese Vorschriften finden entsprechende Anwendung, wenn im Falle einer vorläufigen Vormundschaft der Antrag auf Entmündigung zurückgenommen oder rechtskräftig abgewiesen oder der die Entmündigung aussprechende Beschluß infolge einer Anfechtungsklage aufgehoben wird.

682 **Geschäftsführung** s. **Geschäftsführung** — Geschäftsführung.

Güterrecht.

1364 Die Verwaltung und Nutznießung des Mannes an dem eingebrachten Gut tritt bei g. Güterrecht nicht ein, wenn der Mann die Ehe mit einer in der G. beschränkten Frau ohne Einwilligung ihres g. Vertreters eingeht. 1426.

1426 Tritt nach § 1364 die Verwaltung und Nutznießung des Mannes nicht ein oder endigt sie auf Grund der §§ 1418—1420, so tritt Gütertrennung ein.

1437 Ist einer der Ehegatten, die einen Ehevertrag schließen, in der G. beschränkt, so bedarf er der Zustimmung seines g. Vertreters. 1508.

1508 Auf einen Ehevertrag, durch welchen die Fortsetzung der Gütergemeinschaft ausgeschlossen oder die Ausschließung aufgehoben wird, finden die Vorschriften des § 1437 Anwendung. 1518.

1516 Zur Wirksamkeit der in den §§ 1511 bis 1515 bezeichneten Verfügungen eines Ehegatten ist die Zustimmung des anderen Ehegatten erforderlich.

Die Zustimmung kann nicht durch einen Vertreter erteilt werden. Ist der Ehegatte in der G. beschränkt, so ist die Zustimmung seines g. Vertreters nicht erforderlich. Die Zustimmungserklärung bedarf der gerichtlichen oder notariellen Beurkundung. Die Zustimmung ist unwiderruflich.

Die Ehegatten können die in den §§ 1511—1515 bezeichneten Verfügungen auch in einem gemeinschaftlichen Testamente treffen. 1517, 1518.

802 **Schuldverschreibung** s. Verjährung 206.

Testament.

2082 s. Verjährung 206.

2201, 2229 s. **Erblasser** — Testament.

2271 s. Erbvertrag 2296.

Verjährung.

206 Ist eine Geschäftsunfähige oder in der G. beschränkte Person ohne g. Vertreter, so wird die gegen sie laufende Verjährung nicht vor dem Ablaufe von sechs Monaten nach dem Zeitpunkt vollendet, in welchem die Person unbeschränkt geschäftsfähig wird oder der Mangel der Vertretung aufhört. Ist die Verjährungsfrist kürzer als sechs Monate, so tritt der für die Verjährung

§ bestimmte Zeitraum an die Stelle der sechs Monate.

Diese Vorschriften finden keine Anwendung, soweit eine in der G. beschränkte Person prozeßfähig ist. 210, 212, 215.

Verwandtschaft.

1594, 1599 s. Verjährung 206.
1595 s. **Ehe** — Verwandtschaft.
1651 s. Geschäftsfähigkeit 112.
1676 s. **Kind** — Verwandtschaft.
1729 s. **Ehelichkeitserklärung** — Verwandtschaft.
1748, 1751 s. **Kindesstatt** — Verwandtschaft.
1847 **Vormundschaft** s. Ehe 1304, 1337.

Willenserklärung.

124 s. Verjährung 206.
131 Wird die Willenserklärung einem Geschäftsunfähigen gegenüber abgegeben, so wird sie nicht wirksam, bevor sie dem g. Vertreter zugeht.

Das Gleiche gilt, wenn die Willenserklärung einer in der G. beschränkten Person gegenüber abgegeben wird. Bringt die Erklärung jedoch der in der G. beschränkten Person lediglich einen rechtlichen Vorteil oder hat der g. Vertreter seine Einwilligung erteilt, so wird die Erklärung in dem Zeitpunkte wirksam, in welchem sie ihr zugeht.

Wohnsitz.

8 Wer geschäftsunfähig oder in der G. beschränkt ist, kann ohne den Willen seines g. Vertreters einen Wohnsitz weder begründen noch aufheben.
182 **Zustimmung** s. Geschäftsfähigkeit 111.

Geschäftsführer.

Art.
95 **Einführungsgesetz** s. **Geschäftsherr** — Handlung § 831.

§ **Erbe.**

1959 Besorgt der Erbe vor der Ausschlagung der Erbschaft erbschaftliche Geschäfte, so ist er demjenigen gegenüber, welcher Erbe wird, wie ein G. ohne Auftrag berechtigt und verpflichtet.

Geschäftsführung.

677—687 s. **Geschäftsführung** — Geschäftsführung.
1484 **Güterrecht** s. Erbe 1959.
831 **Handlung** s. **Geschäftsherr** — Handlung.

Geschäftsführung.

Bürgschaft.

775 Hat sich der Bürge im Auftrage des Hauptschuldners verbürgt oder stehen ihm nach den Vorschriften über die G. ohne Auftrag wegen der Übernahme der Bürgschaft die Rechte eines Beauftragten gegen den Hauptschuldner zu, so kann er von diesem Befreiung von der Bürgschaft verlangen in unter 1—4 dieses § aufgeführten Fällen.

Eigentum.

994 Der Besitzer kann für die auf die Sache gemachten notwendigen Verwendungen von dem Eigentümer Ersatz verlangen. Die gewöhnlichen Erhaltungskosten sind ihm jedoch für die Zeit, für welche ihm die Nutzungen verbleiben, nicht zu ersetzen.

Macht der Besitzer nach dem Eintritte der Rechtshängigkeit oder nach dem Beginne der im § 990 bestimmten Haftung notwendige Verwendungen, so bestimmt sich die Ersatzpflicht des Eigentümers nach den Vorschriften über die G. ohne Auftrag. 995, 997, 1007.

Art.
163 **Einführungsgesetz** s. Verein § 27.

§ **Erbe.**

1978 Auf die vor der Annahme der Erbschaft von dem Erben besorgten erbschaftlichen Geschäfte finden die Vorschriften über die G. ohne Auftrag entsprechende Anwendung.

. . . .

§ Aufwendungen sind dem Erben aus dem Nachlasse zu ersetzen, soweit er nach den Vorschriften über den Auftrag oder über die G. ohne Auftrag Ersatz verlangen könnte. 1991, 2013, 2036.

Geschäftsführung ohne Auftrag §§ 677—687.

677 Wer ein Geschäft für einen anderen besorgt, ohne von ihm beauftragt oder ihm gegenüber sonst dazu berechtigt zu sein, hat das Geschäft so zu führen, wie das Interesse des Geschäftsherrn mit Rücksicht auf dessen wirklichen oder mutmaßlichen Willen es erfordert. 687.

678 Steht die Übernahme der G. mit dem wirklichen oder dem mutmaßlichen Willen des Geschäftsherrn in Widerspruch und mußte der Geschäftsführer dies erkennen, so ist er dem Geschäftsherrn zum Ersatze des aus der G. entstehenden Schadens auch dann verpflichtet, wenn ihm ein sonstiges Verschulden nicht zur Last fällt. 687.

679 Ein der G. entgegenstehender Wille des Geschäftsherrn kommt nicht in Betracht, wenn ohne die G. eine Pflicht des Geschäftsherrn, deren Erfüllung im öffentlichen Interesse liegt, oder eine g. Unterhaltspflicht des Geschäftsherrn nicht rechtzeitig erfüllt werden würde. 683, 687.

680 Bezweckt die G. die Abwendung einer dem Geschäftsherrn drohenden dringenden Gefahr, so hat der Geschäftsführer nur Vorsatz und grobe Fahrlässigkeit zu vertreten. 687.

681 Der Geschäftsführer hat die Übernahme der G., sobald es thunlich ist, dem Geschäftsherrn anzuzeigen und, wenn nicht mit dem Aufschube Gefahr verbunden ist, dessen Entschließung abzuwarten. Im übrigen finden auf die Verpflichtungen des Geschäftsführers die für einen Beauftragten geltenden Vorschriften der §§ 666 bis 668 entsprechende Anwendung. 687.

682 Ist der Geschäftsführer geschäftsunfähig oder in der Geschäftsfähigkeit beschränkt, so ist er nur nach den Vorschriften über den Schadensersatz wegen unerlaubter Handlungen und über die Herausgabe einer ungerechtfertigten Bereicherung verantwortlich. 687.

683 Entspricht die Übernahme der G. dem Interesse und dem wirklichen oder dem mutmaßlichen Willen des Geschäftsherrn, so kann der Geschäftsführer wie ein Beauftragter Ersatz seiner Aufwendungen verlangen. In den Fällen des § 679 steht dieser Anspruch dem Geschäftsführer zu, auch wenn die Übernahme der G. mit dem Willen des Geschäftsherrn in Widerspruch steht. 684, 687.

684 Liegen die Voraussetzungen des § 683 nicht vor, so ist der Geschäftsherr verpflichtet, dem Geschäftsführer alles, was er durch die G. erlangt, nach den Vorschriften über die Herausgabe einer ungerechtfertigten Bereicherung herauszugeben. Genehmigt der Geschäftsherr die G., so steht dem Geschäftsführer der im § 683 bestimmte Anspruch zu. 687.

685 Dem Geschäftsführer steht ein Anspruch nicht zu, wenn er nicht die Absicht hatte, von dem Geschäftsherrn Ersatz zu verlangen.

Gewähren Eltern oder Voreltern ihren Abkömmlingen oder diese jenen Unterhalt, so ist im Zweifel anzunehmen, daß die Absicht fehlt, von dem Empfänger Ersatz zu verlangen. 687.

686 Ist der Geschäftsführer über die Person des Geschäftsherrn im Irrtume, so wird der wirkliche Geschäftsherr aus der G. berechtigt und verpflichtet. 687.

§

687 Die Vorschriften der §§ 677—686 finden keine Anwendung, wenn jemand ein fremdes Geschäft in der Meinung besorgt, daß es sein eigenes sei.

Behandelt jemand ein fremdes Geschäft als sein eigenes, obwohl er weiß, daß er nicht dazu berechtigt ist, so kann der Geschäftsherr die sich aus den §§ 677, 678, 681, 682 ergebenden Ansprüche geltend machen. Macht er sie geltend, so ist er dem Geschäftsführer nach § 684 Satz 1 verpflichtet.

Gesellschaft.

709—718, 727, 729, 730 G. bei der Gesellschaft f. **Gesellschaft** — Gesellschaft.

Handlung.

841 Ist ein Beamter, der vermöge seiner Amtspflicht einen anderen zur G. für einen Dritten zu bestellen oder eine solche G. zu beaufsichtigen oder durch Genehmigung von Rechtsgeschäften bei ihr mitzuwirken hat, wegen Verletzung dieser Pflichten neben dem anderen für den von diesem verursachten Schaden verantwortlich, so ist in ihrem Verhältnisse zu einander der andere allein verpflichtet.

Kauf.

450 Die Verpflichtung des Käufers zum Ersatze von Verwendungen bestimmt sich nach den Vorschriften über die G. ohne Auftrag. 451.

Leihe.

601 Die Verpflichtung des Verleihers zum Ersatze von Verwendungen bestimmt sich nach den Vorschriften über die G. ohne Auftrag.

Miete.

547 Die Verpflichtung des Vermieters zum Ersatze von Verwendungen bestimmt sich nach den Vorschriften über die G. ohne Auftrag.

Pfandrecht.

1216 Macht der Pfandgläubiger Verwendungen auf das Pfand, so bestimmt

§ sich die Ersatzpflicht des Verpfänders nach den Vorschriften über die G. ohne Auftrag. 1266.

86 **Stiftung** f. Verein 27.

Testament.

2125 Macht der Vorerbe Verwendungen auf die Erbschaft, die nicht unter die Vorschrift des § 2124 fallen, so ist der Nacherbe im Falle des Eintritts der Nacherbfolge nach den Vorschriften über die G. ohne Auftrag zum Ersatze verpflichtet.

Verein.

27 Die Bestellung des Vorstandes erfolgt durch Beschluß der Mitgliederversammlung.

Die Bestellung ist jederzeit widerruflich, unbeschadet des Anspruchs auf die vertragsmäßige Vergütung. Die Widerruflichkeit kann durch die Satzung auf den Fall beschränkt werden, daß ein wichtiger Grund für den Widerruf vorliegt; ein solcher Grund ist insbesondere grobe Pflichtverletzung oder Unfähigkeit zur ordnungsmäßigen G.

Auf die G. des Vorstandes finden die für den Auftrag geltenden Vorschriften der §§ 664—670 entsprechende Anwendung. 40.

Vollmacht.

169 Soweit nach den §§ 674, 729 die erloschene Vollmacht eines Beauftragten oder eines geschäftsführenden Gesellschafters als fortbestehend gilt, wirkt sie nicht zu Gunsten eines Dritten, der bei der Vornahme eines Rechtsgeschäfts das Erlöschen kennt oder kennen muß.

Art. **Geschäftsherr.**

95 **Einführungsgesetz** f. Handlung § 831.

§ **Geschäftsführung.**

677—681, 683—687 f. **Geschäftsführung** — Geschäftsführung.

§ **Handlung.**

831 Wer einen anderen zu einer Verrichtung bestellt, ist zum Ersatze des Schadens verpflichtet, den der andere in Ausführung der Verrichtung einem Dritten widerrechtlich zufügt. Die Ersatzpflicht tritt nicht ein, wenn der G. bei der Auswahl der bestellten Person und, sofern er Vorrichtungen oder Gerätschaften zu beschaffen oder die Ausführung der Verrichtung zu leiten hat, bei der Beschaffung oder der Leitung die im Verkehr erforderliche Sorgfalt beobachtet oder wenn der Schaden auch bei Anwendung dieser Sorgfalt entstanden sein würde.

Die gleiche Verantwortlichkeit trifft denjenigen, welcher für den G. die Besorgung eines der im Abs. 1 Satz 2 bezeichneten Geschäfte durch Vertrag übernimmt. 840.

Geschäftsjahr.

Art.

163 **Einführungsgesetz** s. Verein § 39.

§ **Gesellschaft.**

721 Bei einer Gesellschaft von längerer Dauer hat der Rechnungsabschluß und die Gewinnverteilung im Zweifel am Schlusse jedes G. zu erfolgen.

740 Der ausgeschiedene Gesellschafter kann am Schluß jedes G. Rechenschaft über die inzwischen beendeten Geschäfte, Auszahlung des ihm gebührenden Betrags und Auskunft über den Stand der noch schwebenden Geschäfte verlangen.

Verein.

39 Die Mitglieder sind zum Austritt aus dem Vereine berechtigt.

Durch die Satzung kann bestimmt werden, daß der Austritt nur am Schlusse eines G. oder erst nach dem Ablauf einer Kündigungsfrist zulässig ist; die Kündigungsfrist kann höchstens zwei Jahre betragen.

Geschäftskreis.

Art.

163 **Einführungsgesetz** s. Verein § 30.

§

86 **Stiftung** s. Verein 30.

Verein.

30 Durch die Satzung kann bestimmt werden, daß neben dem Vorstande für gewisse Geschäfte besondere Vertreter zu bestellen sind. Die Vertretungsmacht eines solchen Vertreters erstreckt sich im Zweifel auf alle Rechtsgeschäfte, die der ihm zugewiesene G. gewöhnlich mit sich bringt.

Geschäftsraum.

Eigentum.

978—983 Fund in den G. oder den Beförderungsmitteln einer öffentlichen Behörde oder einer dem öffentlichen Verkehre dienenden Verkehrsanstalt s. **Eigentum** — Eigentum.

Geschäftsunfähiger

s. **Geschäftsunfähigkeit.**

Geschäftsunfähigkeit.

Anweisung.

791 Die Anweisung erlischt nicht durch den Tod oder den Eintritt der G. eines der Beteiligten.

Auftrag.

672 Der Auftrag erlischt im Zweifel nicht durch den Tod oder den Eintritt der G. des Auftraggebers. 675.

Ehe.

1325 Eine Ehe ist nichtig, wenn einer der Ehegatten zur Zeit der Eheschließung geschäftsunfähig war oder sich im Zustande der Bewußtlosigkeit oder vorübergehender Störung der Geistesthätigkeit befand.

Die Ehe ist als von Anfang an gültig anzusehen, wenn der Ehegatte sie nach dem Wegfalle der G., der Bewußtlosigkeit oder der Störung der Geistesthätigkeit bestätigt, bevor sie für

§ nichtig erklärt oder aufgelöst worden ist. Die Bestätigung bedarf nicht der für die Eheschließung vorgeschriebenen Form. 1323, 1329, 1331.
1336 Für einen geschäftsunfähigen Ehegatten kann sein g. Vertreter mit Genehmigung des Vormundschaftsgerichts die Ehe anfechten.
1339 s. **Verjährung** — Verjährung 206.
1340 Hat der g. Vertreter eines geschäftsunfähigen Ehegatten die Ehe nicht rechtzeitig angefochten, so kann nach dem Wegfalle der G. der Ehegatte selbst die Ehe in gleicher Weise anfechten, wie wenn er ohne g. Vertreter gewesen wäre.
1571 **Ehescheidung** s. **Verjährung** — Verjährung 206.
939 **Eigentum** 1002 s. **Verjährung** — Verjährung 206.
Art. **Einführungsgesetz.**
7 s. **E.G.** — E.G.
95 s. **Geschäftsfähigkeit** §§ 104, 105, Willenserklärung § 131.
§
1944 **Erbe** 1954 s. **Verjährung** — Verjährung 206.
Erbvertrag.
2282 Für einen geschäftsunfähigen Erblasser kann sein g. Vertreter mit Genehmigung des Vormundschaftsgerichts den Erbvertrag anfechten. 2283.
2283 Hat im Falle des § 2282 Abs. 2 der g. Vertreter den Erbvertrag nicht rechtzeitig angefochten, so kann nach dem Wegfalle der G. der Erblasser selbst den Erbvertrag in gleicher Weise anfechten, wie wenn er ohne g. Vertreter gewesen wäre.
s. **Verjährung** — Verjährung 206.
Erbverzicht.
2347 Ist der Erblasser geschäftsunfähig, so kann der Erbverzichtsvertrag durch den g. Vertreter geschlossen werden; die Genehmigung des Vormundschaftsgerichts ist in gleichem Umfange wie

§ nach Abs. 1 erforderlich. 2351, 2352.
Geschäftsfähigkeit.
104 Geschäftsunfähig ist:
1. wer nicht das siebente Lebensjahr vollendet hat;
2. wer sich in einem die freie Willensbestimmung ausschließenden Zustande krankhafter Störung der Geistesthätigkeit befindet, sofern nicht der Zustand seiner Natur nach ein vorübergehender ist;
3. wer wegen Geisteskrankheit entmündigt ist.
105 Die Willenserklärung eines Geschäftsunfähigen ist nichtig.
Geschäftsführung.
682 G. des Geschäftsführers s. **Geschäftsführung** — Geschäftsführung.
Schuldverschreibung.
794 G. des Ausstellers einer Schuldverschreibung auf den Inhaber s. **Schuldverschreibung** — Schuldverschreibung.
802 s. **Verjährung** — Verjährung 206.
2082 **Testament.**
2201, 2227 G. des Testamentsvollstreckers s. **Erblasser** — Testament.
Verjährung.
206 Verjährung gegen eine geschäftsunfähige Person s. **Verjährung** — Verjährung.
Vertrag.
153 Das Zustandekommen des Vertrags wird nicht dadurch gehindert, daß der Antragende vor der Annahme stirbt oder geschäftsunfähig wird, es sei denn, daß ein anderer Wille des Antragenden anzunehmen ist.
Verwandtschaft.
1594, 1599 s. **Verjährung** — Verjährung 206.
1595 Für einen geschäftsunfähigen Mann kann sein g. Vertreter mit Genehmigung des Vormundschaftsgerichts die Ehelichkeit anfechten. Hat der g. Vertreter

§
1301 **Verlöbnis** s. **Verlöbnis** — Verlöbnis.

Geschlechtsgemeinschaft.

Ehe.

1310 Eine Ehe darf nicht geschlossen werden zwischen Personen, von denen die eine mit Eltern, Voreltern oder Abkömmlingen der anderen G. gepflogen hat.

Geschwister.

Ehe.

1310 Eine Ehe darf nicht geschlossen werden:
a) zwischen vollbürtigen G.;
b) zwischen halbbürtigen G. 1327.

1732 **Verwandtschaft** s. Ehe 1310.

Vormundschaft.

1775 Das Vormundschaftsgericht soll, sofern nicht besondere Gründe für die Bestellung mehrerer Vormünder vorliegen, für den Mündel und, wenn mehrere G. zu bevormunden sind, für alle Mündel nur einen Vormund bestellen.

1786 Die Vormundschaft oder Pflegschaft über mehrere G. gilt nur als eine.

Geselle.

196 **Verjährung** s. **Lehrling** — Verjährung.

Gesellschaft.

Art. **Einführungsgesetz.**

10, 84, 165 s. **E.G.** — E.G.

§ **Gesellschaft** §§ 705—740.

705 Durch den G.-Vertrag verpflichten sich die Gesellschafter gegenseitig, die Erreichung eines gemeinsamen Zweckes in der durch den Vertrag bestimmten Weise zu fördern, insbesondere die vereinbarten Beiträge zu leisten.

706 Die Gesellschafter haben in Ermangelung einer anderen Vereinbarung gleiche Beiträge zu leisten.

Sind vertretbare oder verbrauchbare Sachen beizutragen, so ist im Zweifel anzunehmen, daß sie gemeinschaftliches Eigentum der Gesellschafter werden sollen. Das Gleiche gilt von nicht vertretbaren und nicht verbrauchbaren Sachen, wenn sie nach einer Schätzung beizutragen sind, die nicht bloß für die Gewinnverteilung bestimmt ist.

Der Beitrag eines Gesellschafters kann auch in der Leistung von Diensten bestehen.

707 Zur Erhöhung des vereinbarten Beitrags oder zur Ergänzung der durch Verlust verminderten Einlage ist ein Gesellschafter nicht verpflichtet.

708 Ein Gesellschafter hat bei der Erfüllung der ihm obliegenden Verpflichtungen nur für diejenige Sorgfalt einzustehen, welche er in eigenen Angelegenheiten anzuwenden pflegt.

709 Die Führung der Geschäfte der G. steht den Gesellschaftern gemeinschaftlich zu; für jedes Geschäft ist die Zustimmung aller Gesellschafter erforderlich.

Hat nach dem G.-Vertrage die Mehrheit der Stimmen zu entscheiden, so ist die Mehrheit im Zweifel nach der Zahl der Gesellschafter zu berechnen. 710.

710 Ist in dem G.-Vertrage die Führung der Geschäfte einem Gesellschafter oder mehreren Gesellschaftern übertragen, so sind die übrigen Gesellschafter von der Geschäftsführung ausgeschlossen. Ist die Geschäftsführung mehreren Gesellschaftern übertragen, so finden die Vorschriften des § 709 entsprechende Anwendung.

711 Steht nach dem G.-Vertrage die Führung der Geschäfte allen oder mehreren Gesellschaftern in der Art zu, daß jeder allein zu handeln berechtigt ist, so kann jeder der Vornahme eines Geschäfts durch den anderen widersprechen. Im Falle des Widerspruchs muß das Geschäft unterbleiben.

712 Die einem Gesellschafter durch den

§ G.-Vertrag übertragene Befugnis zur Geschäftsführung kann ihm durch einstimmigen Beschluß oder, falls nach dem G.-Vertrage die Mehrheit der Stimmen entscheidet, durch Mehrheitsbeschluß der übrigen Gesellschafter entzogen werden, wenn ein wichtiger Grund vorliegt; ein solcher Grund ist insbesondere grobe Pflichtverletzung oder Unfähigkeit zur ordnungsmäßigen Geschäftsführung.

Der Gesellschafter kann auch seinerseits die Geschäftsführung kündigen, wenn ein wichtiger Grund vorliegt; die für den Auftrag geltenden Vorschriften des § 671 Abs. 2, 3 finden entsprechende Anwendung. 715.

713 Die Rechte und Verpflichtungen der geschäftsführenden Gesellschafter bestimmen sich nach den für den Auftrag geltenden Vorschriften der §§ 664 bis 670, soweit sich nicht aus dem G.-Verhältnis ein anderes ergiebt.

714 Soweit einem Gesellschafter nach dem G.-Vertrage die Befugnis zur Geschäftsführung zusteht, ist er im Zweifel auch ermächtigt, die anderen Gesellschafter Dritten gegenüber zu vertreten.

715 Ist im G.-Vertrag ein Gesellschafter ermächtigt, die anderen Gesellschafter Dritten gegenüber zu vertreten, so kann die Vertretungsmacht nur nach Maßgabe des § 712 Abs. 1 und, wenn sie in Verbindung mit der Befugnis zur Geschäftsführung erteilt worden ist, nur mit dieser entzogen werden.

716 Ein Gesellschafter kann, auch wenn er von der Geschäftsführung ausgeschlossen ist, sich von den Angelegenheiten der G. persönlich unterrichten, die Geschäftsbücher und die Papiere der G. einsehen und sich aus ihnen eine Übersicht über den Stand des G.-Vermögens anfertigen.

Eine dieses Recht ausschließende oder beschränkende Vereinbarung steht der Geltendmachung des Rechtes nicht entgegen, wenn Grund zu der Annahme unredlicher Geschäftsführung besteht.

717 Die Ansprüche, die den Gesellschaftern aus dem G.-Verhältnisse gegen einander zustehen, sind nicht übertragbar. Ausgenommen sind die einem Gesellschafter aus seiner Geschäftsführung zustehenden Ansprüche, soweit deren Befriedigung vor der Auseinandersetzung verlangt werden kann, sowie die Ansprüche auf einen Gewinnanteil oder auf dasjenige, was dem Gesellschafter bei der Auseinandersetzung zukommt.

718 Die Beiträge der Gesellschafter und die durch die Geschäftsführung für die G. erworbenen Gegenstände werden gemeinschaftliches Vermögen der Gesellschafter (G.-Vermögen).

Zu dem G.-Vermögen gehört auch, was auf Grund eines zu dem G.-Vermögen gehörenden Rechtes oder als Ersatz für die Zerstörung, Beschädigung oder Entziehung eines zu dem G.-Vermögen gehörenden Gegenstandes erworben wird. 720.

719 Ein Gesellschafter kann nicht über seinen Anteil an dem G.-Vermögen und an den einzelnen dazu gehörenden Gegenständen verfügen; er ist nicht berechtigt, Teilung zu verlangen.

Gegen eine Forderung, die zum G.-Vermögen gehört, kann der Schuldner nicht eine ihm gegen einen einzelnen Gesellschafter zustehende Forderung aufrechnen.

720 Die Zugehörigkeit einer nach § 718 Abs. 1 erworbenen Forderung zum G.-Vermögen hat der Schuldner erst dann gegen sich gelten zu lassen, wenn er von der Zugehörigkeit Kenntnis erlangt; die Vorschriften der §§ 406 bis 408 finden entsprechende Anwendung.

§

721 Ein Gesellschafter kann den Rechnungsabschluß und die Verteilung des Gewinns und Verlustes erst nach der Auflösung der G. verlangen.

Ist die G. von längerer Dauer, so hat der Rechnungsabschluß und die Gewinnverteilung im Zweifel am Schlusse jedes Geschäftsjahres zu erfolgen.

722 Sind die Anteile der Gesellschafter am Gewinn und Verluste nicht bestimmt, so hat jeder Gesellschafter ohne Rücksicht auf die Art und die Größe seines Beitrags einen gleichen Anteil am Gewinn und Verluste.

Ist nur der Anteil am Gewinn oder am Verluste bestimmt, so gilt die Bestimmung im Zweifel für Gewinn und Verlust.

723 Ist die G. nicht für eine bestimmte Zeit eingegangen, so kann jeder Gesellschafter sie jederzeit kündigen. Ist eine Zeitdauer bestimmt, so ist die Kündigung vor dem Ablaufe der Zeit zulässig, wenn ein wichtiger Grund vorliegt; ein solcher Grund ist insbesondere vorhanden, wenn ein anderer Gesellschafter eine ihm nach dem G.-Vertrag obliegende wesentliche Verpflichtung vorsätzlich oder aus grober Fahrlässigkeit verletzt oder wenn die Erfüllung einer solchen Verpflichtung unmöglich wird. Unter der gleichen Voraussetzung ist, wenn eine Kündigungsfrist bestimmt ist, die Kündigung ohne Einhaltung der Frist zulässig.

Die Kündigung darf nicht zur Unzeit geschehen, es sei denn, daß ein wichtiger Grund für die unzeitige Kündigung vorliegt. Kündigt ein Gesellschafter ohne solchen Grund zur Unzeit, so hat er den übrigen Gesellschaftern den daraus entstehenden Schaden zu ersetzen.

Eine Vereinbarung, durch welche das Kündigungsrecht ausgeschlossen oder diesen Vorschriften zuwider beschränkt wird, ist nichtig. 737.

724 Ist eine G. für die Lebenszeit eines Gesellschafters eingegangen, so kann sie in gleicher Weise gekündigt werden wie eine für unbestimmte Zeit eingegangene G. Dasselbe gilt, wenn eine G. nach dem Ablaufe der bestimmten Zeit stillschweigend fortgesetzt wird.

725 Hat ein Gläubiger eines Gesellschafters die Pfändung des Anteils des Gesellschafters an dem G.-Vermögen erwirkt, so kann er die G. ohne Einhaltung einer Kündigungsfrist kündigen, sofern der Schuldtitel nicht blos vorläufig vollstreckbar ist.

Solange die G. besteht, kann der Gläubiger die sich aus dem G.-Verhältnis ergebenden Rechte des Gesellschafters, mit Ausnahme des Anspruchs auf einen Gewinnanteil, nicht geltend machen.

726 Die G. endigt, wenn der vereinbarte Zweck erreicht oder dessen Erreichung unmöglich geworden ist.

727 Die G. wird durch den Tod eines der Gesellschafter aufgelöst, sofern nicht aus dem G.-Vertrage sich ein anderes ergiebt.

Im Falle der Auflösung hat der Erbe des verstorbenen Gesellschafters den übrigen Gesellschaftern den Tod unverzüglich anzuzeigen und, wenn mit dem Aufschube Gefahr verbunden ist, die seinem Erblasser durch den G.-Vertrag übertragenen Geschäfte fortzuführen, bis die übrigen Gesellschafter in Gemeinschaft mit ihm anderweit Fürsorge treffen können. Die übrigen Gesellschafter sind in gleicher Weise zur einstweiligen Fortführung der ihnen übertragenen Geschäfte verpflichtet. Die G. gilt insoweit als fortbestehend. 728.

§

728 Die G. wird durch die Eröffnung des Konkurses über das Vermögen eines Gesellschafters aufgelöst. Die Vorschriften des § 727 Abs. 2 Satz 2, 3 finden Anwendung.

729 Wird die G. in anderer Weise als durch Kündigung aufgelöst, so gilt die einem Gesellschafter durch den G.-Vertrag übertragene Befugnis zur Geschäftsführung zu seinen Gunsten gleichwohl als fortbestehend, bis er von der Auflösung Kenntnis erlangt oder die Auflösung kennen muß.

730 Nach der Auflösung der G. findet in Ansehung des G.-Vermögens die Auseinandersetzung unter den Gesellschaftern statt.

Für die Beendigung der schwebenden Geschäfte, für die dazu erforderliche Eingehung neuer Geschäfte sowie für die Erhaltung und Verwaltung des G.-Vermögens gilt die G. als fortbestehend, soweit der Zweck der Auseinandersetzung es erfordert. Die einem Gesellschafter nach dem G.-Vertrage zustehende Befugnis zur Geschäftsführung erlischt jedoch, wenn nicht aus dem Vertrage sich ein anderes ergiebt, mit der Auflösung der G.; die Geschäftsführung steht von der Auflösung an allen Gesellschaftern gemeinschaftlich zu.

731 Die Auseinandersetzung erfolgt in Ermangelung einer anderen Vereinbarung in Gemäßheit der §§ 732 bis 735. Im übrigen gelten für die Teilung die Vorschriften über die Gemeinschaft.

732 Gegenstände, die ein Gesellschafter der G. zur Benutzung überlassen hat, sind ihm zurückzugeben. Für einen durch Zufall in Abgang gekommenen oder verschlechterten Gegenstand kann er nicht Ersatz verlangen. 731, 738.

733 Aus dem G.-Vermögen sind zunächst die gemeinschaftlichen Schulden mit Einschluß derjenigen zu berichtigen, welche den Gläubigern gegenüber unter den Gesellschaftern geteilt sind oder für welche einem Gesellschafter die übrigen Gesellschafter als Schuldner haften. Ist eine Schuld noch nicht fällig oder ist sie streitig, so ist das zur Berichtigung Erforderliche zurückzubehalten.

Aus dem nach der Berichtigung der Schulden übrig bleibenden G.-Vermögen sind die Einlagen zurückzuerstatten. Für Einlagen, die nicht in Geld bestanden haben, ist der Wert zu ersetzen, den sie zur Zeit der Einbringung gehabt haben. Für Einlagen, die in der Leistung von Diensten oder in der Überlassung der Benutzung eines Gegenstandes bestanden haben, kann nicht Ersatz verlangt werden.

Zur Berichtigung der Schulden und zur Rückerstattung der Einlagen ist das G.-Vermögen, soweit erforderlich, in Geld umzusetzen. 731.

734 Verbleibt nach der Berichtigung der gemeinschaftlichen Schulden und der Rückerstattung der Einlagen ein Überschuß, so gebührt er den Gesellschaftern nach dem Verhältnis ihrer Anteile am Gewinne. 731.

735 Reicht das G.-Vermögen zur Berichtigung der gemeinschaftlichen Schulden und zur Rückerstattung der Einlagen nicht aus, so haben die Gesellschafter für den Fehlbetrag nach dem Verhältnis aufzukommen, nach welchem sie den Verlust zu tragen haben. Kann von einem Gesellschafter der auf ihn entfallende Beitrag nicht erlangt werden, so haben die übrigen Gesellschafter den Ausfall nach dem gleichen Verhältnisse zu tragen.

736 Ist im G.-Vertrage bestimmt, daß, wenn ein Gesellschafter kündigt oder stirbt oder wenn der Konkurs über

§ sein Vermögen eröffnet wird, die G. unter den übrigen Gesellschaftern fortbestehen soll, so scheidet bei dem Eintritt eines solchen Ereignisses der Gesellschafter, in dessen Person es eintritt, aus der G. aus.

737 Ist im G.-Vertrage bestimmt, daß, wenn ein Gesellschafter kündigt, die G. unter den übrigen Gesellschaftern fortbestehen soll, so kann ein Gesellschafter, in dessen Person ein die übrigen Gesellschafter nach § 723 Abs. 1 Satz 2 zur Kündigung berechtigender Umstand eintritt, aus der G. ausgeschlossen werden. Das Ausschließungsrecht steht den übrigen Gesellschaftern gemeinschaftlich zu. Die Ausschließung erfolgt durch Erklärung gegenüber dem auszuschließenden Gesellschafter.

738 Scheidet ein Gesellschafter aus der G. aus, so wächst sein Anteil am G.-Vermögen den übrigen Gesellschaftern zu. Diese sind verpflichtet, dem Ausscheidenden die Gegenstände, die er der G. zur Benutzung überlassen hat, nach Maßgabe des § 732 zurückzugeben, ihn von den gemeinschaftlichen Schulden zu befreien und ihm dasjenige zu zahlen, was er bei der Auseinandersetzung erhalten würde, wenn die G. zur Zeit seines Ausscheidens aufgelöst worden wäre. Sind gemeinschaftliche Schulden noch nicht fällig, so können die übrigen Gesellschafter dem Ausscheidenden, statt ihn zu befreien, Sicherheit leisten.

Der Wert des G.-Vermögens ist, soweit erforderlich, im Wege der Schätzung zu ermitteln.

739 Reicht der Wert des G.-Vermögens zur Deckung der gemeinschaftlichen Schulden und der Einlagen nicht aus, so hat der Ausscheidende den übrigen Gesellschaftern für den Fehlbetrag nach dem Verhältnisse seines Anteils am Verlust aufzukommen.

740 Der Ausgeschiedene nimmt an dem Gewinn und dem Verluste Teil, welcher sich aus den zur Zeit seines Ausscheidens schwebenden Geschäften ergiebt. Die übrigen Gesellschafter sind berechtigt, diese Geschäfte so zu beendigen, wie es ihnen am vorteilhaftesten erscheint.

Der Ausgeschiedene kann am Schlusse jedes Geschäftsjahres Rechenschaft über die inzwischen beendigten Geschäfte, Auszahlung des ihm gebührenden Betrags und Auskunft über den Stand der noch schwebenden Geschäfte verlangen.

Verein.

54 Auf Vereine, die nicht rechtsfähig sind, finden die Vorschriften über die G. Anwendung.

169 **Vollmacht** s. Gesellschaft 729.

Gesellschafter.

Gesellschaft.

705—740 s. **Gesellschaft** — Gesellschaft.

Vollmacht.

169 Soweit nach den §§ 674, 729 die erloschene Vollmacht eines Beauftragten oder eines geschäftsführenden G. als fortbestehend gilt, wirkt sie nicht zu Gunsten eines Dritten, der bei der Vornahme eines Rechtsgeschäfts das Erlöschen kennt oder kennen muß.

Gesellschafterin.

622 **Dienstvertrag** s. **Dienstvertrag** — Dienstvertrag.

Gesellschaftsverhältnis.

Gesellschaft.

713, 717, 725 s. **Gesellschaft** — Gesellschaft.

Art. (Reichs-Gesetzbl. S. 207) s. E.G. — E.G.
43 G., betreffend die Rechtsverhältnisse der Reichsbeamten, vom 31. März 1873 (Reichs-Gesetzbl. S. 61) s. E.G. — E.G.
46 G. über die Beurkundung des Personenstandes und die Eheschließung vom 6. Februar 1875 (Reichs-Gesetzbl. S. 23) s. E.G. — E.G.
47 G., betreffend den Wucher, vom 24. Mai 1880 (Reichs-Gesetzbl. S. 109) s. E.G. — E.G.
47 G., betreffend Ergänzung der Bestimmungen über den Wucher, vom 19. Juni 1893 (Reichs-Gesetzbl. S. 197) s. E.G. — E.G.
48 G., betreffend die Fürsorge für die Witwen und Waisen der Reichsbeamten der Civilverwaltung, vom 20. April 1881 (Reichs-Gesetzbl. S. 85) s. E.G. — E.G.
49 G., betreffend die Fürsorge für die Witwen und Waisen von Angehörigen des Reichsheeres und der Kaiserlichen Marine, vom 17. Juni 1887 (Reichs-Gesetzbl. S. 237) s. E.G. — E.G.
50 G., betreffend das Reichsschuldbuch, vom 31. Mai 1891 (Reichs-Gesetzbl. S. 321) s. E.G. — E.G.
51 G., betreffend die Fürsorge für die Witwen und Waisen der Personen des Soldatenstandes des Reichsheeres und der Kaiserlichen Marine vom Feldwebel abwärts, vom 13. Juni 1895 (Reichs-Gesetzbl. S. 261) s. E.G. — E.G.
54 G., betreffend die Beschränkungen des Grundeigentums in der Umgebung von Festungen, vom 21. Dezember 1871 (Reichs-Gesetzbl. S. 459) s. E.G. — E.G.
69 s. Eigentum § 958.
71, 72 s. Handlung § 835.
163 s. Verein §§ 26, 46.
138, 154, 156—159, 161, 162, 165,

Art. *166, 169, 170—172, 174, 175, 178, 179, 182, 184, 188, 189, 191, 198, 200—202, 205—209, 211, 213, 214, 217* s. E.G. — E.G.

§
2019 **Erbe** s. Schuldverhältnis 408.

Erbfolge.

1924 G. Erben: s. **Erbe** — Erbfolge:
a) der ersten Ordnung;
1925 b) der zweiten Ordnung;
1926 c) der dritten Ordnung 1931;
1928 d) der vierten Ordnung 1929;
1929 e) der fünften und ferneren Ordnungen.
1936 Fiskus als g. Erbe s. **Erbe** — Erbfolge.
2289 **Erbvertrag** s. **Pflichtteil** — Pflichtteil 2338.

Erbverzicht.

2346 Verwandte sowie der Ehegatte des Erblassers können durch Vertrag mit dem Erblasser auf ihr g. Erbrecht verzichten.

Der Verzichtende ist von der g. Erbfolge ausgeschlossen, wie wenn er zur Zeit des Erbfalls nicht mehr lebte.

2349 Verzicht auf ein g. Erbrecht
1. seitens eines Abkömmlinges des Erblassers; 2350;
2. seitens eines Seitenverwandten des Erblassers;
2350 3. zu Gunsten eines anderen s. **Erbverzicht** — Erbverzicht.

Frist.

186 Für die in G., gerichtlichen Verfügungen und Rechtsgeschäften enthaltenen Frist- und Terminsbestimmungen gelten die Auslegungsvorschriften der §§ 187—193.

Geschäftsführung.

679 G. Unterhaltspflicht des Geschäftsherrn s. **Geschäftsführung** — Geschäftsführung.
720 **Gesellschaft** s. Schuldverhältnis 408.

§ **Grundstück.**

901 Wenn ein kraft G. entstandenes Recht an einem fremden Grundstücke nicht in das Grundbuch eingetragen worden ist, so erlischt es, wenn der Anspruch des Berechtigten gegen den Eigentümer verjährt ist.

Güterrecht.

1363—1431 G. Güterrecht s. **Güterrecht** — Güterrecht.

1386 Der Mann ist der Frau gegenüber bei g. Güterrecht verpflichtet, für die Dauer der Verwaltung und Nutznießung die Zinsen derjenigen Verbindlichkeiten der Frau zu tragen, deren Berichtigung aus dem eingebrachten Gute verlangt werden kann. Das Gleiche gilt von wiederkehrenden Leistungen anderer Art, einschließlich der von der Frau auf Grund ihrer g. Unterhaltspflicht geschuldeten Leistungen, sofern sie bei ordnungsmäßiger Verwaltung aus den Einkünften des Vermögens bestritten werden.

Die Verpflichtung des Mannes tritt nicht ein, wenn die Verbindlichkeiten oder die Leistungen im Verhältnisse der Ehegatten zu einander dem Vorbehaltsgute der Frau zur Last fallen. 1388, 1529.

1392 s. Sachen 92.

1423 s. Nießbrauch 1056.

1433 Der Güterstand kann nicht durch Verweisung auf ein nicht mehr geltendes oder auf ein ausländisches G. bestimmt werden.

1473, 1524 s. Schuldverhältnis 408.

1483 Sind bei dem Tode eines Ehegatten gemeinschaftliche Abkömmlinge vorhanden, so wird zwischen dem überlebenden Ehegatten und den gemeinschaftlichen Abkömmlingen, die im Falle der g. Erbfolge als Erben berufen sind, die Gütergemeinschaft fortgesetzt. 1518.

1503 Mehrere anteilsberechtigte Abkömmlinge teilen die ihnen zufallende Hälfte des Gesamtguts der f. Gütergemeinschaft nach dem Verhältnisse der Anteile, zu denen sie im Falle der g. Erbfolge als Erben des verstorbenen Ehegatten berufen sein würden, wenn dieser erst zur Zeit der Beendigung der f. Gütergemeinschaft gestorben wäre. 1518.

1513 s. **Pflichtteil** — Pflichtteil 2338.

1529 s. **Errungenschaftsgemeinschaft** — Güterrecht.

1534 Das Gesamtgut der Errungenschaftsgemeinschaft haftet für Verbindlichkeiten der Frau, die ihr auf Grund der g. Unterhaltspflicht obliegen. 1530.

Handlung.

823 Wer gegen ein, den Schutz eines anderen bezweckendes G. verstößt, ist dem anderen zum Ersatze des daraus entstehenden Schadens verpflichtet. 829.

829 Wer in einem der in den §§ 823 bis 826 bezeichneten Fälle für einen von ihm verursachten Schaden auf Grund der §§ 827, 828 nicht verantwortlich ist, hat gleichwohl, sofern der Ersatz des Schadens nicht von einem aufsichtspflichtigen Dritten erlangt werden kann, den Schaden insoweit zu ersetzen, als die Billigkeit nach den Umständen, insbesondere nach den Verhältnissen der Beteiligten, eine Schadloshaltung erfordert und ihm nicht die Mittel entzogen werden, deren er zum standesmäßigen Unterhalte sowie zur Erfüllung seiner g. Unterhaltspflichten bedarf. 840.

832 Wer kraft G. zur Führung der Aufsicht über eine Person verpflichtet ist, die wegen Minderjährigkeit oder wegen ihres geistigen oder körperlichen Zustandes der Beaufsichtigung bedarf, ist zum Ersatze des Schadens verpflichtet, den diese Person einem dritten widerrechtlich zufügt. Die

§ Ersatzpflicht tritt nicht ein, wenn er seiner Aufsichtspflicht genügt oder wenn der Schaden auch bei gehöriger Aufsichtsführung entstanden sein würde.

Die gleiche Verantwortlichkeit trifft denjenigen, welcher die Führung der Aufsicht durch Vertrag übernimmt. 840.

835 Ist dem Eigentümer eines Grundstücks die Ausübung des ihm zustehenden Jagdrechts durch das G. entzogen, so hat derjenige den Wildschaden zu ersetzen, welcher zur Ausübung des Jagdrechts nach dem G. berechtigt ist. . . . . .

Sind die Eigentümer der Grundstücke eines Bezirks zum Zwecke der gemeinschaftlichen Ausübung des Jagdrechts durch das G. zu einem Verbande vereinigt, der nicht als solcher haftet, so sind sie nach dem Verhältnisse der Größe ihrer Grundstücke ersatzpflichtig. 840.

844 Stand ein durch unerlaubte Handlung Getöteter zur Zeit der Verletzung zu einem Dritten in einem Verhältnis, vermöge dessen er diesem gegenüber kraft G. unterhaltspflichtig war oder werden konnte, so hat der Ersatzpflichtige dem Dritten Schadensersatz zu leisten. 846.

845 Im Falle der Tötung, der Verletzung des Körpers oder der Gesundheit sowie im Falle der Freiheitsentziehung hat der Ersatzpflichtige, wenn der Verletzte kraft G. einem Dritten zur Leistung von Diensten in dessen Hauswesen oder Gewerbe verpflichtet war, dem Dritten für die entgehenden Dienste durch Entrichtung einer Geldrente Ersatz zu leisten. Die Vorschriften des § 843 Abs. 2—4 finden entsprechende Anwendung. 846.

Hypothek.

1118 Kraft der Hypothek haftet das Grundstück für die g. Zinsen der Forderung. 1145, 1159.

1155 Einer öffentlich beglaubigten Abtretungserklärung steht das öffentlich beglaubigte Anerkenntnis einer kraft G. erfolgten Übertragung der Forderung gleich. 1160.

1156, 1158 s. Schuldverhältnis 408.

Kauf.

457 Die Vorschrift des § 456 gilt auch bei einem Verkauf außerhalb der Zwangsvollstreckung, wenn der Auftrag zu dem Verkauf auf Grund einer g. Vorschrift erteilt worden ist, die den Auftraggeber ermächtigt, den Gegenstand für Rechnung eines anderen verkaufen zu lassen, insbesondere in den Fällen des Pfandverkaufs und des in den §§ 383, 385 zugelassenen Verkaufs, sowie bei einem Verkaufe durch den Konkursverwalter. 458.

486 Die Gewährfrist kann durch Vertrag verlängert oder abgekürzt werden. Die vereinbarte Frist tritt an die Stelle der g. Frist. 481.

503 Ist für die Ausübung des Wiederkaufsrechts eine Frist bestimmt, so tritt diese an die Stelle der g. Frist.

510 Ist für die Ausübung des Vorkaufsrechts eine Frist bestimmt, so tritt diese an die Stelle der g. Frist.

Leistung.

246 Ist eine Schuld nach G. oder Rechtsgeschäft zu verzinsen, so sind vier vom Hundert für das Jahr zu entrichten, sofern nicht ein anderes bestimmt ist.

253 Wegen eines Schadens, der nicht Vermögensschaden ist, kann Entschädigung in Geld nur in den durch das G. bestimmten Fällen gefordert werden.

Nießbrauch.

1056 Der Eigentümer eines mit einem Nießbrauch belasteten Grundstücks ist berechtigt, das von dem Nießbraucher

§ über die Dauer des Nießbrauchs hinaus eingegangene Miets- oder Pachtverhältnis unter Einhaltung einer g. Kündigungsfrist zu kündigen.

1084 s. Sachen 92.

Pfandrecht.

1251 Die Haftung des bisherigen Pfandgläubigers tritt nicht ein, wenn die Forderung kraft G. auf den neuen Pfandgläubiger übergeht oder ihm auf Grund einer g. Verpflichtung abgetreten wird. 1266.

1257 Die Vorschriften über das durch Rechtsgeschäft bestellte Pfandrecht finden auf ein kraft G. entstandenes Pfandrecht entsprechende Anwendung. 1266.

Pflichtteil.

2309 Entferntere Abkömmlinge und die Eltern des Erblassers sind insoweit nicht pflichtteilsberechtigt, als ein Abkömmling, der sie im Falle der g. Erbfolge ausschließen würde, den Pflichtteil verlangen kann oder das ihm Hinterlassene annimmt.

2310 Wer durch Erbverzicht von der g. Erbfolge ausgeschlossen ist, wird bei der Feststellung des für die Berechnung des Pflichtteils maßgebenden Erbteils nicht mitgezählt.

2316 Der Pflichtteil eines Abkömmlings bestimmt sich, wenn mehrere Abkömmlinge vorhanden sind und unter ihnen im Falle der g. Erbfolge eine Zuwendung des Erblassers zur Ausgleichung zu bringen sein würde, nach demjenigen, was auf den g. Erbteil unter Berücksichtigung der Ausgleichungspflicht bei der Teilung entfallen würde. Ein Abkömmling, der durch Erbverzicht von der g. Erbfolge ausgeschlossen ist, bleibt bei der Berechnung des Pflichtteils außer Betracht.

Ist der Pflichtteilsberechtigte Erbe und beträgt der Pflichtteil nach Abs. 1 mehr als der Wert des hinterlassenen Erbteils, so kann der Pflichtteilsberechtigte von den Miterben den Mehrbetrag als Pflichtteil verlangen, auch wenn der hinterlassene Erbteil die Hälfte des g. Erbteils erreicht oder übersteigt.

Eine Zuwendung der im § 2050 Abs. 1 bezeichneten Art kann der Erblasser nicht zum Nachteil eines Pflichtteilsberechtigten von der Berücksichtigung ausschließen.

Ist eine nach Abs. 1 zu berücksichtigende Zuwendung zugleich nach § 2315 auf den Pflichtteil anzurechnen, so kommt sie auf diesen nur mit der Hälfte des Wertes zur Anrechnung.

2326 Der Pflichtteilsberechtigte kann die Ergänzung des Pflichtteils auch dann verlangen, wenn ihm die Hälfte des g. Erbteils hinterlassen ist. Ist dem Pflichtteilsberechtigten mehr als die Hälfte hinterlassen, so ist der Anspruch ausgeschlossen, soweit der Wert des mehr Hinterlassenen reicht. 2330.

2333 Der Erblasser kann einem Abkömmling den Pflichtteil entziehen:

1. . . . . .

4. wenn der Abkömmling die ihm dem Erblasser gegenüber g. obliegende Unterhaltspflicht böswillig verletzt; 2334.

5. . . . . .

2338 Beschränkung des Pflichtteilsrechts des Abkömmlings durch die Anordnung, daß nach dem Tode des Abkömmlings dessen g. Erben das ihm Hinterlassene oder den ihm gebührenden Pflichtteil als Nacherben oder als Nachvermächtnisnehmer nach dem Verhältnis ihrer g. Erbteile erhalten sollen s. **Pflichtteil** — Pflichtteil.

Sachen.

90 Sachen im Sinne des G. sind nur körperliche Gegenstände.

91 Vertretbare Sachen im Sinne des G.

§	
	sind bewegliche Sachen, die im Verkehre nach Zahl, Maß oder Gewicht bestimmt zu werden pflegen.
92	Verbrauchbare Sachen im Sinne des G. sind bewegliche Sachen, deren bestimmungsmäßiger Gebrauch in dem Verbrauch oder in der Veräußerung besteht.
	Als verbrauchbar gelten auch bewegliche Sachen, die zu einem Warenlager oder zu einem sonstigen Sachinbegriffe gehören, dessen bestimmungsmäßiger Gebrauch in der Veräußerung der einzelnen Sachen besteht.
	Schenkung.
519	Der Schenker ist berechtigt, die Erfüllung eines schenkweise erteilten Versprechens zu verweigern, soweit er bei Berücksichtigung seiner sonstigen Verpflichtungen außer stande ist, das Versprechen zu erfüllen, ohne daß sein standesmäßiger Unterhalt oder die Erfüllung der ihm kraft G. obliegenden Unterhaltpflichten gefährdet wird.
528	Soweit der Schenker nach der Vollziehung der Schenkung außer stande ist, seinen standesmäßigen Unterhalt zu bestreiten und die ihm seinen Verwandten, seinem Ehegatten oder seinem früheren Ehegatten gegenüber g. obliegende Unterhaltspflicht zu erfüllen, kann er von dem Beschenkten die Herausgabe des Geschenkes nach den Vorschriften über die Herausgabe einer ungerechtfertigten Bereicherung fordern.
529	Der Anspruch auf Herausgabe des Geschenkes ist ausgeschlossen, soweit der Beschenkte bei Berücksichtigung seiner sonstigen Verpflichtungen außer stande ist, das Geschenk herauszugeben, ohne daß sein standesmäßiger Unterhalt oder die Erfüllung der ihm kraft G. obliegenden Unterhaltspflichten gefährdet wird.

§	
	Schuldverhältnis.
408	Wird eine abgetretene Forderung von dem bisherigen Gläubiger nochmals an einen Dritten abgetreten, so finden, wenn der Schuldner an den Dritten leistet oder wenn zwischen dem Schuldner und dem Dritten ein Rechtsgeschäft vorgenommen oder ein Rechtsstreit anhängig wird, zu Gunsten des Schuldners die Vorschriften des § 407 dem früheren Erwerber gegenüber entsprechende Anwendung.
	Das Gleiche gilt, wenn die bereits abgetretene Forderung durch gerichtlichen Beschluß einem Dritten überwiesen wird oder wenn der bisherige Gläubiger dem Dritten gegenüber anerkennt, daß die bereits abgetretene Forderung kraft G. auf den Dritten übergegangen sei. 412.
412	Auf die Übertragung einer Forderung kraft G. finden die Vorschriften der §§ 399—404, 406—410 entsprechende Anwendung.
	Stiftung.
86	s. Verein 26.
88	s. Verein 46.
	Testament.
2111	s Schuldverhältnis 408.
2116	s. Sachen 92.
2135	s. Nießbrauch 1056.
2171	Verstoß eines Vermächtnisses gegen ein g. Verbot s. **Erblasser** — Testament.
	Verein.
26	Der Vorstand des Vereins hat die Stellung eines g. Vertreters.
46	Fällt das Vereinsvermögen an den Fiskus, so finden die Vorschriften über eine dem Fiskus als g. Erben anfallende Erbschaft entsprechende Anwendung.
	Verjährung.
216	Die Unterbrechung der Verjährung durch Vornahme einer Vollstreckungshandlung gilt als nicht erfolgt, wenn

§ die Vollstreckungsmaßregel auf Antrag des Berechtigten oder wegen Mangels der g. Voraussetzungen aufgehoben wird.

Die Unterbrechung durch Stellung des Antrags auf Zwangsvollstreckung gilt als nicht erfolgt, wenn dem Antrage nicht stattgegeben oder der Antrag vor der Vornahme der Vollstreckungshandlung zurückgenommen oder die erwirkte Vollstreckungsmaßregel nach Abs. 1. aufgehoben wird. 220.

Vertrag.

152 s. Willenserklärung 128.

309 Verstößt ein Vertrag gegen ein g. Verbot, so finden die Vorschriften der §§ 307, 308 entsprechende Anwendung.

312 Vertrag unter künftigen g. Erben über den g. Erbteil oder den Pflichtteil eines von ihnen s. **Vertrag** — Vertrag.

344 Erklärt das G. das Versprechen einer Leistung für unwirksam, so ist auch die für den Fall der Nichterfüllung des Versprechens getroffene Vereinbarung einer Strafe unwirksam, selbst wenn die Parteien die Unwirksamkeit des Versprechens gekannt haben.

Verwandtschaft.

1606 Die Unterhaltspflicht der Abkömmlinge bestimmt sich nach der g. Erbfolgeordnung und dem Verhältnisse der Erbteile.

1643 s. Vormundschaft 1822.

1654 s. Güterrecht 1386.

1663 s. Nießbrauch 1056.

1734 Die Ehelichkeitserklärung kann versagt werden, auch wenn ihr ein g. Hindernis nicht entgegensteht.

1754 Die Bestätigung des Vertrags, durch den jemand einen anderen an Kindesstatt annimmt, ist nur zu versagen, wenn ein g. Erfordernis der Annahme an Kindesstatt fehlt. 1770.

1098 **Vorkaufsrecht** 1099 s. Kauf 510.

§ **Vormundschaft.**

1814 s. Sachen 92.

1822 Der Vormund bedarf der Genehmigung des Vormundschaftsgerichts:

1. zu einem Rechtsgeschäft, durch das der Mündel zu einer Verfügung über seinen künftigen g. Erbteil verpflichtet wird; . . . . 1812.

1915 Auf die Pflegschaft finden die für die Vormundschaft geltenden Vorschriften entsprechende Anwendung, soweit sich nicht aus dem G. ein anderes ergibt.

Willenserklärung.

125 Ein Rechtsgeschäft, welches der durch G. vorgeschriebenen Form ermangelt, ist nichtig.

126 Ist durch G. schriftliche Form vorgeschrieben, so muß die Urkunde von dem Aussteller eigenhändig durch Namensunterschrift oder mittelst gerichtlich oder notariell beglaubigten Handzeichens unterzeichnet werden.

Bei einem Vertrage muß die Unterzeichnung der Parteien auf derselben Urkunde erfolgen. Werden über den Vertrag mehrere gleichlautende Urkunden aufgenommen, so genügt es, wenn jede Partei die für die andere Partei bestimmte Urkunde unterzeichnet.

Die schriftliche Form wird durch die gerichtliche oder notarielle Beurkundung ersetzt. 127, 129.

128 Ist durch G. gerichtliche oder notarielle Beurkundung eines Vertrags vorgeschrieben, so genügt es, wenn zunächst der Antrag und sodann die Annahme des Antrags von einem Gericht oder einem Notar beurkundet wird.

129 Ist durch G. für eine Erklärung öffentliche Beglaubigung vorgeschrieben, so muß die Erklärung schriftlich abgefaßt und die Unterschrift des Erklärenden von der zuständigen Behörde oder einem zuständigen Beamten oder Notar beglaubigt werden. Wird die

§ Erklärung von dem Aussteller mittelst Handzeichens unterzeichnet, so ist die im § 126 Abs. 1 vorgeschriebene Beglaubigung des Handzeichens erforderlich und genügend.

Die öffentliche Beglaubigung wird durch die gerichtliche oder notarielle Beurkundung der Erklärung ersetzt.

134 Ein Rechtsgeschäft, das gegen ein g. Verbot verstößt, ist nichtig, wenn sich nicht aus dem G. ein anderes ergiebt.

135 Verstößt die Verfügung über einen Gegenstand gegen ein g. Veräußerungsverbot, das nur den Schutz bestimmter Personen bezweckt, so ist sie nur diesen Personen gegenüber unwirksam. Der rechtsgeschäftlichen Verfügung steht eine Verfügung gleich, die im Wege der Zwangsvollstreckung oder der Arrestvollziehung erfolgt.

Die Vorschriften zu Gunsten derjenigen, welche Rechte von einem Nichtberechtigten herleiten, finden entsprechende Anwendung. 136.

136 Ein Veräußerungsverbot, das von einem Gericht oder von einer anderen Behörde innerhalb ihrer Zuständigkeit erlassen wird, steht einem g. Veräußerungsverbote der im § 135 bezeichneten Art gleich.

Art. **Gesetzgebung.**

84 **Einführungsgesetz** s. **E.G.** — E.G.

Gesetzwidrigkeit.

163 **Einführungsgesetz** s. **Verein** — Verein § 43.

§

43 **Verein** s. **Verein** — Verein.

Gesinde.

Art. **Einführungsgesetz.**

95 s. **E.G.** — E.G.

151 s. Testament § 2234.

§

2276 **Erbvertrag** s. Testament 2234.

§ **Testament.**

2237 Als Zeuge soll bei der Errichtung des Testamentes nicht mitwirken:

1. . . . .

4. wer als G. oder Gehülfe im Dienste des Richters oder des beurkundenden Notars steht. 2232, 2244, 2249.

Art. **Gesinderecht.**

95 **Einführungsgesetz** s. **E.G.** — E.G.

Gesindeverhältnis.

95 **Einführungsgesetz** s. **E.G.** — E.G.

Gestattung.

§ **Auftrag.**

664 G. der Übertragung der Ausführung eines Auftrages s. **Auftrag** — Auftrag.

Besitz.

858 G. der Entziehung oder Störung des Besitzes durch das Gesetz s. **Besitz** — Besitz.

867, 869 G. der Aufsuchung und Wegschaffung einer aus der Gewalt des Besitzers auf ein im Besitze eines anderen befindliches Grundstück gelangten Sache s. **Besitz** — Besitz.

Dienstbarkeit.

1092 Die Ausübung einer beschränkten persönlichen Dienstbarkeit kann einem anderen nur überlassen werden, wenn die Überlassung gestattet ist.

1093 s. **Niessbrauch** — Nießbrauch 1044, 1057.

Ehe.

1314 s. Güterrecht 1493, Verwandtschaft 1669.

1316 Das Aufgebot darf unterbleiben, wenn die lebensgefährliche Erkrankung eines der Verlobten den Aufschub der Eheschließung nicht gestattet. 1322.

1342 G. der Einsicht in die Erklärung der Anfechtung einer Ehe s. **Ehe** — Ehe.

Gesuch.

Gesundheit.

2312 **Pflichtteil** s. Erbe 2049.

Sachen.

99 Früchte eines Rechtes sind die Erträge, welche das Recht seiner Bestimmung gemäß gewährt, insbesondere bei einem Recht auf Gewinnung von Bodenbestandteilen die gewonnenen Bestandteile.

Früchte sind auch die Erträge, welche eine Sache oder ein Recht vermöge eines Rechtsverhältnisses gewährt.

100 Nutzungen sind die Früchte einer Sache oder eines Rechtes, sowie die Vorteile, welche der Gebrauch der Sache oder des Rechtes gewährt.

704 Pfandrecht des Gastwirts für dem Gaste zur Befriedigung seiner Bedürfnisse gewährte Leistungen s. **Einbringung** — Sachen.

528 **Schenkung** s. **Leibrente** — Leibrente 760, **Kind** — Verwandtschaft 1613, 1615.

Testament.

2169 Hat der Erblasser nur den Besitz der vermachten Sache, so gilt im Zweifel der Besitz als vermacht, es sei denn, daß er dem Bedachten keinen rechtlichen Vorteil gewährt.

2204 s. Erbe 2049.

Verjährung.

196 In zwei Jahren verjähren die Ansprüche:

1. . . . .
4. der Gastwirte und derjenigen, welche Speisen oder Getränke gewerbsmäßig verabreichen, für G. von Wohnung oder Beköstigung sowie für andere den Gästen zur Befriedigung ihrer Bedürfnisse gewährte Leistungen, mit Einschluß der Auslagen. 201.

Verwandtschaft.

1601—1615, 1666, 1708—1716 G. von Unterhalt s. **Kind** — Verwandtschaft.

1620 G. einer angemessenen Aussteuer im Falle der Verheiratung einer Tochter 1625 s. **Kind** — Verwandtschaft.

1738, 1739 G. von Unterhalt s. **Ehelichkeitserklärung** — Verwandtschaft.

1765, 1766 G. von Unterhalt s. **Kindesstatt** — Verwandtschaft.

Vormundschaft.

1838 s. **Kind** — Verwandtschaft 1666.

1902 G. einer Ausstattung aus dem Vermögen des Mündels s. **Vormundschaft** — Vormundschaft.

Willenserklärung.

138 Ein Rechtsgeschäft, das gegen die guten Sitten verstößt, ist nichtig.

Nichtig ist insbesondere ein Rechtsgeschäft, durch das jemand unter Ausbeutung der Notlage, des Leichtsinns oder der Unerfahrenheit eines anderen sich oder einem Dritten für eine Leistung Vermögensvorteile versprechen oder gewähren läßt, welche den Wert der Leistung dergestalt übersteigen, daß den Umständen nach die Vermögensvorteile in auffälligem Mißverhältnisse zu der Leistung stehen.

141 Wird ein nichtiger Vertrag von den Parteien bestätigt, so sind diese im Zweifel verpflichtet, einander zu gewähren, was sie haben würden, wenn der Vertrag von Anfang an gültig gewesen wäre.

Gewalt.

Besitz.

854—856, 860 Thatsächliche G. über eine Sache s. **Besitz** — Besitz.

859 Der Besitzer darf sich verbotener Eigenmacht mit G. erwehren s. **Besitz** — Besitz.

867 Aufsuchung und Wegschaffung einer aus der G. des Besitzers auf ein in fremden Besitz befindliches Grundstück gelangten Sache s. **Besitz** — Besitz.

Ehe.

1305 s. **Kind** — Verwandtschaft 1701.

1314 s. **Kind** — Verwandtschaft 1669.

§
1339 s. Verjährung 203.
1571 **Ehescheidung** s. Verjährung 203.
Eigentum.
1002 s. Verjährung 203.
1005 s. **Besitz** — Besitz 867.
Art. **Einführungsgesetz.**
44, 77, 154, 160 s. **E.G.** — E.G.
135 s. **Kind** — Verwandtschaft § 1666.
204 s. **Kind** — Verwandtschaft §§ 1666, 1671.
206 s. **Kind** — Verwandtschaft §§ 1635, 1636.
§ **Erbe.**
1944, 1954, 1997 s. Verjährung 203.
1996 Ist der Erbe durch höhere G. verhindert worden, das Inventar rechtzeitig zu errichten oder die nach den Umständen gerechtfertigte Verlängerung der Inventarfrist zu beantragen, so hat ihm auf seinen Antrag das Nachlaßgericht eine neue Inventarfrist zu bestimmen.
1999 Steht der Erbe unter elterlicher G. oder unter Vormundschaft, so soll das Nachlaßgericht dem Vormundschaftsgerichte von der Bestimmung der Inventarfrist Mitteilung machen.
Erbvertrag.
2283 s. Verjährung 203.
2290 Steht der, mit dem der Erblasser einen Vertrag zwecks Aufhebung eines Erbvertrages schließt, unter elterlicher G., so ist die Genehmigung des Vormundschaftsgerichts erforderlich, es sei denn, daß der Vertrag unter Ehegatten oder unter Verlobten geschlossen wird. 2291, 2292.
Erbverzicht.
2347 Zu einem Erbverzicht ist, wenn der Verzichtende unter elterlicher G. steht, die Genehmigung des Vormundschaftsgerichts erforderlich, sofern nicht der Vertrag unter Ehegatten oder unter Verlobten geschlossen wird. 2352.
Güterrecht.
1484 Steht der überlebende Ehegatte unter elterlicher G. oder unter Vormundschaft so ist zur Ablehnung der Fortsetzung der Gütergemeinschaft die Genehmigung des Vormundschaftsgerichts erforderlich. 1518.
1491 Steht der Abkömmling unter elterlicher G. oder unter Vormundschaft, so ist zu seinem Verzichte auf den Anteil am Gesamtgut der f. Gütergemeinschaft die Genehmigung des Vormundschaftsgerichts erforderlich. 1518.
1492 Steht der überlebende Ehegatte unter elterlicher G. oder unter Vormundschaft, so ist zur Aufhebung der f. Gütergemeinschaft Genehmigung des Vormundschaftsgerichts erforderlich. 1518.
1495 Ein anteilsberechtigter Abkömmling kann gegen den überlebenden Ehegatten auf Aufhebung der f. Gütergemeinschaft klagen:
1. . . . . .
5. wenn der überlebende Ehegatte die elterliche G. über den Abkömmling verwirkt hat oder, falls sie ihm zugestanden hätte, verwirkt haben würde. 1496, 1502, 1518.

Sachen.
701 Die Ersatzpflicht des Gastwirtes für vom Gaste eingebrachte Sachen tritt nicht ein, wenn der Schaden von dem Gaste, einem Begleiter des Gastes oder einer Person, die er bei sich aufgenommen hat, verursacht wird oder durch die Beschaffenheit der Sachen oder durch höhere G. entsteht. 702, 703.
802 **Schuldverschreibung** s. Verjährung 203.
2082 **Testament** s. Verjährung 203.
Verjährung.
203 Die Verjährung ist gehemmt, solange der Berechtigte durch Stillstand der Rechtspflege innerhalb der letzten

§ lassung an die Stelle des Wohnsitzes.

Aus dem Umstand allein, daß der Schuldner die Kosten der Versendung übernommen hat, ist nicht zu entnehmen, daß der Ort, nach welchem die Versendung zu erfolgen hat, der Leistungsort sein soll.

270 Geld hat der Schuldner im Zweifel auf seine Gefahr und seine Kosten dem Gläubiger an dessen Wohnsitz zu übermitteln. Ist die Forderung im G.-Betriebe des Gläubigers entstanden, so tritt, wenn der Gläubiger seine gewerbliche Niederlassung an einem anderen Orte hat, der Ort der Niederlassung an die Stelle des Wohnsitzes.

Erhöhen sich infolge einer nach der Entstehung des Schuldverhältnisses eintretenden Änderung des Wohnsitzes oder der gewerblichen Niederlassung des Gläubigers die Kosten oder die Gefahr der Übermittelung, so hat der Gläubiger im ersteren Falle die Mehrkosten, im letzteren Falle die Gefahr zu tragen.

Die Vorschriften über den Leistungsort bleiben unberührt.

Sachen.

98 Dem wirtschaftlichen Zwecke der Hauptsache sind zu dienen bestimmt:

1. bei einem Gebäude, das für einen gewerblichen Betrieb dauernd eingerichtet ist, insbesondere bei einer Mühle, einer Schmiede, einem Brauhaus, einer Fabrik, die zu dem Betriebe bestimmten Maschinen und sonstigen Gerätschaften.

701 f. **Gewerbsmässigkeit** — Sachen.

Verjährung.

196 In zwei Jahren verjähren die Ansprüche:

1. der Kaufleute, Fabrikanten, Handwerker und derjenigen, welche ein Kunstgewerbe betreiben, für Lieferung von Waren, Ausführung von Arbeiten und Besorgung fremder Geschäfte, mit Einschluß der Auslagen, es sei denn, daß die Leistung für den G.-Betrieb des Schuldners erfolgt;

2. . . . .

4. der Gastwirte und derjenigen, welche Speisen oder Getränke gewerbsmäßig verabreichen, für Gewährung von Wohnung und Beköstigung sowie für andere den Gästen zur Befriedigung ihrer Bedürfnisse gewährte Leistungen, mit Einschluß der Auslagen;

5. . . . .

6. derjenigen, welche bewegliche Sachen gewerbsmäßig vermieten, wegen des Mietzinses;

7. derjenigen, welche, ohne zu den in Nr. 1 bezeichneten Personen zu gehören, die Besorgung fremder Geschäfte oder die Leistung von Diensten gewerbsmäßig betreiben, wegen der ihnen aus dem G.-Betriebe gebührenden Vergütungen mit Einschluß der Auslagen;

8. . . . .

9. der gewerblichen Arbeiter — Gesellen, Gehülfen, Lehrlinge, Fabrikarbeiter — der Tagelöhner und Handarbeiter wegen des Lohnes und anderer an Stelle oder als Teil des Lohnes vereinbarter Leistungen, mit Einschluß der Auslagen, sowie der Arbeitgeber wegen der auf solche Ansprüche gewährten Vorschüsse.

10. . . . .

Soweit die im Abs. 1 Nr. 1, 2, 5 bezeichneten Ansprüche nicht der Verjährung von zwei Jahren unterliegen, verjähren sie in vier Jahren. 197, 201.

Vormundschaft.

1822 Der Vormund bedarf der Genehmigung des Vormundschaftsgerichts:

§ 1. . . . .
4. zu einem Pachtvertrag über ein Landgut oder einen gewerblichen Betrieb; 1812, 1902.

1835 Als Aufwendungen gelten auch solche Dienste des Vormundes oder des Gegenvormundes, die zu seinem G. oder seinem Berufe gehören.

Art. **Gewerbebetrieb.**

90 **Einführungsgesetz** s. **E.G.**—E.G.

269 **Leistung** 270 s. **Gewerbe** — Leistung.

196 **Verjährung** s. **Gewerbe** — Verjährung.

Gewerbeordnung.

Einführungsgesetz.

36, *125* s. **E.G.** — E.G.

163 s. **Verein** — Verein § 44.

Verein.

44, *62* s. **Verein** — Verein.

Gewerbsmässigkeit.

§ **Sachen.**

701 Ein Gastwirt, der gewerbsmäßig Fremde zur Beherbergung aufnimmt, hat einem im Betriebe dieses Gewerbes aufgenommenen Gaste den Schaden zu ersetzen, den der Gast durch den Verlust oder die Beschädigung eingebrachter Sachen erleidet. 702, 703.

196 **Verjährung** s. **Gewerbe** — Verjährung.

Gewicht.

91 **Sachen** s. **Sachen** — Sachen.

Gewinn.

740 **Gesellschaft** s. **Gesellschaft** — Gesellschaft.

Leistung.

252 Der zu ersetzende Schaden umfaßt auch den entgangenen G. Als entgangen gilt der G., welcher nach dem gewöhnlichen Laufe der Dinge oder nach den besonderen Umständen, insbesondere nach den getroffenen Anstalten und Vorkehrungen, mit Wahrscheinlichkeit erwartet werden konnte.

762 **Spiel** 764 s. **Spiel** — Spiel.

Gewinnanteil.

993 **Eigentum** s. **Sachen** — Sachen 101.

Gesellschaft.

717, 722, 734 s. **Gesellschaft** — Gesellschaft.

101 **Sachen** s. **Sachen** — Sachen.

Gewinnanteilschein.

Art. **Einführungsgesetz.**

100 s. **Schuldverschreibung** — Schuldverschreibung § 804.

174, *175* s. **E.G.** — E.G.

§ **Güterrecht.**

1392 s. **Güterrecht** — Güterrecht.

1525 s. **Errungenschaftsgemeinschaft** — Güterrecht.

1188 **Hypothek** s. **Schuldverschreibung** — Schuldverschreibung 801.

1081 **Nießbrauch** 1083 s. **Niessbrauch** — Nießbrauch.

1296 **Pfandrecht** s. **Pfandrecht** — Pfandrecht.

Schuldverschreibung.

799, 801, 804 s. **Schuldverschreibung** — Schuldverschreibung.

234 **Sicherheitsleistung** s. **Sicherheitsleistung** — Sicherheitsleistung.

2116 **Testament** s. **Erblasser** — Testament.

1667 **Verwandtschaft** s. **Vormundschaft** — Vormundschaft 1814, 1818.

1814 **Vormundschaft** 1818 s. **Vormundschaft** — Vormundschaft.

Art. **Gewinnung.**

68 **Einführungsgesetz** s. **E.G.** — E.G.

§ **Güterrecht.**

1384 s. **Güterrecht** — Güterrecht.

Gewinnverteilung.

Gewissenhaftigkeit.

Vormundschaft.

Gewissheit.

Gewohnheit.

Eigentum.

960 Ein gezähmtes Tier wird herrenlos, wenn es die G. ablegt, an den ihm bestimmten Ort zurückzukehren.

Glauben.

Bedingung.

162 Wird der Eintritt der Bedingung von der Partei, zu deren Nachteil er gereichen würde, wider Treu und G. verhindert, so gilt die Bedingung als eingetreten.

Wird der Eintritt der Bedingung von der Partei, zu deren Vorteil er gereicht, wider Treu und G. herbeigeführt, so gilt der Eintritt als nicht erfolgt.

Bereicherung.

815 Die Rückforderung einer Leistung wegen Nichteintritts des mit der Leistung bezweckten Erfolges ist ausgeschlossen, wenn der Eintritt des Erfolges von Anfang an unmöglich war und der Leistende dies gewußt hat oder wenn der Leistende den Eintritt des Erfolges wider Treu und G. verhindert hat.

Eigentum.

926 Erlangt der Erwerber auf Grund der Veräußerung den Besitz von Zubehörstücken, die dem Veräußerer nicht gehören oder mit Rechten Dritter belastet sind, so finden die Vorschriften der §§ 932—936 Anwendung; für den guten G. des Erwerbers ist die Zeit der Erlangung des Besitzes maßgebend.

932 Durch eine nach § 929 erfolgte Veräußerung wird der Erwerber auch dann Eigentümer, wenn die Sache nicht dem Veräußerer gehört, es sei denn, daß er zu der Zeit, zu der er nach diesen Vorschriften das Eigentum erwerben würde, nicht in gutem G. ist. In dem Falle des § 929 Satz 2 gilt dies jedoch nur dann, wenn der Erwerber den Besitz von dem Veräußerer erlangt hatte.

Der Erwerber ist nicht in gutem G., wenn ihm bekannt oder infolge grober Fahrlässigkeit unbekannt ist, daß die Sache nicht dem Veräußerer gehört. 926, 935.

933 Gehört eine nach § 930 veräußerte Sache nicht dem Veräußerer, so wird der Erwerber Eigentümer, wenn ihm die Sache von dem Veräußerer übergeben wird, es sei denn, daß er zu dieser Zeit nicht in gutem G. ist. 926, 935.

934 Gehört eine nach § 931 veräußerte Sache nicht dem Veräußerer, so wird der Erwerber, wenn der Veräußerer mittelbarer Besitzer der Sache ist, mit der Abtretung des Anspruchs, anderenfalls dann Eigentümer, wenn er den

§ Besitz der Sache von dem Dritten erlangt, es sei denn, daß er zur Zeit der Abtretung oder des Besitzerwerbes nicht in gutem G. ist. 926, 935.

936 Ist eine veräußerte Sache mit dem Rechte eines Dritten belastet, so erlischt das Recht mit dem Erwerbe des Eigentums. In dem Falle des § 929 Satz 2 gilt dies jedoch nur dann, wenn der Erwerber den Besitz von dem Veräußerer erlangt hatte. Erfolgt die Veräußerung nach § 930 oder war die nach § 931 veräußerte Sache nicht im mittelbaren Besitze des Veräußerers, so erlischt das Recht des Dritten erst dann, wenn der Erwerber auf Grund der Veräußerung den Besitz der Sache erlangt.

Das Recht des Dritten erlischt nicht, wenn der Erwerber zu der nach Abs. 1 maßgebenden Zeit in Ansehung des Rechtes nicht in gutem G. ist.

Steht im Falle des § 931 das Recht dem dritten Besitzer zu, so erlischt es auch dem gutgläubigen Erwerber gegenüber nicht. 926.

937 Die Ersitzung ist ausgeschlossen, wenn der Erwerber bei dem Erwerbe des Eigenbesitzes nicht in gutem G. ist oder wenn er später erfährt, daß ihm das Eigentum nicht zusteht.

945 Mit dem Erwerbe des Eigentums durch Ersitzung erlöschen die an der Sache vor dem Erwerbe des Eigenbesitzes begründeten Rechte Dritter, es sei denn, daß der Eigenbesitzer bei dem Erwerbe des Eigenbesitzes in Ansehung dieser Rechte nicht in gutem G. ist oder ihr Bestehen später erfährt. Die Ersitzungsfrist muß auch in Ansehung des Rechtes des Dritten verstrichen sein; die Vorschriften der §§ 939—944 finden entsprechende Anwendung.

955 Wer eine Sache im Eigenbesitze hat, erwirbt das Eigentum an den Erzeugnissen und sonstigen zu den Früchten der Sache gehörenden Bestandteilen, unbeschadet der Vorschriften der §§ 956, 957, mit der Trennung. Der Erwerb ist ausgeschlossen, wenn der Eigenbesitzer nicht zum Eigenbesitz oder ein anderer vermöge eines Rechtes an der Sache zum Fruchtbezuge berechtigt ist und der Eigenbesitzer bei dem Erwerbe des Eigenbesitzes nicht in gutem G. ist oder vor der Trennung den Rechtsmangel erfährt.

Dem Eigenbesitzer steht derjenige gleich, welcher die Sache zum Zwecke der Ausübung eines Nutzungsrechts an ihr besitzt.

Auf den Eigenbesitz und den ihm gleichgestellten Besitz findet die Vorschrift des § 940 Abs. 2 entsprechende Anwendung. 953, 954.

957 Die Vorschriften des § 956 finden auch dann Anwendung, wenn derjenige, welcher die Aneignung einem anderen gestattet, hierzu nicht berechtigt ist, es sei denn, daß der andere, falls ihm der Besitz der Sache überlassen wird, bei der Überlassung, anderenfalls bei der Ergreifung des Besitzes der Erzeugnisse oder der sonstigen Bestandteile nicht in gutem G. ist oder vor der Trennung den Rechtsmangel erfährt. 953, 954.

990 War der Besitzer bei dem Erwerbe des Besitzes nicht in gutem G., so haftet er dem Eigentümer von der Zeit des Erwerbes an nach den §§ 987, 989. Erfährt der Besitzer später, daß er zum Besitze nicht berechtigt ist, so haftet er in gleicher Weise von der Erlangung der Kenntnis an.

Eine weitergehende Haftung des Besitzers wegen Verzugs bleibt unberührt. 991, 993, 994, 996, 1007.

991 Leitet der Besitzer das Recht zum Besitze von einem mittelbaren Besitzer ab, so finden die Vorschriften des

§ § 990 in Ansehung der Nutzungen nur Anwendung, wenn die Voraussetzungen des § 990 auch bei dem mittelbaren Besitzer vorliegen oder diesem gegenüber die Rechtshängigkeit eingetreten ist.

War der Besitzer bei dem Erwerbe des Besitzes in gutem G., so hat er gleichwohl von dem Erwerb an den im § 989 bezeichneten Schaden dem Eigentümer gegenüber insoweit zu vertreten, als er dem mittelbaren Besitzer verantwortlich ist. 993, 1007.

1007 Wer eine bewegliche Sache in Besitz gehabt hat, kann von dem Besitzer die Herausgabe der Sache verlangen, wenn dieser bei dem Erwerbe des Besitzes nicht in gutem G. war.

Ist die Sache dem früheren Besitzer gestohlen worden, verloren gegangen oder sonst abhanden gekommen, so kann er die Herausgabe auch von einem gutgläubigen Besitzer verlangen, es sei denn, daß dieser Eigentümer der Sache ist oder die Sache ihm vor der Besitzzeit des früheren Besitzers abhanden gekommen war. Auf Geld und Inhaberpapiere findet diese Vorschrift keine Anwendung.

Der Anspruch ist ausgeschlossen, wenn der frühere Besitzer bei dem Erwerbe des Besitzes nicht in gutem G. war oder wenn er den Besitz aufgegeben hat. Im übrigen finden die Vorschriften der §§ 986—1003 entsprechende Anwendung.

Art. **Einführungsgesetz.**

114, 187, 188, 191 s. **E.G.** — E.G.

§ **Erbe.**

2024 Ist der Erbschaftsbesitzer bei dem Beginne des Erbschaftsbesitzes nicht in gutem G., so haftet er so, wie wenn der Anspruch des Erben zu dieser Zeit rechtshängig geworden wäre.

Hypothek.

1120 s. Eigentum 955, 957.

1121 Erzeugnisse und sonstige Bestandteile des Grundstücks sowie Zubehörstücke werden von der Haftung für die Hypothek frei, wenn sie veräußert und von dem Grundstück entfernt werden, bevor sie zu Gunsten des Gläubigers in Beschlag genommen worden sind.

Erfolgt die Veräußerung vor der Entfernung, so kann sich der Erwerber dem Gläubiger gegenüber nicht darauf berufen, daß er in Ansehung der Hypothek in gutem G. gewesen sei. Entfernt der Erwerber die Sache von dem Grundstücke, so ist eine vor der Entfernung erfolgte Beschlagnahme ihm gegenüber nur wirksam, wenn er bei der Entfernung in Ansehung der Beschlagnahme nicht in gutem G. ist.

440 **Kauf** s. Vertrag 320.

Leistung.

242 Der Schuldner ist verpflichtet, die Leistung so zu bewirken, wie Treu und G. mit Rücksicht auf die Verkehrssitte es erfordern.

Nießbrauch.

1031 s. Eigentum 926.

1032 s. Eigentum 932—934, 936.

Pfandrecht.

1207 s. Eigentum 932, 934.

1208 Ist die Sache mit dem Rechte eines Dritten belastet, so geht das Pfandrecht dem Rechte vor, es sei denn, daß der Pfandgläubiger zur Zeit des Erwerbes des Pfandrechts in Ansehung des Rechtes nicht in gutem G. ist. Die Vorschriften des § 932 Abs. 1 Satz 2, des § 935 und des § 936 Abs. 3 finden entsprechende Anwendung. 1262, 1266, 1273.

1244 s. Eigentum 932—934, 936.

1262 Solange das Pfandrecht im Schiffsregister eingetragen ist, behält es im Falle der Veräußerung oder Belastung des Schiffes seine Kraft, auch wenn der Erwerber im guten G. ist.

§ Ist das Pfandrecht mit Unrecht gelöscht, so gelten im Falle der Veräußerung des Schiffes die Vorschriften des § 936 Abs. 1 Satz 1 Abs. 2 auch dann, wenn der Erwerber das Eigentum ohne Übergabe erlangt; die Vorschrift des § 936 Abs. 3 findet keine Anwendung. Wird ein Pfandrecht, welches dem mit Unrecht gelöschten Pfandrecht im Range nachsteht, auf einen Dritten übertragen so findet die Vorschrift des § 1208 Satz 1 Anwendung. 1259, 1272.

1265 s. Hypothek 1121.

Vertrag.

157 Verträge sind so auszulegen, wie Treu und G. mit Rücksicht auf die Verkehrssitte es erfordern.

320 Ist von der einen Seite teilweise geleistet worden, so kann die Gegenleistung insoweit nicht verweigert werden, als die Verweigerung nach den Umständen, insbesondere wegen verhältnismäßiger Geringfügigkeit des rückständigen Teiles, gegen Treu und G. verstoßen würde. 348.

Glaubhaftmachung.

Ehe.

1342 Das Nachlaßgericht hat die Einsicht der Erklärung der Anfechtung einer Ehe jedem zu gestatten, der ein rechtliches Interesse glaubhaft macht.

Erbe.

1953 Das Nachlaßgericht hat die Einsicht der Erklärung der Ausschlagung einer Erbschaft jedem zu gestatten, der ein rechtliches Interesse glaubhaft macht. 1957.

1994 Das Nachlaßgericht hat dem Erben auf Antrag eines Nachlaßgläubigers zur Errichtung des Inventars eine Frist (Inventarfrist) zu bestimmen. . . .

Der Antragsteller hat seine Forderung glaubhaft zu machen. . . .

2010 Das Nachlaßgericht hat die Einsicht des Inventars jedem zu gestatten, der ein rechtliches Interesse glaubhaft macht.

Erbschaftskauf.

2384 Das Nachlaßgericht hat die Einsicht der Anzeige von dem Verkauf der Erbschaft und dem Namen des Käufers jedem zu gestatten, der ein rechtliches Interesse glaubhaft macht.

Grundstück.

885 Zur Erlassung der einstweiligen Verfügung zwecks Eintragung einer Vormerkung ist nicht erforderlich, daß eine Gefährdung des zu sichernden Anspruchs glaubhaft gemacht wird.

899 Zur Erlassung der einstweiligen Verfügung zwecks Eintragung eines Widerspruchs gegen die Richtigkeit des Grundbuchs ist nicht erforderlich, daß eine Gefährdung des Rechtes des Widersprechenden glaubhaft gemacht wird.

Hypothek

1138, 1155, 1157 s. Grundstück 899.

1263 **Pfandrecht** s. Grundstück 899.

Testament.

2081 Das Nachlaßgericht hat die Einsicht der Erklärung der Anfechtung einer letztwilligen Verfügung jedem zu gestatten, der ein rechtliches Interesse glaubhaft macht.

2146 Das Nachlaßgericht hat die Einsicht der Anzeige vom Eintritte der Nacherbfolge jedem zu gestatten, der ein rechtliches Interesse glaubhaft macht.

2228 Das Nachlaßgericht hat die Einsicht der nach § 2198 Abs. 1 Satz 2, § 2199 Abs. 3, 2202 Abs. 2, 2226 Satz 2 abgegebenen Erklärungen jedem zu gestatten, der ein rechtliches Interesse glaubhaft macht.

2264 Wer ein rechtliches Interesse glaubhaft macht, ist berechtigt, von einem eröffneten Testament Einsicht zu nehmen sowie eine Abschrift des Testamentes oder einzelner Teile zu fordern; die

§ Abschrift ist auf Verlangen zu beglaubigen.

Verwandtschaft.

1597 Das Nachlaßgericht hat die Einsicht der Erklärung der Anfechtung der Ehelichkeit eines Kindes jedem zu gestatten, der ein rechtliches Interesse glaubhaft macht. 1599, 1600.

1716 Schon vor der Geburt des unehelichen Kindes kann auf Antrag der Mutter durch einstweilige Verfügung angeordnet werden, daß der Vater den für die ersten drei Monate dem Kinde zu gewährenden Unterhalt alsbald nach der Geburt an die Mutter oder an den Vormund zu zahlen und den erforderlichen Betrag angemessene Zeit vor der Geburt zu hinterlegen hat. In gleicher Weise kann auf Antrag der Mutter die Zahlung des gewöhnlichen Betrags der nach § 1715 Abs. 1 zu ersetzenden Kosten an die Mutter und die Hinterlegung des erforderlichen Betrags angeordnet werden.

Zur Erlassung der einstweiligen Verfügung ist nicht erforderlich, daß eine Gefährdung des Anspruchs glaubhaft gemacht wird. 1717.

Gläubiger

f. auch **Gesamtgläubiger, Hypothekengläubiger, Nachlassgläubiger, Pfandgläubiger.**

Besitz.

868 Besitzt jemand eine Sache als Nießbraucher, Pfandg., Pächter, Mieter, Verwahrer oder in einem ähnlichen Verhältnisse, vermöge dessen er einem anderen gegenüber auf Zeit zum Besitze berechtigt oder verpflichtet ist, so ist auch der andere Besitzer (mittelbarer Besitz). 871.

Bürgschaft.

765 Durch den Bürgschaftsvertrag verpflichtet sich der Bürge gegenüber dem G. eines Dritten für die Erfüllung der Verbindlichkeit des Dritten einzustehen.

767 Der Bürge haftet für die dem G. von dem Hauptschuldner zu ersetzenden Kosten der Kündigung und der Rechtsverfolgung.

770 Der Bürge kann die Befriedigung des G. verweigern

a) solange dem Hauptschuldner das Recht zusteht, das seiner Verbindlichkeit zu Grunde liegende Rechtsgeschäft anzufechten;

b) solange sich der G. durch Aufrechnung gegen eine fällige Forderung des Hauptschuldners befriedigen kann;

771 c) solange nicht der G. eine Zwangsvollstreckung gegen den Hauptschuldner ohne Erfolg versucht hat (Einrede der Vorausklage).

772 Steht dem G. ein Pfandrecht oder ein Zurückbehaltungsrecht an einer beweglichen Sache des Hauptschuldners zu, so muß er auch aus dieser Sache Befriedigung suchen. Steht dem G. ein solches Recht an der Sache auch für eine andere Forderung zu, so gilt dies nur, wenn beide Forderungen durch den Wert der Sache gedeckt werden. 773, 777.

773 Die Einrede der Vorausklage ist ausgeschlossen:

1. . . . . .

4. wenn anzunehmen ist, daß die Zwangsvollstreckung in das Vermögen des Hauptschuldners nicht zur Befriedigung des G. führen wird.

In den Fällen der Nr. 3, 4 ist die Einrede insoweit zulässig, als sich der G. aus einer beweglichen Sache des Hauptschuldners befriedigen kann, an der er ein Pfandrecht oder ein Zurückbehaltungsrecht hat; die Vorschrift des § 772 Abs. 2 Satz 2 findet Anwendung.

774 Soweit der Bürge den G. befriedigt,

§ geht die Forderung des G. gegen den Hauptschuldner auf ihn über. Der Übergang kann nicht zum Nachteile des G. geltend gemacht werden. Einwendungen des Hauptschuldners aus einem zwischen ihm und dem Bürgen bestehenden Rechtsverhältnisse bleiben unberührt.

Mitbürgen haften einander nur nach § 426. 776.

775 Hat sich der Bürge im Auftrage des Hauptschuldners verbürgt oder stehen ihm nach den Vorschriften über die Geschäftsführung ohne Auftrag wegen der Übernahme der Bürgschaft die Rechte eines Beauftragten gegen den Hauptschuldner zu, so kann er von diesem Befreiung von der Bürgschaft verlangen:

1. . . . . .

4. wenn der G. gegen den Bürgen ein vollstreckbares Urteil auf Erfüllung erwirkt hat.

776 Giebt der G. ein mit der Forderung verbundenes Vorzugsrecht, eine für sie bestehende Hypothek, ein für sie bestehendes Pfandrecht oder das Recht gegen einen Mitbürgen auf, so wird der Bürge insoweit frei, als er aus dem aufgegebenen Rechte nach § 774 hätte Ersatz erlangen können. Dies gilt auch dann, wenn das aufgegebene Recht erst nach der Übernahme der Bürgschaft entstanden ist.

777 Hat sich der Bürge für eine bestehende Verbindlichkeit auf bestimmte Zeit verbürgt, so wird er nach dem Ablaufe der bestimmten Zeit frei, wenn nicht der G. die Einziehung der Forderung unverzüglich nach Maßgabe des § 772 betreibt, das Verfahren ohne wesentliche Verzögerung fortsetzt und unverzüglich nach der Beendigung des Verfahrens dem Bürgen anzeigt, daß er ihn in Anspruch nehme. Steht dem Bürgen die Einrede der Vorausklage nicht zu, so wird er nach dem Ablaufe der bestimmten Zeit frei, wenn nicht der G. ihm unverzüglich diese Anzeige macht.

Erfolgt die Anzeige rechtzeitig, so beschränkt sich die Haftung des Bürgen im Falle des Abs. 1 Satz 1 auf den Umfang, den die Hauptverbindlichkeit zur Zeit der Beendigung des Verfahrens hat, im Falle des Abs. 1 Satz 2 auf den Umfang, den die Hauptverbindlichkeit bei dem Ablaufe der bestimmten Zeit hat.

Darlehen.

607 Wer Geld oder andere vertretbare Sachen aus einem anderen Grunde schuldet, kann mit dem G. vereinbaren, daß das Geld oder die Sachen als Darlehen geschuldet werden sollen.

609 Ist für die Rückerstattung eines Darlehens eine Zeit nicht bestimmt, so hängt die Fälligkeit davon ab, daß der G. oder der Schuldner kündigt.

Ehe.

1361 s. Leibrente 760.

1362 Zu Gunsten der G. des Mannes wird vermutet, daß die im Besitz eines der Ehegatten oder beider Ehegatten befindlichen beweglichen Sachen dem Manne gehören. Dies gilt insbesondere auch für Inhaberpapiere und für Orderpapiere, die mit Blankoindossament versehen sind.

Für die ausschließlich zum Gebrauche der Frau bestimmten Sachen, insbesondere für Kleider, Schmucksachen und Arbeitsgeräte, gilt im Verhältnisse der Ehegatten zu einander und zu den G. die Vermutung, daß die Sachen der Frau gehören.

1580 **Ehescheidung** s. Leibrente 760.

Eigentum.

952 Das Eigentum an dem über eine Forderung ausgestellten Schuldschein steht dem G. zu. Das Recht eines

§ Dritten an der Forderung erstreckt sich auf den Schuldschein.

Das Gleiche gilt für Urkunden über andere Rechte, kraft deren eine Leistung gefordert werden kann, insbesondere für Hypotheken-, Grundschuld- und Rentenschuldbriefe.

1011 s. Schuldverhältnis 432.

Art. **Einführungsgesetz.**

16 s. Ehe § 1362.

53 s. Hypothek §§ 1123, 1124, 1128.

60, 97, 112, 145, 192, 194 s. **E.G.** — E.G.

99, 177, 178 s. Schuldverschreibung § 808.

102 s. Schuldverschreibung §§ 807, 808.

117 s. Rentenschuld § 1202.

120 s. Hypothek § 1128.

131 s. Gemeinschaft § 751.

146 s. Schuldverhältnis §§ 372—374, 376, 378—382.

147 s. Erbe § 2006.

163 s. Verein §§ 42, 49, 50, 52, 53.

§ **Erbe.**

1970—1974 Aufgebot der Nachlaßgläubiger.

1970 Die Nachlaßg. können im Wege des Aufgebotsverfahrens zur Anmeldung ihrer Forderungen aufgefordert werden. 2045.

1971 Pfandg. und G., die im Konkurse den Pfandg. gleichstehen, sowie G., die bei der Zwangsvollstreckung in das unbewegliche Vermögen ein Recht auf Befriedigung aus diesem Vermögen haben, werden, soweit es sich um die Befriedigung aus den ihnen haftenden Gegenständen handelt, durch das Aufgebot nicht betroffen. Das Gleiche gilt von G., deren Ansprüche durch eine Vormerkung gesichert sind oder denen im Konkurs ein Aussonderungsrecht zusteht, in Ansehung des Gegenstandes ihres Rechtes. 1974, 2016, 2060.

1972 Pflichtteilsrechte, Vermächtnisse und Auflagen werden durch das Aufgebot nicht betroffen, unbeschadet der Vorschrift des § 2060 Nr. 1.

1973 Der Erbe kann die Befriedigung eines im Aufgebotsverfahren ausgeschlossenen Nachlaßg. insoweit verweigern, als der Nachlaß durch die Befriedigung der nicht ausgeschlossenen G. erschöpft wird. Der Erbe hat jedoch den ausgeschlossenen G. vor den Verbindlichkeiten aus Pflichtteilsrechten, Vermächtnissen und Auflagen zu befriedigen, es sei denn, daß der G. seine Forderung erst nach der Berichtigung dieser Verbindlichkeiten geltend macht.

Einen Überschuß hat der Erbe zum Zwecke der Befriedigung des G. im Wege der Zwangsvollstreckung nach den Vorschriften über die Herausgabe einer ungerechtfertigten Bereicherung herauszugeben. Er kann die Herausgabe der noch vorhandenen Nachlaßgegenstände durch Zahlung des Wertes abwenden. Die rechtskräftige Verurteilung des Erben zur Befriedigung eines ausgeschlossenen G. wirkt einem anderen G. gegenüber wie die Befriedigung. 1974, 1989, 2013.

1974 Ein Nachlaßg., der seine Forderung später als fünf Jahre nach dem Erbfalle dem Erben gegenüber geltend macht, steht einem ausgeschlossenen G. gleich, es sei denn, daß die Forderung dem Erben vor dem Ablaufe der fünf Jahre bekannt geworden oder im Aufgebotsverfahren angemeldet worden ist. Wird der Erblasser für tot erklärt, so beginnt die Frist nicht vor der Erlassung des die Todeserklärung aussprechenden Urteils.

Die dem Erben nach § 1973 Abs. 1 Satz 2 obliegende Verpflichtung tritt im Verhältnisse von Verbindlichkeiten aus Pflichtteilsrechten, Vermächtnissen und Auflagen zu einander

§ nur insoweit ein, als der G. im Falle des Nachlaßkonkurses im Range vorgehen würde.

Soweit ein G. nach § 1971 von dem Aufgebote nicht betroffen wird, finden die Vorschriften des Abs. 1 auf ihn keine Anwendung. 2013, 2060.

1975 Die Haftung des Erben für die Nachlaßverbindlichkeiten beschränkt sich auf den Nachlaß, wenn eine Nachlaßpflegschaft zum Zwecke der Befriedigung der Nachlaßgläubiger (Nachlaßverwaltung) angeordnet oder der Nachlaßkonkurs eröffnet ist. 2013.

1977 Hat ein Nachlaßg. vor der Anordnung der Nachlaßverwaltung oder vor der Eröffnung des Nachlaßkonkurses seine Forderung gegen eine nicht zum Nachlasse gehörende Forderung des Erben ohne dessen Zustimmung aufgerechnet, so ist nach der Anordnung der Nachlaßverwaltung oder der Eröffnung des Nachlaßkonkurses die Aufrechnung als nicht erfolgt anzusehen.

Das Gleiche gilt, wenn ein G., der nicht Nachlaßg. ist, die ihm gegen den Erben zustehende Forderung gegen eine zum Nachlasse gehörende Forderung aufgerechnet hat. 2013.

1978 Ist die Nachlaßverwaltung angeordnet oder der Nachlaßkonkurs eröffnet, so ist der Erbe den Nachlaßg. für die bisherige Verwaltung des Nachlasses so verantwortlich, wie wenn er von der Annahme der Erbschaft an die Verwaltung für sie als Beauftragter zu führen gehabt hätte. Auf die vor der Annahme der Erbschaft von dem Erben besorgten erbschaftlichen Geschäfte finden die Vorschriften über die Geschäftsführung ohne Auftrag entsprechende Anwendung.

Die den Nachlaßg. nach Abs. 1 zustehenden Ansprüche gelten als zum Nachlasse gehörend.

§ Aufwendungen sind dem Erben aus dem Nachlasse zu ersetzen, soweit er nach den Vorschriften über den Auftrag oder über die Geschäftsführung ohne Auftrag Ersatz verlangen könnte. 1985, 1991, 2013, 2036.

1979 Die Berichtigung einer Nachlaßverbindlichkeit durch den Erben müssen die Nachlaßg. als für Rechnung des Nachlasses erfolgt gelten lassen, wenn der Erbe den Umständen nach annehmen durfte, daß der Nachlaß zur Berichtigung aller Nachlaßverbindlichkeiten ausreiche. 1985, 1991, 2013, 2036.

1980 Beantragt der Erbe nicht unverzüglich, nachdem er von der Überschuldung des Nachlasses Kenntnis erlangt hat, die Eröffnung des Nachlaßkonkurses, so ist er den G. für den daraus entstehenden Schaden verantwortlich. Bei der Bemessung der Zulänglichkeit des Nachlasses bleiben die Verbindlichkeiten aus Vermächtnissen und Auflagen außer Betracht.

Der Kenntnis der Überschuldung steht die auf Fahrlässigkeit beruhende Unkenntnis gleich. Als Fahrlässigkeit gilt es insbesondere, wenn der Erbe das Aufgebot der Nachlaßg. nicht beantragt, obwohl er Grund hat, das Vorhandensein unbekannter Nachlaßverbindlichkeiten anzunehmen; das Aufgebot ist nicht erforderlich, wenn die Kosten des Verfahrens dem Bestande des Nachlasses gegenüber unverhältnismäßig groß sind. 1985, 2013, 2036.

1981 Die Nachlaßverwaltung ist von dem Nachlaßgericht anzuordnen, wenn der Erbe die Anordnung beantragt.

Auf Antrag eines Nachlaßg. ist die Nachlaßverwaltung anzuordnen, wenn Grund zu der Annahme besteht, daß die Befriedigung der Nach-

§ laßg. aus dem Nachlasse durch das Verhalten oder die Vermögenslage des Erben gefährdet wird. Der Antrag kann nicht mehr gestellt werden, wenn seit der Annahme der Erbschaft zwei Jahre verstrichen sind.

Die Vorschriften des § 1785 finden keine Anwendung.

1984 Zwangsvollstreckungen und Arreste in den Nachlaß zu Gunsten eines G., der nicht Nachlaßg. ist, sind ausgeschlossen.

1985 Der Nachlaßverwalter ist für die Verwaltung des Nachlasses auch den Nachlaßg. verantwortlich. Die Vorschriften des § 1978 Abs. 2 und der §§ 1979, 1980 finden entsprechende Anwendung.

1986 Ist die Berichtigung einer Verbindlichkeit zur Zeit nicht ausführbar oder ist eine Verbindlichkeit streitig, so darf die Ausantwortung des Nachlasses nur erfolgen, wenn dem G. Sicherheit geleistet wird. Für eine bedingte Forderung ist Sicherheitsleistung nicht erforderlich, wenn die Möglichkeit des Eintritts der Bedingung eine so entfernte ist, daß die Forderung einen gegenwärtigen Vermögenswert nicht hat.

1990 Ist die Anordnung der Nachlaßverwaltung oder die Eröffnung des Nachlaßkonkurses wegen Mangels einer den Kosten entsprechenden Masse nicht thunlich oder wird aus diesem Grunde die Nachlaßverwaltung aufgehoben oder das Konkursverfahren eingestellt, so kann der Erbe die Befriedigung eines Nachlaßg. insoweit verweigern, als der Nachlaß nicht ausreicht. Der Erbe ist in diesem Falle verpflichtet, den Nachlaß zum Zwecke der Befriedigung des G. im Wege der Zwangsvollstreckung herauszugeben.

Das Recht des Erben wird nicht dadurch ausgeschlossen, daß der G. nach dem Eintritte des Erbfalls im Wege der Zwangsvollstreckung oder der Arrestvollziehung ein Pfandrecht oder eine Hypothek oder im Wege der einstweiligen Verfügung eine Vormerkung erlangt hat. 1991, 1992, 2013, 2036.

1991 Macht der Erbe von dem ihm nach § 1990 zustehenden Rechte Gebrauch, so finden auf seine Verantwortlichkeit und den Ersatz seiner Aufwendungen die Vorschriften der §§ 1978, 1979 Anwendung.

Die infolge des Erbfalls durch Vereinigung von Recht und Verbindlichkeit oder von Recht und Belastung erloschenen Rechtsverhältnisse gelten im Verhältnisse zwischen dem G. und dem Erben als nicht erloschen.

Die rechtskräftige Verurteilung des Erben zur Befriedigung eines G. wirkt einem anderen G. gegenüber wie die Befriedigung.

Die Verbindlichkeiten aus Pflichtteilsrechten, Vermächtnissen und Auflagen hat der Erbe so zu berichten, wie sie im Falle des Konkurses zur Berichtigung kommen würden. 1992, 2013, 2036.

1994 Das Nachlaßgericht hat dem Erben auf Antrag eines Nachlaßg. zur Errichtung des Inventars eine Frist (Inventarfrist) zu bestimmen. Nach dem Ablaufe der Frist haftet der Erbe für die Nachlaßverbindlichkeiten unbeschränkt, wenn nicht vorher das Inventar errichtet wird.

Der Antragsteller hat seine Forderung glaubhaft zu machen. Auf die Wirksamkeit der Fristbestimmung ist es ohne Einfluß, wenn die Forderung nicht besteht. 2013.

1996 Ist der Erbe durch höhere Gewalt verhindert worden, das Inventar rechtzeitig zu errichten oder die nach den Umständen gerechtfertigte Ver-

§ längerung der Inventarfrist zu beantragen, so hat ihm auf seinen Antrag das Nachlaßgericht eine neue Inventarfrist zu bestimmen. Das Gleiche gilt, wenn der Erbe von der Zustellung des Beschlusses, durch den die Inventarfrist bestimmt worden ist, ohne sein Verschulden Kenntnis nicht erlangt hat.

Der Antrag muß binnen zwei Wochen nach der Beseitigung des Hindernisses und spätestens vor dem Ablauf eines Jahres nach dem Ende der zuerst bestimmten Frist gestellt werden.

Vor der Entscheidung soll der Nachlaßg., auf dessen Antrag die erste Frist bestimmt worden ist, wenn thunlich gehört werden. 1997, 1998.

2005 Führt der Erbe absichtlich eine erhebliche Unvollständigkeit der im Inventar enthaltenen Angabe der Nachlaßgegenstände herbei oder bewirkt er in der Absicht, die Nachlaßg. zu benachteiligen, die Aufnahme einer nicht bestehenden Nachlaßverbindlichkeit, so haftet er für die Nachlaßverbindlichkeiten unbeschränkt. Das Gleiche gilt, wenn er im Falle des § 2003 die Erteilung der Auskunft verweigert oder absichtlich in erheblichem Maße verzögert.

Ist die Angabe der Nachlaßgegenstände unvollständig, ohne daß ein Fall des Abs. 1 vorliegt, so kann dem Erben zur Ergänzung eine neue Inventarfrist bestimmt werden. 2013.

2006 Der Erbe hat auf Verlangen eines Nachlaßg. vor dem Nachlaßgerichte den Offenbarungseid dahin zu leisten:

daß er nach bestem Wissen die Nachlaßgegenstände so vollständig angegeben habe, als er dazu imstande sei.

Der Erbe kann vor der Leistung des Eides das Inventar vervollständigen.

Verweigert der Erbe die Leistung des Eides, so haftet er dem G., der den Antrag gestellt hat, unbeschränkt. Das Gleiche gilt, wenn er weder in dem Termine, noch in einem auf Antrag des G. bestimmten neuen Termin erscheint, es sei denn, daß ein Grund vorliegt, durch den das Nichterscheinen in diesem Termine genügend entschuldigt wird.

Eine wiederholte Leistung des Eides kann derselbe G. oder ein anderer G. nur verlangen, wenn Grund zu der Annahme besteht, daß dem Erben nach der Eidesleistung weitere Nachlaßgegenstände bekannt geworden sind.

2009 Ist das Inventar rechtzeitig errichtet worden, so wird im Verhältnisse zwischen dem Erben und den Nachlaßg. vermutet, daß zur Zeit des Erbfalls weitere Nachlaßgegenstände als die angegebenen nicht vorhanden gewesen seien.

2011 Dem Fiskus als g. Erben kann eine Inventarfrist nicht bestimmt werden. Der Fiskus ist den Nachlaßg. gegenüber verpflichtet, über den Bestand des Nachlasses Auskunft zu erteilen.

2012 Einem nach den §§ 1960, 1961 bestellten Nachlaßpfleger kann eine Inventarfrist nicht bestimmt werden. Der Nachlaßpfleger ist den Nachlaßg. gegenüber verpflichtet, über den Bestand des Nachlasses Auskunft zu erteilen. Der Nachlaßpfleger kann nicht auf die Beschränkung der Haftung des Erben verzichten.

Diese Vorschriften gelten auch für den Nachlaßverwalter.

2013 Haftet der Erbe für die Nachlaßverbindlichkeiten unbeschränkt, so finden die Vorschriften der §§ 1973 bis 1975, 1977 bis 1980, 1989 bis 1992 keine Anwendung; der Erbe ist nicht be-

§ rechtigt, die Anordnung einer Nachlaßverwaltung zu beantragen. Auf eine nach § 1973 oder nach § 1974 eingetretene Beschränkung der Haftung kann sich der Erbe jedoch berufen, wenn später der Fall des § 1994 Abs. 1 Satz 2 oder des § 2005 Abs. 1 eintritt.

Die Vorschriften der §§ 1977 bis 1980 und das Recht des Erben, die Anordnung einer Nachlaßverwaltung zu beantragen, werden nicht dadurch ausgeschlossen, daß der Erbe einzelnen Nachlaßg. gegenüber unbeschränkt haftet.

2015 Hat der Erbe den Antrag auf Erlassung des Aufgebots der Nachlaßg. innerhalb eines Jahres nach der Annahme der Erbschaft gestellt und ist der Antrag zugelassen, so ist der Erbe berechtigt, die Berichtigung einer Nachlaßverbindlichkeit bis zur Beendigung des Aufgebotsverfahrens zu verweigern. 2016, 2017.

2016 Die Vorschriften der §§ 2014, 2015 finden keine Anwendung, wenn der Erbe unbeschränkt haftet.

Das Gleiche gilt, soweit ein G. nach § 1971 von dem Aufgebote der Nachlaßg. nicht betroffen wird, mit der Maßgabe, daß ein erst nach dem Eintritte des Erbfalls im Wege der Zwangsvollstreckung oder der Arrestvollziehung erlangtes Recht sowie eine erst nach diesem Zeitpunkt im Wege der einstweiligen Verfügung erlangte Vormerkung außer Betracht bleibt.

2019 s. Schuldverhältnis 406—408.

2036 Mit der Übertragung des verkauften Anteils an einer Erbschaft auf die Miterben wird der Käufer von der Haftung für die Nachlaßverbindlichkeiten frei. Seine Haftung bleibt jedoch bestehen, soweit er den Nachlaßg. nach den §§ 1978—1980 verantwortlich ist; die Vorschrift der

§ §§ 1990, 1991 finden entsprechende Anwendung. 2032, 2037.

2042, 2044 s. Gemeinschaft 751.

2058—2063 Rechtsverhältnis zwischen den Erben und den Nachlaßg. s. **Erbe** — Erbe.

Erbschaftskauf.

2376 Die Verpflichtung des Verkäufers einer Erbschaft zur Gewährleistung wegen eines Mangels im Rechte beschränkt sich auf die Haftung dafür, daß ihm das Erbrecht zusteht, daß es nicht durch das Recht eines Nacherben oder durch die Ernennung eines Testamentsvollstreckers beschränkt ist, daß nicht Vermächtnisse, Auflagen, Pflichtteilslasten, Ausgleichungspflichten oder Teilungsanordnungen bestehen und daß nicht unbeschränkte Haftung gegenüber den Nachlaßg. oder einzelnen von ihnen eingetreten ist.

Fehler einer zur Erbschaft gehörenden Sache hat der Verkäufer nicht zu vertreten. 2378, 2385.

2382 Der Käufer einer Erbschaft haftet von dem Abschlusse des Kaufes an den Nachlaßg., unbeschadet der Fortdauer der Haftung des Verkäufers. Dies gilt auch von den Verbindlichkeiten, zu deren Erfüllung der Käufer dem Verkäufer gegenüber nach den §§ 2378, 2379 nicht verpflichtet ist.

Die Haftung des Käufers dem G. gegenüber kann nicht durch Vereinbarung zwischen dem Käufer und dem Verkäufer ausgeschlossen oder beschränkt werden.

2384 Der Verkäufer ist den Nachlaßg. gegenüber verpflichtet, den Verkauf der Erbschaft und den Namen des Käufers unverzüglich dem Nachlaßgericht anzuzeigen. Die Anzeige des Verkäufers wird durch die Anzeige des Käufers ersetzt.

Das Nachlaßgericht hat die Einsicht der Anzeige jedem zu gestatten, der

§ ein rechtliches Interesse glaubhaft macht.

Gemeinschaft.

751 Haben die Teilhaber das Recht, die Aufhebung der Gemeinschaft zu verlangen, für immer oder auf Zeit ausgeschlossen oder eine Kündigungsfrist bestimmt, so wirkt die Vereinbarung auch für und gegen die Sondernachfolger. Hat ein G. die Pfändung des Anteils eines Teilhabers erwirkt, so kann er ohne Rücksicht auf die Vereinbarung die Aufhebung der Gemeinschaft verlangen, sofern der Schuldtitel nicht blos vorläufig vollstreckbar ist. 741.

Gesellschaft.

720 s. Schuldverhältnis 406—408.

725 Hat ein G. eines Gesellschafters die Pfändung des Anteils des Gesellschafters an dem Gesellschaftsvermögen erwirkt, so kann er die Gesellschaft ohne Einhaltung einer Kündigungsfrist kündigen, sofern der Schuldtitel nicht blos vorläufig vollstreckbar ist.

Solange die Gesellschaft besteht, kann der G. die sich aus dem Gesellschaftsverhältnis ergebenden Rechte des Gesellschafters, mit Ausnahme des Anspruchs auf einen Gewinnanteil, nicht geltend machen.

733 Aus dem Gesellschaftsvermögen sind zunächst die gemeinschaftlichen Schulden mit Einschluß derjenigen zu berichtigen, welche den G. gegenüber unter den Gesellschaftern geteilt sind oder für welche einem Gesellschafter die übrigen Gesellschafter als Schuldner haften. Ist eine Schuld noch nicht fällig oder ist sie streitig, so ist das zur Berichtigung Erforderliche zurückzubehalten. 731.

Grundschuld.

1193 Das Kapital der Grundschuld wird erst nach vorgängiger Kündigung fällig. Die Kündigung steht sowohl dem Eigentümer als dem G. zu. Die Kündigungsfrist beträgt sechs Monate.

Abweichende Bestimmungen sind zulässig.

1197 Ist der Eigentümer der G., so kann er nicht die Zwangsvollstreckung zum Zwecke seiner Befriedigung betreiben.

Zinsen gebühren dem Eigentümer nur, wenn das Grundstück auf Antrag eines anderen zum Zwecke der Zwangsverwaltung in Beschlag genommen ist, und nur für die Dauer der Zwangsverwaltung.

Grundstück.

886 Steht demjenigen, dessen Grundstück oder dessen Recht von einer Vormerkung betroffen wird, eine Einrede zu, durch welche die Geltendmachung des durch die Vormerkung gesicherten Anspruches dauernd ausgeschlossen wird, so kann er von dem G. Beseitigung der Vormerkung verlangen.

887 Ist der G., dessen Anspruch durch die Vormerkung gesichert ist, unbekannt, so kann er im Wege des Aufgebotsverfahrens mit seinem Rechte ausgeschlossen werden, wenn die im § 1170 für die Ausschließung eines Hypothekeng. bestimmten Voraussetzungen vorliegen. Mit der Erlassung des Ausschlußurteils erlischt die Wirkung der Vormerkung.

Güterrecht.

1388 Soweit der Mann nach den §§ 1385 bis 1387 bei g. Güterrecht der Frau gegenüber deren Verbindlichkeiten zu tragen hat, haftet er den G. neben der Frau als Gesamtschuldner.

1410 Die G. des Mannes können bei g. Güterrecht nicht Befriedigung aus dem eingebrachten Gute verlangen. 1525.

1411 Die G. der Frau können bei g. Güterrecht ohne Rücksicht auf die Verwaltung und Nutznießung des Mannes Befriedigung aus dem eingebrachten Gute

§ verlangen, soweit sich nicht aus den §§ 1412—1414 ein anderes ergiebt. Sie unterliegen bei der Geltendmachung der Ansprüche der Frau nicht der im § 1394 bestimmten Beschränkung.

Hat der Mann verbrauchbare Sachen nach § 1377 Abs. 3 veräußert oder verbraucht, so ist er den G. gegenüber zum sofortigen Ersatze verpflichtet. 1525.

1459 Aus dem Gesamtgute der a. Gütergemeinschaft können die G. des Mannes und, soweit sich nicht aus den §§ 1460—1462 ein anderes ergiebt, auch die G. der Frau Befriedigung verlangen (Gesamtgutsverbindlichkeiten).

1473, 1524 s. Schuldverhältnis 406—408.

1480 Wird eine Gesamtgutsverbindlichkeit nicht vor der Teilung des Gesamtguts der a. Gütergemeinschaft berichtigt, so haftet dem G. auch der Ehegatte persönlich als Gesamtschuldner, für den zur Zeit der Teilung eine solche Haftung nicht besteht. Seine Haftung beschränkt sich auf die ihm zugeteilten Gegenstände; die für die Haftung des Erben geltenden Vorschriften der §§ 1990, 1991 finden entsprechende Anwendung. 1474, 1498, 1504, 1546.

1481 Unterbleibt im Falle a. Gütergemeinschaft bei der Auseinandersetzung die Berichtigung einer Gesamtgutsverbindlichkeit, die im Verhältnisse der Ehegatten zu einander dem Gesamtgut oder dem Manne zur Last fällt, so hat der Mann dafür einzustehen, daß die Frau von dem G. nicht in Anspruch genommen wird. Die gleiche Verpflichtung hat die Frau dem Manne gegenüber, wenn die Berichtigung einer Gesamtgutsverbindlichkeit unterbleibt, die im Verhältnisse der Ehegatten zu einander der Frau zur Last fällt. 1474, 1498, 1546.

§

1498 Auf die Auseinandersetzung finden bei f. Gütergemeinschaft die Vorschriften der §§ 1475, 1476, 1477 Abs. 1 und der §§ 1479—1481 Anwendung; an die Stelle des Mannes tritt der überlebende Ehegatte, an die Stelle der Frau treten die anteilsberechtigten Abkömmlinge. Die im § 1476 Abs. 2 Satz 2 bezeichnete Verpflichtung besteht nur für den überlebenden Ehegatten. 1518.

1504 Soweit die anteilsberechtigten Abkömmlinge nach § 1480 den Gesamtgutsg. haften, sind sie im Verhältnisse zu einander nach der Größe ihres Anteils an dem Gesamtgute der f. Gütergemeinschaft verpflichtet. Die Verpflichtung beschränkt sich auf die ihnen zugeteilten Gegenstände; die für die Haftung des Erben geltenden Vorschriften der §§ 1990, 1991 finden entsprechende Anwendung. 1518.

1525, 1546 s. **Errungenschaftsgemeinschaft** — Güterrecht.

843 **Handlung** s. Leibrente 760.

Hypothek.

1115 Bei der Eintragung der Hypothek müssen der G., der Geldbetrag der Forderung und, wenn die Forderung verzinslich ist, der Zinssatz, wenn andere Nebenleistungen zu entrichten sind, ihr Geldbetrag im Grundbuch eingetragen werden, im übrigen kann zur Bezeichnung der Forderung auf die Eintragungsbewilligung Bezug genommen werden.

1116 Zu der Ausschließung der Erteilung eines Hypothekenbriefes ist die Einigung des G. und des Eigentümers sowie die Eintragung in das Grundbuch erforderlich; die Vorschriften des § 873 Abs. 2 und der §§ 876, 878 finden entsprechende Anwendung.

. . . . die Aufhebung der Ausschließung der Erteilung des Briefes

§ erfolgt in gleicher Weise wie die Ausschließung.

1117 Der G. erwirbt, sofern nicht die Erteilung des Hypothekenbriefes ausgeschlossen ist, die Hypothek erst, wenn ihm der Brief von dem Eigentümer des Grundstücks übergeben wird. Auf die Übergabe finden die Vorschriften des § 929 Satz 2 und der §§ 930, 931 Anwendung.

Die Übergabe des Briefes kann durch die Vereinbarung ersetzt werden, daß der G. berechtigt sein soll, sich den Brief von dem Grundbuchamt aushändigen zu lassen.

Ist der G. im Besitz des Briefes, so wird vermutet, daß die Übergabe erfolgt sei. 1154.

1121 Erzeugnisse und sonstige Bestandteile des Grundstücks sowie Zubehörstücke werden von der Haftung für die Hypothek frei, wenn sie veräußert und von dem Grundstück entfernt werden, bevor sie zu Gunsten des G. in Beschlag genommen worden sind.

Erfolgt die Veräußerung vor der Entfernung, so kann sich der Erwerber dem G. gegenüber nicht darauf berufen, daß er in Ansehung der Hypothek in gutem Glauben gewesen sei. Entfernt der Erwerber die Sache von dem Grundstücke, so ist eine vor der Entfernung erfolgte Beschlagnahme ihm gegenüber nur wirksam, wenn er bei der Entfernung in Ansehung der Beschlagnahme nicht in gutem Glauben ist. 1122.

1123 Ist das Grundstück vermietet oder verpachtet, so erstreckt sich die Hypothek auf die Miet- oder Pachtzinsforderung.

Soweit die Forderung fällig ist, wird sie mit dem Ablauf eines Jahres nach dem Eintritte der Fälligkeit von der Haftung frei, wenn nicht vorher die Beschlagnahme zu Gunsten des Hypothekeng. erfolgt. Ist der Miet- oder Pachtzins im voraus zu entrichten, so erstreckt sich die Befreiung nicht auf den Miet- oder Pachtzins für eine spätere Zeit als das zur Zeit der Beschlagnahme laufende und das folgende Kalendervierteljahr. 1126, 1129.

1124 Wird der Miet- oder Pachtzins eingezogen, bevor er zu Gunsten des Hypothekeng. in Beschlag genommen worden ist, oder wird vor der Beschlagnahme in anderer Weise über ihn verfügt, so ist die Verfügung dem Hypothekeng. gegenüber wirksam. Besteht die Verfügung in der Übertragung der Forderung auf einen Dritten, so erlischt die Haftung der Forderung; erlangt ein Dritter ein Recht an der Forderung, so geht es der Hypothek im Range vor.

Die Verfügung ist dem Hypothekeng. gegenüber unwirksam, soweit sie sich auf den Miet- oder Pachtzins für eine spätere Zeit als das zur Zeit der Beschlagnahme laufende und das folgende Kalendervierteljahr bezieht.

Der Übertragung der Forderung auf einen Dritten steht es gleich, wenn das Grundstück ohne die Forderung veräußert wird. 1126, 1129.

1125 Soweit die Einziehung des Miet- oder Pachtzinses dem Hypothekeng. gegenüber unwirksam ist, kann der Mieter oder der Pächter nicht eine ihm gegen den Vermieter oder den Verpächter zustehende Forderung gegen den Hypothekeng. aufrechnen.

1126 Ist mit dem Eigentum an dem belasteten Grundstück ein Recht auf wiederkehrende Leistungen verbunden, so erstreckt sich die Hypothek auf die Ansprüche auf diese Leistungen. Die Vorschriften des § 1123 Abs. 2 Satz 1, § 1124 Abs. 1, 3, 1125 finden entsprechende Anwendung. Eine vor der Beschlagnahme erfolgte Verfügung über

§ den Anspruch auf eine Leistung, die erst drei Monate nach der Beschlagnahme fällig wird, ist dem Hypothekeng. gegenüber unwirksam.

1128 Ist ein Gebäude versichert, so kann der Versicherer die Versicherungssumme mit Wirkung gegen den Hypothekeng. an den Versicherten erst zahlen, wenn er oder der Versicherte den Eintritt des Schadens dem Hypothekeng. angezeigt hat und seit dem Empfange der Anzeige ein Monat verstrichen ist. Der Hypothekeng. kann bis zum Ablaufe der Frist dem Versicherer gegenüber der Zahlung widersprechen. Die Anzeige darf unterbleiben, wenn sie unthunlich ist; in diesem Falle wird der Monat von dem Zeitpunkt an berechnet, in welchem die Versicherungssumme fällig wird.

Im übrigen finden die für eine verpfändete Forderung geltenden Vorschriften Anwendung; der Versicherer kann sich jedoch nicht darauf berufen, daß er eine aus dem Grundbuch ersichtliche Hypothek nicht gekannt habe.

1130 Ist der Versicherer nach den Versicherungsbestimmungen nur verpflichtet, die Versicherungssumme zur Wiederherstellung des versicherten Gegenstandes zu zahlen, so ist eine diesen Bestimmungen entsprechende Zahlung an den Versicherten dem Hypothekeng. gegenüber wirksam.

1132 Besteht für die Forderung eine Hypothek an mehreren Grundstücken (Gesamthypothek), so haftet jedes Grundstück für die ganze Forderung. Der G. kann die Befriedigung nach seinem Belieben aus jedem der Grundstücke ganz oder zu einem Teil suchen.

Der G. ist berechtigt, den Betrag der Forderung auf die einzelnen Grundstücke in der Weise zu verteilen, daß jedes Grundstück nur für den zugeteilten Betrag haftet. Auf die Verteilung finden die Vorschriften der §§ 875, 876, 878 entsprechende Anwendung. 1172.

1133 Ist infolge einer Verschlechterung des Grundstücks die Sicherheit der Hypothek gefährdet, so kann der G. dem Eigentümer eine angemessene Frist zur Beseitigung der Gefährdung bestimmen. Nach dem Ablaufe der Frist ist der G. berechtigt, sofort Befriedigung aus dem Grundstücke zu suchen, wenn nicht die Gefährdung durch Verbesserung des Grundstücks oder durch anderweitige Hypothekenbestellung beseitigt worden ist. Ist die Forderung unverzinslich und noch nicht fällig, so gebührt dem G. nur die Summe, welche mit Hinzurechnung der g. Zinsen für die Zeit von der Zahlung bis zur Fälligkeit dem Betrage der Forderung gleichkommt. 1135.

1134 Wirkt der Eigentümer oder ein Dritter auf das belastete Grundstück in solcher Weise ein, daß eine die Sicherheit der Hypothek gefährdende Verschlechterung des Grundstücks zu besorgen ist, so kann der G. auf Unterlassung klagen.

Geht die Einwirkung von dem Eigentümer aus, so hat das Gericht auf Antrag des G. die zur Abwendung der Gefährdung erforderlichen Maßregeln anzuordnen. Das Gleiche gilt, wenn die Verschlechterung deshalb zu besorgen ist, weil der Eigentümer die erforderlichen Vorkehrungen gegen Einwirkungen Dritter oder gegen andere Beschädigungen unterläßt. 1135.

1136 Eine Vereinbarung, durch die sich der Eigentümer dem G. gegenüber verpflichtet, das Grundstück nicht zu veräußern oder nicht weiter zu belasten, ist nichtig.

1137 s. Bürgschaft 770.

1141 Hängt die Fälligkeit der Forderung von einer Kündigung ab, so ist die Kündigung für die Hypothek nur

§ wirksam, wenn sie von dem G. dem Eigentümer oder von dem Eigentümer dem G. erklärt wird. Zu Gunsten des G. gilt derjenige, welcher im Grundbuch als Eigentümer eingetragen ist, als der Eigentümer.

Hat der Eigentümer keinen Wohnsitz im Inland oder liegen die Voraussetzungen des § 132 Abs. 2 vor, so hat auf Antrag des G. das Amtsgericht, in dessen Bezirk das Grundstück liegt, dem Eigentümer einen Vertreter zu bestellen, dem gegenüber die Kündigung des G. erfolgen kann. 1185.

1142 Der Eigentümer des mit der Hypothek belasteten Grundstücks ist berechtigt, den G. zu befriedigen, wenn die Forderung ihm gegenüber fällig geworden oder wenn der persönliche Schuldner zur Leistung berechtigt ist.

Die Befriedigung kann auch durch Hinterlegung oder durch Aufrechnung erfolgen.

1143 Ist der Eigentümer des mit der Hypothek belasteten Grundstücks nicht der persönliche Schuldner, so geht, soweit er den G. befriedigt, die Forderung auf ihn über. Die für einen Bürgen geltenden Vorschriften des § 774 Abs. 1 finden entsprechende Anwendung.

Besteht für die Forderung eine Gesamthypothek, so gelten für diese die Vorschriften des § 1173.

1144 Der Eigentümer des mit der Hypothek belasteten Grundstücks kann gegen Befriedigung des G. die Aushändigung des Hypothekenbriefs und der sonstigen Urkunden verlangen, die zur Berichtigung des Grundbuchs oder zur Löschung der Hypothek erforderlich sind. 1150, 1167.

1145 Befriedigt der Eigentümer des mit der Hypothek belasteten Grundstücks den G. nur teilweise, so kann er die Aushändigung des Hypothekenbriefs nicht verlangen. Der G. ist ververpflichtet, die teilweise Befriedigung auf dem Briefe zu vermerken und den Brief zum Zwecke der Berichtigung des Grundbuchs oder der Löschung dem Grundbuchamt oder zum Zwecke der Herstellung eines Teilhypothekenbriefs für den Eigentümer der zuständigen Behörde oder einem zuständigen Notare vorzulegen.

Die Vorschrift des Abs. 1 Satz 2 gilt für Zinsen und andere Nebenleistungen nur, wenn sie später als in dem Kalendervierteljahr, in welchem der G. befriedigt wird, oder dem folgenden Vierteljahr fällig werden. Auf Kosten, für die das Grundstück nach § 1118 haftet, findet die Vorschrift keine Anwendung. 1150, 1167, 1168.

1146 Liegen dem Eigentümer des mit der Hypothek belasteten Grundstücks gegenüber die Voraussetzungen vor, unter denen ein Schuldner in Verzug kommt, so gebühren dem G. Verzugszinsen aus dem Grundstücke.

1147 Die Befriedigung des G. aus dem belasteten Grundstück und den Gegenständen, auf die sich die Hypothek erstreckt, erfolgt im Wege der Zwangsvollstreckung.

1148 Bei der Verfolgung des Rechtes aus der Hypothek gilt zu Gunsten des G. derjenige, welcher im Grundbuche als Eigentümer eingetragen ist, als der Eigentümer. Das Recht des nicht eingetragenen Eigentümers, die ihm gegen die Hypothek zustehenden Einwendungen geltend zu machen, bleibt unberührt.

1149 Der Eigentümer des mit der Hypothek belasteten Grundstücks kann, solange nicht die Forderung ihm gegenüber fällig geworden ist, dem G. nicht das Recht einräumen, zum Zwecke der

§ Befriedigung die Übertragung des Eigentums an dem Grundstücke zu verlangen oder die Veräußerung des Grundstücks auf andere Weise als im Wege der Zwangsvollstreckung zu bewirken.

1150 Verlangt der G. Befriedigung aus dem mit der Hypothek belasteten Grundstücke, so finden die Vorschriften der §§ 268, 1144, 1145 entsprechende Anwendung.

1153 Mit der Übertragung der Forderung geht die Hypothek auf den neuen G. über.

1154 Zur Abtretung der Forderung ist Erteilung der Abtretungserklärung in schriftlicher Form und Übergabe des Hypothekenbriefes erforderlich; die Vorschriften des § 1117 finden Anwendung. Der bisherige G. hat auf Verlangen des neuen G. die Abtretungserklärung auf seine Kosten öffentlich beglaubigen zu lassen. 1187.

. . . .

1155 Ergiebt sich das Gläubigerrecht des Besitzers des Hypothekenbriefes aus einer zusammenhängenden, auf einen eingetragenen G. zurückführenden Reihe von öffentlichen beglaubigten Abtretungserklärungen, so finden die Vorschriften der §§ 891—899 in gleicher Weise Anwendung, wie wenn der Besitzer des Briefs als G. im Grundbuch eingetragen wäre. Einer öffentlich beglaubigten Abtretungserklärung steht gleich ein gerichtlicher Überweisungsbeschluß und das öffentlich beglaubigte Anerkenntnis einer kraft Gesetzes erfolgten Übertragung der Forderung. 1160.

1156 Die für die Übertragung der Forderung geltenden Vorschriften der §§ 406—408 finden auf das Rechtsverhältnis zwischen dem Eigentümer und dem neuen G. in Ansehung der Hypothek keine Anwendung. Der neue G. muß jedoch eine dem bisherigen G. gegenüber erfolgte Kündigung des Eigentümers gegen sich gelten lassen, es sei denn, daß die Übertragung zur Zeit der Kündigung dem Eigentümer bekannt oder im Grundbuch eingetragen ist. 1185.

1157 Eine Einrede, die dem Eigentümer des belasteten Grundstücks auf Grund eines zwischen ihm und dem bisherigen G. bestehenden Rechtsverhältnisses gegen die Hypothek zusteht, kann auch dem neuen G. entgegengesetzt werden. Die Vorschriften der §§ 892, 894 bis 899, 1140 gelten auch für diese Einrede. 1158.

1158 Soweit die Forderung auf Zinsen oder andere Nebenleistungen gerichtet ist, die nicht später als in dem Kalendervierteljahr, in welchem der Eigentümer des belasteten Grundstücks von der Übertragung Kenntnis erlangt, oder dem folgenden Vierteljahre fällig werden, finden auf das Rechtsverhältnis zwischen dem Eigentümer und dem neuen G. die Vorschriften der §§ 406 bis 408 Anwendung. Der G. kann sich gegenüber den Einwendungen, welche dem Eigentümer nach den §§ 404, 406—408, 1157 zustehen, nicht auf die Vorschriften des § 892 berufen.

1159 Soweit die Forderung auf Rückstände von Zinsen oder anderen Nebenleistungen gerichtet ist, bestimmt sich die Übertragung, sowie das Rechtsverhältnis zwischen dem Eigentümer des belasteten Grundstücks und dem neuen G. nach den für die Übertragung von Forderungen geltenden a. Vorschriften. Das Gleiche gilt für den Anspruch auf Erstattung von Kosten, für die das Grundstück nach § 1118 haftet.

Die Vorschriften des § 892 finden

§ auf die im Abs. 1 bezeichneten Ansprüche keine Anwendung. 1160.

1160 Der Geltendmachung der Hypothek kann, sofern nicht die Erteilung des Hypothekenbriefes ausgeschlossen ist, widersprochen werden, wenn der G. nicht den Brief vorlegt; ist der G. nicht im Grundbuch eingetragen, so sind auch die im § 1155 bezeichneten Urkunden vorzulegen.

Eine dem Eigentümer gegenüber erfolgte Kündigung oder Mahnung ist unwirksam, wenn der G. die nach Abs. 1 erforderlichen Urkunden nicht vorlegt und der Eigentümer die Kündigung oder die Mahnung aus diesem Grunde unverzüglich zurückweist.

Diese Vorschriften gelten nicht für die im § 1159 bezeichneten Ansprüche. 1161.

1163 Eine Hypothek, für welche die Erteilung des Hypothekenbriefes nicht ausgeschlossen ist, steht bis zur Übergabe des Briefes an den G. dem Eigentümer zu. 1172, 1176.

1164 Befriedigt der persönliche Schuldner den G., so geht die Hypothek insoweit auf ihn über, als er von dem Eigentümer oder einem Rechtsvorgänger des Eigentümers Ersatz verlangen kann. Ist dem Schuldner nur teilweise Ersatz zu leisten, so kann der Eigentümer die Hypothek, soweit sie auf ihn übergegangen ist, nicht zum Nachteile der Hypothek des Schuldners geltend machen.

Der Befriedigung des G. steht es gleich, wenn sich Forderung und Schuld in einer Person vereinigen. 1165, 1176.

1165 Verzichtet der G. auf die Hypothek oder hebt er sie nach § 1183 auf oder räumt er einem anderen Rechte den Vorrang ein, so wird der persönliche Schuldner insoweit frei, als er ohne diese Verfügung nach § 1164 aus der Hypothek hätte Ersatz erlangen können.

1166 Ist der persönliche Schuldner berechtigt, von dem Eigentümer des belasteten Grundstücks Ersatz zu verlangen, falls er den G. befriedigt, so kann er, wenn der G. die Zwangsversteigerung des Grundstücks betreibt, ohne ihn unverzüglich zu benachrichtigen, die Befriedigung des G. wegen eines Ausfalls bei der Zwangsversteigerung insoweit verweigern, als er infolge der Unterlassung der Benachrichtigung einen Schaden erleidet. Die Benachrichtigung darf unterbleiben, wenn sie unthunlich ist.

1167 Erwirbt der persönliche Schuldner, falls er den G. befriedigt, die Hypothek oder hat er im Falle der Befriedigung ein sonstiges rechtliches Interesse an der Berichtigung des Grundbuchs, so stehen ihm die in den §§ 1144, 1145 bestimmten Rechte zu.

1168 Verzichtet der G. auf die Hypothek, so erwirbt sie der Eigentümer.

Der Verzicht ist dem Grundbuchamt oder dem Eigentümer gegenüber zu erklären und bedarf der Eintragung in das Grundbuch. Die Vorschriften des § 875 Abs. 2 und der §§ 876, 878 finden entsprechende Anwendung.

Verzichtet der G. für einen Teil der Forderung auf die Hypothek, so stehen dem Eigentümer die im § 1145 bestimmten Rechte zu. 1176.

1169 Steht dem Eigentümer des belasteten Grundstücks eine Einrede zu, durch welche die Geltendmachung der Hypothek dauernd ausgeschlossen wird, so kann er verlangen, daß der G. auf die Hypothek verzichtet.

1170 Ist der Hypothekeng. unbekannt, so kann er im Wege des Aufgebotsverfahrens mit seinem Rechte ausgeschlossen werden, wenn seit der letzten sich auf die Hypothek beziehenden Ein-

§ tragung in das Grundbuch zehn Jahre verstrichen sind und das Recht des G. nicht innerhalb dieser Frist von dem Eigentümer in einer nach § 208 zur Unterbrechung der Verjährung geeigneten Weise anerkannt worden ist. Besteht für die Forderung eine nach dem Kalender bestimmte Zahlungszeit, so beginnt die Frist nicht vor dem Ablaufe des Zahlungstages.

Mit der Erlassung des Ausschlußurteils erwirbt der Eigentümer die Hypothek. Der dem G. erteilte Hypothekenbrief wird kraftlos. 1175, 1188.

1171 Der unbekannte Hypothekeng. kann im Wege des Aufgebotsverfahrens mit seinem Rechte auch dann ausgeschlossen werden, wenn der Eigentümer zur Befriedigung des G. oder zur Kündigung berechtigt ist und den Betrag der Forderung für den G. unter Verzicht auf das Recht zur Rücknahme hinterlegt. Die Hinterlegung von Zinsen ist nur erforderlich, wenn der Zinssatz im Grundbuch eingetragen ist; Zinsen für eine frühere Zeit als das vierte Kalenderjahr vor der Erlassung des Ausschlußurteils sind nicht zu hinterlegen.

Mit der Erlassung des Ausschlußurteils gilt der G. als befriedigt, sofern nicht nach den Vorschrif en über die Hinterlegung die Befriedigung schon vorher eingetreten ist. Der dem G. erteilte Hypothekenbrief wird kraftlos.

Das Recht des G. auf den hinterlegten Betrag erlischt mit dem Ablaufe von dreißig Jahren nach der Erlassung des Ausschlußurteils, wenn nicht der G. sich vorher bei der Hinterlegungsstelle meldet; der Hinterleger ist zur Rücknahme berechtigt, auch wenn er auf das Recht zur Rücknahme verzichtet hat.

1173 Befriedigt der Eigentümer eines der mit einer Gesamthypothek belasteten Grundstücke den G., so erwirbt er die Hypothek an seinem Grundstücke; die Hypothek an den übrigen Grundstücken erlischt. Der Befriedigung des G. steht es gleich, wenn das Gläubigerrecht auf den Eigentümer übertragen wird oder wenn sich Forderung und Schuld in der Person des Eigentümers vereinigen.

Kann der Eigentümer, der den G. befriedigt, von dem Eigentümer eines der anderen Grundstücke oder einem Rechtsvorgänger dieses Eigentümers Ersatz verlangen, so geht in Höhe des Ersatzanspruchs auch die Hypothek an dem Grundstücke dieses Eigentümers auf ihn über; sie bleibt mit der Hypothek an seinem eigenen Grundstücke Gesamthypothek. 1143, 1176.

1174 Befriedigt der persönliche Schuldner den G., dem eine Gesamthypothek zusteht, oder vereinigen sich bei einer Gesamthypothek Forderung und Schuld in einer Person, so geht, wenn der Schuldner nur von dem Eigentümer eines der Grundstücke oder von einem Rechtsvorgänger des Eigentümers Ersatz verlangen kann, die Hypothek an diesem Grundstücke auf ihn über; die Hypothek an den übrigen Grundstücken erlischt.

Ist dem Schuldner nur teilweise Ersatz zu leisten und geht deshalb die Hypothek nur zu einem Teilbetrag auf ihn über, so hat sich der Eigentümer diesen Betrag auf den ihm nach § 1172 gebührenden Teil des übrigbleibenden Betrags der Gesamthypothek anrechnen zu lassen. 1176.

1175 Verzichtet der G. auf die Gesamthypothek, so fällt sie den Eigentümern der belasteten Grundstücke gemeinschaftlich zu; die Vorschriften des § 1172 Abs. 2 finden Anwendung. Verzichtet der G. auf die Hypothek

§ an einem der Grundstücke, so erlischt die Hypothek an diesem.

Das Gleiche gilt, wenn der G. nach § 1170 mit seinem Rechte ausgeschlossen wird. 1176.

1176 Liegen die Voraussetzungen der §§ 1163, 1164, 1168, 1172—1175 nur in Ansehung eines Teilbetrags der Hypothek vor, so kann die auf Grund dieser Vorschriften dem Eigentumer oder einem der Eigentümer oder dem persönlichen Schuldner zufallende Hypothek nicht zum Nachteile der dem G. verbleibenden Hypothek geltend gemacht werden.

1178 Die Hypothek für Rückstände von Zinsen und anderen Nebenleistungen sowie für Kosten, die dem G. zu erstatten sind, erlischt, wenn sie sich mit dem Eigentum in einer Person vereinigt. Das Erlöschen tritt nicht ein, solange einem Dritten ein Recht an dem Anspruch auf eine solche Leistung zusteht.

Zum Verzicht auf die Hypothek für die im Abs. 1 bezeichneten Leistungen genügt die Erklärung des G. gegenüber dem Eigentümer. Solange einem Dritten ein Recht an dem Anspruch auf eine solche Leistung zusteht, ist die Zustimmung des Dritten erforderlich. Die Zustimmung ist demjenigen gegenüber zu erklären, zu dessen Gunsten sie erfolgt; sie ist unwiderruflich.

1180 An die Stelle der Forderung, für welche die Hypothek besteht, kann eine andere Forderung gesetzt werden. Zu der Änderung ist die Einigung des G. und des Eigentümers sowie die Eintragung in das Grundbuch erforderlich; die Vorschriften der §§ 873 Abs. 2, 876, 878 finden entsprechende Anwendung.

Steht die Forderung, die an die Stelle der bisherigen Forderung treten soll, nicht dem bisherigen Hypothekeng. zu, so ist dessen Zustimmung erforderlich; die Zustimmung ist dem Grundbuchamt oder demjenigen gegenüber zu erklären, zu dessen Gunsten sie erfolgt. Die Vorschriften des § 875 Abs. 2, 876 finden entsprechende Anwendung.

1181 Wird der G. aus dem Grundstück befriedigt, so erlischt die Hypothek.

Erfolgt die Befriedigung des G. aus einem der mit einer Gesamthypothek belasteten Grundstücke, so werden auch die übrigen Grundstücke frei.

Der Befriedigung aus dem Grundstücke steht die Befriedigung aus den Gegenständen gleich, auf die sich die Hypothek erstreckt.

1182 Soweit im Falle einer Gesamthypothek der Eigentümer des Grundstücks, aus dem der G. befriedigt wird, von dem Eigentümer eines der anderen Grundstücke oder einem Rechtsvorgänger dieses Eigentümers Ersatz verlangen kann, geht die Hypothek an dem Grundstücke dieses Eigentümers auf ihn über. Die Hypothek kann jedoch, wenn der G. nur teilweise befriedigt wird, nicht zum Nachteile der dem G. verbleibenden Hypothek und, wenn das Grundstück mit einem im Range gleich- oder nachstehenden Rechte belastet ist, nicht zum Nachteile dieses Rechtes geltend gemacht werden.

1183 Zur Aufhebung der Hypothek durch Rechtsgeschäft ist die Zustimmung des Eigentümers erforderlich. Die Zustimmung ist dem Grundbuchamt oder dem G. gegenüber zu erklären; sie ist unwiderruflich. 1165.

1184 Eine Hypothek kann in der Weise bestellt werden, daß das Recht des G. aus der Hypothek sich nur nach der Forderung bestimmt und der G. sich zum Beweise der Forderung

§ nicht auf die Eintragung berufen kann (Sicherungshypothek).

Die Hypothek muß im Grundbuche als Sicherungshypothek bezeichnet werden.

1188 Zur Bestellung einer Hypothek für die Forderung aus einer Schuldverschreibung auf den Inhaber genügt die Erklärung des Eigentümers gegenüber dem Grundbuchamte, daß er die Hypothek bestelle und die Eintragung in das Grundbuch; die Vorschrift des § 878 findet Anwendung.

Die Ausschließung des G. mit seinem Rechte nach § 1170 ist nur zulässig, wenn die im § 801 bezeichnete Vorlegungsfrist verstrichen ist. Ist innerhalb der Frist die Schuldverschreibung vorgelegt oder der Anspruch aus der Urkunde gerichtlich geltend gemacht worden, so kann die Ausschließung erst erfolgen, wenn die Verjährung eingetreten ist.

1189 Bei einer Hypothek der im § 1187 bezeichneten Art kann für den jeweiligen G. ein Vertreter mit der Befugnis bestellt werden, mit Wirkung für und gegen jeden späteren G. bestimmte Verfügungen über die Hypothek zu treffen und den G. bei der Geltendmachung der Hypothek zu vertreten. Zur Bestellung des Vertreters ist die Eintragung in das Grundbuch erforderlich.

Ist der Eigentümer berechtigt, von dem G. eine Verfügung zu verlangen, zu welcher der Vertreter befugt ist, so kann er die Vornahme der Verfügung von dem Vertreter verlangen.

89 **Jur. Pers. d. öff. Rechts** s. Verein 42.

Kauf.

457 s. Schuldverhältnis 383.

458 Die Wirksamkeit eines den Vorschriften der §§ 456, 457 zuwider erfolgten Kaufes und der Übertragung des gekauften Gegenstandes hängt von der Zustimmung der bei dem Verkauf als Schuldner, Eigentümer oder G. Beteiligten ab. Fordert der Käufer einen Beteiligten zur Erklärung über die Genehmigung auf, so finden die Vorschriften des § 177 Abs. 2 entsprechende Anwendung.

Wird infolge der Verweigerung der Genehmigung ein neuer Verkauf vorgenommen, so hat der frühere Käufer für die Kosten des neuen Verkaufs, sowie für einen Mindererlös aufzukommen.

Leibrente.

759 Wer zur Gewährung einer Leibrente verpflichtet ist, hat die Rente im Zweifel für die Lebensdauer des G. zu entrichten.

760 Hat der G. den Beginn des Zeitabschnitts erlebt, für den die Rente im Voraus zu entrichten ist, so gebührt ihm der volle auf den Zeitabschnitt entfallende Betrag.

Leistung.

241—292 Verpflichtung zur Leistung.

241 Kraft des Schuldverhältnisses ist der G. berechtigt, von dem Schuldner eine Leistung zu fordern. Die Leistung kann auch in einem Unterlassen bestehen.

249 Wer zum Schadensersatze verpflichtet ist, hat den Zustand herzustellen der bestehen würde, wenn der zum Ersatze verpflichtende Umstand nicht eingetreten wäre. Ist wegen Verletzung einer Person oder wegen Beschädigung einer Sache Schadensersatz zu leisten, so kann der G. statt der Herstellung den dazu erforderlichen Geldbetrag verlangen.

250 Der G. kann dem Ersatzpflichtigen zur Herstellung eine angemessene Frist mit der Erklärung bestimmen, daß er die Herstellung nach dem Ablaufe der Frist ablehne. Nach dem Ablaufe

§ der Frist kann der G. den Ersatz in Geld verlangen, wenn nicht die Herstellung rechtzeitig erfolgt; der Anspruch auf die Herstellung ist ausgeschlossen.

251 Soweit die Herstellung eines früheren Zustandes nicht möglich oder zur Entschädigung des G. nicht genügend ist, hat der Ersatzpflichtige den G. in Geld zu entschädigen.

Der Ersatzpflichtige kann den G. in Geld entschädigen, wenn die Herstellung nur mit unverhältnismäßigen Aufwendungen möglich ist. 253.

264 Nimmt der wahlberechtigte Schuldner die Wahl der Leistung nicht vor dem Beginne der Zwangsvollstreckung vor, so kann der G. die Zwangsvollstreckung nach seiner Wahl auf die eine oder auf die andere Leistung richten; der Schuldner kann sich jedoch, solange nicht der G. die gewählte Leistung ganz oder zum Teil empfangen hat, durch eine der übrigen Leistungen von seiner Verbindlichkeit befreien.

Ist der wahlberechtigte G. im Verzuge, so kann der Schuldner ihn unter Bestimmung einer angemessenen Frist zur Vornahme der Wahl auffordern. Mit dem Ablaufe der Frist geht das Wahlrecht auf den Schuldner über, wenn nicht der G. rechtzeitig die Wahl vornimmt.

267 Hat der Schuldner nicht in Person zu leisten, so kann auch ein Dritter die Leistung bewirken. Die Einwilligung des Schuldners ist nicht erforderlich.

Der G. kann die Leistung ablehnen, wenn der Schuldner widerspricht.

268 Betreibt der G. die Zwangsvollstreckung in einen dem Schuldner gehörenden Gegenstand, so ist jeder, der Gefahr läuft, durch die Zwangsvollstreckung ein Recht an dem Gegenstande zu verlieren, berechtigt, den G. zu befriedigen. Das gleiche Recht steht dem Besitzer einer Sache zu, wenn er Gefahr läuft, durch die Zwangsvollstreckung den Besitz zu verlieren.

Die Befriedigung kann auch durch Hinterlegung oder durch Aufrechnung erfolgen.

Soweit der Dritte den G. befriedigt, geht die Forderung auf ihn über. Der Übergang kann nicht zum Nachteile des G. geltend gemacht werden.

270 Geld hat der Schuldner im Zweifel auf seine Gefahr und seine Kosten dem G. an dessen Wohnsitz zu übermitteln. Ist die Forderung im Gewerbebetriebe des G. entstanden, so tritt, wenn der G. seine gewerbliche Niederlassung an einem anderen Orte hat, der Ort der Niederlassung an die Stelle des Wohnsitzes.

Erhöhen sich infolge einer nach der Entstehung des Schuldverhältnisses eintretenden Änderung des Wohnsitzes oder der gewerblichen Niederlassung des G. die Kosten oder die Gefahr der Übermittelung, so hat der G. im ersteren Falle die Mehrkosten, im letzteren Falle die Gefahr zu tragen.

Die Vorschriften über den Leistungsort bleiben unberührt.

271 Ist eine Zeit für die Leistung weder bestimmt noch aus den Umständen zu entnehmen, so kann der G. die Leistung sofort verlangen, der Schuldner sie sofort bewirken.

Ist eine Zeit bestimmt, so ist im Zweifel anzunehmen, daß der G. die Leistung nicht vor dieser Zeit verlangen, der Schuldner aber sie vorher bewirken kann.

273 Hat der Schuldner aus demselben rechtlichen Verhältnis, auf dem seine Verpflichtung beruht, einen fälligen Anspruch gegen den G., so kann er, sofern nicht aus dem Schuldverhältnisse sich ein anderes ergiebt, die geschuldete Leistung verweigern, bis die

§ ihm gebührende Leistung bewirkt wird (Zurückbehaltungsrecht).

Wer zur Herausgabe eines Gegenstandes verpflichtet ist, hat das gleiche Recht, wenn ihm ein fälliger Anspruch wegen Verwendungen auf den Gegenstand oder wegen eines ihm durch diesen verursachten Schadens zusteht, es sei denn, daß er den Gegenstand durch eine vorsätzlich begangene unerlaubte Handlung erlangt hat.

Der G. kann die Ausübung des Zurückbehaltungsrechts durch Sicherheitsleistung abwenden. Die Sicherheitsleistung durch Bürgen ist ausgeschlossen.

274 Gegenüber der Klage des G. hat die Geltendmachung des Zurückbehaltungsrechtes nur die Wirkung, daß der Schuldner zur Leistung gegen Empfang der ihm gebührenden Leistung (Erfüllung Zug um Zug) zu verurteilen ist.

Auf Grund einer solchen Verurteilung kann der G seinen Anspruch ohne Bewirkung der ihm obliegenden Leistung im Wege der Zwangsvollstreckung verfolgen, wenn der Schuldner im Verzuge der Annahme ist.

280 Soweit die Leistung infolge eines von dem Schuldner zu vertretenden Umstandes unmöglich wird, hat der Schuldner dem G. den durch die Nichterfüllung entstehenden Schaden zu ersetzen.

Im Falle teilweiser Unmöglichkeit kann der G. unter Ablehnung des noch möglichen Teiles der Leistung Schadensersatz wegen Nichterfüllung der ganzen Verbindlichkeit verlangen, wenn die teilweise Erfüllung für ihn kein Interesse hat. Die für das vertragsmäßige Rücktrittsrecht geltenden Vorschriften der §§ 346—356 finden entsprechende Anwendung. 283.

281 Erlangt der Schuldner infolge des Umstandes, welcher die Leistung unmöglich macht, für den geschuldeten Gegenstand einen Ersatz oder einen Ersatzanspruch, so kann der G. Herausgabe des als Ersatz Empfangenen oder Abtretung des Ersatzanspruchs verlangen.

Hat der G. Anspruch auf Schadensersatz wegen Nichterfüllung, so mindert sich, wenn er von dem im Abs. 1 bestimmten Rechte Gebrauch macht, die ihm zu leistende Entschädigung um den Wert des erlangten Ersatzes oder Ersatzanspruchs.

283 Ist der Schuldner rechtskräftig verurteilt, so kann der G. ihm zur Bewirkung der Leistung eine angemessene Frist mit der Erklärung bestimmen, daß er die Annahme der Leistung nach dem Ablaufe der Frist ablehne. Nach dem Ablaufe der Frist kann der G. Schadensersatz wegen Nichterfüllung verlangen, soweit nicht die Leistung rechtzeitig bewirkt wird; der Anspruch auf Erfüllung ist ausgeschlossen. Die Verpflichtung zum Schadensersatze tritt nicht ein, wenn die Leistung infolge eines Umstandes unmöglich wird, den der Schuldner nicht zu vertreten hat.

Wird die Leistung bis zum Ablaufe der Frist nur teilweise nicht bewirkt, so steht dem G. auch das im § 280 Abs. 2 bestimmte Recht zu.

284 Leistet der Schuldner auf eine Mahnung des G. nicht, die nach dem Eintritte der Fälligkeit erfolgt, so kommt er durch die Mahnung in Verzug. Der Mahnung steht die Erhebung der Klage auf die Leistung sowie die Zustellung eines Zahlungsbefehls im Mahnverfahren gleich.

Ist für die Leistung eine Zeit nach dem Kalender bestimmt, so kommt der Schuldner ohne Mahnung in Verzug, wenn er nicht zu der bestimmten Zeit leistet. Das Gleiche gilt, wenn der

§ Leistung eine Kündigung vorauszugehen hat und die Zeit für die Leistung in der Weise bestimmt ist, daß sie sich von der Kündigung ab nach dem Kalender berechnen läßt.

286 Der Schuldner hat dem G. den durch den Verzug entstehenden Schaden zu ersetzen.

Hat die Leistung infolge des Verzugs für den G. kein Interesse, so kann dieser unter Ablehnung der Leistung Schadensersatz wegen Nichterfüllung verlangen. Die für das vertragsmäßige Rücktrittsrecht geltenden Vorschriften der §§ 346—356 finden entsprechende Anwendung.

288 Eine Geldschuld ist während des Verzugs mit vier vom Hundert für das Jahr zu verzinsen. Kann der G. aus einem anderen Rechtsgrunde höhere Zinsen verlangen, so sind diese fortzuentrichten.

Die Geltendmachung eines weiteren Schadens ist nicht ausgeschlossen. 291.

289 Von Zinsen sind Verzugszinsen nicht zu entrichten. Das Recht des G. auf Ersatz des durch den Verzug entstehenden Schadens bleibt unberührt. 291.

290 Ist der Schuldner zum Ersatze des Wertes eines Gegenstandes verpflichtet, der während des Verzugs untergegangen ist oder aus einem während des Verzugs eingetretenen Grunde nicht herausgegeben werden kann, so kann der G. Zinsen des zu ersetzenden Betrags von dem Zeitpunkt an verlangen, welcher der Bestimmung des Wertes zu Grunde gelegt wird. Das Gleiche gilt, wenn der Schuldner zum Ersatze der Minderung des Wertes eines während des Verzugs verschlechterten Gegenstandes verpflichtet ist.

292 Hat der Schuldner einen bestimmten Gegenstand herauszugeben, so bestimmt sich von dem Eintritte der

§ Rechtshängigkeit an der Anspruch des G. auf Schadenersatz wegen Verschlechterung, Untergangs oder einer aus einem anderen Grunde eintretenden Unmöglichkeit der Herausgabe nach den Vorschriften, welche für das Verhältnis zwischen dem Eigentümer und dem Besitzer von dem Eintritte der Rechtshängigkeit des Eigentumsanspruchs an gelten, soweit nicht aus dem Schuldverhältnis oder dem Verzuge des Schuldners sich zu Gunsten des G. ein anderes ergiebt.

Das Gleiche gilt von dem Anspruche des G. auf Herausgabe oder Vergütung von Nutzungen und von dem Anspruche des Schuldners auf Ersatz von Verwendungen.

293—304 Verzug des G.

293 Der G. kommt in Verzug, wenn er die ihm angebotene Leistung nicht annimmt.

294 Die Leistung muß dem G. so, wie sie zu bewirken ist, thatsächlich angeboten werden.

295 Ein wörtliches Angebot des Schuldners genügt, wenn der G. ihm erklärt hat, daß er die Leistung nicht annehmen werde, oder wenn zur Bewirkung der Leistung eine Handlung des G. erforderlich ist, insbesondere wenn der G. die geschuldete Sache abzuholen hat. Dem Angebote der Leistung steht die Aufforderung an den G. gleich, die erforderliche Handlung vorzunehmen.

296 Ist für die von dem G. vorzunehmende Handlung eine Zeit nach dem Kalender bestimmt, so bedarf es des Angebots nur, wenn der G. die Handlung rechtzeitig vornimmt. Das Gleiche gilt, wenn der Handlung eine Kündigung vorauszugehen hat und die Zeit für die Handlung in der Weise bestimmt ist, daß sie sich von

§ der Kündigung ab nach dem Kalender berechnen läßt. 297.

297 Der G. kommt nicht in Verzug, wenn der Schuldner zur Zeit des Angebots oder im Falle des § 296 zu der für die Handlung des G. bestimmten Zeit außer Stande ist, die Leistung zu bewirken.

298 Ist der Schuldner nur gegen eine Leistung des G. zu leisten verpflichtet, so kommt der G. in Verzug, wenn er zwar die angebotene Leistung anzunehmen bereit ist, die verlangte Gegenleistung aber nicht anbietet.

299 Ist die Leistungszeit nicht bestimmt, oder ist der Schuldner berechtigt, vor der bestimmten Zeit zu leisten, so kommt der G. nicht dadurch in Verzug, daß er vorübergehend an der Annahme der angebotenen Leistung verhindert ist, es sei denn, daß der Schuldner ihm die Leistung eine angemessene Zeit vorher angekündigt hat.

300 Der Schuldner hat während des Verzugs des G. nur Vorsatz und grobe Fahrlässigkeit zu vertreten.

Wird eine nur der Gattung nach bestimmte Sache geschuldet, so geht die Gefahr mit dem Zeitpunkt auf den G. über, in welchem er dadurch in Verzug kommt, daß er die angebotene Sache nicht annimmt.

301 Von einer verzinslichen Geldschuld hat der Schuldner während des Verzugs des G. Zinsen nicht zu entrichten.

302 Hat der Schuldner die Nutzungen eines Gegenstandes herauszugeben oder zu ersetzen, so beschränkt sich seine Verpflichtung während des Verzugs des G. auf die Nutzungen, welche er zieht.

303 Ist der Schuldner zur Herausgabe eines Grundstücks verpflichtet, so kann er nach dem Eintritte des Verzugs des G. den Besitz aufgeben. Das Aufgeben muß dem G. vorher angedroht werden, es sei denn, daß die Androhung unthunlich ist.

304 Der Schuldner kann im Falle des Verzugs des G. Ersatz der Mehraufwendungen verlangen, die er für das erfolglose Angebot sowie für die Aufbewahrung und Erhaltung des geschuldeten Gegenstandes machen mußte.

Miete.

563 Wird eine dem Pfandrechte des Vermieters unterliegende Sache für einen anderen G. gepfändet, so kann diesem gegenüber das Pfandrecht nicht wegen des Mietzinses für eine frühere Zeit als das letzte Jahr vor der Pfändung geltend gemacht werden.

Nießbrauch.

1074 Der Nießbraucher einer Forderung ist zur Einziehung der Forderung und, wenn die Fälligkeit von einer Kündigung des G. abhängt, zur Kündigung berechtigt. Er hat für die ordnungsmäßige Einziehung zu sorgen. Zu anderen Verfügungen über die Forderung ist er nicht berechtigt. 1068.

1075 Mit der Leistung des Schuldners an den Nießbraucher erwirbt der G. den geleisteten Gegenstand und der Nießbraucher den Nießbrauch an dem Gegenstande.

Werden verbrauchbare Sachen geleistet, so erwirbt der Nießbraucher das Eigentum. Die Vorschriften des § 1067 finden entsprechende Anwendung. 1068.

1077 Der Schuldner kann das Kapital nur an den Nießbraucher und den G. gemeinschaftlich zahlen. Jeder von beiden kann verlangen, daß an sie gemeinschaftlich gezahlt wird; jeder kann statt der Zahlung die Hinterlegung für beide fordern.

Der Nießbraucher und der G.

§ können nur gemeinschaftlich kündigen. Die Kündigung des Schuldners ist nur wirksam, wenn sie dem Nießbraucher und dem G. erklärt wird. 1068, 1076.

1078 Ist die Forderung fällig, so sind der Nießbraucher und der G. einander verpflichtet, zur Einziehung mitzuwirken. Hängt die Fälligkeit von einer Kündigung ab, so kann jeder Teil die Mitwirkung des anderen zur Kündigung verlangen, wenn die Einziehung der Forderung wegen Gefährdung ihrer Sicherheit nach den Regeln einer ordnungsmäßigen Vermögensverwaltung geboten ist. 1068, 1076.

1079 Der Nießbraucher und der G. sind einander verpflichtet, dazu mitzuwirken, daß das eingezogene Kapital nach den für die Anlegung von Mündelgeld geltenden Vorschriften verzinslich angelegt und gleichzeitig dem Nießbraucher der Nießbrauch bestellt wird. Die Art der Anlegung bestimmt der Nießbraucher. 1068, 1076, 1083.

1086 Die G. des Bestellers eines Nießbrauchs an einem Vermögen können, soweit ihre Forderungen vor der Bestellung entstanden sind, ohne Rücksicht auf den Nießbrauch Befriedigung aus den dem Nießbrauch unterliegenden Gegenständen verlangen. Hat der Nießbraucher das Eigentum an verbrauchbaren Sachen erlangt, so tritt an die Stelle der Sachen der Anspruch des Bestellers auf Ersatz des Wertes; der Nießbraucher ist den G. gegenüber zum sofortigen Ersatze verpflichtet. 1085, 1089.

1087 Der Besteller des Nießbrauchs an einem Vermögen kann, wenn eine vor der Bestellung entstandene Forderung fällig ist, von dem Nießbraucher Rückgabe der zur Befriedigung des G. erforderlichen Gegenstände verlangen. Die Auswahl steht ihm zu; er kann jedoch nur die vorzugsweise geeigneten Gegenstände auswählen. Soweit die zurückgegebenen Gegenstände ausreichen, ist der Besteller dem Nießbraucher gegenüber zur Befriedigung des G. verpflichtet.

Der Nießbraucher kann die Verbindlichkeit durch Leistung des geschuldeten Gegenstandes erfüllen. Gehört der geschuldete Gegenstand nicht zu dem Vermögen, das dem Nießbrauch unterliegt, so ist der Nießbraucher berechtigt, zum Zwecke der Befriedigung des G. einen zu dem Vermögen gehörenden Gegenstand zu veräußern, wenn die Befriedigung durch den Besteller nicht ohne Gefahr abgewartet werden kann. Er hat einen vorzugsweise geeigneten Gegenstand auszuwählen. Soweit er zum Ersatze des Wertes verbrauchbarer Sachen verpflichtet ist, darf er eine Veräußerung nicht vornehmen. 1085, 1089.

1088 Die G. des Bestellers, deren Forderungen schon zur Zeit der Bestellung verzinslich waren, können die Zinsen für die Dauer des Nießbrauchs auch von dem Nießbraucher verlangen. Das Gleiche gilt von anderen wiederkehrenden Leistungen, die bei ordnungsmäßiger Verwaltung aus den Einkünften des Vermögens bestritten werden, wenn die Forderung vor der Bestellung des Nießbrauchs entstanden ist.

Die Haftung des Nießbrauchers kann nicht durch Vereinbarung zwischen ihm und dem Besteller ausgeschlossen oder beschränkt werden.

Der Nießbraucher ist dem Besteller gegenüber zur Befriedigung der G. wegen der im Abs. 1 bezeichneten Ansprüche verpflichtet. Die Rückgabe von Gegenständen zum Zwecke der

§ Befriedigung kann der Besteller nur verlangen, wenn der Nießbraucher mit der Erfüllung dieser Verbindlichkeit in Verzug kommt. 1085, 1089.

585 **Pacht** s. Miete 563.

Pfandrecht.

1204 Eine bewegliche Sache kann zur Sicherung einer Forderung in der Weise belastet werden, daß der G. berechtigt ist, Befriedigung aus der Sache zu suchen (Pfandrecht).

Das Pfandrecht kann auch für eine künftige oder eine bedingte Forderung bestellt werden.

1205 Zur Bestellung des Pfandrechts ist erforderlich, daß der Eigentümer die Sache dem G. übergiebt und beide darüber einig sind, daß dem G. das Pfandrecht zustehen soll. Ist der G. im Besitze der Sache, so genügt die Einigung über die Entstehung des Pfandrechts.

Die Übergabe einer im mittelbaren Besitze des Eigentümers befindlichen Sache kann dadurch ersetzt werden, daß der Eigentümer den mittelbaren Besitz auf den Pfandg. überträgt und die Verpfändung dem Besitzer anzeigt. 1266, 1274.

1206 An Stelle der Übergabe der Sache genügt die Einräumung des Mitbesitzes, wenn sich die Sache unter dem Mitverschlusse des G. befindet oder, falls sie im Besitz eines Dritten ist, die Herausgabe nur an den Eigentümer und den G. gemeinschaftlich erfolgen kann. 1266, 1274.

1208 Ist die verpfändete Sache mit dem Rechte eines Dritten belastet, so geht das Pfandrecht dem Rechte vor, es sei denn, daß der Pfandg. zur Zeit des Erwerbes des Pfandrechts in Ansehung des Rechtes nicht in gutem Glauben ist. Die Vorschriften des § 932 Abs. 1 Satz 2, 935, 936

§ Abs. 3 finden entsprechende Anwendung. 1262, 1266, 1273.

1210 Das Pfand haftet für die Ansprüche des Pfandg. auf Ersatz von Verwendungen, für die dem Pfandg. zu ersetzenden Kosten der Kündigung und der Rechtsverfolgung sowie für die Kosten des Pfandverkaufs. 1266.

1211 Der Verpfänder kann dem Pfandg. gegenüber die dem persönlichen Schuldner gegen die Forderung sowie die nach § 770 einem Bürgen zustehenden Einreden geltend machen. Stirbt der persönliche Schuldner, so kann sich der Verpfänder nicht darauf berufen, daß der Erbe für die Schuld nur beschränkt haftet.

Ist der Verpfänder nicht der persönliche Schuldner, so verliert er eine Einrede nicht dadurch, daß dieser auf sie verzichtet. 1266.

1213 Das Pfandrecht kann in der Weise bestellt werden, daß der Pfandg. berechtigt ist, die Nutzungen des Pfandes zu ziehen.

Ist eine von Natur fruchttragende Sache dem Pfandg. zum Alleinbesitz übergeben, so ist im Zweifel anzunehmen, daß der Pfandg. zum Fruchtbezuge berechtigt sein soll. 1266, 1273.

1214 Steht dem Pfandg. das Recht zu, die Nutzungen zu ziehen, so ist er verpflichtet, für die Gewinnung der Nutzungen zu sorgen und Rechenschaft abzulegen.

Der Reinertrag der Nutzungen wird auf die geschuldete Leistung und, wenn Kosten und Zinsen zu entrichten sind, zunächst auf diese angerechnet.

Abweichende Bestimmungen sind zulässig. 1266.

1215 Der Pfandg. ist zur Verwahrung des Pfandes verpflichtet. 1266.

1216 Macht der Pfandg. Verwendungen auf das Pfand, so bestimmt sich die

§ Ersatzpflicht des Verpfänders nach den Vorschriften über die Geschäftsführung ohne Auftrag. Der Pfandg. ist berechtigt, eine Einrichtung, mit der er das Pfand versehen hat, wegzunehmen. 1266.

1217 Verletzt der Pfandg. die Rechte des Verpfänders in erheblichem Maße und setzt er das verletzende Verhalten ungeachtet einer Abmahnung des Verpfänders fort, so kann der Verpfänder verlangen, daß das Pfand auf Kosten des Pfandg. hinterlegt oder, wenn es sich nicht zur Hinterlegung eignet, an einen gerichtlich zu bestellenden Verwahrer abgeliefert wird.

Statt der Hinterlegung oder der Ablieferung der Sache an einen Verwahrer kann der Verpfänder die Rückgabe des Pfandes gegen Befriedigung des G. verlangen. Ist die Forderung unverzinslich und noch nicht fällig, so gebührt dem Pfandg. nur die Summe, welche mit Hinzurechnung der g. Zinsen für die Zeit von der Zahlung bis zur Fälligkeit dem Betrage der Forderung gleichkommt. 1266, 1275.

1218 Ist der Verderb des Pfandes oder eine wesentliche Minderung des Wertes zu besorgen, so kann der Verpfänder die Rückgabe des Pfandes gegen anderweitige Sicherheitsleistung verlangen; die Sicherheitsleistung durch Bürgen ist ausgeschlossen.

Der Pfandg. hat dem Verpfänder von dem drohenden Verderb unverzüglich Anzeige zu machen, sofern nicht die Anzeige unthunlich ist. 1266.

1219 Wird durch den drohenden Verderb des Pfandes oder durch eine zu besorgende wesentliche Minderung des Wertes die Sicherheit des Pfandg. gefährdet, so kann dieser das Pfand öffentlich versteigern lassen.

Der Erlös tritt an die Stelle des Pfandes. Auf Verlangen des Verpfänders ist der Erlös zu hinterlegen. 1266.

1220 Die Versteigerung des Pfandes ist erst zulässig, nachdem sie dem Verpfänder angedroht worden ist; die Androhung darf unterbleiben, wenn das Pfand dem Verderb ausgesetzt und mit dem Aufschube der Versteigerung Gefahr verbunden ist. Im Falle der Wertminderung ist außer der Androhung erforderlich, daß der Pfandg. dem Verpfänder zur Leistung anderweitiger Sicherheit eine angemessene Frist bestimmt hat und diese verstrichen ist.

Der Pfandg. hat den Verpfänder von der Versteigerung unverzüglich zu benachrichtigen; im Falle der Unterlassung ist er zum Schadensersatze verpflichtet.

Die Androhung, die Fristbestimmung und die Benachrichtigung dürfen unterbleiben, wenn sie unthunlich sind. 1266.

1221 Hat das Pfand einen Börsen- oder Marktpreis, so kann der Pfandg. den Verkauf aus freier Hand durch einen zu solchen Verkäufen öffentlich ermächtigten Handelsmäkler oder durch eine zur öffentlichen Versteigerung befugte Person zum laufenden Preise bewirken. 1235, 1266, 1295.

1223 Der Pfandg. ist verpflichtet, das Pfand nach dem Erlöschen des Pfandrechts dem Verpfänder zurückzugeben.

Der Verpfänder kann die Rückgabe des Pfandes gegen Befriedigung des Pfandg. verlangen, sobald der Schuldner zur Leistung berechtigt ist. 1266.

1224 Die Befriedigung des Pfandg. durch den Verpfänder kann auch durch Hinterlegung oder durch Aufrechnung erfolgen. 1266.

1225 Ist der Verpfänder nicht der persönliche

§ Schuldner, so geht, soweit er den Pfandg. befriedigt, die Forderung auf ihn über. Die für einen Bürgen geltenden Vorschriften des § 774 finden entsprechende Anwendung. 1266.

1226 Die Ersatzansprüche des Verpfänders wegen Veränderungen oder Verschlechterungen des Pfandes sowie die Ansprüche des Pfandg. auf Ersatz von Verwendungen oder auf Gestattung der Wegnahme einer Einrichtung verjähren in sechs Monaten. Die Vorschriften des § 558 Abs. 2, 3 finden entsprechende Anwendung. 1266.

1227 Wird das Recht des Pfandg. beeinträchtigt, so finden auf die Ansprüche des Pfandg. die für die Ansprüche aus dem Eigentume geltenden Vorschriften entsprechende Anwendung. 1266.

1228 Die Befriedigung des Pfandg. aus dem Pfande erfolgt durch Verkauf.

Der Pfandg. ist zum Verkaufe berechtigt, sobald die Forderung ganz oder zum Teil fällig ist. Besteht der geschuldete Gegenstand nicht in Geld, so ist der Verkauf erst zulässig, wenn die Forderung in eine Geldforderung übergegangen ist. 1243, 1266, 1282, 1283, 1294—1296.

1229 Eine vor dem Eintritte der Verkaufsberechtigung getroffene Vereinbarung, nach welcher dem Pfandg., falls er nicht oder nicht rechtzeitig befriedigt wird, das Eigentum an der Sache zufallen oder übertragen werden soll, ist nichtig. 1266, 1277.

1230 Unter mehreren Pfändern kann der Pfandg., soweit nicht ein anderes bestimmt ist, diejenigen auswählen, welche verkauft werden sollen. Er kann nur so viele Pfänder zum Verkaufe bringen, als zu seiner Befriedigung erforderlich sind. 1243, 1266.

§

1231 Ist der Pfandg. nicht im Alleinbesitze des Pfandes, so kann er nach dem Eintritte der Verkaufsberechtigung die Herausgabe des Pfandes zum Zwecke des Verkaufs fordern. Auf Verlangen des Verpfänders hat an Stelle der Herausgabe die Ablieferung an einen gemeinschaftlichen Verwahrer zu erfolgen; der Verwahrer hat sich bei der Ablieferung zu verpflichten, das Pfand zum Verkaufe bereitzustellen. 1266.

1232 Der Pfandg. ist nicht verpflichtet, einem ihm im Range nachstehenden Pfandg. das Pfand zum Zwecke des Verkaufs herauszugeben. Ist er nicht im Besitze des Pfandes, so kann er, sofern er nicht selbst den Verkauf betreibt, dem Verkaufe durch einen nachstehenden Pfandg. nicht widersprechen. 1266.

1233 Der Verkauf des Pfandes ist nach den Vorschriften der §§ 1234—1240 zu bewirken.

Hat der Pfandg. für sein Recht zum Verkauf einen vollstreckbaren Titel gegen den Eigentümer erlangt, so kann er den Verkauf auch nach den für den Verkauf einer gepfändeten Sache geltenden Vorschriften bewirken lassen. 1244, 1266.

1234 Der Pfandg. hat dem Eigentümer den Verkauf des Pfandes vorher anzudrohen und dabei den Geldbetrag zu bezeichnen, wegen dessen der Verkauf stattfinden soll. Die Androhung kann erst nach dem Eintritte der Verkaufsberechtigung erfolgen; sie darf unterbleiben, wenn sie unthunlich ist.

Der Verkauf darf nicht vor dem Ablaufe eines Monats nach der Androhung erfolgen. Ist die Androhung unthunlich, so wird der Monat von dem Eintritte der Verkaufsberechtigung an berechnet. 1233, 1245, 1266.

§

1238 Das Pfand darf nur mit der Bestimmung verkauft werden, daß der Käufer den Kaufpreis sofort bar zu entrichten hat und seiner Rechte verlustig sein soll, wenn dies nicht geschieht.

Erfolgt der Verkauf ohne diese Bestimmung, so ist der Kaufpreis als von dem Pfandg. empfangen anzusehen; die Rechte des Pfandg. gegen den Ersteher bleiben unberührt. Unterbleibt die sofortige Entrichtung des Kaufpreises, so gilt das Gleiche, wenn nicht vor dem Schlusse des Versteigerungstermins von dem Vorbehalte der Rechtsverwirkung Gebrauch gemacht wird. 1233, 1245, 1246, 1266.

1239 Der Pfandg. und der Eigentümer können bei der Versteigerung mitbieten. Erhält der Pfandg. den Zuschlag, so ist der Kaufpreis als von ihm empfangen anzusehen.

Das Gebot des Eigentümers darf zurückgewiesen werden, wenn nicht der Betrag bar erlegt wird. Das Gleiche gilt von dem Gebote des Schuldners, wenn das Pfand für eine fremde Schuld haftet. 1233, 1245, 1246, 1266.

1241 Der Pfandg. hat den Eigentümer von dem Verkaufe des Pfandes und dem Ergebnis unverzüglich zu benachrichtigen, sofern nicht die Benachrichtigung unthunlich ist. 1266.

1242 Durch die rechtmäßige Veräußerung des Pfandes erlangt der Erwerber die gleichen Rechte, wie wenn er die Sache von dem Eigentümer erworben hätte. Dies gilt auch dann, wenn dem Pfandg. der Zuschlag erteilt wird. 1266.

1243 Die Veräußerung des Pfandes ist nicht rechtmäßig, wenn gegen die Vorschriften des § 1228 Abs. 2, des § 1230 Satz 2, des § 1235, des

§

§ 1237 Satz 1 oder des § 1240 verstoßen wird.

Verletzt der Pfandg. eine andere für den Verkauf geltende Vorschrift, so ist er zum Schadensersatze verpflichtet, wenn ihm ein Verschulden zur Last fällt. 1266.

1245 Der Eigentümer und der Pfandg. können eine von den Vorschriften der §§ 1234—1240 abweichende Art des Pfandverkaufs vereinbaren. Steht einem Dritten an dem Pfande ein Recht zu, das durch die Veräußerung erlischt, so ist die Zustimmung des Dritten erforderlich. Die Zustimmung ist demjenigen gegenüber zu erklären, zu dessen Gunsten sie erfolgt; sie ist unwiderruflich.

Auf die Beobachtung der Vorschriften der §§ 1235, 1237 Satz 1, 1240 kann nicht vor dem Eintritte der Verkaufsberechtigung verzichtet werden. 1266, 1277.

1247 Soweit der Erlös aus dem Pfande dem Pfandg. zu seiner Befriedigung gebührt, gilt die Forderung als von dem Eigentümer berichtigt. Im übrigen tritt der Erlös an die Stelle des Pfandes. 1266.

1248 Bei dem Verkaufe des Pfandes gilt zu Gunsten des Pfandg. der Verpfänder als der Eigentümer, es sei denn, daß der Pfandg. weiß, daß der Verpfänder nicht der Eigentümer ist. 1266.

1249 Wer durch die Veräußerung des Pfandes ein Recht an dem Pfande verlieren würde, kann den Pfandg. befriedigen, sobald der Schuldner zur Leistung berechtigt ist. Die Vorschriften des § 268 Abs. 2, 3 finden entsprechende Anwendung. 1266.

1250 Mit der Übertragung der Forderung geht das Pfandrecht auf den neuen G. über. Das Pfandrecht kann nicht ohne die Forderung übertragen werden.

§ Wird bei der Übertragung der Forderung der Übergang des Pfandrechts ausgeschlossen, so erlischt das Pfandrecht. 1266.

1251 Der neue Pfandg. kann von dem bisherigen Pfandg. die Herausgabe des Pfandes verlangen.

Mit der Erlangung des Besitzes tritt der neue Pfandg. an Stelle des bisherigen Pfandg. in die mit dem Pfandrechte verbundenen Verpflichtungen gegen den Verpfänder ein. Erfüllt er die Verpflichtungen nicht, so haftet für den von ihm zu ersetzenden Schaden der bisherige Pfandg. wie ein Bürge, der auf die Einrede der Vorausklage verzichtet hat. Die Haftung des bisherigen Pfandg. tritt nicht ein, wenn die Forderung kraft Gesetzes auf den neuen Pfandg. übergeht oder ihm auf Grund einer g. Verpflichtung abgetreten wird. 1266.

1253 Das Pfandrecht erlischt, wenn der Pfandg. das Pfand dem Verpfänder oder dem Eigentümer zurückgiebt. Der Vorbehalt der Fortdauer des Pfandrechts ist unwirksam.

Ist das Pfand im Besitze des Verpfänders oder des Eigentümers, so wird vermutet, daß das Pfand ihm von dem Pfandg. zurückgegeben worden sei. Diese Vermutung gilt auch dann, wenn sich das Pfand im Besitz eines Dritten befindet, der den Besitz nach der Entstehung des Pfandrechts von dem Verpfänder oder dem Eigentümer erlangt hat. 1266.

1255 Zur Aufhebung des Pfandrechts durch Rechtsgeschäft genügt die Erklärung des Pfandg. gegenüber dem Verpfänder oder dem Eigentümer, daß er das Pfandrecht aufgebe. 1266.

1258 Besteht ein Pfandrecht an dem Anteil eines Miteigentümers, so übt der Pfandg. die Rechte aus, die sich aus der Gemeinschaft der Miteigentümer in Ansehung der Verwaltung der Sache und der Art ihrer Benutzung ergeben.

Die Aufhebung der Gemeinschaft kann vor dem Eintritte der Verkaufsberechtigung des Pfandg. nur von dem Miteigentümer und dem Pfandg. gemeinschaftlich verlangt werden. Nach dem Eintritte der Verkaufsberechtigung kann der Pfandg. die Aufhebung der Gemeinschaft verlangen, ohne daß es der Zustimmung des Miteigentümers bedarf; er ist nicht an eine Vereinbarung gebunden, durch welche die Miteigentümer das Recht, die Aufhebung der Gemeinschaft zu verlangen, für immer oder auf Zeit ausgeschlossen oder eine Kündigungsfrist bestimmt haben.

Wird die Gemeinschaft aufgehoben, so gebührt dem Pfandg. das Pfandrecht an den Gegenständen, welche an die Stelle des Anteils treten.

Das Recht des Pfandg. zum Verkaufe des Anteils bleibt unberührt.

1260 Zur Bestellung des Pfandrechts an einem im Schiffsregister eingetragenen Schiffe ist die Einigung des Eigentümers des Schiffes und des G. darüber, daß dem G. das Pfandrecht zustehen soll, und die Eintragung des Pfandrechts in das Schiffsregister erforderlich. Die Vorschriften des § 873 Abs. 2, 878 finden entsprechende Anwendung.

In der Eintragung müssen der G., der Geldbetrag der Forderung und, wenn die Forderung verzinslich ist, der Zinssatz angegeben werden. Zur näheren Bezeichnung der Forderung kann auf die Eintragungsbewilligung Bezug genommen werden.

1265 s. Hypothek 1121.

1266 Die Vorschriften der §§ 1205—1257 finden insoweit keine Anwendung, als sich daraus, daß der Pfandg. nicht

§ den Besitz des Schiffes erlangt, Abweichungen ergeben. In dem Falle des § 1254 tritt an die Stelle des Anspruchs auf Rückgabe des Pfandes das Recht, die Aufhebung des Pfandrechts zu verlangen. 1259, 1272.

1267 Der Verpfänder kann gegen Befriedigung des Pfandg. die Aushändigung der zur Löschung des Pfandrechts erforderlichen Urkunden verlangen. Das gleiche Recht steht dem persönlichen Schuldner zu, wenn er ein rechtliches Interesse an der Berichtigung des Schiffsregisters hat. 1259, 1272.

1268 Der Pfandg. kann seine Befriedigung aus dem Schiffe und dem Zubehöre nur auf Grund eines vollstreckbaren Titels nach den für die Zwangsvollstreckung geltenden Vorschriften suchen. 1259, 1272.

1269 Ist der G. unbekannt, so kann er im Wege des Aufgebotsverfahrens mit seinem Pfandrecht ausgeschlossen werden, wenn die im § 1170 oder die im § 1171 für die Ausschließung eines Hypothekeng. bestimmten Voraussetzungen vorliegen. Mit der Erlassung des Ausschlußurteils erlischt das Pfandrecht. Die Vorschrift des § 1171 Abs. 3 findet Anwendung. 1259, 1272.

1270 s. Hypothek 1188, 1189.

1275 Ist ein Recht, kraft dessen eine Leistung gefordert werden kann, Gegenstand des Pfandrechts, so finden auf das Rechtsverhältnis zwischen dem Pfandg. und dem Verpflichteten die Vorschriften, welche im Falle der Übertragung des Rechtes für das Rechtsverhältnis zwischen dem Erwerber und dem Verpflichteten gelten, und im Falle einer nach § 1217 Abs. 1 getroffenen gerichtlichen Anordnung die Vorschrift des § 1070 Abs. 2 entsprechende Anwendung. 1273.

§

1276 Ein verpfändetes Recht kann durch Rechtsgeschäft nur mit Zustimmung des Pfandg. aufgehoben werden. Die Zustimmung ist demjenigen gegenüber zu erklären, zu dessen Gunsten sie erfolgt; sie ist unwiderruflich. Die Vorschrift des § 876 Satz 3 bleibt unberührt.

Das Gleiche gilt im Falle einer Änderung des Rechtes, sofern sie das Pfandrecht beeinträchtigt. 1273.

1277 Der Pfandg. kann seine Befriedigung aus dem Rechte nur auf Grund eines vollstreckbaren Titels nach den für die Zwangsvollstreckung geltenden Vorschriften suchen, sofern nicht ein anderes bestimmt ist. Die Vorschriften des § 1229 und des § 1245 Abs. 2 bleiben unberührt. 1273, 1282.

1280 Die Verpfändung einer Forderung, zu deren Übertragung der Abtretungsvertrag genügt, ist nur wirksam, wenn der G. sie dem Schuldner anzeigt. 1273, 1279.

1281 Der Schuldner kann nur an den Pfandg. und den G. gemeinschaftlich leisten. Jeder von beiden kann verlangen, daß an sie gemeinschaftlich geleistet wird; jeder kann statt der Leistung verlangen, daß die geschuldete Sache für beide hinterlegt oder, wenn sie sich nicht zur Hinterlegung eignet, an einen gerichtlich zu bestellenden Verwahrer abgeliefert wird. 1273, 1279, 1284, 1287, 1288.

1282 Sind die Voraussetzungen des § 1228 Abs. 2 eingetreten, so ist der Pfandg. zur Einziehung der Forderung berechtigt und kann der Schuldner nur an ihn leisten. Die Einziehung einer Geldforderung steht dem Pfandg. nur insoweit zu, als sie zu seiner Befriedigung erforderlich ist. Soweit er zur Einziehung berechtigt ist, kann er auch verlangen, daß ihm die Geld-

§ forderung an Zahlungsstatt abgetreten wird.

Zu anderen Verfügungen über die Forderung ist der Pfandg. nicht berechtigt; das Recht, die Befriedigung aus der Forderung nach § 1277 zu suchen, bleibt unberührt. 1273, 1279, 1284, 1287, 1288.

1283 Hängt die Fälligkeit der verpfändeten Forderung von einer Kündigung ab, so bedarf der G. zur Kündigung der Zustimmung des Pfandg. nur, wenn dieser berechtigt ist, die Nutzungen zu ziehen.

Die Kündigung des Schuldners ist nur wirksam, wenn sie dem Pfandg. und dem G. erklärt wird.

Sind die Voraussetzungen des § 1228 Abs. 2 eingetreten, so ist auch der Pfandg. zur Kündigung berechtigt; für die Kündigung des Schuldners genügt die Erklärung gegenüber dem Pfandg. 1273, 1279, 1284.

1284 Die Vorschriften der §§ 1281—1283 finden keine Anwendung, soweit der Pfandg. und der G. ein anderes vereinbaren. 1273, 1279.

1285 Hat die Leistung an den Pfandg. und den G. gemeinschaftlich zu erfolgen, so sind beide einander verpflichtet, zur Einziehung mitzuwirken, wenn die Forderung fällig ist.

Soweit der Pfandg. berechtigt ist, die Forderung ohne Mitwirkung des G. einzuziehen, hat er für die ordnungsmäßige Einziehung zu sorgen. Von der Einziehung hat er den G. unverzüglich zu benachrichtigen, sofern nicht die Benachrichtigung unthunlich ist. 1273, 1279.

1286 Hängt die Fälligkeit der verpfändeten Forderung von einer Kündigung ab, so kann der Pfandg., sofern nicht das Kündigungsrecht ihm zusteht, von dem G. die Kündigung verlangen, wenn die Einziehung der Forderung wegen Gefährdung ihrer Sicherheit nach den Regeln einer ordnungsmäßigen Vermögensverwaltung geboten ist. Unter der gleichen Voraussetzung kann der G. von dem Pfandg. die Zustimmung zur Kündigung verlangen, sofern die Zustimmung erforderlich ist. 1273, 1279.

1287 Leistet der Schuldner in Gemäßheit der §§ 1281, 1282, so erwirbt mit der Leistung der G. den geleisteten Gegenstand und der Pfandg. ein Pfandrecht an dem Gegenstande. Besteht die Leistung in der Übertragung des Eigentums an einem Grundstücke, so erwirbt der Pfandg. eine Sicherungshypothek. 1273, 1279.

1288 Wird eine Geldforderung in Gemäßheit des § 1281 eingezogen, so sind der Pfandg. und der G. einander verpflichtet, dazu mitzuwirken, daß der eingezogene Betrag, soweit es ohne Beeinträchtigung des Interesses des Pfandg. thunlich ist, nach den für die Anlegung von Mündelgeld geltenden Vorschriften verzinslich angelegt und gleichzeitig dem Pfandg. das Pfandrecht bestellt wird. Die Art der Anlegung bestimmt der G.

Erfolgt die Einziehung in Gemäßheit des § 1282, so gilt die Forderung des Pfandg., soweit ihm der eingezogene Betrag zu seiner Befriedigung gebührt, als von dem G. berichtigt. 1273, 1279.

1289 Das Pfandrecht an einer Forderung erstreckt sich auf die Zinsen der Forderung. Die Vorschriften des § 1123 Abs. 2 und der §§ 1124, 1125 finden entsprechende Anwendung; an die Stelle der Beschlagnahme tritt die Anzeige des Pfandg. an den Schuldner, daß er von dem Einziehungsrechte Gebrauch mache. 1273, 1279.

1290 Bestehen mehrere Pfandrechte an einer

§ Forderung, so ist zur Einziehung nur derjenige Pfandg. berechtigt, dessen Pfandrecht den übrigen Pfandrechten vorgeht. 1273, 1279.

1292 Zur Verpfändung eines Wechsels oder eines anderen Papiers, das durch Indossament übertragen werden kann, genügt die Einigung des G. und des Pfandg. und die Übergabe des indossierten Papiers. 1273.

1294 Ist ein Wechsel, ein anderes Papier, das durch Indossament übertragen werden kann, oder ein Inhaberpapier Gegenstand des Pfandrechts, so ist, auch wenn die Voraussetzungen des § 1228 Abs. 2 noch nicht eingetreten sind, der Pfandg. zur Einziehung und, falls Kündigung erforderlich ist, zur Kündigung berechtigt und kann der Schuldner nur an ihn leisten. 1273.

1295 Hat ein verpfändetes Papier, das durch Indossament übertragen werden kann, einen Börsen- oder Marktpreis, so ist der G. nach dem Eintritte der Voraussetzungen des § 1228 Abs. 2 berechtigt, das Papier nach § 1221 verkaufen zu lassen. 1273.

1296 Das Pfandrecht an einem Wertpapier erstreckt sich auf die zu dem Papiere gehörenden Zins-, Renten- oder Gewinnanteilscheine nur dann, wenn sie dem Pfandg. übergeben sind. Der Verpfänder kann, sofern nicht ein anderes bestimmt ist, die Herausgabe der Scheine verlangen, soweit sie vor dem Eintritte der Voraussetzungen des § 1228 Abs. 2 fällig werden. 1273.

Reallasten.

1109 s. Schuldverhältnis 432.

1112 s. Vorkaufsrecht 1104.

Rentenschuld.

1200 Die Zahlung der Ablösungssumme an den G. hat die gleiche Wirkung wie die Zahlung des Kapitals einer Grundschuld.

1201 Das Recht zur Ablösung einer Rentenschuld steht dem Eigentümer zu.

Dem G. kann das Recht, die Ablösung zu verlangen, nicht eingeräumt werden. Im Falle des § 1133 Satz 2 ist der G. berechtigt, die Zahlung der Ablösungssumme aus dem Grundstücke zu verlangen.

1202 Hat der Eigentümer die Rentenschuld gekündigt, so kann der G. nach dem Ablaufe der Kündigungsfrist die Zahlung der Ablösungssumme aus dem Grundstücke verlangen.

704 **Sachen** s. Miete 563.

528 **Schenkung** s. Leibrente 760.

Schuldverhältnis.

362—371 Erfüllung.

362 Das Schuldverhältnis erlischt, wenn die geschuldete Leistung an den G. bewirkt wird.

363 Hat der G. eine ihm als Erfüllung angebotene Leistung als Erfüllung angenommen, so trifft ihn die Beweislast, wenn er die Leistung deshalb nicht als Erfüllung gelten lassen will, weil sie eine andere als die geschuldete Leistung oder weil sie unvollständig gewesen sei.

364 Das Schuldverhältnis erlischt, wenn der G. eine andere als die geschuldete Leistung an Erfüllungsstatt annimmt.

Übernimmt der Schuldner zum Zwecke der Befriedigung des G. diesem gegenüber eine neue Verbindlichkeit, so ist im Zweifel nicht anzunehmen, daß er die Verbindlichkeit an Erfüllungsstatt übernimmt.

366 Ist der Schuldner dem G. aus mehreren Schuldverhältnissen zu gleichartigen Leistungen verpflichtet und reicht das von ihm Geleistete nicht zur Tilgung sämtlicher Schulden aus, so wird diejenige Schuld getilgt, welche er bei der Leistung bestimmt.

§ Trifft der Schuldner keine Bestimmung, so wird zunächst die fällige Schuld, unter mehreren fälligen Schulden diejenige, welche dem G. geringere Sicherheit bietet, unter mehreren gleich sicheren die dem Schuldner lästigere, unter mehreren gleich lästigen die ältere Schuld und bei gleichem Alter jede Schuld verhältnismäßig getilgt. 396.

367 Hat der Schuldner außer der Hauptleistung Zinsen und Kosten zu entrichten, so wird eine zur Tilgung der ganzen Schuld nicht ausreichende Leistung zunächst auf die Kosten, dann auf die Zinsen und zuletzt auf die Hauptleistung angerechnet.

Bestimmt der Schuldner eine andere Anrechnung, so kann der G. die Annahme der Leistung ablehnen. 396.

368 Der G. hat gegen Empfang der Leistung auf Verlangen ein schriftliches Empfangsbekenntnis (Quittung) zu erteilen. Hat der Schuldner ein rechtliches Interesse, daß die Quittung in anderer Form erteilt wird, so kann er die Erteilung in dieser Form verlangen.

369 Die Kosten der Quittung hat der Schuldner zu tragen und vorzuschießen, sofern nicht aus den zwischen ihm und dem G. bestehenden Rechtsverhältnisse sich ein anderes ergiebt.

Treten infolge einer Übertragung der Forderung oder im Wege der Erbfolge an die Stelle des ursprünglichen G. mehrere G., so fallen die Mehrkosten den G. zur Last.

371 Ist über die Forderung ein Schuldschein ausgestellt worden, so kann der Schuldner neben der Quittung Rückgabe des Schuldscheins verlangen. Behauptet der G., zur Rückgabe außer stande zu sein, so kann der Schuldner das öffentlich beglaubigte Anerkenntnis verlangen, daß die Schuld erloschen sei.

§
372—386 Hinterlegung.

372 Geld, Wertpapiere und sonstige Urkunden sowie Kostbarkeiten kann der Schuldner bei einer dazu bestimmten öffentlichen Stelle für den G. hinterlegen, wenn der G. im Verzuge der Annahme ist. Das Gleiche gilt, wenn der Schuldner aus einem anderen in der Person des G. liegenden Grunde oder infolge einer nicht auf Fahrlässigkeit beruhenden Ungewißheit über die Person des G. seine Verbindlichkeit nicht oder nicht mit Sicherheit erfüllen kann. 383.

373 Ist der Schuldner nur gegen eine Leistung des G. zu leisten verpflichtet, so kann er das Recht des G. zum Empfange der hinterlegten Sache von der Bewirkung der Gegenleistung abhängig machen.

374 Die Hinterlegung hat bei der Hinterlegungsstelle des Leistungsorts zu erfolgen; hinterlegt der Schuldner bei einer anderen Stelle, so hat er dem G. den daraus entstehenden Schaden zu ersetzen.

Der Schuldner hat dem G. die Hinterlegung unverzüglich anzuzeigen; im Falle der Unterlassung ist er zum Schadensersatze verpflichtet. Die Anzeige darf unterbleiben, wenn sie unthunlich ist.

376 Der Schuldner hat das Recht, die hinterlegte Sache zurückzunehmen.

Die Rücknahme ist ausgeschlossen:

1. Wenn der Schuldner der Hinterlegungsstelle erklärt, daß er auf das Recht zur Rücknahme verzichte;
2. wenn der G. der Hinterlegungsstelle die Annahme erklärt;
3. Wenn der Hinterlegungsstelle ein zwischen dem G. und dem Schuldner ergangenes rechtskräftiges Urteil vorgelegt wird, das die Hinterlegung für rechtmäßig erklärt.

§

378 Ist die Rücknahme der hinterlegten Sache ausgeschlossen, so wird der Schuldner durch die Hinterlegung von seiner Verbindlichkeit in gleicher Weise befreit, wie wenn er zur Zeit der Hinterlegung an den G. geleistet hätte.

379 Ist die Rücknahme der hinterlegten Sache nicht ausgeschlossen, so kann der Schuldner den G. auf die hinterlegte Sache verweisen.

Solange die Sache hinterlegt ist, trägt der G. die Gefahr und ist der Schuldner nicht verpflichtet, Zinsen zu zahlen oder Ersatz für nicht gezogene Nutzungen zu leisten.

Nimmt der Schuldner die hinterlegte Sache zurück, so gilt die Hinterlegung als nicht erfolgt.

380 Soweit nach den für die Hinterlegungsstelle geltenden Bestimmungen zum Nachweise der Empfangsberechtigung des G. eine diese Berechtigung anerkennende Erklärung des Schuldners erforderlich oder genügend ist, kann der G. von dem Schuldner die Abgabe der Erklärung unter denselben Voraussetzungen verlangen, unter denen er die Leistung zu fordern berechtigt sein würde, wenn die Hinterlegung nicht erfolgt wäre.

381 Die Kosten der Hinterlegung fallen dem G. zur Last, sofern nicht der Schuldner die hinterlegte Sache zurücknimmt.

382 Das Recht des G. auf den hinterlegten Betrag erlischt mit dem Ablaufe von dreißig Jahren nach dem Empfange der Anzeige von der Hinterlegung, wenn nicht der G. sich vorher bei der Hinterlegungsstelle meldet; der Schuldner ist zur Rücknahme berechtigt, auch wenn er auf das Recht zur Rücknahme verzichtet hat.

383 Ist die geschuldete bewegliche Sache zur Hinterlegung nicht geeignet, so kann der Schuldner sie im Falle des Verzugs des G. am Leistungsorte versteigern lassen und den Erlös hinterlegen. Das Gleiche gilt in den Fällen des § 372 Satz 2, wenn der Verderb der Sache zu besorgen oder die Aufbewahrung mit unverhältnismäßigen Kosten verbunden ist.

384 Die Versteigerung der geschuldeten Sache ist erst zulässig, nachdem sie dem G. angedroht worden ist; die Androhung darf unterbleiben, wenn die Sache dem Verderb ausgesetzt und mit dem Aufschube der Versteigerung Gefahr verbunden ist.

Der Schuldner hat den G. von der Versteigerung unverzüglich zu benachrichtigen; im Falle der Unterlassung ist er zum Schadensersatze verpflichtet.

Die Androhung und die Benachrichtigung dürfen unterbleiben, wenn sie unthunlich sind.

386 Die Kosten der Versteigerung der geschuldeten Sache oder des nach § 385 erfolgten Verkaufs fallen dem G. zur Last, sofern nicht der Schuldner den hinterlegten Erlös zurücknimmt.

387—396 Aufrechnung.

392 Durch die Beschlagnahme einer Forderung wird die Aufrechnung einer dem Schuldner gegen den G. zustehenden Forderung nur dann ausgeschlossen, wenn der Schuldner seine Forderung nach der Beschlagnahme erworben hat oder wenn seine Forderung erst nach der Beschlagnahme und später als die in Beschlag genommene Forderung fällig geworden ist.

397 Erlaß.

397 Das Schuldverhältnis erlischt, wenn der G. dem Schuldner durch Vertrag die Schuld erläßt.

Das Gleiche gilt, wenn der G. durch Vertrag mit dem Schuldner

§ anerkennt, daß das Schuldverhältnis nicht bestehe.

398—413 Übertragung der Forderung.

398 Eine Forderung kann von dem G. durch Vertrag mit einem anderen auf diesen übertragen werden (Abtretung). Mit dem Abschlusse des Vertrags tritt der neue G. an die Stelle des bisherigen G.

399 Eine Forderung kann nicht abgetreten werden, wenn die Leistung an einen anderen als den ursprünglichen G. nicht ohne Veränderung ihres Inhalts erfolgen kann oder wenn die Abtretung durch Vereinbarung mit dem Schuldner ausgeschlossen ist. 412.

401 Mit der abgetretenen Forderung gehen die Hypotheken oder Pfandrechte, die für sie bestehen, sowie die Rechte aus einer für sie bestellten Bürgschaft auf den neuen G. über.

Ein mit der Forderung für den Fall der Zwangsvollstreckung oder Konkurses verbundenes Vorzugsrecht kann auch der neue G. geltend machen. 412.

402 Der bisherige G. ist verpflichtet, dem neuen G. die zur Geltendmachung der Forderung nötige Auskunft zu erteilen und ihm die zum Beweise der Forderung dienenden Urkunden, soweit sie sich in seinem Besitze befinden, auszuliefern. 412.

403 Der bisherige G. hat dem neuen G. auf Verlangen eine öffentlich beglaubigte Urkunde über die Abtretung auszustellen. Die Kosten hat der neue G. zu tragen und vorzuschießen. 412.

404 Der Schuldner kann dem neuen G. die Einwendungen entgegensetzen, die zur Zeit der Abtretung der Forderung gegen den bisherigen G. begründet waren. 412.

405 Hat der Schuldner eine Urkunde über die Schuld ausgestellt, so kann er sich, wenn die Forderung unter Vorlegung der Urkunde abgetreten wird, dem neuen G. gegenüber nicht darauf berufen, daß die Eingehung oder Anerkennung des Schuldverhältnisses nur zum Schein erfolgt oder daß die Abtretung durch Vereinbarung mit dem ursprünglichen G. ausgeschlossen sei, es sei denn, daß der neue G. bei der Abtretung den Sachverhalt kannte oder kennen mußte.

406 Der Schuldner kann eine ihm gegen den bisherigen G. zustehende Forderung auch dem neuen G. gegenüber aufrechnen, es sei denn, daß er bei dem Erwerbe der Forderung von der Abtretung Kenntnis hatte oder daß die Forderung erst nach der Erlangung der Kenntnis und später als die abgetretene Forderung fällig geworden ist. 412.

407 Der neue G. muß eine Leistung, die der Schuldner nach der Abtretung an den bisherigen G. bewirkt, sowie jedes Rechtsgeschäft, das nach der Abtretung zwischen dem Schuldner und dem bisherigen G. in Ansehung der Forderung vorgenommen wird, gegen sich gelten lassen, es sei denn, daß der Schuldner die Abtretung bei der Leistung oder der Vornahme des Rechtsgeschäfts kennt.

Ist in einem nach der Abtretung zwischen dem Schuldner und dem bisherigen G. anhängig gewordenen Rechtsstreit ein rechtskräftiges Urteil über die Forderung ergangen, so muß der neue G. das Urteil gegen sich gelten lassen, es sei denn, daß der Schuldner die Abtretung bei dem Eintritte der Rechtshängigkeit gekannt hat. 408, 412.

408 Wird eine abgetretene Forderung von dem bisherigen G. nochmals an einen Dritten abgetreten, so finden, wenn der Schuldner an den Dritten leistet

§ oder wenn zwischen dem Schuldner und dem Dritten ein Rechtsgeschäft vorgenommen oder ein Rechtsstreit anhängig wird, zu Gunsten des Schuldners die Vorschriften des § 407 dem früheren Erwerber gegenüber entsprechende Anwendung.

Das Gleiche gilt, wenn die bereits abgetretene Forderung durch gerichtlichen Beschluß einem Dritten überwiesen wird oder wenn der bisherige G. dem Dritten gegenüber anerkennt, daß die bereits abgetretene Forderung kraft Gesetzes auf den Dritten übergegangen sei. 412.

409 Zeigt der G. dem Schuldner an, daß er die Forderung abgetreten habe, so muß er dem Schuldner gegenüber die angezeigte Abtretung gegen sich gelten lassen, auch wenn sie nicht erfolgt oder nicht wirksam ist. Der Anzeige steht es gleich, wenn der G. eine Urkunde über die Abtretung dem in der Urkunde bezeichneten neuen G. ausgestellt hat und dieser sie dem Schuldner vorlegt.

Die Anzeige kann nur mit Zustimmung desjenigen zurückgenommen werden, welcher als der neue G. bezeichnet worden ist. 412.

410 Der Schuldner ist dem neuen G. gegenüber zur Leistung nur gegen Aushändigung einer von dem bisherigen G. über die Abtretung ausgestellten Urkunde verpflichtet. Eine Kündigung oder eine Mahnung des neuen G. ist unwirksam, wenn sie ohne Vorlegung einer solchen Urkunde erfolgt und der Schuldner sie aus diesem Grunde unverzüglich zurückweist.

Diese Vorschriften finden keine Anwendung, wenn der bisherige G. dem Schuldner die Abtretung schriftlich angezeigt hat. 412.

411 Tritt eine Militärperson, ein Beamter, ein Geistlicher oder ein Lehrer an einer öffentlichen Unterrichtsanstalt den übertragbaren Teil des Diensteinkommens, des Wartegeldes oder des Ruhegehalts ab, so ist die auszahlende Kasse durch Aushändigung einer von dem bisherigen G. ausgestellten, öffentlich beglaubigten Urkunde von der Abtretung zu benachrichtigen. Bis zur Benachrichtigung gilt die Abtretung als der Kasse nicht bekannt.

414—419 Schuldübernahme.

414 Eine Schuld kann von einem Dritten durch Vertrag mit dem G. in der Weise übernommen werden, daß der Dritte an die Stelle des bisherigen Schuldners tritt.

415 Wird die Schuldübernahme von dem Dritten mit dem Schuldner vereinbart, so hängt ihre Wirksamkeit von der Genehmigung des G. ab. Die Genehmigung kann erst erfolgen, wenn der Schuldner oder der Dritte dem G. die Schuldübernahme mitgeteilt hat. Bis zur Genehmigung können die Parteien den Vertrag ändern oder aufheben.

Wird die Genehmigung verweigert, so gilt die Schuldübernahme als nicht erfolgt. Fordert der Schuldner oder der Dritte den G. unter Bestimmung einer Frist zur Erklärung über die Genehmigung auf, so kann die Genehmigung nur bis zum Ablaufe der Frist erklärt werden; wird sie nicht erklärt, so gilt sie als verweigert.

Solange nicht der G. die Genehmigung erteilt hat, ist im Zweifel der Übernehmer dem Schuldner gegenüber verpflichtet, den G. rechtzeitig zu befriedigen. Das Gleiche gilt, wenn der G. die Genehmigung verweigert. 416.

416 Übernimmt der Erwerber eines Grundstücks durch Vertrag mit dem Ver-

§ äußerer eine Schuld des Veräußerers, für die eine Hypothek an dem Grundstücke besteht, so kann der G. die Schuldübernahme nur genehmigen, wenn der Veräußerer sie ihm mitteilt. Sind seit dem Empfange der Mitteilung sechs Monate verstrichen, so gilt die Genehmigung als erteilt, wenn nicht der G. sie dem Veräußerer gegenüber vorher verweigert hat; die Vorschrift des § 415 Abs. 2 Satz 2 findet keine Anwendung.

Die Mitteilung des Veräußerers kann erst erfolgen, wenn der Erwerber als Eigentümer im Grundbuch eingetragen ist. Sie muß schriftlich geschehen und den Hinweis enthalten, daß der Übernehmer an die Stelle des bisherigen Schuldners tritt, wenn nicht der G. die Verweigerung innerhalb der sechs Monate erklärt.

Der Veräußerer hat auf Verlangen des Erwerbers dem G. die Schuldübernahme mitzuteilen. Sobald die Erteilung oder Verweigerung der Genehmigung feststeht, hat der Veräußerer den Erwerber zu benachrichtigen.

417 Der Übernehmer der Schuld kann dem G. die Einwendungen entgegensetzen, welche sich aus dem Rechtsverhältnisse zwischen dem G. und dem bisherigen Schuldner ergeben. Eine dem bisherigen Schuldner zustehende Forderung kann er nicht aufrechnen.

Aus dem der Schuldübernahme zu Grunde liegenden Rechtsverhältnisse zwischen dem Übernehmer und dem bisherigen Schuldner kann der Übernehmer dem G. gegenüber Einwendungen nicht herleiten.

418 Infolge der Schuldübernahme erlöschen die für die Forderung bestellten Bürgschaften und Pfandrechte. Besteht für die Forderung eine Hypothek, so tritt das Gleiche ein, wie wenn

§ der G. auf die Hypothek verzichtet. Diese Vorschriften finden keine Anwendung, wenn der Bürge oder derjenige, welchem der verhaftete Gegenstand zur Zeit der Schuldübernahme gehört, in diese einwilligt.

Ein mit der Forderung für den Fall des Konkurses verbundenes Vorzugsrecht kann nicht im Konkurs über das Vermögen des Übernehmers geltend gemacht werden.

419 Übernimmt jemand durch Vertrag das Vermögen eines anderen, so können dessen G., unbeschadet der Fortdauer der Haftung des bisherigen Schuldners, von dem Abschlusse des Vertrags an ihre zu dieser Zeit bestehenden Ansprüche auch gegen den Übernehmer geltend machen.

Die Haftung des Übernehmers beschränkt sich auf den Bestand des übernommenen Vermögens und die ihm aus dem Vertrage zustehenden Ansprüche. Beruft sich der Übernehmer auf die Beschränkung seiner Haftung, so finden die für die Haftung des Erben geltenden Vorschriften der §§ 1990, 1991 entsprechende Anwendung.

Die Haftung des Übernehmers kann nicht durch Vereinbarung zwischen ihm und dem bisherigen Schuldner ausgeschlossen oder beschränkt werden.

420—432 Mehrheit von Schuldnern und G.

420—427, 431 s. **Gesamtschuldner** — Schuldverhältnis.

428—430, 432 s. **Gesamtgläubiger** — Schuldverhältnis.

Schuldverschreibung.

807 Werden Karten, Marken oder ähnliche Urkunden, in denen ein G. nicht bezeichnet ist, von dem Aussteller unter Umständen ausgegeben, aus welchen sich ergiebt, daß er dem Inhaber zu einer Leistung verpflichtet sein will, so finden die Vorschriften des § 793

§ Abs. 1 und der §§ 794, 796, 797 entsprechende Anwendung.

808 Wird eine Urkunde, in welcher der G. benannt ist, mit der Bestimmung ausgegeben, daß die in der Urkunde versprochene Leistung an jeden Inhaber bewirkt werden kann, so wird der Schuldner durch die Leistung an den Inhaber der Urkunde befreit. Der Inhaber ist nicht berechtigt, die Leistung zu verlangen.

Der Schuldner ist nur gegen Aushändigung der Urkunde zur Leistung verpflichtet. Ist die Urkunde abhanden gekommen oder vernichtet, so kann sie, wenn nicht ein anderes bestimmt ist, im Wege des Aufgebotsverfahrens für kraftlos erklärt werden. Die im § 802 für die Verjährung gegebenen Vorschriften finden Anwendung.

Sicherheitsleistung.

236 Mit einer Buchforderung gegen das Reich oder gegen einen Bundesstaat kann Sicherheit nur in Höhe von drei Vierteilen des Kurswerts der Wertpapiere geleistet werden, deren Aushändigung der G. gegen Löschung seiner Forderung verlangen kann.

Stiftung.

86 s. Verein 42.

88 s. Verein 49, 50, 52, 53.

Testament.

2111 s. Schuldverhältnis 406—408.

2115 Eine Verfügung über einen Erbschaftsgegenstand, die im Wege der Zwangsvollstreckung oder der Arrestvollziehung oder durch den Konkursverwalter erfolgt, ist im Falle des Eintritts der Nacherbfolge insoweit unwirksam, als sie das Recht des Nacherben vereiteln oder beeinträchtigen würde. Die Verfügung ist unbeschränkt wirksam, wenn der Anspruch eines Nachlaßg. oder ein an einem Erbschaftsgegenstande bestehendes Recht geltend gemacht wird, das im Falle des Eintritts der Nacherbfolge dem Nacherben gegenüber wirksam ist. 2112.

2144 Der Nacherbe kann sich dem Vorerben gegenüber auf die Beschränkung seiner Haftung auch dann berufen, wenn er den übrigen Nachlaßg. gegenüber unbeschränkt haftet.

2145 s. Erbe 1990, 1991.

2146 Der Vorerbe ist den Nachlaßg. gegenüber verpflichtet, den Eintritt der Nacherbfolge unverzüglich dem Nachlaßgericht anzuzeigen. Die Anzeige des Vorerben wird durch die Anzeige des Nacherben ersetzt.

2166 Ist ein vermachtes Grundstück, das zur Erbschaft gehört, mit einer Hypothek für eine Schuld des Erblassers oder für eine Schuld belastet, zu deren Berichtigung der Erblasser dem Schuldner gegenüber verpflichtet ist, so ist der Vermächtnisnehmer im Zweifel dem Erben gegenüber zur rechtzeitigen Befriedigung des G. insoweit verpflichtet, als die Schuld durch den Wert des Grundstücks gedeckt wird. Der Wert bestimmt sich nach der Zeit, zu welcher das Eigentum auf den Vermächtnisnehmer übergeht; er wird unter Abzug der Belastungen berechnet, die der Hypothek im Range vorgehen.

Ist dem Erblasser gegenüber ein Dritter zur Berichtigung der Schuld verpflichtet, so besteht die Verpflichtung des Vermächtnisnehmers im Zweifel nur insoweit, als der Erbe die Berichtigung nicht von dem Dritten erlangen kann.

Auf eine Hypothek der im § 1190 bezeichneten Art finden diese Vorschriften keine Anwendung. 2167, 2168.

2168 Besteht an mehreren zur Erbschaft gehörenden Grundstücken eine Gesamtgrundschuld oder eine Gesamtrentenschuld und ist eines dieser

§ Grundstücke vermacht, so ist der Vermächtnisnehmer im Zweifel dem Erben gegenüber zur Befriedigung des G. in Höhe des Teiles der Grundschuld oder der Rentenschuld verpflichtet, der dem Verhältnisse des Wertes des vermachten Grundstücks zu dem Werte der sämtlichen Grundstücke entspricht. Der Wert wird nach § 2166 Abs. 1 Satz 2 berechnet.

Ist neben dem vermachten Grundstück ein nicht zur Erbschaft gehörendes Grundstück mit einer Gesamtgrundschuld oder einer Gesamtrentenschuld belastet, so finden, wenn der Erblasser zur Zeit des Erbfalls gegenüber dem Eigentümer des anderen Grundstücks oder einem Rechtsvorgänger des Eigentümers zur Befriedigung des G. verpflichtet ist, die Vorschriften des § 2166 Abs. 1 und des § 2167 entsprechende Anwendung.

2213 Ein Nachlaßg., der seinen Anspruch gegen den Erben geltend macht, kann den Anspruch auch gegen den Testamentsvollstrecker dahin geltend machen, daß dieser die Zwangsvollstreckung in die seiner Verwaltung unterliegenden Nachlaßgegenstände dulde.

2214 G. des Erben, die nicht zu den Nachlaßg. gehören, können sich nicht an die der Verwaltung des Testamentsvollstreckers unterliegenden Nachlaßgegenstände halten.

Verein.

42 Wird die Stellung des Antrags auf Konkurseröffnung verzögert, so sind die Vorstandsmitglieder, denen ein Verschulden zur Last fällt, den G. des Vereins für den daraus entstehenden Schaden verantwortlich; sie haften als Gesamtschuldner. 53.

49 Die Liquidatoren haben die laufenden Geschäfte des Vereins zu beendigen, die Forderungen einzuziehen, das übrige Vermögen in Geld umzusetzen, die G. zu befriedigen und den Überschuß den Anfallberechtigten auszuantworten. Zur Beendigung schwebender Geschäfte können die Liquidatoren auch neue Geschäfte eingehen. Die Einziehung der Forderungen sowie die Umsetzung des übrigen Vermögens in Geld darf unterbleiben, soweit diese Maßregeln nicht zur Befriedigung der G. oder zur Verteilung des Überschusses unter die Anfallberechtigten erforderlich sind.

Der Verein gilt bis zur Beendigung der Liquidation als fortbestehend, soweit der Zweck der Liquidation es erfordert.

50 Die Auflösung des Vereins oder die Entziehung der Rechtsfähigkeit ist durch die Liquidatoren öffentlich bekannt zu machen. In der Bekanntmachung sind die G. zur Anmeldung ihrer Ansprüche aufzufordern. Die Bekanntmachung erfolgt durch das in der Satzung für Veröffentlichungen bestimmte Blatt, in Ermangelung eines solchen durch dasjenige Blatt, welches für Bekanntmachungen des Amtsgerichts bestimmt ist, in dessen Bezirke der Verein seinen Sitz hatte. Die Bekanntmachung gilt mit dem Ablaufe des zweiten Tages nach der Einrückung oder der ersten Einrückung als bewirkt.

Bekannte G. sind durch besondere Mitteilung zur Anmeldung aufzufordern. 53.

52 Meldet sich ein bekannter G. des Vereins nicht, so ist der geschuldete Betrag, wenn die Berechtigung zur Hinterlegung vorhanden ist, für den G. zu hinterlegen.

Ist die Berichtigung einer Verbindlichkeit zur Zeit nicht ausführbar oder ist eine Verbindlichkeit streitig, so darf das Vermögen den Anfall-

§ berechtigten nur ausgeantwortet werden, wenn dem G. Sicherheit geleistet ist.

53 Liquidatoren, welche die ihnen nach dem § 42 Abs. 2 und §§ 50—52 obliegenden Verpflichtungen verletzen oder vor der Befriedigung der G. des Vereins Vermögen den Anfallberechtigten ausantworten, sind, wenn ihnen ein Verschulden zur Last fällt, den G. für den daraus entstehenden Schaden verantwortlich; sie haften als Gesamtschuldner.

Verjährung.

202 f. Bürgschaft 770, Erbe 2015.

Vertrag.

320 f. Leistung 273.

322 f. Leistung 274.

323 f. Leistung 281.

325 f. Leistung 280, 283.

329 Verpflichtet sich in einem Vertrage der eine Teil zur Befriedigung eines G. des anderen Teiles, ohne die Schuld zu übernehmen, so ist im Zweifel nicht anzunehmen, daß der G. unmittelbar das Recht erwerben soll, die Befriedigung von ihm zu fordern.

339 Verspricht der Schuldner dem G. für den Fall, daß er seine Verbindlichkeit nicht oder nicht in gehöriger Weise erfüllt, die Zahlung einer Geldsumme als Strafe, so ist die Strafe verwirkt, wenn er in Verzug kommt. Besteht die geschuldete Leistung in einem Unterlassen, so tritt die Verwirkung mit der Zuwiderhandlung ein. 342, 343.

340 Hat der Schuldner die Strafe für den Fall versprochen, daß er seine Verbindlichkeit nicht erfüllt, so kann der G. die verwirkte Strafe statt der Erfüllung verlangen. Erklärt der G. dem Schuldner, daß er die Strafe verlange, so ist der Anspruch auf Erfüllung ausgeschlossen.

Steht dem G. ein Anspruch auf Schadensersatz wegen Nichterfüllung zu, so kann er die verwirkte Strafe als Mindestbetrag des Schadens verlangen. Die Geltendmachung eines weiteren Schadens ist nicht ausgeschlossen. 341, 342.

341 Hat der Schuldner die Strafe für den Fall versprochen, daß er seine Verbindlichkeit nicht in gehöriger Weise, insbesondere nicht zu der bestimmten Zeit, erfüllt, so kann der G. die verwirkte Strafe neben der Erfüllung verlangen.

Steht dem G. ein Anspruch auf Schadensersatz wegen der nicht gehörigen Erfüllung zu, so finden die Vorschriften des § 340 Abs. 2 Anwendung.

Nimmt der Gläubiger die Erfüllung an, so kann er die Strafe nur verlangen, wenn er sich das Recht dazu bei der Annahme vorbehält. 342.

342 Wird als Strafe eine andere Leistung als die Zahlung einer Geldsumme versprochen, so finden die Vorschriften der §§ 339—341 Anwendung; der Anspruch auf Schadensersatz ist ausgeschlossen, wenn der G. die Strafe verlangt. 343.

343 Ist eine verwirkte Strafe unverhältnismäßig hoch, so kann sie auf Antrag des Schuldners durch Urteil auf den angemessenen Betrag herabgesetzt werden. Bei der Beurteilung der Angemessenheit ist jedes berechtigte Interesse des G. nicht bloß das Vermögensinteresse, in Betracht zu ziehen. Nach der Entrichtung der Strafe ist die Herabsetzung ausgeschlossen.

Das Gleiche gilt auch außer den Fällen der §§ 339, 342, wenn jemand eine Strafe für den Fall verspricht, daß er eine Handlung vornimmt oder unterläßt.

360 Ist ein Vertrag mit dem Vorbehalte geschlossen, daß der Schuldner seiner Rechte aus dem Vertrage verlustig

§ sein soll, wenn er seine Verbindlichkeit nicht erfüllt, so ist der G. bei dem Eintritte dieses Falles zum Rücktritte von dem Vertrage berechtigt.

Verwandtschaft.

1612, 1614 s. Leibrente 760.
1654 s. Güterrecht 1388.
1659 Die G. des Kindes können ohne Rücksicht auf die elterliche Nutznießung Befriedigung aus dem Vermögen des Kindes verlangen.

Hat der Vater verbrauchbare Sachen nach § 1653 veräußert oder verbraucht, so ist er den G. gegenüber zum sofortigen Ersatze verpflichtet.

Vorkaufsrecht.

1104 Ist der Berechtigte unbekannt, so kann er im Wege des Aufgebotsverfahrens mit seinem Rechte ausgeschlossen werden, wenn die im § 1170 für die Ausschließung eines Hypothekeng. bestimmten Voraussetzungen vorliegen. Mit der Erlassung des Ausschlußurteils erlischt das Vorkaufsrecht.

Auf ein Vorkaufsrecht, das zu Gunsten des jeweiligen Eigentümers eines Grundstücks besteht, finden diese Vorschriften keine Anwendung.

Gläubigerrecht.

§ **Hypothek.**

1155, 1173 s. **Gläubiger** — Hypothek.

Gleichartigkeit.

Art.
121 **Einführungsgesetz** s. **E.G.** — E.G.

§ **Schuldverhältnis.**

366 s. **Gläubiger** — Leistung.
387 s. **Schuldverhältnis** — Schuldverhältnis.

Gleichheit.

Namen.

12 Unbefugter Gebrauch eines gleichen Namens s. **Namen** — Namen.

Testament.

2091 Sind mehrere Erben eingesetzt, ohne daß die Erbteile bestimmt sind, so sind sie zu gleichen Teilen eingesetzt, soweit sich nicht aus den §§ 2066 bis 2069 ein anderes ergiebt. 2093, 2157.

Gleichstellung.

Art.
58 **Einführungsgesetz** s. **E.G.** — E.G.

Gleichzeitigkeit.

§ **Auslobung.**

659 Gleichzeitige Vornahme der Handlung, für die eine Belohnung ausgesetzt ist s. **Auslobung** — Auslobung.

Ehe.

1317 Die Ehe wird dadurch geschlossen, daß die Verlobten vor einem Standesbeamten persönlich und bei gleichzeitiger Anwesenheit erklären, die Ehe miteinander eingehen zu wollen. 1319, 1324.

Eigentum.

925 Die zur Übertragung des Eigentums an einem Grundstücke nach § 873 erforderliche Einigung des Veräußerers und des Erwerbers (Auflassung) muß bei gleichzeitiger Anwesenheit beider Teile vor dem Grundbuchamt erklärt werden.

Art. **Einführungsgesetz.**

1, 143 s. **E.G.** — E.G.
68 s. Erbbaurecht § 1015.
151 s. Erbvertrag § 2276.

§ **Erbbaurecht.**

1015 Die zur Bestellung des Erbbaurechts nach § 873 erforderliche Einigung des Eigentümers und des Erwerbers muß bei gleichzeitiger Anwesenheit beider Teile vor dem Grundbuchamt erklärt werden.

Erbvertrag.

2276 Ein Erbvertrag kann nur vor einem Richter oder vor einem Notar bei gleichzeitiger Anwesenheit beider Teile geschlossen werden. 2290.

§ **Güterrecht.**
1434 Der Ehevertrag muß bei gleichzeitiger Anwesenheit beider Teile vor Gericht oder vor einem Notar geschlossen werden.

Todeserklärung.
20 Sind mehrere in einer gemeinsamen Gefahr umgekommen, so wird vermutet, daß sie gleichzeitig gestorben seien.

Vertrag.
152 Wird ein Vertrag gerichtlich oder notariell beurkundet, ohne daß beide Teile gleichzeitig anwesend sind, so kommt der Vertrag mit der nach § 128 erfolgten Beurkundung der Annahme zustande, wenn nicht ein anderes bestimmt ist. Die Vorschrift des § 151 Satz 2 findet Anwendung.

Verwandtschaft.
1750 Der Annahmevertrag (an Kindesstatt) muß bei gleichzeitiger Anwesenheit beider Teile vor Gericht oder vor einem Notar geschlossen werden. 1770.

Wohnsitz.
7 Der Wohnsitz kann gleichzeitig an mehreren Orten bestehen.

Goldsachen.

1240 **Pfandrecht** s. **Pfandrecht** — Pfandrecht.

Goldwert.

1240 **Pfandrecht** s. **Pfandrecht** — Pfandrecht.

Gottesdienst.

Art.
133 **Einführungsgesetz** s. **E.G.** — E.G.

Graben.

§ **Eigentum.**
921 Gemeinschaftliche Benutzung eines G., der zwei Grundstücke von einander scheidet s. **Eigentum** — Eigentum.

§ **Pacht.**
582 Ausbesserung von G. während der Pachtzeit s. **Pacht** — Pacht.

Grad.

Art.
149 **Einführungsgesetz** *151* s. Testament § 22—34.

§ **Erbfolge.**
1928 Leben zur Zeit des Erbfalls Urgroßeltern nicht mehr, so erbt von ihren Abkömmlingen derjenige, welcher mit dem Erblasser dem G. nach am nächsten verwandt ist. 1929.

2276 **Erbvertrag** s. Testament 2234.

Testament.
2234 Als Richter, Notar, Gerichtsschreiber oder Zeuge kann bei der Errichtung des Testaments nicht mitwirken:
1. . . . .
2. wer mit dem Erblasser in gerader Linie oder im zweiten Grade der Seitenlinien verwandt oder verschwägert ist. 2232, 2235, 2236, 2244, 2249, 2250.

Verwandtschaft.
1589 Der G. der Verwandtschaft bestimmt sich nach der Zahl der sie vermittelnden Geburten.
1590 Der G. der Schwägerschaft bestimmt sich nach dem G. der sie vermittelnden Verwandtschaft.

Gravieren.

Eigentum.
950 Als Verarbeitung eines Stoffes gilt auch das Schreiben, ... G. oder eine ähnliche Bearbeitung der Oberfläche. 951.

2172 **Testament** s. Eigentum 950.

Grenze.

Besitz.
866 Besitzen mehrere eine Sache gemeinschaftlich, so findet in ihrem Verhältnisse zu einander ein Besitzschutz insoweit nicht statt, als es sich um die

§ G. des den Einzelnen zustehenden Gebrauchs handelt.

Eigentum.

907 Genügt eine Anlage den landesg. Vorschriften, die einen bestimmten Abstand von der G. oder sonstige Schutzmaßregeln vorschreiben, so kann die Beseitigung der Anlage erst verlangt werden, wenn die unzulässige Einwirkung thatsächlich hervortritt. 924.

912 Hat der Eigentümer eines Grundstücks bei der Errichtung eines Gebäudes über die G. gebaut, ohne daß ihm Vorsatz oder grobe Fahrlässigkeit zur Last fällt, so hat der Nachbar den Überbau zu dulden, es sei denn, daß er vor oder sofort nach der Grenzüberschreitung Widerspruch erhoben hat.

Der Nachbar ist durch eine Geldrente zu entschädigen. Für die Höhe der Rente ist die Zeit der Grenzüberschreitung maßgebend. 916, 917.

915 Der Rentenberechtigte kann jederzeit verlangen, daß der Rentenpflichtige ihm gegen Übertragung des Eigentums an dem überbauten Teile des Grundstücks den Wert ersetzt, den dieser Teil zur Zeit der Grenzüberschreitung gehabt hat. Macht er von dieser Befugnis Gebrauch, so bestimmen sich die Rechte und Verpflichtungen beider Teile nach den Vorschriften über den Kauf.

Für die Zeit bis zur Übertragung des Eigentums ist die Rente fortzuentrichten. 924.

919 Der Eigentümer eines Grundstücks kann von dem Eigentümer eines Nachbargrundstücks verlangen, daß dieser zur Errichtung fester Grenzzeichen und, wenn ein Grenzzeichen verrückt oder unkenntlich geworden ist, zur Wiederherstellung mitwirkt.

Die Art der Abmarkung und das Verfahren bestimmen sich nach den L.G.; enthalten diese keine Vorschriften, so entscheidet die Ortsüblichkeit.

Die Kosten der Abmarkung sind von den Beteiligten zu gleichen Teilen zu tragen, sofern nicht aus einem zwischen ihnen bestehenden Rechtsverhältnisse sich ein anderes ergiebt. 924.

920 Läßt sich im Falle einer Grenzverwirrung die richtige G. nicht ermitteln, so ist für die Abgrenzung der Besitzstand maßgebend. Kann der Besitzstand nicht festgestellt werden, so ist jedem der Grundstücke ein gleich großes Stück der streitigen Fläche zuzuteilen.

Soweit eine diesen Vorschriften entsprechende Bestimmung der G. zu einem Ergebnisse führt, das mit den ermittelten Umständen, insbesondere mit der feststehenden Größe der Grundstücke, nicht übereinstimmt, ist die G. so zu ziehen, wie es unter Berücksichtigung dieser Umstände der Billigkeit entspricht. 924.

923 Steht auf der G. ein Baum, so gebühren die Früchte und, wenn der Baum gefällt wird, auch der Baum den Nachbarn zu gleichen Teilen.

Jeder der Nachbarn kann die Beseitigung des Baumes verlangen. Die Kosten der Beseitigung fallen den Nachbarn zu gleichen Teilen zur Last. Der Nachbar, der die Beseitigung verlangt, hat jedoch die Kosten allein zu tragen, wenn der andere auf sein Recht an dem Baume verzichtet; er erwirbt in diesem Falle mit der Trennung das Alleineigentum. Der Anspruch auf die Beseitigung ist ausgeschlossen, wenn der Baum als Grenzzeichen dient und den Umständen nach nicht durch ein anderes zweckmäßiges Grenzzeichen ersetzt werden kann.

Diese Vorschriften gelten auch für

§ einen auf der G. stehenden Strauch. 924.

Art. **Einführungsgesetz.**

116 s. Eigentum § 912.

122, 124, 183 s. **E.G.** — E.G.

§

1378 **Güterrecht** s. Nießbrauch 1048.

Hypothek.

1122 Sind die Erzeugnisse oder Bestandteile innerhalb der G. einer ordnungsmäßigen Wirtschaft von dem mit der Hypothek belasteten Grundstücke getrennt worden, so erlischt ihre Haftung auch ohne Veräußerung, wenn sie vor der Beschlagnahme von dem Grundstück entfernt werden, es sei denn, daß die Entfernung zu einem vorübergehenden Zwecke erfolgt.

Zubehörstücke werden ohne Veräußerung von der Haftung frei, wenn die Zubehöreigenschaft innerhalb der G. einer ordnungsmäßigen Wirtschaft vor der Beschlagnahme aufgehoben wird.

Kauf.

444 Auskunft über die G. eines verkauften Grundstücks s. **Kauf** — Kauf.

Nießbrauch.

1043 Nimmt der Nießbraucher eines Grundstücks eine erforderlich gewordene außergewöhnliche Ausbesserung oder Erneuerung selbst vor, so darf er zu diesem Zwecke innerhalb der G. einer ordnungsmäßigen Wirtschaft auch Bestandteile des Grundstücks verwenden, die nicht zu den ihm gebührenden Früchten gehören. 1044.

1048 Ist ein Grundstück samt Inventar Gegenstand des Nießbrauchs, so kann der Nießbraucher über die einzelnen Stücke des Inventars innerhalb der G. einer ordnungsmäßigen Wirtschaft verfügen. Er hat für den gewöhnlichen Abgang sowie für die nach den Regeln einer ordnungsmäßigen Wirtschaft ausscheidenden Stücke Ersatz zu beschaffen; die von ihm angeschafften Stücke werden mit der Einverleibung in das Inventar Eigentum desjenigen, welchem das Inventar gehört.

Übernimmt der Nießbraucher das Inventar zum Schätzungswert mit der Verpflichtung, es bei der Beendigung des Nießbrauchs zum Schätzungswerte zurückzugewähren, so finden die Vorschriften der §§ 588, 589 entsprechende Anwendung.

Pacht.

588 Der Pächter kann über die einzelnen Inventarstücke innerhalb der G. einer ordnungsmäßigen Wirtschaft verfügen. 581, 587.

1265 **Pfandrecht** s. Hypothek 1122.

523 **Schenkung** s. **Kauf** — Kauf 444.

2182 **Testament** s. **Kauf** — Kauf 444.

Grenzüberschreitung.

912 **Eigentum** 915 s. **Grenze** — Eigentum.

Art.

116 **Einführungsgesetz** s. **Grenze** — Eigentum § 912.

§ **Grenzverwirrung.**

920 **Eigentum** s. **Grenze** — Eigentum.

Grenzzeichen.

Eigentum.

919, 923 s. **Grenze** — Eigentum.

Art.

122 **Einführungsgesetz** *183* s. **Grenze** — Eigentum § 923.

Grösse.

71 **Einführungsgesetz** *72* s. Handlung § 835.

§

2038 **Erbe** s. Gemeinschaft 745.

Erbschein.

2353 Erteilung eines Zeugnisses über die G. des Erbteils s. **Erbschein** — Erbschein.

§ **Gemeinschaft.**

745 Die Stimmenmehrheit ist nach der G. der Anteile zu berechnen. 741.

Gesellschaft.

722 Sind die Anteile der Gesellschafter am Gewinn und Verlust nicht bestimmt, so hat jeder Gesellschafter ohne Rücksicht auf die Art und die G. seines Beitrags einen gleichen Anteil am Gewinn und Verluste.

Ist nur der Anteil am Gewinn oder am Verluste bestimmt, so gilt die Bestimmung im Zweifel für Gewinn und Verlust.

Güterrecht.

1504 Soweit die anteilsberechtigten Abkömmlinge nach § 1480 den Gesamtgutsgläubigern haften, sind sie im Verhältnisse zu einander nach der G. ihres Anteils an dem Gesamtgute der f. Gütergemeinschaft verpflichtet. 1518.

Handlung.

835 Sind die Eigentümer der Grundstücke eines Bezirkes zum Zwecke der gemeinschaftlichen Ausübung des Jagdrechts durch das Gesetz zu einem Verbande vereinigt, der nicht als solcher haftet, so sind sie nach dem Verhältnisse der G. ihrer Grundstücke für Wildschaden verantwortlich. 840.

Kauf.

468 Sichert der Verkäufer eines Grundstücks dem Käufer eine bestimmte G. des Grundstücks zu, so haftet er für die G. wie für eine zugesicherte Eigenschaft. Der Käufer kann jedoch wegen Mangels der zugesicherten G. Wandelung nur verlangen, wenn der Mangel so erheblich ist, daß die Erfüllung des Vertrags für den Käufer kein Interesse hat.

Miete.

537 Bei der Vermietung eines Grundstücks steht die Zusicherung einer bestimmten G. der Zusicherung einer Eigenschaft gleich. 538, 539, 541, 545.

§ **Reallasten.**

1109 Wird das Grundstück des Berechtigten geteilt, so besteht die Reallast für die einzelnen Teile fort. Ist die Leistung teilbar, so bestimmen sich die Anteile der Eigentümer nach dem Verhältnisse der G. der Teile; ist sie nicht teilbar, so finden die Vorschriften des § 432 Anwendung.

Grosseltern.

1926, 1931, 1932 s. **Erbe** — Erbfolge.

Verwandtschaft.

1611 Beschränkung des Unterhaltsanspruches der G. s. **Kind** — Verwandtschaft.

Grossmutter.

1926 **Erbfolge** s. **Erbe** — Erbfolge.

Art. **Grossvater.**

136 **Einführungsgesetz** s. **Vormundschaft** — Vormundschaft § 1776.

§

1926 **Erbfolge** s. **Erbe** — Erbfolge.

Vormundschaft.

1776, 1778, 1899, 1900 s. **Vormundschaft** — Vormundschaft.

Grund.

671 Wichtiger G. zur unzeitigen Kündigung eines Auftrages s. **Auftrag** — Auftrag.

Bereicherung.

812, 819, 822 Erlangung einer Sache ohne rechtlichen G. s **Bereicherung** — Bereicherung.

821 Eingehung einer Verbindlichkeit ohne rechtlichen G. s. **Bereicherung** — Bereicherung.

Dienstvertrag.

616 Verhinderung des zur Dienstleistung Verpflichteten an der Dienstleistung durch einen in seiner Person liegenden G. s. **Dienstvertrag** — Dienstvertrag.

618 s. Handlung 843.

626 Kündigung eines Dienstverhältnisses.

§ ist. ohne ausreichenden G. s. **Güterrecht** — Güterrecht.
1447 Verweigerung der Zustimmung bei a. Gütergemeinschaft zu einem zur ordnungsmäßigen Verwaltung des Gesamtguts erforderlichen Rechtsgeschäfte ohne ausreichenden G. s. **Gütergemeinschaft** — Güterrecht.
1451 Verweigerung der Zustimmung bei a. Gütergemeinschaft zu einem zur ordnungsmäßigen Besorgung der persönlichen Angelegenheiten der Frau erforderlichen Rechtsgeschäfte ohne ausreichenden G. s. **Gütergemeinschaft** — Güterrecht.
1484 s. **Erbe** — Erbe 1944.
1487 Die Rechte und Verbindlichkeiten des überlebenden Ehegatten, sowie der anteilsberechtigten Abkömmlinge in Ansehung des Gesamtguts der f. Gütergemeinschaft bestimmen sich nach den für die eheliche Gütergemeinschaft geltenden Vorschriften der §§ 1442 bis 1449, 1455—1457, 1466. 1518.
1513 s. **Pflichtteil** — Pflichtteil 2336, 2338.
1519, 1525 s. **Errungenschaftsgemeinschaft** — Güterrecht.

Handlung.

843 Statt der Rente kann der durch unerlaubte Handlung Verletzte eine Abfindung in Kapital verlangen, wenn ein wichtiger G. vorliegt. 844, 845.

Kauf.

447 Abweichung des Verkäufers ohne dringenden G. von der Anweisung über die Art der Versendung der gekauften Sache s. **Kauf** — Kauf.

Pflichtteil.

2335 s. **Ehe** — Ehescheidung 1565—1568.
2336 G. zur Entziehung des Pflichtteils s. **Pflichtteil** — Pflichtteil.
2338 G. für die Beschränkung des Pflichtteilsrechtes s. **Pflichtteil** — Pflichtteil.

Sachen.

94 Zu den wesentlichen Bestandteilen eines Grundstücks gehören die mit dem G. und Boden fest verbundenen Sachen.
95 Zu den Bestandteilen eines Grundstücks gehören solche Sachen nicht, die nur zu einem vorübergehenden Zwecke mit dem G. und Boden verbunden sind.

Schuldverhältnis.

372 Geld, Wertpapiere und sonstige Urkunden, sowie Kostbarkeiten kann der Schuldner bei einer dazu bestimmten öffentlichen Stelle für den Gläubiger hinterlegen, wenn der Gläubiger im Verzuge der Annahme ist. Das Gleiche gilt, wenn der Schuldner aus einem anderen in der Person des Gläubigers liegenden G. oder infolge einer nicht auf Fahrlässigkeit beruhenden Ungewißheit über die Person des Gläubigers seine Verbindlichkeit nicht oder nicht mit Sicherheit erfüllen kann. 383.
86 **Stiftung** s. **Verein** — Verein 27.

Testament.

2226 s. **Auftrag** — Auftrag 671.
2227 G. zur Entlassung eines Testamentsvollstreckers s. **Erblasser** — Testament.
2271 s. **Pflichtteil** — Pflichtteil 2336.

Verein.

27 Wichtiger G. für den Widerruf der Bestellung des Vorstandes s. **Verein** — Verein.
37 G. zur Berufung der Mitgliederversammlung s. **Verein** — Verein.
60 G. für die Zurückweisung der Anmeldung eines einzutragenden Vereins s. **Verein** — Verein.

Verlöbnis.

1298, 1299 Wichtiger G. für den Rücktritt von einem Verlöbnisse s. **Verlöbnis** — Verlöbnis.

Verwahrung.

696 Wichtiger G. für die vorzeitige Rücknahme einer hinterlegten Sache s. **Verwahrung** — Verwahrung.

§ **Verwandtschaft.**

1599 G. für die Anfechtbarkeit einer Anerkennung der Ehelichkeit eines Kindes s. **Ehe** — Verwandtschaft.

1612 Der Unterhalt ist durch Entrichtung einer Geldrente zu gewähren. Der Verpflichtete kann verlangen, daß ihm die Gewährung des Unterhalts in anderer Art gestattet wird, wenn besondere G. es rechtfertigen.

Haben Eltern einem unverheirateten Kinde Unterhalt zu gewähren, so können sie bestimmen, in welcher Art und für welche Zeit im voraus der Unterhalt gewährt werden soll. Aus besonderen G. kann das Vormundschaftsgericht auf Antrag des Kindes die Bestimmung der Eltern ändern.

Im übrigen finden die Vorschriften des § 760 Anwendung. 1703.

1635 Ist die Ehe aus einem der in den §§ 1565—1568 bestimmten G. geschieden, so steht, solange die geschiedenen Ehegatten leben, die Sorge für die Person des Kindes, wenn ein Ehegatte allein für schuldig erklärt ist, dem anderen Ehegatten zu; sind beide Ehegatten für schuldig erklärt, so steht die Sorge für einen Sohn unter sechs Jahren oder für eine Tochter der Mutter, für einen Sohn, der über sechs Jahre alt ist, dem Vater zu. Das Vormundschaftsgericht kann eine abweichende Anordnung treffen, wenn eine solche aus besonderen G. im Interesse des Kindes geboten ist; es kann die Anordnung aufheben, wenn sie nicht mehr erforderlich ist.

Das Recht des Vaters zur Vertretung des Kindes bleibt unberührt. 1636.

1642 Das Vormundschaftsgericht kann dem Vater aus besonderen G. gestatten, daß er das Geld des Kindes anders anlege als nach den Vorschriften für die Anlegung von Mündelgeld.

§

1667 s. Vormundschaft 1818.

1687 Das Vormundschaftsgericht hat der Mutter einen Beistand zu bestellen:

1. . . . .
2. . . . .
3. wenn es aus besonderen G., insbesondere wegen des Umfanges oder der Schwierigkeit der Vermögensverwaltung oder in den Fällen der §§ 1666, 1667 die Bestellung im Interesse des Kindes für nötig erachtet. 1686, 1695.

Vormundschaft.

1775 Das Vormundschaftsgericht soll, sofern nicht besondere G. für die Bestellung mehrerer Vormünder vorliegen, für den Mündel und, wenn mehrere Geschwister zu bevormunden sind, für alle Mündel nur einen Vormund bestellen.

1780—1785 G., die der Bestellung zum Vormund entgegenstehen s. **Vormundschaft** — Vormundschaft.

1787 Ablehnung der Übernahme der Vormundschaft ohne G. s. **Vormundschaft** — Vormundschaft.

1811 Das Vormundschaftsgericht kann aus besonderen G. dem Vormund eine andere Anlegung des Mündelgeldes als die in den §§ 1807, 1808 vorgeschriebene gestatten.

1817 Das Vormundschaftsgericht kann aus besonderen G. den Vormund von den ihm nach §§ 1814, 1816 obliegenden Verpflichtungen entbinden.

1818 Das Vormundschaftsgericht kann aus besonderen G. anordnen, daß der Vormund auch solche zu dem Vermögen des Mündels gehörende Wertpapiere, zu deren Hinterlegung er nach § 1814 nicht verpflichtet ist, sowie Kostbarkeiten des Mündels in der im § 1814 bezeichneten Weise zu hinterlegen hat; auf Antrag des Vormundes kann die Hinterlegung von Zins-, Renten- und Gewinnanteilscheinen angeordnet wer-

§ den, auch wenn ein besonderer G. nicht vorliegt. 1819.
1836 Das Vormundschaftsgericht kann aus besonderen G. auch dem Gegenvormunde eine Vergütung bewilligen.
1844 Das Vormundschaftsgericht kann aus besonderen G. den Vormund anhalten, für das seiner Verwaltung unterliegende Vermögen Sicherheit zu leisten. 1786.
1878 Das Amt eines Mitgliedes des Familienrates endigt aus denselben G., aus denen nach den §§ 1885, 1886, 1889 das Amt eines Vormundes endigt.
1885, 1886, 1889 G. für die Entlassung eines Vormundes s. **Vormundschaft** — Vormundschaft.
1904 s. Verwandtschaft 1687.
1919 Die Pflegschaft ist von dem Vormundschaftsgericht aufzuheben, wenn der G. für die Anordnung der Pflegschaft weggefallen ist.

Werkvertrag.

644, 651 s. **Kauf** — Kauf 447.
650 G. für die Kündigung des Werkvertrages s. **Werkvertrag** — Werkvertrag.

Willenserklärung.

121, 122 G. der Anfechtbarkeit einer Willenserklärung s. **Willenserklärung** — Willenserklärung.
122 G. der Nichtigkeit einer Willenserklärung s. **Willenserklärung** — Willenserklärung.
182 **Zustimmung** s. **Geschäftsfähigkeit** — Geschäftsfähigkeit.

Grundbesitz.

Art.
164 **Einführungsgesetz** s. **E.G.** — E.G.

Grundbuch.

1090 **Dienstbarkeit** s. Grunddienstbarkeit 1028.

Eigentum.

914 Das Recht auf eine Geldrente für den Überbau wird nicht in das G. eingetragen. Zum Verzicht auf das Recht sowie zur Feststellung der Höhe der Rente durch Vertrag ist die Eintragung erforderlich. 916, 917.
925 s. **Grundstück** — Grundstück 873.
927 Der Eigentümer eines Grundstücks kann, wenn das Grundstück seit dreißig Jahren im Eigenbesitz eines anderen ist, im Wege des Aufgebotsverfahrens mit seinem Rechte ausgeschlossen werden. Die Besitzzeit wird in gleicher Weise berechnet wie die Frist für die Ersitzung einer beweglichen Sache. Ist der Eigentümer im G. eingetragen, so ist das Aufgebotsverfahren nur zulässig, wenn er gestorben oder verschollen ist und eine Eintragung in das G., die der Zustimmung des Eigentümers bedurfte, seit dreißig Jahren nicht erfolgt ist.

Derjenige, welcher das Ausschlußurteil erwirkt hat, erlangt das Eigentum dadurch, daß er sich als Eigentümer in das G. eintragen läßt.

Ist vor der Erlassung des Ausschlußurteils ein Dritter als Eigentümer oder wegen des Eigentums eines Dritten ein Widerspruch gegen die Richtigkeit des G. eingetragen worden, so wirkt das Urteil nicht gegen den Dritten.
928 Das Eigentum an einem Grundstücke kann dadurch aufgegeben werden, daß der Eigentümer den Verzicht dem Grundbuchamte gegenüber erklärt und der Verzicht in das G. eingetragen wird.

Das Recht zur Aneignung des aufgegebenen Grundstücks steht dem Fiskus des Bundesstaats zu, in dessen Gebiete das Grundstück liegt. Der Fiskus erwirbt das Eigentum dadurch, daß er sich als Eigentümer in das G. eintragen läßt.
1010 Haben die Miteigentümer eines Grund-

§ stücks von öffentlichen Abgaben und von anderen öffentlichen Lasten, die zur Eintragung in das G. nicht geeignet sind. 440, 443, 445.
446 Wird der Käufer eines Grundstücks vor der Übergabe als Eigentümer in das G. eingetragen, so treten die Wirkungen des Kaufs mit der Eintragung ein. 451.
449 Der Käufer eines Grundstücks hat die Kosten der Auflassung und der Eintragung, der Käufer eines Rechts an einem Grundstücke hat die Kosten der zur Begründung und Übertragung des Rechtes nötigen Eintragung in das G., mit Einschluß der Kosten der zu der Eintragung erforderlichen Erklärungen, zu tragen. 451.

Pfandrecht.

1260 f. **Grundstück** — Grundstück 873.
1261 f. **Grundstück** — Grundstück 879 bis 881.
1263 f. **Grundstück** — Grundstück 894, 895, 897, 899.
1269 f. **Hypothek** — Hypothek 1170, 1171.
1270 f. **Hypothek** — Hypothek 1188, 1189.

Reallasten.

1109 Wird das Grundstück des Berechtigten geteilt, so kann der Berechtigte bestimmen, daß das Recht nur mit einem der Teile verbunden sein soll. Die Bestimmung hat dem Grundbuchamte gegenüber zu erfolgen und bedarf der Eintragung in das G.; . . . . . .
523 **Schenkung** f. Kauf 435, 436.

Schuldverhältnis.

416 Die Mitteilung des Veräußerers eines Grundstücks von der Schuldübernahme kann erst erfolgen, wenn der Erwerber als Eigentümer im G. eingetragen ist.

Testament.

2166 f. **Hypothek** — Hypothek 1190.
2182 f. Kauf 435, 436.

Vertrag.

313 Ein Vertrag, durch den sich der eine Teil verpflichtet, das Eigentum an einem Grundstücke zu übertragen, bedarf der gerichtlichen oder notariellen Beurkundung. Ein ohne Beobachtung dieser Form geschlossener Vertrag wird seinem ganzen Inhalte nach gültig, wenn die Auflassung und die Eintragung in das G. erfolgen.
1104 **Vorkaufsrecht** f. **Hypothek** — Hypothek 1170.

Grundbuchamt.

Eigentum.

925 Erklärung der Auflassung eines Grundstücks vor dem G. f. **Eigentum** — Eigentum.
928 Erklärung des Verzichts auf das Eigentum an einem Grundstücke vor dem G. f. **Eigentum** — Eigentum.

Art. **Einführungsgesetz.**

68 f. **Erbbaurecht** — Erbbaurecht § 1015, **Grundstück** — Grundstück §§ 875, 876.
129, 190 f. **Eigentum** — Eigentum § 928.
142 f. **Grundstück** — Grundstück § 873.
143 f. **E.G.** — E.G.

§ **Erbbaurecht.**

1015 Erklärung der Bestellung des Erbbaurechts vor dem G. f. **Erbbaurecht** — Erbbaurecht.

Grundschuld.

1194 Die Zahlung des Kapitals der Grundschuld sowie der Zinsen und anderen Nebenleistungen hat, soweit nicht ein anderes bestimmt ist, an dem Orte zu erfolgen, an dem das G. seinen Sitz hat.
1196 Erklärung der Bestellung einer Grundschuld für den Eigentümer vor dem G. f. **Grundschuld** — Grundschuld.

Grundstück.

873 Dem G. gegenüber sind folgende Erklärungen abzugeben oder einzureichen:
1. zur Übertragung des Eigentums an einem Grundstück.

§ 2. zur Belastung eines Rechts an einem Grundstück.
3. zur Belastung eines Grundstücks mit einem Rechte.
4. zur Übertragung des Rechts an einem Grundstück 877—880, 892 f. **Grundstück** — Grundstück.

875 5. zur Aufgabe eines Rechts an einem Grundstück 878 f. **Grundstück** — Grundstück.

876 6. der Zustimmung zur Aufhebung eines belasteten Rechts 877, 880 f. **Grundstück** — Grundstück.

877 7. der Änderung des Inhalts eines Rechts an einem Grundstück 878 f. **Grundstück** — Grundstück.

878 Eine von dem Berechtigten in Gemäßheit der §§ 873, 875, 877 abgegebene Erklärung wird nicht dadurch unwirksam, daß der Berechtigte in der Verfügung beschränkt wird, nachdem die Erklärung für ihn bindend geworden und der Antrag auf Eintragung bei dem G. gestellt worden ist. 880.

880 Zu der Rangänderung ist die Einigung des zurücktretenden und des vortretenden Berechtigten und die Eintragung der Änderung in das Grundbuch erforderlich. Die Vorschriften des § 873 Abs. 2 und des § 878 finden Anwendung. Soll eine Hypothek, eine Grundschuld oder eine Rentenschuld zurücktreten, so ist außerdem die Zustimmung des Eigentümers erforderlich. Die Zustimmung ist dem G. oder einem der Beteiligten gegenüber zu erklären; sie ist unwiderruflich.

Ist das zurücktretende Recht mit dem Rechte eines Dritten belastet, so finden die Vorschriften des § 876 entsprechende Anwendung.

896 Ist zur Berichtigung des Grundbuchs die Vorlegung eines Hypotheken-, Grundschuld- oder Rentenschuldbriefs erforderlich, so kann derjenige, zu dessen Gunsten die Berichtigung erfolgen soll, von dem Besitzer des Briefes verlangen, daß der Brief dem G. vorgelegt wird. 898.

Hypothek.

1116 f. **Grundstück** — Grundstück 873, 876, 878.

1117 Die Übergabe des Hypothekenbriefes kann durch die Vereinbarung ersetzt werden, daß der Gläubiger berechtigt sein soll, sich den Brief von dem G. aushändigen zu lassen. 1154.

1132 f. **Grundstück** — Grundstück 875, 876, 878.

1138, 1155, 1157 f. **Grundstück** — Grundstück 896.

1139 Antrag des Eigentümers an das G. auf Eintragung eines Widerspruchs gegen eine Hypothek für ein Darlehen f. **Hypothek** — Hypothek.

1145 Vorlegung des Hypothekenbriefes bei dem G. zum Zwecke der Berichtigung des Grundbuchs oder der Löschung der Hypothek f. **Hypothek** — Hypothek.

1154 f. **Grundstück** — Grundstück 873, 878.

1168 Verzicht des Gläubigers auf die Hypothek vor dem G. f. **Hypothek** — Hypothek.

1180 An die Stelle der Forderung, für welche die Hypothek besteht, kann eine andere Forderung gesetzt werden. Zu der Änderung ist die Einigung des Gläubigers und des Eigentümers sowie die Eintragung in das Grundbuch erforderlich; die Vorschriften des § 873 Abs. 2, 876, 878 finden entsprechende Anwendung.

Steht die Forderung, die an die Stelle der bisherigen Forderung treten soll, nicht dem bisherigen Hypothekengläubiger zu, so ist dessen Zustimmung erforderlich; die Zustimmung ist dem G. oder demjenigen gegenüber zu erklären, zu dessen

§

1020 Bei der Ausübung einer G. hat der Berechtigte das Interesse des Eigentümers des belasteten Grundstücks thunlichst zu schonen. Hält er zur Ausübung der Dienstbarkeit auf dem belasteten Grundstück eine Anlage, so hat er sie in ordnungsmäßigem Zustande zu erhalten, soweit das Interesse des Eigentümers es erfordert.

1021 Gehört zur Ausübung einer G. eine Anlage auf dem belasteten Grundstücke, so kann bestimmt werden, daß der Eigentümer dieses Grundstücks die Anlage zu unterhalten hat, soweit das Interesse des Berechtigten es erfordert. Steht dem Eigentümer das Recht zur Mitbenutzung der Anlage zu, so kann bestimmt werden, daß der Berechtigte die Anlage zu unterhalten hat, soweit es für das Benutzungsrecht des Eigentümers erforderlich ist.

Auf eine solche Unterhaltungspflicht finden die Vorschriften über die Reallasten entsprechende Anwendung.

1022 Besteht die G. in dem Rechte, auf einer baulichen Anlage des belasteten Grundstücks eine bauliche Anlage zu halten, so hat, wenn nicht ein anderes bestimmt ist, der Eigentümer des belasteten Grundstücks seine Anlage zu unterhalten, soweit das Interesse des Berechtigten es erfordert. Die Vorschrift des § 1021 Abs. 2 gilt auch für diese Unterhaltungspflicht.

1023 Beschränkt sich die jeweilige Ausübung einer G. auf einen Teil des belasteten Grundstücks, so kann der Eigentümer die Verlegung der Ausübung auf eine andere, für den Berechtigten ebenso geeignete Stelle verlangen, wenn die Ausübung an der bisherigen Stelle für ihn besonders beschwerlich ist; die Kosten der Verlegung hat er zu tragen und vorzuschießen. Dies gilt auch dann, wenn der Teil des Grundstücks, auf den sich die Ausübung beschränkt, durch Rechtsgeschäft bestimmt ist.

Das Recht auf die Verlegung kann nicht durch Rechtsgeschäft ausgeschlossen oder beschränkt werden.

1024 Trifft eine G. mit einer anderen G. oder einem sonstigen Nutzungsrecht an dem Grundstücke dergestalt zusammen, daß die Rechte nebeneinander nicht oder nicht vollständig ausgeübt werden können, und haben die Rechte gleichen Rang, so kann jeder Berechtigte eine den Interessen aller Berechtigten nach billigem Ermessen entsprechende Regelung der Ausübung verlangen.

1025 Wird das Grundstück des Berechtigten geteilt, so besteht die G. für die einzelnen Teile fort; die Ausübung ist jedoch im Zweifel nur in der Weise zulässig, daß sie für den Eigentümer des belasteten Grundstücks nicht beschwerlicher wird. Gereicht die Dienstbarkeit nur einem der Teile zum Vorteile, so erlischt sie für die übrigen Teile.

1026 Wird das belastete Grundstück geteilt, so werden, wenn die Ausübung der G. auf einen bestimmten Teil des belasteten Grundstücks beschränkt ist, die Teile, welche außerhalb des Bereichs der Ausübung liegen, von der Dienstbarkeit frei.

1027 Wird eine G. beeinträchtigt, so stehen dem Berechtigten die im § 1004 bestimmten Rechte zu.

1028 Ist auf dem belasteten Grundstücke eine Anlage, durch welche die G. beeinträchtigt wird, errichtet worden, so unterliegt der Anspruch des Berechtigten auf Beseitigung der Beeinträchtigung der Verjährung, auch wenn die Dienstbarkeit im Grundbuch eingetragen ist. Mit der Verjährung des Anspruchs erlischt die Dienstbarkeit, soweit der Bestand der Anlage mit ihr in Widerspruch steht.

§ Die Vorschriften des § 892 finden keine Anwendung.

1029 Wird der Besitzer eines Grundstücks in der Ausübung einer für den Eigentümer im Grundbuch eingetragenen G. gestört, so finden die für den Besitzschutz geltenden Vorschriften entsprechende Anwendung, soweit die Dienstbarkeit innerhalb eines Jahres vor der Störung, sei es auch nur einmal, ausgeübt worden ist.

1060 **Nießbrauch** s. Grunddienstbarkeit 1024.

Testament.

2182 Ist ein Grundstück Gegenstand des Vermächtnisses, so haftet der Beschwerte im Zweifel nicht für die Freiheit des Grundstücks von G., beschränkten persönlichen Dienstbarkeiten und Reallasten.

Grundeigentum.

Art.

54 **Einführungsgesetz** s. **E.G.** — E.G.

Grundsatz.

Einführungsgesetz.

70, 137 s. **E.G.** — E.G.

§

1642 **Verwandtschaft** s. **Vormundschaft** — Vormundschaft 1807.

1807 **Vormundschaft** s. **Vormundschaft** — Vormundschaft.

Grundschuld.

Art. **Einführungsgesetz.**

53, 60, 117, 118, 195 s. **E.G.** — E.G.

§ **Grundschuld** §§ 1191—1198.

1191 Ein Grundstück kann in der Weise belastet werden, daß an denjenigen, zu dessen Gunsten die Belastung erfolgt, eine bestimmte Geldsumme aus dem Grundstücke zu zahlen ist (G.).

Die Belastung kann auch in der Weise erfolgen, daß Zinsen von der Geldsumme sowie andere Nebenleistungen aus dem Grundstücke zu entrichten sind.

1192 Auf die G. finden die Vorschriften über die Hypothek entsprechende Anwendung, soweit sich nicht daraus ein anderes ergiebt, daß die G. nicht eine Forderung voraussetzt.

Für Zinsen der G. gelten die Vorschriften über die Zinsen einer Hypothekenforderung.

1193 Das Kapital der G. wird erst nach vorgängiger Kündigung fällig. Die Kündigung steht sowohl dem Eigentümer als dem Gläubiger zu. Die Kündigungsfrist beträgt sechs Monate.

Abweichende Bestimmungen sind zulässig.

1194 Die Zahlung des Kapitals der G. sowie der Zinsen und anderen Nebenleistungen hat, soweit nicht ein anderes bestimmt ist, an dem Orte zu erfolgen, an dem das Grundbuchamt seinen Sitz hat.

1195 Eine G. kann in der Weise bestellt werden, daß der Grundschuldbrief auf den Inhaber ausgestellt wird. Auf einen solchen Brief finden die Vorschriften über Schuldverschreibungen auf den Inhaber entsprechende Anwendung.

1196 Eine G. kann auch für den Eigentümer bestellt werden.

Zu der Bestellung ist die Erklärung des Eigentümers gegenüber dem Grundbuchamte, daß die G. für ihn in das Grundbuch eingetragen werden soll und die Eintragung erforderlich; die Vorschrift des § 878 findet Anwendung.

1197 Ist der Eigentümer des mit der G. belasteten Grundstücks der Gläubiger, so kann er nicht die Zwangsvollstreckung zum Zwecke seiner Befriedigung betreiben.

Zinsen gebühren dem Eigentümer nur, wenn das Gru

§ eines anderen zum Zwecke der Zwangsverwaltung in Beschlag genommen ist, und nur für die Dauer der Zwangsverwaltung.

1198 Eine Hypothek kann in eine G., eine G. kann in eine Hypothek umgewandelt werden. Die Zustimmung der im Range gleich- oder nachstehenden Berechtigten ist nicht erforderlich.

Grundstück.

880 Soll eine Hypothek, eine G. oder eine Rentenschuld zurücktreten, so ist auch die Zustimmung des Eigentümers erforderlich.

Güterrecht.

1551 Zum unbeweglichen Vermögen, das bei der Fahrnisgemeinschaft eingebrachtes Gut ist, gehören Rechte an Grundstücken mit Ausnahme der Hypotheken, G. und Rentenschulden . . . 1549.

Hypothek.

1177 Vereinigt sich die Hypothek mit dem Eigentum in einer Person, ohne daß dem Eigentümer auch die Forderung zusteht, so verwandelt sich die Hypothek in eine G. In Ansehung der Verzinslichkeit, des Zinssatzes, der Zahlungszeit, der Kündigung und des Zahlungsorts bleiben die für die Forderung getroffenen Bestimmungen maßgebend.

Steht dem Eigentümer auch die Forderung zu, so bestimmen sich seine Rechte aus der Hypothek, solange die Vereinigung besteht, nach den für eine G. des Eigentümers geltenden Vorschriften.

Kauf.

439 Eine Hypothek, eine G., eine Rentenschuld oder ein Pfandrecht hat der Verkäufer zu beseitigen, auch wenn der Käufer die Belastung kennt. 440, 443, 445.

Nießbrauch.

1047 Der Nießbraucher ist dem Eigentümer gegenüber verpflichtet, für die Dauer des Nießbrauchs . . . . insbesondere die Zinsen der Hypothekenforderungen und G. zu tragen sowie die auf Grund einer Rentenschuld zu entrichtenden Leistungen.

1080 Die Vorschriften über den Nießbrauch an einer Forderung gelten auch für den Nießbrauch an einer G. und an einer Rentenschuld. 1068.

Pfandrecht.

1261 s. Grundstück 880.

1291 Die Vorschriften über das Pfandrecht an einer Forderung gelten auch für das Pfandrecht an einer G. und an einer Rentenschuld. 1273.

Rentenschuld.

1203 Eine Rentenschuld kann in eine gewöhnliche G., eine gewöhnliche G. kann in eine Rentenschuld umgewandelt werden. Die Zustimmung der im Range gleich- oder nachstehenden Berechtigten ist nicht erforderlich.

Sicherheitsleistung.

232 Wer Sicherheit zu leisten hat, kann dies bewirken

durch . . . .

durch Verpfändung von G. oder Rentenschulden an inländischen Grundstücken.

238 Eine Hypothekenforderung, eine G. oder eine Rentenschuld ist zur Sicherheitsleistung nur geeignet, wenn sie den Voraussetzungen entspricht, unter denen am Orte der Sicherheitsleistung Mündelgeld in Hypothekenforderungen, G. oder Rentenschulden angelegt werden darf.

Testament.

2114 Gehört zur Erbschaft eine Hypothekenforderung, eine G. oder eine Rentenschuld, so steht die Kündigung und die Einziehung dem Vorerben zu. Der Vorerbe kann jedoch nur verlangen, daß das Kapital an ihn nach Beibringung der Einwilligung des Nacherben gezahlt oder daß es für ihn und den Nacherben hinterlegt

§ wird. Auf andere Verfügungen über die Hypothekenforderung, die G. oder die Rentenschuld finden die Vorschriften des § 2113 Anwendung. 2112, 2136.

2165 Ruht auf einem vermachten Grundstück eine Hypothek, G. oder Rentenschuld, die dem Erblasser selbst zusteht, so ist aus den Umständen zu entnehmen, ob die Hypothek, G. oder Rentenschuld als mitvermacht zu gelten hat.

Verwandtschaft.

1642 s. Vormundschaft 1807.
1643 s. Vormundschaft 1821.
1667 s. Vormundschaft 1819.

Vormundschaft.

1807 Die im § 1806 vorgeschriebene Anlegung von Mündelgeld soll nur erfolgen:

1. in Forderungen, für die eine sichere Hypothek an einem inländischen Grundstücke besteht, oder in sicheren G. oder Rentenschulden an inländischen Grundstücken;
2. . . . . .

Die L.G. können für die innerhalb ihres Geltungsbereichs belegenen Grundstücke die Grundsätze bestimmen, nach denen die Sicherheit einer Hypothek, einer G. oder einer Rentenschuld festzustellen ist. 1808, 1810, 1811, 1813.

1819 Solange die nach § 1814 oder nach § 1818 hinterlegten Wertpapiere oder Kostbarkeiten nicht zurückgenommen sind, bedarf der Vormund zu einer Verfügung über sie und, wenn Hypotheken-, G.- oder Rentenschuldbriefe hinterlegt sind, zu einer Verfügung über die Hypothekenforderung, die G. oder die Rentenschuld der Genehmigung des Vormundschaftsgerichts. Das Gleiche gilt von der Eingehung der Verpflichtung zu einer solchen Verfügung. 1812.

1821 Zu den Rechten an einem Grundstücke im Sinne der Vorschriften des Abs. 1 gehören nicht Hypotheken, G. und Rentenschulden. 1812, 1827.

Grundschuldbrief.

Eigentum.

952 Das Eigentum an dem über eine Forderung ausgestellten Schuldschein steht dem Gläubiger zu. Das Recht eines Dritten an der Forderung erstreckt sich auf den Schuldschein.

Das Gleiche gilt für Urkunden über andere Rechte, kraft deren eine Leistung gefordert werden kann, insbesondere für Hypotheken-, G. und Rentenschuldbriefe.

Art. **Einführungsgesetz.**

195 s. **E.G.** — E.G.

§

1195 **Grundschuld** s. **Grundschuld** — Grundschuld.

896 **Grundstück** s. **Grundstück** — Grundstück.

Hypothek.

1138, 1155, 1157 s. **Grundstück** — Grundstück 896.

1667 **Verwandtschaft** s. **Grundschuld** — Vormundschaft 1819.

1819 **Vormundschaft** s. **Grundschuld** — Vormundschaft.

Grundstück.

Besitz.

859 Wird dem Besitzer eines G. der Besitz durch verbotene Eigenmacht entzogen, so darf er sofort nach der Entziehung sich des Besitzes durch Entsetzung des Thäters wieder bemächtigen.

Die gleichen Rechte stehen dem Besitzer gegen denjenigen zu, welcher nach § 858 Abs. 2 die Fehlerhaftigkeit des Besitzes gegen sich gelten lassen muß. 860. 865.

867 Ist eine Sache aus der Gewalt des Besitzers auf ein im Besitz eines anderen befindliches G. gelangt, so

§ hat ihm der Besitzer des G. die Aufsuchung und die Wegschaffung zu gestatten, sofern nicht die Sache inzwischen in Besitz genommen worden ist. Der Besitzer des G. kann Ersatz des durch die Aufsuchung und die Wegschaffung entstehenden Schadens verlangen. Er kann, wenn die Entstehung eines Schadens zu besorgen ist, die Gestattung verweigern, bis ihm Sicherheit geleistet wird; die Verweigerung ist unzulässig, wenn mit dem Aufschube Gefahr verbunden ist. 869.

Dienstbarkeit.

1090 Ein G. kann in der Weise belastet werden, daß derjenige zu dessen Gunsten die Belastung erfolgt, berechtigt ist, das G. in einzelnen Beziehungen zu benutzen oder das ihm eine sonstige Befugnis zusteht, die den Inhalt einer Grunddienstbarkeit bilden kann (beschränkte persönliche Dienstbarkeit).

Die Vorschriften der §§ 1020 bis 1024, 1026—1029, 1061 finden entsprechende Anwendung.

1093 s. Nießbrauch 1031, 1037, 1044, 1062.

Eigentum.

905—924 Inhalt des Eigentums s. **Eigentum** — Eigentum.

925—928 Erwerb und Verlust des Eigentums an G. s. **Eigentum** — Eigentum.

946 Wird eine bewegliche Sache mit einem G. dergestalt verbunden, daß sie wesentlicher Bestandteil des G. wird, so erstreckt sich das Eigentum an dem G. auf diese Sache. 949, 951.

962 Der Eigentümer des Bienenschwarms darf bei der Verfolgung fremde G. betreten.

998 Ist ein landwirtschaftliches G. herauszugeben, so hat der Eigentümer die Kosten, die der Besitzer auf die noch nicht getrennten, jedoch nach den Regeln einer ordnungsmäßigen Wirtschaft vor dem Ende des Wirtschaftsjahrs zu trennenden Früchte verwendet hat, insoweit zu ersetzen, als sie einer ordnungsmäßigen Wirtschaft entsprechen und den Wert dieser Früchte nicht übersteigen. 1007.

1002 Giebt der Besitzer die Sache dem Eigentümer heraus, so erlischt der Anspruch auf den Ersatz der Verwendungen mit dem Ablauf eines Monats, bei einem G. mit dem Ablaufe von sechs Monaten nach der Herausgabe, wenn nicht vorher die gerichtliche Geltendmachung erfolgt oder der Eigentümer die Verwendungen genehmigt.

Auf diese Fristen finden die für die Verjährung geltenden Vorschriften der §§ 203, 206, 207 entsprechende Anwendung. 972, 1007.

1003 Der Besitzer kann den Eigentümer unter Angabe des als Ersatz verlangten Betrags auffordern, sich innerhalb einer von ihm bestimmten angemessenen Frist darüber zu erklären, ob er die Verwendungen genehmige. Nach dem Ablaufe der Frist ist der Besitzer berechtigt, Befriedigung aus der Sache nach den Vorschriften über den Pfandverkauf, bei einem G. nach den Vorschriften über die Zwangsvollstreckung in das unbewegliche Vermögen zu suchen, wenn nicht die Genehmigung rechtzeitig erfolgt. 974, 1007.

1005 Befindet sich eine Sache auf einem G., das ein anderer als der Eigentümer der Sache besitzt, so steht diesem gegen den Besitzer des G. der im § 867 bestimmte Anspruch zu.

1009, 1010 Miteigentum an einem G. s. **Eigentum** — Eigentum.

Art. **Einführungsgesetz.**

7, 53, 60, 64, 65, 67, 68, 71, 72–79, 88, 89, 91, 96, 106, 107, 110,

Art. *112, 113, 115, 117—124, 126* bis *129, 131, 142, 143, 164, 181, 183, 186—192, 196, 197* s. **E.G.** — E.G.

63, 68, 184 s. **Erbbaurecht** — Erbbaurecht § 1017.

116 s. **Eigentum** — Eigentum §§ 912, 916, 917, **Grunddienstbarkeit** — Grunddienstbarkeit §§ 1021, 1022.

184 s. **Grunddienstbarkeit** — Grunddienstbarkeit §§ 1020—1028.

§ **Erbbaurecht.**

1012—1017 s. **Erbbaurecht** — Erbbaurecht.

Erbe.

2022 s. Eigentum 1002, 1003.

2042 s. **Gemeinschaft** — Gemeinschaft 753.

2044 s. **Eigentum** — Eigentum 1010.

Erbfolge.

1932 Ist der überlebende Ehegatte neben Verwandten der zweiten Ordnung oder neben Großeltern g. Erbe, so gebühren ihm außer dem Erbteile die zum ehelichen Haushalte gehörenden Gegenstände, soweit sie nicht Zubehör eines G. sind, und die Hochzeitsgeschenke als Voraus. Auf den Voraus finden die für Vermächtnisse geltenden Vorschriften Anwendung.

753 **Gemeinschaft** s. **Gemeinschaft** — Gemeinschaft.

Grunddienstbarkeit.

1018—1029 s. **Grunddienstbarkeit** — Grunddienstbarkeit.

Grundschuld.

1191, 1197 s. **Grundschuld** — Grundschuld.

1196 s. Grundstück 878.

Grundstück §§ 873—902.

873—902 Allgemeine Vorschriften über Rechte an G.

873 Zur Übertragung des Eigentums an einem G., zur Belastung eines G. mit einem Rechte, sowie zur Übertragung oder Belastung eines solchen Rechtes ist die Einigung des Berechtigten und des anderen Teiles über den Eintritt der Rechtsänderung und die Eintragung der Rechtsänderung in das Grundbuch erforderlich, soweit nicht das Gesetz ein anderes vorschreibt.

Vor der Eintragung sind die Beteiligten an die Einigung nur gebunden, wenn die Erklärungen gerichtlich oder notariell beurkundet, oder vor dem Grundbuchamt abgegeben oder bei diesem eingereicht sind oder wenn der Berechtigte dem anderen Teile eine den Vorschriften der Grundbuchordnung entsprechende Eintragungsbewilligung ausgehändigt hat. 877 bis 880, 892.

874 Bei der Eintragung eines Rechtes, mit dem ein G. belastet wird, kann zur näheren Bezeichnung des Inhalts des Rechtes auf die Eintragungsbewilligung Bezug genommen werden, soweit nicht das Gesetz ein anderes vorschreibt. 877.

875 Zur Aufhebung eines Rechtes an einem G. ist, soweit nicht das Gesetz ein anderes vorschreibt, die Erklärung des Berechtigten, daß er das Recht aufgebe, und die Löschung des Rechtes im Grundbuch erforderlich. Die Erklärung ist dem Grundbuchamt oder demjenigen gegenüber abzugeben, zu dessen Gunsten sie erfolgt.

Vor der Löschung ist der Berechtigte an seine Erklärung nur gebunden, wenn er sie dem Grundbuchamte gegenüber abgegeben oder demjenigen, zu dessen Gunsten sie erfolgt, eine den Vorschriften der Grundbuchordnung entsprechende Löschungsbewilligung ausgehändigt hat. 878.

876 Ist ein Recht an einem G. mit dem Rechte eines Dritten belastet, so ist zur Aufhebung des belasteten Rechtes die Zustimmung des Dritten erforderlich. Steht das aufzuhebende Recht dem jeweiligen Eigentümer eines anderen G. zu, so ist, wenn dieses

§ G. mit dem Rechte eines Dritten belastet ist, die Zustimmung des Dritten erforderlich, es sei denn, daß dessen Recht durch die Aufhebung nicht berührt wird. Die Zustimmung ist dem Grundbuchamt oder demjenigen gegenüber zu erklären, zu dessen Gunsten sie erfolgt; sie ist unwiderruflich. 877, 880.

877 Die Vorschriften der §§ 873, 874, 876 finden auch auf Änderungen des Inhalts eines Rechtes an einem G. Anwendung. 878.

878 Eine von dem Berechtigten in Gemäßheit der §§ 873, 875, 877 abgegebene Erklärung wird nicht dadurch unwirksam, daß der Berechtigte in der Verfügung beschränkt wird, nachdem die Erklärung für ihn bindend geworden und der Antrag auf Eintragung bei dem Grundbuchamte gestellt worden ist. 880.

879 Das Rangverhältnis unter mehreren Rechten, mit denen ein G. belastet ist, bestimmt sich, wenn die Rechte in derselben Abteilung des Grundbuchs eingetragen sind, nach der Reihenfolge der Eintragungen. Sind die Rechte in verschiedenen Abteilungen eingetragen, so hat das unter Angabe eines früheren Tages eingetragene Recht den Vorrang; Rechte, die unter Angabe desselben Tages eingetragen sind, haben gleichen Rang.

Die Eintragung ist für das Rangverhältnis auch dann maßgebend, wenn die nach § 873 zum Erwerbe des Rechtes erforderliche Einigung erst nach der Eintragung zu stande gekommen ist.

Eine abweichende Bestimmung des Rangverhältnisses bedarf der Eintragung in das Grundbuch.

880 Das Rangverhältnis kann nachträglich geändert werden.

Zu der Rangänderung ist die Einigung des zurücktretenden und des vortretenden Berechtigten, und die Eintragung der Änderung in das Grundbuch erforderlich; die Vorschriften des § 873 Abs. 2, 878 finden Anwendung. Soll eine Hypothek, eine Grundschuld oder eine Rentenschuld zurücktreten, so ist außerdem die Zustimmung des Eigentümers erforderlich. Die Zustimmung ist dem Grundbuchamt oder einem der Beteiligten gegenüber zu erklären; sie ist unwiderruflich.

Ist das zurücktretende Recht mit dem Rechte eines Dritten belastet, so finden die Vorschriften des § 876 entsprechende Anwendung.

Der dem vortretenden Rechte eingeräumte Rang geht nicht dadurch verloren, daß das zurücktretende Recht durch Rechtsgeschäft aufgehoben wird.

Rechte, die den Rang zwischen dem zurücktretenden und dem vortretenden Rechte haben, werden durch die Rangänderung nicht berührt.

881 Der Eigentümer kann sich bei der Belastung des G. mit einem Rechte die Befugnis vorbehalten, ein anderes, dem Umfange nach bestimmtes Recht mit dem Range vor jenem Rechte eintragen zu lassen.

Der Vorbehalt bedarf der Eintragung in das Grundbuch; die Eintragung muß bei dem Rechte erfolgen, das zurücktreten soll.

Wird das G. veräußert, so geht die vorbehaltene Befugnis auf den Erwerber über.

Ist das G. vor der Eintragung des Rechtes, dem der Vorrang beigelegt ist, mit einem Rechte ohne einen entsprechenden Vorbehalt belastet worden, so hat der Vorrang insoweit keine Wirkung, als das mit dem Vorbehalt eingetragene Recht infolge der inzwischen eingetretenen Be-

§ lastung eine über den Vorbehalt hinausgehende Beeinträchtigung erleiden würde.

882 Wird ein G. mit einem Rechte belastet, für welches nach den für die Zwangsversteigerung geltenden Vorschriften dem Berechtigten im Falle des Erlöschens durch den Zuschlag der Wert aus dem Erlöse zu ersetzen ist, so kann der Höchstbetrag des Ersatzes bestimmt werden. Die Bestimmung bedarf der Eintragung in das Grundbuch.

883 Zur Sicherung des Anspruchs auf Einräumung oder Aufhebung eines Rechtes an einem G. oder an einem das G. belastenden Rechte oder auf Änderung des Inhalts oder des Ranges eines solchen Rechtes kann eine Vormerkung in das Grundbuch eingetragen werden. Die Eintragung einer Vormerkung ist auch zur Sicherung eines künftigen oder eines bedingten Anspruchs zulässig.

Eine Verfügung, die nach der Eintragung der Vormerkung über das G. oder das Recht getroffen wird, ist insoweit unwirksam, als sie den Anspruch vereiteln oder beeinträchtigen würde. Dies gilt auch, wenn die Verfügung im Wege der Zwangsvollstreckung oder der Arrestvollziehung oder durch den Konkursverwalter erfolgt.

Der Rang des Rechtes, auf dessen Einräumung der Anspruch gerichtet ist, bestimmt sich nach der Eintragung der Vormerkung.

884 Soweit der Anspruch durch die Vormertung gesichert ist, kann sich der Erbe des Verpflichteten nicht auf die Beschränkung seiner Haftung berufen.

885 Die Eintragung einer Vormerkung erfolgt auf Grund einer einstweiligen Verfügung oder auf Grund der Bewilligung desjenigen, dessen G. oder dessen Recht von der Vormerkung betroffen wird. Zur Erlassung der einstweiligen Verfügung ist nicht erforderlich, daß eine Gefährdung des zu sichernden Anspruchs glaubhaft gemacht wird.

Bei der Eintragung kann zur näheren Bezeichnung des zu sichernden Anspruchs auf die einstweilige Verfügung oder die Eintragungsbewilligung Bezug genommen werden.

886 Steht demjenigen, dessen G. oder dessen Recht von der Vormerkung betroffen wird, eine Einrede zu, durch welche die Geltendmachung des durch die Vormerkung gesicherten Anspruchs dauernd ausgeschlossen wird, so kann er von dem Gläubiger die Beseitigung der Vormerkung verlangen.

887 Ist der Gläubiger, dessen Anspruch durch die Vormerkung gesichert ist, unbekannt, so kann er im Wege des Aufgebotsverfahrens mit seinem Rechte ausgeschlossen werden, wenn die im § 1170 für die Ausschließung eines Hypothekengläubigers bestimmten Voraussetzungen vorliegen. Mit der Erlassung des Ausschlußurteils erlischt die Wirkung der Vormerkung.

888 Soweit der Erwerb eines eingetragenen Rechtes oder eines Rechtes an einem solchen Rechte gegenüber demjenigen, zu dessen Gunsten die Vormerkung besteht, unwirksam ist, kann dieser von dem Erwerber die Zustimmung zu der Eintragung oder der Löschung verlangen, die zur Verwirklichung des durch die Vormerkung gesicherten Anspruchs erforderlich ist.

Das Gleiche gilt, wenn der Anspruch durch ein Veräußerungsverbot gesichert ist.

889 Ein Recht an einem fremden G. erlischt nicht dadurch, daß der Eigentümer des G. das Recht oder der

§ Berechtigte das Eigentum an dem G. erwirbt.

890 Mehrere G. können dadurch zu einem G. vereinigt werden, daß der Eigentümer sie als ein G. in das Grundbuch eintragen läßt.

Ein G. kann dadurch zum Bestandteil eines anderen G. gemacht werden, daß der Eigentümer es diesem im Grundbuche zuschreiben läßt.

891 Ist im Grundbuche für jemand ein Recht eingetragen, so wird vermutet, daß ihm das Recht zustehe.

Ist im Grundbuche ein eingetragenes Recht gelöscht, so wird vermutet, daß das Recht nicht bestehe.

892 Zu Gunsten desjenigen, welcher ein Recht an einem G. oder ein Recht an einem solchen Rechte durch Rechtsgeschäft erwirbt, gilt der Inhalt des Grundbuchs als richtig, es sei denn, daß ein Widerspruch gegen die Richtigkeit eingetragen oder die Unrichtigkeit dem Erwerber bekannt ist. Ist der Berechtigte in der Verfügung über ein im Grundbuch eingetragenes Recht zu Gunsten einer bestimmten Person beschränkt, so ist die Beschränkung dem Erwerber gegenüber nur wirksam, wenn sie aus dem Grundbuch ersichtlich oder dem Erwerber bekannt ist.

Ist zu dem Erwerbe des Rechtes die Eintragung erforderlich, so ist für die Kenntnis des Erwerbers die Zeit der Stellung des Antrags auf Eintragung oder, wenn die nach § 873 erforderliche Einigung erst später zustande kommt, die Zeit der Einigung maßgebend. 893, 894.

893 Die Vorschriften des § 892 finden entsprechende Anwendung, wenn an denjenigen, für welchen ein Recht im Grundbuch eingetragen ist, auf Grund dieses Rechtes eine Leistung bewirkt oder wenn zwischen ihm und einem anderen in Ansehung dieses Rechtes ein nicht unter die Vorschriften des § 892 fallendes Rechtsgeschäft vorgenommen wird, das eine Verfügung über das Recht enthält.

894 Steht der Inhalt des Grundbuchs in Ansehung eines Rechtes an dem G. eines Rechtes an einem solchen Rechte oder einer Verfügungsbeschränkung der im § 892 Abs. 1 bezeichneten Art mit der wirklichen Rechtslage nicht im Einklange, so kann derjenige, dessen Recht nicht oder nicht richtig eingetragen oder durch die Eintragung einer nicht bestehenden Belastung oder Beschränkung beeinträchtigt ist, die Zustimmung zu der Berichtigung des Grundbuchs von demjenigen verlangen, dessen Recht durch die Berichtigung betroffen wird. 895, 898, 899.

895 Kann die Berichtigung des Grundbuchs erst erfolgen, nachdem das Recht des nach § 894 Verpflichteten eingetragen worden ist, so hat dieser auf Verlangen sein Recht eintragen zu lassen. 898.

896 Ist zur Berichtigung des Grundbuchs die Vorlegung eines Hypotheken-, Grundschuld- oder Rentenschuldbriefes erforderlich, so kann derjenige, zu dessen Gunsten die Berichtigung erfolgen soll, von dem Besitzer des Briefes verlangen, daß der Brief dem Grundbuchamte vorgelegt wird. 898.

897 Die Kosten der Berichtigung des Grundbuchs und der dazu erforderlichen Erklärungen hat derjenige zu tragen, welcher die Berichtigung verlangt, sofern nicht aus einem zwischen ihm und dem Verpflichteten bestehenden Rechtsverhältnisse sich ein anderes ergiebt.

898 Die in den §§ 894—896 bestimmten Ansprüche unterliegen nicht der Verjährung.

§

899 In den Fällen des § 894 kann ein Widerspruch gegen die Richtigkeit des Grundbuchs eingetragen werden.

Die Eintragung erfolgt auf Grund einer einstweiligen Verfügung oder auf Grund einer Bewilligung desjenigen, dessen Recht durch die Berichtigung des Grundbuchs betroffen wird. Zur Erlassung der einstweiligen Verfügung ist nicht erforderlich, daß eine Gefährdung des Rechtes des Widersprechenden glaubhaft gemacht wird.

900 Wer als Eigentümer eines G. im Grundbuch eingetragen ist, ohne daß er das Eigentum erlangt hat, erwirbt das Eigentum, wenn die Eintragung dreißig Jahre bestanden und er während dieser Zeit das G. im Eigenbesitze gehabt hat. Die dreißigjährige Frist wird in derselben Weise berechnet, wie die Frist für die Ersitzung einer beweglichen Sache. Der Lauf der Frist ist gehemmt, solange ein Widerspruch gegen die Richtigkeit der Eintragung im Grundbuch eingetragen ist.

Diese Vorschriften finden entsprechende Anwendung, wenn für jemand ein ihm nicht zustehendes anderes Recht im Grundbuch eingetragen ist, das zum Besitze des G. berechtigt oder dessen Ausübung nach den für den Besitz geltenden Vorschriften geschützt ist. Für den Rang des Rechtes ist die Eintragung maßgebend.

901 Ist ein Recht an einem fremden G. im Grundbuche mit Unrecht gelöscht, so erlischt es, wenn der Anspruch des Berechtigten gegen den Eigentümer verjährt ist. Das Gleiche gilt, wenn ein kraft Gesetzes entstandenes Recht an einem fremden G. nicht in das Grundbuch eingetragen worden ist.

§

902 Die Ansprüche aus eingetragenen Rechten unterliegen nicht der Verjährung. Dies gilt nicht für Ansprüche, die auf Rückstände wiederkehrender Leistungen oder auf Schadensersatz gerichtet sind.

Ein Recht, wegen dessen ein Widerspruch gegen die Richtigkeit des Grundbuchs eingetragen ist, steht einem eingetragenen Rechte gleich.

Güterrecht.

1378 Gehört bei g. Güterrecht zum eingebrachten Gute ein G. samt Inventar, so bestimmen sich die Rechte und die Pflichten des Mannes in Ansehung des Inventars nach den für den Nießbrauch geltenden Vorschriften des § 1048 Abs. 1. 1525.

1421 Nach der Beendigung der Verwaltung und Nutznießung hat bei g. Güterrecht der Mann das eingebrachte Gut der Frau herauszugeben und ihr über die Verwaltung Rechenschaft abzulegen. Auf die Herausgabe eines landwirtschaftlichen G. findet die Vorschrift des § 592, auf die Herausgabe eines Landguts finden die Vorschriften der §§ 592, 593 entsprechende Anwendung. 1546.

1445 Der Mann bedarf der Einwilligung der Frau zur Verfügung über ein zu dem Gesamtgut der a. Gütergemeinschaft gehörendes G. sowie zur Eingehung der Verpflichtung zu einer solchen Verfügung. 1447, 1448, 1468, 1487, 1495, 1519.

1487 Die Rechte und Verbindlichkeiten des überlebenden Ehegatten sowie der anteilsberechtigten Abkömmlinge in Ansehung des Gesamtguts der f. Gütergemeinschaft bestimmen sich nach den für die eheliche Gütergemeinschaft geltenden Vorschriften der §§ 1442 bis 1449, 1455—1457, 1466; 1518.

1495 Ein anteilsberechtigter Abkömmling kann gegen den überlebenden Ehe-

§ gatten auf Aufhebung der f. Gütergemeinschaft klagen,:
1. wenn der überlebende Ehegatte ein Rechtsgeschäft der in den §§ 1444—1446 bezeichneten Art ohne Zustimmung des Abkömmlings vorgenommen hat und für die Zukunft eine erhebliche Gefährdung des Abkömmlings zu besorgen ist; 1496, 1502, 1518.

1519, 1546, 1525 f. **Errungenschaftsgemeinschaft** — Güterrecht.

1551 Zu dem unbeweglichen Vermögen, das bei der Fahrnisgemeinschaft eingebrachtes Gut ist, gehören G. nebst Zubehör, Rechte an G., mit Ausnahme der Hypotheken, Grundschulden und Rentenschulden, sowie Forderungen, die auf die Übertragung des Eigentums an G. oder auf die Begründung oder Übertragung eines der bezeichneten Rechte oder auf die Befreiung eines G. von einem solchen Rechte gerichtet sind. 1549.

Handlung.

835 Beschädigung eines G. durch Wild f. **Handlung** — Handlung.

836—838 Schaden durch den Einsturz eines Gebäudes oder eines anderen mit einem G. verbundenen Werkes f. **Handlung** — Handlung.

Hypothek.

1113, 1114, 1118—1124, 1126, 1127, 1131—1136, 1141, 1146, 1147, 1149, 1150, 1152, 1159, 1172—1175, 1181, 1182, 1190 f. **Hypothek** — Hypothek.

1116 f. Grundstück 873, 876, 878.

1138, 1155 f. Grundstück 891—899.

1140 f. Grundstück 892, 893.

1154 f. Grundstück 873, 878.

1157 f. Grundstück 892, 894—899.

1158 f. Grundstück 892.

1168 f. Grundstück 875, 876, 878.

1180 f. Grundstück 873, 875, 876, 878.

§ **Kauf.**

435 Der Verkäufer eines G. oder eines Rechtes an einem G. ist verpflichtet, im Grundbuch eingetragene Rechte, die nicht bestehen, auf seine Kosten zur Löschung zu bringen, wenn sie im Falle ihres Bestehens das dem Käufer zu verschaffende Recht beeinträchtigen würden.

Das Gleiche gilt bei dem Verkauf eines Schiffes oder eines Rechtes an einem Schiffe für die im Schiffsregister eingetragenen Rechte. 440, 443, 445.

436 Der Verkäufer eines G. haftet nicht für die Freiheit des G. von öffentlichen Abgaben und von anderen öffentlichen Lasten, die zur Eintragung in das Grundbuch nicht geeignet sind. 440, 443, 445.

444 Der Verkäufer ist verpflichtet, dem Käufer über die den verkauften Gegenstand betreffenden rechtlichen Verhältnisse, insbesondere im Falle des Verkaufs eines G. über die Grenzen, Gerechtsame und Lasten, die nötige Auskunft zu erteilen und ihm die zum Beweise des Rechtes dienenden Urkunden, soweit sie sich in seinem Besitze befinden, auszuliefern.

Erstreckt sich der Inhalt einer solchen Urkunde auch auf andere Angelegenheiten, so ist der Verkäufer nur zur Erteilung eines öffentlich beglaubigten Auszugs verpflichtet. 445.

446 Mit der Übergabe der verkauften Sache geht die Gefahr des zufälligen Unterganges und einer zufälligen Verschlechterung auf den Käufer über. Von der Übergabe an gebühren dem Käufer die Nutzungen und trägt er die Lasten der Sache.

Wird der Käufer eines G. vor der Übergabe als Eigentümer in das Grundbuch eingetragen, so treten diese

§ Wirkungen mit der Eintragung ein. 451.

449 Der Käufer eines G. hat die Kosten der Auflassung und der Eintragung, der Käufer eines Rechtes an einem G. hat die Kosten der zur Begründung oder Übertragung des Rechtes nötigen Eintragung in das Grundbuch, mit Einschluß der Kosten der zu der Eintragung erforderlichen Erklärungen, zu tragen. Dem Käufer fallen in beiden Fällen auch die Kosten der Beurkundung des Kaufes zur Last. 451.

468 Sichert der Verkäufer eines G. dem Käufer eine bestimmte Größe des G. zu, so haftet er für die Größe wie für eine zugesicherte Eigenschaft. Der Käufer kann jedoch wegen Mangels der zugesicherten Größe Wandelung nur verlangen, wenn der Mangel so erheblich ist, daß die Erfüllung des Vertrags für den Käufer kein Interesse hat.

503 Das Wiederkaufsrecht kann bei G. nur bis zum Ablaufe von dreißig, bei anderen Gegenständen nur bis zum Ablaufe von drei Jahren nach der Vereinbarung des Vorbehalts ausgeübt werden. Ist für die Ausübung eine Frist bestimmt, so tritt diese an die Stelle der g. Frist.

509 Ist dem Dritten in dem Vertrage der Kaufpreis gestundet worden, so kann der Vorkaufsberechtigte die Stundung nur in Anspruch nehmen, wenn er für den gestundeten Betrag Sicherheit leistet.

Ist ein G. Gegenstand des Vorkaufs, so bedarf es der Sicherheitsleistung insoweit nicht, als für den gestundeten Kaufpreis die Bestellung einer Hypothek an dem G. vereinbart oder in Anrechnung auf den Kaufpreis eine Schuld, für die eine Hypothek an dem G. besteht, übernommen worden ist.

510 Der Verpflichtete hat dem Vorkaufsberechtigten den Inhalt des mit dem Dritten geschlossenen Vertrags unverzüglich mitzuteilen. Die Mitteilung des Verpflichteten wird durch die Mitteilung des Dritten ersetzt.

Das Vorkaufsrecht kann bei G. nur bis zum Ablaufe von zwei Monaten, bei anderen Gegenständen nur bis zum Ablauf einer Woche nach dem Empfange der Mitteilung ausgeübt werden. Ist für die Ausübung eine Frist bestimmt, so tritt diese an die Stelle der g. Frist.

Leistung.

303 Ist der Schuldner zur Herausgabe eines G. verpflichtet, so kann er nach dem Eintritte des Verzugs des Gläubigers den Besitz aufgeben. Das Aufgeben muß dem Gläubiger vorher angedroht werden, es sei denn, daß die Androhung unthunlich ist.

Miete.

537 Bei der Vermietung eines G. steht die Zusicherung einer bestimmten Größe der Zusicherung einer Eigenschaft gleich. 538, 539, 541, 545.

551 Der Mietzins für ein G. ist, sofern er nicht nach kürzeren Zeitabschnitten bemessen ist, nach dem Ablaufe je eines Kalendervierteljahrs am ersten Werktage des folgenden Monats zu entrichten.

556 Dem Mieter eines G. steht wegen seiner Ansprüche gegen den Vermieter ein Zurückbehaltungsrecht nicht zu.

Hat der Mieter den Gebrauch der Sache einem Dritten überlassen, so kann der Vermieter die Sache nach der Beendigung des Mietverhältnisses auch von dem Dritten zurückfordern.

559 Der Vermieter eines G. hat für seine Forderungen aus dem Mietverhältnis ein Pfandrecht an den eingebrachten

§ Sachen des Mieters. Für künftige Entschädigungsforderungen und für den Mietzins für eine spätere Zeit als das laufende und das folgende Mietjahr kann das Pfandrecht nicht geltend gemacht werden. Es erstreckt sich nicht auf die der Pfändung nicht unterworfenen Sachen.

560 Das Pfandrecht des Vermieters erlischt mit der Entfernung der Sachen von dem G., es sei denn, daß die Entfernung ohne Wissen oder unter Widerspruch des Vermieters erfolgt. Der Vermieter kann der Entfernung nicht widersprechen, wenn sie im regelmäßigen Betriebe des Geschäfts des Mieters oder den gewöhnlichen Lebensverhältnissen entsprechend erfolgt oder wenn die zurückbleibenden Sachen zur Sicherung des Vermieters offenbar ausreichen.

561 Der Vermieter darf die Entfernung der seinem Pfandrecht unterliegenden Sachen, soweit er ihr zu widersprechen berechtigt ist, auch ohne Anrufen des Gerichts verhindern und, wenn der Mieter auszieht, die Sachen in seinen Besitz nehmen.

Sind die Sachen ohne Wissen oder unter Widerspruch des Vermieters entfernt worden, so kann er die Herausgabe zum Zwecke der Zurückschaffung in das G. und, wenn der Mieter ausgezogen ist, die Überlassung des Besitzes verlangen. Das Pfandrecht erlischt mit dem Ablauf eines Monats, nachdem der Vermieter von der Entfernung der Sachen Kenntnis erlangt hat, wenn nicht der Vermieter diesen Anspruch vorher gerichtlich geltend gemacht hat.

565 Bei G. ist die Kündigung nur für den Schluß eines Kalendervierteljahrs zulässig; sie hat spätestens am dritten Werktage des Vierteljahrs zu erfolgen. Ist der Mietzins nach Monaten bemessen, so ist die Kündigung nur für den Schluß eines Kalendermonats zulässig; sie hat spätestens am fünfzehnten des Monats zu erfolgen. Ist der Mietzins nach Wochen bemessen, so ist die Kündigung nur für den Schluß einer Kalenderwoche zulässig; sie hat spätestens am ersten Werktage der Woche zu erfolgen.

Bei beweglichen Sachen hat die Kündigung spätestens am dritten Tage vor dem Tage zu erfolgen, an welchem das Mietverhältnis endigen soll.

Ist der Mietzins für ein G. oder für eine bewegliche Sache nach Tagen bemessen, so ist die Kündigung an jedem Tage für den folgenden Tag zulässig.

Die Vorschriften des Abs. 1 Satz 1, Absatz 2 gelten auch für die Fälle, in denen das Mietverhältnis unter Einhaltung der g. Frist vorzeitig gekündigt werden kann.

566 Ein Mietvertrag über ein G., der für längere Zeit als ein Jahr geschlossen wird, bedarf der schriftlichen Form. Wird die Form nicht beobachtet, so gilt der Vertrag als für unbestimmte Zeit geschlossen; die Kündigung ist jedoch nicht für eine frühere Zeit als für den Schluß des ersten Jahres zulässig.

571 Wird das vermietete G. nach der Überlassung an den Mieter von dem Vermieter an einen Dritten veräußert, so tritt der Erwerber an Stelle des Vermieters in die sich während der Dauer seines Eigentums aus dem Mietverhältnis ergebenden Rechte und Verpflichtungen ein.

Erfüllt der Erwerber die Verpflichtungen nicht, so haftet der Vermieter für den von dem Erwerber zu ersetzenden Schaden wie ein Bürge, der auf die Einrede der Vorausklage verzichtet hat. Erlangt der Mieter

§ von dem Übergange des Eigentums durch Mitteilung des Vermieters Kenntnis, so wird der Vermieter von der Haftung befreit, wenn nicht der Mieter das Mietverhältnis für den ersten Termin kündigt, für den die Kündigung zulässig ist. 577—579.

572 Hat der Mieter des veräußerten G. dem Vermieter für die Erfüllung seiner Verpflichtungen Sicherheit geleistet, so tritt der Erwerber in die dadurch begründeten Rechte ein. Zur Rückgewähr der Sicherheit ist er nur verpflichtet, wenn sie ihm ausgehändigt wird oder wenn er dem Vermieter gegenüber die Verpflichtung zur Rückgewähr übernimmt. 577, 579.

576 Zeigt der Vermieter dem Mieter an, daß er das Eigentum an dem vermieteten G. auf einen Dritten übertragen habe, so muß er in Ansehung der Mietzinsforderung die angezeigte Übertragung dem Mieter gegenüber gegen sich gelten lassen, auch wenn sie nicht erfolgt oder nicht wirksam ist.

Die Anzeige kann nur mit Zustimmung desjenigen zurückgenommen werden, welcher als der neue Eigentümer bezeichnet worden ist. 577, 579.

577 Wird das vermietete G. nach der Überlassung an den Mieter von dem Vermieter mit dem Rechte eines Dritten belastet, so finden die Vorschriften der §§ 571—576 entsprechende Anwendung, wenn durch die Ausübung des Rechtes dem Mieter der vertragsmäßige Gebrauch entzogen wird. Hat die Ausübung des Rechtes nur eine Beschränkung des Mieters in dem vertragsmäßigen Gebrauche zur Folge, so ist der Dritte dem Mieter gegenüber verpflichtet, die Ausübung zu unterlassen, soweit sie den vertragsmäßigen Gebrauch beeinträchtigen würde. 578, 579.

578 Hat vor der Überlassung des vermieteten G. an den Mieter der Vermieter das G. an einen Dritten veräußert oder mit einem Rechte belastet, durch dessen Ausübung der vertragsmäßige Gebrauch dem Mieter entzogen oder beschränkt wird, so gilt das Gleiche wie in den Fällen des § 571 Abs. 1 und des § 577, wenn der Erwerber dem Vermieter gegenüber die Erfüllung der sich aus dem Mietverhältnis ergebenden Verpflichtungen übernommen hat. 579.

579 Wird das vermietete G. von dem Erwerber weiter veräußert oder belastet, so finden die Vorschriften des § 571 Abs. 1 und der §§ 572—578 entsprechende Anwendung. Erfüllt der neue Erwerber die sich aus dem Mietverhältnis ergebenden Verpflichtungen nicht, so haftet der Vermieter dem Mieter nach § 571 Abs. 2.

580 Die Vorschriften über die Miete von G. gelten auch für die Miete von Wohnräumen und anderen Räumen.

Nießbrauch.

1031 Mit dem Nießbrauch an einem G. erlangt der Nießbraucher den Nießbrauch an dem Zubehör nach den für den Erwerb des Eigentums geltenden Vorschriften des § 926.

1037 Der Nießbraucher eines G. darf neue Anlagen zur Gewinnung von Steinen, Kies, Sand, Lehm, Thon, Mergel, Torf und sonstigen Bodenbestandteilen errichten, sofern nicht die wirtschaftliche Bestimmung des G. dadurch wesentlich verändert wird.

1043 Nimmt der Nießbraucher eines G. eine erforderlich gewordene außergewöhnliche Ausbesserung oder Erneuerung selbst vor, so darf er zu diesem Zwecke innerhalb der Grenzen einer ordnungsmäßigen Wirtschaft auch Bestandteile des G. verwenden, die nicht zu den ihm gebührenden Früchten gehören. 1044.

§
1044 Nimmt der Nießbraucher eine erforderlich gewordene Ausbesserung oder Erneuerung der Sache nicht selbst vor, so hat er dem Eigentümer die Vornahme und, wenn ein G. Gegenstand des Nießbrauchs ist, die Verwendung der im § 1043 bezeichneten Bestandteile des G. zu gestatten.

1048 Ist ein G. samt Inventar Gegenstand des Nießbrauchs, so kann der Nießbraucher über die einzelnen Stücke des Inventars innerhalb der Grenzen einer ordnungsmäßigen Wirtschaft verfügen. Er hat für den gewöhnlichen Abgang sowie für die nach den Regeln einer ordnungsmäßigen Wirtschaft ausscheidenden Stücke Ersatz zu beschaffen; die von ihm angeschafften Stücke werden mit der Einverleibung in das Inventar Eigentum desjenigen, welchem das Inventar gehört.

Übernimmt der Nießbraucher das Inventar zum Schätzungswerte mit der Verpflichtung, es bei der Beendigung des Nießbrauchs zum Schätzungswerte zurückzugewähren, so finden die Vorschriften der §§ 588, 589 entsprechende Anwendung.

1052 Der Verwalter, dem die Ausübung des Nießbrauchs übertragen ist, steht unter Aufsicht des Gerichts wie ein für die Zwangsverwaltung eines G. bestellter Verwalter. 1054, 1070.

1055 Der Nießbraucher ist verpflichtet, die Sache nach der Beendigung des Nießbrauchs dem Eigentümer zurückzugeben.

Bei dem Nießbrauch an einem landwirtschaftlichen G. finden die Vorschriften der §§ 591, 592, bei dem Nießbrauch an einem Landgute finden die Vorschriften der §§ 591 bis 593 entsprechende Anwendung.

1056 Hat der Nießbraucher ein G. über die Dauer des Nießbrauchs hinaus vermietet oder verpachtet, so finden nach der Beendigung des Nießbrauchs die für den Fall der Veräußerung geltenden Vorschriften der §§ 571, 572, des § 573 Satz 1 und der §§ 574—576, 579 entsprechende Anwendung.

Der Eigentümer ist berechtigt, das Miet- oder Pachtverhältnis unter Einhaltung der g. Kündigungsfrist zu kündigen. Verzichtet der Nießbraucher auf den Nießbrauch, so ist die Kündigung erst von der Zeit an zulässig, zu welcher der Nießbrauch ohne den Verzicht erlöschen würde.

Der Mieter oder der Pächter ist berechtigt, den Eigentümer unter Bestimmung einer angemessenen Frist zur Erklärung darüber aufzufordern, ob er von dem Kündigungsrechte Gebrauch mache. Die Kündigung kann nur bis zum Ablaufe der Frist erfolgen.

1060 s. **Grunddienstbarkeit** — Grunddienstbarkeit 1024.

1062 Wird der Nießbrauch an einem G. durch Rechtsgeschäft aufgehoben, so erstreckt sich die Aufhebung im Zweifel auf den Nießbrauch an dem Zubehöre.

1071 s. Grundstück 876.

Pacht.

582 Der Pächter eines landwirtschaftlichen G. hat die gewöhnlichen Ausbesserungen, insbesondere die der Wohn- und Wirtschaftsgebäude, der Wege, Gräben und Einfriedigungen, auf seine Kosten zu bewirken. 581.

583 Der Pächter eines landwirtschaftlichen G. darf nicht ohne die Erlaubnis des Verpächters Änderungen in der wirtschaftlichen Bestimmung des G. vornehmen, die auf die Art der Bewirtschaftung über die Pachtzeit hinaus von Einfluß sind. 581.

584 Ist bei der Pacht eines landwirtschaftlichen G. der Pachtzins nach Jahren bemessen, so ist er nach dem Ablauf

§ je eines Pachtjahres am ersten Werktage des folgenden Jahres zu entrichten. 581.

585 Das Pfandrecht des Verpächters eines landwirtschaftlichen G. kann für den gesamten Pachtzins geltend gemacht werden und unterliegt nicht der im § 563 bestimmten Beschränkung. Es erstreckt sich auf die Früchte des G. sowie auf die nach § 715 Nr. 5 der Civilprozeßordnung der Pfändung nicht unterworfenen Sachen. 581.

586 Wird ein G. samt Inventar verpachtet, so liegt dem Pächter die Erhaltung der einzelnen Inventarstücke ob.

Der Verpächter ist verpflichtet, Inventarstücke, die infolge eines von dem Pächter nicht zu vertretenden Umstandes in Abgang kommen, zu ergänzen. Der Pächter hat jedoch den gewöhnlichen Abgang der zu dem Inventar gehörenden Tiere aus den Jungen insoweit zu ersetzen, als dies einer ordnungsmäßigen Wirtschaft entspricht. 581.

587 Übernimmt der Pächter eines G. das Inventar zum Schätzungswerte mit der Verpflichtung, es bei der Beendigung der Pacht zum Schätzungswerte zurückzugewähren, so gelten die Vorschriften der §§ 588, 589. 581.

589 Der Pächter hat das bei der Beendigung der Pacht vorhandene Inventar dem Verpächter zurückzugewähren.

Der Verpächter kann die Übernahme derjenigen von dem Pächter angeschafften Inventarstücke ablehnen, welche nach den Regeln einer ordnungsmäßigen Wirtschaft für das G. überflüssig oder zu wertvoll sind; mit der Ablehnung geht das Eigentum an den abgelehnten Stücken auf den Pächter über.

Ist der Gesamtschätzungswert der übernommenen Stücke höher oder niedriger als der Gesamtschätzungswert der zurückzugewährenden Stücke, so hat im ersteren Falle der Pächter dem Verpächter, im letzteren Falle der Verpächter dem Pächter den Mehrbetrag zu ersetzen. 581, 587, 594.

590 Dem Pächter eines G. steht für die Forderungen gegen den Verpächter, die sich auf das mitgepachtete Inventar beziehen, ein Pfandrecht an den in seinen Besitz gelangten Inventarstücken zu. Auf das Pfandrecht findet die Vorschrift des § 562 Anwendung. 581.

591 Der Pächter eines landwirtschaftlichen G. ist verpflichtet, das G. nach der Beendigung der Pacht in dem Zustande zurückzugewähren, der sich bei einer während der Pachtzeit bis zur Rückgewähr f. ordnungsmäßigen Bewirtschaftung ergiebt. Dies gilt insbesondere auch für die Bestellung. 581.

592 Endigt die Pacht eines landwirtschaftlichen G. im Laufe eines Pachtjahrs, so hat der Verpächter die Kosten, die der Pächter auf die noch nicht getrennten, jedoch nach den Regeln einer ordnungsmäßigen Wirtschaft vor dem Ende des Pachtjahrs zu trennenden Früchte verwendet hat, insoweit zu ersetzen, als sie einer ordnungsmäßigen Wirtschaft entsprechen und den Wert dieser Früchte nicht übersteigen. 581.

595 Ist bei der Pacht eines G. oder eines Rechtes die Pachtzeit nicht bestimmt, so ist die Kündigung nur für den Schluß eines Pachtjahrs zulässig; sie hat spätestens am ersten Werktage des halben Jahres zu erfolgen, mit dessen Ablaufe die Pacht endigen soll.

Diese Vorschriften gelten bei der Pacht eines G. oder eines Rechtes auch für die Fälle, in denen das Pachtverhältnis unter Einhaltung der g. Frist vorzeitig gekündigt werden kann. 581.

§ **Pfandrecht.**

1260 s. Grundstück 873, 878.

1261 s. Grundstück 879—881.

1263 s. Grundstück 894, 895, 897—899.

1264 s. **Hypothek** — Hypothek 1118.

1265 s. **Hypothek** — Hypothek 1121, 1122.

1276 s. Grundstück 876.

1287 Leistet der Schuldner in Gemäßheit der §§ 1281, 1282, so erwirbt mit der Leistung der Gläubiger den geleisteten Gegenstand und der Pfandgläubiger ein Pfandrecht an dem Gegenstande. Besteht die Leistung in der Übertragung des Eigentums an einem G., so erwirbt der Pfandgläubiger eine Sicherungshypothek. 1273, 1279.

1289 s. **Hypothek** — Hypothek 1123, 1124.

Reallast.

1105, 1106, 1108—1111 s. **Reallast** — Reallast.

Rentenschuld.

1199 Eine Grundschuld kann in der Weise bestellt werden, daß in regelmäßig wiederkehrenden Terminen eine bestimmte Geldsumme aus dem G. zu zahlen ist. (Rentenschuld).

1201 Das Recht zur Ablösung einer Rentenschuld steht dem Eigentümer zu.

Dem Gläubiger kann das Recht, die Ablösung zu verlangen, nicht eingeräumt werden. Im Falle des § 1133 Satz 2 ist der Gläubiger berechtigt, die Zahlung der Ablösungssumme aus dem G. zu verlangen.

1202 Hat der Eigentümer die Rentenschuld gekündigt, so kann der Gläubiger nach dem Ablaufe der Kündigungsfrist die Zahlung der Ablösungssumme aus dem G. verlangen.

Sachen.

94—96 Bestandteile eines G. s. **Sachen** — Sachen.

704 s. Miete 559—561.

Schenkung.

523 s. Kauf 435, 436, 444.

§ **Schuldverhältnis.**

416 Übernimmt der Erwerber eines G. durch Vertrag mit dem Veräußerer eine Schuld des Veräußerers, für die eine Hypothek an dem G. besteht, so kann der Gläubiger die Schuldübernahme nur genehmigen, wenn der Veräußerer sie ihm mitteilt. Sind seit dem Empfange der Mitteilung sechs Monate verstrichen, so gilt die Genehmigung als erteilt, wenn nicht der Gläubiger sie dem Veräußerer gegenüber vorher verweigert hat; die Vorschrift des § 415 Abs. 2 Satz 2 findet keine Anwendung.

Die Mitteilung des Veräußerers kann erst erfolgen, wenn der Erwerber als Eigentümer im Grundbuch eingetragen ist. Sie muß schriftlich geschehen und den Hinweis enthalten, daß der Übernehmer an die Stelle des bisherigen Schuldners tritt, wenn nicht der Gläubiger die Verweigerung innerhalb der sechs Monate erklärt.

Der Veräußerer hat auf Verlangen des Erwerbers dem Gläubiger die Schuldübernahme mitzuteilen. Sobald die Erteilung oder Verweigerung der Genehmigung feststeht, hat der Veräußerer den Erwerber zu benachrichtigen.

Sicherheitsleistung.

232 Wer Sicherheit zu leisten hat, kann dies bewirken

. . . . .

durch Bestellung von Hypotheken an inländischen G.,

durch Verpfändung von Forderungen für die eine Hypothek an einem inländischen Grundstück besteht, oder durch Verpfändung von Grundschulden oder Rentenschulden an inländischen G. 238.

Testament.

2111 Zur Erbschaft gehört auch, was der

§ Vorerbe dem Inventar eines erbschaftlichen G. einverleibt.

2113 Die Verfügung des Vorerben über ein zur Erbschaft gehörendes G. oder über ein zur Erbschaft gehörendes Recht an einem G. ist im Falle des Eintritts der Nacherbfolge insoweit unwirksam, als sie das Recht des Nacherben vereiteln oder beeinträchtigen würde. 2112, 2114, 2136.

2128, 2129 s. Nießbrauch 1052.

2130 Herausgabe eines zur Erbschaft gehörenden landwirtschaftlichen G. an den Nacherben s. **Erblasser** — Testament.

2135 *Hat der Vorerbe ein zur Erbschaft gehörendes G. vermietet oder verpachtet, so finden, wenn das Miet- oder Pachtverhältnis bei dem Eintritte der Nacherbfolge noch besteht, die Vorschriften des § 1056 entsprechende Anwendung.

2165 Ruht auf einem vermachten G. eine Hypothek, Grundschuld oder Rentenschuld, die dem Erblasser selbst zusteht, so ist aus den Umständen zu entnehmen, ob die Hypothek, Grundschuld oder Rentenschuld als mitvermacht zu gelten hat.

2166 Ist ein vermachtes G., das zur Erbschaft gehört, mit einer Hypothek für eine Schuld des Erblassers oder für eine Schuld belastet, zu deren Berichtigung der Erblasser dem Schuldner gegenüber verpflichtet ist, so ist der Vermächtnisnehmer im Zweifel dem Erben gegenüber zur rechtzeitigen Befriedigung des Gläubigers insoweit verpflichtet, als die Schuld durch den Wert des G. gedeckt wird. Der Wert bestimmt sich nach der Zeit, zu welcher das Eigentum auf den Vermächtnisnehmer übergeht; er wird unter Abzug der Belastungen berechnet, die der Hypothek im Range vorgehen.

§ Ist dem Erblasser gegenüber ein Dritter zur Berichtigung der Schuld verpflichtet, so besteht die Verpflichtung des Vermächtnisnehmers im Zweifel nur insoweit, als der Erbe die Berichtigung nicht von dem Dritten erlangen kann.

Auf eine Hypothek der im § 1190 bezeichneten Art finden diese Vorschriften keine Anwendung. 2167, 2168.

2167 Sind neben dem vermachten G. andere zur Erbschaft gehörende G. mit der Hypothek belastet, so beschränkt sich die im § 2166 bestimmte Verpflichtung des Vermächtnisnehmers im Zweifel auf den Teil der Schuld, der dem Verhältnisse des Wertes des vermachten G. zu dem Werte der sämtlichen G. entspricht. Der Wert wird nach § 2166 Abs. 1 Satz 2 berechnet. 2168.

2168 Besteht an mehreren zur Erbschaft gehörenden G. eine Gesamtgrundschuld oder eine Gesamtrentenschuld und ist eines dieser G. vermacht, so ist der Vermächtnisnehmer im Zweifel dem Erben gegenüber zur Befriedigung des Gläubigers in Höhe des Teiles der Grundschuld oder der Rentenschuld verpflichtet, der dem Verhältnisse des Wertes des vermachten G. zu dem Werte der sämtlichen G. entspricht. Der Wert wird nach § 2166 Abs. 1 Satz 2 berechnet.

Ist neben dem vermachten G. ein nicht zur Erbschaft gehörendes G. mit einer Gesamtgrundschuld oder einer Gesamtrentenschuld belastet, so finden, wenn der Erblasser zur Zeit des Erbfalls gegenüber dem Eigentümer des anderen G. oder einem Rechtsvorgänger des Eigentümers zur Befriedigung des Gläubigers verpflichtet ist, die Vorschriften des § 2166 Abs. 1 und des § 2167 entsprechende Anwendung.

§

2172 s. Eigentum 946.

2182 Ist eine nur der Gattung nach bestimmte Sache vermacht, so hat der Beschwerte die gleichen Verpflichtungen wie ein Verkäufer nach den Vorschriften des § 433 Abs. 1, der §§ 434—437, des § 440 Abs. 2—4 und der §§ 441 bis 444.

Dasselbe gilt im Zweifel, wenn ein bestimmter nicht zur Erbschaft gehörender Gegenstand vermacht ist, unbeschadet der sich aus dem § 2170 ergebenden Beschränkung der Haftung.

Ist ein G. Gegenstand des Vermächtnisses, so haftet der Beschwerte im Zweifel nicht für die Freiheit des G. von Grunddienstbarkeiten, beschränkten persönlichen Dienstbarkeiten und Reallasten.

Vertrag.

313 Ein Vertrag, durch den sich der eine Teil verpflichtet, das Eigentum an einem G. zu übertragen, bedarf der gerichtlichen oder notariellen Beurkundung. Ein ohne Beobachtung dieser Form geschlossener Vertrag wird seinem ganzen Inhalte nach gültig, wenn die Auflassung und die Eintragung in das Grundbuch erfolgen.

Verwandtschaft.

1663 Hat der Vater kraft seiner Nutznießung ein zu dem Vermögen des Kindes gehörendes G. vermietet oder verpachtet, so finden, wenn das Miet- oder Pachtverhältnis bei der Beendigung der Nutznießung noch besteht, die Vorschriften des § 1056 entsprechende Anwendung.

Gehört zu dem der Nutznießung unterliegenden Vermögen ein landwirtschaftliches G., so findet die Vorschrift des § 592, gehört zu dem Vermögen ein Landgut, so finden die Vorschriften der §§ 592, 593 entsprechende Anwendung.

1642 s. Vormundschaft 1807.

§

1643 s. Vormundschaft 1821.

Vorkaufsrecht.

1094—1104 s. **Vorkaufsrecht**—Vorkaufsrecht.

Vormundschaft.

1807 Die im § 1806 vorgeschriebene Anlegung von Mündelgeld soll nur erfolgen:

1. in Forderungen, für die eine sichere Hypothek an einem inländischen G. besteht, oder in sicheren Grundschulden oder Rentenschulden an inländischen G.

2. . . . .

Die L.G. können für die innerhalb ihres Geltungsbereichs belegenen G. die Grundsätze bestimmen, nach denen die Sicherheit einer Hypothek, einer Grundschuld oder einer Rentenschuld festzustellen ist. 1808, 1810, 1811, 1813.

1821 Der Vormund bedarf der Genehmigung des Vormundschaftsgerichts:

1. zur Verfügung über ein G. oder über ein Recht an einem G.;
2. zur Verfügung über eine Forderung, die auf Übertragung des Eigentums an einem G. oder auf Begründung oder Übertragung eines Rechtes an einem G. oder auf Befreiung eines G. von einem solchen Rechte gerichtet ist;
3. zur Eingehung der Verpflichtung zu einer der in Nr. 1, 2 bezeichneten Verfügungen;
4. zu einem Vertrage, der auf den entgeltlichen Erwerb eines G. oder eines Rechtes an einem G. gerichtet ist.

Zu den Rechten an einem G. im Sinne dieser Vorschriften gehören nicht Hypotheken, Grundschulden und Rentenschulden. 1812, 1827.

Werkvertrag.

638 Der Anspruch des Bestellers auf Beseitigung eines Mangels des Werkes

§ sowie die wegen des Mangels dem Besteller zustehenden Ansprüche auf Wandelung, Minderung oder Schadensersatz verjähren, sofern nicht der Unternehmer den Mangel arglistig verschwiegen hat, in sechs Monaten, bei Arbeiten an einem G. in einem Jahre, bei Bauwerken in fünf Jahren. Die Verjährung beginnt mit der Abnahme des Werkes.

Die Verjährungsfrist kann durch Vertrag verlängert werden. 639, 646.

651 s. Kauf 446.

Gültigkeit.

Anweisung.

784 Nimmt der Angewiesene die Anweisung an, so ist er dem Anweisungsempfänger gegenüber zur Leistung verpflichtet; er kann ihm nur solche Einwendungen entgegensetzen, welche die G. der Annahme betreffen oder sich aus dem Inhalte der Anweisung oder dem Inhalte der Annahme ergeben oder dem Angewiesenen unmittelbar gegen den Anweisungsempfänger zustehen.

Auslobung.

661 Eine Auslobung, die eine Preisbewerbung zum Gegenstande hat, ist nur gültig, wenn in der Bekanntmachung eine Frist für die Bewerbung bestimmt wird.

Bürgschaft.

766 Zur G. des Bürgschaftsvertrags ist schriftliche Erteilung der Bürgschaftserklärung erforderlich.

Ehe.

1324 Eine Ehe ist nichtig, wenn bei der Eheschließung die im § 1317 vorgeschriebene Form nicht beobachtet worden ist.

Ist die Ehe in das Heiratsregister eingetragen worden und haben die Ehegatten nach der Eheschließung zehn Jahre oder, falls einer von ihnen vorher gestorben ist, bis zu dessen

§ Tode, jedoch mindestens drei Jahre, als Ehegatten miteinander gelebt, so ist die Ehe als von Anfang an gültig anzusehen. Diese Vorschrift findet keine Anwendung, wenn bei dem Ablaufe der zehn Jahre oder zur Zeit des Todes des einen Ehegatten die Nichtigkeitsklage erhoben ist. 1323, 1329.

1325 Eine Ehe ist nichtig, wenn einer der Ehegatten zur Zeit der Eheschließung geschäftsunfähig war oder sich im Zustande der Bewußtlosigkeit oder vorübergehender Störung der Geistesthätigkeit befand.

Die Ehe ist als von Anfang an gültig anzusehen, wenn der Ehegatte sie nach dem Wegfalle der Geschäftsunfähigkeit, der Bewußtlosigkeit oder der Störung der Geistesthätigkeit bestätigt, bevor sie für nichtig erklärt oder aufgelöst worden ist. Die Bestätigung bedarf nicht der für die Eheschließung vorgeschriebenen Form. 1323, 1329, 1331.

1326 Eine Ehe ist nichtig, wenn einer der Ehegatten zur Zeit der Eheschließung mit einem Dritten in einer gültigen Ehe lebte. 1323, 1329.

1328 Wird nachträglich Befreiung von der Vorschrift des § 2312 bewilligt, so ist die Ehe als von Anfang an gültig anzusehen. 1323, 1329.

1342 Das Nachlaßgericht soll die Erklärung der Anfechtung einer Ehe sowohl demjenigen mitteilen, welcher im Falle der G. der Ehe, als auch demjenigen, welcher im Falle der Nichtigkeit der Ehe Erbe des verstorbenen Ehegatten ist.

Art. **Einführungsgesetz.**

24, 44, 100, 151, 198 s. **E.G.**—E.G.

142 s. Vertrag § 313.

163 s. Verein § 32.

218 s. Testament § 2230.

§ **Erbschein.**

2360 Ist die Verfügung, auf der das Erbrecht beruht, nicht in einer dem Nachlaßgerichte vorliegenden öffentlichen Urkunde enthalten, so soll vor der Erteilung des Erbscheins derjenige über die G. der Verfügung gehört werden, welcher im Falle der Unwirksamkeit der Verfügung Erbe sein würde.

Die Anhörung ist nicht erforderlich, wenn sie unthunlich ist.

2368 Ist die Ernennung des Testamentsvollstreckers nicht in einer dem Nachlaßgerichte vorliegenden öffentlichen Urkunde enthalten, so soll vor der Erteilung des Zeugnisses der Erbe, wenn thunlich, über die G. der Ernennung gehört werden.

2301 **Erbvertrag** s. Schuldversprechen 780, 781.

Güterrecht.

1433 Der Güterstand kann nicht durch Verweisung auf ein nicht mehr geltendes oder auf ein ausländisches Recht bestimmt werden.

Hat der Mann zur Zeit der Eingehung der Ehe oder, falls der Vertrag nach der Eingehung der Ehe geschlossen wird, zur Zeit des Vertragsabschlusses seinen Wohnsitz im Auslande, so ist die Verweisung auf ein an diesem Wohnsitze geltendes Güterrecht zulässig.

Leibrente.

761 Zur G. eines Vertrags, durch den eine Leibrente versprochen wird, ist, soweit nicht eine andere Form vorgeschrieben ist, schriftliche Erteilung des Versprechens erforderlich.

Schenkung.

518 Zur G. eines Vertrags, durch den eine Leistung schenkweise versprochen wird, ist die gerichtliche oder notarielle Beurkundung des Versprechens erforderlich. Das Gleiche gilt, wenn ein

§ Schuldversprechen oder ein Schuldanerkenntnis der in den §§ 780, 781 bezeichneten Art schenkweise erteilt wird, von dem Versprechen oder der Anerkennungserklärung.

Der Mangel der Form wird durch die Bewirkung der versprochenen Leistung geheilt.

Schuldverschreibung.

793 Die G. der Unterzeichnung einer Schuldverschreibung auf den Inhaber kann durch eine in die Urkunde aufgenommene Bestimmung von der Beobachtung einer besonderen Form abhängig gemacht werden. Zur Unterzeichnung genügt eine im Wege der mechanischen Vervielfältigung hergestellte Namensunterschrift.

796 Der Aussteller kann dem Inhaber der Schuldverschreibung nur solche Einwendungen entgegensetzen, welche die G. der Ausstellung betreffen oder sich aus der Urkunde ergeben oder dem Aussteller unmittelbar gegen den Inhaber zustehen. 807.

Schuldversprechen.

780 Zur G. eines Vertrags, durch den eine Leistung in der Weise versprochen wird, daß das Versprechen die Verpflichtung selbständig begründen soll (Schuldversprechen), ist, soweit nicht eine andere Form vorgeschrieben ist, schriftliche Erteilung des Versprechens erforderlich. 782.

781 Zur G. eines Vertrags, durch den das Bestehen eines Schuldverhältnisses anerkannt wird (Schuldanerkenntnis), ist schriftliche Erteilung der Anerkennungserklärung erforderlich. Ist für die Begründung des Schuldverhältnisses, dessen Bestehen anerkannt wird, eine andere Form vorgeschrieben, so bedarf der Anerkennungsvertrag dieser Form.

Testament.

2065 Der Erblasser kann eine letztwillige

§ Verfügung nicht in der Weise treffen, daß ein anderer zu bestimmen hat, ob sie gelten oder nicht gelten soll. 2192.

2078 s. Willenserklärung 122.

2171 s. Vertrag 308.

2230 Hat ein Entmündigter ein Testament errichtet, bevor der die Entmündigung aussprechende Beschluß unanfechtbar geworden ist, so steht die Entmündigung der G. des Testaments nicht entgegen, wenn der Entmündigte noch vor dem Eintritte der Unanfechtbarkeit stirbt.

Das Gleiche gilt, wenn der Entmündigte nach der Stellung des Antrags auf Wiederaufhebung der Entmündigung ein Testament errichtet und die Entmündigung dem Antrag gemäß wieder aufgehoben wird.

2249 Die Besorgnis, daß die Errichtung eines Testamentes vor einem Richter oder vor einem Notar nicht mehr möglich sein werde, muß im Protokolle festgestellt werden. Der G. des Testaments steht nicht entgegen, daß die Besorgnis nicht begründet war. 2252, 2256.

Verein.

32 Zur G. eines Beschlusses der Mitgliederversammlung des Vereins ist erforderlich, daß der Gegenstand bei der Berufung bezeichnet wird.

. . . . . .

Auch ohne Versammlung der Mitglieder ist ein Beschluß gültig, wenn alle Mitglieder ihre Zustimmung zu dem Beschlusse schriftlich erklären. 28, 40.

Vertrag.

307 Wer bei der Schließung eines Vertrags, der auf eine unmögliche Leistung gerichtet ist, die Unmöglichkeit der Leistung kennt oder kennen muß, ist zum Ersatze des Schadens verpflichtet, den der andere Teil dadurch erleidet, daß er auf die G. des Vertrags vertraut, jedoch nicht über den Betrag des Interesses hinaus, welches der andere Teil an der G. des Vertrags hat. Die Ersatzpflicht tritt nicht ein, wenn der andere Teil die Unmöglichkeit kennt oder kennen muß.

Diese Vorschriften finden entsprechende Anwendung, wenn die Leistung nur teilweise unmöglich und der Vertrag in Ansehung des möglichen Teiles gültig ist oder wenn eine von mehreren wahlweise versprochenen Leistungen unmöglich ist. 309.

308 Die Unmöglichkeit der Leistung steht der G. des Vertrages nicht entgegen, wenn die Unmöglichkeit gehoben werden kann und der Vertrag für den Fall geschlossen ist, daß die Leistung möglich wird.

Wird eine unmögliche Leistung unter einer anderen aufschiebenden Bedingung oder unter Bestimmung eines Anfangstermins versprochen, so ist der Vertrag gültig, wenn die Unmöglichkeit vor dem Eintritte der Bedingung oder des Termins gehoben wird. 309.

313 Ein Vertrag, durch den sich der eine Teil verpflichtet, das Eigentum an einem Grundstücke zu übertragen, bedarf der gerichtlichen oder notariellen Beurkundung. Ein ohne Beobachtung dieser Form geschlossener Vertrag wird seinem ganzen Inhalte nach gültig, wenn die Auflassung und die Eintragung in das Grundbuch erfolgen.

Verwandtschaft.

1699 Ein Kind aus einer nichtigen Ehe, das im Falle der G. der Ehe ehelich sein würde, gilt als ehelich, sofern nicht beide Ehegatten die Nichtigkeit der Ehe bei der Eheschließung gekannt haben.

§ Diese Vorschrift findet keine Anwendung, wenn die Nichtigkeit der Ehe auf einem Formmangel beruht und die Ehe nicht in das Heiratsregister eingetragen worden ist. 1700, 1721.

Willenserklärung.

122 Ist eine Willenserklärung nach § 118 nichtig oder auf Grund der §§ 119, 120 angefochten, so hat der Erklärende, wenn die Erklärung einem anderen gegenüber abzugeben war, diesem, anderenfalls jedem Dritten den Schaden zu ersetzen, den der andere oder der Dritte dadurch erleidet, daß er auf die G. der Erklärung vertraut, jedoch nicht über den Betrag des Interesses hinaus, welches der andere oder der Dritte an der G. der Erklärung hat.

Die Schadensersatzpflicht tritt nicht ein, wenn der Beschädigte den Grund der Nichtigkeit oder der Anfechtbarkeit kannte oder infolge von Fahrlässigkeit nicht kannte (kennen mußte).

141 Wird ein nichtiger Vertrag von den Parteien bestätigt, so sind diese im Zweifel verpflichtet, einander zu gewähren, was sie haben würden, wenn der Vertrag von Anfang an gültig gewesen wäre.

Gunst.

Art. 16 **Einführungsgesetz** s. **E.G. — E.G.**

zu Gunsten.

§ **Bedingung.**

160 Wer unter einer aufschiebenden Bedingung berechtigt ist, kann im Falle des Eintritts der Bedingung Schadensersatz von dem anderen Teile verlangen, wenn dieser während der Schwebezeit das von der Bedingung abhängige Recht durch sein Verschulden vereitelt oder beeinträchtigt.

Den gleichen Anspruch hat unter denselben Voraussetzungen bei einem unter einer auflösenden Bedingung vorgenommenen Rechtsgeschäfte derjenige, zu dessen G. der frühere Rechtszustand wieder eintritt. 163.

161 Hat jemand unter einer aufschiebenden Bedingung über einen Gegenstand verfügt, so ist jede weitere Verfügung, die er während der Schwebezeit über den Gegenstand trifft, im Falle des Eintritts der Bedingung insoweit unwirksam, als sie die von der Bedingung abhängige Wirkung vereiteln oder beeinträchtigen würde. Einer solchen Verfügung steht eine Verfügung gleich, die während der Schwebezeit im Wege der Zwangsvollstreckung oder der Arrestvollstreckung oder durch den Konkursverwalter erfolgt.

Dasselbe gilt bei einer auflösenden Bedingung von den Verfügungen desjenigen, dessen Recht mit dem Eintritte der Bedingung endigt.

Die Vorschriften zu G. derjenigen, welche Rechte von einem Nichtberechtigten herleiten, finden entsprechende Anwendung. 163.

Dienstbarkeit.

1090 Ein Grundstück kann in der Weise belastet werden, daß derjenige, zu dessen G. die Belastung erfolgt, berechtigt ist, das Grundstück in einzelnen Beziehungen zu benutzen, oder daß ihm eine sonstige Befugnis zusteht, die den Inhalt einer Grunddienstbarkeit bilden kann (beschränkte persönliche Dienstbarkeit).

Die Vorschriften der §§ 1020 bis 1024, 1026—1029, 1061 finden entsprechende Anwendung.

Ehe.

1362 Zu G. der Gläubiger des Mannes wird vermutet, daß die im Besitze eines der Ehegatten oder beider Ehegatten befindlichen beweglichen Sachen

§ dem Manne gehören. Dies gilt insbesondere auch für Inhaberpapiere und für Orderpapiere, die mit Blankoindossament versehen sind.

Eigentum.

914 Auf das Recht auf die Rente für den Überbau finden die Vorschriften Anwendung, die für eine zu G. des jeweiligen Eigentümers eines Grundstücks bestehende Reallast gelten. 916, 917.

941 Die Unterbrechung der Ersitzung tritt jedoch nur zu G. desjenigen ein, welcher sie herbeiführt. 945.

944 Die Ersitzungszeit, die zu G. eines Erbschaftsbesitzers verstrichen ist, kommt dem Erben zu statten. 345.

951 Wer infolge der Vorschriften der §§ 946—950 einen Rechtsverlust erleidet, kann von demjenigen, zu dessen G. die Rechtsänderung eintritt, Vergütung in Geld nach den Vorschriften über die Herausgabe einer ungerechtfertigten Bereicherung fordern.

1006 Zu G. des Besitzers einer beweglichen Sache wird vermutet, daß er Eigentümer der Sache sei. Dies gilt jedoch nicht einem früheren Besitzer gegenüber, dem die Sache gestohlen worden, verloren gegangen oder sonst abhanden gekommen ist, es sei denn, daß es sich um Geld oder Inhaberpapiere handelt.

Zu G. eines früheren Besitzers wird vermutet, daß er während der Dauer seines Besitzes Eigentümer der Sache gewesen sei.

Im Falle eines mittelbaren Besitzes gilt die Vermutung für den mittelbaren Besitzer.

1009 Die gemeinschaftliche Sache kann auch zu G. eines Miteigentümers belastet werden.

Die Belastung eines gemeinschaftlichen Grundstücks zu G. des jeweiligen Eigentümers eines anderen Grundstücks sowie die Belastung eines anderen Grundstücks zu G. der jeweiligen Eigentümer des gemeinschaftlichen Grundstücks wird nicht dadurch ausgeschlossen, daß das andere Grundstück einem Miteigentümer des gemeinschaftlichen Grundstücks gehört. 1008.

Art. **Einführungsgesetz.**

16 s. Ehe § 1362.

53 s. **Hypothek** — Hypothek §§ 1123, 1124.

58, 61, 97, 118, 120, 121, 124, 145, 168, 183 s. **E.G.** — E.G.

68 s. **Grundstück** — Grundstück §§ 875, 876.

174 s. Schuldverschreibung § 802.

§ **Erbbaurecht.**

1012 Ein Grundstück kann in der Weise belastet werden, daß demjenigen, zu dessen G. die Belastung erfolgt, das veräußerliche und vererbliche Recht zusteht, auf oder unter der Oberfläche des Grundstücks ein Bauwerk zu haben (Erbbaurecht).

Erbe.

1984 Zwangsvollstreckungen und Arreste in den Nachlaß zu G. eines Gläubigers, der nicht Nachlaßgläubiger ist, sind ausgeschlossen.

Erbschein.

2366 Erwirbt jemand von demjenigen, welcher in einem Erbschein als Erbe bezeichnet ist, durch Rechtsgeschäft einen Erbschaftsgegenstand, ein Recht an einem solchen Gegenstand oder die Befreiung von einem zur Erbschaft gehörenden Rechte, so gilt zu seinen G. der Inhalt des Erbscheins, soweit die Vermutung des § 2365 reicht, als richtig, es sei denn daß er die Unrichtigkeit kennt oder weiß, daß das Nachlaßgericht die Rückgabe des Erbscheins wegen Unrichtigkeit verlangt hat. 2367, 2370.

Erbvertrag.

2281 Soll nach dem Tode des anderen

§ Vertragschließenden eine zu G. eines Dritten getroffene Verfügung von dem Erblasser angefochten werden, so ist die Anfechtung dem Nachlaßgerichte gegenüber zu erklären. Das Nachlaßgericht soll die Erklärung dem Dritten mitteilen.

Erbverzicht.

2350 Verzichtet jemand zu G. eines anderen auf das g. Erbrecht, so ist im Zweifel anzunehmen, daß der Verzicht nur für den Fall gelten soll, daß der andere Erbe wird.

Verzichtet ein Abkömmling des Erblassers auf das g. Erbrecht, so ist im Zweifel anzunehmen, daß der Verzicht nur zu G. der anderen Abkömmlinge und des Ehegatten des Erblassers gelten soll.

Gesellschaft.

729 Wird die Gesellschaft in anderer Weise als durch Kündigung aufgelöst, so gilt die einem Gesellschafter durch den Gesellschaftsvertrag übertragene Befugnis zur Geschäftsführung zu seinen G. gleichwohl als fortbestehend, bis er von der Auflösung Kenntnis erlangt oder die Auflösung erkennen muß.

Grunddienstbarkeit.

1018 s. **Grunddienstbarkeit** — Grunddienstbarkeit.

1028 s. **Grundstück** — Grundstück 892.

1191 **Grundschuld** s. **Grundschuld** — Grundschuld.

Grundstück.

875, 876, 888, 892, 896 s. **Grundstück** — Grundstück.

Güterrecht.

1505 Die Vorschriften über das Recht auf Ergänzung des Pflichtteils finden bei f. Gütergemeinschaft zu G. eines anteilsberechtigten Abkömmlings entsprechende Anwendung; 1518.

1540 Sind verbrauchbare Sachen, die zum eingebrachten Gut eines Ehegatten gehört haben, nicht mehr vorhanden, so wird zu G. des Ehegatten vermutet, daß die Sachen in das Gesamtgut der Errungenschaftsgemeinschaft verwendet worden und dieses um den Wert der Sachen bereichert sei.

Hypothek.

1113, 1121, 1123, 1124, 1141, 1148, 1180 s. **Hypothek** — Hypothek.

1116 s. **Grundstück** — Grundstück 876.

1132, 1168, 1180 s. **Grundstück** — Grundstück 875, 876.

1138, 1140, 1155, 1157—1159 s. **Grundstück** — Grundstück 892.

1138, 1155, 1157 s. **Grundstück** — Grundstück 896.

Nießbrauch.

1030 Eine Sache kann in der Weise belastet werden, daß derjenige, zu dessen G. die Belastung erfolgt, berechtigt ist, die Nutzungen der Sache zu ziehen (Nießbrauch).

1058 Im Verhältnisse zwischen dem Nießbraucher und dem Eigentümer gilt zu G. des Nießbrauchers der Besteller als Eigentümer, es sei denn, daß der Nießbraucher weiß, daß der Besteller nicht Eigentümer ist.

1071 Ein dem Nießbrauch unterliegendes Recht kann durch Rechtsgeschäft nur mit Zustimmung des Nießbrauchers aufgehoben werden. Die Zustimmung ist demjenigen gegenüber zu erklären, zu dessen G. sie erfolgt; sie ist unwiderruflich. Die Vorschrift des § 876 Satz 3 bleibt unberührt.

Das Gleiche gilt im Falle einer Änderung des Rechtes, sofern sie den Nießbrauch beeinträchtigt. 1068.

Pfandrecht.

1245 Der Eigentümer und der Pfandgläubiger können eine von den Vorschriften der §§ 1234—1240 abweichende Art des Pfandverkaufs vereinbaren. Steht einem Dritten an dem Pfande ein Recht zu, das durch

§ die Veräußerung erlischt, so ist die Zustimmung des Dritten erforderlich. Die Zustimmung ist demjenigen gegenüber zu erklären, zu dessen G. sie erfolgt; sie ist unwiderruflich. 1266.

1248 Bei dem Verkauf des Pfandes gilt zu G. des Pfandgläubigers der Verpfänder als der Eigentümer, es sei denn, daß der Pfandgläubiger weiß, daß der Verpfänder nicht der Eigentümer ist. 1266.

1255 Ist das Pfandrecht mit dem Rechte eines Dritten belastet, so ist die Zustimmung des Dritten zur Aufhebung erforderlich. Die Zustimmung ist demjenigen gegenüber zu erklären, zu dessen G. sie erfolgt; sie ist unwiderruflich. 1266.

1265 s. **Hypothek** — Hypothek 1121.

1276 Ein verpfändetes Recht kann durch Rechtsgeschäft nur mit Zustimmung des Pfandgläubigers aufgehoben werden. Die Zustimmung ist demjenigen gegenüber zu erklären, zu dessen G. sie erfolgt. Die Vorschrift des § 876 Satz 3 bleibt unberührt.

Das Gleiche gilt im Falle einer Änderung des Rechtes, sofern sie das Pfandrecht beeinträchtigt. 1273.

1289 s. **Hypothek** — Hypothek 1123, 1124.

Reallast.

1105 Ein Grundstück kann in der Weise belastet werden, daß an denjenigen, zu dessen G. die Belastung erfolgt, wiederkehrende Leistungen aus dem Grundstücke zu entrichten sind (Reallast).

Die Reallast kann auch zu G. des jeweiligen Eigentümers eines anderen Grundstücks bestellt werden.

1109 s. **Grundstück** — Grundstück 876.

1110 Eine zu G. des jeweiligen Eigentümers eines Grundstücks bestehende Reallast kann nicht von dem Eigentum an diesem Grundstücke getrennt werden.

1111 Eine zu G. einer bestimmten Person bestehende Reallast kann nicht mit dem Eigentum an einem Grundstücke verbunden werden.

Ist der Anspruch auf die einzelne Leistung nicht übertragbar, so kann das Recht nicht veräußert oder belastet werden.

1112 s. Vorkaufsrecht 1104.

Schuldverschreibung.

802 Der Beginn und der Lauf der Vorlegungsfrist sowie der Verjährung werden durch die Zahlungssperre zu G. des Antragstellers gehemmt. 808.

Testament.

2113, 2129, 2211 Vorschriften zu G. derjenigen, welche Rechte von einem Nichtberechtigten herleiten s. **Erblasser** — Testament.

2163 Das Vermächtnis bleibt in den Fällen des § 2162 auch nach dem Ablaufe von dreißig Jahren wirksam:

1. . . . .
2. wenn ein Erbe, ein Nacherbe oder ein Vermächtnisnehmer für den Fall, daß ihm ein Bruder oder eine Schwester geboren wird, mit einem Vermächtnisse zu G. des Bruders oder der Schwester beschwert ist.

2270 Verfügung eines Ehegatten in einem gemeinschaftlichen Testamente zu G. einer Person, die mit dem anderen Ehegatten verwandt ist oder ihm sonst nahe steht s. **Erblasser** — Testament.

Verwandtschaft.

1592 Steht fest, daß das Kind innerhalb eines Zeitraumes empfangen worden ist, der weiter als 302 Tage vor dem Tage der Geburt zurückliegt, so gilt zu G. der Ehelichkeit des Kindes dieser Zeitraum als Empfängniszeit. 1600.

Vollmacht.

169 Soweit nach den §§ 674, 729 die erloschene Vollmacht eines Beauf-

§ tragten oder eines geschäftsführenden Gesellschafters als fortbestehend gilt, wirkt sie nicht zu G. eines Dritten, der bei der Vornahme eines Rechtsgeschäfts das Erlöschen kennt oder kennen muß.

Vorkaufsrecht.

1094 Ein Grundstück kann in der Weise belastet werden, daß derjenige, zu dessen G. die Belastung erfolgt, dem Eigentümer gegenüber zum Vorkaufe berechtigt ist.

Das Vorkaufsrecht kann auch zu G. des jeweiligen Eigentümers eines anderen Grundstücks bestellt werden.

1103 Ein zu G. des jeweiligen Eigentümers eines Grundstücks bestehendes Vorkaufsrecht kann nicht von dem Eigentum an diesem Grundstücke getrennt werden.

Ein zu G. einer bestimmten Person bestehendes Vorkaufsrecht kann nicht mit dem Eigentum an einem Grundstücke verbunden werden.

1104 Auf ein Vorkaufsrecht, das zu G. des jeweiligen Eigentümers eines Grundstücks besteht, finden diese Vorschriften keine Anwendung.

Willenserklärung.

135 Vorschriften zu G. derjenigen, welche Rechte von einem Nichtberechtigten herleiten s. **Willenserklärung** — Willenserklärung.

Gut.

1581 **Ehescheidung** s. Verwandtschaft 1604.

Erbe.

2008 Ist eine Ehefrau die Erbin und gehört die Erbschaft zum eingebrachten G., so ist die Bestimmung der Inventarfrist nur wirksam, wenn sie auch dem Manne gegenüber erfolgt.

Güterrecht.

1363 Das Vermögen der Frau wird bei g. Güterrecht durch die Eheschließung der Verwaltung und Nutznießung des Mannes unterworfen (eingebrachtes G).

Zum eingebrachten G. gehört auch das Vermögen, das die Frau während der Ehe erwirbt.

1371 Beitrag der Frau zur Bestreitung des ehelichen Aufwandes bei g. Güterrecht insoweit, als der Mann nicht schon durch die Nutzungen des eingebrachten G. einen angemessenen Beitrag erhält s. **Güterrecht** — Güterrecht.

1372 Feststellung des Bestandes des eingebrachten G. und des Zustandes der zum eingebrachten G. bei g. Güterrecht gehörenden Sachen s. **Güterrecht** — Güterrecht.

1373 Der Mann ist bei g. Güterrecht berechtigt, die zum eingebrachten G. gehörenden Sachen in Besitz zu nehmen. 1525.

1374, 1377, 1379, 1386, 1418 Ordnungsmäßige Verwaltung des eingebrachten G. bei g. Güterrecht s. **Güterrecht** — Güterrecht.

1375 Verfügung über eingebrachtes G. ohne Zustimmung der Frau s. **Güterrecht** — Güterrecht.

1376 Ohne Zustimmung der Frau kann der Mann bei g. G.

1. . . . .
2. Forderungen der Frau gegen solche Forderungen an die Frau, deren Berichtigung aus dem eingebrachten G. verlangt werden kann, aufrechnen;
3. Verbindlichkeiten der Frau zur Leistung eines zum eingebrachten G. gehörenden Gegenstandes durch Leistung des Gegenstandes erfüllen. 1377, 1392, 1525.

1377 Anlegung des zum eingebrachten G. bei g. Güterrecht gehörenden Geldes s. **Güterrecht** — Güterrecht.

1378 Erhaltung und Bewirtschaftung eines bei g. Güterrecht zum eingebrachten

§ G. gehörenden Grundstücks s. **Güterrecht** — Güterrecht.

1380, 1400, 1407 Gerichtliche Geltendmachung eines bei g. Güterrecht zum eingebrachten G. gehörenden Rechts s. **Güterrecht** — Güterrecht.

1381 Erwerb mit Mitteln des eingebrachten G. bei g. Güterrecht s. **Güterrecht** — Güterrecht.

1382 Haushaltsgegenstände, die der Mann bei g. Güterrecht an Stelle der von der Frau eingebrachten, nicht mehr vorhandenen oder wertlos gewordenen Stücke anschafft, werden eingebrachtes G. 1525.

1383 Der Mann erwirbt bei g. Güterrecht die Nutzungen des eingebrachten G. in derselben Weise und in demselben Umfange wie ein Nießbraucher. 1384, 1525.

1384 Erhaltung der bei g. Güterrecht zum eingebrachten G. gehörenden Gegenstände s. **Güterrecht** — Güterrecht.

1385 Der Mann ist bei g. Güterrecht der Frau gegenüber verpflichtet, für die Dauer der Verwaltung und Nutznießung zu tragen:

1. die der Frau obliegenden öffentlichen Lasten mit Ausschluß der auf dem Vorbehaltsgute ruhenden Lasten und der außerordentlichen Lasten, die als auf dem Stammwert des eingebrachten G. gelegt anzusehen sind;
2. die privatrechtlichen Lasten, die auf den zum eingebrachten G. gehörenden Gegenständen ruhen;
3. die Zahlungen, die für die Versicherung der zum eingebrachten G. gehörenden Gegenstände zu leisten sind. 1388, 1529.

1386 Der Mann ist bei g. Güterrecht der Frau gegenüber verpflichtet, für die Dauer der Verwaltung und Nutznießung die Zinsen derjenigen Verbindlichkeiten der Frau zu tragen, deren Berichtigung aus dem eingebrachten G. verlangt werden kann. Das Gleiche gilt von wiederkehrenden Leistungen anderer Art, einschließlich der von der Frau auf Grund ihrer g. Unterhaltspflicht geschuldeten Leistungen, sofern sie bei ordnungsmäßiger Verwaltung aus den Einkünften des Vermögens bestritten werden.

Die Verpflichtung des Mannes tritt nicht ein, wenn die Verbindlichkeiten oder die Leistungen im Verhältnisse der Ehegatten zu einander dem Vorbehaltsgute der Frau zur Last fallen. 1388, 1529.

1387 Der Mann ist bei g. Güterrecht der Frau gegenüber verpflichtet, zu tragen:

1. die Kosten eines Rechtsstreits, in welchem er ein zum eingebrachten G. gehörendes Recht geltend macht, sowie die Kosten eines Rechtsstreits, den die Frau führt, sofern nicht die Kosten dem Vorbehaltsgute zur Last fallen. 1388.

1389 Verwendung des Reinertrages des eingebrachten Gutes zur Bestreitung des ehelichen Aufwandes bei g. Güterrecht s. **Güterrecht** — Güterrecht.

1390 Aufwendungen zum Zwecke der Verwaltung des eingebrachten G. bei g. Güterrecht s. **Güterrecht** — Güterrecht.

1391 Gefährdung des eingebrachten G. bei g. Güterrecht s. **Güterrecht** — Güterrecht.

1392 Hinterlegung der bei g. Güterrecht zum eingebrachten G. gehörenden Inhaberpapiere mit der Bestimmung, daß die Herausgabe von dem Mann nur mit Zustimmung der Frau verlangt werden kann 1393 s. **Güterrecht** — Güterrecht.

1395—1399 Verfügung der Frau bei g. Güterrecht über eingebrachtes G. s. **Güterrecht** — Güterrecht.

1403 Vornahme eines einseitigen Rechts-

§

geschäfts, das sich bei g. Güterrecht auf das eingebrachte G. bezieht s. **Güterrecht** — Güterrecht.

1408 Das Recht, daß dem Manne bei g. Güterrecht an dem eingebrachten G. kraft seiner Verwaltung und Nutznießung zusteht, ist nicht übertragbar. 1525.

1409 Steht der Mann bei g. Güterrecht unter Vormundschaft, so hat ihn der Vormund in den Rechten und Pflichten zu vertreten, die sich aus der Verwaltung und Nutznießung des eingebrachten G. ergeben. Dies gilt auch dann, wenn die Frau Vormund des Mannes ist. 1525.

1410 Die Gläubiger des Mannes können bei g. Güterrecht nicht Befriedigung aus dem eingebrachten G. verlangen. 1525.

1411 Befriedigung der Gläubiger der Frau bei g. Güterrecht aus dem eingebrachten G. s. **Güterrecht** — Güterrecht.

1412—1414, 1416, 1417 Haftung des eingebrachten G. bei g. Güterrecht für Verbindlichkeiten der Frau s. **Güterrecht** — Güterrecht.

1417 Berichtigung einer bei g. Güterrecht dem Vorbehaltsg. zur Last fallenden Verbindlichkeit aus dem eingebrachten G.

Berichtigung einer dem eingebrachten G. zur Last fallenden Verbindlichkeit aus dem Vorbehaltsg. s. **Güterrecht** — Güterrecht.

1418—1431 Beendigung der Verwaltung und Nutznießung des eingebrachten G. bei g. Güterrecht s. **Güterrecht** — Güterrecht.

1421—1423 Herausgabe des eingebrachten G. bei g. Güterrecht s. **Güterrecht** — Güterrecht.

Rechenschaftsablegung über die Verwaltung des eingebrachten G. s. **Güterrecht** — Güterrecht.

1426 s. **Gütertrennung** — Güterrecht.

1448 s. **Gütergemeinschaft** — Güterrecht.

§

1478 Als in die Gütergemeinschaft eingebracht ist anzusehen, was eingebrachtes G. gewesen sein würde, wenn Errungenschaftsgemeinschaft bestanden hätte. 1474.

1520 Eingebrachtes G. eines Ehegatten bei der Errungenschaftsgemeinschaft ist:

1. was ihm bei dem Eintritte der Errungenschaftsgemeinschaft gehört;

1521 2. was er erwirbt,
   a) von Todeswegen. 1551, 1553;
   b) mit Rücksicht auf ein künftiges Erbrecht. 1551, 1553;
   c) durch Schenkung. 1551, 1553;
   d) als Ausstattung. 1551, 1553;

1522 3. Gegenstände, die nicht durch Rechtsgeschäft übertragen werden können. 1551;

4. ferner Rechte, die mit seinem Tode erlöschen oder deren Erwerb durch den Tod eines der Ehegatten bedingt ist;

1523 5. was durch Ehevertrag für eingebrachtes G. erklärt ist. 1553;

1524 6. was er erwirbt:
   a) auf Grund eines zum eingebrachten G. gehörenden Rechts. 1554;
   b) als Ersatz für die Zerstörung, Beschädigung oder Entziehung eines zum eingebrachten G. gehörenden Gegenstandes. 1554;
   c) durch ein sich auf das eingebrachte G. beziehendes Rechtsgeschäft. 1554;

s. **Errungenschaftsgemeinschaft** — Güterrecht.

1525 Verwaltung des eingebrachten G. für Rechnung des Gesamtgutes s. **Errungenschaftsgemeinschaft** — Güterrecht.

1528 Feststellung des Bestandes des eingebrachten G. s. **Errungenschaftsgemeinschaft** — Güterrecht.

1529 Das Gesamtgut trägt auch die Lasten des eingebrachten G. beider Ehegatten

§ s. **Errungenschaftsgemeinschaft** — Güterrecht.

1535 Im Verhältnisse der Ehegatten zu einander fallen dem Ehegatten, in dessen Person sie entstehen, Verbindlichkeiten zur Last aus einem sich auf sein eingebrachtes G. beziehenden Rechtsverhältnisse s. **Errungenschaftsgemeinschaft** — Güterrecht.

1536 Verbindlichkeiten des Mannes, die der Frau gegenüber aus der Verwaltung ihres eingebrachten G. entstehen, fallen dem Mann zur Last s. **Errungenschaftsgemeinschaft** — Güterrecht.

1539 Bereicherung des eingebrachten G. eines Ehegatten auf Kosten des Gesamtguts s. **Errungenschaftsgemeinschaft** — Güterrecht.

1539, 1540 Bereicherung des Gesamtgutes auf Kosten des eingebrachten Gutes eines Ehegatten s. **Errungenschaftsgemeinschaft** — Güterrecht.

1541 Berichtigung dessen, was die Frau zu dem eingebrachten G. des Mannes schuldet s. **Errungenschaftsgemeinschaft** — Güterrecht.

1542, 1546—1548 s. **Errungenschaftsgemeinschaft** — Güterrecht.

1550 Von dem Gesamtgut der Fahrnisgemeinschaft ausgeschlossen ist das eingebrachte G.

Auf das eingebrachte G. finden die bei der Errungenschaftsgemeinschaft für das eingebrachte G. geltenden Vorschriften Anwendung. 1549.

1551 Eingebrachtes G. eines Ehegatten ist das unbewegliche Vermögen, das er bei dem Eintritte der Fahrnisgemeinschaft hat oder während der Gemeinschaft durch Erbfolge, durch Vermächtnis oder mit Rücksicht auf ein künftiges Erbrecht, durch Schenkung oder als Ausstattung erwirbt.

Zum unbeweglichen Vermögen im Sinne dieser Vorschrift gehören Grundstücke nebst Zubehör, Rechte an Grundstücken, mit Ausnahme der Hypotheken, Grundschulden und Rentenschulden, sowie Forderungen, die auf die Übertragung des Eigentums an Grundstücken oder auf die Begründung oder Übertragung eines der bezeichneten Rechte oder auf die Befreiung eines Grundstücks von einem solchen Rechte gerichtet sind. 1549.

1552 Eingebrachtes G. eines Ehegatten bei der Errungenschaftsgemeinschaft sind Gegenstände, die nicht durch Rechtsgeschäft übertragen werden können. 1549.

1553 Eingebrachtes G. eines Ehegatten bei der Errungenschaftsgemeinschaft ist:
1. was durch Ehevertrag für eingebrachtes G. erklärt ist;
2. was er nach § 1369 erwirbt, sofern die Bestimmung dahin getroffen ist, daß der Erwerb eingebrachtes G. sein soll. 1549.

1554 Eingebrachtes G. eines Ehegatten bei der Errungenschaftsgemeinschaft ist, was er in der im § 1524 bezeichneten Weise erwirbt. Ausgenommen ist, was an Stelle von Gegenständen erworben wird, die nur deshalb eingebrachtes G. sind, weil sie nicht durch Rechtsgeschäft übertragen werden können.

1556 Erwirbt ein Ehegatte während der Fahrnisgemeinschaft durch Erbfolge, Vermächtnis, Schenkung, als Ausstattung oder mit Rücksicht auf ein künftiges Erbrecht Gegenstände, die teils Gesamtg., teils eingebrachtes G. werden, so fallen die infolge des Erwerbes entstehenden Verbindlichkeiten im Verhältnisse der Ehegatten zu einander dem Gesamtg. und dem Ehegatten, der den Erwerb macht, verhältnismäßig zur Last. 1549.

Verwandtschaft.

1604 Soweit die Unterhaltspflicht einer

§ Frau ihren Verwandten gegenüber davon abhängt, daß sie zur Gewährung des Unterhalts imstande ist, kommt die dem Manne an dem eingebrachten G. zustehende Verwaltung und Nutznießung nicht in Betracht. 1620.

1654 s. **Güterrecht** — Güterrecht 1384 bis 1386.

1660 s. **Güterrecht** — Güterrecht 1415 bis 1417.

Güte.

Darlehen.

607 Wer Geld oder andere vertretbare Sachen als Darlehen empfangen hat, ist verpflichtet, dem Darleiher das Empfangene in Sachen von gleicher Art, G. und Menge zurückzuerstatten.

Leistung.

243 Wer eine nur der Gattung nach bestimmte Sache schuldet, hat eine Sache von mittlerer Art und G. zu leisten.

Verwahrung.

700 Werden vertretbare Sachen in der Art hinterlegt, daß das Eigentum auf den Verwahrer übergehen und dieser verpflichtet sein soll, Sachen von gleicher Art, G. und Menge zurückzugewähren, so finden die Vorschriften über das Darlehen Anwendung.

Art. **Güter.**

58 **Einführungsgesetz** s. **E.G.** — E.G.

Gütergemeinschaft.

§ **Ehe.**

1314 Ist im Falle s. G. ein anteilsberechtigter Abkömmling minderjährig oder bevormundet, so darf der überlebende Ehegatte eine Ehe erst eingehen, nachdem ihm das Vormundschaftsgericht ein Zeugnis darüber erteilt hat, daß er die im § 1493 Abs. 2 bezeichneten Verpflichtungen erfüllt hat oder daß sie ihm nicht obliegen.

1581 **Ehescheidung** s. Verwandtschaft 1604.

Art.

137 **Einführungsgesetz** s. Güterrecht § 1515.

§ **Erbe.**

2008 Ist eine Ehefrau die Erbin und gehört die Erbschaft zum eingebrachten Gute oder zum Gesamtgute, so ist die Bestimmung der Inventarfrist nur wirksam, wenn sie auch dem Manne gegenüber erfolgt. Solange nicht die Frist dem Manne gegenüber verstrichen ist, endigt sie auch nicht der Frau gegenüber. Die Errichtung des Inventars durch den Mann komm der Frau zu statten.

Gehört die Erbschaft zum Gesamtgute, so gelten diese Vorschriften auch nach der Beendigung der G.

2054 Eine Zuwendung, die aus dem Gesamtgute der a. G., der Errungenschaftsgemeinschaft oder der Fahrnisgemeinschaft erfolgt, gilt als von jedem der Ehegatten zur Hälfte gemacht. Die Zuwendung gilt jedoch, wenn sie an einen Abkömmling erfolgt, der nur von einem der Ehegatten abstammt, oder wenn einer der Ehegatten wegen der Zuwendung zu dem Gesamtgut Ersatz zu leisten hat, als von diesem Ehegatten gemacht.

Diese Vorschriften finden auf eine Zuwendung aus dem Gesamtgute der f. G. entsprechende Anwendung.

Güterrecht §§ 1437—1518.

1436 Wird durch Ehevertrag die Verwaltung und Nutznießung des Mannes ausgeschlossen oder die a. G., die Errungenschaftsgemeinschaft oder die Fahrnisgemeinschaft aufgehoben, so tritt Gütertrennung ein, sofern sich nicht aus dem Vertrag ein anderes ergiebt.

§
1437—1483 a. G.
1437 Ein Ehevertrag, durch den die a. G. vereinbart oder aufgehoben wird, kann nicht durch einen g. Vertreter geschlossen werden.

Ist einer der Vertragschließenden in der Geschäftsfähigkeit beschränkt, so bedarf er der Zustimmung seines g. Vertreters. Ist der g. Vertreter ein Vormund, so ist die Genehmigung des Vormundschaftsgerichts erforderlich. 1508.

1438 Das Vermögen des Mannes und das Vermögen der Frau werden durch die a. G. gemeinschaftliches Vermögen beider Ehegatten (Gesamtgut). Zu dem Gesamtgute gehört auch das Vermögen, das der Mann oder die Frau während der G. erwirbt.

Die einzelnen Gegenstände werden gemeinschaftlich, ohne daß es einer Übertragung durch Rechtsgeschäft bedarf.

Wird ein Recht gemeinschaftlich, das im Grundbuch eingetragen ist oder in das Grundbuch eingetragen werden kann, so kann jeder Ehegatte von dem anderen die Mitwirkung zur Berichtigung des Grundbuchs verlangen. 1485, 1519.

1439 Von dem Gesamtgut der a. G. ausgeschlossen sind Gegenstände, die nicht durch Rechtsgeschäft übertragen werden können. Auf solche Gegenstände finden die bei der Errungenschaftsgemeinschaft für das eingebrachte Gut geltenden Vorschriften, mit Ausnahme des § 1524, entsprechende Anwendung.

1440 Von dem Gesamtgut der a. G. ausgeschlossen ist das Vorbehaltsgut.

Vorbehaltsgut ist, was durch Ehevertrag für Vorbehaltsgut eines der Ehegatten erklärt ist oder von einem der Ehegatten nach § 1369 oder § 1370 erworben wird.

1441 Auf das Vorbehaltsgut der Frau bei a. G. finden die bei der Gütertrennung für das Vermögen der Frau geltenden Vorschriften entsprechende Anwendung; die Frau hat jedoch dem Manne zur Bestreitung des ehelichen Aufwandes einen Beitrag nur insoweit zu leisten, als die in das Gesamtgut fallenden Einkünfte zur Bestreitung des Aufwandes nicht ausreichen.

1442 Ein Ehegatte kann nicht über seinen Anteil an dem Gesamtgut der a. G. und an den einzelnen dazu gehörenden Gegenständen verfügen; er ist nicht berechtigt, Teilung zu verlangen.

Gegen eine Forderung, die zu dem Gesamtgute gehört, kann der Schuldner nur eine Forderung aufrechnen, deren Berichtigung aus dem Gesamtgute verlangt werden kann. 1471, 1487, 1497, 1519, 1546.

1443 Das Gesamtgut der a. G. unterliegt der Verwaltung des Mannes. Der Mann ist insbesondere berechtigt, die zu dem Gesamtgute gehörenden Sachen in Besitz zu nehmen, über das Gesamtgut zu verfügen sowie Rechtsstreitigkeiten, die sich auf das Gesamtgut beziehen, im eigenen Namen zu führen.

Die Frau wird durch die Verwaltungshandlungen des Mannes weder Dritten noch dem Manne gegenüber persönlich verpflichtet. 1487, 1519.

1444 Der Mann bedarf der Einwilligung der Frau zu einem Rechtsgeschäfte, durch das er sich zu einer Verfügung über das Gesamtgut der a. G. im Ganzen verpflichtet, sowie zu einer Verfügung über Gesamtgut, durch die eine ohne Zustimmung der Frau eingegangene Verpflichtung dieser Art erfüllt werden soll. 1447, 1448, 1468, 1487, 1495, 1519.

1445 Der Mann bedarf der Einwilligung der Frau zur Verfügung über ein zu

§ dem Gesamtgute der a. G. gehörendes Grundstück sowie zur Eingehung der Verpflichtung zu einer solchen Verfügung. 1447, 1448, 1468, 1487, 1495, 1519.

1446 Der Mann bedarf der Einwilligung der Frau zu einer Schenkung aus dem Gesamtgute der a. G. sowie zu einer Verfügung über Gesamtgut, durch welche das ohne Zustimmung der Frau erteilte Versprechen einer solchen Schenkung erfüllt werden soll. Das Gleiche gilt von einem Schenkungsversprechen, das sich nicht auf das Gesamtgut bezieht.

Ausgenommen sind Schenkungen, durch die einer sittlichen Pflicht oder einer auf den Anstand zu nehmenden Rücksicht entsprochen wird. 1448, 1468, 1487, 1495, 1519.

1447 Ist zur ordnungsmäßigen Verwaltung des Gesamtguts der a. G. ein Rechtsgeschäft der in den §§ 1444, 1445 bezeichneten Art erforderlich, so kann die Zustimmung der Frau auf Antrag des Mannes durch das Vormundschaftsgericht ersetzt werden, wenn die Frau sie ohne ausreichenden Grund verweigert.

Das Gleiche gilt, wenn die Frau durch Krankheit oder durch Abwesenheit an der Abgabe einer Erklärung verhindert und mit dem Aufschube Gefahr verbunden ist. 1487, 1519.

1448 Nimmt der Mann bei a. G. ohne Einwilligung der Frau ein Rechtsgeschäft der in den §§ 1444—1446 bezeichneten Art vor, so finden die für eine Verfügung der Frau über eingebrachtes Gut geltenden Vorschriften des § 1396 Abs. 1, 3 und der §§ 1397, 1398 entsprechende Anwendung.

Fordert bei einem Vertrage der andere Teil den Mann auf, die Genehmigung der Frau zu beschaffen, so kann die Erklärung über die Genehmigung nur ihm gegenüber erfolgen; eine vor der Aufforderung dem Manne gegenüber erklärte Genehmigung oder Verweigerung der Genehmigung wird unwirksam. Die Genehmigung kann nur bis zum Ablaufe von zwei Wochen nach dem Empfange der Aufforderung erklärt werden; wird sie nicht erklärt, so gilt sie als verweigert.

Wird die Genehmigung der Frau durch das Vormundschaftsgericht ersetzt, so ist im Falle einer Aufforderung nach Abs. 2 der Beschluß nur wirksam, wenn der Mann ihn dem anderen Teile mitteilt; die Vorschriften des Abs. 2 Satz 2 finden entsprechende Anwendung. 1487, 1519.

1449 Verfügt der Mann ohne die erforderliche Zustimmung der Frau über ein zu dem Gesamtgute der a. G. gehörendes Recht, so kann die Frau das Recht ohne Mitwirkung des Mannes gegen Dritte gerichtlich geltend machen. 1487, 1519.

1450 Ist der Mann durch Krankheit oder durch Abwesenheit verhindert, ein sich auf das Gesamtgut der a. G. beziehendes Rechtsgeschäft vorzunehmen oder einen sich auf das Gesamtgut beziehenden Rechtsstreit zu führen, so kann die Frau im eigenen Namen oder im Namen des Mannes das Rechtsgeschäft vornehmen oder den Rechtsstreit führen, wenn mit dem Aufschube Gefahr verbunden ist. 1519.

1451 Ist zur ordnungsmäßigen Besorgung der persönlichen Angelegenheiten der Frau ein Rechtsgeschäft erforderlich, das die Frau mit Wirkung für das Gesamtgut der a. G. nicht ohne Zustimmung des Mannes vornehmen kann, so kann die Zustimmung auf Antrag der Frau durch das Vormundschaftsgericht ersetzt werden, wenn der Mann sie ohne ausreichenden Grund verweigert. 1519.

§

1452 Auf den selbständigen Betrieb eines Erwerbsgeschäfts durch die Frau finden bei a. G. die Vorschriften des § 1405 entsprechende Anwendung. 1519.

1453 Zur Annahme oder Ausschlagung einer der Frau angefallenen Erbschaft oder eines ihr angefallenen Vermächtnisses ist bei a. G. nur die Frau berechtigt; die Zustimmung des Mannes ist nicht erforderlich. Das Gleiche gilt von dem Verzicht auf den Pflichtteil, sowie von der Ablehnung eines der Frau gemachten Vertragsantrags oder einer Schenkung.

Zur Errichtung des Inventars über eine der Frau angefallene Erbschaft bedarf die Frau nicht der Zustimmung des Mannes. 1519.

1454 Zur Fortsetzung eines bei dem Eintritte der a. G. anhängigen Rechtsstreits bedarf die Frau nicht der Zustimmung des Mannes.

1455 Wird durch ein Rechtsgeschäft, daß der Mann oder die Frau ohne die erforderliche Zustimmung des anderen Ehegatten vornimmt, das Gesamtgut der a. G. bereichert, so kann die Herausgabe der Bereicherung aus dem Gesamtgute nach den Vorschriften über die Herausgabe einer ungerechtfertigten Bereicherung gefordert werden. 1487, 1519.

1456 Der Mann ist der Frau für die Verwaltung des Gesamtguts der a. G. nicht verantwortlich. Er hat jedoch für eine Verminderung des Gesamtguts zu diesem Ersatz zu leisten, wenn er die Verminderung in der Absicht, die Frau zu benachteiligen, oder durch ein Rechtsgeschäft herbeiführt, das er ohne die erforderliche Zustimmung der Frau vornimmt. 1487, 1519.

1457 Steht der Mann unter Vormundschaft, so hat ihn der Vormund in den Rechten und Pflichten zu vertreten, die sich aus der Verwaltung des

§

Gesamtguts der a. G. ergeben. Dies gilt auch dann, wenn die Frau Vormund des Mannes ist. 1487, 1519.

1458 Der eheliche Aufwand fällt dem Gesamtgute der a. G. zur Last.

1459 Aus dem Gesamtgute der a. G. können die Gläubiger des Mannes und, soweit sich nicht aus den §§ 1460—1462 ein anderes ergiebt, auch die Gläubiger der Frau Befriedigung verlangen (Gesamtgutsverbindlichkeiten).

Für Verbindlichkeiten der Frau, die Gesamtgutsverbindlichkeiten sind, haftet der Mann auch persönlich als Gesamtschuldner. Die Haftung erlischt mit der Beendigung der G., wenn die Verbindlichkeiten im Verhältnisse der Ehegatten zu einander nicht dem Gesamtgute zur Last fallen.

1460 Das Gesamtgut haftet für eine Verbindlichkeit der Frau, die aus einem nach dem Eintritte der a. G. vorgenommenen Rechtsgeschäft entsteht, nur dann, wenn der Mann seine Zustimmung zu dem Rechtsgeschäft erteilt oder wenn das Rechtsgeschäft ohne seine Zustimmung für das Gesamtgut wirksam ist.

Für die Kosten eines Rechtsstreits der Frau haftet das Gesamtgut auch dann, wenn das Urteil dem Gesamtgute gegenüber nicht wirksam ist. 1459.

1461 Das Gesamtgut der a. G. haftet nicht für Verbindlichkeiten der Frau, die infolge des Erwerbes einer Erbschaft oder eines Vermächtnisses entstehen, wenn die Frau die Erbschaft oder das Vermächtnis nach dem Eintritte der G. als Vorbehaltsgut erwirbt. 1459.

1462 Das Gesamtgut haftet nicht für eine Verbindlichkeit der Frau, die nach dem Eintritte der a. G. infolge eines zu dem Vorbehaltsgute gehörenden Rechtes oder des Besitzes einer dazu gehörenden Sache entsteht, es sei denn, daß das

§ Recht oder die Sache zu einem Erwerbsgeschäfte gehört, das die Frau mit Einwilligung des Mannes selbstständig betreibt. 1459.

1463 Im Verhältnisse der Ehegatten zu einander fallen bei a. G. folgende Gesamtgutsverbindlichkeiten dem Ehegatten zur Last, in dessen Person sie entstehen:

1. die Verbindlichkeiten aus einer unerlaubten Handlung, die er nach dem Eintritte der G. begeht, oder aus einem Strafverfahren, das wegen einer solchen Handlung gegen ihn gerichtet wird;
2. die Verbindlichkeiten aus einem sich auf sein Vorbehaltsgut beziehenden Rechtsverhältnis, auch wenn sie vor dem Eintritte der G. oder vor der Zeit entstanden sind, zu der das Gut Vorbehalsgut geworden ist;
3. die Kosten eines Rechtsstreits über eine der in Nr. 1, 2 bezeichneten Verbindlichkeiten. 1464.

1464 Im Verhältnisse der Ehegatten zu einander fallen bei a. G. die Kosten eines Rechtsstreits zwischen ihnen der Frau zur Last, soweit nicht der Mann sie zu tragen hat.

Das Gleiche gilt von den Kosten eines Rechtsstreits zwischen der Frau und einem Dritten, es sei denn, daß das Urteil dem Gesamtgute gegenüber wirksam ist. Betrifft jedoch der Rechtsstreit eine persönliche Angelegenheit der Frau oder eine nicht unter die Vorschriften des § 1463 Nr. 1, 2 fallende Gesamtgutsverbindlichkeit der Frau, so findet diese Vorschrift keine Anwendung, wenn die Aufwendung der Kosten den Umständen nach geboten ist.

1465 Im Verhältnisse der Ehegatten zu einander fällt eine Ausstattung, die der Mann einem gemeinschaftlichen Kinde aus dem Gesamtgute der a. G. verspricht oder gewährt, dem Manne insoweit zur Last, als sie das dem Gesamtgut entsprechende Maß übersteigt.

Verspricht oder gewährt der Mann einem nicht gemeinschaftlichen Kinde eine Ausstattung aus dem Gesamtgute, so fällt sie im Verhältnisse der Ehegatten zu einander dem Vater oder der Mutter des Kindes zur Last, der Mutter jedoch nur insoweit, als sie zustimmt oder die Ausstattung nicht das dem Gesamtgut entsprechende Maß übersteigt. 1538.

1466 Verwendet der Mann Gesamtgut der a. G. in sein Vorbehaltsgut, so hat er den Wert des Verwendeten zu dem Gesamtgute zu ersetzen.

Verwendet der Mann Vorbehaltsgut in das Gesamtgut, so kann er Ersatz aus dem Gesamtgute verlangen. 1487.

1467 Was ein Ehegatte zu dem Gesamtgut der a. G. oder die Frau zu dem Vorbehaltsgute des Mannes schuldet, ist erst nach der Beendigung der G. zu leisten; soweit jedoch zur Berichtigung einer Schuld der Frau deren Vorbehaltsgut ausreicht, hat sie die Schuld schon vorher zu berichtigen.

Was der Mann aus dem Gesamtgute zu fordern hat, kann er erst nach der Beendigung der G. fordern.

1468 Die Frau kann auf Aufhebung der a. G. klagen:

1. wenn der Mann ein Rechtsgeschäft der in den §§ 1444—1446 bezeichneten Art ohne Zustimmung der Frau vorgenommen hat und für die Zukunft eine erhebliche Gefährdung der Frau zu besorgen ist;
2. wenn der Mann das Gesamtgut in der Absicht, die Frau zu benachteiligen, vermindert hat;
3. wenn der Mann seine Verpflichtung, der Frau und den gemeinschaft-

§ lichen Abkömmlingen Unterhalt zu gewähren, verletzt hat und für die Zukunft eine erhebliche Gefährdung des Unterhalts zu besorgen ist;

4. wenn der Mann wegen Verschwendung entmündigt ist oder wenn er das Gesamtgut durch Verschwendung erheblich gefährdet;

5. wenn das Gesamtgut infolge von Verbindlichkeiten, die in der Person des Mannes entstanden sind, in solchem Maße überschuldet ist, daß ein späterer Erwerb der Frau erheblich gefährdet wird. 1470, 1479, 1542.

1469 Der Mann kann auf Aufhebung der a. G. klagen, wenn das Gesamtgut infolge von Verbindlichkeiten der Frau, die im Verhältnisse der Ehegatten zu einander nicht dem Gesamtgute zur Last fallen, in solchem Maße überschuldet ist, daß ein späterer Erwerb des Mannes erheblich gefährdet wird. 1470, 1479, 1542.

1470 Die Aufhebung der a. G. tritt in den Fällen der §§ 1468, 1469 mit der Rechtskraft des Urteils ein. Für die Zukunft gilt Güteitrennung.

Dritten gegenüber ist die Aufhebung der G. nur nach Maßgabe des § 1435 wirksam.

1471 Nach der Beendigung der a. G. findet in Ansehung des Gesamtguts die Auseinandersetzung statt.

Bis zur Auseinandersetzung gelten für das Gesamtgut die Vorschriften des § 1442.

1472 Die Verwaltung des Gesamtguts der a. G. steht bis zur Auseinandersetzuug beiden Ehegatten gemeinschaftlich zu. Die Vorschriften des § 1424 finden entsprechende Anwendung.

Jeder Ehegatte ist dem anderen gegenüber verpflichtet, zu Maßregeln mitzuwirken, die zur ordnungsmäßigen Verwaltung erforderlich sind; die zur

§ Erhaltung notwendigen Maßregeln kann jeder Ehegatte ohne Mitwirkung des anderen treffen. 1497, 1546.

1473 Was auf Grund eines zu dem Gesamtgute der a. G. gehörenden Rechtes oder als Ersatz für die Zerstörung, Beschädigung oder Entziehung eines zu dem Gesamtgute gehörenden Gegenstandes oder durch ein Rechtsgeschäft erworben wird, das sich auf das Gesamtgut bezieht, wird Gesamtgut.

Die Zugehörigkeit einer durch Rechtsgeschäft erworbenen Forderung zum Gesamtgute hat der Schuldner erst dann gegen sich gelten zu lassen, wenn er von der Zugehörigkeit Kenntnis erlangt; die Vorschriften der §§ 406 bis 408 finden entsprechende Anwendung. 1497, 1546.

1474 Die Auseinandersetzung in Ansehung des Gesamtguts der a. G. erfolgt, soweit nicht eine andere Vereinbarung getroffen wird, nach den §§ 1475 bis 1481.

1475 Aus dem Gesamtgute der a. G. sind zunächst die Gesamtgutsverbindlichkeiten zu berichtigen. Ist eine Gesamtgutsverbindlichkeit noch nicht fällig oder ist sie streitig, so ist das zur Berichtigung Erforderliche zurückzubehalten.

Fällt eine Gesamtgutsverbindlichkeit im Verhältnisse der Ehegatten zu einander einem der Ehegatten allein zur Last, so kann dieser die Berichtigung aus dem Gesamtgute nicht verlangen.

Zur Berichtigung der Gesamtgutsverbindlichkeiten ist das Gesamtgut, soweit erforderlich, in Geld umzusetzen. 1474, 1498, 1546.

1476 Der nach der Berichtigung der Gesamtgutsverbindlichkeiten verbleibende Überschuß gebührt den Ehegatten zu gleichen Teilen.

Was einer der Ehegatten zu dem Gesamtgute der a. G. zu ersetzen ver-

§ pflichtet ist, muß er sich auf seinen Teil anrechnen lassen. Soweit die Ersatzleistung nicht durch Anrechnung erfolgt, bleibt er dem anderen Ehegatten verpflichtet. 1474, 1498, 1546.

1477 Die Teilung des Überschusses aus dem Gesamtgut der a. G. erfolgt nach den Vorschriften über die Gemeinschaft.

Jeder Ehegatte kann gegen Ersatz des Wertes die ausschließlich zu seinem persönlichen Gebrauche bestimmten Sachen, insbesondere Kleider, Schmucksachen und Arbeitsgeräte, sowie diejenigen Gegenstände übernehmen, welche er in die G. eingebracht oder während der G. durch Erbfolge, durch Vermächtnis oder mit Rücksicht auf ein künftiges Erbrecht, durch Schenkung oder als Ausstattung erworben hat. 1474, 1498, 1502, 1546.

1478 Sind die Ehegatten geschieden und ist einer von ihnen allein für schuldig erklärt, so kann der andere verlangen, daß jedem von ihnen der Wert desjenigen zurückerstattet wird, was er in die a. G. eingebracht hat; reicht der Wert des Gesamtguts zur Rückerstattung nicht aus, so hat jeder Ehegatte die Hälfte des Fehlbetrags zu tragen.

Als eingebracht ist anzusehen, was eingebrachtes Gut gewesen sein würde, wenn Errungenschaftsgemeinschaft bestanden hätte. Der Wert des Eingebrachten bestimmt sich nach der Zeit der Einbringung.

Das im Abs. 1 bestimmte Recht steht auch dem Ehegatten zu, dessen Ehe wegen seiner Geisteskrankheit geschieden worden ist. 1474.

1479 Wird die a. G. auf Grund des § 1468 oder des § 1469 durch Urteil aufgehoben, so kann der Ehegatte, welcher das Urteil erwirkt hat, verlangen, daß die Auseinandersetzung so erfolgt, wie wenn der Anspruch auf Auseinandersetzung mit der Erhebung der Klage auf Aufhebung der G. rechtshängig geworden wäre. 1474, 1498, 1546.

1480 Wird eine Gesamtgutsverbindlichkeit nicht vor der Teilung des Gesamtguts der a. G. berichtigt, so haftet dem Gläubiger auch der Ehegatte persönlich als Gesamtschuldner, für den zur Zeit der Teilung eine solche Haftung nicht besteht. Seine Haftung beschränkt sich auf die ihm zugeteilten Gegenstände; die für die Haftung des Erben geltenden Vorschriften der §§ 1990, 1991 finden entsprechende Anwendung. 1474, 1498, 1504, 1546.

1481 Unterbleibt bei der Auseinandersetzung die Berichtigung einer Gesamtgutsverbindlichkeit, die im Verhältnisse der Ehegatten zu einander dem Gesamtgut der a. G. oder dem Manne zur Last fällt, so hat der Mann dafür einzustehen, daß die Frau von dem Gläubiger nicht in Anspruch genommen wird. Die gleiche Verpflichtung hat die Frau dem Manne gegenüber, wenn die Berichtigung einer Gesamtgutsverbindlichkeit unterbleibt, die im Verhältnisse der Ehegatten zu einander der Frau zur Last fällt. 1474, 1498, 1546.

1482 Wird die Ehe durch den Tod eines der Ehegatten aufgelöst und ist ein gemeinschaftlicher Abkömmling nicht vorhanden, so gehört der Anteil des verstorbenen Ehegatten am Gesamtgute der a. G. zum Nachlasse. Die Beerbung des Ehegatten erfolgt nach den a. Vorschriften. 1484, 1510.

1483—1518 f. G.

1483 Sind bei dem Tode eines Ehegatten gemeinschaftliche Abkömmlinge vorhanden, so wird zwischen dem überlebenden Ehegatten und den gemeinschaftlichen Abkömmlingen, die im Falle der g. Erbfolge als Erben be-

§ rufen sind, die G. fortgesetzt. Der Anteil des verstorbenen Ehegatten am Gesamtgute gehört in diesem Falle nicht zum Nachlasse; im übrigen erfolgt die Beerbung des Ehegatten nach den a. Vorschriften.

Sind neben den gemeinschaftlichen Abkömmlingen andere Abkömmlinge vorhanden, so bestimmen sich ihr Erbrecht und ihre Erbteile so, wie wenn f. G. nicht eingetreten wäre. 1485, 1518.

1484 Der überlebende Ehegatte kann die Fortsetzung der G. ablehnen.

Auf die Ablehnung finden die für die Ausschlagung einer Erbschaft geltenden Vorschriften der §§ 1943 bis 1947, 1950, 1952, 1954—1957, 1959 entsprechende Anwendung. Steht der überlebende Ehegatte unter elterlicher Gewalt oder unter Vormundschaft, so ist zur Ablehnung die Genehmigung des Vormundschaftsgerichts erforderlich.

Lehnt der Ehegatte die Fortsetzung der G. ab, so gilt das Gleiche wie im Falle des § 1482. 1518.

1485 Das Gesamtgut der f. G. besteht aus dem ehelichen Gesamtgute, soweit es nicht nach § 1483 Abs. 2 einem nicht anteilsberechtigten Abkömmlinge zufällt, und aus dem Vermögen, das der überlebende Ehegatte aus dem Nachlasse des verstorbenen Ehegatten oder nach dem Eintritte der f. G. erwirbt.

Das Vermögen, das ein gemeinschaftlicher Abkömmling zur Zeit des Eintritts der f. G. hat oder später erwirbt, gehört nicht zu dem Gesamtgute.

Auf das Gesamtgut finden die für die eheliche G. geltenden Vorschriften des § 1438 Abs. 2, 3 entsprechende Anwendung. 1518.

1486 Vorbehaltsgut des überlebenden Ehegatten bei f. G. ist, was er bisher als Vorbehaltsgut gehabt hat oder nach § 1369 oder § 1370 erwirbt.

Gehören zu dem Vermögen des überlebenden Ehegatten Gegenstände, die nicht durch Rechtsgeschäft übertragen werden können, so finden auf sie die bei der Errungenschaftsgemeinschaft für das eingebrachte Gut des Mannes geltenden Vorschriften, mit Ausnahme des § 1524, entsprechende Anwendung. 1518.

1487 Die Rechte und Verbindlichkeiten des überlebenden Ehegatten sowie der anteilsberechtigten Abkömmlinge in Ansehung des Gesamtguts der f. G. bestimmen sich nach den für die eheliche G. geltenden Vorschriften der §§ 1442—1449, 1455—1457, 1466; der überlebende Ehegatte hat die rechtliche Stellung des Mannes, die anteilsberechtigten Abkömmlinge haben die rechtliche Stellung der Frau.

Was der überlebende Ehegatte zu dem Gesamtgute schuldet oder aus dem Gesamtgute zu fordern hat, ist erst nach der Beendigung der f. G. zu leisten. 1518.

1488 Gesamtgutsverbindlichkeiten der f. G. sind die Verbindlichkeiten des überlebenden Ehegatten sowie solche Verbindlichkeiten des verstorbenen Ehegatten, die Gesamtgutsverbindlichkeiten der ehelichen G. waren. 1518.

1489 Für die Gesamtgutsverbindlichkeiten der f. G. haftet der überlebende Ehegatte persönlich.

Soweit die persönliche Haftung den überlebenden Ehegatten nur infolge des Eintritts der f. G. trifft, finden die für die Haftung des Erben für die Nachlaßverbindlichkeiten geltenden Vorschriften entsprechende Anwendung; an die Stelle des Nachlasses tritt das Gesamtgut in dem Be-

§ stande, den es zur Zeit des Eintritts der f. G. hat.

Eine persönliche Haftung der anteilsberechtigten Abkömmlinge für die Verbindlichkeiten des verstorbenen oder des überlebenden Ehegatten wird durch die f. G. nicht begründet. 1518.

1490 Stirbt ein anteilsberechtigter Abkömmling, so gehört sein Anteil an dem Gesamtgute der f. G. nicht zu seinem Nachlasse. Hinterläßt er Abkömmlinge, die anteilsberechtigt sein würden, wenn er den verstorbenen Ehegatten nicht überlebt hätte, so treten die Abkömmlinge an seine Stelle. Hinterläßt er solche Abkömmlinge nicht, so wächst sein Anteil den übrigen anteilsberechtigten Abkömmlingen und, wenn solche nicht vorhanden sind, dem überlebenden Ehegatten an. 1518.

1491 Ein anteilsberechtigter Abkömmling kann auf seinen Anteil an dem Gesamtgute der f. G. verzichten. Der Verzicht erfolgt durch Erklärung gegenüber dem für den Nachlaß des verstorbenen Ehegatten zuständigen Gerichte; die Erklärung ist in öffentlich beglaubigter Form abzugeben. Das Nachlaßgericht soll die Erklärung dem überlebenden Ehegatten und den übrigen anteilsberechtigten Abkömmlingen mitteilen.

Der Verzicht kann auch durch Vertrag mit dem überlebenden Ehegatten und den übrigen anteilsberechtigten Abkömmlingen erfolgen. Der Vertrag bedarf der gerichtlichen oder notariellen Beurkundung.

Steht der Abkömmling unter elterlicher Gewalt oder unter Vormundschaft, so ist zu dem Verzichte die Genehmigung des Vormundschaftsgerichts erforderlich.

Der Verzicht hat die gleichen Wirkungen, wie wenn der Verzichtende zur Zeit des Verzichts ohne Hinterlassung von Abkömmlingen gestorben wäre. 1518.

1492 Der überlebende Ehegatte kann die f. G. jederzeit aufheben. Die Aufhebung erfolgt durch Erklärung gegenüber dem für den Nachlaß des verstorbenen Ehegatten zuständigen Gerichte; die Erklärung ist in öffentlich beglaubigter Form abzugeben. Das Nachlaßgericht soll die Erklärung den anteilsberechtigten Abkömmlingen und, wenn der überlebende Ehegatte g. Vertreter eines der Abkömmlinge ist, dem Vormundschaftsgerichte mitteilen.

Die Aufhebung kann auch durch Vertrag zwischen dem überlebenden Ehegatten und den anteilsberechtigten Abkömmlingen erfolgen. Der Vertrag bedarf der gerichtlichen oder notariellen Beurkundung.

Steht der überlebende Ehegatte unter elterlicher Gewalt oder unter Vormundschaft, so ist zu der Aufhebung die Genehmigung des Vormundschaftsgerichts erforderlich. 1518.

1493 Die f. G. endigt mit der Wiederverheiratung des überlebenden Ehegatten.

Der überlebende Ehegatte hat, wenn ein anteilsberechtigter Abkömmling minderjährig ist oder bevormundet wird, die Absicht der Wiederverheiratung dem Vormundschaftsgericht anzuzeigen, ein Verzeichnis des Gesamtguts einzureichen, die G. aufzuheben und die Auseinandersetzung herbeizuführen. Das Vormundschaftsgericht kann gestatten, daß die Aufhebung der G. bis zur Eheschließung unterbleibt und daß die Auseinandersetzung erst später erfolgt.

1494 Die f. G. endigt mit dem Tode des überlebenden Ehegatten.

Wird der überlebende Ehegatte für

§ tot erklärt, so endigt die f. G. mit dem Zeitpunkte, der als Zeitpunkt des Todes gilt.

1495 Ein anteilsberechtigter Abkömmling kann gegen den überlebenden Ehegatten auf Aufhebung der f. G. klagen:

1. wenn der überlebende Ehegatte ein Rechtsgeschäft der in den §§ 1444 bis 1446 bezeichneten Art ohne Zustimmung des Abkömmlinges vorgenommen hat und für die Zukunft eine erhebliche Gefährdung des Abkömmlinges zu besorgen ist;
2. wenn der überlebende Ehegatte das Gesamtgut in der Absicht, den Abkömmling zu benachteiligen, vermindert hat;
3. wenn der überlebende Ehegatte seine Verpflichtung, dem Abkömmling Unterhalt zu gewähren, verletzt hat und für die Zukunft eine erhebliche Gefährdung des Unterhalts zu besorgen ist;
4. wenn der überlebende Ehegatte wegen Verschwendung entmündigt ist oder wenn er das Gesamtgut durch Verschwendung erheblich gefährdet;
5. wenn der überlebende Ehegatte die elterliche Gewalt über den Abkömmling verwirkt hat oder, falls sie ihm zugestanden hätte, verwirkt haben würde.

1496 Die Aufhebung der f. G. tritt in den Fällen des § 1495 mit der Rechtskraft des Urteils ein. Sie tritt für alle Abkömmlinge ein, auch wenn das Urteil auf die Klage eines der Abkömmlinge ergangen ist.

1497 Nach der Beendigung der f. G. findet in Ansehung des Gesamtguts die Auseinandersetzung statt.

Bis zur Auseinandersetzung bestimmt sich das Rechtsverhältnis der Teilhaber am Gesamtgute nach den §§ 1442, 1472, 1473.

§

1498 Auf die Auseinandersetzung in Ansehung des Gesamtguts der f. G. finden die Vorschriften der §§ 1475, 1476, des § 1477 Abs. 1 und der §§ 1479—1481 Anwendung; an die Stelle des Mannes tritt der überlebende Ehegatte, an die Stelle der Frau treten die anteilsberechtigten Abkömmlinge. Die im § 1476 Abs. 2 Satz 2 bezeichnete Verpflichtung besteht nur für den überlebenden Ehegatten.

1499 Bei der Auseinandersetzung fallen dem überlebenden Ehegatten zur Last:

1. die ihm bei dem Eintritte der f. G. obliegenden Gesamtgutsverbindlichkeiten, für die das eheliche Gesamtgut nicht haftete oder die im Verhältnisse der Ehegatten zu einander ihm zur Last fielen;
2. die nach dem Eintritte der f. G. entstandenen Gesamtgutsverbindlichkeiten, die, wenn sie während der ehelichen G. in seiner Person entstanden wären, im Verhältnisse der Ehegatten zu einander ihm zur Last gefallen sein würden;
3. eine Ausstattung, die er einem anteilsberechtigten Abkömmling über das dem Gesamtgut entsprechende Maß hinaus oder die er einem nicht anteilsberechtigten Abkömmlinge versprochen oder gewährt hat.

1500 Die am Gesamtgut der f. G. anteilsberechtigten Abkömmlinge müssen sich Verbindlichkeiten des verstorbenen Ehegatten, die diesem im Verhältnisse der Ehegatten zu einander zur Last fielen, bei der Auseinandersetzung auf ihren Anteil insoweit anrechnen lassen, als der überlebende Ehegatte nicht von dem Erben des verstorbenen Ehegatten Deckung hat erlangen können.

In gleicher Weise haben sich die anteilsberechtigten Abkömmlinge anrechnen zu lassen, was der verstorbene

§ Ehegatte zu dem Gesamtgute zu ersetzen hatte. 1511, 1518.

1501 Ist einem anteilsberechtigten Abkömmlinge für den Verzicht auf seinen Anteil eine Abfindung aus dem Gesamtgute der f. G. gewährt worden, so wird sie bei der Auseinandersetzung in das Gesamtgut eingerechnet und auf die den Abkömmlingen gebührende Hälfte angerechnet.

Der überlebende Ehegatte kann mit den übrigen anteilsberechtigten Abkömmlingen schon vor der Aufhebung der f. G. eine abweichende Vereinbarung treffen. Die Vereinbarung bedarf der gerichtlichen oder notariellen Beurkundung; sie ist auch denjenigen Abkömmlingen gegenüber wirksam, welche erst später in die f. G. eintreten. 1518.

1502 Der überlebende Ehegatte ist berechtigt, das Gesamtgut oder einzelne dazu gehörende Gegenstände gegen Ersatz des Wertes zu übernehmen. Das Recht geht nicht auf den Erben über.

Wird die f. G. auf Grund des § 1495 durch Urteil aufgehoben, so steht dem überlebenden Ehegatten das im Abs. 1 bestimmte Recht nicht zu. Die anteilsberechtigten Abkömmlinge können in diesem Falle diejenigen Gegenstände gegen Ersatz des Wertes übernehmen, welche der verstorbene Ehegatte nach § 1477 Abs. 2 zu übernehmen berechtigt sein würde. Das Recht kann von ihnen nur gemeinschaftlich ausgeübt werden. 1518.

1503 Mehrere anteilsberechtigte Abkömmlinge teilen die ihnen zufallende Hälfte des Gesamtguts nach dem Verhältnisse der Anteile, zu denen sie im Falle der g. Erbfolge als Erben des verstorbenen Ehegatten berufen sein würden, wenn dieser erst zur Zeit der Beendigung der f. G. gestorben wäre.

§ Das Vorempfangene kommt nach den für die Ausgleichung unter Abkömmlingen geltenden Vorschriften zur Ausgleichung, soweit nicht eine solche bereits bei der Teilung des Nachlasses des verstorbenen Ehegatten erfolgt ist.

Ist einem Abkömmlinge, der auf seinen Anteil verzichtet hat, eine Abfindung aus dem Gesamtgute gewährt worden, so fällt sie den Abkömmlingen zur Last, denen der Verzicht zu statten kommt. 1518.

1504 Soweit die anteilsberechtigten Abkömmlinge nach § 1480 den Gesamtgutsgläubigern haften, sind sie im Verhältnisse zu einander nach der Größe ihres Anteils an dem Gesamtgute der f. G. verpflichtet. Die Verpflichtung beschränkt sich auf die ihnen zugeteilten Gegenstände; die für die Haftung des Erben geltenden Vorschriften der §§ 1990, 1991 finden entsprechende Anwendung. 1518.

1505 Die Vorschriften über das Recht auf Ergänzung des Pflichtteils finden zu Gunsten eines anteilsberechtigten Abkömmlinges entsprechende Anwendung; an die Stelle des Erbfalls tritt die Beendigung der f. G.; als g. Erbteil gilt der dem Abkömmlinge zur Zeit der Beendigung gebührende Anteil an dem Gesamtgut, als Pflichtteil gilt die Hälfte des Wertes dieses Anteils. 1518.

1506 Ist ein gemeinschaftlicher Abkömmling erbunwürdig, so ist er auch des Anteils an dem Gesamtgut der f. G. unwürdig. Die Vorschriften über die Erbunwürdigkeit finden entsprechende Anwendung. 1518.

1507 Das Nachlaßgericht hat dem überlebenden Ehegatten auf Antrag ein Zeugnis über die Fortsetzung der G. zu erteilen. Die Vorschriften über den Erbschein finden entsprechende Anwendung. 1518.

§

1508 Die Ehegatten können die Fortsetzung der G. durch Ehevertrag ausschließen.

Auf einen Ehevertrag, durch welchen die Fortsetzung der G. ausgeschlossen oder die Ausschließung aufgehoben wird, finden die Vorschriften des § 1437 Anwendung. 1518.

1509 Jeder Ehegatte kann für den Fall, daß die Ehe durch seinen Tod aufgelöst wird, die Fortsetzung der G. durch letztwillige Verfügung ausschließen, wenn er berechtigt ist, dem anderen Ehegatten den Pflichtteil zu entziehen oder auf Aufhebung der G. zu klagen. Auf die Ausschließung finden die Vorschriften über die Entziehung des Pflichtteils entsprechende Anwendung. 1518.

1510 Wird die Fortsetzung der G. ausgeschlossen, so gilt das Gleiche wie im Falle des § 1482. 1518.

1511 Jeder Ehegatte kann für den Fall, daß die Ehe durch seinen Tod aufgelöst wird, einen gemeinschaftlichen Abkömmling von der f. G. durch letztwillige Verfügung ausschließen.

Der ausgeschlossene Abkömmling kann, unbeschadet seines Erbrechts, aus dem Gesamtgute der f. G. die Zahlung des Betrages verlangen, der ihm von dem Gesamtgute der ehelichen G. als Pflichtteil gebühren würde, wenn die f. G. nicht eingetreten wäre. Die für den Pflichtteilsanspruch geltenden Vorschriften finden entsprechende Anwendung.

Der dem ausgeschlossenen Abkömmlinge gezahlte Betrag wird bei der Auseinandersetzung den anteilsberechtigten Abkömmlingen nach Maßgabe des § 1500 angerechnet. Im Verhältnisse der Abkömmlinge zu einander fällt er den Abkömmlingen zur Last, denen die Ausschließung zu statten kommt. 1516, 1518.

1512 Jeder Ehegatte kann für den Fall, daß mit seinem Tode die f. G. eintritt, den einem anteilsberechtigten Abkömmlinge nach der Beendigung der f. G. gebührenden Anteil an dem Gesammtgute durch letztwillige Verfügung bis auf die Hälfte herabsetzen. 1514, 1516, 1518.

1513 Jeder Ehegatte kann für den Fall, daß mit seinem Tode die f. G. eintritt, einem anteilsberechtigten Abkömmlinge den diesem nach der Beendigung der f. G. gebührenden Anteil an dem Gesamtgute durch letztwillige Verfügung entziehen, wenn er berechtigt ist dem Abkömmlinge den Pflichtteil zu entziehen. Die Vorschriften des § 2336 Abs. 2—4 finden entsprechende Anwendug.

Der Ehegatte kann, wenn er nach § 2338 berechtigt ist, das Pflichtteilsrecht des Abkömmlings zu beschränken, den Anteil des Abkömmlings am Gesamtgut einer entsprechenden Beschränkung unterwerfen. 1514, 1516, 1518.

1514 Jeder Ehegatte kann im Falle f. G. den Betrag, den er nach § 1512 oder nach § 1513 Abs. 1 einem Abkömmling entzieht, auch einem Dritten durch letztwillige Verfügung zuwenden. 1516, 1518.

1515 Jeder Ehegatte kann für den Fall, daß mit seinem Tode die f. G. eintritt, durch letztwillige Verfügung anordnen, daß ein anteilsberechtigter Abkömmling das Recht haben soll, bei der Teilung das Gesamtgut oder einzelne dazu gehörende Gegenstände gegen Ersatz des Wertes zu übernehmen.

Gehört zu dem Gesamtgut ein Landgut, so kann angeordnet werden, daß das Landgut mit dem Ertragswert oder mit einem Preise, der den Ertragswert mindestens erreicht, angesetzt werden soll. Die für die Erb-

§ folge geltenden Vorschriften des § 2049 finden Anwendung.

Das Recht, das Landgut zu dem im Abs. 2 bezeichneten Werte oder Preise zu übernehmen, kann auch dem überlebenden Ehegatten eingeräumt werden. 1516, 1518.

1516 Zur Wirksamkeit der in den §§ 1511 bis 1515 bezeichneten Verfügungen eines Ehegatten ist bei f. G. die Zustimmung des anderen Ehegatten erforderlich.

Die Znstimmung kann nicht durch einen Vertreter erteilt werden. Ist der Ehegatte in der Geschäftsfähigkeit beschränkt, so ist die Zustimmung seines g. Vertreters nicht erforderlich. Die Zustimmungserklärung bedarf der gerichtlichen oder notariellen Beurkundung. Die Zustimmung ist unwiderruflich.

Die Ehegatten können die in den §§ 1511—1515 bezeichneten Verfügungen auch in einem gemeinschaftlichen Testamente treffen. 1517, 1518.

1517 Zur Wirksamkeit eines Vertrags, durch den ein gemeinschaftlicher Abkömmling einem der Ehegatten gegenüber für den Fall, daß die Ehe durch dessen Tod aufgelöst wird, auf seinen Anteil am Gesamtgute der f. G. verzichtet oder durch den ein solcher Verzicht aufgehoben wird, ist die Zustimmung des anderen Ehegatten erforderlich. Für die Zustimmung gelten die Vorschriften des § 1516 Abs. 2 Satz 3, 4.

Die für den Erbverzicht geltenden Vorschriften finden entsprechende Anwendung.

1518 Anordnungen, die mit den Vorschriften der §§ 1483—1517 in Widerspruch stehen, können von den Ehegatten weder durch letztwillige Verfügung noch durch Vertrag getroffen werden.

1519, 1538, 1542, 1546 f. **Errungenschaftsgemeinschaft** — Güterrecht.

§

1557 F. G. tritt bei der Fahrnisgemeinschaft nur ein, wenn sie durch Ehevertrag vereinbart ist. 1549.

Pflichtteil.

2331 Eine Zuwendung, die aus dem Gesamtgute der a. G., der Errungenschaftsgemeinschaft oder der Fahrnisgemeinschaft erfolgt, gilt als von jedem der Ehegatten zur Hälfte gemacht. Die Zuwendung gilt jedoch, wenn sie an einen Abkömmling, der nur von einem der Ehegatten abstammt, oder an eine Person, von der nur einer der Ehegatten abstammt, erfolgt oder wenn einer der Ehegatten wegen der Zuwendung zu dem Gesamtgut Ersatz zu leisten hat, als von diesem Ehegatten gemacht.

Diese Vorschriften finden auf eine Zuwendung aus dem Gesamtgute der f. G. entsprechende Anwendung.

2204 **Testament** f. Erbe 2054.

Verwandtschaft.

1604 Besteht a. G., Errungenschaftsgemeinschaft oder Fahrnisgemeinschaft, so bestimmt sich die Unterhaltspflicht des Mannes oder der Frau Verwandten gegenüber so, wie wenn das Gesamtgut dem unterhaltspflichtigen Ehegatten gehörte. Sind bedürftige Verwandte beider Ehegatten vorhanden, so ist der Unterhalt aus dem Gesamtgute so zu gewähren, wie wenn die Bedürftigen zu beiden Ehegatten in dem Verwandtschaftsverhältnisse ständen, auf dem die Unterhaltspflicht des verpflichteten Ehegatten beruht. 1620.

Güterrecht.

1357 **Ehe** f. Güterrecht 1435.

Art. **Einführungsgesetz.**

15 f. **E.G.** — E.G.

16 f. Güterrecht § 1405.

§ **Güterrecht** §§ 1363—1431.

1363—1563 Eheliches G.

1363—1431 Gesetzliches G.

§

1363—1372 a. Vorschriften.

1363 Das Vermögen der Frau wird bei g. G. durch die Eheschließung der Verwaltung und Nutznießung des Mannes unterworfen (eingebrachtes Gut).

Zum eingebrachten Gute gehört auch das Vermögen, das die Frau während der Ehe erwirbt.

1364 Die Verwaltung und Nießnießung des Mannes tritt bei g. G. nicht ein, wenn er die Ehe mit einer in der Geschäftsfähigkeit beschränkten Frau ohne Einwilligung ihres g. Vertreters eingeht. 1426.

1365 Die Verwaltung und Nutznießung des Mannes erstreckt sich bei g. G. nicht auf das Vorbehaltsgut der Frau.

1366 Vorbehaltsgut sind bei g. G. die ausschließlich zum persönlichen Gebrauche der Frau bestimmten Sachen, insbesondere Kleider, Schmucksachen und Arbeitsgeräte.

1367 Vorbehaltsgut ist bei g. G., was die Frau durch ihre Arbeit oder durch den selbständigen Betrieb eines Erwerbsgeschäfts erwirbt.

1368 Vorbehaltsgut ist bei g. G., was durch Ehevertrag für Vorbehaltsgut erklärt ist.

1369 Vorbehaltsgut ist bei g. G., was die Frau durch Erbfolge, durch Vermächtnis oder als Pflichtteil erwirbt (Erwerb von Todeswegen) oder was ihr unter Lebenden von einem Dritten unentgeltlich zugewendet wird, wenn der Erblasser durch letztwillige Verfügung, der Dritte bei der Zuwendung bestimmt hat, daß der Erwerb Vorbehaltsgut sein soll. 1440, 1486, 1526, 1553.

1370 Vorbehaltsgut ist bei g. G., was die Frau auf Grund eines zu ihrem Vorbehaltsgute gehörenden Rechtes oder als Ersatz für die Zerstörung, Beschädigung oder Entziehung eines zu dem Vorbehaltsgute gehörenden Gegenstandes oder durch ein Rechtsgeschäft erwirbt, das sich auf das Vorbehaltsgut bezieht. 1440, 1486, 1526.

1371 Auf das Vorbehaltsgut finden bei g. G. die bei der Gütertrennung, für das Vermögen der Frau geltenden Vorschriften entsprechende Anwendung; die Frau hat jedoch einen Beitrag zur Bestreitung des ehelichen Aufwandes nur insoweit zu leisten, als der Mann nicht schon durch die Nutzungen des eingebrachten Gutes einen angemessenen Beitrag erhält.

1372 Jeder Ehegatte kann bei g. G. verlangen, daß der Bestand des eingebrachten Gutes durch Aufnahme eines Verzeichnisses unter Mitwirkung des anderen Ehegatten festgestellt wird. Auf die Aufnahme des Verzeichnisses finden die für den Nießbrauch geltenden Vorschriften des § 1035 Anwendung.

Jeder Ehegatte kann den Zustand der zum eingebrachten Gute gehörenden Sachen auf seine Kosten durch Sachverständige feststellen lassen.

1373—1409 Verwaltung und Nutznießung.

1373 Der Mann ist bei g. G. berechtigt, die zum eingebrachten Gut gehörenden Sachen in Besitz zu nehmen. 1525.

1374 Der Mann hat bei g. G. das eingebrachte Gut ordnungsmäßig zu verwalten. Über den Stand der Verwaltung hat er der Frau auf Verlangen Auskunft zu erteilen. 1525.

1375 Das Verwaltungsrecht des Mannes umfaßt bei g. G. nicht die Befugnis, die Frau durch Rechtsgeschäfte zu verpflichten oder über eingebrachtes Gut ohne ihre Zustimmung zu verfügen. 1525.

§

1376 Ohne Zustimmung der Frau kann der Mann bei g. G.:

1. über Geld und andere verbrauchbare Sachen der Frau verfügen;
2. Forderungen der Frau gegen solche Forderungen an die Frau, deren Berichtigung aus dem eingebrachten Gute verlangt werden kann, aufrechnen;
3. Verbindlichkeiten der Frau zur Leistung eines zum eingebrachten Gute gehörenden Gegenstandes durch Leistung des Gegenstandes erfüllen. 1377, 1392, 1525.

1377 Der Mann soll bei g. G. Verfügungen, zu denen er nach § 1376 ohne Zustimmung der Frau berechtigt ist, nur zum Zwecke ordnungsmäßiger Verwaltung des eingebrachten Gutes vornehmen.

Das zum eingebrachten Gute gehörende Geld hat der Mann nach den für die Anlegung von Mündelgeld geltenden Vorschriften für die Frau verzinslich anzulegen, soweit es nicht zur Bestreitung von Ausgaben bereit zu halten ist.

Andere verbrauchbare Sachen darf der Mann auch für sich veräußern oder verbrauchen. Macht er von dieser Befugnis Gebrauch, so hat er den Wert der Sachen nach der Beendigung der Verwaltung und Nutznießung zu ersetzen; der Ersatz ist schon vorher zu leisten, soweit die ordnungsmäßige Verwaltung des eingebrachten Gutes es erfordert. 1411, 1525.

1378 Gehört bei g. G. zum eingebrachten Gute ein Grundstück samt Inventar, so bestimmen sich die Rechte und die Pflichten des Mannes in Ansehung des Inventars nach den für den Nießbrauch geltenden Vorschriften des § 1048 Abs. 1. 1525.

1379 Ist bei g. G. zur ordnungsmäßigen Verwaltung des eingebrachten Gutes ein Rechtsgeschäft erforderlich, zu dem der Mann der Zustimmung der Frau bedarf, so kann die Zustimmung auf Antrag des Mannes durch das Vormundschaftsgericht ersetzt werden, wenn die Frau sie ohne ausreichenden Grund verweigert.

Das Gleiche gilt, wenn die Frau durch Krankheit oder durch Abwesenheit an der Abgabe einer Erklärung verhindert und mit dem Aufschube Gefahr verbunden ist. 1525.

1380 Der Mann kann bei g. G. ein zum eingebrachten Gute gehörendes Recht im eigenen Namen gerichtlich geltend machen. Ist er befugt, über das Recht ohne Zustimmung der Frau zu verfügen, so wirkt das Urteil auch für und gegen die Frau. 1525.

1381 Erwirbt der Mann bei g. G. mit Mitteln des eingebrachten Gutes bewegliche Sachen, so geht mit dem Erwerbe das Eigentum auf die Frau über, es sei denn, daß der Mann nicht für Rechnung des eingebrachten Gutes erwerben will. Dies gilt insbesondere auch von Inhaberpapieren und von Orderpapieren, die mit Blankoindossament versehen sind.

Die Vorschriften des Abs. 1 finden entsprechende Anwendung, wenn der Mann mit Mitteln des eingebrachten Gutes ein Recht an Sachen der bezeichneten Art oder ein anderes Recht erwirbt, zu dessen Übertragung der Abtretungsvertrag genügt. 1525.

1382 Haushaltungsgegenstände, die der Mann bei g. G. an Stelle der von der Frau eingebrachten, nicht mehr vorhandenen oder wertlos gewordenen Stücke anschafft, werden eingebrachtes Gut. 1525.

1383 Der Mann erwirbt bei g. G. die Nutzungen des eingebrachten Gutes in derselben Weise und in demselben Umfange wie ein Nießbraucher. 1525.

§

1384 Der Mann hat bei g. G. außer den Kosten, welche durch die Gewinnung der Nutzungen entstehen, die Kosten der Erhaltung der zum eingebrachten Gute gehörenden Gegenstände nach den für den Nießbrauch geltenden Vorschriften zu tragen. 1529.

1385 Der Mann ist bei g. G. der Frau gegenüber verpflichtet, für die Dauer der Verwaltung und Nutznießung zu tragen:

1. die der Frau obliegenden öffentlichen Lasten mit Ausschluß der auf dem Vorbehaltsgute ruhenden Lasten und der außerordentlichen Lasten, die als auf den Stammwert des eingebrachten Gutes gelegt anzusehen sind;
2. die privatrechtlichen Lasten, die auf den zum eingebrachten Gute gehörenden Gegenständen ruhen;
3. die Zahlungen, die für die Versicherung der zum eingebrachten Gute gehörenden Gegenstände zu leisten sind. 1388, 1529.

1386 Der Mann ist bei g. G. der Frau gegenüber verpflichtet, für die Dauer der Verwaltung und Nutznießung die Zinsen derjenigen Verbindlichkeiten der Frau zu tragen, deren Berichtigung aus dem eingebrachten Gute verlangt werden kann. Das Gleiche gilt von wiederkehrenden Leistungen anderer Art, einschließlich der von der Frau auf Grund ihrer g. Unterhaltspflicht geschuldeten Leistungen, sofern sie bei ordnungsmäßiger Verwaltung aus den Einkünften des Vermögens bestritten werden.

Die Verpflichtung des Mannes tritt nicht ein, wenn die Verbindlichkeiten oder die Leistungen im Verhältnisse der Ehegatten zu einander dem Vorbehaltsgute der Frau zur Last fallen. 1388, 1529.

§

1387 Der Mann ist bei g. G. der Frau gegenüber verpflichtet, zu tragen:

1. die Kosten eines Rechtsstreits, in welchem er ein zum eingebrachten Gute gehörendes Recht geltend macht, sowie die Kosten eines Rechtsstreits, den die Frau führt, sofern nicht die Kosten dem Vorbehaltsgute zur Last fallen;
2. die Kosten der Verteidigung der Frau in einem gegen sie gerichteten Strafverfahren, sofern die Aufwendung der Kosten den Umständen nach geboten ist oder mit Zustimmung des Mannes erfolgt, vorbehaltlich der Ersatzpflicht der Frau im Falle ihrer Verurteilung. 1388, 1529.

1388 Soweit der Mann bei g. G. nach den §§ 1385—1387 der Frau gegenüber deren Verbindlichkeiten zu tragen hat, haftet er den Gläubigern neben der Frau als Gesamtschuldner.

1389 Der Mann hat bei g. G. den ehelichen Aufwand zu tragen.

Die Frau kann verlangen, daß der Mann den Reinertrag des eingebrachten Gutes, soweit dieser zur Bestreitung des eigenen und des der Frau und den gemeinschaftlichen Abkömmlingen zu gewährenden Unterhalts erforderlich ist, ohne Rücksicht auf seine sonstigen Verpflichtungen zu diesem Zwecke verwendet. 1394.

1390 Macht der Mann im Falle g. G. zum Zwecke der Verwaltung des eingebrachten Gutes Aufwendungen, die er den Umständen nach für erforderlich halten darf, so kann er von der Frau Ersatz verlangen, sofern nicht die Aufwendungen ihm selbst zur Last fallen. 1525.

1391 Wird bei g. G. durch das Verhalten des Mannes die Besorgnis begründet, daß die Rechte der Frau in einer das eingebrachte Gut erheblich ge-

§ fährdenden Weise verletzt werden, so kann die Frau von dem Manne Sicherheitsleistung verlangen.

Das Gleiche gilt, wenn die der Frau aus der Verwaltung und Nutznießung des Mannes zustehenden Ansprüche auf Ersatz des Wertes verbrauchbarer Sachen erheblich gefährdet sind. 1394, 1418, 1525.

1392 Liegen bei g. G. die Voraussetzungen vor, unter denen der Mann zur Sicherheitsleistung verpflichtet ist, so kann die Frau auch verlangen, daß der Mann die zum eingebrachten Gute gehörenden Inhaberpapiere nebst den Erneuerungsscheinen bei einer Hinterlegungsstelle oder bei der Reichsbank mit der Bestimmung hinterlegt, daß die Herausgabe von dem Manne nur mit Zustimmung der Frau verlangt werden kann. Die Hinterlegung von Inhaberpapieren, die nach § 92 zu den verbrauchbaren Sachen gehören, sowie von Zins-, Renten- oder Gewinnanteilscheinen kann nicht verlangt werden. Den Inhaberpapieren stehen Orderpapiere gleich, die mit Blankoindossament versehen sind.

Über die hinterlegten Papiere kann der Mann auch eine Verfügung, zu der er nach § 1376 berechtigt ist, nur mit Zustimmung der Frau treffen. 1393, 1525.

1393 Der Mann kann bei g. G. die Inhaberpapiere, statt sie nach § 1392 zu hinterlegen, auf den Namen der Frau umschreiben oder, wenn sie von dem Reiche oder einem Bundesstaat ausgestellt sind, in Buchforderungen gegen das Reich oder den Bundesstaat umwandeln lassen. 1525.

1394 Die Frau kann bei g. G. Ansprüche, die ihr auf Grund der Verwaltung und Nutznießung gegen den Mann zustehen, erst nach der Beendigung der Verwaltung und Nutznießung gerichtlich geltend machen, es sei denn, daß die Voraussetzungen vorliegen, unter denen die Frau nach § 1391 Sicherheitsleistung verlangen kann. Der im § 1389 Abs. 2 bestimmte Anspruch unterliegt dieser Beschränkung nicht. 1411, 1525.

1395 Die Frau bedarf bei g. G. zur Verfügung über eingebrachtes Gut der Einwilligung des Mannes. 1401, 1404, 1525.

1396 Verfügt die Frau bei g. G. durch Vertrag ohne Einwilligung des Mannes über eingebrachtes Gut, so hängt die Wirksamkeit des Vertrags von der Genehmigung des Mannes ab.

Fordert der andere Teil den Mann zur Erklärung über die Genehmigung auf, so kann die Erklärung nur ihm gegenüber erfolgen; eine vor der Aufforderung der Frau gegenüber erklärte Genehmigung oder Verweigerung der Genehmigung wird unwirksam. Die Genehmigung kann nur bis zum Ablaufe von zwei Wochen nach dem Empfange der Aufforderung erklärt werden; wird sie nicht erklärt, so gilt sie als verweigert.

Verweigert der Mann die Genehmigung, so wird der Vertrag nicht dadurch wirksam, daß die Verwaltung und Nutznießung aufhört. 1401, 1404, 1448, 1525.

1397 Bis zur Genehmigung des von der Frau ohne Einwilligung des Mannes geschlossenen Vertrags ist bei g. G. der andere Teil zum Widerrufe berechtigt. Der Widerruf kann auch der Frau gegenüber erklärt werden.

Hat der andere Teil gewußt, daß die Frau Ehefrau ist, so kann er nur widerrufen, wenn die Frau der Wahrheit zuwider die Einwilligung des Mannes behauptet hat; er kann auch in diesem Falle nicht widerrufen, wenn ihm das Fehlen der Einwilligung bei dem

§ Abschlusse des Vertrags bekannt war. 1401, 1404, 1448, 1525.

1398 Ein einseitiges Rechtsgeschäft, durch das bei g. G. die Frau ohne Einwilligung des Mannes über eingebrachtes Gut verfügt, ist unwirksam. 1401, 1404, 1448, 1525.

1399 Zu Rechtsgeschäften, durch die sich die Frau zu einer Leistung verpflichtet, ist bei g. G. die Zustimmung des Mannes nicht erforderlich.

Stimmt der Mann einem solchen Rechtsgeschäfte zu, so ist es in Ansehung des eingebrachten Gutes ihm gegenüber wirksam. Stimmt er nicht zu, so muß er das Rechtsgeschäft, soweit das eingebrachte Gut bereichert wird, nach den Vorschriften über die Herausgabe einer ungerechtfertigten Bereicherung gegen sich gelten lassen. 1401, 1404, 1525.

1400 Führt die Frau bei g. G. einen Rechtsstreit ohne Zustimmung des Mannes, so ist das Urteil dem Manne gegenüber in Ansehung des eingebrachten Gutes unwirksam.

Ein zum eingebrachten Gute gehörendes Recht kann die Frau im Wege der Klage nur mit Zustimmung des Mannes geltend machen.

1401 Die Zustimmung des Mannes ist bei g. G. in den Fällen der §§ 1395 bis 1398, des § 1399 Abs. 2 und des § 1400 nicht erforderlich, wenn der Mann durch Krankheit oder durch Abwesenheit an der Abgabe einer Erklärung verhindert und mit dem Aufschube Gefahr verbunden ist. 1404, 1525.

1402 Ist bei g. G. zur ordnungsmäßigen Besorgung der persönlichen Angelegenheiten der Frau ein Rechtsgeschäft erforderlich, zu dem die Frau der Zustimmung des Mannes bedarf, so kann die Zustimmung auf Antrag der Frau durch das Vormundschaftsgericht ersetzt werden, wenn der Mann sie ohne ausreichenden Grund verweigert. 1404, 1525.

1403 Ein einseitiges Rechtsgeschäft, das sich auf das eingebrachte Gut bezieht, ist bei g. G. dem Manne gegenüber vorzunehmen.

Ein einseitiges Rechtsgeschäft, das sich auf eine Verbindlichkeit der Frau bezieht, ist der Frau gegenüber vorzunehmen; das Rechtsgeschäft muß jedoch auch dem Manne gegenüber vorgenommen werden, wenn es in Ansehung des eingebrachten Gutes ihm gegenüber wirksam sein soll. 1404, 1525.

1404 Die Beschränkungen, denen die Frau bei g. G. nach den §§ 1395—1403 unterliegt, muß ein Dritter auch dann gegen sich gelten lassen, wenn er nicht gewußt hat, daß die Frau eine Ehefrau ist. 1525.

1405 Erteilt der Mann bei g. G. der Frau die Einwilligung zum selbständigen Betrieb eines Erwerbsgeschäfts, so ist seine Zustimmung zu solchen Rechtsgeschäften und Rechtsstreitigkeiten nicht erforderlich, die der Geschäftsbetrieb mit sich bringt. Einseitige Rechtsgeschäfte, die sich auf das Erwerbsgeschäft beziehen, sind der Frau gegenüber vorzunehmen.

Der Einwilligung des Mannes in den Geschäftsbetrieb steht es gleich, wenn die Frau mit Wissen und ohne Einspruch des Mannes das Erwerbsgeschäft betreibt.

Dritten gegenüber ist ein Einspruch und der Widerruf der Einwilligung nur nach Maßgabe des § 1435 wirksam. 1452, 1525, 1561.

1406 Die Frau bedarf bei g. G. nicht der Zustimmung des Mannes:

1. zur Annahme oder Ausschlagung einer Erbschaft oder eines Vermächtnisses, zum Verzicht auf den

§ Pflichtteil sowie zur Errichtung des Inventars über eine angefallene Erbschaft;
2. zur Ablehnung eines Vertragsantrags oder einer Schenkung;
3. zur Vornahme eines Rechtsgeschäfts gegenüber dem Manne. 1525.

1407 Die Frau bedarf bei g. G. nicht der Zustimmung des Mannes:
1. zur Fortsetzung eines zur Zeit der Eheschließung anhängigen Rechtsstreits;
2. zur gerichtlichen Geltendmachung eines zum eingebrachten Gute gehörenden Rechtes gegen den Mann;
3. zur gerichtlichen Geltendmachung eines zum eingebrachten Gute gehörenden Rechtes gegen einen Dritten, wenn der Mann ohne die erforderliche Zustimmung der Frau über das Recht verfügt hat;
4. zur gerichtlichen Geltendmachung eines Widerspruchsrechts gegenüber einer Zwangsvollstreckung. 1525.

1408 Das Recht, das dem Manne bei g. G. an dem eingebrachten Gute kraft seiner Verwaltung und Nutznießung zusteht, ist nicht übertragbar. 1525.

1409 Steht der Mann unter Vormundschaft, so hat ihn der Vormund in den Rechten und Pflichten zu vertreten, die sich bei g. G. aus der Verwaltung und Nutznießung des eingebrachten Gutes ergeben. Dies gilt auch dann, wenn die Frau Vormund das Mannes ist. 1525.

1410—1417 Schuldenhaftung.

1410 Die Gläubiger des Mannes können bei g. G. nicht Befriedigung aus dem eingebrachten Gute verlangen. 1525.

1411 Die Gläubiger der Frau können bei g. G. ohne Rücksicht auf die Verwaltung und Nutznießung des Mannes Befriedigung aus dem eingebrachten Gute verlangen, soweit sich nicht aus den §§ 1412—1414 ein anderes ergiebt. Sie unterliegen bei der Geltendmachung der Ansprüche der Frau nicht der im § 1394. bestimmten Beschränkung.

Hat der Mann verbrauchbare Sachen nach § 1377 Abs. 3 veräußert oder verbraucht, so ist er den Gläubigern gegenüber zum sofortigen Ersatz verpflichtet. 1525.

1412 Das eingebrachte Gut haftet bei g. G. für eine Verbindlichkeit der Frau, die aus einem nach der Eingehung der Ehe vorgenommenen Rechtsgeschäft entsteht, nur dann, wenn der Mann seine Zustimmung zu dem Rechtsgeschäft erteilt oder wenn das Rechtsgeschäft ohne seine Zustimmung ihm gegenüber wirksam ist.

Für die Kosten eines Rechtsstreits der Frau haftet das eingebrachte Gut auch dann, wenn das Urteil dem Manne gegenüber in Ansehung des eingebrachten Gutes nicht wirksam ist. 1411, 1525.

1413 Das eingebrachte Gut haftet bei g. G. nicht für eine Verbindlichkeit der Frau, die infolge des Erwerbes einer Erbschaft oder eines Vermächtnisses entsteht, wenn die Frau die Erbschaft oder das Vermächtnis nach der Eingehung der Ehe als Vorbehaltsgut erwirbt. 1411, 1525.

1414 Das eingebrachte Gut haftet bei g. G. nicht für eine Verbindlichkeit der Frau, die nach der Eingehung der Ehe infolge eines zu dem Vorbehaltsgute gehörenden Rechtes oder des Besitzes einer dazu gehörenden Sache entsteht, es sei denn, daß das Recht oder die Sache zu einem Erwerbsgeschäfte gehört, das die Frau mit Einwilligung des Mannes selbständig betreibt. 1411, 1525.

1415 Im Verhältnisse der Ehegatten zu einander fallen bei g. G. dem Vorbehaltsgute zur Last:

§ 1. die Verbindlichkeiten der Frau aus einer unerlaubten Handlung, die sie während der Ehe begeht, oder aus einem Strafverfahren, das wegen einer solchen Handlung gegen sie gerichtet wird;

2. die Verbindlichkeiten der Frau aus einem sich auf das Vorbehaltsgut beziehenden Rechtsverhältnis, auch wenn sie vor der Eingehung der Ehe oder vor der Zeit entstanden sind, zu der das Gut Vorbehaltsgut geworden ist;

3. Die Kosten eines Rechtsstreits, den die Frau über eine der in Nr. 1, 2 bezeichneten Verbindlichkeiten führt. 1416, 1417, 1525.

1416 Im Verhältnisse der Ehegatten zu einander fallen bei g. G. die Kosten eines Rechtsstreits zwischen ihnen dem Vorbehaltsgute zur Last, soweit nicht der Mann sie zu tragen hat.

Das Gleiche gilt von den Kosten eines Rechtsstreits zwischen der Frau und einem Dritten, es sei denn, daß das Urteil dem Manne gegenüber in Ansehung des einbrachten Gutes wirksam ist. Betrifft jedoch der Rechtsstreit eine persönliche Angelegenheit der Frau oder eine nicht unter die Vorschriften des § 1415 Nr. 1, 2 fallende Verbindlichkeit, für die das eingebrachte Gut haftet, so findet diese Vorschrift keine Anwendung, wenn die Aufwendung der Kosten den Umständen nach geboten ist. 1417, 1525.

1417 Wird eine Verbindlichkeit, die nach den §§ 1415, 1416 dem Vorbehaltsgute zur Last fällt, bei g. G. aus dem eingebrachten Gute berichtigt, so hat die Frau aus dem Vorbehaltsgute, soweit dieses reicht, zu dem eingebrachten Gute Ersatz zu leisten.

Wird eine Verbindlichkeit der Frau, die im Verhältnisse der Ehegatten zu einander nicht dem Vorbehaltsgute zur Last fällt, aus dem Vorbehaltsgute berichtigt, so hat der Mann aus dem eingebrachten Gute, soweit dieses reicht, zu dem Vorbehaltsgut Ersatz zu leisten. 1525.

1418—1425 Beendigung der Verwaltung und Nutznießung.

1418 Die Frau kann bei g. G. auf Aufhebung der Verwaltung und Nutznießung klagen:

1. wenn die Voraussetzungen vorliegen, unter denen die Frau nach § 1391 Sicherheitsleistung verlangen kann;

2. wenn der Mann seine Verpflichtung, der Frau und den gemeinschaftlichen Abkömmlingen Unterhalt zu gewähren, verletzt hat und für die Zukunft eine erhebliche Gefährdung des Unterhalts zu besorgen ist. Eine Verletzung der Unterhaltspflicht liegt schon dann vor, wenn der Frau und den gemeinschaftlichen Abkömmlingen nicht mindestens der Unterhalt gewährt wird, welcher ihnen bei ordnungsmäßiger Verwaltung und Nutznießung des eingebrachten Gutes zukommen würde;

3. wenn der Mann entmündigt ist;

4. wenn der Mann nach § 1910 zur Besorgung seiner Vermögensangelegenheiten einen Pfleger erhalten hat;

5. wenn für den Mann ein Abwesenheitspfleger bestellt und die baldige Aufhebung der Pflegschaft nicht zu erwarten ist.

Die Aufhebung der Verwaltung und Nutznießung tritt mit der Rechtskraft des Urteils ein.

1419 Die Verwaltung und Nutznießung bei g. G. endigt mit der Rechtskraft des Beschlusses, durch den der Kon-

§ kurs über das Vermögen des Mannes eröffnet wird.

1420 Die Verwaltung und Nutznießung bei g. G. endigt, wenn der Mann für tot erklärt wird, mit dem Zeitpunkte, der als Zeitpunkt des Todes gilt.

1421 Nach der Beendigung der Verwaltung und Nutznießung hat der Mann bei g. G. das eingebrachte Gut der Frau herauszugeben und ihr über die Verwaltung Rechenschaft abzulegen. Auf die Herausgabe eines landwirtschaftlichen Grundstücks findet die Vorschrift des § 592, auf die Herausgabe eines Landguts finden die Vorschriften der §§ 592, 593 entsprechende Anwendung.

1422 Wird die Verwaltung und Nutznießung bei g. G. auf Grund des § 1418 durch Urteil aufgehoben, so ist der Mann zur Herausgabe des eingebrachten Gutes so verpflichtet, wie wenn der Anspruch auf Herausgabe mit der Erhebung der Klage auf Aufhebung der Verwaltung und Nutznießung rechtshängig geworden wäre.

1423 Hat der Mann bei g. G. ein zum eingebrachten Gute gehörendes Grundstück vermietet oder verpachtet, so finden, wenn das Miet- oder Pachtverhältnis bei der Beendigung der Verwaltung und Nutznießung noch besteht, die Vorschriften des § 1056 entsprechende Anwendung.

1424 Der Mann ist bei g. G. auch nach der Beendigung der Verwaltung und Nutznießung zur Fortführung der Verwaltung berechtigt, bis er von der Beendigung Kenntnis erlangt oder sie kennen muß. Ein Dritter kann sich auf diese Berechtigung nicht berufen, wenn er bei der Vornahme eines Rechtsgeschäfts die Beendigung der Verwaltung und Nutznießung kennt oder kennen muß.

Endigt die Verwaltung und Nutznießung infolge des Todes der Frau, so hat der Mann diejenigen zur Verwaltung gehörenden Geschäfte, mit deren Aufschube Gefahr verbunden ist, zu besorgen, bis der Erbe anderweit Fürsorge treffen kann.

1425 Wird bei g. G. die Entmündigung oder Pflegschaft, wegen deren die Aufhebung der Verwaltung und Nutznießung erfolgt ist, wiederaufgehoben oder wird der die Entmündigung aussprechende Beschluß mit Erfolg angefochten, so kann der Mann auf Wiederherstellung seiner Rechte klagen. Das Gleiche gilt, wenn der für tot erklärte Mann noch lebt.

Die Wiederherstellung der Rechte des Mannes tritt mit der Rechtskraft des Urteils ein. Die Vorschrift des § 1422 findet entsprechende Anwendung.

Im Falle der Wiederherstellung wird Vorbehaltsgut, was ohne die Aufhebung der Rechte des Mannes Vorbehaltsgut geblieben oder geworden sein würde.

1426—1431 **Gütertrennung** s. **Gütertrennung** — G.

1432—1557 Vertragsmäßiges G.

1432—1436 a. Vorschriften.

1432 Die Ehegatten können ihre güterrechtlichen Verhältnisse durch Vertrag (Ehevertrag) regeln, insbesondere auch nach der Eingehung der Ehe den Güterstand aufheben oder ändern.

1433 Der Güterstand kann nicht durch Verweisung auf ein nicht mehr geltendes oder auf ein ausländisches Gesetz bestimmt werden.

Hat der Mann zur Zeit der Eingehung der Ehe oder, falls der Vertrag nach der Eingehung der Ehe geschlossen wird, zur Zeit des Vertrags-

§ abschlusses seinen Wohnsitz im Auslande, so ist die Verweisung auf ein an diesem Wohnsitze geltendes G. zulässig.

1434 Der Ehevertrag muß bei gleichzeitiger Anwesenheit beider Teile vor Gericht oder vor einem Notar geschlossen werden.

1435 Wird durch Ehevertrag die Verwaltung und Nutznießung des Mannes ausgeschlossen oder geändert, so können einem Dritten gegenüber aus der Ausschließung oder der Änderung Einwendungen gegen ein zwischen ihm und einem der Ehegatten vorgenommenes Rechtsgeschäft oder gegen ein zwischen ihnen ergangenes rechtskräftiges Urteil nur hergeleitet werden, wenn zur Zeit der Vornahme des Rechtsgeschäfts oder zur Zeit des Eintritts der Rechtshängigkeit die Ausschließung oder die Änderung in dem Güterrechtsregister des zuständigen Amtsgerichts eingetragen oder dem Dritten bekannt war.

Das Gleiche gilt, wenn eine in dem Güterrechtsregister eingetragene Regelung der güterrechtlichen Verhältnisse durch Ehevertrag aufgehoben oder geändert wird. 1405, 1431, 1470 1545, 1548.

1437—1482 **a. Gütergemeinschaft** s. **Gütergemeinschaft** — Güterrecht.

1483—1518 **f. Gütergemeinschaft** s. **Gütergemeinschaft** — Güterrecht.

1519—1548 **Errungenschaftsgemeinschaft** s. **Errungenschaftsgemeinschaft** — Güterrecht.

1549—1557 **Fahrnisgemeinschaft** s. **Fahrnisgemeinschaft** — Güterrecht.

1558—1563 **Güterrechtsregister** s. **Güterrechtsregister** — Güterrecht.

Verwandtschaft.

1654 s. Güterrecht 1384—1386, 1388.

1660 s. Güterrecht 1415—1417.

Güterrechtsregister.

§ **Güterrecht** §§ 1558—1563.

1431 s. **Gütertrennung** — Güterrecht.

1435, 1405 s. **Güterrecht** — Güterrecht.

1470 s. **Gütergemeinschaft** — Güterrecht.

1545, 1548 s. **Errungenschaftsgemeinschaft** — Güterrecht.

1558—1563 G.

1558 Die Eintragungen in das G. haben bei dem Amtsgerichte zu geschehen, in dessen Bezirke der Mann seinen Wohnsitz hat.

Durch Anordnung der Landesjustizverwaltung kann die Führung des Registers für mehrere Amtsgerichtsbezirke einem Amtsgericht übertragen werden.

1559 Verlegt der Mann nach der Eintragung seinen Wohnsitz in einen anderen Bezirk, so muß die Eintragung im G. dieses Bezirkes wiederholt werden. Die frühere Eintragung gilt als von neuem erfolgt, wenn der Mann den Wohnsitz in den früheren Bezirk zurückverlegt.

1560 Eine Eintragung in das G. soll nur auf Antrag und nur insoweit erfolgen, als sie beantragt ist. Der Antrag ist in öffentlich beglaubigter Form zu stellen.

1561 Die Eintragung in das G. erfolgt in den Fällen des § 1357 Abs. 2 und des § 1405 Abs. 3 auf Antrag des Mannes.

In den anderen Fällen ist der Antrag beider Ehegatten erforderlich; jeder Ehegatte ist dem anderen gegenüber zur Mitwirkung verpflichtet.

Der Antrag eines der Ehegatten genügt:

1. zur Eintragung eines Ehevertrags oder einer auf gerichtlicher Entscheidung beruhenden Änderung der güterrechtlichen Verhältnisse der Ehegatten, wenn mit dem Antrage der Ehevertrag oder die mit

§ dem Zeugnisse der Rechtskraft versehene Entscheidung vorgelegt wird;

2. zur Wiederholung einer Eintragung in dem G. eines anderen Bezirkes, wenn mit dem Antrag eine nach der Aufhebung des bisherigen Wohnsitzes erteilte, öffentlich beglaubigte Abschrift der früheren Eintragung vorgelegt wird.

1562 Das Amtsgericht hat die Eintragung in das G. durch das für seine Bekanntmachungen bestimmte Blatt zu veröffentlichen.

Wird eine Änderung des Güterstandes eingetragen, so hat sich die Bekanntmachung auf die Bezeichnung des Güterstandes und, wenn dieser abweichend von dem Gesetze geregelt ist, auf eine a. Bezeichnung der Abweichung zu beschränken.

1563 Die Einsicht des G. ist jedem gestattet. Von den Eintragungen kann eine Abschrift gefordert werden; die Abschrift ist auf Verlangen zu beglaubigen.

Güterstand.

Art. **Einführungsgesetz.**

16, 97, 200 s. **E.G.** — E.G.

§ **Güterrecht.**

1432, 1433 s. **Güterrecht** — Güterrecht.

Gütertrennung.

1587 **Ehescheidung** s. **Ehe** — Ehescheidung.

Güterrecht §§ 1426—1431.

1371, 1436 s. **Güterrecht** — Güterrecht.

1426—1431 G.

1426 Tritt nach § 1364 die Verwaltung und Nutznießung des Mannes nicht ein oder endigt sie auf Grund der §§ 1418 bis 1420, so tritt G. ein.

Für die G. gelten die Vorschriften der §§ 1427 bis 1431.

1427 Der Mann hat im Falle der G. den ehelichen Aufwand zu tragen.

§ Zur Bestreitung des ehelichen Aufwandes hat die Frau dem Manne einen angemessenen Beitrag aus den Einkünften ihres Vermögens und dem Ertrag ihrer Arbeit oder eines von ihr selbständig betriebenen Erwerbsgeschäfts zu leisten. Für die Vergangenheit kann der Mann die Leistung nur insoweit verlangen, als die Frau ungeachtet seiner Aufforderung mit der Leistung im Rückstande geblieben ist. Der Anspruch des Mannes ist nicht übertragbar. 1426.

1428 Ist im Falle der G. eine erhebliche Gefährdung des Unterhalts zu besorgen, den der Mann der Frau und den gemeinschaftlichen Abkömmlingen zu gewähren hat, so kann die Frau den Beitrag zu dem ehelichen Aufwand insoweit zur eigenen Verwendung zurückbehalten, als er zur Bestreitung des Unterhalts erforderlich ist.

Das Gleiche gilt, wenn der Mann entmündigt ist oder wenn er nach § 1910 zur Besorgung seiner Vermögensangelegenheiten einen Pfleger erhalten hat oder wenn für ihn ein Abwesenheitspfleger bestellt ist. 1426.

1429 Macht die Frau zur Bestreitung des ehelichen Aufwandes aus ihrem Vermögen eine Aufwendung oder überläßt sie dem Manne zu diesem Zwecke etwas aus ihrem Vermögen, so ist bei der G. im Zweifel anzunehmen, daß die Absicht fehlt, Ersatz zu verlangen. 1426.

1430 Überläßt die Frau ihr Vermögen ganz oder teilweise der Verwaltung des Mannes, so kann bei G. der Mann die Einkünfte, die er während seiner Verwaltung bezieht, nach freiem Ermessen verwenden, soweit nicht ihre Verwendung zur Bestreitung der Kosten der ordnungsmäßigen Verwaltung und zur Erfüllung solcher Verpflichtungen der Frau erforderlich ist, die bei

§ ordnungsmäßiger Verwaltung aus den Einkünften des Vermögens bestritten werden. Die Frau kann eine abweichende Bestimmung treffen. 1426.
1431 Die G. ist Dritten gegenüber nur nach Maßgabe des § 1435 wirksam.
Das Gleiche gilt im Falle des § 1425 von der Wiederherstellung der Verwaltung und Nutznießung, wenn die Aufhebung in das Güterrechtsregister eingetragen worden ist. 1426.
1441, 1470 f. **Gütergemeinschaft** — Güterrecht.
1545 f. **Errungenschaftsgemeinschaft** — Güterrecht.

Gutgläubigkeit.

Erbe.
2025 Haftung eines gutgläubigen Erbschaftsbesitzers wegen verbotener Eigenmacht; f. **Erbe** — Erbe.

Gutsbezirk.

Art. **Einführungsgesetz** f. **Erblasser**
150 — Testament § 2249.
§ **Testament.**
2249 Errichtung eines Testamentes vor dem Vorsteher eines durch L.G. einer Gemeinde gleichgestellten Verbandes oder G.; f. **Erblasser** — Testament.

Gutsherr.

Art. **Einführungsgesetz.**
113, 114, 197 f. **E.G.** — E.G.

Gutsübernahme.

§ 330 **Vertrag** f. **Vertrag** — Vertrag.

H.

Hafen.

Art. **Einführungsgesetz.**
44 f. **E.G.** — E.G.
§ **Testament.**
2251 f. **Erblasser** — Testament.

Haftung f. auch **Verantwortlichkeit** und **Vertretung.**

§ **Auftrag.**
664 Der Beauftragte darf im Zweifel die Ausführung eines Auftrages nicht einem Dritten übertragen. Ist die Übertragung gestattet, so hat er nur ein ihm bei der Übertragung zur Last fallendes Verschulden zu vertreten. Für das Verschulden eines Gehülfen ist er nach § 278 verantwortlich.

§ **Bereicherung.**
818 Die Verpflichtung zur Herausgabe einer ungerechtfertigten Bereicherung erstreckt sich auf die gezogenen Nutzungen, sowie auf dasjenige, was der Empfänger auf Grund eines erlangten Rechtes oder als Ersatz für die Zerstörung, Beschädigung oder Entziehung des erlangten Gegenstandes erwirbt.
Ist die Herausgabe wegen der Beschaffenheit des Erlangten nicht möglich oder ist der Empfänger aus einem anderen Grunde zur Herausgabe außer stande, so hat er den Wert zu ersetzen.
Die Verpflichtung zur Herausgabe oder zum Ersatze des Wertes ist ausgeschlossen, soweit der Empfänger nicht mehr bereichert ist.

§ Von dem Eintritte der Rechtshängigkeit an haftet der Empfänger nach den a. Vorschriften.

Bürgschaft.

767 Für die Verpflichtung des Bürgen ist der jeweilige Bestand der Hauptverbindlichkeit maßgebend, dies gilt insbesondere auch, wenn die Hauptverbindlichkeit durch Verschulden oder Verzug des Hauptschuldners geändert wird. Durch ein Rechtsgeschäft, das der Hauptschuldner nach der Übernahme der Bürgschaft vornimmt, wird die Verpflichtung des Bürgen nicht erweitert.

Der Bürge haftet für die dem Gläubiger von dem Hauptschuldner zu ersetzenden Kosten der Kündigung und der Rechtsverfolgung.

768 Der Bürge kann die dem Hauptschuldner zustehenden Einreden geltend machen. Stirbt der Hauptschuldner, so kann sich der Bürge nicht darauf berufen, daß der Erbe für die Verbindlichkeit nur beschränkt haftet.

Der Bürge verliert eine Einrede nicht dadurch, daß der Hauptschuldner auf sie verzichtet.

769 Verbürgen sich mehrere für dieselbe Verbindlichkeit, so haften sie als Gesamtschuldner, auch wenn sie die Bürgschaft nicht gemeinschaftlich übernehmen.

774 Soweit der Bürge den Gläubiger befriedigt, geht die Forderung des Gläubigers gegen den Hauptschuldner auf ihn über. Der Übergang kann nicht zum Nachteile des Gläubigers geltend gemacht werden. Einwendungen des Hauptschuldners aus einem zwischen ihm und dem Bürgen bestehenden Rechtsverhältnisse bleiben unberührt.

Mitbürgen haften einander nur nur nach § 426, 776.

777 Hat sich der Bürge für eine bestehende Verbindlichkeit auf bestimmte Zeit verbürgt, so wird er nach dem Ablaufe der bestimmten Zeit frei, wenn nicht der Gläubiger die Einziehung der Forderung unverzüglich nach Maßgabe des § 772 betreibt, das Verfahren ohne wesentliche Verzögerung fortsetzt und unverzüglich nach der Beendigung des Verfahrens dem Bürgen anzeigt, daß er ihn in Anspruch nehme. Steht dem Bürgen die Einrede der Vorausklage nicht zu, so wird er nach dem Ablaufe der bestimmten Zeit frei, wenn nicht der Gläubiger ihm unverzüglich diese Anzeige macht.

Erfolgt die Anzeige rechtzeitig, so beschränkt sich die H. des Bürgen im Falle des Abs. 1 Satz 1 auf den Umfang, den die Hauptverbindlichkeit zur Zeit der Beendigung des Verfahrens hat, im Falle des Abs. 1 Satz 2 auf den Umfang, den die Hauptverbindlichkeit bei dem Ablaufe der bestimmten Zeit hat.

778 Wer einen anderen beauftragt, im eigenen Namen und auf eigene Rechnung einem Dritten Kredit zu geben, haftet dem Beauftragten für die aus der Kreditgewährung entstehende Verbindlichkeit des Dritten als Bürge.

1580 **Ehescheidung** s. Verwandtschaft 1607.

Eigentum.

990 War der Besitzer bei dem Erwerbe des Besitzes nicht in gutem Glauben, so haftet er dem Eigentümer von der Zeit des Erwerbes an nach den §§ 987, 989. Erfährt der Besitzer später, daß er zum Besitze nicht berechtigt ist, so haftet er in gleicher Weise von der Erlangung der Kenntnis an.

Eine weitergehende H. des Besitzers wegen Verzugs bleibt unberührt. 991, 993, 994, 996, 1007.

991 Leitet der Besitzer das Recht zum Besitze von einem mittelbaren Besitzer

§ ab, so finden die Vorschriften des § 990 in Ansehung der Nutzungen nur Anwendung, wenn die Voraussetzungen des § 990 auch bei dem mittelbaren Besitzer vorliegen oder diesem gegenüber die Rechtshängigkeit eingetreten ist.

War der Besitzer bei dem Erwerbe des Besitzes in gutem Glauben, so hat er gleichwohl von dem Erwerb an den im § 989 bezeichneten Schaden dem Eigentümer gegenüber insoweit zu vertreten, als er dem mittelbaren Besitzer verantwortlich ist. 993, 1007.

992 Hat sich der Besitzer durch verbotene Eigenmacht oder durch eine strafbare Handlung den Besitz verschafft, so haftet er dem Eigentümer nach den Vorschriften über den Schadenersatz wegen unerlaubter Handlungen. 993, 1007.

994 Der Besitzer kann für die auf die Sache gemachten notwendigen Verwendungen von dem Eigentümer Ersatz verlangen. Die gewöhnlichen Erhaltungskosten sind ihm jedoch für die Zeit, für welche ihm die Nutzungen verbleiben, nicht zu ersetzen.

Macht der Besitzer nach dem Eintritte der Rechtshängigkeit oder nach dem Beginne der im § 990 bestimmten H. notwendige Verwendungen, so bestimmt sich die Ersatzpflicht des Eigentümers nach den Vorschriften über die Geschäftsführung ohne Auftrag. 995, 997, 1007.

996 Für andere als notwendige Verwendungen kann der Besitzer Ersatz nur insoweit verlangen, als sie vor dem Eintritte der Rechtshängigkeit und vor dem Beginne der im § 990 bestimmten H. gemacht werden und der Wert der Sache durch sie noch zu der Zeit erhöht ist, zu welcher der Eigentümer die Sache wieder erlangt. 1007.

§
1010 s. Gemeinschaft 755.

Art. **Einführungsgesetz.**

10 s. Verein § 54.

24, 53, 71, 77—79 s. **E.G.** — E.G.

53 s. Hypothek §§ 1123, 1124.

71, 72 s. Handlung § 835.

95 s. Handlung § 840, Leistung § 278.

147 s. Erbe § 2006.

163 s. Jur. Pers. d. öff. Rechts § 89, Verein §§ 42, 53.

§ **Erbe.**

1967—2017, 2024, 2025, 2029, 2036, 2058—2061, 2063 s. **Erbe** — Erbe.

2042 s. Gemeinschaft 755.

Erbschaftskauf.

2376 Die Verpflichtung des Verkäufers einer Erbschaft zur Gewährleistung wegen eines Mangels im Rechte beschränkt sich auf die H. dafür,

1. daß ihm das Erbrecht zusteht,
2. daß es nicht durch das Recht eines Nacherben oder durch die Ernennung eines Testamentsvollstreckers beschränkt ist,
3. daß nicht Vermächtnisse, Auflagen, Pflichtteilslasten, Ausgleichungspflichten oder Teilungsanordnungen bestehen und
4. daß nicht unbeschränkte H. gegenüber den Nachlaßgläubigern oder einzelnen von ihnen eingetreten ist.

Fehler einer zur Erbschaft gehörenden Sache hat der Verkäufer nicht zu vertreten. 2378, 2385.

2378 Der Käufer einer Erbschaft ist dem Verkäufer gegenüber verpflichtet, die Nachlaßverbindlichkeiten zu erfüllen, soweit nicht der Verkäufer nach § 2376 dafür haftet, daß sie nicht bestehen.

Hat der Verkäufer vor dem Verkauf eine Nachlaßverbindlichkeit erfüllt, so kann er von dem Käufer Ersatz verlangen. 2382.

2382 Der Käufer der Erbschaft haftet von dem Abschlusse des Kaufes an den

§ Nachlaßgläubigern unbeschadet der Fortdauer der H. des Verkäufers. Dies gilt auch von den Verbindlichkeiten, zu deren Erfüllung der Käufer dem Verkäufer gegenüber nach §§ 2378, 2379 nicht verpflichtet ist.

Die H. des Käufers den Gläubigern gegenüber kann nicht durch Vereinbarung zwischen dem Käufer und dem Verkäufer ausgeschlossen oder beschränkt werden.

2383 Für die H. des Käufers einer Erbschaft gelten die Vorschriften über die Beschränkung der H. des Erben. Er haftet unbeschränkt, soweit der Verkäufer zur Zeit des Verkaufs unbeschränkt haftet. Beschränkt sich die H. des Käufers auf die Erbschaft, so gelten seine Ansprüche aus dem Kaufe als zur Erbschaft gehörend.

Die Errichtung des Inventars durch den Verkäufer oder den Käufer kommt auch dem anderen Teile zu statten, es sei denn, daß dieser unbeschränkt haftet.

Gemeinschaft.

755 Haften die Teilhaber als Gesamtschuldner für eine Verbindlichkeit, die sie in Gemäßheit des § 748 nach dem Verhältnis ihrer Anteile zu erfüllen haben oder die sie zum Zwecke der Erfüllung einer solchen Verbindlichkeit eingegangen sind, so kann jeder Teilhaber bei der Aufhebung der Gemeinschaft verlangen, daß die Schuld aus dem gemeinschaftlichen Gegenstand berichtigt wird.

Der Anspruch kann auch gegen die Sondernachfolger geltend gemacht werden.

Soweit zur Berichtigung der Schuld der Verkauf des gemeinschaftlichen Gegenstandes erforderlich ist, hat der Verkauf nach § 753 zu erfolgen. 741, 748, 753, 756.

§ **Gesellschaft.**

713 s. Auftrag 664.

733 Aus dem Gesellschaftsvermögen sind bei der Auseinandersetzung zunächst die gemeinschaftlichen Schulden mit Einschluß derjenigen zu berichtigen, welche den Gläubigern gegenüber unter den Gesellschaftern geteilt sind oder für welche einem Gesellschafter die übrigen Gesellschafter als Schuldner haften. Ist eine Schuld noch nicht fällig oder ist sie streitig, so ist das zur Berichtigung erforderliche zurückzubehalten.

Aus dem nach der Berichtigung der Schulden übrig bleibenden Gesellschaftsvermögen sind die Einlagen zurückzuerstatten. Für Einlagen, die nicht in Geld bestanden haben, ist der Wert zu ersetzen, den sie zur Zeit der Einbringung gehabt haben. Für Einlagen, die in der Leistung von Diensten oder in der Überlassung der Benutzung eines Gegenstandes bestanden haben, kann nicht Ersatz verlangt werden.

Zur Berichtigung der Schulden und zur Rückerstattung der Einlagen ist das Gesellschaftsvermögen, soweit erforderlich, in Geld umzusetzen. 731.

735 Reicht das Gesellschaftsvermögen zur Berichtigung der gemeinschaftlichen Schulden und zur Rückerstattung der Einlagen nicht aus, so haben die Gesellschafter für den Fehlbetrag nach dem Verhältnis aufzukommen, nach welchem sie den Verlust zu tragen haben. Kann von einem Gesellschafter der auf ihn entfallende Beitrag nicht erlangt werden, so haben die übrigen Gesellschafter den Ausfall nach dem gleichen Verhältnisse zu tragen. 731.

739 Reicht der Wert des Gesellschaftsvermögens zur Deckung der gemeinschaftlichen Schulden und der Einlagen nicht aus, so hat der Ausscheidende den übrigen Gesellschaftern für den

§ Fehlbetrag nach dem Verhältnisse seines Anteils am Verlust aufzukommen. 735.

Grundstück.

884 Soweit ein Anspruch auf Einräumung oder Aufhebung eines Rechtes an einem Grundstück oder an einem das Grundstück belastenden Rechte oder auf Änderung des Inhalts oder des Ranges eines solchen Rechtes durch eine Vormerkung gesichert ist, kann sich der Erbe des Verpflichteten nicht auf die Beschränkung seiner H. berufen.

Güterrecht.

1388 Soweit der Mann bei g. Güterrecht nach den §§ 1385—1387 der Frau gegenüber deren Verbindlichkeiten zu tragen hat, haftet er den Gläubigern neben der Frau als Gesamtschuldner. 1529.

1411 Die Gläubiger der Frau können bei g. Güterrecht ohne Rücksicht auf die Verwaltung und Nutznießung des Mannes Befriedigung aus dem eingebrachten Gute verlangen, soweit sich nicht aus den §§ 1412—1414 ein anderes ergiebt. Sie unterliegen bei der Geltendmachung der Ansprüche der Frau nicht der im § 1394 bestimmten Beschränkung.

Hat der Mann verbrauchbare Sachen nach § 1377 Abs. 3 veräußert oder verbraucht, so ist er den Gläubigern gegenüber zum sofortigen Ersatz verpflichtet. 1416, 1417, 1525.

1412 Das eingebrachte Gut haftet bei g. Güterrecht für eine Verbindlichkeit der Frau, die aus einem nach der Eingehung der Ehe vorgenommenen Rechtsgeschäft entsteht, nur dann, wenn der Mann seine Zustimmung zu dem Rechtsgeschäft erteilt oder wenn das Rechtsgeschäft ohne seine Zustimmung ihm gegenüber wirksam ist.

Für die Kosten eines Rechtsstreits der Frau haftet das eingebrachte Gut auch dann, wenn das Urteil dem Manne gegenüber in Ansehung des eingebrachten Gutes nicht wirksam ist. 1411, 1525.

1413 Das eingebrachte Gut haftet bei g. Güterrecht nicht für eine Verbindlichkeit der Frau, die infolge des Erwerbes einer Erbschaft oder eines Vermächtnisses entsteht, wenn die Frau die Erbschaft oder das Vermächtnis nach der Eingehung der Ehe als Vorbehaltsgut erwirbt. 1411, 1525.

1414 Das eingebrachte Gut haftet bei g. Güterrecht nicht für eine Verbindlichkeit der Frau, die nach der Eingehung der Ehe infolge eines zu dem Vorbehaltsgute gehörenden Rechtes oder des Besitzes einer dazu gehörenden Sache entsteht, es sei denn, daß das Recht oder die Sache zu einem Erwerbsgeschäfte gehört, das die Frau mit Einwilligung des Mannes selbständig betreibt. 1411, 1525.

1415 Im Verhältnisse der Ehegatten zu einander fallen bei g. Güterrecht dem Vorbehaltsgute zur Last:

1. Die Verbindlichkeiten der Frau aus einer unerlaubten Handlung, die sie während der Ehe begeht, oder aus einem Strafverfahren, das wegen einer solchen Handlung gegen sie gerichtet ist;
2. Die Verbindlichkeiten der Frau aus einem sich auf das Vorbehaltsgut beziehenden Rechtsverhältnis, auch wenn sie vor der Eingehung der Ehe oder vor der Zeit entstanden sind, zu der das Gut Vorbehaltsgut geworden ist;
3. Die Kosten eines Rechtsstreites, den die Frau über eine der in Nr. 1, 2 bezeichneten Verbindlichkeiten führt. 1416, 1417, 1525.

1416 Im Verhältnisse der Ehegatten zu einander fallen bei g. Güterrecht die Kosten eines Rechtsstreits zwischen ihnen dem Vorbehaltsgute zur Last,

§ soweit nicht der Mann sie zu tragen hat.

Das Gleiche gilt von den Kosten eines Rechtsstreits zwischen der Frau und einem Dritten, es sei denn, daß das Urteil dem Manne gegenüber in Ansehung des eingebrachten Gutes wirksam ist. Betrifft jedoch der Rechtsstreit eine persönliche Angelegenheit der Frau oder eine nicht unter die Vorschriften des § 1415 Nr. 1, 2 fallende Verbindlichkeit, für die das eingebrachte Gut haftet, so findet diese Vorschrift keine Anwendung, wenn die Aufwendung der Kosten den Umständen nach geboten ist. 1417, 1525.

1417 Wird im Falle g. Güterrechts eine Verbindlichkeit, die nach den §§ 1415, 1416 dem Vorbehaltsgute zur Last fällt, aus dem eingebrachten Gute berichtigt, so hat die Frau aus dem Vorbehaltsgute, soweit dieses reicht, zu dem eingebrachten Gute Ersatz zu leisten.

Wird eine Verbindlichkeit der Frau, die im Verhältnisse der Ehegatten zu einander nicht dem Vorbehaltsgute zur Last fällt, aus dem Vorbehaltsgute berichtigt, so hat der Mann aus dem eingebrachten Gute, soweit dieses reicht, zu dem Vorbehaltsgut Ersatz zu leisten. 1525.

1459 Aus dem Gesamtgute der a. Gütergemeinschaft können die Gläubiger des Mannes und soweit sich nicht aus den §§ 1460—1462 ein anderes ergiebt, auch die Gläubiger der Frau Befriedigung verlangen (Gesamtgutsverbindlichkeiten).

Für Verbindlichkeiten der Frau, die Gesamtgutsverbindlichkeiten sind, haftet der Mann auch persönlich als Gesamtschuldner. Die H. erlischt mit der Beendigung der Gütergemeinschaft, wenn die Verbindlichkeiten im Verhältnisse der Ehegatten zu einander nicht dem Gesamtgute zur Last fallen. 1530.

1460 Das Gesamtgut haftet für eine Verbindlichkeit der Frau, die aus einem nach dem Eintritte der a. Gütergemeinschaft vorgenommenen Rechtsgeschäft entsteht, nur dann, wenn der Mann seine Zustimmung zu dem Rechtsgeschäft erteilt oder wenn das Rechtsgeschäft ohne seine Zustimmung für das Gesamtgut wirksam ist.

Für die Kosten eines Rechtsstreits der Frau haftet das Gesamtgut auch dann, wenn das Urteil dem Gesamtgute gegenüber nicht wirksam ist. 1532, 1459.

1461 Das Gesamtgut haftet nicht für Verbindlichkeiten der Frau, die infolge des Erwerbes einer Erbschaft oder eines Vermächtnisses entstehen, wenn die Frau die Erbschaft oder das Vermächtnis nach dem Eintritte der a. Gütergemeinschaft als Vorbehaltsgut erwirbt. 1459.

1462 Das Gesamtgut haftet nicht für eine Verbindlichkeit der Frau, die nach dem Eintritte der a. Gütergemeinschaft infolge eines zu dem Vorbehaltsgute gehörenden Rechtes oder des Besitzes einer dazu gehörenden Sache entsteht, es sei denn, daß das Recht oder die Sache zu einem Erwerbsgeschäfte gehört, das die Frau mit Einwilligung des Mannes selbständig betreibt. 1459, 1533.

1480 Wird eine bei a. Gütergemeinschaft Gesamtgutsverbindlichkeit nicht vor der Teilung des Gesamtguts berichtigt, so haftet dem Gläubiger auch der Ehegatte persönlich als Gesamtschuldner, für den zur Zeit der Teilung eine solche H. nicht besteht. Seine H. beschränkt sich auf die ihm zugeteilten Gegenstände; die für die H. des Erben geltenden Vorschriften

§ der §§ 1990, 1991 finden entsprechende Anwendung. 1481, 1498, 1504, 1546, 1474.

1481 Unterbleibt im Falle a. Gütergemeinschaft bei der Auseinandersetzung die Berichtigung einer Gesamtgutsverbindlichkeit, die im Verhältnisse der Ehegatten zu einander dem Gesamtgut oder dem Manne zur Last fällt, so hat der Mann dafür einzustehen, daß die Frau von dem Gläubiger nicht in Anspruch genommen wird. Die gleiche Verpflichtung hat die Frau dem Manne gegenüber, wenn die Berichtigung einer Gesamtgutsverbindlichkeit unterbleibt, die im Verhältnisse der Ehegatten zu einander der Frau zur Last fällt. 1498, 1546, 1474.

1489 Für die Gesamtgutsverbindlichkeiten der f. Gütergemeinschaft haftet der überlebende Ehegatte persönlich. Soweit die persönliche H. den überlebenden Ehegatten nur infolge des Eintritts der f. Gütergemeinschaft trifft, finden die für die H. des Erben für die Nachlaßverbindlichkeiten geltenden Vorschriften entsprechende Anwendung; an die Stelle des Nachlasses tritt das Gesamtgut in dem Bestande, den es zur Zeit des Eintritts der f. Gütergemeinschaft hat.

Eine persönliche H. der anteilsberechtigten Abkömmlinge für die Verbindlichkeiten des verstorbenen oder des überlebenden Ehegatten wird durch die f. Gütergemeinschaft nicht begründet. 1518.

1498 Auf die Auseinandersetzung im Falle f. Gütergemeinschaft finden die Vorschriften der §§ 1475, 1476, des § 1477 Abs. 1 und der §§ 1479 bis 1481 Anwendung; an die Stelle des Mannes tritt der überlebende Ehegatte, an die Stelle der Frau treten die anteilsberechtigten Abkömmlinge. Die im § 1476 Abs. 2 Satz 2 bezeichnete Verpflichtung besteht nur für den überlebenden Ehegatten. 1518.

1499 Bei der Auseinandersetzung fallen dem überlebenden Ehegatten zur Last:

1. die ihm bei dem Eintritte der f. Gütergemeinschaft obliegenden Gesamtgutsverbindlichkeiten, für die das eheliche Gesamtgut nicht haftete oder die im Verhältnisse der Ehegatten zu einander ihm zur Last fielen;
2. die nach dem Eintritte der f. Gütergemeinschaft entstandenen Gesamtgutsverbindlichkeiten, die, wenn sie während der ehelichen Gütergemeinschaft in seiner Person entstanden wären, im Verhältnisse der Ehegatten zu einander ihm zur Last gefallen sein würden;
3. eine Ausstattung, die er einem anteilsberechtigten Abkömmling über das dem Gesamtgut entsprechende Maß hinaus oder die er einem nicht anteilsberechtigten Abkömmlinge versprochen oder gewährt hat. 1518.

1504 Soweit die anteilsberechtigten Abkömmlinge nach § 1480 den Gesamtgutsgläubigern haften, sind sie im Verhältnisse zu einander nach der Größe ihres Anteils an dem Gesamtgute bei f. Gütergemeinschaft verpflichtet. Die Verpflichtung beschränkt sich auf die ihnen zugeteilten Gegenstände; die für die H. des Erben geltenden Vorschriften der §§ 1990, 1991 finden entsprechende Anwendung. 1518.

1525 Auf das eingebrachte Gut der Frau bei der Errungenschaftsgemeinschaft finden im übrigen die §§ 1373 bis 1383, 1390—1417 entsprechende Anwendung.

1529 Der eheliche Aufwand bei der Er-

§ rungenschaftsgemeinschaft fällt dem Gesamtgute zur Last.

Das Gesamtgut trägt auch die Lasten des eingebrachten Gutes beider Ehegatten. Der Umfang der Lasten bestimmt sich nach den bei dem Güterstande der Verwaltung und Nutznießung für das eingebrachte Gut der Frau geltenden Vorschriften der §§ 1384—1387. 1531.

1530 Das Gesamtgut haftet der Errungenschaftsgemeinschaft für die Verbindlichkeiten des Mannes und für die in den §§ 1531—1534 bezeichneten Verbindlichkeiten der Frau (Gesamtgutsverbindlichkeiten).

Für Verbindlichkeiten der Frau, die Gesamtgutsverbindlichkeiten sind, haftet der Mann auch persönlich als Gesamtschuldner. Die Haftung erlischt mit der Beendigung der Errungenschaftsgemeinschaft, wenn die Verbindlichkeiten im Verhältnisse der Ehegatten zu einander nicht dem Gesamtgute zur Last fallen.

1531 Das Gesamtgut der Errungenschaftsgemeinschaft haftet für Verbindlichkeiten der Frau, die zu den im § 1529 Abs. 2 bezeichneten Lasten des eingebrachten Gutes gehören. 1530.

1532 Das Gesamtgut der Errungenschaftsgemeinschaft haftet für eine Verbindlichkeit der Frau, die aus einem nach dem Eintritte der Errungenschaftsgemeinschaft vorgenommenen Rechtsgeschäft entsteht, sowie für die Kosten eines Rechtsstreits, den die Frau nach dem Eintritte der Errungenschaftsgemeinschaft führt, wenn die Vornahme des Rechtsgeschäfts oder die Führung des Rechtsstreites mit Zustimmung des Mannes erfolgt oder ohne seine Zustimmung für das Gesamtgut wirksam ist. 1530.

1533 Das Gesamtgut der Errungenschaftsgemeinschaft haftet für eine Verbindlichkeit der Frau, die nach dem Eintritte der Errungenschaftsgemeinschaft infolge eines ihr zustehenden Rechtes oder des Besitzes einer ihr gehörenden Sache entsteht, wenn das Recht oder die Sache zu einem Erwerbsgeschäfte gehört, das die Frau mit Einwilligung des Mannes selbständig betreibt. 1530.

1534 Das Gesamtgut der Errungenschaftsgemeinschaft haftet für Verbindlichkeiten der Frau, die ihr auf Grund der g. Unterhaltspflicht obliegen. 1530.

1546 Nach der Beendigung der Errungenschaftsgemeinschaft findet in Ansehung des Gesamtsguts die Auseinandersetzung statt. Bis zur Auseinandersetzung bestimmt sich das Rechtsverhältnis der Ehegatten nach den §§ 1442, 1472, 1473.

Die Auseinandersetzung erfolgt, soweit nicht eine andere Vereinbarung getroffen wird, nach den für die a. Gütergemeinschaft geltenden Vorschriften der §§ 1475—1477, 1479 bis 1481.

Auf das eingebrachte Gut der Frau finden die für den Güterstand der Verwaltung und Nutznießung geltenden Vorschriften der §§ 1421—1424 Anwendung.

Handlung.

835 Wird durch Schwarz-, Roth-, Elch-, Dam- oder Rehwild oder durch Fasanen ein Grundstück beschädigt, an welchem dem Eigentumer das Jagdrecht nicht zusteht, so ist der Jagdberechtigte verpflichtet, dem Verletzten den Schaden zu ersetzen. Die Ersatzpflicht erstreckt sich auf den Schaden, den die Tiere an den getrennten, aber noch nicht eingeernteten Erzeugnissen des Grundstücks anrichten.

Ist dem Eigentümer die Ausübung des ihm zustehenden Jagdrechts durch das G. entzogen, so hat derjenige den Schaden zu ersetzen, welcher zur

§ Ausübung des Jagdrechts nach dem G. berechtigt ist. Hat der Eigentümer eines Grundstücks, auf dem das Jagdrecht wegen der Lage des Grundstücks nur gemeinschaftlich mit dem Jagdrecht auf einem anderen Grundstück ausgeübt werden darf, das Jagdrecht dem Eigentümer dieses Grundstücks verpachtet, so ist der letztere für den Schaden verantwortlich.

Sind die Eigentümer der Grundstücke eines Bezirkes zum Zwecke der gemeinschaftlichen Ausübung des Jagdrechts durch das G. zu einem Verbande vereinigt, der nicht als solcher haftet, so sind sie nach dem Verhältnisse der Größe ihrer Grundstücke ersatzpflichtig. 840.

840 Sind für den aus einer unerlaubten Handlung entstehenden Schaden mehrere neben einander verantwortlich, so haften sie, vorbehaltlich der Vorschrift des § 835 Abs. 3, als Gesamtschuldner.

Ist neben demjenigen, welcher nach den §§ 831, 832 zum Ersatze des von einem anderen verursachten Schadens verpflichtet ist, auch der andere für den Schaden verantwortlich, so ist in ihrem Verhältnisse zu einander der andere allein, im Falle des § 829 der Aufsichtspflichtige allein verpflichtet.

Ist neben demjenigen, welcher nach den §§ 833—838 zum Ersatze des Schadens verpflichtet ist, ein Dritter für den Schaden verantwortlich, so ist in ihrem Verhältnisse zu einander der Dritte allein verpflichtet.

Hypothek.

1118 Kraft der Hypothek haftet das Grundstück auch für die g. Zinsen der Forderung sowie für die Kosten der Kündigung und der die Befriedigung aus dem Grundstücke bezweckenden Rechtsverfolgung. 1132, 1145, 1159.

1119 Ist die Forderung unverzinslich oder ist der Zinssatz niedriger als fünf vom Hundert, so kann die Hypothek ohne Zustimmung der im Range gleich oder nachstehenden Berechtigten dahin erweitert werden, daß das Grundstück für Zinsen bis zu fünf vom Hundert haftet.

1121 Erzeugnisse und sonstige Bestandteile des Grundstücks sowie Zubehörstücke werden von der H. für die Hypothek frei, wenn sie veräußert und von dem Grundstück entfernt werden, bevor sie zu Gunsten des Gläubigers in Beschlag genommen worden sind.

Erfolgt die Veräußerung vor der Entfernung, so kann sich der Erwerber dem Gläubiger gegenüber nicht darauf berufen, daß er in Ansehung der Hypothek in gutem Glauben gewesen sei. Entfernt der Erwerber die Sache von dem Grundstücke, so ist eine vor der Entfernung erfolgte Beschlagnahme ihm gegenüber nur wirksam, wenn er bei der Entfernung in Ansehung der Beschlagnahme nicht in gutem Glauben ist. 1122.

1122 Sind die Erzeugnisse oder Bestandteile innerhalb der Grenzen einer ordnungsmäßigen Wirtschaft von dem Grundstücke getrennt worden, so erlischt ihre H. für die Hypothek auch ohne Veräußerung, wenn sie vor der Beschlagnahme von dem Grundstück entfernt werden, es sei denn, daß die Entfernung zu einem vorübergehenden Zwecke erfolgt.

Zubehörstücke werden ohne Veräußerung von der H. frei, wenn die Zubehöreigenschaft innerhalb der Grenzen einer ordnungsmäßigen Wirtschaft vor der Beschlagnahme aufgehoben wird.

1123 Ist das mit einer Hypothek belastete

§ Grundstück vermietet oder verpachtet, so erstreckt sich die Hypothek auf die Miet- oder Pachtzinsforderung.

Soweit die Forderung fällig ist, wird sie mit dem Ablauf eines Jahres nach dem Eintritte der Fälligkeit von der H. frei, wenn nicht vorher die Beschlagnahme zu Gunsten des Hypothekengläubigers erfolgt. Ist der Miet- oder Pachtzins im voraus zu entrichten, so erstreckt sich die Befreiung nicht auf den Miet- oder Pachtzins für eine spätere Zeit als das zur Zeit der Beschlagnahme laufende und das folgende Kalendervierteljahr. 1124, 1126, 1129.

1124 Wird der Miet- oder Pachtzins eingezogen, bevor er zu Gunsten des Hypothekengläubigers in Beschlag genommen worden ist, oder wird vor der Beschlagnahme in anderer Weise über ihn verfügt, so ist die Verfügung dem Hypothekengläubiger gegenüber wirksam. Besteht die Verfügung in der Übertragung der Forderung auf einen Dritten, so erlischt die H. der Forderung; erlangt ein Dritter ein Recht an der Forderung, so geht es der Hypothek im Range vor.

Die Verfügung ist dem Hypothekengläubiger gegenüber unwirksam, soweit sie sich auf den Miet- oder Pachtzins für eine spätere Zeit als das zur Zeit der Beschlagnahme laufende und das folgende Kalendervierteljahr bezieht.

Der Übertragung der Forderung auf einen Dritten steht es gleich, wenn das Grundstück ohne die Forderung veräußert wird. 1126, 1129.

1127 Sind Gegenstände, die der Hypothek unterliegen, für den Eigentümer oder den Eigenbesitzer des Grundstücks unter Versicherung gebracht, so erstreckt sich die Hypothek auf die Forderung gegen den Versicherer.

Die H. der Forderung gegen den Versicherer erlischt, wenn der versicherte Gegenstand wiederhergestellt oder Ersatz für ihn beschafft ist.

1129 Ist ein anderer Gegenstand als ein Gebäude versichert, so bestimmt sich die H. der Forderung gegen den Versicherer nach dem § 1123 Abs. 2 Satz 1 und dem § 1124 Abs. 1 Satz 3.

1132 Besteht für die Forderung eine Hypothek an mehreren Grundstücken (Gesamthypothek), so haftet jedes Grundstück für die ganze Forderung. Der Gläubiger kann die Befriedigung nach seinem Belieben aus jedem der Grundstücke ganz oder zu einem Teile suchen.

Der Gläubiger ist berechtigt, den Betrag der Forderung auf die einzelnen Grundstücke in der Weise zu verteilen, daß jedes Grundstück nur für den zugeteilten Betrag haftet. Auf die Verteilung finden die Vorschriften der §§ 875, 876, 878 entsprechende Anwendung. 1172.

1137 Der Eigentümer kann gegen die Hypothek die dem persönlichen Schuldner gegen die Forderung sowie die nach § 770 einem Bürgen zustehenden Einreden geltend machen. Stirbt der persönliche Schuldner, so kann sich der Eigentümer nicht darauf berufen, daß der Erbe für die Schuld nur beschränkt haftet. 1138.

1145 Befriedigt der Eigentümer den Gläubiger nur teilweise, so kann er die Aushändigung des Hypothekenbriefes nicht verlangen. Der Gläubiger ist verpflichtet, die teilweise Befriedigung auf dem Briefe zu vermerken und den Brief zum Zwecke der Berichtigung des Grundbuchs oder der Löschung dem Grundbuchamt oder zum Zwecke der Herstellung eines Teilhypothekenbriefs für den Eigentümer der zuständigen Behörde oder einem zuständigen Notare vorzulegen.

Die Vorschrift des Abs. 1 Satz 2

§ gilt für Zinsen und andere Nebenleistungen nur, wenn sie später als in dem Kalendervierteljahr, in welchem der Gläubiger befriedigt wird, oder dem folgenden Vierteljahre fällig werden. Auf Kosten, für die das Grundstück nach § 1118 haftet, findet die Vorschrift keine Anwendung. 1150, 1167, 1168.

1159 Soweit die Forderung für die eine Hypothek besteht, auf Rückstände von Zinsen oder andere Nebenleistungen gerichtet ist, bestimmt sich die Übertragung sowie das Rechtsverhältnis zwischen dem Eigentümer und dem neuen Gläubiger nach den für die Übertragung von Forderungen geltenden a. Vorschriften. Das Gleiche gilt für den Anspruch auf Erstattung von Kosten, für die das Grundstück nach § 1118 haftet.

Die Vorschriften des § 892 finden auf die im Abs. 1 bezeichneten Ansprüche keine Anwendung. 1160.

Juristische Personen des öffentlichen Rechts.

89 s. Verein 42.

Kauf.

436 Der Verkäufer eines Grundstückes haftet nicht für die Freiheit des Grundstücks von öffentlichen Abgaben und von anderen öffentlichen Lasten, die zur Eintragung in das Grundbuch nicht geeignet sind. 440, 443, 445.

437 Der Verkäufer einer Forderung oder eines sonstigen Rechtes haftet für den rechtlichen Bestand der Forderung oder des Rechtes.

Der Verkäufer eines Wertpapieres haftet auch dafür, daß es nicht zum Zwecke der Kraftloserklärung aufgeboten ist. 438, 440, 443, 445.

438 Übernimmt der Verkäufer einer Forderung die H. für die Zahlungsfähigkeit des Schuldners, so ist die H. im Zweifel nur auf die Zahlungsfähigkeit zur Zeit der Abtretung zu beziehen. 445.

439 Der Verkäufer hat einen Mangel im Rechte nicht zu vertreten, wenn der Käufer den Mangel bei dem Abschlusse des Kaufes kennt.

Eine Hypothek, eine Grundschuld, eine Rentenschuld oder ein Pfandrecht hat der Verkäufer zu beseitigen, auch wenn der Käufer die Belastung kennt. Das Gleiche gilt von einer Vormerkung zur Sicherheit eines Anspruchs auf Bestellung eines dieser Rechte. 440, 443, 445.

440 s. Vertrag 327.

459 Der Verkäufer einer Sache haftet dem Käufer dafür, daß sie zu der Zeit, zu welcher die Gefahr auf den Käufer übergeht, nicht mit Fehlern behaftet ist, die den Wert oder die Tauglichkeit zu dem gewöhnlichen oder dem nach dem Vertrage vorausgesetzten Gebrauch aufheben oder mindern. Eine unerhebliche Minderung des Wertes oder der Tauglichkeit kommt nicht in Betracht.

Der Verkäufer haftet auch dafür, daß die Sache zur Zeit des Überganges der Gefahr die zugesicherten Eigenschaften hat. 460, 462, 481.

460 Der Verkäufer hat einen Mangel der verkauften Sache nicht zu vertreten, wenn der Käufer den Mangel bei dem Abschlusse des Kaufes kennt. Ist dem Käufer ein Mangel der im § 459 Abs. 1 bezeichneten Art infolge grober Fahrlässigkeit unbekannt geblieben, so haftet der Verkäufer, sofern er nicht die Abwesenheit des Fehlers zugesichert hat, nur, wenn er den Fehler arglistig verschwiegen hat. 462, 481.

461 Der Verkäufer hat einen Mangel der verkauften Sache nicht zu vertreten, wenn die Sache auf Grund eines Pfandrechts in öffentlicher Versteige-

§ rung unter der Bezeichnung als Pfand verkauft wird. 481.

462 Wegen eines Mangels, den der Verkäufer nach den Vorschriften der §§ 459, 460 zu vertreten hat, kann der Käufer Rückgängigmachung des Kaufes (Wandelung) oder Herabsetzung des Kaufpreises (Minderung) verlangen. 464, 481.

468 Sichert der Verkäufer eines Grundstücks dem Käufer eine bestimmte Größe des Grundstücks zu, so haftet er für die Größe wie für eine zugesicherte Eigenschaft. Der Käufer kann jedoch wegen Mangels der zugesicherten Größe Wandelung nur verlangen, wenn der Mangel so erheblich ist, daß die Erfüllung des Vertrages für den Käufer kein Interesse hat.

Leistung.

276 Der Schuldner hat, sofern nicht ein Anderes bestimmt ist, Vorsatz und Fahrlässigkeit zu vertreten. Fahrlässig handelt, wer die im Verkehr erforderliche Sorgfalt außer Acht läßt. Die Vorschriften der §§ 827, 828 finden Anwendung.

Die H. wegen Vorsatzes kann dem Schuldner nicht im voraus erlassen werden. 277—279.

277 Wer nur für diejenige Sorgfalt einzustehen hat, welche er in eigenen Angelegenheiten anzuwenden pflegt, ist von der H. wegen grober Fahrlässigkeit nicht befreit.

278 Der Schuldner hat ein Verschulden seines g. Vertreters und der Personen, deren er sich zur Erfüllung seiner Verbindlichkeit bedient, in gleichem Umfange zu vertreten wie eigenes Verschulden. Die Vorschrift des § 276 Abs. 2 findet keine Anwendung. 254.

279 Ist der geschuldete Gegenstand nur der Gattung nach bestimmt, so hat der Schuldner, solange die Leistung aus der Gattung möglich ist, sein Unvermögen zur Leistung auch dann zu vertreten, wenn ihm ein Verschulden nicht zur Last fällt.

287 Der Schuldner hat während des Verzugs jede Fahrlässigkeit zu vertreten. Er ist auch für die während des Verzugs durch Zufall eintretende Unmöglichkeit der Leistung verantwortlich, es sei denn, daß der Schaden auch bei rechtzeitiger Leistung eingetreten sein würde.

300 Der Schuldner hat während des Verzugs des Gläubigers nur Vorsatz und grobe Fahrlässigkeit zu vertreten.

Wird eine nur der Gattung nach bestimmte Sache geschuldet, so geht die Gefahr mit dem Zeitpunkt auf den Gläubiger über, in welchem er dadurch in Verzug kommt, daß er die angebotene Sache nicht annimmt.

Miete.

539 s. Kauf 460.

571 Wird das vermietete Grundstück nach der Überlassung an den Mieter von dem Vermieter an einen Dritten veräußert, so tritt der Erwerber an Stelle des Vermieters in die sich während der Dauer seines Eigentums aus dem Mietverhältnis ergebenden Rechte und Verpflichtungen ein.

Erfüllt der Erwerber die Verpflichtungen nicht, so haftet der Vermieter für den von dem Erwerber zu ersetzenden Schaden wie ein Bürge, der auf die Einrede der Vorausklage verzichtet hat. Erlangt der Mieter von dem Übergange des Eigentums durch Mitteilung des Vermieters Kenntnis, so wird der Vermieter von der H. befreit, wenn nicht der Mieter das Mietverhältnis für den ersten Termin kündigt, für den die Kündigung zulässig ist. 577—579.

579 Wird das vermietete Grundstück von dem Erwerber weiter veräußert oder

§ belastet, so finden die Vorschriften des § 571 Abs. 1 und der §§ 572 bis 578 entsprechende Anwendung. Erfüllt der neue Erwerber die sich aus dem Mietverhältnis ergebenden Verpflichtungen nicht, so haftet der Vermieter dem Mieter nach § 571 Abs. 2.

Nießbrauch.

1056 s. Miete 571, 579.

1088 Die Gläubiger des Bestellers des Nießbrauchs, deren Forderungen schon zur Zeit der Bestellung verzinslich waren, können die Zinsen für die Dauer des Nießbrauchs auch von dem Nießbraucher verlangen. Das Gleiche gilt von anderen wiederkehrenden Leistungen, die bei ordnungsmäßiger Verwaltung aus den Einkünften des Vermögens bestritten werden, wenn die Forderung vor der Bestellung des Nießbrauchs entstanden ist.

Die H. des Nießbrauchers kann nicht durch Vereinbarung zwischen ihm und dem Besteller ausgeschlossen oder beschränkt werden.

Der Nießbraucher ist dem Besteller gegenüber zur Befriedigung der Gläubiger wegen der im Abs. 1 bezeichneten Ansprüche verpflichtet. Die Rückgabe von Gegenständen zum Zwecke der Befriedigung kann der Besteller nur verlangen, wenn der Nießbraucher mit der Erfüllung dieser Verbindlichkeit in Verzug kommt. 1085, 1089.

Pfandrecht.

1210 Das Pfand haftet für die Forderung in deren jeweiligem Bestand, insbesondere auch für Zinsen und Vertragsstrafen. Ist der persönliche Schuldner nicht der Eigentümer des Pfandes, so wird durch ein Rechtsgeschäft, das der Schuldner nach der Verpfändung vornimmt, die H. nicht erweitert.

Das Pfand haftet für die Ansprüche des Pfandgläubigers auf Ersatz von Verwendungen, für die dem Pfandgläubiger zu ersetzenden Kosten der Kündigung und der Rechtsverfolgung sowie für die Kosten des Pfandverkaufes. 1266.

1222 Besteht das Pfandrecht an mehreren Sachen, so haftet jede für die ganze Forderung. 1266.

1225 s. Bürgschaft 774.

1239 Der Pfandgläubiger und der Eigentümer können bei der Versteigerung mitbieten. Erhält der Pfandgläubiger den Zuschlag, so ist der Kaufpreis als von ihm empfangen anzusehen.

Das Gebot des Eigentümers darf zurückgewiesen werden, wenn nicht der Betrag bar erlegt wird. Das Gleiche gilt von dem Gebote des Schuldners, wenn das Pfand für eine fremde Schuld haftet. 1233, 1245, 1246, 1266.

1251 Der neue Pfandgläubiger kann von dem bisherigen Pfandgläubiger die Herausgabe des Pfandes verlangen.

Mit der Erlangung des Besitzes tritt der neue Pfandgläubiger an Stelle des bisherigen Pfandgläubigers in die mit dem Pfandrechte verbundenen Verpflichtungen gegen den Verpfänder ein. Erfüllt er die Verpflichtungen nicht, so haftet für den von ihm zu ersetzenden Schaden der bisherige Pfandgläubiger wie ein Bürge, der auf die Einrede der Vorausklage verzichtet hat. Die H. des bisherigen Pfandgläubigers tritt nicht ein, wenn die Forderung kraft G. auf den neuen Pfandgläubiger übergeht oder ihm auf Grund einer g. Verpflichtung abgetreten wird. 1266.

1264 Die H. des mit einem Pfandrecht belasteten Schiffes beschränkt sich auf den eingetragenen Betrag der Forderung und die Zinsen nach dem eingetragenen Zinssatze. Die H. für g. Zinsen und

§ für Kosten bestimmt sich nach der für die Hypothek geltenden Vorschrift des § 1118.

Ist die Forderung unverzinslich oder ist der Zinssatz niedriger als fünf vom Hundert, so kann das Pfandrecht ohne Zustimmung der im Range gleich- oder nachstehenden Berechtigten dahin erweitert werden, daß das Schiff für Zinsen bis zu fünf vom Hundert haftet. 1259, 1271, 1272.

1265 Das Pfandrecht erstreckt sich auf das Zubehör des Schiffes mit Ausnahme der Zubehörstücke, die nicht in das Eigentum des Eigentümers des Schiffes gelangt sind.

Auf die H. der Zubehörstücke finden die für die Hypothek geltenden Vorschriften der §§ 1121, 1122 entsprechende Anwendung. 1259, 1272.

1271 Das Pfandrecht kann in der Weise bestellt werden, daß nur der Höchstbetrag, bis zu dem das Schiff haften soll, bestimmt, im übrigen die Feststellung der Forderung vorbehalten wird. Der Höchstbetrag muß in das Schiffsregister eingetragen werden.

Ist die Forderung verzinslich, so werden die Zinsen in den Höchstbetrag eingerechnet. 1259, 1272.

1289 s. Hypothek 1123, 1124.

Pflichtteil.

2319 Ist einer von mehreren Erben selbst pflichtteilsberechtigt, so kann er nach der Teilung die Befriedigung eines anderen Pflichtteilsberechtigten soweit verweigern, daß ihm sein eigener Pflichtteil verbleibt. Für den Ausfall haften die übrigen Erben.

2329 Soweit der Erbe zur Ergänzung des Pflichtteils nicht verpflichtet ist, kann der Pflichtteilsberechtigte von dem Beschenkten die Herausgabe des Geschenkes zum Zwecke der Befriedigung wegen des fehlenden Betrages nach den Vorschriften über die Herausgabe einer ungerechtfertigten Bereicherung fordern. Ist der Pflichtteilsberechtigte der alleinige Erbe, so steht ihm das gleiche Recht zu.

Der Beschenkte kann die Herausgabe durch Zahlung des fehlenden Betrags abwenden.

Unter mehreren Beschenkten haftet der früher Beschenkte nur insoweit als der später Beschenkte nicht verpflichtet ist. 2330, 2332.

Reallasten.

1108 Der Eigentümer eines mit einer Reallast belasteten Grundstückes haftet für die während der Dauer seines Eigentums fällig werdenden Leistungen auch persönlich, soweit nicht ein Anderes bestimmt ist.

Wird das Grundstück geteilt, so haften die Eigentümer der einzelnen Teile als Gesamtschuldner.

Sachen.

701 Ein Gastwirt, der gewerbsmäßig Fremde zur Beherbergung aufnimmt, hat einen im Betrieb dieses Gewerbes aufgenommenen Gaste den Schaden zu ersetzen, den der Gast durch den Verlust oder die Beschädigung eingebrachter Sachen erleidet. Die Ersatzpflicht tritt nicht ein, wenn der Schaden von dem Gaste, einem Begleiter des Gastes oder einer Person, die er bei sich aufgenommen hat, verursacht wird oder durch die Beschaffenheit der Sachen oder durch höhere Gewalt entsteht.

Als eingebracht gelten die Sachen, welche der Gast dem Gastwirt oder Leuten des Gastwirts, die zur Entgegennahme der Sachen bestellt oder nach den Umständen als dazu bestellt anzusehen waren, übergeben oder an einem ihm von diesem angewiesenen Ort oder in Ermangelung einer Anweisung an den hierzu bestimmten Ort gebracht hat.

§ Ein Anschlag, durch den der Gastwirt die H. ablehnt, ist ohne Wirkung. 702, 703.

702 Für Geld, Wertpapiere und Kostbarkeiten haftet der Gastwirt nach § 701 nur bis zu dem Betrage von eintausend Mark, es sei denn, daß er diese Gegenstände in Kenntnis ihrer Eigenschaft als Wertsachen zur Aufbewahrung übernimmt oder die Aufbewahrung ablehnt oder daß der Schaden von ihm oder von seinen Leuten verschuldet wird. 701, 703.

Schenkung.

523 s. Kauf 440, 436, 437.

528 Soweit der Schenker nach der Vollziehung der Schenkung außer stande ist, seinen standesmäßigen Unterhalt zu bestreiten und die ihm seinen Verwandten, seinem Ehegatten oder seinem früheren Ehegatten gegenüber g. obliegende Unterhaltspflicht zu erfüllen, kann er von dem Beschenkten die Herausgabe des Geschenkes nach den Vorschriften über die Herausgabe einer ungerechtfertigten Bereicherung fordern. Der Beschenkte kann die Herausgabe durch Zahlung des für den Unterhalt erforderlichen Betrags abwenden. Auf die Verpflichtung des Beschenkten finden die Vorschriften des § 760 sowie die für die Unterhaltspflicht der Verwandten geltende Vorschrift des § 1613 und im Falle des Todes des Schenkers auch die Vorschriften des § 1615 entsprechende Anwendung.

Unter mehreren Beschenkten haftet der früher Beschenkte nur insoweit, als der später Beschenkte nicht verpflichtet ist.

Schuldverhältnis.

362 s. Zustimmung 185.

419 Übernimmt jemand durch Vertrag das Vermögen eines anderen, so können dessen Gläubiger, unbeschadet der

§ Fortdauer der H. des bisherigen Schuldners, von dem Abschlusse des Vertrags an ihre zu dieser Zeit bestehenden Ansprüche auch gegen den Übernehmer geltend machen.

Die H. des Übernehmers beschränkt sich auf den Bestand des übernommenen Vermögens und die ihm aus dem Vertrage zustehenden Ansprüche. Beruft sich der Übernehmer auf die Beschränkung seiner H., so finden die für die H. des Erben geltenden Vorschriften der §§ 1990, 1991 entsprechende Anwendung.

Die H. des Übernehmers kann nicht durch Vereinbarung zwischen ihm und dem bisherigen Schuldner ausgeschlossen oder beschränkt werden.

427 Verpflichten sich mehrere durch Vertrag gemeinschaftlich zu einer teilbaren Leistung, so haften sie im Zweifel als Gesamtschuldner. 431.

431 Schulden mehrere eine unteilbare Leistung, so haften sie als Gesamtschuldner.

Stiftung.

86 s. Verein 42.

88 s. Verein 53.

Testament.

2134, 2144, 2145, 2182, 2187, 2188, 2206, 2219 s. **Erblasser**—Testament.

2204 s. Erbe 2042.

2218 s. Auftrag 664.

Verein.

27 s. Auftrag 664.

42 Der Verein verliert die Rechtsfähigkeit durch die Eröffnung eines Konkurses.

Der Vorstand hat im Falle der Überschuldung die Eröffnung des Konkurses zu beantragen. Wird die Stellung des Antrags verzögert, so sind die Vorstandsmitglieder, denen ein Verschulden zur Last fällt, den Gläubigern für den daraus entstandenen Schaden verantwortlich; sie haften als Gesamtschuldner. 53.

53 Liquidatoren, welche die ihnen nach dem § 42 Abs. 2 und den §§ 50 bis 52 obliegenden Verpflichtungen verletzen oder vor der Befriedigung der Gläubiger Vermögen den Anfallberechtigten ausantworten, sind, wenn ihnen ein Verschulden zur Last fällt, den Gläubigern für den daraus entstehenden Schaden verantwortlich; sie haften als Gesamtschuldner.

54 Auf Vereine, die nicht rechtsfähig sind, finden die Vorschriften über die Gesellschaft Anwendung. Aus einem Rechtsgeschäfte, das im Namen eines solchen Vereines einem Dritten gegenüber vorgenommen wird, haftet der Handelnde persönlich; handeln mehrere, so haften sie als Gesamtschuldner.

202 **Verjährung** s. Erbe 2014, 2015.

Vertrag.

327 Auf das in den §§ 325, 326 bestimmte Rücktrittsrecht finden die für das vertragsmäßige Rücktrittsrecht geltenden Vorschriften der §§ 346 bis 356 entsprechende Anwendung. Erfolgt der Rücktritt wegen eines Umstandes, den der andere Teil nicht zu vertreten hat, so haftet dieser nur nach den Vorschriften über die Herausgabe einer ungerechtfertigten Bereicherung.

351 s. Leistung 278.

Verwahrung.

691 Der Verwahrer ist im Zweifel nicht berechtigt, die hinterlegte Sache bei einem Dritten zu hinterlegen. Ist die Hinterlegung bei einem Dritten gestattet, so hat der Verwahrer nur ein ihm bei dieser Hinterlegung zur Last fallendes Verschulden zu vertreten. Für das Verschulden eines Gehülfen ist er nach § 278 verantwortlich.

Verwandtschaft.

1606 Die Abkömmlinge sind vor den Verwandten der aufsteigenden Linie unterhaltspflichtig. Die Unterhaltspflicht der Abkömmlinge bestimmt sich nach der g. Erbfolgeordnung und dem Verhältnisse der Erbteile.

Unter den Verwandten der aufsteigenden Linie haften die näheren vor den entfernteren, mehrere gleich nahe zu gleichen Teilen. Der Vater haftet jedoch vor der Mutter; steht die Nutznießung an dem Vermögen des Kindes der Mutter zu, so haftet die Mutter vor dem Vater. 1607, 1608.

1607 Soweit ein Verwandter auf Grund des § 1603 nicht unterhaltspflichtig ist, hat der nach ihm haftende Verwandte den Unterhalt zu gewähren.

Das Gleiche gilt, wenn die Rechtsverfolgung gegen einen Verwandten im Inlande ausgeschlossen oder erheblich erschwert ist. Der Anspruch gegen einen solchen Verwandten geht, soweit ein anderer Verwandter den Unterhalt gewährt, auf diesen über Der Übergang kann nicht zum Nachteile des Unterhaltsberechtigten geltend gemacht werden. 1608, 1620.

1608 Der Ehegatte des Bedürftigen haftet vor dessen Verwandten. Soweit jedoch der Ehegatte bei Berücksichtigung seiner sonstigen Verpflichtungen außer Stande ist, ohne Gefährdung seines standesgemäßen Unterhalts den Unterhalt zu gewähren, haften die Verwandten vor dem Ehegatten. Die Vorschriften des § 1607 Abs. 2 finden entsprechende Anwendung.

Das Gleiche gilt von einem geschiedenen unterhaltspflichtigen Ehegatten, sowie von einem Ehegatten, der nach § 1351 unterhaltspflichtig ist.

1654 Der Vater hat die Lasten des seiner Nutznießung unterliegenden Vermögens des ehelichen Kindes zu tragen. Seine H. bestimmt sich nach den für den Güterstand der Verwaltung und Nutznießung geltenden Vorschriften der

§ §§ 1384 bis 1386, 1388. Zu den Lasten gehören auch die Kosten eines Rechtsstreits, der für das Kind geführt wird, sofern sie nicht dem freien Vermögen zur Last fallen, sowie die Kosten der Verteidigung des Kindes in einem gegen das Kind gerichteten Strafverfahren, vorbehaltlich der Ersatzpflicht des Kindes im Falle seiner Verurteilung.

1660 f. Güterrecht 1415—1417.

1694 Für die Berufung, Bestellung und Beaufsichtigung des der Mutter bestellten Beistandes, für seine H. und seine Ansprüche, für die ihm zu bewilligende Vergütung und für die Beendigung seines Amtes gelten die gleichen Vorschriften wie bei dem Gegenvormunde.

Das Amt des Beistandes endigt auch dann, wenn die elterliche Gewalt der Mutter ruht. 1686.

Vollmacht.

179 Wer als Vertreter einen Vertrag geschlossen hat, ist, sofern er nicht seine Vertretungsmacht nachweist, dem anderen Teile nach dessen Wahl zur Erfüllung oder zum Schadensersatze verpflichtet, wenn der Vertretene die Genehmigung des Vertrags verweigert.

Hat der Vertreter den Mangel der Vertretungsmacht nicht gekannt, so ist er nur zum Ersatze desjenigen Schadens verpflichtet, welchen der andere Teil dadurch erleidet, daß er auf die Vertretungsmacht vertraut, jedoch nicht über den Betrag des Interesses hinaus, welches der andere Teil an der Wirksamkeit des Vertrags hat.

Der Vertreter haftet nicht, wenn der andere Teil den Mangel der Vertretungsmacht kannte oder kennen mußte. Der Vertreter haftet auch dann nicht, wenn er in der Geschäftsfähigkeit beschränkt war, es sei denn, § daß er mit Zustimmung seines g. Vertreters gehandelt hat.

Vormundschaft.

1833 Der Vormund ist dem Mündel für den aus einer Pflichtverletzung entstehenden Schaden verantwortlich, wenn ihm ein Verschulden zur Last fällt. Das Gleiche gilt von dem Gegenvormunde.

Sind für den Schaden mehrere neben einander verantwortlich, so haften sie als Gesamtschuldner. Ist neben dem Vormunde für den von diesem verursachten Schaden der Gegenvormund oder ein Mitvormund nur wegen Verletzung seiner Aufsichtspflicht verantwortlich, so ist in ihrem Verhältnisse zu einander der Vormund allein verpflichtet.

Werkvertrag.

636 f. Vertrag 327.

645 Ist das Werk vor der Abnahme infolge eines Mangels des von dem Besteller gelieferten Stoffes oder infolge einer von dem Besteller für die Ausführung erteilten Anweisung untergegangen, verschlechtert oder unausführbar geworden, ohne daß ein Umstand mitgewirkt hat, den der Unternehmer zu vertreten hat, so kann der Unternehmer einen der geleisteten Arbeit entsprechenden Teil der Vergütung und Ersatz der in der Vergütung nicht inbegriffenen Auslagen verlangen. Das Gleiche gilt, wenn der Vertrag in Gemäßheit des § 643 aufgehoben wird.

Eine weitergehende H. des Bestellers wegen Verschuldens bleibt unberührt. 646, 650.

651 f. Kauf 459, 460. 462.

Willenserklärung.

133 Bei der Auslegung einer Willenserklärung ist der wirkliche Wille zu erforschen und nicht an dem buchstäblichen Sinne des Ausdrucks zu haften.

§ **Zustimmung.**

185 Eine Verfügung, die ein Nichtberechtigter über einen Gegenstand trifft, ist wirksam, wenn sie mit Einwilligung des Berechtigten erfolgt.

Die Verfügung wird wirksam, wenn der Berechtigte sie genehmigt oder wenn der Verfügende den Gegenstand erwirbt oder wenn er von dem Berechtigten beerbt wird und dieser für die Nachlaßverbindlichkeiten unbeschränkt haftet. In den beiden letzteren Fällen wird, wenn über den Gegenstand mehrere mit einander nicht im Einklang stehende Verfügungen getroffen worden sind, nur die frühere Verfügung wirksam.

Halbbürtigkeit.

Ehe.

1310 Eine Ehe darf nicht geschlossen werden zwischen halbbürtigen Geschwistern. 1327.

1732 **Verwandtschaft** s. Ehe 1310.

Hälfte.

1351 **Ehe** s. Ehescheidung 1582.

1582 **Ehescheidung** s. **Ehe** — Ehescheidung.

2054 **Erbe** s. **Erbe** — Erbe.

1931 **Erbfolge** s. **Erbe** — Erbfolge.

Güterrecht.

1478 Sind die Ehegatten geschieden und ist einer von ihnen allein für schuldig erklärt, so kann der andere verlangen, daß jedem von ihnen der Wert desjenigen zurückerstattet wird, was er in die a. Gütergemeinschaft eingebracht hat; reicht der Wert des Gesamtguts zur Rückerstattung nicht aus, so hat jeder Ehegatte die H. des Fehlbetrags zu tragen.

Als eingebracht ist anzusehen, was eingebrachtes Gut gewesen sein würde, wenn Errungenschaftsgemeinschaft bestanden hätte. Der Wert des Eingebrachten bestimmt sich nach der Zeit der Einbringung.

Das im Abs. 1 bestimmte Recht steht auch dem Ehegatten zu, dessen Ehe wegen seiner Geisteskrankheit geschieden worden ist. 1474.

1501 Ist einem anteilsberechtigten Abkömmlinge für den Verzicht auf seinen Anteil eine Abfindung aus dem Gesamtgute der f. Gütergemeinschaft gewährt worden, so wird sie bei der Auseinandersetzung in das Gesamtgut eingerechnet und auf die den Abkömmlingen gebührende H. angerechnet.

Der überlebende Ehegatte kann mit den übrigen anteilsberechtigten Abkömmlingen schon vor der Aufhebung der f. Gütergemeinschaft eine abweichende Vereinbarung treffen. Die Vereinbarung bedarf der gerichtlichen oder notariellen Beurkundung; sie ist auch denjenigen Abkömmlingen gegenüber wirksam, welche erst später in die f. Gütergemeinschaft eintreten. 1518.

1503 Mehrere anteilsberechtigte Abkömmlinge teilen bei f. Gütergemeinschaft die ihnen zufallende H. des Gesamtguts nach dem Verhältnisse der Anteile, zu denen sie im Falle der g. Erbfolge als Erben des verstorbenen Ehegatten berufen sein würden, wenn dieser erst zur Zeit der Beendigung der f. Gütergemeinschaft gestorben wäre.

Das Vorempfangene kommt nach den für die Ausgleichung unter Abkömmlingen geltenden Vorschriften zur Ausgleichung, soweit nicht eine solche bereits bei der Teilung des Nachlasses des verstorbenen Ehegatten erfolgt ist.

Ist einem Abkömmlinge, der auf seinen Anteil verzichtet hat, eine Abfindung aus dem Gesamtgute gewährt worden, so fällt sie den Abkömmlingen zur Last, denen der Verzicht zu statten kommt. 1518.

§

1512 Jeder Ehegatte kann für den Fall, daß mit seinem Tode die f. Gütergemeinschaft eintritt, den einem anteilsberechtigten Abkömmlinge nach der Beendigung der f. Gütergemeinschaft gebührenden Teil an dem Gesamtgute durch letztwillige Verfügung bis auf die H. herabsetzen. 1514, 1516, 1518.

Pflichtteil.

2303 Ist ein Abkömmling des Erblassers durch Verfügung von Todeswegen von der Erbfolge ausgeschlossen, so kann er von dem Erben den Pflichtteil verlangen. Der Pflichtteil besteht in der H. des Wertes des g. Erbteils.

Das gleiche Recht steht den Eltern und dem Ehegatten des Erblassers zu, wenn sie durch Verfügung von Todeswegen von der Erbfolge ausgeschlossen sind. 2312.

2305 Ist einem Pflichtteilsberechtigten ein Erbteil hinterlassen, der geringer ist als die H. des g. Erbteils, so kann der Pflichtteilsberechtigte von dem Miterben als Pflichtteil den Wert des an der H. fehlenden Teils verlangen.

2306 Ist ein als Erbe berufener Pflichtteilsberechtigter durch die Einsetzung eines Nacherben, die Ernennung eines Testamentsvollstreckers oder eine Teilungsanordnung beschränkt oder ist er mit einem Vermächtnis oder einer Auflage beschwert, so gilt die Beschränkung oder die Beschwerung als nicht angeordnet, wenn der ihm hinterlassene Erbteil die H. des g. Erbteils nicht übersteigt. Ist der hinterlassene Erbteil größer, so kann der Pflichtteilsberechtigte den Pflichtteil verlangen, wenn er den Erbteil ausschlägt; die Ausschlagungsfrist beginnt erst, wenn der Pflichtteilsberechtigte von der Beschränkung oder der Beschwerung Kenntnis erlangt.

Einer Beschränkung der Erbeinsetzung steht es gleich, wenn der Pflichtteilsberechtigte als Nacherbe eingesetzt ist. 2307, 2308.

2316 Der Pflichtteil eines Abkömmlings bestimmt sich, wenn mehrere Abkömmlinge vorhanden sind und unter ihnen im Falle der g. Erbfolge eine Zuwendung des Erblassers zur Ausgleichung zu bringen sein würde, nach demjenigen, was auf den g. Erbteil unter Berücksichtigung der Ausgleichungspflicht bei der Teilung entfallen würde. Ein Abkömmling, der durch Erbverzicht von der g. Erbfolge ausgeschlossen ist, bleibt bei der Berechnung außer Betracht.

Ist der Pflichtteilsberechtigte Erbe und beträgt der Pflichtteil nach Abs. 1 mehr als der Wert des hinterlassenen Erbteils, so kann der Pflichtteilsberechtigte von den Miterben den Mehrbetrag als Pflichtteil verlangen, auch wenn der hinterlassene Erbteil die H. des g. Erbteils erreicht oder übersteigt.

Eine Zuwendung der im § 2050 Abs. 1 bezeichneten Art kann der Erblasser nicht zum Nachteil eines Pflichtteilsberechtigten von der Berücksichtigung ausschließen.

Ist eine nach Abs. 1 zu berücksichtigende Zuwendung zugleich nach § 2315 auf den Pflichtteil anzurechnen, so kommt sie auf diesen nur mit der H. des Wertes zur Anrechnung.

2326 Der Pflichtteilsberechtigte kann die Ergänzung des Pflichtteils auch dann verlangen, wenn ihm die H. des g. Erbteils hinterlassen ist. Ist dem Pflichtteilsberechtigten mehr als die H. hinterlassen, so ist der Anspruch ausgeschlossen soweit der Wert des mehr Hinterlassenen reicht. 2330.

2331 Eine Zuwendung die aus dem Gesamtgute der a. Gütergemeinschaft, der Errungenschaftsgemeinschaft oder der Fahrnisgemeinschaft erfolgt, gilt als von jedem der Ehegatten zur H. ge-

§ macht. Die Zuwendung gilt jedoch, wenn sie an einen Abkömmling, der nur von einem der Ehegatten abstammt, oder an eine Person, von der nur einer der Ehegatten abstammt, erfolgt oder wenn einer der Ehegatten wegen der Zuwendung zu dem Gesamtgut Ersatz zu leisten hat, als von diesem Ehegatten gemacht.

Diese Vorschriften finden auf eine Zuwendung aus dem Gesamtgute der f. Gütergemeinschaft entsprechende Anwendung.

2204 **Testament** s. Erbe 2054.

Halten.

Art. **Einführungsgesetz.**

191 s. **E.G.** — E.G.

Handarbeiter.

§ **Verjährung.**

196 In zwei Jahren verjähren die Ansprüche:

1. . . . .

9. der gewerblichen Arbeiter — Gesellen, Gehilfen, Lehrlinge, Fabrikarbeiter —, der Tagelöhner und H. wegen des Lohnes und anderer an Stelle der als Teil des Lohnes vereinbarter Leistungen mit Einschluß der Auslagen, sowie der Arbeitgeber wegen der auf solche Ansprüche gewährten Vorschüsse. 201.

Handelnde.

Art.

10 **Einführungsgesetz** s. Verein § 54.

§ **Selbstverteidigung.**

228 Wer eine fremde Sache beschädigt oder zerstört, um eine durch sie drohende Gefahr von sich oder einem anderen abzuwenden, handelt nicht widerrechtlich, wenn die Beschädigung oder Zerstörung zur Abwendung der Gefahr erforderlich ist und der Schaden nicht außer Verhältnis zu der Gefahr steht.

§ Hat der H. die Gefahr verschuldet, so ist er zum Schadensersatz verpflichtet.

Verein.

54 Auf Vereine, die nicht rechtsfähig sind, finden die Vorschriften über die Gesellschaft Anwendung. Aus einem Rechtsgeschäft, das im Namen eines solchen Vereines einem Dritten gegenüber vorgenommen wird, haftet der H. persönlich; handeln mehrere, so haften sie als Gesamtschuldner.

Handlung.

Auftrag.

676 Wer einem anderen einen Rat oder eine Empfehlung erteilt, ist, unbeschadet der sich aus einem Vertragsverhältnis oder einer unerlaubten H. ergebenden Verantwortlichkeit zum Ersatze des aus der Befolgung des Rates oder der Empfehlung entstehenden Schadens nicht verpflichtet.

657 **Auslobung** 658, 659 s. **Auslobung** — Auslobung.

Besitz.

858 Wer dem Besitzer ohne dessen Willen den Besitz entzieht oder ihn im Besitze stört, handelt, sofern nicht das G. die Entziehung oder die Störung gestattet, widerrechtlich (verbotene Eigenmacht).

Der durch verbotene Eigenmacht erlangte Besitz ist fehlerhaft. Die Fehlerhaftigkeit muß der Nachfolger im Besitze gegen sich gelten lassen, wenn er Erbe des Besitzers ist oder die Fehlerhaftigkeit des Besitzes seines Vorgängers bei dem Erwerbe kennt. 859, 865.

863 Gegenüber den in den §§ 861, 862 bestimmten Ansprüchen kann ein Recht zum Besitz oder zur Vornahme der störenden H. nur zur Begründung der Behauptung geltend gemacht werden, daß die Entziehung oder die Störung des Besitzes nicht verbotene Eigenmacht sei. 866.

§ **Dienstvertrag.**

618 Der Dienstberechtigte hat Räume, Vorrichtungen oder Gerätschaften, die er zur Verrichtung der Dienste zu beschaffen hat, so einzurichten und zu unterhalten und Dienstleistungen, die unter seiner Anordnung oder seiner Leitung vorzunehmen sind, so zu regeln, daß der Verpflichtete gegen Gefahr für Leben und Gesundheit soweit geschützt ist, als die Natur der Dienstleistung es gestattet.

Ist der Verpflichtete in die häusliche Gemeinschaft aufgenommen, so hat der Dienstberechtigte in Ansehung des Wohn- und Schlafraums, der Verpflegung sowie der Arbeits- und Erholungszeit diejenigen Einrichtungen und Anordnungen zu treffen, welche mit Rücksicht auf die Gesundheit, die Sittlichkeit und die Religion des Verpflichteten erforderlich sind.

Erfüllt der Dienstberechtigte die ihm in Ansehung des Lebens und der Gesundheit des Verpflichteten obliegenden Verpflichtungen nicht, so finden auf seine Verpflichtung zum Schadensersatze die für unerlaubte H. geltenden Vorschriften der §§ 842—846 entsprechende Anwendung. 619.

1332 **Ehe** s. **Ehe** — Ehe.

1565 **Ehescheidung** s. **Ehe** — Ehescheidung.

Eigentum.

908 s. Handlung 836—838.

918, 951, 992, 1000 s. **Eigentum** — Eigentum.

Art. **Einführungsgesetz.**

12 s. **E.G.** — E.G.

71, 72 s. Handlung § 835.

95 s. Dienstvertrag 618, Handlung §§ 831, 840.

163 s. Verein § 31.

201 s. Ehescheidung 1568.

§ **Erbe.**

2022 s. Eigentum 1000.

§

2025 s. **Erbe** — Erbe.

Erbunwürdigkeit.

2339 s. **Erbunwürdigkeit** — Erbunwürdigkeit.

Geschäftsführung.

682 Ist der Geschäftsführer geschäftsunfähig oder in der Geschäftsfähigkeit beschränkt, so ist er nur nach den Vorschriften über den Schadensersatz wegen unerlaubter H. und über die Herausgabe einer ungerechtfertigten Bereicherung verantwortlich. 687.

Gesellschaft.

711 Steht nach dem Gesellschaftsvertrage die Führung der Geschäfte allen oder mehreren Gesellschaftern in der Art zu, daß jeder allein zu handeln berechtigt ist, so kann jeder der Vornahme eines Geschäftes durch den andern widersprechen. Im Falle des Widerspruches muß das Geschäft unterbleiben.

Grunddienstbarkeit.

1018 Ein Grundstück kann zu Gunsten des jeweiligen Eigentümers eines anderen Grundstückes in der Weise belastet werden, daß dieser das Grundstück in einzelnen Beziehungen benutzen darf oder daß auf dem Grundstück gewisse H. nicht vorgenommen werden dürfen oder daß die Ausübung eines Rechtes ausgeschlossen ist, das sich aus dem Eigentum an dem belasteten Grundstücke dem anderen Grundstücke gegenüber ergiebt (Grunddienstbarkeit).

Güterrecht.

1415 Im Verhältnisse der Ehegatten zu einander fallen bei g. Güterrecht dem Vorbehaltsgute zur Last:

1. Die Verbindlichkeiten der Frau aus einer unerlaubten H., die sie während der Ehe begeht, oder aus einem Strafverfahren, das wegen einer solchen H. gegen sie gerichtet wird;
2. . . . .
3. Die Kosten eines Rechtsstreites,

§ den die Frau über eine der in Nr. 1, 2 bezeichneten Verbindlichkeiten führt. 1416, 1417, 1525.

1463 Im Verhältnisse der Ehegatten zu einander fallen bei a. Gütergemeinschaft folgende Gesamtgutsverbindlichkeiten dem Ehegatten zur Last, in dessen Person sie entstehen:

1. die Verbindlichkeiten aus einer unerlaubten H., die er nach dem Eintritt der Gütergemeinschaft begeht, oder aus einem Strafverfahren, das wegen einer solchen H. gegen ihn gerichtet wird;
2. . . . .
3. Die Kosten eines Rechtsstreites über eine der in Nr. 1, 2 bezeichneten Verbindlichkeiten. 1464.

1525 f. **Errungenschaftsgemeinschaft** — Güterrecht.

1536 Im Verhältnisse der Ehegatten zu einander fallen dem Manne zur Last:

1. . . . .
2. . . . .
3. die Verbindlichkeiten des Mannes aus einer unerlaubten H., die er nach dem Eintritt der Errungenschaftsgemeinschaft begeht, oder aus einem Strafverfahren, das wegen einer unerlaubten H. gegen ihn gerichtet wird;
4. die Kosten des Rechtsstreites, den der Mann über eine der in Nr. 1 bis 3 bezeichneten Verbindlichkeiten führt. 1537.

Unerlaubte H. §§ 823—853.

823 Wer vorsätzlich oder fahrlässig das Leben, den Körper, die Gesundheit, die Freiheit, das Eigentum oder ein sonstiges Recht eines anderen widerrechtlich verletzt, ist dem anderen zum Ersatze des daraus entstehenden Schadens verpflichtet.

Die gleiche Verpflichtung trifft denjenigen, welcher gegen ein den Schutz eines anderen bezweckendes G. verstößt. Ist nach dem Inhalte des G. ein Verstoß gegen dieses auch ohne Verschulden möglich, so tritt die Ersatzpflicht nur im Falle des Verschuldens ein. 829.

824 Wer der Wahrheit zuwider eine Thatsache behauptet oder verbreitet, die geeignet ist, den Kredit eines anderen zu gefährden oder sonstige Nachteile für dessen Erwerb oder Fortkommen herbeizuführen, hat dem anderen den daraus entstehenden Schaden auch dann zu ersetzen, wenn er die Unwahrheit zwar nicht kennt, aber kennen muß.

Durch eine Mitteilung, deren Unwahrheit dem Mitteilenden unbekannt ist, wird dieser nicht zum Schadensersatze verpflichtet, wenn er oder der Empfänger der Mitteilung an ihr ein berechtigtes Interesse hat. 829.

825 Wer eine Frauensperson durch Hinterlist, durch Drohung oder unter Mißbrauch eines Abhängigkeitsverhältnisses zur Gestattung der außerehelichen Beiwohnung bestimmt, ist ihr zum Ersatze des daraus entstehenden Schadens verpflichtet. 829.

826 Wer in einer gegen die guten Sitten verstoßenden Weise einem anderen vorsätzlich Schaden zufügt, ist dem anderen zum Ersatze des Schadens verflichtet. 829.

827 Wer im Zustande der Bewußtlosigkeit oder in einem die freie Willensbestimmung ausschließenden Zustande krankhafter Störung der Geistesthätigkeit einem anderen Schaden zufügt, ist für den Schaden nicht verantwortlich. Hat er sich durch geistige Getränke oder ähnliche Mittel in einen vorübergehenden Zustand dieser Art versetzt, so ist er für einen Schaden, den er in diesem Zustande widerrechtlich verursacht, in gleicher Weise verantwortlich, wie wenn ihm

§ Fahrlässigkeit zur Last fiele; die Verantwortlichkeit tritt nicht ein, wenn er ohne Verschulden in den Zustand geraten ist. 829.

828 Wer nicht das siebente Lebensjahr vollendet hat, ist für einen Schaden, den er einem anderen zufügt, nicht verantwortlich.

Wer das siebente, aber nicht das achtzehnte Lebensjahr vollendet hat, ist für einen Schaden, den er einem anderen zufügt, nicht verantwortlich, wenn er bei der Begehung der schädigenden H. nicht die zur Erkenntnis der Verantwortlichkeit erforderliche Einsicht hat. Das Gleiche gilt von einem Taubstummen. 829.

829 Wer in einem der in den §§ 823 bis 826 bezeichneten Fälle für einen von ihm verursachten Schaden auf Grund der §§ 827, 828 nicht verantwortlich ist, hat gleichwohl, sofern der Ersatz des Schadens nicht von einem aufsichtspflichtigen Dritten erlangt werden kann, den Schaden insoweit zu ersetzen, als die Billigkeit nach den Umständen, insbesondere nach den Verhältnissen der Beteiligten, eine Schadloshaltung erfordert und ihm nicht die Mittel entzogen werden, deren er zum standesmäßigen Unterhalte sowie zur Erfüllung seiner g. Unterhaltspflichten bedarf. 840.

830 Haben mehrere durch eine gemeinschaftlich begangene unerlaubte H. einen Schaden verursacht, so ist jeder für den Schaden verantwortlich. Das Gleiche gilt, wenn sich nicht ermitteln läßt, wer von mehreren Beteiligten den Schaden durch seine H. verursacht hat.

Anstifter und Gehilfen stehen Mitthätern gleich.

831 Wer einen anderen zu einer Verrichtung bestellt, ist zum Ersatze des Schadens verpflichtet, den der andere in Ausführung der Verrichtung einem Dritten widerrechtlich zufügt. Die Ersatzpflicht tritt nicht ein, wenn der Geschäftsherr bei der Auswahl der bestellten Person und, sofern er Vorrichtungen oder Gerätschaften zu beschaffen oder die Ausführung der Verrichtung zu leiten hat, bei der Beschaffung oder der Leitung, die im Verkehr erforderliche Sorgfalt beobachtet oder wenn der Schaden auch bei Anwendung dieser Sorgfalt entstanden sein würde.

Die gleiche Verantwortlichkeit trifft denjenigen, welcher für den Geschäftsherrn die Besorgung eines der im Abs. 1 Satz 2 bezeichneten Geschäfte durch Vertrag übernimmt. 840.

832 Wer kraft G. zur Führung der Aufsicht über eine Person verpflichtet ist, die wegen Minderjährigkeit oder wegen ihres geistigen oder körperlichen Zustandes der Beaufsichtigung bedarf, ist zum Ersatze des Schadens verpflichtet, den diese Person einem Dritten widerrechtlich zufügt. Die Ersatzpflicht tritt nicht ein, wenn er seiner Aufsichtspflicht genügt oder wenn der Schaden auch bei gehöriger Aufsichtsführung entstanden sein würde.

Die gleiche Verantwortlichkeit trifft denjenigen, welcher die Führung der Aufsicht durch Vertrag übernimmt. 840.

833 Wird durch ein Tier ein Mensch getötet oder der Körper oder die Gesundheit eines Menschen verletzt oder eine Sache beschädigt, so ist derjenige, welcher das Tier hält, verpflichtet, dem Verletzten den daraus entstehenden Schaden zu ersetzen. 834, 840.

834 Wer für denjenigen, welcher ein Tier hält, die Führung der Aufsicht über das Tier durch Vertrag übernimmt, ist für den Schaden verantwortlich, den das Tier einem Dritten in der

§ im § 833 bezeichneten Weise zufügt. Die Verantwortlichkeit tritt nicht ein, wenn er bei der Führung der Aufsicht die im Verkehr erforderliche Sorgfalt beobachtet oder wenn der Schaden auch bei Anwendung dieser Sorgfalt entstanden sein würde. 840.

835 Wird durch Schwarz-, Roth-, Elch-, Dam- oder Rehwild oder durch Fasanen ein Grundstück beschädigt, an welchem dem Eigentümer das Jagdrecht nicht zusteht, so ist der Jagdberechtigte verpflichtet, dem Verletzten den Schaden zu ersetzen. Die Ersatzpflicht erstreckt sich auf den Schaden, den die Tiere an den getrennten, aber noch nicht eingeernteten Erzeugnissen des Grundstücks anrichten.

Ist dem Eigentümer die Ausübung des ihm zustehenden Jagdrechts durch das G. entzogen, so hat derjenige den Schaden zu ersetzen, welcher zur Ausübung des Jagdrechts nach dem G. berechtigt ist. Hat der Eigentümer eines Grundstücks, auf dem das Jagdrecht wegen der Lage des Grundstücks nur gemeinschaftlich mit dem Jagdrecht auf einem anderen Grundstück ausgeübt werden darf, das Jagdrecht dem Eigentümer dieses Grundstücks verpachtet, so ist der letztere für den Schaden verantwortlich.

Sind die Eigentümer der Grundstücke eines Bezirkes zum Zwecke der gemeinschaftlichen Ausübung des Jagdrechts durch das G. zu einem Verbande vereinigt, der nicht als solcher haftet, so sind sie nach dem Verhältnisse der Größe ihrer Grundstücke ersatzpflichtig. 840.

836 Wird durch den Einsturz eines Gebäudes oder eines anderen mit einem Grundstücke verbundenen Werkes oder durch die Ablösung von Teilen des Gebäudes oder des Werkes ein Mensch getötet, der Körper oder die Gesundheit eines Menschen verletzt oder eine Sache beschädigt, so ist der Besitzer des Grundstücks, sofern der Einsturz oder die Ablösung die Folge fehlerhafter Errichtung oder mangelhafter Unterhaltung ist, verpflichtet, dem Verletzten den daraus entstehenden Schaden zu ersetzen. Die Ersatzpflicht tritt nicht ein, wenn der Besitzer zum Zwecke der Abwendung der Gefahr die im Verkehr erforderliche Sorgfalt beobachtet hat.

Ein früherer Besitzer des Grundstücks ist für den Schaden verantwortlich, wenn der Einsturz oder die Ablösung innerhalb eines Jahres nach der Beendigung seines Besitzes eintritt, es sei denn, daß er während seines Besitzes die im Verkehr erforderliche Sorgfalt beobachtet hat oder ein späterer Besitzer durch Beobachtung dieser Sorgfalt die Gefahr hätte abwenden können.

Besitzer im Sinne dieser Vorschriften ist der Eigenbesitzer. 837, 840.

837 Besitzt jemand auf einem fremden Grundstück in Ausübung eines Rechtes ein Gebäude oder ein anderes Werk, so trifft ihn an Stelle des Besitzers des Grundstücks die im § 836 bestimmte Verantwortlichkeit. 840.

838 Wer die Unterhaltung eines Gebäudes oder eines mit einem Grundstücke verbundenen Werkes für den Besitzer übernimmt oder das Gebäude oder das Werk vermöge eines ihm zustehenden Nutzungsrechts zu unterhalten hat, ist für den durch den Einsturz oder die Ablösung von Teilen verursachten Schaden in gleicher Weise verantwortlich wie der Besitzer. 840.

839 Verletzt ein Beamter vorsätzlich oder fahrlässig die ihm einem Dritten gegenüber obliegende Amtspflicht, so hat er

§ dem Dritten den daraus entstehenden Schaden zu ersetzen. Fällt dem Beamten nur Fahrlässigkeit zur Last, so kann er nur dann in Anspruch genommen werden, wenn der Verletzte nicht auf andere Weise Ersatz zu erlangen vermag.

Verletzt ein Beamter bei dem Urteil in einer Rechtssache seine Amtspflicht, so ist er für den daraus entstehenden Schaden nur dann verantwortlich, wenn die Pflichtverletzung mit einer im Wege des gerichtlichen Strafverfahrens zu verhängenden öffentlichen Strafe bedroht ist. Auf eine pflichtwidrige Verweigerung oder Verzögerung der Ausübung des Amtes findet diese Vorschrift keine Anwendung.

Die Ersatzpflicht tritt nicht ein, wenn der Verletzte vorsätzlich oder fahrlässig unterlassen hat, den Schaden durch Gebrauch eines Rechtsmittels abzuwenden.

840 Sind für den aus einer unerlaubten H. entstehenden Schaden mehrere neben einander verantwortlich, so haften sie, vorbehaltlich der Vorschrift des § 835 Abs. 3, als Gesamtschuldner.

Ist neben demjenigen, welcher nach den §§ 831, 832 zum Ersatze des von einem anderen verursachten Schadens verpflichtet ist, auch der andere für den Schaden verantwortlich, so ist in ihrem Verhältnisse zu einander der andere allein, im Falle des § 829 der Aufsichtspflichtige allein verpflichtet.

Ist neben demjenigen, welcher nach den §§ 833—838 zum Ersatze des Schadens verpflichtet ist, ein Dritter für den Schaden verantwortlich, so ist in ihrem Verhältnisse zu einander der Dritte allein verpflichtet.

841 Ist ein Beamter, der vermöge seiner Amtspflicht einen anderen zur Geschäftsführung für einen Dritten zu bestellen oder eine solche Geschäftsführung zu beaufsichtigen oder durch Genehmigung von Rechtsgeschäften bei ihr mitzuwirken hat, wegen Verletzung dieser Pflichten neben dem anderen für den von diesem verursachten Schaden verantwortlich, so ist in ihrem Verhältnisse zu einander der andere allein verpflichtet.

842 Die Verpflichtung zum Schadensersatze wegen einer gegen die Person gerichteten unerlaubten H. erstreckt sich auf die Nachteile, welche die H. für den Erwerb oder das Fortkommen des Verletzten herbeiführt.

843 Wird infolge einer Verletzung des Körpers oder der Gesundheit die Erwerbsfähigkeit des Verletzten aufgehoben oder gemindert oder tritt eine Vermehrung seiner Bedürfnisse ein, so ist dem Verletzten durch Entrichtung einer Geldrente Schadensersatz zu leisten.

Auf die Rente finden die Vorschriften des § 760 Anwendung. Ob, in welcher Art und für welchen Betrag der Ersatzpflichtige Sicherheit zu leisten hat, bestimmt sich nach den Umständen.

Statt der Rente kann der Verletzte eine Abfindung in Kapital verlangen, wenn ein wichtiger Grund vorliegt.

Der Anspruch wird nicht dadurch ausgeschlossen, daß ein anderer dem Verletzten Unterhalt zu gewähren hat. 844, 845.

844 Im Falle der Tötung hat der Ersatzpflichtige die Kosten der Beerdigung demjenigen zu ersetzen, welchem die Verpflichtung obliegt, diese Kosten zu tragen.

Stand der Getötete zur Zeit der Verletzung zu einem Dritten in

§ einem Verhältnisse, vermöge dessen er diesem gegenüber kraft G. unterhaltspflichtig war oder unterhaltspflichtig werden konnte, und ist dem Dritten infolge der Tötung das Recht auf den Unterhalt entzogen, so hat der Ersatzpflichtige dem Dritten durch Entrichtung einer Geldrente insoweit Schadensersatz zu leisten, als der Getötete während der mutmaßlichen Dauer seines Lebens zur Gewährung des Unterhalts verpflichtet gewesen sein würde; die Vorschriften des § 843 Abs. 2—4 finden entsprechende Anwendung. Die Ersatzpflicht tritt auch dann ein, wenn der Dritte zur Zeit der Verletzung erzeugt, aber noch nicht geboren war. 846.

845 Im Falle der Tötung, der Verletzung des Körpers oder der Gesundheit sowie im Falle der Freiheitsentziehung hat der Ersatzpflichtige, wenn der Verletzte kraft G. einem Dritten zur Leistung von Diensten in dessen Hauswesen oder Gewerbe verpflichtet war, dem Dritten für die entgehenden Dienste durch Entrichtung einer Geldrente Ersatz zu leisten. Die Vorschriften des § 843 Abs. 2—4 finden entsprechende Anwendung. 846.

846 Hat in den Fällen der §§ 844, 845 bei der Entstehung des Schadens, den der Dritte erleidet, ein Verschulden des Verletzten mitgewirkt, so finden auf den Anspruch des Dritten die Vorschriften des § 254 Anwendung.

847 Im Falle der Verletzung des Körpers oder der Gesundheit sowie im Falle der Freiheitsentziehung kann der Verletzte auch wegen des Schadens, der nicht Vermögensschaden ist, eine billige Entschädigung in Geld verlangen. Der Anspruch ist nicht übertragbar und geht nicht auf die Erben über, es sei denn, daß er durch Vertrag anerkannt oder daß er rechtshängig geworden ist.

Ein gleicher Anspruch steht einer Frauensperson zu, gegen die ein Verbrechen oder Vergehen wider die Sittlichkeit begangen oder die durch Hinterlist, durch Drohung oder unter Mißbrauch eines Abhängigkeitsverhältnisses zur Gestattung der außerehelichen Beiwohnung bestimmt wird.

848 Wer zur Rückgabe einer Sache verpflichtet ist, die er einem anderen durch eine unerlaubte H. entzogen hat, ist auch für den zufälligen Untergang, eine aus einem anderen Grunde eintretende zufällige Unmöglichkeit der Herausgabe oder eine zufällige Verschlechterung der Sache verantwortlich, es sei denn, daß der Untergang, die anderweitige Unmöglichkeit der Herausgabe oder die Verschlechterung auch ohne die Entziehung eingetreten sein würde.

849 Ist wegen der Entziehung einer Sache der Wert oder wegen der Beschädigung einer Sache die Wertminderung zu ersetzen, so kann der Verletzte Zinsen des zu ersetzenden Betrags von dem Zeitpunkt an verlangen, welcher der Bestimmung des Wertes zu Grunde gelegt wird.

850 Macht der zur Herausgabe einer entzogenen Sache Verpflichtete Verwendungen auf die Sache, so stehen ihm dem Verletzten gegenüber die Rechte zu, die der Besitzer dem Eigentümer gegenüber wegen Verwendungen hat.

851 Leistet der wegen der Entziehung oder Beschädigung einer beweglichen Sache zum Schadensersatze Verpflichtete den Ersatz an Denjenigen, in dessen Besitze sich die Sache zur Zeit der Entziehung oder Beschädigung befunden hat, so wird er durch die Leistung auch dann befreit, wenn ein

§ Dritter Eigentümer der Sache war oder ein sonstiges Recht an der Sache hatte, es sei denn, daß ihm das Recht des Dritten bekannt oder in Folge grober Fahrlässigkeit unbekannt ist.

852 Der Anspruch auf Ersatz des aus einer unerlaubten H. entstandenen Schadens verjährt in drei Jahren von dem Zeitpunkt an, in welchem der Verletzte von dem Schaden und der Person des Ersatzpflichtigen Kenntnis erlangt, ohne Rücksicht auf diese Kenntnis in dreißig Jahren von der Begehung der Handlung an.

Hat der Ersatzpflichtige durch die unerlaubte H. auf Kosten des Verletzten etwas erlangt, so ist er auch nach der Vollendung der Verjährung zur Herausgabe nach den Vorschriften über die Herausgabe einer ungerechtfertigten Bereicherung verpflichtet.

853 Erlangt jemand durch eine von ihm begangene unerlaubte H. eine Forderung gegen den Verletzten, so kann der Verletzte die Erfüllung auch dann verweigern, wenn der Anspruch auf Aufhebung der Forderung verjährt ist.

Juristische Personen des öffentl. Rechts.

89 s. Verein 31.

Leistung.

273 Hat der Schuldner aus demselben rechtlichen Verhältnis, auf dem seine Verpflichtung beruht, einen fälligen Anspruch gegen den Gläubiger, so kann er, sofern nicht aus dem Schuldverhältnisse sich ein Anderes ergiebt, die geschuldete Leistung verweigern, bis die ihm gebührende Leistung bewirkt wird (Zurückbehaltungsrecht).

Wer zur Herausgabe eines Gegenstandes verpflichtet ist, hat das gleiche Recht, wenn ihm ein fälliger Anspruch wegen Verwendungen auf den Gegenstand oder wegen eines ihm durch diesen verursachten Schadens zusteht, es sei denn, daß er den Gegenstand durch eine vorsätzlich begangene unerlaubte H. erlangt hat. Der Gläubiger kann die Ausübung des Zurückbehaltungsrechts durch Sicherheitsleistung abwenden. Die Sicherheitsleistung durch Bürgen ist ausgeschlossen.

276 Der Schuldner hat, sofern nicht ein anderes bestimmt ist, Vorsatz und Fahrlässigkeit zu vertreten. Fahrlässig handelt, wer die im Verkehr erforderliche Sorgfalt außer Acht läßt. Die Vorschriften der §§ 827, 828 finden Anwendung.

Die Haftung wegen Vorsatzes kann dem Schuldner nicht im Voraus erlassen werden. 278.

295 Ein wörtliches Angebot des Schuldners genügt, wenn der Gläubiger ihm erklärt hat, daß er die Leistung nicht annehmen werde, oder wenn zur Bewirkung der Leistung eine H. des Gläubigers erforderlich ist, insbesondere wenn der Gläubiger die geschuldete Sache abzuholen hat. Dem Angebote der Leistung steht die Aufforderung an den Gläubiger gleich, die erforderliche H. vorzunehmen.

296 Ist für die von dem Gläubiger vorzunehmende H. eine Zeit nach dem Kalender bestimmt, so bedarf es des Angebots nur, wenn der Gläubiger die H. rechtzeitig vornimmt. Das Gleiche gilt, wenn der H. eine Kündigung vorauszugehen hat und die Zeit für die H. in der Weise bestimmt ist, daß sie sich von der Kündigung ab nach dem Kalender berechnen läßt. 297.

297 Der Gläubiger kommt nicht in Verzug, wenn der Schuldner zur Zeit des Angebotes oder im Falle des § 296 zu der für die H. des Gläubigers

§ bestimmten Zeit außer Stande ist, die Leistung zu bewirken.

2335 **Pflichtteil** s. Ehescheidung 1565.

Schuldverhältnis.

393 Gegen eine Forderung aus einer vorsätzlich begangenen unerlaubten H. ist die Aufrechnung nicht zulässig.

Selbsthülfe.

229 Wer zum Zwecke der Selbsthülfe eine Sache wegnimmt, zerstört oder beschädigt oder wer zum Zwecke der Selbsthülfe einen Verpflichteten, welcher der Flucht verdächtig ist, festnimmt oder den Widerstand des Verpflichteten gegen eine H., die dieser zu dulden verpflichtet ist, beseitigt, handelt nicht widerrechtlich, wenn obrigkeitliche Hülfe nicht rechtzeitig zu erlangen ist und ohne sofortiges Eingreifen die Gefahr besteht, daß die Verwirklichung des Anspruchs vereitelt oder wesentlich erschwert werde. 231.

231 Wer eine der im § 229 bezeichneten H. in der irrigen Annahme vornimmt, daß die für den Ausschluß der Widerrechtlichkeit erforderlichen Voraussetzungen vorhanden seien, ist dem anderen Teile zum Schadensersatze verpflichtet, auch wenn der Irrtum nicht auf Fahrlässigkeit beruht.

Selbstverteidigung.

227 Eine durch Notwehr gebotene H. ist nicht widerrechtlich.

Notwehr ist diejenige Verteidigung, welche erforderlich ist, um einen gegenwärtigen rechtswidrigen Angriff von sich oder einem andern abzuhalten.

228 Wer eine fremde Sache beschädigt oder zerstört, um eine durch sie drohende Gefahr von sich oder einem anderen abzuwenden, handelt nicht widerrechtlich, wenn die Beschädigung oder die Zerstörung zur Abwendung der Gefahr erforderlich ist und der Schaden nicht außer Verhältnis zu der Gefahr steht. Hat der Handelnde die Gefahr verschuldet, so ist er zum Schadensersatze verpflichtet.

86 **Stiftung** s. Verein 31.

Verein.

31 Der Verein ist für den Schaden verantwortlich, den der Vorstand, ein Mitglied des Vorstandes oder ein anderer verfassungsmäßig berufener Vertreter durch eine in Ausführung der ihm zustehenden Verrichtungen begangene zum Schadensersatze verpflichtende H. einem Dritten zugefügt hat.

Vertrag.

320 s. Leistung 273.

343 Ist eine verwirkte Strafe unverhältnismäßig hoch, so kann sie auf Antrag des Schuldners durch Urteil auf den angemessenen Betrag herabgesetzt werden. Bei der Beurteilung der Angemessenheit ist jedes berechtigte Interesse des Gläubigers, nicht bloß das Vermögensinteresse, in Betracht zu ziehen. Nach der Entrichtung der Strafe ist die Herabsetzung ausgeschlossen.

Das Gleiche gilt auch außer den Fällen der §§ 339, 342, wenn jemand eine Strafe für den Fall verspricht, daß er eine H. vornimmt oder unterläßt.

Verwandtschaft.

1629 Steht die Sorge für die Person oder die Sorge für das Vermögen des Kindes einem Pfleger zu, so entscheidet bei einer Meinungsverschiedenheit zwischen dem Vater und dem Pfleger über die Vornahme einer sowohl die Person als das Vermögen des Kindes betreffenden H. das Vormundschaftsgericht.

1635 s. Ehescheidung 1565.

1660 s. Güterrecht 1415.

1674 s. Handlung 839.

1680 Der Vater verwirkt die elterliche Gewalt, wenn er wegen eines an dem

§ Kinde verübten Verbrechens oder vorsätzlich verübten Vergehens zu Zuchthausstrafe oder zu einer Gefängnisstrafe von mindestens sechs Monaten verurteilt wird. Wird wegen des Zusammentreffens mit einer anderen strafbaren H. auf eine Gesamtstrafe erkannt, so entscheidet die Einzelstrafe, welche für das an dem Kinde verübte Verbrechen oder Vergehen verwirkt ist.

Die Verwirkung der elterlichen Gewalt tritt mit der Rechtskraft des Urteils ein.

Vollmacht.

164 Eine Willenserklärung, die jemand innerhalb der ihm zustehenden Vertretungsmacht im Namen des Vertretenen abgiebt, wirkt unmittelbar für und gegen den Vertretenen. Es macht keinen Unterschied, ob die Erklärung ausdrücklich im Namen des Vertretenen erfolgt oder ob die Umstände ergeben, daß sie in dessen Namen erfolgen soll.

Tritt der Wille, in fremdem Namen zu handeln, nicht erkennbar hervor, so kommt der Mangel des Willens, im eigenen Namen zu handeln, nicht in Betracht.

166 Soweit die rechtlichen Folgen einer Willenserklärung durch Willensmängel oder durch die Kenntnis oder das Kennenmüssen gewisser Umstände beeinflußt werden, kommt nicht die Person des Vertretenen, sondern die des Vertreters in Betracht.

Hat im Falle einer durch Rechtsgeschäft erteilten Vertretungsmacht (Vollmacht) der Vertreter nach bestimmten Weisungen des Vollmachtgebers gehandelt, so kann sich dieser in Ansehung solcher Umstände, die er selbst kannte, nicht auf die Unkenntnis des Vertreters berufen. Dasselbe gilt von Umständen, die der

§ Vollmachtgeber kennen mußte, sofern das Kennenmüssen der Kenntnis gleichsteht.

179 Wer als Vertreter einen Vertrag geschlossen hat, ist, sofern er nicht seine Vertretungsmacht nachweist, dem anderen Teile nach dessen Wahl zur Erfüllung oder zum Schadensersatze verpflichtet, wenn der Vertretene die Genehmigung des Vertrages verweigert.

Hat der Vertreter den Mangel der Vertretungsmacht nicht gekannt, so ist er nur zum Ersatze desjenigen Schadens verpflichtet, welchen der andere Teil dadurch erleidet, daß er auf die Vertretungsmacht vertraut, jedoch nicht über den Betrag des Interesses hinaus, welches der andere Teil an der Wirksamkeit des Vertrags hat.

Der Vertreter haftet nicht, wenn der andere Teil den Mangel der Vertretungsmacht kannte oder kennen mußte. Der Vertreter haftet auch dann nicht, wenn er in der Geschäftsfähigkeit beschränkt war, es sei denn, das er mit Zustimmung seines g. Vertreters gehandelt hat.

180 Bei einem einseitigen Rechtsgeschäft ist Vertretung ohne Vertretungsmacht unzulässig. Hat jedoch derjenige, welchem gegenüber ein solches Rechtsgeschäft vorzunehmen war, die von dem Vertreter behauptete Vertretungsmacht bei der Vornahme des Rechtsgeschäfts nicht beanstandet oder ist er damit einverstanden gewesen, daß der Vertreter ohne Vertretungsmacht handele, so finden die Vorschriften über Verträge entsprechende Anwendung. Das Gleiche gilt, wenn ein einseitiges Rechtsgeschäft gegenüber einem Vertreter ohne Vertretungsmacht mit dessen Einverständnisse vorgenommen wird.

§ **Vormundschaft.**

1798 Steht die Sorge für die Person und die Sorge für das Vermögen des Mündels verschiedenen Vormündern zu, so entscheidet bei einer Meinungsverschiedenheit über die Vornahme einer sowohl die Person als das Vermögen des Mündels betreffenden H. das Vormundschaftsgericht.

1826 Das Vormundschaftsgericht soll vor der Entscheidung über die zu einer H. des Vormundes erforderliche Genehmigung den Gegenvormund hören, sofern ein solcher vorhanden und die Anhörung thunlich ist.

1848 s. Handlung 839.

Werkvertrag.

642 Ist bei der Herstellung des Werkes eine H. des Bestellers erforderlich, so kann der Unternehmer, wenn der Besteller durch das Unterlassen der H. in Verzug der Annahme kommt, eine angemessene Entschädigung verlangen.

Die Höhe der Entschädigung bestimmt sich einerseits nach der Dauer des Verzugs und der Höhe der vereinbarten Vergütung, andererseits nach demjenigen, was der Unternehmer infolge des Verzugs an Aufwendungen erspart oder durch anderweitige Verwendung seiner Arbeitskraft erwerben kann. 643.

643 Der Unternehmer ist im Falle des § 642 berechtigt, dem Besteller zur Nachholung der H. eine angemessene Frist mit der Erklärung zu bestimmen, daß er den Vertrag kündige, wenn die H. nicht bis zum Ablaufe der Frist vorgenommen werde. Der Vertrag gilt als aufgehoben, wenn nicht die Nachholung bis zum Ablaufe der Frist erfolgt. 645.

Handelsmäkler.

457 **Kauf** s. Schuldverhältnis 385.

§ **Pfandrecht.**

1221 Hat das Pfand einen Börsen- oder Marktpreis, so kann der Pfandgläubiger den Verkauf aus freier Hand durch einen zu solchen Verkäufen öffentlich ermächtigten H. oder durch eine zur öffentlichen Versteigerung befugten Person zum laufenden Preise bewirken. 1235, 1266, 1295.

Schuldverhältnis.

385 Hat die geschuldete hinterlegte Sache einen Börsen- oder Marktpreis, so kann der Schuldner den Verkauf aus freier Hand durch einen zu solchen Verkäufen öffentlich ermächtigten H. oder durch eine zur öffentlchen Versteigerung befugte Person zum laufenden Preise bewirker. 386.

Handschlag.

Vormundschaft.

1789 Der Vormund wird von dem Vormundschaftsgerichte durch Verpflichtung zu treuer und gewissenhafter Führung der Vormundschaft bestellt. Die Verpflichtung soll mittels H. an Eidesstatt erfolgen.

1870 s. **Familienrat** — Vormundschaft.

Handwerker.

Verjährung.

196 In zwei Jahren verjähren die Ansprüche:

1. der Kaufleute, Fabrikanten, H. und derjenigen, welche ein Kunstgewerbe betreiben, für Lieferung von Waren, Ausführung von Arbeiten und Besorgung fremder Geschäfte mit Einschluß der Auslagen, es sei denn, daß die Leistung für den Gewerbebetrieb des Schuldners erfolgt. 201.

Handzeichen.

Willenserklärung.

126 Ist für ein Rechtsgeschäft durch G.

§ schriftliche Form vorgeschrieben, so muß die Urkunde von dem Aussteller eigenhändig durch Namensunterschrift oder mittelst gerichtlich oder notariell beglaubigten H. unterzeichnet werden.

Bei einem Vertrage muß die Unterzeichnung der Parteien auf derselben Urkunde erfolgen. Werden über den Vertrag mehrere gleichlautende Urkunden aufgenommen, so genügt es, wenn jede Partei die für die andere Partei bestimmte Urkunde unterzeichnet.

Die schriftliche Form wird durch die gerichtliche oder notarielle Beurkundung ersetzt. 127, 129.

129 Ist durch G. für eine Erklärung öffentliche Beglaubigung vorgeschrieben, so muß die Erklärung schriftlich abgefaßt und die Unterschrift des Erklärenden von der zuständigen Behörde oder einem zuständigen Beamten oder Notar beglaubigt werden. Wird die Erklärung von dem Aussteller mittelst H. unterzeichnet, so ist die im § 126 Abs. 1 vorgeschriebene Beglaubigung des H. erforderlich und genügend.

Die öffentliche Beglaubigung wird durch die gerichtliche oder notarielle Beurkundung der Erklärung ersetzt.

Art.

Hannover.

57 **Einführungsgesetz** f. **E.G.**—**E.G.**

Hauptanspruch.

§ **Verjährung.**

224 Mit dem H. verjährt der Anspruch auf die von ihm abhängenden Nebenleistungen, auch wenn die für diesen Anspruch geltende besondere Verjährung noch nicht vollendet ist.

Hauptforderung.

Schuldverschreibung.

803 Werden für eine Schuldverschreibung auf den Inhaber Zinsscheine ausgegeben, so bleiben die Scheine, sofern sie nicht eine gegenteilige Bestimmung enthalten, in Kraft, auch wenn die H. erlischt oder die Verpflichtung zur Verzinsung aufgehoben oder geändert wird.

Hauptleistung.

Schuldverhältnis.

367 f. **Erfüllung** — Schuldverhältnis.

396 Hat der eine oder der andere Teil mehrere zur Aufrechnung geeignete Forderungen, so kann der aufrechnende Teil die Forderungen bestimmen, die gegen einander aufgerechnet werden sollen. Wird die Aufrechnung ohne eine solche Bestimmung erklärt oder widerspricht der andere Teil unverzüglich, so findet die Vorschrift des § 366 Abs. 2 entsprechende Anwendung.

Schuldet der aufrechnende Teil dem andern Teile außer der H. Zinsen und Kosten, so finden die Vorschriften des § 367 entsprechende Anwendung.

Hauptmängel.

Kauf.

482 Der Verkäufer hat nur bestimmte Fehler (H.) und diese nur dann zu vertreten, wenn sie sich innerhalb bestimmter Fristen (Gewährfristen) zeigen.

Die H. und die Gewährfristen werden durch eine mit Zustimmung des Bundesrats zu erlassende Kaiserliche Verordnung bestimmt. Die Bestimmung kann auf demselben Wege ergänzt und abgeändert werden. 481.

484 Zeigt sich ein H. innerhalb der Gewährfrist, so wird vermutet, daß der Mangel schon zu der Zeit vorhanden gewesen sei, zu welcher die Gefahr auf den Käufer übergegangen ist. 492, 481.

490 Der Anspruch auf Wandelung, sowie der Anspruch auf Schadensersatz wegen

§ eines H., dessen Nichtvorhandensein der Verkäufer zugesichert hat, verjährt in sechs Wochen von dem Ende der Gewährfrist an. Im übrigen bleiben die Vorschriften des § 477 unberührt.

An die Stelle der in den §§ 210, 212, 215 bestimmten Fristen tritt eine Frist von sechs Wochen.

Der Käufer kann auch nach der Verjährung des Anspruchs auf Wandelung die Zahlung des Kaufpreises verweigern. Die Aufrechnung des Anspruchs auf Schadenersatz unterliegt nicht der im § 479 bestimmten Beschränkung. 491, 492, 481.

492 Übernimmt der Verkäufer die Gewährleistung wegen eines nicht zu den H. gehörenden Fehlers oder sichert er eine Eigenschaft des Tieres zu, so finden die Vorschriften der §§ 487—491 und, wenn eine Gewährfrist vereinbart wird, auch die Vorschriften der §§ 483—485 entsprechende Anwendung. Die im § 490 bestimmte Verjährung beginnt, wenn eine Gewährfrist nicht vereinbart wird, mit der Ablieferung des Tieres. 493, 481.

Hauptsache.

947 **Eigentum** s. **Eigentum** — Eigentum.

Kauf.

470 Die Wandelung wegen eines Mangels der H. erstreckt sich auch auf die Nebensache. Ist die Nebensache mangelhaft, so kann nur in Ansehung dieser Wandelung verlangt werden. 480, 491.

543 **Miete** s. Kauf 470.

Sachen.

97 Zubehör sind bewegliche Sachen, die, ohne Bestandteile der H. zu sein, dem wirtschaftlichen Zwecke der H. zu dienen bestimmt sind und zu ihr in einem dieser Bestimmung entsprechenden räumlichen Verhältnisse stehen. Eine Sache ist nicht Zubehör, wenn sie im Verkehre nicht als Zubehör angesehen wird.

Die vorübergehende Benutzung einer Sache für den wirtschaftlichen Zweck einer anderen begründet nicht die Zubehöreigenschaft. Die vorübergehende Trennung eines Zubehörstücks von der H. hebt die Zubehöreigenschaft nicht auf.

98 Dem wirtschaftlichen Zwecke der H. sind zu dienen bestimmt:

1. bei einem Gebäude, das für einen gewerblichen Betrieb dauernd eingerichtet ist, insbesondere bei einer Mühle, einer Schmiede, einem Brauhaus, einer Fabrik, die zu dem Betriebe bestimmten Maschinen und sonstigen Gerätschaften;
2. bei einem Landgute, das zum Wirtschaftsbetriebe bestimmte Gerät und Vieh, die landwirtschaftlichen Erzeugnisse, soweit sie zur Fortführung der Wirtschaft bis zu der Zeit erforderlich sind, zu welcher gleiche oder ähnliche Erzeugnisse voraussichtlich gewonnen werden, sowie der vorhandene auf dem Gute gewonnene Dünger.

2172 **Testament** s. Eigentum 947.

634 **Werkvertrag** s. Kauf 475.

Hauptschuldner.

Bürgschaft.

767, 768, 770—775 s. **Bürge** — Bürgschaft.

1137 **Hypothek** s. Bürgschaft 770.

202 **Leistung** s. Bürgschaft 770.

1211 **Pfandrecht** s. Bürgschaft 770.

Hauptverbindlichkeit.

Bürgschaft.

766, 767, 775, 777 s. **Bürge** — Bürgschaft.

Haus.

1357 **Ehe** s. **Ehe** — Ehe.

Haushalt.

Besitz.

855 Übt jemand die thatsächliche Gewalt über eine Sache für einen anderen in dessen H. oder Erwerbsgeschäft oder in einem ähnlichen Verhältnis aus, vermöge dessen er den sich auf die Sache beziehenden Weisungen des anderen Folge zu leisten hat, so ist nur der Andere Besitzer. 860.

Verjährung.

196 In zwei Jahren verjähren die Ansprüche:

1. . . . .
2. derjenigen, welche Land- oder Forstwirtschaft betreiben, für Lieferung von land- oder forstwirtschaftlichen Erzeugnissen, sofern die Lieferung zur Verwendung im H. des Schuldners erfolgt. 201.

Verwandtschaft.

1618 Macht ein dem elterlichen Hausstand angehörendes volljähriges Kind zur Bestreitung der Kosten des H. aus seinem Vermögen eine Aufwendung oder überläßt es den Eltern zu diesem Zwecke etwas aus seinem Vermögen, so ist im Zweifel anzunehmen, daß die Absicht fehlt, Ersatz zu verlangen.

1620 Der Vater ist verpflichtet, einer Tochter im Falle ihrer Verheiratung zur Einrichtung des H. eine angemessene Aussteuer zu gewähren, soweit er bei Berücksichtigung seiner sonstigen Verpflichtungen ohne Gefährdung seines standesmäßigen Unterhalts dazu imstande ist und nicht die Tochter ein zur Beschaffung der Aussteuer ausreichendes Vermögen hat. Die gleiche Verpflichtung trifft die Mutter, wenn der Vater zur Gewährung der Aussteuer außer stande oder wenn er gestorben ist.

Die Vorschriften des § 1604 und des § 1607 Abs. 2 finden entsprechende Anwendung.

Haushaltsgegenstand.

Güterrecht.

1382 H., die der Mann bei g. Güterrecht an Stelle der von der Frau eingebrachten nicht mehr vorhandenen oder wertlos gewordenen Stücke anschafft, werden eingebrachtes Gut. 1525.

Verwandtschaft.

1640 Der Vater hat das seiner Verwaltung unterliegende Vermögen des ehelichen Kindes, welches bei dem Tode der Mutter vorhanden ist oder dem Kinde später zufällt, zu verzeichnen und das Verzeichnis, nachdem er es mit der Versicherung der Richtigkeit und Vollständigkeit versehen hat, dem Vormundschaftsgericht einzureichen. Bei H. genügt die Angabe des Gesamtwertes. 1670.

Häuslerrecht.

Hausstand.

§ **Verwandtschaft.**

1617 Das Kind ist, solange es dem elterlichen H. angehört und von den Eltern erzogen oder unterhalten wird, verpflichtet in einer seinen Kräften und seiner Lebensstellung entsprechenden Weise den Eltern in ihrem Hauswesen und Geschäfte Dienste zu leisten. 1618.

1618 Macht ein dem elterlichen H. angehörendes volljähriges Kind zur Bestreitung der Kosten des Haushalts aus seinem Vermögen eine Aufwendung oder überläßt es den Eltern zu diesem Zwecke etwas aus seinem Vermögen, so ist im Zweifel anzunehmen, daß die Absicht fehlt, Ersatz zu verlangen.

1619 Überläßt ein dem elterlichen H. angehörendes volljähriges Kind sein Vermögen ganz oder teilweise der Verwaltung des Vaters, so kann der Vater die Einkünfte, die er während seiner Verwaltung bezieht, nach freiem Ermessen verwenden, soweit nicht ihre Verwendung zur Bestreitung der Kosten der ordnungsmäßigen Verwaltung und zur Erfüllung solcher Verpflichtungen des Kindes erforderlich ist, die bei ordnungsmäßiger Verwaltung aus den Einkünften des Vermögens bestritten werden. Das Kind kann eine abweichende Bestimmung treffen.

Das gleiche Recht steht der Mutter zu, wenn das Kind ihr die Verwaltung seines Vermögens überläßt.

Hausverfassung.

Art.

57, 58 **Einführungsgesetz** s. **E.G.** — E.G.

Hauswesen.

§

1356 **Ehe** s. **Ehe** — Ehe.

845 **Handlung** s. **Handlung** — Handlung.

§ **Verwandtschaft.**

1617 Das Kind ist, solange es dem elterlichen Hausstand angehört und von den Eltern erzogen oder unterhalten wird, verpflichtet, in einer seinen Kräften und seiner Lebensstellung entsprechenden Weise den Eltern in ihrem H. und Geschäfte Dienste zu leisten.

Hebung.

917 **Eigentum** s. **Eigentum** — Eigentum.

Art. **Einführungsgesetz.**

81 s. Schuldverhältnis § 394.

86 s. Erbe § 2043.

116 s. Eigentum § 917.

163 s. Verein § 29.

§

2043 **Erbe** s. **Erbe** — Erbe.

Schuldverhältnis.

394 Soweit eine Forderung der Pfändung nicht unterworfen ist, findet die Aufrechnung gegen die Forderung nicht statt. Gegen die aus Kranken-, Hilfs- oder Sterbekassen, insbesondere aus Knappschaftskassen und Kassen der Knappschaftsvereine, zu beziehenden H. können jedoch geschuldete Beiträge aufgerechnet werden.

86 **Stiftung** s. Verein 29.

Testament.

2171 s. Vertrag 308.

2204 s. Erbe 2043.

Verein.

29 Soweit die erforderlichen Mitglieder des Vorstandes des Vereins fehlen, sind sie in dringenden Fällen für die Zeit bis zur H. des Mangels auf Antrag eines Beteiligten von dem Amtsgerichte zu bestellen, in dessen Bezirke der Verein seinen Sitz hat.

Vertrag.

308 Die Unmöglichkeit der Leistung steht der Gültigkeit des Vertrags nicht

§ entgegen, wenn die Unmöglichkeit gehoben werden kann und der Vertrag für den Fall geschlossen ist, daß die Leistung möglich wird.

Wird eine unmögliche Leistung unter einer anderen aufschiebenden Bedingung oder unter Bestimmung eines Anfangstermins versprochen, so ist der Vertrag gültig, wenn die Unmöglichkeit vor dem Eintritte der Bedingung oder des Termins gehoben wird. 309.

Hecke.

921 **Eigentum** s. **Eigentum** — Eigentum.

Heilung.

766 **Bürgschaft** s. **Bürge** — Bürgschaft.

Schenkung.

518 Zur Gültigkeit eines Vertrags, durch den eine Leistung schenkweise versprochen wird, ist die gerichtliche oder notarielle Beurkundung des Versprechens erforderlich. Das Gleiche gilt, wenn ein Schuldversprechen oder ein Schuldanerkenntnis der in den §§ 780, 781 bezeichneten Art schenkweise erteilt wird, von dem Versprechen oder der Anerkennungserklärung.

Der Mangel der Form wird durch die Bewirkung der versprochenen Leistung geheilt.

Verjährung.

196 In zwei Jahren verjähren die Ansprüche

1. . . . .

11. der öffentlichen Anstalten, welche dem Unterrichte, der Erziehung, Verpflegung oder H. dienen, sowie der Inhaber von Privatanstalten solcher Art für Gewährung von Unterricht, Verpflegung oder H. und für die

§ damit zusammenhängenden Aufwendungen. 201.

Heirat.

1577 **Ehescheidung** 1579 s. **Ehe** — Ehescheidung.

Verwandtschaft.

1602, 1603 s. **Eltern** — Verwandtschaft.

1609 Sind mehrere Bedürftige vorhanden und ist der Unterhaltspflichtige außer stande, allen Unterhalt zu gewähren, so gehen unter ihnen die Abkömmlinge den Verwandten der aufsteigenden Linie, unter den Abkömmlingen diejenigen, welche im Falle der g. Erbfolge als Erben berufen sein würden, den übrigen Abkömmlingen, unter den Verwandten der aufsteigenden Linie die näheren den entfernteren vor.

Der Ehegatte steht den minderjährigen unverheirateten Kindern gleich; er geht anderen Kindern und den übrigen Verwandten vor. Ein geschiedener Ehegatte sowie ein Ehegatte, der nach § 1351 unterhaltsberechtigt ist, geht den volljährigen oder verheirateten Kindern und den übrigen Verwandten vor.

1612 Der Unterhalt ist durch Entrichtung einer Geldrente zu gewähren. Der Verpflichtete kann verlangen, daß ihm die Gewährung des Unterhalts in anderer Art gestattet wird, wenn besondere Gründe es rechtfertigen.

Haben Eltern einem unverheirateten Kinde Unterhalt zu gewähren, so können sie bestimmen, in welcher Art und für welche Zeit im voraus der Unterhalt gewährt werden soll. Aus besonderen Gründen kann das Vormundschaftsgericht auf Antrag des Kindes die Bestimmung der Eltern ändern.

Im übrigen finden die Vorschriften des § 760 Anwendung. 1703.

1620 Der Vater ist verpflichtet, einer Tochter

§ im Falle ihrer Verheiratung zur Einrichtung des Haushalts eine angemessene Aussteuer zu gewähren, soweit er bei Berücksichtigung seiner sonstigen Verpflichtungen ohne Gefährdung seines standesmäßigen Unterhalts dazu imstande ist und nicht die Tochter ein zur Beschaffung der Aussteuer ausreichendes Vermögen hat. Die gleiche Verpflichtung trifft die Mutter, wenn der Vater zur Gewährung der Aussteuer außer stande oder wenn er gestorben ist.

Die Vorschriften des § 1604 und des § 1607 Abs. 2 finden entsprechende Anwendung.

1621 s. **Eltern** — Verwandtschaft.

1624 Was einem Kinde mit Rücksicht auf seine Verheiratung oder auf die Erlangung einer selbständigen Lebensstellung zur Begründung oder zur Erhaltung der Wirtschaft oder der Lebensstellung von dem Vater oder der Mutter zugewendet wird (Ausstattung), gilt, auch wenn eine Verpflichtung nicht besteht, nur insoweit als Schenkung, als die Ausstattung das den Umständen, insbesondere den Vermögensverhältnissen des Vaters oder der Mutter, entsprechende Maß übersteigt.

Die Verpflichtung des Ausstattenden zur Gewährleistung wegen eines Mangels im Rechte oder wegen eines Fehlers der Sache bestimmt sich, auch soweit die Ausstattung nicht als Schenkung gilt, nach den für die Gewährleistungspflicht des Schenkers geltenden Vorschriften.

1633 Ist eine Tochter verheiratet, so beschränkt sich die Sorge für ihre Person auf die Vertretung in den die Person betreffenden Angelegenheiten.

1661 Die Nutznießung des Vaters an dem Vermögen des ehelichen Kindes endigt, wenn sich das Kind verheiratet. Die

§ Nutznießung verbleibt jedoch dem Vater wenn die Ehe ohne die erforderliche elterliche Einwilligung geschlossen wird.

1706 Das uneheliche Kind erhält den Familiennamen der Mutter.

Führt die Mutter infolge ihrer Verheiratung einen anderen Namen, so erhält das Kind den Familiennamen, den die Mutter vor der Verheiratung geführt hat. Der Ehemann der Mutter kann durch Erklärung gegenüber der zuständigen Behörde dem Kinde mit Einwilligung des Kindes und der Mutter seinen Namen erteilen; die Erklärung des Ehemanns sowie die Einwilligungserklärungen des Kindes und der Mutter sind in öffentlich beglaubigter Form abzugeben.

1719 Ein uneheliches Kind erlangt dadurch, daß sich der Vater mit der Mutter verheiratet, mit der Eheschließung die rechtliche Stellung eines ehelichen Kindes.

1726 Zur Ehelichkeitserklärung ist die Einwilligung des Kindes und, wenn das Kind nicht das einundzwanzigste Lebensjahr vollendet hat, die Einwilligung der Mutter erforderlich. Ist der Vater verheiratet, so bedarf er auch der Einwilligung seiner Frau.

Die Einwilligung hat dem Vater oder der Behörde gegenüber zu erfolgen, bei welcher der Antrag einzureichen ist; sie ist unwiderruflich.

Die Einwilligung der Mutter ist nicht erforderlich, wenn die Mutter zur Abgabe einer Erklärung dauernd außer stande oder ihr Aufenthalt dauernd unbekannt ist. Das Gleiche gilt von der Einwilligung der Frau des Vaters. 1728, 1730, 1731.

1746 Wer verheiratet ist, kann nur mit Einwilligung seines Ehegatten an Kindesstatt annehmen oder angenommen werden. 1747, 1748, 1755, 1756.

§ **Schuldverschreibung.**

802 Der Beginn und der Lauf der Vorlegungsfrist sowie der Verjährung werden durch die Zahlungssperre zu Gunsten des Antragstellers gehemmt. Die H. beginnt mit der Stellung des Antrags auf Zahlungssperre; sie endigt mit der Erledigung des Aufgebotsverfahrens und, falls die Zahlungssperre vor der Einleitung des Verfahrens verfügt worden ist, auch dann, wenn seit der Beseitigung des der Einleitung entgegenstehenden Hindernisses sechs Monate verstrichen sind und nicht vorher die Einleitung beantragt worden ist. Auf diese Frist finden die Vorschriften der §§ 203, 206, 207 entsprechende Anwendung. 808.

Testament.

2082 s. Verjährung 203.

2252 s. **Erblasser** — Testament.

Verjährung.

202 Die Verjährung ist gehemmt, solange die Leistung gestundet oder der Verpflichtete aus einem anderen Grunde vorübergehend zur Verweigerung der Leistung berechtigt ist.

Diese Vorschrift findet keine Anwendung auf die Einrede des Zurückbehaltungsrechts, des nicht erfüllten Vertrags, der mangelnden Sicherheitsleistung, der Vorausklage sowie auf die nach § 770 dem Bürgen und nach den §§ 2014, 2015 dem Erben zustehenden Einreden.

203 Die Verjährung ist gehemmt, solange der Berechtigte durch Stillstand der Rechtspflege innerhalb der letzten sechs Monate der Verjährungsfrist an der Rechtsverfolgung verhindert ist.

Das Gleiche gilt, wenn eine solche Verhinderung in anderer Weise durch höhere Gewalt herbeigeführt wird. 210, 212, 215.

204 Die Verjährung von Ansprüchen zwischen Ehegatten ist gehemmt, solange die Ehe besteht. Das Gleiche gilt von Ansprüchen zwischen Eltern und Kindern während der Minderjährigkeit der Kinder und von Ansprüchen zwischen dem Vormund und dem Mündel während der Dauer des Vormundschaftsverhältnisses.

205 Der Zeitraum, während dessen die Verjährung gehemmt ist, wird in die Verjährungsfrist nicht eingerechnet.

1594 **Verwandtschaft** 1599 s. Verjährung 203.

Werkvertrag.

639 Auf die Verjährung der im § 638 bezeichneten Ansprüche des Bestellers finden die für die Verjährung der Ansprüche des Käufers geltenden Vorschriften des § 477 Abs. 2, 3 und der §§ 478, 479 entsprechende Anwendung.

Unterzieht sich der Unternehmer im Einverständnisse mit dem Besteller der Prüfung des Vorhandenseins des Mangels oder der Beseitigung des Mangels, so ist die Verjährung solange gehemmt, bis der Unternehmer das Ergebnis der Prüfung dem Besteller mitteilt oder ihm gegenüber den Mangel für beseitigt erklärt oder die Fortsetzung der Beseitigung verweigert.

651 s. Kauf 477.

124 **Willenserklärung** s. Verjährung 203.

Herabsetzung.

1351 **Ehe** s. Ehescheidung 1582.

1582 **Ehescheidung** s. **Ehe** — Ehescheidung.

Güterrecht.

1512 Jeder Ehegatte kann für den Fall, daß mit seinem Tode die f. Gütergemeinschaft eintritt, den einem anteilsberechtigten Abkömmlinge nach der Beendigung der f. Gütergemeinschaft gebührenden Anteil an dem Gesamt-

§ gute durch letztwillige Verfügung bis auf die Hälfte herabsetzen. 1514, 1516, 1518.

Kauf.

462 Wegen eines Mangels, den der Verkäufer nach den Vorschriften der §§ 459, 460 zu vertreten hat, kann der Käufer Rückgängigmachung des Kaufes (Wandelung) oder H. des Kaufpreises (Minderung) verlangen. 464, 481.

471 Findet im Falle des Verkaufs mehrerer Sachen für einen Gesamtpreis die Wandelung nur in Ansehung einzelner Sachen statt, so ist der Gesamtpreis in dem Verhältnisse herabzusetzen, in welchem zur Zeit des Verkaufs der Gesamtwert der Sachen in mangelfreiem Zustande zu dem Werte der von der Wandelung nicht betroffenen Sachen gestanden haben würde. 473, 481.

472 Bei der Minderung ist der Kaufpreis in demselben Verhältnisse herabzusetzen, in welchem zur Zeit des Verkaufs der Wert der Sache in mangelfreiem Zustande zu dem wirklichen Werte gestanden haben würde.

Findet im Falle des Verkaufs mehrerer Sachen für einen Gesamtpreis die Minderung nur wegen einzelner Sachen statt, so ist bei der H. des Preises der Gesamtwert aller Sachen zu Grunde zu legen. 473, 481.

473 Sind neben dem in Geld festgesetzten Kaufpreise Leistungen bedungen, die nicht vertretbare Sachen zum Gegenstande haben, so sind diese Leistungen in den Fällen der §§ 471, 472 nach dem Werte zur Zeit des Verkaufs in Geld zu veranschlagen. Die H. der Gegenleistung des Käufers erfolgt an dem in Geld festgesetzten Preise; ist dieser geringer als der abzusetzende Betrag, so hat der Verkäufer den

§ überschießenden Betrag dem Käufer zu vergüten. 481.

Mäklervertrag.

655 Ist für den Nachweis der Gelegenheit zum Abschluß eines Dienstvertrages oder für die Vermittelung eines solchen Vertrages ein unverhältnismäßig hoher Mäklerlohn vereinbart worden, so kann er auf Antrag des Schuldners durch Urteil auf den angemessenen Betrag herabgesetzt werden. Nach der Entrichtung des Lohnes ist die H. ausgeschlossen.

Miete.

537 s. Kauf 472, 473.

543 s. Kauf 471.

Vertrag.

323 s. Kauf 472, 473.

343 Ist eine verwirkte Strafe unverhältnismäßig hoch, so kann sie auf Antrag des Schuldners durch Urteil auf den angemessenen Betrag herabgesetzt werden. Bei der Beurteilung der Angemessenheit ist jedes berechtigte Interesse des Gläubigers, nicht bloß das Vermögensinteresse, in Betracht zu ziehen. Nach der Entrichtung der Strafe ist die H. ausgeschlossen.

Das Gleiche gilt auch außer den Fällen der §§ 339, 342, wenn jemand eine Strafe für den Fall verspricht, daß er eine Handlung vornimmt oder unterläßt.

Werkvertrag.

634 Zur Beseitigung eines Mangels der im § 633 bezeichneten Art kann der Besteller dem Unternehmer eine angemessene Frist mit der Erklärung bestimmen, daß er die Beseitigung des Mangels nach dem Ablaufe der Frist ablehne. Zeigt sich schon vor der Ablieferung des Werkes ein Mangel, so kann der Besteller die Frist sofort bestimmen; die Frist muß so bemessen werden, daß sie nicht vor der für die Ablieferung bestimmten Frist abläuft.

§ Nach dem Ablaufe der Frist kann der Besteller Rückgängigmachung des Vertrages (Wandelung) oder H. der Vergütung (Minderung) verlangen, wenn nicht der Mangel rechtzeitig beseitigt worden ist; der Anspruch auf Beseitigung des Mangels ist ausgeschlossen.

Der Bestimmung einer Frist bedarf es nicht, wenn die Beseitigung des Mangels unmöglich ist oder von dem Unternehmer verweigert wird oder wenn die sofortige Geltendmachung des Anspruchs auf Wandelung oder auf Minderung durch ein besonderes Interesse des Bestellers gerechtfertigt wird.

Die Wandelung ist ausgeschlossen, wenn der Mangel den Wert oder die Tauglichkeit des Werkes nur unerheblich mindert.

Auf die Wandelung und die Minderung finden die für den Kauf geltenden Vorschriften der §§ 465 bis 467, 469—475 entsprechende Anwendung. 636, 640.

651 s. Kauf 462.

Herabsinken.

Verein.

73 Sinkt die Zahl der Vereinsmitglieder unter drei herab, so hat das Amtsgericht auf Antrag des Vorstandes und, wenn der Antrag nicht binnen drei Monaten gestellt wird, von Amtswegen nach Anhörung des Vorstandes dem Verein die Rechtsfähigkeit zu entziehen. Der Beschluß ist dem Vereine zuzustellen. Gegen den Beschluß findet die sofortige Beschwerde nach den Vorschriften der Civilprozeßordnung statt.

Der Verein verliert die Rechtsfähigkeit mit der Rechtskraft des Beschlusses.

§ **Herausbrechen.**

962 **Eigentum** s. **Eigentum** — Eigentum.

Herausgabe.

667 **Auftrag** s. **Auftrag** — Auftrag.

Bereicherung.

812—822 s. **Bereicherung** — Bereicherung.

Besitz.

870 Der mittelbare Besitz kann dadurch auf einen Anderen übertragen werden, daß diesem der Anspruch auf H. der Sache abgetreten wird.

Dienstvertrag.

628 Wird nach dem Beginne der Dienstleistung das Dienstverhältnis auf Grund des § 626 oder des § 627 gekündigt, so kann der Verpflichtete einen seinen bisherigen Leistungen entsprechenden Teil der Vergütung verlangen. Kündigt er, ohne durch vertragswidriges Verhalten des anderen Teiles dazu veranlaßt zu sein, oder veranlaßt er durch sein vertragswidriges Verhalten die Kündigung des anderen Teiles, so steht ihm ein Anspruch auf die Vergütung insoweit nicht zu, als seine bisherigen Leistungen, infolge der Kündigung für den anderen Teil kein Interesse haben. Ist die Vergütung für eine spätere Zeit im Voraus entrichtet, so hat der Verpflichtete sie nach Maßgabe des § 347 oder, wenn die Kündigung wegen eines Umstandes erfolgt, den er nicht zu vertreten hat, nach den Vorschriften über die H. einer ungerechtfertigten Bereicherung zurückzuerstatten.

1361 **Ehe** s. **Ehe** — Ehe.

1584 **Ehescheidung** s. Schenkung 531.

Eigentum.

931, 951, 969, 975, 977, 985—989, 993, 998, 1000, 1002, 1007 s. **Eigentum** — Eigentum.

997 s. Leistung 258.

Art. **Einführungsgesetz.**
26, 94 **E.G.** — E.G.
§ **Erbe.**
1973, 1992, 2018—2023, 2031 s. **Erbe** — Erbe.
Erbschaftskauf.
2374, 2375 s. **Erbschaftskauf** — Erbschaftskauf.
2362 **Erbschein** s. **Erbschein** — Erbschein.
2287 **Erbvertrag** s. **Erbvertrag** — Erbvertrag.
Geschäftsführung.
681 s. Auftrag 667.
682 Ist der Geschäftsführer geschäftsunfähig oder in der Geschäftsfähigkeit beschränkt, so ist er nur nach den Vorschriften über den Schadensersatz wegen unerlaubter Handlungen und über die H. einer ungerechtfertigten Bereicherung verantwortlich. 687.
684 Liegen die Voraussetzungen des § 683 nicht vor, so ist der Geschäftsherr verpflichtet, dem Geschäftsführer alles, was er durch die Geschäftsführung erlangt, nach den Vorschriften über die H. einer ungerechtfertigten Bereicherung herauszugeben. Genehmigt der Geschäftsherr die Geschäftsführung, so steht dem Geschäftsführer der im § 683 bestimmte Anspruch zu. 687.
713 **Gesellschaft** s. Auftrag 667.
Güterrecht.
1392 Liegen bei g. Güterrecht die Voraussetzungen vor, unter denen der Mann zur Sicherheitsleistung verpflichtet ist, so kann die Frau auch verlangen, daß der Mann die zum eingebrachten Gute gehörenden Inhaberpapiere nebst den Erneuerungsscheinen bei einer Hinterlegungsstelle oder bei der Reichsbank mit der Bestimmung hinterlegt, daß die H. von dem Manne nur mit Zustimmung der Frau verlangt werden kann. Die Hinterlegung von Inhaberpapieren, die nach § 92 zu den verbrauchbaren Sachen gehören, sowie von Zins-, Renten- oder Gewinnanteilscheinen kann nicht verlangt werden. Den Inhaberpapieren stehen Orderpapiere gleich, die mit Blankoindossament versehen sind.

Über die hinterlegten Papiere kann der Mann auch eine Verfügung, zu der er nach § 1376 berechtigt ist, nur mit Zustimmung der Frau treffen. 1393, 1525.
1399 Zu Rechtsgeschäften, durch die sich die Frau zu einer Leistung verpflichtet, ist bei g. Güterrecht die Zustimmung des Mannes nicht erforderlich.

Stimmt der Mann einem solchen Rechtsgeschäfte zu, so ist es in Ansehung des eingebrachten Gutes ihm gegenüber wirksam. Stimmt er nicht zu, so muß er das Rechtsgeschäft, soweit das eingebrachte Gut bereichert wird, nach den Vorschriften über die H. einer ungerechtfertigten Bereicherung gegen sich gelten lassen. 1401, 1404, 1525.
1421 Nach der Beendigung der Verwaltung und Nutznießung hat der Mann bei g. Güterrecht das eingebrachte Gut der Frau herauszugeben und ihr über die Verwaltung Rechenschaft abzulegen. Auf die H. eines landwirtschaftlichen Grundstücks findet die Vorschrift des § 592, auf die H. eines Landguts finden die Vorschriften der §§ 592, 593 entsprechende Anwendung. 1546.
1422 Wird die Verwaltung und Nutznießung bei g. Güterrecht auf Grund des § 1418 durch Urteil aufgehoben, so ist der Mann zur H. des eingebrachten Gutes so verpflichtet, wie wenn der Anspruch auf H. mit der Erhebung der Klage auf Aufhebung der Verwaltung und Nutznießung rechtshängig geworden wäre. 1425, 1546, 1548.
1455 Wird im Falle a. Gütergemeinschaft durch ein Rechtsgeschäft, das der Mann

§ oder die Frau ohne die erforderliche Zustimmung des anderen Ehegatten vornimmt, das Gesamtgut bereichert, so kann die H. der Bereicherung aus dem Gesamtgute nach den Vorschriften über die H. einer ungerechtfertigten Bereicherung gefordert werden. 1487, 1519.

1487 Die Rechte und Verbindlichkeiten des überlebenden Ehegatten sowie der anteilsberechtigten Abkömmlinge in Ansehung des Gesamtguts der f. Gütergemeinschaft bestimmen sich nach den für die eheliche Gütergemeinschaft geltenden Vorschriften der §§ 1442 bis 1449, 1455—1457, 1466.

1519, 1525, 1546, 1548 f. **Errungenschaftsgemeinschaft** — Güterrecht.

Handlung.

848, 850, 852 f. **Handlung** — Handlung.

1117 **Hypothek** f. Eigentum 931.

Kauf.

440 Erfüllt der Verkäufer die ihm nach den §§ 433—437, 439 obliegenden Verpflichtungen nicht, so bestimmen sich die Rechte des Käufers nach den Vorschriften der §§ 320—327.

Ist eine bewegliche Sache verkauft und dem Käufer zum Zwecke der Eigentumsübertragung übergeben worden, so kann der Käufer wegen des Rechtes eines Dritten, das zum Besitze der Sache berechtigt, Schadensersatz wegen Nichterfüllung nur verlangen, wenn er die Sache dem Dritten mit Rücksicht auf dessen Recht herausgegeben hat oder sie dem Verkäufer zurückgewährt oder wenn die Sache untergegangen ist.

Der H. der Sache an den Dritten steht es gleich, wenn der Dritte den Käufer oder dieser den Dritten beerbt oder wenn der Käufer das Recht des Dritten anderweit erwirbt oder den Dritten abfindet.

Steht dem Käufer ein Anspruch auf

§ H. gegen einen anderen zu, so genügt an Stelle der Rückgewähr die Abtretung des Anspruchs. 441, 443, 445.

467 f. Vertrag 347, 351.

487 f. Vertrag 351.

498 Der Wiederverkäufer ist verpflichtet, dem Wiederkäufer den gekauften Gegenstand nebst Zubehör herauszugeben.

Hat der Wiederverkäufer vor der Ausübung des Wiederkaufsrechts eine Verschlechterung, den Untergang oder eine aus einem anderen Grunde eingetretene Unmöglichkeit der H. des gekauften Gegenstandes verschuldet oder den Gegenstand wesentlich verändert, so ist er für den daraus entstehenden Schaden verantwortlich. Ist der Gegenstand ohne Verschulden des Wiederverkäufers oder ist er nur unwesentlich verändert, so kann der Wiederkäufer Minderung des Kaufpreises nicht verlangen.

Leistung.

256 Wer zum Ersatze von Aufwendungen verpflichtet ist, hat den aufgewendeten Betrag oder, wenn andere Gegenstände als Geld aufgewendet worden sind, den als Ersatz ihres Wertes zu zahlenden Betrag von der Zeit der Aufwendung an zu verzinsen. Sind Aufwendungen auf einen Gegenstand gemacht worden, der dem Ersatzpflichtigen herauszugeben ist, so sind Zinsen für die Zeit, für welche dem Ersatzberechtigten die Nutzungen oder die Früchte des Gegenstandes ohne Vergütung verbleiben, nicht zu entrichten.

258 Wer berechtigt ist, von einer Sache, die er einem anderen herauszugeben hat, eine Einrichtung wegzunehmen, hat im Falle der Wegnahme die Sache auf seine Kosten in den vorigen Stand zu setzen. Erlangt der andere den Besitz der Sache, so ist er verpflichtet, die Wegnahme der Einrichtung zu gestatten; er kann die Gestattung ver-

§ weigern, bis ihm für den mit der Wegnahme verbundenen Schaden Sicherheit geleistet wird.

273 Wer zur H. eines Gegenstandes verpflichtet ist, hat das gleiche Recht, wenn ihm ein fälliger Anspruch wegen Verwendungen auf den Gegenstand oder wegen eines ihm durch diesen verursachten Schadens zusteht, es sei denn, daß er den Gegenstand durch eine vorsätzlich begangene unerlaubte Handlung erlangt hat.

Der Gläubiger kann die Ausübung des Zurückbehaltungsrechts durch Sicherheitsleistung abwenden. Die Sicherheitsleistung durch Bürgen ist ausgeschlossen.

280, 286 s. Vertrag 347, 351.

281 Erlangt der Schuldner infolge des Umstandes, welcher die Leistung unmöglich macht, für den geschuldeten Gegenstand einen Ersatz oder einen Ersatzanspruch, so kann der Gläubiger H. des als Ersatz empfangenen oder Abtretung des Ersatzanspruchs verlangen.

Hat der Gläubiger Anspruch auf Schadensersatz wegen Nichterfüllung, so mindert sich, wenn er von dem im Abs. 1 bestimmten Rechte Gebrauch macht, die ihm zu leistende Entschädigung um den Wert des erlangten Ersatzes oder Ersatzanspruchs.

290 Ist der Schuldner zum Ersatze des Wertes eines Gegenstandes verpflichtet, der während des Verzugs untergegangen ist oder aus einem während des Verzugs eingetretenen Grunde nicht herausgegeben werden kann, so kann der Gläubiger Zinsen des zu ersetzenden Betrags von dem Zeitpunkt an verlangen, welcher der Bestimmung des Wertes zu Grunde gelegt wird. Das Gleiche gilt, wenn der Schuldner zum Ersatze der Minderung des Wertes eines während des Verzugs verschlechterten Gegenstandes verpflichtet ist.

292 Hat der Schuldner einen bestimmten Gegenstand herauszugeben, so bestimmt sich von dem Eintritte der Rechtshängigkeit an der Anspruch des Gläubigers auf Schadensersatz wegen Verschlechterung, Unterganges oder einer aus einem anderen Grunde eintretenden Unmöglichkeit der H. nach den Vorschriften, welche für das Verhältnis zwischen dem Eigentümer und dem Besitzer von dem Eintritte der Rechtshängigkeit des Eigentumsanspruchs an gelten, soweit nicht aus dem Schuldverhältnis oder dem Verzuge des Schuldners sich zu Gunsten des Gläubigers ein anderes ergiebt.

Das Gleiche gilt von dem Anspruche des Gläubigers auf H. oder Vergütung von Nutzungen und von dem Anspruche des Schuldners auf Ersatz von Verwendungen.

302 Hat der Schuldner die Nutzungen eines Gegenstandes herauszugeben oder zu ersetzen, so beschränkt sich seine Verpflichtung während des Verzugs des Gläubigers auf die Nutzungen, welche er zieht.

303 Ist der Schuldner zur H. eines Grundstücks verpflichtet, so kann er nach dem Eintritte des Verzugs des Gläubigers den Besitz aufgeben. Das Aufgeben muß dem Gläubiger vorher angedroht werden, es sei denn, daß die Androhung unthunlich ist.

Miete.

543 Ist der Mietzins für eine spätere Zeit im Voraus entrichtet, so hat ihn der Vermieter nach Maßgabe des § 347 oder, wenn die Kündigung wegen eines Umstandes erfolgt, den er nicht zu vertreten hat, nach den Vorschriften über die H. einer ungerechtfertigten Bereicherung zurückzuerstatten.

555 s. Vertrag 347.

§

561 Der Vermieter darf die Entfernung der seinem Pfandrecht unterliegenden Sachen, soweit er ihr zu widersprechen berechtigt ist, auch ohne Anrufen des Gerichts verhindern und, wenn der Mieter auszieht, die Sachen in seinen Besitz nehmen.

Sind die Sachen ohne Wissen oder unter Widerspruch des Vermieters entfernt worden, so kann er die H. zum Zwecke der Zurückschaffung in das Grundstück und, wenn der Mieter ausgezogen ist, die Überlassung des Besitzes verlangen. Das Pfandrecht erlischt mit dem Ablauf eines Monats, nachdem der Vermieter von der Entfernung der Sachen Kenntnis erlangt hat, wenn nicht der Vermieter diesen Anspruch vorher gerichtlich geltend gemacht hat.

Nießbrauch.

1032 s. Eigentum 931.

1082 Das dem Nießbrauch unterliegende Inhaber- oder Orderpapier ist nebst dem Erneuerungsschein auf Verlangen des Nießbrauchers oder des Eigentümers bei einer Hinterlegungsstelle mit der Bestimmung zu hinterlegen, daß die H. nur von dem Nießbraucher und dem Eigentümer gemeinschaftlich verlangt werden kann. Der Nießbraucher kann auch Hinterlegung bei der Reichsbank verlangen. 1068.

Pfandrecht.

1206 An Stelle der Übergabe der Sache zwecks Bestellung des Pfandrechts genügt die Einräumung des Mitbesitzes, wenn sich die Sache unter dem Mitverschlusse des Gläubigers befindet oder, falls sie im Besitz eines Dritten ist, die H. nur an den Eigentümer und an den Gläubiger gemeinschaftlich erfolgen kann. 1266, 1274.

1231 Ist der Pfandgläubiger nicht im Alleinbesitze des Pfandes, so kann er nach dem Eintritt der Verkaufsberechtigung die H. des Pfandes zum Zwecke des Verkaufs fordern. Auf Verlangen des Verpfänders hat an Stelle der H. die Ablieferung an einen gemeinschaftlichen Verwahrer zu erfolgen; der Verwahrer hat sich bei der Ablieferung zu verpflichten, das Pfand zum Verkaufe bereitzustellen. 1232, 1266.

1232 Der Pfandgläubiger ist nicht verpflichtet, einem ihm im Range nachstehenden Pfandgläubiger das Pfand zum Zwecke des Verkaufs herauszugeben. Ist er nicht im Besitze des Pfandes, so kann er, sofern er nicht selbst den Verkauf betreibt, dem Verkaufe durch einen nachstehenden Pfandgläubiger nicht widersprechen. 1266.

1251 Im Falle der Übertragung der verpfändeten Forderung kann der neue Pfandgläubiger von dem bisherigen Pfandgläubiger die H. des Pfandes verlangen.

Mit der Erlangung des Besitzes tritt der neue Pfandgläubiger an Stelle des bisherigen Pfandgläubigers in die mit dem Pfandrechte verbundenen Verpflichtungen gegen den Verpfänder ein. Erfüllt er die Verpflichtungen nicht, so haftet für den von ihm zu ersetzenden Schaden der bisherige Pfandgläubiger wie ein Bürge, der auf die Einrede der Vorausklage verzichtet hat. Die Haftung des bisherigen Pfandgläubigers tritt nicht ein, wenn die Forderung kraft G. auf den neuen Pfandgläubiger übergeht oder ihm auf Grund einer g. Verpflichtung abgetreten wird. 1266.

1296 Das Pfandrecht an einem Wertpapier erstreckt sich auf die zu dem Papiere gehörenden Zins-, Renten- oder Gewinnanteilscheine nur dann, wenn sie dem Pfandgläubiger übergeben sind. Der Verpfänder kann, sofern nicht

§ ein anderes bestimmt ist, die H. der Scheine verlangen, soweit sie vor dem Eintritte der Voraussetzungen des § 1228 Abs. 2 fällig werden. 1273.

Pflichtteil.

2329 Soweit der Erbe zur Ergänzung des Pflichtteils nicht verpflichtet ist, kann der Pflichtteilsberechtigte von dem Beschenkten die H. des Geschenkes zum Zwecke der Befriedigung wegen des fehlenden Betrags nach den Vorschriften über die H. einer ungerechtfertigten Bereicherung fordern. Ist der Pflichtteilsberechtigte der alleinige Erbe, so steht ihm das gleiche Recht zu.

Der Beschenkte kann die H. durch Zahlung des fehlenden Betrags abwenden.

Unter mehreren Beschenkten haftet der früher Beschenkte nur insoweit als der später Beschenkte nicht verpflichtet ist. 2330, 2332.

Sachen.

102 Wer zur H. von Früchten verpflichtet ist, kann Ersatz der auf die Gewinnung der Früchte verwendeten Kosten insoweit verlangen, als sie einer ordnungsmäßigen Wirtschaft entsprechen und den Wert der Früchte nicht übersteigen.

704 s. Miete 561.

Schenkung.

516 Eine Zuwendung, durch die jemand aus seinem Vermögen einen anderen bereichert, ist Schenkung, wenn beide Teile darüber einig sind, daß die Zuwendung unentgeltlich erfolgt.

Ist die Zuwendung ohne den Willen des Anderen erfolgt, so kann ihn der Zuwendende unter Bestimmung einer angemessenen Frist zur Erklärung über die Annahme auffordern. Nach dem Ablaufe der Frist gilt die Schenkung als angenommen, wenn nicht der andere sie vorher abgelehnt hat. Im Falle der

§ Ablehnung kann die H. des Zugewendeten nach den Vorschriften über die H. einer ungerechtfertigten Bereicherung gefordert werden.

523 s. Kauf 440.

527 Ist ein Geschenk unter einer Auflage gemacht und unterbleibt die Vollziehung der Auflage, so kann der Schenker die H. des Geschenkes unter den für das Rücktrittsrecht bei gegenseitigen Verträgen bestimmten Voraussetzungen nach den Vorschriften über die H. einer ungerechtfertigten Bereicherung insoweit fordern, als das Geschenk zur Vollziehung der Auflage hätte verwendet werden müssen.

Der Anspruch ist ausgeschlossen, wenn ein Dritter berechtigt ist, die Vollziehung der Auflage zu verlangen.

528 Soweit der Schenker nach der Vollziehung der Schenkung außer stande ist, seinen standesmäßigen Unterhalt zu bestreiten und die ihm seinen Verwandten, seinem Ehegatten oder seinem früheren Ehegatten gegenüber g. obliegende Unterhaltspflicht zu erfüllen, kann er von dem Beschenkten die H. des Geschenkes nach den Vorschriften über die H. einer ungerechtfertigten Bereicherung fordern. Der Beschenkte kann die H. durch Zahlung des für den Unterhalt erforderlichen Betrags abwenden. Auf die Verpflichtung des Beschenkten finden die Vorschriften des § 760 sowie die für die Unterhaltspflicht der Verwandten geltende Vorschrift des § 1613 und im Falle des Todes des Schenkers auch die Vorschriften des § 1615 entsprechende Anwendung.

Unter mehreren Beschenkten haftet der früher Beschenkte nur insoweit, als der später Beschenkte nicht verpflichtet ist.

529 Der Anspruch auf H. des Geschenkes ist ausgeschlossen, wenn der Schenker

§ seine Bedürftigkeit vorsätzlich oder durch grobe Fahrlässigkeit herbeigeführt hat oder wenn zur Zeit des Eintritts seiner Bedürftigkeit seit der Leistung des geschenkten Gegenstandes zehn Jahre verstrichen sind.

Das Gleiche gilt, soweit der Beschenkte bei Berücksichtigung seiner sonstigen Verpflichtungen außer stande ist, das Geschenk herauszugeben, ohne daß sein standesmäßiger Unterhalt oder die Erfüllung der ihm kraft G. obliegenden Unterhaltspflichten gefährdet wird.

531 Der Widerruf der Schenkung erfolgt durch Erklärung gegenüber dem Beschenkten.

Ist die Schenkung widerrufen, so kann die H. des Geschenkes nach den Vorschriften über die H. einer ungerechtfertigten Bereicherung gefordert werden.

Testament.

2103, 2116, 2130, 2138, 2184, 2196 s. **Erblasser** — Testament.

2182 s. Kauf 440.

2187 s. Erbe 1992.

2218 s. Auftrag 667.

27 **Verein** s. Auftrag 667.

Verlöbnis.

1301 Unterbleibt die Eheschließung, so kann jeder Verlobte von dem anderen die H. desjenigen, was er ihm geschenkt oder zum Zeichen des Verlöbnisses gegeben hat, nach den Vorschriften über die H. einer ungerechtfertigten Bereicherung fordern. Im Zweifel ist anzunehmen, daß die Rückforderung ausgeschlossen sein soll, wenn das Verlöbnis durch den Tod eines der Verlobten aufgelöst wird. 1302.

Vertrag.

323 Wird die aus einem gegenseitigen Vertrage dem einen Teile obliegende Leistung infolge eines Umstandes unmöglich, den weder er noch der andere Teil zu vertreten hat, so verliert er den Anspruch auf die Gegenleistung; bei teilweiser Unmöglichkeit mindert sich die Gegenleistung nach Maßgabe der §§ 472, 473.

Verlangt der andere Teil nach § 281 H. des für den geschuldeten Gegenstand erlangten Ersatzes oder Abtretung des Ersatzanspruchs, so bleibt er zur Gegenleistung verpflichtet; diese mindert sich jedoch nach Maßgabe der §§ 472, 473 insoweit, als der Wert des Ersatzes oder des Ersatzanspruchs hinter dem Werte der geschuldeten Leistung zurückbleibt.

Soweit die nach diesen Vorschriften nicht geschuldete Gegenleistung bewirkt ist, kann das Geleistete nach den Vorschriften über die H. einer ungerechtfertigten Bereicherung zurückgefordert werden. 325.

327 Auf das in den §§ 325, 326 bestimmte Rücktrittsrecht finden die für das vertragsmäßige Rücktrittsrecht geltenden Vorschriften der §§ 346 bis 356 entsprechende Anwendung. Erfolgt der Rücktritt wegen eines Umstandes, den der andere Teil nicht zu vertreten hat, so haftet dieser nur nach den Vorschriften über die H. einer ungerechtfertigten Bereicherung.

347 Der Anspruch auf Schadensersatz wegen Verschlechterung, Unterganges oder einer aus einem anderen Grunde eintretenden Unmöglichkeit der H. bestimmt sich im Falle des Rücktritts von einem Vertrage von dem Empfange der Leistung an nach den Vorschriften, welche für das Verhältnis zwischen dem Eigentümer und dem Besitzer von dem Eintritte der Rechtshängigkeit des Eigentumsanspruchs an gelten. Das Gleiche gilt von dem Anspruch auf H. oder Vergütung von Nutzungen und von dem Anspruch auf Ersatz von Verwendungen. Eine

§ Geldsumme ist von der Zeit des Empfanges an zu verzinsen.

351 Der Rücktritt von einem Vertrage ist ausgeschlossen, wenn der Berechtigte eine wesentliche Verschlechterung, den Untergang oder die anderweitige Unmöglichkeit der H. des empfangenen Gegenstandes verschuldet hat. Der Untergang eines erheblichen Teiles steht einer wesentlichen Verschlechterung des Gegenstandes, das von dem Berechtigten nach § 278 zu vertretende Verschulden eines anderen, steht dem eigenen Verschulden des Berechtigten gleich 353.

Verwandtschaft.

1632 Die Sorge für die Person des Kindes umfaßt das Recht, die H. des Kindes von jedem zu verlangen, der es dem Vater widerrechtlich vorenthält.

1656 Steht dem Vater des ehelichen Kindes die Verwaltung des seiner Nutznießung unterliegenden Vermögens nicht zu, so kann er auch die Nutznießung nicht ausüben; er kann jedoch die H. der Nutzungen verlangen, soweit nicht ihre Verwendung zur ordnungsmäßigen Verwaltung des Vermögens und zur Bestreitung der Lasten der Nutznießung erforderlich ist.

Ruht die elterliche Gewalt des Vaters oder ist dem Vater die Sorge für die Person und das Vermögen des Kindes durch das Vormundschaftsgericht entzogen, so können die Kosten des Unterhalts des Kindes aus den Nutzungen insoweit vorweg entnommen werden, als sie dem Vater zur Last fallen. 1658.

1667 s. Vormundschaft 1814.

1681 Endigt oder ruht die elterliche Gewalt des Vaters oder hört aus einem anderen Grunde seine Vermögensverwaltung auf, so hat er dem Kinde das Vermögen herauszugeben und über die Verwaltung Rechenschaft abzulegen.

Vorkaufsrecht.

1100 Der neue Eigentümer des mit einem Vorkaufsrechte belasteten Grundstücks kann, wenn er der Käufer oder ein Rechtsnachfolger des Käufers ist, die Zustimmung zur Eintragung des Berechtigten als Eigentümer und die H. des Grundstücks verweigern, bis ihm der zwischen dem Verpflichteten und dem Käufer vereinbarte Kaufpreis, soweit er berichtigt ist, erstattet wird. Erlangt der Berechtigte die Eintragung als Eigentümer, so kann der bisherige Eigentümer von ihm die Erstattung des berichtigten Kaufpreises gegen H. des Grundstücks fordern. 1101.

Vormundschaft.

1800 s. Verwandtschaft 1632.

1814 Der Vormund hat die zu dem Vermögen des Mündels gehörenden Inhaberpapiere nebst den Erneuerungsscheinen bei einer Hinterlegungsstelle oder bei der Reichsbank mit der Bestimmung zu hinterlegen, daß die H. der Papiere nur mit Genehmigung des Vormundschaftsgerichts verlangt werden kann. Die Hinterlegung von Inhaberpapieren, die nach § 92 zu den verbrauchbaren Sachen gehören, sowie von Zins-, Renten- oder Gewinnanteilscheinen ist nicht erforderlich. Den Inhaberpapieren stehen Orderpapiere gleich, die mit Blankoindossament versehen sind. 1815, 1817 bis 1819.

1890 Der Vormund hat nach der Beendigung seines Amtes dem Mündel das verwaltete Vermögen herauszugeben und über die Verwaltung Rechenschaft abzulegen. Soweit er dem Vormundschaftsgerichte Rechnung gelegt hat, genügt die Bezugnahme auf diese Rechnung.

§ **Werkvertrag.**
636 s. Vertrag 327.

Herausnahme.

Eigentum.

962 Der Eigentümer des Bienenschwarmes darf bei der Verfolgung fremde Grundstücke betreten. Ist der Schwarm in eine fremde, nicht besetzte Bienenwohnung eingezogen, so darf der Eigentümer des Schwarmes zum Zwecke des Einfangens die Wohnung öffnen und die Waben herausnehmen oder herausbrechen. Er hat den entstehenden Schaden zu ersetzen.

Herauszahlung.

2056 **Erbe** s. **Erbe** — Erbe.
2204 **Testament** s. Erbe 2056.

Herbeiführung.

Auslobung.

657 Wer durch öffentliche Bekanntmachung eine Belohnung für die Vornahme einer Handlung, insbesondere für die H. eines Erfolges aussetzt, ist verpflichtet, die Belohnung demjenigen zu entrichten, welcher die Handlung vorgenommen hat, auch wenn dieser nicht mit Rücksicht auf die Auslobung gehandelt hat.

Bedingung.

162 Wird der Eintritt der Bedingung von der Partei, zu deren Nachteil er gereichen würde, wider Treu und Glauben verhindert, so gilt die Bedingung als eingetreten.

Wird der Eintritt der Bedingung von der Partei, zu deren Vorteil er gereicht, wider Treu und Glauben herbeigeführt, so gilt der Eintritt als nicht erfolgt.

Dienstbarkeit.

1093 s. Nießbrauch 1050.

Dienstvertrag.

617 s. **Dienstvertrag** — Dienstvertrag.
618 s. Handlung 842.

§ **Ehe.**

1314 s. Güterrecht 1493, Verwandtschaft 1669.
1338 Die Anfechtung ist nach der Auflösung der Ehe ausgeschlossen, es sei denn, daß die Auflösung durch den Tod des zur Anfechtung nicht berechtigten Ehegatten herbeigeführt worden ist.
1339 s. Verjährung 203.

Ehescheidung.

1571 s. Verjährung 203.

Eigentum.

906, 941 s. **Eigentum** — Eigentum.
1002 s. Verjährung 203.

Art. **Einführungsgesetz.**

95 s. Dienstvertrag 617.

§ **Erbe.**

1944, 1954, 1997 s. Verjährung 203.
2005 s. **Erbe** — Erbe.

Erbvertrag.

2283 s. Verjährung 203.

Güterrecht.

1456 Der Mann ist der Frau für die Verwaltung des Gesamtguts bei a. Gütergemeinschaft nicht verantwortlich. Er hat jedoch für eine Verminderung des Gesamtguts zu diesem Ersatz zu leisten, wenn er die Verminderung in der Absicht, die Frau zu benachteiligen, oder durch ein Rechtsgeschäft herbeiführt, das er ohne die erforderliche Zustimmung der Frau vornimmt. 1487, 1519.

1487 Die Rechte und Verbindlichkeiten des überlebenden Ehegatten sowie der anteilsberechtigten Abkömmlinge in Ansehung des Gesamtguts der f. Gütergemeinschaft bestimmen sich nach den für die eheliche Gütergemeinschaft geltenden Vorschriften der §§ 1442 bis 1449, 1455—1457, 1466; der überlebende Ehegatte hat die rechtliche Stellung des Mannes, die anteilsberechtigten Abkömmlinge haben die rechtliche Stellung der Frau.

Was der überlebende Ehegatte zu

§ dem Gesamtgute schuldet oder aus dem Gesamtgute zu fordern hat, ist erst nach der Beendigung der f. Gütergemeinschaft zu leisten.

1493 Die f. Gütergemeinschaft endigt mit der Wiederverheiratung des überlebenden Ehegatten.

Der überlebende Ehegatte hat, wenn ein anteilsberechtigter Abkömmling minderjährig ist oder bevormundet wird, die Absicht der Wiederverheiratung dem Vormundschaftsgericht anzuzeigen, ein Verzeichnis des Gesamtguts einzureichen, die Gütergemeinschaft aufzuheben und die Auseinandersetzung herbeizuführen. Das Vormundschaftsgericht kann gestatten, daß die Aufhebung der Gütergemeinschaft bis zur Eheschließung unterbleibt und daß die Auseinandersetzung erst später erfolgt. 1518.

1519 Was der Mann oder die Frau während der Errungenschaftsgemeinschaft erwirbt, wird gemeinschaftliches Vermögen beider Ehegatten (Gesamtgut).

Auf das Gesamtgut finden die für die a. Gütergemeinschaft geltenden Vorschriften des § 1438 Abs. 2, 3 und der §§ 1442—1453, 1455—1457 Anwendung.

824 **Handlung** 842 f. **Handlung** — Handlung.

Leihe.

602 Veränderungen oder Verschlechterungen der geliehenen Sache, die durch den vertragsmäßigen Gebrauch herbeigeführt werden, hat der Entleiher nicht zu vertreten.

Miete.

548 Veränderungen oder Verschlechterungen der gemieteten Sache, die durch den vertragsmäßigen Gebrauch herbeigeführt werden, hat der Mieter nicht zu vertreten.

§ **Nießbrauch.**

1050 Veränderungen oder Verschlechterungen der dem Nießbrauch unterliegenden Sache, welche durch die ordnungsmäßige Ausübung des Nießbrauchs herbeigeführt werden, hat der Nießbraucher nicht zu vertreten.

Schenkung.

529 Der Anspruch auf Herausgabe des Geschenkes ist ausgeschlossen, wenn der Schenker seine Bedürftigkeit vorsätzlich oder durch grobe Fahrlässigkeit herbeigeführt hat oder wenn zur Zeit des Eintritts seiner Bedürftigkeit seit der Leistung des geschenkten Gegenstandes zehn Jahre verstrichen sind.

Das Gleiche gilt, soweit der Beschenkte bei Berücksichtigung seiner sonstigen Verpflichtungen außer stande ist, das Geschenk herauszugeben, ohne daß sein standesmäßiger Unterhalt oder die Erfüllung der ihm kraft G. obliegenden Unterhaltspflichten gefährdet wird.

Schuldverschreibung.

802 f. Verjährung 203.

Testament.

2082 f. Verjährung 203.

2132 Veränderungen oder Verschlechterungen von Erbschaftssachen, die durch ordnungsmäßige Benutzung herbeigeführt werden, hat der Vorerbe nicht zu vertreten.

Verjährung.

203 Die Verjährung ist gehemmt, solange der Berechtigte durch Stillstand der Rechtspflege innerhalb der letzten sechs Monate der Verjährungsfrist an der Rechtsverfolgung verhindert ist.

Das Gleiche gilt, wenn eine solche Verhinderung in anderer Weise durch höhere Gewalt herbeigeführt wird. 210, 212, 215.

Verwandtschaft.

1594, 1599 f. Verjährung 203.

§

1669 Will der Vater eine neue Ehe eingehen, so hat er seine Absicht dem Vormundschaftsgericht anzuzeigen, auf seine Kosten ein Verzeichnis des seiner Verwaltung unterliegenden Vermögens einzureichen und, soweit in Ansehung dieses Vermögens eine Gemeinschaft zwischen ihm und dem Kinde besteht, die Auseinandersetzung herbeizuführen. Das Vormundschaftsgericht kann gestatten, daß die Auseinandersetzung erst nach der Eheschließung erfolgt. 1670, 1740, 1761.

Vormundschaft.

1843 Das Vormundschaftsgericht hat die Rechnung des Vormundes über seine Vermögensverwaltung rechnungsmäßig und sachlich zu prüfen und, soweit erforderlich, ihre Berichtigung und Ergänzung herbeizuführen.

Ansprüche, die zwischen dem Vormund und dem Mündel streitig bleiben, können schon vor der Beendigung des Vormundschaftsverhältnisses im Rechtswege geltend gemacht werden.

1845 s. Verwandtschaft 1669.

1876 Wird ein sofortiges Einschreiten des Familienrates nötig, so hat der Vorsitzende die erforderlichen Anordnungen zu treffen, den Familienrat einzuberufen, ihn von den Anordnungen in Kenntnis zu setzen und einen Beschluß über die etwa weiter erforderlichen Maßregeln herbeizuführen.

Werkvertrag.

631 Durch den Werkvertrag wird der Unternehmer zur Herstellung des versprochenen Werkes, der Besteller zur Entrichtung der vereinbarten Vergütung verpflichtet.

Gegenstand des Werkvertrags kann sowohl die Herstellung oder Veränderung einer Sache als ein anderer durch Arbeit oder Dienstleistung herbeizuführender Erfolg sein.

§ **Willenserklärung.**

124 s. Verjährung 203.

Herleitung.

Anweisung.

792 s. **Anweisung** — Anweisung.

161 **Bedingung** s. **Bedingung** — Bedingung.

Ehe.

1344 s. **Ehe** — Ehe.

1357 s. Güterrecht 1435.

Art. **Einführungsgesetz.**

16 s. Güterrecht § 1435.

61, 168 s. **E.G.** — E.G.

§ **Güterrecht.**

1405 Erteilt der Mann bei g. Güterrecht der Frau die Einwilligung zum selbstständigen Betrieb eines Erwerbsgeschäfts, so ist seine Zustimmung zu solchen Rechtsgeschäften und Rechtsstreitigkeiten nicht erforderlich, die der Geschäftsbetrieb mit sich bringt. Einseitige Rechtsgeschäfte, die sich auf das Erwerbsgeschäft beziehen, sind der Frau gegenüber vorzunehmen.

Der Einwilligung des Mannes in den Geschäftsbetrieb steht es gleich, wenn die Frau mit Wissen und ohne Einspruch des Mannes das Erwerbsgeschäft betreibt.

Dritten gegenüber ist ein Einspruch und der Widerruf der Einwilligung nur nach Maßgabe des § 1435 wirksam. 1452, 1525, 1561.

1431 Die Gütertrennung ist Dritten gegenüber nur nach Maßgabe des § 1435 wirksam.

Das Gleiche gilt im Falle des § 1425 von der Wiederherstellung der Verwaltung und Nutznießung, wenn die Aufhebung in das Güterrechtsregister eingetragen worden ist. 1426.

1435 Wird durch Ehevertrag die Verwaltung und Nutznießung des Mannes ausgeschlossen oder geändert, so können einem Dritten gegenüber aus der Aus-

§ schließung oder der Änderung Einwendungen gegen ein zwischen ihm und einem der Ehegatten vorgenommenes Rechtsgeschäft oder gegen ein zwischen ihnen ergangenes rechtskräftiges Urteil nur hergeleitet werden, wenn zur Zeit der Vornahme des Rechtsgeschäfts oder zur Zeit des Eintritts der Rechtshängigkeit die Ausschließung oder die Änderung in dem Güterrechtsregister des zuständigen Amtsgerichts eingetragen oder dem Dritten bekannt war.

Das Gleiche gilt, wenn eine in dem Güterrechtsregister eingetragene Regelung der güterrechtlichen Verhältnisse durch Ehevertrag aufgehoben oder geändert wird. 1405, 1431, 1470, 1545, 1548.

1470 Die Aufhebung der a. Gütergemeinschaft tritt in den Fällen der §§ 1468, 1469 mit der Rechtskraft des Urteils ein. Für die Zukunft gilt Gütertrennung.

Dritten gegenüber ist die Aufhebung der Gütergemeinschaft nur nach Maßgabe des § 1435 wirksam.

1545 Endigt die Errungenschaftsgemeinschaft nach den §§ 1542—1544, so gilt für die Zukunft Gütertrennung.

Dritten gegenüber ist die Beendigung der Gemeinschaft nur nach Maßgabe des § 1435 wirksam.

1548 Die Wiederherstellung der Errungenschaftsgemeinschaft tritt in den Fallen des § 1547 mit der Rechtskraft des Urteils ein. Die Vorschrift des § 1422 findet entsprechende Anwendung.

Dritten gegenüber ist die Wiederherstellung, wenn die Beendigung in das Güterrechtsregister eingetragen worden ist, nur nach Maßgabe des § 1435 wirksam.

Im Falle der Wiederherstellung wird Vorbehaltsgut der Frau, was ohne die Beendigung der Gemeinschaft

§ Vorbehaltsgut geblieben oder geworden sein würde.

Schuldverhältnis.

417 Der Übernehmer einer Schuld kann dem Gläubiger die Einwendungen entgegensetzen, welche sich aus dem Rechtsverhältnisse zwischen dem Gläubiger und dem bisherigen Schuldner ergeben. Eine dem bisherigen Schuldner zustehende Forderung kann er nicht aufrechnen.

Aus dem der Schuldübernahme zu Grunde liegenden Rechtsverhältnisse zwischen dem Übernehmer und dem bisherigen Schuldner kann der Übernehmer dem Gläubiger gegenüber Einwendungen nicht herleiten.

Testament.

2113, 2129, 2211 s. **Erblasser—Testament.**

Willenserklärung.

135 Verstößt die Verfügung über einen Gegenstand gegen ein g. Veräußerungsverbot, das nur den Schutz bestimmter Personen bezweckt, so ist sie nur diesen Personen gegenüber unwirksam. Der rechtsgeschäftlichen Verfügung steht eine Verfügung gleich, die im Wege der Zwangsvollstreckung oder der Arrestvollziehung erfolgt.

Die Vorschriften zu Gunsten derjenigen, welche Rechte von einem Nichtberechtigten herleiten, finden entsprechende Anwendung. 136.

Herrenlosigkeit.

Eigentum.

958—964 s. **Eigentum** — Eigentum.

Art. **Einführungsgesetz.**

69 s. Eigentum § 958.

190 s. **E.G.** — E.G.

Herstellung s. auch Wiederherstellung.

§ **Besitz.**

864 Ein nach den §§ 861, 862 begründeter Anspruch erlischt mit dem Ablauf eines Jahres nach der Verübung der

§ verbotenen Eigenmacht, wenn nicht vorher der Anspruch im Wege der Klage geltend gemacht wird.

Das Erlöschen tritt auch dann ein, wenn nach der Verübung der verbotenen Eigenmacht durch rechtskräftiges Urteil festgestellt wird, daß dem Thäter ein Recht an der Sache zusteht, vermöge dessen er die H. eines seiner Handlungsweise entsprechenden Besitzstandes verlangen kann. 865.

1353 **Ehe** 1361 f. **Ehe** — Ehe.

Ehescheidung.

1567, 1571, 1576 f. **Ehe** — Ehescheidung.

Eigentum.

907, 917, 950, 951 f. **Eigentum** — Eigentum.

Art. **Einführungsgesetz.**

71 f. **E.G.** — E.G.

116 f. Eigentum § 917.

201 f. Ehescheidung § 1567.

§ **Hypothek.**

1145 Befriedigt der Eigentümer den Gläubiger nur teilweise, so kann er die Aushändigung des Hypothekenbriefs nicht verlangen. Der Gläubiger ist verpflichtet, die teilweise Befriedigung auf dem Briefe zu vermerken und den Brief zum Zwecke der Berichtigung des Grundbuchs oder der Löschung dem Grundbuchamt oder zum Zwecke der H. eines Teilhypothekenbriefs für den Eigentümer der zuständigen Behörde oder einem zuständigen Notare vorzulegen.

Die Vorschrift des Abs. 1 Satz 2 gilt für Zinsen und andere Nebenleistungen nur, wenn sie später als in dem Kalendervierteljahr, in welchem der Gläubiger befriedigt wird, oder dem folgenden Vierteljahre fällig werden. Auf Kosten, für die das Grundstück nach § 1118 haftet, findet die Vorschrift keine Anwendung. 1150, 1151, 1167, 1168.

§ **Leistung.**

249 Wer zum Schadensersatze verpflichtet ist, hat den Zustand herzustellen, der bestehen würde, wenn der zum Ersatze verpflichtende Umstand nicht eingetreten wäre. Ist wegen Verletzung einer Person oder wegen Beschädigung einer Sache Schadensersatz zu leisten, so kann der Gläubiger statt der H. den dazu erforderlichen Geldbetrag verlangen.

250 Der Gläubiger kann dem Ersatzpflichtigen zur H. des früheren Zustandes eine angemessene Frist mit der Erklärung bestimmen, daß er die H. nach dem Ablaufe der Frist ablehne. Nach dem Ablaufe der Frist kann der Gläubiger den Ersatz in Geld verlangen, wenn nicht die H. rechtzeitig erfolgt; der Anspruch auf die H. ist ausgeschlossen.

251 Soweit die H. des früheren Zustandes nicht möglich oder zur Entschädigung des Gläubigers nicht genügend ist, hat der Ersatzpflichtige den Gläubiger in Geld zu entschädigen.

Der Ersatzpflichtige kann den Gläubiger in Geld entschädigen, wenn die H. nur mit unverhältnismäßigen Aufwendungen möglich ist.

2335 **Pflichtteil** f. Ehescheidung 1567, 1571.

Sachen.

94 Zu den wesentlichen Bestandteilen eines Grundstücks gehören die mit dem Grund und Boden fest verbundenen Sachen, insbesondere Gebäude, sowie die Erzeugnisse des Grundstücks, solange sie mit dem Boden zusammenhängen. Samen wird mit dem Aussäen, eine Pflanze wird mit dem Einpflanzen wesentlicher Bestandteil des Grundstücks.

Zu den wesentlichen Bestandteilen eines Gebäudes gehören die zur H. des Gebäudes eingefügten Sachen.

§ **Schuldverschreibung.**

793 Hat jemand eine Urkunde ausgestellt, in der er dem Inhaber der Urkunde eine Leistung verspricht, (Schuldverschreibung auf den Inhaber) so kann der Inhaber von ihm die Leistung nach Maßgabe des Versprechens verlangen, es sei denn, daß er zur Verfügung über die Urkunde nicht berechtigt ist. Der Aussteller wird jedoch auch durch die Leistung an einem nicht zur Verfügung berechtigten Inhaber befreit.

Die Gültigkeit der Unterzeichnung kann durch eine in die Urkunde aufgenommene Bestimmung von der Beobachtung einer besonderen Form abhängig gemacht werden. Zur Unterzeichnung genügt eine im Wege der mechanischen Vervielfältigung hergestellte Namensunterschrift.

Testament.

2172 s. **Erblasser** — Testament.

Verjährung.

194 Das Recht, von einem anderen ein Thun oder ein Unterlassen zu verlangen (Anspruch), unterliegt der Verjährung.

Der Anspruch aus einem familienrechtlichen Verhältnis unterliegt der Verjährung nicht, soweit er auf die H. des dem Verhältnis entsprechenden Zustandes für die Zukunft gerichtet ist.

1635 **Verwandtschaft** s. Ehescheidung 1567.

Werkvertrag.

631 Durch den Werkvertrag wird der Unternehmer zur H. des versprochenen Werkes, der Besteller zur Entrichtung der vereinbarten Vergütung verpflichtet.

Gegenstand des Werkvertrags kann sowohl die H. oder Veränderung einer Sache als ein anderer durch Arbeit oder Dienstleistung herbeizuführender Erfolg sein.

632 Eine Vergütung gilt als stillschweigend vereinbart, wenn die H. des Werkes den Umständen nach nur gegen eine Vergütung zu erwarten ist.

Ist die Höhe der Vergütung nicht bestimmt, so ist bei dem Bestehen einer Taxe die taxmäßige Vergütung, in Ermangelung einer Taxe die übliche Vergütung als vereinbart anzusehen.

633 Der Unternehmer ist verpflichtet, das Werk so herzustellen, daß es die zugesicherten Eigenschaften hat und nicht mit Fehlern behaftet ist, die den Wert oder die Tauglichkeit zu dem gewöhnlichen oder dem nach dem Vertrage vorausgesetzten Gebrauch aufheben oder mindern.

Ist das Werk nicht von dieser Beschaffenheit, so kann der Besteller die Beseitigung des Mangels verlangen. Der Unternehmer ist berechtigt, die Beseitigung zu verweigern, wenn sie einen unverhältnismäßigen Aufwand erfordert.

Ist der Unternehmer mit der Beseitigung des Mangels im Verzuge, so kann der Besteller den Mangel selbst beseitigen und Ersatz der erforderlichen Aufwendungen verlangen. 634, 640.

636 Wird das Werk ganz oder zum Teil nicht rechtzeitig hergestellt, so finden die für die Wandelung geltenden Vorschriften des § 634 Abs. 1—3 entsprechende Anwendung; an die Stelle des Anspruchs auf Wandelung tritt das Recht des Bestellers, nach § 327 vom Vertrage zurückzutreten. Die im Falle des Verzugs des Unternehmers dem Besteller zustehenden Rechte bleiben unberührt.

Bestreitet der Unternehmer die Zulässigkeit des erklärten Rücktritts, weil er das Werk rechtzeitig hergestellt habe, so trifft ihn die Beweislast.

640 Der Besteller ist verpflichtet, das

§ vertragsmäßig hergestellte Werke abzunehmen, sofern nicht nach der Beschaffenheit des Werkes die Abnahme ausgeschlossen ist.

Nimmt ein Besteller ein mangelhaftes Werk ab, obschon er den Mangel kennt, so stehen ihm die in den §§ 633, 634 bestimmten Ansprüche nur zu, wenn er sich seine Rechte wegen des Mangels bei der Abnahme vorbehält.

642 Ist bei der H. des Werkes eine Handlung des Bestellers erforderlich, so kann der Unternehmer, wenn der Besteller durch das Unterlassen der Handlung in Verzug der Annahme kommt, eine angemessene Entschädigung verlangen.

Die Höhe der Entschädigung bestimmt sich einerseits nach der Dauer des Verzugs und der Höhe der vereinbarten Vergütung, andererseits nach demjenigen, was der Unternehmer infolge des Verzugs an Aufwendungen erspart oder durch anderweitige Verwendung seiner Arbeitskraft erwerben kann. 643.

647 Der Unternehmer hat für seine Forderungen aus dem Vertrag ein Pfandrecht an den von ihm hergestellten oder ausgebesserten beweglichen Sachen des Bestellers, wenn sie bei der H. oder zum Zwecke der Ausbesserung in seinen Besitz gelangt sind. 651.

651 Verpflichtet sich der Unternehmer, das Werk aus einem von ihm zu beschaffenden Stoffe herzustellen, so hat er dem Besteller die hergestelle Sache zu übergeben und das Eigentum an der Sache zu verschaffen. Auf einen solchen Vertrag finden die Vorschriften über den Kauf Anwendung; ist eine nicht vertretbare Sache herzustellen, so treten an die Stelle des § 433, des § 446 Abs. 1 Satz 1 und der §§ 447, 459, 460, 462—464, 477 bis 479 die Vorschriften über den Werkvertrag mit Ausnahme der §§ 647, 648.

Verpflichtet sich der Unternehmer nur zur Beschaffung von Zuthaten oder sonstigen Nebensachen, so finden ausschließlich die Vorschriften über den Werkvertrag Anwendung.

Hervortreten.

Vollmacht.

164 Tritt im Falle einer Vollmacht der Wille, in fremdem Namen zu handeln, nicht erkennbar hervor, so kommt der Mangel des Willens, im eigenen Namen zu handeln, nicht in Betracht.

Herzog.

Art. **Einführungsgesetz.**

57 s. E.G. — E.G.

Hinausreichen.

§ **Verjährung.**

201 Die Verjährung der in den §§ 196, 197 bezeichneten Ansprüche beginnt mit dem Schlusse des Jahres, in welchem der nach den §§ 198 bis 200 maßgebende Zeitpunkt eintritt. Kann die Leistung erst nach dem Ablauf einer über diesen Zeitpunkt hinausreichenden Frist verlangt werden, so beginnt die Verjährung mit dem Schlusse des Jahres, in welchem die Frist abläuft.

Hinausschiebung.

Verjährung.

199 Kann der Berechtigte die Leistung erst verlangen, wenn er dem Verpflichteten gekündigt hat, so beginnt die Verjährung mit dem Zeitpunkte, von welchem an die Kündigung zulässig ist. Hat der Verpflichtete die Leistung erst zu bewirken, wenn seit der Kündigung eine bestimmte Frist verstrichen ist, so wird der Beginn der

§ Verjährung um die Dauer der Frist hinausgeschoben. 201.

Art. **Hindernis.**

174 **Einführungsgesetz** f. Schuldverschreibung § 802.

§ **Erbe.**

1996 Ist der Erbe durch höhere Gewalt verhindert worden, das Inventar rechtzeitig zu errichten oder die nach den Umständen gerechtfertigte Verlängerung der Inventarfrist zu beantragen, so hat ihm auf seinen Antrag das Nachlaßgericht eine neue Inventarfrist zu bestimmen. Das Gleiche gilt, wenn der Erbe von der Zustellung des Beschlusses, durch den die Inventarfrist bestimmt worden ist, ohne sein Verschulden Kenntnis nicht erlangt hat.

Der Antrag muß binnen zwei Wochen nach der Beseitigung des H. und spätestens vor dem Ablauf eines Jahres nach dem Ende der zuerst bestimmten Frist gestellt werden.

Vor der Entscheidung soll der Nachlaßgläubiger, auf dessen Antrag die erste Frist bestimmt worden ist, wenn thunlich gehört werden. 1997, 1998.

Schuldverschreibung.

802 Der Beginn und der Lauf der Vorlegungsfrist sowie der Verjährung werden durch die Zahlungssperre zu Gunsten des Antragstellers gehemmt. Die Hemmung beginnt mit der Stellung des Antrags auf Zahlungssperre; sie endigt mit der Erledigung des Aufgebotsverfahrens und, falls die Zahlungssperre vor der Einleitung des Verfahrens verfügt worden ist, auch dann, wenn seit der Beseitigung des der Einleitung entgegenstehenden H. sechs Monate verstrichen sind und nicht vorher die Einleitung beantragt worden ist. Auf diese Frist finden

§ die Vorschriften der §§ 203, 206, 207 entsprechende Anwendung. 808.

Verwandtschaft.

1734 Die Ehelichkeitserklärung kann versagt werden, auch wenn ihr ein g. H. nicht entgegensteht.

Vormundschaft.

1778 Wer nach § 1776 als Vormund berufen ist, darf ohne seine Zustimmung nur übergangen werden, wenn er nach den §§ 1780—1784 nicht zum Vormunde bestellt werden kann oder soll oder wenn er an der Übernahme der Vormundschaft verhindert ist oder die Übernahme verzögert oder wenn seine Bestellung das Interesse des Mündels gefährden würde.

Ist der Berufene nur vorübergehend verhindert, so hat ihn das Vormundschaftsgericht nach dem Wegfalle des H. auf seinen Antrag an Stelle des bisherigen Vormundes zum Vormunde zu bestellen. 1861, 1917.

Hinderung.

Miete.

542 Wegen einer unerheblichen H. oder Vorenthaltung des Gebrauchs der gemieteten Sache ist die Kündigung nur zulässig, wenn sie durch ein besonderes Interesse des Mieters gerechtfertigt wird. 543.

Hingabe.

Darlehen.

610 Wer die H. eines Darlehns verspricht, kann im Zweifel das Versprechen widerrufen, wenn in den Vermögensverhältnissen des anderen Teils eine wesentliche Verschlechterung eintritt, durch die der Anspruch auf die Rückerstattung gefährdet wird.

Hypothek.

1139 Ist bei der Bestellung einer Hypothek für ein Darlehen die Erteilung des Hypothekenbriefs ausgeschlossen wor-

§ den, so genügt zur Eintragung eines Widerspruchs, der sich darauf gründet, daß die H des Darlehens unterblieben sei, der von dem Eigentümer an das Grundbuchamt gerichtete Antrag, sofern er vor dem Ablauf eines Monats nach der Eintragung der Hypothek gestellt wird. Wird der Widerspruch innerhalb des Monats eingetragen, so hat die Eintragung die gleiche Wirkung, wie wenn der Widerspruch zugleich mit der Hypothek eingetragen worden wäre. 1185.

Hinterbliebene.

Art. **Einführungsgesetz.**

80 s. **E.G.** — E.G.

Hinterlassung.

Einführungsgesetz.

137 s. Pflichtteil § 2312.

§ **Erbe.**

2032 Hinterläßt der Erblasser mehrere Erben, so wird der Nachlaß gemeinschaftliches Vermögen der Erben.

Bis zur Auseinandersetzung gelten die Vorschriften der §§ 2033 bis 2041.

2049 s. Pflichtteil 2312.

2289 **Erbvertrag** s. Pflichtteil 2338.

Güterrecht.

1482, 1483, 1490 s. **Gütergemeinschaft** — Güterrecht.

1513 s. Pflichtteil 2338.

Pflichtteil.

2305 Ist einem Pflichtteilsberechtigten ein Erbteil hinterlassen, der geringer ist als die Hälfte des g. Erbteils, so kann der Pflichtteilsberechtigte von den Miterben als Pflichtteil den Wert des an der Hälfte fehlenden Teiles verlangen.

2306 Ist ein als Erbe berufener Pflichtteilsberechtigter durch die Einsetzung eines Nacherben, die Ernennung eines Testamentsvollstreckers oder eine

§ Teilungsanordnung beschränkt oder ist er mit einem Vermächtnis oder einer Auflage beschwert, so gilt die Beschränkung oder die Beschwerung als nicht angeordnet, wenn der ihm hinterlassene Erbteil die Hälfte des g. Erbteils nicht übersteigt. Ist der hinterlassene Erbteil größer, so kann der Pflichtteilsberechtigte den Pflichtteil verlangen, wenn er den Erbteil ausschlägt; die Ausschlagungsfrist beginnt erst, wenn der Pflichtteilsberechtigte von der Beschränkung oder der Beschwerung Kenntnis erlangt.

Einer Beschränkung der Erbeinsetzung steht es gleich, wenn der Pflichtteilsberechtigte als Nacherbe eingesetzt ist. 2307, 2308.

2309 Entferntere Abkömmlinge und die Eltern des Erblassers sind insoweit nicht pflichtteilsberechtigt, als ein Abkömmling, der sie im Falle der g. Erbfolge ausschließen würde, den Pflichtteil verlangen kann oder das ihm Hinterlassene annimmt.

2312 Hinterläßt der Erblasser nur einen Erben, so kann er anordnen, daß der Berechnung des Pflichtteils der Ertragswert eines zum Nachlasse gehörenden Landgutes oder ein nach Abs. 1 Satz 2 dieses § bestimmter Wert zu Grunde gelegt werden soll.

Diese Vorschriften finden nur Anwendung, wenn der Erbe, der das Landgut erwirbt, zu den im § 2303 bezeichneten pflichtteilsberechtigten Personen gehört.

2316 Ist der Pflichtteilsberechtigte Erbe und beträgt der Pflichtteil nach Abs. 1 dieses § mehr als der Wert des hinterlassenen Erbteils, so kann der Pflichtteilsberechtigte von den Miterben den Mehrbetrag als Pflichtteil verlangen, auch wenn der hinterlassene Erbteil die Hälfte des g. Erbteils erreicht oder übersteigt.

§

2326 Der Pflichtteilsberechtigte kann die Ergänzung des Pflichtteils auch dann verlangen, wenn ihm die Hälfte des g. Erbteils hinterlassen ist. Ist dem Pflichtteilsberechtigten mehr als die Hälfte hinterlassen, so ist der Anspruch ausgeschlossen, soweit der Wert des mehr Hinterlassenen reicht. 2330.

2338 Hat sich ein Abkömmling in solchem Maße der Verschwendung ergeben oder ist er in solchem Maße überschuldet, daß sein späterer Erwerb erheblich gefährdet wird, so kann der Erblasser das Pflichtteilsrecht des Abkömmlings durch die Anordnung beschränken, daß nach dem Tode des Abkömmlings dessen g. Erben das ihm Hinterlassene oder den ihm gebührenden Pflichtteil als Nacherben oder als Nachvermächtnisnehmer nach dem Verhältnis ihrer g. Erbteile erhalten sollen. Der Erblasser kann auch für die Lebenszeit des Abkömmlings die Verwaltung einem Testamentsvollstrecker übertragen; der Abkömmling hat in einem solchen Falle Anspruch auf den jährlichen Reinertrag. 2336.

Testament.

2068 Hat der Erblasser seine Kinder ohne nähere Bestimmung bedacht und ist ein Kind vor der Errichtung des Testaments mit H. von Abkömmlingen gestorben, so ist im Zweifel anzunehmen, daß die Abkömmlinge insoweit bedacht sind, als sie bei der g. Erbfolge an die Stelle des Kindes treten würden. 2091.

Hinterleger.

Art. **Einführungsgesetz.**

145 s. E.G. — E.G.

§ **Hypothek.**

1171 Der unbekannte Hypotheken-Gläubiger kann im Wege des Aufgebotsverfahrens mit seinem Rechte auch dann ausgeschlossen werden, wenn der Eigentümer zur Befriedigung des Gläubigers oder zur Kündigung berechtigt ist und den Betrag der Forderung für den Gläubiger unter Verzicht auf das Recht zur Rücknahme hinterlegt. Die Hinterlegung von Zinsen ist nur erforderlich, wenn der Zinssatz im Grundbuch eingetragen ist; Zinsen für eine frühere Zeit als das vierte Kalenderjahr vor der Erlassung des Ausschlußurteils sind nicht zu hinterlegen.

Mit der Erlassung des Ausschlußurteils gilt der Gläubiger als befriedigt, sofern nicht nach den Vorschriften über die Hinterlegung die Befriedigung schon vorher eingetreten ist. Der dem Gläubiger erteilte Hypothekenbrief wird kraftlos.

Das Recht des Gläubigers auf den hinterlegten Betrag erlischt mit dem Ablaufe von dreißig Jahren nach der Erlassung des Ausschlußurteils, wenn nicht der Gläubiger sich vorher bei der Hinterlegungsstelle meldet; der H. ist zur Rücknahme berechtigt, auch wenn er auf das Recht zur Rücknahme verzichtet hat.

1269 **Pfandrecht** s. Hypothek 1171.

Verwahrung.

688 Durch den Verwahrungsvertrag wird der Verwahrer verpflichtet, eine ihm von dem H. übergebene bewegliche Sache aufzubewahren.

692 Der Verwahrer ist berechtigt, die vereinbarte Art der Aufbewahrung zu ändern, wenn er den Umständen nach annehmen darf, daß der H. bei Kenntnis der Sachlage die Änderung billigen würde. Der Verwahrer hat vor der Änderung dem H. Anzeige zu machen und dessen Entschließung abzuwarten, wenn nicht mit dem Aufschube Gefahr verbunden ist.

693 Macht der Verwahrer zum Zwecke der Aufbewahrung Aufwendungen,

§ die er den Umständen nach für erforderlich halten darf, so ist der H. zum Ersatze verpflichtet.

694 Der H. hat den durch die Beschaffenheit der hinterlegten Sache dem Verwahrer entstehenden Schaden zu ersetzen, es sei denn, daß er die gefahrdrohende Beschaffenheit der Sache bei der Hinterlegung weder kennt noch kennen muß oder daß er sie dem Verwahrer angezeigt oder dieser sie ohne Anzeige gekannt hat.

695 Der H. kann die hinterlegte Sache jederzeit zurückfordern, auch wenn für die Aufbewahrung eine Zeit bestimmt ist.

697 Die Rückgabe der hinterlegten Sache hat an dem Orte zu erfolgen, an welchem die Sache aufzubewahren war; der Verwahrer ist nicht verpflichtet, die Sache dem H. zu bringen.

699 Der H. hat die vereinbarte Vergütung bei der Beendigung der Aufbewahrung zu entrichten. Ist die Vergütung nach Zeitabschnitten bemessen, so ist sie nach dem Ablaufe der einzelnen Zeitabschnitte zu entrichten.

Endigt die Aufbewahrung vor dem Ablaufe der für sie bestimmten Zeit, so kann der Verwahrer einen seinen bisherigen Leistungen entsprechenden Teil der Vergütung verlangen, sofern nicht aus der Vereinbarung über die Vergütung sich ein anderes ergiebt.

700 Werden vertretbare Sachen in der Art hinterlegt, daß das Eigentum auf den Verwahrer übergehen und dieser verpflichtet sein soll, Sachen von gleicher Art, Güte und Menge zurückzugewähren, so finden die Vorschriften über das Darlehen Anwendung. Gestattet der H. dem Verwahrer, hinterlegte vertretbare Sachen zu verbrauchen, so finden die Vorschriften über das Darlehen von dem Zeitpunkt an Anwendung, in welchem der Verwahrer sich die Sachen aneignet. In beiden Fällen bestimmen sich jedoch Zeit und Ort der Rückgabe im Zweifel nach den Vorschriften über den Verwahrungsvertrag.

Bei der Hinterlegung von Wertpapieren ist eine Vereinbarung der im Abs. 1 bezeichneten Art nur giltig, wenn sie ausdrücklich getroffen wird.

Hinterlegung.

660 **Auslobung** s. **Auslobung** — Auslobung.

1011 **Eigentum** s. Schuldverhältnis 432.

Art. **Einführungsgesetz.**

140 s. Erbe § 1960.

145 s. **E.G.** — E.G.

146 s. Schuldverhältnis §§ 373—382.

163 s. Verein § 52.

§ **Erbe.**

1960, 2039 s. **Erbe** — Erbe.

Güterrecht.

1392 Liegen die Voraussetzungen vor, unter denen der Mann bei g. Güterrecht zur Sicherheitsleistung verpflichtet ist, so kann die Frau auch verlangen, daß der Mann die zum eingebrachten Gute gehörenden Inhaberpapiere nebst den Erneuerungsscheinen bei einer Hinterlegungsstelle oder bei der Reichsbank mit der Bestimmung hinterlegt, daß die Herausgabe von dem Manne nur mit Zustimmung der Frau verlangt werden kann. Die H. von Inhaberpapieren, die nach § 92 zu den verbrauchbaren Sachen gehören, sowie von Zins-, Renten- oder Gewinnanteilscheinen kann nicht verlangt werden. Den Inhaberpapieren stehen Orderpapiere gleich, die mit Blankoindossament versehen sind.

Über die hinterlegten Papiere kann der Mann auch eine Verfügung, zu der er nach § 1376 berechtigt ist, nur mit Zustimmung der Frau treffen. 1393, 1525.

§

1393 Der Mann kann bei g. Güterrecht die zum eingebrachten Gute gehörenden Inhaberpapiere, statt sie nach § 1392 zu hinterlegen, auf den Namen der Frau umschreiben oder, wenn sie von dem Reiche oder einem Bundesstaat ausgestellt sind, in Buchforderungen gegen das Reich oder den Bundesstaat umwandeln lassen. 1525.

1525 Auf das eingebrachte Gut der Frau im Falle der Errungenschaftsgemeinschaft finden die Vorschriften der §§ 1373—1383, 1390—1417 entsprechende Anwendung.

Hypothek.

1142 Der Eigentümer ist berechtigt, den Hypotheken-Gläubiger zu befriedigen, wenn die Forderung ihm gegenüber fällig geworden oder wenn der persönliche Schuldner zur Leistung berechtigt ist.

Die Befriedigung kann auch durch H. oder durch Aufrechnung erfolgen.

1150 s. Leistung 268.

1171 s. **Hinterleger** — Hypothek.

Kauf.

457 s. Schuldverhältnis 385, 383.

489 Ist über den Anspruch auf Wandelung ein Rechtsstreit anhängig, so ist auf Antrag der einen oder der anderen Partei die öffentliche Versteigerung des Tieres und die H. des Erlöses durch einstweilige Verfügung anzuordnen, sobald die Besichtigung des Tieres nicht mehr erforderlich ist. 481, 491, 492.

Leistung.

268 Die Befriedigung des Gläubigers durch einen Dritten im Falle der Zwangsvollstreckung kann auch durch H. oder Aufrechnung erfolgen.

Nießbrauch.

1077 Der Schuldner kann das Kapital nur an den Nießbraucher und den Gläubiger gemeinschaftlich zahlen. Jeder von beiden kann verlangen, daß an sie gemeinschaftlich gezahlt wird; jeder kann statt der Zahlung die H. für beide fordern.

Der Nießbraucher und der Gläubiger können nur gemeinschaftlich kündigen. Die Kündigung des Schuldners ist nur wirksam, wenn sie dem Nießbraucher und dem Gläubiger erklärt wird. 1068, 1076.

1082 Das dem Nießbrauch unterliegende Inhaber- oder Orderpapier ist nebst dem Erneuerungsschein auf Verlangen des Nießbrauchers oder des Eigentümers bei einer Hinterlegungsstelle mit der Bestimmung zu hinterlegen, daß die Herausgabe nur von dem Nießbraucher und dem Eigentümer gemeinschaftlich verlangt werden kann. Der Nießbraucher kann auch H. bei der Reichsbank verlangen. 1068.

Pfandrecht.

1217 Verletzt der Pfandgläubiger die Rechte des Verpfänders in erheblichem Maße und setzt er das verletzende Verhalten ungeachtet einer Abmahnung des Verpfänders fort, so kann der Verpfänder verlangen, daß das Pfand auf Kosten des Pfandgläubigers hinterlegt oder, wenn es sich nicht zur H. eignet, an einen gerichtlich zu bestellenden Verwahrer abgeliefert wird.

Statt der H. oder der Ablieferung der Sache an einen Verwahrer kann der Verpfänder die Rückgabe des Pfandes gegen Befriedigung des Gläubigers verlangen. Ist die Forderung unverzinslich und noch nicht fällig, so gebührt dem Pfandgläubiger nur die Summe, welche mit Hinzurechnung der g. Zinsen für die Zeit von der Zahlung bis zur Fälligkeit dem Betrage der Forderung gleichkommt. 1266, 1275.

1219 Wird durch den drohenden Verderb des Pfandes oder durch eine zu besorgende wesentliche Minderung des

§ Wertes die Sicherheit des Pfandgläubigers gefährdet, so kann dieser das Pfand öffentlich versteigern lassen. Der Erlös tritt an die Stelle des Pfandes. Auf Verlangen des Verpfänders ist der Erlös zu hinterlegen. 1266.

1224 Die Befriedigung des Pfandgläubigers durch den Verpfänder kann auch durch H. oder durch Aufrechnung erfolgen. 1266.

1249 s. Leistung 268.

1269 s. Hypothek 1171.

1281 Der Schuldner kann nur an den Pfandgläubiger und den Gläubiger gemeinschaftlich leisten. Jeder von beiden kann verlangen, daß an sie gemeinschaftlich geleistet wird; jeder kann statt der Leistung verlangen, daß die geschuldete Sache für beide hinterlegt oder, wenn sie sich nicht zur H. eignet, an einen gerichtlich zu bestellenden Verwahrer abgeliefert wird. 1273. 1279, 1284, 1287, 1288.

1109 **Reallasten** s. Schuldverhältnis 432.

Schuldverhältnis §§ 372—386.

372 Geld, Wertpapiere und sonstige Urkunden sowie Kostbarkeiten kann der Schuldner bei einer dazu bestimmten öffentlichen Stelle für den Gläubiger hinterlegen, wenn der Gläubiger im Verzuge der Annahme ist. Das Gleiche gilt, wenn der Schuldner aus einem anderen in der Person des Gläubigers liegenden Grunde oder in Folge einer nicht auf Fahrlässigkeit beruhenden Ungewißheit über die Person des Gläubigers seine Verbindlichkeit nicht oder nicht mit Sicherheit erfüllen kann. 383.

373 Ist der Schuldner nur gegen eine Leistung des Gläubigers zu leisten verpflichtet, so kann er das Recht des Gläubigers zum Empfange der hinterlegten Sache von der Bewirkung der Gegenleistung abhängig machen.

§

374 Die H. hat bei der Hinterlegungsstelle des Leistungsorts zu erfolgen; hinterlegt der Schuldner bei einer anderen Stelle, so hat er dem Gläubiger den daraus entstehenden Schaden zu ersetzen.

Der Schuldner hat dem Gläubiger die H. unverzüglich anzuzeigen; im Falle der Unterlassung ist er zum Schadensersatze verpflichtet. Die Anzeige darf unterbleiben, wenn sie unthunlich ist.

375 Ist die hinterlegte Sache der Hinterlegungsstelle durch die Post übersendet worden, so wirkt die H. auf die Zeit der Aufgabe der Sache zur Post zurück.

376 Der Schuldner hat das Recht, die hinterlegte Sache zurückzunehmen.

Die Rücknahme ist ausgeschlossen:

1. wenn der Schuldner der Hinterlegungsstelle erklärt, daß er auf das Recht zur Rücknahme verzichte;
2. wenn der Gläubiger der Hinterlegungsstelle die Annahme erklärt;
3. wenn der Hinterlegungsstelle ein zwischen dem Gläubiger und dem Schuldner ergangenes rechtskräftiges Urteil vorgelegt wird, das die H. für rechtmäßig erklärt.

377 Das Recht zur Rücknahme der hinterlegten Sache ist der Pfändung nicht unterworfen.

Wird über das Vermögen des Schuldners der Konkurs eröffnet, so kann während des Konkurses das Recht zur Rücknahme auch nicht von dem Schuldner ausgeübt werden.

378 Ist die Rücknahme der hinterlegten Sache ausgeschlossen, so wird der Schuldner durch die H. von seiner Verbindlichkeit in gleicher Weise befreit, wie wenn er zur Zeit der H. an den Gläubiger geleistet hätte.

379 Ist die Rücknahme der hinterlegten Sache nicht ausgeschlossen, so kann

§ der Schuldner den Gläubiger auf die hinterlegte Sache verweisen.

Solange die Sache hinterlegt ist, trägt der Gläubiger die Gefahr und ist der Schuldner nicht verpflichtet, Zinsen zu zahlen oder Ersatz für nicht gezogene Nutzungen zu leisten.

Nimmt der Schuldner die hinterlegte Sache zurück, so gilt die H. als nicht erfolgt.

380 Soweit nach den für die Hinterlegungsstelle geltenden Bestimmungen zum Nachweise der Empfangsberechtigung des Gläubigers eine diese Berechtigung anerkennende Erklärung des Schuldners erforderlich oder genügend ist, kann der Gläubiger von dem Schuldner die Abgabe der Erklärung unter denselben Voraussetzungen verlangen, unter denen er die Leistung zu fordern berechtigt sein würde, wenn die H. nicht erfolgt wäre.

381 Die Kosten der H. fallen dem Gläubiger zur Last, sofern nicht der Schuldner die hinterlegte Sache zurücknimmt.

382 Das Recht des Gläubigers auf den hinterlegten Betrag erlischt mit dem Ablaufe von dreißig Jahren nach dem Empfange der Anzeige von der H., wenn nicht der Gläubiger sich vorher bei der Hinterlegungsstelle meldet; der Schuldner ist zur Rücknahme berechtigt, auch wenn er auf das Recht zur Rücknahme verzichtet hat.

383 Ist die geschuldete bewegliche Sache zur H. nicht geeignet, so kann der Schuldner sie im Falle des Verzugs des Gläubigers am Leistungsorte versteigern lassen und den Erlös hinterlegen. Das Gleiche gilt in den Fällen des § 372 Satz 2, wenn der Verderb der Sache zu besorgen oder die Aufbewahrung mit unverhältnismäßigen Kosten verbunden ist.

Ist von der Versteigerung am Leistungsort ein angemessener Erfolg nicht zu erwarten, so ist die Sache an einem geeigneten anderen Orte zu versteigern.

Die Versteigerung hat durch einen für den Versteigerungsort bestellten Gerichtsvollzieher oder zu Versteigerungen befugten anderen Beamten oder öffentlich angestellten Versteigerer öffentlich zu erfolgen (öffentliche Versteigerung). Zeit und Ort der Versteigerung sind unter a. Bezeichnung öffentlich bekannt zu machen. 372.

384 Die Versteigerung einer geschuldeten beweglichen Sache im Falle des Verzugs des Gläubigers ist erst zulässig, nachdem sie dem Gläubiger angedroht worden ist; die Androhung darf unterbleiben, wenn die Sache dem Verderb ausgesetzt und mit dem Aufschube der Versteigerung Gefahr verbunden ist.

Der Schuldner hat den Gläubiger von der Versteigerung unverzüglich zu benachrichtigen; im Falle der Unterlassung ist er zum Schadensersatze verpflichtet.

Die Androhung und die Benachrichtigung dürfen unterbleiben, wenn sie unthunlich sind.

385 Hat die geschuldete bewegliche Sache einen Börsen- oder Marktpreis, so kann der Schuldner im Falle des Verzugs des Gläubigers den Verkauf aus freier Hand durch einen zu solchen Verkäufen öffentlich ermächtigten Handelsmäkler oder durch eine zur öffentlichen Versteigerung befugte Person zum laufenden Preise bewirken. 386.

386 Die Kosten der Versteigerung oder des nach § 385 erfolgten Verkaufs der geschuldeten Sache fallen dem Gläubiger zur Last, sofern nicht der Schuldner den hinterlegten Erlös zurücknimmt.

422 Die Erfüllung durch einen Gesamtschuldner wirkt auch für die übrigen Schuldner. Das Gleiche gilt von der

§ Leistung an Erfüllungsstatt, der H. und der Aufrechnung. 425, 429.

432 Haben mehrere eine unteilbare Leistung zu fordern, so kann, sofern sie nicht Gesamtgläubiger sind, der Schuldner nur an alle gemeinschaftlich leisten und jeder Gläubiger nur die Leistung an alle fordern. Jeder Gläubiger kann verlangen, daß der Schuldner die geschuldete Sache für alle Gläubiger hinterlegt oder, wenn sie sich nicht zur H. eignet, an einen gerichtlich zu bestellenden Verwahrer abliefert.

Im übrigen wirkt eine Thatsache, die nur in der Person eines der Gläubiger eintritt, nicht für und gegen die anderen Gläubiger.

Sicherheitsleistung.

232 Wer Sicherheit zu leisten hat, kann dies bewirken
durch H. von Geld oder Wertpapieren.

233 Mit der H. erwirbt der Berechtigte ein Pfandrecht an dem hinterlegten Gelde oder an den hinterlegten Wertpapieren und, wenn das Geld oder die Wertpapiere nach landesg. Vorschrift in das Eigentum des Fiskus oder der als Hinterlegungsstelle bestimmten Anstalt übergehen, ein Pfandrecht an der Forderung auf Rückerstattung.

234 Mit den Wertpapieren sind die Zins-, Renten-, Gewinnanteil- und Erneuerungsscheine zu hinterlegen.

235 Wer durch H. von Geld oder von Wertpapieren Sicherheit geleistet hat, ist berechtigt, das hinterlegte Geld gegen geeignete Wertpapiere, die hinterlegten Wertpapiere gegen andere geeignete Wertpapiere oder gegen Geld umzutauschen.

88 **Stiftung** s. Verein 52.

Testament.

2114, 2116, 2117, 2256 s. **Erblasser** — Testament.

§ **Verein.**

52 Meldet sich ein bekannter Gläubiger des aufzulösenden Vereins nicht, so ist der geschuldete Betrag, wenn die Berechtigung zur H. vorhanden ist, für den Gläubiger zu hinterlegen. 53.

Verwahrung.

691 Der Verwahrer ist im Zweifel nicht berechtigt, die hinterlegte Sache bei einem Dritten zu hinterlegen. Ist die H. bei einem Dritten gestattet, so hat der Verwahrer nur ein ihm bei dieser H. zur Last fallendes Verschulden zu vertreten. Für das Verschulden eines Gehülfen ist er nach § 278 verantwortlich.

696 Der Verwahrer kann, wenn eine Zeit für die Aufbewahrung nicht bestimmt ist, jederzeit die Rücknahme der hinterlegten Sache verlangen. Ist eine Zeit bestimmt, so kann er die vorzeitige Rücknahme nur verlangen, wenn ein wichtiger Grund vorliegt.

698 Verwendet der Verwahrer hinterlegtes Geld für sich, so ist er verpflichtet, es von der Zeit der Verwendung an zu verzinsen.

700 s. **Hinterleger** — Hinterlegung.

Verwandtschaft.

1667 s. Vormundschaft 1814, 1815, 1818, 1819.

1716 Schon vor der Geburt des unehelichen Kindes kann auf Antrag der Mutter durch einstweilige Verfügung angeordnet werden, daß der Vater den für die ersten drei Monate dem Kinde zu gewährenden Unterhalt alsbald nach der Geburt an die Mutter oder an den Vormund zu zahlen und den erforderlichen Betrag angemessene Zeit vor der Geburt zu hinterlegen hat. In gleicher Weise kann auf Antrag der Mutter die Zahlung des gewöhnlichen Betrags der nach § 1715 Abs. 1 zu ersetzenden Kosten an die Mutter

§ und die H. des erforderlichen Betrags angeordnet werden. 1717.

Vormundschaft.

1814 Der Vormund hat die zu dem Vermögen des Mündels gehörenden Inhaberpapiere nebst den Erneuerungsscheinen bei einer Hinterlegungsstelle oder bei der Reichsbank mit der Bestimmung zu hinterlegen, daß die Herausgabe der Papiere nur mit Genehmigung des Vormundschaftsgerichts verlangt werden kann. Die H. von Inhaberpapieren, die nach § 92 zu den verbrauchbaren Sachen gehören, sowie von Zins-, Renten- oder Gewinnanteilscheinen ist nicht erforderlich. Den Inhaberpapieren stehen Orderpapiere gleich, die mit Blankoindossament versehen sind. 1815, 1817—1819.

1815 Der Vormund kann die Inhaberpapiere, statt sie nach § 1814 zu hinterlegen, auf den Namen des Mündels mit der Bestimmung umschreiben lassen, daß er über sie nur mit Genehmigung des Vormundschaftsgerichts verfügen kann. Sind die Papiere von dem Reiche oder einem Bundesstaat ausgestellt, so kann er sie mit der gleichen Bestimmung in Buchforderungen gegen das Reich oder den Bundesstaat umwandeln lassen.

Sind Inhaberpapiere zu hinterlegen, die in Buchforderungen gegen das Reich oder einen Bundesstaat umgewandelt werden können, so kann das Vormundschaftsgericht anordnen, daß sie nach Abs. 1 in Buchforderungen umgewandelt werden. 1820.

1818 Das Vormundschaftsgericht kann aus besonderen Gründen anordnen, daß der Vormund auch solche zu dem Vermögen des Mündels gehörende Wertpapiere, zu deren Hinterlegung er nach § 1814 nicht verpflichtet ist, sowie Kostbarkeiten des Mündels in der im § 1814 bezeichneten Weise zu hinterlegen hat; auf Antrag des Vormundes kann die H. von Zins-, Renten- und Gewinnanteilscheinen angeordnet werden, auch wenn ein besonderer Grund nicht vorliegt. 1819.

1819 Solange die nach § 1814 oder nach § 1818 hinterlegten Wertpapiere oder Kostbarkeiten nicht zurückgenommen sind, bedarf der Vormund zu einer Verfügung über sie und, wenn Hypotheken-, Grundschuld- oder Rentenschuldbriefe hinterlegt sind, zu einer Verfügung über die Hypothekenforderung, die Grundschuld oder die Rentenschuld der Genehmigung des Vormundschaftsgerichts. Das Gleiche gilt von der Eingehung der Verpflichtung zu einer solchen Verfügung. 1812.

1853 Der Vater kann den von ihm benannten Vormund von der Verpflichtung entbinden, Inhaber- und Orderpapiere zu hinterlegen und den im § 1816 bezeichneten Vermerk in das Reichsschuldbuch oder das Staatsschuldbuch eintragen zu lassen. 1855, 1856, 1903, 1917.

Hinterlegungsschein.

Erbvertrag.

2277 Die über einen Erbvertrag aufgenommene Urkunde soll nach Maßgabe des § 2246 verschlossen, mit einer Aufschrift versehen und in besondere amtliche Verwahrung gebracht werden, sofern nicht die Parteien das Gegenteil verlangen. Das Gegenteil gilt im Zweifel als verlangt, wenn der Erbvertrag mit einem anderen Vertrag in derselben Urkunde verbunden wird.

Über einen in besondere amtliche Verwahrung genommenen Erbvertrag soll jedem der Vertragschließenden ein H. erteilt werden.

§ Pflichtteilsberechtigte als Ergänzung des Pflichtteils den Betrag verlangen, um den sich der Pflichtteil erhöht, wenn der verschenkte Gegenstand dem Nachlasse hinzugerechnet wird. 2330.

2372 Hat der Pflichtteilsberechtigte selbst ein Geschenk von dem Erblasser erhalten, so ist das Geschenk in gleicher Weise wie das dem Dritten gemachte Geschenk dem Nachlasse hinzuzurechnen und zugleich dem Pflichtteilsberechtigten auf die Ergänzung anzurechnen. Ein nach § 2315 anzurechnendes Geschenk ist auf den Gesamtbetrag des Pflichtteils und der Ergänzung anzurechnen.

Ist der Pflichtteilsberechtigte ein Abkömmling des Erblassers, so findet die Vorschrift des § 2051 Abs. 1 entsprechende Anwendung. 2330.

2204 **Testament** s. Erbe 2055.

Höchstbetrag.

Grundstück.

882 Wird ein Grundstück mit einem Rechte belastet, für welches nach den für die Zwangsversteigerung geltenden Vorschriften dem Berechtigten im Falle des Erlöschens durch den Zuschlag der Wert aus dem Erlöse zu ersetzen ist, so kann der H. des Ersatzes bestimmt werden. Die Bestimmung bedarf der Eintragung in das Grundbuch.

Hypothek.

1190 Eine Hypothek kann in der Weise bestellt werden, daß nur der H., bis zu dem das Grundstück haften soll, bestimmt, im übrigen die Feststellung der Forderung vorbehalten wird. Der H. muß in das Grundbuch eingetragen werden.

Ist die Forderung verzinslich, so werden die Zinsen in den H. eingerechnet.

Die Hypothek gilt als Sicherungshypothek, auch wenn sie im Grundbuche nicht als solche bezeichnet ist.

Die Forderung kann nach den für die Übertragung von Forderungen geltenden a. Vorschriften übertragen werden. Wird sie nach diesen Vorschriften übertragen, so ist der Übergang der Hypothek ausgeschlossen.

Pfandrecht.

1271 Das Pfandrecht kann in der Weise bestellt werden, daß nur der H., bis zu dem das Schiff haften soll, bestimmt, im übrigen die Feststellung der Forderung vorbehalten wird. Der H. muß in das Schiffsregister eingetragen werden.

Ist die Forderung verzinslich, so werden die Zinsen in den H. eingerechnet. 1259, 1272.

2166 **Testament** s. Hypothek 1190.

Hochzeitsgeschenke.

1932 **Erbfolge** s. **Erbe** — Erbfolge.

Höhe.

Anweisung.

787 Im Falle einer Anweisung auf Schuld wird der Angewiesene durch die Leistung in deren H. von der Schuld befreit.

Dienstvertrag.

612 Eine Vergütung gilt als stillschweigend vereinbart, wenn die Dienstleistung den Umständen nach nur gegen eine Vergütung zu erwarten ist.

Ist die H. der Vergütung nicht bestimmt, so ist bei dem Bestehen einer Taxe die taxmäßige Vergütung, in Ermangelung einer Taxe die übliche Vergütung als vereinbart anzusehen.

Eigentum.

905, 912, 914 s. **Eigentum** — Eigentum.

Art. **Einführungsgesetz.**

116 s. Eigentum § 912.

§ **Leistung.**

247 Ist ein höherer Zinssatz als sechs vom

§ Hundert für das Jahr vereinbart, so kann der Schuldner nach dem Ablaufe von sechs Monaten das Kapital unter Einhaltung einer Kündigungsfrist von sechs Monaten kündigen. Das Kündigungsrecht kann nicht durch Vertrag ausgeschlossen oder beschränkt werden.

Diese Vorschriften gelten nicht für Schuldverschreibungen auf den Inhaber.

Mäklervertrag.

653 Ein Mäklerlohn gilt als stillschweigend vereinbart, wenn die dem Mäkler übertragene Leistung den Umständen nach nur gegen eine Vergütung zu erwarten ist.

Ist die H. der Vergütung nicht bestimmt, so ist bei dem Bestehen einer Taxe der taxmäßige Lohn, in Ermangelung einer Taxe der übliche Lohn als vereinbart anzusehen.

655 Ist für den Nachweis der Gelegenheit zum Abschluß eines Dienstvertrags oder für die Vermittelung eines solchen Vertrages ein unverhältnismäßig hoher Mäklerlohn vereinbart worden, so kann er auf Antrag des Schuldners durch Urteil auf den angemessenen Betrag herabgesetzt werden. Nach der Entrichtung des Lohnes ist die Herabsetzung ausgeschlossen.

Miete.

562 Der Mieter kann die Geltendmachung des Pfandrechts des Vermieters durch Sicherheitsleistung abwenden; er kann jede einzelne Sache dadurch von dem Pfandrechte befreien, daß er in H. ihres Wertes Sicherheit leistet.

590 **Pacht** s. Miete 562.

Pflichtteil.

2320 Wer an Stelle des Pflichtteilsberechtigten g. Erbe wird, hat im Verhältnisse zu Miterben die Pflichtteilslast und, wenn der Pflichtteilsberechtigte ein ihm zugewendetes Vermächtnis annimmt, das Vermächtnis in H. des erlangten Vorteils zu tragen.

Das Gleiche gilt im Zweifel von demjenigen, welchem der Erblasser den Erbteil des Pflichtteilsberechtigten durch Verfügung von Todeswegen zugewendet hat. 2323, 2324.

2321 Schlägt der Pflichtteilsberechtigte ein ihm zugewendetes Vermächtnis aus, so hat im Verhältnisse der Erben und der Vermächtnisnehmer zu einander derjenige, welchem die Ausschlagung zu statten kommt, die Pflichtteilslast in H. des erlangten Vorteils zu tragen. 2323, 2324.

704 **Sachen** s. Miete 562.

Schenkung.

526 Soweit infolge eines Mangels im Rechte oder eines Mangels der verschenkten Sache der Wert der Zuwendung die H. der zur Vollziehung der Auflage erforderlichen Aufwendungen nicht erreicht, ist der Beschenkte berechtigt, die Vollziehung der Auflage zu verweigern, bis der durch den Mangel entstandene Fehlbetrag ausgeglichen wird. Vollzieht der Beschenkte die Auflage ohne Kenntnis des Mangels, so kann er von dem Schenker Ersatz der durch die Vollziehung verursachten Aufwendungen insoweit verlangen, als sie infolge des Mangels den Wert der Zuwendung übersteigen.

Sicherheitsleistung.

234 Mit Wertpapieren kann Sicherheit nur in H. von drei Vierteilen des Kurswertes geleistet werden.

236 Mit einer Buchforderung gegen das Reich oder gegen einen Bundesstaat kann Sicherheit nur in der H. von drei Vierteilen des Kurswertes der Wertpapiere geleistet werden, deren Aushändigung der Gläubiger gegen

§ Löschung seiner Forderung verlangen kann.

237 Mit einer beweglichen Sache kann Sicherheit nur in H. von zwei Dritteilen des Schätzungswertes geleistet werden.

Sachen, deren Verderb zu besorgen oder deren Aufbewahrung mit besonderen Schwierigkeiten verbunden ist, können zurückgewiesen werden.

239 Ein Bürge ist tauglich, wenn er ein der H. der zu leistenden Sicherheit angemessenes Vermögen besitzt und seinen a. Gerichtsstand im Inlande hat.

Vertrag.

343 Ist eine verwirkte Vertragsstrafe unverhältnismäßig hoch, so kann sie auf Antrag des Schuldners durch Urteil auf den angemessenen Betrag herabgesetzt werden.

Vormundschaft.

1788 Die einzelne einem Vormund aufzuerlegende Ordnungsstrafe darf den Betrag von dreihundert Mark nicht übersteigen. 1837.

1837 Die einzelne einem Vormund oder Gegenvormund aufzuerlegende Ordnungsstrafe darf den Betrag von dreihundert Mark nicht übersteigen.

1875 s. **Familienrat** — Vormundschaft.

Werkvertrag.

632 Ist die H. der Vergütung zur Herstellung eines Werkes nicht bestimmt, so ist bei dem Bestehen einer Taxe die taxmäßige Vergütung, in Ermangelung einer Taxe die übliche Vergütung als vereinbart anzusehen.

642 Die H. der Entschädigung für das Unterlassen einer Handlung bei der Herstellung eines Werkes bestimmt sich einerseits nach der Dauer des Verzuges und der H. der vereinbarten Vergütung, andererseits nach demjenigen, was der Unternehmer infolge des Verzuges an Aufwendungen erspart oder durch anderweitige Verwendung seiner Arbeitskraft erwerben kann. 643.

Hohenzollern.

Art. **Einführungsgesetz.**

57 s. **E.G.** — E.G.

Honorar.

Verjährung.

196 In zwei Jahren verjähren die Ansprüche:

1\. . . . .

13\. der öffentlichen Lehrer und der Privatlehrer wegen ihrer H., die Ansprüche der öffentlichen Lehrer jedoch nicht, wenn sie auf Grund besonderer Einrichtungen gestundet sind. 201.

Hülfe.

Selbsthülfe.

229 Wer zum Zwecke der Selbsthülfe eine Sache wegnimmt, zerstört oder beschädigt oder wer zum Zwecke der Selbsthülfe einen Verpflichteten, welcher der Flucht verdächtig ist, festnimmt oder den Widerstand des Verpflichteten gegen eine Handlung, die dieser zu dulden verpflichtet ist, beseitigt, handelt nicht widerrechtlich, wenn obrigkeitliche H. nicht rechtzeitig zu erlangen ist und ohne sofortiges Eingreifen die Gefahr besteht, daß die Verwirklichung des Anspruchs vereitelt oder wesentlich erschwert werde. 231.

Vormundschaft.

1802 Der Vormund kann sich bei der Aufnahme des Vermögensverzeichnisses der H. eines Beamten, eines Notars oder eines anderen Sachverständigen bedienen.

Hülfeleistung.

Todeserklärung.

15 Als Angehöriger einer bewaffneten Macht gilt auch derjenige, welcher sich in einem Amts- oder Dienst-

§ verhältnis oder zum Zwecke freiwilliger H. bei der bewaffneten Macht befindet. 13, 17, 18.

Art. **Hülfskasse.**

81 **Einführungsgesetz** s. Schuldverhältnis § 394.

§ **Schuldverhältnis.**

394 Soweit eine Forderung der Pfändung nicht unterworfen ist, findet die Aufrechnung gegen die Forderung nicht statt. Gegen die aus Kranken-H.- oder Sterbekassen, insbesondere aus Knappschaftskassen und Kassen der Knappschaftsvereine zu beziehenden Hebungen können jedoch geschuldete Beiträge aufgerechnet werden.

Hundert.

Hypothek.

1119 Ist die Forderung unverzinslich oder ist der Zinssatz niedriger als fünf vom H., so kann die Hypothek ohne Zustimmung der im Range gleich oder nachstehenden Berechtigten dahin erweitert werden, daß das Grundstück für Zinsen bis zu fünf vom H. haftet.

Leistung.

246 Ist eine Schuld nach G. oder Rechtsgeschäft zu verzinsen, so sind vier vom H. für das Jahr zu entrichten, sofern nicht ein anderes bestimmt ist.

247 Ist ein höherer Zinssatz als sechs vom H. für das Jahr vereinbart, so kann der Schuldner nach dem Ablaufe von sechs Monaten das Kapital unter Einhaltung einer Kündigungsfrist von sechs Monaten kündigen. Das Kündigungsrecht kann nicht durch Vertrag ausgeschlossen oder beschränkt werden.

Pfandrecht.

1264 Die Haftung des Schiffes beschränkt sich auf den eingetragenen Betrag der Forderung und die Zinsen nach dem eingetragenen Zinssatze. Die Haftung für g. Zinsen und für Kosten bestimmt sich nach der für die Hypothek geltenden Vorschrift des § 1118.

Ist die Forderung unverzinslich oder ist der Zinssatz niedriger als fünf vom H., so kann das Pfandrecht ohne Zustimmung der im Range gleich- oder nachstehenden Berechtigten dahin erweitert werden, daß das Schiff für Zinsen bis zu fünf vom H. haftet. 1259, 1272.

Hypothek.

776 **Bürgschaft** s. **Bürge** — Bürgschaft.

Art. **Einführungsgesetz.**

53, 60, 91, 117, 118, 192, 193, 195 s. **E.G.** — E.G.

120 s. Hypothek § 1128.

145 s. Hypothek § 1171.

§

1990 **Erbe** s. **Erbe** — Erbe.

Grundschuld.

1198 Eine H. kann in eine Grundschuld, eine Grundschuld kann in eine H. umgewandelt werden. Die Zustimmung der im Range gleich oder nachstehenden Berechtigten ist nicht erforderlich.

Grundstück.

880 s. **Eigentümer** — Grundstück.

887 s. Hypothek 1170.

Güterrecht.

1480, 1504 s. Erbe 1990.

1551 s. **Fahrnisgemeinschaft** — Güterrecht.

Hypothek §§ 1113—1190.

1113 Ein Grundstück kann in der Weise belastet werden, daß an denjenigen, zu dessen Gunsten die Belastung erfolgt, eine bestimmte Geldsumme zur Befriedigung wegen einer ihm zustehenden Forderung aus dem Grundstücke zu zahlen ist (H.).

Die H. kann auch für eine künftige

§ oder eine bedingte Forderung bestellt werden.

1114 Ein Bruchteil eines Grundstücks kann mit einer H. nur belastet werden, wenn er in dem Anteil eines Miteigentümers besteht.

1115 Bei der Eintragung der H. müssen der Gläubiger, der Geldbetrag der Forderung und, wenn die Forderung verzinslich ist, der Zinssatz, wenn andere Nebenleistungen zu entrichten sind, ihr Geldbetrag im Grundbuch angegeben werden; im übrigen kann zur Bezeichnung der Forderung auf die Eintragungsbewilligung Bezug genommen werden.

Bei der Eintragung der H. für ein Darlehen einer Kreditanstalt, deren Satzung von der zuständigen Behörde öffentlich bekannt gemacht worden ist, genügt zur Bezeichnung der außer den Zinsen satzungsgemäß zu entrichtenden Nebenleistungen die Bezugnahme auf die Satzung.

1116 Über die H. wird ein Hypothekenbrief erteilt.

Die Erteilung des Briefes kann ausgeschlossen werden. Die Ausschließung kann auch nachträglich erfolgen. Zu der Ausschließung ist die Einigung des Gläubigers und des Eigentümers sowie die Eintragung in das Grundbuch erforderlich; die Vorschriften des § 873 Abs. 2 und der §§ 876, 878 finden entsprechende Anwendung.

Die Ausschließung der Erteilung des Briefes kann aufgehoben werden; die Aufhebung erfolgt in gleicher Weise wie die Ausschließung.

1117 Der Gläubiger erwirbt, sofern nicht die Erteilung des Hypothekenbriefes ausgeschlossen ist, die H. erst, wenn ihm der Brief von dem Eigentümer des Grundstücks übergeben wird. Auf die Übergabe finden die Vorschriften des § 929 Satz 2 und der §§ 930, 931 Anwendung.

Die Übergabe des Briefes kann durch die Vereinbarung ersetzt werden, daß der Gläubiger berechtigt sein soll, sich den Brief von dem Grundbuchamt aushändigen zu lassen.

Ist der Gläubiger im Besitze des Briefes, so wird vermutet, daß die Übergabe erfolgt sei. 1154.

1118 Kraft der H. haftet das Grundstück auch für die g. Zinsen der Forderung sowie für die Kosten der Kündigung und der die Befriedigung aus dem Grundstücke bezweckenden Rechtsverfolgung. 1145, 1154.

1119 Ist die Forderung unverzinslich oder ist der Zinssatz niedriger als fünf vom Hundert, so kann die H. ohne Zustimmung der im Range gleich- oder nachstehenden Berechtigten dahin erweitert werden, daß das Grundstück für Zinsen bis zu fünf vom Hundert haftet.

Zu einer Änderung der Zahlungszeit und des Zahlungsorts ist die Zustimmung dieser Berechtigten gleichfalls nicht erforderlich.

1120 Die H. erstreckt sich auf die von dem Grundstücke getrennten Erzeugnisse und sonstigen Bestandteile, soweit sie nicht mit der Trennung nach den §§ 954—957 in das Eigentum eines anderen als des Eigentümers oder des Eigenbesitzers des Grundstücks gelangt sind, sowie auf das Zubehör des Grundstücks mit Ausnahme der Zubehörstücke, welche nicht in das Eigentum des Eigentümers des Grundstücks gelangt sind.

1121 Erzeugnisse und sonstige Bestandteile des Grundstücks sowie Zubehörstücke werden von der Haftung für die H. frei, wenn sie veräußert und von dem Grundstück entfernt werden, bevor sie

§ zu Gunsten des Gläubigers in Beschlag genommen worden sind.

Erfolgt die Veräußerung vor der Entfernung, so kann sich der Erwerber dem Gläubiger gegenüber nicht darauf berufen, daß er in Ansehung der H. in gutem Glauben gewesen sei. Entfernt der Erwerber die Sache von dem Grundstücke, so ist eine vor der Entfernung erfolgte Beschlagnahme ihm gegenüber nur wirksam, wenn er bei der Entfernung in Ansehung der Beschlagnahme nicht in gutem Glauben ist.

1122 Sind die Erzeugnisse oder Bestandteile innerhalb der Grenzen einer ordnungsmäßigen Wirtschaft von dem Grundstücke getrennt worden, so erlischt ihre Haftung für die H. auch ohne Veräußerung, wenn sie vor der Beschlagnahme von dem Grundstücke entfernt werden, es sei denn, daß die Entfernung zu einem vorübergehenden Zwecke erfolgt.

Zubehörstücke werden ohne Veräußerung von der Haftung für die H. frei, wenn die Zubehöreigenschaft innerhalb der Grenzen einer ordnungsmäßigen Wirtschaft vor der Beschlagnahme aufgehoben wird.

1123 Ist das Grundstück vermietet oder verpachtet, so erstreckt sich die H. auf die Miet- oder Pachtzinsforderung.

Soweit die Forderung fällig ist, wird sie mit dem Ablauf eines Jahres nach dem Eintritte der Fälligkeit von der H. frei, wenn nicht vorher die Beschlagnahme zu Gunsten des Hypothekengläubigers erfolgt. Ist der Miet- oder Pachtzins im voraus zu entrichten, so erstreckt sich die Befreiung nicht auf den Miet- oder Pachtzins für eine spätere Zeit als das zur Zeit der Beschlagnahme laufende und das folgende Kalendervierteljahr. 1126, 1129.

1124 Wird der Miet- oder Pachtzins eingezogen, bevor er zu Gunsten des Hypothekengläubigers in Beschlag genommen worden ist, oder wird vor der Beschlagnahme in anderer Weise über ihn verfügt, so ist die Verfügung dem Hypothekengläubiger gegenüber wirksam. Besteht die Verfügung in der Übertragung der Forderung auf einen Dritten, so erlischt die Haftung der Forderung; erlangt ein Dritter ein Recht an der Forderung, so geht es der H. im Range vor.

Die Verfügung ist dem Hypothekengläubiger gegenüber unwirksam, soweit sie sich auf den Miet- oder Pachtzins für eine spätere Zeit als das zur Zeit der Beschlagnahme laufende und das folgende Kalendervierteljahr bezieht.

Der Übertragung der Forderung auf einen Dritten steht es gleich, wenn das Grundstück ohne die Forderung veräußert wird. 1126, 1129.

1125 Soweit die Einziehung des Miet- oder Pachtzinses dem Hypothekengläubiger gegenüber wirksam ist, kann der Mieter oder der Pächter nicht eine ihm gegen den Vermieter oder den Verpächter zustehende Forderung gegen den Hypothekengläubiger aufrechnen. 1126.

1126 Ist mit dem Eigentum an dem belasteten Grundstück ein Recht auf wiederkehrende Leistungen verbunden, so erstreckt sich die H. auf die Ansprüche auf diese Leistungen. Die Vorschriften des § 1123 Abs. 2 Satz 1, des § 1124 Abs. 1, 3 und des § 1125 finden entsprechende Anwendung. Eine vor der Beschlagnahme erfolgte Verfügung über den Anspruch auf eine Leistung, die erst drei Monate nach der Beschlagnahme fällig wird, ist dem Hypothekengläubiger gegenüber unwirksam.

1127 Sind Gegenstände, die der H. unterliegen, für den Eigentümer oder den

§ Eigenbesitzer des Grundstücks unter Versicherung gebracht, so erstreckt sich die H. auf die Forderung gegen den Versicherer.

Die Haftung der Forderung gegen den Versicherer erlischt, wenn der versicherte Gegenstand wiederhergestellt oder Ersatz für ihn beschafft ist.

1128 Ist ein Gebäude versichert, so kann der Versicherer die Versicherungssumme mit Wirkung gegen den Hypothekengläubiger an den Versicherten erst zahlen, wenn er oder der Versicherte den Eintritt des Schadens dem Hypothekengläubiger angezeigt hat und seit dem Empfange der Anzeige ein Monat verstrichen ist. Der Hypothekengläubiger kann bis zum Ablaufe der Frist dem Versicherer gegenüber der Zahlung widersprechen. Die Anzeige darf unterbleiben, wenn sie unthunlich ist; in diesem Falle wird der Monat von dem Zeitpunkt an berechnet, in welchem die Versicherungssumme fällig wird.

Im übrigen finden die für eine verpfändete Forderung geltenden Vorschriften Anwendung; der Versicherer kann sich jedoch nicht darauf berufen, daß er eine aus dem Grundbuch ersichtliche H. nicht gekannt habe.

1129 Ist ein anderer Gegenstand als ein Gebäude versichert, so bestimmt sich die Haftung der Forderung für die H. gegen den Versicherer nach den Vorschriften des § 1123 Abs. 2 Satz 1 und des § 1124 Abs. 1, 3.

1130 Ist der Versicherer nach den Versicherungsbestimmungen nur verpflichtet, die Versicherungssumme zur Wiederherstellung des versicherten Gegenstandes zu zahlen, so ist eine diesen Bestimmungen entsprechende Zahlung an den Versicherten dem Hypothekengläubiger gegenüber wirksam.

§

1131 Wird ein Grundstück nach § 890 Abs. 2 einem anderen Grundstück im Grundbuche zugeschrieben, so erstrecken sich die an diesem Grundstücke bestehenden H. auf das zugeschriebene Grundstück. Rechte, mit denen das zugeschriebene Grundstück belastet ist, gehen diesen H. im Range vor.

1132 Besteht für die Forderung eine H. an mehreren Grundstücken (Gesamth.), so haftet jedes Grundstück für die ganze Forderung. Der Gläubiger kann die Befriedigung nach seinem Belieben aus jedem der Grundstücke ganz oder zu einem Teile suchen.

Der Gläubiger ist berechtigt, den Betrag der Forderung auf die einzelnen Grundstücke in der Weise zu verteilen, daß jedes Grundstück nur für den zugeteilten Betrag haftet. Auf die Verteilung finden die Vorschriften der §§ 875, 876, 878 entsprechende Anwendung. 1112.

1133 Ist infolge einer Verschlechterung des Grundstücks die Sicherheit der H. gefährdet, so kann der Gläubiger dem Eigentümer eine angemessene Frist zur Beseitigung der Gefährdung bestimmen. Nach dem Ablaufe der Frist ist der Gläubiger berechtigt, sofort Befriedigung aus dem Grundstücke zu suchen, wenn nicht die Gefährdung durch Verbesserung des Grundstücks oder durch anderweitige Hypothekenbestellung beseitigt worden ist. Ist die Forderung unverzinslich und noch nicht fällig, so gebührt dem Gläubiger nur die Summe, welche mit Hinzurechnung der g. Zinsen für die Zeit von der Zahlung bis zur Fälligkeit dem Betrage der Forderung gleichkommt. 1135.

1134 Wirkt der Eigentümer oder ein Dritter auf das Grundstück in solcher Weise ein, daß eine die Sicherheit der H. gefährdende Verschlechterung

§ des Grundstücks zu besorgen ist, so kann der Gläubiger auf Unterlassung klagen.

Geht die Einwirkung von dem Eigentümer aus, so hat das Gericht auf Antrag des Gläubigers die zur Abwendung der Gefährdung erforderlichen Maßregeln anzuordnen. Das Gleiche gilt, wenn die Verschlechterung deshalb zu besorgen ist, weil der Eigentümer die erforderlichen Vorkehrungen gegen Einwirkungen Dritter oder gegen andere Beschädigungen unterläßt. 1135.

1135 Einer Verschlechterung des Grundstücks im Sinne der §§ 1133, 1134 steht es gleich, wenn Zubehörstücke, auf die sich die H. erstreckt, verschlechtert oder den Regeln einer ordnungsmäßigen Wirtschaft zuwider von dem Grundstück entfernt werden.

1136 Eine Vereinbarung, durch die sich der Eigentümer des mit einer H. belasteten Grundstücks dem Gläubiger gegenüber verpflichtet, das Grundstück nicht zu veräußern oder nicht weiter zu belasten, ist nichtig.

1137 Der Eigentümer kann gegen die H. die dem persönlichen Schuldner gegen die Forderung sowie die nach § 770 einem Bürgen zustehenden Einreden geltend machen. Stirbt der persönliche Schuldner, so kann sich der Eigentümer nicht darauf berufen, daß der Erbe für die Schuld nur beschränkt haftet.

Ist der Eigentümer nicht der persönliche Schuldner, so verliert er eine Einrede nicht dadurch, daß dieser auf sie verzichtet. 1138.

1138 Die Vorschriften der §§ 891—899 gelten für die H. auch in Ansehung der Forderung und der dem Eigentümer nach § 1137 zustehenden Einreden. 1185.

1139 Ist bei der Bestellung einer H. für ein Darlehen die Erteilung des Hypothekenbriefs ausgeschlossen worden, so genügt zur Eintragung eines Widerspruchs, der sich darauf gründet, daß die Hingabe des Darlehens unterblieben sei, der von dem Eigentümer an das Grundbuchamt gerichtete Antrag, sofern er vor dem Ablauf eines Monats nach der Eintragung der H. gestellt wird. Wird der Widerspruch innerhalb des Monats eingetragen, so hat die Eintragung die gleiche Wirkung, wie wenn der Widerspruch zugleich mit der H. eingetragen worden wäre. 1185.

1140 Soweit die Unrichtigkeit des Grundbuchs aus dem Hypothekenbrief oder einem Vermerk auf dem Briefe hervorgeht, ist die Berufung auf die Vorschriften der §§ 892, 893 ausgeschlossen. Ein Widerspruch gegen die Richtigkeit des Grundbuchs, der aus dem Briefe oder einem Vermerk auf dem Briefe hervorgeht, steht einem im Grundbuch eingetragenen Widerspruche gleich. 1157.

1141 Hängt die Fälligkeit der Forderung von einer Kündigung ab, so ist die Kündigung für die H. nur wirksam, wenn sie von dem Gläubiger dem Eigentümer oder von dem Eigentümer dem Gläubiger erklärt wird. Zu Gunsten des Gläubigers gilt derjenige, welcher im Grundbuch als Eigentümer eingetragen ist, als der Eigentümer.

Hat der Eigentümer keinen Wohnsitz im Inland oder liegen die Voraussetzungen des § 132 Abs. 2 vor, so hat auf Antrag des Gläubigers das Amtsgericht, in dessen Bezirke das Grundstück liegt, dem Eigentümer einen Vertreter zu bestellen, dem gegenüber die Kündigung des Gläubigers erfolgen kann. 1185.

1142 Der Eigentümer des mit einer H.

§ belasteten Grundstücks ist berechtigt, den Gläubiger zu befriedigen, wenn die Forderung ihm gegenüber fällig geworden oder wenn der persönliche Schuldner zur Leistung berechtigt ist.

Die Befriedigung kann auch durch Hinterlegung oder durch Aufrechnung erfolgen.

1143 Ist der Eigentümer des mit einer H. belasteten Grundstücks nicht der persönliche Schuldner, so geht, soweit er den Gläubiger befriedigt, die Forderung auf ihn über. Die für einen Bürgen geltenden Vorschriften des § 774 Abs. 1 finden entsprechende Anwendung.

Besteht für die Forderung eine Gesamth., so gelten für diese die Vorschriften des § 1173.

1144 Der Eigentümer des mit einer H. belasteten Grundstücks kann gegen Befriedigung des Gläubigers die Aushändigung des Hypothekenbriefs und der sonstigen Urkunden verlangen, die zur Berichtigung des Grundbuchs oder zur Löschung der H. erforderlich sind. 1150, 1167.

1145 Befriedigt der Eigentümer den Gläubiger nur teilweise, so kann er die Aushändigung des Hypothekenbriefes nicht verlangen. Der Gläubiger ist verpflichtet, die teilweise Befriedigung auf dem Briefe zu vermerken und den Brief zum Zwecke der Berichtigung des Grundbuchs oder der Löschung dem Grundbuchamt oder zum Zwecke der Herstellung eines Teilhypothekenbriefes für den Eigentümer der zuständigen Behörde oder einem zuständigen Notare vorzulegen.

Die Vorschrift des Abs. 1 Satz 2 gilt für Zinsen und andere Nebenleistungen nur, wenn sie später als in dem Kalendervierteljahr, in welchem der Gläubiger befriedigt wird, oder dem folgenden Vierteljahre fällig werden. Auf Kosten, für die das Grundstück nach § 1118 haftet, findet die Vorschrift keine Anwendung. 1150, 1167, 1168.

1146 Liegen dem Eigentümer des mit einer H. belasteten Grundstücks gegenüber die Voraussetzungen vor, unter denen ein Schuldner in Verzug kommt, so gebühren dem Gläubiger Verzugszinsen aus dem Grundstücke.

1147 Die Befriedigung des Gläubigers aus dem Grundstück und den Gegenständen, auf die sich die H. erstreckt, erfolgt im Wege der Zwangsvollstreckung.

1148 Bei der Verfolgung des Rechtes aus der H. gilt zu Gunsten des Gläubigers derjenige, welcher im Grundbuch als Eigentümer eingetragen ist, als der Eigentümer. Das Recht des nicht eingetragenen Eigentümers, die ihm gegen die H. zustehenden Einwendungen geltend zu machen, bleibt unberührt.

1149 Der Eigentümer des mit einer H. belasteten Grundstücks kann, solange nicht die Forderung ihm gegenüber fällig geworden ist, dem Gläubiger nicht das Recht einräumen, zum Zwecke der Befriedigung die Übertragung des Eigentums an dem Grundstücke zu verlangen oder die Veräußerung des Grundstücks auf andere Weise als im Wege der Zwangsvollstreckung zu bewirken.

1150 Verlangt der H.-Gläubiger Befriedigung aus dem Grundstücke, so finden die Vorschriften der §§ 268, 1144, 1145 entsprechende Anwendung.

1151 Wird die Forderung geteilt, so ist zur Änderung des Rangverhältnisses der Teilh. unter einander die Zustimmung des Eigentümers nicht erforderlich.

1152 Im Falle einer Teilung der Forderung kann, sofern nicht die Erteilung des

§ Hypothekenbriefs ausgeschlossen ist, für jeden Teil ein Teilhypothekenbrief hergestellt werden; die Zustimmung des Eigentümers des Grundstücks ist nicht erforderlich. Der Teilhypothekenbrief tritt für den Teil, auf den er sich bezieht, an die Stelle des bisherigen Briefes.

1153 Mit der Übertragung der Forderung geht die H. auf den neuen Gläubiger über.

Die Forderung kann nicht ohne die H., die H. kann nicht ohne die Forderung übertragen werden.

1154 Zur Abtretung der Forderung ist Erteilung der Abtretungserklärung in schriftlicher Form und Übergabe des Hypothekenbriefes erforderlich; die Vorschriften des § 1117 finden Anwendung. Der bisherige Gläubiger hat auf Verlangen des neuen Gläubigers die Abtretungserklärung auf seine Kosten öffentlich beglaubigen zu lassen.

Die schriftliche Form der Abtretungserklärung kann dadurch ersetzt werden, daß die Abtretung in das Grundbuch eingetragen wird.

Ist die Erteilung des Hypothekenbriefes ausgeschlossen, so finden auf die Abtretung der Forderung die Vorschriften der §§ 873, 878 entsprechende Anwendung. 1187.

1155 Ergiebt sich das Gläubigerrecht des Besitzers des Hypothekenbriefes aus einer zusammenhängenden, auf einen eingetragenen Gläubiger zurückführenden Reihe von öffentlich beglaubigten Abtretungserklärungen, so finden die Vorschriften der §§ 891—899 in gleicher Weise Anwendung, wie wenn der Besitzer des Briefes als Gläubiger im Grundbuch eingetragen wäre. Einer öffentlich beglaubigten Abtretungserklärung steht gleich ein gerichtlicher Überweisungsbeschluß und das öffentlich beglaubigte Anerkenntnis einer kraft G. erfolgten Übertragung der Forderung. 1160.

1156 Die für die Übertragung der Forderung geltenden Vorschriften der §§ 406 bis 408 finden auf das Rechtsverhältnis zwischen dem Eigentümer und dem neuen Gläubiger in Ansehung der H. keine Anwendung. Der neue Gläubiger muß jedoch eine dem bisherigen Gläubiger gegenüber erfolgte Kündigung des Eigentümers gegen sich gelten lassen, es sei denn, daß die Übertragung zur Zeit der Kündigung dem Eigentümer bekannt oder im Grundbuch eingetragen ist. 1185.

1157 Eine Einrede, die dem Eigentümer auf Grund eines zwischen ihm und dem bisherigen Gläubiger bestehenden Rechtsverhältnisses gegen die H. zusteht, kann auch dem neuen Gläubiger entgegengesetzt werden. Die Vorschriften der §§ 892, 894—899, 1140 gelten auch für diese Einrede. 1158.

1158 Soweit die Forderung, für welche eine H. besteht, auf Zinsen oder andere Nebenleistungen gerichtet ist, die nicht später als in dem Kalendervierteljahr, in welchem der Eigentümer von der Übertragung Kenntnis erlangt, oder dem folgenden Vierteljahre fällig werden, finden auf das Rechtsverhältnis zwischen dem Eigentümer und dem neuen Gläubiger die Vorschriften der §§ 406—408 Anwendung; der Gläubiger kann sich gegenüber den Einwendungen, welche dem Eigentümer nach den §§ 404, 406—408, 1157 zustehen, nicht auf die Vorschriften des § 892 berufen.

1159 Soweit die Forderung, für welche eine H. besteht, auf Rückstände von Zinsen oder anderen Nebenleistungen gerichtet ist, bestimmt sich die Übertragung sowie das Rechtsverhältnis zwischen dem Eigentümer und dem neuen Gläubiger

§ nach den für die Übertragung von Forderungen geltenden a. Vorschriften. Das Gleiche gilt für den Anspruch auf Erstattung von Kosten, für die das Grundstück nach § 1118 haftet.

Die Vorschriften des § 892 finden auf die im Abs. 1 bezeichneten Ansprüche keine Anwendung. 1160.

1160 Der Geltendmachung der H. kann, sofern nicht die Erteilung des Hypothekenbriefes ausgeschlossen ist, widersprochen werden, wenn der Gläubiger nicht den Brief vorlegt; ist der Gläubiger nicht im Grundbuch eingetragen, so sind auch die im § 1155 bezeichneten Urkunden vorzulegen.

Eine dem Eigentümer gegenüber erfolgte Kündigung oder Mahnung ist unwirksam, wenn der Gläubiger die nach Abs. 1 erforderlichen Urkunden nicht vorlegt und der Eigentümer die Kündigung oder die Mahnung aus diesem Grunde unverzüglich zurückweist.

Diese Vorschriften gelten nicht für die im § 1159 bezeichneten Ansprüche. 1161.

1161 Ist der Eigentümer des mit einer H. belasteten Grundstücks der persönliche Schuldner, so finden die Vorschriften des § 1160 auch auf die Geltendmachung der Forderung Anwendung.

1162 Ist der Hypothekenbrief abhanden gekommen oder vernichtet, so kann er im Wege des Aufgebotsverfahrens für kraftlos erklärt werden.

1163 Ist die Forderung, für welche die H. bestellt ist, nicht zur Entstehung gelangt, so steht die H. dem Eigentümer zu. Erlischt die Forderung, so erwirbt der Eigentümer die H.

Eine H., für welche die Erteilung des Hypothekenbriefes nicht ausgeschlossen ist, steht bis zur Übergabe des Briefes an den Gläubiger dem Eigentümer zu. 1172, 1176.

§

1164 Befriedigt der persönliche Schuldner den Gläubiger, so geht die H. insoweit auf ihn über, als er von dem Eigentümer oder einem Rechtsvorgänger des Eigentümers Ersatz verlangen kann. Ist dem Schuldner nur teilweise Ersatz zu leisten, so kann der Eigentümer die H., soweit sie auf ihn übergegangen ist, nicht zum Nachteile der H. des Schuldners geltend machen.

Der Befriedigung des Gläubigers steht es gleich, wenn sich Forderung und Schuld in einer Person vereinigen. 1165, 1176.

1165 Verzichtet der Gläubiger auf die H. oder hebt er sie nach § 1183 auf oder räumt er einem Rechte den Vorrang ein, so wird der persönliche Schuldner insoweit frei, als er ohne diese Verfügung nach § 1164 aus der H. hätte Ersatz erlangen können. 1183.

1166 Ist der persönliche Schuldner berechtigt, von dem Eigentümer des mit der H. belasteten Grundstücks Ersatz zu verlangen, falls er den Gläubiger befriedigt, so kann er, wenn der Gläubiger die Zwangsversteigerung des Grundstücks betreibt, ohne ihn unverzüglich zu benachrichtigen, die Befriedigung des Gläubigers wegen eines Ausfalles bei der Zwangsversteigerung insoweit verweigern, als er in Folge der Unterlassung der Benachrichtigung einen Schaden erleidet. Die Benachrichtigung darf unterbleiben, wenn sie unthunlich ist.

1167 Erwirbt der persönliche Schuldner, falls er den Gläubiger befriedigt, die H. oder hat er im Falle der Befriedigung ein sonstiges rechtliches Interesse an der Berichtigung des Grundbuchs, so stehen ihm die in den §§ 1144, 1145 bestimmten Rechte zu.

1168 Verzichtet der Gläubiger auf die H., so erwirbt sie der Eigentümer.

Der Verzicht ist dem Grundbuchamt

§ oder dem Eigentümer gegenüber zu erklären und bedarf der Eintragung in das Grundbuch. Die Vorschriften des § 875 Abs. 2 und der §§ 876, 878 finden entsprechende Anwendung.

Verzichtet der Gläubiger für einen Teil der Forderung auf die H., so stehen dem Eigentümer die im § 1145 bestimmten Rechte zu. 1176.

1169 Steht dem Eigentümer eine Einrede zu, durch welche die Geltendmachung der H. dauernd ausgeschlossen wird, so kann er verlangen, daß der Gläubiger auf die H. verzichtet.

1170 Ist der Gläubiger unbekannt, so kann er im Wege des Aufgebotsverfahrens mit seinem Rechte ausgeschlossen werden, wenn seit der letzten sich auf die H. beziehenden Eintragung in das Grundbuch zehn Jahre verstrichen sind und das Recht des Gläubigers nicht innerhalb dieser Frist von dem Eigentümer in einer nach § 208 zur Unterbrechung der Verjährung geeigneten Weise anerkannt worden ist. Besteht für die Forderung eine nach dem Kalender bestimmte Zahlungszeit, so beginnt die Frist nicht vor dem Ablaufe des Zahlungstags.

Mit der Erlassung des Ausschlußurteils erwirbt der Eigentümer die H. Der dem Gläubiger erteilte Hypothekenbrief wird kraftlos. 1175, 1188.

1171 Der unbekannte Hypothekengläubiger kann im Wege des Aufgebotsverfahrens mit seinem Rechte auch dann ausgeschlossen werden, wenn der Eigentümer zur Befriedigung des Gläubigers oder zur Kündigung berechtigt ist und den Betrag der Forderung für den Gläubiger unter Verzicht auf das Recht zur Rücknahme hinterlegt. Die Hinterlegung von Zinsen ist nur erforderlich, wenn der Zinssatz im Grundbuch eingetragen ist, Zinsen für eine frühere Zeit als das vierte Kalenderjahr vor der Erlassung des Ausschlußurteils sind nicht zu hinterlegen.

Mit der Erlassung des Ausschlußurteils gilt der Gläubiger als befriedigt, sofern nicht nach den Vorschriften über die Hinterlegung die Befriedigung schon vorher eingetreten ist. Der dem Gläubiger erteilte Hypothekenbrief wird kraftlos.

Das Recht des Gläubigers auf den hinterlegten Betrag erlischt mit dem Ablaufe von dreißig Jahren nach der Erlassung des Ausschlußurteils, wenn nicht der Gläubiger sich vorher bei der Hinterlegungsstelle meldet; der Hinterleger ist zur Rücknahme berechtigt, auch wenn er auf das Recht zur Rücknahme verzichtet hat.

1172 Eine Gesamthypothek steht in den Fällen des § 1163 den Eigentümern der belasteten Grundstücke gemeinschaftlich zu.

Jeder Eigentümer kann, sofern nicht ein anderes vereinbart ist, verlangen, daß die H. an seinem Grundstück auf den Teilbetrag, der dem Verhältnisse des Wertes seines Grundstücks zu dem Werte der sämtlichen Grundstücke entspricht, nach § 1132 Abs. 2 beschränkt und in dieser Beschränkung ihm zugeteilt wird. Der Wert wird unter Abzug der Belastungen berechnet, die der Gesamth. im Range vorgehen. 1174—1176.

1173 Befriedigt der Eigentümer eines der mit einer Gesamth. belasteten Grundstücke den Gläubiger, so erwirbt er die H. an seinem Grundstücke; die H. an den übrigen Grundstücken erlischt. Der Befriedigung des Gläubigers durch den Eigentümer steht es gleich, wenn das Gläubigerrecht auf den Eigentümer übertragen wird oder wenn sich Forderung und Schuld in der Person des Eigentümers vereinigen.

§ Kann der Eigentümer, der den Gläubiger befriedigt, von dem Eigentümer eines der anderen Grundstücke oder einem Rechtsvorgänger dieses Eigentümers Ersatz verlangen, so geht in Höhe des Ersatzanspruchs auch die H. an dem Grundstücke dieses Eigentümers auf ihn über; sie bleibt mit der H. an seinem eigenen Grundstücke Gesamth. 1143, 1176.

1174 Befriedigt der persönliche Schuldner den Gläubiger, dem eine Gesamth. zusteht, oder vereinigen sich bei einer Gesamth. Forderung und Schuld in einer Person, so geht, wenn der Schuldner nur von dem Eigentümer eines der Grundstücke oder von einem Rechtsvorgänger des Eigentümers Ersatz verlangen kann, die H. an diesem Grundstück auf ihn über; die H. an den übrigen Grundstücken erlischt.

Ist dem Schuldner nur teilweise Ersatz zu leisten und geht deshalb die H. nur zu einem Teilbetrag auf ihn über, so hat sich der Eigentümer diesen Betrag auf den ihm nach § 1172 gebührenden Teil des übrigbleibenden Betrags der Gesamth. anrechnen zu lassen. 1176.

1175 Verzichtet der Gläubiger auf die Gesamth., so fällt sie den Eigentümern der belasteten Grundstücke gemeinschaftlich zu; die Vorschriften des § 1172 Abs. 2 finden Anwendung. Verzichtet der Gläubiger auf die H. an einem der Grundstücke, so erlischt die H. an diesem.

Das Gleiche gilt, wenn der Gläubiger nach § 1170 mit seinem Rechte ausgeschlossen wird. 1176.

1176 Liegen die Voraussetzungen der §§ 1163, 1164, 1168, 1172—1175 nur in Ansehung eines Teilbetrags der H. vor, so kann die auf Grund dieser Vorschriften dem Eigentümer oder einem der Eigentümer oder dem persönlichen Schuldner zufallende H. nicht zum Nachteile der dem Gläubiger verbleibenden H. geltend gemacht werden.

1177 Vereinigt sich die H. mit dem Eigentum in einer Person, ohne daß dem Eigentümer auch die Forderung zusteht, so verwandelt sich die H. in eine Grundschuld. In Ansehung der Verzinslichkeit, des Zinssatzes, der Zahlungszeit, der Kündigung und des Zahlungsorts bleiben die für die Forderung getroffenen Bestimmungen maßgebend.

Steht dem Eigentümer auch die Forderung zu, so bestimmen sich seine Rechte aus der H., solange die Vereinigung besteht, nach den für eine Grundschuld des Eigentümers geltenden Vorschriften.

1178 Die H. für Rückstände von Zinsen und anderen Nebenleistungen sowie für Kosten, die dem Gläubiger zu erstatten sind, erlischt, wenn sie sich mit dem Eigentum in einer Person vereinigt. Das Erlöschen tritt nicht ein, solange einem Dritten, ein Recht an dem Anspruch auf eine solche Leistung zusteht.

Zum Verzicht auf die H., für die im Abs. 1 bezeichneten Leistungen genügt die Erklärung des Gläubigers gegenüber dem Eigentümer. Solange einem Dritten ein Recht an dem Anspruch auf eine solche Leistung zusteht, ist die Zustimmung des Dritten erforderlich. Die Zustimmung ist demjenigen gegenüber zu erklären, zu dessen Gunsten sie erfolgt; sie ist unwiderruflich.

1179 Verpflichtet sich der Eigentümer einem anderen gegenüber, die H. löschen zu lassen, wenn sie sich mit dem Eigentum in einer Person vereinigt, so kann zur Sicherung des Anspruchs

§ auf Löschung eine Vormerkung in das Grundbuch eingetragen werden.

1180 An die Stelle der Forderung, für welche die H. besteht, kann eine andere Forderung gesetzt werden. Zu der Änderung ist die Einigung des Gläubigers und des Eigentümers sowie die Eintragung in das Grundbuch erforderlich; die Vorschriften des § 873 Abs. 2 und der §§ 876, 878 finden entsprechende Anwendung.

Steht die Forderung, die an die Stelle der bisherigen Forderung treten soll, nicht dem bisherigen Hypothekengläubiger zu, so ist dessen Zustimmung erforderlich; die Zustimmung ist dem Grundbuchamt oder demjenigen gegenüber zu erklären, zu dessen Gunsten sie erfolgt. Die Vorschriften des § 875 Abs. 2 und des § 876 finden entsprechende Anwendung.

1181 Wird der Gläubiger aus dem Grundstücke befriedigt, so erlischt die H.

Erfolgt die Befriedigung des Gläubigers aus einem der mit einer Gesamth. belasteten Grundstücke, so werden auch die übrigen Grundstücke frei.

1182 Soweit im Falle einer Gesamth. der Eigentümer des Grundstücks, aus dem der Gläubiger befriedigt wird, von dem Eigentümer eines der anderen Grundstücke oder einem Rechtsvorgänger dieses Eigentümers Ersatz verlangen kann, geht die H. an dem Grundstücke dieses Eigentümers auf ihn über. Die H. kann jedoch, wenn der Gläubiger nur teilweise befriedigt wird, nicht zum Nachteile der dem Gläubiger verbleibenden H. und, wenn das Grundstück mit einem im Range gleich- oder nachstehenden Rechte belastet ist, nicht zum Nachteile dieses Rechtes geltend gemacht werden.

1183 Zur Aufhebung der H. durch Rechtsgeschäft ist die Zustimmung des Eigentümers erforderlich. Die Zustimmung ist dem Grundbuchamt oder dem Gläubiger gegenüber zu erklären; sie ist unwiderruflich. 1165.

1184 Eine H. kann in der Weise bestellt werden, daß das Recht des Gläubigers aus der H. sich nur nach der Forderung bestimmt und der Gläubiger sich zum Beweise der Forderung nicht auf die Eintragung berufen kann (Sicherungsh.).

Die H. muß im Grundbuch als Sicherungsh. bezeichnet werden.

1185 Bei der Sicherungsh. ist die Erteilung des Hypothekenbriefes ausgeschlossen.

Die Vorschriften der §§ 1138, 1139, 1141, 1156 finden keine Anwendung.

1186 Eine Sicherungsh. kann in eine gewöhnliche H., eine gewöhnliche H. kann in eine Sicherungsh. umgewandelt werden. Die Zustimmung der im Range gleich- oder nachstehenden Berechtigten ist nicht erforderlich.

1187 Für die Forderung aus einer Schuldverschreibung auf den Inhaber, aus einem Wechsel oder aus einem anderen Papiere, das durch Indossament übertragen werden kann, kann nur eine Sicherungsh. bestellt werden. Die H. gilt als Sicherungsh., auch wenn sie im Grundbuche nicht als solche bezeichnet ist. Die Vorschrift des § 1154 Abs. 3 findet keine Anwendung. 1189.

1188 Zur Bestellung einer H. für die Forderung aus einer Schuldverschreibung auf den Inhaber genügt die Erklärung des Eigentümers gegenüber dem Grundbuchamte, daß er die H. bestelle, und die Eintragung in das Grundbuch; die Vorschrift des § 878 findet Anwendung.

Die Ausschließung des Gläubigers mit seinem Rechte nach § 1170 ist nur zulässig, wenn die im § 801 bezeichnete Vorlegungsfrist verstrichen ist. Ist innerhalb der Frist die Schuld-

§ verschreibung vorgelegt oder der Anspruch aus der Urkunde gerichtlich geltend gemacht worden, so kann die Ausschließung erst erfolgen, wenn die Verjährung eingetreten ist.

1189 Bei einer H. der im § 1187 bezeichneten Art kann für den jeweiligen Gläubiger ein Vertreter mit der Befugnis bestellt werden, mit Wirkung für und gegen jeden späteren Gläubiger bestimmte Verfügungen über die H. zu treffen und den Gläubiger bei der Geltendmachung der H. zu vertreten. Zur Bestellung des Vertreters ist die Eintragung in das Grundbuch erforderlich.

Ist der Eigentümer berechtigt, von dem Gläubiger eine Verfügung zu verlangen, zu welcher der Vertreter befugt ist, so kann er die Vornahme der Verfügung von dem Vertreter verlangen.

1190 Eine H. kann in der Weise bestellt werden, daß nur der Höchstbetrag, bis zu dem das Grundstück haften soll, bestimmt, im Übrigen die Feststellung der Forderung vorbehalten wird. Der Höchstbetrag muß in das Grundbuch eingetragen werden.

Ist die Forderung verzinslich, so werden die Zinsen in den Höchstbetrag eingerechnet.

Die H. gilt als Sicherungsh., auch wenn sie im Grundbuche nicht als solche bezeichnet ist.

Die Forderung kann nach den für die Übertragung von Forderungen geltenden a. Vorschriften übertragen werden. Wird sie nach diesen Vorschriften übertragen, so ist der Übergang der H. ausgeschlossen.

Kauf.

439 Eine H., eine Grundschuld, eine Rentenschuld oder ein Pfandrecht hat der Verkäufer zu beseitigen, auch wenn

§ der Käufer die Belastung kennt. Das Gleiche gilt von einer Vormerkung zur Sicherung des Anspruchs auf Bestellung dieser Rechte. 440, 443, 445.

509 Ist ein Grundstück Gegenstand des Vorkaufs, so bedarf es der Sicherheitsleistung insoweit nicht, als für den gestundeten Kaufpreis die Bestellung einer H. an dem Grundstücke vereinbart oder in Anrechnung auf den Kaufpreis eine Schuld, für die eine H. an dem Grundstücke besteht, übernommen worden ist.

Pfandrecht.

1261 s. Grundstück 880, Hypothek 1151.
1264 s. Hypothek 1118.
1265 s. Hypothek 1121, 1122.
1269 s. Hypothek 1170, 1171.
1270 s. Hypothek 1188, 1189.
1289 s. Hypothek 1123, 1124, 1125.

1201 **Rentenschuld** s. Hypothek 1133.

Schuldverhältnis.

401 Mit der abgetretenen Forderung gehen die H. oder Pfandrechte, die für sie bestehen, sowie die Rechte aus einer für sie bestellten Bürgschaft auf den neuen Gläubiger über. 412.

416 s. **Genehmigung** — Schuldverhältnis.

418 Infolge der Schuldübernahme erlöschen die für die Forderung bestellten Bürgschaften und Pfandrechte. Besteht für die Forderung eine H., so tritt das Gleiche ein, wie wenn der Gläubiger auf die H. verzichtet. Diese Vorschriften finden keine Anwendung, wenn der Bürge oder derjenige, welchem der verhaftete Gegenstand zur Zeit der Schuldübernahme gehört, in diese einwilligt.

Ein mit der Forderung für den Fall des Konkurses verbundenes Vorzugsrecht kann nicht im Konkurs über das Vermögen des Übernehmers geltend gemacht werden.

§	**Sicherheitsleistung.**
232	Wer Sicherheit zu leisten hat, kann dies bewirken durch Bestellung von H. an inländischen Grundstücken, durch Verpfändung von Forderungen, für die eine H. an einem inländischen Grundstücke besteht.
238	Eine Hypothekenforderung, eine Grundschuld oder eine Rentenschuld ist zur Sicherheitsleistung nur geeignet, wenn sie den Voraussetzungen entspricht, unter denen am Orte der Sicherheitsleistung Mündelgeld in Hypothekenforderungen, Grundschulden oder Rentenschulden angelegt werden darf. Eine Forderung, für die eine Sicherungsh. besteht, ist zur Sicherheitsleistung nicht geeignet.
	Testament.
2145	s. Erbe 1990.
2165—2167	s. **Erblasser** — Testament.
	Verjährung.
223	Die Verjährung eines Anspruchs, für den eine H. oder ein Pfandrecht besteht, hindert den Berechtigten nicht, seine Befriedigung aus dem verhafteten Gegenstande zu suchen. Ist zur Sicherung eines Anspruchs ein Recht übertragen worden, so kann die Rückübertragung nicht auf Grund der Verjährung des Anspruchs gefordert werden. Diese Vorschriften finden keine Anwendung bei der Verjährung von Ansprüchen auf Rückstände von Zinsen oder anderen wiederkehrenden Leistungen.
	Verwandtschaft.
1630	s. Vormundschaft 1795.
1642	s. Vormundschaft 1807.
1643	s. Vormundschaft 1821.
1667	s. Vormundschaft 1819.
181	**Vollmacht** s. Vormundschaft 1795.
	Vorkaufsrecht.
1098	s. Kauf 509.
1104	s. Hypothek 1170.

§	**Vormundschaft.**
1795	Ein Vormund kann den Mündel nicht vertreten: 1. . . . . . 2. bei einem Rechtsgeschäfte, das die Übertragung oder Belastung einer durch H. gesicherten Forderung des Mündels gegen den Vormund oder die Aufhebung oder Minderung dieser Sicherheit zum Gegenstande hat. 3. bei einem Rechtsstreite über solche Angelegenheit.
1807	Die im § 1806 vorgeschriebene Anlegung von Mündelgeld soll nur erfolgen: 1. In Forderungen, für die eine sichere H. an einem inländischen Grundstücke besteht. 2.—5. . . . . . Die L.G. können für die innerhalb ihres Geltungsbereichs belegenen Grundstücke die Grundsätze bestimmen, nach denen die Sicherheit einer H. festzustellen ist. 1808—1811, 1813.
1819	Solange die nach § 1814 oder nach § 1818 hinterlegten Wertpapiere oder Kostbarkeiten nicht zurückgenommen sind, bedarf der Vormund zu einer Verfügung über sie und wenn Hypothekenbriefe hinterlegt sind, zu einer Verfügung über die Hypothekenforderung der Genehmigung des Vormundschaftsgerichts. Das Gleiche gilt von der Eingehung der Verpflichtung zu einer solchen Verfügung. 1812.
1821	Der Vormund bedarf der Genehmigung des Vormundschaftsgerichts: 1) Zur Verfügung über ein Grundstück oder über ein Recht an einem Grundstücke; 2. Zur Verfügung über eine Forderung, die auf Übertragung des Eigentums an einem Grundstück oder auf Begründung oder Übertragung eines Rechts an einem

§ schließung eines H. bestimmten Voraussetzungen vorliegen. Mit der Erlassung des Ausschlußurteils erlischt das Vorkaufsrecht.

§ Auf ein Vorkaufsrecht, das zu Gunsten des jeweiligen Eigentümers eines Grundstücks besteht, finden diese Vorschriften keine Anwendung.

J (i).

§

Inbegriff.

2057 **Erbe** s. Leistung 260.

1372 **Güterrecht** 1528 s. Nießbrauch 1035.

Leistung.

260 Wer verpflichtet ist, einen J. von Gegenständen herauszugeben oder über den Bestand eines solchen J. Auskunft zu erteilen, hat dem Berechtigten ein Verzeichnis des Bestandes vorzulegen.

Besteht Grund zu der Annahme, daß das Verzeichnis nicht mit der erforderlichen Sorgfalt aufgestellt worden ist, so hat der Verpflichtete auf Verlangen den Offenbarungseid dahin zu leisten:

daß er nach bestem Wissen den Bestand so vollständig angegeben habe, als er dazu imstande sei.

Die Vorschrift des § 259 Abs. 3 findet Anwendung.

Nießbrauch.

1035 Bei dem Nießbrauch an einem J. von Sachen sind der Nießbraucher und der Eigentümer einander verpflichtet, zur Aufnahme eines Verzeichnisses der Sachen mitzuwirken. Das Verzeichnis ist mit der Angabe des Tages der Aufnahme zu versehen und von beiden Teilen zu unterzeichnen; jeder Teil kann verlangen, daß die Unterzeichnung öffentlich beglaubigt wird. Jeder Teil kann auch verlangen, daß das Verzeichnis durch die zuständige Behörde oder durch

§ einen zuständigen Beamten oder Notar aufgenommen wird. Die Kosten hat derjenige zu tragen und vorzuschießen, welcher die Aufnahme oder die Beglaubigung verlangt.

2314 **Pflichtteil** s. Leistung 260.

Indossament.

Hypothek.

1187 Für die Forderung aus einer Schuldverschreibung auf den Inhaber, aus einem Wechsel oder aus einem anderen Papiere, das durch J. übertragen werden kann, kann nur eine Sicherungshypothek, bestellt werden. Die Hypothek gilt als Sicherungshypothek, auch wenn sie im Grundbuche nicht als solche bezeichnet ist. Die Vorschrift des § 1154 Abs. 3 findet keine Anwendung. 1189.

Pfandrecht.

1270 Auf das Pfandrecht für die Forderung aus einer Schuldverschreibung auf den Inhaber, aus einem Wechsel oder aus einem anderen Papiere, das durch J. übertragen werden kann, finden die Vorschriften des § 1189, auf das Pfandrecht für die Forderung aus einer Schuldverschreibung auf den Inhaber finden auch die Vorschriften des § 1188 entsprechende Anwendung. 1259, 1272.

1292 Zur Verpfändung eines Wechsels oder eines anderen Papieres, daß durch J. übertragen werden kann, genügt die Einigung des Gläubigers und des

§ Pfandgläubigers und die Übergabe des indossierten Papieres. 1273.

1294 Ist ein Wechsel, ein anderes Papier, das durch I. übertragen werden kann, oder ein Inhaberpapier Gegenstand des Pfandrechtes, so ist, auch wenn die Voraussetzungen des § 1228 Abs. 2 noch nicht eingetreten sind, der Pfandgläubiger zur Einziehung und, falls Kündigung erforderlich ist, zur Kündigung berechtigt und kann der Schuldner nur an ihn leisten. 1273.

1295 Hat ein verpfändetes Papier, das durch I. übertragen werden kann, einen Börsen- oder Marktpreis, so ist der Gläubiger nach dem Eintritte der Voraussetzungen des § 1228 Abs. 2 berechtigt, das Papier nach § 1221 verkaufen zu lassen. 1273.

1643 **Verwandtschaft** s. Vormundschaft 1822.

Vormundschaft.

1822 Der Vormund bedarf der Genehmigung des Vormundschaftsgerichts.

1. . . . .

9. Zur Ausstellung einer Schuldverschreibung auf den Inhaber oder zur Eingehung einer Verbindlichkeit aus einem Wechsel oder einem anderen Papiere, das durch I. übertragen werden kann. 1812, 1825.

Inhaber.

Art. **Einführungsgesetz.**

99 s. Schuldverschreibung § 808.

100, 101, 112, 174—176, 178 s. **E.G.**—E.G.

102 s. Schuldverschreibung §§ 807, 808.

174 s. Schuldverschreibung §§ 798—800, 802, 804, 806.

177 s. Schuldverschreibung § 808.

§ **Grundschuld.**

1195 Eine Grundschuld kann in der Weise bestellt werden, daß der Grundschuldbrief auf den I. ausgestellt wird.

§ Auf einen solchen Brief finden die Vorschriften über Schuldverschreibungen auf den I. entsprechende Anwendung.

Hypothek.

1187 Für die Forderung aus einer Schuldverschreibung auf den I., aus einem Wechsel oder aus einem anderen Papiere, das durch Indossament übertragen werden kann, kann nur eine Sicherungshypothek bestellt werden. Die Hypothek gilt als Sicherungshypothek, auch wenn sie im Grundbuche nicht als solche bezeichnet ist. Die Vorschrift des § 1154 Abs. 3 findet keine Anwendung. 1189.

1188 Zur Bestellung einer Hypothek für die Forderung aus einer Schuldverschreibung auf den I. genügt die Erklärung des Eigentümers gegenüber dem Grundbuchamte, daß er die Hypothek bestelle, und die Eintragung in das Grundbuch; die Vorschrift des § 878 findet Anwendung.

Die Ausschließung des Gläubigers mit seinem Rechte nach § 1170 ist nur zulässig, wenn die im § 801 bezeichnete Vorlegungsfrist verstrichen ist. Ist innerhalb der Frist die Schuldverschreibung vorgelegt oder der Anspruch aus der Urkunde gerichtlich geltend gemacht worden, so kann die Ausschließung erst erfolgen, wenn die Verjährung eingetreten ist.

Leistung.

247 Ist ein höherer Zinssatz als sechs vom Hundert für das Jahr vereinbart, so kann der Schuldner nach dem Ablaufe von sechs Monaten das Kapital unter Einhaltung einer Kündigungsfrist von sechs Monaten kündigen. Das Kündigungsrecht kann nicht durch Vertrag ausgeschlossen oder beschränkt werden.

Diese Vorschriften gelten nicht für Schuldverschreibungen auf den I.

248 Eine im voraus getroffene Verein-

§ barung, daß fällige Zinsen wieder Zinsen tragen sollen, ist nichtig.

Sparkassen, Kreditanstalten und J. von Bankgeschäften können im voraus vereinbaren, daß nicht erhobene Zinsen von Einlagen als neue verzinsliche Einlagen gelten sollen. Kreditanstalten, die berechtigt sind, für den Betrag der von ihnen gewährten Darlehen verzinsliche Schuldverschreibungen auf den J. auszugeben, können sich bei solchen Darlehen die Verzinsung rückständiger Zinsen im voraus versprechen lassen.

Pfandrecht.

1270 Auf das Pfandrecht für die Forderung aus einer Schuldverschreibung auf den J., aus einem Wechsel oder aus einem anderen Papiere, das durch Indossament übertragen werden kann, finden die Vorschriften des § 1189, auf das Pfandrecht für die Forderung aus einer Schuldverschreibung auf den J. finden auch die Vorschriften des § 1188 entsprechende Anwendung. 1259, 1272.

Schuldverschreibung.

793—808 Schuldverschreibung auf den J. s. **Schuldverschreibung** — Schuldverschreibung.

Sicherheitsleistung.

234 Wertpapiere sind zur Sicherheitsleistung nur geeignet, wenn sie auf den J. lauten, einen Kurswert haben und einer Gattung angehören, in der Mündelgeld angelegt werden darf. Den Inhaberpapieren stehen Orderpapiere gleich, die mit Blankoindossament versehen sind.

Mit den Wertpapieren sind die Zins-, Renten-, Gewinnanteil- und Erneuerungsscheine zu hinterlegen.

Mit Wertpapieren kann Sicherheit nur in Höhe von drei Vierteilen des Kurswertes geleistet werden.

§ **Verjährung.**

196 In zwei Jahren verjähren die Ansprüche

1. . . . .

11. der öffentlichen Anstalten, welche dem Unterrichte, der Erziehung, Verpflegung oder Heilung dienen, sowie der J. von Privatanstalten solcher Art für Gewährung von Unterricht, Verpflegung oder Heilung und für die damit zusammenhängenden Aufwendungen. 201.

1643 **Verwandtschaft** s. Vormundschaft 1822.

Vormundschaft.

1822 Der Vormund bedarf der Genehmigung des Vormundschaftsgerichts

1. . . . .

9. zur Ausstellung einer Schuldverschreibung auf den J. oder zur Eingehung einer Verbindlichkeit aus einem Wechsel oder einem anderen Papiere, das durch Indossament übertragen werden kann. 1812, 1825.

Inhaberpapier.

Ehe.

1362 Zu Gunsten der Gläubiger des Mannes wird vermutet, daß die im Besitz eines der Ehegatten oder beider Ehegatten befindlichen beweglichen Sachen dem Manne gehören. Dies gilt insbesondere auch für J. und für Orderpapiere, die mit Blankoindossament versehen sind.

Für die Ausschließung zum persönlichen Gebrauche der Frau bestimmten Sachen, insbesondere für Kleider, Schmucksachen und Arbeitsgeräte, gilt im Verhältnisse der Ehegatten zu einander und zu den Gläubigern die Vermutung, daß die Sachen der Frau gehören.

Eigentum.

935, 1006, 1007 s. **Eigentum** — Eigentum.

Art. **Einführungsgesetz.**

16 s. Ehe § 1362.

98, 175 s. **E.G.** — E.G.

§ **Güterrecht.**

1381 Erwirbt der Mann bei g. Güterrecht mit Mitteln des eingebrachten Gutes bewegliche Sachen, so geht mit dem Erwerbe das Eigentum auf die Frau über, es sei denn, daß der Mann nicht für Rechnung des eingebrachten Gutes erwerben will. Dies gilt insbesondere auch von J. und von Orderpapieren, die mit Blankoindossament versehen sind.

Die Vorschriften des Abs. 1 finden entsprechende Anwendung, wenn der Mann mit Mitteln des eingebrachten Gutes ein Recht an Sachen der bezeichneten Art oder ein anderes Recht erwirbt, zu dessen Übertragung der Abtretungsvertrag genügt. 1525.

1392 Liegen die Voraussetzungen vor, unter denen der Mann bei g. Güterrecht zur Sicherheitsleistung verpflichtet ist, so kann die Frau auch verlangen, daß der Mann die zum eingebrachten Gute gehörenden J. nebst den Erneuerungsscheinen bei einer Hinterlegungsstelle oder bei der Reichsbank mit der Bestimmung hinterlegt, daß die Herausgabe von dem Manne nur mit Zustimmung der Frau verlangt werden kann. Die Hinterlegung von J., die nach § 92 zu den verbrauchbaren Sachen gehören, sowie von Zins-, Renten- oder Gewinnanteilscheinen kann nicht verlangt werden. Den J. stehen Orderpapiere gleich, die mit Blankoindossament versehen sind.

Über die hinterlegten Papiere kann der Mann auch eine Verfügung, zu der er nach § 1376 berechtigt ist, nur mit Zustimmung der Frau treffen. 1393, 1525.

1393 Der Mann kann bei g. Güterrecht die J., statt sie nach § 1392 zu hinterlegen, auf den Namen der Frau umschreiben oder, wenn sie von dem Reiche oder einem Bundesstaat ausgestellt sind, in Buchforderungen gegen das Reich oder den Bundesstaat umwandeln lassen. 1525.

1525 s. **Errungenschaftsgemeinschaft** — Güterrecht.

Nießbrauch.

1032 s. Eigentum 935.

1081 Ist ein J. oder ein Orderpapier, das mit Blankoindossament versehen ist, Gegenstand des Nießbrauchs, so steht der Besitz des Papiers und des zu dem Papiere gehörenden Erneuerungsscheins dem Nießbraucher und dem Eigentümer gemeinschaftlich zu. Der Besitz der zu dem Papiere gehörenden Zins-, Renten- oder Gewinnanteilscheine steht dem Nießbraucher zu.

Zur Bestellung des Nießbrauchs genügt an Stelle der Üebergabe des Papiers die Einräumung des Mitbesitzes. 1068.

1082 Das dem Nießbrauch unterliegende J. ist nebst dem Erneuerungsschein auf Verlangen des Nießbrauchers oder des Eigentümers bei einer Hinterlegungsstelle mit der Bestimmung zu hinterlegen, daß die Herausgabe nur von dem Nießbraucher und dem Eigentümer gemeinschaftlich verlangt werden kann. Der Nießbraucher kann auch Hinterlegung bei der Reichsbank verlangen. 1068.

1083 Der Nießbraucher und der Eigentümer des J. sind einander verpflichtet, zur Einziehung des fälligen Kapitals, zur Beschaffung neuer Zins-, Renten- oder Gewinnanteilscheine sowie zu sonstigen Maßnahmen mitzuwirken, die zur ordnungsmäßigen Vermögensverwaltung erforderlich sind.

Im Falle der Einlösung des Papiers finden die Vorschriften des § 1079

§ Anwendung. Eine bei der Einlösung gezahlte Prämie gilt als Teil des Kapitals. 1068.

1084 Gehört ein J. oder ein Orderpapier, das mit Blankoindossament versehen ist, nach § 92 zu den verbrauchbaren Sachen, so bewendet es bei den Vorschriften des § 1067. 1068.

Pfandrecht.

1207, 1208 s. Eigentum 935.

1293 Für das Pfandrecht an einem J. gelten die Vorschriften über das Pfandrecht an beweglichen Sachen. 1273.

1294 Ist ein Wechsel, ein anderes Papier, das durch Indossament übertragen werden kann, oder ein J. Gegenstand des Pfandrechts, so ist, auch wenn die Voraussetzungen des § 1228 Abs. 2 noch nicht eingetreten sind, der Pfandgläubiger zur Einziehung und, falls Kündigung erforderlich ist, zur Kündigung berechtigt und kann der Schuldner nur an ihn leisten. 1273.

1295 Hat ein verpfändetes J., das durch Indossament übertragen werden kann, einen Börsen- oder Marktpreis, so ist der Gläubiger nach dem Eintritte der Voraussetzungen des § 1228 Abs. 2 berechtigt, das Papier nach § 1221 verkaufen zu lassen. 1273.

234 **Sicherheitsleistung** s. **Inhaber** — Sicherheitsleistung.

Testament.

2116, 2117 s. **Erblasser** — Testament.

Verwandtschaft.

1646 Erwirbt der Vater mit Mitteln des ehelichen Kindes bewegliche Sachen, so geht mit dem Erwerbe das Eigentum auf das Kind über, es sei denn, daß der Vater nicht für Rechnung des Kindes erwerben will. Dies gilt insbesondere auch von J. und von Orderpapieren, die mit Blankoindossament versehen sind.

Die Vorschriften des Abs. 1 finden entsprechende Anwendung, wenn der Vater mit Mitteln des Kindes ein Recht an Sachen der bezeichneten Art oder ein anderes Recht erwirbt, zu dessen Übertragung der Abtretungsvertrag genügt.

1667 s. Vormundschaft 1814, 1815, 1820.

Vormundschaft.

1814 Der Vormund hat die zu dem Vermögen des Mündels gehörenden J. nebst den Erneuerungsscheinen bei einer Hinterlegungsstelle oder bei der Reichsbank mit der Bestimmung zu hinterlegen, daß die Herausgabe der Papiere nur mit Genehmigung des Vormundschaftsgerichts verlangt werden kann. Die Hinterlegung von J., die nach § 92 zu den verbrauchbaren Sachen gehören, sowie von Zins-, Renten- oder Gewinnanteilscheinen ist nicht erforderlich. Den J. stehen Orderpapiere gleich, die mit Blankoindossament versehen sind. 1817—1819, 1815.

1815 Der Vormund kann die J., statt sie nach § 1814 zu hinterlegen, auf den Namen des Mündels mit der Bestimmung umschreiben lassen, daß er über sie nur mit Genehmigung des Vormundschaftsgerichts verfügen kann. Sind die Papiere von dem Reiche oder einem Bundesstaat ausgestellt, so kann er sie mit der gleichen Bestimmung in Buchforderungen gegen das Reich oder den Bundesstaat umwandeln lassen.

Sind J. zu hinterlegen die in Buchforderungen gegen das Reich oder einen Bundesstaat umgewandelt werden können, so kann das Vormundschaftsgericht anordnen, daß sie nach Abs. 1 in Buchforderungen umgewandelt werden. 1820.

1820 Sind J. nach § 1815 auf den Namen des Mündels umgeschrieben oder in Buchforderungen umgewandelt, so bedarf der Vormund auch zur Ein-

§ gehung der Verpflichtung zu einer Verfügung über die sich aus der Umschreibung oder der Umwandlung ergebenden Stammforderungen der Genehmigung des Vormundschaftsgerichts.

Das Gleiche gilt, wenn bei einer Buchforderung des Mündels der im § 1816 bezeichnete Vermerk eingetragen ist. 1812.

1853 Der Vater kann den von ihm benannten Vormund von der Verpflichtung entbinden, J. und Orderpapiere zu hinterlegen und den im § 1816 bezeichneten Vermerk in das Reichsschuldbuch oder das Staatsschuldbuch eintragen zu lassen. 1855, 1856, 1903, 1917.

Inhalt.

Anweisung.

784 Nimmt der Angewiesene die Anweisung an, so ist er dem Anweisungsempfänger gegenüber zur Leistung verpflichtet; er kann ihm nur solche Einwendungen entgegensetzen, welche die Gültigkeit der Annahme betreffen oder sich aus dem J. der Anweisung oder dem J. der Annahme ergeben oder dem Angewiesenen unmittelbar gegen den Anweisungsempfänger zustehen.

Die Annahme erfolgt durch einen schriftlichen Vermerk auf der Anweisung. Ist der Vermerk auf die Anweisung vor der Aushändigung an den Anweisungsempfänger gesetzt worden, so wird die Annahme diesem gegenüber erst mit der Aushändigung wirksam.

Auslobung.

659 Ist die Handlung, für welche die Belohnung ausgesetzt ist, mehrmals vorgenommen worden, so gebührt die Belohnung demjenigen, welcher die Handlung zuerst vorgenommen hat.

Ist die Handlung von mehreren gleichzeitig vorgenommen worden, so

§ gebührt jedem ein gleicher Teil der Belohnung. Läßt sich die Belohnung wegen ihrer Beschaffenheit nicht teilen oder soll nach dem J. der Auslobung nur einer die Belohnung erhalten, so entscheidet das Los. 660, 661.

Bedingung.

159 Sollen nach dem J. des Rechtsgeschäfts die an den Eintritt der Bedingung geknüpften Folgen auf einen früheren Zeitpunkt zurückbezogen werden, so sind im Falle des Eintritts der Bedingung die Beteiligten verpflichtet, einander zu gewähren, was sie haben würden, wenn die Folgen in dem früheren Zeitpunkt eingetreten wären.

Bereicherung.

812 Wer durch die Leistung eines anderen oder in sonstiger Weise auf dessen Kosten etwas ohne rechtlichen Grund erlangt, ist ihm zur Herausgabe verpflichtet. Diese Verpflichtung besteht auch dann, wenn der rechtliche Grund später wegfällt oder der mit einer Leistung nach dem J. des Rechtsgeschäfts bezweckte Erfolg nicht eintritt.

Als Leistung gilt auch die durch Vertrag erfolgte Anerkennung des Bestehens oder des Nichtbestehens eines Schuldverhältnisses. 815.

Dienstbarkeit.

1090 Ein Grundstück kann in der Weise belastet werden, daß derjenige, zu dessen Gunsten die Belastung erfolgt, berechtigt ist, das Grundstück in einzelnen Beziehungen zu benutzen, oder daß ihm eine sonstige Befugnis zusteht, die den J. einer Grunddienstbarkeit bilden kann (beschränkte persönliche Dienstbarkeit).

Die Vorschriften der §§ 1020 bis 1024, 1026—1029, 1061 finden entsprechende Anwendung.

Eigentum.

903—924 J. des Eigentums s. **Eigentum** — Eigentum.

Art. **Einführungsgesetz.**
68, 115, 184, 189 s. **E.G. — E.G.**
116 s. Eigentum §§ 912, 916, 917.
118 s. Grundstück §§ 892, 893.
122, 183 s. Eigentum §§ 910, 923.
142 s. Vertrag § 313.
151 s. Testament §§ 2241—2245.
174 s. Schuldverschreibung § 798.
§
2001 **Erbe** s. **Erbe** — Erbe.
Erbschein.
2357, 2363, 2366 s. **Erbschein** — Erbschein.
Erbvertrag.
2276 s. Testament 2241—2245.
2277 s. Testament 2246.
2281, 2285 s. Testament 2078.
2300 s. Testament 2262.
Grunddienstbarkeit.
1019 Eine Grunddienstbarkeit kann nur in einer Belastung bestehen, die für die Benutzung des Grundstücks des Berechtigten Vorteil bietet. Über das sich hieraus ergebende Maß hinaus kann der J. der Dienstbarkeit nicht erstreckt werden.
1028 s. Grundstück 892.
Grundstück.
874 Bei der Eintragung eines Rechtes, mit dem ein Grundstück belastet wird, kann zur näheren Bezeichnung des J. des Rechtes auf die Eintragungsbewilligung Bezug genommen werden, soweit nicht das G. ein anderes vorschreibt. 877.
877 Die Vorschriften der §§ 873, 874, 876 finden auch auf Änderungen des J. eines Rechtes an einem Grundstück Anwendung. 878.
883 Zur Sicherung des Anspruchs auf Einräumung oder Aufhebung eines Rechtes an einem Grundstück oder an einem das Grundstück belastenden Rechte oder auf Änderung des J. oder des Ranges eines solchen Rechtes kann eine Vormerkung in das Grundbuch eingetragen werden. Die Eintragung einer Vormerkung ist auch zur Sicherung eines künftigen oder eines bedingten Anspruchs zulässig.

Eine Verfügung, die nach der Eintragung der Vormerkung über das Grundstück oder das Recht getroffen wird, ist insoweit unwirksam, als sie den Anspruch vereiteln oder beeinträchtigen würde. Dies gilt auch, wenn die Verfügung im Wege der Zwangsvollstreckung oder der Arrestvollziehung oder durch den Konkursverwalter erfolgt.

Der Rang des Rechtes, auf dessen Einräumung der Anspruch gerichtet ist, bestimmt sich nach der Eintragung der Vormerkung. 884—888.
892 Zu Gunsten desjenigen, welcher ein Recht an einem Grundstück oder ein Recht an einem solchen Rechte durch Rechtsgeschäft erwirbt, gilt der J. des Grundbuchs als richtig, es sei denn, daß ein Widerspruch gegen die Richtigkeit eingetragen oder die Unrichtigkeit dem Erwerber bekannt ist. Ist der Berechtigte in der Verfügung über ein im Grundbuch eingetragenes Recht zu Gunsten einer bestimmten Person beschränkt, so ist die Beschränkung dem Erwerber gegenüber nur wirksam, wenn sie aus dem Grundbuch ersichtlich oder dem Erwerber bekannt ist.

Ist zu dem Erwerbe des Rechtes die Eintragung erforderlich, so ist für die Kenntnis des Erwerbers die Zeit der Stellung des Antrags auf Eintragung oder, wenn die nach § 873 erforderliche Einigung erst später zustande kommt, die Zeit der Einigung maßgebend. 893, 894.
893 Die Vorschriften des § 892 finden entsprechende Anwendung, wenn an denjenigen, für welchen ein Recht im Grundbuch eingetragen ist, auf Grund

§ dieses Rechtes eine Leistung bewirkt oder wenn zwischen ihm und einem anderen in Ansehung dieses Rechtes ein nicht unter die Vorschriften des § 892 fallendes Rechtsgeschäft vorgenommen wird, das eine Verfügung über das Recht enthält.

894 Steht der J. des Grundbuchs in Ansehung eines Rechtes an dem Grundstück, eines Rechtes an einem solchen Rechte oder einer Verfügungsbeschränkung der im § 892 Abs. 1 bezeichneten Art mit der wirklichen Rechtslage nicht im Einklange, so kann derjenige, dessen Recht nicht oder nicht richtig eingetragen oder durch die Eintragung einer nicht bestehenden Belastung oder Beschränkung beeinträchtigt ist, die Zustimmung zu der Berichtigung des Grundbuchs von demjenigen verlangen, dessen Recht durch die Berichtigung betroffen wird. 895, 898 899.

Handlung.

823 Wer vorsätzlich oder fahrlässig das Leben, den Körper, die Gesundheit, die Freiheit, das Eigentum oder ein sonstiges Recht eines anderen widerrechtlich verletzt, ist dem anderen zum Ersatze des daraus entstehenden Schadens verpflichtet.

Die gleiche Verpflichtung trifft denjenigen, welcher gegen ein den Schutz eines anderen bezweckendes G. verstößt. Ist nach dem J. des G. ein Verstoß gegen dieses auch ohne Verschulden möglich, so tritt die Ersatzpflicht nur im Falle des Verschuldens ein. 829.

Hypothek.

1138, 1155 s. Grundstück 892—894.
1140 s. Grundstück 892, 893.
1157 s. Grundstück 892, 894.
1158, 1159 s. Grundstück 892.

Kauf.

444 Der Verkäufer ist verpflichtet, dem Käufer über die den verkauften Gegenstand betreffenden rechtlichen Verhältnisse, insbesondere im Falle des Verkaufs eines Grundstücks über die Grenzen, Gerechtsame und Lasten, die nötige Auskunft zu erteilen und ihm die zum Beweise des Rechtes dienenden Urkunden, soweit sie sich in seinem Besitze befinden, auszuliefern. Erstreckt sich der J. einer solchen Urkunde auch auf andere Angelegenheiten, so ist der Verkäufer nur zur Erteilung eines öffentlich beglaubigten Auszugs verpflichtet. 445.

510 Der Verpflichtete hat dem Vorkaufsberechtigten den J. des mit dem Dritten geschlossenen Vertrags unverzüglich mitzuteilen. Die Mitteilung des Verpflichteten wird durch die Mitteilung des Dritten ersetzt.

Mäklervertrag.

654 Der Anspruch auf den Mäklerlohn und den Ersatz von Aufwendungen ist ausgeschlossen, wenn der Mäkler dem J. des Vertrags zuwider auch für den andern Teil thätig gewesen ist.

Pfandrecht.

1263 Steht der J. des Schiffsregisters in Ansehung eines Pfandrechts mit der wirklichen Rechtslage nicht im Einklange, so kann die Berichtigung des Registers nach den für die Berichtigung des Grundbuchs geltenden Vorschriften der §§ 894, 895, 897, 898 verlangt werden.

Ist ein Pfandrecht mit Unrecht gelöscht worden, so kann ein Widerspruch gegen die Richtigkeit des Schiffsregisters nach § 899 Abs. 2 eingetragen werden. Solange der Widerspruch eingetragen ist, gilt im Falle der Veräußerung oder Belastung des Schiffes dem Erwerber gegenüber das Gleiche, wie wenn das Pfandrecht eingetragen wäre. 1259, 1272.

523 **Schenkung** s. Kauf 444.

§ **Schuldverhältnis.**

399 Eine Forderung kann nicht abgetreten werden, wenn die Leistung an einen anderen als den ursprünglichen Gläubiger nicht ohne Veränderung ihres J. erfolgen kann oder wenn die Abtretung durch Vereinbarung mit dem Schuldner ausgeschlossen ist. 412.

416 Übernimmt der Erwerber eines Grundstücks durch Vertrag mit dem Veräußerer eine Schuld des Veräußerers, für die eine Hypothek an dem Grundstücke besteht, so kann der Gläubiger die Schuldübernahme nur genehmigen, wenn der Veräußerer sie ihm mitteilt. Sind seit dem Empfange der Mitteilung sechs Monate verstrichen, so gilt die Genehmigung als erteilt, wenn nicht der Gläubiger sie dem Veräußerer gegenüber vorher verweigert hat; die Vorschrift des § 415 Abs. 2 Satz 2 findet keine Anwendung.

Die Mitteilung des Veräußerers kann erst erfolgen, wenn der Erwerber als Eigentümer im Grundbuch eingetragen ist. Sie muß schriftlich geschehen und den Hinweis enthalten, daß der Übernehmer an die Stelle des bisherigen Schuldners tritt, wenn nicht der Gläubiger die Verweigerung innerhalb der sechs Monate erklärt.

Der Veräußerer hat auf Verlangen des Erwerbers dem Gläubiger die Schuldübernahme mitzuteilen. Sobald die Erteilung oder Verweigerung der Genehmigung feststeht, hat der Veräußerer den Erwerber zu benachrichtigen.

Schuldverschreibung.

798 Ist eine Schuldverschreibung auf den Inhaber infolge einer Beschädigung oder einer Verunstaltung zum Umlaufe nicht mehr geeignet, so kann der Inhaber, sofern ihr wesentlicher J. und ihre Unterscheidungsmerkmale noch mit Sicherheit erkennbar sind, von dem Aussteller die Erteilung einer neuen Schuldverschreibung auf den Inhaber gegen Aushändigung der beschädigten oder verunstalteten verlangen. Die Kosten hat er zu tragen und vorzuschießen.

Sicherheitsleistung.

239 Die Bürgschaftserklärung zwecks Sicherheitsleistung muß den Verzicht auf die Einrede der Vorausklage enthalten.

Testament.

2078, 2084, 2241—2246, 2262, 2268 f.

Erblasser — Testament.

2182 f. Kauf 444.

Verein.

57 Die Satzung muß den Zweck, den Namen und den Sitz des Vereins enthalten und ergeben, daß der Verein eingetragen werden soll.

Der Name soll sich von den Namen der an demselben Orte oder in derselben Gemeinde bestehenden eingetragenen Vereine deutlich unterscheiden. 60.

58 Die Satzung soll Bestimmungen enthalten:
1. über den Eintritt und Austritt der Mitglieder;
2. darüber, ob und welche Beiträge von den Mitgliedern zu leisten sind;
3. über die Bildung des Vorstandes;
4. über die Voraussetzungen, unter denen die Mitgliederversammlung zu berufen ist, über die Form der Berufung und über die Beurkundung der Beschlüsse. 60.

59 Der Vorstand hat den Verein zur Eintragung anzumelden.

Der Anmeldung sind beizufügen:
1. die Satzung in Urschrift und Abschrift;
2. eine Abschrift der Urkunden über die Bestellung des Vorstandes.

Die Satzung soll von mindestens sieben Mitgliedern unterzeichnet sein

§ und die Angabe des Tages der Errichtung enthalten. 60.

60 Die Anmeldung ist, wenn den Erfordernissen der §§ 56—59 nicht genügt ist, von dem Amtsgericht unter Angabe der Gründe zurückzuweisen.

Gegen einen zurückweisenden Beschluß findet die sofortige Beschwerde nach den Vorschriften der Civilprozeßordnung statt. 71.

Vertrag.

305 Zur Begründung eines Schuldverhältnisses durch Rechtsgeschäft sowie zur Änderung des J. eines Schuldverhältnisses ist ein Vertrag zwischen den Beteiligten erforderlich, soweit nicht das G. ein anderes vorschreibt.

313 Ein Vertrag, durch den sich der eine Teil verpflichtet, das Eigentum an einem Grundstücke zu übertragen, bedarf der gerichtlichen oder notariellen Beurkundung. Ein ohne Beobachtung dieser Form geschlossener Vertrag wird seinem ganzen J. nach gültig, wenn die Auflassung und die Eintragung in das Grundbuch erfolgen.

Verwandtschaft.

1725 Der Antrag auf Ehelichkeitserklärung muß die Erklärung des Vaters enthalten, daß er das Kind als das Seinige anerkenne.

Vorkaufsrecht.

1098 s. Kauf 510.

1099 Gelangt das mit einem Vorkaufsrecht belastete Grundstück in das Eigentum eines Dritten, so kann dieser in gleicher Weise wie der Verpflichtete dem Berechtigten den J. des Kaufvertrags mit der im § 510 Abs. 2 bestimmten Wirkung mitteilen.

Der Verpflichtete hat den neuen Eigentümer zu benachrichtigen, sobald die Ausübung des Vorkaufsrechts erfolgt oder ausgeschlossen ist.

Vormundschaft.

1791 Der Vormund erhält eine Bestallung.

§ Die Bestallung soll enthalten den Namen und die Zeit der Geburt des Mündels, die Namen des Vormundes, des Gegenvormundes und der Mitvormünder sowie im Falle der Teilung der Vormundschaft die Art der Teilung. Ist ein Familienrat eingesetzt, so ist auch dies anzugeben.

1841 Die Rechnung des Vormundes über seine Vermögensverwaltung soll eine geordnete Zusammenstellung der Einnahmen und Ausgaben enthalten, über den Ab- und Zugang des Vermögens Auskunft geben und, soweit Belege erteilt zu werden pflegen, mit Belegen versehen sein.

Wird ein Erwerbsgeschäft mit kaufmännischer Buchführung betrieben, so genügt als Rechnung eine aus den Büchern gezogene Bilanz. Das Vormundschaftsgericht kann jedoch die Vorlegung der Bücher und sonstigen Belege verlangen.

Willenserklärung.

119 Wer bei der Abgabe einer Willenserklärung über deren J. im Irrtume war oder eine Erklärung dieses J. überhaupt nicht abgeben wollte, kann die Erklärung anfechten, wenn anzunehmen ist, daß er sie bei Kenntnis der Sachlage und bei verständiger Würdigung des Falles nicht abgegeben haben würde.

Als Irrtum über den J. der Erklärung gilt auch der Irrtum über solche Eigenschaften der Person oder der Sache, die im Verkehr als wesentlich angesehen werden.

Inkraftbleiben.

Art. **Einführungsgesetz.**

3, 32, 157, 164—167, 183, 197, 200, 204, 212, 216 s. **E.G.** — E.G.

§ **Vollmacht.**

170 Wird die Vollmacht durch Erklärung

§ gegenüber einem Dritten erteilt, so bleibt sie diesem gegenüber in Kraft, bis ihm das Erlöschen von dem Vollmachtgeber angezeigt wird. 173.

Inkrafttreten.

Art. **Einführungsgesetz.**

1, 56, 58, 153–218 s. **E.G.** — E.G.

§ **Verwandtschaft.**

1754 Die Annahme an Kindesstatt tritt mit der Bestätigung in Kraft. Die Vertragschließenden sind schon vor der Bestätigung gebunden.

Die Bestätigung ist nur zu versagen, wenn ein g. Erfordernis der Annahme an Kindesstatt fehlt. Wird die Bestätigung endgültig versagt, so verliert der Vertrag seine Kraft. 1770.

Inland.

1320 **Ehe** s. **Ehe** — Ehe.

1580 **Ehescheidung** s. Verwandtschaft 1607.

Art. **Einführungsgesetz.**

7–10, 13, 15, 17, 23, 25, 26, 44 s. **E.G.** — E.G.

144 s. Vormundschaft 1808.

§

2028 **Erbe** 2057 s. Leistung 261.

Erbschein.

2369 Gehören zu einer Erbschaft, für die es an einem zur Erteilung des Erbscheins zuständigen deutschen Nachlaßgerichte fehlt, Gegenstände, die sich im J. befinden, so kann die Erteilung eines Erbscheins für diese Gegenstände verlangt werden.

Ein Gegenstand, für den von einer deutschen Behörde ein zur Eintragung des Berechtigten bestimmtes Buch oder Register geführt wird, gilt als im J. befindlich. Ein Anspruch gilt als im J. befindlich, wenn für die Klage ein deutsches Gericht zuständig ist.

Hypothek.

1141 Hängt die Fälligkeit der Forderung von der Kündigung ab, so ist die Kündigung für die Hypothek nur wirksam, wenn sie von dem Gläubiger dem Eigentümer oder von dem Eigentümer dem Gläubiger erklärt wird. Zu Gunsten des Gläubigers gilt derjenige, welcher im Grundbuch als Eigentümer eingetragen ist, als der Eigentümer.

Hat der Eigentümer keinen Wohnsitz im J. oder liegen die Voraussetzungen des § 132 Abs. 2 vor, so hat auf Antrag des Gläubigers das Amtsgericht, in dessen Bezirke das Grundstück liegt, dem Eigentümer einen Vertreter zu bestellen, dem gegenüber die Kündigung des Gläubigers erfolgen kann. 1185.

Leistung.

244 Ist eine in ausländischer Währung ausgedrückte Geldschuld im J. zu zahlen, so kann die Zahlung in Reichswährung erfolgen, es sei denn, daß Zahlung in ausländischer Währung ausdrücklich bedungen ist.

Die Umrechnung erfolgt nach dem Kurswerte, der zur Zeit der Zahlung für den Zahlungsort maßgebend ist.

261 Der Offenbarungseid ist, sofern er nicht vor dem Prozeßgerichte zu leisten ist, vor dem Amtsgerichte des Ortes zu leisten, an welchem die Verpflichtung zur Rechnungslegung oder zur Vorlegung des Verzeichnisses zu erfüllen ist. Hat der Verpflichtete seinen Wohnsitz oder seinen Aufenthalt im J., so kann er den Eid vor dem Amtsgerichte des Wohnsitzes oder des Aufenthaltsorts leisten.

Das Gericht kann eine den Umständen entsprechende Änderung der Eidesnorm beschließen.

Die Kosten der Abnahme des Eides hat derjenige zu tragen, welcher die Leistung des Eides verlangt.

§ **Schuldverschreibung.**

795 Im I. ausgestellte Schuld-Verschreibungen auf den Inhaber, in denen die Zahlung einer bestimmten Geldsumme versprochen wird, dürfen nur mit staatlicher Genehmigung in den Verkehr gebracht werden.

Die Genehmigung wird durch die Centralbehörde des Bundesstaats erteilt, in dessen Gebiete der Aussteller seinen Wohnsitz oder seine gewerbliche Niederlassung hat. Die Erteilung der Genehmigung und die Bestimmungen, unter denen sie erfolgt, sollen durch den Deutschen Reichsanzeiger bekannt gemacht werden.

Eine ohne staatliche Genehmigung in den Verkehr gelangte Schuldverschreibung ist nichtig; der Aussteller hat dem Inhaber den durch die Ausgabe verursachten Schaden zu ersetzen.

Diese Vorschriften finden keine Anwendung auf Schuldverschreibungen, die von dem Reiche oder einem Bundesstaat ausgegeben werden.

Sicherheitsleistung.

232 Wer Sicherheit zu leisten hat, kann dies bewirken

durch Hinterlegung von Geld oder Wertpapieren,

durch Verpfändung von Forderungen, die in das Reichsschuldbuch oder in das Staatsschuldbuch eines Bundesstaates eingetragen sind,

durch Verpfändung beweglicher Sachen,

durch Bestellung von Hypotheken an inländischen Grundstücken,

durch Verpfändung von Forderungen, für die eine Hypothek an einem inländischen Grundstücke besteht, oder durch Verpfändung von Grundschulden oder Rentenschulden an inländischen Grundstücken.

Kann die Sicherheit nicht in dieser Weise geleistet werden, so ist die Stellung eines tauglichen Bürgen zulässig.

239 Ein Bürge ist tauglich, wenn er ein der Höhe der zu leistenden Sicherheit angemessenes Vermögen besitzt und seinen a. Gerichtsstand im I. hat.

Die Bürgschaftserklärung muß den Verzicht auf die Einrede der Vorausklage enthalten.

Testament.

2251 Wer sich während einer Seereise an Bord eines deutschen, nicht zur Kaiserlichen Marine gehörenden Fahrzeugs außerhalb eines inländischen Hafens befindet, kann ein Testament durch mündliche Erklärung vor drei Zeugen nach § 2250 errichten. 2252.

Verwandtschaft.

1607 Soweit ein Verwandter auf Grund des § 1603 nicht unterhaltspflichtig ist, hat der nach ihm haftende Verwandte den Unterhalt zu gewähren.

Das Gleiche gilt, wenn die Rechtsverfolgung gegen einen Verwandten im I. ausgeschlossen oder erheblich beschwert ist. Der Anspruch gegen einen solchen Verwandten geht, soweit ein anderer Verwandter den Unterhalt gewährt, auf diesen über. Der Übergang kann nicht zum Nachteile des Unterhaltsberechtigten geltend gemacht werden. 1608, 1620.

1642 s. Vormundschaft 1807, 1808.

Vormundschaft.

1807 Die im § 1806 vorgeschriebene Anlegung von Mündelgeld soll nur erfolgen:

1. in Forderungen, für die eine sichere Hypothek an einem inländischen Grundstücke besteht, oder in sicheren Grundschulden oder Rentenschulden an inländischen Grundstücken;
2. in verbrieften Forderungen gegen das Reich oder einen Bundesstaat sowie in Forderungen, die in das Reichsschuldbuch oder in das

§ Staatsschuldbuch eines Bundesstaats eingetragen sind;
3. in verbrieften Forderungen, deren Verzinsung von dem Reiche oder einem Bundesstaate gewährleistet ist;
4. in Wertpapieren, insbesondere Pfandbriefen, sowie in verbrieften Forderungen jeder Art gegen eine inländische kommunale Körperschaft oder die Kreditanstalt einer solchen Körperschaft, sofern die Wertpapiere oder die Forderungen von dem Bundesrate zur Anlegung von Mündelgeld für geeignet erklärt sind;
5. bei einer inländischen öffentlichen Sparkasse, wenn sie von der zuständigen Behörde des Bundesstaats, in welchem sie ihren Sitz hat, zur Anlegung von Mündelgeld für geeignet erklärt ist.

Die L.G. können für die innerhalb ihres Geltungsbereichs belegenen Grundstücke die Grundsätze bestimmen, nach denen die Sicherheit einer Hypothek, einer Grundschuld oder einer Rentenschuld festzustellen ist. 1808 bis 1811, 1813.

1808 Kann die Anlegung den Umständen nach nicht in der im § 1807 bezeichneten Weise erfolgen, so ist das Geld bei der Reichsbank, bei einer Staatsbank oder bei einer anderen durch L.G. dazu für geeignet erklärten inländischen Bank oder bei einer Hinterlegungsstelle anzulegen. 1809—1811.

Willenserklärung.

132 Eine Willenserklärung gilt auch dann als zugegangen, wenn sie durch Vermittelung eines Gerichtsvollziehers zugestellt worden ist. Die Zustellung erfolgt nach den Vorschriften der Civilprozeßordnung.

Befindet sich der Erklärende über die Person desjenigen, welchem gegenüber die Erklärung abzugeben ist, in einer nicht auf Fahrlässigkeit beruhenden Unkenntnis oder ist der Aufenthalt dieser Person unbekannt, so kann die Zustellung nach den für die öffentliche Zustellung einer Ladung geltenden Vorschriften der Civilprozeßordnung erfolgen. Zuständig für die Bewilligung ist im ersteren Falle das Amtsgericht, in dessen Bezirke der Erklärende seinen Wohnsitz oder in Ermangelung eines inländischen Wohnsitzes seinen Aufenthalt hat, im letzteren Falle das Amtsgericht, in dessen Bezirke die Person, welcher zuzustellen ist, den letzten Wohnsitz oder in Ermangelung eines inländischen Wohnsitzes den letzten Aufenthalt hatte.

Wohnsitz.

9 Eine Militärperson hat ihren Wohnsitz am Garnisonorte. Als Wohnsitz einer Militärperson, deren Truppenteil im J. keinen Garnisonort hat, gilt der letzte inländische Garnisonort des Truppenteils.

Diese Vorschriften finden keine Anwendung auf Militärpersonen, die nur zur Erfüllung der Wehrpflicht dienen oder die nicht selbständig einen Wohnsitz begründen können.

Insel.

Art.
65 **Einführungsgesetz** s. **E.G.** — E.G.

Instanz.

Einführungsgesetz.

6 s. **E.G.** — E.G.
163 s. Verein § 44.

§ **Verein.**

44 Die Zuständigkeit und das Verfahren im Falle der Entziehung der Rechtsfähigkeit des Vereins bestimmen sich in den Fällen des § 43 nach den für streitige Verwaltungssachen geltenden Vorschriften der L.G. Wo ein Verwaltungsstreitverfahren nicht besteht,

§ finden die Vorschriften der §§ 20, 21 der Gewerbeordnung Anwendung; die Entscheidung erfolgt in erster J. durch die höhere Verwaltungsbehörde, in deren Bezirke der Verein seinen Sitz hat. Beruht die Rechtsfähigkeit auf Verleihung durch den Bundesrat, so erfolgt die Entziehung durch Beschluß des Bundesrats.

Instanzenzug.

Vormundschaft.

1878 Das Amt eines Mitglieds des Familienrats endigt aus denselben Gründen, aus denen nach den §§ 1885, 1886, 1889 das Amt eines Vormunds endigt.

Ein Mitglied kann gegen seinen Willen nur durch das dem Vormundschaftsgericht im J. vorgeordnete Gericht entlassen werden.

Interesse.

1090 **Dienstbarkeit** s. Grunddienstbarkeit 1020, 1021, 1022, 1024.

Ehe.

1304, 1337, 1342, 1358 s. **Ehe** — Ehe.

Eigentum.

905, 922 s. **Eigentum** — Eigentum.

Art. **Einführungsgesetz.**

52, 109, 111 s. **E.G.** — E.G.

85 s. Verein § 45.

95 s. Ehe § 1358.

116 s. Grunddienstbarkeit § 1021, 1022.

163 s. Verein § 36, 45.

184 s. Grunddienstbarkeit § 1020, 1021, 1022, 1024.

206 s. Verwandtschaft § 16, 35.

§ **Erbe.**

1953, 2010 s. **Erbe** — Erbe.

2038 s. Gemeinschaft 745.

2384 **Erbschaftskauf** s. **Erbschaftskauf** — Erbschaftskauf.

Gemeinschaft.

745 Durch Stimmenmehrheit kann eine der Beschaffenheit des gemeinschaftlichen Gegenstandes entsprechende ordnungsmäßige Verwaltung und Benutzung beschlossen werden. Die Stimmenmehrheit ist nach der Größe der Anteile zu berechnen.

Jeder Teilhaber kann, sofern nicht die Verwaltung und Benutzung durch Vereinbarung oder durch Mehrheitsbeschluß geregelt ist, eine dem J. aller Teilhaber nach billigem Ermessen entsprechende Verwaltung und Benutzung verlangen.

Eine wesentliche Veränderung des Gegenstandes kann nicht beschlossen oder verlangt werden. Das Recht des einzelnen Teilhabers auf einen seinem Anteil entsprechenden Bruchteil der Nutzungen kann nicht ohne seine Zustimmung beeinträchtigt werden. 741.

Geschäftsführung.

677 Wer ein Geschäft für einen anderen besorgt, ohne von ihm beauftragt oder ihm gegenüber sonst dazu berechtigt zu sein, hat das Geschäft so zu führen, wie das J. des Geschäftsherrn mit Rücksicht auf dessen wirklichen oder mutmaßlichen Willen es erfordert. 687.

679 Ein der Geschäftsführung entgegenstehender Wille des Geschäftsherrn kommt nicht in Betracht, wenn ohne die Geschäftsführung eine Pflicht des Geschäftsherrn, deren Erfüllung im öffentlichen J. liegt, oder eine g. Unterhaltspflicht des Geschäftsherrn nicht rechtzeitig erfüllt werden würde. 683, 687.

683 Entspricht die Übernahme der Geschäftsführung dem J. und dem wirklichen oder dem mutmaßlichen Willen des Geschäftsherrn, so kann der Geschäftsführer wie ein Beauftragter Ersatz seiner Aufwendungen verlangen. In den Fällen des § 679 steht dieser Anspruch dem Geschäftsführer zu, auch wenn die

§ Übernahme der Geschäftsführung mit dem Willen des Geschäftsherrn in Widerspruch steht. 684, 687.

Grunddienstbarkeit.

1020 Bei der Ausübung einer Grunddienstbarkeit hat der Berechtigte das J. des Eigentümers des belasteten Grundstücks thunlichst zu schonen. Hält er zur Ausübung der Dienstbarkeit auf dem belasteten Grundstück eine Anlage, so hat er sie in ordnungsmäßigem Zustande zu erhalten, soweit das J. des Eigentümers es erfordert.

1021 Gehört zur Ausübung einer Grunddienstbarkeit eine Anlage auf dem belasteten Grundstücke, so kann bestimmt werden, daß der Eigentümer dieses Grundstücks die Anlage zu unterhalten hat, soweit das J. des Berechtigten es erfordert. Steht dem Eigentümer das Recht zur Mitbenutzung der Anlage zu, so kann bestimmt werden, daß der Berechtigte die Anlage zu unterhalten hat, soweit es für das Benutzungsrecht des Eigentümers erforderlich ist.

Auf eine solche Unterhaltungspflicht finden die Vorschriften über die Reallasten entsprechende Anwendung. 1022.

1022 Besteht die Grunddienstbarkeit in dem Rechte, auf einer baulichen Anlage des belasteten Grundstücks eine bauliche Anlage zu halten, so hat, wenn nicht ein anderes bestimmt ist, der Eigentümer des belasteten Grundstücks seine Anlage zu unterhalten, soweit das J. des Berechtigten es erfordert. Die Vorschrift des § 1021 Abs. 2 gilt auch für diese Unterhaltungspflicht.

1024 Trifft eine Grunddienstbarkeit mit einer anderen Grunddienstbarkeit oder einem sonstigen Nutzungsrecht an dem Grundstücke dergestalt zusammen, daß die Rechte nebeneinander nicht oder nicht vollständig ausgeübt werden können und haben die Rechte gleichen Rang, so kann jeder Berechtigte eine den J. aller Berechtigten nach billigem Ermessen entsprechende Regelung der Ausübung verlangen.

Handlung.

824 Wer der Wahrheit zuwider eine Thatsache behauptet oder verbreitet, die geeignet ist, den Kredit eines anderen zu gefährden oder sonstige Nachteile für dessen Erwerb oder Fortkommen herbeizuführen, hat dem anderen den daraus entstehenden Schaden auch dann zu ersetzen, wenn er die Unwahrheit zwar nicht kennt, aber kennen muß.

Durch eine Mitteilung, deren Unwahrheit dem Mitteilenden unbekannt ist, wird dieser nicht zum Schadensersatze verpflichtet, wenn er oder der Empfänger der Mitteilung an ihr ein berechtigtes J. hat. 829.

Hypothek.

1167 Erwirbt der persönliche Schuldner, falls er den Gläubiger befriedigt, die Hypothek oder hat er im Falle der Befriedigung ein sonstiges rechtliches J. an der Berichtigung des Grundbuchs, so stehen ihm die in den §§ 1144, 1145 bestimmten Rechte zu.

Kauf.

440, 454 f. Vertrag 325, 326.

468 Sichert der Verkäufer eines Grundstücks dem Käufer eine bestimmte Größe des Grundstücks zu, so haftet er für die Größe wie für eine zugesicherte Eigenschaft. Der Käufer kann jedoch wegen Mangels der zugesicherten Größe Wandelung nur verlangen, wenn der Mangel so erheblich ist, daß die Erfüllung des Vertrags für den Käufer kein J. hat.

Leistung.

280 Soweit die Leistung infolge eines von dem Schuldner zu vertretenden Um-

§ standes unmöglich wird, hat der Schuldner dem Gläubiger den durch die Nichterfüllung entstehenden Schaden zu ersetzen.

Im Falle teilweiser Unmöglichkeit kann der Gläubiger unter Ablehnung des noch möglichen Teiles der Leistung Schadensersatz wegen Nichterfüllung der ganzen Verbindlichkeit verlangen, wenn die teilweise Erfüllung für ihn kein J. hat. Die für das vertragsmäßige Rücktrittsrecht geltenden Vorschriften der §§ 346—356 finden entsprechende Anwendung. 283.

Miete.

542 Wird dem Mieter der vertragsmäßige Gebrauch der gemieteten Sache ganz oder zum Teil nicht rechtzeitig gewährt oder wiederentzogen, so kann der Mieter ohne Einhaltung einer Kündigungsfrist das Mietverhältnis kündigen. Die Kündigung ist erst zulässig, wenn der Vermieter eine ihm von dem Mieter bestimmte angemessene Frist hat verstreichen lassen, ohne Abhilfe zu schaffen. Der Bestimmung einer Frist bedarf es nicht, wenn die Erfüllung des Vertrags infolge des die Kündigung rechtfertigenden Umstandes für den Mieter kein J. hat.

Wegen einer unerheblichen Hinderung oder Vorenthaltung des Gebrauchs ist die Kündigung nur zulässig, wenn sie durch ein besonderes J. des Mieters gerechtfertigt wird.

Bestreitet der Vermieter die Zulässigkeit der erfolgten Kündigung, weil er den Gebrauch der Sache rechtzeitig gewährt oder vor dem Ablaufe der Frist die Abhülfe bewirkt habe, so trifft ihn die Beweislast. 543, 545.

Namen.

12 Wird das Recht zum Gebrauch eines Namens dem Berechtigten von einem anderen bestritten oder wird das J. des Berechtigten dadurch verletzt, daß ein anderer unbefugt den gleichen Namen gebraucht, so kann der Berechtigte von dem anderen Beseitigung der Beeinträchtigung verlangen. Sind weitere Beeinträchtigungen zu besorgen, so kann er auf Unterlassung klagen.

Nießbrauch.

1060 s. Grunddienstbarkeit 1024.

1063 Der Nießbrauch an einer beweglichen Sache erlischt, wenn er mit dem Eigentum in derselben Person zusammentrifft.

Der Nießbrauch gilt als nicht erloschen, soweit der Eigentümer ein rechtliches J. an dem Fortbestehen des Nießbrauchs hat. 1072.

Pfandrecht.

1246 Entspricht eine von den Vorschriften der §§ 1235—1240 abweichende Art des Pfandverkaufs nach billigem Ermessen den J. der Beteiligten, so kann jeder von ihnen verlangen, daß der Verkauf in dieser Art erfolgt.

Kommt eine Einigung nicht zustande, so entscheidet das Gericht. 1266.

1256 Das Pfandrecht erlischt, wenn es mit dem Eigentum in derselben Person zusammentrifft. Das Erlöschen tritt nicht ein, solange die Forderung, für welche das Pfandrecht besteht, mit dem Rechte eines Dritten belastet ist.

Das Pfandrecht gilt als nicht erloschen, soweit der Eigentümer ein rechtliches J. an dem Fortbestehen des Pfandrechts hat. 1266.

1267 Der Verpfänder kann gegen Befriedigung des Pfandgläubigers die Aushändigung der zur Löschung des Pfandrechts erforderlichen Urkunden verlangen. Das gleiche Recht steht dem persönlichen Schuldner zu, wenn er ein rechtliches J. an der Berichtigung des Schiffsregisters hat. 1259, 1272.

1288 Wird eine Geldforderung in Gemäßheit des § 1281 eingezogen, so sind der

§ Pfandgläubiger und der Gläubiger einander verpflichtet, dazu mitzuwirken, daß der eingezogene Betrag, soweit es ohne Beeinträchtigung des J. des Pfandgläubigers thunlich ist, nach den für die Anlegung von Mündelgeld geltenden Vorschriften verzinslich angelegt und gleichzeitig dem Pfandgläubiger das Pfandrecht bestellt wird. Die Art der Anlegung bestimmt der Gläubiger.

Erfolgt die Einziehung in Gemäßheit des § 1282, so gilt die Forderung des Pfandgläubigers, soweit ihm der eingezogene Betrag zu seiner Befriedigung gebührt, als von dem Gläubiger berichtigt. 1273, 1279.

Sachen.

809 Wer gegen den Besitzer einer Sache einen Anspruch in Ansehung der Sache hat oder sich Gewißheit verschaffen will, ob ihm ein solcher Anspruch zusteht, kann, wenn die Besichtigung der Sache aus diesem Grunde für ihn von J. ist, verlangen, daß der Besitzer ihm die Sache zur Besichtigung vorlegt oder die Besichtigung gestattet 811.

810 Wer ein rechtliches J. daran hat, eine in fremdem Besitze befindliche Urkunde einzusehen, kann von dem Besitzer die Gestattung der Einsicht verlangen, wenn die Urkunde in seinem J. errichtet oder in der Urkunde ein zwischen ihm und einem anderen bestehendes Rechtsverhältnis beurkundet ist oder wenn die Urkunde Verhandlungen über ein Rechtsgeschäft enthält, die zwischen ihm und einem anderen oder zwischen einem von beiden und einem gemeinschaftlichen Vermittler gepflogen worden sind. 811.

Schenkung.

525 Wer eine Schenkung unter einer Auflage macht, kann die Vollziehung der

§ Auflage verlangen, wenn er seinerseits geleistet hat.

Liegt die Vollziehung der Auflage im öffentlichen J., so kann nach dem Tode des Schenkers auch die zuständige Behörde die Vollziehung verlangen.

Schuldverhältnis.

368 Der Gläubiger hat gegen Empfang der Leistung auf Verlangen ein schriftliches Empfangsbekenntnis (Quittung) zu erteilen. Hat der Schuldner ein rechtliches J., daß die Quittung in anderer Form erteilt wird, so kann er die Erteilung in dieser Form verlangen.

Testament.

2078 s. Willenserklärung 122.

2081, 2146, 2194, 2228, 2264 s. **Erblasser** — Testament.

Verein.

36 Die Mitgliederversammlung ist in den durch die Satzung bestimmten Fällen sowie dann zu berufen, wenn das J. des Vereins es erfordert.

45 Mit der Auflösung des Vereins oder der Entziehung der Rechtsfähigkeit fällt das Vermögen an die in der Satzung bestimmten Personen.

Durch die Satzung kann vorgeschrieben werden, daß die Anfallberechtigten durch Beschluß der Mitgliederversammlung oder eines anderen Vereinsorgans bestimmt werden. Ist der Zweck des Vereins nicht auf einen wirtschaftlichen Geschäftsbetrieb gerichtet, so kann die Mitgliederversammlung auch ohne eine solche Vorschrift das Vermögen einer öffentlichen Stiftung oder Anstalt zuweisen.

Fehlt es an einer Bestimmung der Anfallberechtigten, so fällt das Vermögen, wenn der Verein nach der Satzung ausschließlich den J. seiner Mitglieder diente, an die zur Zeit der Auflösung oder der Entziehung der Rechtsfähigkeit vor-

§ handenen Mitglieder zu gleichen Teilen, anderenfalls an den Fiskus des Bundesstaats, in dessen Gebiete der Verein seinen Sitz hatte.

Vertrag.

307 Wer bei der Schließung eines Vertrags, der auf eine unmögliche Leistung gerichtet ist, die Unmöglichkeit der Leistung kennt oder kennen muß, ist zum Ersatze des Schadens verpflichtet, den der andere Teil dadurch erleidet, daß er auf die Gültigkeit des Vertrags vertraut, jedoch nicht über den Betrag des J. hinaus, welches der andere Teil an der Gültigkeit des Vertrags hat. Die Ersatzpflicht tritt nicht ein, wenn der andere Teil die Unmöglichkeit kennt oder kennen muß.

Diese Vorschriften finden entsprechende Anwendung, wenn die Leistung nur teilweise unmöglich und der Vertrag in Ansehung des möglichen Teiles gültig ist oder wenn eine von mehreren wahlweise versprochenen Leistungen unmöglich ist. 309.

325 Wird die aus einem gegenseitigen Vertrage dem einen Teile obliegende Leistung infolge eines Umstandes, den er zu vertreten hat, unmöglich, so kann der andere Teil Schadensersatz wegen Nichterfüllung verlangen oder von dem Vertrage zurücktreten. Bei teilweiser Unmöglichkeit ist er, wenn die teilweise Erfüllung des Vertrags für ihn kein J. hat, berechtigt, Schadensersatz wegen Nichterfüllung der ganzen Verbindlichkeit nach Maßgabe des § 280 Abs. 2 zu verlangen oder von dem ganzen Vertrage zurückzutreten. Statt des Anspruchs auf Schadensersatz und des Rücktrittsrechts kann er auch die für den Fall des § 323 bestimmten Rechte geltend machen.

Das Gleiche gilt in dem Falle des § 283, wenn nicht die Leistung bis zum Ablaufe der Frist bewirkt wird oder wenn sie zu dieser Zeit teilweise nicht bewirkt ist. 326, 327.

326 Ist bei einem gegenseitigen Vertrage der eine Teil mit der ihm obliegenden Leistung im Verzuge, so kann ihm der andere Teil zur Bewirkung der Leistung eine angemessene Frist mit der Erklärung bestimmen, daß er die Annahme der Leistung nach dem Ablaufe der Frist ablehne. Nach dem Ablaufe der Frist ist er berechtigt, Schadensersatz wegen Nichterfüllung zu verlangen oder von dem Vertrage zurückzutreten, wenn nicht die Leistung rechtzeitig erfolgt ist; der Anspruch auf Erfüllung ist ausgeschlossen. Wird die Leistung bis zum Ablaufe der Frist teilweise nicht bewirkt, so findet die Vorschrift des § 325 Abs. 1 Satz 2 entsprechende Anwendung.

Hat die Erfüllung des Vertrags infolge des Verzugs für den anderen Teil kein J., so stehen ihm die im Abs. 1 bezeichneten Rechte zu, ohne daß es der Bestimmung einer Frist bedarf. 327.

343 Ist eine verwirkte Strafe unverhältnismäßig hoch, so kann sie auf Antrag des Schuldners durch Urteil auf den angemessenen Betrag herabgesetzt werden. Bei der Beurteilung der Angemessenheit ist jedes berechtigte J. des Gläubigers, nicht bloß das Vermögensinteresse, in Betracht zu ziehen. Nach der Entrichtung der Strafe ist die Herabsetzung ausgeschlossen.

Das Gleiche gilt auch außer den Fällen der §§ 339, 342, wenn jemand eine Strafe für den Fall verspricht, daß er eine Handlung vornimmt oder unterläßt.

Verwandtschaft.

1597 Nach dem Tode des Kindes erfolgt die Anfechtung der Ehelichkeit durch Erklärung gegenüber dem Nachlaß-

§ gerichte; die Erklärung ist in öffentlich beglaubigter Form abzugeben.

Das Nachlaßgericht soll die Erklärung sowohl demjenigen mitteilen, welcher im Falle der Ehelichkeit, als auch demjenigen, welcher im Falle der Unehelichkeit Erbe des Kindes ist. Es hat die Einsicht der Erklärung jedem zu gestatten, der ein rechtliches J. glaubhaft macht. 1599, 1600.

1630 s. Vormundschaft 1796.

1635 Ist die Ehe aus einem der in den §§ 1565—1568 bestimmten Gründen geschieden, so steht, solange die geschiedenen Ehegatten leben, die Sorge für die Person des Kindes, wenn ein Ehegatte allein für schuldig erklärt ist, dem anderen Ehegatten zu; sind beide Ehegatten für schuldig erklärt, so steht die Sorge für einen Sohn unter sechs Jahren oder für eine Tochter der Mutter, für einen Sohn, der über sechs Jahre alt ist, dem Vater zu. Das Vormundschaftsgericht kann eine abweichende Anordnung treffen, wenn eine solche aus besonderen Gründen im J. des Kindes geboten ist; es kann die Anordnung aufheben, wenn sie nicht mehr erforderlich ist.

Das Recht des Vaters zur Vertretung des Kindes bleibt unberührt. 1636.

1639 s. Vormundschaft 1803.

1665 Ist der Vater verhindert, die elterliche Gewalt auszuüben, so hat das Vormundschaftsgericht, sofern nicht die elterliche Gewalt nach § 1685 von der Mutter ausgeübt wird, die im J. des Kindes erforderlichen Maßregeln zu treffen.

1687 Das Vormundschaftsgericht hat der Mutter einen Beistand zu bestellen:

1. wenn der Vater die Bestellung nach Maßgabe des § 1777 angeordnet hat;
2. wenn die Mutter die Bestellung beantragt;
3. wenn das Vormundschaftsgericht aus besonderen Gründen, insbesondere wegen des Umfanges oder der Schwierigkeit der Vermögensverwaltung, oder in den Fällen der §§ 1666, 1667 die Bestellung im J. des Kindes für nötig erachtet. 1686, 1695.

Vollmacht.

179 Wer als Vertreter einen Vertrag geschlossen hat, ist, sofern er nicht seine Vertretungsmacht nachweist, dem anderen Teile nach dessen Wahl zur Erfüllung oder zum Schadensersatze verpflichtet, wenn der Vertretene die Genehmigung des Vertrags verweigert.

Hat der Vertreter den Mangel der Vertretungsmacht nicht gekannt, so ist er nur zum Ersatze desjenigen Schadens verpflichtet, welchen der andere Teil dadurch erleidet, daß er auf die Vertretungsmacht vertraut, jedoch nicht über den Betrag des J. hinaus, welches der andere Teil an der Wirksamkeit des Vertrags hat.

Der Vertreter haftet nicht, wenn der andere Teil den Mangel der Vertretungsmacht kannte oder kennen mußte. Der Vertreter haftet auch dann nicht, wenn er in der Geschäftsfähigkeit beschränkt war, es sei denn, daß er mit Zustimmung seines g. Vertreters gehandelt hat.

Vormundschaft.

1778 Wer nach § 1776 als Vormund berufen ist, darf ohne seine Zustimmung nur übergangen werden, wenn er nach den §§ 1780—1784 nicht zum Vormunde bestellt werden kann oder soll oder wenn er an der Übernahme der Vormundschaft verhindert ist oder die Übernahme verzögert oder wenn seine Bestellung das J. des Mündels gefährden würde. 1861, 1917.

§

1796 Das Vormundschaftsgericht kann dem Vormunde die Vertretung für einzelne Angelegenheiten oder für einen bestimmten Kreis von Angelegenheiten entziehen.

Die Entziehung soll nur erfolgen, wenn das J. des Mündels zu dem J. des Vormundes oder eines von diesem vertretenen Dritten oder einer der im § 1795 Nr. 1 bezeichneten Personen in erheblichem Gegensatze steht.

1797 Mehrere Vormünder führen die Vormundschaft gemeinschaftlich. Bei einer Meinungsverschiedenheit entscheidet das Vormundschaftsgericht, sofern nicht bei der Bestellung ein anderes bestimmt wird.

Das Vormundschaftsgericht kann die Führung der Vormundschaft unter mehrere Vormünder nach bestimmten Wirkungskreisen verteilen. Innerhalb des ihm überwiesenen Wirkungskreises führt jeder Vormund die Vormundschaft selbständig.

Bestimmungen, die der Vater oder die Mutter für die Entscheidung von Meinungsverschiedenheiten zwischen den von ihnen benannten Vormündern und für die Verteilung der Geschäfte unter diese nach Maßgabe des § 1777 getroffen hat, sind von dem Vormundschaftsgerichte zu befolgen, sofern nicht ihre Befolgung das J. des Mündels gefährden würde.

1803 Was der Mündel von Todeswegen erwirbt oder was ihm unter Lebenden von einem Dritten unentgeltlich zugewendet wird, hat der Vormund nach den Anordnungen des Erblassers oder des Dritten zu verwalten, wenn die Anordnungen von dem Erblasser durch letztwillige Verfügung, von dem Dritten bei der Zuwendung getroffen worden sind.

Der Vormund darf mit Genehmigung des Vormundschaftsgerichts von den Anordnungen abweichen, wenn ihre Befolgung das J. des Mündels gefährden würde.

Zu einer Abweichung von den Anordnungen, die ein Dritter bei einer Zuwendung unter Lebenden getroffen hat, ist, solange er lebt, seine Zustimmung erforderlich und genügend. Die Zustimmung des Dritten kann durch das Vormundschaftsgericht ersetzt werden, wenn der Dritte zur Abgabe einer Erklärung dauernd außer Stande oder sein Aufenthalt dauernd unbekannt ist.

1846 Ist ein Vormund noch nicht bestellt oder ist der Vormund an der Erfüllung seiner Pflichten verhindert, so hat das Vormundschaftsgericht die im J. des Mündels erforderlichen Maßregeln zu treffen.

1847 f. Ehe 1304, 1337.

1857 Die Anordnungen des Vaters oder der Mutter können von dem Vormundschaftsgericht außer Kraft gesetzt werden, wenn ihre Befolgung das J. des Mündels gefährden würde.

1859 Ein Familienrat soll von dem Vormundschaftsgericht eingesetzt werden, wenn ein Verwandter oder Verschwägerter des Mündels oder der Vormund oder der Gegenvormund die Einsetzung beantragt und das Vormundschaftsgericht sie im J. des Mündels für angemessen erachtet.

Die Einsetzung unterbleibt, wenn der Vater oder die eheliche Mutter des Mündels sie untersagt hat. 1868, 1905.

1873 Der Familienrat wird von dem Vorsitzenden einberufen. Die Einberufung hat zu erfolgen, wenn zwei Mitglieder, der Vormund oder der Gegenvormund sie beantragen oder wenn das J. des Mündels sie erfordert. Die Mit-

§ glieder können mündlich oder schriftlich eingeladen werden.

1874 Zur Beschlußfähigkeit des Familienrats ist die Anwesenheit des Vorsitzenden und mindestens zweier Mitglieder erforderlich.

Der Familienrat faßt seine Beschlüsse nach der Mehrheit der Stimmen der Anwesenden. Bei Stimmengleichheit entscheidet die Stimme des Vorsitzenden.

Steht in einer Angelegenheit das J. des Mündels zu dem J. eines Mitglieds in erheblichem Gegensatze, so ist das Mitglied von der Teilnahme an der Beschlußfassung ausgeschlossen. Über die Ausschließung entscheidet der Vorsitzende.

1886 Das Vormundschaftsgericht hat den Vormund zu entlassen, wenn die Fortführung des Amtes, insbesondere wegen pflichtwidrigen Verhaltens des Vormundes, das J. des Mündels gefährden würde oder wenn in der Person des Vormundes einer der im § 1781 bestimmten Gründe vorliegt. 1878, 1895.

1903 Wird der Vater des Mündels zum Vormunde bestellt, so unterbleibt die Bestellung eines Gegenvormundes. Dem Vater stehen die Befreiungen zu, die nach den §§ 1852—1854 angeordnet werden können. Das Vormundschaftsgericht kann die Befreiungen außer Kraft setzen, wenn sie das J. des Mündels gefährden.

Diese Vorschriften finden keine Anwendung, wenn der Vater im Falle der Minderjährigkeit des Mündels zur Vermögensverwaltung nicht berechtigt sein würde. 1897, 1904.

1904 s. Verwandtschaft 1687.

1917 Wird die Anordnung einer Pflegschaft nach § 1909 Abs. 1 Satz 2 erforderlich, so ist als Pfleger berufen, wer als solcher von dem Erblasser durch letztwillige Verfügung, von dem Dritten bei der Zuwendung benannt worden ist; die Vorschriften des § 1778 finden entsprechende Anwendung.

Für den benannten Pfleger kann der Erblasser durch letztwillige Verfügung, der Dritte bei der Zuwendung die in den §§ 1852—1854 bezeichneten Befreiungen anordnen. Das Vormundschaftsgericht kann die Anordnungen außer Kraft setzen, wenn sie das J. des Pflegebefohlenen gefährden.

Zu einer Abweichung von den Anordnungen des Dritten ist, solange er lebt, seine Zustimmung erforderlich und genügend. Die Zustimmung des Dritten kann durch das Vormundschaftsgericht ersetzt werden, wenn der Dritte zur Abgabe einer Erklärung dauernd außer stande oder sein Aufenthalt dauernd unbekannt ist.

Werkvertrag.

634 Zur Beseitigung eines Mangels der im § 633 bezeichneten Art kann der Besteller dem Unternehmer eine angemessene Frist mit der Erklärung bestimmen, daß er die Beseitigung des Mangels nach dem Ablaufe der Frist ablehne. Zeigt sich schon vor der Ablieferung des Werkes ein Mangel, so kann der Besteller die Frist sofort bestimmen; die Frist muß so bemessen werden, daß sie nicht vor der für die Ablieferung bestimmten Frist abläuft. Nach dem Ablaufe der Frist kann der Besteller Rückgängigmachung des Vertrags (Wandelung) oder Herabsetzung der Vergütung (Minderung) verlangen, wenn nicht der Mangel rechtzeitig beseitigt worden ist; der Anspruch auf Beseitigung des Mangels ist ausgeschlossen.

Der Bestimmung einer Frist bedarf es nicht, wenn die Beseitigung des Mangels unmöglich ist oder von dem Unternehmer verweigert wird oder wenn die sofortige Geltendmachung

§ des Anspruchs auf Wandelung oder auf Minderung durch ein besonderes I. des Bestellers gerechtfertigt wird.

Die Wandelung ist ausgeschlossen, wenn der Mangel den Wert oder die Tauglichkeit des Werkes nur unerheblich mindert.

Auf die Wandelung und die Minderung finden die für den Kauf geltenden Vorschriften der §§ 465 bis 467, 469 bis 475 entsprechende Anwendung. 636, 640.

Willenserklärung.

122 Ist eine Willenserklärung nach § 118 nichtig oder auf Grund der §§ 119, 120 angefochten, so hat der Erklärende, wenn die Erklärung einem anderen gegenüber abzugeben war, diesem, anderenfalls jedem Dritten, den Schaden zu ersetzen, den der andere oder der Dritte dadurch erleidet, daß er auf die Gültigkeit der Erklärung vertraut, jedoch nicht über den Betrag des I. hinaus, welches der andere oder der Dritte an der Gültigkeit der Erklärung hat.

Die Schadensersatzpflicht tritt nicht ein, wenn der Beschädigte den Grund der Nichtigkeit oder der Anfechtbarkeit kannte oder infolge von Fahrlässigkeit nicht kannte (kennen mußte).

Inventar.

Art. **Einführungsgesetz.**

147 s. Erbe § 2006.

148 s. **E.G.** — E.G.

§ **Erbe.**

1993, 1994, 1996, 2001—2006, 2008—2010, 2014, 2063 s. **Erbe** — Erbe.

2383 **Erbschaftskauf** s. **Erbschaftskauf** — Erbschaftskauf.

Güterrecht.

1378 Gehört bei g. Güterrecht zum eingebrachten Gute ein Grundstück samt I., so bestimmen sich die Rechte und die Pflichten des Mannes in Ansehung des I. nach den für den Nießbrauch geltenden Vorschriften des § 1048 Abs. 1. 1525.

1406 Die Frau bedarf bei g. Güterrecht nicht der Zustimmung des Mannes:

1. zur Annahme oder Ausschlagung einer Erbschaft oder eines Vermächtnisses, zum Verzicht auf den Pflichtteil sowie zur Errichtung des I. über eine angefallene Erbschaft;
2. zur Ablehnung eines Vertragsantrags oder einer Schenkung;
3. zur Vornahme eines Rechtsgeschäfts gegenüber dem Manne. 1525.

1453 Zur Annahme oder Ausschlagung einer der Frau angefallenen Erbschaft oder eines ihr angefallenen Vermächtnisses ist bei a. Gütergemeinschaft nur die Frau berechtigt; die Zustimmung des Mannes ist nicht erforderlich. Das Gleiche gilt von dem Verzicht auf den Pflichtteil sowie von der Ablehnung eines der Frau gemachten Vertragsantrags oder einer Schenkung.

Zur Errichtung des I. über eine der Frau angefallene Erbschaft bedarf die Frau nicht der Zustimmung des Mannes. 1519.

1519, 1525 s. **Errungenschaftsgemeinschaft** — Güterrecht.

Nießbrauch.

1048 Ist ein Grundstück samt I. Gegenstand des Nießbrauchs, so kann der Nießbraucher über die einzelnen Stücke des I. innerhalb der Grenzen einer ordnungsmäßigen Wirtschaft verfügen. Er hat für den gewöhnlichen Abgang sowie für die nach den Regeln einer ordnungsmäßigen Witschaft ausscheidenden Stücke Ersatz zu beschaffen; die von ihm angeschafften Stücke werden mit der Einverleibung in das I. Eigentum desjenigen, welchem das I. gehört.

Übernimmt der Nießbraucher das

§ J. zum Schätzungswerte mit der Verpflichtung, es bei der Beendigung des Nießbrauchs zum Schätzungswerte zurückzugewähren, so finden die Vorschriften der §§ 588, 589 entsprechende Anwendung.

Pacht.

586 Wird ein Grundstück samt J. verpachtet, so liegt dem Pächter die Erhaltung der einzelnen Inventarstücke ob.

Der Verpächter ist verpflichtet, Inventarstücke, die infolge eines von dem Pächter nicht zu vertretenden Umstandes in Abgang kommen, zu ergänzen. Der Pächter hat jedoch den gewöhnlichen Abgang der zu dem J. gehörenden Tiere aus den Jungen insoweit zu ersetzen, als dies einer ordnungsmäßigen Wirtschaft entspricht. 581.

587 Übernimmt der Pächter eines Grundstücks das J. zum Schätzungswerte mit der Verpflichtung, es bei der Beendigung der Pacht zum Schätzungswerte zurückzugewähren, so gelten die Vorschriften der §§ 588, 589. 581.

588 Der Pächter trägt die Gefahr des zufälligen Unterganges und einer zufälligen Verschlechterung des J. Er kann über die einzelnen Stücke innerhalb der Grenzen einer ordnungsmäßigen Wirtschaft verfügen.

Der Pächter hat das J. nach den Regeln einer ordnungsmäßigen Wirtschaft in dem Zustande zu erhalten, in welchem es ihm übergeben wird. Die von ihm angeschafften Stücke werden mit der Einverleibung in das J. Eigentum des Verpächters. 581, 587.

589 Der Pächter hat das bei der Beendigung der Pacht vorhandene J. dem Verpächter zurückzugewähren.

Der Verpächter kann die Übernahme derjenigen von dem Pächter angeschafften Inventarstücke ablehnen, welche nach den Regeln einer ordnungsmäßigen Wirtschaft für das Grundstück überflüssig oder zu wertvoll sind; mit der Ablehnung geht das Eigentum an den abgelehnten Stücken auf den Pächter über.

Ist der Gesamtschätzungswert der übernommenen Stücke höher oder niedriger als der Gesamtschätzungswert der zurückzugewährenden Stücke, so hat im ersteren Falle der Pächter dem Verpächter, im letzteren Falle der Verpächter dem Pächter den Mehrbetrag zu ersetzen. 581, 587, 594.

590 Dem Pächter eines Grundstücks steht für die Forderungen gegen den Verpächter, die sich auf das mitgepachtete J. beziehen, ein Pfandrecht an den in seinen Besitz gelangten Inventarstücken zu. Auf das Pfandrecht findet die Vorschrift des § 562 Anwendung. 581.

Testament.

2111, 2144, 2215. s. **Erblasser** — Testament.

202 **Verjährung** s. Erbe 2014.

Inventarerrichtung.

Inventarfrist.

Inventarstück.

Irrtum.

§ **Ehe.**
1333, 1337, 1339, 1346 s. **Ehe** — Ehe.
1949 **Erbe** s. **Erbe** — Erbe.
2281 **Erbvertrag** 2285 s. Testament 2078, 2080.

Geschäftsführung.

686 Ist der Geschäftsführer über die Person des Geschäftsherrn im J., so wird der wirkliche Geschäftsherr aus der Geschäftsführung berechtigt und verpflichtet. 687.

Selbsthülfe.

231 Wer eine der im § 229 bezeichneten Handlungen in der irrigen Annahme vornimmt, daß die für den Ausschluß der Widerrechtlichkeit erforderlichen Voraussetzungen vorhanden seien, ist dem anderen Teile zum Schadensersatze verpflichtet, auch wenn der J. nicht auf Fahrlässigkeit beruht.

Testament.

2078, 2080 s. **Erblasser** — Testament.
2156 s. Vertrag 318.

Vertrag.

318 Die einem Dritten überlassene Bestimmung der Leistung erfolgt durch Erklärung gegenüber einem der Vertragschließenden.

§ Die Anfechtung der getroffenen Bestimmung wegen J., Drohung oder arglistiger Täuschung steht nur den Vertragschließenden zu; Anfechtungsgegner ist der andere Teil. Die Anfechtung muß unverzüglich erfolgen, nachdem der Anfechtungsberechtigte von dem Anfechtungsgrunde Kenntnis erlangt hat. Sie ist ausgeschlossen, wenn dreißig Jahre verstrichen sind, nachdem die Bestimmung getroffen worden ist.

1847 **Vormundschaft** s. Ehe 1337.

Willenserklärung.

119 Wer bei der Abgabe einer Willenserklärung über deren Inhalt im J. war oder eine Erklärung dieses Inhalts überhaupt nicht abgeben wollte, kann die Erklärung anfechten, wenn anzunehmen ist, daß er sie bei Kenntnis der Sachlage und bei verständiger Würdigung des Falles nicht abgegeben haben würde.

Als J. über den Inhalt der Erklärung gilt auch der J. über solche Eigenschaften der Person oder der Sache, die im Verkehr als wesentlich angesehen werden. 120—122.

J (j).

Jagd.

Art.
69 **Einführungsgesetz** *71* s. **E.G.** — E.G.

§
835 **Handlung** s. **Handlung** — Handlung.

Jagdberechtigter.

Einführungsgesetz.

71 s. **E.G.** — E.G.
72 s. Handlung § 835.

Jagdbezirk.

Art. **Einführungsgesetz.**

71 s. **E.G.** — E.G.
72 s. Handlung § 835.

§
835 **Handlung** f. **Handlung** — Handlung.

Jagdpächter.

Art. **Einführungsgesetz.**
71 f. **E.G.** — E.G.
72 f. Handlung § 835.
§
835 **Handlung** f. **Handlung** — Handlung.

Jagdrecht.

Art. **Einführungsgesetz.**
71 f. **E.G.** — E.G.
72 f. Handlung § 835.
§
835 **Handlung** f. **Handlung** — Handlung.

Jahr.

786 **Anweisung** f. **Frist** — Anweisung.
861 **Besitz** 862, 864 f. **Frist** — Besitz.
608 **Darlehen** f. **Frist** — Darlehen.
621 **Dienstvertrag** 624 f. **Frist** — Dienstvertrag.
1309 **Ehe** 1324, 1349 f. **Frist** — Ehe.
1567 **Ehescheidung** 1571, 1584 f. **Frist** — Ehescheidung.
Eigentum.
913 Die Rente für den Überbau ist jährlich im Voraus zu entrichten. 916, 917.
927 f. **Frist** — Eigentum.
937 Wer eine Sache zehn J. im Eigenbesitze hat, erwirbt das Eigentum (Ersitzung).
940, 973, 977, 981 f. **Frist** — Eigentum.
Art. **Einführungsgesetz.**
53 f. Hypothek §§ 1123, 1124.
95 f. Dienstvertrag § 624.
117 f. Rentenschuld § 1202.
145 f. **Frist** — E.G.
146 f. Schuldverhältnis § 382.
159 f. Ehe § 1349.
163 f. Verein §§ 39, 51.
188 f. **Frist** — E.G.
189 f. Grundstück § 900.
Art.
201 f. Ehescheidung § 1567.
206 f. Verwandtschaft § 1635.
§ **Erbe.**
1954, 1974, 1981, 1996, 2015, 2031, 2038, 2044, 2060 f. **Frist** — Erbe.
2287 **Erbvertrag** f. **Frist** — Erbe.
188 **Frist** 189, 191 f. **Frist** — Frist.
Grundstück.
887 f. Hypothek 1170.
900 f. **Frist** — Grundstück.
1484 **Güterrecht** 1518 f. Erbe 1954.
852 **Handlung** f. **Frist** — Handlung.
1123 **Hypothek** 1124, 1170, 1171 f. **Frist** — Hypothek.
477 **Kauf** 480, 481, 490, 503 f. **Frist** — Kauf.
551 **Miete** 563, 565—567 f. **Frist** — Miete.
Pacht.
584, 595 f. **Frist** — Pacht.
585 f. Miete 563.
Pfandrecht.
1269 f. Hypothek 1170, 1171.
1289 f. Hypothek 1123.
2325 **Pflichtteil** 2332, 2335 f. **Frist** — Pflichtteil.
1202 **Rentenschuld** f. **Frist** — Rentenschuld.
529 **Schenkung** 532 f. **Frist** — Schenkung.
382 **Schuldverhältnis** f. **Frist** — Schuldverhältnis.
801 **Schuldverschreibung** f. **Frist** — Schuldverschreibung.
88 **Stiftung** f. Verein 51.
Testament.
2082, 2109, 2162, 2163 f. **Frist** — Testament.
2156 f. Vertrag 318.
2204 f. Erbe 2044.
2210 f. **Frist** — Testament.
2218 Bei einer länger dauernden Verwaltung des Nachlasses seitens des Testamentsvollstreckers kann der Erbe jährlich Rechnungslegung verlangen. 2220.

§ **Juristische Personen.**

1090 **Dienstbarkeit** s. Nießbrauch 1061.

Art. **Einführungsgesetz.**

86, 139, 163, 164, 166 s. **E.G.** — E.G.

§

2044 **Erbe** s. **Erbe** — Erbe.

Juristische Personen des öffentlichen Rechts. § 89.

89 Die Vorschrift des § 31 (s. Verein) findet auf den Fiskus, sowie auf die Körperschaften, Stiftungen und Anstalten des öffentlichen Rechts entsprechende Anwendungen.

Das Gleiche gilt, soweit bei Körperschaften, Stiftungen und Anstalten des öffentlichen Rechtes der Konkurs zulässig ist, von der Vorschrift des § 42 Abs. 2.

Nießbrauch.

1061 Der Nießbrauch erlischt mit dem Tode des Nießbrauchers. Steht der Nießbrauch einer j. P. zu, so erlischt er mit dieser.

Testament.

2101, 2105, 2106, 2163 s. **Erblasser** — Testament.

2204 s. Erbe 2044.

K.

Kaiserliche Marine

s. **Marine.**

§ **Kalender.**

887 **Grundstück** s. Hypothek 1170.

Hypothek.

1170 Ist der Hypothekengläubiger unbekannt, so kann er im Wege des Aufgebotsverfahrens mit seinem Rechte ausgeschlossen werden, wenn seit der letzten sich auf die Hypothek beziehenden Eintragung in das Grundbuch zehn Jahre verstrichen sind und das Recht des Gläubigers nicht innerhalb dieser Frist von dem Eigentümer in einer nach § 208 zur Unterbrechung der Verjährung geeigneten Weise anerkannt worden ist. Besteht für die Forderung eine nach dem K. bestimmte Zahlungszeit, so beginnt die Frist nicht vor dem Ablaufe des Zahlungstags.

Mit der Erlassung des Ausschlußurteils erwirbt der Eigentümer die Hypothek. Der dem Gläubiger erteilte Hypothekenbrief wird kraftlos. 1175, 1188.

Leistung.

284 Leistet der Schuldner auf eine Mahnung des Gläubigers nicht, die nach dem Eintritte der Fälligkeit erfolgt, so kommt er durch die Mahnung in Verzug. Der Mahnung steht die Erhebung der Klage auf die Leistung sowie die Zustellung eines Zahlungsbefehls im Mahnverfahren gleich.

Ist für die Leistung eine Zeit nach dem K. bestimmt, so kommt der Schuldner ohne Mahnung in Verzug, wenn er nicht zu der bestimmten Zeit leistet. Das Gleiche gilt, wenn der Leistung eine Kündigung vorauszugehen hat und die Zeit für die Leistung in der Weise bestimmt ist, daß sie sich von der Kündigung ab nach dem K. berechnen läßt.

296 Ist für die von dem Gläubiger vor-

§ zunehmende Handlung eine Zeit nach dem K. bestimmt, so bedarf es des Angebots nur, wenn der Gläubiger die Handlung rechtzeitig vornimmt. Das Gleiche gilt, wenn der Handlung eine Kündigung vorauszugehen hat und die Zeit für die Handlung in der Weise bestimmt ist, daß sie sich von der Kündigung ab nach dem K. berechnen läßt. 297.

1269 **Pfandrecht** s. Hypothek 1170.

1104 **Vorkaufsrecht** s. Hypothek 1170.

Art. **Kalenderjahr.**

145 **Einführungsgesetz** s. Hypothek § 1171.

§ **Hypothek.**

1171 Der unbekannte Hypothekengläubiger kann im Wege des Aufgebotsverfahrens mit seinem Rechte auch dann ausgeschlossen werden, wenn der Eigentümer zur Befriedigung des Gläubigers oder zur Kündigung berechtigt ist und den Betrag der Forderung für den Gläubiger unter Verzicht auf das Recht zur Rücknahme hinterlegt. Die Hinterlegung von Zinsen ist nur erforderlich, wenn der Zinssatz im Grundbuch eingetragen ist; Zinsen für eine frühere Zeit als das vierte K. vor der Erlassung des Ausschlußurteils sind nicht zu hinterlegen.

Mit der Erlassung des Ausschlußurteils gilt der Gläubiger als befriedigt, sofern nicht nach den Vorschriften über die Hinterlegung die Befriedigung schon vorher eingetreten ist. Der dem Gläubiger erteilte Hypothekenbrief wird kraftlos.

Das Recht des Gläubigers auf den hinterlegten Betrag erlischt mit dem Ablaufe von dreißig Jahren nach der Erlassung des Ausschlußurteils, wenn nicht der Gläubiger sich vorher bei der Hinterlegungsstelle meldet; der Hinterleger ist zur Rücknahme berechtigt, auch wenn er auf das Recht zur Rücknahme verzichtet hat.

1269 **Pfandrecht** s. Hypothek 1171.

Kalendermonat.

Dienstvertrag.

621 Ist die Vergütung nach Tagen bemessen, so ist die Kündigung an jedem Tage für den folgenden Tag zulässig.

Ist die Vergütung nach Wochen bemessen, so ist die Kündigung nur für den Schluß einer Kalenderwoche zulässig, sie hat spätestens am ersten Werktage der Woche zu erfolgen.

Ist die Vergütung nach Monaten bemessen, so ist die Kündigung nur für den Schluß eines K. zulässig; sie hat spätestens am fünfzehnten des Monats zu erfolgen.

Ist die Vergütung nach Vierteljahren oder längeren Zeitabschnitten bemessen, so ist die Kündigung nur für den Schluß eines Kalendervierteljahres und nur unter Einhaltung einer Kündigungsfrist von sechs Wochen zulässig. 620.

Miete.

565 Bei vermieteten Grundstücken ist die Kündigung nur für den Schluß eines Kalendervierteljahrs zulässig; sie hat spätestens am dritten Werktage des Vierteljahrs zu erfolgen. Ist der Mietzins nach Monaten bemessen, so ist die Kündigung nur für den Schluß eines K. zulässig; sie hat spätestens am fünfzehnten des Monats zu erfolgen. Ist der Mietzins nach Wochen bemessen, so ist die Kündigung nur für den Schluß einer Kalenderwoche zulässig; sie hat spätestens am ersten Werktage der Woche zu erfolgen.

Bei beweglichen Sachen hat die Kündigung spätestens am dritten Tage vor dem Tage zu erfolgen, an

§ welchem das Mietverhältnis endigen soll.

Ist der Mietzins für ein Grundstück oder für eine bewegliche Sache nach Tagen bemessen, so ist die Kündigung an jedem Tage für den folgenden Tag zulässig.

Die Vorschriften des Abs. 1 Satz 1, Abs. 2 gelten auch für die Fälle, in denen das Mietverhältnis unter Einhaltung der g. Frist vorzeitig gekündigt werden kann. 564.

Art. **Kalendervierteljahr.**

53 **Einführungsgesetz** s. Hypothek §§ 1123, 1124.

§

621 **Dienstvertrag** s. **Kalendermonat** — Dienstvertrag.

622 Das Dienstverhältnis der mit festen Bezügen zur Leistung von Diensten höherer Art Angestellten, deren Erwerbsthätigkeit durch das Dienstverhältnis vollständig oder hauptsächlich in Anspruch genommen wird, insbesondere der Lehrer, Erzieher, Privatbeamten, Gesellschafterinnen, kann nur für den Schluß eines K. und nur unter Einhaltung einer Kündigungsfrist von sechs Wochen gekündigt werden, auch wenn die Vergütung nach kürzeren Zeitabschnitten als Vierteljahren bemessen ist. 620.

Hypothek.

1123 Ist der Miet- oder Pachtzins im voraus zu entrichten, so erstreckt sich die Befreiung der Forderung von der Haftung für die Hypothek nicht auf den Miet- oder Pachtzins für eine spätere Zeit als das zur Zeit der Beschlagnahme der Forderung laufende und das folgende K.

1124 Eine Verfügung, die sich auf den Miet- oder Pachtzins für eine spätere Zeit als das zur Zeit der Beschlagnahme laufende und das folgende K. bezieht, ist dem Hypothekengläubiger gegenüber unwirksam. 1126, 1129.

1158 Soweit die Forderung, für welche die Hypothek besteht, auf Zinsen oder andere Nebenleistungen gerichtet ist, die nicht später als in dem K., in welchem der Eigentümer von der Übertragung Kenntnis erlangt, oder dem folgenden Vierteljahre fällig werden, finden auf das Rechtsverhältnis zwischen dem Eigentümer und dem neuen Gläubiger die Vorschriften der §§ 406—408 Anwendung; der Gläubiger kann sich gegenüber den Einwendungen, welche dem Eigentümer nach den §§ 404, 406—408, 1157 zustehen, nicht auf die Vorschriften des § 892 berufen.

Miete.

551 Der Mietzins ist am Ende der Mietzeit zu entrichten. Ist der Mietzins nach Zeitabschnitten bemessen, so ist er nach dem Ablaufe der einzelnen Zeitabschnitte zu entrichten.

Der Mietzins für ein Grundstück ist, sofern er nicht nach kürzeren Zeitabschnitten bemessen ist, nach dem Ablaufe je eines K. am ersten Werktage des folgenden Monats zu entrichten.

565 s. **Kalendermonat** — Miete.

573 Eine Verfügung, die der Vermieter vor dem Übergange des Eigentums über den auf die Zeit der Berechtigung des Erwerbers entfallenden Mietzins getroffen hat, ist insoweit wirksam, als sie sich auf den Mietzins für das zur Zeit des Überganges des Eigentums laufende und das folgende K. bezieht. Eine Verfügung über den Mietzins für eine spätere Zeit muß der Erwerber gegen sich gelten lassen, wenn er sie zur Zeit des Überganges des Eigentums kennt. 577, 579.

§
574 Ein Rechtsgeschäft, das zwischen dem Mieter und dem Vermieter in Ansehung der Mietzinsforderung vorgenommen wird, insbesondere die Entrichtung des Mietzinses, ist dem Erwerber gegenüber wirksam, soweit es sich nicht auf den Mietzins für eine spätere Zeit als das K., in welchem der Mieter von dem Übergange des Eigentums Kenntnis erlangt, und das folgende Vierteljahr bezieht. Ein Rechtsgeschäft, das nach dem Übergange des Eigentums vorgenommen wird, ist jedoch unwirksam, wenn der Mieter bei der Vornahme des Rechtsgeschäfts von dem Übergange des Eigentums Kenntnis hat. 575, 577, 579.

1056 **Nießbrauch** s. Miete 573, 574.

1289 **Pfandrecht** s. Hypothek 1123, 1124.

Kalenderwoche.

621 **Dienstvertrag** s. **Kalendermonat** — Dienstvertrag.

565 **Miete** s. **Kalendermonat** — Miete.

Kapital.

618 **Dienstbarkeit** s. Handlung 843.

1351 **Ehe** s. Ehescheidung 1580.

Ehescheidung.

1580 Der seitens des allein für schuldig erklärten Ehegatten dem anderen Ehegatten zu gewährende Unterhalt ist durch Entrichtung einer Geldrente nach Maßgabe des § 760 zu gewähren. Ob, in welcher Art und für welchen Betrag der Unterhaltspflichtige Sicherheit zu leisten hat, bestimmt sich nach den Umständen.

Statt der Rente kann der Berechtigte eine Abfindung in K. verlangen, wenn ein wichtiger Grund vorliegt.

Im übrigen finden die für die Unterhaltspflicht der Verwandten geltenden Vorschriften der §§ 1607, 1610, des § 1611 Abs. 1, des § 1613 und für den Fall des Todes des Berechtigten die Vorschriften des § 1615 entsprechende Anwendung.

Grundschuld.

1193 Das K. der Grundschuld wird erst nach vorgängiger Kündigung fällig. Die Kündigung steht sowohl dem Eigentümer als dem Gläubiger zu. Die Kündigungsfrist beträgt sechs Monate.

Abweichende Bestimmungen sind zulässig.

1194 Die Zahlung des K. der Grundschuld sowie der Zinsen und anderen Nebenleistungen hat, soweit nicht ein anderes bestimmt ist, an dem Orte zu erfolgen, an dem das Grundbuchamt seinen Sitz hat.

Handlung.

843 Wird infolge einer Verletzung des Körpers oder der Gesundheit die Erwerbsfähigkeit des Verletzten aufgehoben oder gemindert oder tritt eine Vermehrung seiner Bedürfnisse ein, so ist dem Verletzten durch Entrichtung einer Geldrente Schadensersatz zu leisten.

Auf die Rente finden die Vorschriften des § 760 Anwendung. Ob, in welcher Art und für welchen Betrag der Ersatzpflichtige Sicherheit zu leisten hat, bestimmt sich nach den Umständen.

Statt der Rente kann der Verletzte eine Abfindung in K. verlangen, wenn ein wichtiger Grund vorliegt.

Der Anspruch wird nicht dadurch ausgeschlossen, daß ein anderer dem Verletzten Unterhalt zu gewähren hat. 844, 845.

Leistung.

247 Ist ein höherer Zinssatz als sechs vom Hundert für das Jahr vereinbart, so kann der Schuldner nach dem Ablaufe von sechs Monaten das K. unter Ein-

§ haltung einer Kündigungsfrist von sechs Monaten kündigen. Das Kündigungsrecht kann nicht durch Vertrag ausgeschlossen oder beschränkt werden.

Diese Vorschriften gelten nicht für Schuldverschreibungen auf den Inhaber.

Nießbrauch.

1077 Der Schuldner kann das dem Nießbrauche unterworfene K. nur an den Nießbraucher und den Gläubiger gemeinschaftlich zahlen. Jeder von beiden kann verlangen, daß an sie gemeinschaftlich gezahlt wird; jeder kann statt der Zahlung die Hinterlegung für beide fordern.

Der Nießbraucher und der Gläubiger können nur gemeinschaftlich kündigen. Die Kündigung des Schuldners ist nur wirksam, wenn sie dem Nießbraucher und dem Gläubiger erklärt wird. 1068, 1076.

1079 Der Nießbraucher und der Gläubiger sind einander verpflichtet, dazu mitzuwirken, daß das eingezogene K. nach den für die Anlegung von Mündelgeld geltenden Vorschriften verzinslich angelegt und gleichzeitig dem Nießbraucher der Nießbrauch bestellt wird. Die Art der Anlegung bestimmt der Nießbraucher. 1068, 1076, 1083.

1083 Der Nießbraucher und der Eigentümer des mit einem Nießbrauch belasteten Inhaberpapiers sind einander verpflichtet, zur Einziehung des fälligen K., zur Beschaffung neuer Zins-, Renten- oder Gewinnanteilscheine, sowie zu sonstigen Maßnahmen mitzuwirken, die zur ordnungsmäßigen Vermögensverwaltung erforderlich sind.

Im Falle der Einlösung des Papiers finden die Vorschriften des § 1079 Anwendung. Eine bei der Einlösung gezahlte Prämie gilt als Teil des K. 1068.

§ **Rentenschuld.**

1200 Auf die einzelnen Leistungen finden die für die Hypothekenzinsen, auf die Ablösungssumme finden die für ein Grundschuldk. geltenden Vorschriften entsprechende Anwendung.

Die Zahlung der Ablösungssumme an den Gläubiger hat die gleiche Wirkung wie die Zahlung des K. einer Grundschuld.

Testament.

2114 Gehört zur Erbschaft eine Hypothekenforderung, eine Grundschuld oder eine Rentenschuld, so steht die Kündigung und die Einziehung dem Vorerben zu. Der Vorerbe kann jedoch nur verlangen, daß das K. an ihn nach Beibringung der Einwilligung des Nacherben gezahlt oder daß es für ihn und den Nacherben hinterlegt wird. Auf andere Verfügungen über die Hypothekenforderung, die Grundschuld oder die Rentenschuld finden die Vorschriften des § 2113 Anwendung. 2112, 2136.

Verjährung.

197 In vier Jahren verjähren die Ansprüche auf Rückstände von Zinsen, mit Einschluß der als Zuschlag zu den Zinsen, zum Zwecke allmählicher Tilgung des K. zu entrichtenden Beträge, die Ansprüche auf Rückstände von Miet- und Pachtzinsen, soweit sie nicht unter die Vorschrift des § 196 Abs. 1 Nr. 6 fallen, und die Ansprüche auf Rückstände von Renten, Auszugsleistungen, Besoldungen, Wartegeldern, Ruhegehalten, Unterhaltsbeiträgen und allen anderen regelmäßig wiederkehrenden Leistungen. 201.

Karten.

Art.

102 **Einführungsgesetz** s. Schuldverschreibung § 807.

§ **Schuldverschreibung.**

807 Werden K., Marken oder ähnliche Urkunden, in denen ein Gläubiger nicht

§ bezeichnet ist, von dem Aussteller unter Umständen ausgegeben, aus welchen sich ergiebt, daß er dem Inhaber zu einer Leistung verpflichtet sein will, so finden die Vorschriften des § 793 Abs. 1 und der §§ 794, 796, 797 entsprechende Anwendung.

Kasse,

s. a. **Hilfskasse, Knappschaftskasse, Krankenkasse, Staatskasse, Sterbekasse.**

Art. **Einführungsgesetz.**

81 s. Schuldverhältnis § 394.

92 s. **E.G.** — E. G.

§ **Schuldverhältnis.**

394 Soweit eine Forderung der Pfändung nicht unterworfen ist, findet die Aufrechnung gegen die Forderung nicht statt. Gegen die aus Kranken-, Hilfs- oder Sterbek., insbesondere aus Knappschaftsk. und K. der Knappschaftsvereine, zu beziehenden Hebungen können jedoch geschuldete Beiträge aufgerechnet werden.

395 Gegen eine Forderung des Reichs oder eines Bundesstaats sowie gegen eine Forderung einer Gemeinde oder eines anderen Kommunalverbandes ist die Aufrechnung nur zulässig, wenn die Leistung an dieselbe K. zu erfolgen hat, aus der die Forderung des Aufrechnenden zu berichtigen ist.

411 Tritt eine Militärperson, ein Beamter, ein Geistlicher oder ein Lehrer an einer öffentlichen Unterrichtsanstalt den übertragbaren Teil des Diensteinkommens, des Wartegeldes oder des Ruhegehalts ab, so ist die auszahlende K. durch Aushändigung einer von dem bisherigen Gläubiger ausgestellten, öffentlich beglaubigten Urkunde von der Abtretung zu benachrichtigen. Bis zur Benachrichtigung gilt die Abtretung als der K. nicht bekannt.

Kauf.

§ **Erbschaftskauf.**

2371—2385 Erbschaftskauf s. **Erbschaftskauf** — Erbschaftskauf.

Kauf §§ 433—514.

433—458 Allgemeine Vorschriften.

433 Durch den Kaufvertrag wird der Verkäufer einer Sache verpflichtet, dem Käufer die Sache zu übergeben und das Eigentum an der Sache zu verschaffen. Der Verkäufer eines Rechtes ist verpflichtet, dem Käufer das Recht zu verschaffen und, wenn das Recht zum Besitz einer Sache berechtigt, die Sache zu übergeben.

Der Käufer ist verpflichtet, dem Verkäufer den vereinbarten Kaufpreis zu zahlen und die gekaufte Sache abzunehmen. 440, 443, 445.

434 Der Verkäufer ist verpflichtet, dem Käufer den verkauften Gegenstand frei von Rechten zu verschaffen, die von Dritten gegen den Käufer geltend gemacht werden können. 440, 443, 445.

435 Der Verkäufer eines Grundstücks oder eines Rechtes an einem Grundstück ist verpflichtet, im Grundbuch eingetragene Rechte, die nicht bestehen, auf seine Kosten zur Löschung zu bringen, wenn sie im Falle ihres Bestehens das dem Käufer zu verschaffende Recht beeinträchtigen würden.

Das Gleiche gilt bei dem Verk. eines Schiffes oder eines Rechtes an einem Schiffe für die im Schiffsregister eingetragenen Rechte. 440, 443, 445.

436 Der Verkäufer eines Grundstücks haftet nicht für die Freiheit des Grundstücks von öffentlichen Abgaben und von anderen öffentlichen Lasten, die zur Eintragung in das Grundbuch nicht geeignet sind. 440, 443, 445.

437 Der Verkäufer einer Forderung oder

§ eines sonstigen Rechtes haftet für den rechtlichen Bestand der Forderung oder des Rechtes.

Der Verkäufer eines Wertpapiers haftet auch dafür, daß es nicht zum Zwecke der Kraftloserklärung aufgeboten ist. 440, 443, 445.

438 Übernimmt der Verkäufer einer Forderung die Haftung für die Zahlungsfähigkeit des Schuldners, so ist die Haftung im Zweifel nur auf die Zahlungsfähigkeit zur Zeit der Abtretung zu beziehen. 445.

439 Der Verkäufer hat einen Mangel im Rechte nicht zu vertreten, wenn der Käufer den Mangel bei dem Abschlusse des K. kennt.

Eine Hypothek, eine Grundschuld, eine Rentenschuld oder ein Pfandrecht hat der Verkäufer zu beseitigen, auch wenn der Käufer die Belastung kennt. Das Gleiche gilt von einer Vormerkung zur Sicherung des Anspruchs auf Bestellung eines dieser Rechte. 440, 443, 445.

440 Erfüllt der Verkäufer die ihm nach den §§ 433—437, 439 obliegenden Verpflichtungen nicht, so bestimmen sich die Rechte des Käufers nach den Vorschriften der §§ 320—327.

Ist eine bewegliche Sache verkauft und dem Käufer zum Zwecke der Eigentumsübertragung übergeben worden, so kann der Käufer wegen des Rechtes eines Dritten, das zum Besitze der Sache berechtigt, Schadensersatz wegen Nichterfüllung nur verlangen, wenn er die Sache dem Dritten mit Rücksicht auf dessen Recht herausgegeben hat oder sie dem Verkäufer zurückgewährt oder wenn die Sache untergegangen ist.

Der Herausgabe der Sache an den Dritten steht es gleich, wenn der Dritte den Käufer oder dieser den Dritten beerbt oder wenn der Käufer das Recht des Dritten anderweit erwirbt oder den Dritten abfindet.

Steht dem Käufer ein Anspruch auf Herausgabe gegen einen anderen zu, so genügt an Stelle der Rückgewähr die Abtretung des Anspruchs. 441, 443, 445.

441 Die Vorschriften des § 440 Abs. 2 bis 4 gelten auch dann, wenn ein Recht an einer beweglichen Sache verkauft ist, das zum Besitze der Sache berechtigt. 443, 445.

442 Bestreitet der Verkäufer den vom Käufer geltend gemachten Mangel im Rechte, so hat der Käufer den Mangel zu beweisen. 443, 445.

443 Eine Vereinbarung, durch welche die nach den §§ 433—437, 439—442 wegen eines Mangels im Rechte dem Verkäufer obliegende Verpflichtung zur Gewährleistung erlassen oder beschränkt wird, ist nichtig, wenn der Verkäufer den Mangel arglistig verschweigt. 445.

444 Der Verkäufer ist verpflichtet, dem Käufer über die den verkauften Gegenstand betreffenden Verhältnisse, insbesondere im Falle des Verk. eines Grundstücks über die Grenzen, Gerechtsame und Lasten, die nötige Auskunft zu erteilen und ihm die zum Beweise des Rechtes dienenden Urkunden, soweit sie sich in seinem Besitze befinden, auszuliefern. Erstreckt sich der Inhalt einer solchen Urkunde auch auf andere Angelegenheiten, so ist der Verkäufer nur zur Erteilung eines öffentlich beglaubigten Auszugs verpflichtet. 445.

445 Die Vorschriften der §§ 433—444 finden auf andere Verträge, die auf Veräußerung oder Belastung eines Gegenstandes gegen Entgelt gerichtet sind, entsprechende Anwendung.

446 Mit der Übergabe der verkauften Sache geht die Gefahr des zufälligen

§ Unterganges und einer zufälligen Verschlechterung auf den Käufer über. Von der Übergabe an gebühren dem Käufer die Nutzungen und trägt er die Lasten der Sache.

Wird der Käufer eines Grundstücks vor der Übergabe als Eigentümer in das Grundbuch eingetragen, so treten diese Wirkungen mit der Eintragung ein. 451.

447 Versendet der Verkäufer auf Verlangen des Käufers die verkaufte Sache nach einem anderen Orte als dem Erfüllungsorte, so geht die Gefahr auf den Käufer über, sobald der Verkäufer die Sache dem Spediteur, dem Frachtführer oder der sonst zur Ausführung der Versendung bestimmten Person oder Anstalt ausgeliefert hat.

Hat der Käufer eine besondere Anweisung über die Art der Versendung erteilt und weicht der Verkäufer ohne dringenden Grund von der Anweisung ab, so ist der Verkäufer dem Käufer für den daraus entstehenden Schaden verantwortlich. 451.

448 Die Kosten der Übergabe der verkauften Sache, insbesondere die Kosten des Messens und Wägens, fallen dem Verkäufer, die Kosten der Abnahme und der Versendung der Sache nach einem anderen Orte als dem Erfüllungsorte fallen dem Käufer zur Last.

Ist ein Recht verkauft, so fallen die Kosten der Begründung oder Übertragung des Rechtes dem Verkäufer zur Last. 451.

449 Der Käufer eines Grundstücks hat die Kosten der Auflassung und der Eintragung, der Käufer eines Rechtes an einem Grundstücke hat die Kosten der zur Begründung oder Übertragung des Rechtes nötigen Eintragung in das Grundbuch, mit Einschluß der Kosten der zu der Eintragung erforderlichen Erklärungen zu tragen. Dem Käufer fallen in beiden Fällen auch die Kosten der Beurkundung des K. zur Last. 451.

450 Ist vor der Übergabe der verkauften Sache die Gefahr auf den Käufer übergegangen und macht der Verkäufer vor der Übergabe Verwendungen auf die Sache, die nach dem Übergange der Gefahr notwendig geworden sind, so kann er von dem Käufer Ersatz verlangen, wie wenn der Käufer ihn mit der Verwaltung der Sache beauftragt hätte.

Die Verpflichtung des Käufers zum Ersatze sonstiger Verwendungen bestimmt sich nach den Vorschriften über die Geschäftsführung ohne Auftrag. 451.

451 Ist ein Recht an einer Sache verkauft, das zum Besitze der Sache berechtigt, so finden die Vorschriften der §§ 446—450 entsprechende Anwendung.

452 Der Käufer ist verpflichtet, den Kaufpreis von dem Zeitpunkt an zu verzinsen, von welchem an die Nutzungen des gekauften Gegenstandes ihm gebühren, sofern nicht der Kaufpreis gestundet ist.

453 Ist als Kaufpreis der Marktpreis bestimmt, so gilt im Zweifel der für den Erfüllungsort zur Erfüllungszeit maßgebende Marktpreis als vereinbart.

454 Hat der Verkäufer den Vertrag erfüllt und den Kaufpreis gestundet, so steht ihm das im § 325 Abs. 2 und im § 326 bestimmte Rücktrittsrecht nicht zu.

455 Hat sich der Verkäufer einer beweglichen Sache das Eigentum bis zur Zahlung des Kaufpreises vorbehalten, so ist im Zweifel anzunehmen, daß die Übertragung des Eigentums unter der aufschiebenden Bedingung voll-

§ ständiger Zahlung des Kaufpreises erfolgt und daß der Verkäufer zum Rücktritte von dem Vertrage berechtigt ist, wenn der Käufer mit der Zahlung in Verzug kommt.

456 Bei einem Verk. im Wege der Zwangsvollstreckung dürfen der mit der Vornahme oder Leitung des Verk. Beauftragte und die von ihm zugezogenen Gehülfen, mit Einschluß des Protokollführers, den zum Verk. gestellten Gegenstand weder für sich persönlich oder durch einen anderen noch als Vertreter eines anderen kaufen. 457, 458.

457 Die Vorschrift des § 456 gilt auch bei einem Verk. außerhalb der Zwangsvollstreckung, wenn der Auftrag zu dem Verk. auf Grund einer g. Vorschrift erteilt worden ist, die den Auftraggeber ermächtigt, den Gegenstand für Rechnung eines anderen verkaufen zu lassen, insbesondere in den Fällen des Pfandverk. und des in den §§ 383, 385 zugelassenen Verk., sowie bei einem Verk. durch den Konkursverwalter. 458.

458 Die Wirksamkeit eines den Vorschriften der §§ 456, 457 zuwider erfolgten K. und der Übertragung des gekauften Gegenstandes hängt von der Zustimmung der bei dem Verk. als Schuldner, Eigentümer oder Gläubiger Beteiligten ab. Fordert der Käufer einen Beteiligten zur Erklärung über die Genehmigung auf, so finden die Vorschriften des § 177 Abs. 2 entsprechende Anwendung.

Wird infolge der Verweigerung der Genehmigung ein neuer Verk. vorgenommen, so hat der frühere Käufer für die Kosten des neuen Verk. sowie für einen Mindererlös aufzukommen.

459—493 Gewährleistung wegen Mängel der Sache.

459 Der Verkäufer einer Sache haftet dem Käufer dafür, daß sie zu der Zeit, zu welcher die Gefahr auf den Käufer übergeht, nicht mit Fehlern behaftet ist, die den Wert oder die Tauglichkeit zu dem gewöhnlichen oder dem nach dem Vertrage vorausgesetzten Gebrauch aufheben oder mindern. Eine unerhebliche Minderung des Wertes oder der Tauglichkeit kommt nicht in Betracht.

Der Verkäufer haftet auch dafür, daß die Sache zur Zeit des Überganges der Gefahr die zugesicherten Eigenschaften hat. 460, 462, 481.

460 Der Verkäufer hat einen Mangel der verkauften Sache nicht zu vertreten, wenn der Käufer den Mangel bei dem Abschlusse des K. kennt. Ist dem Käufer ein Mangel der im § 459 Abs. 1 bezeichneten Art infolge grober Fahrlässigkeit unbekannt geblieben, so haftet der Verkäufer, sofern er nicht die Abwesenheit des Fehlers zugesichert hat, nur, wenn er den Fehler arglistig verschwiegen hat. 462, 481.

461 Der Verkäufer hat einen Mangel der verkauften Sache nicht zu vertreten, wenn die Sache auf Grund eines Pfandrechts in öffentlicher Versteigerung unter der Bezeichnung als Pfand verkauft wird. 481.

462 Wegen eines Mangels, den der Verkäufer nach den Vorschriften der §§ 459, 460 zu vertreten hat, kann der Käufer Rückgängigmachung des K. (Wandelung) oder Herabsetzung des Kaufpreises (Minderung) verlangen. 464, 481.

463 Fehlt der verkauften Sache zur Zeit des K. eine zugesicherte Eigenschaft, so kann der Käufer statt der Wandelung oder der Minderung Schadensersatz wegen Nichterfüllung verlangen. Das Gleiche gilt, wenn der Verkäufer einen Fehler arglistig verschwiegen hat. 464, 481.

§

464 Nimmt der Käufer eine mangelhafte Sache an, obschon er den Mangel kennt, so stehen ihm die in den §§ 462, 463 bestimmten Ansprüche nur zu, wenn er sich seine Rechte wegen des Mangels bei der Annahme vorbehält. 480, 481.

465 Die Wandelung oder die Minderung ist vollzogen, wenn sich der Verkäufer auf Verlangen des Käufers mit ihr einverstanden erklärt. 480, 481.

466 Behauptet der Käufer dem Verkäufer gegenüber einen Mangel der Sache, so kann der Verkäufer ihn unter dem Erbieten zur Wandelung und unter Bestimmung einer angemessenen Frist zur Erklärung darüber auffordern, ob er Wandelung verlange. Die Wandelung kann in diesem Falle nur bis zum Ablaufe der Frist verlangt werden. 480, 481.

467 Auf die Wandelung finden die für das vertragsmäßige Rücktrittsrecht geltenden Vorschriften der §§ 346 bis 348, 350—354, 356 entsprechende Anwendung; im Falle des § 352 ist jedoch die Wandelung nicht ausgeschlossen, wenn der Mangel sich erst bei der Umgestaltung der Sache gezeigt hat. Der Verkäufer hat dem Käufer auch die Vertragskosten zu ersetzen. 480, 481.

468 Sichert der Verkäufer eines Grundstücks dem Käufer eine bestimmte Größe des Grundstücks zu, so haftet er für die Größe wie für eine zugesicherte Eigenschaft. Der Käufer kann jedoch wegen Mangels der zugesicherten Größe Wandelung nur verlangen, wenn der Mangel so erheblich ist, daß die Erfüllung des Vertrags für den Käufer kein Interesse hat.

469 Sind von mehreren verkauften Sachen nur einzelne mangelhaft, so kann nur in Ansehung dieser Wandelung verlangt werden, auch wenn ein Gesamtpreis für alle Sachen festgesetzt ist. Sind jedoch die Sachen als zusammengehörend verkauft, so kann jeder Teil verlangen, daß die Wandelung auf alle Sachen erstreckt wird, wenn die mangelhaften Sachen nicht ohne Nachteil für ihn von den übrigen getrennt werden können. 480, 481.

470 Die Wandelung wegen eines Mangels der Hauptsache erstreckt sich auch auf die Nebensache. Ist die Nebensache mangelhaft, so kann nur in Ansehung dieser Wandelung verlangt werden. 480, 481.

471 Findet im Falle des Verk. mehrerer Sachen für einen Gesamtpreis die Wandelung nur in Ansehung einzelner Sachen statt, so ist der Gesamtpreis in dem Verhältnisse herabzusetzen, in welchem zur Zeit des Verk. der Gesamtwert der Sachen in mangelfreiem Zustande zu dem Werte der von der Wandelung nicht betroffenen Sachen gestanden haben würde. 473, 481.

472 Bei der Minderung ist der Kaufpreis in dem Verhältnisse herabzusetzen, in welchem zur Zeit des Verk. der Wert der Sache in mangelfreiem Zustande zu dem wirklichen Werte gestanden haben würde.

Findet im Falle des Verk. mehrerer Sachen für einen Gesamtpreis die Minderung nur wegen einzelner Sachen statt, so ist bei der Herabsetzung des Preises der Gesamtwert aller Sachen zu Grunde zu legen. 473, 481.

473 Sind neben dem in Geld festgesetzten Kaufpreise Leistungen bedungen, die nicht vertretbare Sachen zum Gegenstand haben, so sind diese Leistungen in den Fällen der §§ 471, 472 nach dem Werte zur Zeit des Verk. in Geld zu veranschlagen. Die Herabsetzung der Gegenleistung des Käufers erfolgt an dem in Geld festgesetzten Preise; ist dieser geringer als der ab-

§ zuſetzende Betrag, ſo hat der Verkäufer den überſchießenden Betrag dem Käufer zu vergüten. 481.

474 Sind bei einem K. auf der einen oder der anderen Seite mehrere beteiligt, ſo kann von jedem und gegen jeden Minderung verlangt werden.

Mit der Vollziehung der von einem der Käufer verlangten Minderung iſt die Wandelung ausgeſchloſſen. 480, 481.

475 Durch die wegen eines Mangels erfolgte Minderung wird das Recht des Käufers, wegen eines anderen Mangels Wandelung oder von neuem Minderung zu verlangen, nicht ausgeſchloſſen. 480, 481.

476 Eine Vereinbarung, durch welche die Verpflichtung des Verkäufers zur Gewährleiſtung wegen Mängel der Sache erlaſſen oder beſchränkt wird, iſt nichtig, wenn der Verkäufer den Mangel argliſtig verſchweigt. 480, 481.

477 Der Anſpruch auf Wandelung oder auf Minderung ſowie der Anſpruch auf Schadensersatz wegen Mangels einer zugeſicherten Eigenſchaft verjährt, ſofern nicht der Verkäufer den Mangel argliſtig verſchwiegen hat, bei beweglichen Sachen in ſechs Monaten von der Ablieferung, bei Grundſtücken in einem Jahre von der Übergabe an. Die Verjährungsfriſt kann durch Vertrag verlängert werden.

Beantragt der Käufer gerichtliche Beweisaufnahme zur Sicherung des Beweiſes, ſo wird die Verjährung unterbrochen. Die Unterbrechung dauert bis zur Beendigung des Verfahrens fort. Die Vorſchriften des § 211 Abſ. 2 und des § 212 finden entſprechende Anwendung.

Die Hemmung oder Unterbrechung der Verjährung eines der im Abſ. 1 bezeichneten Anſprüche bewirkt auch die Hemmung oder Unterbrechung der Verjährung der anderen Anſprüche. 480, 481, 490.

478 Hat der Käufer den Mangel dem Verkäufer angezeigt oder die Anzeige an ihn abgeſendet, bevor der Anſpruch auf Wandelung oder auf Minderung verjährt war, ſo kann er auch nach der Vollendung der Verjährung die Zahlung des Kaufpreiſes inſoweit verweigern, als er auf Grund der Wandelung oder der Minderung dazu berechtigt ſein würde. Das Gleiche gilt, wenn der Käufer vor der Vollendung der Verjährung gerichtliche Beweisaufnahme zur Sicherung des Beweiſes beantragt oder in einem zwiſchen ihm und einem ſpäteren Erwerber der Sache wegen des Mangels anhängigen Rechtsſtreite dem Verkäufer den Streit verkündet hat.

Hat der Verkäufer den Mangel argliſtig verſchwiegen, ſo bedarf es der Anzeige oder einer ihr nach Abſ. 1 gleichſtehenden Handlung nicht. 479 bis 481.

479 Der Anſpruch auf Schadensersatz kann nach der Vollendung der Verjährung nur aufgerechnet werden, wenn der Käufer vorher eine der im § 478 bezeichneten Handlungen vorgenommen hat. Dieſe Beſchränkung tritt nicht ein, wenn der Verkäufer den Mangel argliſtig verſchwiegen hat. 480, 481, 490.

480 Der Käufer einer nur der Gattung nach beſtimmten Sache kann ſtatt der Wandelung oder der Minderung verlangen, daß ihm an Stelle der mangelhaften Sache eine mangelfreie geliefert wird. Auf dieſen Anſpruch finden die für die Wandelung geltenden Vorſchriften der §§ 464—466, des § 467 Satz 1 und der §§ 469,

§ 470, 474—479 entsprechende Anwendung.

Fehlt der Sache zu der Zeit, zu welcher die Gefahr auf den Käufer übergeht, eine zugesicherte Eigenschaft oder hat der Verkäufer einen Fehler arglistig verschwiegen, so kann der Käufer statt der Wandelung, der Minderung oder der Lieferung einer mangelfreien Sache Schadensersatz wegen Nichterfüllung verlangen. 481.

481—492 K. von Tieren.

481 Für den Verk. von Pferden, Eseln, Mauleseln und Maultieren, von Rindvieh, Schafen und Schweinen gelten die Vorschriften der §§ 459—467, 469—480 nur insoweit, als sich nicht aus den §§ 482—492 ein anderes ergiebt.

482 Der Verkäufer von Tieren hat nur bestimmte Fehler (Hauptmängel) und diese nur dann zu vertreten, wenn sie sich innerhalb bestimmter Fristen (Gewährfristen) zeigen.

Die Hauptmängel und die Gewährfristen werden durch eine mit Zustimmung des Bundesrats zu erlassende Kaiserliche Verordnung bestimmt. Die Bestimmung kann auf demselben Wege ergänzt und abgeändert werden. 481.

483 Die Gewährfrist beginnt mit dem Ablaufe des Tages, an welchem die Gefahr auf den Käufer des Tieres übergeht. 481, 492.

484 Zeigt sich ein Hauptmangel innerhalb der Gewährfrist, so wird vermutet, daß der Mangel schon zu der Zeit vorhanden gewesen sei, zu welcher die Gefahr auf den Käufer des Tieres übergegangen ist. 481, 492.

485 Der Käufer eines Tieres verliert die ihm wegen des Mangels zustehenden Rechte, wenn er nicht spätestens zwei Tage nach dem Ablaufe der Gewährfrist oder, falls das Tier

§ vor dem Ablaufe der Frist getötet worden oder sonst verendet ist, nach dem Tode des Tieres den Mangel dem Verkäufer anzeigt oder die Anzeige an ihn absendet oder wegen des Mangels Klage gegen den Verkäufer erhebt oder diesem den Streit verkündet oder gerichtliche Beweisaufnahme zur Sicherung des Beweises beantragt. Der Rechtsverlust tritt nicht ein, wenn der Verkäufer den Mangel arglistig verschwiegen hat. 481, 492.

486 Die Gewährfrist kann durch Vertrag verlängert oder abgekürzt werden. Die vereinbarte Frist tritt an die Stelle der g. Frist. 481.

487 Der Käufer eines Tieres kann nur Wandelung, nicht Minderung verlangen.

Die Wandelung kann auch in den Fällen der §§ 351—353, insbesondere wenn das Tier geschlachtet ist, verlangt werden; an Stelle der Rückgewähr hat der Käufer den Wert des Tieres zu vergüten. Das Gleiche gilt in anderen Fällen, in denen der Käufer infolge eines Umstandes, den er zu vertreten hat, insbesondere einer Verfügung über das Tier, außer stande ist, das Tier zurückzugewähren.

Ist vor der Vollziehung der Wandelung eine unwesentliche Verschlechterung des Tieres infolge eines von dem Käufer zu vertretenden Umstandes eingetreten, so hat der Käufer die Wertminderung zu vergüten.

Nutzungen hat der Käufer nur insoweit zu ersetzen, als er sie gezogen hat. 481, 492.

488 Der Verkäufer hat im Falle der Wandelung dem Käufer auch die Kosten der Fütterung und Pflege, die Kosten der tierärztlichen Untersuchung und Behandlung sowie die

§ Kosten der notwendig gewordenen Tötung und Wegschaffung des Tieres zu ersetzen. 481, 491, 492.

489 Ist über den Anspruch auf Wandelung ein Rechtsstreit anhängig, so ist auf Antrag der einen oder der anderen Partei die öffentliche Versteigerung des Tieres und die Hinterlegung des Erlöses durch einstweilige Verfügung anzuordnen, sobald die Besichtigung des Tieres nicht mehr erforderlich ist. 481, 491, 492.

490 Der Anspruch auf Wandelung sowie der Anspruch auf Schadensersatz wegen eines Hauptmangels, dessen Nichtvorhandensein der Verkäufer des Tieres zugesichert hat, verjährt in sechs Wochen von dem Ende der Gewährfrist an. Im übrigen bleiben die Vorschriften des § 477 unberührt.

An die Stelle der in den §§ 210, 212, 215 bestimmten Fristen tritt eine Frist von sechs Wochen.

Der Käufer kann auch nach der Verjährung des Anspruchs auf Wandelung die Zahlung des Kaufpreises verweigern. Die Aufrechnung des Anspruchs auf Schadensersatz unterliegt nicht der im § 479 bestimmten Beschränkung. 481, 491, 492.

491 Der Käufer eines nur der Gattung nach bestimmten Tieres kann statt der Wandelung verlangen, daß ihm an Stelle des mangelhaften Tieres ein mangelfreies geliefert wird. Auf diesen Anspruch finden die Vorschriften der §§ 488—490 entsprechende Anwendung. 481, 492.

492 Übernimmt der Verkäufer die Gewährleistung wegen eines nicht zu den Hauptmängeln gehörenden Fehlers oder sichert er eine Eigenschaft des Tieres zu, so finden die Vorschriften der §§ 487—491 und, wenn eine Gewährfrist vereinbart wird, auch die Vorschriften der §§ 483—485 entsprechende Anwendung. Die im § 490 bestimmte Verjährung beginnt, wenn eine Gewährfrist nicht vereinbart wird, mit der Ablieferung des Tieres. 481.

493 Die Vorschriften über die Verpflichtung des Verkäufers zur Gewährleistung wegen Mängel der Sache finden auf andere Verträge, die auf Veräußerung oder Belastung einer Sache gegen Entgelt gerichtet sind, entsprechende Anwendung.

494—496 K. nach Probe, K. auf Probe.

494 Bei einem K. nach Probe oder nach Muster sind die Eigenschaften der Probe oder des Musters als zugesichert anzusehen.

495 Bei einem K. auf Probe oder auf Besicht steht die Billigung des gekauften Gegenstandes im Belieben des Käufers. Der K. ist im Zweifel unter der aufschiebenden Bedingung der Billigung geschlossen.

Der Verkäufer ist verpflichtet, dem Käufer die Untersuchung des Gegenstandes zu gestatten.

496 Die Billigung eines auf Probe oder auf Besicht gekauften Gegenstandes kann nur innerhalb der vereinbarten Frist und in Ermangelung einer solchen nur bis zum Ablauf einer dem Käufer von dem Verkäufer bestimmten angemessenen Frist erklärt werden. War die Sache dem Käufer zum Zwecke der Probe oder der Besichtigung übergeben, so gilt sein Schweigen als Billigung.

497—503 Wiederkauf.

497 Hat sich der Verkäufer in dem Kaufvertrage das Recht des Wiederk. vorbehalten, so kommt der Wiederk. mit der Erklärung des Verkäufers gegenüber dem Käufer, daß er das Wiederkaufsrecht ausübe, zustande. Die Erklärung bedarf nicht der für den Kaufvertrag bestimmten Form.

§ Der Preis, zu welchem verkauft worden ist, gilt im Zweifel auch für den Wiederk.

498 Der Wiederverkäufer ist verpflichtet, dem Wiederkäufer den gekauften Gegenstand nebst Zubehör herauszugeben.

Hat der Wiederverkäufer vor der Ausübung des Wiederkaufsrechts eine Verschlechterung, den Untergang oder eine aus einem anderen Grunde eingetretene Unmöglichkeit der Herausgabe des gekauften Gegenstandes verschuldet oder den Gegenstand wesentlich verändert, so ist er für den daraus entstehenden Schaden verantwortlich. Ist der Gegenstand ohne Verschulden des Wiederverkäufers verschlechtert oder ist er nur unwesentlich verändert, so kann der Wiederkäufer Minderung des Kaufpreises nicht verlangen.

499 Hat der Wiederverkäufer vor der Ausübung des Wiederkaufsrechts über den gekauften Gegenstand verfügt, so ist er verpflichtet, die dadurch begründeten Rechte Dritter zu beseitigen. Einer Verfügung des Wiederverkäufers steht eine Verfügung gleich, die im Wege der Zwangsvollstreckung oder der Arrestvollziehung oder durch den Konkursverwalter erfolgt.

500 Der Wiederverkäufer kann für Verwendungen, die er auf den gekauften Gegenstand vor dem Wiederkaufe gemacht hat, insoweit Ersatz verlangen, als der Wert des Gegenstandes durch die Verwendungen erhöht ist. Eine Einrichtung, mit der er die herauszugebende Sache versehen hat, kann er wegnehmen.

501 Ist als Wiederkaufspreis der Schätzungswert vereinbart, den der gekaufte Gegenstand zur Zeit des Wiederk. hat, so ist der Wiederverkäufer für eine Verschlechterung, den Untergang oder die aus einem anderen Grunde eingetretene Unmöglichkeit der Herausgabe des Gegenstandes nicht verantwortlich, der Wiederkäufer zum Ersatze von Verwendungen nicht verpflichtet.

502 Steht das Wiederkaufsrecht mehreren gemeinschaftlich zu, so kann es nur im ganzen ausgeübt werden. Ist es für einen der Berechtigten erloschen oder übt einer von ihnen sein Recht nicht aus, so sind die übrigen berechtigt, das Wiederkaufsrecht im ganzen auszuüben.

503 Das Wiederkaufsrecht kann bei Grundstücken nur bis zum Ablaufe von dreißig, bei anderen Gegenständen nur bis zum Ablaufe von drei Jahren nach der Vereinbarung des Vorbehalts ausgeübt werden. Ist für die Ausübung eine Frist bestimmt, so tritt diese an die Stelle der g. Frist.

504—514 Vorkauf.

504 Wer in Ansehung eines Gegenstandes zum Vork. berechtigt ist, kann das Vorkaufsrecht ausüben, sobald der Verpflichtete mit einem Dritten einen Kaufvertrag über den Gegenstand geschlossen hat.

505 Die Ausübung des Vorkaufsrechts erfolgt durch Erklärung gegenüber dem Verpflichteten. Die Erklärung bedarf nicht der für den Kaufvertrag bestimmten Form.

Mit der Ausübung des Vorkaufsrechts kommt der K. zwischen dem Berechtigten und dem Verpflichteten unter den Bestimmungen zu stande, welche der Verpflichtete mit dem Dritten vereinbart hat.

506 Eine Vereinbarung des Verpflichteten mit dem Dritten, durch welche der K. von der Nichtausübung des Vorkaufsrechts abhängig gemacht oder dem Verpflichteten für den Fall der Ausübung des Vorkaufsrechts der Rücktritt vorbehalten wird, ist dem Vorkaufsberechtigten gegenüber unwirksam.

§

507 Hat sich der Dritte in dem Vertrage zu einer Nebenleistung verpflichtet, die der Vorkaufsberechtigte zu bewirken außer stande ist, so hat der Vorkaufsberechtigte statt der Nebenleistung ihren Wert zu entrichten. Läßt sich die Nebenleistung nicht in Geld schätzen, so ist die Ausübung des Vorkaufsrechts ausgeschlossen; die Vereinbarung der Nebenleistung kommt jedoch nicht in Betracht, wenn der Vertrag mit dem Dritten auch ohne sie geschlossen sein würde.

508 Hat der Dritte den Gegenstand, auf den sich das Vorkaufsrecht bezieht, mit anderen Gegenständen zu einem Gesamtpreise gekauft, so hat der Vorkaufsberechtigte einen verhältnismäßigen Teil des Gesamtpreises zu entrichten. Der Verpflichtete kann verlangen, daß der Vork. auf alle Sachen erstreckt wird, die nicht ohne Nachteil für ihn getrennt werden können.

509 Ist dem Dritten in dem Vertrage der Kaufpreis gestundet worden, so kann der Vorkaufsberechtigte die Stundung nur in Anspruch nehmen, wenn er für den gestundeten Betrag Sicherheit leistet.

Ist ein Grundstück Gegenstand des Vork., so bedarf es der Sicherheitsleistung insoweit nicht, als für den gestundeten Kaufpreis die Bestellung einer Hypothek an dem Grundstücke vereinbart oder in Anrechnung auf den Kaufpreis eine Schuld, für die eine Hypothek an dem Grundstücke besteht, übernommen worden ist.

510 Der Verpflichtete hat dem Vorkaufsberechtigten den Inhalt des mit dem Dritten geschlossenen Vertrags unverzüglich mitzuteilen. Die Mitteilung des Verpflichteten wird durch die Mitteilung des Dritten ersetzt.

Das Vorkaufsrecht kann bei Grundstücken nur bis zum Ablauf von zwei Monaten, bei anderen Gegenständen nur bis zum Ablauf einer Woche nach dem Empfange der Mitteilung ausgeübt werden. Ist für die Ausübung eine Frist bestimmt, so tritt diese an Stelle der g. Frist.

511 Das Vorkaufsrecht erstreckt sich im Zweifel nicht auf einen Verk. der mit Rücksicht auf ein künftiges Erbrecht an einen g. Erben erfolgt.

512 Das Vorkaufsrecht ist ausgeschlossen, wenn der Verk. im Wege der Zwangsvollstreckung oder durch den Konkursverwalter erfolgt.

513 Steht das Vorkaufsrecht mehreren gemeinschaftlich zu, so kann es nur im ganzen ausgeübt werden. Ist es für einen der Berechtigten erloschen oder übt einer von ihnen sein Recht nicht aus, so sind die übrigen berechtigt, das Vorkaufsrecht im ganzen auszuüben.

514 Das Vorkaufsrecht ist nicht übertragbar und geht nicht auf die Erben des Berechtigten über, sofern nicht ein anderes bestimmt ist. Ist das Recht auf eine bestimmte Zeit beschränkt, so ist es im Zweifel vererblich.

Miete.

537 s. Kauf 472, 473.
539 s. Kauf 460, 464.
543 s. Kauf 469—471.

523 **Schenkung** s. Kauf 433—437, 440—444.

Tausch.

515 Auf den Tausch finden die Vorschriften über den K. entsprechende Anwendung.

2182 **Testament** s. Kauf 433—437, 440—444.

323 **Vertrag** s. Kauf 472, 473.

Vorkaufsrecht.

1098 s. Kauf 504—514.
1099 s. Kauf 510.

Käufer s. auch **Wiederkäufer.**

Erbe.

Erbschaftskauf.

Kauf.

433 Durch den Kaufvertrag wird der Verk. einer Sache verpflichtet, dem K. die Sache zu übergeben und das Eigentum an der Sache zu verschaffen. Der Verk. eines Rechtes ist verpflichtet, dem K. das Recht zu verschaffen und, wenn das Recht zum Besitz einer Sache berechtigt, die Sache zu übergeben.

Der K. ist verpflichtet, dem Verk. den vereinbarten Kaufpreis zu zahlen und die gekaufte Sache abzunehmen. 440, 443, 445.

434 Der Verk. ist verpflichtet, dem K. den verkauften Gegenstand frei von Rechten zu verschaffen, die von Dritten gegen den K. geltend gemacht werden können. 440, 443, 445.

435 Der Verk. eines Grundstücks oder eines Rechtes an einem Grundstück ist verpflichtet, im Grundbuch eingetragene Rechte, die nicht bestehen, auf seine Kosten zur Löschung zu bringen, wenn sie im Falle ihres Bestehens das dem K. zu verschaffende Recht beeinträchtigen würden.

Das Gleiche gilt bei dem Verkauf eines Schiffes oder eines Rechtes an einem Schiffe für die im Schiffsregister eingetragenen Rechte. 440, 443, 445.

439 Der Verk. hat einen Mangel im Rechte nicht zu vertreten, wenn der K. den Mangel bei dem Abschlusse des Kaufes kennt.

Eine Hypothek, eine Grundschuld, eine Rentenschuld oder ein Pfandrecht hat der Verk. zu beseitigen, auch wenn der K. die Belastung kennt. Das Gleiche gilt von einer Vormerkung zur Sicherung des Anspruchs auf Bestellung eines dieser Rechte. 440, 443, 445.

440 Erfüllt der Verk., die ihm nach den §§ 433—437, 439 obliegenden Verpflichtungen nicht, so bestimmen sich die Rechte des K. nach den Vorschriften der §§ 320—327.

Ist eine bewegliche Sache verkauft und dem K. zum Zwecke der Eigentumsübertragung übergeben worden, so kann der K. wegen des Rechtes eines Dritten, das zum Besitze der Sache berechtigt, Schadensersatz wegen Nichterfüllung nur verlangen, wenn er die Sache dem Dritten mit Rücksicht auf dessen Recht herausgegeben hat oder sie dem Verk. zurückgewährt oder wenn die Sache untergegangen ist.

Der Herausgabe der Sache an den Dritten steht es gleich, wenn der Dritte den K. oder dieser den Dritten beerbt oder wenn der K. das Recht des Dritten anderweit erwirbt oder den Dritten abfindet.

Steht dem K. ein Anspruch auf Herausgabe gegen einen anderen zu, so genügt an Stelle der Rückgewähr die Abtretung des Anspruchs. 441, 443, 445.

442 Bestreitet der Verk. den vom K. geltend gemachten Mangel im Rechte, so hat der K. den Mangel zu beweisen. 443, 445.

444 Der Verk. ist verpflichtet, dem K. über die den verkauften Gegenstand betreffenden rechtlichen Verhältnisse, insbesondere im Falle des Verkaufs eines Grundstücks über die Grenzen,

§ Gerechtsamen und Lasten die nötige Auskunft zu erteilen und ihm die zum Beweise des Rechtes dienenden Urkunden, soweit sie sich in seinem Besitze befinden, auszuliefern. Erstreckt sich der Inhalt einer solchen Urkunde auch auf andere Angelegenheiten, so ist der Verk. nur zur Erteilung eines öffentlich beglaubigten Auszugs verpflichtet. 445.

446 Mit der Übergabe der verkauften Sache geht die Gefahr des zufälligen Unterganges und einer zufälligen Verschlechterung auf den K. über. Von der Übergabe an gebühren dem K. die Nutzungen und trägt er die Lasten der Sache.

Wird der K. eines Grundstücks vor der Übergabe als Eigentümer in das Grundbuch eingetragen, so treten diese Wirkungen mit der Eintragung ein. 451.

447 Versendet der Verk. auf Verlangen des K. die verkaufte Sache nach einem anderen Orte als dem Erfüllungsorte, so geht die Gefahr auf den K. über, sobald der Verk. die Sache dem Spediteur, dem Frachtführer oder der sonst zur Ausführung der Versendung bestimmten Person oder Anstalt ausgeliefert hat.

Hat der K. eine besondere Anweisung über die Art der Versendung erteilt und weicht der Verk. ohne dringenden Grund von der Anweisung ab, so ist der Verk. dem K. für den daraus entstehenden Schaden verantwortlich. 451.

448 Die Kosten der Übergabe der verkauften Sache, insbesondere die Kosten des Messens und Wägens, fallen dem Verk., die Kosten der Abnahme und der Versendung der Sache nach einem anderen Orte als dem Erfüllungsorte fallen dem K. zur Last.

Ist ein Recht verkauft, so fallen die Kosten der Begründung oder Übertragung des Rechtes dem Verk. zur Last. 451.

449 Der K. eines Grundstücks hat die Kosten der Auflassung und der Eintragung, der K. eines Rechtes an einem Grundstücke hat die Kosten der zur Begründung oder Übertragung des Rechtes nötigen Eintragung in das Grundbuch, mit Einschluß der Kosten der zu der Eintragung erforderlichen Erklärung zu tragen. Dem K. fallen in beiden Fällen auch die Kosten der Beurkundung des Kaufes zur Last. 451.

450 Ist vor der Übergabe der verkauften Sache die Gefahr auf den K. übergegangen und macht der Verk. vor der Übergabe Verwendungen auf die Sache, die nach dem Übergange der Gefahr notwendig geworden sind, so kann er von dem K. Ersatz verlangen, wie wenn der K. ihn mit der Verwaltung der Sache beauftragt hätte.

Die Verpflichtung des K. zum Ersatze sonstiger Verwendungen bestimmt sich nach den Vorschriften über die Geschäftsführung ohne Auftrag. 451.

452 Der K. ist verpflichtet, den Kaufpreis von dem Zeitpunkt an zu verzinsen, von welchem an die Nutzungen des gekauften Gegenstandes ihm gebühren, sofern nicht der Kaufpreis gestundet ist.

455 Hat sich der Verk. einer beweglichen Sache das Eigentum bis zur Zahlung des Kaufpreises vorbehalten, so ist im Zweifel anzunehmen, daß die Übertragung des Eigentums unter der aufschiebenden Bedingung vollständiger Zahlung des Kaufpreises erfolgt und daß der Verk. zum Rücktritte von dem Vertrage berechtigt ist, wenn der K. mit der Zahlung in Verzug kommt.

456 Bei einem Verkauf im Wege der Zwangsvollstreckung dürfen der mit der Vornahme oder Leitung des Ver-

§ kaufs Beauftragte und die von ihm zugezogenen Gehülfen, mit Einschluß des Protokollführers, den zum Verkaufe gestellten Gegenstand weder für sich persönlich oder durch einen anderen noch als Vertreter eines anderen kaufen. 457, 458.

458 Die Wirksamkeit eines den Vorschriften der §§ 456, 457 zuwider erfolgten Kaufes und der Übertragung des gekauften Gegenstandes hängt von der Zustimmung der bei dem Verkauf als Schuldner, Eigentümer oder Gläubiger Beteiligten ab. Fordert der K. einen Beteiligten zur Erklärung über die Genehmigung auf, so finden die Vorschriften des § 177 Abs. 2 entsprechende Anwendung.

Wird infolge der Verweigerung der Genehmigung ein neuer Verkauf vorgenommen, so hat der frühere K. für die Kosten des neuen Verkaufs, sowie für einen Mindererlös aufzukommen.

459—493 Gewährleistung wegen Mängel der Sache.

459 Der Verk. einer Sache haftet dem K. dafür, daß sie zu der Zeit, zu welcher die Gefahr auf den K. übergeht, nicht mit Fehlern behaftet ist, die den Wert oder die Tauglichkeit zu dem gewöhnlichen oder dem nach dem Vertrage vorausgesetzten Gebrauch aufheben oder mindern. Eine unerhebliche Minderung des Wertes oder der Tauglichkeit kommt nicht in Betracht.

Der Verk. haftet auch dafür, daß die Sache zur Zeit des Überganges der Gefahr die zugesicherten Eigenschaften hat. 460, 462, 481.

460 Der Verk. hat einen Mangel der verkauften Sache nicht zu vertreten, wenn der K. den Mangel bei dem Abschlusse des Kaufes kennt. Ist dem K. ein Mangel der im § 459 Abs. 1 bezeichneten Art infolge grober Fahrlässigkeit unbekannt geblieben, so haftet der Verk., sofern er nicht die Abwesenheit des Fehlers zugesichert hat, nur, wenn er den Fehler arglistig verschwiegen hat. 462, 481.

462 Wegen eines Mangels, den der Verk. nach den Vorschriften der §§ 459, 460 zu vertreten hat, kann der K. Rückgängigmachung des Kaufes (Wandelung) oder Herabsetzung des Kaufpreises (Minderung) verlangen. 464, 481.

463 Fehlt der verkauften Sache zur Zeit des Kaufes eine zugesicherte Eigenschaft, so kann der K. statt der Wandelung oder der Minderung Schadensersatz wegen Nichterfüllung verlangen. Das Gleiche gilt, wenn der Verk. einen Fehler arglistig verschwiegen hat. 464, 481.

464 Nimmt der K. eine mangelhafte Sache an, obschon er den Mangel kennt, so stehen ihm die in den §§ 462, 463 bestimmten Ansprüche nur zu, wenn er sich seine Rechte wegen des Mangels bei der Annahme vorbehält. 480, 481.

465 Die Wandelung oder die Minderung ist vollzogen, wenn sich der Verk. auf Verlangen des K. mit ihr einverstanden erklärt. 480, 481.

466 Behauptet der K. dem Verk. gegenüber einen Mangel der Sache, so kann der Verk. ihn unter dem Erbieten zur Wandelung und unter Bestimmung einer angemessenen Frist zur Erklärung darüber auffordern, ob er Wandelung verlange. Die Wandelung kann in diesem Falle nur bis zum Ablaufe der Frist verlangt werden. 480, 481.

467 Auf die Wandelung finden die für das vertragsmäßige Rücktrittsrecht geltenden Vorschriften der §§ 346 bis 348, 350—354, 356 entsprechende Anwendung; im Falle des § 352 ist jedoch die Wandelung nicht ausgeschlossen, wenn der Mangel sich erst

§ bei der Umgestaltung der Sache gezeigt hat. Der Verk. hat dem K. auch die Vertragskosten zu ersetzen. 480, 481.

468 Sichert der Verk. eines Grundstücks dem K. eine bestimmte Größe des Grundstücks zu, so haftet er für die Größe wie für eine zugesicherte Eigenschaft. Der K. kann jedoch wegen Mangels der zugesicherten Größe Wandelung nur verlangen, wenn der Mangel so erheblich ist, daß die Erfüllung des Vertrags für den K. kein Interesse hat.

473 Sind neben dem in Geld festgesetzten Kaufpreise Leistungen bedungen, die nicht vertretbare Sachen zum Gegenstande haben, so sind diese Leistungen in den Fällen der §§ 471, 472 nach dem Werte zur Zeit des Verkaufs in Geld zu veranschlagen. Die Herabsetzung der Gegenleistung des K. erfolgt an dem in Geld festgesetzten Preise; ist dieser geringer als der abzusetzende Betrag, so hat der Verk. den überschießenden Betrag dem K. zu vergüten. 481.

474 Sind auf der einen oder der anderen Seite mehrere beteiligt, so kann von jedem und gegen jeden Minderung verlangt werden.

Mit der Vollziehung der von einem der K. verlangten Minderung ist die Wandelung ausgeschlossen. 480, 481.

475 Durch die wegen eines Mangels erfolgte Minderung wird das Recht des K., wegen eines anderen Mangels Wandelung oder von neuem Minderung zu verlangen, nicht ausgeschlossen. 480, 481.

477 Der Anspruch auf Wandelung oder auf Minderung, sowie der Anspruch auf Schadensersatz wegen Mangels einer zugesicherten Eigenschaft verjährt, sofern nicht der Verk. den Mangel arglistig verschwiegen hat, bei beweglichen Sachen in sechs Monaten, von der Ablieferung, bei Grundstücken in einem Jahre von der Übergabe an. Die Verjährungsfrist kann durch Vertrag verlängert werden.

Beantragt der K. gerichtliche Beweisaufnahme zur Sicherung des Beweises, so wird die Verjährung unterbrochen. Die Unterbrechung dauert bis zur Beendigung des Verfahrens fort. Die Vorschriften des § 211 Abs. 2 und des § 212 finden entsprechende Anwendung.

Die Hemmung oder Unterbrechung der Verjährung eines der im Abs. 1 bezeichneten Ansprüche bewirkt auch die Hemmung oder Unterbrechung der Verjährung der anderen Ansprüche. 480, 481, 490.

478 Hat der K. den Mangel dem Verk. angezeigt oder die Anzeige an ihn abgesendet, bevor der Anspruch auf Wandelung oder auf Minderung verjährt war, so kann er auch nach der Vollendung der Verjährung die Zahlung des Kaufpreises insoweit verweigern, als er auf Grund der Wandelung oder der Minderung dazu berechtigt sein würde. Das Gleiche gilt, wenn der K. vor der Vollendung der Verjährung gerichtliche Beweisaufnahme zur Sicherung des Beweises beantragt oder in einem zwischen ihm und einem späteren Erwerber der Sache wegen des Mangels anhängigen Rechtsstreite dem Verk. den Streit verkündet hat.

Hat der Verk. den Mangel arglistig verschwiegen, so bedarf es der Anzeige oder einer ihr nach Abs. 1 gleichstehenden Handlung nicht. 479—481.

479 Der Anspruch auf Schadensersatz kann nach der Vollendung der Verjährung nur aufgerechnet werden, wenn der K. vorher eine der im § 478 bezeichneten Handlungen vorgenommen hat

§ Diese Beschränkung tritt nicht ein, wenn der Verk. den Mangel arglistig verschwiegen hat. 480, 481, 490.

480 Der K. einer nur der Gattung nach bestimmten Sache kann statt der Wandelung oder der Minderung verlangen, daß ihm an Stelle der mangelhaften Sache eine mangelfreie geliefert wird. Auf diesen Anspruch finden die für die Wandelung geltenden Vorschriften der §§ 464—466, 467 Satz 1, 469, 470, 474—479 ensprechende Anwendung. 481.

483 Die Gewährfrist beginnt mit dem Ablaufe des Tages, an welchem die Gefahr bezüglich des gekauften Tieres auf den K. übergeht. 481, 492.

484 Zeigt sich ein Hauptmangel an dem Tiere innerhalb der Gewährfrist, so wird vermutet, daß der Mangel schon zu der Zeit vorhanden gewesen sei, zu welcher die Gefahr auf den K. übergegangen ist. 481, 492.

485 Der K. eines Tieres verliert die ihm wegen des Mangels zustehenden Rechte, wenn er nicht spätestens zwei Tage nach dem Ablaufe der Gewährfrist oder, falls das Tier vor dem Ablaufe der Frist getötet worden oder sonst verendet ist, nach dem Tode des Tieres den Mangel dem Verk. anzeigt oder die Anzeige an ihn absendet oder wegen des Mangels Klage gegen den Verk. erhebt oder diesem den Streit verkündet oder gerichtliche Beweisaufnahme zur Sicherung des Beweises beantragt. Der Rechtsverlust tritt nicht ein, wenn der Verk. den Mangel arglistig verschwiegen hat. 481, 492.

487 Der K. eines Tieres kann nur Wandelung, nicht Minderung verlangen.

Die Wandelung kann auch in den Fällen der §§ 351—353, insbesondere wenn das Tier geschlachtet ist, verlangt werden; an Stelle der Rückgewähr hat der K. den Wert des Tieres zu vergüten. Das gleiche gilt in anderen Fällen, in denen der K. infolge eines Umstandes, den er zu vertreten hat, insbesondere einer Verfügung über das Tier, außerstande ist, das Tier zurückzugewähren.

Ist vor der Vollziehung der Wandelung eine unwesentliche Verschlechterung des Tieres infolge eines von dem K. zu vertretenden Umstandes eingetreten, so hat der K. die Wertminderung zu vergüten.

Nutzungen hat der K. nur insoweit zu ersetzen, als er sie gezogen hat. 481, 492.

488 Der Verk. eines Tieres hat im Falle der Wandelung dem K. auch die Kosten der Fütterung und Pflege, die Kosten der tierärztlichen Untersuchung und Behandlung sowie die Kosten der notwendig gewordenen Tötung und Wegschaffung des Tieres zu ersetzen. 481, 491, 492.

490 Der Anspruch auf Wandelung sowie der Anspruch auf Schadensersatz wegen eines Hauptmangels, dessen Nichtvorhandensein der Verk. zugesichert hat, verjährt in sechs Wochen von dem Ende der Gewährfrist an. Im übrigen bleiben die Vorschriften des § 477 unberührt.

An die Stelle der in den §§ 210, 212, 215 bestimmten Fristen tritt eine Frist von sechs Wochen.

Der K. des Tieres kann auch nach der Verjährung des Anspruchs auf Wandelung die Zahlung des Kaufpreises verweigern. Die Aufrechnung des Anspruchs auf Schadensersatz unterliegt nicht der im § 479 bestimmten Beschränkung. 481, 491, 492.

491 Der K. eines nur der Gattung nach bestimmten Tieres kann statt der Wandelung verlangen, daß ihm an Stelle des mangelhaften Tieres ein

§ mangelfreies geliefert wird. Auf diesen Anspruch finden die Vorschriften der §§ 488—490 entsprechende Anwendung. 481, 492.

494—496 Kauf nach Probe, Kauf auf Probe.

495 Bei einem Kaufe auf Probe oder auf Besicht steht die Billigung des gekauften Gegenstandes im Belieben des K. Der Kauf ist im Zweifel unter der aufschiebenden Bedingung der Billigung geschlossen.

Der Verk. ist verpflichtet, dem K. die Untersuchung des Gegenstandes zu gestatten.

496 Die Billigung eines auf Probe oder auf Besicht gekauften Gegenstandes kann nur innerhalb der vereinbarten Frist und in Ermangelung einer solchen nur bis zum Ablaufe einer dem K. von dem Verk. bestimmten angemessenen Frist erklärt werden. War die Sache dem K. zum Zwecke der Probe oder der Besichtigung übergeben, so gilt sein Schweigen als Billigung.

497—503 Wiederkauf.

497 Hat sich der Verk. in dem Kaufvertrage das Recht des Wiederkaufs vorbehalten, so kommt der Wiederkauf mit der Erklärung des Verk. gegenüber dem K., daß er das Wiederkaufsrecht ausübe, zustande. Die Erklärung bedarf nicht der für den Kaufvertrag bestimmten Form.

Miete.

537 s. Kauf 473.

539 s. Kauf 460, 464.

Pfandrecht.

1238 Das Pfand darf nur mit der Bestimmung verkauft werden, daß der K. den Kaufpreis sofort bar zu entrichten hat und seiner Rechte verlustig sein soll, wenn dies nicht geschieht.

Erfolgt der Verkauf ohne diese Bestimmung, so ist der Kaufpreis als

§ von dem Pfandgläubiger empfangen anzusehen; die Rechte des Pfandgläubigers gegen den Ersteher bleiben unberührt. Unterbleibt die sofortige Entrichtung des Kaufpreises, so gilt das Gleiche, wenn nicht vor dem Schlusse des Versteigerungstermins von dem Vorbehalte der Rechtsverwirkung Gebrauch gemacht wird. 1233, 1245, 1246, 1266.

523 **Schenkung** s. Kauf 433—435, 440, 442, 444.

2182 **Testament** s. Kauf 433—435, 440, 442, 444.

323 **Vertrag** s. Kauf 473.

Vorkaufsrecht.

1100 Der neue Eigentümer eines mit einem Vorkaufsrecht belasteten Grundstückes kann, wenn er der K. oder ein Rechtsnachfolger des K. ist, die Zustimmung zur Eintragung des Vorkaufsberechtigten als Eigentümer und die Herausgabe des Grundstücks verweigern, bis ihm der zwischen dem Vorkaufsverpflichteten und dem K. vereinbarte Kaufpreis, soweit er berichtigt ist, erstattet wird. Erlangt der Berechtigte die Eintragung als Eigentümer, so kann der bisherige Eigentümer von ihm die Erstattung des berichtigten Kaufpreises gegen Herausgabe des Grundstücks fordern. 1101.

1101 Soweit der zum Vorkauf Berechtigte nach § 1100 dem K. oder dessen Rechtsnachfolger den Kaufpreis zu erstatten hat, wird er von der Verpflichtung zur Zahlung des aus dem Vorkaufe geschuldeten Kaufpreises frei.

1102 Verliert der K. oder sein Rechtsnachfolger infolge der Geltendmachung des Vorkaufsrechts das Eigentum, so wird der K., soweit der von ihm geschuldete Kaufpreis noch nicht berichtigt ist, von seiner Verpflichtung frei; den berichtigten Kaufpreis kann er nicht zurückfordern.

§ **Werkvertrag.**
634 s. Kauf 465—467, 473—475.
639 s. Kauf 477—479.
644 s. Kauf 447.
651 s. Kauf 433, 446, 447, 459, 460, 462—464, 477, 478.

Kaufleute.

Verjährung.

196 In zwei Jahren verjähren die Ansprüche:

1. der K., Fabrikanten, Handwerker und derjenigen, welche ein Kunstgewerbe betreiben, für Lieferung von Waren, Ausführung von Arbeiten und Besorgung fremder Geschäfte, mit Einschluß der Auslagen, es sei denn, daß die Leistung für den Gewerbebetrieb des Schuldners erfolgt. 201.

Kaufmann.

Vormundschaft.

1841 Die Rechnung eines Vormundes über die Vermögensverwaltung soll eine geordnete Zustammenstellung der Einnahmen und Ausgaben enthalten, über den Ab- und Zugang des Vermögens Auskunft geben und, soweit Belege erteilt zu werden pflegen, mit Belegen versehen sein.

Wird ein Erwerbsgeschäft mit kaufmännischer Buchführung betrieben, so genügt als Rechnung eine aus den Büchern gezogene Bilanz. Das Vormundschaftsgericht kann jedoch die Vorlegung der Bücher und sonstigen Belege verlangen.

Kaufpreis.

Kauf.

433, 452—455, 462, 472, 473, 478, 490, 497, 509 s. **Kauf** — Kauf.
537 **Miete** s. Kauf 472, 473.

§ **Pfandrecht.**

1238 Das Pfand darf nur mit der Bestimmung verkauft werden, daß der Käufer den K. sofort bar zu entrichten hat und seiner Rechte verlustig sein soll, wenn dies nicht geschieht.

Erfolgt der Verkauf ohne diese Bestimmung, so ist der K. als von dem Pfandgläubiger empfangen anzusehen; die Rechte des Pfandgläubigers gegen den Ersteher bleiben unberührt. Unterbleibt die sofortige Entrichtung des K., so gilt das Gleiche, wenn nicht vor dem Schlusse des Versteigerungstermins von dem Vorbehalte der Rechtsverwirkung Gebrauch gemacht wird. 1233, 1245, 1246, 1266.

523 **Schenkung** s. Kauf 433.
2182 **Testament** s. Kauf 433.
323 **Vertrag** s. Kauf 472, 473.

Vorkaufsrecht.

1098 s. Kauf 509.
1100 Der neue Eigentümer kann, wenn er der Käufer oder ein Rechtsnachfolger des Käufers ist, die Zustimmung zur Eintragung des zum Vorkaufe Berechtigten als Eigentümer und die Herausgabe des Grundstücks verweigern, bis ihm der zwischen dem Verpflichteten und dem Käufer vereinbarte K., soweit er berichtigt ist, erstattet wird. Erlangt der Berechtigte die Eintragung als Eigentümer, so kann der bisherige Eigentümer von ihm die Erstattung des berichtigten K. gegen Herausgabe des Grundstücks fordern. 1101.
1101 Soweit der zum Vorkaufe Berechtigte nach § 1100 dem Käufer oder dessen Rechtsnachfolger den K. zu erstatten hat, wird er von der Verpflichtung zur Zahlung des aus dem Vorkaufe geschuldeten K. frei.
1102 Verliert der Käufer oder sein Rechtsnachfolger infolge der Geltendmachung des Vorkaufsrechts das Eigentum, so

Art. **Einführungsgesetz.**
95 f. **E.G.** — E.G.
118 f. Grundstück 899.
159 f. Ehe § 1348, 1350, 1351.
§ **Erbe.**
1944, 1954, 1974, 1980, 2019, 2024, 2031, 2060, 2061 f. **Erbe** — Erbe.

Erbschaftskauf.

2375 Hat der Verkäufer vor dem Verkauf der Erbschaft einen Erbschaftsgegenstand verbraucht, unentgeltlich veräußert oder unentgeltlich belastet, so ist er verpflichtet, dem Käufer den Wert des verbrauchten oder veräußerten Gegenstandes, im Falle der Belastung die Wertminderung zu ersetzen. Die Ersatzpflicht tritt nicht ein, wenn der Käufer den Verbrauch oder die unentgeltliche Verfügung bei dem Abschlusse des Kaufes kennt.

Erbschein.

2366, 2370 f. **Erbschein** — Erbschein.
2340 **Erbunwürdigkeit** 2345 f. Testament 2082.

Erbvertrag.

2281, 2285 f. Testament 2078, 2079.
2283 f. **Erbvertrag** — Erbvertrag.
2300 f. Testament 2259, 2260, 2262, 2273.

Geschäftsfähigkeit.

109 Bis zur Genehmigung des mit einem Minderjährigen abgeschlossenen Vertrags ist der andere Teil zum Widerrufe berechtigt. Der Widerruf kann auch dem Minderjährigen gegenüber erklärt werden.

Hat der andere Teil die Minderjährigkeit gekannt, so kann er nur widerrufen, wenn der Minderjährige der Wahrheit zuwider die Einwilligung des Vertreters behauptet hat; er kann auch in diesem Falle nicht widerrufen, wenn ihm das Fehlen der Einwilligung bei dem Abschlusse des Vertrags bekannt war. 106.

111 Ein einseitiges Rechtsgeschäft, das der

§ Minderjährige ohne die erforderliche Einwilligung des g. Vertreters vornimmt, ist unwirksam. Nimmt der Minderjährige mit dieser Einwilligung ein solches Rechtsgeschäft einem anderen gegenüber vor, so ist das Rechtsgeschäft unwirksam, wenn der Minderjährige die Einwilligung nicht in schriftlicher Form vorlegt und der andere das Rechtsgeschäft aus diesem Grunde unverzüglich zurückweist. Die Zurückweisung ist ausgeschlossen, wenn der Vertreter den anderen von der Einwilligung in K. gesetzt hatte. 106.

Geschäftsführung.

678 Steht die Übernahme der Geschäftsführung mit dem wirklichen oder dem mutmaßlichen Willen des Geschäftsherrn in Widerspruch und mußte der Geschäftsführer dies erkennen, so ist er dem Geschäftsherrn zum Ersatze des aus der Geschäftsführung entstehenden Schadens auch dann verpflichtet, wenn ihm ein sonstiges Verschulden nicht zur Last fällt. 687.

687 Die Vorschriften der §§ 677—686 finden keine Anwendung, wenn Jemand ein fremdes Geschäft in der Meinung besorgt, daß es sein eigenes sei.

Behandelt jemand ein fremdes Geschäft als sein eigenes, obwohl er weiß, daß er nicht dazu berechtigt ist, so kann der Geschäftsherr die sich aus den §§ 677, 678, 681, 682 ergebenden Ansprüche geltend machen. Macht er sie geltend, so ist er dem Geschäftsführer nach § 684 Satz 1 verpflichtet.

Gesellschaft.

713 f. Auftrag 665.
720 Die Zugehörigkeit einer nach § 718 Abs. 1 erworbenen Forderung zum Gesellschaftsvermögen hat der Schuldner erst dann gegen sich gelten zu lassen, wenn er von der Zugehörigkeit

§ K. erlangt; die Vorschriften der §§ 406—408 finden entsprechende Anwendung.

729 Wird die Gesellschaft in anderer Weise als durch Kündigung aufgelöst, so gilt die einem Gesellschafter durch den Gesellschaftsvertrag übertragene Befugnis zur Geschäftsführung zu seinen Gunsten gleichwohl als fortbestehend, bis er von der Auflösung K. erlangt oder die Auflösung kennen muß.

1028 **Grunddienstbarkeit** s. Grundstück 892.

Grundstück.

892 Zu Gunsten desjenigen, welcher ein Recht an einem Grundstück oder ein Recht an einem solchen Rechte durch Rechtsgeschäft erwirbt, gilt der Inhalt des Grundbuchs als richtig, es sei denn, daß ein Widerspruch gegen die Richtigkeit eingetragen oder die Unrichtigkeit dem Erwerber bekannt ist. Ist der Berechtigte in der Verfügung über ein im Grundbuch eingetragenes Recht zu Gunsten einer bestimmten Person beschränkt, so ist die Beschränkung dem Erwerber gegenüber nur wirksam, wenn sie aus dem Grundbuch ersichtlich oder dem Erwerber bekannt ist.

Ist zu dem Erwerbe des Rechtes die Eintragung erforderlich, so ist für die K. des Erwerbers die Zeit der Stellung des Antrags auf Eintragung oder, wenn die nach § 873 erforderliche Einigung erst später zu stande kommt, die Zeit der Einigung maßgebend. 893, 894.

Güterrecht.

1397 Bis zur Genehmigung des mit der Frau ohne Einwilligung des Mannes über eingebrachtes Gut abgeschlossenen Vertrags ist bei g. Güterrecht der andere Teil zum Widerrufe berechtigt. Der Widerruf kann auch der Frau gegenüber erklärt werden.

§ Hat der andere Teil gewußt, daß die Frau Ehefrau ist, so kann er nur widerrufen, wenn die Frau der Wahrheit zuwider die Einwilligung des Mannes behauptet hat; er kann auch in diesem Falle nicht widerrufen, wenn ihm das Fehlen der Einwilligung bei dem Abschlusse des Vertrags bekannt war. 1401, 1404, 1448, 1525.

1405 Im Falle g. Güterrechts ist Dritten gegenüber ein Einspruch und der Widerruf der Einwilligung des Mannes zum selbständigen Betrieb eines Erwerbsgeschäftes seitens der Frau nur nach Maßgabe des § 1435 wirksam. 1452, 1525, 1561.

1424 Der Mann ist bei g. Güterrecht auch nach der Beendigung der Verwaltung und Nutznießung zur Fortführung der Verwaltung berechtigt, bis er von der Beendigung K. erlangt oder sie kennen muß. Ein Dritter kann sich auf diese Berechtigung nicht berufen, wenn er bei der Vornahme eines Rechtsgeschäfts die Beendigung der Verwaltung und Nutznießung kennt oder kennen muß.

Endigt die Verwaltung und Nutznießung infolge des Todes der Frau, so hat der Mann diejenigen zur Verwaltung gehörenden Geschäfte, mit deren Aufschube Gefahr verbunden ist, zu besorgen, bis der Erbe anderweit Fürsorge treffen kann. 1472, 1546.

1431 Die Gütertrennung ist Dritten gegenüber nur nach Maßgabe des § 1435 wirksam. 1426.

1435 Wird durch Ehevertrag die Verwaltung und Nutznießung des Mannes ausgeschlossen oder geändert, so können einem Dritten gegenüber aus der Ausschließung oder der Änderung Einwendungen gegen ein zwischen ihm und einem der Ehegatten vor-

§ genommenes Rechtsgeschäft oder gegen ein zwischen ihnen ergangenes rechtskräftiges Urteil nur hergeleitet werden, wenn zur Zeit der Vornahme des Rechtsgeschäfts oder zur Zeit des Eintritts der Rechtshängigkeit die Ausschließung oder die Änderung in dem Güterrechtsregister des zuständigen Amtsgerichts eingetragen oder dem Dritten bekannt war.

Das Gleiche gilt, wenn eine in dem Güterrechtsregister eingetragene Regelung der güterrechtlichen Verhältnisse durch Ehevertrag aufgehoben oder geändert wird. 1405, 1431, 1470, 1545, 1548.

1439 Von dem Gesamtgut der a. Gütergemeinschaft ausgeschlossen sind Gegenstände, die nicht durch Rechtsgeschäft übertragen werden können. Auf solche Gegenstände finden die bei der Errungenschaftsgemeinschaft für das eingebrachte Gut geltenden Vorschriften, mit Ausnahme des § 1524, entsprechende Anwendung.

1448 Nimmt der Mann bei a. Gütergemeinschaft ohne Einwilligung der Frau ein Rechtsgeschäft der in den §§ 1444 bis 1446 bezeichneten Art vor, so finden die für eine Verfügung der Frau über eingebrachtes Gut geltenden Vorschriften des § 1396 Abs. 1, 3 und der §§ 1397, 1398 entsprechende Anwendung. 1487, 1519.

1470 Dritten gegenüber ist die Aufhebung der a. Gütergemeinschaft nur nach Maßgabe des § 1435 wirksam.

1472 Die Verwaltung des Gesamtguts der a. Gütergemeinschaft steht bis zur Auseinandersetzung beiden Ehegatten gemeinschaftlich zu. Die Vorschriften des § 1424 finden entsprechende Anwendung. 1497, 1546.

1473 Was im Falle a. Gütergemeinschaft auf Grund eines zu dem Gesamtgute gehörenden Rechtes oder als Ersatz für die Zerstörung, Beschädigung oder Entziehung eines zu dem Gesamtgute gehörenden Gegenstandes oder durch ein Rechtsgeschäft erworben wird, das sich auf das Gesamtgut bezieht, wird Gesamtgut.

Die Zugehörigkeit einer durch Rechtsgeschäft erworbenen Forderung zum Gesamtgute hat der Schuldner erst dann gegen sich gelten zu lassen, wenn er von der Zugehörigkeit K. erlangt; die Vorschriften der §§ 406—408 finden entsprechende Anwendung. 1497. 1546.

1484 f. Erbe 1944, 1954.

1486 Gehören im Falle f. Gütergemeinschaft zu dem Vermögen des überlebenden Ehegatten Gegenstände, die nicht durch Rechtsgeschäft übertragen werden können, so finden auf sie die bei der Errungenschaftsgemeinschaft für das eingebrachte Gut des Mannes geltenden Vorschriften, mit Ausnahme des § 1524, entsprechende Anwendung. 1518.

1497 Bis zur Auseinandersetzung bestimmt sich das Rechtsverhältnis der Teilhaber am Gesamtgute der f. Gütergemeinschaft nach den §§ 1442, 1472, 1473, 1518.

1524 Eingebrachtes Gut eines Ehegatten ist bei Errungenschaftsgemeinschaft, was er auf Grund eines zu seinem eingebrachten Gute gehörenden Rechtes oder als Ersatz für die Zerstörung, Beschädigung oder Entziehung eines zum eingebrachten Gute gehörenden Gegenstandes oder durch ein Rechtsgeschäft erwirbt, das sich auf das eingebrachte Gut bezieht. Ausgenommen ist der Erwerb aus dem Betrieb eines Erwerbsgeschäfts.

Die Zugehörigkeit einer durch Rechtsgeschäft erworbenen Forderung zum eingebrachten Gute hat der Schuldner erst dann gegen sich gelten zu lassen,

§ wenn er von der Zugehörigkeit K. erlangt; die Vorschriften der §§ 406 bis 408 finden entsprechende Anwendung. 1439, 1486, 1554.

1525, 1545, 1546, 1548 s. **Errungenschaftsgemeinschaft** — Güterrecht.

1554 s. **Fahrnisgemeinschaft** — Güterrecht.

Handlung.

824, 851, 852 s. **Handlung** — Handlung.

Hypothek.

1120 s. Eigentum 955, 957.

1138, 1140, 1155, 1157—1159 s. Grundstück 892.

1156 Die für die Übertragung der Forderung geltenden Vorschriften der §§ 406 bis 408 finden auf das Rechtsverhältnis zwischen dem Eigentümer und dem neuen Gläubiger in Ansehung der Hypothek keine Anwendung. Der neue Gläubiger muß jedoch eine dem bisherigen Gläubiger gegenüber erfolgte Kündigung des Eigentümers gegen sich gelten lassen, es sei denn, daß die Übertragung zur Zeit der Kündigung dem Eigentümer bekannt oder im Grundbuch eingetragen ist. 1185.

1158 Soweit die Forderung auf Zinsen oder andere Nebenleistungen gerichtet ist, die nicht später als in dem Kalendervierteljahr, in welchem der Eigentümer von der Übertragung K. erlangt, oder dem folgenden Vierteljahre fällig werden, finden auf das Rechtsverhältnis zwischen dem Eigentümer und dem neuen Gläubiger die Vorschriften der §§ 406—408 Anwendung; der Gläubiger kann sich gegenüber den Einwendungen, welche dem Eigentümer nach den §§ 404, 406—408, 1157, zustehen, nicht auf die Vorschriften des § 892 berufen.

Kauf.

439, 460, 464 s. **Kauf** — Kauf.

§ **Miete.**

539 Kennt der Mieter bei dem Abschlusse des Vertrags den Mangel der gemieteten Sache, so stehen ihm die in den §§ 537, 538 bestimmten Rechte nicht zu. Ist dem Mieter ein Mangel der im § 537 Abs. 1 bezeichneten Art infolge grober Fahrlässigkeit unbekannt geblieben, oder nimmt er eine mangelhafte Sache an, obschon er den Mangel kennt, so kann er diese Rechte nur unter den Voraussetzungen geltend machen, unter welchen dem Käufer einer mangelhaften Sache nach den §§ 460, 464 Gewähr zu leisten ist. 541, 543.

544 Ist eine Wohnung oder ein anderer zum Aufenthalte von Menschen bestimmter Raum so beschaffen, daß die Benutzung mit einer erheblichen Gefährdung der Gesundheit verbunden ist, so kann der Mieter das Mietverhältnis ohne Einhaltung einer Kündigungsfrist kündigen, auch wenn er die gefahrbringende Beschaffenheit bei dem Abschlusse des Vertrags gekannt oder auf die Geltendmachung der ihm wegen dieser Beschaffenheit zustehenden Rechte verzichtet hat.

561 Der Vermieter darf die Entfernung der seinem Pfandrecht unterliegenden Sachen, soweit er ihr zu widersprechen berechtigt ist, auch ohne Anrufen des Gerichts verhindern und, wenn der Mieter auszieht, die Sachen in seinen Besitz nehmen.

Sind die Sachen ohne Wissen oder unter Widerspruch des Vermieters entfernt worden, so kann er die Herausgabe zum Zwecke der Zurückschaffung in das Grundstück und, wenn der Mieter ausgezogen ist, die Überlassung des Besitzes verlangen. Das Pfandrecht erlischt mit dem Ablauf eines Monats, nachdem der Vermieter von der Entfernung der Sachen K. erlangt hat, wenn nicht der Vermieter diesen

§ Anspruch vorher gerichtlich geltend gemacht hat.

568 Wird nach dem Ablaufe der Mietzeit der Gebrauch der Sache von dem Mieter fortgesetzt, so gilt das Mietverhältnis als auf unbestimmte Zeit verlängert, sofern nicht der Vermieter oder der Mieter seinen entgegenstehenden Willen binnen einer Frist von zwei Wochen dem anderen Teile gegenüber erklärt. Die Frist beginnt für den Mieter mit der Fortsetzung des Gebrauchs, für den Vermieter mit dem Zeitpunkt, in welchem er von der Fortsetzung K. erlangt.

571 Wird das vermietete Grundstück nach der Überlassung an den Mieter von dem Vermieter an einen Dritten veräußert, so tritt der Erwerber an Stelle des Vermieters in die sich während der Dauer seines Eigentums aus dem Mietverhältnis ergebenden Rechte und Verpflichtungen ein.

Erfüllt der Erwerber die Verpflichtungen nicht, so haftet der Vermieter für den von dem Erwerber zu ersetzenden Schaden wie ein Bürge, der auf die Einrede der Vorausklage verzichtet hat. Erlangt der Mieter von dem Übergange des Eigentums durch Mitteilung des Vermieters K., so wird der Vermieter von der Haftung befreit, wenn nicht der Mieter das Mietverhältnis für den ersten Termin kündigt, für den die Kündigung zulässig ist. 577—579.

573 Eine Verfügung, die der Vermieter vor dem Übergange des Eigentums über den auf die Zeit der Berechtigung des Erwerbes entfallenden Mietzins getroffen hat, ist insoweit wirksam, als sie sich auf den Mietzins für das zur Zeit des Übergangs des Eigentums laufende und das folgende Kalendervierteljahr bezieht.

§ Eine Verfügung über den Mietzins für eine spätere Zeit muß der Erwerber gegen sich gelten lassen, wenn er sie zur Zeit des Überganges des Eigentums kennt. 577, 579.

574 Ein Rechtsgeschäft, das zwischen dem Mieter und dem Vermieter in Ansehung der Mietzinsforderung vorgenommen wird, insbesondere die Entrichtung des Mietzinses, ist dem Erwerber gegenüber wirksam, soweit es sich nicht auf den Mietzins für eine spätere Zeit als das Kalendervierteljahr, in welchem der Mieter von dem Übergange des Eigentums K. erlangt, und das folgende Vierteljahr bezieht. Ein Rechtsgeschäft, das nach dem Übergange des Eigentums vorgenommen wird, ist jedoch unwirksam, wenn der Mieter bei der Vornahme des Rechtsgeschäfts von dem Übergange des Eigentums K. hat. 575, 577, 579.

575 Soweit die Entrichtung des Mietzinses an den Vermieter nach § 574 dem Erwerber gegenüber wirksam ist, kann der Mieter gegen die Mietzinsforderung des Erwerbers eine ihm gegen den Vermieter zustehende Forderung aufrechnen. Die Aufrechnung ist ausgeschlossen, wenn der Mieter die Gegenforderung erworben hat, nachdem er von dem Übergange des Eigentums K. erlangt hat, oder wenn die Gegenforderung erst nach der Erlangung der K. und später als der Mietzins fällig geworden ist. 577, 579.

Nießbrauch.

1032 s. Eigentum 932—936.

1056 s. Miete 571, 573, 574, 575.

1058 Im Verhältnisse zwischen dem Nießbraucher und dem Eigentümer gilt zu Gunsten des Nießbrauchers der Besteller als Eigentümer, es sei denn, daß der Nießbaucher weiß, daß der Besteller nicht Eigentümer ist.

§

1070 Ist ein Recht, kraft dessen eine Leistung gefordert werden kann, Gegenstand des Nießbrauchs, so finden auf das Rechtsverhältnis zwischen dem Nießbraucher und dem Verpflichteten die Vorschriften entsprechende Anwendung, welche im Falle der Übertragung des Rechtes für das Rechtsverhältnis zwischen dem Erwerber und dem Verpflichteten gelten.

Wird die Ausübung des Nießbrauchs nach § 1052 einem Verwalter übertragen, so ist die Übertragung dem Verpflichteten gegenüber erst wirksam, wenn er von der getroffenen Anordnung K. erlangt oder wenn ihm eine Mitteilung von der Anordnung zugestellt wird. Das Gleiche gilt von der Aufhebung der Verwaltung. 1068.

Pfandrecht.

1207 f. Eigentum 932, 934, 935.

1208 f. Eigentum 932, 935, 936.

1242 Durch die rechtmäßige Veräußerung des Pfandes erlangt der Erwerber die gleichen Rechte, wie wenn er die Sache von dem Eigentümer erworben hätte. Dies gilt auch dann, wenn dem Pfandgläubiger der Zuschlag erteilt wird.

Pfandrechte an der Sache erlöschen, auch wenn sie dem Erwerber bekannt waren. Das Gleiche gilt von einem Nießbrauch, es sei denn, daß er allen Pfandrechten im Range vorgeht. 1266.

1244 f. Eigentum 932—934, 936.

1248 Bei dem Verkaufe des Pfandes gilt zu Gunsten des Pfandgläubigers der Verpfänder als der Eigentümer, es sei denn, daß der Pfandgläubiger weiß, daß der Verpfänder nicht der Eigentümer ist. 1266.

1262 f. Eigentum 936.

1275 f. Nießbrauch 1070.

Pflichtteil.

2306 Ist ein als Erbe berufener Pflichtteilsberechtigter durch die Einsetzung eines Nacherben, die Ernennung eines Testamentsvollstreckers oder eine Teilungsanordnung beschränkt oder ist er mit einem Vermächtnis oder einer Auflage beschwert, so gilt die Beschränkung oder die Beschwerung als nicht angeordnet, wenn der ihm hinterlassene Erbteil die Hälfte des g. Erbteils nicht übersteigt. Ist der hinterlassene Erbteil größer, so kann der Pflichtteilsberechtigte den Pflichtteil verlangen, wenn er den Erbteil ausschlägt; die Ausschlagungsfrist beginnt erst, wenn der Pflichtteilsberechtigte von der Beschränkung oder der Beschwerung K. erlangt.

Einer Beschränkung der Erbeinsetzung steht es gleich, wenn der Pflichtteilsberechtigte als Nacherbe eingesetzt ist. 2307, 2308.

2332 Der Pflichtteilsanspruch verjährt in drei Jahren von dem Zeitpunkt an, in welchem der Pflichtteilsberechtigte von dem Eintritte des Erbfalls und von der ihn beeinträchtigenden Verfügung K. erlangt, ohne Rücksicht auf diese K. in dreißig Jahren von dem Eintritte des Erbfalls an.

Der nach § 2329 dem Pflichtteilsberechtigten gegen den Beschenkten zustehende Anspruch verjährt in drei Jahren von dem Eintritte des Erbfalls an.

Die Verjährung wird nicht dadurch gehemmt, daß die Ansprüche erst nach der Ausschlagung der Erbschaft oder eines Vermächtnisses geltend gemacht werden können.

2335 f. Ehescheidung 1571.

Sachen.

703 Der dem Gaste auf Grund der §§ 701, 702 zustehende Schadensersatzanspruch erlischt, wenn nicht der Gast unverzüglich, nachdem er von dem Verlust oder der Beschädigung

§ K. erlangt hat, dem Gastwirt Anzeige macht. Der Anspruch erlischt nicht, wenn die Sachen dem Gastwirte zur Aufbewahrung übergeben waren.

704 s. Miete 561.

Schenkung.

523 Verschweigt der Schenker arglistig einen Mangel im Rechte, so ist er verpflichtet, dem Beschenkten den daraus entstehenden Schaden zu ersetzen.

Hatte der Schenker die Leistung eines Gegenstandes versprochen, den er erst erwerben sollte, so kann der Beschenkte wegen eines Mangels im Rechte Schadensersatz wegen Nichterfüllung verlangen, wenn der Mangel dem Schenker bei dem Erwerbe der Sache bekannt gewesen oder infolge grober Fahrlässigkeit unbekannt geblieben ist. Die für die Gewährleistungspflicht des Verkäufers geltenden Vorschriften des § 433 Abs. 1, der §§ 434—437, des § 440 Abs. 2—4 und der §§ 441—444 finden entsprechende Anwendung.

524 Verschweigt der Schenker arglistig einen Fehler der verschenkten Sache, so ist er verpflichtet, dem Beschenkten den daraus entstehenden Schaden zu ersetzen.

Hatte der Schenker die Leistung einer nur der Gattung nach bestimmten Sache versprochen, die er erst erwerben sollte, so kann der Beschenkte, wenn die geleistete Sache fehlerhaft und der Mangel dem Schenker bei dem Erwerbe der Sache bekannt gewesen, oder infolge grober Fahrlässigkeit unbekannt geblieben ist, verlangen, daß ihm an Stelle der fehlerhaften Sache eine fehlerfreie geliefert wird. Hat der Schenker den Fehler arglistig verschwiegen, so kann der Beschenkte statt der Lieferung einer fehlerfreien Sache Schadensersatz wegen Nichterfüllung verlangen. Auf diese Ansprüche finden die für die Gewährleistung wegen Fehler einer verkauften Sache geltenden Vorschriften entsprechende Anwendung.

532 Der Widerruf einer Schenkung ist ausgeschlossen, wenn der Schenker dem Beschenkten verziehen hat oder wenn seit dem Zeitpunkt, in welchem der Widerrufsberechtigte von dem Eintritte der Voraussetzungen seines Rechtes K. erlangt hat, ein Jahr verstrichen ist. Nach dem Tode des Beschenkten ist der Widerruf nicht mehr zulässig.

533 Auf das Widerrufsrecht kann erst verzichtet werden, wenn der Undank dem Widerrufsberechtigten bekannt geworden ist.

Schuldverhältnis.

405—407 s. **Forderung** — Forderung.

Spiel.

764 Wird ein auf Lieferung von Waren oder Wertpapieren lautender Vertrag in der Absicht geschlossen, daß der Unterschied zwischen dem vereinbarten Preise und dem Börsen- oder Marktpreise der Lieferungszeit von dem verlierenden Teile an den gewinnenden gezahlt werden soll, so ist der Vertrag als Spiel anzusehen. Dies gilt auch dann, wenn nur die Absicht des einen Teiles auf die Zahlung des Unterschieds gerichtet ist, der andere Teil aber diese Absicht kennt oder kennen muß.

Testament.

2078, 2079, 2082, 2111, 2129, 2140, 2259, 2260, 2262, 2273 s. **Erblasser** — Testament.

2156 s. Vertrag 318.

2218 s. Auftrag 674.

Verein.

27 s. Auftrag 665.

68 Wird zwischen den bisherigen Mitgliedern des Vorstandes eines Vereins und einem Dritten ein Rechtsgeschäft

§ vorgenommen, so kann die Änderung des Vorstandes dem Dritten nur entgegengesetzt werden, wenn sie zur Zeit der Vornahme des Rechtsgeschäfts im Vereinsregister eingetragen oder dem Dritten bekannt ist. Ist die Änderung eingetragen, so braucht der Dritte sie nicht gegen sich gelten zu lassen, wenn er sie nicht kennt, seine Unk. auch nicht auf Fahrlässigkeit beruht. 70.

Vertrag.

307 Wer bei der Schließung eines Vertrags, der auf eine unmögliche Leistung gerichtet ist, die Unmöglichkeit der Leistung kennt oder kennen muß, ist zum Ersatze des Schadens verpflichtet, den der andere Teil dadurch erleidet, daß er auf die Gültigkeit des Vertrags vertraut, jedoch nicht über den Betrag des Interesses hinaus, welches der andere Teil an der Gültigkeit des Vertrags hat. Die Ersatzpflicht tritt nicht ein, wenn der andere Teil die Unmöglichkeit kennt oder kennen muß. 309.

318 Die einem Dritten überlassene Bestimmung der Leistung erfolgt durch Erklärung gegenüber einem der Vertragschließenden.

Die Anfechtung der getroffenen Bestimmung wegen Irrtums, Drohung oder arglistiger Täuschung steht nur den Vertragschließenden zu; Anfechtungsgegner ist der andere Teil. Die Anfechtung muß unverzüglich erfolgen, nachdem der Anfechtungsberechtigte von dem Anfechtungsgrunde K. erlangt hat. Sie ist ausgeschlossen, wenn dreißig Jahre verstrichen sind, nachdem die Bestimmung getroffen worden ist.

344 Erklärt das G. das Versprechen einer Leistung für unwirksam, so ist auch die für den Fall der Nichterfüllung des Versprechens getroffene Vereinbarung einer Strafe unwirksam, selbst wenn die Parteien die Unwirksamkeit des Versprechens gekannt haben.

Verwahrung.

692 Der Verwahrer ist berechtigt, die vereinbarte Art der Aufbewahrung zu ändern, wenn er den Umständen nach annehmen darf, daß der Hinterleger bei K. der Sachlage die Änderung billigen würde. Der Verwahrer hat vor der Änderung dem Hinterleger Anzeige zu machen und dessen Entschließung abzuwarten, wenn nicht mit dem Aufschube Gefahr verbunden ist.

694 Der Hinterleger hat den durch die Beschaffenheit der hinterlegten Sache dem Verwahrer entstehenden Schaden zu ersetzen, es sei denn, daß er die gefahrdrohende Beschaffenheit der Sache bei der Hinterlegung weder kennt noch kennen muß oder daß er sie dem Verwahrer angezeigt oder dieser sie ohne Anzeige gekannt hat.

Verwandtschaft.

1594 Die Anfechtung der Ehelichkeit eines Kindes kann nur binnen Jahresfrist erfolgen.

Die Frist beginnt mit dem Zeitpunkt, in welchem der Mann die Geburt des Kindes erfährt.

Auf den Lauf der Frist finden die für die Verjährung geltenden Vorschriften der §§ 203, 206 entsprechende Anwendung. 1600.

1608, 1609 s. Ehe 1351.

1637 s. Ehe 1348.

1643, 1690 s. Vormundschaft 1830.

1675 Der Gemeindewaisenrat hat dem Vormundschaftsgericht Anzeige zu machen, wenn ein Fall zu seiner K. gelangt, in welchem das Vormundschaftsgericht zum Einschreiten berufen ist.

1682 Der Vater ist auch nach der Beendigung seiner elterlichen Gewalt zur Fortführung der mit der Sorge für die Person und das Vermögen des ehe-

§ lichen Kindes verbundenen Geschäfte berechtigt, bis er von der Beendigung K. erlangt oder sie kennen muß. Ein Dritter kann sich auf diese Berechtigung nicht berufen, wenn er bei der Vornahme eines Rechtsgeschäfts die Beendigung der elterlichen Gewalt kennt oder kennen muß.

Diese Vorschriften finden entsprechende Anwendung, wenn die elterliche Gewalt des Vaters ruht oder aus einem anderen Grunde seine Vermögensverwaltung aufhört.

1699 Ein Kind aus einer nichtigen Ehe, das im Falle der Gültigkeit der Ehe ehelich sein würde, gilt als ehelich, sofern nicht beide Ehegatten die Nichtigkeit der Ehe bei der Eheschließung gekannt haben.

Diese Vorschrift findet keine Anwendung, wenn die Nichtigkeit der Ehe auf einem Formmangel beruht und die Ehe nicht in das Heiratsregister eingetragen worden ist. 1700, 1721.

1701 War dem Vater die Nichtigkeit der Ehe bei der Eheschließung bekannt, so hat er nicht die sich aus der Vaterschaft ergebenden Rechte. Die elterliche Gewalt steht der Mutter zu. 1700, 1721.

1702 War der Mutter die Nichtigkeit der Ehe bei der Eheschließung bekannt, so hat sie in Ansehung des Kindes nur diejenigen Rechte, welche im Falle der Scheidung der allein für schuldig erklärten Frau zustehen.

Stirbt der Vater oder endigt seine elterliche Gewalt aus einem anderen Grunde, so hat die Mutter nur das Recht und die Pflicht, für die Person des Kindes zu sorgen; zur Vertretung des Kindes ist sie nicht berechtigt. Der Vormund des Kindes hat, soweit der Mutter die Sorge zusteht, die rechtliche Stellung eines Beistandes.

§ Die Vorschriften des Abs. 2 finden auch dann Anwendung, wenn die elterliche Gewalt des Vaters wegen seiner Geschäftsunfähigkeit oder nach § 1677 ruht. 1700, 1721.

1703 Gilt das Kind nicht als ehelich, weil beiden Ehegatten die Nichtigkeit der Ehe bei der Eheschließung bekannt war, so kann es gleichwohl von dem Vater, solange er lebt, Unterhalt wie ein eheliches Kind verlangen. Das im § 1612 Abs. 2 bestimmte Recht steht dem Vater nicht zu. 1721.

1704 Ist die Ehe wegen Drohung anfechtbar und angefochten, so steht der anfechtungsberechtigte Ehegatte einem Ehegatten gleich, dem die Nichtigkeit der Ehe bei der Eheschließung unbekannt war. 1721.

Vollmacht.

166 Soweit die rechtlichen Folgen einer Willenserklärung durch Willensmängel oder durch die K. oder das Kennenmüssen gewisser Umstände beeinflußt werden, kommt nicht die Person des Vertretenen, sondern die des Vertreters in Betracht.

Hat im Falle einer durch Rechtsgeschäft erteilten Vertretungsmacht (Vollmacht) der Vertreter nach bestimmten Weisungen des Vollmachtgebers gehandelt, so kann sich dieser in Ansehung solcher Umstände, die er selbst kannte, nicht auf die Unkenntnis des Vertreters berufen. Dasselbe gilt von Umständen, die der Vollmachtgeber kennen mußte, sofern das Kennenmüssen der K. gleichsteht.

169 Soweit nach den §§ 674, 729 die erloschene Vollmacht eines Beauftragten oder eines geschäftsführenden Gesellschafters als fortbestehend gilt, wirkt sie nicht zu Gunsten eines Dritten, der bei der Vornahme eines Rechtsgeschäfts das Erlöschen kennt oder kennen muß.

§

173 Die Vorschriften des § 170, des § 171 Abs. 2 und des § 172 Abs. 2 finden keine Anwendung, wenn der Dritte das Erlöschen der Vertretungsmacht bei der Vornahme des Rechtsgeschäfts kennt oder kennen muß.

174 Ein einseitiges Rechtsgeschäft, das ein Bevollmächtigter einem anderen gegenüber vornimmt, ist unwirksam, wenn der Bevollmächtigte eine Vollmachtsurkunde nicht vorlegt und der andere das Rechtsgeschäft aus diesem Grunde unverzüglich zurückweist. Die Zurückweisung ist ausgeschlossen, wenn der Vollmachtgeber den anderen von der Bevollmächtigung in K. gesetzt hatte.

178 Bis zur Genehmigung des Vertrags ist der andere Teil zum Widerrufe berechtigt, es sei denn, daß er den Mangel der Vertretungsmacht bei dem Abschlusse des Vertrags gekannt hat. Der Widerruf kann auch dem Vertreter gegenüber erklärt werden.

179 Wer als Vertreter einen Vertrag geschlossen hat, ist, sofern er nicht seine Vertretungsmacht nachweist, dem anderen Teile nach dessen Wahl zur Erfüllung oder zum Schadensersatze verpflichtet, wenn der Vertretene die Genehmigung des Vertrags verweigert.

Hat der Vertreter den Mangel der Vertretungsmacht nicht gekannt, so ist er nur zum Ersatze desjenigen Schadens verpflichtet, welchen der andere Teil dadurch erleidet, daß er auf die Vertretungsmacht vertraut, jedoch nicht über den Betrag des Interesses hinaus, welches der andere Teil an der Wirksamkeit des Vertrags hat.

Der Vertreter haftet nicht, wenn der andere Teil den Mangel der Vertretungsmacht kannte oder kennen mußte. Der Vertreter haftet auch dann nicht, wenn er in der Geschäftsfähigkeit beschränkt war, es sei denn, daß er mit der Zustimmung seines g. Vertreters gehandelt hat.

Vormundschaft.

1830 Hat der Vormund dem anderen Teile gegenüber der Wahrheit zuwider die Genehmigung des Vormundschaftsgerichts behauptet, so ist der andere Teil bis zur Mitteilung der nachträglichen Genehmigung des Vormundschaftsgerichts zum Widerrufe berechtigt, es sei denn, daß ihm das Fehlen der Genehmigung bei dem Abschlusse des Vertrags bekannt war. 1832.

1850 Der Gemeindewaisenrat hat in Unterstützung des Vormundschaftsgerichts darüber zu wachen, daß die Vormünder der sich in seinem Bezirk aufhaltenden Mündel für die Person der Mündel, insbesondere für ihre Erziehung und ihre körperliche Pflege, pflichtmäßig Sorge tragen. Er hat dem Vormundschaftsgerichte Mängel und Pflichtwidrigkeiten, die er in dieser Hinsicht wahrnimmt, anzuzeigen und auf Erfordern über das persönliche Ergehen und das Verhalten eines Mündels Auskunft zu erteilen.

Erlangt der Gemeindewaisenrat K. von einer Gefährdung des Vermögens eines Mündels, so hat er dem Vormundschaftsgericht Anzeige zu machen.

1884 Ist der Mündel verschollen, so endigt die Vormundschaft erst mit der Aufhebung durch das Vormundschaftsgericht. Das Vormundschaftsgericht hat die Vormundschaft aufzuheben, wenn ihm der Tod des Mündels bekannt wird.

Wird der Mündel für tot erklärt, so endigt die Vormundschaft mit der Erlassung des die Todeserklärung aussprechenden Urteils.

1893 s. Verwandtschaft 1682.

1899 s. Verwandtschaft 1701, 1702.

1900 s. Verwandtschaft 1702.

1921 Die Pflegschaft für einen Abwesenden

§ ist von dem Vormundschaftsgericht aufzuheben, wenn der Abwesende an der Besorgung seiner Vermögensangelegenheiten nicht mehr verhindert ist.

Stirbt der Abwesende, so endigt die Pflegschaft erst mit der Aufhebung durch das Vormundschaftsgericht. Das Vormundschaftsgericht hat die Pflegschaft aufzuheben, wenn ihm der Tod des Abwesenden bekannt wird.

Wird der Abwesende für tot erklärt, so endigt die Pflegschaft mit der Erlassung des die Todeserklärung aussprechenden Urteils.

Werkvertrag.

640 Der Besteller ist verpflichtet, das vertragsmäßig hergestellte Werk abzunehmen, sofern nicht nach der Beschaffenheit des Werkes die Abnahme ausgeschlossen ist.

Nimmt der Besteller ein mangelhaftes Werk ab, obschon er den Mangel kennt, so stehen ihm die in den §§ 633, 634 bestimmten Ansprüche nur zu, wenn er sich seine Rechte wegen des Mangels bei der Abnahme vorbehält.

651 s. Kauf 460, 464.

Willenserklärung.

116 Eine Willenserklärung ist nicht deshalb nichtig, weil sich der Erklärende insgeheim vorbehält, das Erklärte nicht zu wollen. Die Erklärung ist nichtig, wenn sie einem anderen gegenüber abzugeben ist und dieser den Vorbehalt kennt.

119 Wer bei der Abgabe einer Willenserklärung über deren Inhalt im Irrtume war oder eine Erklärung dieses Inhalts überhaupt nicht abgeben wollte, kann die Erklärung anfechten, wenn anzunehmen ist, daß er sie bei K. der Sachlage und bei verständiger Würdigung des Falles nicht abgegeben haben würde.

Als Irrtum über den Inhalt der Erklärung gilt auch der Irrtum über

§ solche Eigenschaften der Person oder der Sache, die im Verkehr als wesentlich angesehen werden. 120—122.

121 Die Anfechtung einer Willenserklärung muß in den Fällen der §§ 119, 120 ohne schuldhaftes Zögern (unverzüglich) erfolgen, nachdem der Anfechtungsberechtigte von dem Anfechtungsgrunde K. erlangt hat. Die einem Abwesenden gegenüber erfolgte Anfechtung gilt als rechtzeitig erfolgt, wenn die Anfechtungserklärung unverzüglich abgesendet worden ist.

Die Anfechtung ist ausgeschlossen, wenn seit der Abgabe der Willenserklärung dreißig Jahre verstrichen sind.

122 Ist eine Willenserklärung nach § 118 nichtig oder auf Grund der §§ 119, 120 angefochten, so hat der Erklärende, wenn die Erklärung einem anderen gegenüber abzugeben war, diesem, anderenfalls jedem Dritten den Schaden zu ersetzen, den der andere oder der Dritte dadurch erleidet, daß er auf die Gültigkeit der Erklärung vertraut, jedoch nicht über den Betrag des Interesses hinaus, welches der andere oder der Dritte an der Gültigkeit der Erklärung hat.

Die Schadensersatzpflicht tritt nicht ein, wenn der Beschädigte den Grund der Nichtigkeit oder der Anfechtbarkeit kannte oder infolge von Fahrlässigkeit nicht kannte (kennen mußte).

123 Wer zur Abgabe einer Willenserklärung durch arglistige Täuschung oder widerrechtlich durch Drohung bestimmt worden ist, kann die Erklärung anfechten.

Hat ein Dritter die Täuschung verübt, so ist eine Erklärung, die einem anderen gegenüber abzugeben war, nur dann anfechtbar, wenn dieser die Täuschung kannte oder kennen mußte. Soweit ein anderer als derjenige,

§ welchem gegenüber die Erklärung abzugeben war, aus der Erklärung unmittelbar ein Recht erworben hat, ist die Erklärung ihm gegenüber anfechtbar, wenn er die Täuschung kannte oder kennen mußte. 124, 143.

140 Entspricht ein nichtiges Rechtsgeschäft den Erfordernissen eines anderen Rechtsgeschäfts, so gilt das letztere, wenn anzunehmen ist, daß dessen Geltung bei K. der Nichtigkeit gewollt sein würde.

142 Wird ein anfechtbares Rechtsgeschäft angefochten, so ist es als von Anfang an nichtig anzusehen.

Wer die Anfechtbarkeit kannte oder kennen mußte, wird, wenn die Anfechtung erfolgt, so behandelt, wie wenn er die Nichtigkeit des Rechtsgeschäfts gekannt hätte oder hätte kennen müssen.

182 **Zustimmung** s. Geschäftsfähigkeit 111.

Kies.

1093 **Dienstbarkeit** s. Nießbrauch 1037.

Nießbrauch.

1037 Der Nießbraucher ist nicht berechtigt, die Sache umzugestalten oder wesentlich zu verändern.

Der Nießbraucher eines Grundstücks darf neue Anlagen zur Gewinnung von Steinen, K., Sand, Lehm, Thon, Mergel, Torf und sonstigen Bodenbestandteilen errichten, sofern nicht die wirtschaftliche Bestimmung des Grundstücks dadurch wesentlich verändert wird.

Kind.

Ehe.

1305, 1306, 1308, 1310, 1314, 1352 s. **Ehe** — Ehe.

1351 s. Ehescheidung 1579.

1360 s. Verwandtschaft 1605, 1613—1615.

§ **Ehescheidung.**

1579, 1585 s. **Ehe** — Ehescheidung.

1580 s. Verwandtschaft 1607, 1610, 1611, 1613, 1615.

1581 s. Verwandtschaft 1604.

Art. **Einführungsgesetz.**

18—22, 134, 203—209 s. **E.G.** — E.G.

135 s. Verwandtschaft § 1666.

152 s. Ehe § 1352.

§ **Erbe.**

1963 Ist zur Zeit des Erbfalls die Geburt eines Erben zu erwarten, so kann die Mutter, falls sie außer stande ist, sich selbst zu unterhalten, bis zur Entbindung standesmäßigen Unterhalt aus dem Nachlaß oder, wenn noch andere Personen als Erben berufen sind, aus dem Erbteile des K. verlangen. Bei der Bemessung des Erbteils ist anzunehmen, daß nur ein K. geboren wird.

Erbfolge.

1924 G. Erben der ersten Ordnung sind die Abkömmlinge des Erblassers.

Ein zur Zeit des Erbfalls lebender Abkömmling schließt die durch ihn mit dem Erblasser verwandten Abkömmlinge von der Erbfolge aus.

An die Stelle eines zur Zeit des Erbfalls nicht mehr lebenden Abkömmlinges treten die durch ihn mit dem Erblasser verwandten Abkömmlinge (Erbfolge nach Stämmen).

K. erben zu gleichen Teilen.

Güterrecht.

1465 Im Verhältnisse der Ehegatten zu einander fällt eine Ausstattung, die der Mann bei a. Gütergemeinschaft einem gemeinschaftlichen K. aus dem Gesamtgute verspricht oder gewährt, dem Manne insoweit zur Last, als sie das dem Gesamtgut entsprechende Maß übersteigt.

Verspricht oder gewährt der Mann einem nicht gemeinschaftlichen K. eine Ausstattung aus dem Gesamtgute, so

§

fällt sie im Verhältnisse der Ehegatten zu einander dem Vater oder der Mutter des K. zur Last, der Mutter jedoch nur insoweit, als sie zustimmt oder die Ausstattung nicht das dem Gesamtgut entsprechende Maß übersteigt.

1538 Verspricht oder gewährt der Mann bei Errungenschaftsgemeinschaft einem K. eine Ausstattung, so finden die Vorschriften des § 1465 Anwendung.

528 **Schenkung** s. Verwandtschaft 1613, 1615.

Testament.

2068 Hat der Erblasser seine K. ohne nähere Bestimmung bedacht, und ist ein K. vor der Errichtung des Testaments mit Hinterlassung von Abkömmlingen gestorben, so ist im Zweifel anzunehmen, daß die Abkömmlinge insoweit bedacht sind, als sie bei der g. Erbfolge an die Stelle des K. treten würden. 2091.

2141 s. Erbe 1963.

Verjährung.

204 Die Verjährung von Ansprüchen zwischen Ehegatten ist gehemmt, solange die Ehe besteht. Das Gleiche gilt von Ansprüchen zwischen Eltern und K. während der Minderjährigkeit der K. und von Ansprüchen zwischen dem Vormund und dem Mündel während der Dauer des Vormundschaftsverhältnisses.

Verwandtschaft.

1589 Personen, deren eine von der anderen abstammt, sind in gerader Linie verwandt. Personen, die nicht in gerader Linie verwandt sind, aber von derselben dritten Person abstammen, sind in der Seitenlinie verwandt. Der Grad der Verwandtschaft bestimmt sich nach der Zahl der sie vermittelnden Geburten.

Ein uneheliches K. und dessen Vater gelten nicht als verwandt.

§

1590 Die Verwandten eines Ehegatten sind mit dem anderen Ehegatten verschwägert. Die Linie und der Grad der Schwägerschaft bestimmen sich nach der Linie und dem Grade der sie vermittelnden Verwandtschaft.

Die Schwägerschaft dauert fort, auch wenn die Ehe, durch die sie begründet wurde, aufgelöst ist.

1591—1600 **Eheliche Abstammung** s. **Ehe** — Ehe.

1601 Verwandte in gerader Linie sind verpflichtet, einander Unterhalt zu gewähren.

1602 Unterhaltsberechtigt ist nur, wer außer stande ist, sich selbst zu unterhalten.

Ein minderjähriges unverheiratetes K. kann von seinen Eltern, auch wenn es Vermögen hat, die Gewährung des Unterhalts insoweit verlangen, als die Einkünfte seines Vermögens und der Ertrag seiner Arbeit zum Unterhalte nicht ausreichen.

1603 Unterhaltspflichtig ist nicht, wer bei Berücksichtigung seiner sonstigen Verpflichtungen außer stande ist, ohne Gefährdung seines standesmäßigen Unterhalts den Unterhalt zu gewähren.

Befinden sich Eltern in dieser Lage, so sind sie ihren minderjährigen unverheirateten K. gegenüber verpflichtet, alle verfügbaren Mittel zu ihrem und der K. Unterhalte gleichmäßig zu verwenden. Diese Verpflichtung tritt nicht ein, wenn ein anderer unterhaltspflichtiger Verwandter vorhanden ist; sie tritt auch nicht ein gegenüber einem K., dessen Unterhalt aus dem Stamme seines Vermögens bestritten werden kann. 1607, 1708.

1604 Soweit die Unterhaltspflicht einer Frau ihren Verwandten gegenüber davon abhängt, daß sie zur Gewährung des Unterhalts imstande ist, kommt die dem Manne an dem eingebrachten

§ Gut zustehende Verwaltung und Nutznießung nicht in Betracht.

Besteht a. Gütergemeinschaft, Errungenschaftsgemeinschaft oder Fahrnisgemeinschaft, so bestimmt sich die Unterhaltspflicht des Mannes oder der Frau Verwandten gegenüber so, wie wenn das Gesamtgut dem unterhaltspflichtigen Ehegatten gehörte. Sind bedürftige Verwandte beider Ehegatten vorhanden, so ist der Unterhalt aus dem Gesamtgute so zu gewähren, wie wenn die Bedürftigen zu beiden Ehegatten in dem Verwandtschaftsverhältnisse ständen, auf dem die Unterhaltspflicht des verpflichteten Ehegatten beruht. 1620.

1605 Soweit die Unterhaltspflicht eines minderjährigen K. seinen Verwandten gegenüber davon abhängt, daß es zur Gewährung des Unterhalts imstande ist, kommt die elterliche Nutznießung an dem Vermögen des K. nicht in Betracht.

1606 Die Abkömmlinge sind vor den Verwandten der aufsteigenden Linie unterhaltspflichtig. Die Unterhaltspflicht der Abkömmlinge bestimmt sich nach der g. Erbfolgeordnung und dem Verhältnisse der Erbteile.

Unter den Verwandten der aufsteigenden Linie haften die näheren vor den entfernteren, mehrere gleich nahe zu gleichen Teilen. Der Vater haftet jedoch vor der Mutter; steht die Nutznießung an dem Vermögen des K. der Mutter zu, so haftet die Mutter vor dem Vater.

1607 Soweit ein Verwandter auf Grund des § 1603 nicht unterhaltspflichtig ist, hat der nach ihm haftende Verwandte den Unterhalt zu gewähren.

Das Gleiche gilt, wenn die Rechtsverfolgung gegen einen Verwandten im Inland ausgeschlossen oder erheblich erschwert ist. Der Anspruch gegen einen solchen Verwandten geht, soweit ein anderer Verwandter den Unterhalt gewährt, auf diesen über. Der Übergang kann nicht zum Nachteile des Unterhaltsberechtigten geltend gemacht werden. 1608, 1620.

1608 Der Ehegatte des Bedürftigen haftet für den Unterhalt desselben vor dessen Verwandten. Soweit jedoch der Ehegatte bei Berücksichtigung seiner sonstigen Verpflichtungen außer stande ist, ohne Gefährdung seines standesmäßigen Unterhalts den Unterhalt zu gewähren, haften die Verwandten vor dem Ehegatten. Die Vorschriften des § 1607 Abs. 2 finden entsprechende Anwendung.

Das Gleiche gilt von einem geschiedenen unterhaltspflichtigen Ehegatten sowie von einem Ehegatten, der nach § 1351 unterhaltspflichtig ist.

1609 Sind mehrere Bedürftige vorhanden und ist der Unterhaltspflichtige außer stande, allen Unterhalt zu gewähren, so gehen unter ihnen die Abkömmlinge den Verwandten der aufsteigenden Linie, unter den Abkömmlingen diejenigen, welche im Falle der g. Erbfolge als Erben berufen sein würden, den übrigen Abkömmlingen, unter den Verwandten der aufsteigendeu Linie die näheren den entfernteren vor.

Der Ehegatte steht den minderjährigen unverheirateten K. gleich; er geht anderen K. und den übrigen Verwandten vor. Ein geschiedener Ehegatte sowie ein Ehegatte, der nach § 1351 unterhaltsberechtigt ist, geht den volljährigen oder verheirateten K. und den übrigen Verwandten vor.

1610 Das Maß des zu gewährenden Unterhalts bestimmt sich nach der Lebensstellung des Bedürftigen (standesmäßiger Unterhalt).

Der Unterhalt umfaßt den gesamten Lebensbedarf, bei einer der Erziehung

§ bedürftigen Person auch die Kosten der Erziehung und der Vorbildung zu einem Berufe.

1611 Wer durch sein sittliches Verschulden bedürftig geworden ist, kann nur den notdürftigen Unterhalt verlangen.

Der gleichen Beschränkung unterliegt der Unterhaltsanspruch der Abkömmlinge, der Eltern und des Ehegatten, wenn sie sich einer Verfehlung schuldig machen, die den Unterhaltspflichtigen berechtigt, ihnen den Pflichtteil zu entziehen, sowie der Unterhaltsanspruch der Großeltern und der weiteren Voreltern, wenn ihnen gegenüber die Voraussetzungen vorliegen, unter denen K. berechtigt sind, ihren Eltern den Pflichtteil zu entziehen.

Der Bedürftige kann wegen einer nach diesen Vorschriften eintretenden Beschränkung seines Anspruchs nicht andere Unterhaltspflichtige in Anspruch nehmen. 1766.

1612 Der Unterhalt ist durch Entrichtung einer Geldrente zu gewähren. Der Verpflichtete kann verlangen, daß ihm die Gewährung des Unterhalts in anderer Art gestattet wird, wenn besondere Gründe es rechtfertigen.

Haben Eltern einem unverheirateten K. Unterhalt zu gewähren, so können sie bestimmen, in welcher Art und für welche Zeit im voraus der Unterhalt gewährt werden soll. Aus besonderen Gründen kann das Vormundschaftsgericht auf Antrag des K. die Bestimmung der Eltern ändern.

Im übrigen finden die Vorschriften des § 760 Anwendung. 1703.

1613 Für die Vergangenheit kann der zum Unterhalt Berechtigte Erfüllung oder Schadensersatz wegen Nichterfüllung nur von der Zeit an fordern, zu welcher der Verpflichtete in Verzug gekommen oder der Unterhaltsanspruch rechtshängig geworden ist.

§

1614 Für die Zukunft kann auf den Unterhalt nicht verzichtet werden.

Durch eine Vorausleistung wird der zum Unterhalt Verpflichtete bei erneuter Bedürftigkeit des Berechtigten nur für den im § 760 Abs. 2 bestimmten Zeitabschnitt oder, wenn er selbst den Zeitabschnitt zu bestimmen hatte, für einen den Umständen nach angemessenen Zeitabschnitt befreit.

1615 Der Unterhaltsanspruch erlischt mit dem Tode des Berechtigten oder des Verpflichteten, soweit er nicht auf Erfüllung oder Schadensersatz wegen Nichterfüllung für die Vergangenheit oder auf solche im voraus zu bewirkende Leistungen gerichtet ist, die zur Zeit des Todes des Berechtigten oder des Verpflichteten fällig sind.

Im Falle des Todes des Berechtigten hat der Verpflichtete die Kosten der Beerdigung zu tragen, soweit ihre Bezahlung nicht von dem Erben zu erlangen ist.

1616—1698 Rechtliche Stellung der ehelichen K.

1616—1625 Rechtsverhältnis zwischen den Eltern und dem K. im allgemeinen.

1616 Das ehelich K. erhält den Familiennamen des Vaters.

1617 Das eheliche K. ist, solange es dem elterlichen Hausstand angehört und von den Eltern erzogen oder unterhalten wird, verpflichtet, in einer seinen Kräften und seiner Lebensstellung entsprechenden Weise den Eltern in ihrem Hauswesen und Geschäfte Dienste zu leisten.

1618 Macht ein dem elterlichen Hausstand angehörendes volljähriges eheliches K. zur Bestreitung der Kosten des Haushalts aus seinem Vermögen eine Aufwendung oder überläßt es den Eltern zu diesem Zwecke etwas aus seinem Vermögen, so ist im Zweifel

§ anzunehmen, daß die Absicht fehlt, Ersatz zu verlangen.

1619 Überläßt ein dem elterlichen Hausstand angehörendes volljähriges eheliches K. sein Vermögen ganz oder teilweise der Verwaltung des Vaters, so kann der Vater die Einkünfte, die er während seiner Verwaltung bezieht, nach freiem Ermessen verwenden, soweit nicht ihre Verwendung zur Bestreitung der Kosten der ordnungsmäßigen Verwaltung und zur Erfüllung solcher Verpflichtungen des K. erforderlich ist, die bei ordnungsmäßiger Verwaltung aus den Einkünften des Vermögens bestritten werden. Das K. kann eine abweichende Bestimmung treffen.

Das gleiche Recht steht der Mutter zu, wenn das K. ihr die Verwaltung seines Vermögens überläßt

1620 Der Vater ist verpflichtet, einer ehelichen Tochter im Falle ihrer Verheiratung zur Einrichtung des Haushalts eine angemessene Aussteuer zu gewähren, soweit er bei Berücksichtigung seiner sonstigen Verpflichtungen ohne Gefährdung seines standesmäßigen Unterhalts dazu imstande ist und nicht die Tochter ein zur Beschaffung der Aussteuer ausreichendes Vermögen hat. Die gleiche Verpflichtung trifft die Mutter, wenn der Vater zur Gewährung der Aussteuer außer stande oder wenn er gestorben ist.

Die Vorschriften des § 1604 und § 1607 Abs. 2 finden entsprechende Anwendung.

1621 Der Vater und die Mutter können die Aussteuer verweigern, wenn sich die eheliche Tochter ohne die erforderliche elterliche Einwilligung verheiratet.

Das Gleiche gilt, wenn sich die Tochter einer Verfehlung schuldig gemacht hat, die den Verpflichteten berechtigt, ihr den Pflichtteil zu entziehen.

§

1622 Die eheliche Tochter kann eine Aussteuer nicht verlangen, wenn sie für eine frühere Ehe von dem Vater oder der Mutter eine Aussteuer erhalten hat.

1623 Der Anspruch auf die Aussteuer ist nicht übertragbar. Er verjährt in einem Jahr von der Eingehung der Ehe an.

1624 Was einem ehelichen K. mit Rücksicht auf seine Verheiratung oder auf die Erlangung einer selbständigen Lebensstellung zur Begründung oder zur Erhaltung der Wirtschaft oder der Lebensstellung von dem Vater oder der Mutter zugewendet wird (Ausstattung), gilt, auch wenn eine Verpflichtung nicht besteht, nur insoweit als Schenkung, als die Ausstattung das den Umständen, insbesondere den Vermögensverhältnissen des Vaters oder der Mutter entsprechende Maß übersteigt.

Die Verpflichtung des Ausstattenden zur Gewährleistung wegen eines Mangels im Rechte oder wegen eines Fehlers der Sache bestimmt sich, auch soweit die Ausstattung nicht als Schenkung gilt, nach den für die Gewährleistungspflicht des Schenkers geltenden Vorschriften.

1625 Gewährt der Vater einem ehelichen K., dessen Vermögen seiner elterlichen oder vormundschaftlichen Verwaltung unterliegt, eine Ausstattung, so ist im Zweifel anzunehmen, daß er sie aus diesem Vermögen gewährt. Diese Vorschrift findet auf die Mutter entsprechende Anwendung.

1626—1698 Elterliche Gewalt.

1626 Das eheliche K. steht, solange es minderjährig ist, unter elterlicher Gewalt.

1627—1683 Elterliche Gewalt des Vaters.

1627 Der Vater hat kraft der elterlichen Gewalt das Recht und die Pflicht,

§ für die Person und das Vermögen des ehelichen K. zu sorgen.

1628 Das Recht und die Pflicht des Vaters für die Person und das Vermögen des ehelichen K. zu sorgen, erstreckt sich nicht auf Angelegenheiten des K., für die ein Pfleger bestellt ist.

1629 Steht die Sorge für die Person oder die Sorge für das Vermögen des ehelichen K. einem Pfleger zu, so entscheidet bei einer Meinungsverschiedenheit zwischen dem Vater und dem Pfleger über die Vornahme einer sowohl die Person als das Vermögen des K. betreffenden Handlung das Vormundschaftsgericht.

1630 Die Sorge für die Person und das Vermögen umfaßt die Vertretung des ehelichen K.

Die Vertretung steht dem Vater insoweit nicht zu, als nach § 1795 ein Vormund von der Vertretung des Mündels ausgeschlossen ist. Das Vormundschaftsgericht kann dem Vater nach § 1796 die Vertretung entziehen.

1631 Die Sorge für die Person des ehelichen K. umfaßt das Recht und die Pflicht, das K. zu erziehen, zu beaufsichtigen und seinen Aufenthalt zu bestimmen.

Der Vater kann kraft des Erziehungsrechts angemessene Zuchtmittel gegen das K. anwenden. Auf seinen Antrag hat das Vormundschaftsgericht ihn durch Anwendung geeigneter Zuchtmittel zu unterstützen.

1632 Die Sorge für die Person des ehelichen K. umfaßt das Recht, die Herausgabe des K. von jedem zu verlangen, der es dem Vater widerrechtlich vorenthält.

1633 Ist eine eheliche Tochter verheiratet, so beschränkt sich die Sorge für ihre Person auf die Vertretung in den die Person betreffenden Angelegenheiten.

1634 Neben dem Vater hat während der Dauer der Ehe die Mutter das Recht und die Pflicht, für die Person des ehelichen K. zu sorgen; zur Vertretung des K. ist sie nicht berechtigt, unbeschadet der Vorschrift des § 1685 Abs. 1. Bei einer Meinungsverschiedenheit zwischen den Eltern geht die Meinung des Vaters vor. 1698.

1635 Ist die Ehe aus einem der in den §§ 1565—1568 bestimmten Gründe geschieden, so steht, solange die geschiedenen Ehegatten leben, die Sorge für die Person des ehelichen K., wenn ein Ehegatte allein für schuldig erklärt ist, dem anderen Ehegatten zu; sind beide Ehegatten für schuldig erklärt, so steht die Sorge für einen Sohn unter sechs Jahren oder für eine Tochter der Mutter, für einen Sohn, der über sechs Jahre alt ist, dem Vater zu. Das Vormundschaftsgericht kann eine abweichende Anordnung treffen, wenn eine solche aus besonderen Gründen im Interesse des K. geboten ist; es kann die Anordnung aufheben, wenn sie nicht mehr erforderlich ist.

Das Recht des Vaters zur Vertretung des K. bleibt unberührt. 1636.

1636 Der Ehegatte, dem nach § 1635 die Sorge für die Person des ehelichen K. nicht zusteht, behält die Befugnis, mit dem K. persönlich zu verkehren. Das Vormundschaftsgericht kann den Verkehr näher regeln.

1637 Ist die Ehe nach § 1348 Abs. 2 aufgelöst, so gilt in Ansehung der Sorge für die Person des ehelichen K. das Gleiche, wie wenn die Ehe geschieden ist und beide Ehegatten für schuldig erklärt sind.

1638 Das Recht und die Pflicht, für das Vermögen des ehelichen K. zu sorgen

§ (Vermögensverwaltung), erstreckt sich nicht auf das Vermögen, welches das K. von Todeswegen erwirbt oder welches ihm unter Lebenden von einem Dritten unentgeltlich zugewendet wird, wenn der Erblasser durch letztwillige Verfügung, der Dritte bei der Zuwendung bestimmt hat, daß der Erwerb der Verwaltung des Vaters entzogen sein soll.

Was das K. auf Grund eines zu einem solchen Vermögen gehörenden Rechtes oder als Ersatz für die Zerstörung, Beschädigung oder Entziehung eines zu dem Vermögen gehörenden Gegenstandes oder durch ein Rechtsgeschäft erwirbt, das sich auf das Vermögen bezieht, ist gleichfalls der Verwaltung des Vaters entzogen. 1651.

1639 Was das eheliche K. von Todeswegen erwirbt oder was ihm unter Lebenden von einem Dritten unentgeltlich zugewendet wird, hat der Vater nach den Anordnungen des Erblassers oder des Dritten zu verwalten, wenn die Anordnungen von dem Erblasser durch letztwillige Verfügung, von dem Dritten bei der Zuwendung getroffen worden sind. Kommt der Vater den Anordnungen nicht nach, so hat das Vormundschaftsgericht die zu ihrer Durchführung erforderlichen Maßregeln zu treffen.

Der Vater darf von den Anordnungen insoweit abweichen, als es nach § 1803 Abs. 2, 3 einem Vormunde gestattet ist.

1640 Der Vater hat das seiner Verwaltung unterliegende Vermögen des ehelichen K., welches bei dem Tode der Mutter vorhanden ist oder dem K. später zufällt, zu verzeichnen und das Verzeichnis, nachdem er es mit der Versicherung der Richtigkeit und Vollständigkeit versehen hat, dem Vormundschaftsgericht einzureichen. Bei Haushaltsgegenständen genügt die Angabe des Gesamtwerts.

Ist das eingereichte Verzeichnis ungenügend, so kann das Vormundschaftsgericht anordnen, daß das Verzeichnis durch eine zuständige Behörde oder durch einen zuständigen Beamten oder Notar aufgenommen wird. Die Anordnung ist für das infolge des Todes der Mutter dem K. zufallende Vermögen unzulässig, wenn die Mutter sie durch letztwillige Verfügung ausgeschlossen hat. 1667, 1670, 1692, 1760.

1641 Der Vater kann nicht in Vertretung des ehelichen K. Schenkungen machen. Ausgenommen sind Schenkungen, durch die einer sittlichen Pflicht oder einer auf den Anstand zu nehmenden Rücksicht entsprochen wird.

1642 Der Vater hat das seiner Verwaltung unterliegende Geld des ehelichen K., unbeschadet der Vorschrift des § 1653, nach den für die Anlegung von Mündelgeld geltenden Vorschriften der §§ 1807, 1808 verzinslich anzulegen, soweit es nicht zur Bestreitung von Ausgaben bereit zu halten ist.

Das Vormundschaftsgericht kann dem Vater aus besonderen Gründen eine andere Anlegung gestatten.

1643 Zu Rechtsgeschäften für das eheliche K. bedarf der Vater der Genehmigung des Vormundschaftsgerichts in den Fällen, in denen nach § 1821 Abs. 1 Nr. 1—3, Abs. 2 und nach § 1822 Nr. 1, 3, 5, 8—11 ein Vormund der Genehmigung bedarf.

Das Gleiche gilt für die Ausschlagung einer Erbschaft oder eines Vermächtnisses sowie für den Verzicht auf einen Pflichtteil. Tritt der Anfall an das K. erst infolge der Ausschlagung des Vaters ein, so ist die Genehmigung nur erforderlich, wenn

§ der Vater neben dem K. berufen war.

Die Vorschriften der §§ 1825, 1828—1831 finden entsprechende Anwendung.

1644 Der Vater kann Gegenstände, zu deren Veräußerung die Genehmigung des Vormundschaftsgerichts erforderlich ist, dem ehelichen K. nicht ohne diese Genehmigung zur Erfüllung eines von dem K. geschlossenen Vertrags oder zu freier Verfügung überlassen.

1645 Der Vater soll nicht ohne Genehmigung des Vormundschaftsgerichts ein neues Erwerbsgeschäft im Namen des ehelichen K. beginnen.

1646 Erwirbt der Vater mit Mitteln des ehelichen K. bewegliche Sachen, so geht mit dem Erwerbe das Eigentum auf das K. über, es sei denn, daß der Vater nicht für Rechnung des K. erwerben will. Dies gilt insbesondere auch von Inhaberpapieren, die mit Blankoindossament versehen sind.

Die Vorschriften des Abs. 1 finden entsprechende Anwendung, wenn der Vater mit Mitteln des K. ein Recht an Sachen der bezeichneten Art oder ein anderes Recht erwirbt, zu dessen Übertragung der Abtretungsvertrag genügt.

1647 Die Vermögensverwaltung des Vaters des ehelichen K. endigt mit der Rechtskraft des Beschlusses, durch den der Konkurs über das Vermögen des Vaters eröffnet wird.

Nach der Aufhebung des Konkurses kann das Vormundschaftsgericht die Verwaltung dem Vater wieder übertragen.

1648 Macht der Vater bei der Sorge für die Person oder das Vermögen des ehelichen K. Aufwendungen, die er den Umständen nach für erforderlich halten darf, so kann er von dem K. Ersatz verlangen, sofern nicht die Aufwendungen ihm selbst zur Last fallen.

1649 Dem Vater steht kraft der elterlichen Gewalt die Nutznießung an dem Vermögen des ehelichen K. zu.

1650 Von der Nutznießung des Vaters ausgeschlossen (freies Vermögen) sind die ausschließlich zum persönlichen Gebrauche des ehelichen K. bestimmten Sachen, insbesondere Kleider, Schmucksachen und Arbeitsgeräte.

1651 Freies Vermögen ist:

1. was das eheliche K. durch seine Arbeit oder durch den ihm nach § 112 gestatteten selbständigen Betrieb eines Erwerbsgeschäfts erwirbt;
2. was das K. von Todeswegen erwirbt oder was ihm unter Lebenden von einem Dritten unentgeltlich zugewendet wird, wenn der Erblasser durch letztwillige Verfügung, der Dritte bei der Zuwendung bestimmt hat, daß das Vermögen der Nutznießung entzogen sein soll.

Die Vorschriften des § 1638 Abs. 2 finden entsprechende Anwendung.

1652 Der Vater des ehelichen K. erwirbt die Nutzungen des seiner Nutznießung unterliegenden Vermögens in derselben Weise und in demselben Umfange wie ein Nießbraucher

1653 Der Vater des ehelichen K. darf verbrauchbare Sachen, die zu dem seiner Nutznießung unterliegenden Vermögen gehören, für sich veräußern oder verbrauchen, Geld jedoch nur mit Genehmigung des Vormundschaftsgerichts. Macht der Vater von dieser Befugnis Gebrauch, so hat er den Wert der Sachen nach der Beendigung der Nutznießung zu ersetzen; der Ersatz ist schon vorher zu leisten, wenn die ordnungsmäßige Verwaltung des Vermögens es erfordert. 1642, 1659.

§

1654 Der Vater des ehelichen K. hat die Lasten des seiner Nutznießung unterliegenden Vermögens zu tragen. Seine Haftung bestimmt sich nach den für den Güterstand der Verwaltung und Nutznießung geltenden Vorschriften der §§ 1384—1386, 1388. Zu den Lasten gehören auch die Kosten eines Rechtsstreits, der für das K. geführt wird, sofern sie nicht dem freien Vermögen zur Last fallen, sowie die Kosten der Verteidigung des K. in einem gegen das K. gerichteten Strafverfahren, vorbehaltlich der Ersatzpflicht des K. im Falle seiner Verurteilung.

1655 Gehört zu dem der Nutznießung des Vaters unterliegenden Vermögen des ehelichen K. ein Erwerbsgeschäft, das von dem Vater im Namen des K. betrieben wird, so gebührt dem Vater nur der sich aus dem Betrieb ergebende jährliche Reingewinn. Ergiebt sich in einem Jahre ein Verlust, so verbleibt der Gewinn späterer Jahre bis zur Ausgleichung des Verlustes dem K. 1658.

1656 Steht dem Vater die Verwaltung des seiner Nutznießung unterliegenden Vermögens des ehelichen K. nicht zu, so kann er auch die Nutznießung nicht ausüben; er kann jedoch die Herausgabe der Nutzungen verlangen, soweit nicht ihre Verwendung zur ordnungsmäßigen Verwaltung des Vermögens und zur Bestreitung der Lasten der Nutznießung erforderlich ist.

Ruht die elterliche Gewalt des Vaters oder ist dem Vater die Sorge für die Person und das Vermögen des K durch das Vormundschaftsgericht entzogen, so können die Kosten des Unterhalts des K. aus den Nutzungen insoweit vorweg entnommen werden, als sie dem Vater zur Last fallen. 1658.

§

1657 Ist der Vater von der Ausübung der Nutznießung ausgeschlossen, so hat er eine ihm dem ehelichen K. gegenüber obliegende Verbindlichkeit, die infolge der Nutznießung erst nach deren Beendigung zu erfüllen sein würde, sofort zu erfüllen. Diese Vorschrift findet keine Anwendung, wenn die elterliche Gewalt ruht.

1658 Das Recht, das dem Vater kraft seiner Nutznießung an dem Vermögen des ehelichen K. zusteht, ist nicht übertragbar.

Das Gleiche gilt von den nach den §§ 1655, 1656 dem Vater zustehenden Ansprüche, solange sie nicht fällig sind.

1659 Die Gläubiger des ehelichen K. können ohne Rücksicht auf die elterliche Nutznießung Befriedigung aus dem Vermögen des K. verlangen.

Hat der Vater verbrauchbare Sachen nach § 1653 veräußert oder verbraucht, so ist er den Gläubigern gegenüber zum sofortigen Ersatze verpflichtet.

1660 Im Verhältnisse des Vaters und des ehelichen K. zu einander finden in Ansehung der Verbindlichkeiten des K. die für den Güterstand der Verwaltung und Nutznießung geltenden Vorschriften des § 1415, des § 1416 Abs. 1 und des § 1417 entsprechende Anwendung.

1661 Die Nutznießung des Vaters an dem Vermögen des ehelichen K. endigt, wenn sich das K. verheiratet. Die Nutznießung verbleibt jedoch dem Vater, wenn die Ehe ohne die erforderliche elterliche Einwilligung geschlossen wird.

1662 Der Vater kann auf die Nutznießung an dem Vermögen des ehelichen K. verzichten. Der Verzicht erfolgt durch Erklärung gegenüber dem Vormundschaftsgerichte; die Erklärung ist in öffentlich beglaubigter Form abzugeben.

1663 Hat der Vater kraft seiner Nutznießung

§ ein zu dem Vermögen des ehelichen K. gehörendes Grundstück vermietet oder verpachtet, so finden, wenn das Miet- oder Pachtverhältnis bei der Beendigung der Nutznießung noch besteht, die Vorschriften des § 1056 entsprechende Anwendung.

Gehört zu dem der Nutznießung unterliegenden Vermögen ein landwirtschaftliches Grundstück, so findet die Vorschrift des § 592, gehört zu dem Vermögen ein Landgut, so finden die Vorschriften der §§ 592, 593 entsprechende Anwendung.

1664 Der Vater hat bei der Ausübung der elterlichen Gewalt dem ehelichen K. gegenüber nur für diejenige Sorgfalt einzustehen, welche er in eigenen Angelegenheiten anzuwenden pflegt.

1665 Ist der Vater verhindert, die elterliche Gewalt auszuüben, so hat das Vormundschaftsgericht, sofern nicht die elterliche Gewalt nach § 1685 von der Mutter ausgeübt wird, die im Interesse des ehelichen K. erforderlichen Maßregeln zu treffen.

1666 Wird das geistige oder leibliche Wohl des ehelichen K. dadurch gefährdet, daß der Vater das Recht der Sorge für die Person des K. mißbraucht, das K. vernachlässigt oder sich eines ehrlosen oder unsittlichen Verhaltens schuldig macht, so hat das Vormundschaftsgericht die zur Abwendung der Gefahr erforderlichen Maßregeln zu treffen. Das Vormundschaftsgericht kann insbesondere anordnen, daß das K. zum Zwecke der Erziehung in einer geeigneten Familie oder in einer Erziehungsanstalt oder einer Besserungsanstalt untergebracht wird.

Hat der Vater das Recht des K. auf Gewährung des Unterhaltes verletzt und ist für die Zukunft eine erhebliche Gefährdung des Unterhalts zu besorgen, so kann dem Vater auch die Vermögensverwaltung sowie die Nutznießung entzogen werden. 1687.

1667 Wird das Vermögen des ehelichen K. dadurch gefährdet, daß der Vater die mit der Vermögensverwaltung oder die mit der Nutznießung verbundenen Pflichten verletzt oder daß er in Vermögensverfall gerät, so hat das Vormundschaftsgericht die zur Abwendung der Gefahr erforderlichen Maßregeln zu treffen.

Das Vormundschaftsgericht kann insbesondere anordnen, daß der Vater ein Verzeichnis des Vermögens einreicht und über seine Verwaltung Rechnung legt. Der Vater hat das Verzeichnis mit der Versicherung der Richtigkeit und Vollständigkeit zu versehen. Ist das eingereichte Verzeichnis ungenügend, so findet die Vorschrift des § 1640 Abs. 2 Satz 1 Anwendung. Das Vormundschaftsgericht kann auch, wenn Wertpapiere, Kostbarkeiten oder Buchforderungen gegen das Reich oder einen Bundesstaat zu dem Vermögen des K. gehören, dem Vater die gleichen Verpflichtungen auferlegen, welche nach den §§ 1814—1816, 1818 einem Vormund obliegen; die Vorschriften der §§ 1819, 1820 finden entsprechende Anwendung.

Die Kosten der angeordneten Maßregeln fallen dem Vater zur Last. 1668, 1670, 1687, 1692.

1668 Sind die nach § 1667 Abs. 2 zulässigen Maßregeln nicht ausreichend, so kann das Vormundschaftsgericht dem Vater Sicherheitsleistung für das seiner Verwaltung unterliegende Vermögen des ehelichen K. auferlegen. Die Art und den Umfang der Sicherheitsleistung bestimmt das Vormundschaftsgericht nach seinem Ermessen. 1670.

1669 Will der Vater eine neue Ehe ein-

§ gehen, so hat er seine Absicht dem Vormundschaftsgericht anzuzeigen, auf seine Kosten ein Verzeichnis des seiner Verwaltung unterliegenden Vermögens einzureichen und, soweit in Ansehung dieses Vermögens eine Gemeinschaft zwischen ihm und dem ehelichen K. besteht, die Auseinandersetzung herbeizuführen. Das Vormundschaftsgericht kann gestatten, daß die Auseinandersetzung erst nach der Eheschließung erfolgt. 1670, 1740, 1761.

1670 Kommt der Vater des ehelichen K. den nach den §§ 1667, 1668 getroffenen Anordnungen nicht nach oder erfüllt er die ihm nach den §§ 1640, 1669 obliegenden Verpflichtungen nicht, so kann ihm das Vormundschaftsgericht die Vermögensverwaltung entziehen. Zur Erzwingung der Sicherheitsleistung sind andere Maßregeln nicht zulässig. 1740, 1761.

1671 Das Vormundschaftsgericht kann während der Dauer der elterlichen Gewalt die von ihm getroffenen Anordnungen jederzeit ändern, insbesondere die Erhöhung, Minderung oder Aufhebung der geleisteten Sicherheit anordnen. 1740, 1761.

1672 Bei der Bestellung und Aufhebung der Sicherheit wird die Mitwirkung des ehelichen K. durch die Anordnung des Vormundschaftsgerichts ersetzt.

Die Kosten der Bestellung und Aufhebung der Sicherheit fallen dem Vater zur Last.

1673 Das Vormundschaftsgericht soll vor einer Entscheidung, durch welche die Sorge für die Person oder das Vermögen des ehelichen K. oder die Nutznießung dem Vater entzogen oder beschränkt wird, den Vater hören, es sei denn, daß die Anhörung unthunlich ist.

Vor der Entscheidung sollen auch Verwandte, insbesondere die Mutter, oder Verschwägerte des Kindes gehört werden, wenn es ohne erhebliche Verzögerung und ohne unverhältnismäßige Kosten geschehen kann. Für den Ersatz der Auslagen gilt die Vorschrift des § 1847 Abs. 2.

1674 Verletzt der Vormundschaftsrichter vorsätzlich oder fahrlässig die ihm obliegenden Pflichten, so ist er dem K. nach § 839, Abs. 1, 3 verantwortlich.

1675 Der Gemeindewaisenrat hat dem Vormundschaftsgericht Anzeige zu machen, wenn ein Fall zu seiner Kenntnis gelangt, in welchem das Vormundschaftsgericht zum Einschreiten berufen ist.

1676 Die elterliche Gewalt des Vaters ruht, wenn er geschäftsunfähig ist.

Das Gleiche gilt, wenn der Vater in der Geschäftsfähigkeit beschränkt ist oder wenn er nach § 1910 Abs. 1 einen Pfleger für seine Person und sein Vermögen erhalten hat. Die Sorge für die Person des ehelichen K. steht ihm neben dem g. Vertreter des K. zu; zur Vertretung des K. ist er nicht berechtigt Bei einer Meinungsverschiedenheit zwischen dem Vater und dem g. Vertreter geht die Meinung des g. Vertreters vor.

1677 Die elterliche Gewalt des Vaters ruht, wenn von dem Vormundschaftsgerichte festgestellt wird, daß der Vater auf längere Zeit an der Ausübung der elterlichen Gewalt thatsächlich verhindert ist.

Das Ruhen endigt, wenn von dem Vormundschaftsgerichte festgestellt wird, daß der Grund nicht mehr besteht. 1702, 1738, 1765.

1678 Solange die elterliche Gewalt des Vaters ruht, ist der Vater nicht berechtigt, sie auszuüben; es verbleibt ihm jedoch die Nutznießung an dem Vermögen des ehelichen K., unbeschadet der Vorschrift des § 1685 Abs. 2.

1679 Die elterliche Gewalt des Vaters des

§ ehelichen K. endigt, wenn er für tot erklärt wird, mit dem Zeitpunkte der als Zeitpunkt des Todes gilt.

Lebt der Vater noch, so erlangt er die elterliche Gewalt dadurch wieder, daß er dem Vormundschaftsgerichte gegenüber seinen hierauf gerichteten Willen erklärt.

1680 Der Vater verwirkt die elterliche Gewalt, wenn er wegen eines an dem ehelichen K. verübten Verbrechens oder vorsätzlich verübten Vergehens zu Zuchthausstrafe oder zu einer Gefängnisstrafe von mindestens sechs Monaten verurteilt wird. Wird wegen des Zusammentreffens mit einer anderen strafbaren Handlung auf eine Gesamtstrafe erkannt, so entscheidet die Einzelstrafe, welche für das an dem K. verübte Verbrechen oder Vergehen verwirkt ist.

Die Verwirkung der elterlichen Gewalt tritt mit der Rechtskraft des Urteils ein.

1681 Endigt oder ruht die elterliche Gewalt des Vaters oder hört aus einem anderen Grunde seine Vermögensverwaltung auf, so hat er dem ehelichen K. das Vermögen herauszugeben und über die Verwaltung Rechenschaft abzulegen.

1682 Der Vater ist nach der Beendigung seiner elterlichen Gewalt zur Fortführung der mit der Sorge für die Person und das Vermögen des ehelichen K. verbundenen Geschäfte berechtigt, bis er von der Beendigung Kenntnis erlangt oder sie kennen muß. Ein Dritter kann sich auf diese Berechtigung nicht berufen, wenn er bei der Vornahme eines Rechtsgeschäfts die Beendigung der elterlichen Gewalt kennt oder kennen muß.

Diese Vorschriften finden entsprechende Anwendung, wenn die elterliche Gewalt des Vaters ruht oder aus einem anderen Grunde seine Vermögensverwaltung aufhört.

1683 Endigt die elterliche Gewalt des Vaters infolge des Todes des ehelichen K., so hat der Vater diejenigen Geschäfte, mit deren Aufschube Gefahr verbunden ist, zu besorgen, bis der Erbe anderweit Fürsorge treffen kann.

1684—1698 Elterliche Gewalt der Mutter.

1684 Der Mutter steht die elterliche Gewalt zu:

1. wenn der Vater gestorben oder für tot erklärt ist;
2. wenn der Vater die elterliche Gewalt verwirkt hat und die Ehe aufgelöst ist.

Im Falle der Todeserklärung beginnt die elterliche Gewalt der Mutter mit dem Zeitpunkte, der als Zeitpunkt des Todes des Vaters gilt.

1685 Ist der Vater an der Ausübung der elterlichen Gewalt thatsächlich verhindert oder ruht seine elterliche Gewalt, so übt während der Dauer der Ehe die Mutter die elterliche Gewalt mit Ausnahme der Nutznießung aus.

Ist die Ehe aufgelöst, so hat das Vormundschaftsgericht der Mutter auf ihren Antrag die Ausübung zu übertragen, wenn die elterliche Gewalt des Vaters ruht und keine Aussicht besteht, daß der Grund des Ruhens wegfallen werde. Die Mutter erlangt in diesem Falle auch die Nutznießung an dem Vermögen des ehelichen K. 1634, 1665, 1678.

1686 Auf die elterliche Gewalt der Mutter finden die für die elterliche Gewalt des Vaters geltenden Vorschriften Anwendung, soweit sich nicht aus den §§ 1687—1697 ein anderes ergiebt.

1687 Das Vormundschaftsgericht hat der Mutter einen Beistand zu bestellen:

1. wenn der Vater die Bestellung nach Maßgabe des § 1777 angeordnet hat;

§ 2. wenn die Mutter die Bestellung beantragt;

3. wenn das Vormundschaftsgericht aus besonderen Gründen, insbesondere wegen des Umfanges oder der Schwierigkeit der Vermögensverwaltung, oder in den Fällen der §§ 1666, 1667 die Bestellung im Interesse des ehelichen K. für nötig erachtet. 1686, 1695.

1688 Der Beistand kann für alle Angelegenheiten, für gewisse Arten von Angelegenheiten oder für einzelne Angelegenheiten bestellt werden.

Über den Umfang seines Wirkungskreises entscheidet die Bestellung. Ist der Umfang nicht bestimmt, so fallen alle Angelegenheiten in seinen Wirkungskreis.

Hat der Vater die Bestellung angeordnet, so hat das Vormundschaftsgericht Bestimmungen, die er nach Maßgabe des § 1777 über den Umfang des Wirkungskreises getroffen hat, bei der Bestellung zu befolgen. 1686.

1689 Der Beistand hat innerhalb seines Wirkungskreises die Mutter bei der Ausübung der elterlichen Gewalt zu unterstützen und zu überwachen; er hat dem Vormundschaftsgerichte jeden Fall, in welchem es zum Einschreiten berufen ist, unverzüglich anzuzeigen. 1686.

1690 Die Genehmigung des Beistandes ist innerhalb seines Wirkungskreises zu jedem Rechtsgeschäft erforderlich, zu dem ein Vormund der Genehmigung des Vormundschaftsgerichts oder des Gegenvormundes bedarf. Ausgenommen sind Rechtsgeschäfte, welche die Mutter nicht ohne die Genehmigung des Vormundschaftsgerichts vornehmen kann. Die Vorschriften der §§ 1828 bis 1831 finden entsprechende Anwendung.

§ Die Genehmigung des Beistandes wird durch die Genehmigung des Vormundschaftsgerichts ersetzt.

Das Vormundschaftsgericht soll vor der Entscheidung über die Genehmigung in allen Fällen, in denen das Rechtsgeschäft zu dem Wirkungskreise des Beistandes gehört, den Beistand hören, sofern ein solcher vorhanden und die Anhörung thunlich ist. 1686.

1691 Soweit die Anlegung des zu dem Vermögen des ehelichen K. gehörenden Geldes in den Wirkungskreis des Beistandes fällt, finden die für die Anlegung von Mündelgeld geltenden Vorschriften der §§ 1809, 1810 entsprechende Anwendung. 1686.

1692 Hat die Mutter ein Vermögensverzeichnis einzureichen, so ist bei der Aufnahme des Verzeichnisses der Beistand zuzuziehen; das Verzeichnis ist auch von dem Beistande mit der Versicherung der Richtigkeit und Vollständigkeit zu versehen. Ist das Verzeichnis ungenügend, so finden, sofern nicht die Voraussetzungen des § 1667 vorliegen, die Vorschriften des § 1640 Abs. 2 entsprechende Anwendung. 1686.

1693 Das Vormundschaftsgericht kann auf Antrag der Mutter dem Beistande die Vermögensverwaltung ganz oder teilweise übertragen; soweit dies geschieht, hat der Beistand die Rechte und Pflichten eines Pflegers. 1686, 1695.

1694 Für die Berufung, Bestellung und Beaufsichtigung des Beistandes, für seine Haftung und seine Ansprüche, für die ihm zu bewilligende Vergütung und für die Beendigung seines Amtes gelten die gleichen Vorschriften wie bei dem Gegenvormunde.

Das Amt des Beistandes endigt auch dann, wenn die elterliche Gewalt der Mutter ruht. 1686.

§

1695 Das Vormundschaftsgericht kann in den Fällen des § 1687 Nr. 2, 3 die Bestellung des Beistandes und im Falle des § 1693 die Übertragung der Vermögensverwaltung auf den Beistand jederzeit aufheben.

Ist die Bestellung des Beistandes nach § 1687 Nr. 2 erfolgt, so soll sie nur mit Zustimmung der Mutter aufgehoben werden. Das Gleiche gilt für die Übertragung der Vermögensverwaltung auf den Beistand. 1686.

1696 Ruht die elterliche Gewalt der Mutter wegen Minderjährigkeit, so hat die Mutter das Recht und die Pflicht, für die Person des ehelichen K. zu sorgen; zur Vertretung des K. ist sie nicht berechtigt. Der Vormund des K. hat, soweit der Mutter die Sorge zusteht, die rechtliche Stellung eines Beistandes. 1686, 1697.

1697 Die Mutter verliert die elterliche Gewalt, wenn sie eine neue Ehe eingeht. Sie behält jedoch unter den im § 1696 bestimmten Beschränkungen das Recht und die Pflicht, für die Person des ehelichen K. zu sorgen. 1686.

1698 Wird für das eheliche K. ein Vormund bestellt, weil die elterliche Gewalt des Vaters ruht oder verwirkt ist oder weil die Vertretung des K. dem Vater entzogen ist, oder wird für die Erziehung des K. an Stelle des Vaters ein Pfleger bestellt, so steht der Mutter die Sorge für die Person des K. neben dem Vormund oder dem Pfleger in gleicher Weise zu wie nach § 1634 neben dem Vater.

1699—1705 Rechtliche Stellung der Kinder aus nichtigen Ehen.

1699 Ein K. aus einer nichtigen Ehe, das im Falle der Gültigkeit der Ehe ehelich sein würde, gilt als ehelich, sofern nicht beide Ehegatten die Nichtigkeit der Ehe bei der Eheschließung gekannt haben.

Diese Vorschrift findet keine Anwendung, wenn die Nichtigkeit der Ehe auf einem Formmangel beruht und die Ehe nicht in das Heiratsregister eingetragen worden ist. 1700, 1721.

1700 Das Rechtsverhältnis zwischen den Eltern und einem K., das nach § 1699 als ehelich gilt, bestimmt sich, soweit sich nicht aus den §§ 1701, 1702 ein anderes ergiebt, nach den Vorschriften, die für ein K. aus einer geschiedenen Ehe gelten, wenn beide Ehegatten für schuldig erklärt sind. 1721.

1701 War dem Vater die Nichtigkeit der Ehe bei der Eheschließung bekannt, so hat er nicht die sich aus der Vaterschaft ergebenden Rechte. Die elterliche Gewalt steht der Mutter zu. 1700, 1721.

1702 War der Mutter die Nichtigkeit der Ehe bei der Eheschließung bekannt, so hat sie in Ansehung des K. nur diejenigen Rechte, welche im Falle der Scheidung der allein für schuldig erklärten Frau zustehen.

Stirbt der Vater oder endigt seine elterliche Gewalt aus einem anderen Grunde, so hat die Mutter nur das Recht und die Pflicht, für die Person des K. zu sorgen; zur Vertretung des K. ist sie nicht berechtigt. Der Vormund des K. hat, soweit der Mutter die Sorge zusteht, die rechtliche Stellung eines Beistandes.

Die Vorschriften des Abs. 2 finden auch dann Anwendung, wenn die elterliche Gewalt des Vaters wegen seiner Geschäftsunfähigkeit oder nach § 1677 ruht. 1700, 1721.

1703 Gilt das K. nicht als ehelich, weil beiden Ehegatten die Nichtigkeit der Ehe bei der Eheschließung bekannt

§ war, so kann es gleichwohl von dem Vater, solange er lebt, Unterhalt wie ein eheliches K. verlangen. Das im § 1612 Abs. 2 bestimmte Recht steht dem Vater nicht zu. 1721.

1704 Ist die Ehe wegen Drohung anfechtbar und angefochten, so steht der anfechtungsberechtigte Ehegatte einem Ehegatten gleich, dem die Nichtigkeit der Ehe bei der Eheschließung unbekannt war. 1721.

1705—1718 Rechtliche Stellung der unehelichen Kinder.

1705 Das uneheliche K. hat im Verhältnisse zu der Mutter und zu den Verwandten der Mutter die rechtliche Stellung eines ehelichen K.

1706 Das uneheliche K. erhält den Familiennamen der Mutter.

Führt die Mutter infolge ihrer Verheiratung einen anderen Namen, so erhält das K. den Familiennamen, den die Mutter vor der Verheiratung geführt hat. Der Ehemann der Mutter kann durch Erklärung gegenüber der zuständigen Behörde dem K. mit Einwilligung des K. und der Mutter seinen Namen erteilen; die Erklärung des Ehemanns sowie die Einwilligungserklärungen des K. und der Mutter sind in öffentlich beglaubigter Form abzugeben.

1707 Der Mutter steht nicht die elterliche Gewalt über das uneheliche K. zu. Sie hat das Recht und die Pflicht, für die Person des K. zu sorgen; zur Vertretung des K. ist sie nicht berechtigt. Der Vormund des K. hat, soweit der Mutter die Sorge zusteht, die rechtliche Stellung eines Beistandes.

1708 Der Vater des unehelichen K. ist verpflichtet, dem K. bis zur Vollendung des sechzehnten Lebensjahres den der Lebensstellung der Mutter entsprechenden Unterhalt zu gewähren. Der Unterhalt umfaßt den gesamten Lebensbedarf sowie die Kosten der Erziehung und Vorbildung zu einem Berufe.

Ist das K. zur Zeit der Vollendung des sechzehnten Lebensjahres infolge körperlicher oder geistiger Gebrechen außer stande, sich selbst zu unterhalten, so hat ihm der Vater auch über diese Zeit hinaus Unterhalt zu gewähren; die Vorschrift des § 1603 Abs. 1 findet Anwendung. 1717.

1709 Der Vater ist vor der Mutter und den mütterlichen Verwandten des unehelichen K. unterhaltspflichtig.

Soweit die Mutter oder ein unterhaltspflichtiger mütterlicher Verwandter dem K. den Unterhalt gewährt, geht der Unterhaltsanspruch des K. gegen den Vater auf die Mutter oder den Verwandten über. Der Übergang kann nicht zum Nachteile des K. geltend gemacht werden. 1717.

1710 Der Unterhalt ist dem unehelichen K. durch Entrichtung einer Geldrente zu gewähren.

Die Rente ist für drei Monate vorauszuzahlen. Durch eine Vorausleistung für eine spätere Zeit wird der Vater nicht befreit.

Hat das K. den Beginn des Vierteljahrs erlebt, so gebührt ihm der volle auf das Vierteljahr entfallende Betrag. 1717.

1711 Der Unterhalt kann von dem unehelichen K. auch für die Vergangenheit verlangt werden. 1717.

1712 Der Unterhaltsanspruch des unehelichen K. erlischt nicht mit dem Tode des Vaters; er steht dem K. auch dann zu, wenn der Vater vor der Geburt des K. gestorben ist.

Der Erbe des Vaters ist berechtigt, das K. mit dem Betrag abzufinden, der dem K. als Pflichtteil gebühren würde, wenn es ehelich wäre. Sind mehrere uneheliche K. vorhanden, so

§ wird die Abfindung so berechnet, wie wenn sie alle ehelich wären. 1717.

1713 Der Unterhaltsanspruch des unehelichen K. erlischt mit dem Tode des K., soweit er nicht auf Erfüllung oder Schadensersatz wegen Nichterfüllung für die Vergangenheit oder auf solche im Voraus zu bewirkende Leistungen gerichtet ist, die zur Zeit des Todes des K. fällig sind.

Die Kosten der Beerdigung hat der Vater zu tragen, soweit ihre Bezahlung nicht von dem Erben des K. zu erlangen ist. 1717.

1714 Eine Vereinbarung zwischen dem Vater und dem unehelichen K. über den Unterhalt für die Zukunft oder über eine an Stelle des Unterhalts zu gewährende Abfindung bedarf der Genehmigung des Vormundschaftsgerichts.

Ein unentgeltlicher Verzicht auf den Unterhalt für die Zukunft ist nichtig. 1717.

1715 Der Vater des unehelichen K. ist verpflichtet, der Mutter die Kosten der Entbindung sowie die Kosten des Unterhalts für die ersten sechs Wochen nach der Entbindung und, falls infolge der Schwangerschaft oder der Entbindung weitere Aufwendungen notwendig werden, auch die dadurch entstehenden Kosten zu ersetzen. Den gewöhnlichen Betrag der zu ersetzenden Kosten kann die Mutter ohne Rücksicht auf den wirklichen Aufwand verlangen.

Der Anspruch steht der Mutter auch dann zu, wenn der Vater vor der Geburt des K. gestorben oder wenn das K. tot geboren ist.

Der Anspruch verjährt in vier Jahren. Die Verjährung beginnt mit dem Ablaufe von sechs Wochen nach der Geburt des K. 1716, 1717.

1716 Schon vor der Geburt des unehelichen K. kann auf Antrag der Mutter durch einstweilige Verfügung angeordnet werden, daß der Vater den für die ersten drei Monate dem K. zu gewährenden Unterhalt alsbald nach der Geburt an die Mutter oder an den Vormund zu zahlen und den erforderlichen Betrag angemessene Zeit vor der Geburt zu hinterlegen hat. In gleicher Weise kann auf Antrag der Mutter die Zahlung des gewöhnlichen Betrags der nach § 1715 Abs. 1 zu ersetzenden Kosten an die Mutter und die Hinterlegung des erforderlichen Betrags angeordnet werden.

Zur Erlassung der einstweiligen Verfügung ist nicht erforderlich, daß eine Gefährdung des Anspruchs glaubhaft gemacht wird. 1717.

1717 Als Vater des unehelichen K. im Sinne der §§ 1708—1716 gilt, wer der Mutter innerhalb der Empfängniszeit beigewohnt hat, es sei denn, daß auch ein anderer ihr innerhalb dieser Zeit beigewohnt hat. Eine Beiwohnung bleibt jedoch außer Betracht, wenn es den Umständen nach offenbar unmöglich ist, daß die Mutter das K. aus dieser Beiwohnung empfangen hat.

Als Empfängniszeit gilt die Zeit von dem einhunderteinundachtzigsten bis zu dem dreihundertundzweiten Tage vor dem Tage der Geburt des K., mit Einschluß sowohl des einhunderteinundachtzigsten als des dreihundertundzweiten Tages. 1720.

1718 Wer seine Vaterschaft nach der Geburt des K. in einer öffentlichen Urkunde anerkennt, kann sich nicht darauf berufen, daß ein anderer der Mutter innerhalb der Empfängniszeit beigewohnt habe.

1719—1740 Legitimation unehelicher K.

1719—1722 Legitimation durch nachfolgende Ehe.

1719 Ein uneheliches K. erlangt dadurch,

§ daß sich der Vater mit der Mutter verheiratet, mit der Eheschließung die rechtliche Stellung eines ehelichen K.

1720 Der Ehemann der Mutter gilt als Vater des K., wenn er ihr innerhalb der im § 1717 Abs. 2 bestimmten Empfängniszeit beigewohnt hat, es sei denn, daß es den Umständen nach offenbar unmöglich ist, daß die Mutter das K. aus dieser Beiwohnung empfangen hat.

Erkennt der Ehemann seine Vaterschaft nach der Geburt des K. in einer öffentlichen Urkunde an, so wird vermutet, daß er der Mutter innerhalb der Empfängniszeit beigewohnt habe.

1721 Ist die Ehe der Eltern nichtig, so finden die Vorschriften der §§ 1699 bis 1704 entsprechende Anwendung.

1722 Die Eheschließung zwischen den Eltern hat für die Abkömmlinge des unehelichen K. die Wirkungen der Legitimation auch dann, wenn das K. vor der Eheschließung gestorben ist.

1723—1740 **Ehelichkeitserklärung** s. **Ehelichkeitserklärung** — Verwandtschaft.

1741—1772 Annahme an Kindesstatt s. **Kindesstatt** — Verwandtschaft.

Vormundschaft.

1777 Der Vater kann einen Vormund nur benennen, wenn ihm zur Zeit seines Todes die elterliche Gewalt über das K. zusteht; er hat dieses Recht nicht, wenn er in den die Person oder in den das Vermögen betreffenden Angelegenheiten nicht zur Vertretung des K. berechtigt ist. Das Gleiche gilt für die Mutter.

Der Vater kann für ein K., das erst nach seinem Tode geboren wird, einen Vormund benennen, wenn er dazu berechtigt sein würde, falls das K. vor seinem Tode geboren wäre.

§ Die Benennung des Vormundes erfolgt durch letztwillige Verfügung. 1782, 1797, 1856, 1868, 1880.

1778 Ist der zum Vormund Berufene nur vorübergehend verhindert, so hat ihn das Vormundschaftsgericht nach dem Wegfalle des Hindernisses auf seinen Antrag an Stelle des bisherigen Vormundes zum Vormunde zu bestellen.

Für eine Ehefrau darf der Mann vor den nach § 1776 Berufenen, für ein uneheliches K. darf die Mutter vor dem Großvater zum Vormunde bestellt werden.

Neben dem Berufenen darf nur mit dessen Zustimmung ein Mitvormund bestellt werden. 1861, 1917.

1786 Die Übernahme der Vormundschaft kann ablehnen:

1. . . . . .

3. wer mehr als vier minderjährige eheliche K. hat; ein von einem andern an Kindesstatt angenommenes K. wird nicht gerechnet.

Das Ablehnungsrecht erlischt, wenn es nicht vor der Bestellung bei dem Vormundschaftsgerichte geltend gemacht wird. 1889.

1800 s. Verwandtschaft 1631, 1633.

1838 s. Verwandtschaft 1666.

1845 s. Verwandtschaft 1669.

1893 s. Verwandtschaft 1682, 1683.

1899 s. Verwandtschaft 1701, 1702.

1900 s. Verwandtschaft 1702.

1901 s. Verwandtschaft 1633.

1904 s. Verwandtschaft 1687.

1912 Eine Leibesfrucht erhält zur Wahrung ihrer künftigen Rechte, soweit diese einer Fürsorge bedürfen, einen Pfleger. Die Fürsorge steht jedoch dem Vater oder der Mutter zu, wenn das K., falls es bereits geboren wäre, unter elterlicher Gewalt stehen würde.

1918 Die Pflegschaft für eine unter elterlicher Gewalt oder unter Vormundschaft stehende Person endigt mit der

§ Beendigung der elterlichen Gewalt oder der Vormundschaft.

Die Pflegschaft für eine Leibesfrucht endigt mit der Geburt des K.

Die Pflegschaft zur Besorgung einer einzelnen Angelegenheit endigt mit deren Erledigung.

Wohnsitz.

11 Ein eheliches K. teilt den Wohnsitz des Vaters, ein uneheliches K. den Wohnsitz der Mutter, ein an Kindesstatt angenommenes K. den Wohnsitz des Annehmenden. Das K. behält den Wohnsitz, bis es ihn rechtsgültig aufhebt.

Eine erst nach dem Eintritte der Volljährigkeit des K. erfolgende Legitimation oder Annahme an Kindesstatt hat keinen Einfluß auf den Wohnsitz des K.

Kindesstatt.

1306 **Ehe** 1311 s. **Ehe** — Ehe.

Art. **Einführungsgesetz.**

22, 209 s. **E.G.** — E.G.

86 s. Erbe § 2043.

136 s. Vormundschaft § 1776.

§ **Erbe.**

2043 Soweit die Erbteile wegen der zu erwartenden Geburt eines Miterben noch unbestimmt sind, ist die Auseinandersetzung bis zur Hebung der Unbestimmtheit ausgeschlossen.

Das Gleiche gilt, soweit die Erbteile deshalb noch unbestimmt sind, weil die Entscheidung über eine Ehelichkeitserklärung, über die Bestätigung einer Annahme an K. oder über die Genehmigung einer vom Erblasser errichteten Stiftung noch aussteht. 2042.

2204 **Testament** s. Erbe 2043.

Verwandtschaft.

1741—1772 Annahme an K.

1741 Wer keine ehelichen Abkömmlinge hat, kann durch Vertrag mit einem anderen diesen an K. annehmen. Der Vertrag bedarf der Bestätigung durch das zuständige Gericht. 1770.

1742 Die Annahme an K. kann nicht unter einer Bedingung oder einer Zeitbestimmung erfolgen.

1743 Das Vorhandensein eines angenommenen Kindes steht einer weiteren Annahme an K. nicht entgegen.

1744 Der an K. Annehmende muß das fünfzigste Lebensjahr vollendet haben und mindestens achtzehn Jahre älter sein als das Kind. 1745.

1745 Von den Erfordernissen des § 1744 kann Befreiung bewilligt werden, von der Vollendung des fünfzigsten Lebensjahres jedoch nur, wenn der an K. Annehmende volljährig ist.

Die Bewilligung steht dem Bundesstaate zu, dem der Annehmende angehört; ist der Annehmende ein Deutscher, der keinem Bundesstaate angehört, so steht die Bewilligung dem Reichskanzler zu.

Über die Erteilung der einem Bundesstaate zustehenden Bewilligung hat die Landesregierung zu bestimmen.

1746 Wer verheiratet ist, kann nur mit Einwilligung seines Ehegatten an K. annehmen oder angenommen werden.

Die Einwilligung ist nicht erforderlich, wenn der Ehegatte zur Abgabe einer Erklärung dauernd außer stande oder sein Aufenthalt dauernd unbekannt ist. 1747, 1748, 1755, 1756.

1747 Ein eheliches Kind kann bis zur Vollendung des einundzwanzigsten Lebensjahres nur mit Einwilligung der Eltern, ein uneheliches Kind kann bis zum gleichen Lebensalter nur mit Einwilligung der Mutter an K. angenommen werden. Die Vorschrift des § 1746 Abs. 2 findet entsprechende Anwendung. 1748, 1755, 1756.

1748 Die Einwilligung der in den §§ 1746, 1747 bezeichneten Personen zur An-

§ nahme an K. hat dem Annehmenden oder dem Kinde oder dem für die Bestätigung des Annahmevertrags zuständigen Gerichte gegenüber zu erfolgen; sie ist unwiderruflich.

Die Einwilligung kann nicht durch einen Vertreter erteilt werden. Ist der Einwilligende in der Geschäftsfähigkeit beschränkt, so bedarf er nicht der Zustimmung seines g. Vertreters.

Die Einwilligungserklärung bedarf der gerichtlichen oder notariellen Beurkundung. 1755.

1749 Als gemeinschaftliches Kind kann ein Kind nur von einem Ehepaar angenommen werden.

Ein angenommenes Kind kann, solange das durch die Annahme begründete Rechtsverhältnis besteht, nur von dem Ehegatten des Annehmenden an K. angenommen werden.

1750 Der Annahmevertrag an K. kann nicht durch einen Vertreter geschlossen werden. Hat das Kind nicht das vierzehnte Lebensjahr vollendet, so kann sein g. Vertreter den Vertrag mit Genehmigung des Vormundschaftsgerichts schließen.

Der Annahmevertrag muß bei gleichzeitiger Anwesenheit beider Teile vor Gericht oder vor einem Notar geschlossen werden. 1755, 1770.

1751 Ist der an K. Annehmende in der Geschäftsfähigkeit beschränkt, so bedarf er zur Eingehung des Annahmevertrags außer der Zustimmung seines g. Vertreters der Genehmigung des Vormundschaftsgerichts.

Das Gleiche gilt für das Kind, wenn es in der Geschäftsfähigkeit beschränkt ist. 1755, 1770.

1752 Will ein Vormund seinen Mündel an K. annehmen, so soll das Vormundschaftsgericht die Genehmigung nicht erteilen, solange der Vormund im Amte ist. Will jemand seinen früheren Mündel an K. annehmen, so soll das Vormundschaftsgericht die Genehmigung nicht erteilen, bevor er über seine Verwaltung Rechnung gelegt und das Vorhandensein des Mündelvermögens nachgewiesen hat.

Das Gleiche gilt, wenn ein zur Vermögensverwaltung bestellter Pfleger seinen Pflegling oder seinen früheren Pflegling an K. annehmen will.

1753 Die Bestätigung des Annahmevertrags an K. kann nicht nach dem Tode des Kindes erfolgen.

Nach dem Tode des Annehmenden ist die Bestätigung nur zulässig, wenn der Annehmende oder das Kind den Antrag auf Bestätigung bei dem zuständigen Gericht eingereicht oder bei oder nach der gerichtlichen oder notariellen Beurkundung des Vertrags das Gericht oder den Notar mit der Einreichung betraut hat.

Die nach dem Tode des Annehmenden erfolgte Bestätigung hat die gleiche Wirkung, wie wenn sie vor dem Tode erfolgt wäre. 1770.

1754 Die Annahme an K. tritt mit der Bestätigung in Kraft. Die Vertragschließenden sind schon vor der Bestätigung gebunden.

Die Bestätigung ist nur zu versagen, wenn ein g. Erfordernis der Annahme an K. fehlt. Wird die Bestätigung endgültig untersagt, so verliert der Vertrag seine Kraft. 1770.

1755 Ist der Annahmevertrag an K. oder die Einwilligung einer der in den §§ 1746, 1747 bezeichneten Personen anfechtbar, so gelten für die Anfechtung und für die Bestätigung des anfechtbaren Rechtsgeschäfts die Vorschriften des § 1748 Abs. 2, des § 1750 Abs. 1 und des § 1751. 1770.

1756 Auf die Wirksamkeit der Annahme an K. ist es ohne Einfluß, wenn bei der Bestätigung des Annahmevertrags

§ mit Unrecht angenommen worden ist, daß eine der in den §§ 1746, 1747 bezeichneten Personen zur Abgabe einer Erklärung dauernd außer stande oder ihr Aufenthalt dauernd unbekannt sei.

1757 Durch die Annahme an K. erlangt das Kind die rechtliche Stellung eines ehelichen Kindes des Annehmenden.

Wird von einem Ehepaar gemeinschaftlich ein Kind angenommen oder nimmt ein Ehegatte ein Kind des anderen Ehegatten an, so erlangt das Kind die rechtliche Stelle eines gemeinschaftlichen ehelichen Kindes der Ehegatten. 1758, 1769, 1772.

1758 Das angenommene Kind erhält den Familiennamen des Annehmenden. Wird das Kind von einer Fau angenommen, die infolge ihrer Verheiratung einen anderen Namen führt, so erhält es den Familiennamen, den die Frau vor der Verheiratung geführt hat. In den Fällen des § 1757 Abs. 2 erhält das Kind den Familiennamen des Mannes.

Das Kind darf dem neuen Namen seinen früheren Familiennamen hinzufügen, sofern nicht in dem Annahmevertrag ein anderes bestimmt ist.

1759 Durch die Annahme an K. wird ein Erbrecht für den Annehmenden nicht begründet.

1760 Der an K. Annehmende hat über das Vermögen des Kindes, soweit es auf Grund der elterlichen Gewalt seiner Verwaltung unterliegt, auf seine Kosten ein Verzeichnis aufzunehmen und dem Vormundschaftsgericht einzureichen; er hat das Verzeichnis mit der Versicherung der Richtigkeit und Vollständigkeit zu versehen. Ist das eingereichte Verzeichnis ungenügend, so findet die Vorschrift des § 1640 Abs. 2 Satz 1 Anwendung.

Erfüllt der Annehmende die ihm nach Abs. 1 obliegende Verpflichtung nicht, so kann ihm das Vormundschaftsgericht die Vermögensverwaltung entziehen. Die Entziehung kann jederzeit wieder aufgehoben werden.

1761 Will der an K. Annehmende eine Ehe eingehen, während er die elterliche Gewalt über das Kind hat, so finden die Vorschriften der §§ 1669 bis 1671 Anwendung.

1762 Die Wirkungen der Annahme an K. erstrecken sich auf die Abkömmlinge des Kindes. Auf einen zur Zeit des Vertragsabschlusses schon vorhandenen Abkömmling und dessen später geborene Abkömmlinge erstrecken sich die Wirkungen nur, wenn der Vertrag auch mit den schon vorhandenen Abkömmlingen geschlossen wird.

1763 Die Wirkungen der Annahme an K. erstrecken sich nicht auf die Verwandten des Annehmenden. Der Ehegatte des Annehmenden wird nicht mit dem Kinde, der Ehegatte des Kindes wird nicht mit dem Annehmenden verschwägert.

1764 Die Rechte und Pflichten, die sich aus dem Verwandtschaftsverhältnisse zwischen dem Kinde und seinen Verwandten ergeben, werden durch die Annahme an K. nicht berührt, soweit nicht das G. ein anderes vorschreibt.

1765 Mit der Annahme an K. verlieren die leiblichen Eltern die elterliche Gewalt über das Kind, die uneheliche Mutter das Recht und die Pflicht, für die Person des Kindes zu sorgen.

Hat der Vater oder die Mutter dem Kinde Unterhalt zu gewähren, so treten das Recht und die Pflicht, für die Person des Kindes zu sorgen, wieder ein, wenn die elterliche Gewalt des Annehmenden endigt, oder wenn sie wegen Geschäftsunfähigkeit des Annehmenden oder nach § 1677 ruht.

§ Das Recht zur Vertretung des Kindes tritt nicht wieder ein.

1766 Der Annehmende ist dem Kinde und denjenigen Abkömmlingen des Kindes, auf welche sich die Wirkungen der Annahme an K. erstrecken, vor den leiblichen Verwandten des Kindes zur Gewährung des Unterhalts verpflichtet.

Der Annehmende steht im Falle des § 1611 Abs. 2 den leiblichen Verwandten der aufsteigenden Linie gleich.

1767 In dem Annahmevertrage kann die Nutznießung des an K. Annehmenden an dem Vermögen des Kindes, sowie das Erbrecht des Kindes dem Annehmenden gegenüber ausgeschlossen werden.

Im übrigen können die Wirkungen der Annahme an K. in dem Annahmevertrage nicht geändert werden.

1768 Das durch die Annahme an K. begründete Rechtsverhältnis kann wieder aufgehoben werden. Die Aufhebung kann nicht unter einer Bedingung oder einer Zeitbestimmung erfolgen.

Die Aufhebung erfolgt durch Vertrag zwischen den Annehmenden, dem Kinde und denjenigen Abkömmlingen des Kindes, auf welche sich die Wirkungen der Annahme erstrecken.

Hat ein Ehepaar gemeinschaftlich ein Kind angenommen oder hat ein Ehegatte ein Kind des anderen Ehegatten angenommen, so ist zu der Aufhebung die Mitwirkung beider Ehegatten erforderlich.

1769 Nach dem Tode des an K. angenommenen Kindes können die übrigen Beteiligten das zwischen ihnen bestehende Rechtsverhältnis durch Vertrag aufheben. Das Gleiche gilt in den Fällen des § 1757 Abs. 2 nach dem Tode eines der Ehegatten.

1770 Die für die Annahme an K. geltenden Vorschriften des § 1741 Satz 2 und der §§ 1750, 1751, 1753—1755 gelten auch für die Aufhebung.

1771 Schließen Personen, die durch Annahme an K. verbunden sind, der Vorschrift des § 1311 zuwider eine Ehe, so tritt mit der Eheschließung die Aufhebung des durch die Annahme zwischen ihnen begründeten Rechtsverhältnisses ein.

Ist die Ehe nichtig, so wird, wenn dem einen Ehegatten die elterliche Gewalt über den anderen zusteht, diese mit der Eheschließung verwirkt. Die Verwirkung tritt nicht ein, wenn die Nichtigkeit der Ehe auf einem Formmangel beruht und die Ehe nicht in das Heiratsregister eingetragen worden ist.

1772 Mit der Aufhebung der Annahme an K. verlieren das Kind und diejenigen Abkömmlinge des Kindes, auf welche sich die Aufhebung erstreckt, das Recht, den Familiennamen des Annehmenden zu führen. Diese Vorschrift findet in den Fällen des § 1737 Abs. 2 keine Anwendung, wenn die Aufhebung nach dem Tode eines der Ehegatten erfolgt.

Vormundschaft.

1776 Als Vormünder sind in nachstehender Reihenfolge berufen:
1. wer von dem Vater des Mündels als Vormund benannt ist;
2. wer von der ehelichen Mutter des Mündels als Vormund benannt ist;
3. der Großvater des Mündels von väterlicher Seite;
4. der Großvater des Mündels von mütterlicher Seite.

Die Großväter sind nicht berufen, wenn der Mündel von einem anderen als dem Ehegatten seines Vaters oder seiner Mutter an K. angenommen ist. Das Gleiche gilt, wenn derjenige, von welchem der Mündel abstammt, von einem anderen als dem Ehegatten

§ seines Vaters oder seiner Mutter an K. angenommen ist und die Wirkungen der Annahme sich auf den Mündel erstrecken. 1778, 1779.

1786 Die Übernahme der Vormundschaft kann ablehnen:

1. . . . .

3. wer mehr als vier minderjährige eheliche Kinder hat; ein von einem anderen an K. angenommenes Kind wird nicht gerechnet. Das Ablehnungsrecht erlischt, wenn es nicht vor der Bestellung bei dem Vormundschaftsgerichte geltend gemacht wird. 1889.

1899 Vor den Großvätern ist der Vater und nach ihm die eheliche Mutter des Mündels als Vormund berufen.

Die Eltern sind nicht berufen, wenn der Mündel von einem anderen als dem Ehegatten seines Vaters oder seiner Mutter an K. angenommen ist.

Stammt der Mündel aus einer nichtigen Ehe, so ist der Vater im im Falle des § 1701, die Mutter im Falle des § 1702 nicht berufen. 1897.

Wohnsitz.

11 Ein eheliches Kind teilt den Wohnsitz des Vaters; ein uneheliches Kind den Wohnsitz der Mutter, ein an K. angenommenes Kind den Wohnsitz des Annehmenden. Das Kind behält den Wohnsitz, bis es ihn rechtsgültig aufhebt.

Eine erst nach dem Eintritte der Volljährigkeit des Kindes erfolgende Legitimation oder Annahme an K. hat keinen Einfluß auf den Wohnsitz des Kindes.

Kirche.

Ehe.

1588 Die kirchlichen Verpflichtungen in Ansehung der Ehe werden durch die Vorschriften dieses Abschnitts nicht berührt.

Kirchenbaulast.

Art. **Einführungsgesetz.**

132 Unberührt bleiben die landesg. Vorschriften über die K. und die Schulbaulast.

Klage

s. auch **Nichtigkeitsklage, Restitutionsklage, Vorausklage, Anfechtungsklage.**

§ **Besitz.**

862 Wird der Besitzer durch verbotene Eigenmacht im Besitze gestört, so kann er von dem Störer die Beseitigung der Störung verlangen. Sind weitere Störungen zu besorgen, so kann der Besitzer auf Unterlassung klagen.

Der Anspruch ist ausgeschlossen, wenn der Besitzer dem Störer oder dessen Rechtsvorgänger gegenüber fehlerhaft besitzt und der Besitz in dem letzten Jahre vor der Störung erlangt worden ist. 863—865, 869.

864 Ein nach den §§ 861, 862 begründeter Anspruch erlischt mit dem Ablauf eines Jahres nach der Verübung der verbotenen Eigenmacht, wenn nicht vorher der Anspruch im Wege der K. geltend gemacht wird.

Das Erlöschen tritt auch dann ein, wenn nach der Verübung der verbotenen Eigenmacht durch rechtskräftiges Urteil festgestellt wird, daß dem Thäter ein Recht an der Sache zusteht, vermöge dessen er die Herstellung eines seiner Handlungsweise entsprechenden Besitzstandes verlangen kann. 865.

Ehe.

1309, 1341, 1349, 1353 s. **Ehe** — Ehe.

Ehescheidung.

1565—1569, 1571—1576 s. **Ehe** — Ehescheidung.

940 **Eigentum** 941 s. **Eigentum** — Eigentum.

Art. **Einführungsgesetz.**

6, 17, 152 s. E.G. — E.G.

9 s. Erbschein § 2369.

95 s. Geschäftsfähigkeit § 115.

159 s. Ehe § 1349.

201 s. Ehescheidung § 1565—1568.

§ **Erbe.**

1965 Ein Erbrecht bleibt unberücksichtigt, wenn nicht dem Nachlaßgerichte binnen drei Monaten nach dem Ablaufe der Anmeldungsfrist nachgewiesen wird, daß das Erbrecht besteht oder daß es gegen den Fiskus im Wege der K. geltend gemacht ist. Ist eine öffentliche Aufforderung nicht ergangen, so beginnt die dreimonatige Frist mit der gerichtlichen Aufforderung, das Erbrecht oder die Erhebung der K. nachzuweisen. 1964.

Erbfolge.

1933 Das Erbrecht des überlebenden Ehegatten sowie das Recht auf den Voraus ist ausgeschlossen, wenn der Erblasser zur Zeit seines Todes auf Scheidung wegen Verschuldens des Ehegatten zu klagen berechtigt war und die K. auf Scheidung oder auf Aufhebung der ehelichen Gemeinschaft erhoben hatte.

Erbschein.

2369 Ein Gegenstand, für den von einer deutschen Behörde ein zur Eintragung des Berechtigten bestimmtes Buch oder Register geführt wird, gilt als im Inlande befindlich. Ein Anspruch gilt als im Inlande befindlich, wenn für die K. ein deutsches Gericht zuständig ist.

2279 **Erbvertrag** s. Testament 2077.

Geschäftsfähigkeit.

115 Wird ein die Entmündigung aussprechender Beschluß infolge einer Anfechtungsk. aufgehoben, so kann die Wirksamkeit der von oder gegenüber dem Entmündigten vorgenommenen Rechtsgeschäfte nicht auf Grund des Beschlusses in Frage gestellt werden. Auf die Wirksamkeit der von oder gegenüber dem g. Vertreter vorgenommenen Rechtsgeschäfte hat die Aufhebung keinen Einfluß.

Diese Vorschriften finden entsprechende Anwendung, wenn im Falle einer vorläufigen Vormundschaft der Antrag auf Entmündigung zurückgenommen oder rechtskräftig abgewiesen oder der die Entmündigung aussprechende Beschluß infolge einer Anfechtungsk. aufgehoben wird.

Güterrecht.

1400 Führt die Frau bei g. Güterrecht einen Rechtsstreit ohne Zustimmung des Mannes, so ist das Urteil dem Manne gegenüber in Ansehung des eingebrachten Gutes unwirksam.

Ein zum eingebrachten Gute gehörendes Recht kann die Frau im Wege der K. nur mit Zustimmung des Mannes geltend machen. 1401, 1404, 1525.

1418 Die Frau kann bei g. Güterrecht auf Aufhebung der Verwaltung und Nutznießung klagen:

1. wenn die Voraussetzungen vorliegen, unter denen die Frau nach § 1391 Sicherheitsleistung verlangen kann;
2. wenn der Mann seine Verpflichtung, der Frau und den gemeinschaftlichen Abkömmlingen Unterhalt zu gewähren, verletzt hat und für die Zukunft eine erhebliche Gefährdung des Unterhalts zu besorgen ist. Eine Verletzung der Unterhaltspflicht liegt schon dann vor, wenn der Frau und den gemeinschaftlichen Abkömmlingen nicht mindestens der Unterhalt gewährt wird, welcher ihnen bei ordnungsmäßiger Verwaltung und Nutznießung des eingebrachten Gutes zukommen würde;

§ 3. wenn der Mann entmündigt ist;
4. wenn der Mann nach § 1910 zur Besorgung seiner Vermögensangelegenheiten einen Pfleger erhalten hat;
5. wenn für den Mann ein Abwesenheitspfleger bestellt und die baldige Aufhebung der Pflegschaft nicht zu erwarten ist.

Die Aufhebung der Verwaltung und Nutznießung tritt mit der Rechtskraft des Urteils ein. 1422, 1426, 1542, 1547.

1422 Wird die Verwaltung und Nutznießung bei g. Güterrecht auf Grund des § 1418 durch Urteil aufgehoben, so ist der Mann zur Herausgabe des eingebrachten Gutes so verpflichtet, wie wenn der Anspruch auf Herausgabe mit der Erhebung der K. auf Aufhebung der Verwaltung und Nutznießung rechtshängig geworden wäre. 1425, 1546, 1548.

1425 Wird bei g. Güterrecht die Entmündigung oder Pflegschaft, wegen deren die Aufhebung der Verwaltung und Nutznießung erfolgt ist, wieder aufgehoben oder wird der die Entmündigung aussprechende Beschluß mit Erfolg angefochten, so kann der Mann auf Wiederherstellung seiner Rechte klagen. Das Gleiche gilt, wenn der für tot erklärte Mann noch lebt.

Die Wiederherstellung der Rechte des Mannes tritt mit der Rechtskraft des Urteils ein. Die Vorschrift des § 1422 findet entsprechende Anwendung.

Im Falle der Wiederherstellung wird Vorbehaltsgut, was ohne die Aufhebung der Rechte des Mannes Vorbehaltsgut geblieben oder geworden sein würde. 1431, 1547.

1426 Tritt nach § 1364 die Verwaltung und Nutznießung des Mannes nicht ein oder endigt sie auf Grund der §§ 1418—1420, so tritt Gütertrennung ein.

Für die Gütertrennung gelten die Vorschriften der §§ 1427—1431.

1431 Die Gütertrennung ist Dritten gegenüber nur nach Maßgabe des § 1435 wirksam.

Das Gleiche gilt im Falle des § 1425 von der Wiederherstellung der Verwaltung und Nutznießung, wenn die Aufhebung in das Güterrechtsregister eingetragen worden ist. 1426.

1468 Die Frau kann auf Aufhebung der a. Gütergemeinschaft klagen:
1. wenn der Mann ein Rechtsgeschäft der in den §§ 1444—1446 bezeichneten Art ohne Zustimmung der Frau vorgenommen hat und für die Zukunft eine erhebliche Gefährdung der Frau zu besorgen ist;
2. wenn der Mann das Gesamtgut in der Absicht, die Frau zu benachteiligen, vermindert hat;
3. wenn der Mann seine Verpflichtung, der Frau und den gemeinschaftlichen Abkömmlingen Unterhalt zu gewähren, verletzt hat und für die Zukunft eine erhebliche Gefährdung des Unterhalts zu besorgen ist;
4. wenn der Mann wegen Verschwendung entmündigt ist oder wenn er das Gesamtgut durch Verschwendung erheblich gefährdet;
5. wenn das Gesamtgut infolge von Verbindlichkeiten, die in der Person des Mannes entstanden sind, in solchem Maße überschuldet ist, daß ein späterer Erwerb der Frau erheblich gefährdet wird. 1470, 1479, 1542.

1469 Der Mann kann auf Aufhebung der a. Gütergemeinschaft klagen, wenn das Gesamtgut infolge von Verbindlich-

§ keiten der Frau, die im Verhältnisse der Ehegatten zueinander nicht dem Gesamtgute zur Last fallen, in solchem Maße überschuldet ist, daß ein späterer Erwerb des Mannes erheblich gefährdet wird. 1470, 1479, 1542.

1479 Wird die a. Gütergemeinschaft auf Grund des § 1468 oder des § 1469 durch Urteil aufgehoben, so kann der Ehegatte, welcher das Urteil erwirkt hat, verlangen, daß die Auseinandersetzung so erfolgt, wie wenn der Anspruch auf Auseinandersetzung mit der Erhebung der K. auf Aufhebung der Gütergemeinschaft rechtshängig geworden wäre. 1474, 1498, 1546.

1495 Ein anteilsberechtigter Abkömmling kann gegen den überlebenden Ehegatten auf Aufhebung der f. Gütergemeinschaft klagen:

1. wenn der überlebende Ehegatte ein Rechtsgeschäft der in den §§ 1444 bis 1446 bezeichneten Art ohne Zustimmung des Abkömmlings vorgenommen hat und für die Zukunft eine erhebliche Gefährdung des Abkömmlinges zu besorgen ist;
2. wenn der überlebende Ehegatte das Gesamtgut in der Absicht, den Abkömmling zu benachteiligen, vermindert hat;
3. wenn der überlebende Ehegatte seine Verpflichtung, dem Abkömmling Unterhalt zu gewähren, verletzt hat und für die Zukunft eine erhebliche Gefährdung des Unterhalts zu besorgen ist;
4. wenn der überlebende Ehegatte wegen Verschwendung entmündigt ist oder wenn er das Gesamtgut durch Verschwendung erheblich gefährdet;
5. wenn der überlebende Ehegatte die elterliche Gewalt über den Abkömmling verwirkt hat oder, falls sie ihm zugestanden hätte, verwirkt haben würde. 1496, 1502, 1518.

1496 Die Aufhebung der f. Gütergemeinschaft tritt in den Fällen des § 1495 mit der Rechtskraft des Urteils ein. Sie tritt für alle Abkömmlinge ein, auch wenn das Urteil auf die K. eines der Abkömmlinge ergangen ist. 1518.

1509 Jeder Ehegatte kann für den Fall, daß die Ehe durch seinen Tod aufgelöst wird, die Fortsetzung der Gütergemeinschaft durch letztwillige Verfügung ausschließen, wenn er berechtigt ist, dem anderen Ehegatten den Pflichtteil zu entziehen oder auf Aufhebung der Gütergemeinschaft zu klagen. Auf die Ausschließung finden die Vorschriften über die Entziehung des Pflichtteils entsprechende Anwendung. 1518.

1525, 1542, 1546—1548 f. **Errungenschaftsgemeinschaft** — Güterrecht.

Hypothek.

1134 Wirkt der Eigentümer des mit einer Hypothek belasteten Grundstücks oder ein Dritter auf das Grundstück in solcher Weise ein, daß eine die Sicherheit der Hypothek gefährdende Verschlechterung des Grundstücks zu besorgen ist, so kann der Gläubiger auf Unterlassung klagen.

Geht die Einwirkung von dem Eigentümer aus, so hat das Gericht auf Antrag des Gläubigers die zur Abwendung der Gefährdung erforderlichen Maßregeln anzuordnen. Das Gleiche gilt, wenn die Verschlechterung deshalb zu besorgen ist, weil der Eigentümer die erforderlichen Vorkehrungen gegen Einwirkungen Dritter oder gegen andere Beschädigungen unterläßt. 1135.

Kauf.

440 f. Vertrag 322.

477 f. Verjährung 211, 212.

485 Der Käufer verliert die ihm wegen des Mangels zustehenden Rechte, wenn

§ er nicht spätestens zwei Tage nach dem Ablaufe der Gewährfrist oder, falls das Tier vor dem Ablaufe der Frist getötet worden oder sonst verendet ist, nach dem Tode des Tieres den Mangel dem Verkäufer anzeigt oder die Anzeige an ihn absendet oder wegen des Mangels K. gegen den Verkäufer erhebt oder diesem den Streit verkündet oder gerichtliche Beweisaufnahme zur Sicherung des Beweises beantragt. Der Rechtsverlust tritt nicht ein, wenn der Verkäufer den Mangel arglistig verschwiegen hat. 481, 492.

490 f. Verjährung 210, 212, 220.

Leistung.

274 Gegenüber der K. des Gläubigers hat die Geltendmachung des Zurückbehaltungsrechts nur die Wirkung, daß der Schuldner zur Leistung gegen Empfang der ihm gebührenden Leistung (Erfüllung Zug um Zug) zu verurteilen ist.

Auf Grund einer solchen Verurteilung kann der Gläubiger seinen Anspruch ohne Bewirkung der ihm obliegenden Leistung im Wege der Zwangsvollstreckung verfolgen, wenn der Schuldner im Verzuge der Annahme ist.

284 Leistet der Schuldner auf eine Mahnung des Gläubigers nicht, die nach dem Eintritte der Fälligkeit erfolgt, so kommt er durch die Mahnung in Verzug. Der Mahnung steht die Erhebung der K. auf die Leistung sowie die Zustellung eines Zahlungsbefehls im Mahnverfahren gleich.

Miete.

550 Macht der Mieter von der gemieteten Sache einen vertragswidrigen Gebrauch und setzt er den Gebrauch ungeachtet einer Abmahnung des Vermieters fort, so kann der Vermieter auf Unterlassung klagen.

§ **Namen.**

12 Wird das Recht zum Gebrauch eines Namens dem Berechtigten von einem anderen bestritten oder wird das Interesse des Berechtigten dadurch verletzt, daß ein anderer unbefugt den gleichen Namen gebraucht, so kann der Berechtigte von dem anderen Beseitigung der Beinträchtigung verlangen. Sind weitere Beeinträchtigungen zu besorgen, so kann er auf Unterlassung klagen.

Nießbrauch.

1053 Macht der Nießbraucher einen Gebrauch von der Sache, zu dem er nicht befugt ist und setzt er den Gebrauch ungeachtet einer Abmahnung des Eigentümers fort, so kann der Eigentümer auf Unterlassung klagen.

Pflichtteil.

2335 Der Erblasser kann dem Ehegatten den Pflichtteil entziehen, wenn der Ehegatte sich einer Verfehlung schuldig macht, auf Grund deren der Erblasser nach den §§ 1565 bis 1568 auf Scheidung zu klagen berechtigt ist.

Das Recht zur Entziehung erlischt nicht durch den Ablauf der für die Geltendmachung des Scheidungsgrundes im § 1571 bestimmten Frist.

Schuldverhältnis.

428 Sind mehrere eine Leistung in der Weise zu fordern berechtigt, daß jeder die ganze Leistung fordern kann, der Schuldner aber die Leistung nur einmal zu bewirken verpflichtet ist (Gesamtgläubiger), so kann der Schuldner nach seinem Belieben an jeden der Gläubiger leisten. Dies gilt auch dann, wenn einer der Gläubiger bereits K. auf die Leistung erhoben hat.

Testament.

2077 Eine letztwillige Verfügung, durch die der Erblasser seinen Ehegatten bedacht hat, ist unwirksam, wenn die Ehe nichtig oder wenn sie vor dem Tode

§ des Erblassers aufgelöst worden ist. Der Auflösung der Ehe steht es gleich, wenn der Erblasser zur Zeit seines Todes auf Scheidung wegen Verschuldens des Ehegatten zu klagen berechtigt war und die K. auf Scheidung oder auf Aufhebung der ehelichen Gemeinschaft erhoben hatte. 2268.

Verjährung.

209 Die Verjährung wird unterbrochen, wenn der Berechtigte auf Befriedigung oder auf Feststellung des Anspruchs, auf Erteilung der Vollstreckungsklausel oder auf Erlassung des Vollstreckungsurteils K. erhebt.

Der Erhebung der K. stehen gleich:

1. die Zustellung eines Zahlungsbefehls im Mahnverfahren;
2. die Anmeldung des Anspruchs im Konkurse;
3. die Geltendmachung der Aufrechnung des Anspruchs im Prozesse;
4. die Streitverkündung in dem Prozesse, von dessen Ausgange der Anspruch abhängt;
5. die Vornahme einer Vollstreckungshandlung und, soweit die Zwangsvollstreckung den Gerichten oder anderen Behörden zugewiesen ist, die Stellung des Antrags auf Zwangsvollstreckung. 220.

210 Hängt die Zulässigkeit des Rechtswegs von der Vorentscheidung einer Behörde ab oder hat die Bestimmung des zuständigen Gerichts durch ein höheres Gericht zu erfolgen, so wird die Verjährung durch die Einreichung des Gesuchs an die Behörde oder das höhere Gericht in gleicher Weise wie durch Klageerhebung unterbrochen, wenn die K. binnen drei Monaten nach der Erledigung des Gesuchs erhoben wird. Auf diese Frist finden die Vorschriften der §§ 203, 206, 207 entsprechende Anwendung. 220.

§

211 Die Unterbrechung der Verjährung durch Klageerhebung dauert fort, bis der Prozeß rechtskräftig entschieden oder anderweit erledigt ist.

Gerät der Prozeß infolge einer Vereinbarung oder dadurch, daß er nicht betrieben wird, in Stillstand, so endigt die Unterbrechung mit der letzten Prozeßhandlung der Parteien oder des Gerichts. Die nach der Beendigung der Unterbrechung beginnende neue Verjährung wird dadurch, daß eine der Parteien den Prozeß weiter betreibt, in gleicher Weise wie durch Klageerhebung unterbrochen. 214, 215, 219, 220.

212 Die Unterbrechung der Verjährung durch Klageerhebung gilt als nicht erfolgt, wenn die K. zurückgenommen oder durch ein nicht in der Sache selbst entscheidendes Urteil rechtskräftig abgewiesen wird.

Erhebt der Berechtigte binnen sechs Monaten von neuem K., so gilt die Verjährung als durch die Erhebung der ersten K. unterbrochen. Auf diese Frist finden die Vorschriften der §§ 203, 206, 207 entsprechende Anwendung. 220.

215 Die Unterbrechung der Verjährung durch Geltendmachung der Aufrechnung im Prozeß oder durch Streitverkündung dauert fort, bis der Prozeß rechtskräftig entschieden oder anderweit erledigt ist; die Vorschriften des § 211 Abs. 2 finden Anwendung.

Die Unterbrechung gilt als nicht erfolgt, wenn nicht binnen sechs Monaten nach der Beendigung des Prozesses K. auf Befriedigung oder Feststellung des Anspruchs erhoben wird. Auf diese Frist finden die Vorschriften der §§ 203, 206, 207 entsprechende Anwendung. 220.

§ **Verlöbnis.**

1297 Aus einem Verlöbnisse kann nicht auf Eingehung der Ehe geklagt werden.

Das Versprechen einer Strafe für den Fall, daß die Eingehung der Ehe unterbleibt, ist nichtig.

Vertrag.

322 Erhebt aus einem gegenseitigen Vertrage der eine Teil K. auf die ihm geschuldete Leistung, so hat die Geltendmachung des dem anderen Teile zustehenden Rechtes, die Leistung bis zur Bewirkung der Gegenleistung zu verweigern, nur die Wirkung, daß der andere Teil zur Erfüllung Zug um Zug zu verurteilen ist.

Hat der klagende Teil vorzuleisten, so kann er, wenn der andere Teil im Verzuge der Annahme ist, auf Leistung nach Empfang der Gegenleistung klagen.

Auf die Zwangsvollstreckung findet die Vorschrift des § 274 Abs. 2 Anwendung. 348.

1635 **Verwandtschaft** s. Ehescheidung 1565—1568.

Vollmacht.

176 Der Vollmachtgeber kann die Vollmachtsurkunde durch eine öffentliche Bekanntmachung für kraftlos erklären; die Kraftloserklärung muß nach den für die öffentliche Zustellung einer Ladung geltenden Vorschriften der Civilprozeßordnung veröffentlicht werden. Mit dem Ablauf eines Monats nach der letzten Einrückung in die öffentlichen Blätter wird die Kraftloserklärung wirksam.

Zuständig für die Bewilligung der Veröffentlichung ist sowohl das Amtsgericht, in dessen Bezirke der Vollmachtgeber seinen a. Gerichtsstand hat, als das Amtsgericht, welches für die K. auf Rückgabe der Urkunde, abgesehen von dem Werte des Streitgegenstandes, zuständig sein würde.

Die Kraftloserklärung ist unwirksam, wenn der Vollmachtgeber die Vollmacht nicht widerrufen kann.

Klageerhebung s. **Klage.**

Kläger.

Ehescheidung.

1574 Wird die Ehe aus einem der in den §§ 1565—1568 bestimmten Gründe geschieden, so ist in dem Urteil auszusprechen, daß der Beklagte die Schuld an der Scheidung trägt.

Hat der Beklagte Widerklage erhoben und wird auch diese für begründet erkannt, so sind beide Ehegatten für schuldig zu erklären.

Ohne Erhebung einer Widerklage ist auf Antrag des Beklagten auch der Kläger für schuldig zu erklären, wenn Thatsachen vorliegen, wegen deren der Beklagte auf Scheidung klagen könnte oder, falls sein Recht auf Scheidung durch Verzeihung oder durch Zeitablauf ausgeschlossen ist, zur Zeit des Eintritts des von dem K. geltend gemachten Scheidungsgrundes berechtigt war, auf Scheidung zu klagen. 1575, 1576.

Testament.

2193 Der Erblasser kann bei der Anordnung einer Auflage, deren Zweck er bestimmt hat, die Bestimmung der Person, an welche die Leistung erfolgen soll, dem Beschwerten oder einem Dritten überlassen.

Steht die Bestimmung dem Beschwerten zu, so kann ihm, wenn er zur Vollziehung der Auflage rechtskräftig verurteilt ist, von dem K. eine angemessene Frist zur Vollziehung bestimmt werden; nach dem Ablaufe der Frist ist der K. berechtigt, die Be-

§ stimmung zu treffen, wenn nicht die Vollziehung rechtzeitig erfolgt.

Steht die Bestimmung einem Dritten zu, so erfolgt sie durch Erklärung gegenüber dem Beschwerten. Kann der Dritte die Bestimmung nicht treffen, so geht das Bestimmungsrecht auf den Beschwerten über. Die Vorschrift des § 2151 Abs. 3 Satz 2 findet entsprechende Anwendung; zu den Beteiligten im Sinne dieser Vorschrift gehören der Beschwerte und diejenigen, welche die Vollziehung der Auflage zu verlangen berechtigt sind.

Klasse.

Testament.

2071 Hat der Erblasser ohne nähere Bestimmung eine K. von Personen oder Personen bedacht, die zu ihm in einem Dienst- oder Geschäftsverhältnisse stehen, so ist im Zweifel anzunehmen, daß diejenigen bedacht sind, welche zur Zeit des Erbfalls der bezeichneten K. angehören oder in dem bezeichneten Verhältnisse stehen.

Kleider.

Ehe.

1362 Zu Gunsten der Gläubiger des Mannes wird vermutet, daß die im Besitz eines der Ehegatten oder beider Ehegatten befindlichen beweglichen Sachen dem Manne gehören. Dies gilt insbesondere auch für Inhaberpapiere und für Orderpapiere, die mit Blankoindossament versehen sind.

Für die ausschließlich zum persönlichen Gebrauche der Frau bestimmten Sachen, insbesondere für K., Schmucksachen und Arbeitsgeräte, gilt im Verhältnisse der Ehegatten zu einander und zu den Gläubigern die Vermutung, daß die Sachen der Frau gehören.

Art. 16 **Einführungsgesetz** s. Ehe § 1362.

§ **Güterrecht.**

1366 Vorbehaltsgut sind die ausschließlich zum persönlichen Gebrauche der Frau bestimmten Sachen, insbesondere K., Schmucksachen und Arbeitsgeräte.

1477 Im Falle a. Gütergemeinschaft erfolgt die Teilung des nach der Berichtigung der Gesamtgutsverbindlichkeiten verbleibenden Überschusses nach den Vorschriften über die Gemeinschaft.

Jeder Ehegatte kann gegen Ersatz des Wertes die ausschließlich zu seinem persönlichen Gebrauche bestimmten Sachen, insbesondere K., Schmucksachen und Arbeitsgeräte, sowie diejenigen Gegenstände übernehmen, welche er in die Gütergemeinschaft eingebracht oder während der Gütergemeinschaft durch Erbfolge, durch Vermächtnis oder mit Rücksicht auf ein künftiges Erbrecht, durch Schenkung oder als Ausstattung erworben hat. 1474, 1498, 1502, 1546.

1498 Auf die Auseinandersetzung finden in Ansehung des Gesamtguts der f. Gütergemeinschaft die Vorschriften der §§ 1475, 1476, des § 1477 Abs. 1 und der §§ 1479—1481 Anwendung; an die Stelle des Mannes tritt der überlebende Ehegatte, an die Stelle der Frau treten die anteilsberechtigten Abkömmlinge. Die im § 1476 Abs. 2 Satz 2 bezeichnete Verpflichtung besteht nur für den überlebenden Ehegatten.

1502 Der überlebende Ehegatte ist berechtigt, das Gesamtgut oder einzelne dazu gehörende Gegenstände gegen Ersatz des Wertes zu übernehmen. Das Recht geht nicht auf den Erben über.

Wird die f. Gütergemeinschaft auf Grund des § 1495 durch Urteil aufgehoben, so steht dem überlebenden Ehegatten das im Abs. 1 bestimmte Recht nicht zu. Die anteilsberechtigten Abkömmlinge können in diesem Falle diejenigen Gegenstände gegen Ersatz

§ des Wertes übernehmen, welche der verstorbene Ehegatte nach § 1477 Abs. 2 zu übernehmen berechtigt sein würde. Das Recht kann von ihnen nur gemeinschaftlich ausgeübt werden.

1546 f. **Errungenschaftsgemeinschaft** — Güterrecht.

Verwandtschaft.

1650 Von der Nutznießung ausgeschlossen (freies Vermögen) sind die ausschließlich zum persönlichen Gebrauche des Kindes bestimmten Sachen, insbesondere K., Schmucksachen und Arbeitsgeräte.

Art. **Kleinbahnunternehmen.**

112 **Einführungsgesetz** s. **E.G.** — **E.G.**

Knappschaftskassen.

81 **Einführungsgesetz** f. Schuldverhältnis § 394.

§ **Schuldverhältnis.**

394 Soweit eine Forderung der Pfändung nicht unterworfen ist, findet die Aufrechnung gegen die Forderung nicht statt. Gegen die aus Kranken-, Hilfs- oder Sterbekassen, insbesondere aus K. und Kassen der Knappschaftsvereine, zu beziehenden Hebungen können jedoch geschuldete Beiträge aufgerechnet werden.

Art. **Knappschaftsverein.**

81 **Einführungsgesetz** f. Schuldver-

§ hältnis § 394.

394 **Schuldverhältnis** f. **Knappschaftskassen** — Schuldverhältnis.

Kommune.

1642 **Verwandtschaft** f. Vormundschaft 1807.

Vormundschaft.

1807 Die im § 1806 vorgeschriebene Anlegung von Mündelgeld soll nur erfolgen:

§ 1. . . . .

4. in Wertpapieren, insbesondere Pfandbriefen, sowie in verbrieften Forderungen jeder Art gegen eine inländische kommunale Körperschaft oder die Kreditanstalt einer solchen Körperschaft, sofern die Wertpapiere oder die Forderungen von dem Bundesrate zur Anlegung von Mündelgeld für geeignet erklärt sind.

5. . . . .

Die L.G. können für die innerhalb ihres Geltungsbereichs belegenen Grundstücke die Grundsätze bestimmen, nach denen die Sicherheit einer Hypothek, einer Grundschuld oder einer Rentenschuld festzustellen ist. 1808, 1810, 1811, 1813.

Art. **Kommunalverband.**

77 **Einführungsgesetz** 126 f. **E.G.** — E.G.

§ **Schuldverhältnis.**

395 Gegen eine Forderung des Reichs oder eines Bundesstaats sowie gegen eine Forderung einer Gemeinde oder eines anderen K. ist die Aufrechnung nur zulässig, wenn die Leistung an dieselbe Kasse zu erfolgen hat, aus der die Forderung des Aufrechnenden zu berichtigen ist.

Kongregation.

Art. **Einführungsgesetz.**

87 Unberührt bleiben die landesg. Vorschriften, welche die Wirksamkeit von Schenkungen an Mitglieder religiöser Orden oder ordensähnlicher K. von staatlicher Genehmigung abhängig machen.

Unberührt bleiben die landesg. Vorschriften, nach welchen Mitglieder religiöser Orden oder ordensähnlicher K. nur mit staatlicher Genehmigung von Todeswegen erwerben können.

Art. Die Vorschriften des Artikel *86* Satz 2 finden entsprechende Anwendung.

Mitglieder solcher religiöser Orden oder ordensähnlicher K. bei denen Gelübde auf Lebenszeit oder auf unbestimmte Zeit nicht abgelegt werden, unterliegen nicht den in den Abs. 1, 2 bezeichneten Vorschriften.

Königshaus.

Einführungsgesetz.

57 In Ansehung der Landesherren und der Mitglieder der landesherrlichen Familien sowie der Mitglieder der Fürstlichen Familie Hohenzollern finden die Vorschriften des B.G.B. nur insoweit Anwendung, als nicht besondere Vorschriften der Hausverfassungen oder der L.G. abweichende Bestimmungen enthalten.

Das Gleiche gilt in Ansehung der Mitglieder des vormaligen Hannoverschen K., des vormaligen Kurhessischen und des vormaligen Herzoglich Nassauischen Fürstenhauses. *60, 61.*

Konkurs s. auch **Konkurseröffnung.**

§ **Eigentum.**

941 s. Verjährung 209.

Art. **Einführungsgesetz.**

131 Unberührt bleiben die landesg. Vorschriften, welche für den Fall, daß jedem der Miteigentümer eines mit einem Gebäude versehenen Grundstücks die ausschließliche Benutzung eines Teiles des Gebäudes eingeräumt ist, das Gemeinschaftsverhältnis näher bestimmen, die Anwendung der §§ 749 bis 751 des B.G.B. ausschließen und für den Fall des K. über das Vermögen eines Miteigentümers dem Konkursverwalter das Recht, die Aufhebung der Gemeinschaft zu verlangen, versagen.

146 s. Schuldverhältnis § 377.

Art.

163 s. Juristische Personen des öff. Rechts § 89, Verein § 42.

§ **Erbe.**

1971, 1974, 1991 s. **Erbe** — Erbe.

Güterrecht.

1419 Die Verwaltung und Nutznießung des eingebrachten Gutes endigt bei g. Güterrecht mit der Rechtskraft des Beschlusses, durch den der K. über das Vermögen des Mannes eröffnet wird. 1426.

1426 Tritt nach § 1364 die Verwaltung und Nutznießung des Mannes nicht ein oder endigt sie auf Grund der §§ 1418—1420, so tritt Gütertrennung ein.

Für die Gütertrennung gelten die Vorschriften der §§ 1427—1431.

1480, 1504 s. Erbe 1991.

1543, 1547 s. **Errungenschaftsgemeinschaft** — Güterrecht.

Juristische Personen d. öff. Rechts.

89 Die Vorschrift des § 31 (Schadensersatzpflicht) findet auf den Fiskus sowie auf die Körperschaften, Stiftungen und Anstalten des öffentlichen Rechtes entsprechende Anwendung.

Das Gleiche gilt, soweit bei Körperschaften, Stiftungen und Anstalten des öffentlichen Rechtes, der K. zulässig ist, von der Vorschrift des § 42 Abs. 2.

Schuldverhältnis.

377 Das Recht zur Rücknahme der hinterlegten geschuldeten Sache ist der Pfändung nicht unterworfen.

Wird über das Vermögen des Schuldners der K. eröffnet, so kann während des K. das Recht zur Rücknahme auch nicht von dem Schuldner ausgeübt werden.

401 Mit der abgetretenen Forderung gehen die Hypotheken oder Pfandrechte, die für sie bestehen, sowie die Rechte aus einer für sie bestellten Bürgschaft auf den neuen Gläubiger über.

Ein mit der Forderung für den

§ Fall der Zwangsvollstreckung oder des K. verbundenes Vorzugsrecht kann auch der neue Gläubiger geltend machen. 412.

418 Infolge der Schuldübernahme erlöschen die für die Forderung bestellten Bürgschaften und Pfandrechte. Besteht für die Forderung eine Hypothek, so tritt das Gleiche ein, wie wenn der Gläubiger auf die Hypothek verzichtet. Diese Vorschriften finden keine Anwendung, wenn der Bürge oder derjenige, welchem der verhaftete Gegenstand zur Zeit der Schuldübernahme gehört, in diese einwilligt.

Ein mit der Forderung für den Fall des K. verbundenes Vorzugsrecht kann nicht im K. über das Vermögen des Übernehmers geltend gemacht werden.

419 f. Erbe 1991.

86 **Stiftung** f. Verein 42.

2145 **Testament** f. Erbe 1991.

Verein.

42 Der Verein verliert die Rechtsfähigkeit durch die Eröffnung des K.

Der Vorstand hat im Falle der Überschuldung die Eröffnung des K. zu beantragen. Wird die Stellung des Antrags verzögert, so sind die Vorstandsmitglieder, denen ein Verschulden zur Last fällt, den Gläubigern für den daraus entstehenden Schaden verantwortlich; sie haften als Gesamtschuldner. 53.

Verjährung.

209 Die Verjährung wird unterbrochen, wenn der Berechtigte auf Befriedigung oder auf Feststellung des Anspruchs, auf Erteilung der Vollstreckungsklausel oder auf Erlassung des Vollstreckungsurteils Klage erhebt.

Der Erhebung der Klage stehen gleich:

1. . . . .

§ 2. Die Anmeldung des Anspruchs im K.; 220.

214 Die Unterbrechung der Verjährung durch Anmeldung im K. dauert fort, bis der K. beendigt ist.

Die Unterbrechung gilt als nicht erfolgt, wenn die Anmeldung zurückgenommen wird.

Wird bei der Beendigung des K. für eine Forderung, die infolge eines bei der Prüfung erhobenen Widerspruchs in Prozeß befangen ist, ein Betrag zurückbehalten, so dauert die Unterbrechung auch nach der Beendigung des K. fort; das Ende der Unterbrechung bestimmt sich nach den Vorschriften des § 211.

218 Ein rechtskräftig festgestellter Anspruch verjährt in dreißig Jahren, auch wenn er an sich einer kürzeren Verjährung unterliegt. Das Gleiche gilt von dem Anspruch aus einem vollstreckbaren Vergleich oder einer vollstreckbaren Urkunde sowie von einem Anspruche, welcher durch die im K. erfolgte Feststellung vollstreckbar geworden ist.

Soweit sich die Feststellung auf regelmäßig wiederkehrende, erst künftig fällig werdende Leistungen bezieht, bewendet es bei der kürzeren Verjährungsfrist. 219, 220.

Verwandtschaft.

1647 Die Vermögensverwaltung des Vaters endigt mit der Rechtskraft des Beschlusses, durch den der K. über das Vermögen des Vaters eröffnet wird.

Nach der Aufhebung des K. kann das Vormundschaftsgericht die Verwaltung dem Vater wieder übertragen.

Vormundschaft.

1781 Zum Vormunde soll nicht bestellt werden:

1. . . . .

3. wer in K. geraten ist, während

§ fugnis, den Nachlaß zu verwalten und über ihn zu verfügen. Die Vorschriften der §§ 6, 7 der K. finden entsprechende Anwendung. Ein Anspruch, der sich gegen den Nachlaß richtet, kann nur gegen den Nachlaßverwalter geltend gemacht werden.

Zwangsvollstreckungen und Arreste in den Nachlaß zu Gunsten eines Gläubigers, der nicht Nachlaßgläubiger ist, sind ausgeschlossen.

Art. **Konkursverfahren.**

33 **Einführungsgesetz** s. **E.G.** — E.G.

§ **Erbe.**

1990 Ist die Anordnung der Nachlaßverwaltung oder die Eröffnung des Nachlaßkonkurses wegen Mangels einer den Kosten entsprechenden Masse nicht thunlich oder wird aus diesem Grunde die Nachlaßverwaltung aufgehoben oder das K. eingestellt, so kann der Erbe die Befriedigung eines Nachlaßgläubigers insoweit verweigern, als der Nachlaß nicht ausreicht. Der Erbe ist in diesem Falle verpflichtet, den Nachlaß zum Zwecke der Befriedigung des Gläubigers im Wege der Zwangsvollstreckung herauszugeben.

Das Recht des Erben wird nicht dadurch ausgeschlossen, daß der Gläubiger nach dem Eintritte des Erbfalls im Wege der Zwangsvollstreckung oder der Arrestvollziehung ein Pfandrecht oder eine Hypothek oder im Wege der einstweiligen Verfügung eine Vormerkung erlangt hat. 1991, 1992, 2013, 2036.

1480 **Güterrecht** 1504 s. Erbe 1990.

419 **Schuldverhältnis** s. Erbe 1990.

2145 **Testament** s. Erbe 1990.

Konkursverwalter.

Bedingung.

161 Hat jemand unter einer aufschiebenden

§ Bedingung über einen Gegenstand verfügt, so ist jede weitere Verfügung, die er während der Schwebezeit über den Gegenstand trifft, im Falle des Eintritts der Bedingung insoweit unwirksam, als sie die von der Bedingung abhängige Wirkung vereiteln oder beeinträchtigen würde. Einer solchen Verfügung steht eine Verfügung gleich, die während der Schwebezeit im Wege der Zwangsvollstreckung oder der Arrestvollziehung oder durch den K. erfolgt.

Dasselbe gilt bei einer auflösenden Bedingung von den Verfügungen desjenigen, dessen Recht mit dem Eintritte der Bedingung endigt.

Die Vorschriften zu Gunsten derjenigen, welche Rechte von einem Nichtberechtigten herleiten, finden ent-

Art. sprechende Anwendung. 163.

131 **Einführungsgesetz** s. **E.G.** — E.G.

§ **Grundstück.**

883 Eine Verfügung, die nach der Eintragung der Vormerkung über das Grundstück oder das Recht getroffen wird, ist insoweit unwirksam, als sie den Anspruch vereiteln oder beeinträchtigen würde. Dies gilt auch, wenn die Verfügung im Wege der Zwangsvollstreckung oder der Arrestvollziehung oder durch den K. erfolgt.

Der Rang des Rechtes, auf dessen Einräumung der Anspruch gerichtet ist, bestimmt sich nach der Eintragung der Vormerkung.

Kauf.

457, 499, 512 s. **Kauf** — Kauf.

467, 487 s. Vertrag 353.

280 **Leistung** 286 s. Vertrag 353.

Testament.

2115 Eine Verfügung über einen Erbschaftsgegenstand, die im Wege der Zwangsvollstreckung oder der Arrestvollziehung oder durch den K. erfolgt, ist im Falle

§ des Eintritts der Nacherbfolge insoweit unwirksam, als sie das Recht des Nacherben vereiteln oder beeinträchtigen würde. Die Verfügung ist unbeschränkt wirksam, wenn der Anspruch eines Nachlaßgläubigers oder ein an einem Erbschaftsgegenstande bestehendes Recht geltend gemacht wird, das im Falle des Eintritts der Nacherbfolge dem Nacherben gegenüber wirksam ist. 2112.

Vertrag.

353 Hat der Berechtigte den empfangenen Gegenstand oder einen erheblichen Teil des Gegenstandes veräußert oder mit dem Rechte eines Dritten belastet, so ist der Rücktritt ausgeschlossen, wenn bei demjenigen, welcher den Gegenstand infolge der Verfügung erlangt hat, die Voraussetzungen des § 351 oder des § 352 eingetreten sind.

Einer Verfügung des Berechtigten steht eine Verfügung gleich, die im Wege der Zwangsvollstreckung oder der Arrestvollziehung oder durch den K. erfolgt. 327.

Vorkaufsrecht.

1098 Das Rechtsverhältnis zwischen dem Berechtigten und dem Verpflichteten bestimmt sich nach den Vorschriften der §§ 504—514. Das Vorkaufsrecht kann auch dann ausgeübt werden, wenn das Grundstück von dem K. aus freier Hand verkauft wird.

Dritten gegenüber hat das Vorkaufsrecht die Wirkung einer Vormerkung zur Sicherung des durch die Ausübung des Rechtes entstehenden Anspruchs auf Übertragung des Eigentums.

Zustimmung.

184 Die nachträgliche Zustimmung (Genehmigung) wirkt auf den Zeitpunkt der Vornahme des Rechtsgeschäfts zurück, soweit nicht ein anderes bestimmt ist.

§ Durch die Rückwirkung werden Verfügungen nicht unwirksam, die vor der Genehmigung über den Gegenstand des Rechtsgeschäfts von dem Genehmigenden getroffen worden oder im Wege der Zwangsvollstreckung oder der Arrestvollziehung oder durch den K. erfolgt sind.

Körper.

618 **Dienstvertrag** s. Handlung 843, 845.

908 **Eigentum** s. Handlung 836.

Art. *210* **Einführungsgesetz** s. E.G. — E.G.

§ 1418 **Güterrecht** 1428 s. Vormundschaft 1910.

Handlung.

823, 832, 833, 836, 843, 845, 847 s. **Handlung** — Handlung.

Pflichtteil.

2333 Der Erblasser kann einem Abkömmlinge den Pflichtteil entziehen:

1. . . . .
2. wenn der Abkömmling sich einer vorsätzlichen körperlichen Mißhandlung des Erblassers oder des Ehegatten des Erblassers schuldig macht, im Falle der Mißhandlung des Ehegatten jedoch nur, wenn der Abkömmling von diesem abstammt.

Sachen.

90 Sachen im Sinne des G. sind nur körperliche Gegenstände.

2201 **Testament** s. Vormundschaft 1910.

Verwandtschaft.

1676 s. Vormundschaft 1910.

1708 Ist das uneheliche Kind zur Zeit der Vollendung des sechzehnten Lebensjahrs infolge körperlicher oder geistiger Gebrechen außer stande, sich selbst zu unterhalten, so hat ihm der Vater auch über diese Zeit hinaus Unterhalt zu gewähren; die Vorschrift des

§ 1603 Abs. 1 findet Anwendung. 1717.

Vormundschaft.

1850 Der Gemeindewaisenrat hat in Unterstützung des Vormundschaftsgerichts darüber zu wachen, daß die Vormünder der sich in seinem Bezirk aufhaltenden Mündel für die Person der Mündel, insbesondere für ihre Erziehung und ihre körperliche Pflege, pflichtmäßig Sorge tragen. Er hat dem Vormundschaftsgerichte Mängel und Pflichtwidrigkeiten, die er in dieser Hinsicht wahrnimmt, anzuzeigen und auf Erfordern über das persönliche Ergehen und das Verhalten eines Mündels Auskunft zu erteilen.

1910 Ein Volljähriger, der nicht unter Vormundschaft steht, kann einen Pfleger für seine Person und sein Vermögen erhalten, wenn er infolge körperlicher Gebrechen, insbesondere weil er taub, blind oder stumm ist, seine Angelegenheiten nicht zu besorgen vermag.

Vermag ein Volljähriger, der nicht unter Vormundschaft steht, infolge geistiger oder körperlicher Gebrechen einzelne seiner Angelegenheiten oder einen bestimmten Kreis seiner Angelegenheiten, insbesondere seine Vermögensangelegenheiten, nicht zu besorgen, so kann er für diese Angelegenheiten einen Pfleger erhalten.

Die Pflegschaft darf nur mit Einwilligung des Gebrechlichen angeordnet werden, es sei denn, daß eine Verständigung mit ihm nicht möglich ist. 1781, 1920.

Körperschaft.

Art. **Einführungsgesetz.**

85, 91, 100, 101, 138 s. **E.G.** — E.G.

163 s. Juristische Personen des öff. Rechts § 89.

§ **Juristische Personen des öff. Rechts.**

89 Die Vorschrift des § 31 (Schadensersatzpflicht) findet auf den Fiskus sowie auf die K., Stiftungen und Anstalten des öffentlichen Rechts entsprechende Anwendung.

Das Gleiche gilt, soweit bei K., Stiftungen und Anstalten des öffentlichen Rechts, der Konkurs zulässig ist, von der Vorschrift des § 42 Abs. 2.

1642 **Verwandtschaft** s. Vormundschaft 1807.

Vormundschaft.

1807 Die im § 1806 vorgeschriebene Anlegung von Mündelgeld soll nur erfolgen:

1. . . . .

4. in Wertpapieren, insbesondere Pfandbriefen, sowie in verbrieften Forderungen jeder Art gegen eine inländische kommunale K. oder die Kreditanstalt einer solchen K. sofern die Wertpapiere oder die Forderungen von dem Bundesrate zur Anlegung von Mündelgeld für geeignet erklärt sind.

5. . . . .

Die L.G. können für die innerhalb ihres Geltungsbereiches belegenen Grundstücke die Grundsätze bestimmen, nach denen die Sicherheit einer Hypothek, einer Grundschuld oder einer Rentenschuld festzustellen ist. 1808, 1810, 1811, 1813.

Körperverletzung.

Art. **Einführungsgesetz.**

42 Änderung des G., betreffend die Verbindlichkeit zum Schadensersatze für die bei dem Betriebe von Eisenbahnen, Bergwerken usw. herbeigeführten Tötungen und K., vom 7. Juni 1871.

Kostbarkeiten.

Art. **Einführungsgesetz.**

140 s. Erbe § 1960.

146 s. **E.G.** — E.G.

§ **Erbe.**

1960 Bis zur Annahme der Erbschaft hat das Nachlaßgericht für die Sicherung des Nachlasses zu sorgen, soweit ein Bedürfnis besteht. Das Gleiche gilt, wenn der Erbe unbekannt oder wenn ungewiß ist, ob er die Erbschaft angenommen hat.

Das Nachlaßgericht kann insbesondere die Anlegung von Siegeln, die Hinterlegung von Geld, Wertpapieren und K., sowie die Aufnahme eines Nachlaßverzeichnisses anordnen und für denjenigen, welcher Erbe wird, einen Pfleger (Nachlaßpfleger) bestellen.

Die Vorschrift des § 1958 findet auf den Nachlaßpfleger keine Anwendung. 1961, 2012.

Sachen.

702 Für von den Gästen eingebrachtes Geld, Wertpapiere und K. haftet der Gastwirt nach § 701 nur bis zu dem Betrage von eintausend Mark, es sei denn, daß er diese Gegenstände in Kenntnis ihrer Eigenschaft als Wertsachen zur Aufbewahrung übernimmt oder die Aufbewahrung ablehnt oder daß der Schaden von ihm oder von seinen Leuten verschuldet wird. 703.

Schuldverhältnis.

372 Geld, Wertpapiere und sonstige Urkunden. sowie K. kann der Schuldner bei einer dazu bestimmten öffentlichen Stelle für den Gläubiger hinterlegen, wenn der Gläubiger im Verzuge der Annahme ist. Das Gleiche gilt, wenn der Schuldner aus einem anderen in der Person des Gläubigers liegenden Grunde oder infolge einer nicht auf Fahrlässigkeit beruhenden Ungewißheit über die Person des Gläubigers seine Verbindlichkeit nicht oder nicht mit Sicherheit erfüllen kann. 383.

§ **Verwandtschaft.**

1667 Erscheint das Vermögen des Kindes durch die vom Vater geführte Verwaltung gefährdet, so hat der Vater auf Anordnung des Vormundschaftsgerichts über das seiner Verwaltung unterliegende Vermögen des Kindes ein Verzeichnis aufzustellen und dies mit der Versicherung der Richtigkeit und Vollständigkeit zu versehen. Ist das eingereichte Verzeichnis ungenügend, so findet die Vorschrift des § 1640 Abs. 2 Satz 1 Anwendung. Das Vormundschaftsgericht kann auch, wenn Wertpapiere, K. oder Buchforderungen gegen das Reich oder einen Bundesstaat zu dem Vermögen des Kindes gehören, dem Vater die gleichen Verpflichtungen auferlegen, welche nach den §§ 1814—1816, 1818 einem Vormund obliegen; die Vorschriften der §§ 1819, 1820 finden entsprechende Anwendung.

Die Kosten der angeordneten Maßregeln fallen dem Vater zur Last. 1668, 1670, 1687, 1692.

Vormundschaft.

1818 Das Vormundschaftsgericht kann aus besonderen Gründen anordnen, daß der Vormund auch solche zu dem Vermögen des Mündels gehörende Wertpapiere, zu deren Hinterlegung er nach § 1814 nicht verpflichtet ist, sowie K. des Mündels in der im § 1814 bezeichneten Weise zu hinterlegen hat; auf Antrag des Vormundes kann die Hinterlegung von Zins-, Renten- und Gewinnanteilscheinen angeordnet werden, auch wenn ein besonderer Grund nicht vorliegt. 1819.

1819 Solange die nach § 1814 oder nach § 1818 hinterlegten Wertpapiere oder K. nicht zurückgenommen sind, bedarf der Vormund zu einer Verfügung über

§ sie und, wenn Hypotheken-, Grundschuld- oder Rentenschuldbriefe hinterlegt sind, zu einer Verfügung über die Hypothekenforderung, die Grundschuld oder die Rentenschuld der Genehmigung des Vormundschaftsgerichts. Das Gleiche gilt von der Eingehung der Verpflichtung zu einer solchen Verfügung. 1812.

Kosten.

Bereicherung.

812 Wer durch die Leistung eines anderen oder in sonstiger Weise auf dessen K. etwas ohne rechtlichen Grund erlangt, ist ihm zur Herausgabe verpflichtet. Diese Verpflichtung besteht auch dann, wenn der rechtliche Grund später wegfällt oder der mit einer Leistung nach dem Inhalte des Rechtsgeschäfts bezweckte Erfolg nicht eintritt.

Als Leistung gilt auch die durch Vertrag erfolgte Anerkennung des Bestehens oder des Nichtbestehens eines Schuldverhältnisses.

Bürgschaft.

767 Der Bürge haftet für die dem Gläubiger von dem Hauptschuldner zu ersetzenden K. der Kündigung und der Rechtsverfolgung.

Dienstbarkeit.

1090 s. **Grunddienstbarkeit** — Grunddienstbarkeit 1023.

1093 s. Nießbrauch 1034.

Dienstvertrag.

617 Ist bei einem dauernden Dienstverhältnisse, welches die Erwerbsthätigkeit des Verpflichteten vollständig oder hauptsächlich in Anspruch nimmt, der Verpflichtete in die häusliche Gemeinschaft aufgenommen, so hat der Dienstberechtigte ihm im Falle der Erkrankung die erforderliche Verpflegung und ärztliche Behandlung bis zur Dauer von sechs Wochen, jedoch nicht über die Beendigung des Dienstverhältnisses

§ hinaus, zu gewähren, sofern nicht die Erkrankung von dem Verpflichteten vorsätzlich oder durch grobe Fahrlässigkeit herbeigeführt worden ist. Die Verpflegung und ärztliche Behandlung kann durch Aufnahme des Verpflichteten in eine Krankenanstalt gewährt werden. Die K. können auf die für die Zeit der Erkrankung geschuldete Vergütung angerechnet werden. Wird das Dienstverhältnis wegen der Erkrankung von dem Dienstberechtigten nach § 626 gekündigt, so bleibt die dadurch herbeigeführte Beendigung des Dienstverhältnisses außer Betracht.

Die Verpflichtung des Dienstberechtigten tritt nicht ein, wenn für die Verpflegung und ärztliche Behandlung durch eine Versicherung oder durch eine Einrichtung der öffentlichen Krankenpflege Vorsorge getroffen ist. 619.

618 s. Handlung 844

Ehe.

1308 Wird die elterliche Einwilligung zur Eheschließung einem volljährigen Kinde verweigert, so kann sie auf dessen Antrag durch das Vormundschaftsgericht ersetzt werden. Das Vormundschaftsgericht hat die Einwilligung zu ersetzen, wenn sie ohne wichtigen Grund verweigert wird.

Vor der Entscheidung soll das Vormundschaftsgericht Verwandte oder Verschwägerte des Kindes hören, wenn es ohne erhebliche Verzögerung und ohne unverhältnismäßige K. geschehen kann. Für den Ersatz der Auslagen gilt die Vorschrift des § 1847 Abs. 2.

1314 s. Verwandtschaft 1669.

1360 s. Verwandtschaft 1615.

1580 **Ehescheidung** s. Verwandtschaft 1610, 1615.

Eigentum.

919 K. der Abmarkung s. **Eigentum** — Eigentum.

922 K. der Unterhaltung einer gemein-

§ schaftlichen Einrichtung s. **Eigentum** — Eigentum.

923 K. der Beseitigung eines auf der Grenze stehenden Baumes s. **Eigentum** — Eigentum.

948 Der Untrennbarkeit steht es gleich, wenn die Trennung der vermischten oder vermengten Sachen mit unverhältnismäßigen K. verbunden sein würde. 949, 951.

966, 980 K. der Aufbewahrung einer gefundenen Sache s. **Eigentum** — Eigentum.

981 K. der Versteigerung einer gefundenen Sache s. **Eigentum** — Eigentum.

994 Der Besitzer kann für die auf die Sache gemachten notwendigen Verwendungen von dem Eigentümer Ersatz verlangen. Die gewöhnlichen Erhaltungsk. sind ihm jedoch für die Zeit, für welche ihm die Nutzungen verbleiben, nicht zu ersetzen. 995, 997, 1007.

997 s. Leistung 258.

998 Ist ein landwirtschaftliches Grundstück herauszugeben, so hat der Eigentümer die K., die der Besitzer auf die noch nicht getrennten, jedoch nach den Regeln einer ordnungsmäßigen Wirtschaft vor dem Ende des Wirtschaftsjahres zu trennenden Früchte verwendet hat, insoweit zu ersetzen, als sie einer ordnungsmäßigen Wirtschaft entsprechen und den Wert dieser Früchte nicht übersteigen. 1007.

Art. **Einführungsgesetz.**

21, 104, 135, 187 s. **E.G.** — E.G.

95 s. Dienstvertrag § 617.

122, 183 s. **Eigentum** — Eigentum § 923.

146 s. **Hinterlegung** — Schuldverhältnis § 381.

174 s. **Schuldverschreibung** — Schuldverschreibung §§ 798—800.

184 s. **Grunddienstbarkeit** — Grunddienstbarkeit § 1023.

§ **Erbe.**

1965 K. der Aufforderung zur Anmeldung von Erbrechten s. **Erbe** — Erbe.

1968 Der Erbe trägt die K. der standesmäßigen Beerdigung des Erblassers.

1980 K. des Aufgebots der Nachlaßgläubiger s. **Erbe** — Erbe.

1982 Die Anordnung der Nachlaßverwaltung kann abgelehnt werden, wenn eine den K. entsprechende Masse nicht vorhanden ist.

1988 Die Nachlaßverwaltung kann aufgehoben werden, wenn sich ergiebt, daß eine den K. entsprechende Masse nicht vorhanden ist.

1990 Ist die Anordnung der Nachlaßverwaltung oder die Eröffnung des Nachlaßkonkurses wegen Mangels einer den K. entsprechenden Masse nicht thunlich oder wird aus diesem Grunde die Nachlaßverwaltung aufgehoben oder das Konkursverfahren eingestellt, so kann der Erbe die Befriedigung eines Nachlaßgläubigers insoweit verweigern, als der Nachlaß nicht ausreicht. 1991, 1992, 2013, 2036.

2061 K. der Aufforderung der Nachlaßgläubiger zur Anmeldung ihrer Forderungen s. **Erbe** — Erbe.

2028, 2057 s. Leistung 261.

2038 s. **Gemeinschaft** — Gemeinschaft 748.

2042 s. Gemeinschaft 753.

Gemeinschaft.

748 K. der Erhaltung, der Verwaltung und der gemeinschaftlichen Benutzung eines Gegenstandes s. **Gemeinschaft** — Gemeinschaft.

753 Hat bei einer mehreren gehörigen Sache der Versuch, diesen gemeinschaftlichen Gegenstand zu verkaufen, keinen Erfolg gehabt, so kann jeder Teilhaber die Wiederholung verlangen, er hat jedoch die K. zu tragen, wenn der wiederholte Versuch mißlingt.

Grunddienstbarkeit.

1023 K. der Verlegung der Ausübung einer

§ Grunddienstbarkeit s. **Grunddienstbarkeit** — Grunddienstbarkeit.

Grundstück.

897 K. der Berichtigung des Grundbuchs und der dazu erforderlichen Erklärungen s. **Grundstück** — Grundstück.

Güterrecht.

1372 Jeder Ehegatte kann bei g. Güterrecht den Zustand der zum eingebrachten Gute gehörenden Sachen auf seine K. durch Sachverständige feststellen lassen.

s. Nießbrauch 1035.

1384 Der Mann hat bei g. Güterrecht außer den K., welche durch die Gewinnung der Nutzungen entstehen, die K. der Erhaltung der zum eingebrachten Gute gehörenden Gegenstände nach den für den Nießbrauch geltenden Vorschriften zu tragen. 1529.

1387 Der Mann ist bei g. Güterrecht der Frau gegenüber verpflichtet, zu tragen:

1. die K. eines Rechtsstreits, in welchem er ein zum eingebrachten Gute gehörendes Recht geltend macht, sowie die K. eines Rechtsstreits, den die Frau führt, sofern nicht die K. dem Vorbehaltsgute zur Last fallen;
2. die K. der Verteidigung der Frau in einem gegen sie gerichteten Strafverfahren, sofern die Aufwendung der K. den Umständen nach geboten ist oder mit Zustimmung des Mannes erfolgt, vorbehaltlich der Ersatzpflicht der Frau im Falle ihrer Verurteilung. 1388, 1529.

1412 Für die K. eines Rechtsstreits der Frau haftet bei g. Güterrecht das eingebrachte Gut auch dann, wenn das Urteil dem Manne gegenüber in Ansehung des eingebrachten Gutes nicht wirksam ist. 1411, 1525.

1415 Im Verhältnisse der Ehegatten zu einander fallen bei g. Güterrecht dem Vorbehaltsgute zur Last:

1. die Verbindlichkeiten der Frau aus einer unerlaubten Handlung, die sie während der Ehe begeht, oder aus einem Strafverfahren, das wegen einer solchen Handlung gegen sie gerichtet wird;
2. die Verbindlichkeiten der Frau aus einem sich auf das Vorbehaltsgut beziehenden Rechtsverhältnis, auch wenn sie vor der Eingehung der Ehe oder vor der Zeit entstanden sind, zu der das Gut Vorbehaltsgut geworden ist;
3. die K. eines Rechtsstreits, den die Frau über eine der in Nr. 1, 2 bezeichneten Verbindlichkeiten führt. 1416, 1417, 1525.

1416 Im Verhältnisse der Ehegatten zu einander fallen die K. eines Rechtsstreits zwischen ihnen dem Vorbehaltsgute zur Last, soweit nicht der Mann sie zu tragen hat.

Das Gleiche gilt von den K. eines Rechtsstreits zwischen der Frau und einem Dritten, es sei denn, daß das Urteil dem Manne gegenüber in Ansehung des eingebrachten Gutes wirksam ist. Betrifft jedoch der Rechtsstreit eine persönliche Angelegenheit der Frau oder eine nicht unter die Vorschriften des § 1415 Nr. 1, 2 fallende Verbindlichkeit, für die das eingebrachte Gut haftet, so findet diese Vorschrift keine Anwendung, wenn die Aufwendung der K. den Umständen nach geboten ist. 1417, 1525.

1421 s. Pacht 592.

1430 Überläßt die Frau bei Gütertrennung ihr Vermögen ganz oder teilweise der Verwaltung des Mannes, so kann der Mann die Einkünfte, die er während seiner Verwaltung bezieht, nach freiem Ermessen ver-

§ wenden, soweit nicht ihre Verwendung zur Bestreitung der K. der ordnungsmäßigen Verwaltung und zur Erfüllung solcher Verpflichtungen der Frau erforderlich ist, die bei ordnungsmäßiger Verwaltung aus den Einkünften des Vermögens bestritten werden. Die Frau kann eine abweichende Bestimmung treffen. 1426.

1460 Für die K. eines Rechtsstreits der Frau haftet bei a. Gütergemeinschaft das Gesamtgut auch dann, wenn das Urteil dem Gesamtgute gegenüber nicht wirksam ist. 1459.

1463 Im Verhältnisse der Ehegatten zu einander fallen bei a. Gütergemeinschaft folgende Gesamtgutsverbindlichkeiten dem Ehegatten zur Last, in dessen Person sie entstehen:

1. die Verbindlichkeiten aus einer unerlaubten Handlung, die er nach dem Eintritte der Gütergemeinschaft begeht, oder aus einem Strafverfahren, das wegen einer solchen Handlung gegen ihn gerichtet wird;
2. die Verbindlichkeiten aus einem sich auf sein Vorbehaltsgut beziehenden Rechtsverhältnis, auch wenn sie vor dem Eintritte der Gütergemeinschaft oder vor der Zeit entstanden sind, zu der das Gut Vorbehaltsgut geworden ist;
3. die K. eines Rechtsstreits über eine der in Nr. 1, 2 bezeichneten Verbindlichkeiten. 1464.

1464 Im Verhältnisse der Ehegatten zu einander fallen bei a. Gütergemeinschaft die K. eines Rechtsstreits zwischen ihnen der Frau zur Last soweit nicht der Mann sie zu tragen hat.

Das Gleiche gilt von den K. eines Rechtsstreits zwischen der Frau und einem Dritten, es sei denn, daß das Urteil dem Gesamtgute gegenüber wirksam ist. Betrifft jedoch der Rechtsstreit eine persönliche Angelegenheit der Frau oder eine nicht unter die Vorschriften des § 1463 Nr. 1, 2 fallende Gesamtgutsverbindlichkeit der Frau, so findet diese Vorschrift keine Anwendung, wenn die Aufwendung der K. den Umständen nach geboten ist.

1480, 1504 s. Erbe 1990.

1525, 1529 s. **Errungenschaftsgemeinschaft** — Güterrecht.

1528 Jeder Ehegatte kann bei der Errungenschaftsgemeinschaft den Zustand der zum eingebrachten Gute gehörenden Sachen auf seine K. durch Sachverständige feststellen lassen.

s. Nießbrauch 1035.

1532 Das Gesamtgut haftet für eine Verbindlichkeit der Frau, die aus einem nach dem Eintritte der Errungenschaftsgemeinschaft vorgenommenen Rechtsgeschäft entsteht, sowie für die K. eines Rechtsstreits, den die Frau nach dem Eintritte der Errungenschaftsgemeinschaft führt, wenn die Vornahme des Rechtsgeschäfts oder die Führung des Rechtsstreits mit Zustimmung des Mannes erfolgt oder ohne seine Zustimmung für das Gesamtgut wirksam ist. 1530.

1535 Im Verhältnisse der Ehegatten zu einander fallen folgende Gesamtgutsverbindlichkeiten bei der Errungenschaftsgemeinschaft dem Ehegatten zur Last, in dessen Person sie entstehen:

1. die Verbindlichkeiten aus einem sich auf sein eingebrachtes Gut oder sein Vorbehaltsgut beziehenden Rechtsverhältnis, auch wenn sie vor dem Eintritte der Errungenschaftsgemeinschaft oder vor der Zeit entstanden sind, zu der das Gut eingebrachtes Gut oder Vorbehaltsgut geworden ist;

§ 2. die K. eines Rechtsstreits, den der Ehegatte über eine der in Nr. 1 bezeichneten Verbindlichkeiten führt. 1537.

1536 Im Verhältnisse der Ehegatten zu einander fallen bei der Errungenschaftsgemeinschaft dem Manne zur Last:
1. die vor dem Eintritte der Errungenschaftsgemeinschaft entstandenen Verbindlichkeiten des Mannes;
2. die Verbindlichkeiten des Mannes, die der Frau gegenüber aus der Verwaltung ihres eingebrachten Gutes entstehen, soweit nicht das Gesamtgut zur Zeit der Beendigung der Errungenschaftsgemeinschaft bereichert ist;
3. die Verbindlichkeiten des Mannes aus einer unerlaubten Handlung, die er nach dem Eintrite der Errungenschaftsgemeinschaft begeht, oder aus einem Strafverfahren, das wegen einer unerlaubten Handlung gegen ihn gerichtet wird;
4. die K. eines Rechtsstreits, den der Mann über eine der in Nr. 1 bis 3 bezeichneten Verbindlichkeiten führt. 1537.

1539 Soweit das eingebrachte Gut eines Ehegatten auf K. des Gesamtguts oder das Gesamtgut auf K. des eingebrachten Gutes eines Ehegatten zur Zeit der Beendigung der Errungenschaftsgemeinschaft bereichert ist, muß aus dem bereicherten Gute zu dem anderen Gute Ersatz geleistet werden. Weitergehende, auf besonderen Gründen beruhende Ansprüche bleiben unberührt. 1537.

Handlung.

844 Im Falle der Tötung hat der Ersatzpflichtige die K. der Beerdigung demjenigen zu ersetzen, welchem die Verpflichtung obliegt, die K. zu tragen. 846.

852 Hat der Ersatzpflichtige durch die unerlaubte Handlung auf K. des Verletzten etwas erlangt, so ist er auch nach der Vollendung der Verjährung zur Herausgabe nach den Vorschriften über die Herausgabe einer ungerechtfertigten Bereicherung verpflichtet.

Hypothek.

1118 Kraft der Hypothek haftet das Grundstück auch für die g. Zinsen der Forderung sowie für die K. der Kündigung und der die Befriedigung aus dem Grundstücke bezweckenden Rechtsverfolgung. 1145, 1159.

1138, 1155, 1157 f. **Grundstück** — Grundstück 897.

1145 Befriedigt der Eigentümer den Gläubiger nur teilweise, so kann er die Aushändigung des Hypothekenbriefs nicht verlangen. Der Gläubiger ist verpflichtet, die teilweise Befriedigung auf dem Briefe zu vermerken und den Brief zum Zwecke der Berichtigung des Grundbuchs oder der Löschung dem Grundbuchamt oder zum Zwecke der Herstellung eines Teilhypothekenbriefs für den Eigentümer der zuständigen Behörde oder einem zuständigen Notare vorzulegen.

Die Vorschrift des Abs. 1 Satz 2 gilt für Zinsen und andere Nebenleistungen nur, wenn sie später als in dem Kalendervierteljahr, in welchem der Gläubiger befriedigt wird, oder dem folgenden Vierteljahre fällig werden. Auf K., für die das Grundstück nach § 1118 haftet, findet die Vorschrift keine Anwendung. 1150, 1167, 1168.

1154 Der bisherige Hypothekengläubiger hat auf Verlangen des neuen Gläubigers die Abtretungserklärung auf seine K. öffentlich beglaubigen zu lassen. 1187.

1159 Erstattung der K., für die das Grund-

§ stück nach § 1118 haftet s. **Hypothek** — Hypothek.

1178 Hypotheken für K., die dem Gläubiger zu erstatten sind s. **Hypothek** — Hypothek.

Kauf.

435 K. der Löschung von nicht bestehenden, eingetragenen Rechten s. **Kauf** — Kauf.

448 Die K. der Übergabe der verkauften Sache, insbesondere die K. des Messens und Wägens, fallen dem Verkäufer, die K. der Abnahme und der Versendung der Sache nach einem anderen Orte als dem Erfüllungsorte fallen dem K. zur Last.

Ist ein Recht verkauft, so fallen die K. der Begründung oder Übertragung des Rechtes dem Verkäufer zur Last. 451.

449 Der Käufer eines Grundstücks hat die K. der Auflassung und der Eintragung, der Käufer eines Rechtes an einem Grundstücke hat die K. der zur Begründung oder Übertragung des Rechtes nötigen Eintragung in das Grundbuch, mit Einschluß der K. der zu der Eintragung erforderlichen Erklärungen, zu tragen. Dem Käufer fallen in beiden Fällen auch die K. der Beurkundung des Kaufs zur Last. 451.

457 s. **Hinterlegung** — Schuldverhältnis 383.

458 Die Wirksamkeit eines den Vorschriften der §§ 456, 457, zuwider erfolgten Kaufes und der Übertragung des gekauften Gegenstandes hängt von der Zustimmung der bei dem Verkauf als Schuldner, Eigentümer oder Gläubiger Beteiligten ab. Fordert der Käufer einen Beteiligten zur Erklärung über die Genehmigung auf, so finden die Vorschriften des § 177 Abs. 2 entsprechende Anwendung.

Wird infolge der Verweigerung der Genehmigung ein neuer Verkauf vorgenommen, so hat der frühere Käufer für die K. des neuen Verkaufs sowie für einen Mindererlös aufzukommen.

467 K. des Kaufvertrags s. **Kauf** — Kauf.

488 K. der Fütterung, der Pflege, der tierärztlichen Untersuchung, der Behandlung, der Tötung und Wegschaffung des gekauften Tieres s. **Kauf** — Kauf.

Leihe.

601 Der Entleiher hat die gewöhnlichen K. der Erhaltung der geliehenen Sache, bei der Leihe eines Tieres insbesondere die Fütterungsk. zu tragen.

Leistung.

258 Wer berechtigt ist, von einer Sache, die er einem anderen herauszugeben hat, eine Einrichtung wegzunehmen, hat im Falle der Wegnahme die Sache auf seine K. in den vorigen Stand zu setzen. Erlangt der andere den Besitz der Sache, so ist er verpflichtet, die Wegnahme der Einrichtung zu gestatten; er kann die Gestattung verweigern, bis ihm für den mit der Wegnahme verbundenen Schaden Sicherheit geleistet wird.

261 Die K. der Abnahme eines Eides hat derjenige zu tragen, welcher die Leistung des Eides verlangt.

269 Aus dem Umstande allein, daß der Schuldner die K. der Versendung übernommen hat, ist nicht zu entnehmen, daß der Ort, nach welchem die Versendung zu erfolgen hat, der Leistungsort sein soll.

270 Geld hat der Schuldner im Zweifel auf seine Gefahr und seine K. dem Gläubiger an dessen Wohnsitz zu übermitteln.

Ist die Forderung im Gewerbebetriebe des Gläubigers entstanden, so tritt, wenn der Gläubiger seine gewerbliche Niederlassung an einem anderen Orte hat, der Ort der Niederlassung an die Stelle des Wohnsitzes.

§ Erhöhen sich infolge einer nach der Entstehung des Schuldverhältnisses eintretenden Änderung des Wohnsitzes oder der gewerblichen Niederlassung des Gläubigers die K. oder die Gefahr der Übermittelung, so hat der Gläubiger im ersteren Falle die Mehrkosten, im letzteren Falle die Gefahr zu tragen.

Die Vorschriften über den Leistungsort bleiben unberührt.

Miete.

547 Der Vermieter ist verpflichtet, dem Mieter die auf die Sache gemachten notwendigen Verwendungen zu ersetzen. Der Mieter eines Tieres hat jedoch die Fütterungskosten zu tragen.

Nießbrauch.

1034 Der Nießbraucher kann den Zustand der Sache auf seine K. durch Sachverständige feststellen lassen. Das gleiche Recht steht dem Eigentümer zu.

1035 Die K. der Aufnahme oder der Beglaubigung eines Verzeichnisses von den dem Nießbrauch unterliegenden Sachen hat derjenige zu tragen, welcher die Aufnahme oder die Beglaubigung verlangt.

1038 Die K. einer Änderung des Wirtschaftsplans eines dem Nießbrauch unterliegenden Gegenstandes hat jeder Teil, der Eigentümer sowie der Nießbraucher zur Hälfte zu tragen.

1045 Der Nießbraucher hat die Sache für die Dauer des Nießbrauchs gegen Brandschaden und sonstige Unfälle auf seine K. unter Versicherung zu bringen, wenn die Versicherung einer ordnungsmäßigen Wirtschaft entspricht. Die Versicherung ist so zu nehmen, daß die Forderung gegen den Versicherer dem Eigentümer zusteht.

Ist die Sache bereits versichert, so fallen die für die Versicherung zu leistenden Zahlungen dem Nießbraucher für die Dauer des Nießbrauchs zur Last, soweit er zur Versicherung verpflichtet sein würde.

1055 f. Pacht 592.

1067 Sind verbrauchbare Sachen Gegenstand des Nießbrauchs, so wird der Nießbraucher Eigentümer der Sachen; nach der Beendigung des Nießbrauchs hat er dem Besteller den Wert zu ersetzen, den die Sachen zur Zeit der Bestellung hatten. Sowohl der Besteller als der Nießbraucher kann den Wert auf seine K. durch Sachverständige feststellen lassen.

Der Besteller kann Sicherheitsleistung verlangen, wenn der Anspruch auf Ersatz des Wertes gefährdet ist. 1075, 1084.

Pacht.

582 Der Pächter eines landwirtschaftlichen Grundstücks hat die gewöhnlichen Ausbesserungen, insbesondere die der Wohn- und Wirtschaftsgebäude, der Wege, Gräben und Einfriedigungen, auf seine K. zu bewirken. 581.

592 Endigt die Pacht eines landwirtschaftlichen Grundstücks im Laufe eines Pachtjahrs, so hat der Verpächter die K., die der Pächter auf die noch nicht getrennten, jedoch nach den Regeln einer ordnungsmäßigen Wirtschaft vor dem Ende des Pachtjahrs zu trennenden Früchte verwendet hat, insoweit zu ersetzen, als sie einer ordnungsmäßigen Wirtschaft entsprechen und den Wert dieser Früchte nicht übersteigen. 581.

Pfandrecht.

1210 Das Pfand haftet für die Ansprüche des Pfandgläubigers auf Ersatz von Verwendungen, für die dem Pfandgläubiger zu ersetzenden K. der Kündigung und der Rechtsverfolgung sowie für die K. des Pfandverkaufs. 1266.

1214 Bei einem nutzbaren Pfande wird der Reinertrag der Nutzungen auf die geschuldete Leistung und, wenn K.

§ und Zinsen zu entrichten sind, zunächst auf diese angerechnet. 1266.

1217 Verletzt der Pfandgläubiger die Rechte des Verpfänders in erheblichem Maße und setzt er das verletzende Verhalten ungeachtet einer Abmahnung des Verpfänders fort, so kann der Verpfänder verlangen, daß das Pfand auf K. des Pfandgläubigers hinterlegt oder, wenn es sich nicht zur Hinterlegung eignet, an einen gerichtlich zu bestellenden Verwahrer abgeliefert wird. 1266, 1275.

1263 s. **Grundstück** — Grundstück 897.

1264 Die Haftung des Schiffes beschränkt sich auf den eingetragenen Betrag der Forderung und die Zinsen nach dem eingetragenen Zinssatze. Die Haftung für g. Zinsen und für K. bestimmt sich nach der für die Hypothek geltenden Vorschrift des § 1118. 1259, 1272.

Pflichtteil.

2314 Ist der Pflichtteilsberechtigte nicht Erbe, so hat ihm der Erbe auf Verlangen über den Bestand des Nachlasses Auskunft zu erteilen. Der Pflichtteilsberechtigte kann verlangen, daß er bei der Aufnahme des ihm nach § 260 vorzulegenden Verzeichnisses der Nachlaßgegenstände zugezogen und daß der Wert der Nachlaßgegenstände ermittelt wird. Er kann auch verlangen, daß das Verzeichnis durch die zuständige Behörde oder durch einen zuständigen Beamten oder Notar aufgenommen wird.

Die K. fallen dem Nachlasse zur Last.

Sachen.

102 Wer zur Herausgabe von Früchten verpflichtet ist, kann Ersatz der auf die Gewinnung der Früchte verwendeten K. insoweit verlangen, als sie einer ordnungsmäßigen Wirtschaft entsprechen und den Wert der Früchte nicht übersteigen.

§

811 Die Vorlegung hat in den Fällen der §§ 809, 810 an dem Orte zu erfolgen, an welchem sich die vorzulegende Sache befindet. Jeder Teil kann die Vorlegung an einem anderen Orte verlangen, wenn ein wichtiger Grund vorliegt.

Die Gefahr und die K. hat derjenige zu tragen, welcher die Vorlegung verlangt. Der Besitzer kann die Vorlegung verweigern, bis ihm der andere Teil die K. vorschießt und wegen der Gefahr Sicherheit leistet.

Schenkung.

523 s. **Kauf** — Kauf 435.

528 s. Verwandtschaft 1615.

Schuldverhältnis.

367 Anrechnung der zur Tilgung einer Schuld bestimmten Leistung zunächst auf die K. s. **Erfüllung** — Schuldverhältnis.

369 K. der Quittung s. **Erfüllung** — Schuldverhältnis.

381 K. der Hinterlegung s. **Hinterlegung** — Schuldverhältnis.

383 K. der Aufbewahrung einer geschuldeten Sache s. **Hinterlegung** — Schuldverhältnis.

386 Die K. der Versteigerung oder des nach § 385 erfolgten Verkaufs fallen dem Gläubiger zur Last, sofern nicht der Schuldner den hinterlegten Erlös zurücknimmt.

396 Hat der eine oder der andere Teil mehrere zur Aufrechnung geeignete Forderungen, so kann der aufrechnende Teil die Forderungen bestimmen, die gegen einander aufgerechnet werden sollen. Wird die Aufrechnung ohne eine solche Bestimmung erklärt oder widerspricht der andere Teil unverzüglich, so findet die Vorschrift des § 366 Abs. 2 entsprechende Anwendung.

Schuldet der aufrechnende Teil dem anderen Teile außer der Hauptleistung

§ Zinsen und K., so finden die Vorschriften des § 367 entsprechende Anwendung.
403 Der bisherige Gläubiger hat bei Übertragung einer Forderung dem neuen Gläubiger auf Verlangen eine öffentlich beglaubigte Urkunde über die Abtretung auszustellen. Die K. hat der neue Gläubiger zu tragen und vorzuschießen. 412.
419 s. Erbe 1990.

Schuldverschreibung.

798, 800 K. einer neuen Schuldverschreibung s. **Schuldverschreibung** — Schuldverschreibung.
799 K. der Ausstellung der zur Kraftloserklärung einer Schuldverschreibung erforderlichen Zeugnisse s. **Schuldverschreibung** — Schuldverschreibung.

Testament.

2120 K. der Beglaubigung der Erklärung der Einwilligung des Nacherben in eine Verfügung des Vorerben s. **Erblasser** — Testament.
2121 Die K. der Aufnahme und der Beglaubigung des Verzeichnisses der Erbschaftsgegenstände fallen der Erbschaft zur Last.
2122 Der Vorerbe kann den Zustand der zur Erbschaft gehörenden Sachen auf seine K. durch Sachverständige feststellen lassen. Das gleiche Recht steht dem Nacherben zu.
2123 K. der Feststellung resp. Änderung eines Wirtschaftsplanes bezüglich eines zur Erbschaft gehörenden Waldes s. **Erblasser** — Testament.
2130 s. Pacht 592.
2145 s. Erbe 1990.
2172 s. Eigentum 948.
2182 s. **Kauf** — Kauf 435.
2200 K. der Anhörung der Beteiligten vor Ernennung des Testamentsvollstreckers s. **Erblasser** — Testament.
2215 Die K. der Aufnahme und der Beglaubigung des Verzeichnisses der Nachlaßgegenstände fallen dem Nachlasse zur Last. 2220.

Verwandtschaft.

1610 Der Unterhalt umfaßt den gesamten Lebensbedarf, bei einer der Erziehung bedürftigen Person auch die K. der Erziehung und der Vorbildung zu einem Berufe.
1615 Im Falle des Todes des Berechtigten hat der zum Unterhalt Verpflichtete die K. der Beerdigung zu tragen, soweit ihre Bezahlung nicht von dem Erben zu erlangen ist.
1618 K. der Bestreitung des Haushalts s. **Kind** — Verwandtschaft.
1619 K. der ordnungsmäßigen Verwaltung des Vermögens des Kindes s. **Kind** — Verwandtschaft.
1654 Der Vater hat die Lasten des seiner Nutznießung unterliegenden Vermögens zu tragen. Seine Haftung bestimmt sich nach den für den Güterstand der Verwaltung und Nutznießung geltenden Vorschriften der §§ 1384—1386, 1388. Zu den Lasten gehören auch die K. eines Rechtsstreits, der für das Kind geführt wird, sofern sie nicht dem freien Vermögen zur Last fallen, sowie die K. der Verteidigung des Kindes in einem gegen das Kind gerichteten Strafverfahren, vorbehaltlich der Ersatzpflicht des Kindes im Falle seiner Verurteilung.
1656 K. des Unterhalts des Kindes s. **Kind** — Verwandtschaft.
1660 s. Güterrecht 1415, 1416.
1663 s. Pacht 592.
1667 Erscheint das Vermögen des Kindes durch die von dem Vater geführte Verwaltung gefährdet, so kann das Vormundschaftsgericht insbesondere anordnen, daß der Vater ein Verzeichnis des Vermögens des Kindes einreicht und über seine Verwaltung Rechnung legt. Der Vater hat das Verzeichnis mit der Versicherung der Richtigkeit und

§ Vollständigkeit zu versehen. Ist das eingereichte Verzeichnis ungenügend, so findet die Vorschrift des § 1640 Abs 2 Satz 1 Anwendung. Das Vormundschaftsgericht kann auch, wenn Wertpapiere, Kostbarkeiten oder Buchforderungen gegen das Reich oder einen Bundesstaat zu dem Vermögen des Kindes gehören, dem Vater die gleichen Verpflichtungen auferlegen, welche nach den §§ 1814—1816, 1818 einem Vormund obliegen; die Vorschriften der §§ 1819, 1820 finden entsprechende Anwendung.

Die K. der angeordneten Maßregeln fallen dem Vater zur Last. 1668, 1670, 1687, 1692.

1669 Will der Vater eine neue Ehe eingehen, so hat er seine Absicht dem Vormundschaftsgericht anzuzeigen, auf seine K. ein Verzeichnis des seiner Verwaltung unterliegenden Vermögens einzureichen und, soweit in Ansehung dieses Vermögens eine Gemeinschaft zwischen ihm und dem Kinde besteht, die Auseinandersetzung herbeizuführen. Das Vormundschaftsgericht kann gestatten, daß die Auseinandersetzung erst nach der Eheschließung erfolgt. 1670, 1740, 1761.

1672 Bei der Bestellung und Aufhebung der Sicherheit für das Vermögen des Kindes wird die Mitwirkung des Kindes durch die Anordnung des Vormundschaftsgerichts ersetzt.

Die K. der Bestellung und Aufhebung der Sicherheit fallen dem Vater zur Last.

1673 Das Vormundschaftsgericht soll vor einer Entscheidung, durch welche die Sorge für die Person oder das Vermögen des Kindes oder die Nutznießung dem Vater entzogen oder beschränkt wird, den Vater hören, es sei denn, daß die Anhörung unthunlich ist.

§ Vor der Entscheidung sollen auch Verwandte, insbesondere die Mutter, oder Verschwägerte des Kindes gehört werden, wenn es ohne erhebliche Verzögerung und ohne unverhältnismäßige K. geschehen kann. Für den Ersatz der Auslagen gilt die Vorschrift des § 1847 Abs. 2.

1708 Der Vater des unehelichen Kindes ist verpflichtet, dem Kinde bis zur Vollendung des sechzehnten Lebensjahrs den der Lebensstellung der Mutter entsprechenden Unterhalt zu gewähren. Der Unterhalt umfaßt den gesamten Lebensbedarf sowie die K. der Erziehung und der Vorbildung zu einem Berufe.

Ist das Kind zur Zeit der Vollendung des sechzehnten Lebensjahrs infolge körperlicher oder geistiger Gebrechen außer stande, sich selbst zu unterhalten, so hat ihm der Vater auch über diese Zeit hinaus Unterhalt zu gewähren; die Vorschrift des § 1603 Abs. 1 finden Anwendung. 1717.

1713 K. der Beerdigung des unehelichen Kindes s. **Kind** — Verwandtschaft.

1715, 1716 K. des Unterhalts und der Entbindung eines unehelichen Kindes s. **Kind** — Verwandtschaft.

1716 K. des Unterhalts vor der Geburt des unehelichen Kindes s. **Kind** — Verwandtschaft.

1760 Der Annehmende hat über das Vermögen des Kindes, soweit es auf Grund der elterlichen Gewalt seiner Verwaltung unterliegt, auf seine K. ein Verzeichnis aufzunehmen und dem Vormundschaftsgericht einzureichen; er hat das Verzeichnis mit der Versicherung der Richtigkeit und Vollständigkeit zu versehen. Ist das eingereichte Verzeichnis ungenügend, so findet die Vorschrift des § 1640 Abs. 2 Satz 1 Anwendung.

§ Erfüllt der Annehmende die ihm nach Abs. 1 obliegende Verpflichtung nicht, so kann ihm das Vormundschaftsgericht die Vermögensverwaltung entziehen. Die Entziehung kann jederzeit wieder aufgehoben werden.

Vormundschaft.

1813 Der Vormund bedarf nicht der Genehmigung des Gegenvormundes zur Aufnahme einer geschuldeten Leistung:

1. . . . .

5. wenn der Anspruch auf Erstattung von K. der Kündigung oder der Rechtsverfolgung oder auf sonstige Nebenleistungen gerichtet ist.

1844 Bei der Bestellung, Änderung oder Aufhebung der Sicherheit des der Verwaltung des Vormundes unterliegenden Vermögens wird die Mitwirkung des Mündels durch die Anordnung des Vormundschaftsgerichts ersetzt.

Die K. der Sicherheitsleistung sowie der Änderung oder der Aufhebung fallen dem Mündel zur Last. 1786.

1845 s. Verwandtschaft 1669.

1847 Das Vormundschaftsgericht soll vor einer von ihm zu treffenden Entscheidung auf Antrag des Vormundes oder des Gegenvormundes Verwandte oder Verschwägerte des Mündels hören, wenn es ohne erhebliche Verzögerung und ohne unverhältnismäßige K. geschehen kann. In wichtigen Angelegenheiten soll die Anhörung auch ohne Antrag erfolgen; wichtige Angelegenheiten sind insbesondere die Volljährigkeitserklärung, die Ersetzung der Einwilligung zur Eheschließung im Falle des § 1304, die Ersetzung der Genehmigung im Falle des § 1337, die Entlassung aus dem Staatsverband und die Todeserklärung.

Die Verwandten und Verschwägerten können von dem Mündel Ersatz ihrer Auslagen verlangen; der Betrag der Auslagen wird von dem Vormundschaftsgerichte festgesetzt. 1862.

1875 Ein Mitglied des Familienrats, das ohne genügende Entschuldigung der Einberufung nicht Folge leistet oder die rechtzeitige Anzeige seiner Verhinderung unterläßt oder sich der Teilnahme an der Beschlußfassung enthält, ist von dem Vorsitzenden in die dadurch verursachten K. zu verurteilen.

Der Vorsitzende kann gegen das Mitglied eine Ordnungsstrafe bis zu einhundert Mark verhängen.

Erfolgt nachträglich genügende Entschuldigung, so sind die getroffenen Verfügungen aufzuheben.

634 **Werkvertrag** s. **Kauf** — Kauf 467.

Kostenanschlag.

650 **Werkvertrag** s. **Werkvertrag** — Werkvertrag.

Kostenvorschuss.

1090 **Dienstbarkeit** s. **Grunddienstbarkeit** — Grunddienstbarkeit 1023.

Art. **Einführungsgesetz.**

184 s. **Grunddienstbarkeit** — Grunddienstbarkeit § 1023.

187 s. **E.G.** — E.G.

§ **Grunddienstbarkeit.**

1023 K. zum Verlegen einer Grunddienstbarkeit s. **Grunddienstbarkeit** — Grunddienstbarkeit.

1372 **Güterrecht** 1528 s. Nießbrauch 1035.

1035 **Nießbrauch** s. **Kosten** — Nießbrauch.

Schuldverhältnis.

369 K. für eine Quittung s. **Erfüllung** — Schuldverhältnis.

403 s. **Kosten** — Schuldverhältnis.

Art.

95 **Einführungsgesetz** s. Dienstvertrag § 617.

Krankenkasse.

81 **Einführungsgesetz** s. Schuldverhältnis § 394.

§ **Schuldverhältnis.**

394 Soweit eine Forderung der Pfändung nicht unterworfen ist, findet die Aufrechnung gegen die Forderung nicht statt. Gegen die aus Kranken-, Hilfs- oder Sterbekassen, insbesondere aus Knappschaftskassen und Kassen der Knappschaftsvereine, zu beziehenden Hebungen können jedoch geschuldete Beiträge aufgerechnet werden.

Krankenpflege.

Dienstvertrag.

617 s. **Krankenanstalt** — Dienstvertrag.

Art.

95 **Einführungsgesetz** s. Dienstvertrag § 617.

Krankenversicherung.

§ **Dienstvertrag.**

616, 617 s. **Dienstvertrag** — Dienstvertrag.

Art.

95 **Einführungsgesetz** s. Dienstvertrag § 617.

Krankhaftigkeit.

95 **Einführungsgesetz** s. **Geschäftsfähigkeit** — Geschäftsfähigkeit § 104.

§

104 **Geschäftsfähigkeit** s. **Geschäftsfähigkeit** — Geschäftsfähigkeit.

827 **Handlung** s. **Handlung** — Handlung.

276 **Leistung** s. **Handlung** — Handlung 827.

Krankheit.

1358 **Ehe** s. **Ehe** — Ehe.

Art.

95 **Einführungsgesetz** s. **Ehe** — Ehe § 1358.

§ **Güterrecht.**

1379, 1401 s. **Güterrecht** — Güterrecht.

1447, 1450, 1487 s. **Gütergemeinschaft** — Güterrecht.

1519, 1525 s. **Errungenschaftsgemeinschaft** — Güterrecht.

2250 **Testament** s. **Erblasser** — Testament.

1786 **Vormundschaft** s. **Vormundschaft** — Vormundschaft.

Kredit.

Bürgschaft.

778 Wer einen anderen beauftragt, im eigenen Namen und auf eigene Rechnung einem Dritten K. zu geben, haftet dem Beauftragten für die aus der Kreditgewährung entstehende Verbindlichkeit des Dritten als Bürge.

824 **Handlung** s. **Handlung** — Handlung.

1643 **Verwandtschaft** s. **Vormundschaft** — Vormundschaft 1822.

1822 **Vormundschaft** s. **Vormundschaft** — Vormundschaft.

Art. **Kreditanstalt.**

167 **Einführungsgesetz** s. **E.G.** — E.G.

§ **Hypothek.**

1115 Eintragung einer Hypothek für ein Darlehn einer K. deren Satzung von der zuständigen Behörde öffentlich bekannt gemacht ist s. **Hypothek** — Hypothek.

Leistung.

248 Sparkassen, K. und Inhaber von Bankgeschäften können im voraus vereinbaren, daß nicht erhobene Zinsen von Einlagen als neue verzinsliche Einlagen gelten sollen. K., die berechtigt sind, für den Betrag der von ihnen gewährten Darlehen verzinsliche Schuldverschreibungen auf den Inhaber auszugeben, können sich bei solchen Darlehen die Verzinsung rückständiger Zinsen im voraus versprechen lassen.

§ Mark drei Monate, bei Darlehen von geringerem Betrag einen Monat.

Sind Zinsen nicht bedungen, so ist der Schuldner auch ohne K. zur Rückerstattung berechtigt.

Dienstvertrag.

617 Wird das Dienstverhältnis wegen der Erkrankung des Dienstverpflichteten von dem Dienstberechtigten nach § 626 gekündigt, so bleibt die dadurch herbeigeführte Beendigung des Dienstverhältnisses außer Betracht. 619.

620 Das Dienstverhältnis endigt mit dem Ablaufe der Zeit, für die es eingegangen ist.

Ist die Dauer des Dienstverhältnisses weder bestimmt noch aus der Beschaffenheit oder dem Zwecke der Dienste zu entnehmen, so kann jeder Teil das Dienstverhältnis nach Maßgabe der §§ 621—628 kündigen.

621 Ist die Vergütung nach Tagen bemessen, so ist die K. des Dienstverhältnisses an jedem Tage für den folgenden Tag zulässig.

Ist die Vergütung nach Wochen bemessen, so ist die K. nur für den Schluß einer Kalenderwoche zulässig; sie hat spätestens am ersten Werktage der Woche zu erfolgen.

Ist die Vergütung nach Monaten bemessen, so ist die K. nur für den Schluß eines Kalendermonats zulässig; sie hat spätestens am fünfzehnten des Monats zu erfolgen.

Ist die Vergütung nach Vierteljahren oder längeren Zeitabschnitten bemessen, so ist die K. nur für den Schluß eines Kalendervierteljahres und nur unter Einhaltung einer Kündigungsfrist von sechs Wochen zulässig. 620.

622 Das Dienstverhältnis der mit festen Bezügen zur Leistung von Diensten höherer Art Angestellten, deren Erwerbsthätigkeit durch das Dienstverhältnis vollständig oder hauptsächlich in Anspruch genommen wird, insbesondere der Lehrer, Erzieher, Privatbeamten, Gesellschafterinnen, kann nur für den Schluß eines Kalendervierteljahres und nur unter Einhaltung einer Kündigungsfrist von sechs Wochen gekündigt werden, auch wenn die Vergütung nach kürzeren Zeitabschnitten als Vierteljahren bemessen ist. 620.

623 Ist die Vergütung nicht nach Zeitabschnitten bemessen, so kann das Dienstverhältnis jederzeit gekündigt werden; bei einem die Erwerbsthätigkeit des Verpflichteten vollständig oder hauptsächlich in Anspruch nehmenden Dienstverhältnis ist jedoch eine Kündigungsfrist von zwei Wochen einzuhalten. 620.

624 Ist das Dienstverhältnis für die Lebenszeit einer Person oder für längere Zeit als fünf Jahre eingegangen, so kann es von dem Verpflichteten nach dem Ablaufe von fünf Jahren gekündigt werden. Die Kündigungsfrist beträgt sechs Monate.

626 Das Dienstverhältnis kann von jedem Teile ohne Einhaltung einer Kündigungsfrist gekündigt werden, wenn ein wichtiger Grund vorliegt. 617, 627, 628.

627 Hat der zur Dienstleistung Verpflichtete, ohne in einem dauernden Dienstverhältnisse mit festen Bezügen zu stehen, Dienste höherer Art zu leisten, die auf Grund besonderen Vertrauens übertragen zu werden pflegen, so ist die K. auch ohne die im § 626 bezeichnete Voraussetzung zulässig.

Der Verpflichtete darf nur in der Art kündigen, daß sich der Dienstberechtigte die Dienste anderweit beschaffen kann, es sei denn, daß ein wichtiger Grund für die unzeitige K. vorliegt. Kündigt er ohne solchen

§ Grund zur Unzeit, so hat er dem Dienstberechtigten den daraus entstehenden Schaden zu ersetzen. 628.

628 Wird nach dem Beginne der Dienstleistung das Dienstverhältnis auf Grund des § 626 oder des § 627 gekündigt, so kann der Verpflichtete einen seinen bisherigen Leistungen entsprechenden Teil der Vergütung verlangen. Kündigt er, ohne durch vertragswidriges Verhalten des anderen Teiles dazu veranlaßt zu sein, oder veranlaßt er durch sein vertragswidriges Verhalten die K. des anderen Teiles, so steht ihm ein Anspruch auf die Vergütung insoweit nicht zu, als seine bisherigen Leistungen infolge der K. für den anderen Teil kein Interesse haben. Ist die Vergütung für eine spätere Zeit im voraus entrichtet, so hat der Verpflichtete sie nach Maßgabe des § 347 oder, wenn die K. wegen eines Umstandes erfolgt, den er nicht zu vertreten hat, nach den Vorschriften über die Herausgabe einer ungerechtfertigten Bereicherung zurückzuerstatten.

Wird die K. durch vertragswidriges Verhalten des anderen Teiles veranlaßt, so ist dieser zum Ersatze des durch die Aufhebung des Dienstverhältnisses entstehenden Schadens verpflichtet.

629 Nach der K. eines dauernden Dienstverhältnisses hat der Dienstberechtigte dem Verpflichteten auf Verlangen angemessene Zeit zum Aufsuchen eines anderen Dienstverhältnisses zu gewähren.

Ehe.

1358 Hat sich die Frau einem Dritten gegenüber zu einer von ihr in Person zu bewirkenden Leistung verpflichtet, so kann der Mann das Rechtsverhältnis ohne Einhaltung einer Kündigungsfrist kündigen, wenn er auf

§ seinen Antrag von dem Vormundschaftsgerichte dazu ermächtigt worden ist. Das Vormundschaftsgericht hat die Ermächtigung zu erteilen, wenn sich ergiebt, daß die Thätigkeit der Frau die ehelichen Interessen beeinträchtigt.

Das Kündigungsrecht ist ausgeschlossen, wenn der Mann der Verpflichtung zugestimmt hat oder seine Zustimmung auf Antrag der Frau durch das Vormundschaftsgericht ersetzt worden ist. Das Vormundschaftsgericht kann die Zustimmung ersetzen, wenn der Mann durch Krankheit oder durch Abwesenheit an der Abgabe einer Erklärung verhindert und mit dem Aufschube Gefahr verbunden ist oder wenn sich die Verweigerung der Zustimmung als Mißbrauch seines Rechtes darstellt. Solange die häusliche Gemeinschaft aufgehoben ist, steht das Kündigungsrecht dem Manne nicht zu.

Die Zustimmung sowie die K. kann nicht durch einen Vertreter des Mannes erfolgen; ist der Mann in der Geschäftfähigkeit beschränkt, so bedarf er nicht der Zustimmung seines g. Vertreters.

Art. **Einführungsgesetz.**

95 s. Dienstvertrag §§ 617, 624, Ehe § 1358.

117 s. Rentenschuld § 1202.

145 s. **Hypothek** — Hypothek § 1171.

171 s. **E.G.** — E.G.

§ **Gesellschaft.**

712 Der Gesellschafter kann auch seinerseits die Geschäftsführung kündigen, wenn ein wichtiger Grund vorliegt; die für den Auftrag geltenden Vorschriften des § 671 Abs. 2, 3 finden entsprechende Anwendung. 715.

723 Ist die Gesellschaft nicht für eine bestimmte Zeit eingegangen, so kann jeder Gesellschafter sie jederzeit kün-

§ digen. Ist eine Zeitdauer bestimmt, so ist die K. vor dem Ablaufe der Zeit zulässig, wenn ein wichtiger Grund vorliegt; ein solcher Grund ist insbesondere vorhanden, wenn ein anderer Gesellschafter eine ihm nach dem Gesellschaftsvertrag obliegende wesentliche Verpflichtung vorsätzlich oder aus grober Fahrlässigkeit verletzt oder wenn die Erfüllung einer solchen Verpflichtung unmöglich wird. Unter der gleichen Voraussetzung ist, wenn eine Kündigungsfrist bestimmt ist, die K. ohne Einhaltung der Frist zulässig.

Die K. darf nicht zur Unzeit geschehen, es sei denn, daß ein wichtiger Grund für die unzeitige K. vorliegt. Kündigt ein Gesellschafter ohne solchen Grund zur Unzeit, so hat er den übrigen Gesellschaftern den daraus entstehenden Schaden zu ersetzen.

Eine Vereinbarung, durch welche das Kündigungsrecht ausgeschlossen oder diesen Vorschriften zuwider beschränkt wird, ist nichtig. 737.

724 Ist eine Gesellschaft für die Lebenszeit eines Gesellschafters eingegangen, so kann sie in gleicher Weise gekündigt werden wie eine für unbestimmte Zeit eingegangene Gesellschaft. Dasselbe gilt, wenn eine Gesellschaft nach dem Ablaufe der bestimmten Zeit stillschweigend fortgesetzt wird.

725 Hat ein Gläubiger eines Gesellschafters die Pfändung des Anteils des Gesellschafters an dem Gesellschaftsvermögen erwirkt, so kann er die Gesellschaft ohne Einhaltung einer Kündigungsfrist kündigen, sofern der Schuldtitel nicht blos vorläufig vollstreckbar ist.

729 Wird die Gesellschaft in anderer Weise als durch K. aufgelöst, so gilt die einem Gesellschafter durch den Gesellschaftsvertrag übertragene Befugnis zur Geschäftsführung zu seinen

§ Gunsten gleichwohl als fortbestehend, bis er von der Auflösung Kenntnis erlangt oder die Auflösung kennen muß.

736 Ist im Gesellschaftsvertrage bestimmt, daß, wenn ein Gesellschafter kündigt oder stirbt oder wenn der Konkurs über sein Vermögen eröffnet wird, die Gesellschaft unter den übrigen Gesellschaftern fortbestehen soll, so scheidet bei dem Eintritt eines solchen Ereignisses der Gesellschafter, in dessen Person es eintritt, aus der Gesellschaft aus.

737 Ist im Gesellschaftsvertrage bestimmt, daß, wenn ein Gesellschafter kündigt, die Gesellschaft unter den übrigen Gesellschaftern fortbestehen soll, so kann ein Gesellschafter, in dessen Person ein die übrigen Gesellschafter nach § 723 Abs. 1 Satz 2 zur K. berechtigender Umstand eintritt, aus der Gesellschaft ausgeschlossen werden. Das Ausschließungsrecht steht den übrigen Gesellschaftern gemeinschaftlich zu. Die Ausschließung erfolgt durch Erklärung gegenüber dem auszuschließenden Gesellschafter.

Grundschuld.

1193 Das Kapital der Grundschuld wird erst nach vorgängiger K. fällig. Die K. steht sowohl dem Eigentümer als dem Gläubiger zu. Die Kündigungsfrist beträgt sechs Monate.

Abweichende Bestimmungen sind zulässig.

1423 **Güterrecht** s. Nießbrauch 1056.

Hypothek.

1118 Haftung des Grundstücks für die Kosten der K. einer Hypothek s. **Hypothek** — Hypothek.

1141, 1156, 1171 K. der Forderung für die eine Hypothek besteht s. **Hypothek** — Hypothek.

1160 K. einer Hypothek s. **Hypothek** — Hypothek.

§ **Leihe.**

605 K. der Leihe s. **Leihe** — Leihe.

Leistung.

247 Ist ein höherer Zinssatz als sechs vom Hundert für das Jahr vereinbart, so kann der Schuldner nach dem Ablaufe von sechs Monaten das Kapital unter Einhaltung einer Kündigungsfrist von sechs Monaten kündigen. Das Kündigungsrecht kann nicht durch Vertrag ausgeschlossen oder beschränkt werden.

Diese Vorschriften gelten nicht für Schuldverschreibungen auf den Inhaber.

284 Ist für die Leistung eine Zeit nach dem Kalender bestimmt, so kommt der Schuldner ohne Mahnung in Verzug, wenn er nicht zu der bestimmten Zeit leistet. Das Gleiche gilt, wenn der Leistung eine K. vorauszugehen hat und die Zeit für die Leistung in der Weise bestimmt ist, daß sie sich von der K. ab nach dem Kalender berechnen läßt.

296 Ist für die von dem Gläubiger vorzunehmende Handlung eine Zeit nach dem Kalender bestimmt, so bedarf es des Angebots nur, wenn der Gläubiger die Handlung rechtzeitig vornimmt. Das Gleiche gilt, wenn der Handlung eine K. vorauszugehen hat und die Zeit für die Handlung in der Weise bestimmt ist, daß sie sich von der K. ab nach dem Kalender berechnen läßt. 297.

Miete.

542 Wird dem Mieter der vertragsmäßige Gebrauch der gemieteten Sache ganz oder zum Teil nicht rechtzeitig gewährt oder wiederentzogen, so kann der Mieter ohne Einhaltung einer Kündigungsfrist das Mietverhältnis kündigen. Die K. ist erst zulässig, wenn der Vermieter eine ihm von dem Mieter bestimmte angemessene Frist hat verstreichen lassen, ohne Abhülfe zu schaffen. Der Bestimmung einer Frist bedarf es nicht, wenn die Erfüllung des Vertrags infolge des die K. rechtfertigenden Umstandes für den Mieter kein Interesse hat.

Wegen einer unerheblichen Hinderung oder Vorenthaltung des Gebrauchs ist die K. nur zulässig, wenn sie durch ein besonderes Interesse des Mieters gerechtfertigt wird.

Bestreitet der Vermieter die Zulässigkeit der erfolgten K., weil er den Gebrauch der Sache rechtzeitig gewährt oder vor dem Ablaufe der Frist die Abhülfe bewirkt habe, so trifft ihn die Beweislast. 543, 545.

543 Auf das dem Mieter nach § 542 zustehende Kündigungsrecht finden die Vorschriften der §§ 539—541 sowie die für die Wandelung bei dem Kaufe geltenden Vorschriften der §§ 469 bis 471 entsprechende Anwendung.

Ist der Mietzins für eine spätere Zeit im voraus entrichtet, so hat ihn der Vermieter nach Maßgabe des § 347 oder, wenn die K. wegen eines Umstandes erfolgt, den er nicht zu vertreten hat, nach den Vorschriften über die Herausgabe einer ungerechtfertigten Bereicherung zurückzuerstatten.

544 Ist eine Wohnung oder ein anderer zum Aufenthalte von Menschen bestimmter Raum so beschaffen, daß die Benutzung mit einer erheblichen Gefährdung der Gesundheit verbunden ist, so kann der Mieter das Mietverhältnis ohne Einhaltung einer Kündigungsfrist kündigen, auch wenn er die gefahrbringende Beschaffenheit bei dem Abschlusse des Vertrags gekannt oder auf die Geltendmachung der ihm wegen dieser Beschaffenheit zustehenden Rechte verzichtet hat.

545 Unterläßt der Mieter die Anzeige eines Mangels der gemieteten Sache,

§ so ist er zum Ersatze des daraus entstehenden Schadens verpflichtet; er ist, soweit der Vermieter infolge der Unterlassung der Anzeige Abhilfe zu schaffen außer stande war, nicht berechtigt, die im § 537 bestimmten Rechte geltend zu machen oder nach § 542 Abs. 1 Satz 3 ohne Bestimmung einer Frist zu kündigen oder Schadensersatz wegen Nichterfüllung zu verlangen.

549 Der Mieter ist ohne die Erlaubnis des Vermieters nicht berechtigt, den Gebrauch der gemieteten Sache einem Dritten zu überlassen, insbesondere die Sache weiter zu vermieten. Verweigert der Vermieter die Erlaubnis, so kann der Mieter das Mietverhältnis unter Einhaltung der g. Frist kündigen, sofern nicht in der Person des Dritten ein wichtiger Grund vorliegt.

553 Der Vermieter kann ohne Einhaltung einer Kündigungsfrist das Mietverhältnis kündigen, wenn der Mieter oder derjenige, welchem der Mieter den Gebrauch der gemieteten Sache überlassen hat, ungeachtet einer Abmahnung des Vermieters einen vertragswidrigen Gebrauch der Sache fortsetzt, der die Rechte des Vermieters in erheblichem Maße verletzt, insbesondere einem Dritten den ihm unbefugt überlassenen Gebrauch beläßt, oder die Sache durch Vernachlässigung der dem Mieter obliegenden Sorgfalt erheblich gefährdet. 555.

554 Der Vermieter kann ohne Einhaltung einer Kündigungsfrist das Mietverhältnis kündigen, wenn der Mieter für zwei auf einander folgende Termine mit der Entrichtung des Mietzinses oder eines Teiles des Mietzinses im Verzug ist. Die K. ist ausgeschlossen, wenn der Mieter

§ den Vermieter befriedigt, bevor sie erfolgt.

Die K. ist unwirksam, wenn sich der Mieter von seiner Schuld durch Aufrechnung befreien konnte und unverzüglich nach der K. die Aufrechnung erklärt. 555.

555 Macht der Vermieter von dem ihm nach den §§ 553, 554 zustehenden Kündigungsrechte Gebrauch, so hat er den für eine spätere Zeit im voraus entrichteten Mietzins nach Maßgabe des § 347 zurückzuerstatten.

564 Das Mietverhältnis endigt mit dem Ablaufe der Zeit, für die es eingegangen ist.

Ist die Mietzeit nicht bestimmt, so kann jeder Teil das Mietverhältnis nach den Vorschriften des § 565 kündigen.

565 Bei Grundstücken ist die K. nur für den Schluß eines Kalendervierteljahrs zulässig; sie hat spätestens am dritten Werktage des Vierteljahrs zu erfolgen. Ist der Mietzins nach Monaten bemessen, so ist die K. nur für den Schluß eines Kalendermonats zulässig; sie hat spätestens am fünfzehnten des Monats zu erfolgen. Ist der Mietzins nach Wochen bemessen, so ist die K. nur für den Schluß einer Kalenderwoche zulässig; sie hat spätestens am ersten Werktage der Woche zu erfolgen.

Bei beweglichen Sachen hat die K. spätestens am dritten Tage vor dem Tage zu erfolgen, an welchem das Mietverhältnis endigen soll.

Ist der Mietzins für ein Grundstück oder für eine bewegliche Sache nach Tagen bemessen, so ist die K. an jedem Tage für den folgenden Tag zulässig.

Die Vorschriften des Abs. 1 Satz 1, Abs. 2 gelten auch für die Fälle, in denen das Mietverhältnis unter Ein-

§ haltung der g. Frist vorzeitig gekündigt werden kann. 564.

566 Ein Mietvertrag über ein Grundstück, der für längere Zeit als ein Jahr geschlossen wird, bedarf der schriftlichen Form. Wird die Form nicht beobachtet, so gilt der Vertrag als für unbestimmte Zeit geschlossen; die K. ist jedoch nicht für eine frühere Zeit als für den Schluß des ersten Jahres zulässig

567 Wird ein Mietvertrag für eine längere Zeit als dreißig Jahre geschlossen, so kann nach dreißig Jahren jeder Teil das Mietverhältnis unter Einhaltung der g. Frist kündigen. Die K. ist unzulässig, wenn der Vertrag für die Lebenszeit des Vermieters oder des Mieters geschlossen ist.

569 Stirbt der Mieter, so ist sowohl der Erbe als der Vermieter berechtigt, das Mietverhältnis unter Einhaltung der g. Frist zu kündigen. Die K. kann nur für den ersten Termin erfolgen, für den sie zulässig ist.

570 Militärpersonen, Beamte, Geistliche und Lehrer an öffentlichen Unterrichtsanstalten können im Falle der Versetzung nach einem anderen Orte das Mietverhältnis in Ansehung der Räume, welche sie für sich oder ihre Familie an dem bisherigen Garnison- oder Wohnorte gemietet haben, unter Einhaltung der g. Frist kündigen. Die K. kann nur für den ersten Termin erfolgen, für den sie zulässig ist.

571 Erfüllt der Erwerber eines vermieteten Grundstücks die Verpflichtungen des Vermieters nicht, so haftet der Vermieter für den von dem Erwerber zu ersetzenden Schaden wie ein Bürge, der auf die Einrede der Vorausklage verzichtet hat. Erlangt der Mieter von dem Übergange des Eigentums durch Mitteilung des Vermieters Kenntnis, so wird der Vermieter von der Haftung befreit, wenn nicht der Mieter das Mietverhältnis für den ersten Termin kündigt, für den die K. zulässig ist. 577, 579.

Nießbrauch.

1056 Hat der Nießbraucher ein Grundstück über die Dauer des Nießbrauchs hinaus vermietet oder verpachtet, so finden nach der Beendigung des Nießbrauchs die für den Fall der Veräußerung geltenden Vorschriften der §§ 571, 572, des § 573 Satz 1 und der §§ 574—576, 579 entsprechende Anwendung.

Der Eigentümer ist berechtigt, das Miet- oder Pachtverhältnis unter Einhaltung der g. Kündigungsfrist zu kündigen. Verzichtet der Nießbraucher auf den Nießbrauch, so ist die K. erst von der Zeit an zulässig, zu welcher der Nießbrauch ohne den Verzicht erlöschen würde.

Der Mieter oder der Pächter ist berechtigt, den Eigentümer unter Bestimmung einer angemessenen Frist zur Erklärung darüber aufzufordern, ob er von dem Kündigungsrechte Gebrauch mache. Die K. kann nur bis zum Ablaufe der Frist erfolgen.

1074 Der Nießbraucher einer Forderung ist zur Einziehung der Forderung und, wenn die Fälligkeit von einer K. des Gläubigers abhängt, zur K. berechtigt. Er hat für die ordnungsmäßige Einziehung zu sorgen. Zu anderen Verfügungen über die Forderung ist er nicht berechtigt. 1068.

1077 Der Nießbraucher und der Gläubiger können nur gemeinschaftlich kündigen. Die K. des Schuldners ist nur wirksam, wenn sie dem Nießbraucher und dem Gläubiger erklärt wird. 1068, 1076.

1078 Ist die Forderung fällig, so sind der Nießbraucher und der Gläubiger einander verpflichtet, zur Einziehung mit-

§ zuwirken. Hängt die Fälligkeit von einer K. ab, so kann jeder Teil die Mitwirkung des anderen zur K. verlangen, wenn die Einziehung der Forderung wegen Gefährdung ihrer Sicherheit nach den Regeln einer ordnungsmäßigen Vermögensverwaltung geboten ist. 1068, 1076.

Pacht.

595 Ist bei der Pacht eines Grundstücks oder eines Rechtes die Pachtzeit nicht bestimmt, so ist die K. nur für den Schluß eines Pachtjahrs zulässig; sie hat spätestens am ersten Werktage des halben Jahres zu erfolgen, mit dessen Ablaufe die Pacht endigen soll.

Diese Vorschriften gelten bei der Pacht eines Grundstücks oder eines Rechtes auch für die Fälle, in denen das Pachtverhältnis unter Einhaltung der g. Frist vorzeitig gekündigt werden kann. 581.

596 Dem Pächter steht das im § 549 Abs. 1 bestimmte Kündigungsrecht nicht zu.

Der Verpächter ist nicht berechtigt, das Pachtverhältnis nach § 569 zu kündigen.

Eine K. des Pachtverhältnisses nach § 570 findet nicht statt. 581.

Pfandrecht.

1210 Das Pfand haftet für die Ansprüche des Pfandgläubigers auf Ersatz von Verwendungen, für die dem Pfandgläubiger zu ersetzenden Kosten der K. und der Rechtsverfolgung sowie für die Kosten des Pfandverkaufs. 1266.

1269 s. **Hypothek** — Hypothek. 1171.

1283 Hängt die Fälligkeit der verpfändeten Forderung von einer K. ab, so bedarf der Gläubiger zur K. der Zustimmung des Pfandgläubigers nur, wenn dieser berechtigt ist, die Nutzungen zu ziehen.

Die K. des Schuldners ist nur wirksam, wenn sie dem Pfandgläubiger und dem Gläubiger erklärt wird.

Sind die Voraussetzungen des § 1228 Abs. 2 eingetreten, so ist auch der Pfandgläubiger zur K. berechtigt; für die K. des Schuldners genügt die Erklärung gegenüber dem Pfandgläubiger. 1273, 1279, 1284.

1286 Hängt die Fälligkeit der verpfändeten Forderung von einer K. ab, so kann der Pfandgläubiger, sofern nicht das Kündigungsrecht ihm zusteht, von dem Gläubiger die K. verlangen, wenn die Einziehung der Forderung wegen Gefährdung ihrer Sicherheit nach den Regeln einer ordnungsmäßigen Vermögensverwaltung geboten ist. Unter der gleichen Voraussetzung kann der Gläubiger von dem Pfandgläubiger die Zustimmung zur K. verlangen, sofern die Zustimmung erforderlich ist. 1273, 1279.

1294 Ist ein Wechsel, ein anderes Papier, das durch Indossament übertragen werden kann, oder ein Inhaberpapier Gegenstand des Pfandrechts, so ist, auch wenn die Voraussetzungen des § 1228 Abs. 2 noch nicht eingetreten sind, der Pfandgläubiger zur Einziehung und, falls K. erforderlich ist, zur K. berechtigt und kann der Schuldner nur an ihn leisten. 1273.

Rentenschuld.

1202 Der Eigentümer kann das Ablösungsrecht erst nach vorgängiger K. ausüben. Die Kündigungsfrist beträgt sechs Monate, wenn nicht ein anderes bestimmt ist.

Eine Beschränkung des Kündigungsrechts ist nur soweit zulässig, daß der Eigentümer nach dreißig Jahren unter Einhaltung der sechsmonatigen Frist kündigen kann.

Hat der Eigentümer gekündigt, so kann der Gläubiger nach dem Ablaufe der Kündigungsfrist die Zahlung

§ der Ablösungssumme aus dem Grundstücke verlangen.

Schuldverhältnis.

410 Bei Übertragung einer Forderung ist der Schuldner dem neuen Gläubiger gegenüber zur Leistung nur gegen Aushändigung einer von dem bisherigen Gläubiger über die Abtretung ausgestellten Urkunde verpflichtet. Eine K. oder eine Mahnung des neuen Gläubigers ist unwirksam, wenn sie ohne Vorlegung einer solchen Urkunde erfolgt und der Schuldner sie aus diesem Grunde unverzüglich zurückweist.

Diese Vorschriften finden keine Anwendung, wenn der bisherige Gläubiger dem Schuldner die Abtretung schriftlich angezeigt hat. 412.

425 Andere als die in den §§ 422—424 bezeichneten Thatsachen wirken, soweit sich nicht aus dem Schuldverhältnis ein anderes ergiebt, nur für und gegen den Gesamtschuldner, in dessen Person sie eintreten.

Dies gilt insbesondere von der K., dem Verzuge, dem Verschulden, von der Unmöglichkeit der Leistung in der Person eines Gesamtschuldners, von der Verjährung, deren Unterbrechung und Hemmung, von der Vereinigung der Forderung mit der Schuld und von dem rechtskräftigen Urteile. 429.

Testament.

2114 K. einer zur Erbschaft gehörenden Hypothekenforderung, Grundschuld oder Rentenschuld s. **Erblasser** — Testament.

2135 s. Nießbrauch 1056.

2226 K. des Amtes eines Testamentsvollstreckers s. **Erblasser** — Testament.

Verjährung.

199 Kann der Berechtigte die Leistung erst verlangen, wenn er dem Verpflichteten gekündigt hat, so beginnt die Verjährung mit dem Zeitpunkte, von welchem an die K. zulässig ist. Hat der Verpflichtete die Leistung erst zu bewirken, wenn seit der K. eine bestimmte Frist verstrichen ist, so wird der Beginn der Verjährung um die Dauer der Frist hinausgeschoben. 201.

1663 **Verwandtschaft** s. Nießbrauch 1056.

169 **Vollmacht** s. Gesellschaft 729.

Vormundschaft.

1813 Der Vormund bedarf nicht der Genehmigung des Gegenvormundes zur Annahme einer geschuldeten Leistung:

1. . . . . .

5. wenn der Anspruch auf Erstattung von Kosten der K. oder der Rechtsverfolgung oder auf sonstige Nebenleistungen gerichtet ist.

Werkvertrag.

643, 649, 650 K. des Werkvertrages s. **Werkvertrag** — Werkvertrag.

Kündigungsfrist.

675 **Auftrag** s. **Kündigung** — Auftrag.

609 **Darlehn** s. **Kündigung** — Darlehn.

Dienstvertrag.

617, 620, 626—628 s. **Kündigung** — Dienstvertrag.

1358 **Ehe** s. **Kündigung** — Ehe.

Eigentum.

1010 Haben die Miteigentümer eines Grundstücks die Verwaltung und Benutzung geregelt oder das Recht, die Aufhebung der Gemeinschaft zu verlangen, für immer oder auf Zeit ausgeschlossen oder eine K. bestimmt, so wirkt die getroffene Bestimmung gegen den Sondernachfolger eines Miteigentümers nur, wenn sie als Belastung des Anteils im Grundbuch eingetragen ist. 1008.

Art. **Einführungsgesetz.**

95 s. **Kündigung** — Dienstvertrag § 617, **Kündigung** — Ehe § 1358.

117 s. **Kündigung** — Rentenschuld § 1202.

Art.
131 s. **Gemeinschaft** — Gemeinschaft §§ 749, 751.
163 s. Verein § 39.
§ **Erbe.**
2042 s. **Gemeinschaft** — Gemeinschaft 749, 751.
2044 Der Erblasser kann durch letztwillige Verfügung die Auseinandersetzung in Ansehung des Nachlasses oder einzelner Nachlaßgegenstände ausschließen oder von der Einhaltung einer K. abhängig machen. Die Vorschriften des § 749 Abs. 2, 3, der §§ 750, 751 und des § 1010 Abs. 1 finden entsprechende Anwendung. 2042.

Gemeinschaft.
749, 751 K. zur Aufhebung einer Gemeinschaft s. **Gemeinschaft** — Gemeinschaft.
723 **Gesellschaft** 725 s. **Kündigung** — Gesellschaft.
1193 **Grundschuld** s. **Kündigung** — Grundschuld.
1423 **Güterrecht** s. **Kündigung** — Nießbrauch 1056.
247 **Leistung** s. **Kündigung** — Leistung.

Miete.
542, 544, 545, 549, 553, 554, 565, 567, 569, 570 s **Kündigung** — Miete.
1056 **Nießbrauch** s. **Kündigung** — Nießbrauch.

Pacht.
595 s. **Kündigung** — Pacht.
596 s. **Kündigung** — Miete 549, 569, 570.

Pfandrecht.
1258 Besteht ein Pfandrecht an dem Anteil eines Miteigentümers, so übt der Pfandgläubiger die Rechte aus, die sich aus der Gemeinschaft der Miteigentümer in Ansehung der Verwaltung der Sache und der Art ihrer Benutzung ergeben.

. . . . . Nach dem Eintritte der Verkaufsberechtigung kann der Pfandgläubiger die Aufhebung der Gemeinschaft verlangen, ohne daß es der Zustimmung des Miteigentümers bedarf; er ist nicht an eine Vereinbarung gebunden, durch welche die Miteigentümer das Recht, die Aufhebung der Gemeinschaft zu verlangen, für immer oder auf Zeit ausgeschlossen oder eine K. bestimmt haben.
1202 **Rentenschuld** s. **Kündigung** — Rentenschuld.

Testament.
2135 s. **Kündigung** — Nießbrauch 1056.
2204 s. Erbe 2044.

Verein.
39 Die Mitglieder sind zum Austritt aus dem Vereine berechtigt.

Durch die Satzung kann bestimmt werden, daß der Austritt nur am Schlusse eines Geschäftsjahrs oder erst nach dem Ablauf einer K. zulässig ist; die K. kann höchstens zwei Jahre betragen.
199 **Verjährung** s. **Kündigung** — Verjährung.
1663 **Verwandtschaft** s. **Kündigung** — Nießbrauch 1056.

Kündigungsrecht.

671 **Auftrag** 675 s. **Kündigung** — Auftrag.
609 **Darlehn** s. **Kündigung** — Darlehn.

Dienstvertrag.
617, 620, 624, 626—628 s. **Kündigung** — Dienstvertrag.
1358 **Ehe** s. **Kündigung** — Ehe.
Art. **Einführungsgesetz.**
95 s. **Kündigung** — Dienstvertrag §§ 617, 624, **Kündigung** — Ehe § 1358.
117 s. **E.G.** — E.G.
§ **Gesellschaft.**
712, 723—725 s. **Kündigung** — Gesellschaft.
1423 **Güterrecht** s. **Kündigung** — Nießbrauch 1056.
605 **Leihe** s. **Leihe** — Leihe.
247 **Leistung** s. **Kündigung** — Leistung.

§ **Miete.**

543—545, 549, 553—555, 564, 567, 569, 570 s. **Kündigung** — Miete.

1056 **Nießbrauch** s. **Kündigung** — Nießbrauch.

596 **Pacht** s. **Kündigung** — Pacht.

2135 **Testament** s. **Kündigung** — Nießbrauch 1056.

1663 **Verwandtschaft** s. **Kündigung** — Nießbrauch 1056.

Werkvertrag.

643 K. des Unternehmers s. **Werkvertrag** — Werkvertrag.

649, 650 K. des Bestellers s. **Werkvertrag** — Werkvertrag.

Kunstgewerbe.

Verjährung.

196 In zwei Jahren verjähren die Ansprüche:

1. der Kaufleute, Fabrikanten, Handwerker und derjenigen, welche ein K. betreiben, für Lieferung von Waren, Ausführung von Arbeiten und Besorgung fremder Geschäfte, mit Einschluß der Auslagen, es sei denn, daß die Leistung für den Gewerbebetrieb des Schuldners erfolgt.

Soweit die im Abs. 1 Nr. 1, 2, 5 bezeichneten Ansprüche nicht der Verjährung von zwei Jahren unterliegen, verjähren sie in vier Jahren. 201.

Kurhessen.

Art.

57 **Einführungsgesetz** s. **E.E.** — E.G.

Kurswert.

§ **Leistung.**

244 Die Umrechnung einer in ausländischer Währung ausgedrückten Geldschuld erfolgt nach dem K.

Sicherheitsleistung.

234 Wertpapiere sind zur Sicherheitsleistung nur geeignet, wenn sie auf den Inhaber lauten, einen K. haben und einer Gattung angehören, in der Mündelgeld angelegt werden darf. Den Inhaberpapieren stehen Orderpapiere gleich, die mit Blankoindossament versehen sind.

Mit den Wertpapieren sind die Zins-, Renten-, Gewinnanteil- und Erneuerungsscheine zu hinterlegen.

Mit Wertpapieren kann Sicherheit nur in Höhe von drei Vierteilen des K. geleistet werden.

236 Mit einer Buchforderung gegen das Reich oder gegen einen Bundesstaat kann Sicherheit nur in Höhe von drei Vierteilen des K. der Wertpapiere geleistet werden, deren Aushändigung der Gläubiger gegen Löschung seiner Forderung verlangen kann.

Kürzung.

Pflichtteil.

2318, 2322 K. eines Vermächtnisses oder einer Auflage in Rücksicht auf die Ergänzung des Pflichtteils s. **Pflichtteil** — Pflichtteil.

Testament.

2188 Wird die einem Vermächtnisnehmer gebührende Leistung auf Grund der Beschränkung der Haftung des Erben, wegen eines Pflichtteilsanspruchs oder in Gemäßheit des § 2187 gekürzt, so kann der Vermächtnisnehmer, sofern nicht ein anderer Wille des Erblassers anzunehmen ist, die ihm auferlegten Beschwerungen verhältnismäßig kürzen. 2189.

2189 Der Erblasser kann für den Fall, daß die dem Erben oder einem Vermächtnisnehmer auferlegten Vermächtnisse und Auflagen auf Grund der Beschränkung der Haftung des Erben, wegen eines Pflichtteilsanspruchs oder in Gemäßheit der §§ 2187, 2188 gekürzt werden, durch Verfügung von Todes wegen anordnen, daß ein Vermächtnis oder eine Auflage den Vorrang vor den übrigen Beschwerungen haben soll.

L.

Ladung.

§ **Ehescheidung.**

1571 Der Erhebung der Klage auf Grund der §§ 1565 und 1568 auf Ehescheidung steht die L. zum Sühnetermine gleich. Die L. verliert ihre Wirkung, wenn der zur Klage berechtigte Ehegatte im Sühnetermine nicht erscheint oder wenn drei Monate nach der Beendigung des Sühneverfahrens verstrichen sind und nicht vorher die Klage erhoben worden ist. 1572, 1576.

Erbschein.

2361 Der Beschluß des Nachlaßgerichts, durch welchen ein Erbschein für kraftlos erklärt wird, ist nach den für die öffentliche Zustellung einer L. geltenden Vorschriften der Civilprozeßordnung bekannt zu machen.

2300 **Erbvertrag** s. Testament 2260.

1141 **Hypothek** s. Willenserklärung 132.

2335 **Pflichtteil** s. Ehescheidung. 1571.

Testament.

2260 Zu dem zur Eröffnung eines Testaments anberaumten Termin sollen die g. Erben des Erblassers und die sonstigen Beteiligten soweit thunlich geladen werden.

Vollmacht.

176 Die Kraftloserklärung einer Vollmachtsurkunde muß nach dem für die öffentliche Zustellung einer L. geltenden Vorschriften der Civilprozeßordnung veröffentlicht werden.

Willenserklärung.

132 Befindet sich der Erklärende über die Person desjenigen, welchem gegenüber die Willenserklärung abzugeben ist, in einer nicht auf Fahrlässigkeit beruhenden Unkenntnis oder ist der Aufenthalt dieser Person unbekannt, so kann die Zustellung nach den für die öffentliche Zustellung einer L. geltenden Vorschriften der Civilprozeßordnung erfolgen.

Lage.

Eigentum.

906 s. **Eigentum** — Eigentum.

Art. **Einführungsgesetz.**

110 s. **E.G.** — E.G.

§ **Landesanstalt.**

981 **Eigentum** s. **Eigentum** — Eigentum.

Landesbeamter.

1315 **Ehe** s. **Ehe** — Ehe.

Landesbehörde.

981 **Eigentum** s. **Eigentum** — Eigentum.

Landesgesetze.

1315 **Ehe** s. **Ehe** — Ehe.

907 **Eigentum** 919 s. **Eigentum** — Eigentum.

Art. **Einführungsgesetz.**

3 Soweit in dem B.G.B. oder in diesem G. die Regelung den L.G. vorbehalten oder bestimmt ist, daß landesg. Vorschriften unberührt bleiben oder erlassen werden können, bleiben die bestehenden landesg. Vorschriften in Kraft und können neue landesg. Vorschriften erlassen werden.

4 Soweit in Reichsg. oder in L.G. auf Vorschriften verwiesen ist, welche durch das B.G.B. oder durch dieses G. außer Kraft gesetzt werden, treten an deren Stelle die entsprechenden Vorschriften des B.G.B oder dieses G.

55–152 Verhältnis des B.G.B. zu den L.G.

55 Die privatrechtlichen Vorschriften der

Art. L.G. treten außer Kraft, soweit nicht in dem B.G.B. oder in diesem G. ein anderes bestimmt ist.

56 Unberührt bleiben die Bestimmungen der Staatsverträge, die ein Bundesstaat mit einem ausländischen Staate vor dem Inkrafttreten des B.G.B. geschlossen hat.

57 In Ansehung der Landesherrn und der Mitglieder der landesherrlichen Familien sowie der Mitglieder der Fürstlichen Familie Hohenzollern finden die Vorschriften des B.G.B. nur insoweit Anwendung, als nicht besondere Vorschriften der Hausverfassungen oder der L.G. abweichende Bestimmungen enthalten. *60, 61.*

58 In Ansehung der Familienverhältnisse und der Güter derjenigen Häuser, welche vormals reichsständisch gewesen und seit 1806 mittelbar geworden sind oder welche diesen Häusern bezüglich der Familienverhältnisse und der Güter durch Beschluß der vormaligen deutschen Bundesversammlung oder vor dem Inkrafttreten des B.G.B. durch L.G. gleichgestellt worden sind, bleiben die Vorschriften der L.G. und nach Maßgabe der L.G. die Vorschriften der Hausverfassungen unberührt.

Das Gleiche gilt zu Gunsten des vormaligen Reichsadels und derjenigen Familien des landsässigen Adels, welche vor dem Inkrafttreten des B.G.B. dem vormaligen Reichsadel durch L.G. gleichgestellt worden sind. *60, 61.*

59 Unberührt bleiben die landesg. Vorschriften:

a) über Familienfideikommisse;
über Lehen, mit Einschluß der allodifizierten Lehen;
über Stammgüter; *60, 61.*

60 b) welche die Bestellung einer Hypothek, Grundschuld oder Rentenschuld an einem Grundstücke, dessen Belastung nach den in den Art. *57* bis *59* bezeichneten Vorschriften nur beschränkt zulässig ist, dahin gestatten, daß der Gläubiger Befriedigung aus dem Grundstücke lediglich im Wege der Zwangsverwaltung suchen kann;

61 Ist die Veräußerung oder Belastung eines Gegenstandes nach den in den Art. *57* bis *59* bezeichneten Vorschriften unzulässig oder nur beschränkt zulässig, so finden auf einen Erwerb, dem diese Vorschriften entgegenstehen, die Vorschriften des B.G.B. zu Gunsten derjenigen, welche Rechte von einem Nichtberechtigten herleiten, entsprechende Anwendung.

62 Unberührt bleiben die landesg. Vorschriften:

c) über Rentengüter;

63 d) über das Erbpachtrecht, mit Einschluß des Büdnerrechts und des Häuslerrechts, in denjenigen Bundesstaaten, in welchen solche Rechte bestehen. Die Vorschriften des § 1017 des B.G.B. finden auf diese Rechte entsprechende Anwendung. *197.*

64 e) über das Anerbenrecht in Ansehung landwirtschaftlicher und forstwirtschaftlicher Grundstücke nebst deren Zubehör.

Die L.G. können das Recht des Erblassers, über das dem Anerbenrecht unterliegende Grundstück von Todeswegen zu verfügen, nicht beschränken.

65 f) welche dem Wasserrecht angehören, mit Einschluß des Mühlenrechts, des Flötzrechts und des Flößereirechtes sowie der Vorschriften zur Beförderung der Bewässerung und Entwässerung der Grundstücke und der Vorschriften über Anlandungen

Unberührt bleiben die landesg. Vorschriften:

Art. entstehende Inseln und verlassene Flußbetten.

66 g) welche dem Deich- und Sielrecht angehören;

67 h) welche dem Bergrecht angehören;

Ist nach landesg. Vorschrift wegen Beschädigung eines Grundstücks durch Bergbau eine Entschädigung zu gewähren, so finden die Vorschriften der Art. *52, 53* Anwendung, soweit nicht die L.G. ein anderes bestimmen.

68 i) welche die Belastung eines Grundstücks mit dem vererblichen und veräußerlichen Rechte zur Gewinnung eines den bergrechtlichen Vorschriften nicht unterliegenden Minerals gestatten und den Inhalt dieses Rechtes näher bestimmen. Die Vorschriften der §§ 874 bis 876, 1015, 1017 des B.G.B. finden entsprechende Anwendung;

69 k) über Jagd und Fischerei, unbeschadet der Vorschrift des § 958 Abs. 2 des B.G.B. und der Vorschriften des B.G.B. über den Ersatz des Wildschadens;

70 l) über die Grundsätze, nach welchen der Wildschaden festzustellen ist, sowie die landesg. Vorschriften, nach welchen der Anspruch auf Ersatz des Wildschadens innerhalb einer bestimmten Frist bei der zuständigen Behörde geltend gemacht werden muß;

71 m) 1. die Verpflichtung zum Ersatze des Wildschadens auch dann eintritt, wenn der Schaden durch jagdbare Tiere anderer als der im § 835 des B.G.B. bezeichneten Gattungen angerichtet wird;

2. für den Wildschaden, der durch ein aus einem Gehege ausgetretenes jagdbares Tier angerichtet wird, der Eigentümer oder der Besitzer des Geheges verantwortlich ist;

3. der Eigentümer eines Grundstücks, wenn das Jagdrecht auf einem anderen Grundstücke nur gemeinschaftlich mit dem Jagdrecht auf seinem Grundstück ausgeübt werden darf, für den auf dem anderen Grundstück angerichteten Wildschaden auch dann haftet, wenn er die ihm angebotene Pachtung der Jagd abgelehnt hat;

4. der Wildschaden, der an Gärten, Obstgärten, Weinbergen, Baumschulen und einzelstehenden Bäumen angerichtet wird, dann nicht zu ersetzen ist, wenn die Herstellung von Schutzvorrichtungen unterblieben ist, die unter gewöhnlichen Umständen zur Abwendung des Schadens ausreichen;

5. die Verpflichtung zum Schadensersatz im Falle des § 835 Abs. 3 des B.G.B. abweichend bestimmt wird;

6. die Gemeinde an Stelle der Eigentümer der zu einem Jagdbezirke vereinigten Grundstücke, zum Ersatze des Wildschadens verpflichtet und zum Rückgriff auf die Eigentümer berechtigt ist oder an Stelle der Eigentümer oder des Verbandes der Eigentümer oder der Gemeinde oder neben ihnen der Jagdpächter zum Ersatze des Schadens verpflichtet ist;

7. der zum Ersatze des Wildschadens Verpflichtete Erstattung des ge-

Unberührt bleiben die landesg. Vorschriften:

Art. leisteten Ersatzes von demjenigen verlangen kann, welcher in einem anderen Bezirke zur Ausübung der Jagd berechtigt ist.

72 Besteht in Ansehung eines Grundstücks ein zeitlich nicht begrenztes Nutzungsrecht, so finden die Vorschriften des § 835 des B.G.B. über die Verpflichtung zum Ersatze des Wildschadens mit der Maßgabe Anwendung, daß an die Stelle des Eigentümers der Nutzungsberechtigte tritt.

73 n) über Regalien;

74 o) über Zwangsrechte, Bannrechte und Realgewerbeberechtigungen;

75 p) welche dem Versicherungsrecht angehören, soweit nicht in dem B.G.B. besondere Bestimmungen getroffen sind;

76 q) welche dem Verlagsrecht angehören;

77 r) über die Haftung des Staates, der Gemeinden und anderer Kommunalverbände (Provinzial-, Kreis-, Amtsverbände) für den von ihren Beamten in Ausübung der diesen anvertrauten öffentlichen Gewalt zugefügten Schaden;

s) welche das Recht des Beschädigten, von den Beamten den Ersatz eines solchen Schadens zu verlangen, insoweit ausschließen, als der Staat oder der Kommunalverband haftet;

78 t) nach welchen die Beamten für die von ihnen angenommenen Stellvertreter und Gehülfen in weiterem Umfange als nach dem B.G.B. haften;

79 u) nach welchen die zur amtlichen Feststellung des Wertes von Grundstücken bestellten Sachverständigen für den aus einer Verletzung ihrer Berufspflicht entstandenen Schaden in weiterem Umfange als nach dem B.G.B. haften;

Art.

80 v) soweit nicht in dem B.G.B. eine besondere Bestimmung getroffen ist, über die vermögensrechtlichen Ansprüche und Verbindlichkeiten der Beamten, der Geistlichen und der Lehrer an öffentlichen Unterrichtsanstalten aus dem Amts- oder Dienstverhältnisse, mit Einschluß der Ansprüche der Hinterbliebenen;

w) über das Pfründenrecht. 81.

81 x) welche die Übertragbarkeit der Ansprüche der im Art. 80 Abs. 1 bezeichneten Personen auf Besoldung, Wartegeld, Ruhegehalt, Witwen- und Waisengeld beschränken;

y) welche die Aufrechnung gegen solche Ansprüche abweichend von der Vorschrift des § 394 des B.G.B. zulassen;

82 z) über die Verfassung solcher Vereine, deren Rechtsfähigkeit auf staatlicher Verleihung beruht;

83 aa) über Waldgenossenschaften;

84 ab) nach welchen eine Religionsgesellschaft oder eine geistliche Gesellschaft Rechtsfähigkeit nur im Wege der Gesetzgebung erlangen kann;

85 ac) nach welchen im Falle des § 45 Abs. 3 des B.G.B. das Vermögen des aufgelösten Vereins an Stelle des Fiskus einer Körperschaft, Stiftung oder Anstalt des öffentlichen Rechtes anfällt;

86 ad) welche den Erwerb von Rechten durch juristische Personen beschränken oder von staatlicher Genehmigung abhängig machen, soweit diese Vorschriften Gegenstände im Werte von mehr als fünftausend Mark betreffen. Wird die nach dem L.G. zu einem Erwerbe von Todeswegen erforderliche Ge-

Unberührt bleiben die landesg. Vorschriften:

Art.

nehmigung erteilt, so gilt sie als vor dem Erbfall erteilt; wird sie verweigert, so gilt die juristische Person in Ansehung des Anfalls als nicht vorhanden; die Vorschriften des § 2043 des B.G.B. finden entsprechende Anwendung; *87*;

87 ae) welche die Wirksamkeit von Schenkungen an Mitglieder religiöser Orden oder ordensähnlicher Kongregationen von staatlicher Genehmigung abhängig machen;

af) nach welchen Mitglieder religiöser Orden oder ordensähnlicher Kongregationen nur mit staatlicher Genehmigung von Todeswegen erwerben können. Die Vorschriften des Art. *86* Satz 2 finden entsprechende Anwendung.

Mitglieder solcher religiöser Orden oder ordensähnlicher Kongregationen, bei denen Gelübde auf Lebenszeit oder auf unbestimmte Zeit nicht abgelegt werden, unterliegen nicht den in den Absätzen 1, 2 bezeichneten Vorschriften;

88 ag) welche den Erwerb von Grundstücken durch Ausländer von staatlicher Genehmigung abhängig machen;

89 ah) über die zum Schutze der Grundstücke und der Erzeugnisse von Grundstücken gestattete Pfändung von Sachen, mit Einschluß der Vorschriften über die Entrichtung von Pfandgeld oder Ersatzgeld;

90 ai) über die Rechtsverhältnisse, welche sich aus einer auf Grund des öffentlichen Rechts wegen der Führung eines Amtes oder wegen eines Gewerbebetriebs erfolgten Sicherheitsleistung ergeben;

Art.

91 ak) nach welchen der Fiskus, eine Körperschaft, Stiftung oder Anstalt des öffentlichen Rechtes oder eine unter der Verwaltung einer öffentlichen Behörde stehende Stiftung berechtigt ist, zur Sicherung gewisser Forderungen die Eintragung einer Hypothek an Grundstücken des Schuldners zu verlangen, und nach welchen die Eintragung der Hypothek auf Ersuchen einer bestimmten Behörde zu erfolgen hat. Die Hypothek kann nur als Sicherungshypothek eingetragen werden, sie entsteht mit der Eintragung;

92 al) nach welchen Zahlungen aus öffentlichen Kassen an der Kasse in Empfang zu nehmen sind;

93 am) über die Fristen, bis zu deren Ablauf gemietete Räume bei Beendigung des Mietverhältnisses zu räumen sind;

94 an) welche den Geschäftsbetrieb der gewerblichen Pfandleiher und der Pfandleihanstalten betreffen;

ao) nach welchen öffentlichen Pfandleihanstalten das Recht zusteht, die ihnen verpfändeten Sachen dem Berechtigten nur gegen Bezahlung des auf die Sache gewährten Darlehens herauszugeben;

95 ap) welche dem Gesinderecht angehören. Dies gilt insbesondere auch von den Vorschriften über die Schadensersatzpflicht desjenigen, welcher Gesinde zum widerrechtlichen Verlassen des Dienstes verleitet oder in Kenntnis eines noch bestehenden Gesindeverhältnisses in Dienst nimmt oder ein unrichtiges Dienstzeugnis erteilt.

Die Vorschriften der §§ 104 bis 115, 131, 278, 617—619,

Unberührt bleiben die landesg. Vorschriften:

Art. 624, 831, des § 840 Abs. 2 und des § 1358 des B.G.B. finden Anwendung, die Vorschriften des § 617 jedoch nur insoweit, als die L.G. dem Gesinde nicht weitergehende Ansprüche gewähren.

Ein Züchtigungsrecht steht dem Dienstberechtigten dem Gesinde gegenüber nicht zu;

96 aq) über einen mit der Überlassung eines Grundstücks in Verbindung stehenden Leibgedings-, Leibzuchts-, Altenteils- oder Auszugsvertrag, soweit sie das sich aus dem Vertrag ergebende Schuldverhältnis für den Fall regeln, daß nicht besondere Vereinbarungen getroffen werden;

97 ar) welche die Eintragung von Gläubigern des Bundesstaats in ein Staatsschuldbuch und die aus der Eintragung sich ergebenden Rechtsverhältnisse, insbesondere die Übertragung und Belastung einer Buchforderung, regeln.

Soweit nach diesen Vorschriften eine Ehefrau berechtigt ist, selbstständig Anträge zu stellen, ist dieses Recht ausgeschlossen, wenn ein Vermerk zu Gunsten des Ehemannes im Schuldbuch eingetragen ist. Ein solcher Vermerk ist einzutragen, wenn die Ehefrau oder mit ihrer Zustimmung der Ehemann die Eintragung beantragt. Die Ehefrau ist dem Ehemanne gegenüber zur Erteilung der Zustimmung verpflichtet, wenn sie nach dem unter ihnen bestehenden Güterstand über die Buchforderung nur mit Zustimmung des Ehemanns verfügen kann.

98 Unberührt bleiben die landesg. Vorschriften

as) über die Rückzahlung oder Umwandlung verzinslicher Staatsschulden, für die Inhaberpapiere ausgegeben oder die im Staatsschuldbuch eingetragen sind;

99 at) über die öffentlichen Sparkassen, unbeschadet der Vorschriften des § 808 des B.G.B. und der Vorschriften des B.G.B. über die Anlegung von Mündelgeld.

100 au) nach welchen bei Schuldverschreibungen auf den Inhaber, die der Bundesstaat oder eine ihm angehörende Körperschaft, Stiftung oder Anstalt des öffentlichen Rechtes ausstellt:

1. die Gültigkeit der Unterzeichnung von der Beobachtung einer besonderen Form abhängt, auch wenn eine solche Bestimmung in der Urkunde nicht aufgenommen ist;
2. der im § 804 Abs. 1 des B.G.B. bezeichnete Anspruch ausgeschlossen ist, auch wenn die Ausschließung in dem Zins- oder Rentenscheine nicht bestimmt ist.

101 av) welche den Bundesstaat oder ihm angehörende Körperschaften, Stiftungen und Anstalten des öffentlichen Rechtes abweichend von der Vorschrift des § 806 Satz 2 des B.G.B. verpflichten, die von ihnen ausgestellten, auf den Inhaber lautenden Schuldverschreibungen auf den Namen eines bestimmten Berechtigten umzuschreiben;

aw) welche die sich aus der Umschreibung einer solchen Schuldverschreibung ergebenden Rechtsverhältnisse, mit Einschluß der Kraftloserklärung, regeln;

102 ax) über die Kraftloserklärung und die Zahlungssperre in Ansehung der

Unberührt bleiben die landesg. Vorschriften:

Art. im § 807 des B.G.B. bezeichneten Urkunden;

ay) welche für die Kraftloserklärung der im § 808 des B.G.B. bezeichneten Urkunden ein anderes Verfahren als das Aufgebotsverfahren bestimmen; *177*;

103 az) nach welchen der Staat sowie Verbände und Anstalten, die auf Grund des öffentlichen Rechtes zur Gewährung von Unterhalt verpflichtet sind, Ersatz der für den Unterhalt gemachten Aufwendungen von der Person, welcher sie den Unterhalt gewährt haben, sowie von denjenigen verlangen können, welche nach den Vorschriften des B.G.B. unterhaltspflichtig waren;

104 ba) über den Anspruch auf Rückerstattung mit Unrecht erhobener öffentlicher Abgaben oder Kosten eines Verfahrens;

105 bb) nach welchen der Unternehmer eines Eisenbahnbetriebs oder eines anderen mit gemeiner Gefahr verbundenen Betriebes für den aus dem Betrieb entstehenden Schaden in weiterem Umfange als nach den Vorschriften des B.G.B. verantwortlich ist;

106 bc) nach welchen, wenn ein dem öffentlichen Gebrauch dienendes Grundstück zu einer Anlage oder zu einem Betriebe benutzt werden darf, der Unternehmer der Anlage oder des Betriebes für den Schaden verantwortlich ist, der bei dem öffentlichen Gebrauche des Grundstücks durch die Anlage oder den Betrieb verursacht wird;

107 bd) über die Verpflichtung zum Ersatze des Schadens, der durch das Zuwiderhandeln gegen ein zum Schutze

Art. von Grundstücken erlassenes Strafgesetz verursacht wird;

108 be) über die Verpflichtung zum Ersatze des Schadens, der bei einer Zusammenrottung, einem Auflauf oder einem Aufruhr entsteht;

109 bf) über die im öffentlichen Interesse erfolgende Entziehung, Beschädigung oder Benutzung einer Sache, Beschränkung des Eigentums und Entziehung oder Beschränkung von Rechten. Auf die nach landesg. Vorschrift wegen eines solchen Eingriffs zu gewährende Entschädigung finden die Vorschriften der Art. *52*, *53* Anwendung, soweit nicht die L.G. ein anderes bestimmen;

110 bg) welche für den Fall, daß zerstörte Gebäude in anderer Lage wiederhergestellt werden, die Rechte an den beteiligten Grundstücken regeln;

111 bh) welche im öffentlichen Interesse das Eigentum in Ansehung thatsächlicher Verfügungen beschränken;

112 bi) über die Behandlung der einem Eisenbahn- oder Kleinbahnunternehmen gewidmeten Grundstücke und sonstiger Vermögensgegenstände als Einheit (Bahneinheit);

über die Veräußerung und Belastung einer solchen Bahneinheit oder ihrer Bestandteile, insbesondere die Belastung im Falle der Ausstellung von Teilschuldverschreibungen auf den Inhaber, und die sich dabei ergebenden Rechtsverhältnisse sowie

über die Liquidation zum Zwecke der Befriedigung der Gläubiger, denen ein Recht auf abgesonderte Befriedigung aus den Bestandteilen der Bahneinheit zusteht;

113 bk) über die Zusammenlegung von Grundstücken;

Unberührt bleiben die landesg. Vorschriften:

Art. bl) über die Gemeinheitsteilung, die Regulierung der Wege, die Ordnung der gutsherrlich-bäuerlichen Verhältnisse;

bm) über die Ablösung, Umwandlung oder Einschränkung von Dienstbarkeiten und Reallasten.

Dies gilt insbesondere auch von den Vorschriften, welche die durch ein Verfahren dieser Art begründeten gemeinschaftlichen Angelegenheiten zum Gegenstande haben oder welche sich auf den Erwerb des Eigentums, auf die Begründung, Änderung und Aufhebung von anderen Rechten an Grundstücken und auf die Berichtigung des Grundbuchs beziehen; *116*.

114 bn) nach welchen die dem Staate oder einer öffentlichen Anstalt infolge der Ordnung der gutsherrlich-bäuerlichen Verhältnisse oder der Ablösung von Dienstbarkeiten, Reallasten oder der Oberlehnsherrlichkeit zustehenden Ablösungsrenten und sonstigen Reallasten zu ihrer Begründung und zur Wirksamkeit gegenüber dem öffentlichen Glauben des Grundbuchs nicht der Eintragung bedürfen; *116*.

115 bo) welche die Belastung eines Grundstücks mit gewissen Grunddienstbarkeiten oder beschränkten persönlichen Dienstbarkeiten oder mit Reallasten untersagen oder beschränken, sowie solche

bp) welche den Inhalt und das Maß solcher Rechte näher bestimmen; *116*.

116 Die in den Art. *113—115* bezeichneten landesg. Vorschriften finden keine Anwendung auf die nach den §§ 912, 916, 917 des B.G.B. zu entrichtenden Geldrenten und auf die in den §§ 1021, 1022 des B.G.B. bestimmten Unterhaltungspflichten.

117 Unberührt bleiben die landesg. Vorschriften,

bq) welche die Belastung eines Grundstücks über eine bestimmte Wertgrenze hinaus untersagen;

br) welche die Belastung eines Grundstücks mit einer unkündbaren Hypothek oder Grundschuld untersagen oder die Ausschließung des Kündigungsrechtes des Eigentümers bei Hypothekenforderungen und Grundschulden zeitlich beschränken und bei Rentenschulden nur für eine kürzere als die im § 1202 Abs. 2 des B.G.B. bestimmte Zeit zulassen;

118 bs) einer Geldrente, Hypothek, Grundschuld oder Rentenschuld, die dem Staate oder einer öffentlichen Anstalt wegen eines zur Verbesserung des belasteten Grundstücks gewährten Darlehens zusteht, den Vorrang vor anderen Belastungen des Grundstücks einräumen. Zu Gunsten eines Dritten finden die Vorschriften der §§ 892, 893 des B.G.B. Anwendung;

119 bt) 1. die Veräußerung eines Grundstücks beschränken;

2. die Teilung eines Grundstücks oder die getrennte Veräußerung von Grundstücken, die bisher zusammen bewirtschaftet worden sind, untersagen oder beschränken, die nach § 890 Abs. 1 des B.G.B. zulässige Vereinigung mehrerer Grundstücke oder die nach § 890 Abs. 2 des B.G.B. zulässige Zuschreibung eines Grundstücks zu einem anderen Grundstück untersagen oder beschränken;

Unberührt bleiben die landesg. Vorschriften:

Art.

120 bu) nach welchen im Falle der Veräußerung eines Teiles eines Grundstücks dieser Teil von den Belastungen des Grundstücks befreit wird, wenn von der zuständigen Behörde festgestellt wird, daß die Rechtsänderung für die Berechtigten unschädlich ist;

bv) nach welchen unter der gleichen Voraussetzung

1. im Falle der Teilung eines mit einer Reallast belasteten Grundstücks die Reallast auf die einzelnen Teile des Grundstücks verteilt wird;
2. im Falle der Aufhebung eines dem jeweiligen Eigentümer eines Grundstücks an einem anderen Grundstücke zustehenden Rechtes die Zustimmung derjenigen nicht erforderlich ist, zu deren Gunsten das Grundstück des Berechtigten belastet ist;
3. in den Fällen des § 1128 des B.G.B. und des Art. *52* dieses G. der dem Eigentümer zustehende Entschädigungsanspruch von dem einem Dritten an dem Anspruche zustehenden Rechte befreit wird;

121 bw) nach welchen im Falle der Teilung eines für den Staat oder eine öffentliche Anstalt mit einer Reallast belasteten Grundstücks nur ein Teil des Grundstücks mit der Reallast belastet bleibt und dafür zu Gunsten des jeweiligen Eigentümers dieses Teiles die übrigen Teile mit gleichartigen Reallasten belastet werden;

122 bx) welche die Rechte des Eigentümers eines Grundstücks in Ansehung der auf der Grenze oder auf dem Nachbargrundstücke stehenden Obstbäume abweichend von den Vorschriften des § 910 und des § 923 Abs. 2 des B.G.B. bestimmen;

Art.

123 by) welche das Recht des Notwegs zum Zwecke der Verbindung eines Grundstücks mit einer Wasserstraße oder einer Eisenbahn gewähren;

124 bz) welche das Eigentum an Grundstücken zu Gunsten der Nachbarn noch anderen als den im B.G.B. bestimmten Beschränkungen unterwerfen. Dies gilt insbesondere auch von den Vorschriften, nach welchen Anlagen, sowie Bäume und Sträucher nur in einem bestimmten Abstande von der Grenze gehalten werden dürfen;

125 ca) welche die Vorschrift des § 26 der Gewerbeordnung auf Eisenbahn-, Dampfschiffahrts- und ähnliche Verkehrsunternehmungen erstrecken.

126 Durch L.G. kann das dem Staate an einem Grundstücke zustehende Eigentum auf einen Kommunalverband und das einem Kommunalverbande an einem Grundstück zustehende Eigentum auf einen andern Kommunalverband oder auf den Staat übertragen werden.

127 Unberührt bleiben die landesg. Vorschriften

cb) über die Übertragung des Eigentums an einem Grundstücke, das im Grundbuche nicht eingetragen ist und nach den Vorschriften der Grundbuchordnung auch nach der Übertragung nicht eingetragen zu werden braucht;

128 cc) über die Begründung und Aufhebung einer Dienstbarkeit an einem Grundstücke, das im Grund-

Unberührt bleiben die landesg. Vorschriften:

Art. buche nicht eingetragen ist und nach den Vorschriften der Grundbuchordnung nicht eingetragen zu werden braucht, *191*;

129 cd) nach welchen das Recht zur Aneignung eines nach § 928 des B.G.B. aufgegebenen Grundstücks an Stelle des Fiskus einer bestimmten anderen Person zusteht, *190*;

130 ce) über das Recht zur Aneignung der einem anderen gehörenden, im Freien betroffenen Tauben;

131 cf) welche für den Fall, daß jedem der Miteigentümer eines mit einem Gebäude versehenen Grundstücks die ausschließliche Benutzung eines Teiles des Gebäudes eingeräumt ist, das Gemeinschaftsverhältnis näher bestimmen, die Anwendung der §§ 749—751 des B.G.B. ausschließen und für den Fall des Konkurses über das Vermögen eines Miteigentümers dem Konkursverwalter das Recht, die Aufhebung der Gemeinschaft zu verlangen, versagen;

132 cg) über die Kirchenbaulast und die Schulbaulast;

133 ch) über das Recht zur Benutzung eines Platzes in einem dem öffentlichen Gottesdienste gewidmeten Gebäude oder auf einer öffentlichen Begräbnisstätte.

134 ci) über die religiöse Erziehung der Kinder;

135 ck) über die Zwangserziehung Minderjähriger. Die Zwangserziehung ist jedoch, unbeschadet der Vorschriften der §§ 55, 56 des Strafgesetzbuchs, nur zulässig, wenn sie von dem Vormundschaftsgericht angeordnet wird. Die Anordnung kann außer den Fällen der §§

Art. 1666, 1838 des B.G.B. nur erfolgen, wenn die Zwangserziehung zur Verhütung des völligen sittlichen Verderbens notwendig ist.

Die L.G. können die Entscheidung darüber, ob der Minderjährige, dessen Zwangserziehung angeordnet ist, in einer Familie oder in einer Erziehungs- oder Besserungsanstalt unterzubringen sei, einer Verwaltungsbehörde übertragen, wenn die Unterbringung auf öffentliche Kosten zu erfolgen hat.

136 cl) 1. Der Vorstand einer unter staatlicher Verwaltung oder Aufsicht stehenden Erziehungs- oder Verpflegungsanstalt oder ein Beamter alle oder einzelne Rechte und Pflichten eines Vormundes für diejenigen Minderjährigen hat, welche in der Anstalt oder unter der Aufsicht des Vorstandes oder des Beamten in einer von ihm ausgewählten Familie oder Anstalt erzogen oder verpflegt werden, und der Vorstand der Anstalt oder der Beamte auch nach der Beendigung der Erziehung oder der Verpflegung bis zur Volljährigkeit des Mündels diese Rechte und Pflichten behält, unbeschadet der Befugnis des Vormundschaftsgerichts, einen anderen Vormund zu bestellen;

2. die Vorschriften der Nr. 1 bei unehelichen Minderjährigen auch dann gelten, wenn diese unter der Aufsicht des Vorstandes oder des Beamten in der mütterlichen Familie erzogen oder verpflegt werden;

Unberührt bleiben die landesg. Vorschriften:

Art. 3. der Vorstand einer unter staatlicher Verwaltung oder Aufsicht stehenden Erziehungs- oder Verpflegungsanstalt oder ein von ihm bezeichneter Angestellter der Anstalt oder ein Beamter vor den nach § 1776 des B.G.B. als Vormünder berufenen Personen zum Vormunde der in Nr. 1, 2 bezeichneten Minderjährigen bestellt werden kann;

4. im Falle einer nach den Vorschriften der Nr. 1—3 stattfindenden Bevormundung ein Gegenvormund nicht zu bestellen ist und dem Vormunde die nach § 1852 des B.G.B. zulässigen Befreiungen zustehen.

137 cm) über die Grundsätze nach denen in den Fällen der §§ 1515 Abs. 2, 3; 2049, 2312 des B.G.B. der Ertragswert eines Landgutes festzustellen ist;

138 cn) nach welchen im Falle des § 1936 des B.G.B. an Stelle des Fiskus eine Körperschaft, Stiftung oder Anstalt des öffentlichen Rechts g. Erbe ist;

139 co) nach welchen dem Fiskus oder einer anderen juristischen Person in Ansehung des Nachlasses einer verpflegten oder unterstützten Person ein Erbrecht, ein Pflichtteilsanspruch oder ein Recht auf bestimmte Sachen zusteht;

140 cp) nach welchen das Nachlaßgericht auch unter anderen als den im § 1960 Abs. 1 des B.G.B. bezeichneten Voraussetzungen die Anfertigung eines Nachlaßverzeichnisses sowie bis zu dessen Vollendung die erforderlichen Sicherungsmaßregeln, insbesondere die Anlegung von Siegeln, von Amtswegen anordnen kann oder soll;

141 die L.G. können bestimmen, daß für die Beurkundung von Rechtsgeschäften, die nach den Vorschriften des B.G.B. gerichtlicher oder notarieller Beurkundung bedürfen, entweder nur die Gerichte oder nur die Notare zuständig sind.

142 Unberührt bleiben die landesg. Vorschriften:

cq) welche in Ansehung der in dem Gebiete des Bundesstaats liegenden Grundstücke bestimmen,

1. daß für die Beurkundung des im § 313 des B.G.B. bezeichneten Vertrags sowie für die nach § 873 Abs. 2 des B.G.B. zur Bindung der Beteiligten erforderliche Beurkundung der Erklärungen außer den Gerichten und Notaren auch andere Behörden und Beamte zuständig sind;

143 2. daß die Einigung der Parteien in den Fällen der §§ 925, 1015 des B.G.B. außer vor dem Grundbuchamt auch vor Gericht, vor einem Notar, vor einer anderen Behörde oder vor einem anderen Beamten erklärt werden kann;

cr) nach welchen es bei der Auflassung eines Grundstücks der gleichzeitigen Anwesenheit beider Teile nicht bedarf, wenn das Grundstück durch ein Gericht oder einen Notar versteigert worden ist und die Auflassung noch in dem Versteigerungstermine stattfindet;

144 cs) über die sachliche und örtliche Zuständigkeit der Hinterlegungsstellen. Die L.G. können bestimmen, daß

Unberührt bleiben die landesg. Vorschriften:

Art. die Anlegung von Mündelgeld nach § 1808 des B.G.B. bei den Hinterlegungsstellen des Bundesstaats nicht stattfindet.

145 Die L.G. können über die Hinterlegung nähere Bestimmungen treffen, insbesondere den Nachweis der Empfangsberechtigung regeln und vorschreiben, daß die hinterlegten Gelder und Wertpapiere gegen die Verpflichtung zur Rückerstattung in das Eigentum des Fiskus oder der als Hinterlegungsstelle bestimmten Anstalt übergehen, daß der Verkauf der hinterlegten Sachen von Amtswegen angeordnet werden kann, sowie daß der Anspruch auf Rückerstattung mit dem Ablauf einer gewissen Zeit oder unter sonstigen Voraussetzungen zu Gunsten des Fiskus oder der Hinterlegungsanstalt erlischt. In den Fällen des § 382, des § 1171 Abs. 3 und des § 1269 Satz 3 des B.G.B. muß dem Hinterleger die Rücknahme des hinterlegten Betrags mindestens während eines Jahres von dem Zeitpunkt an gestattet werden, mit welchem das Recht des Gläubigers auf den hinterlegten Betrag erlischt.

Von einer gerichtlichen Anordnung kann die Hinterlegung nicht abhängig gemacht werden.

146 Ist durch L.G. bestimmt, daß die Hinterlegungsstellen auch andere Sachen als Geld, Wertpapiere und sonstige Urkunden sowie Kostbarkeiten anzunehmen haben, so finden auf Schuldverhältnisse, die auf Leistung derartiger Sachen gerichtet sind, die Vorschriften der §§ 372—382 des B.G.B. Anwendung.

147 Unberührt bleiben die landesg. Vorschriften,

ct) nach welchen für die dem Vormundschaftsgericht oder dem Nachlaßgericht obliegenden Verrichtungen andere als gerichtliche Behörden zuständig sind.

Sind durch L.G. die Verrichtungen des Nachlaßgerichts einer anderen Behörde als einem Gericht übertragen, so ist für die Abnahme des im § 2006 des B.G.B. vorgeschriebenen Offenbarungseids das Amtsgericht zuständig, in dessen Bezirke die Nachlaßbehörde ihren Sitz hat.

148 Die L.G. können die Zuständigkeit des Nachlaßgerichts zur Aufnahme des Inventars ausschließen.

149 Unberührt bleiben die landesg. Vorschriften,

cu) nach welchen bei der Errichtung einer Verfügung von Todeswegen der Richter an Stelle des Gerichtsschreibers oder der zwei Zeugen eine besonders dazu bestellte Urkundsperson zuziehen kann.

Auf die Urkundsperson finden die Vorschriften der §§ 2234—2236 des B.G.B. Anwendung. *151.*

150 cv) nach welchen im Falle des § 2249 des B.G.B. an Stelle des Vorstehers oder neben dem Vorsteher eine andere amtlich bestellte Person zuständig ist.

151 Durch die Vorschriften der §§ 2234 bis 2245, 2276 des B.G.B. und des Art. *149* dieses G. werden die a. Vorschriften der L.G. über die Errichtung gerichtlicher oder notarieller Urkunden nicht berührt. Ein Verstoß gegen eine solche Vorschrift ist, unbeschadet der Vorschriften über die Folgen des Mangels der sachlichen Zuständigkeit, ohne Einfluß auf die Gültigkeit der Verfügung von Todeswegen.

Art.
152 Unberührt bleiben die landesg. Vorschriften,
cw) welche für die nicht nach den Vorschriften der Civilprozeßordnung zu erledigenden Rechtsstreitigkeiten die Vorgänge bestimmen, mit denen die nach den Vorschriften des B.G.B. an die Klageerhebung und an die Rechtshängigkeit geknüpften Wirkungen eintreten. Soweit solche Vorschriften fehlen, finden die Vorschriften der Civilprozeßordnung entsprechende Anwendung.
163 s. Stiftung § 85, Verein § 44.
164 In Kraft bleiben die landesg. Vorschriften
a) über die zur Zeit des Inkrafttretens des B.G.B. bestehenden Realgemeinden und ähnlichen Verbände, deren Mitglieder als solche zu Nutzungen an land- und forstwirtschaftlichen Grundstücken, an Mühlen, Brauhäusern und ähnlichen Anlagen berechtigt sind. Es macht keinen Unterschied, ob die Realgemeinden oder sonstigen Verbände juristische Personen sind oder nicht und ob die Berechtigung der Mitglieder an Grundbesitz geknüpft ist oder nicht; *163*.
167 b) welche die zur Zeit des Inkrafttretens des B.G.B. bestehenden landschaftlichen oder ritterschaftlichen Kreditanstalten betreffen;
c) nach welchen in Ansehung solcher Grundstücke, bezüglich deren zur Zeit des Inkrafttretens des B.G.B. ein nicht unter den Art. *63* fallendes bäuerliches Nutzungsrecht besteht, nach der Beendigung des Nutzungsrechts ein Recht gleicher Art neu begründet werden kann und der Gutsherr zu der Begründung verpflichtet ist.
183 Zu Gunsten eines Grundstücks, das zur Zeit des Inkrafttretens des B.G.B.

Art. mit Wald bestanden ist, bleiben die landesg. Vorschriften, welche die Rechte des Eigentümers eines Nachbargrundstücks in Ansehung der auf der Grenze oder auf dem Waldgrundstücke stehenden Bäume und Sträucher abweichend von den Vorschriften des § 910 und des § 923 Abs. 2, 3 des B.G.B. bestimmen, bis zur nächsten Verjüngung des Waldes in Kraft.
187 Durch L.G. kann bestimmt werden, daß die bestehenden Grunddienstbarkeiten oder einzelne Arten zur Erhaltung der Wirksamkeit gegenüber dem öffentlichen Glauben des Grundbuchs bei der Anlegung des Grundbuchs oder später in das Grundbuch eingetragen werden müssen. Die Bestimmung kann auf einzelne Grundbuchbezirke beschränkt werden. *191*.
193 Durch L.G. kann bestimmt werden,
a) daß ein Pfandrecht, welches nach Art. *192* nicht als Sicherungshypothek gilt, als Sicherungshypothek oder als eine Hypothek gelten soll, für welche die Erteilung des Hypothekenbriefes nicht ausgeschlossen ist, und daß eine über das Pfandrecht erteilte Urkunde als Hypothekenbrief gelten soll; *184*.
194 b) daß ein Gläubiger, dessen Pfandrecht zu der im Art. *192* bezeichneten Zeit besteht, die Löschung eines im Range vorgehenden oder gleichstehenden Pfandrechts, falls dieses sich mit dem Eigentum in einer Person vereinigt, in gleicher Weise zu verlangen berechtigt ist, wie wenn zur Sicherung des Rechtes auf Löschung eine Vormerkung im Grundbuche eingetragen wäre; *184*.
195 c) daß eine zu der im Art. *195* Abs. 1 bezeichneten Zeit bestehende Grundschuld als eine Hypothek,

Art. für welche die Erteilung des Hypothekenbriefes nicht ausgeschlossen ist, oder als Sicherungshypothek gelten soll und daß eine über die Grundschuld erteilte Urkunde als Hypothekenbrief gelten soll; *184*.

196 d) daß auf ein an einem Grundstücke bestehendes vererbliches und übertragbares Nutzungsrecht die sich auf Grundstücke beziehenden Vorschriften und auf den Erwerb eines solchen Rechtes die für den Erwerb des Eigentums an einem Grundstücke geltenden Vorschriften des B.G.B. Anwendung finden.

197 In Kraft bleiben die landesg. Vorschriften,

c) nach welchen in Ansehung solcher Grundstücke, bezüglich deren zur Zeit des Inkrafttretens des B.G.B. ein nicht unter den Art. *63* fallendes bäuerliches Nutzungsrecht besteht, nach der Beendigung des Nutzungsrechts ein Recht gleicher Art neu begründet werden kann und der Gutsherr zu der Begründung verpflichtet ist;

212 d) nach welchen gewisse Wertpapiere zur Anlegung von Mündelgeld für geeignet erklärt sind;

216 e) nach welchen Mitglieder gewisser ritterschaftlicher Familien bei der Ordnung der Erbfolge in ihren Nachlaß durch das Pflichtteilsrecht nicht beschränkt sind, in Ansehung derjenigen Familien, welchen dieses Recht zur Zeit des Inkrafttretens des B.G.B. zusteht.

218 Soweit nach den Vorschriften dieses Abschnitts die bisherigen L.G. maßgebend bleiben, können sie nach dem Inkrafttreten des B.G.B. durch L.G. auch geändert werden.

§ **Stiftung.**

85 Die Verfassung einer Stiftung wird, soweit sie nicht auf Reichs- oder L.G. beruht, durch das Stiftungsgeschäft bestimmt.

2249 **Testament** s. **Erblasser** — Testament.

Verein.

44 Die Zuständigkeit und das Verfahren, dem Verein die Rechtsfähigkeit zu entziehen, bestimmen sich in den Fällen des § 43 nach den für streitige Verwaltungssachen geltenden Vorschriften der L.G.

1642 **Verwandtschaft** s. Vormundschaft 1807, 1808.

Vormundschaft.

1784 Ein Beamter oder Religionsdiener, der nach den L.G. einer besonderen Erlaubnis zur Übernahme einer Vormundschaft bedarf, soll nicht ohne die vorgeschriebene Erlaubnis zum Vormunde bestellt werden. 1778, 1785.

1807 Die L.G. können für die innerhalb ihres Geltungsbereichs belegenen Grundstücke die Grundsätze bestimmen, nach denen die Sicherheit einer Hypothek, einer Grundschuld oder einer Rentenschuld, soweit die Anlegung von Mündelgeld in Betracht kommt, festzustellen ist. 1808, 1810, 1811.

1808 Kann die Anlegung von Mündelgeld den Umständen nach nicht in der im § 1807 bezeichneten Weise erfolgen, so ist das Geld bei der Reichsbank, bei einer Staatsbank oder bei einer anderen durch L.G. dazu für geeignet erklärten inländischen Bank oder bei einer Hinterlegungsstelle anzulegen. 1809, 1810, 1811.

1888 Ist ein Beamter oder ein Religionsdiener zum Vormunde bestellt, so hat ihn das Vormundschaftsgericht zu entlassen, wenn die Erlaubnis, die nach den L.G. zur Übernahme der Vormundschaft oder zur Fortführung der vor dem Eintritt in das Amts- oder Dienstverhältnis übernommenen

§ Vormundschaft erforderlich ist, versagt oder zurückgenommen wird oder wenn die nach den L.G. zulässige Untersagung der Fortführung der Vormundschaft erfolgt. 1895.

Landesherr.

Art. **Einführungsgesetz.**

57, 186, 188 s. **E.G.** — E.G.

Landesjustizverwaltung.

§ **Güterrecht.**

1558 Durch Anordnung der L. kann die Führung des Güterrechtsregisters für mehrere Amtsgerichtsbezirke einem Amtsgericht übertragen werden.

Landesregierung.

1322 **Ehe** s. **Ehe** — Ehe.

Verwandtschaft.

1723 Über die Erteilung der einem Bundesstaate zustehenden Ehelichkeitserklärung hat die L. zu bestimmen.

1745 Über die Erteilung der einem Bundesstaate zustehenden Bewilligung der Befreiung von den Erfordernissen, daß derjenige, welcher ein Kind an Kindesstatt annimmt, das fünfzigste Lebensjahr vollendet und mindestens achtzehn Jahre älter sein muß als das Kind, hat die L. zu bestimmen.

Art. **Landgut.**

137 **Einführungsgesetz** s. **E.G.** — E.G.

§ **Erbe.**

2049 Hat der Erblasser angeordnet, daß einer der Miterben das Recht haben soll, ein zum Nachlasse gehörendes L. zu übernehmen, so ist im Zweifel anzunehmen, daß das L. zu dem Ertragswert angesetzt werden soll.

Der Ertragswert bestimmt sich nach dem Reinertrage, den das L. nach seiner bisherigen wirtschaftlichen Bestimmung bei ordnungsmäßiger Bewirtschaftung nachhaltig gewähren kann.

Güterrecht.

1421 Nach der Beendigung der Verwaltung und Nutznießung hat der Mann bei g. Güterrecht das eingebrachte Gut der Frau herauszugeben und ihr über die Verwaltung Rechenschaft abzulegen. Auf die Herausgabe eines landwirtschaftlichen Grundstücks findet die Vorschrift des § 592, auf die Herausgabe eines L. finden die Vorschriften der §§ 592, 593 entsprechende Anwendung. 1546.

1515 Gehört zu dem Gesamtgut der f. Gütergemeinschaft ein L., so kann angeordnet werden, daß das L. mit dem Ertragswert oder mit einem Preise, der den Ertragswert mindestens erreicht, angesetzt werden soll. Die für die Erbfolge geltenden Vorschriften des § 2049 finden Anwendung.

Das Recht, das L. zu dem im Abs. 2 bezeichneten Werte oder Preise zu übernehmen, kann auch dem überlebenden Ehegatten eingeräumt werden. 1516, 1518.

1546 Auf das eingebrachte Gut der Frau finden bei Errungenschaftsgemeinschaft die für den Güterstand der Verwaltung und Nutznießung geltenden Vorschriften der §§ 1421 bis 1424 Anwendung.

Nießbrauch.

1055 Bei dem Nießbrauch an einem L. finden die Vorschriften der §§ 591 bis 593 entsprechende Anwendung.

Pacht.

593 Der Pächter eines L. hat von den bei der Beendigung der Pacht vorhandenen landwirtschaftlichen Erzeugnissen ohne Rücksicht darauf, ob er bei dem Antritte der Pacht solche Erzeugnisse übernommen hat, so viel zurückzulassen, als zur Fortführung der Wirtschaft bis zu der Zeit er-

§ forderlich ist, zu welcher gleiche oder ähnliche Erzeugnisse voraussichtlich gewonnen werden.

Soweit der Pächter landwirtschaftliche Erzeugnisse in größerer Menge oder besserer Beschaffenheit zurückzulassen verpflichtet ist, als er bei dem Antritte der Pacht übernommen hat, kann er von dem Verpächter Ersatz des Wertes verlangen.

Den vorhandenen auf dem Gute gewonnenen Dünger hat der Pächter zurückgelassen, ohne daß er Ersatz des Wertes verlangen kann. 581.

Pflichtteil.

2312 Hat der Erblasser angeordnet oder ist nach § 2049 anzunehmen, daß einer von mehreren Erben das Recht haben soll, ein zum Nachlasse gehörendes L. zu dem Ertragswerte zu übernehmen, so ist, wenn von dem Rechte Gebrauch gemacht wird, der Ertragswert auch für die Berechnung des Pflichtteils maßgebend. Hat der Erblasser einen anderen Übernahmepreis bestimmt, so ist dieser maßgebend, wenn er den Ertragswert erreicht und den Schätzungswert nicht übersteigt.

Hinterläßt der Erblasser nur einen Erben, so kann er anordnen, daß der Berechnung des Pflichtteils der Ertragswert oder ein nach Abs. 1 Satz 2 bestimmter Wert zu Grunde gelegt werden soll.

Diese Vorschriften finden nur Anwendung, wenn der Erbe, der das L. erwirbt, zu den im § 2303 bezeichneten pflichtteilsberechtigten Personen gehört.

Sachen.

98 Dem wirtschaftlichen Zwecke der Hauptsache sind zu dienen bestimmt:

1. . . . . .
2. bei einem L., das zum Wirtschaftsbetriebe bestimmte Gerät und Vieh, die landwirtschaftlichen Erzeugnisse, soweit sie zur Fortführung der Wirtschaft bis zu der Zeit erforderlich sind, zu welcher gleiche oder ähnliche Erzeugnisse voraussichtlich gewonnen werden, sowie der vorhandene, auf dem Gute gewonnene Dünger.

Testament.

2130 s. **Landwirtschaft** — Testament.

2204 s. Erbe 2049.

Verwandtschaft.

1663 s. **Landwirtschaft** — Verwandtschaft.

Vormundschaft.

1822 Der Vormund bedarf der Genehmigung des Vormundschaftsgerichts:

1. . . . . .

4. zu einem Pachtvertrag über ein L. oder einen gewerblichen Betrieb. 1812, 1902.

Landsässigkeit.

Art.

58 **Einführungsgesetz** s. **E.G.** — E.G.

Landschaft.

167 **Einführungsgesetz** s. **E.G.** — E.G.

Landwirtschaft.

§

998 **Eigentum** s. **Eigentum** — Eigentum.

Art. **Einführungsgesetz.**

64, *164* s. **E.G.** — E.G.

§ **Güterrecht.**

1421 Nach der Beendigung der Verwaltung und Nutznießung hat der Mann das eingebrachte Gut der Frau bei g. Güterrecht herauszugeben und ihr über die Verwaltung Rechenschaft abzulegen. Auf die Herausgabe eines landwirtschaftlichen Grundstücks findet die Vorschrift des § 592, auf die Herausgabe eines Landguts finden die Vorschriften der §§ 592, 593 entsprechende Anwendung. 1546.

1546 Auf das eingebrachte Gut der Frau finden bei der Errungenschaftsgemein-

§ schaft die für den Güterstand der Verwaltung und Nutznießung geltenden Vorschriften der §§ 1421—1424 Anwendung.

Nießbrauch.

1055 Bei dem Nießbrauch an einem landwirtschaftlichen Grundstücke finden die Vorschriften der §§ 591, 592, bei dem Nießbrauch an einem Landgute finden die Vorschriften der §§ 591—593 entsprechende Anwendung.

Pacht.

582 Der Pächter eines landwirtschaftlichen Grundstücks hat die gewöhnlichen Ausbesserungen, insbesondere die der Wohn- und Wirtschaftsgebäude, der Wege, Gräben und Einfriedigungen, auf seine Kosten zu bewirken. 581.

583 Der Pächter eines landwirtschaftlichen Grundstücks darf nicht ohne die Erlaubnis des Verpächters Änderungen in der wirtschaftlichen Bestimmung des Grundstücks vornehmen, die auf die Art der Bewirtschaftung über die Pachtzeit hinaus von Einfluß sind. 581.

584 Ist bei der Pacht eines landwirtschaftlichen Grundstücks der Pachtzins nach Jahren bemessen, so ist er nach dem Ablaufe je eines Pachtjahres am ersten Werktage des folgenden Jahres zu entrichten. 581.

585 Das Pfandrecht des Verpächters eines landwirtschaftlichen Grundstücks kann für den gesamten Pachtzins geltend gemacht werden und unterliegt nicht der im § 563 bestimmten Beschränkung. Es erstreckt sich auf die Früchte des Grundstücks, sowie auf die nach § 715 Nr. 5 der Civilprozeßordnung der Pfändung nicht unterworfenen Sachen. 581.

591 Der Pächter eines landwirtschaftlichen Grundstücks ist verpflichtet, das Grundstück nach der Beendigung der Pacht in dem Zustande zurückzugewähren, der sich bei einer während der Pachtzeit bis zur Rückgewähr f. ordnungsmäßigen Bewirtschaftung ergiebt. Dies gilt insbesondere auch für die Bestellung. 581.

592 Endigt die Pacht eines landwirtschaftlichen Grundstücks im Laufe eines Pachtjahrs, so hat der Verpächter die Kosten, die der Pächter auf die noch nicht getrennten, jedoch nach den Regeln einer ordnungsmäßigen Wirtschaft vor dem Ende des Pachtjahrs zu trennenden Früchte verwendet hat, insoweit zu ersetzen, als sie einer ordnungsmäßigen Wirtschaft entsprechen und den Wert dieser Früchte nicht übersteigen. 581.

593 Der Pächter eines Landguts hat von den bei der Beendigung der Pacht vorhandenen landwirtschaftlichen Erzeugnissen ohne Rücksicht darauf, ob er bei dem Antritte der Pacht solche Erzeugnisse übernommen hat, so viel zurückzulassen, als zur Fortführung der Wirtschaft bis zu der Zeit erforderlich ist, zu welcher gleiche oder ähnliche Erzeugnisse voraussichtlich gewonnen werden.

Soweit der Pächter landwirtschaftliche Erzeugnisse in größerer Menge oder besserer Beschaffenheit zurückzulassen verpflichtet ist, als er bei dem Antritte der Pacht übernommen hat, kann er von dem Verpächter Ersatz des Wertes verlangen.

Den vorhandenen auf dem Gute gewonnenen Dünger hat der Pächter zurückzulassen, ohne daß er Ersatz des Wertes verlangen kann. 581.

Sachen.

98 Dem wirtschaftlichen Zwecke, der Hauptsache sind zu dienen bestimmt:

1. bei einem Gebäude, das für einen gewerblichen Betrieb dauernd eingerichtet ist, insbesondere bei einer Mühle, einer Schmiede, einem Brauhaus, einer Fabrik, die zu

§ dem Betriebe bestimmten Maschinen und sonstigen Gerätschaften;

2. bei einem Landgute, das zum Wirtschaftsbetriebe bestimmte Gerät und Vieh, die landwirtschaftlichen Erzeugnisse, soweit sie zur Fortführung der Wirtschaft bis zu der Zeit erforderlich sind, zu welcher gleiche oder ähnliche Erzeugnisse voraussichtlich gewonnen werden, sowie der vorhandene auf dem Gute gewonnene Dünger.

Testament.

2130 Der Vorerbe ist nach dem Eintritte der Nacherbfolge verpflichtet, dem Nacherben die Erbschaft in dem Zustande herauszugeben, der sich bei einer bis zur Herausgabe f. ordnungsmäßigen Verwaltung ergiebt. Auf die Herausgabe eines landwirtschaftlichen Grundstücks findet die Vorschrift des § 592, auf die Herausgabe eines Landguts finden die Vorschriften der §§ 592, 593 entsprechende Anwendung.

Der Vorerbe hat auf Verlangen Rechenschaft abzulegen. 2136.

Verjährung.

196 In zwei Jahren verjähren die Ansprüche:

1. . . . . .

2. derjenigen, welche L. oder Forstwirtschaft betreiben, für Lieferung von land- oder forstwirtschaftlichen Erzeugnissen, sofern die Lieferung zur Verwendung im Haushalte des Schuldners erfolgt. 201.

Verwandtschaft.

1663 Gehört zu dem der Nutznießung des Vaters unterliegenden Vermögen eines Kindes ein landwirtschaftliches Grundstück, so findet die Vorschrift des § 592, gehört zu dem Vermögen ein Landgut, so finden die Vorschriften der §§ 592, 593 entsprechende Anwendung.

Last.

Art.

163 **Einführungsgesetz** f. Verein §§ 42, 53.

§

2046 **Erbe** 2061 f. **Erbe** — Erbe.

Güterrecht.

1386 Der Mann ist der Frau gegenüber bei g. Güterrecht verpflichtet, für die Dauer der Verwaltung und Nutznießung die Zinsen derjenigen Verbindlichkeiten der Frau zu tragen, deren Berichtigung aus dem eingebrachten Gute verlangt werden kann. Das Gleiche gilt von wiederkehrenden Leistungen anderer Art, einschließlich der von der Frau auf Grund ihrer g. Unterhaltspflicht geschuldeten Leistungen, sofern sie bei ordnungsmäßiger Verwaltung aus den Einkünften des Vermögens bestritten werden.

Die Verpflichtung des Mannes tritt nicht ein, wenn die Verbindlichkeiten oder die Leistungen im Verhältnisse der Ehegatten zu einander dem Vorbehaltsgute der Frau zur L. fallen. 1388, 1529.

1387 Der Mann ist der Frau gegenüber bei g. Güterrecht verpflichtet, zu tragen:

1. die Kosten eines Rechtsstreits, in welchem er ein zum eingebrachten Gute gehörendes Recht geltend macht, sowie die Kosten eines Rechtsstreits, den die Frau führt, sofern nicht die Kosten dem Vorbehaltsgute zur L. fallen;

2. . . . . . 1388, 1529.

1390 Macht der Mann zum Zwecke der Verwaltung des eingebrachten Gutes der Frau Aufwendungen, die er den Umständen nach für erforderlich halten darf, so kann er bei g. Güterrecht von der Frau Ersatz verlangen, sofern nicht die Aufwendungen ihm selbst zur L. fallen. 1525.

1415 Im Verhältnisse der Ehegatten zu

§ einander fallen bei g. Güterrecht dem Vorbehaltsgute zur L.:

1. die Verbindlichkeiten der Frau aus einer unerlaubten Handlung, die sie während der Ehe begeht, oder aus einem Strafverfahren, das wegen einer solchen Handlung gegen sie gerichtet wird;
2. die Verbindlichkeiten der Frau aus einem sich auf das Vorbehaltsgut beziehenden Rechtsverhältnis, auch wenn sie vor der Eingehung der Ehe oder vor der Zeit entstanden sind, zu der das Gut Vorbehaltsgut geworden ist;
3. die Kosten eines Rechtsstreits, den die Frau über eine der in Nr. 1, 2 bezeichneten Verbindlichkeiten führt. 1416, 1417, 1525.

1416 Im Verhältnisse der Ehegatten zu einander fallen bei g. Güterrecht die Kosten eines Rechtsstreits zwischen ihnen dem Vorbehaltsgute zur L., soweit nicht der Mann sie zu tragen hat.

Das Gleiche gilt von den Kosten eines Rechtsstreits zwischen der Frau und einem Dritten, es sei denn, daß das Urteil dem Manne gegenüber in Ansehung des eingebrachten Gutes wirksam ist. Betrifft jedoch der Rechtsstreit eine persönliche Angelegenheit der Frau oder eine nicht unter die Vorschriften des § 1415 N. 1, 2 fallende Verbindlichkeit, für die das eingebrachte Gut haftet, so findet die Vorschrift keine Anwendung, wenn die Aufwendung der Kosten den Umständen nach geboten ist. 1417, 1525.

1417 Wird eine Verbindlichkeit, die nach den §§ 1415, 1416 dem Vorbehaltsgute zur L. fällt, aus dem eingebrachten Gute berichtigt, so hat bei g. Güterrecht die Frau aus dem Vorbehaltsgute, soweit dieses reicht, zu dem eingebrachten Gute Ersatz zu leisten.

Wird eine Verbindlichkeit der Frau, die im Verhältnisse der Ehegatten zu einander nicht dem Vorbehaltsgute zur L. fällt, aus dem Vorbehaltsgute berichtigt, so hat der Mann aus dem eingebrachten Gute, soweit dieses reicht, zu dem Vorbehaltsgut Ersatz zu leisten. 1525.

1458 Der eheliche Aufwand fällt bei der a. Gütergemeinschaft dem Gesamtgute zur L.

1459 Aus dem Gesamtgut können bei a. Gütergemeinschaft die Gläubiger des Mannes und, soweit sich nicht aus den §§ 1460—1462 ein anderes ergiebt, auch die Gläubiger der Frau Befriedigung verlangen (Gesamtgutsverbindlichkeiten).

Für Verbindlichkeiten der Frau, die Gesamtgutsverbindlichkeiten sind, haftet der Mann auch persönlich als Gesamtschuldner. Die Haftung erlischt mit der Beendigung der Gütergemeinschaft, wenn die Verbindlichkeiten im Verhältnisse der Ehegatten zu einander nicht dem Gesamtgute zur L. fallen.

1463 Im Verhältnisse der Ehegatten zu einander fallen bei a. Gütergemeinschaft folgende Gesamtgutsverbindlichkeiten dem Ehegatten zur L., in dessen Person sie entstehen:

1. die Verbindlichkeiten aus einer unerlaubten Handlung, die er nach dem Eintritte der Gütergemeinschaft begeht, oder aus einem Strafverfahren, das wegen einer solchen Handlung gegen ihn gerichtet wird;
2. die Verbindlichkeiten aus einem sich auf sein Vorbehaltsgut beziehenden Rechtsverhältnis, auch wenn sie vor dem Eintritte der Gütergemeinschaft oder vor der

§ Zeit entstanden sind, zu der das Gut Vorbehaltsgut geworden ist;
3. die Kosten eines Rechtsstreits über eine der in Nr. 1, 2 bezeichneten Verbindlichkeiten. 1464.

1464 Im Verhältnisse der Ehegatten zu einander fallen bei a. Gütergemeinschaft die Kosten eines Rechtsstreits zwischen ihnen der Frau zur L., soweit nicht der Mann sie zu tragen hat.

Das Gleiche gilt von den Kosten eines Rechtsstreits zwischen der Frau und einem Dritten, es sei denn, daß das Urteil dem Gesamtgute gegenüber wirksam ist. Betrifft jedoch der Rechtsstreit eine persönliche Angelegenheit der Frau oder eine nicht unter die Vorschriften des § 1463 Nr. 1, 2 fallende Gesamtgutsverbindlichkeit der Frau, so findet diese Vorschrift keine Anwendung, wenn die Aufwendung der Kosten den Umständen nach geboten ist.

1465 Im Verhältnisse der Ehegatten zu einander fällt bei a. Gütergemeinschaft eine Ausstattung, die der Mann einem gemeinschaftlichen Kinde aus dem Gesamtgute verspricht oder gewährt, dem Manne insoweit zur L., als sie das dem Gesamtgut entsprechende Maß übersteigt.

Verspricht oder gewährt der Mann einem nicht gemeinschaftlichen Kinde eine Ausstattung aus dem Gesamtgute, so fällt sie im Verhältnisse der Ehegatten zu einander dem Vater oder der Mutter des Kindes zur L., der Mutter jedoch nur insoweit, als sie zustimmt oder die Ausstattung nicht das dem Gesamtgut entsprechende Maß übersteigt. 1538.

1469 Der Mann kann auf Aufhebung der a. Gütergemeinschaft klagen, wenn das Gesamtgut infolge von Verbindlichkeiten der Frau, die im Verhältnisse der Ehegatten zu einander nicht dem Gesamtgute zur L. fallen, in solchem Maße überschuldet ist, daß ein späterer Erwerb des Mannes erheblich gefährdet wird. 1470, 1479, 1542.

1475 Aus dem Gesamtgute sind bei a. Gütergemeinschaft zunächst die Gesamtgutsverbindlichkeiten zu berichtigen. Ist eine Gesamtgutsverbindlichkeit noch nicht fällig oder ist sie streitig, so ist das zur Berichtigung Erforderliche zurückzubehalten.

Fällt eine Gesamtgutsverbindlichkeit im Verhältnisse der Ehegatten zu einander einem der Ehegatten allein zur L., so kann dieser die Berichtigung aus dem Gesamtgute nicht verlangen. 1474, 1498, 1546.

1481 Unterbleibt bei der Auseinandersetzung die Berichtigung einer Gesamtgutsverbindlichkeit, die im Verhältnisse der Ehegatten zu einander dem Gesamtgut oder dem Manne zur L. fällt, so hat bei der a. Gütergemeinschaft der Mann dafür einzustehen, daß die Frau von dem Gläubiger nicht in Anspruch genommen wird. Die gleiche Verpflichtung hat die Frau dem Manne gegenüber, wenn die Berichtigung einer Gesamtgutsverbindlichkeit unterbleibt, die im Verhältnisse der Ehegatten zu einander der Frau zur L. fällt. 1474, 1498, 1546.

1498 Auf die Auseinandersetzung in Ansehung des Gesamtguts der f. Gütergemeinschaft finden die Vorschriften der §§ 1475, 1476, des § 1477 Abs. 1 und der §§ 1479—1481 Anwendung; an die Stelle des Mannes tritt der überlebende Ehegatte, an die Stelle der Frau treten die anteilsberechtigten Abkömmlinge. Die im § 1476 Abs. 2 Satz 2 bezeichnete Verpflichtung besteht nur für den überlebenden Ehegatten. 1518.

§

1499 Bei der Auseinandersetzung in Ansehung des Gesamtguts der f. Gütergemeinschaft fallen dem überlebenden Ehegatten zur L.:

1. die ihm bei dem Eintritte der f. Gütergemeinschaft obliegenden Gesamtgutsverbindlichkeiten, für die das eheliche Gesamtgut nicht haftete oder die im Verhältnisse der Ehegatten zu einander ihm zur L. fielen;
2. die nach dem Eintritte der f. Gütergemeinschaft entstandenen Gesamtgutsverbindlichkeiten, die, wenn sie während der ehelichen Gütergemeinschaft in seiner Person entstanden wären, im Verhältnisse der Ehegatten zu einander ihm zur L. gefallen sein würden;
3. eine Ausstattung, die er einem anteilsberechtigten Abkömmling über das dem Gesamtgut entsprechende Maß hinaus oder die er einem nicht anteilsberechtigten Abkömmlinge versprochen oder gewährt hat. 1518.

1503 Mehrere anteilsberechtigte Abkömmlinge teilen die ihnen zufallende Hälfte des Gesamtguts nach dem Verhältnisse der Anteile, zu denen sie im Falle der g. Erbfolge als Erben des verstorbenen Ehegatten berufen sein würden, wenn dieser erst zur Zeit der Beendigung der f. Gütergemeinschaft gestorben wäre.

Das Vorempfangene kommt nach den für die Ausgleichung unter Abkömmlingen geltenden Vorschriften zur Ausgleichung, soweit nicht eine solche bereits bei der Teilung des Nachlasses des verstorbenen Ehegatten erfolgt ist.

Ist einem Abkömmlinge, der auf seinen Anteil verzichtet hat, eine Abfindung aus dem Gesamtgute gewährt worden, so fällt sie den Abkömmlingen zur L., denen der Verzicht zu statten kommt. 1518.

1511 Der dem aus der f. Gütergemeinschaft ausgeschlossenen Abkömmlinge gezahlte Betrag wird bei der Auseinandersetzung den anteilsberechtigten Abkömmlingen nach Maßgabe des § 1500 angerechnet. Im Verhältnisse der Abkömmlinge zu einander fällt er den Abkömmlingen zur L., denen die Ausschließung zu statten kommt. 1516, 1518.

1525, 1529—1531, 1535—1538, 1542, 1546 f. **Errungenschaftsgemeinschaft** — Güterrecht.

1556 f. **Fahrnisgemeinschaft** — Güterrecht.

89 **Jur. Perf. d. öff. Rechts** f. Verein 42.

Nießbrauch.

1045 Ist die mit Nießbrauch belastete Sache bereits versichert, so fallen die für die Versicherung zu leistenden Zahlungen dem Nießbraucher für die Dauer des Nießbrauchs zur L., soweit er zur Versicherung verpflichtet sein würde.

Pflichtteil.

2314 Ist der Pflichtteilsberechtigte nicht Erbe, so hat ihm der Erbe auf Verlangen über den Bestand des Nachlasses Auskunft zu erteilen. Der Pflichtteilsberechtigte kann verlangen, daß er bei der Aufnahme des ihm nach § 260 vorzulegenden Verzeichnisses der Nachlaßgegenstände zugezogen und daß der Wert der Nachlaßgegenstände ermittelt wird. Er kann auch verlangen, daß das Verzeichnis durch die zuständige Behörde oder durch einen zuständigen Beamten oder Notar aufgenommen wird.

Die Kosten fallen dem Nachlasse zur L.

Schuldverhältnis.

366 Ist der Schuldner dem Gläubiger aus mehreren Schuldverhältnissen zu gleichartigen Leistungen verpflichtet

§ und reicht das von ihm Geleistete nicht zur Tilgung sämtlicher Schulden aus, so wird diejenige Schuld getilgt, welche er bei der Leistung bestimmt.

Trifft der Schuldner keine Bestimmung, so wird zunächst die fällige Schuld, unter mehreren fälligen Schulden diejenige, welche dem Gläubiger geringere Sicherheit bietet, unter mehreren gleich sicheren die dem Schuldner lästigere, unter mehreren gleich lästigen die ältere Schuld und bei gleichem Alter jede Schuld verhältnismäßig getilgt. 396.

369 Treten infolge einer Übertragung der Forderung oder im Wege der Erbfolge an die Stelle des ursprünglichen Gläubigers mehrere Gläubiger, so fallen die Mehrkosten den Gläubigern zur L.

Stiftung.

86 s. Verein 42.

88 s. Verein 53.

Testament.

2120 Ist zur ordnungsmäßigen Verwaltung, insbesondere zur Berichtigung von Nachlaßverbindlichkeiten, eine Verfügung erforderlich, die der Vorerbe nicht mit Wirkung gegen den Nacherben vornehmen kann, so ist der Nacherbe dem Vorerben gegenüber verpflichtet, seine Einwilligung zu der Verfügung zu erteilen. Die Einwilligung ist auf Verlangen in öffentlich beglaubigter Form zu erklären. Die Kosten der Beglaubigung fallen dem Vorerben zur L.

2121 Die Kosten der Aufnahme und der Beglaubigung des Verzeichnisses der zur Erbschaft gehörenden Gegenstände fallen der Erbschaft zur L.

2123 Gehört ein Wald zur Erbschaft, so kann sowohl der Vorerbe als der Nacherbe verlangen, daß das Maß der Nutzung und die Art der wirtschaftlichen Behandlung durch einen Wirtschaftsplan festgestellt werden. Tritt eine erhebliche Änderung der Umstände ein, so kann jeder Teil eine entsprechende Änderung des Wirtschaftsplans verlangen. Die Kosten fallen der Erbschaft zur L.

Das Gleiche gilt, wenn ein Bergwerk oder eine andere auf Gewinnung von Bodenbestandteilen gerichtete Anlage zur Erbschaft gehört. 2136.

2145 Der Vorerbe haftet nach dem Eintritte der Nacherbfolge für die Nachlaßverbindlichkeiten noch insoweit, als der Nacherbe nicht haftet. Die Haftung bleibt auch für diejenigen Nachlaßverbindlichkeiten bestehen, welche im Verhältnisse zwischen dem Vorerben und dem Nacherben dem Vorerben zur L. fallen.

2204 s. Erbe 2046.

2215 Die Kosten der Aufnahme und der Beglaubigung des Nachlaßverzeichnisses fallen dem Nachlasse zur L. 2220.

2219 Verletzt der Testamentsvollstrecker die ihm obliegenden Verpflichtungen, so ist er, wenn ihm ein Verschulden zur L. fällt, für den daraus entstehenden Schaden dem Erben und, soweit ein Vermächtnis zu vollziehen ist, auch dem Vermächtnisnehmer verantwortlich.

Mehrere Testamentsvollstrecker, denen ein Verschulden zur L. fällt, haften als Gesamtschuldner. 2220.

Verein.

42 Der Verein verliert die Rechtsfähigkeit durch die Eröffnung des Konkurses.

Der Vorstand hat im Falle der Überschuldung die Eröffnung des Konkurses zu beantragen. Wird die Stellung des Antrags verzögert, so sind die Vorstandsmitglieder, denen ein Verschulden zur L. fällt, den Gläubigern für den bereits ent-

§ stehenden Schaden verantwortlich; sie haften als Gesamtschuldner. 53.
53 Liquidatoren, welche die ihnen nach dem § 42 Abs. 2 und den §§ 50 bis 52 obliegenden Verpflichtungen verletzen oder vor der Befriedigung der Gläubiger Vermögen den Anfallberechtigten ausantworten, sind, wenn ihnen ein Verschulden zur L. fällt, den Gläubigern für den daraus entstehenden Schaden verantwortlich; sie haften als Gesamtschuldner.

Verwandtschaft.

1654 s. Güterrecht 1386.
1656 Ruht die elterliche Gewalt des Vaters oder ist dem Vater die Sorge für die Person und das Vermögen des Kindes durch das Vormundschaftsgericht entzogen, so können die Kosten des Unterhalts des Kindes aus den Nutzungen insoweit vorweg entnommen werden, als sie dem Vater zur L. fallen. 1658.
1660 s. Güterrecht 1415—1417.
1667 Wird das Vermögen des Kindes dadurch gefährdet, daß der Vater die mit der Vermögensverwaltung oder die mit der Nutznießung verbundenen Pflichten verletzt oder daß er in Vermögensverfall gerät, so hat das Vormundschaftsgericht die zur Abwendung der Gefahr erforderlichen Maßregeln zu treffen.

Das Vormundschaftsgericht kann insbesondere anordnen, daß der Vater ein Verzeichnis des Vermögens einreicht und über seine Verwaltung Rechnung legt. Der Vater hat das Verzeichnis mit der Versicherung der Richtigkeit und Vollständigkeit zu versehen. Ist das eingereichte Verzeichnis ungenügend, so findet die Vorschrift des § 1640 Abs. 2 Satz 1 Anwendung. Das Vormundschaftsgericht kann auch, wenn Wertpapiere, Kostbarkeiten oder Buchforderungen gegen das Reich oder einen Bundesstaat zu dem Vermögen des Kindes gehören, dem Vater die gleichen Verpflichtungen auferlegen, welche nach den §§ 1814—1816, 1818 einem Vormund obliegen; die Vorschriften der §§ 1819, 1820 finden entsprechende Anwendung.

Die Kosten der angeordneten Maßregeln fallen dem Vater zur L. 1668, 1670, 1687, 1692.
1672 Bei der Bestellung und Aufhebung der Sicherheit für das der Verwaltung des Vaters unterliegende Vermögen des Kindes wird die Mitwirkung desselben durch die Anordnung des Vormundschaftsgerichts ersetzt.

Die Kosten der Bestellung und Aufhebung der Sicherheit fallen dem Vater zur L.

Vormundschaft.

1787 Wer die Übernahme der Vormundschaft ohne Grund ablehnt, ist, wenn ihm ein Verschulden zur L. fällt, für den Schaden verantwortlich, der dem Mündel dadurch entsteht, daß sich die Bestellung des Vormundes verzögert.
1833 Der Vormund ist dem Mündel für den aus einer Pflichtverletzung entstehenden Schaden verantwortlich, wenn ihm ein Verschulden zur L. fällt. Das Gleiche gilt von dem Gegenvormunde.

Sind für den Schaden mehrere neben einander verantwortlich, so haften sie als Gesamtschuldner. Ist neben dem Vormunde für den von diesem verursachten Schaden der Gegenvormund oder ein Mitvormund nur wegen Verletzung seiner Aufsichtspflicht verantwortlich, so ist in ihrem Verhältnisse zu einander der Vormund allein verpflichtet.
1844 Die Kosten der Sicherheitsleistung

§ **Testament.**

2126, 2185 L. der Erbschaft s. **Erblasser** — Testament.

2182 s. Kauf 436, 444.

Verwandtschaft.

1654 Der Vater hat die L. des seiner Nutznießung unterliegenden Vermögens zu tragen. Seine Haftung bestimmt sich nach den für den Güterstand der Verwaltung und Nutznießung geltenden Vorschriften der §§ 1384—1386, 1388. Zu den L. gehören auch die Kosten eines Rechtsstreits, der für das Kind geführt wird, sofern sie nicht dem freien Vermögen zur L. fallen, sowie die Kosten der Verteidigung des Kindes in einem gegen das Kind gerichteten Strafverfahren, vorbehaltlich der Ersatzpflicht des Kindes im Falle seiner Verurteilung.

1656 Steht dem Vater die Verwaltung des seiner Nutznießung unterliegenden Vermögens nicht zu, so kann er auch die Nutznießung nicht ausüben; er kann jedoch die Herausgabe der Nutzungen verlangen, soweit nicht ihre Verwendung zur ordnungsmäßigen Verwaltung des Vermögens und zur Bestreitung der L. der Nutznießung erforderlich ist. 1658.

651 **Werkvertrag** s. Kauf 446.

Lauf.

1571 **Ehescheidung** 1572 s. **Ehe** — Ehescheidung.

Art. **Einführungsgesetz.**

174 s. Schuldverschreibung § 802.

189 s. Grundstück § 900.

§ **Erbe.**

1944, 1954, 1997 s. **Erbe** — Erbe.

2340 **Erbunwürdigkeit** 2345 s. Testament 2082.

Erbvertrag.

2283 Die Anfechtung des Erbvertrages durch den Erblasser kann nur binnen Jahresfrist erfolgen.

§ Die Frist beginnt im Falle der Anfechtbarkeit wegen Drohung mit dem Zeitpunkt, in welchem die Zwangslage aufhört, in den übrigen Fällen mit dem Zeitpunkt, in welchem der Erblasser von dem Anfechtungsgrunde Kenntnis erlangt. Auf den L. der Frist finden die für die Verjährung geltenden Vorschriften der §§ 203, 206 entsprechende Anwendung.

Hat im Falle des § 2282 Abs. 2 der g. Vertreter den Erbvertrag nicht rechtzeitig angefochten, so kann nach dem Wegfalle der Geschäftsunfähigkeit der Erblasser selbst den Erbvertrag in gleicher Weise anfechten, wie wenn er ohne g. Vertreter gewesen wäre.

187 **Frist** 188 s. **Frist** — Frist.

Grundstück.

900 Wer als Eigentümer eines Grundstücks im Grundbuch eingetragen ist, ohne daß er das Eigentum erlangt hat, erwirbt das Eigentum, wenn die Eintragung dreißig Jahre bestanden und er während dieser Zeit das Grundstück im Eigenbesitze gehabt hat. Die dreißigjährige Frist wird in derselben Weise berechnet wie die Frist für die Ersitzung einer beweglichen Sache. Der L. der Frist ist gehemmt, solange ein Widerspruch gegen die Richtigkeit der Eintragung im Grundbuch eingetragen ist.

Güterrecht.

1421 s. Pacht 592.

1484 s. Erbe 1944, 1954.

Leistung.

252 Der wegen Verletzung einer Person oder wegen Beschädigung einer Sache zu ersetzende Schaden umfaßt auch den entgangenen Gewinn. Als entgangen gilt der Gewinn, welcher nach dem gewöhnlichen L. der Dinge oder nach den besonderen Umständen, insbesondere nach den getroffenen An-

§ stalten und Vorkehrungen, mit Wahrscheinlichkeit erwartet werden konnte.

Miete.

537 Ist die vermietete Sache zur Zeit der Überlassung an den Mieter mit einem Fehler behaftet, der ihre Tauglichkeit zu dem vertragsmäßigen Gebrauch aufhebt oder mindert, oder entsteht im L. der Miete ein solcher Fehler, so ist der Mieter für die Zeit, während deren die Tauglichkeit aufgehoben ist, von der Entrichtung des Mietzinses befreit, für die Zeit, während deren die Tauglichkeit gemindert ist, nur zur Entrichtung eines nach den §§ 472, 473 zu bemessenden Teiles des Mietzinses verpflichtet.

Das Gleiche gilt, wenn eine zugesicherte Eigenschaft fehlt oder später wegfällt. Bei der Vermietung eines Grundstücks steht die Zusicherung einer bestimmten Größe der Zusicherung einer Eigenschaft gleich. 538, 539, 541, 545.

545 Zeigt sich im L. der Miete ein Mangel der gemieteten Sache oder wird eine Vorkehrung zum Schutze der Sache gegen eine nicht vorhergesehene Gefahr erforderlich, so hat der Mieter dem Vermieter unverzüglich Anzeige zu machen. Das Gleiche gilt, wenn sich ein Dritter ein Recht an der Sache anmaßt.

Unterläßt der Mieter die Anzeige, so ist er zum Ersatze des daraus entstehenden Schadens verpflichtet; er ist, soweit der Vermieter infolge der Unterlassung der Anzeige Abhülfe zu schaffen außer stande war, nicht berechtigt, die im § 537 bestimmten Rechte geltend zu machen oder nach § 542 Abs. 1 Satz 3 ohne Bestimmung einer Frist zu kündigen oder Schadensersatz wegen Nichterfüllung zu verlangen.

1055 **Nießbrauch** s. Pacht 592.

§ **Pacht.**

592 Endigt die Pacht eines landwirtschaftlichen Grundstücks im L. eines Pachtjahres, so hat der Verpächter die Kosten, die der Pächter auf die noch nicht getrennten, jedoch nach den Regeln einer ordnungsmäßigen Wirtschaft vor dem Ende des Pachtjahres zu trennenden Früchte verwendet hat, insoweit zu ersetzen, als sie einer ordnungsmäßigen Wirtschaft entsprechen und den Wert dieser Früchte nicht übersteigen. 581.

2335 **Pflichtteil** s. Ehescheidung 1571.

Schuldverschreibung.

802 Der Beginn und der L. der Vorlegungsfrist sowie der Verjährung werden durch die Zahlungssperre zu Gunsten des Antragstellers gehemmt. Die Hemmung beginnt mit der Stellung des Antrags auf Zahlungssperre; sie endigt mit der Erledigung des Aufgebotsverfahrens und, falls die Zahlungssperre vor der Einleitung des Verfahrens verfügt worden ist, auch dann, wenn seit der Beseitigung des der Einleitung entgegenstehenden Hindernisses sechs Monate verstrichen sind und nicht vorher die Einleitung beantragt worden ist. Auf diese Frist finden die Vorschriften der §§ 203, 206, 207 entsprechende Anwendung. 808.

Testament.

2082, 2252 s. **Erblasser** — Testament.

2130 s. Pacht 592.

Verwandtschaft.

1594 Auf den L. der Frist zur Anfechtung der Ehelichkeit finden die für die Verjährung geltenden Vorschriften der §§ 203, 206 entsprechende Anwendung. 1600.

1663 s. Pacht 592.

Willenserklärung.

124 Die Anfechtung einer nach § 123 anfechtbaren Willenserklärung kann nur binnen Jahresfrist erfolgen.

§ Die Frist beginnt im Falle der arglistigen Täuschung mit dem Zeitpunkt, in welchem der Anfechtungsberechtigte die Täuschung entdeckt, im Falle der Drohung mit dem Zeitpunkt, in welchem die Zwangslage aufhört. Auf den L. der Frist finden die für die Verjährung geltenden Vorschriften des § 203 Abs. 2 und der §§ 206, 207 entsprechende Anwendung.

Die Anfechtung ist ausgeschlossen, wenn seit der Abgabe der Willenserklärung dreißig Jahre verstrichen sind.

Leben.

Dienstvertrag.

618 Der Dienstberechtigte hat Räume, Vorrichtungen oder Gerätschaften, die er zur Verrichtung der Dienste zu beschaffen hat, so einzurichten und zu unterhalten und Dienstleistungen, die unter seiner Anordnung oder seiner Leitung vorzunehmen sind, so zu regeln, daß der Verpflichtete gegen Gefahr für L. und Gesundheit soweit geschützt ist, als die Natur der Dienstleistung es gestattet.

Ist der Verpflichtete in die häusliche Gemeinschaft aufgenommen, so hat der Dienstberechtigte in Ansehung des Wohn- und Schlafraums, der Verpflegung sowie der Arbeits- und Erholungszeit diejenigen Einrichtungen und Anordnungen zu treffen, welche mit Rücksicht auf die Gesundheit, die Sittlichkeit und die Religion des Verpflichteten erforderlich sind.

Erfüllt der Dienstberechtigte die ihm in Ansehung des L. und der Gesundheit des Verpflichteten obliegenden Verpflichtungen nicht, so finden auf seine Verpflichtung zum Schadensersatze die für unerlaubte Handlungen geltenden Vorschriften der §§ 842 bis 846 entsprechende Anwendung. 619

§ **Ehe.**

1314, 1324, 1326, 1348, 1350, 1351, 1361 s. **Ehe** — Ehe.

1566 **Ehescheidung** s. **Ehe** — Ehescheidung.

Art. **Einführungsgesetz.**

95 s. Dienstvertrag § 618.

159 s. Ehe §§ 1348, 1350, 1351.

198 s. **E.G.** — E.G.

201 s. Ehescheidung § 1566.

206 s. Verwandtschaft § 1635.

§ **Erbe.**

2031 Überlebt eine für tot erklärte Person den Zeitpunkt, der als Zeitpunkt ihres Todes gilt, so kann sie die Herausgabe ihres Vermögens nach den für den Erbschaftsanspruch geltenden Vorschriften verlangen. Solange der für tot Erklärte noch lebt, wird die Verjährung seines Anspruchs nicht vor dem Ablauf eines Jahres nach dem Zeitpunkte vollendet, in welchem er von der Todeserklärung Kenntnis erlangt.

Das Gleiche gilt, wenn der Tod einer Person ohne Todeserklärung mit Unrecht angenommen worden ist.

Erbfolge.

1923—1926, 1928 s. **Erbe** — Erbfolge.

Erbunwürdigkeit.

2344 Ist ein Erbe für erbunwürdig erklärt, so gilt der Anfall an ihn als nicht erfolgt.

Die Erbschaft fällt demjenigen an, welcher berufen sein würde, wenn der Erbunwürdige zur Zeit des Erbfalls nicht gelebt hätte; der Anfall gilt als mit dem Eintritte des Erbfalles erfolgt.

2289 **Erbvertrag** s. Pflichtteil 2338.

Erbverzicht.

2346 Verwandte sowie der Ehegatte des Erblassers können durch Vertrag mit dem Erblasser auf ihr g. Erbrecht verzichten. Der Verzichtende ist von der g. Erbfolge ausgeschlossen, wie wenn

§ er zur Zeit des Erbfalles nicht mehr lebte; er hat kein Pflichtteilsrecht.

Der Verzicht kann auf das Pflichtteilsrecht beschränkt werden.

Güterrecht.

1425 Wird die Entmündigung oder Pflegschaft, wegen deren die Aufhebung der Verwaltung und Nutznießung erfolgt ist, wiederaufgehoben oder wird der die Entmündigung aussprechende Beschluß mit Erfolg angefochten, so kann bei g. Güterrecht der Mann auf Wiederherstellung seiner Rechte klagen. Das Gleiche gilt, wenn der für tot erklärte Mann noch lebt. 1431, 1547.

1431 Die Gütertrennung ist Dritten gegenüber nur nach Maßgabe des § 1435 wirksam.

Das Gleiche gilt im Falle des § 1425 von der Wiederherstellung der Verwaltung und Nutznießung, wenn die Aufhebung in das Güterrechtsregister eingetragen worden ist.

1513 s. Pflichtteil 2338.

1547 Endigt die Errungenschaftsgemeinschaft durch die Eröffnung des Konkurses über das Vermögen des Mannes, so kann die Frau auf Wiederherstellung der Gemeinschaft klagen. Das gleiche Recht steht, wenn die Gemeinschaft infolge einer Todeserklärung endigt, dem für tot erklärten Ehegatten zu, falls er noch lebt.

Wird die Gemeinschaft auf Grund des § 1418 Nr. 3—5 aufgehoben, so kann der Mann unter den Voraussetzungen des § 1425 Abs. 1 auf Wiederherstellung der Gemeinschaft klagen. 1548.

Handlung.

823 Wer vorsätzlich oder fahrlässig das L., den Körper, die Gesundheit, die Freiheit, das Eigentum oder ein sonstiges Recht eines anderen widerrechtlich verletzt, ist dem anderen zum Ersatze

§ des daraus entstehenden Schadens verpflichtet.

Die gleiche Verpflichtung trifft denjenigen, welcher gegen ein den Schutz eines anderen bezweckendes G. verstößt. Ist nach dem Inhalte des G. ein Verstoß gegen dieses auch ohne Verschulden möglich, so tritt die Ersatzpflicht nur im Falle des Verschuldens ein. 829.

Pflichtteil.

2333 Der Erblasser kann einem Abkömmlinge den Pflichtteil entziehen:

1. wenn der Abkömmling dem Erblasser, dem Ehegatten oder einem anderen Abkömmlinge des Erblassers nach dem L. trachtet. 2334.

. . . . .

2335 s. Ehescheidung 1566.

2338 Hat sich ein Abkömmling in solchem Maße der Verschwendung ergeben oder ist er in solchem Maße überschuldet, daß sein späterer Erwerb erheblich gefährdet wird, so kann der Erblasser das Pflichtteilsrecht des Abkömmlings durch die Anordnung beschränken, daß nach dem Tode des Abkömmlings dessen g. Erben das ihm Hinterlassene oder den ihm gebührenden Pflichtteil als Nacherben oder als Nachvermächtnisnehmer nach dem Verhältnis ihrer g. Erbteile erhalten sollen. Der Erblasser kann auch für die Lebenszeit des Abkömmlinges die Verwaltung einem Testamentsvollstrecker übertragen; der Abkömmling hat in einem solchen Falle Anspruch auf den jährlichen Reinertrag.

Auf Anordnungen dieser Art finden die Vorschriften des § 2336 Abs. 1—3 entsprechende Anwendung. Die Anordnungen sind unwirksam, wenn zur Zeit des Erbfalls der Abkömmling sich dauernd von dem verschwenderischen L. abgewendet hat oder die den Grund

§ der Anordnung bildende Überschuldung nicht mehr besteht.

Testament.

2108 s. Erbfolge 1923.

2074, 2160, 2163, 2252 s. **Erblasser** — Testament.

Todeserklärung.

14 Die Todeserklärung ist zulässig, wenn seit zehn Jahren keine Nachricht von dem L. des Verschollenen eingegangen ist. Sie darf nicht vor dem Schlusse des Jahres erfolgen, in welchem der Verschollene das einunddreißigste Lebensjahr vollendet haben würde.

Ein Verschollener, der das siebzigste Lebensjahr vollendet haben würde, kann für tot erklärt werden, wenn seit fünf Jahren keine Nachricht von seinem L. eingegangen ist.

Der Zeitraum von zehn oder fünf Jahren beginnt mit dem Schlusse des letzten Jahres, in welchem der Verschollene den vorhandenen Nachrichten zufolge noch gelebt hat. 1318.

Verwandtschaft.

1608, 1609 s. Ehe 1351.

1635 Ist die Ehe aus einem der in den §§ 1565—1568 bestimmten Gründe geschieden, so steht, solange die geschiedenen Ehegatten leben, die Sorge für die Person des Kindes, wenn ein Ehegatte allein für schuldig erklärt ist, dem anderen Ehegatten zu; sind beide Ehegatten für schuldig erklärt, so steht die Sorge für einen Sohn unter sechs Jahren oder für eine Tochter der Mutter, für einen Sohn, der über sechs Jahre alt ist, dem Vater zu. Das Vormundschaftsgericht kann eine abweichende Anordnung treffen, wenn eine solche aus besonderen Gründen im Interesse des Kindes geboten ist; es kann die Anordnung aufheben, wenn sie nicht mehr erforderlich ist.

Das Recht des Vaters zur Vertretung des Kindes bleibt unberührt. 1636.

§

1637 s. Ehe 1348.

1703 Gilt das Kind nicht als ehelich, weil beiden Ehegatten die Nichtigkeit der Ehe bei der Eheschließung bekannt war, so kann es gleichwohl von dem Vater, solange er lebt, Unterhalt wie ein eheliches Kind verlangen. Das im § 1612 Abs. 2 bestimmte Recht steht dem Vater nicht zu. 1721.

Vormundschaft.

1883 Das Vormundschaftsgericht hat die Aufhebung der Vormundschaft anzuordnen, wenn es die Voraussetzungen der Legitimation für vorhanden erachtet. Solange der Ehemann lebt, soll die Aufhebung nur angeordnet werden, wenn er die Vaterschaft anerkannt hat oder wenn er an der Abgabe einer Erklärung dauernd verhindert oder sein Aufenthalt dauernd unbekannt ist.

Lebende.

2050 **Erbe** s. **Erbe** — Erbe.

2286 **Erbvertrag** 2301 s. **Erbvertrag** — Erbvertrag.

Güterrecht.

1369 Vorbehaltsgut der Frau bei g. Güterrecht ist, was die Frau durch Erbfolge, durch Vermächtnis oder als Pflichtteil erwirbt (Erwerb von Todeswegen) oder was ihr unter L. von einem Dritten unentgeltlich zugewendet wird, wenn der Erblasser durch letztwillige Verfügung, der Dritte bei der Zuwendung bestimmt hat, daß der Erwerb Vorbehaltsgut sein soll. 1440, 1486, 1526, 1553.

1440 Von dem Gesamtgut ausgeschlossen ist bei a. Gütergemeinschaft das Vorbehaltsgut.

Vorbehaltsgut ist, was durch Ehevertrag für Vorbehaltsgut eines der Ehegatten erklärt ist oder von einem der Ehegatten nach § 1369 oder § 1370 erworben wird.

1486 Vorbehaltsgut des überlebenden Ehe-

§ gatten bei f. Gütergemeinschaft ist, was er bisher als Vorbehaltsgut gehabt hat oder nach § 1369 oder § 1370 erwirbt.

Gehören zu dem Vermögen des überlebenden Ehegatten Gegenstände, die nicht durch Rechtsgeschäft übertragen werden können, so finden auf sie die bei der Errungenschaftsgemeinschaft für das eingebrachte Gut des Mannes geltenden Vorschriften, mit Ausnahme des § 1524, entsprechende Anwendung. 1518.

1526 Vorbehaltsgut der Frau bei Errungenschaftsgemeinschaft ist, was durch Ehevertrag für Vorbehaltsgut erklärt ist oder von der Frau nach § 1369 oder § 1370 erworben wird.

1553 Eingebrachtes Gut eines Ehegatten bei Fahrnisgemeinschaft ist:

1. was durch Ehevertrag für eingebrachtes Gut erklärt ist;
2. was er nach § 1369 erwirbt, sofern die Bestimmung dahin getroffen ist, daß der Erwerb eingebrachtes Gut sein soll. 1549.

Pflichtteil.

2315 Der Pflichtteilsberechtigte hat sich auf den Pflichtteil anrechnen zu lassen, was ihm von dem Erblasser durch Rechtsgeschäft unter L. mit der Bestimmung zugewendet worden ist, daß es auf den Pflichtteil angerechnet werden soll.

Der Wert der Zuwendung wird bei der Bestimmung des Pflichtteils dem Nachlasse hinzugerechnet. Der Wert bestimmt sich nach der Zeit, zu welcher die Zuwendung erfolgt ist.

Ist der Pflichtteilsberechtigte ein Abkömmling des Erblassers, so findet die Vorschrift des § 2051 Abs. 1 entsprechende Anwendung. 2316, 2327.

2316 f. Erbe 2050.

§ **Stiftung.**

81 Das Stiftungsgeschäft unter L. bedarf der schriftlichen Form.

2204 **Testament** f. Erbe 2050.

Vertrag.

312 Ein Vertrag über den Nachlaß eines noch lebenden Dritten ist nichtig. Das Gleiche gilt von einem Vertrag über den Pflichtteil oder ein Vermächtnis aus dem Nachlaß eines noch lebenden Dritten.

Diese Vorschriften finden keine Anwendung auf einen Vertrag, der unter künftigen g. Erben über den g. Erbteil oder den Pflichtteil eines von ihnen geschlossen wird. Ein solcher Vertrag bedarf der gerichtlichen oder notariellen Beurkundung.

Verwandtschaft.

1638 Das Recht und die Pflicht, für das Vermögen des Kindes zu sorgen (Vermögensverwaltung), erstreckt sich nicht auf das Vermögen, welches das Kind von Todeswegen erwirbt oder welches ihm unter L. von einem Dritten unentgeltlich zugewendet wird, wenn der Erblasser durch letztwillige Verfügung, der Dritte bei der Zuwendung bestimmt hat, daß der Erwerb der Verwaltung des Vaters entzogen sein soll. 1651.

1639 Was das Kind von Todeswegen erwirbt oder was ihm unter L. von einem Dritten unentgeltlich zugewendet wird, hat der Vater nach den Anordnungen des Erblassers oder des Dritten zu verwalten, wenn die Anordnungen von dem Erblasser durch letztwillige Verfügung, von dem Dritten bei der Zuwendung getroffen worden sind. Kommt der Vater den Anordnungen nicht nach, so hat das Vormundschaftsgericht die zu ihrer Durchführung erforderlichen Maßregeln zu treffen.

Der Vater darf von den Anord-

§ nungen insoweit abweichen, als es nach § 1803 Abs. 2, 3 einem Vormunde gestattet ist.

1651 Freies Vermögen ist:
1. was das Kind durch seine Arbeit oder durch den ihm nach § 112 gestatteten selbständigen Betrieb eines Erwerbsgeschäfts erwirbt;
2. was das Kind von Todeswegen erwirbt oder was ihm unter L. von einem Dritten unentgeltlich zugewendet wird, wenn der Erblasser durch letztwillige Verfügung, der Dritte bei der Zuwendung bestimmt hat, daß das Vermögen der Nutznießung entzogen sein soll.

Die Vorschriften des § 1638 Abs. 2 finden entsprechende Anwendung.

Vormundschaft.

1803 Was der Mündel von Todeswegen erwirbt oder was ihm unter L. von einem Dritten unentgeltlich zugewendet wird, hat der Vormund nach den Anordnungen des Erblassers oder des Dritten zu verwalten, wenn die Anordnungen von dem Erblasser durch letztwillige Verfügung, von dem Dritten bei der Zuwendung getroffen worden sind.

Der Vormund darf mit Genehmigung des Vormundschaftsgerichts von den Anordnungen abweichen, wenn ihre Befolgung das Interesse des Mündels gefährden würde.

Zu einer Abweichung von den Anordnungen, die ein Dritter bei einer Zuwendung unter L. getroffen hat, ist, solange er lebt, seine Zustimmung erforderlich und genügend. Die Zustimmung des Dritten kann durch das Vormundschaftsgericht ersetzt werden, wenn der Dritte zur Abgabe einer Erklärung dauernd außer stande oder sein Aufenthalt dauernd unbekannt ist.

1909 Wer unter elterlicher Gewalt oder unter Vormundschaft steht, erhält für Angelegenheiten, an deren Besorgung der Gewalthaber oder der Vormund verhindert ist, einen Pfleger. Er erhält insbesondere einen Pfleger zur Verwaltung des Vermögens, das er von Todeswegen erwirbt oder das ihm unter L. von einem Dritten unentgeltlich zugewendet wird, wenn der Erblasser durch letztwillige Verfügung, der Dritte bei der Zuwendung bestimmt hat, daß dem Gewalthaber oder dem Vormunde die Verwaltung nicht zustehen soll.

Tritt das Bedürfnis einer Pflegschaft ein, so hat der Gewalthaber oder der Vormund dem Vormundschaftsgericht unverzüglich Anzeige zu machen.

Die Pflegschaft ist auch dann anzuordnen, wenn die Voraussetzungen für die Anordnung einer Vormundschaft vorliegen, ein Vormund aber noch nicht bestellt ist. 1916, 1917.

Lebensalter.

187 **Frist** s. **Frist** — Frist.

Lebensbedarf.

1580 **Ehescheidung** s. Verwandtschaft 1610.

1610 **Verwandtschaft** 1708 s. **Kind** — Verwandtschaft.

Lebensdauer.

759 **Leibrente** s. **Leibrente** — Leibrente.

Lebensgefahr.

1316 **Ehe** s. **Ehe** — Ehe.

17 **Todeserklärung** s. **Todeserklärung** — Todeserklärung.

Lebensgemeinschaft.

1353 **Ehe** 1360 s. **Ehe** — Ehe.

Lebensjahr.

1303 **Ehe** 1305 s. **Ehe** — Ehe.

§ **Lebenswandel.**

2297 **Erbvertrag** s. Pflichtteil 2336.

1513 **Güterrecht** s. Pflichtteil 2336.

Pflichtteil.

2333 Der Erblasser kann einem Abkömmlinge den Pflichtteil entziehen:
1. . . . .
5. wenn der Abkömmling einen ehrlosen oder unsittlichen L. wider den Willen des Erblassers führt. 2336.

2336 Im Falle des § 2333 Nr. 5 ist die Entziehung des Pflichtteils unwirksam, wenn sich der Abkömmling zur Zeit des Erbfalles von dem ehrlosen oder unsittlichen L. dauernd abgewendet hat.

2271 **Testament** s. Pflichtteil 2336.

Lebenszeit.

Dienstvertrag.

624 Ist das Dienstverhältnis für die L. einer Person oder für längere Zeit als fünf Jahre eingegangen, so kann es von dem Verpflichteten nach dem Ablaufe von fünf Jahren gekündigt werden. Die Kündigungsfrist beträgt sechs Monate.

Art. **Einführungsgesetz.**

87 s. **E.G.** — E.G.

95 s. Dienstvertrag § 624.

§ **Erbe.**

2050 Abkömmlinge, die als g. Erben zur Erbfolge gelangen, sind verpflichtet, dasjenige, was sie von dem Erblasser bei dessen L. als Ausstattung erhalten haben, bei der Auseinandersetzung untereinander zur Ausgleichung zu bringen, soweit nicht der Erblasser bei der Zuwendung ein anderes angeordnet hat. 2052, 2057.

Erbvertrag.

2289 s. Pflichtteil 2338.

2295 Der Erblasser kann von einer vertragsmäßigen Verfügung zurücktreten, wenn die Verfügung mit Rücksicht auf eine rechtsgeschäftliche Verpflichtung des Bedachten, dem Erblasser für dessen L. wiederkehrende Leistungen zu entrichten, insbesondere Unterhalt zu gewähren, getroffen ist und die Verpflichtung vor dem Tode des Erblassers aufgehoben wird.

Gesellschaft.

724 Ist eine Gesellschaft für die L. eines Gesellschafters eingegangen, so kann sie in gleicher Weise gekündigt werden wie eine für unbestimmte Zeit eingegangene Gesellschaft. Dasselbe gilt, wenn eine Gesellschaft nach dem Ablaufe der bestimmten Zeit stillschweigend fortgesetzt wird.

1513 **Güterrecht** s. Pflichtteil 2338.

Miete.

567 Wird ein Mietvertrag für eine längere Zeit als dreißig Jahre geschlossen, so kann nach dreißig Jahren jeder Teil das Mietverhältnis unter Einhaltung der g. Frist kündigen. Die Kündigung ist unzulässig, wenn der Vertrag für die L. des Vermieters oder des Mieters geschlossen ist.

Pflichtteil.

2316 s. Erbe 2050.

2338 Hat sich ein Abkömmling in solchem Maße der Verschwendung ergeben oder ist er in solchem Maße überschuldet, daß sein späterer Erwerb erheblich gefährdet wird, so kann der Erblasser das Pflichtteilsrecht des Abkömmlinges durch die Anordnung beschränken, daß nach dem Tode des Abkömmlinges dessen g. Erben das ihm Hinterlassene oder den ihm gebührenden Pflichtteil als Nacherben oder als Nachvermächtnisnehmer nach dem Verhältnis ihrer g. Erbteile erhalten sollen. Der Erblasser kann auch für die L. des Abkömmlinges die Verwaltung einem Testamentsvollstrecker übertragen; der Abkömmling hat in einem solchen Falle Anspruch auf den jährlichen Reinertrag.

§ ab, so ist die auszahlende Kasse durch Aushändigung einer von dem bisherigen Gläubiger ausgestellten, öffentlich beglaubigten Urkunde von der Abtretung zu benachrichtigen. Bis zur Benachrichtigung gilt die Abtretung als der Kasse nicht bekannt.

Verjährung.

196 In zwei Jahren verjähren die Ansprüche:

1. . . . .

13. der öffentlichen L. und der Privatl. wegen ihrer Honorare, die Ansprüche der öffentlichen L. jedoch nicht, wenn sie auf Grund besonderer Einrichtungen gestundet sind. 201.

Lehrgeld.

Verjährung.

196 Verjährung von Ansprüchen der Lehrherrn und Lehrmeister auf L. s. **Verjährung** — Verjährung.

Lehrherr.

Verjährung.

196 Verjährung von Ansprüchen der L. und Lehrmeister auf Lehrgeld s. **Verjährung** — Verjährung.

Lehrling.

Verjährung.

196 In zwei Jahren verjähren die Ansprüche:

1. . . . .

9. der gewerblichen Arbeiter — Gesellen, Gehilfen, L., Fabrikarbeiter —, der Tagelöhner und Handarbeiter wegen des Lohnes und anderer an Stelle oder als Teil des Lohnes vereinbarter Leistungen, mit Einschluß der Auslagen, sowie der Arbeitgeber wegen der auf solche Ansprüche gewährten Vorschüsse;

10. der Lehrherrn und Lehrmeister wegen des Lehrgeldes und anderer im Lehrvertrage vereinbarten Leistungen sowie wegen der für die L. bestrittenen Auslagen; 201.

Lehrmeister.

196 **Verjährung** s. **Lehrling** — Verjährung.

Lehrvertrag s. auch Vertrag.

196 **Verjährung** s. **Lehrling** — Verjährung.

Vormundschaft.

1822, 1827 Abschluß eines L., den der Vormund für den Mündel eingeht s. **Vormundschaft** — Vormundschaft.

Leib.

Art.

135 **Einführungsgesetz** *204* s. **Kind** — Verwandtschaft § 1666.

§ **Verwandtschaft.**

1666 Gefährdung des leiblichen Wohles des Kindes durch das Verhalten des Vaters s. **Kind** — Verwandtschaft.

1765 Mit der Annahme an Kindesstatt verlieren die leiblichen Eltern die elterliche Gewalt über das Kind.

1766 Der Annehmende ist dem an Kindesstatt angenommenen Kinde und denjenigen Abkömmlingen des Kindes, auf welche sich die Wirkungen der Annahme erstrecken, vor den leiblichen Verwandten des Kindes zur Gewährung des Unterhalts verpflichtet.

Der Annehmende steht im Falle des § 1611 Abs. 2 den leiblichen Verwandten der aufsteigenden Linie gleich.

1838 **Vormundschaft** s. **Kind** — Verwandtschaft. 1666.

Leibesfrucht.

Vormundschaft.

1912 Eine L. erhält zur Wahrung ihrer künftigen Rechte, soweit diese einer Fürsorge bedürfen, einen Pfleger.

§ geliehene Sache nach dem Ablaufe der für die L. bestimmten Zeit zurückzugeben.

Ist eine Zeit nicht bestimmt, so ist die Sache zurückzugeben, nachdem der Entleiher den sich aus dem Zwecke der L. ergebenden Gebrauch gemacht hat. Der Verleiher kann die Sache schon vorher zurückfordern, wenn so viel Zeit verstrichen ist, daß der Entleiher den Gebrauch hätte machen können.

Ist die Dauer der L. weder bestimmt noch aus dem Zwecke zu entnehmen, so kann der Verleiher die Sache jederzeit zurückfordern.

Überläßt der Entleiher den Gebrauch der Sache einem Dritten, so kann der Verleiher sie nach der Beendigung der L. auch von dem Dritten zurückfordern

605 Der Verleiher kann die L. kündigen:
1. wenn er infolge eines nicht vorhergesehenen Umstandes der verliehenen Sache bedarf;
2. wenn der Entleiher einen vertragswidrigen Gebrauch von der Sache macht, insbesondere unbefugt den Gebrauch einem Dritten überläßt, oder die Sache durch Vernachlässigung der ihm obliegenden Sorgfalt erheblich gefährdet;
3. wenn der Entleiher stirbt.

606 Die Ersatzansprüche des Verleihers wegen Veränderungen oder Verschlechterungen der verliehenen Sache sowie die Ansprüche des Entleihers auf Ersatz von Verwendungen oder auf Gestattung der Wegnahme einer Einrichtung verjähren in sechs Monaten. Die Vorschrift des § 558 Abs. 2, 3 finden entsprechende Anwendung.

Leihvertrag.

Leihe.

598 Durch den L. wird der Verleiher einer Sache verpflichtet, den Gebrauch der Sache unentgeltlich zu gestatten.

Leistender.

Bereicherung.

814 Kenntnis des L. davon, daß er zur Leistung nicht verpflichtet war s. **Bereicherung** — Bereicherung.

815 Die Rückforderung wegen Nichteintritts des mit einer Leistung bezweckten Erfolges ist ausgeschlossen, wenn der Eintritt des Erfolges von Anfang an unmöglich war und der L. dies gewußt hat oder wenn der L. den Eintritt des Erfolges wider Treu und Glauben verhindert hat.

817 Verstoß des L. gegen ein g. Verbot oder gegen die guten Sitten s. **Bereicherung** — Bereicherung.

370 **Schuldverhältnis** s. **Leistung** — Schuldverhältnis.

Leistung

s. auch **Hauptleistung, Nebenleistung, Sicherheitsleistung, Vorausleistung.**

§ **Anweisung.**

783—792 L. auf Anweisung s. **Anweisung** — Anweisung.

Auftrag.

664 s. Leistung 278.

669 L. eines Vorschusses s. **Auftrag** — Auftrag.

Bereicherung.

812—817, 819, 820 Ungerechtfertigte Bereicherung durch eine L. s. **Bereicherung** — Bereicherung.

Dienstvertrag.

611—616, 618, 622, 627—628, 630 s. **Dienstvertrag** — Dienstvertrag.

Ehe.

1352 L. eines Beitrages zum Unterhalt des Kindes durch die Frau; s. **Ehe** — Ehe.

1358 Verpflichtung der Frau einem Dritten gegenüber zu einer von ihr in Person zu bewirkenden L. s. **Ehe** — Ehe.

§ **Eigentum.**

952 Eigentum an Urkunden über Rechte, kraft deren eine L. gefordert werden kann s. **Eigentum** — Eigentum.

997 s. Leistung 258.

1011 s. Schuldverhältnis 432.

Art. **Einführungsgesetz.**

54, 146, 177 s. **E.G.** — E.G.

95 s. **Dienstvertrag** — Dienstvertrag § 618, **Ehe** — Ehe § 1358, **Geschäftsfähigkeit** — Geschäftsfähigkeit § 110, Leistung 278.

99, 178 s. **Schuldverschreibung** — Schuldverschreibung § 808.

100, 174 s. **Schuldverschreibung** — Schuldverschreibung § 804.

102 s. **Schuldverschreibung** — Schuldverschreibung §§ 807, 808.

118 s. Grundstück § 893.

147 s. **Erbe** — Erbe § 2006.

159 s. **Ehe** — Ehe § 1352.

163 s. **Verein** — Verein § 52.

§ **Erbe.**

2006, 2028, 2057 L. des Offenbarungseides s. **Erbe** — Erbe.

2019 s. **Forderung** — Schuldverhältnis 407, 408.

2039 Gehört ein Anspruch zum Nachlasse, so kann der Verpflichtete nur an alle Erben gemeinschaftlich leisten und jeder Miterbe nur die L. an alle Erben fordern. Jeder Miterbe kann verlangen, daß der Verpflichtete die zu leistende Sache für alle Erben hinterlegt oder, wenn sie sich nicht zur Hinterlegung eignet, an einen gerichtlich zu bestellenden Verwahrer abliefert. 2032.

Erbfolge.

1940 Der Erblasser kann durch Testament den Erben oder einen Vermächtnisnehmer zu einer L. verpflichten, ohne einem anderen ein Recht auf die L. zuzuwenden (Auflage).

Erbschaftskauf.

2385 Im Falle einer Schenkung ist der Schenker nicht verpflichtet, für die vor der Schenkung verbrauchten oder unentgeltlich veräußerten Erbschaftsgegenstände oder für eine vor der Schenkung unentgeltlich vorgenommene Belastung dieser Gegenstände Ersatz zu leisten.

Erbschein.

2367 Bewirkung einer L. an denjenigen, welcher in einem Erbschein als Erbe bezeichnet ist, auf Grund eines zur Erbschaft gehörenden Rechtes s. **Erbschein** — Erbschein.

2345 **Erbunwürdigkeit** s. Testament 2083.

Erbvertrag.

2288 Hat der Erblasser den Gegenstand eines vertragsmäßig angeordneten Vermächtnisses in der Absicht, den Bedachten zu beeinträchtigen, zerstört, bei Seite geschafft oder beschädigt, so tritt, soweit der Erbe dadurch außer Stand gesetzt ist, die L. zu bewirken, an die Stelle des Gegenstandes der Wert.

2295 Rechtsgeschäftliche Verpflichtung des in einem Erbvertrage Bedachten, dem Erblasser für dessen Lebenszeit wiederkehrende L. zu entrichten s. **Erbvertrag** — Erbvertrag.

2301 Vollzieht der Schenker die Schenkung durch L. des zugewendeten Gegenstandes, so finden die Vorschriften über Schenkungen unter Lebenden Anwendung.

s. **Schuldversprechen** — Schuldversprechen 780.

Frist.

193 Bewirkung der L. an einem ganz bestimmten Tage oder innerhalb einer Frist s. **Frist** — Frist.

Geschäftsfähigkeit.

110 Bewirkung der vertragsmäßigen L. vom Minderjährigen mit ihm zur Verfügung stehenden Mitteln s. **Ge-**

§ **schäftsfähigkeit** — Geschäftsfähigkeit.

Gesellschaft.

705 L. der vereinbarten Beiträge s. **Gesellschaft** — Gesellschaft.

706 L. von Diensten als Beitrag s. **Gesellschaft** — Gesellschaft.

713 s. **Auftrag** — Auftrag 669.

720 s. **Forderung** — Schuldverhältnis 407, 408.

733 Für Einlagen, die in der L. von Diensten bestanden haben, kann bei der Auseinandersetzung Ersatz nicht verlangt werden. 731.

Grundstück.

893 Die Vorschriften des § 892 finden entsprechende Anwendung, wenn an denjenigen, für welchen ein Recht im Grundbuch eingetragen ist, auf Grund dieses Rechtes eine L. bewirkt oder wenn zwischen ihm und einem anderen in Ansehung dieses Rechtes ein nicht unter die Vorschriften des § 892 fallendes Rechtsgeschäft vorgenommen wird, das eine Verfügung über das Recht enthält.

902 Die Ansprüche aus eingetragenen Rechten unterliegen nicht der Verjährung. Dies gilt nicht für Ansprüche, die auf Rückstände wiederkehrender L. oder auf Schadensersatz gerichtet sind.

Güterrecht.

1371 L. eines Beitrages zur Bestreitung des ehelichen Aufwandes durch die Frau bei g. Güterrecht s. **Güterrecht** — Güterrecht.

1376 Ohne Zustimmung der Frau kann der Mann bei g. Güterrecht

1. . . . .

3. Verbindlichkeiten der Frau zur L. eines zum eingebrachten Gute gehörenden Gegenstandes durch L. des Gegenstandes erfüllen. 1377, 1392, 1525.

1377 Verbrauchbare Sachen außer Geld darf der Mann bei g. Güterrecht auch für sich veräußern oder verbrauchen. Macht er von dieser Befugnis Gebrauch, so hat er den Wert der Sachen nach der Beendigung der Verwaltung und Nutznießung zu ersetzen; der Ersatz ist schon vorher zu leisten, soweit die ordnungsmäßige Verwaltung des eingebrachten Gutes es erfordert. 1411, 1525.

1385 Der Mann ist bei g. Güterrecht der Frau gegenüber verpflichtet, für die Dauer der Verwaltung und Nutznießung zu tragen:

1. . . . .

3. die Zahlungen, die für die Versicherung der zum eingebrachten Gute gehörenden Gegenstände zu leisten sind. 1388, 1529.

1386 Der Mann ist der Frau gegenüber bei g. Güterrecht verpflichtet, für die Dauer der Verwaltung und Nutznießung die Zinsen derjenigen Verbindlichkeiten der Frau zu tragen, deren Berichtigung aus dem eingebrachten Gute verlangt werden kann. Das Gleiche gilt von wiederkehrenden L. anderer Art, einschließlich der von der Frau auf Grund ihrer g. Unterhaltspflicht geschuldeten L., sofern sie bei ordnungsmäßiger Verwaltung aus den Einkünften des Vermögens bestritten werden.

Die Verpflichtung des Mannes tritt nicht ein, wenn die Verbindlichkeiten oder die L. im Verhältnisse der Ehegatten zu einander dem Vorbehaltsgute der Frau zur Last fallen. 1388, 1529.

1399 Zu Rechtsgeschäften, durch die sich die Frau zu einer L. verpflichtet, ist bei g. Güterrecht die Zustimmung des Mannes nicht erforderlich.

Stimmt der Mann einem solchen Rechtsgeschäfte zu, so ist es in Ansehung des eingebrachten Gutes ihm

§ gegenüber wirksam. Stimmt er nicht zu, so muß er das Rechtsgeschäft, soweit das eingebrachte Gut bereichert wird, nach den Vorschriften über die Herausgabe einer ungerechtfertigten Bereicherung gegen sich gelten lassen. 1401, 1404, 1525.

1417 Wird eine Verbindlichkeit, die nach den §§ 1415, 1416 dem Vorbehaltsgute zur Last fällt, aus dem eingebrachten Gute berichtigt, so hat die Frau bei g. Güterrecht aus dem Vorbehaltsgute, soweit dieses reicht, zu dem eingebrachten Gute Ersatz zu leisten.

Wird eine Verbindlichkeit der Frau, die im Verhältnisse der Ehegatten zu einander nicht dem Vorbehaltsgute zur Last fällt, aus dem Vorbehaltsgute berichtigt, so hat der Mann aus dem eingebrachten Gute, soweit dieses reicht, zu dem Vorbehaltsgut Ersatz zu leisten. 1525.

1427 Der Mann hat den ehelichen Aufwand zu tragen.

Zur Bestreitung des ehelichen Aufwandes hat bei Gütertrennung die Frau dem Manne einen angemessenen Beitrag aus den Einkünften ihres Vermögens und dem Ertrag ihrer Arbeit oder eines von ihr selbständig betriebenen Erwerbsgeschäfts zu leisten. Für die Vergangenheit kann der Mann die L. nur insoweit verlangen, als die Frau ungeachtet seiner Aufforderung mit der L. im Rückstande geblieben ist. Der Anspruch des Mannes ist nicht übertragbar. 1426.

1441 Auf das Vorbehaltsgut der Frau finden die bei der Gütertrennung für das Vermögen der Frau geltenden Vorschriften entsprechende Anwendung; die Frau hat jedoch bei a. Gütergemeinschaft dem Manne zur Bestreitung des ehelichen Aufwandes einen Beitrag nur insoweit zu leisten, als die in das Gesamtgut fallenden Einkünfte zur Bestreitung des Aufwandes nicht ausreichen.

1456 Der Mann ist bei a. Gütergemeinschaft der Frau für die Verwaltung des Gesamtguts nicht verantwortlich. Er hat jedoch für eine Verminderung des Gesamtguts zu diesem Ersatz zu leisten, wenn er die Verminderung in der Absicht, die Frau zu benachteiligen, oder durch ein Rechtsgeschäft herbeiführt, das er ohne die erforderliche Zustimmung der Frau vornimmt. 1487, 1519.

1467 Was ein Ehegatte zu dem Gesamtgut oder die Frau zu dem Vorbehaltsgute des Mannes schuldet, ist erst nach der Beendigung der a. Gütergemeinschaft zu leisten; soweit jedoch zur Berichtigung einer Schuld der Frau deren Vorbehaltsgut ausreicht, hat sie die Schuld schon vorher zu berichtigen.

1473 s. **Forderung** — Schuldverhältnis 407, 408.

1487 Die Rechte und Verbindlichkeiten des überlebenden Ehegatten sowie der anteilsberechtigten Abkömmlinge in Ansehung des Gesamtguts der f. Gütergemeinschaft bestimmen sich nach den für die eheliche Gütergemeinschaft geltenden Vorschriften der §§ 1442 bis 1449, 1455—1457, 1466; der überlebende Ehegatte hat die rechtliche Stellung des Mannes, die anteilsberechtigten Abkömmlinge haben die rechtliche Stellung der Frau.

Was der überlebende Ehegatte zu dem Gesamtgute schuldet oder aus dem Gesamtgute zu fordern hat, ist erst nach der Beendigung der f. Gütergemeinschaft zu leisten. 1518.

1519, 1525, 1529 s. **Errungenschaftsgemeinschaft** — Güterrecht.

1524 s. **Forderung** — Schuldverhältnis 407, 408.

1541 Was ein Ehegatte zu dem Gesamt-

§ Zahlung für den Zahlungsort maßgebend ist.

245 Ist eine Geldschuld in einer bestimmten Münzsorte zu zahlen, die sich zur Zeit der Zahlung nicht mehr im Umlaufe befindet, so ist die Zahlung so zu leisten, wie wenn die Münzsorte nicht bestimmt wäre.

246 Ist eine Schuld nach G. oder Rechtsgeschäft zu verzinsen, so sind vier vom Hundert für das Jahr zu entrichten, sofern nicht ein anderes bestimmt ist.

247 Ist ein höherer Zinssatz als sechs vom Hundert für das Jahr vereinbart, so kann der Schuldner nach dem Ablaufe von sechs Monaten das Kapital unter Einhaltung einer Kündigungsfrist von sechs Monaten kündigen. Das Kündigungsrecht kann nicht durch Vertrag ausgeschlossen oder beschränkt werden.

Diese Vorschriften gelten nicht für Schuldverschreibungen auf den Inhaber.

248 Eine im voraus getroffene Vereinbarung, daß fällige Zinsen wieder Zinsen tragen sollen, ist nichtig. Sparkassen, Kreditanstalten und Inhaber von Bankgeschäften können im voraus vereinbaren, daß nicht erhobene Zinsen von Einlagen als neue verzinsliche Einlagen gelten sollen. Kreditanstalten, die berechtigt sind, für den Vertrag der von ihnen gewährten Darlehen verzinsliche Schuldverschreibungen auf den Inhaber auszugeben, können sich bei solchen Darlehen die Verzinsung rückständiger Zinsen im voraus versprechen lassen.

b) 249—255 Schadensersatzleistung.

249 Wer zum Schadensersatze verpflichtet ist, hat den Zustand herzustellen, der bestehen würde, wenn der zum Ersatze verpflichtende Umstand nicht eingetreten wäre. Ist wegen Verletzung einer Person oder wegen Beschädigung einer Sache Schadensersatz zu leisten, so kann der Gläubiger statt der Herstellung den dazu erforderlichen Geldbetrag verlangen.

250 Der Gläubiger kann dem Ersatzpflichtigen zur Herstellung eine angemessene Frist mit der Erklärung bestimmen, daß er die Herstellung nach dem Ablaufe der Frist ablehne. Nach dem Ablaufe der Frist kann der Gläubiger den Ersatz in Geld verlangen, wenn nicht die Herstellung rechtzeitig erfolgt; der Anspruch auf die Herstellung ist ausgeschlossen.

251 Soweit die Herstellung nicht möglich oder zur Entschädigung des Gläubigers nicht genügend ist, hat der Ersatzpflichtige den Gläubiger in Geld zu entschädigen.

Der Ersatzpflichtige kann den Gläubiger in Geld entschädigen, wenn die Herstellung nur mit unverhältnismäßigen Aufwendungen möglich ist.

252 Der zu ersetzende Schaden umfaßt auch den entgangenen Gewinn. Als entgangen gilt der Gewinn, welcher nach dem gewöhnlichen Laufe der Dinge oder nach den besonderen Umständen, insbesondere nach den getroffenen Anstalten und Vorkehrungen, mit Wahrscheinlichkeit erwartet werden konnte.

253 Wegen eines Schadens, der nicht Vermögensschaden ist, kann Entschädigung in Geld nur in den durch das G. bestimmten Fällen gefordert werden.

254 Hat bei der Entstehung des Schadens ein Verschulden des Be-

§ schädigten mitgewirkt, so hängt die Verpflichtung zum Ersatze sowie der Umfang des zu leistenden Ersatzes von den Umständen, insbesondere davon ab, inwieweit der Schaden vorwiegend von dem einen oder dem anderen Teile verursacht worden ist.

Dies gilt auch dann, wenn sich das Verschulden des Beschädigten darauf beschränkt, daß er unterlassen hat, den Schuldner auf die Gefahr eines ungewöhnlich hohen Schadens aufmerksam zu machen, die der Schuldner weder kannte noch kennen mußte, oder daß er unterlassen hat, den Schaden abzuwenden oder zu mindern. Die Vorschrift des § 278 findet entsprechende Anwendung.

255 Wer für den Verlust einer Sache oder eines Rechtes Schadensersatz zu leisten hat, ist zum Ersatze nur gegen Abtretung der Ansprüche verpflichtet, die dem Ersatzberechtigten auf Grund des Eigentums an der Sache oder auf Grund des Rechtes gegen Dritte zustehen.

c) 256—258 Ansprüche für Aufwendungen und Verbesserungen.

256 Wer zum Ersatze von Aufwendungen verpflichtet ist, hat den aufgewendeten Betrag oder, wenn andere Gegenstände als Geld aufgewendet worden sind, den als Ersatz ihres Wertes zu zahlenden Betrag von der Zeit der Aufwendung an zu verzinsen. Sind Aufwendungen auf einen Gegenstand gemacht worden, der dem Ersatzpflichtigen herauszugeben ist, so sind Zinsen für die Zeit, für welche dem Ersatzberechtigten die Nutzungen oder die Früchte des Gegenstandes ohne Vergütung verbleiben, nicht zu entrichten.

257 Wer berechtigt ist, Ersatz für Aufwendungen zu verlangen, die er für einen bestimmten Zweck macht, kann, wenn er für diesen Zweck eine Verbindlichkeit eingeht, Befreiung von der Verbindlichkeit verlangen. Ist die Verbindlichkeit noch nicht fällig, so kann ihm der Ersatzpflichtige, statt ihn zu befreien, Sicherheit leisten.

258 Wer berechtigt ist, von einer Sache, die er einem anderen herauszugeben hat, eine Einrichtung wegzunehmen, hat im Falle der Wegnahme die Sache auf seine Kosten in den vorigen Stand zu setzen. Erlangt der andere den Besitz der Sache, so ist er verpflichtet, die Wegnahme der Einrichtung zu gestatten; er kann die Gestattung verweigern, bis ihm für den mit der Wegnahme verbundenen Schaden Sicherheit geleistet wird.

d) Pflicht zur Rechnungslegung.

259 Wer verpflichtet ist, über eine mit Einnahmen oder Ausgaben verbundene Verwaltung Rechenschaft abzulegen, hat dem Berechtigten eine die geordnete Zusammenstellung der Einnahmen oder der Ausgaben enthaltende Rechnung mitzuteilen und, soweit Belege erteilt zu werden pflegen, Belege vorzulegen.

Besteht Grund zu der Annahme, daß die in der Rechnung enthaltenen Angaben über die Einnahmen nicht mit der erforderlichen Sorgfalt gemacht worden sind, so hat der Verflichtete auf Verlangen den Offenbarungseid dahin zu leisten:

daß er nach bestem Wissen die Einnahmen so vollständig an-

§ gegeben habe, als er dazu imstande sei.

In Angelegenheiten von geringer Bedeutung besteht eine Verpflichtung zur L. des Offenbarungseids nicht. 260.

e) Pflicht zur Auskunftserteilung und Herausgabe von Sachen.

260 Wer verpflichtet ist, einen Inbegriff von Gegenständen herauszugeben oder über den Bestand eines solchen Inbegriffs Auskunft zu erteilen, hat dem Berechtigten ein Verzeichnis des Bestandes vorzulegen.

Besteht Grund zu der Annahme, daß das Verzeichnis nicht mit der erforderlichen Sorgfalt aufgestellt worden ist, so hat der Verpflichtete auf Verlangen den Offenbarungseid dahin zu leisten:

daß er nach bestem Wissen den Bestand so vollzählig angegeben habe, als er dazu imstande sei.

Die Vorschrift des § 259 Abs. 3 findet Anwendung.

f) Pflicht zur L. des Offenbarungseides.

261 Der Offenbarungseid ist, sofern er nicht vor dem Prozeßgerichte zu leisten ist, vor dem Amtsgerichte des Ortes zu leisten, an welchem die Verpflichtung zur Rechnungslegung oder zur Vorlegung des Verzeichnisses zu erfüllen ist. Hat der Verpflichtete seinen Wohnsitz oder seinen Aufenthalt im Inlande, so kann er den Eid vor dem Amtsgerichte des Wohnsitzes oder des Aufenthaltsorts leisten.

Das Gericht kann eine den Umständen entsprechende Änderung der Eidesnorm beschließen.

Die Kosten der Abnahme des Eides hat derjenige zu tragen, welcher die L. des Eides verlangt.

§ g) 262—265 Wahlleistungen.

262 Werden mehrere L. in der Weise geschuldet, daß nur die eine oder die andere zu bewirken ist, so steht das Wahlrecht im Zweifel dem Schuldner zu.

263 Die Wahl erfolgt durch Erklärung gegenüber dem anderen Teile.

Die gewählte L. gilt als die von Anfang an allein geschuldete.

264 Nimmt der wahlberechtigte Schuldner die Wahl nicht vor dem Beginne der Zwangsvollstreckung vor, so kann der Gläubiger die Zwangsvollstreckung nach seiner Wahl auf die eine oder auf die andere L. richten; der Schuldner kann sich jedoch, solange nicht der Gläubiger die gewählte L. ganz oder zum Teil empfangen hat, durch eine der übrigen L. von seiner Verbindlichkeit b freien.

Ist der wahlberechtigte Gläubiger im Verzuge, so kann der Schuldner ihn unter Bestimmung einer angemessenen Frist zur Vornahme der Wahl auffordern. Mit dem Ablaufe der Frist geht das Wahlrecht auf den Schuldner über, wenn nicht der Gläubiger rechtzeitig die Wahl vornimmt.

265 Ist eine der L. von Anfang an unmöglich oder wird sie später unmöglich, so beschränkt sich das Schuldverhältnis auf die übrigen L. Die Beschränkung tritt nicht ein, wenn die L. infolge eines Umstandes unmöglich wird, den der nicht wahlberechtigte Teil zu vertreten hat.

266 Der Schuldner ist zu Teill. nicht berechtigt.

267 Hat der Schuldner nicht in Person zu leisten, so kann auch ein Dritter die L. bewirken. Die Einwilligung des Schuldners ist nicht erforderlich.

§ Der Gläubiger kann die L. ablehnen, wenn der Schuldner widerspricht.

268 Betreibt der Gläubiger die Zwangsvollstreckung in einen dem Schuldner gehörenden Gegenstand, so ist jeder, der Gefahr läuft, durch die Zwangsvollstreckung ein Recht an dem Gegenstande zu verlieren, berechtigt, den Gläubiger zu befriedigen. Das gleiche Recht steht dem Besitzer einer Sache zu, wenn er Gefahr läuft, durch die Zwangsvollstreckung den Besitz zu verlieren.

Die Befriedigung kann auch durch Hinterlegung oder durch Aufrechnung erfolgen.

Soweit der Dritte den Gläubiger befriedigt, geht die Forderung auf ihn über. Der Übergang kann nicht zum Nachteile des Gläubigers geltend gemacht werden.

h) 269—270 Ort der L.

269 Ist ein Ort für die L. weder bestimmt noch aus den Umständen, insbesondere aus der Natur des Schuldverhältnisses, zu entnehmen, so hat die L. an dem Orte zu erfolgen, an welchem der Schuldner zur Zeit der Entstehung des Schuldverhältnisses seinen Wohnsitz hatte.

Ist die Verbindlichkeit im Gewerbebetriebe des Schuldners entstanden, so tritt, wenn der Schuldner seine gewerbliche Niederlassung an einem anderen Ort hatte, der Ort der Niederlassung an die Stelle des Wohnsitzes.

Aus dem Umstand allein, daß der Schuldner die Kosten der Versendung übernommen hat, ist nicht zu entnehmen, daß der Ort, nach welchem die Versendung zu erfolgen hat, der Leistungsort sein soll.

270 Geld hat der Schuldner im Zweifel auf seine Gefahr und seine Kosten dem Gläubiger an dessen Wohnsitz zu übermitteln.

Ist die Forderung im Gewerbebetriebe des Gläubigers entstanden, so tritt, wenn der Gläubiger seine gewerbliche Niederlassung an einem anderen Orte hat, der Ort der Niederlassung an die Stelle des Wohnsitzes.

Erhöhen sich infolge einer nach der Entstehung des Schuldverhältnisses eintretenden Änderung des Wohnsitzes oder der gewerblichen Niederlassung des Gläubigers die Kosten oder die Gefahr der Übermittelung, so hat der Gläubiger im ersteren Falle die Mehrkosten, im letzteren Falle die Gefahr zu tragen.

Die Vorschriften über den Leistungsort bleiben unberührt.

i) 271—272 Zeit der L.

271 Ist eine Zeit für die L. weder bestimmt noch aus den Umständen zu entnehmen, so kann der Gläubiger die L. sofort verlangen, der Schuldner sie sofort bewirken.

Ist eine Zeit bestimmt, so ist im Zweifel anzunehmen, daß der Gläubiger die L. nicht vor dieser Zeit verlangen, der Schuldner aber sie vorher bewirken kann.

272 Bezahlt der Schuldner eine unverzinsliche Schuld vor der Fälligkeit, so ist er zu einem Abzuge wegen der Zwischenzinsen nicht berechtigt.

k) 273—274 Zurückbehaltungsrecht.

273 Hat der Schuldner aus demselben rechtlichen Verhältnis auf dem seine Verpflichtung beruht, einen fälligen Anspruch gegen den Gläu-

§

biger, so kann er, sofern nicht aus dem Schuldverhältnisse sich ein anderes ergiebt, die geschuldete L. verweigern, bis die ihm gebührende L. bewirkt wird (Zurückbehaltungsrecht.)

Wer zur Herausgabe eines Gegenstandes verpflichtet ist, hat das gleiche Recht, wenn ihm ein fälliger Anspruch wegen Verwendungen auf den Gegenstand oder wegen eines ihm durch diesen verursachten Schadens zusteht, es sei denn, daß er den Gegenstand durch eine vorsätzlich begangene unerlaubte Handlung erlangt hat.

Der Gläubiger kann die Ausübung des Zurückbehaltungsrechts durch Sicherheitsleistung abwenden. Die Sicherheitsleistung durch Bürgen ist ausgeschlossen.

274 Gegenüber der Klage des Gläubigers hat die Geltendmachung des Zurückbehaltungsrechts nur die Wirkung, daß der Schuldner zur L. gegen Empfang der ihm gebührenden L. (Erfüllung Zug um Zug) zu verurteilen ist.

Auf Grund einer solchen Verurteilung kann der Gläubiger seinen Anspruch ohne Bewirkung der ihm obliegenden L. im Wege der Zwangsvollstreckung verfolgen, wenn der Schuldner im Verzuge der Annahme ist.

l) 275, 279—282 Unmöglichkeit der Erfüllung.

275 Der Schuldner wird von der Verpflichtung zur L. frei, soweit die L. infolge eines nach der Entstehung des Schuldverhältnisses eintretenden Umstandes, den er nicht zu vertreten hat, unmöglich wird.

Einer nach der Entstehung des Schuldverhältnisses eintretenden Unmöglichkeit steht das nachträglich eintretende Unvermögen des Schuldners zur L. gleich.

m) 276—278 Grade des Verschuldens.

276 Der Schuldner hat, sofern nicht ein anderes bestimmt ist, Vorsatz und Fahrlässigkeit zu vertreten. Fahrlässig handelt, wer die im Verkehr erforderliche Sorgfalt außer Acht läßt. Die Vorschriften der §§ 827, 828 finden Anwendung.

Die Haftung wegen Vorsatzes kann dem Schuldner nicht im voraus erlassen werden. 278.

277 Wer nur für diejenige Sorgfalt einzustehen hat, welche er in eigenen Angelegenheiten anzuwenden pflegt, ist von der Haftung wegen grober Fahrlässigkeit nicht befreit.

278 Der Schuldner hat ein Verschulden seines g. Vertreters und der Personen, deren er sich zur Erfüllung seiner Verbindlichkeit bedient, in gleichem Umfange zu vertreten wie eigenes Verschulden. Die Vorschrift des § 276 Abs. 2 findet keine Anwendung. 254.

279 Ist der geschuldete Gegenstand nur der Gattung nach bestimmt, so hat der Schuldner, solange die L. aus der Gattung möglich ist, sein Unvermögen zur L. auch dann zu vertreten, wenn ihm ein Verschulden nicht zur Last fällt.

280 Soweit die L. infolge eines von dem Schuldner zu vertretenden Umstandes unmöglich wird, hat der Schuldner dem Gläubiger den durch die Nichterfüllung entstehenden Schaden zu ersetzen.

Im Falle teilweiser Unmöglichkeit kann der Gläubiger unter Ablehnung des noch möglichen Teiles der L. Schadensersatz wegen Nichterfüllung der ganzen Verbindlichkeit verlangen, wenn die teilweise

§

Erfüllung für ihn kein Interesse hat. Die für das vertragsmäßige Rücktrittsrecht geltenden Vorschriften der §§ 346—356 finden entsprechende Anwendung. 283.

281 Erlangt der Schuldner infolge des Umstandes, welcher die L. unmöglich macht, für den geschuldeten Gegenstand einen Ersatz oder einen Ersatzanspruch, so kann der Gläubiger Herausgabe des als Ersatz empfangenen oder Abtretung des Ersatzanspruchs verlangen.

Hat der Gläubiger Anspruch auf Schadensersatz wegen Nichterfüllung, so mindert sich, wenn er von dem im Abs. 1 bestimmten Rechte Gebrauch macht, die ihm zu leistende Entschädigung um den Wert des erlangten Ersatzes oder Ersatzanspruchs.

282 Ist streitig, ob die Unmöglichkeit der L. die Folge eines von dem Schuldner zu vertretenden Umstandes ist, so trifft die Beweislast den Schuldner.

n) 283—292 Verzug des Schuldners.

283 Ist der Schuldner rechtskräftig verurteilt, so kann der Gläubiger ihm zur Bewirkung der L. eine angemessene Frist mit der Erklärung bestimmen, daß er die Annahme der L. nach dem Ablaufe der Frist ablehne. Nach dem Ablaufe der Frist kann der Gläubiger Schadensersatz wegen Nichterfüllung verlangen, soweit nicht die L. rechtzeitig bewirkt wird; der Anspruch auf Erfüllung ist ausgeschlossen. Die Verpflichtung zum Schadensersatz tritt nicht ein, wenn die L. infolge eines Umstandes unmöglich wird, den der Schuldner nicht zu vertreten hat.

Wird die L. bis zum Ablaufe der Frist nur teilweise nicht bewirkt, so steht dem Gläubiger auch das im § 280 Abs. 2 bestimmte Recht zu.

284 Leistet der Schuldner auf eine Mahnung des Gläubigers nicht, die nach dem Eintritte der Fälligkeit erfolgt, so kommt er durch die Mahnung in Verzug. Der Mahnung steht die Erhebung der Klage auf die L. sowie die Zustellung eines Zahlungsbefehls im Mahnverfahren gleich.

Ist für die L. eine Zeit nach dem Kalender bestimmt, so kommt der Schuldner ohne Mahnung in Verzug, wenn er nicht zu der bestimmten Zeit leistet. Das Gleiche gilt, wenn der L. eine Kündigung vorauszugehen hat und die Zeit für die L. in der Weise bestimmt ist, daß sie sich von der Kündigung ab nach dem Kalender berechnen läßt.

285 Der Schuldner kommt nicht in Verzug, solange die L. infolge eines Umstandes unterbleibt, den er nicht zu vertreten hat.

286 Der Schuldner hat dem Gläubiger den durch den Verzug entstehenden Schaden zu ersetzen.

Hat die L. infolge des Verzugs für den Gläubiger kein Interesse, so kann dieser unter Ablehnung der L. Schadensersatz wegen Nichterfüllung verlangen. Die für das vertragsmäßige Rücktrittsrecht geltenden Vorschriften der §§ 346 bis 356 finden entsprechende Anwendung.

287 Der Schuldner hat während des Verzugs jede Fahrlässigkeit zu vertreten. Er ist auch für die während des Verzugs durch Zufall eintretende Unmöglichkeit der L. verantwortlich, es sei denn, daß

§

der Schaden auch bei rechtzeitiger L. eingetreten sein würde.

288 Eine Geldschuld ist während des Verzugs mit vier vom Hundert für das Jahr zu verzinsen. Kann der Gläubiger aus einem anderen Rechtsgrunde höhere Zinsen verlangen, so sind diese fortzuentrichten. 291.

Die Geltendmachung eines weiteren Schadens ist nicht ausgeschlossen.

289 Von Zinsen sind Verzugszinsen nicht zu entrichten. Das Recht des Gläubigers auf Ersatz des durch den Verzug entstehenden Schadens bleibt unberührt. 291.

290 Ist der Schuldner zum Ersatze des Wertes eines Gegenstandes verpflichtet, der während des Verzugs untergegangen ist oder aus einem während des Verzugs eingetretenen Grunde nicht herausgegeben werden kann, so kann der Gläubiger Zinsen des zu ersetzenden Betrags von dem Zeitpunkt an verlangen, welcher der Bestimmung des Wertes zu Grunde gelegt wird. Das Gleiche gilt, wenn der Schuldner zum Ersatze der Minderung des Wertes eines während des Verzugs verschlechterten Gegenstandes verpflichtet ist.

291 Eine Geldschuld hat der Schuldner von dem Eintritte der Rechtshängigkeit an zu verzinsen, auch wenn er nicht im Verzug ist; wird die Schuld erst später fällig, so ist sie von der Fälligkeit an zu verzinsen. Die Vorschriften des § 288 Abs. 1 und des § 289 Satz 1 finden entsprechende Anwendung.

292 Hat der Schuldner einen bestimmten Gegenstand herauszugeben, so bestimmt sich von dem Eintritte der Rechtshängigkeit an der Anspruch des Gläubigers auf Schadenersatz wegen Verschlechterung, Unterganges oder einer aus einem anderen Grunde eintretenden Unmöglichkeit der Herausgabe nach den Vorschriften, welche für das Verhältnis zwischen dem Eigentümer und dem Besitzer von dem Eintritte der Rechtshängigkeit des Eigentumsanspruchs an gelten, soweit nicht aus dem Schuldverhältnis oder dem Verzuge des Schuldners sich zu Gunsten des Gläubigers ein anderes ergiebt.

Das Gleiche gilt von dem Anspruche des Gläubigers auf Herausgabe oder Vergütung von Nutzungen und von dem Anspruche des Schuldners auf Ersatz von Verwendungen.

293—304 Verzug des Gläubigers.

293 Der Gläubiger kommt in Verzug, wenn er die ihm angebotene L. nicht annimmt.

294 Die L. muß dem Gläubiger so, wie sie zu bewirken ist, thatsächlich angeboten werden.

295 Ein wörtliches Angebot des Schuldners genügt, wenn der Gläubiger ihm erklärt hat, daß er die L. nicht annehmen werde, oder wenn zur Bewirkung der L. eine Handlung des Gläubigers erforderlich ist, insbesondere wenn der Gläubiger die geschuldete Sache abzuholen hat. Dem Angebote der L. steht die Aufforderung an den Gläubiger gleich, die erforderliche Handlung vorzunehmen.

296 Ist für die von dem Gläubiger vorzunehmende Handlung eine Zeit nach dem Kalender bestimmt, so bedarf es des Angebots nur, wenn der Gläubiger die Handlung rechtzeitig vornimmt. Das Gleiche gilt, wenn der Handlung eine Kündigung voraus-

§ zugehen hat und die Zeit für die Handlung in der Weise bestimmt ist, daß sie sich von der Kündigung ab nach dem Kalender berechnen läßt. 297.

297 Der Gläubiger kommt nicht in Verzug, wenn der Schuldner zur Zeit des Angebots oder im Falle des § 296 zu der für die Handlung des Gläubigers bestimmten Zeit außer Stande ist, die L. zu bewirken.

298 Ist der Schuldner nur gegen eine L. des Gläubigers zu leisten verpflichtet, so kommt der Gläubiger in Verzug, wenn er zwar die angebotene L. anzunehmen bereit ist, die verlangte Gegenleistung aber nicht anbietet.

299 Ist die Leistungszeit nicht bestimmt oder ist der Schuldner berechtigt, vor der bestimmten Zeit zu leisten, so kommt der Gläubiger nicht dadurch in Verzug, daß er vorübergehend an der Annahme der angebotenen L. verhindert ist, es sei denn, daß der Schuldner ihm die L. eine angemessene Zeit vorher angekündigt hat.

300 Der Schuldner hat während des Verzugs des Gläubigers nur Vorsatz und grobe Fahrlässigkeit zu vertreten.

Wird eine nur der Gattung nach bestimmte Sache geschuldet, so geht die Gefahr mit dem Zeitpunkt auf den Gläubiger über, in welchem er dadurch in Verzug kommt, daß er die angebotene Sache nicht annimmt.

301 Von einer verzinslichen Geldschuld hat der Schuldner während des Verzugs des Gläubigers Zinsen nicht zu entrichten.

302 Hat der Schuldner die Nutzungen eines Gegenstandes herauszugeben oder zu ersetzen, so beschränkt sich seine Verpflichtung während des Verzugs des Gläubigers auf die Nutzungen, welche er zieht.

303 Ist der Schuldner zur Herausgabe eines Grundstücks verpflichtet, so kann er nach dem Eintritte des Verzugs des Gläubigers den Besitz aufgeben. Das Aufgeben muß dem Gläubiger vorher angedroht werden, es sei denn, daß die Androhung unthunlich ist.

304 Der Schuldner kann im Falle des Verzugs des Gläubigers Ersatz der Mehraufwendungen verlangen, die er für das erfolglose Angebot sowie für die Aufbewahrung und Erhaltung des geschuldeten Gegenstandes machen mußte.

Mäklervertrag.

653 L. des Mäklers s. **Mäklervertrag** — Mäklervertrag.

Miete.

537 s. **Kauf** — Kauf 473.

543, 555 s. Vertrag 347.

Nießbrauch.

1045 Ist die mit einem Nießbrauche belastete Sache bereits versichert, so fallen die für die Versicherung zu leistenden Zahlungen dem Nießbraucher für die Dauer des Nießbrauchs zur Last, soweit er zur Versicherung verpflichtet sein würde.

1047 Auf Grund von Rentenschulden zu entrichtende L. während der Dauer des Nießbrauchs s. **Niessbrauch** — Nießbrauch.

1052 Sicherheitsl. durch den Nießbraucher:
1. vor Ablauf der dazu bestimmten Frist;
2. nachträglich s. **Niessbrauch** — Nießbrauch.

1070 Recht, kraft dessen eine L. gefordert werden kann, als Gegenstand des Nießbrauchs s. **Niessbrauch** — Nießbrauch.

1073 Dem Nießbraucher einer Leibrente, eines Auszugs oder eines ähnlichen Rechtes gebühren die einzelnen L., die auf Grund des Rechtes gefordert werden können. 1068.

1075 Mit der L. des Schuldners an den

§ Nießbraucher erwirbt der Gläubiger den geleisteten Gegenstand und der Nießbraucher den Nießbrauch an dem Gegenstande. 1068.

1087 Der Nießbraucher kann die Verbindlichkeit des Bestellers des Nießbrauches durch L. des geschuldeten Gegenstandes erfüllen. 1085, 1089.

1088 Die Gläubiger des Bestellers können von dem Nießbraucher für die Dauer des Nießbrauchs diejenigen wiederkehrenden L. verlangen, die bei regelmäßiger Verwaltung aus den Einkünften des Vermögens bestritten werden; s. **Niessbrauch** — Nießbrauch.

Pfandrecht.

1214 Der Reinertrag der Nutzungen des Pfandes wird auf die geschuldete L. angerechnet. 1266.

1223 Der Verpfänder kann die Rückgabe des Pfandes gegen Befriedigung des Pfandgläubigers verlangen, sobald der Schuldner zur L. berechtigt ist. 1266.

1249 Wer durch die Veräußerung des Pfandes ein Recht an dem Pfande verlieren würde, kann den Pfandgläubiger befriedigen, sobald der Schuldner zur L. berechtigt ist. Die Vorschriften des § 268 Abs. 2, 3 finden entsprechende Anwendung. 1266.

1275 Pfandrecht an einem Recht, kraft dessen eine L. gefordert werden kann, s. **Pfandrecht** — Pfandrecht.

1281, 1285 L. des Schuldners an den Gläubiger und den Pfandgläubiger gemeinschaftlich s. **Pfandrecht** — Pfandrecht.

1287 Leistet der Schuldner in Gemäßheit der §§ 1281, 1282, so erwirbt mit der L. der Gläubiger den geleisteten Gegenstand und der Pfandgläubiger ein Pfandrecht an dem Gegenstande. Besteht die L. in der Übertragung des Eigentums an einem Grundstücke, so erwirbt der Pfandgläubiger eine Sicherungshypothek. 1273, 1279.

Pflichtteil.

2314 s. Leistung 260.

2325 Bei der Berechnung des Pflichtteils bleibt eine Schenkung unberücksichtigt, wenn zur Zeit des Erbfalls zehn Jahre seit der L. des verschenkten Gegenstandes verstrichen sind. 2330.

Reallasten.

1105, 1107—1109, 1111 Entrichtung wiederkehrender L. aus einem Grundstück s. **Reallasten** — Reallasten.

Sachen.

704 Pfandrecht des Gastwirts für dem Gaste zur Befriedigung seiner Bedürfnisse gewährte L. s. **Einbringung** — Sachen.

Schenkung.

518 Zur Gültigkeit eines Vertrags, durch den eine L. schenkweise versprochen wird, ist die gerichtliche oder notarielle Beurkundung des Versprechens erforderlich. Das Gleiche gilt, wenn ein Schuldversprechen oder ein Schuldanerkenntnis der in den §§ 780, 781 bezeichneten Art schenkweise erteilt wird, von dem Versprechen oder der Anerkennungserklärung.

Der Mangel der Form wird durch die Bewirkung der versprochenen L. geheilt.

520 Verspricht der Schenker eine in wiederkehrenden L. bestehende Unterstützung, so erlischt die Verbindlichkeit mit seinem Tode, sofern nicht aus dem Versprechen sich ein anderes ergiebt.

523 Versprechen zur L. eines erst zu erwerbenden Gegenstandes s. **Schenkung** — Schenkung.

524 Versprechen zur L. einer nur der Gattung nach bestimmten, erst zu erwerbenden Sache s. **Schenkung** — Schenkung.

Schuldverhältnis.

362 Das Schuldverhältnis erlischt, wenn

§ die geschuldete L. an den Gläubiger bewirkt wird.

Wird an einen Dritten zum Zwecke der Erfüllung geleistet, so finden die Vorschriften des § 185 Anwendung.

363 Hat der Gläubiger eine ihm als Erfüllung angebotene L. als Erfüllung angenommen, so trifft ihn die Beweislast, wenn er die L. deshalb nicht als Erfüllung gelten lassen will, weil sie eine andere als die geschuldete L. oder weil sie unvollständig gewesen sei.

364 Das Schuldverhältnis erlischt, wenn der Gläubiger eine andere als die geschuldete L. an Erfüllungsstatt annimmt.

365 Gewährleistung des Schuldners s. **Erfüllung** — Schuldverhältnis.

366 Verpflichtung des Schuldners zu gleichartigen L. aus mehreren Schuldverhältnissen s. **Erfüllung** — Schuldverhältnis.

367 Hat der Schuldner außer der Hauptleistung Zinsen und Kosten zu entrichten, so wird eine zur Tilgung der ganzen Schuld nicht ausreichende L. zunächst auf die Kosten, dann auf die Zinsen und zuletzt auf die Hauptleistung angerechnet.

Bestimmt der Schuldner eine andere Anrechnung, so kann der Gläubiger die Annahme der L. ablehnen. 396.

368 Quittung gegen Empfang der L. s. **Erfüllung** — Schuldverhältnis.

370 Der Überbringer einer Quittung gilt als ermächtigt, die L. zu empfangen, sofern nicht die dem Leistenden bekannten Umstände der Annahme einer solchen Ermächtigung entgegenstehen.

373 L. gegen Gegenl. s. **Hinterlegung** — Schuldverhältnis.

378 Ist die Rücknahme der hinterlegten Sache ausgeschlossen, so wird der Schuldner durch die Hinterlegung von seiner Verbindlichkeit in gleicher Weise befreit, wie wenn er zur Zeit der Hinterlegung an den Gläubiger geleistet hätte.

387 Aufrechnung gleichartiger L. gegeneinander s. **Schuldverhältnis** — Schuldverhältnis.

391 Die Aufrechnung wird nicht dadurch ausgeschlossen, daß für die Forderungen verschiedene L.- oder Ablieferungsorte bestehen. Der aufrechnende Teil hat jedoch den Schaden zu ersetzen, den der andere Teil dadurch erleidet, daß er infolge der Aufrechnung die L. nicht an dem bestimmten Orte erhält oder bewirken kann.

Ist vereinbart, daß die L. zu einer bestimmten Zeit an einem bestimmten Orte erfolgen soll, so ist im Zweifel anzunehmen, daß die Aufrechnung einer Forderung, für die ein anderer Leistungsort besteht ausgeschlossen sein soll.

395 Gegen eine Forderung des Reichs oder eines Bundesstaats sowie gegen eine Forderung einer Gemeinde oder eines anderen Kommunalverbandes ist die Aufrechnung nur zulässig, wenn die L. an dieselbe Kasse zu erfolgen hat, aus der die Forderung des Aufrechnenden zu berichtigen ist.

399 Eine Forderung kann nicht abgetreten werden, wenn die L. an einen anderen als den ursprünglichen Gläubiger nicht ohne Veränderung ihres Inhalts erfolgen kann oder wenn die Abtretung durch Vereinbarung mit dem Schuldner ausgeschlossen ist. 412.

407 Der neue Gläubiger muß eine L., die der Schuldner nach der Abtretung an den bisherigen Gläubiger bewirkt, gegen sich gelten lassen, es sei denn, daß der Schuldner die Abtretung bei der L. kennt. 408, 412.

408 L. an den Dritten, an den eine abgetretene Forderung von dem bisherigen Gläubiger nochmals abgetreten

§ wurde s. **Forderung** — Schuldverhältnis.

410 L. gegen Aushändigung einer von dem bisherigen Gläubiger über die Abtretung der Forderung ausgestellten Urkunde s. **Forderung** — Schuldverhältnis.

420 Schulden mehrere eine teilbare L. oder haben mehrere eine teilbare L. zu fordern, so ist im Zweifel jeder Schuldner nur zu einem gleichen Anteile verpflichtet, jeder Gläubiger nur zu einem gleichen Anteile berechtigt.

421 Schulden mehrere eine L. in der Weise, daß jeder die ganze L. zu bewirken verpflichtet, der Gläubiger aber die L. nur einmal zu fordern berechtigt ist (Gesamtschuldner), so kann der Gläubiger die L. nach seinem Belieben von jedem der Schuldner ganz oder zu einem Teile fordern. Bis zur Bewirkung der ganzen L. bleiben sämtliche Schuldner verpflichtet.

422 Die Erfüllung durch einen Gesamtschuldner wirkt auch für die übrigen Schuldner. Das Gleiche gilt von der L. an Erfüllungsstatt, der Hinterlegung und der Aufrechnung. 425, 429.

425 Unmöglichkeit der L. in der Person eines Gesamtschuldners s. **Gesamtschuldner** — Schuldverhältnis.

427 Verpflichten sich mehrere durch Vertrag gemeinschaftlich zu einer teilbaren L., so haften sie im Zweifel als Gesamtschuldner.

428 Forderung einer L. seitens eines Gesamtgläubigers s. **Gesamtgläubiger** — Schuldverhältnis.

431 Schulden mehrere eine unteilbare L., so haften sie als Gesamtschuldner.

432 Haben mehrere eine unteilbare L. zu fordern, so kann, sofern sie nicht Gesamtgläubiger sind, der Schuldner nur an alle gemeinschaftlich leisten und jeder Gläubiger nur die L. an alle fordern. Jeder Gläubiger kann verlangen, daß der Schuldner die geschuldete Sache für alle Gläubiger hinterlegt oder, wenn sie sich nicht zur Hinterlegung eignet, an einen gerichtlich zu bestellenden Verwahrer abliefert.

. . . .

Schuldverschreibung.

793 Hat jemand eine Urkunde ausgestellt, in der er dem Inhaber der Urkunde eine L. verspricht (Schuldverschreibung auf den Inhaber), so kann der Inhaber von ihm die L. nach Maßgabe des Versprechens verlangen, es sei denn, daß er zur Verfügung über die Urkunde nicht berechtigt ist. Der Aussteller wird jedoch auch durch die L. an einen nicht zur Verfügung berechtigten Inhaber befreit. 807.

797 L. gegen Aushändigung der Schuldverschreibung s. **Schuldverschreibung** — Schuldverschreibung.

804 Ist ein Zins-, Renten- oder Gewinnanteilschein abhanden gekommen oder vernichtet und hat der bisherige Inhaber den Verlust dem Aussteller vor dem Ablaufe der Vorlegungsfrist angezeigt, so kann der bisherige Inhaber nach dem Ablaufe der Frist die L. von dem Aussteller verlangen s. **Schuldverschreibung** — Schuldverschreibung.

807 Werden Karten, Marken oder ähnliche Urkunden, in denen ein Gläubiger nicht bezeichnet ist, von dem Aussteller unter Umständen ausgegeben, aus welchen sich ergiebt, daß er dem Inhaber zu einer L. verpflichtet sein will, so finden die Vorschriften des § 793 Abs. 1 und der §§ 794, 796, 797 entsprechende Anwendung.

808 Ausgabe einer Urkunde, in welcher der Gläubiger benannt ist, mit der Bestimmung, daß die in der Urkunde versprochene L. an jeden Inhaber be-

§ wirkt werden kann s. **Schuldverschreibung** — Schuldverschreibung.

Schuldversprechen.

780 Versprechen der L. durch Vertrag in der Weise, daß das Versprechen die Verpflichtung selbständig begründet s. **Schuldversprechen** — Schuldversprechen.

88 **Stiftung** s. **Verein** — Verein 52.

Testament.

2083 Ist eine letztwillige Verfügung, durch die eine Verpflichtung zu einer L. begründet wird, anfechtbar, so kann der Beschwerte die L. verweigern, auch wenn die Anfechtung nach § 2082 ausgeschlossen ist.

2111 s. **Forderung** — Schuldverhältnis 407, 408.

2128, 2129 s. **Niessbrauch** — Nießbrauch 1052.

2155 Hat der Erblasser die vermachte Sache nur der Gattung nach bestimmt, so ist eine den Verhältnissen des Bedachten entsprechende Sache zu leisten.

Ist die Bestimmung der Sache dem Bedachten oder einem Dritten übertragen, so finden die nach § 2154 für die Wahl des Dritten geltenden Vorschriften Anwendung.

Entspricht die von dem Bedachten oder dem Dritten getroffene Bestimmung den Verhältnissen des Bedachten offenbar nicht, so hat der Beschwerte so zu leisten, wie wenn der Erblasser über die Bestimmung der Sache keine Anordnung getroffen hätte. 2192.

2156 Der Erblasser kann bei der Anordnung eines Vermächtnisses, dessen Zweck er bestimmt hat, die Bestimmung der L. dem billigen Ermessen des Beschwerten oder eines Dritten überlassen. Auf ein solches Vermächtnis finden die Vorschriften der §§ 315—319 entsprechende Anwendung. 2192.

2169 Steht dem Erblasser ein Anspruch auf L. des vermachten Gegenstandes zu, so gilt im Zweifel der Anspruch als vermacht. 2172.

2171 Ein Vermächtnis, das auf eine zur Zeit des Erbfalls unmögliche L. gerichtet ist oder gegen ein zu dieser Zeit bestehendes g. Verbot verstößt, ist unwirksam. Die Vorschriften des § 308 finden entsprechende Anwendung. 2192.

2172 Unmöglichkeit der L. einer vermachten Sache s. **Erblasser** — Testament.

2173 Hat der Erblasser eine ihm zustehende Forderung vermacht, so ist, wenn vor dem Erbfall die L. erfolgt und der geleistete Gegenstand noch in der Erbschaft vorhanden ist, im Zweifel anzunehmen, daß dem Bedachten dieser Gegenstand zugewendet sein soll.

2174 Durch das Vermächtnis wird für den Bedachten das Recht begründet, von dem Beschwerten die L. des vermachten Gegenstandes zu fordern.

2179 Für die Zeit zwischen dem Erbfall und dem Anfalle des Vermächtnisses finden in den Fällen der §§ 2177, 2178 die Vorschriften Anwendung, die für den Fall gelten, daß eine L. unter einer aufschiebenden Bedingung geschuldet wird.

2181 Ist die Zeit der Erfüllung eines Vermächtnisses dem freien Belieben des Beschwerten überlassen, so wird die L. im Zweifel mit dem Tode des Beschwerten fällig. 2192.

2188 Kürzung der einem Vermächtnisnehmer gebührenden L. s. **Erblasser** — Testament.

2193 Der Erblasser kann bei der Anordnung einer Auflage, deren Zweck er bestimmt hat, die Bestimmung der Person, an welche die L. erfolgen soll, dem Beschwerten oder einem Dritten überlassen.

. . . . .

2215 Verpflichtung des Testamentsvoll-

§ streckers, dem Erben die zur Aufnahme des Inventars erforderliche Beihülfe zu leisten s. **Erblasser** — Testament.

Verein.

27 s. **Auftrag** — Auftrag 669.

52 L. von Sicherheit s. **Verein** — Verein.

58 Die Satzung soll Bestimmungen enthalten:

1. . . . .
2. darüber, ob und welche Beiträge von den Mitgliedern des Vereins zu leisten sind. 60.

Verjährung.

196 In zwei Jahren verjähren die Ansprüche:

1. der Kaufleute, Fabrikanten, Handwerker und derjenigen, welche ein Kunstgewerbe betreiben, für Lieferung von Waren, Ausführung von Arbeiten und Besorgung fremder Geschäfte, mit Einschluß der Auslagen, es sei denn, daß die L. für den Gewerbebetrieb des Schuldners erfolgt;
2. . . . .
4. der Gastwirte und derjenigen, welche Speisen oder Getränke gewerbsmäßig verabreichen, für Gewährung von Wohnung und Beköstigung sowie für andere den Gästen zur Befriedigung ihrer Bedürfnisse gewährte L., mit Einschluß der Auslagen;
5. . . . .
7. derjenigen, welche, ohne zu den in Nr. 1 bezeichneten Personen zu gehören, die Besorgung fremder Geschäfte oder die Leistung von Diensten gewerbsmäßig betreiben, wegen der ihnen aus dem Gewerbebetriebe gebührenden Vergütungen, mit Einschluß der Auslagen;
8. . . . .
9. der gewerblichen Arbeiter — Gesellen, Gehülfen, Lehrlinge, Fabrikarbeiter —, der Tagelöhner und Handarbeiter wegen des Lohnes und anderer an Stelle oder als Teil des Lohnes vereinbarter L., mit Einschluß der Auslagen, sowie der Arbeitgeber wegen der auf solche Ansprüche gewährten Vorschüsse;
10. der Lehrherren und Lehrmeister wegen des Lehrgeldes und anderer im Lehrvertrage vereinbarter L. sowie wegen der für die Lehrlinge bestrittenen Auslagen;
11. . . . .
12. derjenigen, welche Personen zur Verpflegung oder zur Erziehung aufnehmen, für L. und Aufwendungen der in Nr. 11 bezeichneten Art.

Soweit die im Abs. 1, Nr. 1, 2, 5 bezeichneten Ansprüche nicht der Verjährung von zwei Jahren unterliegen, verjähren sie in vier Jahren. 201.

197 In vier Jahren verjähren die Ansprüche auf Rückstände von Renten, Auszugsleistungen und allen anderen regelmäßig wiederkehrenden L. 201.

199 Kann der Berechtigte die L. erst verlangen, wenn er dem Verpflichteten gekündigt hat, so beginnt die Verjährung mit dem Zeitpunkte, von welchem an die Kündigung zulässig ist. Hat der Verpflichtete die L. erst zu bewirken, wenn seit der Kündigung eine bestimmte Frist verstrichen ist, so wird der Beginn der Verjährung um die Dauer der Frist hinausgeschoben. 201.

201 Die Verjährung der in der §§ 196, 197 bezeichneten Ansprüche beginnt mit dem Schlusse des Jahres, in welchem der nach den §§ 198—200 maßgebende Zeitpunkt eintritt. Kann

§ die L. erst nach dem Ablauf einer über diesen Zeitpunkt hinausreichenden Frist verlangt werden, so beginnt die Verjährung mit dem Schlusse des Jahres, in welchem die Frist abläuft.

202 Die Verjährung ist gehemmt, solange die L. gestundet oder der Verpflichtete aus einem anderen Grunde vorübergehend zur Verweigerung der L. berechtigt ist.

Diese Vorschrift findet keine Anwendung auf die Einrede des Zurückbehaltungsrechts, des nicht erfüllten Vertrags, der mangelnden Sicherheitsleistung, der Vorausklage sowie auf die nach § 770 dem Bürgen und nach den §§ 2014, 2015 dem Erben zustehenden Einreden.

218 Verjährungsfrist, wenn sich die Feststellung eines Anspruchs auf regelmäßig wiederkehrende, erst künftig fällig werdende L. bezieht s. **Verjährung** — Verjährung.

222 Nach der Vollendung der Verjährung ist der Verpflichtete berechtigt, die L. zu verweigern.

Das zur Befriedigung eines verjährten Anspruchs Geleistete kann nicht zurückgefordert werden, auch wenn die L. in Unkenntnis der Verjährung bewirkt worden ist. Das Gleiche gilt von einem vertragsmäßigen Anerkenntnisse sowie einer Sicherheitsleistung des Verpflichteten.

223 Verjährung von Ansprüchen auf Rückstände von Zinsen oder anderen wiederkehrenden L. s. **Verjährung** — Verjährung.

Vertrag.

306 Ein auf eine unmögliche L. gerichteter Vertrag ist nichtig.

307, 308 Unmöglichkeit einer L. s. **Vertrag** — Vertrag.

315 Bestimmung der L. durch einen der Vertragschließenden s. **Vertrag** — Vertrag.

§

316 Ist der Umfang der für eine L. versprochenen Gegenl. nicht bestimmt, so steht die Bestimmung im Zweifel demjenigen Teile zu, welcher die Gegenl. zu fordern hat.

317, 318, 319 Bestimmung der L. durch Dritte s. **Vertrag** — Vertrag.

320—322 Verweigerung der L. bis zur Bewirkung der Gegenl. s. **Vertrag** — Vertrag.

322 Klage aus einem gegenseitigen Vertrage auf die geschuldete L. s. **Vertrag** — Vertrag.

323 Wird die aus einem gegenseitigen Vertrage dem einen Teile obliegende L. infolge eines Umstandes unmöglich, den weder er noch der andere Teil zu vertreten hat, so verliert er den Anspruch auf die Gegenl.; bei teilweiser Unmöglichkeit mindert sich die Gegenl. nach Maßgabe der §§ 472, 473.

Verlangt der andere Teil nach § 281 Herausgabe des für den geschuldeten Gegenstand erlangten Ersatzes oder Abtretung des Ersatzanspruchs, so bleibt er zur Gegenl. verpflichtet; diese mindert sich jedoch nach Maßgabe der §§ 472, 473 insoweit, als der Wert des Ersatzes oder des Ersatzanspruchs hinter dem Werte der geschilderten L. zurückbleibt.

Soweit die nach diesen Vorschriften nicht geschuldete Gegenl. bewirkt ist, kann das Geleistete nach den Vorschriften über die Herausgabe einer ungerechtfertigten Bereicherung zurückgefordert werden. 325.

324, 325 Unmöglichkeit der L. aus einem gegenseitigen Vertrage s. **Vertrag** — Vertrag.

326 Verzug der L. bei einem gegenseitigen Vertrage s. **Vertrag** — Vertrag.

328—335 Versprechen der L. an einen Dritten s. **Vertrag** — Vertrag.

337 Anrechnung der Draufgabe auf die

§ von dem Geber geschuldete L. s. **Vertrag** — Vertrag.

338 Rückgabe der Draufgabe bei L. von Schadensersatz s. **Vertrag** — Vertrag.

339 Verwirkung der Vertragsstrafe, wenn die L. in einem Unterlassen besteht s. **Vertrag** — Vertrag.

342 Wird als Strafe eine andere L. als die Zahlung einer Geldsumme versprochen, so finden die Vorschriften der §§ 339—341 Anwendung; der Anspruch auf Schadensersatz ist ausgeschlossen, wenn der Gläubiger die Strafe verlangt. 343.

344 Erklärt das G. das Versprechen einer L. für unwirksam, so ist auch die für den Fall der Nichterfüllung des Versprechens getroffene Vereinbarung einer Strafe unwirksam, selbst wenn die Parteien die Unwirksamkeit des Versprechens gekannt haben.

345 Bestreitet der Schuldner die Verwirkung der Strafe, weil er seine Verbindlichkeit erfüllt habe, so hat er die Erfüllung zu beweisen, sofern nicht die geschuldete L. in einem Unterlassen besteht.

346 Hat sich in einem Vertrag ein Teil den Rücktritt vorbehalten, so sind die Parteien, wenn der Rücktritt erfolgt, verpflichtet, einander die empfangenen L. zurückzugewähren. Für geleistete Dienste sowie für die Überlassung der Benutzung einer Sache ist der Wert zu vergüten oder, falls in dem Vertrag eine Gegenl. in Geld bestimmt ist, diese zu entrichten. 327.

347 Der Anspruch auf Schadensersatz wegen Verschlechterung, Unterganges oder einer aus einem anderen Grunde eintretenden Unmöglichkeit der Herausgabe bestimmt sich im Falle des Rücktritts von dem Empfange der L. an nach den Vorschriften, welche für das Verhältnis zwischen dem Eigentümer und dem Besitzer von dem Eintritte der Rechtshängigkeit des Eigentumsanspruchs an gelten. Das Gleiche gilt von dem Anspruch auf Herausgabe oder Vergütung von Nutzungen und von dem Anspruch auf Ersatz von Verwendungen. Eine Geldsumme ist von der Zeit des Empfanges an zu verzinsen. 327.

351 s. Leistung 278.

358 Hat sich der eine Teil den Rücktritt für den Fall vorbehalten, daß der andere Teil seine Verbindlichkeit nicht erfüllt, und bestreitet dieser die Zulässigkeit des erklärten Rücktritts, weil er erfüllt habe, so hat er die Erfüllung zu beweisen, sofern nicht die geschuldete L. in einem Unterlassen besteht.

361 Ist in einem gegenseitigen Vertrage vereinbart, daß die L. des einen Teils genau zu einer festbestimmten Zeit oder innerhalb einer festbestimmten Frist bewirkt werden soll, so ist im Zweifel anzunehmen, daß der andere Teil zum Rücktritte berechtigt sein soll, wenn die L. nicht zu der bestimmten Zeit oder innerhalb der bestimmten Frist erfolgt.

Verwahrung.

691 s. Leistung 278.

699 Endigt die Aufbewahrung vor dem Ablaufe der für sie bestimmten Zeit, so kann der Verwahrer einen seinen bisherigen L. entsprechenden Teil der Vergütung verlangen, sofern nicht aus der Vereinbarung über die Vergütung sich ein anderes ergiebt.

Verwandtschaft.

1643 s. Vormundschaft 1822.

1654 s. Güterrecht 1385, 1386.

1660 s. Güterrecht 1417.

1713 Der Unterhaltsanspruch des unehelichen Kindes erlischt mit dem Tode des Kindes, soweit er nicht auf Erfüllung oder Schadensersatz wegen

§ Nichterfüllung für die Vergangenheit oder auf solche im voraus zu bewirkende L. gerichtet ist, die zur Zeit des Todes des Kindes fällig sind. 1717.

Vormundschaft.

1812 Verfügung des Vormundes über ein Recht, kraft dessen der Mündel eine L. verlangen kann s. **Vormundschaft** — Vormundschaft.

1813 Der Vormund bedarf nicht der Genehmigung des Gegenvormundes zur Annahme einer geschuldeten L.:

1. wenn der Gegenstand der L. nicht in Geld oder Wertpapieren besteht;
2. wenn der Anspruch nicht mehr als dreihundert Mark beträgt;
3. wenn Geld zurückgezahlt wird, das der Vormund angelegt hat;
4. wenn der Anspruch zu den Nutzungen des Mündelvermögens gehört;
5. wenn der Anspruch auf Erstattung von Kosten der Kündigung oder der Rechtsverfolgung oder auf sonstige Nebenl. gerichtet ist.

Die Befreiung nach Abs. 1 Nr. 2, 3 erstreckt sich nicht auf die Erhebung von Geld, bei dessen Anlegung ein anderes bestimmt worden ist. Die Befreiung nach Abs. 1 Nr. 3 gilt auch nicht für die Erhebung von Geld, das nach § 1807 Abs. 1 Nr. 1—4 angelegt ist.

1822 Der Vormund bedarf der Genehmigung des Vormundschaftsgerichts:

1. . . . .
5. zu einem Miet- oder Pachtvertrag oder einem anderen Vertrage, durch den der Mündel zu den wiederkehrenden L. verpflichtet wird, wenn das Vertragsverhältnis länger als ein Jahr nach der Vollendung des einundzwanzigsten Lebensjahrs des Mündels fortdauern soll;

§ 6. . . . .

7. zu einem auf die Eingehung eines Dienst- oder Arbeitsverhältnisses gerichteten Vertrage, wenn der Mündel zu persönlichen L. für längere Zeit als ein Jahr verpflichtet werden soll. 1812.

1835 s. **Auftrag** — Auftrag 669.

1902 Zu einem Miet- oder Pachtvertrage sowie zu einem anderen Vertrage, durch den der volljährige Mündel zu wiederkehrenden L. verpflichtet wird, bedarf der Vormund der Genehmigung des Vormundschaftsgerichts, wenn das Vertragsverhältnis länger als vier Jahre dauern soll. Die Vorschrift des § 1822 Nr. 4 bleibt unberührt. 1897.

Werkvertrag.

634 s. **Kauf** — Kauf 473.

645 Anspruch auf einen der geleisteten Arbeit entsprechenden Teil der vereinbarten Vergütung s. **Werkvertrag** — Werkvertrag.

648 Sicherungshypothek an einem der geleisteten Arbeit entsprechenden Teil der Vergütung s. **Werkvertrag** — Werkvertrag.

Willenserklärung.

138 Nichtig ist insbesondere ein Rechtsgeschäft, durch das jemand unter Ausbeutung der Notlage, des Leichtsinns oder der Unerfahrenheit eines anderen sich oder einem Dritten für eine L. Vermögensvorteile versprechen oder gewähren läßt, welche den Wert der L. dergestalt übersteigen, daß den Umständen nach die Vermögensvorteile in auffälligem Mißverhältnisse zu der L. stehen.

Art. **Leistungsort.**

146 **Einführungsgesetz** s. **Hinterlegung** — Schuldverhältnis § 374.

§ **Frist.**

193 Ist an einem bestimmten Tage oder

§ innerhalb einer Frist eine Willenserklärung abzugeben oder eine Leistung zu bewirken und fällt der bestimmte Tag oder der letzte Tag der Frist auf einen Sonntag oder einen am Erklärungs- oder L. staatlich anerkannten a. Feiertag, so tritt an die Stelle des Sonntags oder des Feiertags der nächstfolgende Werktag. 186.

457 **Kauf** s. **Hinterlegung** — Schuldverhältnis 383.

Leistung.

269, 270 s. **Leistung** — Leistung.

Schuldverhältnis.

374 Die Hinterlegung hat bei der Hinterlegungsstelle des L. zu erfolgen s. **Hinterlegung** — Schuldverhältnis.

383 Versteigerung einer zur Hinterlegung nicht geeigneten Sache am L. s. **Hinterlegung** — Schuldverhältnis.

391, 395 s. **Leistung** — Schuldverhältnis.

Leistungszeit.

789 **Anweisung** s. **Anweisung** — Anweisung.

Leitung.

Dienstvertrag.

618 L. einer Dienstleistung seitens Dritter s. **Dienstvertrag** — Dienstvertrag.

Ehe.

1356 L. des gemeinschaftlichen Hauswesens der Ehegatten s. **Ehe** — Ehe.

Eigentum.

906 Die Zuführung von Einwirkungen auf ein fremdes Grundstück durch besondere L. ist unzulässig s. **Eigentum** — Eigentum.

Art.

95 **Einführungsgesetz** s. **Dienstvertrag** — Dienstvertrag § 618, **Handlung** — Handlung § 831.

§ **Handlung.**

831 Sorgfalt bei L. der Ausführung einer Verrichtung s. **Handlung** — Handlung.

Kauf.

456 Bei einem Verkauf im Wege der Zwangsvollstreckung dürfen der mit der Vornahme oder L. des Verkaufs Beauftragte und die von ihm zugezogenen Gehülfen, mit Einschluß des Protokollführers, den zum Verkaufe gestellten Gegenstand weder für sich persönlich oder durch einen anderen noch als Vertreter eines anderen kaufen. 457, 458.

Vormundschaft.

1872 Der Familienrat hat die Rechte und Pflichten des Vormundschaftsgerichts. Die L. der Geschäfte liegt dem Vorsitzenden ob.

Lesen.

Art.

151 **Einführungsgesetz** s. Testament § 2238.

2276 **Erbvertrag** s. Testament 2238.

Testament.

2238 Wer Geschriebenes nicht zu lesen vermag, kann das Testament nur durch mündliche Erklärung errichten. 2232, 2241, 2249.

2247 Wer Geschriebenes nicht zu lesen vermag, kann ein Testament nicht nach § 2231 Nr. 2 errichten.

Leute.

Sachen.

701 Vom Gastwirt zur Entgegennahme von Sachen bestellte L. s. **Einbringung** — Sachen.

702 Verschulden der L. des Gastwirts s. **Einbringung** — Sachen.

Lieferung.

Kauf.

480 Anspruch des Käufers auf L. einer mangelfreien Sache s. **Kauf** — Kauf.

491 Der Käufer eines nur der Gattung nach bestimmten Tieres kann statt der Wandelung verlangen, daß ihm an Stelle des mangelhaften Tieres ein mangelfreies geliefert wird. 481, 492.

M.

§ Urkunde erfolgt und der Schuldner sie aus diesem Grunde unverzüglich zurückweist.

Diese Vorschriften finden keine Anwendung, wenn der bisherige Gläubiger dem Schuldner die Abtretung schriftlich angezeigt hat. 412.

Mahnverfahren.

941 **Eigentum** s. Verjährung 209.

284 **Leistung** s. **Mahnung** — Leistung.

Verjährung.

209 Die Verjährung wird unterbrochen, wenn der Berechtigte auf Befriedigung oder auf Feststellung des Anspruchs, auf Erteilung der Vollstreckungsklausel oder auf Erlassung des Vollstreckungsurteils Klage erhebt.

Der Erhebung der Klage stehen gleich:

1. die Zustellung eines Zahlungsbefehls im M.;
2. die Anmeldung des Anspruchs im Konkurse;
3. die Geltendmachung der Aufrechnung des Anspruchs im Prozesse;
4. die Streitverkündung in dem Prozesse, von dessen Ausgange der Anspruch abhängt;
5. die Vornahme einer Vollstreckungshandlung und, soweit die Zwangsvollstreckung den Gerichten oder anderen Behörden zugewiesen ist, die Stellung des Antrags auf Zwangsvollstreckung. 213, 220.

213 Die Unterbrechung der Verjährung durch Zustellung eines Zahlungsbefehls im M. gilt als nicht erfolgt, wenn die Wirkungen der Rechtshängigkeit erlöschen. 220.

Mai.

Art. **Einführungsgesetz.**

40 G., betreffend die Eheschließung und die Beurkundung des Personenstandes von Bundesangehörigen im Auslande, vom 4. M. 1870 (Bundes-Gesetzbl. S. 599.)

44 Reichsmilitärg. vom 2. M. 1874 (Reichs-Gesetzbl. S. 45.)

47 G., betreffend den Wucher, vom 24. M. 1880.

50 G., betreffend das Reichsschuldbuch, vom 31. M. 1891.

Mäkler.

§ **Mäklervertrag.**

652 Wer für den Nachweis der Gelegenheit zum Abschluß eines Vertrags oder für die Vermittelung eines Vertrags einen Mäklerlohn verspricht, ist zur Entrichtung des Lohnes nur verpflichtet, wenn der Vertrag infolge des Nachweises oder infolge der Vermittelung des M. zustande kommt. Wird der Vertrag unter einer aufschiebenden Bedingung geschlossen, so kann der Mäklerlohn erst verlangt werden, wenn die Bedingung eintritt.

Aufwendungen sind dem M. nur zu ersetzen, wenn es vereinbart ist. Dies gilt auch dann, wenn ein Vertrag nicht zustande kommt.

653 Ein Mäklerlohn gilt als stillschweigend vereinbart, wenn die dem M. übertragene Leistung den Umständen nach nur gegen eine Vergütung zu erwarten ist.

Ist die Höhe der Vergütung nicht bestimmt, so ist bei dem Bestehen einer Taxe der taxmäßige Lohn, in Ermangelung einer Taxe der übliche Lohn als vereinbart anzusehen.

654 Der Anspruch auf den Mäklerlohn und den Ersatz von Aufwendungen ist ausgeschlossen, wenn der M. dem Inhalte des Vertrags zuwider auch für den anderen Teil thätig gewesen ist.

656 Durch das Versprechen eines Lohnes für den Nachweis der Gelegenheit

§ zur Eingehung einer Ehe oder für die Vermittelung des Zustandekommens einer Ehe wird eine Verbindlichkeit nicht begründet. Das auf Grund des Versprechens Geleistete kann nicht deshalb zurückgefordert werden, weil eine Verbindlichkeit nicht bestanden hat.

Diese Vorschriften gelten auch für eine Vereinbarung, durch die der andere Teil zum Zwecke der Erfüllung des Versprechens dem M. gegenüber eine Verbindlichkeit eingeht, insbesondere für ein Schuldanerkenntnis.

Mäklerlohn.

Mäklervertrag.

652—654 s. **Mäkler** — Mäklervertrag.

655 Ist für den Nachweis der Gelegenheit zum Abschluß eines Dienstvertrags oder für die Vermittelung eines solchen Vertrags ein unverhältnismäßig hoher M. vereinbart worden, so kann er auf Antrag des Schuldners durch Urteil auf den angemessenen Betrag herabgesetzt werden. Nach der Entrichtung des Lohnes ist die Herabsetzung ausgeschlossen.

Mäklervertrag.

Mäklervertrag §§ 652—656.

652 Wer für den Nachweis der Gelegenheit zum Abschluß eines Vertrages oder für die Vermittelung eines Vertrages einen Mäklerlohn verspricht, ist zur Entrichtung des Lohnes nur verpflichtet, wenn der Vertrag infolge des Nachweises oder infolge der Vermittelung des Mäklers zustande kommt. Wird der Vertrag unter einer aufschiebenden Bedingung geschlossen, so kann der Mäklerlohn erst verlangt werden, wenn die Bedingung eintritt.

Aufwendungen sind dem Mäkler nur zu ersetzen, wenn es vereinbart ist. Dies gilt auch dann, wenn der Vertrag nicht zustande kommt.

§

653 Ein Mäklerlohn gilt als stillschweigend vereinbart, wenn die dem Mäkler übertragene Leistung den Umständen nach nur gegen eine Vergütigung zu erwarten ist.

Ist die Höhe der Vergütung nicht bestimmt, so ist bei dem Bestehen einer Taxe der taxmäßige Lohn, in Ermangelung einer Taxe der übliche Lohn als vereinbart anzusehen.

654 Der Anspruch auf den Mäklerlohn und den Ersatz von Aufwendungen ist ausgeschlossen, wenn der Mäkler dem Inhalte des Vertrags zuwider auch für den andern Teil thätig gewesen ist.

655 Ist für den Nachweis der Gelegenheit zum Abschluß eines Dienstvertrages oder für die Vermittelung eines solchen Vertrages ein unverhältnismäßig hoher Mäklerlohn vereinbart worden, so kann er auf Antrag des Schuldners durch Urteil auf den angemessenen Betrag herabgesetzt werden. Nach der Entrichtung des Lohnes ist die Herabsetzung ausgeschlossen.

656 Durch das Versprechen eines Lohnes für den Nachweis der Gelegenheit zur Eingehung einer Ehe oder für die Vermittelung des Zustandekommens einer Ehe wird eine Verbindlichkeit nicht begründet. Das auf Grund des Versprechens Geleistete kann nicht deshalb zurückgefordert werden, weil eine Verbindlichkeit nicht bestanden hat.

Diese Vorschriften gelten auch für eine Vereinbarung, durch die der andere Teil zum Zwecke der Erfüllung des Versprechens dem Mäkler gegenüber eine Verbindlichkeit eingeht, insbesondere für ein Schuldanerkenntnis.

Malen.

Eigentum.

950 Wer durch Verarbeitung oder Umbildung eines oder mehrerer Stoffe

§ eine neue bewegliche Sache herstellt, erwirbt das Eigentum an der neuen Sache, sofern nicht der Wert der Verarbeitung oder der Umbildung erheblich geringer ist als der Wert des Stoffes. Als Verarbeitung gilt auch das Schreiben, Zeichnen, M., Drucken, Gravieren oder eine ähnliche Bearbeitung der Oberfläche 951.

2172 **Testament** s. Eigentum 950.

Mangel s. auch **Fehler.**

Bereicherung.

819 Kennt der Empfänger einer Leistung den M. des rechtlichen Grundes bei dem Empfang oder erfährt er ihn später, so ist er von dem Empfang oder der Erlangung der Kenntnis an zur Herausgabe verpflichtet, wie wenn der Anspruch auf Herausgabe zu dieser Zeit rechtshängig geworden wäre.

Verstößt der Empfänger durch die Annahme der Leistung gegen ein g. Verbot oder gegen die guten Sitten, so ist er von dem Empfange der Leistung an in der gleichen Weise verpflichtet.

Bürgschaft.

766 Zur Gültigkeit des Bürgschaftsvertrags ist schriftliche Erteilung der Bürgschaftserklärung erforderlich. Soweit der Bürge die Hauptverbindlichkeit erfüllt, wird der M. der Form geheilt.

Ehe.

1319, 1324, 1344, 1345 s. **Ehe** — Ehe.

1339 s. Verjährung 206.

1571 Ehescheidung s. Verjährung 206.

Eigentum.

908 s. Handlung 836.

917 Fehlt einem Grundstücke die zur ordnungsmäßigen Benutzung notwendige Verbindung mit einem öffentlichen Wege, so kann der Eigentümer von den Nachbarn verlangen, daß sie bis zur Hebung des M. die Benutzung ihrer Grundstücke zur Herstellung der erforderlichen Verbindung dulden. Die Richtung des Notwegs und der Umfang des Benutzungsrechts werden erforderlichen Falles durch Urteil bestimmt.

Die Nachbarn, über deren Grundstücke der Notweg führt, sind durch eine Geldrente zu entschädigen. Die Vorschriften des § 912 Abs. 2 Satz 2 und der §§ 913, 914, 916 finden entsprechende Anwendung. 924, 918.

939, 1002 s. Verjährung 206.

941 s. Verjährung 216.

Art. **Einführungsgesetz.**

85 s. Verein § 45.

95 s. Geschäftsfähigkeit § 109.

116 s. Eigentum § 917.

151 s. **E.G.** — E.G.

163 s. Verein §§ 29, 45.

Erbe.

1990 s. **Erbe** — Erbe.

1944, 1954, 1997 s. Verjährung 206.

2042 s. Gemeinschaft 757.

2376 **Erbschaftskauf** 2385 s. **Erbschaftskauf** — Erbschaftskauf.

2283 **Erbvertrag** s. Verjährung 206.

Gemeinschaft.

757 Wird bei der Aufhebung der Gemeinschaft ein gemeinschaftlicher Gegenstand einem der Teilhaber zugeteilt, so hat wegen eines M. im Rechte oder wegen eines M. der Sache jeder der übrigen Teilhaber zu seinem Anteil in gleicher Weise wie ein Verkäufer Gewähr zu leisten. 741.

Geschäftsfähigkeit.

109 Bis zur Genehmigung des mit einem Minderjährigen abgeschlossenen Vertrags ist der andere Teil zum Widerrufe berechtigt. Der Widerruf kann auch dem Minderjährigen gegenüber erklärt werden.

Hat der andere Teil die Minderjährigkeit gekannt, so kann er nur widerrufen, wenn der Minderjährige der Wahrheit zuwider die Einwilligung

§ des Vertreters behauptet hat; er kann auch in diesem Falle nicht widerrufen, wenn ihm das Fehlen der Einwilligung bei dem Abschlusse des Vertrags bekannt war. 106.

Güterrecht.

1429 Macht die Frau bei Gütertrennung zur Bestreitung des ehelichen Aufwandes aus ihrem Vermögen eine Aufwendung oder überläßt sie dem Manne zu diesem Zwecke etwas aus ihrem Vermögen, so ist im Zweifel anzunehmen, daß die Absicht fehlt, Ersatz zu verlangen. 1426.

Handlung.

828, 836, 838 s. **Handlung** — Handlung.

Kauf.

439, 442, 443 s. **Kauf** — Kauf.

459—492 Gewährleistung wegen M. der Sache s. **Kauf** — Kauf.

Leihe.

600 Verschweigt der Verleiher arglistig einen M. im Rechte oder einen Fehler der verliehenen Sache, so ist er verpflichtet, dem Entleiher den daraus entstehenden Schaden zu ersetzen.

Leistung.

276 Der Schuldner hat, sofern nicht ein anderes bestimmt ist, Vorsatz und Fahrlässigkeit zu vertreten. Fahrlässig handelt, wer die im Verkehr erforderliche Sorgfalt außer Acht läßt. Die Vorschriften der §§ 827, 828 finden Anwendung.

Die Haftung wegen Vorsatzes kann dem Schuldner nicht im voraus erlassen werden. 278.

Miete.

537 Ist die vermietete Sache zur Zeit der Überlassung an den Mieter mit einem Fehler behaftet, der ihre Tauglichkeit zu dem vertragsmäßigen Gebrauch aufhebt oder mindert, oder entsteht im Laufe der Miete ein solcher Fehler, so ist der Mieter für die Zeit, während deren die Tauglichkeit aufgehoben ist, von der Entrichtung des Mietzinses befreit, für die Zeit, während deren die Tauglichkeit gemindert ist, nur zur Entrichtung eines nach den §§ 472, 473 zu bemessenden Teiles des Mietzinses verpflichtet.

Das Gleiche gilt, wenn eine zugesicherte Eigenschaft fehlt oder später wegfällt. Bei der Vermietung eines Grundstücks steht die Zusicherung einer bestimmten Größe der Zusicherung einer Eigenschaft gleich. 538, 539 541, 545.

538 Ist ein M. der im § 537 bezeichneten Art bei dem Abschlüsse des Vertrags vorhanden oder entsteht ein solcher M. später infolge eines Umstandes, den der Vermieter zu vertreten hat, oder kommt der Vermieter mit der Beseitigung eines M. in Verzug, so kann der Mieter, statt die im § 537 bestimmten Rechte geltend zu machen, Schadensersatz wegen Nichterfüllung verlangen.

Im Falle des Verzugs des Vermieters kann der Mieter den M. selbst beseitigen und Ersatz der erforderlichen Aufwendungen verlangen. 539, 541.

539 Kennt der Mieter bei dem Abschlusse des Vertrags den M. der gemieteten Sache, so stehen ihm die in den §§ 537, 538 bestimmten Rechte nicht zu. Ist dem Mieter ein M. der im § 537 Abs. 1 bezeichneten Art infolge grober Fahrlässigkeit unbekannt geblieben oder nimmt er eine mangelhafte Sache an, obschon er den M. kennt, so kann er diese Rechte nur unter den Voraussetzungen geltend machen, unter welchen dem Käufer einer mangelhaften Sache nach den §§ 460, 464 Gewähr zu leisten ist. 541, 543.

540 Eine Vereinbarung, durch welche die

§ Verpflichtung des Vermieters zur Vertretung von M. der vermieteten Sache erlassen oder beschränkt wird, ist nichtig, wenn der Vermieter den M. arglistig verschweigt. 541, 543.

543 s. Kauf 469—471.

545 Zeigt sich im Laufe der Miete ein M. der gemieteten Sache oder wird eine Vorkehrung zum Schutze der Sache gegen eine nicht vorhergesehene Gefahr erforderlich, so hat der Mieter dem Vermieter unverzüglich Anzeige zu machen. Das Gleiche gilt, wenn sich ein Dritter ein Recht an der Sache anmaßt.

Schenkung.

518 Zur Gültigkeit eines Vertrags, durch den eine Leistung schenkweise versprochen wird, ist die gerichtliche oder notarielle Beurkundung des Versprechens erforderlich. Das Gleiche gilt, wenn ein Schuldversprechen oder ein Schuldanerkenntnis der in den §§ 780, 781 bezeichneten Art schenkweise erteilt wird, von dem Versprechen oder der Anerkennungserklärung.

Der M. der Form wird durch die Bewirkung der versprochenen Leistung geheilt.

523 Verschweigt der Schenker arglistig einen M. im Rechte, so ist er verpflichtet, dem Beschenkten den daraus entstehenden Schaden zu ersetzen.

Hatte der Schenker die Leistung eines Gegenstandes versprochen, den er erst erwerben sollte, so kann der Beschenkte wegen eines M. im Rechte Schadensersatz wegen Nichterfüllung verlangen, wenn der M. dem Schenker bei dem Erwerbe der Sache bekannt gewesen oder infolge grober Fahrlässigkeit unbekannt geblieben ist. Die für die Gewährleistungspflicht des Verkäufers geltenden Vorschriften des § 433 Abs. 1, der §§ 434—437, des § 440 Abs. 2—4 und der §§ 441—444 finden entsprechende Anwendung.

524 Verschweigt der Schenker arglistig einen Fehler der verschenkten Sache, so ist er verpflichtet, dem Beschenkten den daraus entstehenden Schaden zu ersetzen.

Hatte der Schenker die Leistung einer nur der Gattung nach bestimmten Sache versprochen, die er erst erwerben sollte, so kann der Beschenkte, wenn die geleistete Sache fehlerhaft und der M. dem Schenker bei dem Erwerbe der Sache bekannt gewesen oder infolge grober Fahrlässigkeit unbekannt geblieben ist, verlangen, daß ihm an Stelle der fehlerhaften Sache eine fehlerfreie geliefert wird. Hat der Schenker den Fehler arglistig verschwiegen, so kann der Beschenkte statt der Lieferung einer fehlerfreien Sache Schadensersatz wegen Nichterfüllung verlangen. Auf diese Ansprüche finden die für die Gewährleistung wegen Fehler einer verkauften Sache geltenden Vorschriften entsprechende Anwendung.

526 Soweit infolge eines M. im Rechte oder eines M. der verschenkten Sache der Wert der Zuwendung die Höhe der zur Vollziehung der Auflage erforderlichen Aufwendungen nicht erreicht, ist der Beschenkte berechtigt, die Vollziehung der Auflage zu verweigerne bis der durch den M. entstandene Fehlbetrag ausgeglichen wird. Vollzieht der Beschenkte die Auflage ohne Kenntnis des M., so kann er von dem Schenker Ersatz der durch die Vollziehung verursachten Aufwendungen insoweit verlangen, als sie infolge des M. den Wert der Zuwendung übersteigen.

Schuldverhältnis.

365 Wird eine Sache, eine Forderung gegen einen Dritten oder ein anderes

§ Recht an Erfüllungsstatt gegeben, so hat der Schuldner wegen eines M. im Rechte oder wegen eines M. der Sache in gleicher Weise wie ein Verkäufer Gewähr zu leisten.

802 **Schuldverschreibung** s. Verjährung 206.

86 **Stiftung** s. Verein 29.

Testament.

2082 s. Verjährung 206.

2182 s. Kauf 442, 443.

2183 Ist eine nur der Gattung nach bestimmte Sache vermacht so kann der Vermächtnisnehmer, wenn die geleistete Sache mangelhaft ist, verlangen, daß ihm an Stelle der mangelhaften Sache eine mangelfreie geliefert wird. Hat der Beschwerte einen Fehler arglistig verschwiegen, so kann der Vermächtnisnehmer statt der Lieferung einer mangelfreien Sache Schadensersatz wegen Nichterfüllung verlangen. Auf diese Ansprüche finden die für die Gewährleistung wegen M. einer verkauften Sache geltenden Vorschriften entsprechende Anwendung.

Verein.

29 Soweit die erforderlichen Mitglieder des Vorstandes fehlen, sind sie in dringenden Fällen für die Zeit bis zur Hebung des M. auf Antrag eines Beteiligten von dem Amtsgerichte zu bestellen, in dessen Bezirke der Verein seinen Sitz hat.

45 Mit der Auflösung des Vereins oder der Entziehung der Rechtsfähigkeit fällt das Vermögen an die in der Satzung bestimmten Personen.

Durch die Satzung kann vorgeschrieben werden, daß die Anfallberechtigten durch Beschluß der Mitgliederversammlung oder eines anderen Vereinsorgans bestimmt werden. Ist der Zweck des Vereins nicht auf einen wirtschaftlichen Geschäftsbetrieb gerichtet, so kann die Mitgliederversammlung auch ohne eine solche Vorschrift das Vermögen einer öffentlichen Stiftung oder Anstalt zuweisen.

Fehlt es an einer Bestimmung der Anfallberechtigten, so fällt das Vermögen, wenn der Verein nach der Satzung ausschließlich den Interessen seiner Mitglieder diente, an die zur Zeit der Auflösung oder der Entziehung der Rechtsfähigkeit vorhandenen Mitglieder zu gleichen Teilen, anderenfalls an den Fiskus des Bundesstaats, in dessen Gebiete der Verein seinen Sitz hatte.

Verjährung.

202 Die Verjährung ist gehemmt, solange die Leistung gestundet oder der Verpflichtete aus einem anderen Grunde vorübergehend zur Verweigerung der Leistung berechtigt ist.

Diese Vorschrift findet keine Anwendung auf die Einrede des Zurückbehaltungsrechts, des nicht erfüllten Vertrags, der mangelnden Sicherheitsleistung, der Vorausklage sowie auf die nach § 770 dem Bürgen und nach den §§ 2014, 2015 dem Erben zustehenden Einreden.

206 Ist eine geschäftsunfähige oder in der Geschäftsfähigkeit beschränkte Person ohne g. Vertreter, so wird die gegen sie laufende Verjährung nicht vor dem Ablaufe von sechs Monaten nach dem Zeitpunkte vollendet, in welchem die Person unbeschränkt geschäftsfähig wird oder der M. der Vertretung aufhört. Ist die Verjährungsfrist kürzer als sechs Monate, so tritt der für die Verjährung bestimmte Zeitraum an die Stelle der sechs Monate.

Diese Vorschriften finden keine Anwendung, soweit eine in der Geschäftsfähigkeit beschränkte Person prozeßfähig ist. 210, 212, 215.

216 Die Unterbrechung der Verjährung durch Vornahme einer Vollstreckungs-

§ handlung gilt als nicht erfolgt, wenn die Vollstreckungsmaßregel auf Antrag des Berechtigten oder wegen M. der g. Voraussetzungen aufgehoben wird.

Die Unterbrechung durch Stellung des Antrags auf Zwangsvollstreckung gilt als nicht erfolgt, wenn dem Antrage nicht stattgegeben oder der Antrag vor der Vornahme der Vollstreckungshandlung zurückgenommen oder die erwirkte Vollstreckungsmaßregel nach Abs. 1 aufgehoben wird. 220.

Vertrag.

323 s. Kauf 472, 473.

Verwandtschaft.

1594, 1599 s. Verjährung 206.

1618, 1624, 1699 s. **Kind** — Verwandtschaft.

1754, 1771 s. **Kindesstatt** — Verwandtschaft.

Vollmacht.

164 Eine Willenserklärung, die jemand innerhalb der ihm zustehenden Vertretungsmacht im Namen des Vertretenen abgiebt, wirkt unmittelbar für und gegen den Vertretenen. Es macht keinen Unterschied, ob die Erklärung ausdrücklich im Namen des Vertretenen erfolgt oder ob die Umstände ergeben, daß sie in dessen Namen erfolgen soll.

Tritt der Wille, in fremdem Namen zu handeln, nicht erkennbar hervor, so kommt der M. des Willens, im eigenen Namen zu handeln, nicht in Betracht.

Die Vorschriften des Abs. 1 finden entsprechende Anwendung, wenn eine gegenüber einem anderen abzugebende Willenserklärung dessen Vertreter gegenüber erfolgt.

166 Soweit die rechtlichen Folgen einer Willenserklärung durch Willensm. oder durch die Kenntnis oder das Kennenmüssen gewisser Umstände beeinflußt werden, kommt nicht die Person des Vertretenen, sondern die des Vertreters in Betracht.

§ Hat im Falle einer durch Rechtsgeschäft erteilten Vertretungsmacht (Vollmacht), der Vertreter nach bestimmten Weisungen des Vollmachtgebers gehandelt, so kann sich dieser in Ansehung solcher Umstände, die er selbst kannte, nicht auf die Unkenntnis des Vertreters berufen. Dasselbe gilt von Umständen, die der Vollmachtgeber kennen mußte, sofern das Kennenmüssen der Kenntnis gleichsteht.

178 Bis zur Genehmigung des ohne Vertretungsmacht im Namen eines anderen abgeschlossenen Vertrags ist der andere Teil zum Widerrufe berechtigt, es sei denn, daß er den M. der Vertretungsmacht bei dem Abschlusse des Vertrags gekannt hat. Der Widerruf kann auch dem Vertreter gegenüber erklärt werden.

179 Wer als Vertreter einen Vertrag geschlossen hat, ist, sofern er nicht seine Vertretungsmacht nachweist, dem anderen Teile nach dessen Wahl zur Erfüllung oder zum Schadensersatze verpflichtet, wenn der Vertretene die Genehmigung des Vertrags verweigert.

Hat der Vertreter den M. der Vertretungsmacht nicht gekannt, so ist er nur zum Ersatze desjenigen Schadens verpflichtet, welchen der andere Teil dadurch erleidet, daß er auf die Vertretungsmacht vertraut, jedoch nicht über den Betrag des Interesses hinaus, welches der andere Teil an der Wirksamkeit des Vertrags hat.

Der Vertreter haftet nicht, wenn der andere Teil den M. der Vertretungsmacht kannte oder kennen mußte. Der Vertreter haftet auch dann nicht, wenn er in der Geschäftsfähigkeit beschränkt war, es sei denn, daß er mit Zustimmung seines g. Vertreters gehandelt hat.

§

Vormundschaft.

1850 Der Gemeindewaisenrat hat in Unterstützung des Vormundschaftsgerichts darüber zu wachen, daß die Vormünder der sich in seinem Bezirk aufhaltenden Mündel für die Person der Mündel, insbesondere für ihre Erziehung und ihre körperliche Pflege, pflichtmäßig Sorge tragen. Er hat dem Vormundschaftsgerichte M. und Pflichtwidrigkeiten, die er in dieser Hinsicht wahrnimmt, anzuzeigen und auf Erfordern über das persönliche Ergehen und das Verhalten eines Mündels Auskunft zu erteilen.

Erlangt der Gemeindewaisenrat Kenntnis von einer Gefährdung des Vermögens eines Mündels, so hat er dem Vormundschaftsgericht Anzeige zu machen.

1879 Das Vormundschaftsgericht hat den Familienrat aufzuheben, wenn es an der zur Beschlußfähigkeit erforderlichen Zahl von Mitgliedern fehlt und geeignete Personen zur Ergänzung nicht vorhanden sind.

Werkvertrag.

633 Der Unternehmer ist verpflichtet, das Werk so herzustellen, daß es die zugesicherten Eigenschaften hat und nicht mit Fehlern behaftet ist, die den Wert oder die Tauglichkeit zu dem gewöhnlichen oder dem nach dem Vertrage vorausgesetzten Gebrauch aufheben oder mindern.

Ist das Werk nicht von dieser Beschaffenheit, so kann der Besteller die Beseitigung des M. verlangen. Der Unternehmer ist berechtigt, die Beseitigung zu verweigern, wenn sie einen unverhältnismäßigen Aufwand erfordert.

Ist der Unternehmer mit der Beseitigung des M. im Verzuge, so kann der Besteller den M. selbst beseitigen und Ersatz der erforderlichen Aufwendungen verlangen. 634, 640.

634 Zur Beseitigung eines M. der im § 633 bezeichneten Art kann der Besteller dem Unternehmer eine angemessene Frist mit der Erklärung bestimmen, daß er die Beseitigung des M. nach dem Ablaufe der Frist ablehne. Zeigt sich schon vor der Ablieferung des Werkes ein M., so kann der Besteller die Frist sofort bestimmen; die Frist muß so bemessen werden, daß sie nicht vor der für die Ablieferung bestimmten Frist abläuft. Nach dem Ablaufe der Frist kann der Besteller Rückgängigmachung des Vertrags (Wandelung) oder Herabsetzung der Vergütung (Minderung) verlangen, wenn nicht der M. rechtzeitig beseitigt worden ist; der Anspruch auf Beseitigung des M. ist ausgeschlossen.

Der Bestimmung einer Frist bedarf es nicht, wenn die Beseitigung des M. unmöglich ist oder von dem Unternehmer verweigert wird oder wenn die sofortige Geltendmachung des Anspruchs auf Wandelung oder auf Minderung durch ein besonderes Interesse des Bestellers gerechtfertigt wird.

Die Wandelung ist ausgeschlossen, wenn der M. den Wert oder die Tauglichkeit des Werkes nur unerheblich mindert.

Auf die Wandelung und die Minderung finden die für den Kauf geltenden Vorschriften der §§ 465 bis 467, 469—475 entsprechende Anwendung. 636, 640.

635 Beruht der M. des Werkes auf einem Umstande, den der Unternehmer zu vertreten hat, so kann der Besteller statt der Wandelung oder der Minderung Schadensersatz wegen Nichterfüllung verlangen.

§

637 Eine Vereinbarung, durch welche die Verpflichtung des Unternehmers, einen M. des Werkes zu vertreten, erlassen oder beschränkt wird, ist nichtig, wenn der Unternehmer den M. arglistig verschweigt.

638 Der Anspruch des Bestellers auf Beseitigung eines M. des Werkes sowie die wegen des M. dem Besteller zustehenden Ansprüche auf Wandelung, Minderung oder Schadensersatz verjähren, sofern nicht der Unternehmer den M. arglistig verschwiegen hat, in sechs Monaten, bei Arbeiten an einem Grundstück in einem Jahre, bei Bauwerken in fünf Jahren. Die Verjährung beginnt mit der Abnahme des Werkes.

Die Verjährungsfrist kann durch Vertrag verlängert werden. 639, 646.

639 Auf die Verjährung der im § 638 bezeichneten Ansprüche des Bestellers finden die für die Verjährung der Ansprüche des Käufers geltenden Vorschriften des § 477 Abs. 2, 3 und der §§ 478, 479 entsprechende Anwendung.

Unterzieht sich der Unternehmer im Einverständnisse mit dem Besteller der Prüfung des Vorhandenseins des M. oder der Beseitigung des M., so ist die Verjährung so lange gehemmt, bis der Unternehmer das Ergebnis der Prüfung dem Besteller mitteilt oder ihm gegenüber den M. für beseitigt erklärt oder die Fortsetzung der Beseitigung verweigert.

640 Der Besteller ist verpflichtet, das vertragsmäßig hergestellte Werk abzunehmen, sofern nicht nach der Beschaffenheit des Werkes die Abnahme ausgeschlossen ist.

Nimmt der Besteller ein mangelhaftes Werk ab, obschon er den M. kennt, so stehen ihm die in den §§ 633, 634 bestimmten Ansprüche nur zu, wenn er sich seine Rechte wegen des M. bei der Abnahme vorbehält.

645 Ist das Werk vor der Abnahme infolge eines M. des von dem Besteller gelieferten Stoffes oder infolge einer von dem Besteller für die Ausführung erteilten Anweisung untergegangen, verschlechtert oder unausführbar geworden, ohne daß ein Umstand mitgewirkt hat, den der Unternehmer zu vertreten hat, so kann der Unternehmer einen der geleisteten Arbeit entsprechenden Teil der Vergütung oder Ersatz der in der Vergütung nicht inbegriffenen Auslagen verlangen. Das Gleiche gilt, wenn der Vertrag in Gemäßheit des § 643 aufgehoben wird.

Eine weitergehende Haftung des Bestellers wegen Verschuldens bleibt unberührt. 646, 650.

651 s. Kauf 459, 460, 462—464, 477 bis 479.

Willenserklärung.

118 Eine nicht ernstlich gemeinte Willenserklärung, die in der Erwartung abgegeben wird, der M. der Ernstlichkeit werde nicht verkannt werden, ist nichtig. 122.

124 s. Verjährung 206.

125 Ein Rechtsgeschäft, welches der durch G. vorgeschriebenen Form ermangelt, ist nichtig. Der M. der durch Rechtsgeschäft bestimmten Form hat im Zweifel gleichfalls Nichtigkeit zur Folge.

Mann s. auch **Ehemann.**

Ehe.

1303 Ein M. darf nicht vor dem Eintritte der Volljährigkeit, eine Frau darf nicht vor der Vollendung des sechszehnten Lebensjahrs eine Ehe eingehen.

Einer Frau kann Befreiung von dieser Vorschrift bewilligt werden. 1322.

Marine.

Art. **Einführungsgesetz.**

44, 49, 51 s. E.G. — E.G.

§ **Testament.**

2251 Wer sich während einer Seereise an Bord eines deutschen, nicht zur Kaiserlichen M. gehörenden Fahrzeugs außerhalb eines inländischen Hafens befindet, kann ein Testament durch mündliche Erklärung vor drei Zeugen nach § 2250 errichten. 2252.

Mark.

Art. **Einführungsgesetz.**

86 Unberührt bleiben die landesg. Vorschriften, welche den Erwerb von Rechten durch juristische Personen beschränken oder von staatlicher Genehmigung abhängig machen, soweit diese Vorschriften Gegenstände im Werte von mehr als fünftausend M. betreffen. Wird die nach dem L.G. zu einem Erwerbe von Todeswegen erforderliche Genehmigung erteilt, so gilt sie als vor dem Erbfall erteilt, wird sie verweigert, so gilt die juristische Person in Ansehung des Anfalls als nicht vorhanden; die Vorschrift des § 2043 des B.G.B. findet entsprechende Anwendung. *87.*

Marken.

102 **Einführungsgesetz** s. Schuldverschreibung § 807.

§ **Schuldverschreibung.**

807 Werden Karten, M., oder ähnliche Urkunden, in denen ein Gläubiger nicht bezeichnet ist, von dem Aussteller unter Umständen ausgegeben, aus welchen sich ergiebt, daß er dem Inhaber zu einer Leistung verpflichtet sein will, so finden die Vorschriften des § 793 Abs. 1 und der §§ 794, 796, 797 entsprechende Anwendung.

Marktpreis.

§ **Kauf.**

453 Ist als Kaufpreis der M. bestimmt, so gilt im Zweifel der für den Erfüllungsort zur Erfüllungszeit maßgebende M. als vereinbart.

457 s. Schuldverhältnis 385.

Pfandrecht.

1221 Hat das Pfand einen Börsen- oder M., so kann der Pfandgläubiger den Verkauf aus freier Hand durch einen zu solchen Verkäufen öffentlich ermächtigten Handelsmäkler oder durch eine zur öffentlichen Versteigerung befugte Person zum laufenden Preise bewirken. 1235, 1266, 1295.

1235 Der Verkauf des Pfandes ist im Wege öffentlicher Versteigerung zu bewirken.

Hat das Pfand einen Börsen- oder M., so findet die Vorschrift des § 1221 Anwendung. 1233, 1243—1246, 1266.

1295 Hat ein verpfändetes Papier, das durch Indossament übertragen werden kann, einen Börsen- oder M., so ist der Gläubiger nach dem Eintritte der Voraussetzungen des § 1228 Abs. 2 berechtigt, das Papier nach § 1221 verkaufen zu lassen. 1273.

Schuldverhältnis.

385 Hat die hinterlegte geschuldete bewegliche Sache einen Börsen- oder M., so kann der Schuldner den Verkauf aus freier Hand durch einen zu solchen Verkäufen öffentlich ermächtigten Handelsmäkler oder durch eine zur öffentlichen Versteigerung befugte Person zum laufenden Preise bewirken. 386.

Spiel.

764 Wird ein auf Lieferung von Waren oder Wertpapieren lautender Vertrag in der Absicht geschlossen, daß der Unterschied zwischen dem vereinbarten Preise und dem Börsen- oder M. der Lieferungszeit von dem verlierenden

§ Teile an den gewinnenden gezahlt werden soll, so ist der Vertrag als Spiel anzusehen. Dies gilt auch dann, wenn nur die Absicht des einen Teiles auf die Zahlung des Unterschieds gerichtet ist, der andere Teil aber diese Absicht kennt oder kennen muß.

Mass.

1580 **Ehescheidung** s. Verwandtschaft 1610.

Art.

116 **Einführungsgesetz** *116* s. **E.G.** — E.G.

§

2005 **Erbe** s. **Erbe** — Erbe.

2289 **Erbvertrag** s. Pflichtteil 2338.

Güterrecht.

1465 Im Verhältnisse der Ehegatten zu einander fällt bei a. Gütergemeinschaft eine Ausstattung, die der Mann einem gemeinschaftlichen Kinde aus dem Gesammtgute verspricht oder gewährt, dem Manne insoweit zur Last, als sie das dem Gesamtgut entsprechende M. übersteigt.

Verspricht oder gewährt der Mann einem nicht gemeinschaftlichen Kinde eine Ausstattung aus dem Gesamtgute, so fällt sie im Verhältnisse der Ehegatten zu einander dem Vater oder der Mutter des Kindes zur Last, der Mutter jedoch nur insoweit, als sie zustimmt oder die Ausstattung nicht das dem Gesamtgut entsprechende M. übersteigt. 1538.

1499 Bei der Auseinandersetzung fallen dem überlebenden Ehegatten zur Last:

1. die ihm bei dem Eintritte der f. Gütergemeinschaft obliegenden Gesamtgutsverbindlichkeiten, für die das eheliche Gesamtgut nicht haftete oder die im Verhältnisse der Ehegatten zu einander ihm zur Last fielen;
2. die nach dem Eintritte der f. Gütergemeinschaft entstandenen Gesamtgutsverbindlichkeiten, die, wenn sie während der ehelichen Gütergemeinschaft in seiner Person entstanden wären, im Verhältnisse der Ehegatten zu einander ihm zur Last gefallen sein würden;
3. eine Ausstattung, die er einem anteilsberechtigten Abkömmling über das dem Gesamtgut entsprechende M. hinaus oder die er einem nicht anteilsberechtigten Abkömmlinge versprochen oder gewährt hat. 1518.

1513 s. Pflichtteil 2338.

1538 Verspricht oder gewährt der Mann im Falle der Errungenschaftsgemeinschaft einem Kinde eine Ausstattung, so finden die Vorschriften des § 1465 Anwendung.

Nießbrauch.

1038 Ist ein Wald Gegenstand des Nießbrauchs, so kann sowohl der Eigentümer als der Nießbraucher verlangen, daß das M. der Nutzung und die Art der wirtschaftlichen Behandlung durch einen Wirtschaftsplan festgestellt werden. Tritt eine erhebliche Änderung der Umstände ein, so kann jeder Teil eine entsprechende Änderung des Wirtschaftsplans verlangen. Die Kosten hat jeder Teil zur Hälfte zu tragen.

Das Gleiche gilt, wenn ein Bergwerk oder eine andere auf Gewinnung von Bodenbestandteilen gerichtete Anlage Gegenstand des Nießbrauchs ist.

1054 Verletzt der Nießbraucher die Rechte des Eigentümers in erheblichem M. und setzt er das verletzende Verhalten ungeachtet einer Abmahnung des Eigentümers fort, so kann der Eigentümer die Anordnung einer Verwaltung nach § 1052 verlangen.

Pfandrecht.

1217 Verletzt der Pfandgläubiger die Rechte des Verpfänders in erheblichem M. und setzt er das verletzende Verhalten

§ ungeachtet einer Abmahnung des Verpfänders fort, so kann der Verpfänder verlangen, daß das Pfand auf Kosten des Pfandgläubigers hinterlegt oder, wenn es sich nicht zur Hinterlegung eignet, an einen gerichtlich zu bestellenden Verwahrer abgeliefert wird. 1266, 1275.

Pflichtteil.

2338 Hat sich ein Abkömmling in solchem M. der Verschwendung ergeben oder ist er in solchem M. überschuldet, daß sein späterer Erwerb erheblich gefährdet wird, so kann der Erblasser das Pflichtteilsrecht des Abkömmlings durch die Anordnung beschränken, daß nach dem Tode des Abkömmlings dessen g. Erben das ihm Hinterlassene oder den ihm gebührenden Pflichtteil als Nacherben oder als Nachvermächtnisnehmer nach dem Verhältnis ihrer g. Erbteile erhalten sollen. Der Erblasser kann auch für die Lebenszeit des Abkömmlings die Verwaltung einem Testamentsvollstrecker übertragen; der Abkömmling hat in einem solchen Falle Anspruch auf den jährlichen Reinertrag.

Sachen.

91 Vertretbare Sachen im Sinne des G. sind bewegliche Sachen, die im Verkehre nach Zahl, M. oder Gewicht bestimmt zu werden pflegen.

2123 **Testament** s. **Erblasser** — Testament.

Verwandtschaft.

1610 Das M. des zu gewährenden Unterhalts bestimmt sich nach der Lebensstellung des Bedürftigen (standesmäßiger Unterhalt).

Der Unterhalt umfaßt den gesamten Lebensbedarf, bei einer der Erziehung bedürftigen Person auch die Kosten der Erziehung und der Vorbildung zu einem Berufe.

Maschine.

§ **Sachen.**

98 Dem wirtschaftlichen Zwecke der Hauptsache sind zu dienen bestimmt:

1. bei einem Gebäude, das für einen gewerblichen Betrieb dauernd eingerichtet ist, insbesondere bei einer Mühle, einer Schmiede, einem Brauhaus, einer Fabrik, die zu dem Betriebe bestimmten M. und sonstigen Gerätschaften;
2. bei einem Landgute das zum Wirtschaftsbetriebe bestimmte Gerät und Vieh, die landwirtschaftlichen Erzeugnisse, soweit sie zur Fortführung der Wirtschaft bis zu der Zeit erforderlich sind, zu welcher gleiche oder ähnliche Erzeugnisse voraussichtlich gewonnen werden, sowie der vorhandene auf dem Gute gewonnene Dünger.

Massgabe.

1360 **Ehe** s. **Ehe** — Ehe.

2016 **Erbe** s. **Erbe** — Erbe.

793 **Schuldverschreibung** s. **Schuldverschreibung** — Schuldverschreibung.

2204 **Testament** 2207 s. **Erblasser** — Testament.

Massnahme.

Verlöbnis.

1298 Tritt ein Verlobter von dem Verlöbnisse zurück, so hat er dem anderen Verlobten und dessen Eltern sowie dritten Personen, welche an Stelle der Eltern gehandelt haben, den Schaden zu ersetzen der daraus entstanden ist, daß sie in Erwartung der Ehe Aufwendungen gemacht haben oder Verbindlichkeiten eingegangen sind. Dem anderen Verlobten hat er auch den Schaden zu ersetzen, den dieser dadurch erleidet, daß er in Erwartung der Ehe sonstige sein Vermögen oder seine

§ Erwerbsstellung berührende M. getroffen hat.

Der Schaden ist nur insoweit zu ersetzen, als die Aufwendungen, die Eingehung der Verbindlichkeiten und die sonstigen M. den Umständen nach angemessen waren.

Die Ersatzpflicht tritt nicht ein, wenn ein wichtiger Grund für den Rücktritt vorliegt. 1299, 1300, 1302.

Massregeln.

Art. **Einführungsgesetz.**

23 s. **E.G.** — E.G.

135, *204* s. **Kind** — Verwandtschaft § 1666.

§

2038 **Erbe** s. **Erbe** — Erbe.

744 **Gemeinschaft** s. **Gemeinschaft** — Gemeinschaft.

Güterrecht.

1472 Die Verwaltung des Gesamtguts bei a. Gütergemeinschaft steht bis zur Auseinandersetzung beiden Ehegatten gemeinschaftlich zu. Die Vorschriften des § 1424 finden entsprechende Anwendung.

Jeder Ehegatte ist dem anderen gegenüber verpflichtet, zu M. mitzuwirken, die zur ordnungsmäßigen Verwaltung erforderlich sind; die zur Erhaltung notwendigen M. kann jeder Ehegatte ohne Mitwirkung des anderen treffen. 1497, 1546.

1497 Bis zur Auseinandersetzung bestimmt sich das Rechtsverhältnis der Teilhaber am Gesamtgute der s. Gütergemeinschaft nach den §§ 1442, 1472, 1473, 1518.

1546 Nach der Beendigung der Errungenschaftsgemeinschaft findet in Ansehung des Gesamtguts die Auseinandersetzung statt. Bis zur Auseinandersetzung bestimmt sich das Rechtsverhältnis der Ehegatten nach den §§ 1442, 1472, 1473.

Die Auseinandersetzung erfolgt, soweit nicht eine andere Vereinbarung getroffen wird, nach den für die a. Gütergemeinschaft geltenden Vorschriften der §§ 1475—1477, 1479 bis 1481.

Auf das eingebrachte Gut der Frau finden die für den Güterstand der Verwaltung und Nutznießung geltenden Vorschriften der §§ 1421—1424 Anwendung.

2224 **Testament** s. **Erblasser** — Testament.

Verwandtschaft.

1639, 1665—1668, 1670 s. **Kind** — Verwandtschaft.

Vormundschaft.

1838 s. **Kind** — Verwandtschaft 1666.

1846 Ist ein Vormund noch nicht bestellt oder ist der Vormund an der Erfüllung seiner Pflichten verhindert, so hat das Vormundschaftsgericht die im Interesse des Mündels erforderlichen M. zu treffen.

1876 Wird ein sofortiges Einschreiten nötig, so hat der Vorsitzende die erforderlichen Anordnungen zu treffen, den Familienrat einzuberufen, ihn von den Anordnungen in Kenntnis zu setzen und einen Beschluß über die etwa weiter erforderlichen M. herbeizuführen.

März.

Art. **Einführungsgesetz.**

43 G. vom 31. M. 1873 (Reichs-Gesetzbl. S. 61), betreffend die Rechtsverhältnisse der Reichsbeamten.

Masse.

§ **Erbe.**

1982, 1988—1990, 2000, 2060 s. **Erbe** — Erbe.

1480 **Güterrecht** 1504 s. **Erbe** 1990.

419 **Schuldverhältnis** s. **Erbe** 1990.

2145 **Testament** s. **Erbe** 1990.

Maulesel.

§ **Kauf.**

481 Für den Verkauf von Pferden, Eseln, M. und Maultieren, von Rindvieh, Schafen und Schweinen gelten die Vorschriften der §§ 459—467, 469 bis 480 nur insoweit, als sich nicht aus den §§ 482—492 ein anderes ergiebt.

Maultier.

481 **Kauf** s. **Maulesel** — Kauf.

Mechanik.

Schuldverschreibung.

793 Hat jemand eine Urkunde ausgestellt, in der er dem Inhaber der Urkunde eine Leistung verspricht (Schuldverschreibung auf den Inhaber), so kann der Inhaber von ihm die Leistung nach Maßgabe des Versprechens verlangen, es sei denn, daß er zur Verfügung über die Urkunde nicht berechtigt ist. Der Aussteller wird jedoch auch durch die Leistung an einen nicht zur Verfügung berechtigten Inhaber befreit.

Die Gültigkeit der Unterzeichnung kann durch eine in die Urkunde aufgenommene Bestimmung von der Beobachtung einer besonderen Form abhängig gemacht werden. Zur Unterzeichnung genügt eine im Wege der mechanischen Vervielfältigung hergestellte Namensunterschrift. 807.

Meer.

16 **Todeserklärung** s. **Todeserklärung** — Todeserklärung.

Mehraufwendungen.

Leistung.

304 Der Schuldner kann im Falle des Verzugs des Gläubigers Ersatz der M. verlangen, die er für das erfolglose Angebot sowie für die Aufbewahrung und Erhaltung des geschuldeten Gegenstandes machen mußte.

Mehrbetrag.

2056 **Erbe** s. **Erbe** — Erbe.

1048 **Nießbrauch** s. Pacht 589.

Pacht.

589 Der Pächter hat das bei der Beendigung der Pacht vorhandene Inventar dem Verpächter zurückzugewähren.

Der Verpächter kann die Übernahme derjenigen von dem Pächter angeschafften Inventarstücke ablehnen, welche nach den Regeln einer ordnungsmäßigen Wirtschaft für das Grundstück überflüssig oder zu wertvoll sind; mit der Ablehnung geht das Eigentum an den abgelehnten Stücken auf den Pächter über.

Ist der Gesamtschätzungswert der übernommenen Stücke höher oder niedriger als der Gesamtschätzungswert der zurückzugewährenden Stücke, so hat im ersteren Falle der Pächter dem Verpächter, im letzteren Falle der Verpächter dem Pächter den M. zu ersetzen. 581, 587, 594.

Pflichtteil.

2316 Der Pflichtteil eines Abkömmlings bestimmt sich, wenn mehrere Abkömmlinge vorhanden sind und unter ihnen im Falle der g. Erbfolge eine Zuwendung des Erblassers zur Ausgleichung zu bringen sein würde, nach demjenigen, was auf den g. Erbteil unter Berücksichtigung der Ausgleichungspflicht bei der Teilung entfallen würde. Ein Abkömmling, der durch Erbverzicht von der g. Erbfolge ausgeschlossen ist, bleibt bei der Berechnung außer Betracht.

Ist der Pflichtteilsberechtigte Erbe und beträgt der Pflichtteil nach Abs. 1 mehr als der Wert des hinterlassenen Erbteils, so kann der Pflichtteils-

§ berechtigte von den Miterben den M. als Pflichtteil verlangen, auch wenn der hinterlassene Erbteil die Hälfte des g. Erbteils erreicht oder übersteigt.

Eine Zuwendung der im § 2050 Abs. 1 bezeichneten Art kann der Erblasser nicht zum Nachteil eines Pflichtteilsberechtigten von der Berücksichtigung ausschließen.

Ist eine nach Abs. 1 zu berücksichtigende Zuwendung zugleich nach § 2315 auf den Pflichtteil anzurechnen, so kommt sie auf diesen nur mit der Hälfte des Wertes zur Anrechnung.

2204 **Testament** s. Erbe 2056.

Mehrere

s. auch **Gesamt** in den verschiedenen Zusammensetzungen.

Auslobung.

659—661 s. **Auslobung** — Auslobung.

Besitz.

866 Besitzen m. eine Sache gemeinschaftlich, so findet in ihrem Verhältnisse zu einander ein Besitzschutz insoweit nicht statt, als es sich um die Grenzen des den Einzelnen zustehenden Gebrauchs handelt.

Bürgschaft.

769 Verbürgen sich m. für dieselbe Verbindlichkeit, so haften sie als Gesamtschuldner, auch wenn sie die Bürgschaft nicht gemeinschaftlich übernehmen.

774 s. **Gesamtschuldner** — Schuldverhältnis 426.

Ehe.

1320 Unter m. zuständigen Standesbeamten haben die Verlobten die Wahl.

1351 s. Ehescheidung 1582.

Ehescheidung.

1582 Sind m. zum Unterhalt Berechtigte vorhanden, so kann der Erbe des zum Unterhalt Verpflichteten die Renten nach dem Verhältnis ihrer Höhe soweit herabsetzen, daß sie zusammen der Hälfte der Einkünfte gleichkommen.

Eigentum.

918 Die Verpflichtung zur Duldung des Notwegs tritt nicht ein, wenn die bisherige Verbindung des Grundstücks mit dem öffentlichen Wege durch eine willkürliche Handlung des Eigentümers aufgehoben wird.

Wird infolge der Veräußerung eines Teiles des Grundstücks der veräußerte oder der zurückbehaltene Teil von der Verbindung mit dem öffentlichen Wege abgeschnitten, so hat der Eigentümer desjenigen Teiles, über welchen die Verbindung bisher stattgefunden hat, den Notweg zu dulden. Der Veräußerung eines Teiles steht die Veräußerung eines von m. demselben Eigentümer gehörenden Grundstücken gleich. 924.

950 Eigentum an der, durch Verarbeitung oder Umgestaltung eines oder m. Stoffe hergestellten neuen beweglichen Sache s. **Eigentum** — Eigentum.

963 Vereinigen sich ausgezogene Bienenschwärme m. Eigentümer, so werden die Eigentümer, welche ihre Schwärme verfolgt haben, Miteigentümer des eingefangenen Gesamtschwarmes; die Anteile bestimmen sich nach der Zahl der verfolgten Schwärme.

1008 Steht das Eigentum an einer Sache m. nach Bruchteilen zu, so gelten die Vorschriften der §§ 1009—1011.

1011 s. **Gesamtgläubiger** — Schuldverhältnis 432.

Art. **Einführungsgesetz.**

86 s. **Erbe** — Erbe § 2043.

119, 181 s. **E.G.** — E.G.

137 s. **Erbe** — Erbe § 2049, Pflichtteil § 2312.

138 s. Erbfolge § 1936.

163 s. Verein §§ 26, 28, 48.

§ **Erbe.**

1951, 2007 Berufung eines Erben zu m. Erbteilen s. **Erbe** — Erbe.

1952 Von m. Erben des Erben kann jeder den seinem Erbteil entsprechenden Teil der Erbschaft ausschlagen.

2032—2057 Rechtsverhältnis der Erben unter einander s. **Erbe** — Erbe.

2058—2063 Rechtsverhältnis zwischen den Erben und den Nachlaßgläubigern s. **Erbe** — Erbe.

Erbfolge.

1922, 1928 M. Erbberechtigte s. **Erbfolge** — Erbfolge.

1936 Hat der ohne Erben verstorbene Erblasser m. Bundesstaaten angehört, so ist der Fiskus eines jeden dieser Staaten zu gleichem Anteile zur Erbfolge berufen.

Erbschein.

2357 Sind m. Erben vorhanden, so ist auf Antrag ein gemeinschaftlicher Erbschein zu erteilen. Der Antrag kann von jedem der Erben gestellt werden.

In dem Antrage sind die Erben und ihre Erbteile anzugeben.

Wird der Antrag nicht von allen Erben gestellt, so hat er die Angabe zu enthalten, daß die übrigen Erben die Erbschaft angenommen haben. Die Vorschriften des § 2356 gelten auch für die sich auf die übrigen Erben beziehenden Angaben des Antragstellers.

Die Versicherung an Eidesstatt ist von allen Erben abzugeben, sofern nicht das Nachlaßgericht die Versicherung eines oder einiger von ihnen für ausreichend erachtet.

Gemeinschaft.

741 Steht ein Recht m. gemeinschaftlich zu, so finden, sofern sich nicht aus dem G. ein anderes ergiebt, die Vorschriften der §§ 742—758 Anwendung (Gemeinschaft nach Bruchteilen).

§ **Gesellschaft.**

710, 711 Führung der Geschäfte der Gesellschaft durch m. Gesellschafter s. **Gesellschaft** — Gesellschaft.

Grundstück.

879—881 Rangänderung unter m. Rechten, mit denen ein Grundstück belastet ist s. **Grundstück** — Grundstück.

890 Vereinigung m. Grundstücke s. **Grundstück** — Grundstück.

Güterrecht.

1484 s. Erbe 1952.

1503 Güterteilung unter m. anteilsberechtigten Abkömmlingen bei f. Gütergemeinschaft s. **Gütergemeinschaft** — Gütergemeinschaft.

1515 s. **Erbe** — Erbe 2049.

Handlung.

830 Haben m. durch eine gemeinschaftlich begangene unerlaubte Handlung einen Schaden verursacht, so ist jeder für den Schaden verantwortlich. Das Gleiche gilt, wenn sich nicht ermitteln läßt, wer von m. Beteiligten den Schaden durch seine Handlung verursacht hat.

Anstifter und Gehilfen stehen Mitthätern gleich.

Hypothek.

1131 s. **Grundstück** — Grundstück 890.

1132 Besteht für die Forderung eine Hypothek an m. Grundstücken (Gesamthypothek), so haftet jedes Grundstück für die ganze Forderung. Der Gläubiger kann die Befriedigung nach seinem Belieben aus jedem der Grundstücke ganz oder zu einem Teile suchen.

Der Gläubiger ist berechtigt, den Betrag der Forderung auf die einzelnen Grundstücke in der Weise zu verteilen, daß jedes Grundstück nur für den zugeteilten Betrag haftet. Auf die Verteilung finden die Vorschriften der §§ 875, 876, 878 entsprechende Anwendung. 1172.

§ Forderung oder im Wege der Erbfolge an die Stelle des ursprünglichen Gläubigers m. Gläubiger, so fallen die Mehrkosten den Gläubigern zur Last.

396 Hat der eine oder der andere Teil m. zur Aufrechnung geeignete Forderungen, so kann der aufrechnende Teil die Forderungen bestimmen, die gegen einander aufgerechnet werden sollen. Wird die Aufrechnung ohne eine solche Bestimmung erklärt oder widerspricht der andere Teil unverzüglich, so findet die Vorschrift des § 366 Abs. 2 entsprechende Anwendung.

420—427, 431 M. Schuldner s. **Gesamtschuldner** — Schuldverhältnis.

428—430, 432 M. Gläubiger s. **Gesamtgläubiger** — Schuldverhältnis.

Stiftung.

86 s. Verein 26, 28.

88 s. Verein 48.

Testament.

2073 Hat der Erblasser den Bedachten in einer Weise bezeichnet, die auf m. Personen paßt, und läßt sich nicht ermitteln, wer von ihnen bedacht werden sollte, so gelten sie als zu gleichen Teilen bedacht.

2085 Unwirksamkeit einer von m. in einem Testament enthaltenen Verfügungen s. **Erblasser** — Testament.

2088—2094, 2157 Einsetzung m. Erben s. **Erblasser** — Testament.

2148, 2151—2153, 2157, 2158 Vermächtnis an m. Personen s. **Erblasser** — Testament.

2154 Der Erblasser kann ein Vermächtnis in der Art anordnen, daß der Bedachte von m. Gegenständen nur den einen oder den anderen erhalten soll. 2155, 2192.

2156 s. Vertrag 317.

2168 Besteht an m. zur Erbschaft gehörenden Grundstücken eine Gesamtgrundschuld oder eine Gesamtrentenschuld und ist eines dieser Grundstücke vermacht, so ist der Vermächtnisnehmer im Zweifel dem Erben gegenüber zur Befriedigung des Gläubigers in Höhe des Teiles der Grundschuld oder der Rentenschuld verpflichtet, der dem Verhältnisse des Wertes des vermachten Grundstücks zu dem Werte der sämtlichen Grundstücke entspricht. Der Wert wird nach § 2166 Abs. 1 Satz 2 berechnet.

2172 s. **Eigentum** — Eigentum 950.

2180 s. Erbe 1952.

2197 Der Erblasser kann durch Testament einen oder m. Testamentsvollstrecker ernennen.

2199 Der Erblasser kann den Testamentsvollstrecker ermächtigen, einen oder m. Mitvollstrecker zu ernennen.

2204 Der Testamentsvollstrecker hat, wenn m. Erben vorhanden sind, die Auseinandersetzung unter ihnen nach Maßgabe der §§ 2042—2056 zu bewirken. 2208.

2219 M. Testamentsvollstrecker, denen ein Verschulden zur Last fällt, haften als Gesamtschuldner. 2220.

2224 M. Testamentsvollstrecker führen das Amt gemeinschaftlich.

Todeserklärung.

20 Sind m. in einer gemeinsamen Gefahr umgekommen, so wird vermutet, daß sie gleichzeitig gestorben sind.

Verein.

26 Der Vorstand eines Vereins kann aus m. Personen bestehen.

28 Besteht der Vorstand aus m. Personen, so erfolgt die Beschlußfassung nach den für die Beschlüsse der Mitglieder des Vereins geltenden Vorschriften der §§ 32, 34, 40, 64, 70.

48 Sind m. Liquidatoren zur Auflösung des Vereins vorhanden, so ist für ihre Beschlüsse Übereinstimmung aller erforderlich, sofern nicht ein anderes bestimmt ist. 76.

§ **Vertrag.**

307 Wer bei der Schließung eines Vertrags, der auf eine unmögliche Leistung gerichtet ist, die Unmöglichkeit der Leistung kennt oder kennen muß, ist zum Ersatze des Schadens verpflichtet, den der andere Teil dadurch erleidet, daß er auf die Gültigkeit des Vertrags vertraut, jedoch nicht über den Betrag des Interesses hinaus, welches der andere Teil an der Gültigkeit des Vertrags hat. Die Ersatzpflicht tritt nicht ein, wenn der andere Teil die Unmöglichkeit kennt oder kennen muß.

Diese Vorschriften finden entsprechende Anwendung, wenn die Leistung nur teilweise unmöglich und der Vertrag in Ansehung des möglichen Teiles gültig ist oder wenn eine von m. wahlweise versprochenen Leistungen unmöglich ist. 309.

317 Soll die Bestimmung der Leistung durch m. Dritte erfolgen, so ist im Zweifel Übereinstimmung aller erforderlich; soll eine Summe bestimmt werden, so ist, wenn verschiedene Summen bestimmt werden, im Zweifel die Durchschnittssumme maßgebend.

320 Hat die Leistung an m. zu erfolgen, so kann dem einzelnen der ihm gebührende Teil bis zur Bewirkung der ganzen Gegenleistung verweigert werden. Die Vorschrift des § 273 Abs. 3 findet keine Anwendung. 348.

323 s. **Kauf** — Kauf 472.

356 Sind bei einem Vertrag auf der einen oder der anderen Seite m. beteiligt, so kann das Rücktrittsrecht nur von allen und gegen alle ausgeübt werden. Erlischt das Rücktrittsrecht für einen der Berechtigten, so erlischt es auch für die übrigen. 327.

Verwandtschaft.

1609 Sind m. Bedürftige vorhanden und ist der Unterhaltspflichtige außer stande, allen Unterhalt zu gewähren, so gehen unter ihnen die Abkömmlinge den Verwandten der aufsteigenden Linie, unter den Abkömmlingen diejenigen, welche im Falle der g. Erbfolge als Erben berufen sein würden, den übrigen Abkömmlingen, unter den Verwandten der aufsteigenden Linie, die näheren den entfernteren, vor.

1691 s. Vormundschaft 1810.

1712 Sind m. uneheliche Kinder vorhanden, so wird die Abfindung so berechnet wie wenn sie alle ehelich wären. 1717.

1098 **Vorkaufsrecht** s. **Kauf** — Kauf 513.

Vormundschaft.

1775 Das Vormundschaftsgericht soll, sofern nicht besondere Gründe für die Bestellung m. Vormünder vorliegen, für den Mündel und, wenn m. Geschwister zu bevormunden sind, für alle Mündel nur einen Vormund bestellen.

1786 Die Übernahme der Vormundschaft kann ablehnen:

1. . . . .

3. wer mehr als vier minderjährige eheliche Kinder hat.

4. . . . . .

8. wer mehr als eine Vormundschaft oder Pflegschaft führt; die Vormundschaft oder Pflegschaft über m. Geschwister gilt nur als eine; die Führung von zwei Gegenvormundschaften steht der Führung einer Vormundschaft gleich. 1889.

1792 Ein Gegenvormund soll bestellt werden, wenn mit der Vormundschaft eine Vermögensverwaltung verbunden ist, es sei denn, daß die Verwaltung nicht erheblich oder daß die Vormundschaft von m. Vormündern gemeinschaftlich zu führen ist.

Ist die Vormundschaft von m. Vormündern nicht gemeinschaftlich zu

§ führen, so kann der eine Vormund zum Gegenvormunde des anderen bestellt werden.

1797 M. Vormünder führen die Vormundschaft gemeinschaftlich. Bei einer Meinungsverschiedenheit entscheidet das Vormundschaftsgericht, sofern nicht bei der Bestellung ein anderes bestimmt wird.

Das Vormundschaftsgericht kann die Führung der Vormundschaft unter m. Vormünder nach bestimmten Wirkungskreisen verteilen. Innerhalb des ihm überwiesenen Wirkungskreises führt jeder Vormund die Vormundschaft selbständig.

1810 Ist ein Gegenvormund nicht vorhanden, so soll die Anlegung des zum Vermögen des Mündels gehörenden Geldes nur mit Genehmigung des Vormundschaftsgerichts erfolgen, sofern nicht die Vormundschaft von m. Vormündern gemeinschaftlich geführt wird. 1852.

1812 Ist ein Gegenvormund nicht vorhanden, so tritt an die Stelle der Genehmigung des Gegenvormundes zu einer Verfügung über Mündelgeld die Genehmigung des Vormundschaftsgerichts, sofern nicht die Vormundschaft von m. Vormündern gemeinschaftlich geführt wird. 1825, 1852.

1833 Sind für den dem Mündel aus einer Pflichtverletzung entstehenden Schaden m. nebeneinander verantwortlich, so haften sie als Gesamtschuldner.

634 **Werkvertrag** s. **Kauf** — Kauf 469, 471, 472, 474.

Zustimmung.

185 Eine Verfügung, die ein Nichtberechtigter über einen Gegenstand trifft, ist wirksam, wenn sie mit Einwilligung des Berechtigten erfolgt.

Die Verfügung wird wirksam, wenn der Berechtigte sie genehmigt oder wenn der Verfügende den Gegenstand erwirbt oder wenn er von dem Berechtigten beerbt wird und dieser für die Nachlaßverbindlichkeiten unbeschränkt haftet. In den beiden letzteren Fällen wird, wenn über den Gegenstand m. mit einander nicht in Einklang stehende Verfügungen getroffen worden sind, nur die frühere Verfügung wirksam.

Mehrheit

s. auch **Stimmenmehrheit.**

774 **Bürgschaft** s. **Gesamtschuldner** — Schuldverhältnis 426.

1011 **Eigentum** s. **Gesamtgläubiger** — Schuldverhältnis 432.

Art. **Einführungsgesetz.**

86 s. **Erbe** — Erbe § 2043.

137 s. **Erbe** — Erbe § 2049.

163 s. **Verein** — Verein §§ 32, 33, 41.

§ **Erbe.**

2032—2063 M. von Erben s. **Erbe** — Erbe.

712 **Gesellschaft** s. **Mehrheitsbeschluss** — Gesellschaft.

1515 **Güterrecht** s. **Erbe** — Erbe 2049.

Pflichtteil.

2312 s. **Erbe** — Erbe 2049.

2315 s. **Erbe** — Erbe 2051.

2316 s. **Erbe** — Erbe 2050.

1109 **Reallast** s. **Gesamtgläubiger** — Schuldverhältnis 432.

Schuldverhältnis.

420—432 M. von Schuldnern und Gläubigern s. 420—427, 431 **Gesamtschuldner** — Schuldverhältnis 428 bis 430, 432 **Gesamtgläubiger** — Schuldverhältnis.

2204 **Testament** s. **Erbe** — Erbe 2042 bis 2056.

Verein.

32 Bei der Beschlußfassung entscheidet die M. der erschienenen Mitglieder des Vereins s. **Verein** — Verein.

33 Zu einem Beschlusse, der eine Änderung der Satzung des Vereins enthält, ist

§ eine M. von drei Vierteilen der erschienenen Mitglieder erforderlich. 40.

41 Der Verein kann durch Beschluß der Mitgliederversammlung aufgelöst werden. Zu dem Beschluß ist eine M. von drei Vierteilen der erschienenen Mitglieder erforderlich, wenn nicht die Satzung ein anderes bestimmt.

Mehrheitsbeschluss.

2038 **Erbe** s. Gemeinschaft 745.

Gemeinschaft.

745 Jeder Teilhaber kann, sofern nicht die der Beschaffenheit des gemeinschaftlichen Gegenstandes entsprechende ordnungsmäßige Verwaltung und Benutzung durch Vereinbarung oder durch M. geregelt ist, eine dem Interesse aller Teilhaber nach billigem Ermessen entsprechende Verwaltung und Benutzung verlangen. 741.

Gesellschaft.

712 Die einem Gesellschafter durch den Gesellschaftsvertrag übertragene Befugnis zur Geschäftsführung kann ihm durch einstimmigen Beschluß oder, falls nach dem Gesellschaftsvertrage die Mehrheit der Stimmen entscheidet, durch M. der übrigen Gesellschafter entzogen werden, wenn ein wichtiger Grund vorliegt; ein solcher Grund ist insbesondere grobe Pflichtverletzung oder Unfähigkeit zur ordnungsmäßigen Geschäftsführung. 715.

Mehrkosten.

Leistung.

270 Erhöhen sich infolge einer nach der Entstehung des Schuldverhältnisses eintretenden Änderung des Wohnsitzes oder der gewerblichen Niederlassung des Gläubigers die Kosten oder die Gefahr der Übermittelung des Geldes, so hat der Gläubiger im ersteren Falle die M., im letzteren Falle die Gefahr zu tragen.

§ **Schuldverhältnis.**

369 Treten infolge einer Übertragung der Forderung oder im Wege der Erbfolge an die Stelle des ursprünglichen Gläubigers mehrere Gläubiger, so fallen die M. den Gläubigern zur Last.

Meinung.

Verwandtschaft.

1634 Bei einer Meinungsverschiedenheit zwischen den Eltern geht die M. des Vaters vor. 1698.

1676 Bei einer Meinungsverschiedenheit zwischen dem Vater und dem g. Vertreter des Kindes geht die M. des g. Vertreters vor.

1910 **Vormundschaft** s. Verwandtschaft 1676.

Meinungsverschiedenheit.

Testament.

2224 Mehrere Testamentsvollstrecker führen das Amt gemeinschaftlich; bei einer M. entscheidet das Nachlaßgericht.

Verwandtschaft.

1629 Steht die Sorge für die Person oder die Sorge für das Vermögen des Kindes einem Pfleger zu, so entscheidet bei einer M. zwischen dem Vater und dem Pfleger über die Vornahme einer sowohl die Person als das Vermögen des Kindes betreffenden Handlung das Vormundschaftsgericht.

1634, 1676 s. **Meinung** — Verwandtschaft.

Vormundschaft.

1797, 1798. Bei einer M. der Vormünder entscheidet das Vormundschaftsgericht.

1910 s. **Meinung** — Verwandtschaft 1676.

Meldung.

Art. **Einführungsgesetz.**

145 s. Hypothek § 1171; s. Schuldverhältnis § 382.

146 s. Schuldverhältnis § 382.

163 s. Verein §§ 50, 52.

§ **Hypothek.**
1171 Das Recht des ausgeschlossenen Hypothekengläubigers auf den hinterlegten Betrag erlischt mit dem Ablaufe von dreißig Jahren nach der Erlassung des Ausschlußurteils, wenn nicht der Gläubiger sich vorher bei der Hinterlegungsstelle meldet.
1269 **Pfandrecht** s. Hypothek 1171.
Schuldverhältnis.
382 Das Recht des Gläubigers auf den hinterlegten Betrag erlischt mit dem Ablaufe von dreißig Jahren nach dem Empfange der Anzeige von der Hinterlegung, wenn nicht der Gläubiger sich vorher bei der Hinterlegungsstelle meldet; der Schuldner ist zur Rücknahme berechtigt, auch wenn er auf das Recht zur Rücknahme verzichtet hat.
88 **Stiftung** s. Verein 50, 52.
Verein.
50 Die Auflösung des Vereins oder die Entziehung der Rechtsfähigkeit ist durch die Liquidatoren öffentlich bekannt zu machen. In der Bekanntmachung sind die Gläubiger zur Anmeldung ihrer Ansprüche aufzufordern. Die Bekanntmachung erfolgt durch das in der Satzung für Veröffentlichungen bestimmte Blatt, in Ermangelung eines solchen durch dasjenige Blatt, welches für Bekanntmachungen des Amtsgerichts bestimmt ist, in dessen Bezirke der Verein seinen Sitz hatte. Die Bekanntmachung gilt mit dem Ablaufe des zweiten Tages nach der Einrückung oder der ersten Einrückung als bewirkt.

Bekannte Gläubiger sind durch besondere Mitteilung zur Anmeldung aufzufordern. 53.
52 Meldet sich ein bekannter Gläubiger nicht, so ist der geschuldete Betrag, wenn die Berechtigung zur Hinterlegung vorhanden ist, für den Gläubiger zu hinterlegen. 53.

Menge.

§ **Darlehen.**
607 Wer Geld oder andere vertretbare Sachen als Darlehen empfangen hat, ist verpflichtet, dem Darleiher das Empfangene in Sachen von gleicher Art, Güte und M. zurückzuerstatten.
Verwahrung.
700 Werden vertretbare Sachen in der Art hinterlegt, daß das Eigentum auf den Verwahrer übergehen und dieser verpflichtet sein soll, Sachen von gleicher Art, Güte und M. zurückzugewähren, so finden die Vorschriften über das Darlehen Anwendung.

Mensch.

908 **Eigentum** s. **Handlung** — Handlung 836.
Handlung.
833 Verletzung oder Tötung eines M. durch ein Tier s. **Handlung** — Handlung.
836 Verletzung oder Tötung eines M. durch Einsturz oder Ablösung von Teilen eines Gebäudes oder Werkes s. **Handlung** — Handlung.
Miete.
544 Gefahrdrohende Beschaffenheit eines zum Aufenthalt von M. bestimmten Raumes s. **Miete** — Miete.
Rechtsfähigkeit.
1. Die Rechtsfähigkeit des M. beginnt mit der Vollendung der Geburt.
Volljährigkeit.
2. Die Volljährigkeit des M. tritt mit der Vollendung des einundzwanzigsten Lebensjahrs ein.

Mergel.

1093 **Dienstbarkeit** s. **Niessbrauch** — Nießbrauch 1037.
Nießbrauch.
1037 Anlagen zur Gewinnung von M. auf einem mit einem Nießbrauch belasteten

§ Grundstück s. **Niessbrauch** — Nießbrauch.

Merkmale.

Eigentum.

921 Sofern nicht äußere M. darauf hinweisen, daß eine Einrichtung zwischen zwei Grundstücken einem der Nachbarn allein gehört, sind beide zu ihrer Benutzung berechtigt. 922.

Messen.

Kauf.

448 Kosten des M. s. **Kauf** — Kauf.

Art. **Miete.**

93 **Einführungsgesetz** s. **E.G.**—E.G.

§

606 **Leihe** s. Miete 558.

Miete §§ 535—580.

535 Durch den Mietvertrag wird der Vermieter verpflichtet, dem Mieter den Gebrauch der vermieteten Sache während der Mietzeit zu gewähren. Der Mieter ist verpflichtet, dem Vermieter den vereinbarten Mietzins zu entrichten.

536 Der Vermieter hat die vermietete Sache dem Mieter in einem zu dem vertragsmäßigen Gebrauche geeigneten Zustande zu überlassen und sie während der Mietzeit in diesem Zustande zu erhalten.

537 Ist die vermietete Sache zur Zeit der Überlassung an den Mieter mit einem Fehler behaftet, der ihre Tauglichkeit zu dem vertragsmäßigen Gebrauch aufhebt oder mindert, oder entsteht im Laufe der M. ein solcher Fehler, so ist der Mieter für die Zeit, während deren die Tauglichkeit gemindert ist nur zur Entrichtung eines nach den §§ 472, 473 zu bemessenden Teils des Mietzinses verpflichtet.

Das Gleiche gilt, wenn eine zugesicherte Eigenschaft fehlt oder später

§ wegfällt. Bei der Vermietung eines Grundstücks steht die Zusicherung einer bestimmten Größe der Zusicherung einer Eigenschaft gleich. 538, 539, 541, 545.

538 Ist ein Mangel der im § 537 bezeichneten Art bei dem Abschlusse des Vertrags vorhanden oder entsteht ein solcher Mangel später infolge eines Umstandes, den der Vermieter zu vertreten hat, oder kommt der Vermieter mit der Beseitigung eines Mangels in Verzug, so kann der Mieter, statt die im § 537 bestimmten Rechte geltend zu machen, Schadensersatz wegen Nichterfüllung verlangen.

Im Falle des Verzugs des Vermieters kann der Mieter den Mangel selbst beseitigen und Ersatz der erforderlichen Aufwendungen verlangen. 539, 541.

539 Kennt der Mieter bei dem Abschlusse des Vertrags den Mangel der gemieteten Sache, so stehen ihm die in den §§ 537, 538 bestimmten Rechte nicht zu. Ist dem Mieter ein Mangel der im § 537 Abs. 1 bezeichneten Art infolge grober Fahrlässigkeit unbekannt geblieben oder nimmt er eine mangelhafte Sache an, obschon er den Mangel kennt, so kann er diese Rechte nur unter den Voraussetzungen geltend machen, unter welchen dem Käufer einer mangelhaften Sache nach den §§ 460, 464 Gewähr zu leisten ist. 541, 543.

540 Eine Vereinbarung, durch welche die Verpflichtung des Vermieters zur Vertretung von Mängeln der vermieteten Sache erlassen oder beschränkt wird, ist nichtig, wenn der Vermieter den Mangel arglistig verschweigt. 541, 543.

541 Wird durch das Recht eines Dritten dem Mieter der vertragsmäßige Gebrauch der gemieteten Sache ganz

§ oder zum Teil entzogen, so finden die Vorschriften der §§ 537, 538, des § 539 Satz 1 und des § 540 entsprechende Anwendung. 543.

542 Wird dem Mieter der vertragsmäßige Gebrauch der gemieteten Sache ganz oder zum Teil nicht rechtzeitig gewährt oder wiederentzogen, so kann der Mieter ohne Einhaltung einer Kündigungsfrist das Mietverhältnis kündigen. Die Kündigung ist erst zulässig, wenn der Vermieter eine ihm von dem Mieter bestimmte angemessene Frist hat verstreichen lassen, ohne Abhilfe zu schaffen. Der Bestimmung einer Frist bedarf es nicht, wenn die Erfüllung des Vertrags infolge des die Kündigung rechtfertigenden Umstandes für den Mieter kein Interesse hat.

Wegen einer unerheblichen Hinderung oder Vorenthaltung des Gebrauchs ist die Kündigung nur zulässig, wenn sie durch ein besonderes Interesse des Mieters gerechtfertigt wird.

Bestreitet der Vermieter die Zulässigkeit der erfolgten Kündigung, weil er den Gebrauch der Sache rechtzeitig gewährt oder vor dem Ablaufe der Frist die Abhilfe bewirkt habe, so trifft ihn die Beweislast. 543, 545.

543 Auf das dem Mieter nach § 542 zustehende Kündigungsrecht finden die Vorschriften der §§ 539—541 sowie die für die Wandelung bei dem Kaufe geltenden Vorschriften der §§ 469 bis 471 entsprechende Anwendung.

Ist der Mietzins für eine spätere Zeit im voraus entrichtet, so hat ihn der Vermieter nach Maßgabe des § 347 oder, wenn die Kündigung wegen eines Umstandes erfolgt, den er nicht zu vertreten hat, nach den Vorschriften über die Herausgabe einer ungerechtfertigten Bereicherung zurückzuerstatten.

544 Ist eine Wohnung oder ein anderer zum Aufenthalte von Menschen bestimmter Raum so beschaffen, daß die Benutzung mit einer erheblichen Gefährdung der Gesundheit verbunden ist, so kann der Mieter das Mietverhältnis ohne Einhaltung einer Kündigungsfrist kündigen, auch wenn er die gefahrbringende Beschaffenheit bei dem Abschlusse des Vertrags gekannt oder auf die Geltendmachung der ihm wegen dieser Beschaffenheit zustehenden Rechte verzichtet hat.

545 Zeigt sich im Laufe der M. ein Mangel der gemieteten Sache oder wird eine Vorkehrung zum Schutze der Sache gegen eine nicht vorhergesehene Gefahr erforderlich, so hat der Mieter dem Vermieter unverzüglich Anzeige zu machen. Das Gleiche gilt, wenn sich ein Dritter ein Recht an der Sache anmaßt.

Unterläßt der Mieter die Anzeige, so ist er zum Ersatze des daraus entstehenden Schadens verpflichtet; er ist, soweit der Vermieter infolge der Unterlassung der Anzeige Abhilfe zu schaffen außer stande war, nicht berechtigt, die im § 537 bestimmten Rechte geltend zu machen oder nach § 542 Abs. 1 Satz 3 ohne Bestimmung einer Frist zu kündigen oder Schadensersatz wegen Nichterfüllung zu verlangen.

546 Die auf der vermieteten Sache ruhenden Lasten hat der Vermieter zu tragen.

547 Der Vermieter ist verpflichtet, dem Mieter die auf die Sache gemachten notwendigen Verwendungen zu ersetzen. Der Mieter eines Tieres hat jedoch die Fütterungskosten zu tragen.

Die Verpflichtung des Vermieters zum Ersatze sonstiger Verwendungen bestimmt sich nach den Vorschriften

§ über die Geschäftsführung ohne Auftrag. Der Mieter ist berechtigt, eine Einrichtung, mit der er die Sache versehen hat, wegzunehmen.

548 Veränderungen oder Verschlechterungen der gemieteten Sache, die durch den vertragsmäßigen Gebrauch herbeigeführt werden, hat der Mieter nicht zu vertreten.

549 Der Mieter ist ohne die Erlaubnis des Vermieters nicht berechtigt, den Gebrauch der gemieteten Sache einem Dritten zu überlassen, insbesondere die Sache weiter zu vermieten. Verweigert der Vermieter die Erlaubnis, so kann der Mieter das Mietverhältnis unter Einhaltung der g. Frist kündigen, sofern nicht in der Person des Dritten ein wichtiger Grund vorliegt.

Überläßt der Mieter den Gebrauch einem Dritten, so hat er ein dem Dritten bei dem Gebrauche zur Last fallendes Verschulden zu vertreten, auch wenn der Vermieter die Erlaubnis zur Überlassung erteilt hat.

550 Macht der Mieter von der gemieteten Sache einen vertragswidrigen Gebrauch und setzt er den Gebrauch ungeachtet einer Abmahnung des Vermieters fort, so kann der Vermieter auf Unterlassung klagen.

551 Der Mietzins ist am Ende der Mietzeit zu entrichten. Ist der Mietzins nach Zeitabschnitten bemessen, so ist er nach dem Ablaufe der einzelnen Zeitabschnitte zu entrichten.

Der Mietzins für ein Grundstück ist, sofern er nicht nach kürzeren Zeitabschnitten bemessen ist, nach dem Ablaufe je eines Kalendervierteljahrs am ersten Werktage des folgenden Monats zu entrichten.

552 Der Mieter wird von der Entrichtung des Mietzinses nicht dadurch befreit, daß er durch einen in seiner Person liegenden Grund an der Ausübung

§ des ihm zustehenden Gebrauchsrechts verhindert wird. Der Vermieter muß sich jedoch den Wert der ersparten Aufwendungen sowie derjenigen Vorteile anrechnen lassen, welche er aus einer anderweitigen Verwertung des Gebrauchs erlangt. Solange der Vermieter infolge der Überlassung des Gebrauchs an einen Dritten außer stande ist, dem Mieter den Gebrauch zu gewähren, ist der Mieter zur Entrichtung des Mietzinses nicht verpflichtet.

553 Der Vermieter kann ohne Einhaltung einer Kündigungsfrist das Mietverhältnis kündigen, wenn der Mieter oder derjenige, welchem der Mieter den Gebrauch der gemieteten Sache überlassen hat, ungeachtet einer Abmahnung des Vermieters einen vertragswidrigen Gebrauch der Sache fortsetzt, der die Rechte des Vermieters in erheblichem Maße verletzt, insbesondere einem Dritten den ihm unbefugt überlassenen Gebrauch beläßt, oder die Sache durch Vernachlässigung der dem Mieter obliegenden Sorgfalt erheblich gefährdet. 555.

554 Der Vermieter kann ohne Einhaltung einer Kündigungsfrist das Mietverhältnis kündigen, wenn der Mieter für zwei auf einander folgende Termine mit der Entrichtung des Mietzinses oder eines Teiles des Mietzinses im Verzug ist. Die Kündigung ist ausgeschlossen, wenn der Mieter den Vermieter befriedigt, bevor sie erfolgt.

Die Kündigung ist unwirksam, wenn sich der Mieter von seiner Schuld durch Aufrechnung befreien konnte und unverzüglich nach der Kündigung die Aufrechnung erklärt. 555.

555 Macht der Vermieter von dem ihm nach den §§ 553, 554 zustehenden Kündigungsrechte Gebrauch, so hat er

§ den für eine spätere Zeit im voraus entrichteten Mietzins nach Maßgabe des § 347 zurückzuerstatten.

556 Der Mieter ist verpflichtet, die gemietete Sache nach der Beendigung des Mietverhältnisses zurückzugeben.

Dem Mieter eines Grundstücks steht wegen seiner Ansprüche gegen den Vermieter ein Zurückbehaltungsrecht nicht zu.

Hat der Mieter den Gebrauch der Sache einem Dritten überlassen, so kann der Vermieter die Sache nach der Beendigung des Mietverhältnisses auch von dem Dritten zurückfordern.

557 Giebt der Mieter die gemietete Sache nach der Beendigung des Mietverhältnisses nicht zurück, so kann der Vermieter für die Dauer der Vorenthaltung als Entschädigung den vereinbarten Mietzins verlangen. Die Geltendmachung eines weiteren Schadens ist nicht ausgeschlossen.

558 Die Ersatzansprüche des Vermieters wegen Veränderungen oder Verschlechterungen der vermieteten Sache sowie die Ansprüche des Mieters auf Ersatz von Verwendungen oder auf Gestattung der Wegnahme einer Einrichtung verjähren in sechs Monaten.

Die Verjährung der Ersatzansprüche des Vermieters beginnt mit dem Zeitpunkt, in welchem er die Sache zurückerhält, die Verjährung der Ansprüche des Mieters beginnt mit der Beendigung des Mietverhältnisses.

Mit der Verjährung des Anspruchs des Vermieters auf Rückgabe der Sache verjähren auch die Ersatzansprüche des Vermieters.

559 Der Vermieter eines Grundstücks hat für seine Forderungen aus dem Mietverhältnis ein Pfandrecht an den eingebrachten Sachen des Mieters. Für künftige Entschädigungsforderungen und für den Mietzins für eine spätere Zeit als das laufende und das folgende Mietjahr kann das Pfandrecht nicht geltend gemacht werden. Es erstreckt sich nicht auf die der Pfändung nicht unterworfenen Sachen.

560 Das Pfandrecht des Vermieters erlischt mit der Entfernung der Sachen von dem Grundstück, es sei denn, daß die Entfernung ohne Wissen oder unter Widerspruch des Vermieters erfolgt. Der Vermieter kann der Entfernung nicht widersprechen, wenn sie im regelmäßigen Betriebe des Geschäfts des Mieters oder den gewöhnlichen Lebensverhältnissen entsprechend erfolgt oder wenn die zurückbleibenden Sachen zur Sicherung des Vermieters offenbar ausreichen.

561 Der Vermieter darf die Entfernung der seinem Pfandrecht unterliegenden Sachen, soweit er ihr zu widersprechen berechtigt ist, auch ohne Anrufen des Gerichts verhindern und, wenn der Mieter auszieht, die Sachen in seinen Besitz nehmen.

Sind die Sachen ohne Wissen oder unter Widerspruch des Vermieters entfernt worden, so kann er die Herausgabe zum Zwecke der Zurückschaffung in das Grundstück und, wenn der Mieter ausgezogen ist, die Überlassung des Besitzes verlangen. Das Pfandrecht erlischt mit dem Ablaufe eines Monats, nachdem der Vermieter von der Entfernung der Sachen Kenntnis erlangt hat, wenn nicht der Vermieter diesen Anspruch vorher gerichtlich geltend gemacht hat.

562 Der Mieter kann die Geltendmachung des Pfandrechts des Vermieters durch Sicherheitsleistung abwenden; er kann jede einzelne Sache dadurch von dem Pfandrechte befreien, daß er in Höhe ihres Wertes Sicherheit leistet.

563 Wird eine dem Pfandrechte des Vermieters unterliegende Sache für einen

§ anderen Gläubiger gepfändet, so kann diesem gegenüber das Pfandrecht nicht wegen des Mietzinses für eine frühere Zeit als das letzte Jahr vor der Pfändung geltend gemacht werden.

564 Das Mietverhältnis endigt mit dem Ablaufe der Zeit, für die es eingegangen ist.

Ist die Mietzeit nicht bestimmt, so kann jeder Teil das Mietverhältnis nach den Vorschriften des § 565 kündigen.

565 Bei Grundstücken ist die Kündigung nur für den Schluß eines Kalendervierteljahrs zulässig; sie hat spätestens am dritten Werktage des Vierteljahrs zu erfolgen. Ist der Mietzins nach Monaten bemessen, so ist die Kündigung nur für den Schluß eines Kalendermonats zulässig; sie hat spätestens am fünfzehnten des Monats zu erfolgen. Ist der Mietzins nach Wochen bemessen, so ist die Kündigung nur für den Schluß einer Kalenderwoche zulässig; sie hat spätestens am ersten Werktage der Woche zu erfolgen.

Bei beweglichen Sachen hat die Kündigung spätestens am dritten Tage vor dem Tage zu erfolgen, an welchem das Mietverhältnis endigen soll.

Ist der Mietzins für ein Grundstück oder für eine bewegliche Sache nach Tagen bemessen, so ist die Kündigung an jedem Tage für den folgenden Tag zulässig.

Die Vorschriften des Abs. 1 Satz 1, Abs. 2 gelten auch für die Fälle, in denen das Mietverhältnis unter Einhaltung der g. Frist vorzeitig gekündigt werden kann. 564.

566 Ein Mietvertrag über ein Grundstück, der für längere Zeit als ein Jahr geschlossen wird, bedarf der schriftlichen Form. Wird die Form nicht beobachtet, so gilt der Vertrag als für unbestimmte Zeit geschlossen; die Kündigung ist jedoch nicht für eine frühere Zeit als für den Schluß des ersten Jahres zulässig.

567 Wird ein Mietvertrag für eine längere Zeit als dreißig Jahre geschlossen, so kann nach dreißig Jahren jeder Teil das Mietverhältnis unter Einhaltung der g. Frist kündigen. Die Kündigung ist unzulässig, wenn der Vertrag für die Lebenszeit des Vermieters oder des Mieters geschlossen ist.

568 Wird nach dem Ablaufe der Mietzeit der Gebrauch der Sache von dem Mieter fortgesetzt, so gilt das Mietverhältnis als auf unbestimmte Zeit verlängert, sofern nicht der Vermieter oder der Mieter seinen entgegenstehenden Willen binnen einer Frist von zwei Wochen dem anderen Teile gegenüber erklärt. Die Frist beginnt für den Mieter mit der Fortsetzung des Gebrauchs, für den Vermieter mit dem Zeitpunkt, in welchem er von der Fortsetzung Kenntnis erlangt.

569 Stirbt der Mieter, so ist sowohl der Erbe als der Vermieter berechtigt, das Mietverhältnis unter Einhaltung der g. Frist zu kündigen. Die Kündigung kann nur für den ersten Termin erfolgen, für den sie zulässig ist.

570 Militärpersonen, Beamte, Geistliche und Lehrer an öffentlichen Unterrichtsanstalten können im Falle der Versetzung nach einem anderen Orte das Mietverhältnis in Ansehung der Räume, welche sie für sich oder ihre Familie an dem bisherigen Garnison- oder Wohnorte gemietet haben, unter Einhaltung der g. Frist kündigen. Die Kündigung kann nur für den ersten Termin erfolgen, für den sie zulässig ist.

571 Wird das vermietete Grundstück nach der Überlassung an den Mieter von

§ dem Vermieter an einen Dritten veräußert, so tritt der Erwerber an Stelle des Vermieters in die sich während der Dauer seines Eigentums aus dem Mietverhältnis ergebenden Rechte und Verpflichtungen ein.

Erfüllt der Erwerber die Verpflichtungen nicht, so haftet der Vermieter für den von dem Erwerber zu ersetzenden Schaden wie ein Bürge, der auf die Einrede der Vorausklage verzichtet hat. Erlangt der Mieter von dem Übergange des Eigentums durch Mitteilung des Vermieters Kenntnis, so wird der Vermieter von der Haftung befreit, wenn nicht der Mieter das Mietverhältnis für den ersten Termin kündigt, für den die Kündigung zulässig ist. 577—579.

572 Hat der Mieter des veräußerten Grundstücks dem Vermieter für die Erfüllung seiner Verpflichtungen Sicherheit geleistet, so tritt der Erwerber in die dadurch begründeten Rechte ein. Zur Rückgewähr der Sicherheit ist er nur verpflichtet, wenn sie ihm ausgehändigt wird oder wenn er dem Vermieter gegenüber die Verpflichtung zur Rückgewähr übernimmt. 577, 579.

573 Eine Verfügung, die der Vermieter vor dem Übergange des Eigentums über den auf die Zeit der Berechtigung des Erwerbers entfallenden Mietzins getroffen hat, ist insoweit wirksam, als sie sich auf den Mietzins für das zur Zeit des Überganges des Eigentums laufende und das folgende Kalendervierteljahr bezieht. Eine Verfügung über den Mietzins für eine spätere Zeit muß der Erwerber gegen sich gelten lassen, wenn er sie zur Zeit des Überganges des Eigentums kennt. 577, 579.

574 Ein Rechtsgeschäft, das zwischen dem Mieter und dem Vermieter in Ansehung der Mietzinsforderung vorgenommen wird, insbesondere die Entrichtung des Mietzinses, ist dem Erwerber gegenüber wirksam, soweit es sich nicht auf den Mietzins für eine spätere Zeit als das Kalendervierteljahr, in welchem der Mieter von dem Übergange des Eigentums Kenntnis erlangt, und das folgende Vierteljahr bezieht. Ein Rechtsgeschäft, das nach dem Übergange des Eigentums vorgenommen wird, ist jedoch unwirksam, wenn der Mieter bei der Vornahme des Rechtsgeschäfts von dem Übergange des Eigentums Kenntnis hat. 575, 577, 579.

575 Soweit die Entrichtung des Mietzinses an den Vermieter nach § 574 dem Erwerber gegenüber wirksam ist, kann der Mieter gegen die Mietzinsforderung des Erwerbers eine ihm gegen den Vermieter zustehende Forderung aufrechnen. Die Aufrechnung ist ausgeschlossen, wenn der Mieter die Gegenforderung erworben hat, nachdem er von dem Übergange des Eigentums Kenntnis erlangt hat, oder wenn die Gegenforderung erst nach der Erlangung der Kenntnis und später als der Mietzins fällig geworden ist. 577, 579.

576 Zeigt der Vermieter dem Mieter an, daß er das Eigentum an dem vermieteten Grundstück auf einen Dritten übertragen habe, so muß er in Ansehung der Mietzinsforderung die angezeigte Übertragung dem Mieter gegenüber gegen sich gelten lassen, auch wenn sie nicht erfolgt oder nicht wirksam ist.

Die Anzeige kann nur mit Zustimmung desjenigen zurückgenommen werden, welcher als der neue Eigentümer bezeichnet worden ist. 577, 579.

§

577 Wird das vermietete Grundstück nach der Überlassung an den Mieter von dem Vermieter mit dem Rechte eines Dritten belastet, so finden die Vorschriften der §§ 571—576 entsprechende Anwendung, wenn durch die Ausübung des Rechtes dem Mieter der vertragsmäßige Gebrauch entzogen wird. Hat die Ausübung des Rechtes nur eine Beschränkung des Mieters in dem vertragsmäßigen Gebrauche zur Folge, so ist der Dritte dem Mieter gegenüber verpflichtet, die Ausübung zu unterlassen, soweit sie den vertragsmäßigen Gebrauch beeinträchtigen würde. 578, 579.

578 Hat vor der Überlassung des vermieteten Grundstücks an den Mieter der Vermieter das Grundstück an einen Dritten veräußert oder mit einem Rechte belastet, durch dessen Ausübung der vertragsmäßige Gebrauch dem Mieter entzogen oder beschränkt wird, so gilt das Gleiche wie in den Fällen des § 571 Abs. 1 und des § 577, wenn der Erwerber dem Vermieter gegenüber die Erfüllung der sich aus dem Mietverhältnis ergebenden Verpflichtungen übernommen hat. 579.

579 Wird das vermietete Grundstück von dem Erwerber weiter veräußert oder belastet, so finden die Vorschriften des § 571 Abs. 1 und der §§ 572 bis 578 entsprechende Anwendung. Erfüllt der neue Erwerber die sich aus dem Mietverhältnis ergebenden Verpflichtungen nicht, so haftet der Vermieter dem Mieter nach § 571 Abs. 2.

580 Die Vorschriften über die M. von Grundstücken gelten auch für die M. von Wohnräumen und anderen Räumen.

Nießbrauch.

1056 s. Miete 571—576, 579.

1057 s. Miete 558.

Pacht.

585 s. Miete 563.

590 s. Miete 562.

596 s. Miete 549, 569, 570.

1226 **Pfandrecht** s. Miete 558.

704 **Sachen** s. Miete 559—563.

Mieter.

Besitz.

868 Besitzt jemand eine Sache als Nießbraucher, Pfandgläubiger, Pächter, M., Verwahrer oder in einem ähnlichen Verhältnisse, vermöge dessen er einem anderen gegenüber auf Zeit zum Besitze berechtigt oder verpflichtet ist, so ist auch der andere Besitzer (mittelbarer Besitz). 871.

Art.

172 **Einführungsgesetz** s. E.G.—E.G.

§

1423 **Güterrecht** s. Nießbrauch 1056.

Hypothek.

1125 Soweit die Einziehung des Miet- oder Pachtzinses dem Hypothekengläubiger gegenüber unwirksam ist, kann der M. oder der Pächter des mit der Hypothek belasteten Grundstücks nicht eine ihm gegen den Verm. oder den Verpächter zustehende Forderung gegen den Hypothekengläubiger aufrechnen. 1126.

606 **Leihe** s. **Miete** — Miete 558.

Miete.

535—539, 541—545, 547—550, 552 bis 554, 556—562, 564, 567—572, 574—579 s. **Miete** — Miete.

Nießbrauch.

1056 Hat der Nießbraucher ein Grundstück über die Dauer des Nießbrauchs vermietet oder verpachtet, so ist der M. oder der Pächter eines mit einem Nießbrauch belasteten Grundstücks berechtigt, den Eigentümer unter Bestimmung einer angemessenen Frist zur Erklärung darüber aufzufordern, ob er von dem Kündigungsrechte

§

1643 **Verwandtschaft** s. Vormundschaft 1822.

Vormundschaft.

1822 Der Vormund bedarf der Genehmigung des Vormundschaftsgerichts:

1. . . . .

5. zu einem M. oder Pachtvertrag oder einem anderen Vertrage, durch den der Mündel zu wiederkehrenden Leistungen verpflichtet wird, wenn das Vertragsverhältnis länger als ein Jahr nach der Vollendung des einundzwanzigsten Lebensjahrs des Mündels fortdauern soll. 1812.

1902 Zu einem M. oder Pachtvertrage sowie zu einem anderen Vertrage, durch den der volljährige Mündel zu wiederkehrenden Leistungen verpflichtet wird, bedarf der Vormund der Genehmigung des Vormundschaftsgerichts, wenn das Vertragsverhältnis länger als vier Jahre dauern soll. Die Vorschrift des § 1822 Nr. 4 bleibt unberührt. 1897.

Mietzeit.

Miete.

535, 536, 551, 564, 568 s. **Miete** — Miete.

Art. **Mietzins.**

53 **Einführungsgesetz** s. Hypothek §§ 1123, 1124.

§ **Hypothek.**

1123 Ist das mit Hypotheken belastete Grundstück vermietet oder verpachtet, so erstreckt sich die Hypothek auf die M.- oder Pachtzinsforderung.

Soweit die Forderung fällig ist, wird sie mit dem Ablauf eines Jahres nach dem Eintritte der Fälligkeit von der Haftung frei, wenn nicht vorher die Beschlagnahme zu Gunsten des Hypothekengläubigers erfolgt. Ist der M. oder Pachtzins im voraus zu entrichten, so erstreckt sich die Befreiung nicht auf den M. oder Pachtzins für eine spätere Zeit als das zur Zeit der Beschlagnahme laufende und das folgende Kalendervierteljahr. 1126, 1129.

1124 Wird der M. oder Pachtzins eingezogen, bevor er zu Gunsten des Hypothekengläubigers in Beschlag genommen worden ist, oder wird vor der Beschlagnahme in anderer Weise über ihn verfügt, so ist die Verfügung dem Hypothekengläubiger gegenüber wirksam. Besteht die Verfügung in der Übertragung der Forderung auf einen Dritten, so erlischt die Haftung der Forderung; erlangt ein Dritter ein Recht an der Forderung, so geht es der Hypothek im Range vor.

Die Verfügung ist dem Hypothekengläubiger gegenüber unwirksam, soweit sie sich auf den M. oder Pachtzins für eine spätere Zeit als das zur Zeit der Beschlagnahme laufende und das folgende Kalendervierteljahr bezieht.

Der Übertragung der Forderung auf einen Dritten steht es gleich, wenn das Grundstück ohne die Forderung veräußert wird. 1126, 1129.

1125 Soweit die Einziehung des M. oder Pachtzinses dem Hypothekengläubiger gegenüber unwirksam ist, kann der Mieter oder der Pächter nicht eine ihm gegen den Vermieter oder den Verpächter zustehende Forderung gegen den Hypothekengläubiger aufrechnen. 1126.

Miete.

535, 537, 543, 551, 552, 554, 555, 557, 559, 563, 565, 573—575 s. **Miete** — Miete.

1056 **Nießbrauch** s. **Miete** — Miete 573—575.

585 **Pacht** s. **Miete** — Miete 563.

1289 **Pfandrecht** s. Hypothek 1123 bis 1125.

§ **Geschäftsfähigkeit.**

106—114 s. **Geschäftsfähigkeit** — Geschäftsfähigkeit.

Handlung.

828 Schadenzufügung durch einen M. s. **Handlung** — Handlung.

832 s. **Minderjährigkeit** — Handlung.

276 **Leistung** s. **Handlung** — Handlung 828.

Testament.

2229 Ein M. kann ein Testament erst errichten, wenn er das sechzehnte Lebensjahr vollendet hat.

2237 Als Zeuge soll bei der Errichtung des Testaments nicht mitwirken:
1. ein M.
2. . . . . . 2232, 2244, 2249, 2250.

2238 Wer minderjährig ist, kann das Testament nur durch mündliche Erklärung errichten. 2232, 2241, 2249.

2247 Wer minderjährig ist kann ein Testament nicht nach § 2231 Nr. 2 errichten.

Verwandtschaft.

1602 Ein minderjähriges unverheiratetes Kind kann von seinen Eltern, auch wenn es Vermögen hat, die Gewährung des Unterhalts insoweit verlangen, als die Einkünfte seines Vermögens und der Ertrag seiner Arbeit zum Unterhalte nicht ausreichen.

1603 Verpflichtung der Eltern ihren minderjährigen Kindern gegenüber, alle verfügbaren Mittel zu ihrem und der Kinder Unterhalt gleichmäßig zu verwenden s. **Kind** — Verwandtschaft.

1605 Soweit die Unterhaltspflicht eines minderjährigen Kindes seinen Verwandten gegenüber davon abhängt, daß es zur Gewährung des Unterhalts imstande ist, kommt die elterliche Nutznießung an dem Vermögen des Kindes nicht in Betracht.

1609 Der Ehegatte steht den minderjährigen unverheirateten Kindern gleich; er geht anderen Kindern und den übrigen Verwandten vor.

§

1626 Das Kind steht, solange es minderjährig ist, unter elterlicher Gewalt.

1651 s. **Geschäftsfähigkeit** — Geschäftsfähigkeit 112.

Volljährigkeit.

3 Ein M., der das achtzehnte Lebensjahr vollendet hat, kann durch Beschluß des Vormundschaftsgerichts für volljährig erklärt werden.

Durch die Volljährigkeitserklärung erlangt der M. die rechtliche Stellung eines Volljährigen.

4 Die Volljährigkeitserklärung ist nur zulässig, wenn der M. seine Einwilligung erteilt.

Steht der M. unter elterlicher Gewalt, so ist auch die Einwilligung des Gewalthabers erforderlich, es sei denn, daß diesem weder die Sorge für die Person noch die Sorge für das Vermögen des Kindes zusteht. Für eine minderjährige Witwe ist die Einwilligung des Gewalthabers nicht erforderlich.

5 Die Volljährigkeitserklärung soll nur erfolgen, wenn sie das Beste des M. befördert.

Vormundschaft.

1773—1895 Vormundschaft über M. s. **Vormundschaft** — Vormundschaft.

1773 Ein M. erhält einen Vormund, wenn er nicht unter elterlicher Gewalt steht oder wenn die Eltern weder in den die Person noch in den das Vermögen betreffenden Angelegenheiten zur Vertretung des M. berechtigt sind.

Ein M. erhält einen Vormund auch dann, wenn sein Familienstand nicht zu ermitteln ist.

1781 Zum Vormunde soll nicht bestellt werden:
1. wer minderjährig oder nach § 1906 unter vorläufige Vormundschaft gestellt ist;
2. . . . .

§

1786 Die Übernahme der Vormundschaft kann ablehnen:

1. . . . .

3. wer mehr als vier minderjährige eheliche Kinder hat; ein von einem anderen an Kindesstatt angenommenes Kind wird nicht gerechnet.

4. . . . .

1897 Auf die Vormundschaft über einen Volljährigen finden die für die Vormundschaft über einen M. geltenden Vorschriften Anwendung, soweit sich nicht aus den §§ 1898—1908 ein anderes ergiebt.

1906 s. **Geschäftsfähigkeit** — Geschäftsfähigkeit 114.

182 **Zustimmung** s. **Geschäftsfähigkeit** — Geschäftsfähigkeit 111.

Minderjährigkeit s. auch **Minderjähriger.**

§ **Ehe.**

1314 Wer ein eheliches Kind hat, das minderjährig ist oder unter seiner Vormundschaft steht, darf eine Ehe erst eingehen, nachdem ihm das Vormundschaftsgericht ein Zeugnis darüber erteilt hat, daß er die im § 1669 bezeichneten Verpflichtungen erfüllt hat oder das sie ihm nicht obliegen.

Ist im Falle der f. Gütergemeinschaft ein anteilsberechtigter Abkömmling minderjährig oder bevormundet, so darf der überlebende Ehegatte eine Ehe erst eingehen, nachdem ihm das Vormundschaftsgericht ein Zeugnis darüber erteilt hat, daß er die im § 1493 Abs. 2 bezeichneten Verpflichtungen erfüllt hat oder daß sie ihm nicht obliegen.

Art.

95 **Einführungsgesetz** s. **Geschäftsfähigkeit** — Geschäftsfähigkeit § 109.

§ **Geschäftsfähigkeit.**

109 Widerruf eines mit einem Minderjährigen geschlossenen Vertrags, wenn der andere Teil die M. gekannt hat s. **Geschäftsfähigkeit** — Geschäftsfähigkeit.

Güterrecht.

1493 Eheschließung des überlebenden Ehegatten wenn im Falle f. Gütergemeinschaft ein anteilsberechtigter Abkömmling minderjährig ist s. **Gütergemeinschaft** — Güterrecht.

Handlung.

832 Wer kraft G. zur Führung der Aufsicht über eine Person verpflichtet ist, die wegen M. oder wegen ihres geistigen oder körperlichen Zustandes der Beaufsichtigung bedarf, ist zum Ersatze des Schadens verpflichtet, den diese Person einem dritten widerrechtlich zufügt. 840.

Verjährung.

204 Während der M. der Kinder ist die Verjährung von Ansprüchen zwischen Eltern und Kindern gehemmt.

Verwandtschaft.

1696 Ruht die elterliche Gewalt der Mutter wegen M. so hat die Mutter das Recht und die Pflicht für die Person des Kindes zu sorgen; zur Vertretung des Kindes ist sie nicht berechtigt. 1686, 1697.

Vormundschaft.

1903 Wird der Vater des volljährigen Mündels zum Vormunde bestellt, so unterbleibt die Bestellung eines Gegenvormundes. Dem Vater stehen die Befreiungen zu, die nach den §§ 1852 bis 1854 angeordnet werden können. Das Vormundschaftsgericht kann die Befreiungen außer Kraft setzen, wenn sie das Interesse des Mündels gefährden.

Diese Vorschriften finden keine Anwendung, wenn der Vater im Falle der M. des Mündels zur Vermögensverwaltung nicht berechtigt sein würde. 1897, 1904.

§ **Minderung.**
618 **Dienstvertrag** s. **Handlung** — Handlung. 843.

Art.
204 **Einführungsgesetz** s. **Kind** — Verwandtschaft § 1671.

§ **Erbschein.**
2354 Wer die Erteilung des Erbscheins als g. Erbe beantragt, hat anzugeben:
1. . . . .
3. ob und welche Personen vorhanden sind oder vorhanden waren, durch die er von der Erbfolge ausgeschlossen oder sein Erbteil gemindert werden würde;
4. . . . .

Ist eine Person weggefallen, durch die der Antragsteller von der Erbfolge ausgeschlossen oder sein Erbteil gemindert werden würde, so hat der Antragsteller anzugeben, in welcher Weise die Person weggefallen ist. 2355, 2356.

Handlung.
843 M. der Erwerbsfähigkeit des Menschen durch Verletzung des Körpers oder der Gesundheit s. **Handlung** — Handlung.
846 s. **Leistung** — Leistung 254.

Kauf.
440 s. **Vertrag** — Vertrag 323.
459 M. des Wertes oder der Tauglichkeit einer Sache s. **Kauf** — Kauf.
462 Wegen eines Mangels, den der Verkäufer nach den Vorschriften der §§ 459, 460 zu vertreten hat, kann der Käufer Rückgängigmachung des Kaufes (Wandelung) oder Herabsetzung des Kaufpreises (M.) verlangen. 464, 481.
463, 465, 472, 474, 475, 477, 478, 480, 487 Anspruch auf M. s. **Kauf** — Kauf.
498 M. beim Wiederverkauf s. **Kauf** — Kauf.

Leistung.
254 Unterlassung der M. oder Abwendung eines Schadens s. **Leistung** — Leistung.
281 M. einer Entschädigung für einen geschuldeten Gegenstand s. **Leistung** — Leistung.

Miete.
537 M. der Tauglichkeit der gemieteten Sache s. **Miete** — Miete.

Testament.
2090 Ist jeder der eingesetzten Erben auf einen Bruchteil der Erbschaft eingesetzt und übersteigen die Bruchteile das Ganze, so tritt eine verhältnismäßige M. der Bruchteile ein. 2093, 2157.
2092 Sind von mehreren Erben die einen auf Bruchteile, die anderen ohne Bruchteile eingesetzt, so erhalten die letzteren den freigebliebenen Teil der Erbschaft.

Erschöpfen die bestimmten Bruchteile die Erbschaft, so tritt eine verhältnismäßige M. der Bruchteile in der Weise ein, daß jeder der ohne Bruchteile eingesetzten Erben so viel erhält wie der mit dem geringsten Bruchteile bedachte Erbe. 2093, 2157.
2164 M. des Wertes einer vermachten Sache s. **Erblasser** — Testament.

Vertrag.
323 M. des Anspruchs auf Gegenleistung s. **Vertrag** — Vertrag.

Verwandtschaft.
1630 s. Vormundschaft 1795.
1671 M. der vom Vormundschaftsgericht für die Verwaltung des Vermögens des Kindes angeordneten Sicherheit s. **Kind** — Verwandtschaft.

Vormundschaft.
1795 Der Vormund kann den Mündel nicht vertreten:
1. . . . . . .
2. bei einem Rechtsgeschäfte, das die Übertragung oder Belastung einer durch Pfandrecht, Hypothek oder Bürgschaft gesicherten Forderung des Mündels gegen den Vormund

§ oder die M. dieser Sicherheit zum Gegenstande hat oder die Verpflichtung des Mündels zu einer solchen M. begründet;

3. bei einem Rechtsstreite über eine solche Angelegenheit.

1822 Der Vormund bedarf der Genehmigung des Vormundschaftsgerichts:

1. . . . .

13. Zu einem Rechtsgeschäft des Vormundes, durch das die für eine Forderung des Mündels bestehende Sicherheit aufgehoben oder gemindert oder die Verpflichtung dazu begründet wird. 1812.

1844 M. der vom Vormund zu leistenden Sicherheit s. **Vormundschaft** — Vormundschaft.

Werkvertrag.

633 M. des Wertes oder der Tauglichkeit eines hergestellten Werkes s. **Werkvertrag** — Werkvertrag.

634 Zur Beseitigung eines Mangels der im § 633 bezeichneten Art kann der Besteller dem Unternehmer eine angemessene Frist mit der Erklärung bestimmen, daß er die Beseitigung des Mangels nach dem Ablaufe der Frist ablehne. Zeigt sich schon vor der Ablieferung des Werkes ein Mangel, so kann der Besteller die Frist sofort bestimmen; die Frist muß so bemessen werden, daß sie nicht vor der für die Ablieferung bestimmten Frist abläuft. Nach dem Ablaufe der Frist kann der Besteller Rückgängigmachung des Vertrags (Wandelung) oder Herabsetzung der Vergütigung (M.) verlangen, wenn nicht der Mangel rechtzeitig beseitigt worden ist; der Anspruch auf Beseitigung des Mangels ist ausgeschlossen.

Der Bestimmung einer Frist bedarf es nicht, wenn die Beseitigung des Mangels unmöglich ist oder von dem Unternehmer verweigert wird oder

§ wenn die sofortige Geltendmachung des Anspruchs auf Wandelung oder auf M. durch ein besonderes Interesse des Bestellers gerechtfertigt wird.

Die Wandelung ist ausgeschlossen, wenn der Mangel den Wert oder die Tauglichkeit des Werkes nur unerheblich mindert.

Auf die Wandelung und die M. finden die für den Kauf geltenden Vorschriften der §§ 465—467, 469 bis 475 entsprechende Anwendung. 633, 636, 640.

635 Beruht der Mangel des Werkes auf einem Umstande, den der Unternehmer zu vertreten hat, so kann der Besteller statt der Wandelung oder der M. Schadensersatz wegen Nichterfüllung verlangen.

638 Verjährung des Anspruchs auf M. wegen Mängel des Werkes s. **Werkvertrag** — Werkvertrag.

639 s. **Kauf** — Kauf 477, 478.

651 s. **Kauf** — Kauf 459, 462, 463, 477, 478.

Mindestbetrag.

Vertrag.

340 Steht dem Gläubiger ein Anspruch auf Schadensersatz wegen Nichterfüllung zu, so kann er die verwirkte Strafe als M. des Schadens verlangen. 341, 342.

Mineral.

Art. *68* **Einführungsgesetz** s. **E.G.** — E.G.

Missbrauch.

Ehe.

1353, 1354, 1357, 1358 M. des Rechts des Ehemanns s. **Ehe** — Ehe.

Art. **Einführungsgesetz.**

16 s. **Ehe** — Ehe § 1357.

95 s. **Ehe** — Ehe § 1358.

135, *204* s. **Kind** — Verwandtschaft.

§
1561 **Güterrecht** s. **Ehe** — Ehe 1357.
Handlung.
825, 847 M. eines Abhängigkeitsverhältnisses s. **Handlung** — Handlung.
Verwandtschaft.
1666 M. des Rechts der Sorge für die Person des Kindes s. **Kind** — Verwandtschaft.
1838 **Vormundschaft** s. **Kind** — Verwandtschaft 1666.

Misshandlung.

Ehescheidung.
1568 Als schwere Verletzung der Pflichten, auf Grund derer ein Ehegatte auf Scheidung klagen kann, gilt auch
Art. grobe M. 1564, 1570, 1571, 1574.
201 **Einführungsgesetz** s. Ehescheidung § 1568.
§ **Pflichtteil.**
2333 Der Erblasser kann einem Abkömmlinge den Pflichtteil entziehen:
1. . . . .
2. wenn der Abkömmling sich einer vorsätzlichen körperlichen M. des Erblassers oder des Ehegatten des Erblassers schuldig macht, im Falle der M. des Ehegatten jedoch nur, wenn der Abkömmling von diesem abstammt.
3. . . . .
2335 s. Ehescheidung 1568.
1635 **Verwandtschaft** s. Ehescheidung 1568.

Missverhältnis.

Willenserklärung.
138 Nichtig ist insbesondere ein Rechtsgeschäft, durch das jemand unter Ausbeutung der Notlage, des Leichtsinns oder der Unerfahrenheit eines anderen sich oder einem Dritten für eine Leistung Vermögensvorteile versprechen oder gewähren läßt, welche den Wert der Leistung dergestalt übersteigen, daß den Umständen nach die Vermögens-
§ vorteile in auffälligem M. zu der Leistung stehen.

Mitbenutzung.

Dienstbarkeit.
1090 s. Grunddienstbarkeit 1021.
1093 s. **Dienstbarkeit** — Dienstbarkeit.
922 **Eigentum** s. **Eigentum** — Eigentum.
Art. **Einführungsgesetz.**
116, 184 s. Grunddienstbarkeit § 1021.
§ **Grunddienstbarkeit.**
1021 Gehört zur Ausübung einer Grunddienstbarkeit eine Anlage auf dem belasteten Grundstücke, so kann bestimmt werden, daß der Eigentümer dieses Grundstücks die Anlage zu unterhalten hat, soweit das Interesse des Berechtigten es erfordert. Steht dem Eigentümer das Recht zur M. der Anlage zu, so kann bestimmt werden, daß der Berechtigte die Anlage zu unterhalten hat, soweit es für das Benutzungsrecht des Eigentümers erforderlich ist. 1022.

Mitbesitz.

Nießbrauch.
1081 Zur Bestellung des Nießbrauchs genügt an Stelle der Übergabe des Papiers die Einräumung des M. 1068.
Pfandrecht.
1206 An Stelle der Übergabe der Sache genügt die Einräumung des M., wenn sich die Sache unter dem Mitverschlusse des Gläubigers befindet oder, falls sie im Besitz eines Dritten ist, die Herausgabe nur an den Eigentümer und den Gläubiger gemeinschaftlich erfolgen kann. 1266, 1274.

Mitbürge.

Bürgschaft.
774 M. haften einander nur nach § 426.
776 Giebt der Gläubiger ein mit der

§ Forderung verbundenes Vorzugsrecht, eine für sie bestehende Hypothek, ein für sie bestehendes Pfandrecht oder das Recht gegen einen M. auf, so wird der Bürge insoweit frei, als er aus dem aufgegebenen Rechte nach § 774 hätte Ersatz erlangen können. Dies gilt auch dann, wenn das aufgegebene Recht erst nach der Übernahme der Bürgschaft entstanden ist.

1225 **Pfandrecht** s. Bürge 774.

Miteigentum.

Eigentum.

947, 949 Erwerb des M. an einer zusammengesetzten Sache s. **Eigentum** Eigentum.

1008—1011 M. s. **Eigentum** — Eigentum.

2044 **Erbe** s. **Eigentum** — Eigentum 1010.

Testament.

2172 Die Leistung einer vermachten Sache gilt auch dann als unmöglich, wenn die Sache mit einer anderen Sache in solcher Weise verbunden, vermischt oder vermengt worden ist, daß nach den §§ 946—948 das Eigentum an der anderen Sache sich auf sie erstreckt oder M. eingetreten ist, oder wenn sie in solcher Weise verarbeitet oder umgebildet worden ist, daß nach § 950 derjenige, welcher die neue Sache hergestellt hat, Eigentümer geworden ist.

Ist die Verbindung, Vermischung oder Vermengung durch einen anderen als den Erblasser erfolgt und hat der Erblasser dadurch M. erworben, so gilt im Zweifel das M. als vermacht; steht dem Erblasser ein Recht zur Wegnahme der verbundenen Sache zu, so gilt im Zweifel dieses Recht als vermacht. Im Falle der Verarbeitung oder Umbildung durch einen anderen als den Erblasser bewendet es bei der Vorschrift des § 2169 Abs. 3.

Miteigentümer.

§ **Eigentum.**

947 M. einer aus mehreren Sachen gebildeten einheitlichen Sache s. **Eigentum** — Eigentum.

963 M. des eingefangenen Gesamtschwarms von Bienen s. **Eigentum** — Eigentum.

1008—1011 s. **Eigentum** — Eigentum.

Art.

131 **Einführungsgesetz** s. **E.G.** — E.G.

§

2044 **Erbe** s. **Eigentum** — Eigentum 1010.

Hypothek.

1114 Ein Bruchteil eines Grundstücks kann mit einer Hypothek nur belastet werden, wenn er in dem Anteil eines M. besteht.

Nießbrauch.

1066 Besteht ein Nießbrauch an dem Anteil eines M., so übt der Nießbraucher die Rechte aus, die sich aus der Gemeinschaft der M. in Ansehung der Verwaltung der Sache und der Art ihrer Benutzung ergeben.

Die Aufhebung der Gemeinschaft kann nur von dem M. und dem Nießbraucher gemeinschaftlich verlangt werden.

Wird die Gemeinschaft aufgehoben, so gebührt dem Nießbraucher der Nießbrauch an den Gegenständen, welche an die Stelle des Anteils treten.

Pfandrecht.

1258 Besteht ein Pfandrecht an dem Anteil eines M., so übt der Pfandgläubiger die Rechte aus, die sich aus der Gemeinschaft der M. in Ansehung der Verwaltung der Sache und der Art ihrer Benutzung ergeben.

Die Aufhebung der Gemeinschaft kann vor dem Eintritte der Verkaufsberechtigung des Pfandgläubigers nur von dem M. und dem Pfandgläubiger gemeinschaftlich verlangt werden. Nach

§ dem Eintritte der Verkaufsberechtigung kann der Pfandgläubiger die Aufhebung der Gemeinschaft verlangen, ohne daß es der Zustimmung des M. bedarf; er ist nicht an eine Vereinbarung gebunden, durch welche die M. das Recht, die Aufhebung der Gemeinschaft zu verlangen, für immer oder auf Zeit ausgeschlossen oder eine Kündigungsfrist bestimmt haben.

Reallasten.

1106 Ein Bruchteil eines Grundstücks kann mit einer Reallast nur belastet werden, wenn er in dem Anteil eines M. besteht.

2172 **Testament** f. **Eigentum** — Eigentum 947.

Vorkaufsrecht.

1095 Ein Bruchteil eines Grundstücks kann mit dem Vorkaufsrecht nur belastet werden, wenn er in dem Anteil eines M. besteht.

Miterbe.

Art. **Einführungsgesetz.**

86 f. **Erbe** — Erbe § 2043.

137 f. **Erbe** — Erbe § 2049.

§ **Erbe.**

2033—2036, 2038—2040, 2042—2046, 2049, 2055—2057, 2059—2961, 2063 f. **Erbe** — Erbe.

Erbfolge.

1922 Auf den Anteil eines M. (Erbteil) finden die sich auf die Erbschaft beziehenden Vorschriften Anwendung.

Erbschaftskauf.

2372 Die Vorteile, welche sich aus dem Wegfall eines Vermächtnisses oder einer Auflage oder aus der Ausgleichungspflicht eines M. ergeben, gebühren dem Käufer der Erbschaft.

2373 Ein Erbteil, der dem Verkäufer nach dem Abschlusse des Kaufes durch Nacherbfolge oder infolge des Wegfalls eines M. anfällt, sowie ein dem Verkäufer zugewendetes Vorausvermächtnis ist im Zweifel nicht als mitverkauft anzusehen. Das Gleiche gilt von Familienpapieren und Familienbildern.

1515 **Güterrecht** f. **Erbe** — Erbe 2049.

Pflichtteil.

2305 Ist einem Pflichtteilsberechtigten ein Erbteil hinterlassen, der geringer ist als die Hälfte des g. Erbteils, so kann der Pflichtteilsberechtigte von den M. als Pflichtteil den Wert des an der Hälfte fehlenden Teiles verlangen.

2312 f. **Erbe** — Erbe 2049.

2316 Ist der Pflichtteilsberechtigte Erbe und beträgt der Pflichtteil nach Abs. 1 mehr als der Wert des hinterlassenen Erbteils, so kann der Pflichtteilsberechtigte von den M. den Mehrbetrag als Pflichtteil verlangen, auch wenn der hinterlassene Erbteil die Hälfte des g. Erbteils erreicht oder übersteigt.

2320 Wer an Stelle des Pflichtteilsberechtigten g. Erbe wird, hat im Verhältnisse zu M. die Pflichtteilslast und, wenn der Pflichtteilsberechtigte ein ihm zugewendetes Vermächtnis annimmt, das Vermächtnis in Höhe des erlangten Vorteils zu tragen.

Das Gleiche gilt im Zweifel von demjenigen, welchem der Erblasser den Erbteil des Pflichtteilsberechtigten durch Verfügung von Todeswegen zugewendet hat. 2323, 2324.

Testament.

2110 Das Recht des Nacherben erstreckt sich im Zweifel auf einen Erbteil, der dem Vorerben infolge des Wegfalls eines M. anfällt. 2191.

2194 Die Vollziehung einer Auflage können der Erbe, der M. und derjenige verlangen, welchem der Wegfall des mit der Auflage zunächst Beschwerten unmittelbar zu statten kommen würde. Liegt die Vollziehung im öffentlichen

§ Interesse, so kann auch die zuständige Behörde die Vollziehung verlangen.
2204 s. **Erbe** — Erbe 2042—2046, 2049, 2055, 2056.

Mitgebrauch.

2038 **Erbe** s. Gemeinschaft 743.
Gemeinschaft.
743 Jeder Teilhaber ist zum Gebrauch des gemeinschaftlichen Gegenstandes insoweit berechtigt, als nicht der M. der übrigen Teilhaber beeinträchtigt wird. 741.

Mitglied.

Art. **Einführungsgesetz.**
57, 87, 160, 164, 210, 216 s. **E.G.** — E.G.
85 s. Verein § 45.
163 s. Verein §§ 28, 29, 31—35, 37, 39, 41, 42, 45.
89 **Jurist. Person d. öff. Rechts** s. Verein 31, 42.
86 **Stiftung** s. Verein 28, 29, 31, 42.
Verein.
28 Besteht der Vorstand des Vereins aus mehreren Personen, so erfolgt die Beschlußfassung nach den für die Beschlüsse der M. des Vereins geltenden Vorschriften der §§ 32, 34.

Ist eine Willenserklärung dem Vereine gegenüber abzugeben, so genügt die Abgabe gegenüber einem M. des Vorstandes. 40, 64, 70.

29 Soweit die erforderlichen M. des Vorstandes des Vereins fehlen, sind sie in dringenden Fällen für die Zeit bis zur Hebung des Mangels auf Antrag eines Beteiligten von dem Amtsgerichte zu bestellen, in dessen Bezirke der Verein seinen Sitz hat.

31 Der Verein ist für den Schaden verantwortlich, den der Vorstand, ein M. des Vorstandes oder ein anderer verfassungsmäßig berufener Vertreter durch eine in Ausführung der ihm zustehenden Verrichtungen begangene, zum Schadensersatze verpflichtende Handlung einem Dritten zufügt.

32 Die Angelegenheiten des Vereins werden, soweit sie nicht von dem Vorstand oder einem anderen Vereinsorgane zu besorgen sind, durch Beschlußfassung in einer Versammlung der M. geordnet. Zur Gültigkeit des Beschlusses ist erforderlich, daß der Gegenstand bei der Berufung bezeichnet wird. Bei der Beschlußfassung entscheidet die Mehrheit der erschienenen M.

Auch ohne Versammlung der M. ist ein Beschluß gültig, wenn alle M. ihre Zustimmung zu dem Beschlusse schriftlich erklären. 28, 40.

33 Zu einem Beschlusse, der eine Änderung der Satzung enthält, ist eine Mehrheit von drei Vierteilen der erschienenen M. erforderlich. Zur Änderung des Zweckes des Vereins ist die Zustimmung aller M. erforderlich; die Zustimmung der nicht erschienenen M. muß schriftlich erfolgen. 40.

34 Ein M. des Vereins ist nicht stimmberechtigt, wenn die Beschlußfassung die Vornahme eines Rechtsgeschäfts mit ihm oder die Einleitung oder Erledigung eines Rechtsstreits zwischen ihm und dem Vereine betrifft. 28.

35 Sonderrechte eines M. des Vereins können nicht ohne dessen Zustimmung durch Beschluß der Mitgliederversammlung beeinträchtigt werden.

37 Die Mitgliederversammlung des Vereins ist zu berufen, wenn der durch die Satzung bestimmte Teil oder in Ermangelung einer Bestimmung der zehnte Teil der M. die Berufung schriftlich unter Angabe des Zweckes und der Gründe verlangt.

Wird dem Verlangen nicht entsprochen, so kann das Amtsgericht, in dessen Bezirke der Verein seinen Sitz

§ hat, die M., welche das Verlangen gestellt haben, zur Berufung der Versammlung ermächtigen und über die Führung des Vorsitzes der Versammlung Bestimmung treffen. Auf die Ermächtigung muß bei der Berufung der Versammlung Bezug genommen werden.

39 Die M. sind zum Austritt aus dem Verein berechtigt.

. . . .

41 Der Verein kann durch Beschluß der Mitgliederversammlung aufgelöst werden. Zu dem Beschluß ist eine Mehrheit von drei Vierteilen der erschienenen M. erforderlich, wenn nicht die Satzung ein anderes bestimmt.

42 Der Verein verliert die Rechtsfähigkeit durch die Eröffnung des Konkurses.

Der Vorstand hat im Falle der Überschuldung die Eröffnung des Konkurses zu beantragen. Wird die Stellung des Antrags verzögert, so sind die Vorstandsmitglieder, denen ein Verschulden zur Last fällt, den Gläubigern für den daraus entstehenden Schaden verantwortlich; sie haften als Gesamtschuldner. 53.

45 Mit der Auflösung des Vereins oder der Entziehung der Rechtsfähigkeit fällt das Vermögen an die in der Satzung bestimmten Personen.

Durch die Satzung kann vorgeschrieben werden, daß die Anfallberechtigten durch Beschluß der Mitgliederversammlung oder eines anderen Vereinsorgans bestimmt werden. Ist der Zweck des Vereins nicht auf einen wirtschaftlichen Geschäftsbetrieb gerichtet, so kann die Mitgliederversammlung auch ohne eine solche Vorschrift das Vermögen einer öffentlichen Stiftung oder Anstalt zuweisen.

Fehlt es an einer Bestimmung der Anfallberechtigten, so fällt das Vermögen, wenn der Verein nach der Satzung ausschließlich den Interessen seiner M. diente, an die zur Zeit der Auflösung oder der Entziehung der Rechtsfähigkeit vorhandenen M. zu gleichen Teilen, anderenfalls an den Fiskus des Bundesstaats, in dessen Gebiete der Verein seinen Sitz hatte.

56 Die Eintragung eines Vereins in das Vereinsregister soll nur erfolgen, wenn die Zahl der M. mindestens sieben beträgt. 60.

58 Die Satzung des eingetragenen Vereins soll Bestimmungen enthalten:

1. über den Eintritt und Austritt der M.;
2. darüber, ob und welche Beiträge von den M. zu leisten sind;
3. über die Bildung des Vorstandes;
4. über die Voraussetzungen, unter denen die Mitgliederversammlung zu berufen ist, über die Form der Berufung und über die Beurkundung der Beschlüsse. 60.

59 Die Satzung des eingetragenen Vereins soll von mindestens sieben M. unterzeichnet sein und die Angabe des Tages der Errichtung enthalten. 60.

64 Bei der Eintragung sind der Name und der Sitz des Vereins, der Tag der Errichtung der Satzung sowie die M. des Vorstandes im Vereinsregister anzugeben. Bestimmungen, die den Umfang der Vertretungsmacht des Vorstandes beschränken oder die Beschlußfassung des Vorstandes abweichend von der Vorschrift des § 28 Abs. 1 regeln, sind gleichfalls einzutragen. 71.

67 Jede Änderung des Vorstandes des eingetragenen Vereins sowie die erneute Bestellung eines Vorstandsmitglieds ist von dem Vorstande zur Eintragung anzumelden. Der Anmeldung ist eine Abschrift der Urkunde über die Änderung oder die erneute Bestellung beizufügen.

§ Die Eintragung gerichtlich bestellter Vorstandsmitglieder erfolgt von Amtswegen. 78.

72 Der Vorstand des eingetragenen Vereins hat dem Amtsgericht auf dessen Verlangen jederzeit ein Verzeichnis der Vereinsm. einzureichen. 78.

73 Sinkt die Zahl der Vereinsmitglieder unter drei herab, so hat das Amtsgericht auf Antrag des Vorstandes und, wenn der Antrag nicht binnen drei Monaten gestellt wird, von Amtswegen nach Anhörung des Vorstandes dem Vereine die Rechtsfähigkeit zu entziehen. Der Beschluß ist dem Vereine zuzustellen. Gegen den Beschluß findet die sofortige Beschwerde nach den Vorschriften der Civilprozeßordnung statt.

77 Die Anmeldungen zum Vereinsregister sind von den M. des Vorstandes sowie von den Liquidatoren mittelst öffentlich beglaubigter Erklärung zu bewirken.

78 Das Amtsgericht kann die M. des Vorstandes des eingetragenen Vereins zur Befolgung der Vorschriften des § 67 Abs. 1, des § 71 Abs. 1, des § 72, des § 74 Abs. 2 und des § 76 durch Ordnungsstrafen anhalten. Die einzelne Strafe darf den Betrag von dreihundert Mark nicht übersteigen.

In gleicher Weise können die Liquidatoren zur Befolgung der Vorschriften des § 76 angehalten werden.

Vormundschaft.

1849 Der Gemeindewaisenrat hat dem Vormundschaftsgerichte die Personen vorzuschlagen, die sich im einzelnen Falle zum Vormunde, Gegenvormund oder M. eines Familienrats eignen.

1860—1867, 1869—1875, 1877—1879, 1881 s. **Familienrat** — Vormundschaft.

Mitgliederversammlung.

Art. **Einführungsgesetz.**

85 s. **Verein** — Verein § 45.

Art.

163 s. **Verein** — Verein §§ 27, 32, 35 bis 37, 41, 43, 45.

§ **Stiftung.**

86 s. Verein 27.

Verein.

27 Die Bestellung des Vorstandes des Vereins erfolgt durch Beschluß der M.

Die Bestellung ist jederzeit widerruflich, unbeschadet des Anspruchs auf die vertragsmäßige Vergütung. Die Widerruflichkeit kann durch die Satzung auf den Fall beschränkt werden, daß ein wichtiger Grund für den Widerruf vorliegt; ein solcher Grund ist insbesondere grobe Pflichtverletzung oder Unfähigkeit zur ordnungsmäßigen Geschäftsführung.

Auf die Geschäftsführung des Vorstandes finden die für den Auftrag geltenden Vorschriften der §§ 664 bis 670 entsprechende Anwendung. 40.

32, 35, 37, 41, 45, 58 s. **Mitglied** — Verein.

36 Die M. ist in den durch die Satzung bestimmten Fällen sowie dann zu berufen, wenn das Interesse des Vereins es erfordert.

43 Dem Vereine kann die Rechtsfähigkeit entzogen werden, wenn er durch einen gesetzwidrigen Beschluß der M. oder durch gesetzwidriges Verhalten des Vorstandes das Gemeinwohl gefährdet. 44, 74.

74 Wird der eingetragene Verein durch Beschluß der M. oder durch den Ablauf der für die Dauer des Vereins bestimmten Zeit aufgelöst, so hat der Vorstand die Auflösung zur Eintragung anzumelden. Der Anmeldung ist im ersteren Falle eine Abschrift des Auflösungsbeschlusses beizufügen. 78.

Mitgliedschaft.

Art.

163 **Einführungsgesetz** s. Verein § 38.

§ **Verein.**

38 Die M. ist nicht übertragbar und nicht vererblich. Die Ausübung der Mitgliedschaftsrechte kann nicht einem anderen übertragen werden. 40

Vormundschaft.

1866 Zum Mitglied des Familienrats soll nicht bestellt werden:

1. . . . . .

3. wer durch Anordnung des Vaters oder der ehelichen Mutter des Mündels von der M. ausgeschlossen ist. 1868.

1905 Ein Familienrat kann nur nach § 1859 Abs. 1 eingesetzt werden.

Der Vater und die Mutter des volljährigen Mündels sind nicht berechtigt, Anordnungen über die Einsetzung und Aufhebung eines Familienrats oder über die M. zu treffen. 1897.

Art. **Mitgliedschaftsrecht.**

163 **Einführungsgesetz** f. **Mitgliedschaft** — Verein § 38.

§

38 **Verein** f. **Mitgliedschaft** — Verein.

Mitte.

Frist.

192 Unter M. des Monats ist der fünfzehnte Tag des Monats zu verstehen. 186.

Mitteilender.

Handlung.

824 Durch eine Mitteilung, deren Unwahrheit dem M. unbekannt ist, wird dieser nicht zum Schadensersatze verpflichtet, wenn er oder der Empfänger der Mitteilung an ihr ein berechtigtes Interesse hat. 829.

Mitteilung

f. auch **Benachrichtigung, Anzeige.**

Anweisung.

792 M. von der Ausschließung der Übertragung der Anweisung f. **Anweisung** — Anweisung.

Auslobung.

658 Die Auslobung kann bis zur Vornahme der Handlung widerrufen werden. Der Widerruf ist nur wirksam, wenn er in derselben Weise wie die Auslobung bekannt gemacht wird oder wenn er durch besondere M. erfolgt.

Ehe.

1342 M. von der Erklärung der Anfechtung einer Ehe f. **Ehe** — Ehe.

Ehescheidung.

1577 Die Behörde soll der allein für schuldig erklärten Frau die Erklärung des Mannes, daß er ihr die Führung seines Namens untersage, mitteilen.

Art.

163 **Einführungsgesetz** f. Verein § 50.

§ **Erbe.**

1953 Das Nachlaßgericht soll die Ausschlagung der Erbschaft demjenigen mitteilen, welchem dieselbe infolge der Ausschlagung angefallen ist.

1957 Das Nachlaßgericht soll die Anfechtung der Ausschlagung demjenigen mitteilen, welchem die Erbschaft infolge der Ausschlagung angefallen war.

1999 Steht der Erbe unter elterlicher Gewalt oder unter Vormundschaft, so soll das Nachlaßgericht dem Vormundschaftsgerichte von der Bestimmung der Inventarfrist M. machen.

Erbvertrag.

2281 Soll nach dem Tode desjenigen, mit dem der Erblasser einen Erbvertrag schließt, eine zu Gunsten eines Dritten getroffene Verfügung von dem Erblasser angefochten werden, so ist die Anfechtung dem Nachlaßgerichte gegenüber zu erklären. Das Nachlaßgericht soll die Erklärung dem Dritten mitteilen.

Güterrecht.

1448 Wird die Genehmigung der Frau zu einem Rechtsgeschäft bei a. Gütergemeinschaft durch das Vormund-

§ schaftsgericht ersetzt, so ist im Falle einer Aufforderung nach Abs. 2 der Beschluß nur wirksam, wenn der Mann ihn dem anderen Teile mitteilt; die Vorschriften des Abs. 2 Satz 2 finden entsprechende Anwendung. 1487, 1519.

1484 s. Erbe 1957.

1487 Die Rechte und Verbindlichkeiten des überlebenden Ehegatten sowie der anteilsberechtigten Abkömmlinge in Ansehung des Gesamtguts der f. Gütergemeinschaft bestimmen sich nach den für die eheliche Gütergemeinschaft geltenden Vorschriften der §§ 1442 bis 1449, 1455—1457, 1466; der überlebende Ehegatte hat die rechtliche Stellung des Mannes, die anteilsberechtigten Abkömmlinge haben die rechtliche Stellung der Frau. 1518.

1491 Das Nachlaßgericht soll bei f. Gütergemeinschaft die Erklärung des Verzichts auf einen Anteil des Gesamtguts dem überlebenden Ehegatten und den übrigen anteilsberechtigten Abkömmlingen mitteilen. 1518.

1492 Das Nachlaßgericht soll die Erklärung der Aufhebung der f. Gütergemeinschaft den anteilsberechtigten Abkömmlingen und wenn der überlebende Ehegatte g. Vertreter eines der Abkömmlinge ist, dem Vormundschaftsgerichte mitteilen. 1518.

1519 Was der Mann oder die Frau während der Errungenschaftsgemeinschaft erwirbt, wird gemeinschaftliches Vermögen beider Ehegatten (Gesamtgut).

Auf das Gesamtgut finden die für die a. Gütergemeinschaft geltenden Vorschriften des § 1438 Abs. 2, 3 und der §§ 1442—1453, 1455 bis 1457 Anwendung.

824 **Handlung** s. **Mitteilender** — Handlung.

Kauf.

510 Der Verpflichtete hat dem Vorkaufsberechtigten den Inhalt des mit dem Dritten geschlossenen Vertrags unverzüglich mitzuteilen. Die M. des Verpflichteten wird durch die M. des Dritten ersetzt.

Das Vorkaufsrecht kann bei Grundstücken nur bis zum Ablaufe von zwei Monaten, bei anderen Gegenständen nur bis zum Ablauf einer Woche nach dem Empfange der M. ausgeübt werden. Ist für die Ausübung eine Frist bestimmt, so tritt diese an die Stelle der g. Frist.

Leistung.

259 Wer verpflichtet ist, über eine mit Einnahmen oder Ausgaben verbundene Verwaltung Rechenschaft abzulegen, hat dem Berechtigten eine die geordnete Zusammenstellung der Einnahmen oder der Ausgaben enthaltende Rechnung mitzuteilen und, soweit Belege erteilt zu werden pflegen, Belege vorzulegen.

Miete.

571 Erlangt der Mieter von dem Übergang des Eigentums an dem vermieteten Grundstück durch M. des Vermieters Kenntnis, so wird der Vermieter von der Haftung befreit, wenn nicht der Mieter das Mietverhältnis für den ersten Termin kündigt, für den die Kündigung zulässig ist. 577, 579.

Nießbrauch.

1056 s. Miete 571.

1070 Wird die Ausübung des Nießbrauchs nach § 1052 einem Verwalter übertragen, so ist die Übertragung dem Verpflichteten gegenüber erst wirksam, wenn er von der getroffenen Anordnung Kenntnis erlangt oder wenn ihm eine M. von der Anordnung zugestellt wird. Das Gleiche gilt von der Aufhebung der Verwaltung. 1068.

1275 **Pfandrecht** s. Nießbrauch 1070.

Schuldverhältnis.

415 Wird die Schuldübernahme von dem

§ Dritten mit dem Schuldner vereinbart, so hängt ihre Wirksamkeit von der Genehmigung des Gläubigers ab. Die Genehmigung kann erst erfolgen, wenn der Schuldner oder der Dritte dem Gläubiger die Schuldübernahme mitgeteilt hat. Bis zur Genehmigung können die Parteien den Vertrag ändern oder aufheben.

416 Übernimmt der Erwerber eines Grundstücks durch Vertrag mit dem Veräußerer eine Schuld des Veräußerers, für die eine Hypothek an dem Grundstücke besteht, so kann der Gläubiger die Schuldübernahme nur genehmigen, wenn der Veräußerer sie ihm mitteilt. Sind seit dem Empfange der M. sechs Monate verstrichen, so gilt die Genehmigung als erteilt, wenn nicht der Gläubiger sie dem Veräußerer gegenüber vorher verweigert hat; die Vorschrift des § 415 Abs. 2 Satz 2 findet keine Anwendung.

Die M. des Veräußerers kann erst erfolgen, wenn der Erwerber als Eigentümer im Grundbuch eingetragen ist. Sie muß schriftlich geschehen und den Hinweis enthalten, daß der Übernehmer an die Stelle des bisherigen Schuldners tritt, wenn nicht der Gläubiger die Verweigerung innerhalb der sechs Monate erklärt.

Der Veräußerer hat auf Verlangen des Erwerbers dem Gläubiger die Schuldübernahme mitzuteilen.

88 **Stiftung** s. Verein 50.

Testament.

2081 Das Nachlaßgericht soll die Anfechtungserklärung einer letztwilligen Verfügung demjenigen mitteilen, welchem die angefochtene Verfügung unmittelbar zu statten kommt.

2121 Der Vorerbe hat dem Nacherben auf Verlangen ein Verzeichnis der zur Erbschaft gehörenden Gegenstände mitzuteilen.

§

2129 Wird dem Vorerben die Verwaltung nach den Vorschriften des § 1052 entzogen, so verliert er das Recht, über Erbschaftsgegenstände zu verfügen.

Die Vorschriften zu Gunsten derjenigen, welche Rechte von einem Nichtberechtigten herleiten, finden entsprechende Anwendung. Für die zur Erbschaft gehörenden Forderungen ist die Entziehung der Verwaltung dem Schuldner gegenüber erst wirksam, wenn er von der getroffenen Anordnung Kenntnis erlangt oder wenn ihm eine M. von der Anordnung zugestellt wird. Das Gleiche gilt von der Aufhebung der Entziehung. 2136.

2215 Der Testamentsvollstrecker hat dem Erben unverzüglich nach der Annahme des Amtes ein Verzeichnis der seiner Verwaltung unterliegenden Nachlaßgegenstände und der bekannten Nachlaßverbindlichkeiten mitzuteilen und ihm die zur Aufnahme des Inventars sonst erforderliche Beihülfe zu leisten. 2220.

Verein.

50 Bekannte Gläubiger sind im Falle der Auflösung des Vereins durch besondere M. zur Anmeldung ihrer Ansprüche aufzufordern. 53.

61 Wird die Anmeldung zur Eintragung des Vereins zugelassen, so hat das Amtsgericht sie der zuständigen Verwaltungsbehörde mitzuteilen. 71.

62 Erhebt die Verwaltungsbehörde Einspruch gegen die Eintragung des Vereins, so hat das Amtsgericht den Einspruch dem Vorstande mitzuteilen. 71.

63 Die Eintragung des Vereins darf, sofern nicht die Verwaltungsbehörde dem Amtsgerichte mitteilt, daß Einspruch nicht erhoben werde, erst erfolgen, wenn seit der M. der An-

§ meldung an die Verwaltungsbehörde sechs Wochen verstrichen sind und Einspruch nicht erhoben oder wenn der erhobene Einspruch endgültig aufgehoben ist. 71.

Verwandtschaft.

1597 Das Nachlaßgericht soll die Erklärung der Anfechtung der Ehelichkeit sowohl demjenigen mitteilen, welcher im Falle der Ehelichkeit, als auch demjenigen, welcher im Falle der Unehelichkeit Erbe des Kindes ist. 1599, 1600.

1643, 1690 f. Vormundschaft 1829.

Vollmacht.

171 Hat jemand durch besondere M. an einen Dritten oder durch öffentliche Bekanntmachung kundgegeben, daß er einen anderen bevollmächtigt habe, so ist dieser auf Grund der Kundgebung im ersteren Falle dem Dritten gegenüber, im letzteren Falle jedem Dritten gegenüber zur Vertretung befugt.

172 Der besonderen M. einer Bevollmächtigung durch den Vollmachtgeber steht es gleich, wenn dieser dem Vertreter eine Vollmachtsurkunde ausgehändigt hat und der Vertreter sie dem Dritten vorlegt.

Vorkaufsrecht.

1098, 1099 f. Kauf 510.

Vormundschaft.

1829 Schließt der Vormund einen Vertrag ohne die erforderliche Genehmigung des Vormundschaftsgerichts, so hängt die Wirksamkeit des Vertrags von der nachträglichen Genehmigung des Vormundschaftsgerichts ab. Die Genehmigung sowie deren Verweigerung wird dem anderen Teile gegenüber erst wirksam, wenn sie ihm durch den Vormund mitgeteilt wird.

Fordert der andere Teil den Vormund zur M. darüber auf, ob die Genehmigung erteilt sei, so kann die M. der Genehmigung nur bis zum Ablaufe von zwei Wochen nach dem Empfange der Aufforderung erfolgen; erfolgt sie nicht, so gilt die Genehmigung als verweigert. 1832.

1851 Das Vormundschaftsgericht hat dem Gemeindewaisenrate die Anordnung der Vormundschaft über einen sich in dessen Bezirk aufhaltenden Mündel unter Bezeichnung des Vormundes und des Gegenvormundes sowie einen in der Person des Vormundes oder des Gegenvormundes eintretenden Wechsel mitzuteilen.

Wird der Aufenthalt eines Mündels in den Bezirk eines anderen Gemeindewaisenrats verlegt, so hat der Vormund dem Gemeindewaisenrate des bisherigen Aufenthaltsorts und dieser dem Gemeindewaisenrate des neuen Aufenthaltsorts die Verlegung mitzuteilen.

Werkvertrag.

639 Unterzieht sich der Unternehmer im Einverständnisse mit dem Besteller der Prüfung des Vorhandenseins des Mangels oder der Beseitigung des Mangels, so ist die Verjährung solange gehemmt, bis der Unternehmer das Ergebnis der Prüfung dem Besteller mitteilt oder ihm gegenüber den Mangel für beseitigt erklärt oder die Fortsetzung der Beseitigung verweigert.

Willenserklärung.

143 Die Behörde soll die Anfechtung eines einseitigen Rechtsgeschäfts demjenigen mitteilen, welcher durch das Rechtsgeschäft unmittelbar betroffen worden ist.

Mittel.

Art.

95 **Einführungsgesetz** f. Geschäftsfähigkeit § 110.

§ **Erbe.**

2019 Als aus der Erbschaft erlangt gilt auch, was der Erbschaftsbesitzer durch

§ Rechtsgeschäft mit M. der Erbschaft erwirbt.

Geschäftsfähigkeit.

110 Ein von dem Minderjährigen ohne Zustimmung des g. Vertreters geschlossener Vertrag gilt als von Anfang an wirksam, wenn der Minderjährige die vertragsmäßige Leistung mit Mitteln bewirkt, die ihm zu diesem Zwecke oder zu freier Verfügung von dem Vertreter oder mit dessen Zustimmung von einem Dritten überlassen worden sind. 106.

Güterrecht.

1381 Erwirbt der Mann bei g. Güterrecht mit M. des eingebrachten Gutes bewegliche Sachen, so geht mit dem Erwerbe das Eigentum auf die Frau über, es sei denn, daß der Mann nicht für Rechnung des eingebrachten Gutes erwerben will. Dies gilt insbesondere auch von Inhaberpapieren und von Orderpapieren, die mit Blankoindossament versehen sind.

Die Vorschriften des Abs. 1 finden entsprechende Anwendung, wenn der Mann mit M. des eingebrachten Gutes ein Recht an Sachen der bezeichneten Art oder ein anderes Recht erwirbt, zu dessen Übertragung der Abtretungsvertrag genügt. 1525.

1525 Auf das eingebrachte Gut der Frau bei der Errungenschaftsgemeinschaft finden die Vorschriften der §§ 1373 bis 1383, 1390 bis 1417 entsprechende Anwendung.

Handlung.

829 Wer gemäß §§ 823 bis 826, an sich nicht zum Schadensersatz verpflichtet ist, kann jedoch insoweit zum Schadensersatz angehalten werden, als ihm nicht die M. entzogen werden, deren er zum standesmäßigen Unterhalte, sowie zur Erfüllung seiner g. Unterhaltspflichten bedarf s. **Handlung** — Handlung.

§ **Testament.**

2111 Erwerb mit M. der Erbschaft s. **Erblasser** — Testament.

Verwandtschaft.

1603 Sind Eltern nicht ohne Gefährdung ihres standesmäßigen Unterhalts imstande, Unterhalt zu gewähren, so sind sie ihren minderjährigen unverheirateten Kindern gegenüber verpflichtet, alle verfügbaren M. zu ihrem und der Kinder Unterhalte gleichmäßig zu verwenden. 1607, 1708.

1646 Erwirbt der Vater mit M. des Kindes bewegliche Sachen, so geht mit dem Erwerbe das Eigentum auf das Kind über, es sei denn, daß der Vater nicht für Rechnung des Kindes erwerben will. Dies gilt insbesondere auch von Inhaberpapieren und von Orderpapieren, die mit Blankoindossament versehen sind.

Die Vorschriften des Abs. 1 finden entsprechende Anwendung, wenn der Vater mit M. des Kindes ein Recht an Sachen der bezeichneten Art oder ein anderes Recht erwirbt, zu dessen Übertragung der Abtretungsvertrag genügt.

Mitthäter.

Handlung.

830 Anstifter und Gehilfen bei einer unerlaubten Handlung, die einen Schaden verursacht, stehen M. gleich.

Mitverschluss.

Pfandrecht.

1206 An Stelle der Übergabe der Sache genügt die Einräumung des Mitbesitzes, wenn sich die Sache unter dem M. des Gläubigers befindet oder, falls sie im Besitz eines Dritten ist, die Herausgabe nur an den Eigentümer und den Gläubiger gemeinschaftlich erfolgen kann. 1266, 1274.

Mitvollstrecker.

§ **Testament.**

2199 Der Erblasser kann den Testamentsvollstrecker ermächtigen, einen oder mehrere M. zu ernennen.

Mitvormund.

Vormundschaft.

1778 Neben dem zum Vormund Berufenen darf nur mit dessen Zustimmung ein M. bestellt werden. 1917.

1791 Der Vormund erhält eine Bestallung. Die Bestallung soll enthalten den Namen und die Zeit der Geburt des Mündels, die Namen des Vormundes, des Gegenvormundes und der M. sowie im Falle der Teilung der Vormundschaft die Art der Teilung. Ist ein Familienrat eingesetzt, so ist auch dies anzugeben.

1833 Ist neben dem Vormunde für den von diesem verursachten Schaden der Gegenvormund oder ein M. nur wegen Verletzung seiner Aufsichtspflicht verantwortlich, so ist in ihrem Verhältnisse zu einander der Vormund allein verpflichtet.

1894 Den Tod des M. hat der Vormund unverzüglich anzuzeigen. 1895.

Mitwirkung.

Auslobung.

660 M. mehrerer zu einem Erfolge für welchen eine Belohnung ausgesetzt ist s. **Auslobung** — Auslobung.

618 **Dienstvertrag** s. Handlung 846.

Eigentum.

919 M. zur Errichtung oder Wiederherstellung eines Grenzzeichens s. **Eigentum** — Eigentum.

Art. **Einführungsgesetz.**

149 s. Testament §§ 2234, 2235, 2236.

151 s. Testament §§ 2234—2237, 2239, 2241, 2242, 2245.

§ **Erbe.**

2038 Die Verwaltung des Nachlasses steht den Eltern gemeinschaftlich zu. Jeder Miterbe ist den anderen gegenüber verpflichtet, zu Maßregeln mitzuwirken, die zur ordnungsmäßigen Verwaltung erforderlich sind; die zur Erhaltung notwendigen Maßregeln kann jeder Miterbe ohne M. der anderen treffen. 2032.

Erbvertrag.

2276 s. Testament 2234, 2237, 2239, 2241, 2242, 2245.

2277 s. Testament 2246.

Güterrecht.

1372 Jeder Ehegatte kann verlangen, daß der Bestand des eingebrachten Gutes bei g. Güterrecht durch Aufnahme eines Verzeichnisses unter M. des anderen Ehegatten festgestellt wird.

1438 Wird ein Recht gemeinschaftlich, das im Grundbuch eingetragen ist oder in das Grundbuch eingetragen werden kann, so kann bei a. Gütergemeinschaft jeder Ehegatte von dem anderen die M. zur Berichtigung des Grundbuchs verlangen. 1485, 1519.

1449 Verfügt der Mann bei a. Gütergemeinschaft ohne die erforderliche Zustimmung der Frau über ein zu dem Gesamtgute gehörendes Recht, so kann die Frau das Recht ohne M. des Mannes gegen Dritte gerichtlich geltend machen. 1487, 1519.

1472 Jeder Ehegatte ist dem andern gegenüber verpflichtet, bei a. Gütergemeinschaft zu Maßregeln mitzuwirken, die zur ordnungsmäßigen Verwaltung erforderlich sind; die zur Erhaltung notwendigen Maßregeln kann jeder Ehegatte ohne M. des anderen treffen. 1497, 1546.

1485 Auf das Gesamtgut finden bei f. Gütergemeinschaft die für die eheliche Gütergemeinschaft geltenden Vorschriften des § 1438 Abs. 2, 3 entsprechende Anwendung. 1518.

1487 Die Rechte und Verbindlichkeiten des

§ überlebenden Ehegatten sowie der anteilsberechtigten Abkömmlinge in Ansehung des Gesamtguts der f. Gütergemeinschaft bestimmen sich nach den für die eheliche Gütergemeinschaft geltenden Vorschriften der §§ 1442 bis 1449, 1455—1457, 1466. 1518.

1497 Bis zur Auseinandersetzung bestimmt sich das Rechtsverhältnis der Teilhaber am Gesamtgute der f. Gütergemeinschaft nach den §§ 1442, 1472, 1473. 1518.

1519 Auf das Gesamtgut finden bei der Errungenschaftsgemeinschaft die für die a. Gütergemeinschaft geltenden Vorschriften des § 1438 Abs. 2, 3 und der §§ 1442—1453, 1455—1457 Anwendung.

1528 Jeder Ehegatte kann bei der Errungenschaftsgemeinschaft verlangen, daß der Bestand seines eigenen und des dem anderen Ehegatten gehörenden eingebrachten Gutes durch Aufnahme eines Verzeichnisses unter M. des anderen Ehegatten festgestellt wird. Auf die Aufnahme des Verzeichnisses finden die für den Nießbrauch geltenden Vorschriften des § 1035 Anwendung.

1546 Nach der Beendigung der Errungenschaftsgemeinschaft findet in Ansehung des Gesamtguts die Auseinandersetzung statt. Bis zur Auseinandersetzung bestimmt sich das Rechtsverhältnis der Ehegatten nach den §§ 1442, 1472, 1473.

1561 Die Eintragung in das Güterrechtsregister erfolgt in den Fällen des § 1357 Abs. 2 und des § 1405 Abs. 3 auf Antrag des Mannes.

In den anderen Fällen ist der Antrag beider Ehegatten erforderlich; jeder Ehegatte ist dem anderen gegenüber zur M. verpflichtet.

Handlung.

841 f. **Handlung** — Handlung.

846 Hat in den Fällen der §§ 844, 845 bei der Entstehung des Schadens, den der Dritte erleidet, ein Verschulden des Verletzten mitgewirkt, so finden auf den Anspruch des Dritten die Vorschriften des § 254 Anwendung.

Leistung.

254 Hat bei der Entstehung des Schadens ein Verschulden des Beschädigten mitgewirkt, so hängt die Verpflichtung zum Ersatze sowie der Umfang des zu leistenden Ersatzes von den Umständen, insbesondere davon ab, inwieweit der Schaden vorwiegend von dem einen oder dem anderen Teile verursacht worden ist.

Nießbrauch.

1035 Bei dem Nießbrauch an einem Inbegriffe von Sachen sind der Nießbraucher und der Eigentümer einander verpflichtet, zur Aufnahme eines Verzeichnisses der Sachen mitzuwirken.

1078 Ist die Forderung fällig, so sind der Nießbraucher und der Gläubiger einander verpflichtet, zur Einziehung mitzuwirken. Hängt die Fälligkeit von einer Kündigung ab, so kann jeder Teil die M. des anderen zur Kündigung verlangen, wenn die Einziehung der Forderung wegen Gefährdung ihrer Sicherheit nach den Regeln einer ordnungsmäßigen Vermögensverwaltung geboten ist. 1068, 1076.

1079 Der Nießbraucher und der Gläubiger sind einander verpflichtet, dazu mitzuwirken, daß das eingezogene Kapital nach den für die Anlegung von Mündelgeld geltenden Vorschriften verzinslich angelegt und gleichzeitig dem Nießbraucher der Nießbrauch bestellt wird. Die Art der Anlegung bestimmt der Nießbraucher. 1068, 1076, 1083.

1083 Der Nießbraucher und der Eigentümer des Papiers sind einander verpflichtet, zur Einziehung des fälligen Kapitals,

§ zur Beschaffung neuer Zins-, Renten- oder Gewinnanteilscheine sowie zu sonstigen Maßnahmen mitzuwirken, die zur ordnungsmäßigen Vermögensverwaltung erforderlich sind. 1068, 1079.

Pfandrecht.

1285 Hat die Leistung an den Pfandgläubiger und den Gläubiger gemeinschaftlich zu erfolgen, so sind beide einander verpflichtet, zur Einziehung mitzuwirken, wenn die Forderung fällig ist.

Soweit der Pfandgläubiger berechtigt ist, die Forderung ohne M. des Gläubigers einzuziehen, hat er für die ordnungsmäßige Einziehung zu sorgen. Von der Einziehung hat er den Gläubiger unverzüglich zu benachrichtigen, sofern nicht die Benachrichtigung unthunlich ist. 1273, 1279.

1288 M. des Pfandgläubigers und des Gläubigers zur Anlegung einer in Gemäßheit des § 1282 eingezogenen Geldforderung. 1273, 1279.

Testament.

2076 Bezweckt die Bedingung, unter der eine letztwillige Zuwendung gemacht ist, den Vorteil eines Dritten, so gilt sie im Zweifel als eingetreten, wenn der Dritte die zum Eintritte der Bedingung erforderliche M. verweigert.

2234 Als Richter, Notar, Gerichtsschreiber oder Zeuge kann bei der Errichtung des Testaments nicht mitwirken:

1. der Ehegatte des Erblassers, auch wenn die Ehe nicht mehr besteht;
2. wer mit dem Erblasser in gerader Linie oder im zweiten Grade der Seitenlinie verwandt oder verschwägert ist. 2235, 2232, 2236, 2244, 2249, 2250.

2235 Als Richter, Notar, Gerichtsschreiber oder Zeuge kann bei der Errichtung des Testaments nicht mitwirken, wer in dem Testamente bedacht wird oder wer zu einem Bedachten in einem Verhältnisse der im § 2234 bezeichneten Art steht.

Die M. einer hiernach ausgeschlossenen Person hat nur zur Folge, daß die Zuwendung an den Bedachten nichtig ist. 2232, 2244, 2249, 2250.

2236 Als Gerichtsschreiber oder zweiter Notar oder Zeuge kann bei der Errichtung des Testaments nicht mitwirken, wer zu dem Richter oder dem beurkundeten Notar in einem Verhältnisse der im § 2234 bezeichneten Art steht. 2232, 2244, 2249.

2237 Als Zeuge soll bei der Errichtung des Testaments nicht mitwirken:

1. ein Minderjähriger;
2. wer der bürgerlichen Ehrenrechte für verlustig erklärt ist, während der Zeit, für welche die Aberkennung der Ehrenrechte erfolgt ist;
3. wer nach den Vorschriften der Strafg. unfähig ist, als Zeuge eidlich vernommen zu werden;
4. wer als Gesinde oder Gehülfe im Dienste des Richters oder des beurkundeten Notars steht. 2232, 2244, 2249, 2250.

2239 Die bei der Errichtung des Testaments mitwirkenden Personen müssen während der ganzen Verhandlung zugegen sein. 2232, 2249.

2241 Das über die Errichtung des Testaments aufgenommene Protokoll muß enthalten:

1. . . . .

2. Die Bezeichnung des Erblassers und der bei der Verhandlung mitwirkenden Personen. 2232, 2249, 2250.

2242 Das über die Errichtung des Testaments aufgenommene Protokoll muß von den mitwirkenden Personen unterschrieben werden. 2232, 2249, 2250.

§

2245 Sind sämtliche bei der Errichtung des Testaments mitwirkende Personen ihrer Versicherung nach der Sprache, in der sich der Erblasser erklärt, mächtig, so ist die Zuziehung eines Dolmetschers nicht erforderlich.

Unterbleibt die Zuziehung eines Dolmetschers, so muß das Protokoll in der fremden Sprache aufgenommen werden und die Erklärung des Erblassers, daß er der deutschen Sprache nicht mächtig sei, sowie die Versicherung der mitwirkenden Personen, daß sie der fremden Sprache mächtig seien, enthalten. Eine deutsche Übersetzung soll als Anlage beigefügt werden. 2232, 2249, 2250.

2246 Das über die Errichtung des Testaments aufgenommene Protokoll soll nebst Anlagen, insbesondere im Falle der Errichtung durch Übergabe einer Schrift nebst dieser Schrift, von dem Richter oder dem Notar in Gegenwart der übrigen mitwirkenden Personen und des Erblassers mit dem Amtssiegel verschlossen, mit einer das Testament näher bezeichnenden Aufschrift, die von dem Richter oder dem Notar zu unterschreiben ist, versehen und in besondere amtliche Verwahrung gebracht werden. 2232, 2248, 2249.

Verwandtschaft.

1672 Bei der Bestellung und Aufhebung der Sicherheit für das der Verwaltung des Vaters unterliegende Vermögen wird die M. des Kindes durch die Anordnung des Vormundschaftsgerichts ersetzt.

1768 Hat ein Ehepaar gemeinschaftlich ein Kind angenommen oder hat ein Ehegatte ein Kind des anderen Ehegatten angenommen, so ist zu der Aufhebung der Annahme an Kindesstatt die M. beider Ehegatten erforderlich.

Vormundschaft.

1844 Bei der Bestellung, Änderung oder Aufhebung der Sicherheit für das der Verwaltung des Vormunds unterliegende Vermögen wird die M. des Mündels durch die Anordnung des Vormundschaftsgerichts ersetzt. 1786.

1849—1851 M. des Gemeindewaisenrates s. **Gemeindewaisenrat** — Vormundschaft.

Möglichkeit s. auch **Unmöglichkeit.**

Bereicherung.

820 War mit der Leistung ein Erfolg bezweckt, dessen Eintritt nach dem Inhalte des Rechtsgeschäfts als ungewiß angesehen wurde, so ist der Empfänger, falls der Erfolg nicht eintritt, zur Herausgabe so verpflichtet, wie wenn der Anspruch auf Herausgabe zur Zeit des Empfanges rechtshängig geworden wäre. Das Gleiche gilt, wenn die Leistung aus einem Rechtsgrunde, dessen Wegfall nach dem Inhalte des Rechtsgeschäfts als möglich angesehen wurde, erfolgt ist und der Rechtsgrund wegfällt.

Art.

150 **Einführungsgesetz** s. Testament 2249.

§ **Erbe.**

1986 Der Nachlaßverwalter darf den Nachlaß dem Erben erst ausantworten, wenn die bekannten Nachlaßverbindlichkeiten berichtigt sind.

Ist die Berichtigung einer Verbindlichkeit zur Zeit nicht ausführbar oder ist eine Verbindlichkeit streitig, so darf die Ausantwortung des Nachlasses nur erfolgen, wenn dem Gläubiger Sicherheit geleistet wird. Für eine bedingte Forderung ist Sicherheitsleistung nicht erforderlich, wenn die M. des Eintritts der Bedingung eine so entfernte ist, daß die Forderung einen gegenwärtigen Vermögenswert nicht hat.

2042 s. Gemeinschaft 754.

2288 **Erbvertrag** s. Testament 2170.

§ **Gemeinschaft.**

754 Der Verkauf einer gemeinschaftlichen Forderung ist nur zulässig, wenn sie noch nicht eingezogen werden kann. Ist die Einziehung möglich, so kann jeder Teilhaber gemeinschaftliche Einziehung verlangen. 741.

Handlung.

823 Ist nach dem Inhalte eines den Schutz eines anderen bezweckenden G. ein Verstoß gegen dieses auch ohne Verschulden möglich, so tritt die Ersatzpflicht des daraus entstehenden Schadens nur im Falle des Verschuldens ein. 829.

Leistung.

251 Soweit die Herstellung eines früheren Zustandes nicht möglich oder zur Entschädigung des Gläubigers nicht genügend ist, hat der Ersatzpflichtige den Gläubiger in Geld zu entschädigen.

Der Ersatzpflichtige kann den Gläubiger in Geld entschädigen, wenn die Herstellung nur mit unverhältnismäßigen Aufwendungen möglich ist.

279 Ist der geschuldete Gegenstand nur der Gattung nach bestimmt, so hat der Schuldner, solange die Leistung aus der Gattung möglich ist, sein Unvermögen zur Leistung auch dann zu vertreten, wenn ihm ein Verschulden nicht zur Last fällt.

Testament.

2170 Ist das Vermächtnis eines Gegenstandes, der zur Zeit des Erbfalles nicht zur Erbschaft gehört, nach § 2169 Abs. 1 wirksam, so hat der Beschwerte den Gegenstand dem Bedachten zu verschaffen.

Ist der Beschwerte zur Verschaffung außer stande, so hat er den Wert zu entrichten. Ist die Verschaffung nur mit unverhältnismäßigen Aufwendungen möglich, so kann sich der Beschwerte durch Entrichtung des Wertes befreien. 2182.

2171 s. Vertrag 308.

2249 Ist zu besorgen, daß der Erblasser früher sterben werde, als die Errichtung eines Testaments vor einem Richter oder vor einem Notar möglich ist, so kann er das Testament vor dem Vorsteher der Gemeinde, in der er sich aufhält, oder, falls er sich in dem Bereich eines durch L.G. einer Gemeinde gleichgestellten Verbandes oder Gutsbezirkes aufhält, vor dem Vorsteher dieses Verbandes oder Bezirkes errichten. Der Vorsteher muß zwei Zeugen zuziehen. Die Vorschriften der §§ 2234—2246 finden Anwendung; der Vorsteher tritt an die Stelle des Richters oder des Notars.

Die Besorgnis, daß die Errichtung eines Testaments vor einem Richter oder vor einem Notar nicht mehr möglich sein werde, muß im Protokolle festgestellt werden. Der Gültigkeit des Testaments steht nicht entgegen, daß die Besorgnis nicht begründet war. 2250, 2252, 2256, 2266.

2250 Wer sich an einem Orte aufhält, der infolge des Ausbruchs einer Krankheit oder infolge sonstiger außerordentlicher Umstände dergestalt abgesperrt ist, daß die Errichtung eines Testaments vor einem Richter oder vor einem Notar nicht möglich oder erheblich erschwert ist, kann das Testament in der durch den §§ 2249 Abs. 1 bestimmten Form oder durch mündliche Erklärung vor drei Zeugen errichten. 2251, 2252.

Vertrag.

307 Schadensersatzpflicht, wenn die Leistung nur teilweise unmöglich und der Vertrag in Ansehung des möglichen Teils gültig ist; s. **Vertrag** — Vertrag.

308 Die Unmöglichkeit der Leistung steht der Gültigkeit des Vertrags nicht

§ entgegen, wenn die Unmöglichkeit gehoben werden kann und der Vertrag für den Fall geschlossen ist, daß die Leistung möglich wird.

Wird eine unmögliche Leistung unter einer anderen aufschiebenden Bedingung oder unter Bestimmung eines Anfangstermins versprochen, so ist der Vertrag gültig, wenn die Unmöglichkeit vor dem Eintritte der Bedingung oder des Termins gehoben wird. 309.

Monate.

Mühle.

Art.
164 **Einführungsgesetz** s. **E.G.** — E.G.
§ **Sachen.**
98 Dem wirtschaftlichen Zwecke der Hauptsache sind zu dienen bestimmt:
1. bei einem Gebäude das für einen gewerblichen Betrieb dauernd eingerichtet ist, insbesondere bei einer M. die zu dem Betriebe bestimmten Maschinen und sonstigen Gerätschaften.

Mühlenrecht.

Art.
65 **Einführungsgesetz** s. **E.G.** — E.G.

Mündel.

Ehe.

1304 Ist der g. Vertreter ein Vormund, so kann die Einwilligung zur Eingehung einer Ehe, wenn sie von ihm verweigert wird, auf Antrag des M. durch das Vormundschaftsgericht ersetzt werden. Das Vormundschaftsgericht hat die Einwilligung zu ersetzen, wenn die Eingehung der Ehe im Interesse des M. liegt.
1308 s. Vormundschaft 1847.
Art. **Einführungsgesetz.**
95 s. Geschäftsfähigkeit § 113.
135 s. **Vormundschaft** — Vormundschaft § 1838.
136 s. **E.G.** — E.G.
144 s. **Vormundschaft** — Vormundschaft § 1808.
§ **Geschäftsfähigkeit.**
113 Die Ermächtigung des Minderjährigen in Dienst oder in Arbeit zu treten, kann von dem Vertreter zurückgenommen oder eingeschränkt werden.

§ Ist der g. Vertreter ein Vormund, so kann die Ermächtigung, wenn sie von ihm verweigert wird, auf Antrag des Minderjährigen durch das Vormundschaftsgericht ersetzt werden. Das Vormundschaftsgericht hat die Ermächtigung zu ersetzen, wenn sie im Interesse des M. liegt. 106.

Verjährung.

204 Die Verjährung von Ansprüchen zwischen Vormund und M. ist während der Dauer des Vormundschaftsverhältnisses gehemmt.

Verwandtschaft.

1630 Die Vertretung des Kindes steht dem Vater insoweit nicht zu, als nach § 1795 ein Vormund von der Vertretung des M. ausgeschlossen ist. Das Vormundschaftsgericht kann dem Vater nach § 1796 die Vertretung entziehen.
1639 s. Vormundschaft 1803.
1642 s. **Vormundschaft** — Vormundschaft 1807, 1808.
1643 s. Vormundschaft 1822, 1829.
1667 s. **Vormundschaft** — Vormundschaft 1814—1816, 1818, 1820.
1673 s. Vormundschaft 1847.
1690 s. Vormundschaft 1829.
1691 s. **Vormundschaft** — Vormundschaft 1809, 1810.
1752 Will ein Vormund seinen M. an Kindesstatt annehmen, so soll das Vormundschaftsgericht die Genehmigung nicht erteilen, solange der Vormund im Amte ist. Will jemand seinen früheren M. an Kindesstatt annehmen, so soll das Vormundschaftsgericht die Genehmigung nicht erteilen, bevor er über seine Verwaltung Rechnung gelegt und das Vorhandensein des Mündelvermögens nachgewiesen hat.

Vormundschaft.

1775 Das Vormundschaftsgericht soll, sofern nicht besondere Gründe für die Bestellung mehrerer Vormünder vorliegen,

§ für den M. und, wenn mehrere Geschwister zu bevormunden sind, für alle M. nur einen Vormund bestellen.

1776 Als Vormünder sind in nachstehender Reihenfolge berufen:

1. wer von dem Vater des M. als Vormund benannt ist;
2. wer von der ehelichen Mutter des M. als Vormund benannt ist;
3. der Großvater des M. von väterlicher Seite;
4. der Großvater des M. von mütterlicher Seite;

Die Großväter sind nicht berufen, wenn der M. von einem anderen als dem Ehegatten seines Vaters oder seiner Mutter an Kindesstatt angenommen ist. Das Gleiche gilt, wenn derjenige, von welchem der M. abstammt, von einem anderen als dem Ehegatten seines Vaters oder seiner Mutter an Kindesstatt angenommen ist und die Wirkungen der Annahme sich auf den M. erstrecken. 1778, 1779.

1778 Wer nach § 1776 als Vormund berufen ist, darf ohne seine Zustimmung nur übergangen werden, wenn er nach den §§ 1780—1784 nicht zum Vormunde bestellt werden kann oder soll oder wenn er an der Übernahme der Vormundschaft verhindert ist oder die Übernahme verzögert oder wenn seine Bestellung das Interesse des M. gefährden würde. 1861, 1917.

1779 Bei der Auswahl des Vormunds ist auf das religiöse Bekenntnis des M. Rücksicht zu nehmen. Verwandte und Verschwägerte des M. sind zunächst zu berücksichtigen.

1782 Zum Vormunde soll nicht bestellt werden, wer durch Anordnung des Vaters oder der ehelichen Mutter des M. von der Vormundschaft ausgeschlossen ist. 1778, 1785, 1866.

1783 Eine Frau, die mit einem anderen als dem Vater des M. verheiratet ist, soll nur mit Zustimmung ihres Mannes zum Vormund bestellt werden. 1778, 1785.

1787 Wer die Übernahme der Vormundschaft ohne Grund ablehnt, ist, wenn ihm ein Verschulden zur Last fällt für den Schaden verantwortlich, der dem M. dadurch entsteht, daß sich die Bestellung des Vormundes verzögert.

1791 Die Bestallung des Vormundes soll den Namen und die Zeit der Geburt des M. enthalten.

1793, 1794, 1798, 1800, 1838, 1850 Sorge für die Person des M. s. **Vormundschaft** — Vormundschaft.

1793, 1794, 1798, 1850 Sorge für das Vermögen des M. s. **Vormundschaft** — Vormundschaft.

1795 Der Vormund kann den M. nicht vertreten:

1. bei einem Rechtsgeschäfte zwischen seinem Ehegatten oder einem seiner Verwandten in gerader Linie einerseits und dem M. andererseits, es sei denn, daß das Rechtsgeschäft ausschließlich in der Erfüllung einer Verbindlichkeit besteht,
2. bei einem Rechtsgeschäfte, daß die Übertragung oder Belastung einer durch Pfandrecht, Hypothek oder Bürgschaft gesicherten Forderung des M. gegen den Vormund oder die Aufhebung oder Minderung dieser Sicherheit zum Gegenstande hat oder die Verpflichtung des zu einer solchen Übertragung, Belastung Aufhebung oder Minderung begründet;
3. bei einem Rechtsstreite zwischen den in Nr. 1 § 1795 bezeichneten Personen, sowie bei einem Rechtsstreite über eine Angelegenheit der in Nr. 2 § 1795 bezeichneten Art.

§ Die Vorschrift des § 181 bleibt unberührt. 1796.

1796 Die Entziehung der Vertretung des M. durch den Vormund soll nur erfolgen, wenn das Interesse des M. zu dem Interesse des Vormundes oder eines von diesem vertretenen Dritten oder einer der im § 1795 Nr. 1 bezeichneten Personen in erheblichem Gegensatze steht.

1797 Bestimmungen, die der Vater oder die Mutter für die Entscheidung von Meinungsverschiedenheiten zwischen den von ihnen benannten Vormündern und für die Verteilung der Geschäfte unter diese nach Maßgabe des § 1777 getroffen hat, sind von dem Vormundschaftsgerichte zu befolgen, sofern nicht ihre Befolgung das Interesse des M. gefährden würde.

1801 Sorge für die religiöse Erziehung des M. s. **Vormundschaft** — Vormundschaft.

1802 Der Vormund hat das Vermögen, das bei der Anordnung der Vormundschaft vorhanden ist oder später dem M. zufällt, zu verzeichnen und das Verzeichnis, nachdem er es mit der Versicherung der Richtigkeit und Vollständigkeit versehen hat, dem Vormundschaftsgericht einzureichen. . . . .

1803 Was der M. von Todeswegen erwirbt oder was ihm unter Lebenden von einem Dritten unentgeltlich zugewendet wird, hat der Vormund nach den Anordnungen des Erblassers oder des Dritten zu verwalten, wenn die Anordnungen von dem Erblasser durch letztwillige Verfügung, von dem Dritten bei der Zuwendung getroffen worden sind.

Der Vormund darf mit Genehmigung des Vormundschaftsgerichts von den Anordnungen abweichen, wenn ihre Befolgung das Interesse des M. gefährden würde.

§

1804 Der Vormund kann nicht in Vertretung des M. Schenkungen machen. Ausgenommen sind Schenkungen, durch die einer sittlichen Pflicht oder einer auf den Anstand zu nehmenden Rücksicht entsprochen wird.

1805 Der Vormund darf nicht Vermögen des M. für sich verwenden.

1806—1811 Verzinsliche Anlegung des zum Vermögen des M. gehörenden Geldes s. **Vormundschaft** — Vormundschaft.

1812 Der Vormund kann über eine Forderung oder über ein anderes Recht, kraft dessen der M. eine Leistung verlangen kann, sowie über ein Wertpapier des M. nur mit Genehmigung des Gegenvormundes verfügen, sofern nicht nach den §§ 1819—1822 die Genehmigung des Vormundschaftsgerichts erforderlich ist. Das Gleiche gilt von der Eingehung der Verpflichtung zu einer solchen Verfügung. 1825, 1852.

1814 Der Vormund hat die zu dem Vermögen des M. gehörenden Inhaberpapiere nebst den Erneuerungsscheinen bei einer Hinterlegungsstelle oder bei der Reichsbank mit der Bestimmung zu hinterlegen, daß die Herausgabe der Papiere nur mit Genehmigung des Vormundschaftsgerichts verlangt werden kann. Die Hinterlegung von Inhaberpapieren, die nach § 92 zu den verbrauchbaren Sachen gehören, sowie von Zins-, Renten- oder Gewinnanteilscheinen ist nicht erforderlich. Den Inhaberpapieren stehen Orderpapiere gleich, die mit Blankoindossament versehen sind. 1815, 1817—1819.

1815, 1820 Umschreibung der zum Vermögen des M. gehörenden Inhaberpapiere auf den Namen des M. s. **Vormundschaft** — Vormundschaft.

1815, 1820 Umwandelung der zum Vermögen des M. gehörenden Inhaber-

§ papiere in Buchforderungen gegen das Reich oder einen Bundesstaat f. **Vormundschaft** — Vormundschaft.

1816 Gehören Buchforderungen gegen das Reich oder gegen einen Bundesstaat bei der Anordnung der Vormundschaft zu dem Vermögen des M. oder erwirbt der M. später solche Forderungen, so hat der Vormund in das Schuldbuch den Vermerk eintragen zu lassen, daß er über die Forderungen nur mit Genehmigung des Vormundschaftsgerichts verfügen kann. 1817, 1820, 1853.

1818 Das Vormundschaftsgericht kann aus besonderen Gründen anordnen, daß der Vormund auch solche zu dem Vermögen des M. gehörende Wertpapiere, zu deren Hinterlegung er nach § 1814 nicht verpflichtet ist, sowie Kostbarkeiten des M. in der im § 1814 bezeichneten Weise zu hinterlegen hat; auf Antrag des Vormundes kann die Hinterlegung von Zins-, Renten- und Gewinnanteilscheinen angeordnet werden, auch wenn ein besonderer Grund nicht vorliegt. 1819.

1822 Der Vormund bedarf der Genehmigung des Vormundschaftsgerichts:

1. zu einem Rechtsgeschäfte, durch das der M. zu einer Verfügung über sein Vermögen im ganzen oder über eine ihm angefallene Erbschaft oder über seinen künftigen g. Erbteil oder seinen künftigen Pflichtteil verpflichtet wird, sowie zu einer Verfügung über den Anteil des M. an einer Erbschaft;

2. . . . .

5. zu einem Miet- oder Pachtvertrag oder einem anderen Vertrage, durch den der M. zu wiederkehrenden Leistungen verpflichtet wird, wenn das Vertragsverhältnis länger als ein Jahr nach der Vollendung des einundzwanzigsten Lebensjahrs des M. fortdauern soll;

6. . . . .

7. zu einem auf die Eingehung eines Dienst- oder Arbeitsverhältnisses gerichteten Vertrage, wenn der M. zu persönlichen Leistungen für längere Zeit als ein Jahr verpflichtet werden soll;

8. zur Aufnahme von Geld auf den Kredit des M.;

9. . . . .

13. zu einem Rechtsgeschäfte, durch das die für eine Forderung des M. bestehende Sicherheit aufgehoben oder gemindert oder die Verpflichtung dazu begründet wird. 1812, 1825.

1823 Der Vormund soll nicht ohne Genehmigung des Vormundschaftsgerichts ein neues Erwerbsgeschäft im Namen des M. beginnen oder ein bestehendes Erwerbsgeschäft des M. auflösen.

1824 Der Vormund kann Gegenstände, zu deren Veräußerung die Genehmigung des Gegenvormundes oder des Vormundschaftsgerichts erforderlich ist, dem M. nicht ohne diese Genehmigung zur Erfüllung eines von diesem geschlossenen Vertrags oder zu freier Verfügung überlassen.

1827 Das Vormundschaftsgericht soll den M. hören vor der Entscheidung über die Genehmigung eines Lehrvertrags oder eines auf die Eingehung eines Dienst- oder Arbeitsverhältnisses gerichteten Vertrags und, wenn der M. das vierzehnte Lebensjahr vollendet hat, über die Entlassung aus dem Staatsverbande.

Hat der M. das achtzehnte Lebensjahr vollendet, so soll ihn das Vormundschaftsgericht, soweit thunlich, auch hören vor der Entscheidung über

§ die Genehmigung eines der im § 1821 und im § 1822 Nr. 3 bezeichneten Rechtsgeschäfte sowie vor der Entscheidung über die Genehmigung des Beginns oder der Auflösung eines Erwerbsgeschäfts.

1829 Ist der M. volljährig geworden, so tritt seine zu einer Handlung des Vormunds erforderliche Genehmigung an die Stelle der Genehmigung des Vormundschaftsgerichts. 1832.

1833 Der Vormund ist dem M. für den aus einer Pflichtverletzung entstehenden Schaden verantwortlich, wenn ihm ein Verschulden zur Last fällt. Das Gleiche gilt von dem Gegenvormunde.

1834 Verwendet der Vormund Geld des M. für sich, so hat er es von der Zeit der Verwendung an zu verzinsen.

1835 Macht der Vormund zum Zwecke der Führung der Vormundschaft Aufwendungen, so kann er nach den für den Auftrag geltenden Vorschriften der §§ 669, 670 von dem M. Vorschuß oder Ersatz verlangen. Das gleiche Recht steht dem Gegenvormunde zu.

1836 Die Bewilligung einer Vergütung für den Vormund oder den Gegenvormund soll nur erfolgen, wenn das Vermögen des M. sowie der Umfang und die Bedeutung der vormundschaftlichen Geschäfte es rechtfertigen.

1839 Der Vormund sowie der Gegenvormund hat dem Vormundschaftsgericht auf Verlangen jederzeit über die Führung der Vormundschaft und über die persönlichen Verhältnisse des M. Auskunft zu erteilen.

1843 Ansprüche, die zwischen dem Vormund und dem M. streitig bleiben, können schon vor der Beendigung des Vormundschaftsverhältnisses im Rechtswege geltend gemacht werden.

1844 Bei der Bestellung, Änderung oder

§ Aufhebung der vom Vormund zu leistenden Sicherheit wird die Mitwirkung des M. durch die Anordnung des Vormundschaftsgerichts ersetzt.

Die Kosten der Sicherheitsleistung sowie der Änderung oder der Aufhebung fallen dem M. zur Last. 1786.

1845 Will der zum Vormunde bestellte Vater oder die zum Vormunde bestellte eheliche Mutter des M. eine Ehe eingehen, so liegen ihnen die im § 1669 bestimmten Verpflichtungen ob.

1846 Ist ein Vormund noch nicht bestellt oder ist der Vormund an der Erfüllung seiner Pflichten verhindert, so hat das Vormundschaftsgericht die im Interesse des M. erforderlichen Maßregeln zu treffen.

1847 Das Vormundschaftsgericht soll vor einer von ihm zu treffenden Entscheidung auf Antrag des Vormundes oder des Gegenvormundes Verwandte oder Verschwägerte des M. hören, wenn es ohne erhebliche Verzögerung und ohne unverhältnismäßige Kosten geschehen kann. In wichtigen Angelegenheiten soll die Anhörung auch ohne Antrag erfolgen; wichtige Angelegenheiten sind insbesondere die Volljährigkeitserklärung, die Ersetzung der Einwilligung zur Eheschließung im Falle des § 1304, die Ersetzung der Genehmigung im Falle des § 1337, die Entlassung aus dem Staatsverband und die Todeserklärung.

Die Verwandten und Verschwägerten können von dem M. Ersatz ihrer Auslagen verlangen; der Betrag der Auslagen wird von dem Vormundschaftsgerichte festgesetzt. 1862.

1848 Verletzt der Vormundschaftsrichter vorsätzlich oder fahrlässig die ihm obliegenden Pflichten, so ist er dem M. nach § 839 Abs. 1, 3 verantwortlich.

§

1851 Das Vormundschaftsgericht hat dem Gemeindewaisenrate die Anordnung der Vormundschaft über einen sich in dessen Bezirk aufhaltenden M. unter Bezeichnung des Vormundes und des Gegenvormundes sowie einen in der Person des Vormundes oder des Gegenvormundes eintretenden Wechsel mitzuteilen.

Wird der Aufenthalt eines M. in den Bezirk eines anderen Gemeindewaisenrats verlegt, so hat der Vormund dem Gemeindewaisenrate des bisherigen Aufenthaltsorts und dieser dem Gemeindewaisenrate des neuen Aufenthaltsorts die Verlegung mitzuteilen.

1857 Die Anordnungen des Vaters oder der Mutter können von dem Vormundschaftsgericht außer Kraft gesetzt werden, wenn ihre Befolgung das Interesse des M. gefährden würde.

1858 Ein Familienrat soll von dem Vormundschaftsgericht eingesetzt werden, wenn der Vater oder die eheliche Mutter des M. die Einsetzung angeordnet hat. 1868.

1859 Ein Familienrat soll von dem Vormundschaftsgericht eingesetzt werden, wenn ein Verwandter oder Verschwägerter des M. oder der Vormund oder der Gegenvormund die Einsetzung beantragt und das Vormundschaftsgericht sie im Interesse des M. für angemessen erachtet.

Die Einsetzung unterbleibt, wenn der Vater oder die eheliche Mutter des M. sie untersagt hat. 1868, 1905.

1861 Als Mitglied des Familienrats ist berufen, wer von dem Vater oder der ehelichen Mutter des M. als Mitglied benannt ist. Die Vorschriften des § 1778 Abs. 1, 2 finden entsprechende Anwendung. 1862, 1868.

1862 Vor der Auswahl der Mitglieder des Familienrats sollen nach Maßgabe des § 1847 Verwandte oder Verschwägerte des M. gehört werden.

1866 Zum Mitgliede des Familienrats soll nicht bestellt werden:

1. der Vormund des M.;
2. wer nach § 1781 oder nach § 1782 nicht zum Vormunde bestellt werden soll;
3. wer durch Anordnung des Vaters oder der ehelichen Mutter des M. von der Mitgliedschaft ausgeschlossen ist. 1868.

1867 Zum Mitgliede des Familienrats soll nicht bestellt werden, wer mit dem M. weder verwandt noch verschwägert ist, es sei denn, daß er von dem Vater oder der ehelichen Mutter des M. benannt oder von dem Familienrat oder nach § 1864 von dem Vorsitzenden ausgewählt worden ist.

1873 Die Einberufung des Familienrats hat zu erfolgen, wenn das Interesse des M. sie erfordert.

1874 Steht in einer Angelegenheit das Interesse des M. in erheblichem Gegensatze zu dem Interesse eines Mitglieds des Familienrats, so ist das Mitglied von der Teilnahme an der Beschlußfassung ausgeschlossen.

1877 Die Mitglieder des Familienrats können von dem M. Ersatz ihrer Auslagen verlangen.

1880 Der Vater des M. kann die Aufhebung des von ihm angeordneten Familienrats für den Fall des Eintritts oder Nichteintritts eines künftigen Ereignisses nach Maßgabe des § 1777 anordnen. Das Gleiche Recht steht der ehelichen Mutter des M. für den von ihr angeordneten Familienrat zu.

1883 Ende der Vormundschaft, wenn der M. durch nachfolgende Ehe legitimiert wird s. **Vormundschaft** — Vormundschaft.

§

1884 Ist der M. verschollen, so endigt die Vormundschaft erst mit der Aufhebung durch das Vormundschaftsgericht. Das Vormundschaftsgericht hat die Vormundschaft aufzuheben, wenn ihm der Tod des M. bekannt wird.

Wird der M. für tot erklärt, so endigt die Vormundschaft mit der Erlassung des die Todeserklärung aussprechenden Urteils.

1886 Das Vormundschaftsgericht hat den Vormund zu entlassen, wenn die Fortführung des Amtes, insbesondere wegen pflichtwidrigen Verhaltens des Vormundes, das Interesse des M. gefährden würde oder wenn in der Person des Vormundes einer der im § 1781 bestimmten Gründe vorliegt. 1878, 1895.

1887 Das Vormundschaftsgericht hat eine verheiratete Frau, die zum Vormunde bestellt ist, zu entlassen, wenn der Mann seine Zustimmung zur Übernahme oder zur Fortführung der Vormundschaft versagt oder die Zustimmung widerruft. Diese Vorschrift findet keine Anwendung, wenn der Mann der Vaters des M. ist. 1895.

1890 Der Vormund hat nach der Beendigung seines Amtes dem M. das verwaltete Vermögen herauszugeben und über die Verwaltung Rechenschaft abzulegen.

1898 Der Vater und die Mutter des volljährigen M. sind nicht berechtigt einen Vormund zu benennen oder jemand von der Vormundschaft auszuschließen. 1897.

1899 Vor den Großvätern ist der Vater und nach ihm die eheliche Mutter des M. als Vormund berufen.

Die Eltern sind nicht berufen, wenn der M. von einem anderen als dem Ehegatten seines Vaters oder seiner Mutter an Kindesstatt angenommen ist.

Stammt der M. aus einer nichtigen Ehe, so ist der Vater im Falle des § 1701, die Mutter im Falle des § 1702 nicht berufen. 1897.

1900 Der Ehegatte des volljährigen M. darf vor den Eltern und den Großvätern, die eheliche Mutter darf im Falle des § 1702 vor den Großvätern zum Vormunde bestellt werden. 1897.

1901 Der Vormund hat für die Person des volljährigen M. nur insoweit zu sorgen, als der Zweck der Vormundschaft es erfordert. 1897.

1902 Der Vormund kann eine Ausstattung aus dem Vermögen des volljährigen M. nur mit Genehmigung des Vormundschaftsgerichts versprechen oder gewähren.

Zu einem Miet- oder Pachtvertrage sowie zu einem anderen Vertrage, durch den der volljährige M. zu wiederkehrenden Leistungen verpflichtet wird, bedarf der Vormund der Genehmigung des Vormundschaftsgerichts, wenn das Vertragsverhältnis länger als vier Jahre dauern soll. Die Vorschrift des § 1822 Nr. 4 bleibt unberührt. 1897.

1903 Wird der Vater des volljährigen M. zum Vormunde bestellt, so unterbleibt die Bestellung eines Gegenvormundes. Dem Vater stehen die Befreiungen zu, die nach den §§ 1852—1854 angeordnet werden können. Das Vormundschaftsgericht kann die Befreiungen außer Kraft setzen, wenn sie das Interesse des M. gefährden.

Diese Vorschriften finden keine Anwendung, wenn der Vater im Falle der Minderjährigkeit des M. zur Vermögensverwaltung nicht berechtigt sein würde. 1897, 1904.

§

1904 Ist die eheliche Mutter des volljährigen M. zum Vormunde bestellt, so gilt für sie das Gleiche wie nach § 1903 für den Vater. Der Mutter ist jedoch ein Gegenvormund zu bestellen, wenn sie die Bestellung beantragt oder wenn die Voraussetzungen vorliegen, unter denen ihr nach § 1687 Nr. 3 ein Beistand zu bestellen sein würde. Wird ein Gegenvormund bestellt, so stehen der Mutter die im § 1852 bezeichneten Befreiungen nicht zu. 1897.

1905 Ein Familienrat kann nur nach § 1859 Abs. 1 eingesetzt werden. Der Vater und die Mutter des volljährigen M. sind nicht berechtigt, Anordnungen über die Einsetzung und Aufhebung eines Familienrats oder über die Mitgliedschaft zu treffen. 1897.

1908 Die vorläufige Vormundschaft ist von dem Vormundschaftsgericht aufzuheben, wenn der volljährige M. des vorläufigen vormundschaftlichen Schutzes nicht mehr bedürftig ist. 1897.

Mündelgeld.

Art. **Einführungsgesetz.**

99, 144, 212 f. **E.G. — E.G.**

§ **Güterrecht.**

1377 Das zum eingebrachten Gute gehörende Geld hat der Mann bei g. Güterrecht nach den für die Anlegung von M. geltenden Vorschriften für die Frau verzinslich anzulegen, soweit es nicht zur Bestreitung von Ausgaben bereit zu halten ist. 1525.

1525 Auf das eingebrachte Gut der Frau finden bei der Errungenschaftsgemeinschaft im übrigen die Vorschriften der §§ 1373—1383, 1390—1417 entsprechende Anwendung.

Nießbrauch.

1079 Der Nießbraucher und der Gläubiger sind einander verpflichtet, dazu mitzuwirken, daß das eingezogene Kapital nach den für die Anlegung von M. geltenden Vorschriften verzinslich angelegt und gleichzeitig dem Nießbraucher der Nießbrauch bestellt wird. Die Art der Anlegung bestimmt der Nießbraucher. 1068, 1076, 1083.

Sicherheitsleistung.

234 Wertpapiere sind zur Sicherheitsleistung nur geeignet, wenn sie auf den Inhaber lauten, einen Kurswert haben und einer Gattung angehören, in der M. angelegt werden darf. Den Inhaberpapieren stehen Orderpapiere gleich, die mit Blankoindossament versehen sind.

238 Eine Hypothekenforderung, eine Grundschuld oder eine Rentenschuld ist zur Sicherheitsleistung nur geeignet, wenn sie den Voraussetzungen entspricht, unter denen am Orte der Sicherheitsleistung M. in Hypothekenforderungen, Grundschulden oder Rentenschulden angelegt werden darf.

Testament.

2119 Geld, das nach den Regeln einer ordnungsmäßigen Wirtschaft dauernd anzulegen ist, darf der Vorerbe nur nach den für die Anlegung von M. geltenden Vorschriften anlegen. 2136.

Verwandtschaft.

1642 Der Vater hat das seiner Verwaltung unterliegende Geld des Kindes, unbeschadet der Vorschrift des § 1653, nach den für die Anlegung von M. geltenden Vorschriften der §§ 1807, 1808 verzinslich anzulegen, soweit es nicht zur Bestreitung von Ausgaben bereit zu halten ist.

Das Vormundschaftsgericht kann dem Vater aus besonderen Gründen eine andere Anlegung gestatten.

1691 Soweit die Anlegung des zu dem Vermögen des Kindes gehörenden Geldes in den Wirkungskreis des Beistandes fällt, finden die für die

§ Anlegung von M. geltenden Vorschriften der §§ 1809, 1810 entsprechende Anwendung. 1686.

Vormundschaft.

1806 Der Vormund hat das zum Vermögen des Mündels gehörende Geld verzinslich anzulegen, soweit es nicht zur Bestreitung von Ausgaben bereit zu halten ist. 1807, 1810.

1807 Die im § 1806 vorgeschriebene Anlegung von M. soll nur erfolgen:
1. in Forderungen, für die eine sichere Hypothek an einem inländischen Grundstücke besteht oder in sicheren Grundschulden oder Rentenschulden an inländischen Grundstücken;
2. in verbrieften Forderungen gegen das Reich oder einen Bundesstaat sowie in Forderungen, die in das Reichsschuldbuch oder in das Staatsschuldbuch eines Bundesstaats eingetragen sind;
3. in verbrieften Forderungen, deren Verzinsung von dem Reiche oder einem Bundesstaate gewährleistet ist;
4. in Wertpapieren, insbesondere Pfandbriefen, sowie in verbrieften Forderungen jeder Art gegen eine inländische kommunale Körperschaft oder die Kreditanstalt einer solchen Körperschaft, sofern die Wertpapiere oder die Forderungen von dem Bundesrate zur Anlegung von M. für geeignet erklärt sind;
5. bei einer inländischen öffentlichen Sparkasse, wenn sie von der zuständigen Behörde des Bundesstaats, in welchem sie ihren Sitz hat, zur Anlegung von M. für geeignet erklärt ist.

Die L.G. können für die innerhalb ihres Geltungsbereichs belegenen Grundstücke die Grundsätze bestimmen, nach denen die Sicherheit einer Hypothek, einer Grundschuld oder einer Rentenschuld festzustellen ist. 1808 bis 1811, 1813.

1808 Kann die Anlegung des M. den Umständen nach nicht in der in § 1807 bezeichneten Weise erfolgen, so ist das Geld bei der Reichsbank, bei einer Staatsbank oder bei einer anderen durch L.G. dazu für geeeignet erklärten inländischen Bank oder bei einer Hinterlegungsstelle anzulegen. 1809—1811.

1809 Der Vormund soll M. nach § 1807 Abs. 1 Nr. 5 oder nach § 1808 nur mit der Bestimmung anlegen, daß zur Erhebung des Geldes die Genehmigung des Gegenvormundes oder des Vormundschaftsgerichts erforderlich ist. 1852.

1810 Der Vormund soll die in den §§ 1806 bis 1808 vorgeschriebene Anlegung des M. nur mit Genehmigung des Gegenvormundes bewirken; die Genehmigung des Gegenvormundes wird durch die Genehmigung des Vormundschaftsgerichts ersetzt. Ist ein Gegenvormund nicht vorhanden, so soll die Anlegung nur mit Genehmigung des Vormundschaftsgerichts erfolgen, sofern nicht die Vormundschaft von mehreren Vormündern gemeinschaftlich geführt wird. 1852.

1811 Das Vormundschaftsgericht kann aus besonderen Gründen dem Vormund eine andere Anlegung des M. als die in den §§ 1807, 1808 vorgeschriebene gestatten.

Mündelvermögen.

Verwandtschaft.

1667 f. **Mündel** — Vormundschaft 1814.

1752 f. **Mündel** — Verwandtschaft.

Vormundschaft.

1813 Der Vormund bedarf nicht der Genehmigung des Gegenvormundes zur Annahme einer geschuldeten Leistung:
1. . . . .

§ 4. wenn der Anspruch zu den Nutzungen des M. gehört;
5. . . . .
1814 s. **Mündel** — Vormundschaft.

Art. **Mündlichkeit.**
151 **Einführungsgesetz** s. **Erblasser** — Testament § 2238.
§
2276 **Erbvertrag** s. **Erblasser** — Testament 2238.
Testament.
2238, 2250, 2251 Errichtung eines Testaments durch mündliche Erklärung s. **Erblasser** — Testament.
Vormundschaft.
1873 Der Familienrat wird von dem Vorsitzenden einberufen. Die Einberufung hat zu erfolgen, wenn zwei Mitglieder, der Vormund oder der Gegenvormund sie beantragen oder wenn das Interesse des Mündels sie erfordert. Die Mitglieder können mündlich oder schriftlich eingeladen werden.

Münzsorte.
Leistung.
245 Ist eine Geldschuld in einer bestimmten M. zu zahlen, die sich zur Zeit der Zahlung nicht mehr im Umlaufe befindet, so ist die Zahlung so zu leisten, wie wenn die M. nicht bestimmt wäre.

Muster.
Kauf.
494 Bei einem Kaufe nach Probe oder nach M. sind die Eigenschaften der Probe oder des M. als zugesichert anzusehen.

Art. **Mutmassung.**
161, *162* **Einführungsgesetz** s. **E.G.** — E.G.
§ **Geschäftsführung.**
677 Wer ein Geschäft für einen anderen besorgt, ohne von ihm beauftragt oder ihm gegenüber sonst dazu berechtigt zu sein, hat das Geschäft so zu führen, wie das Interesse des Geschäftsherrn mit Rücksicht auf dessen wirklichen oder mutmaßlichen Willen es erfordert. 687.
678 Steht die Übernahme der Geschäftsführung mit dem wirklichen oder dem mutmaßlichen Willen des Geschäftsherrn in Widerspruch und mußte der Geschäftsführer dies erkennen, so ist er dem Geschäftsherrn zum Ersatze des aus der Geschäftsführung entstehenden Schadens auch dann verpflichtet, wenn ihm ein sonstiges Verschulden nicht zur Last fällt. 687.
683 Entspricht die Übernahme der Geschäftsführung dem Interesse und dem wirklichen oder dem mutmaßlichen Willen des Geschäftsherrn, so kann der Geschäftsführer wie ein Beauftragter Ersatz seiner Aufwendungen verlangen. In den Fällen des § 679 steht dieser Anspruch dem Geschäftsführer zu, auch wenn die Übernahme der Geschäftsführung mit dem Willen des Geschäftsherrn in Widerspruch steht. 684, 687.

Mutter s. auch **Eltern.**
Ehe.
1305, 1307 Einwilligung der M. zur Eheschließung des Kindes s. **Ehe** — Ehe.
Art. **Einführungsgesetz.**
18—21, *136*, *204*, *205*, *207—209* s. **E.G.** — E.G.
135 s. **Vormundschaft** — Vormundschaft § 1838.
206 s. Verwandtschaft § 1635.
§ **Erbe.**
1963 Anspruch der M. des Erben auf standesmäßigen Unterhalt aus dem Nachlasse des Erblassers oder dem Erbteil des Kindes s. **Erbe** — Erbe.
Erbfolge.
1925 Lebt zur Zeit des Erbfalls der Vater oder die M. nicht mehr, so treten an

§ die Stelle des Verstorbenen dessen Abkömmlinge nach den für die Beerbung in der ersten Ordnung geltenden Vorschriften. Sind Abkömmlinge nicht vorhanden, so erbt der überlebende Teil allein.

Güterrecht.

1465 Verspricht oder gewährt der Mann einem nicht gemeinschaftlichen Kinde eine Ausstattung aus dem Gesamtgute, so fällt sie bei a. Gütergemeinschaft im Verhältnisse der Ehegatten zu einander dem Vater oder der M. des Kindes zur Last, der M. jedoch nur insoweit, als sie zustimmt oder die Ausstattung nicht das dem Gesamtgute entsprechende Maß übersteigt. 1538.

1538 Verspricht oder gewährt der Mann bei der Errungenschaftsgemeinschaft einem Kinde eine Ausstattung, so finden die Vorschriften des § 1465 Anwendung.

Pflichtteil.

2334 Der Erblasser kann dem Vater den Pflichtteil entziehen, wenn dieser sich einer der im § 2333 Nr. 1, 3, 4 bezeichneten Verfehlungen schuldig macht. Das gleiche Recht steht dem Erblasser der M. gegenüber zu, wenn diese sich einer solchen Verfehlung schuldig macht.

2141 **Testament** s. **Erbe** — Erbe 1963.

Verwandtschaft.

1606 Unterhaltspflicht der M. dem Kinde gegenüber s. **Kind** — Verwandtschaft.

1619 Berechtigung der M. die Einkünfte aus dem von ihr verwalteten Vermögen eines volljährigen Kindes nach freiem Ermessen zu verwenden s. **Kind** — Verwandtschaft.

1620 Verpflichtung der M. einer Tochter im Falle der Verheiratung eine angemessene Aussteuer zu gewähren s. **Kind** — Verwandtschaft.

1621 Berechtigung der M. zur Verweigerung der Aussteuer im Falle der Verheiratung einer Tochter s. **Kind** — Verwandtschaft.

1622 Die Tochter kann eine Aussteuer nicht verlangen, wenn sie für eine frühere Ehe von dem Vater oder der M. eine Aussteuer erhalten hat.

1624 1625 Ausstattung eines Kindes durch die M. s. **Kind** — Verwandtschaft.

1634 Neben dem Vater hat während der Dauer der Ehe die M. das Recht und die Pflicht für die Person des Kindes zu sorgen. Zur Vertretung des Kindes ist sie nicht berechtigt, unbeschadet der Vorschrift des § 1685 Abs. 1. Bei einer Meinungsverschiedenheit zwischen den Eltern geht die Meinung des Vaters vor. 1698.

1635 Ist die Ehe aus einem der in den §§ 1565 bis 1568 bestimmten Gründe geschieden, so steht, solange die geschiedenen Ehegatten leben, die Sorge für die Person des Kindes, wenn ein Ehegatte allein für schuldig erklärt ist, dem anderen Ehegatten zu; sind beide Ehegatten für schuldig erklärt, so steht die Sorge für einen Sohn unter sechs Jahren oder für eine Tochter der M., für einen Sohn, der über sechs Jahre alt ist, dem Vater zu. Das Vormundschaftsgericht kann eine abweichende Anordnung treffen, wenn eine solche aus besonderen Gründen im Interesse des Kindes geboten ist; es kann die Anordnung aufheben, wenn sie nicht mehr erforderlich ist.

Das Recht des Vaters zur Vertretung des Kindes bleibt unberührt. 1636.

1640 Der Vater hat das seiner Verwaltung unterliegende Vermögen des Kindes, welches bei dem Tode der M. vorhanden ist oder dem Kinde später anfällt, zu verzeichnen und das Verzeichnis, nachdem er es mit der Versicherung der Richtigkeit und Voll-

§ ständigkeit versehen hat, dem Vormundschaftsgericht einzureichen. Bei Haushaltungsgegenständen genügt die Angabe des Gesamtwerts.

Ist das eingereichte Verzeichnis ungenügend, so kann das Vormundschaftsgericht anordnen, daß das Verzeichnis durch eine zuständige Behörde oder durch einen zuständigen Beamten oder Notar aufgenommen wird. Die Anordnung ist für das infolge des Todes der M. dem Kinde zufallende Vermögen unzulässig, wenn die M. sie durch letztwillige Verfügung ausgeschlossen hat. 1667, 1670, 1692, 1760.

1665 Ist der Vater verhindert, die elterliche Gewalt auszuüben, so hat das Vormundschaftsgericht, sofern nicht die elterliche Gewalt nach § 1685 von der M. ausgeübt wird, die im Interesse des Kindes erforderlichen Maßregeln zu treffen.

1673 Das Vormundschaftsgericht soll vor einer Entscheidung, durch welche die Sorge für die Person oder das Vermögen des Kindes oder die Nutznießung dem Vater entzogen oder beschränkt wird, den Vater hören, es sei denn, daß die Anhörung unthunlich ist.

Vor der Entscheidung sollen auch Verwandte, insbesondere die M., oder Verschwägerte des Kindes gehört werden, wenn es ohne erhebliche Verzögerung und ohne unverhältnismäßige Kosten geschehen kann. Für den Ersatz der Auslagen gilt die Vorschrift des § 1847 Abs. 2.

1684—1698 Elterliche Gewalt der M. s. **Kind** — Verwandtschaft.

1701 War dem Vater die Nichtigkeit der Ehe bei der Eheschließung bekannt, so hat er nicht die sich aus der Vaterschaft ergebenden Rechte. Die elterliche Gewalt steht der M. zu. 1700, 1721.

§

1702 War der M. die Nichtigkeit der Ehe bei der Eheschließung bekannt, so hat sie in Ansehung des Kindes nur diejenigen Rechte, welche im Falle der Scheidung der allein für schuldig erklärten Frau zustehen.

Stirbt der Vater oder endigt seine elterliche Gewalt aus einem anderen Grunde, so hat die M. nur das Recht und die Pflicht, für die Person des Kindes zu sorgen; zur Vertretung des Kindes ist sie nicht berechtigt. Der Vormund des Kindes hat, soweit der M. die Sorge zusteht, die rechtliche Stellung eines Beistandes. 1700, 1721.

1705 Das uneheliche Kind hat im Verhältnisse zu der M. und zu den Verwandten der M. die rechtliche Stellung eines ehelichen Kindes.

1706 Das uneheliche Kind erhält den Familiennamen der M.

Führt die M. infolge ihrer Verheiratung einen anderen Namen, so erhält das Kind den Familiennamen, den die M. vor der Verheiratung geführt hat. Der Ehemann der M. kann durch Erklärung gegenüber der zuständigen Behörde dem Kinde mit Einwilligung des Kindes und der M. seinen Namen erteilen; die Erklärung des Ehemannes sowie die Einwilligungserklärungen des Kindes und der M. sind in öffentlich beglaubigter Form abzugeben.

1707 Der M. steht nicht die elterliche Gewalt über das uneheliche Kind zu. Sie hat das Recht und die Pflicht, für die Person des Kindes zu sorgen; zur Vertretung des Kindes ist sie nicht berechtigt. Der Vormund des Kindes hat, soweit der M. die Sorge zusteht, die rechtliche Stellung eines Beistandes.

1708 Der Vater des unehelichen Kindes ist verpflichtet, dem Kinde bis zur

§ Vollendung des sechszehnten Lebensjahrs den der Lebensstellung der M. entsprechenden Unterhalt zu gewähren. 1717.

1709 Der Vater ist vor der M. und den mütterlichen Verwandten des unehelichen Kindes unterhaltspflichtig.

Soweit die M. oder ein unterhaltungspflichtiger mütterlicher Verwandter dem Kinde den Unterhalt gewährt, geht der Unterhaltungsanspruch des Kindes gegen den Vater auf die M. oder den Verwandten über. Der Übergang kann nicht zum Nachteile des Kindes geltend gemacht werden. 1717.

1715 Der Vater ist verpflichtet, der unehelichen M. die Kosten der Entbindung sowie die Kosten des Unterhalts für die ersten sechs Wochen nach der Entbindung und, falls infolge der Schwangerschaft oder der Entbindung weitere Aufwendungen notwendig werden, auch die dadurch entstehenden Kosten zu ersetzen. Den gewöhnlichen Betrag der zu ersetzenden Kosten kann die M. ohne Rücksicht auf den wirklichen Aufwand verlangen.

Der Anspruch steht der M. auch dann zu, wenn der Vater vor der Geburt des unehelichen Kindes gestorben oder wenn das Kind tot geboren ist.

Der Anspruch verjährt in vier Jahren. Die Verjährung beginnt mit dem Ablaufe von sechs Wochen nach der Geburt des Kindes. 1716, 1717.

1716 Schon vor der Geburt des unehelichen Kindes kann auf Antrag der M. durch einstweilige Verfügung angeordnet werden, daß der Vater den für die ersten drei Monate dem Kinde zu gewährenden Unterhalt alsbald nach der Geburt an die M. oder an den Vormund zu zahlen und den erforderlichen Betrag angemessene Zeit vor der Geburt zu hinterlegen hat. In gleicher Weise kann auf Antrag der M. die Zahlung des gewöhnlichen Betrags der nach § 1715 Abs. 1 zu ersetzenden Kosten an die M. und die Hinterlegung des erforderlichen Betrags angeordnet werden. 1717.

1717 Als Vater des unehelichen Kindes im Sinne der §§ 1708—1716 gilt, wer der M. innerhalb der Empfängniszeit beigewohnt hat, es sei denn, daß auch ein anderer ihr innerhalb dieser Zeit beigewohnt hat. Eine Beiwohnung bleibt jedoch außer Betracht, wenn es den Umständen nach unmöglich ist, daß die M. das Kind aus dieser Beiwohnung empfangen hat.

1718 Wer seine Vaterschaft nach der Geburt des Kindes in einer öffentlichen Urkunde anerkennt, kann sich nicht darauf berufen, daß ein anderer der M. innerhalb der Empfängniszeit beigewohnt habe.

1719 Ein uneheliches Kind erlangt dadurch, daß sich der Vater mit der M. verheiratet, mit der Eheschließung die rechtliche Stellung eines ehelichen Kindes.

1726, 1729 Einwilligung der M. zur Ehelichkeitserklärung des Kindes s. **Ehelichkeitserklärung** — Verwandtschaft.

1735 Auf die Wirksamkeit der Ehelichkeitserklärung ist es ohne Einfluß, wenn der Antragsteller nicht der Vater des Kindes ist oder wenn mit Unrecht angenommen worden ist, daß die M. des Kindes oder die Frau des Vaters zur Abgabe einer Erklärung dauernd außer stande oder ihr Aufenthalt dauernd unbekannt sei.

1738 Mit der Ehelichkeitserklärung verliert die M. das Recht und die Pflicht, für die Person des Kindes zu sorgen. Hat sie dem Kinde Unterhalt zu ge-

§ währen, so treten Recht und Pflicht wieder ein, wenn die elterliche Gewalt des Vaters endigt oder wenn sie wegen Geschäftsunfähigkeit des Vaters oder nach § 1677 ruht.

1739 Der Vater ist dem für ehelich erklärten Kinde und dessen Abkömmlingen vor der M. und den mütterlichen Verwandten zur Gewährung des Unterhalts verpflichtet.

1747 Ein uneheliches Kind kann bis zur Vollendung des einundzwanzigsten Lebensjahrs nur mit Einwilligung der M. an Kindesstatt angenommen werden. 1748, 1755, 1756.

1765 Recht und Pflicht der M. nach Aufhebung der Annahme an Kindesstatt für die Person des Kindes zu sorgen s. **Kindesstatt** — Verwandtschaft.

Vormundschaft.

1776 s. **Mündel** — Vormundschaft.

1777 Beschränkung des Rechts der M. einen Vormund zu benennen s. **Vormundschaft** — Vormundschaft.

1778 Für eine Ehefrau darf der Mann vor den nach § 1776 zum Vormund Berufenen, für ein uneheliches Kind darf die M. vor dem Großvater zum Vormunde bestellt werden. 1917.

1782 Zum Vormunde soll nicht bestellt werden, wer durch Anordnung des Vaters oder der ehelichen M. des Mündels von der Vormundschaft ausgeschlossen ist. Die M. kann den von dem Vater als Vormund Benannten nicht ausschließen.

Auf die Ausschließung finden die Vorschriften des § 1777 Anwendung. 1778, 1785, 1866.

1797 s. **Mündel** — Vormundschaft.

1838 Sorge der M. für die Person des Mündels s. **Vormundschaft** — Vormundschaft.

1845 s. **Mündel** — Vormundschaft.

1855 Benennt die eheliche M. einen Vormund, so kann sie die gleichen Anordnungen treffen wie nach den §§ 1852—1854 der Vater. 1856.

1857 Die Anordnungen des Vaters oder der M. können von dem Vormundschaftsgericht außer Kraft gesetzt werden, wenn ihre Befolgung das Interesse des Mündels gefährden würde.

1858 Ein Familienrat soll von dem Vormundschaftsgericht eingesetzt werden, wenn der Vater oder die eheliche M. des Mündels die Einsetzung angeordnet hat.

Der Vater oder die M. kann die Einsetzung des Familienrats von dem Eintritt oder Nichteintritt eines bestimmten Ereignisses abhängig machen. 1868, 1859.

1859, 1861 s. **Mündel** — Vormundschaft.

1863 Hat der Vater oder die eheliche M. Ersatzmitglieder des Familienrats benannt und die Reihenfolge ihres Eintritts bestimmt, so ist diese Anordnung zu befolgen. 1868.

1866, 1867 s. **Mündel** — Vormundschaft.

1868 Für die nach den §§ 1858, 1859, 1861, 1863, 1866 zulässigen Anordnungen des Vaters oder der M. gelten die Vorschriften des § 1777.

Die Anordnungen des Vaters gehen den Anordnungen der M. vor.

1880, 1898, 1899 s. **Mündel** — Vormundschaft.

1900 Eine Ehefrau darf zum Vormund ihres Mannes auch ohne dessen Zustimmung bestellt werden.

Der Ehegatte des Mündels darf vor den Eltern und den Großvätern, die eheliche M. darf im Falle des § 1702 vor den Großvätern zum Vormunde bestellt werden. Die uneheliche M. darf vor dem Großvater zum Vormunde bestellt werden. 1897.

§
1904, 1905 s. **Mündel** — Vormundschaft.
1912 Eine Leibesfrucht erhält zur Wahrung ihrer künftigen Rechte, soweit diese einer Fürsorge bedürfen, einen Pfleger. Die Fürsorge steht jedoch dem Vater oder der M. zu, wenn das Kind, falls es bereits geboren wäre, unter elterlicher Gewalt stehen würde.

Wohnsitz.

11 Ein uneheliches Kind teilt den Wohnsitz der M.

N.

Nachbar.

§ **Eigentum.**

912 Hat der Eigentümer eines Grundstücks bei der Errichtung eines Gebäudes über die Grenze gebaut, ohne daß ihm Vorsatz oder grobe Fahrlässigkeit zur Last fällt, so hat der N. den Überbau zu dulden, es sei denn, daß er vor oder sofort nach der Grenzüberschreitung Widerspruch erhoben hat.

Der N. ist durch eine Geldrente zu entschädigen. Für die Höhe der Rente ist die Zeit der Grenzüberschreitung maßgebend. 916, 917.

917 Fehlt einem Grundstücke die zur ordnungsmäßigen Benutzung notwendige Verbindung mit einem öffentlichen Wege, so kann der Eigentümer von den N. verlangen, daß sie bis zur Hebung des Mangels die Benutzung ihrer Grundstücke zur Herstellung der erforderlichen Verbindung dulden. Die Richtung des Notwegs und der Umfang des Benutzungsrechts werden erforderlichen Falles durch Urteil bestimmt.

Die N., über deren Grundstücke der Notweg führt, sind durch eine Geldrente zu entschädigen. Die Vorschriften des § 912 Abs. 2 Satz 2 und der §§ 913, 914, 916 finden entsprechende Anwendung. 924.

§
919 Der Eigentümer eines Grundstücks kann von dem Eigentümer eines Nachbargrundstücks verlangen, daß dieser zur Errichtung fester Grenzzeichen und, wenn ein Grenzzeichen verrückt oder unkenntlich geworden ist, zur Wiederherstellung mitwirkt.

Die Art der Abmarkung und das Verfahren bestimmen sich nach den L.G.; enthalten diese keine Vorschriften, so entscheidet die Ortsüblichkeit.

Die Kosten der Abmarkung sind von den Beteiligten zu gleichen Teilen zu tragen, sofern nicht aus einem zwischen ihnen bestehenden Rechtsverhältnisse sich ein anderes ergiebt. 924.

921, 922 Gemeinschaftliche Berechtigung der N. zur Benutzung einer zwischen ihren Grundstücken belegenen Einrichtung s. **Eigentum** — Eigentum.

922 Rechtsverhältnis zwischen N. s. **Eigentum** — Eigentum.

923 Steht auf der Grenze ein Baum, so gebühren die Früchte und, wenn der Baum gefällt wird, auch der Baum den N. zu gleichen Teilen.

Jeder der N. kann die Beseitigung des Baumes verlangen. Die Kosten der Beseitigung fallen den N. zu gleichen Teilen zur Last. Der N., der die Beseitigung verlangt, hat

§ jedoch die Kosten allein zu tragen, wenn der andere auf sein Recht an dem Baume verzichtet; er erwirbt in diesem Falle mit der Trennung das Alleineigentum. Der Anspruch auf die Beseitigung ist ausgeschlossen, wenn der Baum als Grenzzeichen dient und den Umständen nach nicht durch ein anderes zweckmäßiges Grenzzeichen ersetzt werden kann.

Diese Vorschriften gelten auch für einen auf der Grenze stehenden Strauch. 924.

Art. **Einführungsgesetz.**

116 s. Eigentum §§ 912, 917.

122, 183 s. Eigentum § 923.

124 s. **E.G.** — E.G.

Nachbargrundstück.

§ **Eigentum.**

907—913, 916, 917—919 s. **Eigentum** — Eigentum.

Art. **Einführungsgesetz.**

116 s. **Eigentum** — Eigentum §§ 912, 916, 917.

122, 183 s. **E.G.** — E.G.

Nachbringung.

§ **Erbe.**

1945 N. der Vollmacht zur Ausschlagung der Erbschaft innerhalb der Ausschlagungsfrist s. **Erbe** — Erbe.

1484 **Güterrecht** s. **Erbe** — Erbe 1945.

Nacherbe.

Erbschaftskauf.

2376 Haftung des Verkäufers dafür, daß sein Erbrecht nicht durch das Recht eines N. beschränkt ist s. **Erbschaftskauf** — Erbschaftskauf.

Erbschein.

2363 In dem Erbscheine, der einem Vorerben erteilt wird, ist anzugeben, daß eine Nacherbfolge angeordnet ist, unter welchen Voraussetzungen sie eintritt und wer der N. ist. Hat der Erblasser den N. auf dasjenige eingesetzt, was von der Erbschaft bei dem Eintritte der Nacherbfolge übrig sein wird, oder hat er bestimmt, daß der Vorerbe zur freien Verfügung über die Erbschaft berechtigt sein soll, so ist auch dies anzugeben.

Dem N. steht das im § 2362 Abs. 1 bestimmte Recht zu.

Erbunwürdigkeit.

2340 Einem N. gegenüber kann die Anfechtung des Erbschaftserwerbes erfolgen, sobald die Erbschaft dem Vorerben angefallen ist.

2289 **Erbvertrag** s. **Pflichtteil** — Pflichtteil 2238.

1513 **Güterrecht** s. **Pflichtteil** — Pflichtteil 2338.

Pflichtteil.

2306 Beschränkung eines als Erben berufenen Pflichtteilsberechtigten durch die Einsetzung eines N. s. **Pflichtteil** — Pflichtteil.

Einer Beschränkung der Erbeinsetzung steht es gleich, wenn der Pflichtteilsberechtigte als N. eingesetzt ist. 2307, 2308.

2338 Anordnung des Erblassers, daß nach dem Tode des Abkömmlings dessen g. Erben das ihm Hinterlassene oder den ihm gebührenden Pflichtteil als N. oder als Nachvermächtnisnehmer erhalten sollen s. **Pflichtteil** — Pflichtteil.

Testament.

2100—2146 Einsetzung eines N. s. **Erblasser** — Testament.

2163 Das Vermächtnis bleibt in den Fällen des § 2162 auch nach dem Ablaufe von dreißig Jahren wirksam:

1. . . . .
2. wenn ein Erbe, ein N., oder ein Vermächtnisnehmer für den Fall, daß ihm ein Bruder oder eine Schwester geboren wird, mit einem Vermächtnisse zu Gunsten des

§ Bruders oder der Schwester beschwert ist.
2191 Auf das Vermächtnis finden die für die Einsetzung eines N. geltenden Vorschriften des § 2102, des § 2106 Abs. 1, des § 2107 und des § 2110 Abs. 1 entsprechende Anwendung.
2222 Der Erblasser kann einen Testamentsvollstrecker auch zu dem Zwecke ernennen, daß dieser bis zu dem Eintritt einer angeordneten Nacherbfolge die Rechte des N. ausübt und dessen Pflichten erfüllt.

Vormundschaft.

1913 Pflegschaft für einen N. s. **Pflegschaft** — Vormundschaft.

Nacherbeeinsetzung.

2105 **Testament** 2106 f. **Erblasser** — Testament.

Nacherbfolge.

Erbe.

2044 Anordnung des Erblassers, daß seine letztwillige Verfügung, falls er eine N. oder ein Vermächtnis anordnet, bis zum Eintritte der N. oder bis zum Anfalle des Vermächtnisses gelten soll s. **Erbe** — Erbe.

Erbschaftskauf.

2373 Ein Erbteil, der dem Verkäufer der Erbschaft nach dem Abschlusse des Kaufes durch N. anfällt, ist im Zweifel nicht als mitverkauft anzusehen.
2363 **Erbschein** s. **Nacherbe** — Erbschein.

Testament.

2106, 2108, 2109, 2113, 2115, 2124, 2125, 2130, 2134, 2135, 2137, 2139 bis 2141, 2143, 2145, 2146 Eintritt der N. s. **Erblasser** — Testament.
2204 s. **Erbe** — Erbe 2044.
2222 s. **Nacherbe** — Testament.

Vormundschaft.

1913 Pflegschaft für einen Nacherben für die Zeit bis zum Eintritte der N. s. **Pflegschaft** — Vormundschaft.

Nachfolger.

§ **Besitz.**

858 Der durch verbotene Eigenmacht erlangte Besitz ist fehlerhaft. Die Fehlerhaftigkeit muß der N. im Besitze gegen sich gelten lassen, wenn er Erbe des Besitzers ist oder die Fehlerhaftigkeit des Besitzes seines Vorgängers bei dem Erwerbe kennt. 859, 865.

Testament.

2199 Der Erblasser kann den Testamentsvollstrecker ermächtigen, einen N. zu ernennen.
Die Ernennung erfolgt nach § 2198 Abs. 1 Satz 2. 2228.

Nachfrage.

Eigentum.

971 Der Anspruch auf Finderlohn ist ausgeschlossen, wenn der Finder die Anzeigepflicht verletzt oder den Fund auf N. verheimlicht. 972, 974, 978.
973 Der Finder erwirbt das Eigentum am Funde nicht, wenn er den Fund auf N. verheimlicht. 976—978.

Nachgeben.

Vergleich.

779 Beseitigung eines Streites oder einer Ungewißheit der Parteien über ein Rechtsverhältnis durch gegenseitiges N. s. **Vergleich** — Vergleich.

Nachholung.

Werkvertrag.

643 N. einer zur Herstellung eines Werkes erforderlichen Handlung des Bestellers s. **Werkvertrag** — Werkvertrag.

Nachkommenschaft.

Testament.

2107 Tod eines als Erben eingesetzten Abkömmlings des Erblassers ohne N. s. **Erblasser** — Testament.

§ **Nachlass.**

939 **Eigentum** 1002 s. Verjährung 207.

Art. **Einführungsgesetz.**

26, 139, 216 s. **E.G.** — E.G.

137 s. **Erbe** — Erbe § 2049, **Pflichtteil** — Pflichtteil § 2312.

140 s. **Erbe** — Erbe § 1960.

§ **Erbe.**

1954 s. Verjährung 207.

1958 Vor der Annahme der Erbschaft kann ein Anspruch, der sich gegen den N. richtet, nicht gegen den Erben gerichtlich geltend gemacht werden. 1960.

1959 Verfügt der Erbe vor der Ausschlagung der Erbschaft über einen Nachlaßgegenstand, so wird die Wirksamkeit der Verfügung durch die Ausschlagung nicht berührt, wenn die Verfügung nicht ohne Nachteil für den N. verschoben werden konnte.

1960 Sicherung des N. s. **Erbe** — Erbe.

1961 Das Nachlaßgericht hat in den Fällen des § 1960 Abs. 1 einen Nachlaßpfleger zu bestellen, wenn die Bestellung zum Zwecke der gerichtlichen Geltendmachung eines Anspruchs, der sich gegen den N. richtet, von dem Berechtigten beantragt wird. 2012.

1963 Anspruch der Mutter eines Erben auf standesmäßigen Unterhalt aus dem N. s. **Erbe** — Erbe.

1965 Die Aufforderung zur Anmeldung der Erbrechte darf unterbleiben, wenn die Kosten dem Bestande des N. gegenüber unverhältnismäßig groß sind.

1973 Verweigerung der Befriedigung eines im Aufgebotsverfahren ausgeschlossenen Nachlaßgläubigers insoweit, als der N. durch die Befriedigung der nicht ausgeschlossenen Gläubiger erschöpft wird s. **Erbe** — Erbe.

1975 Die Haftung des Erben für die Nachlaßverbindlichkeiten beschränkt sich auf den N., wenn eine Nachlaßpflegschaft zum Zwecke der Befriedigung der Nachlaßgläubiger (Nachlaßverwaltung) angeordnet oder der Nachlaßkonkurs eröffnet ist. 2013.

1977 Hat ein Nachlaßgläubiger vor der Anordnung der Nachlaßverwaltung oder vor der Eröffnung des Nachlaßkonkurses seine Forderung gegen eine nicht zum N. gehörende Forderung des Erben ohne dessen Zustimmung aufgerechnet, so ist nach der Anordnung der Nachlaßverwaltung oder der Eröffnung des Nachlaßkonkurses die Aufrechnung als nicht erfolgt anzusehen.

Das Gleiche gilt, wenn ein Gläubiger der nicht Nachlaßgläubiger ist, die ihm gegen den Erben zustehende Forderung gegen eine zum N. gehörende Forderung aufgerechnet hat. 2013.

1978 Ist die Nachlaßverwaltung angeordnet oder der Nachlaßkonkurs eröffnet, so ist der Erbe den Nachlaßgläubigern für die bisherige Verwaltung des N. so verantwortlich, wie wenn er von der Annahme der Erbschaft an die Verwaltung für sie als Beauftragter zu führen gehabt hätte. Auf die vor der Annahme der Erbschaft von dem Erben besorgten erbschaftlichen Geschäfte finden die Vorschriften über die Geschäftsführung ohne Auftrag entsprechende Anwendung.

Die den Nachlaßgläubigern nach Abs. 1 zustehenden Ansprüche gelten als zum N. gehörend.

Aufwendungen sind dem Erben aus dem N. zu ersetzen, soweit er nach den Vorschriften über den Auftrag oder über die Geschäftsführung ohne Auftrag Ersatz verlangen könnte. 1985, 1991, 2013, 2036.

1979 Die Berichtigung einer Nachlaßverbindlichkeit durch den Erben müssen die Nachlaßgläubiger als für Rechnung des N. erfolgt gelten lassen, wenn der Erbe den Umständen nach an-

§ nehmen durfte, daß der N. zur Berichtigung aller Nachlaßverbindlichkeiten ausreiche. 1985. 1931, 2013, 2036.

1980 Beantragt der Erbe nicht unverzüglich nachdem er von der Überschuldung des N. Kenntnis erlangt hat, die Eröffnung des Nachlaßkonkurses, so ist er den Gläubigern für den daraus entstehenden Schaden verantwortlich. Bei der Bemessung der Zulänglichkeit des N. bleiben die Verbindlichkeiten aus Vermächtnissen und Auflagen außer Betracht.

Der Kenntnis der Überschuldung steht die auf Fahrlässigkeit beruhende Unkenntnis gleich. Als Fahrlässigkeit gilt es insbesondere, wenn der Erbe das Aufgebot der Nachlaßgläubiger nicht beantragt, obwohl er Grund hat, das Vorhandensein unbekannter Nachlaßverbindlichkeiten anzunehmen; das Aufgebot ist nicht erforderlich, wenn die Kosten des Verfahrens dem Bestande des N. gegenüber unverhältnismäßig groß sind. 1985, 2013, 2036.

1981 Die Nachlaßverwaltung ist von dem Nachlaßgericht anzuordnen, wenn der Erbe die Anordnung beantragt.

Auf Antrag eines Nachlaßgläubigers ist die Nachlaßverwaltung anzuordnen, wenn Grund zu der Annahme besteht, daß die Befriedigung der Nachlaßgläubiger aus dem N. durch das Verhalten oder die Vermögenslage des Erben gefährdet wird. Der Antrag kann nicht mehr gestellt werden, wenn seit der Annahme der Erbschaft zwei Jahre verstrichen sind.

Die Vorschriften des § 1785 finden keine Anwendung.

1984 Mit der Anordnung der Nachlaßverwaltung verliert der Erbe die Befugnis, den N. zu verwalten und über ihn zu verfügen. Die Vorschriften der §§ 6, 7 der Konkursordnung finden entsprechende Anwendung. Ein Anspruch, der sich gegen den N. richtet, kann nur gegen den Nachlaßverwalter geltend gemacht werden.

Zwangsvollstreckungen und Arreste in den N. zu Gunsten eines Gläubigers, der nicht Nachlaßgläubiger ist, sind ausgeschlossen.

1985 Der Nachlaßverwalter hat den N. zu verwalten und die Nachlaßverbindlichkeiten aus dem N. zu berichtigen.

Der Nachlaßverwalter ist für die Verwaltung des N. auch den Nachlaßgläubigern verantwortlich. Die Vorschriften des § 1978 Abs. 2 und der §§ 1979, 1980 finden entsprechende Anwendung.

1986 Der Nachlaßverwalter darf den N. dem Erben erst ausantworten, wenn die bekannten Nachlaßverbindlichkeiten berichtigt sind.

Ist die Berichtigung einer Verbindlichkeit zur Zeit nicht ausführbar oder ist eine Verbindlichkeit streitig, so darf die Ausantwortung des N. nur erfolgen, wenn dem Gläubiger Sicherheit geleistet wird. Für eine bedingte Forderung ist Sicherheitsleistung nicht erforderlich, wenn die Möglichkeit des Eintritts der Bedingung eine so entfernte ist, daß die Forderung einen gegenwärtigen Vermögenswert nicht hat.

1990 Ist die Anordnung der Nachlaßverwaltung oder die Eröffnung des Nachlaßkonkurses wegen Mangels einer den Kosten entsprechenden Masse nicht thunlich oder wird aus diesem Grunde die Nachlaßverwaltung aufgehoben oder das Konkursverfahren eingestellt, so kann der Erbe die Befriedigung eines Nachlaßgläubigers insoweit verweigern, als der N. nicht ausreicht. Der Erbe ist in diesem Fall verpflichtet, den N. zum Zwecke der Befriedigung des Gläubigers im Wege der Zwangs-

§ vollstreckung herauszugeben. 1991, 1992, 2013, 2036.

1992 Beruht die Überschuldung des N. auf Vermächtnissen und Auflagen, so ist der Erbe, auch wenn die Voraussetzungen des § 1990 nicht vorliegen, berechtigt, die Berichtigung dieser Verbindlichkeiten nach den Vorschriften der §§ 1990. 1991 zu bewirken. Er kann die Herausgabe der noch vorhandenen Nachlaßgegenstände durch Zahlung des Wertes abwenden. 2013.

1993 Der Erbe ist berechtigt, ein Verzeichnis des N. (Inventar) bei dem Nachlaßgericht einzureichen (Inventarerrichtung).

2011 Dem Fiskus als g. Erben kann eine Inventarfrist nicht bestimmt werden. Der Fiskus ist den Nachlaßgläubigern gegenüber verpflichtet, über den Bestand des N. Auskunft zu erteilen.

2012 Einem nach den §§ 1960, 1961 bestellten Nachlaßpfleger kann eine Inventarfrist nicht bestimmt werden. Der Nachlaßpfleger ist den Nachlaßgläubigern gegenüber verpflichtet, über den Bestand des N. Auskunft zu erteilen. Der Nachlaßpfleger kann nicht auf die Beschränkung der Haftung des Erben verzichten.

Diese Vorschriften gelten auch für den Nachlaßverwalter.

2017 Wird vor der Annahme der Erbschaft zur Verwaltung des N. ein Nachlaßpfleger bestellt, so beginnen die im § 2014 und im § 2015 Abs. 1 bestimmten Fristen mit der Bestellung.

2027 Der Erbschaftsbesitzer ist verpflichtet, dem Erben über den Bestand der Erbschaft und über den Verbleib der Erbschaftsgegenstände Auskunft zu erteilen.

Die gleiche Verpflichtung hat, wer, ohne Erbschaftsbesitzer zu sein, eine Sache aus dem N. in Besitz nimmt, bevor der Erbe den Besitz thatsächlich ergriffen hat.

2032 Hinterläßt der Erblasser mehrere Erben, so wird der N. gemeinschaftliches Vermögen der Erben. Bis zur Auseinandersetzung gelten die Vorschriften der §§ 2033—2041.

2033 Jeder Miterbe kann über seinen Anteil an dem N. verfügen. Der Vertrag, durch den ein Miterbe über seinen Anteil verfügt, bedarf der gerichtlichen oder notariellen Beurkundung.

Über seinen Anteil an den einzelnen Nachlaßgegenständen kann ein Miterbe nicht verfügen. 2032, 2037.

2038 Die Verwaltung des N. steht den Erben gemeinschaftlich zu. Jeder Miterbe ist den anderen gegenüber verpflichtet, zu Maßregeln mitzuwirken, die zur ordnungsmäßigen Verwaltung erforderlich sind; die zur Erhaltung notwendigen Maßregeln kann jeder Miterbe ohne Mitwirkung der anderen treffen.

Die Vorschriften der §§ 743, 745, 746, 748 finden Anwendung. Die Teilung der Früchte erfolgt erst bei der Auseinandersetzung. Ist die Auseinandersetzung auf längere Zeit als ein Jahr ausgeschlossen, so kann jeder Miterbe am Schlusse jedes Jahres die Teilung des Reinertrags verlangen. 2032.

2039 Gehört ein Anspruch zum N., so kann der Verpflichtete nur an alle Erben gemeinschaftlich leisten und jeder Miterbe nur die Leistung an alle Erben fordern. 2032.

2040 Gegen eine zum N. gehörende Forderung kann der Schuldner nicht eine ihm gegen einen einzelnen Miterben zustehende Forderung aufrechnen. 2032.

2041 Was auf Grund eines zum N. gehörenden Rechtes oder als Ersatz für die Zerstörung, Beschädigung oder

§ Entziehung eines Nachlaßgegenstandes oder durch ein Rechtsgeschäft erworben wird, das sich auf den N. bezieht, gehört zum N. Auf eine durch ein solches Rechtsgeschäft erworbene Forderung findet die Vorschrift des § 2019 Abs. 2 Anwendung. 2032.

2044 Der Erblasser kann durch letztwillige Verfügung die Auseinandersetzung in Ansehung des N. oder einzelner Nachlaßgegenstände ausschließen oder von der Einhaltung einer Kündigungsfrist abhängig machen. Die Vorschriften des § 749 Abs. 2, 3, der §§ 750, 751 und des § 1010 Abs. 1 finden entsprechende Anwendung.

Die Verfügung wird unwirksam, wenn dreißig Jahre seit dem Eintritte des Erbfalls verstrichen sind. Der Erblasser kann jedoch anordnen, daß die Verfügung bis zum Eintritt eines bestimmten Ereignisses in der Person eines Miterben oder, falls er eine Nacherbfolge oder ein Vermächtnis anordnet, bis zum Eintritte der Nacherbfolge oder bis zum Anfalle des Vermächtnisses gelten soll. Ist der Miterbe, in dessen Person das Ereignis eintreten soll, eine juristische Person, so bewendet es bei der dreißigjährigen Frist. 2042.

2046 Aus dem N. sind zunächst die Nachlaßverbindlichkeiten zu berichtigen. Ist eine Nachlaßverbindlichkeit noch nicht fällig oder ist sie streitig, so ist das zur Berichtigung Erforderliche zurückzubehalten.

Fällt eine Nachlaßverbindlichkeit nur einigen Miterben zur Last, so können diese die Berichtigung nur aus dem verlangen, was ihnen bei der Auseinandersetzung zukommt.

Zur Berichtigung ist der N., soweit erforderlich, in Geld umzusetzen.

2047 Auf den ganzen N. sich beziehende Schriftstücke verbleiben den Erben gemeinschaftlich.

2049 Anordnung, daß einer der Miterben das Recht haben soll, ein zum N. gehörendes Landgut zu übernehmen s. **Erbe** — Erbe.

2055 Hinzurechnung des Wertes der sämtlichen zur Ausgleichung zu bringenden Zuwendungen zu dem N. s. **Erbe** — Erbe.

2056 Hat ein Miterbe durch die Zuwendung mehr erhalten, als ihm bei der Auseinandersetzung zukommen würde, so ist er zur Herauszahlung des Mehrbetrages nicht verpflichtet. Der N. wird in einem solchen Falle unter die übrigen Erben in der Weise geteilt, daß der Wert der Zuwendung und der Erbteil des Miterben außer Ansatz bleiben.

2059 Bis zur Teilung des N. kann jeder Miterbe die Berichtigung der Nachlaßverbindlichkeiten aus dem Vermögen, das er außer seinem Anteil an dem N. hat, verweigern. Haftet er für eine Nachlaßverbindlichkeit unbeschränkt, so steht ihm dieses Recht in Ansehung des seinem Erbteil entsprechenden Teiles der Verbindlichkeit nicht zu.

Das Recht der Nachlaßgläubiger, die Befriedigung aus dem ungeteilten N. von sämtlichen Miterben zu verlangen, bleibt unberührt.

2060 Nach der Teilung des N. haftet jeder Miterbe nur für den seinem Erbteile entsprechenden Teil einer Nachlaßverbindlichkeit s. **Erbe** — Erbe.

2062 Die Anordnung einer Nachlaßverwaltung ist ausgeschlossen, wenn der N. geteilt ist.

Erbschein.

2368 Einem Testamentsvollstrecker hat das Nachlaßgericht auf Antrag ein Zeugnis über die Ernennung zu erteilen. Ist der Testamentsvollstrecker in der Verwaltung des N. beschränkt oder hat

§ der Erblasser angeordnet, daß der Testamentsvollstrecker in der Eingehung von Verbindlichkeiten für den N nicht beschränkt sein soll, so ist dies in dem Zeugnis anzugeben.

Ist die Ernennung nicht in einer dem Nachlaßgerichte vorliegenden öffentlichen Urkunde enthalten, so soll vor der Erteilung des Zeugnisses der Erbe wenn thunlich über die Gültigkeit der Ernennung gehört werden.

Die Vorschriften über den Erbschein finden auf das Zeugnis entsprechende Anwendung; mit der Beendigung des Amtes des Testamentsvollstreckers wird das Zeugnis kraftlos.

Erbvertrag.

2280 Haben Ehegatten in einem Erbvertrage, durch den sie sich gegenseitig als Erben einsetzen, bestimmt, daß nach dem Tode des Überlebenden der beiderseitige N. an einen Dritten fallen soll, oder ein Vermächtnis angeordnet, das nach dem Tode des Überlebenden zu erfüllen ist, so finden die Vorschriften des § 2269 entsprechende Anwendung.

Güterrecht.

1480, 1504 f. Erbe 1990.

1482 Wird die Ehe durch den Tod eines der Ehegatten aufgelöst und ist ein gemeinschaftlicher Abkömmling nicht vorhanden, so gehört bei a. Gütergemeinschaft der Anteil des verstorbenen Ehegatten am Gesamtgute zum N. Die Beerbung des Ehegatten erfolgt nach den a. Vorschriften. 1483, 1484, 1510.

1483 Der Anteil des verstorbenen Ehegatten am Gesamtgute gehört im Falle der f. Gütergemeinschaft nicht zum N. 1485, 1518.

1484 f. Erbe 1959.

1485 Das Vermögen, das der überlebende Ehegatte aus dem N. des verstorbenen Ehegatten erwirbt, gehört zum Gesamtgut der f. Gütergemeinschaft. 1518.

1489 Für die Gesamtgutsverbindlichkeiten der f. Gütergemeinschaft haftet der überlebende Ehegatte persönlich.

Soweit die persönliche Haftung den überlebenden Ehegatten nur infolge des Eintritts der f. Gütergemeinschaft trifft, finden die für die Haftung des Erben für die Nachlaßverbindlichkeiten geltenden Vorschriften entsprechende Anwendung; an die Stelle des N. tritt das Gesamtgut in dem Bestande, den es zur Zeit des Eintritts der f. Gütergemeinschaft hat. 1518.

1490 Der Anteil eines verstorbenen Abkömmlings am Gesamtgut der f. Gütergemeinschaft gehört nicht zu seinem N. 1518.

1491 Der Verzicht auf den Anteil am Gesamtgut der f. Gütergemeinschaft erfolgt durch Erklärung gegenüber dem für den N. des verstorbenen Ehegatten zuständigen Gerichte. 1518.

1492 Die Aufhebung der f. Gütergemeinschaft erfolgt durch Erklärung gegenüber dem für den N. des verstorbenen Ehegatten zuständigen Gerichte. 1518.

1503 Ausgleichung bei der Teilung des N. des verstorbenen Ehegatten in Ansehung der f. Gütergemeinschaft f. **Gütergemeinschaft** — Güterrecht.

1510 Wird die Fortsetzung der Gütergemeinschaft ausgeschlossen, so gilt das Gleiche wie im Falle des § 1482. 1518.

1515 f. **Erbe** — Erbe 2049.

Pflichtteil.

2311 Der Berechnung des Pflichtteils wird der Bestand und der Wert des N. zur Zeit des Erbfalls zu Grunde gelegt.

2312 Anordnung des Erblassers, daß einer von mehreren Erben das Recht haben soll, ein zum N. gehörendes Landgut.

§ zu dem Ertragswerte zu übernehmen f. **Pflichtteil** — Pflichtteil.

2313 Feststellung des Wertes des N. f. **Pflichtteil** — Pflichtteil.

2314 Ist der Pflichtteilsberechtigte nicht Erbe, so hat ihm der Erbe auf Verlangen über den Bestand des N. Auskunft zu erteilen f. **Pflichtteil** — Pflichtteil.

2315 Der Wert einer Zuwendung wird bei der Bestimmung des Pflichtteils dem N. hinzugerechnet. Der Wert bestimmt sich nach der Zeit, zu welcher die Zuwendung erfolgt ist. 2316, 2327.

2325 Hat der Erblasser einem Dritten eine Schenkung gemacht, so kann der Pflichtteilsberechtigte als Ergänzung des Pflichtteils den Betrag verlangen, um den sich der Pflichtteil erhöht, wenn der verschenkte Gegenstand dem N. hinzugerechnet wird. 2330.

2327 Hat der Pflichtteilsberechtigte selbst ein Geschenk von dem Erblasser erhalten, so ist das Geschenk in gleicher Weise wie das dem Dritten gemachte Geschenk dem N. hinzuzurechnen und zugleich dem Pflichtteilsberechtigten auf die Ergänzung anzurechnen. 2330.

419 **Schuldverhältnis** f. Erbe 1990.

802 **Schuldverschreibung** f. Verjährung 207.

Testament.

2082 f. Verjährung 207.

2141 f. **Erbe** — Erbe 1963.

2144 Die Vorschriften über die Beschränkung der Haftung des Erben für die Nachlaßverbindlichkeiten gelten auch für den Nacherben; an die Stelle des N. tritt dasjenige, was der Nacherbe aus der Erbschaft erlangt, mit Einschluß der ihm gegen den Vorerben als solchen zustehenden Ansprüche.

Das von dem Vorerben errichtete Inventar kommt auch dem Nacherben zu statten.

§ Der Nacherbe kann sich dem Vorerben gegenüber auf die Beschränkung seiner Haftung auch dann berufen, wenn er den übrigen Nachlaßgläubigern gegenüber unbeschränkt haftet.

2145 f. Erbe 1990.

2187 f. Erbe 1992.

2204 f. **Erbe** — Erbe 2044, 2046, 2047, 2049, 2055, 2056.

2205 Der Testamentsvollstrecker hat den N. zu verwalten. Er ist insbesondere berechtigt, den N. in Besitz zu nehmen und über die Nachlaßgegenstände zu verfügen. Zu unentgeltlichen Verfügungen ist er nur berechtigt, soweit sie einer sittlichen Pflicht oder einer auf den Anstand zu nehmenden Rücksicht entsprechen. 2207, 2208.

2206 Der Testamentsvollstrecker ist berechtigt, Verbindlichkeiten für den N. einzugehen, soweit die Eingehung zur ordnungsmäßigen Verwaltung erforderlich ist. Die Verbindlichkeit zu einer Verfügung über einen Nachlaßgegenstand kann der Testamentsvollstrecker für den N. auch dann eingehen, wenn er zu der Verfügung berechtigt ist.

Der Erbe ist verpflichtet, zur Eingehung solcher Verbindlichkeiten seine Einwilligung zu erteilen, unbeschadet des Rechtes, die Beschränkung seiner Haftung für die Nachlaßverbindlichkeiten geltend zu machen. 2208.

2207 Der Erblasser kann anordnen, daß der Testamentsvollstrecker in der Eingehung von Verbindlichkeiten für den N. nicht beschränkt sein soll. Der Testamentsvollstrecker ist auch in einem solchen Falle zu einem Schenkungsversprechen nur nach Maßgabe des § 2205 Satz 3 berechtigt. 2209.

2209 Verwaltung des N. durch einen Testamentsvollstrecker f. **Erblasser** — Testament.

2213 Ein Anspruch, der sich gegen den N. richtet, kann sowohl gegen den Erben

§ als gegen den Testamentsvollstrecker gerichtlich geltend gemacht werden. Steht dem Testamentsvollstrecker nicht die Verwaltung des N. zu, so ist die Geltendmachung nur gegen den Erben zulässig. Ein Pflichtteilsanspruch kann, auch wenn dem Testamentsvollstrecker die Verwaltung des N. zusteht, nur gegen den Erben geltend gemacht werden.

Die Vorschrift des § 1958 findet auf den Testamentsvollstrecker keine Anwendung.

2215 Die Kosten der Aufnahme und der Beglaubigung eines Verzeichnisses der Nachlaßgegenstände und der bekannten Nachlaßverbindlichkeiten fallen dem N. zur Last. 2220.

2216 Der Testamentsvollstrecker ist zur ordnungsmäßigen Verwaltung des N. verpflichtet.

Anordnungen, die der Erblasser für die Verwaltung durch letztwillige Verfügung getroffen hat, sind von dem Testamentsvollstrecker zu befolgen. Sie können jedoch auf Antrag des Testamentsvollstreckers oder eines anderen Beteiligten von dem Nachlaßgericht außer Kraft gesetzt werden, wenn ihre Befolgung den N. erheblich gefährden würde. Das Gericht soll vor der Entscheidung soweit thunlich die Beteiligten hören. 2220.

2269 Bestimmung seitens der Ehegatten, daß nach dem Tode des Überlebenden der beiderseitige N. an einen Dritten fallen soll s. **Erblasser** — Testament.

Verjährung.

207 Die Verjährung eines Anspruchs, der zu einem N. gehört oder sich gegen einen N. richtet, wird nicht vor dem Ablaufe von sechs Monaten nach dem Zeitpunkte vollendet, in welchem die Erbschaft von dem Erben angenommen oder der Konkurs über den N. eröffnet wird oder von welchem an der Anspruch von einem Vertreter oder gegen einen Vertreter geltend gemacht werden kann. Ist die Verjährungsfrist kürzer als sechs Monate, so tritt der für die Verjährung bestimmte Zeitraum an die Stelle der sechs Monate. 210, 212, 215.

Vertrag.

312 Ein Vertrag über den N. eines noch lebenden Dritten ist nichtig. Das Gleiche gilt von einem Vertrag über den Pflichtteil oder ein Vermächtnis aus dem N. eines noch lebenden Dritten.

Diese Vorschriften finden keine Anwendung auf einen Vertrag, der unter künftigen g. Erben über den g. Erbteil oder den Pflichtteil eines von ihnen geschlossen wird. Ein solcher Vertrag bedarf der gerichtlichen oder notariellen Beurkundung.

124 **Willenserklärung** s. Verjährung 207.

Nachlassbehörde.

Art.

147 **Einführungsgesetz** s. **E.G.** — E.G.

Nachlassgegenstand.

147 **Einführungsgesetz** s. Erbe § 2006.

§ **Erbe.**

1959, 2033, 2041, 2044 s. **Nachlass** — Erbe.

1973 Abwendung der Herausgabe der N. durch Zahlung des Wertes s. **Erbe** — Erbe.

2001 In dem Inventar sollen die N. angegeben und beschrieben werden s. **Erbe** — Erbe.

2005 Unvollständigkeit der im Inventar enthaltenen Angabe der N. s. **Erbe** — Erbe.

2006 Der Erbe hat auf Verlangen eines Nachlaßgläubigers vor dem Nachlaßgerichte den Offenbarungseid dahin zu leisten:

daß er nach bestem Wissen die N.

§ so vollständig angegeben habe, als er dazu imstande sei.

Eine wiederholte Leistung des Eides kann derselbe Gläubiger oder ein anderer Gläubiger nur verlangen, wenn Grund zu der Annahme besteht, daß dem Erben nach der Eidesleistung weitere N. bekannt geworden sind.

2009 Ist das Inventar rechtzeitig errichtet worden, so wird im Verhältnisse zwischen dem Erben und den Nachlaßgläubigern vermutet, daß zur Zeit des Erbfalls weitere N. als die angegebenen nicht vorhanden gewesen seien.

2040 Die Erben können über einen N. nur gemeinschaftlich verfügen. 2032.

1484 **Güterrecht** s. **Nachlass** — Erbe 1959.

Pflichtteil.

2314 Der Pflichtteilsberechtigte kann verlangen, daß er bei der Aufnahme des ihm nach § 260 vorzulegenden Verzeichnisses der N. zugezogen und daß der Wert der N. ermittelt wird. Er kann auch verlangen, daß das Verzeichnis durch die zuständige Behörde oder durch einen zuständigen Beamten oder Notar aufgenommen wird.

Die Kosten fallen dem Nachlasse zur Last.

Testament.

2140 Verfügung des Vorerben nach dem Eintritte des Falles der Nacherbfolge über N. s. **Erblasser** — Testament.

2204 s. **Nachlass** — Erbe 2044.

2205, 2206 s. **Nachlass** — Testament.

2208 Der Testamentsvollstrecker hat die in den §§ 2203—2206 bestimmten Rechte nicht, soweit anzunehmen ist, daß sie ihm nach dem Willen des Erblassers nicht zustehen sollen. Unterliegen der Verwaltung des Testamentsvollstreckers nur einzelne N., so stehen ihm die im § 2205 Satz 2 bestimmten Befugnisse nur in Ansehung dieser Gegenstände zu.

§

2211 Über einen der Verwaltung des Testamentsvollstreckers unterliegenden N. kann der Erbe nicht verfügen.

2213 Ein Nachlaßgläubiger, der seinen Anspruch gegen den Erben geltend macht, kann den Anspruch auch gegen den Testamentsvollstrecker dahin geltend machen, daß dieser die Zwangsvollstreckung in die seiner Verwaltung unterliegenden N. dulde.

2214 Gläubiger des Erben, die nicht zu den Nachlaßgläubigern gehören, können sich nicht an die der Verwaltung des Testamentsvollstreckers unterliegenden N. halten.

2215 Aufnahme eines Verzeichnisses der der Verwaltung des Testamentsvollstreckers unterliegenden N. s. **Erblasser** — Testament.

2217 Der Testamentsvollstrecker hat N., deren er zur Erfüllung seiner Obliegenheiten offenbar nicht bedarf, dem Erben auf Verlangen zur freien Verfügung zu überlassen. Mit der Überlassung erlischt sein Recht zur Verwaltung der Gegenstände.

Wegen Nachlaßverbindlichkeiten, die nicht auf einem Vermächtnis oder einer Auflage beruhen, sowie wegen bedingter und betagter Vermächtnisse oder Auflagen kann der Testamentsvollstrecker die Überlassung der Gegenstände nicht verweigern, wenn der Erbe für die Berichtigung der Verbindlichkeiten oder für die Vollziehung der Vermächtnisse oder Auflagen Sicherheit leistet.

2224 Erhaltung eines der gemeinschaftlichen Verwaltung mehrerer Testamentsvollstrecker unterliegenden N. s. **Erblasser** — Testament.

Nachlassgericht.

Ehe.

1342 Erklärung der Anfechtung einer Ehe dem N. gegenüber s. **Ehe** — Ehe-

Art. **Einführungsgesetz.**

140, 147, 148 s. **E.G.** — E.G.

§ **Erbe.**

1945 Die Ausschlagung einer Erbschaft erfolgt durch Erklärung gegenüber dem N.; die Erklärung ist in öffentlich beglaubigter Form abzugeben. 1955.

1953 Das N. soll die Ausschlagung der Erbschaft demjenigen mitteilen, welchem die Erbschaft infolge der Ausschlagung angefallen ist. 1957.

1955 Die Anfechtung der Annahme oder der Ausschlagung der Erbschaft erfolgt durch Erklärung gegenüber dem N. Für die Erklärung gelten die Vorschriften des § 1945.

1957 Das N. soll die Anfechtung der Ausschlagung der Erbschaft demjenigen mitteilen, welchem die Erbschaft infolge der Ausschlagung angefallen war. Die Vorschrift des § 1953 Abs. 3 Satz 2 findet Anwendung.

1960—1966 Fürsorge des N. bis zur Annahme der Erbschaft s. **Erbe** — Erbe.

1981, 1993 s. **Nachlass** — Erbe.

1983 Das N. hat die Anordnung der Nachlaßverwaltung durch das für seine Bekanntmachungen bestimmte Blatt zu veröffentlichen.

1994 Das N. hat dem Erben auf Antrag eines Nachlaßgläubigers zur Errichtung des Inventars eine Frist (Inventarfrist) zu bestimmen. Nach dem Ablaufe der Frist haftet der Erbe für die Nachlaßverbindlichkeiten unbeschränkt, wenn nicht vorher das Inventar errichtet wird. 2013.

1995 Verlängerung der Inventarfrist nach dem Ermessen des N. s. **Erbe** — Erbe.

1996 Das N. hat dem Erben auf seinen Antrag eine neue Inventarfrist zu bestimmen s. **Erbe** — Erbe.

1999 Steht der Erbe unter elterlicher Gewalt oder unter Vormundschaft, so soll das N. dem Vormundschaftsgerichte von der Bestimmung der Inventarfrist Mitteilung machen.

2003 Auf Antrag des Erben hat das N. entweder das Inventar selbst aufzunehmen oder die Aufnahme einer zuständigen Behörde oder einem zuständigen Beamten oder Notar zu übertragen.

Das Inventar ist von der Behörde, dem Beamten oder dem Notar bei dem N. einzureichen. 2004, 2005.

2004 Befindet sich bei dem N. schon ein den Vorschriften der §§ 2002, 2003 entsprechendes Inventar, so genügt es, wenn der Erbe vor dem Ablaufe der Inventarfrist dem N. gegenüber erklärt, daß das Inventar als von ihm eingereicht gelten soll.

2006 s. **Nachlassgegenstand** — Erbe.

2010 Das N. hat die Einsicht des Inventars jedem zu gestatten, der ein rechtliches Interesse glaubhaft macht.

2061 Jeder Miterbe kann die Nachlaßgläubiger öffentlich auffordern, ihre Forderungen binnen sechs Monaten bei ihm oder dem N. anzumelden. Die Aufforderung ist durch den Deutschen Reichsanzeiger und durch das für die Bekanntmachungen des N. bestimmte Blatt zu veröffentlichen. 2045.

Erbschaftskauf.

2384 Der Verkäufer ist den Nachlaßgläubigern gegenüber verpflichtet, den Verkauf der Erbschaft und den Namen des Käufers unverzüglich dem N. anzuzeigen. Die Anzeige des Verkäufers wird durch die Anzeige des Käufers ersetzt.

Das N. hat die Einsicht der Anzeige jedem zu gestatten, der ein rechtliches Interesse glaubhaft macht.

Erbschein.

2353 Das N. hat dem Erben auf Antrag ein Zeugnis über sein Erbrecht und, wenn er nur zu einem Teile der Erb-

§ schaft berufen ist, über die Größe des Erbteils zu erteilen (Erbschein).

2356 In Ansehung der nach den §§ 2354, 2355 erforderlichen Angaben hat der Antragsteller vor Gericht oder vor einem Notar an Eidesstatt zu versichern, daß ihm nichts bekannt sei, was der Richtigkeit seiner Angaben entgegensteht. Das N. kann die Versicherung erlassen, wenn es sie für nicht erforderlich erachtet.

Diese Vorschriften finden keine Anwendung, soweit die Thatsachen bei dem N. offenkundig sind. 2357.

2357 . . . . . .

Die Vorschriften des § 2356 gelten auch für die sich auf die übrigen Erben beziehenden Angaben des Antragstellers.

Die Versicherung an Eidesstatt ist von allen Erben abzugeben, sofern nicht das N. die Versicherung eines oder einiger von ihnen für ausreichend erachtet.

2358 Das N. hat unter Benutzung der von dem Antragsteller angegebenen Beweismittel von Amtswegen die zur Feststellung der Thatsachen erforderlichen Ermittelungen zu veranstalten und die geeignet erscheinenden Beweise aufzunehmen.

Das N. kann eine öffentliche Aufforderung zur Anmeldung der anderen Personen zustehenden Erbrechte erlassen; die Art der Bekanntmachung und die Dauer der Anmeldungsfrist bestimmen sich nach den für das Aufgebotsverfahren geltenden Vorschriften.

2359 Der Erbschein ist nur zu erteilen, wenn das N. die zur Begründung des Antrags erforderlichen Thatsachen für festgestellt erachtet.

2360 Ist die Verfügung, auf der das Erbrecht beruht, nicht in einer dem N. vorliegenden öffentlichen Urkunde enthalten, so soll vor der Erteilung des Erbscheins derjenige über die Gültigkeit der Verfügung gehört werden, welcher im Falle der Unwirksamkeit der Verfügung Erbe sein würde.

2361 Ergiebt sich, daß der erteilte Erbschein unrichtig ist, so hat ihn das N. einzuziehen. Mit der Einziehung wird der Erbschein kraftlos.

Kann der Erbschein nicht sofort erlangt werden, so hat ihn das N. durch Beschluß für kraftlos zu erklären. Der Beschluß ist nach den für die öffentliche Zustellung einer Ladung geltenden Vorschriften der Civilprozeßordnung bekannt zu machen. Mit dem Ablauf eines Monats nach der letzten Einrückung des Beschlusses in die öffentlichen Blätter wird die Kraftloserklärung wirksam.

Das N. kann von Amtswegen über die Richtigkeit des erteilten Erbscheins Ermittelungen veranstalten.

2362 Der wirkliche Erbe kann von dem Besitzer eines unrichtigen Erbscheins die Herausgabe desselben an das N. verlangen. 2363, 2364, 2370.

2366 Kenntnis davon, daß das N. die Rückgabe des Erbscheins wegen Unrichtigkeit verlangt hat s. **Erbschein** — Erbschein. 2367, 2370.

2368 s. **Nachlass** — Erbschein.

2369 Gehören zu einer Erbschaft, für die es an einem zur Erteilung des Erbscheins zuständigen deutschen N. fehlt, Gegenstände, die sich im Inlande befinden, so kann die Erteilung eines Erbscheins für diese Gegenstände verlangt werden.

Erbvertrag.

2281 Soll nach dem Tode des anderen Vertragschließenden eine in einem Erbvertrage zu Gunsten eines Dritten getroffene Verfügung von dem Erblasser angefochten werden, so ist die Anfechtung dem N. gegenüber zu erklären. Das N. soll die Erklärung dem Dritten mitteilen.

§

2300 s. **Erblasser** — Testament 2259 bis 2262.

Güterrecht.

1484 s. Erbe 1945, 1955, 1957.

1491 Ein anteilsberechtigter Abkömmling kann auf seinen Anteil an dem Gesamtgute der f. Gütergemeinschaft verzichten. Der Verzicht erfolgt durch Erklärung gegenüber dem für den Nachlaß des verstorbenen Ehegatten zuständigen Gerichte; die Erklärung ist in öffentlich beglaubigter Form abzugeben. Das N. soll die Erklärung dem überlebenden Ehegatten und den übrigen anteilsberechtigten Abkömmlingen mitteilen. 1518.

1492 Der überlebende Ehegatte kann die f. Gütergemeinschaft jederzeit aufheben. Die Aufhebung erfolgt durch Erklärung gegenüber dem für den Nachlaß des verstorbenen Ehegatten zuständigen Gerichte; die Erklärung ist in öffentlich beglaubigter Form abzugeben. Das N. soll die Erklärung den anteilsberechtigten Abkömmlingen und, wenn der überlebende Ehegatte g. Vertreter eines der Abkömmlinge ist, dem Vormundschaftsgerichte mitteilen. 1518.

1507 Das N. hat dem überlebenden Ehegatten auf Antrag ein Zeugnis über die Fortsetzung der Gütergemeinschaft zu erteilen. Die Vorschriften über den Erbschein finden entsprechende Anwendung. 1518.

Stiftung.

83 Besteht das Stiftungsgeschäft in einer Verfügung von Todeswegen, so hat das N. die Genehmigung einzuholen, sofern sie nicht von dem Erben oder dem Testamentsvollstrecker nachgesucht wird.

Testament.

2081 Die Anfechtung einer letztwilligen Verfügung, durch die ein Erbe eingesetzt, ein g Erbe von der Erbfolge ausgeschlossen, ein Testamentsvollstrecker ernannt oder eine Verfügung solcher Art aufgehoben wird, erfolgt durch Erklärung gegenüber dem N.

Das N. soll die Anfechtungserklärung demjenigen mitteilen, welchem die angefochtene Verfügung unmittelbar zu statten kommt. Es hat die Einsicht der Erklärung jedem zu gestatten, der ein rechtliches Interesse glaubhaft macht.

Die Vorschrift des Abs. 1 gilt auch für die Anfechtung einer letztwilligen Verfügung, durch die ein Recht für einen anderen nicht begründet wird, insbesondere für die Anfechtung einer Auflage.

2141 s. **Erbe** — Erbe 1963.

2146 Der Vorerbe ist den Nachlaßgläubigern gegenüber verpflichtet, den Eintritt der Nacherbfolge unverzüglich dem N. anzuzeigen. Die Anzeige des Vorerben wird durch die Anzeige des Nacherben ersetzt.

Das N. hat die Einsicht der Anzeige jedem zu gestatten, der ein rechtliches Interesse glaubhaft macht.

2151 Wenn das N. dem Beschwerten oder einem Dritten auf Antrag eines der Beteiligten eine Frist zur Abgabe der Erklärung bestimmt, wer von mehreren das Vermächtnis erhalten soll, und die Frist verstrichen ist, so sind die Bedachten Gesamtgläubiger, sofern nicht vorher die Erklärung erfolgt. 2153, 2154, 2193.

2198 Der Erblasser kann die Bestimmung der Person des Testamentsvollstreckers einem Dritten überlassen. Die Bestimmung erfolgt durch Erklärung gegenüber dem N., die Erklärung ist in öffentlich beglaubigter Form abzugeben.

Das Bestimmungsrecht des Dritten erlischt mit dem Ablauf einer ihm auf Antrag eines der Beteiligten von

§ dem N. bestimmten Frist. 2199, 2228.

2200 Ernennung eines Testamentsvollstreckers durch das N. s. **Erblasser** — Testament.

2202 Die Annahme sowie die Ablehnung des Amtes eines Testamentsvollstreckers erfolgt durch Erklärung gegenüber dem N. . . . .

Das N. kann dem Ernannten auf Antrag eines der Beteiligten eine Frist zur Erklärung über die Annahme des Amtes bestimmen. 2228.

2216 s. **Nachlass** — Testament.

2224 Das N. entscheidet bei einer Meinungsverschiedenheit unter mehreren Testamentsvollstreckern.

2226 Der Testamentsvollstrecker kann das Amt jederzeit kündigen. Die Kündigung erfolgt durch Erklärung gegenüber dem N. Die Vorschriften des § 671 Abs. 2, 3 finden entsprechende Anwendung. 2228.

2227 Das N. kann den Testamentsvollstrecker auf Antrag eines der Beteiligten entlassen, wenn ein wichtiger Grund vorliegt.

2228 Das N. hat die Einsicht der nach § 2198 Abs. 1 Satz 2, § 2199 Abs. 3, § 2202 Abs. 2, § 2226 Satz 2 abgegebenen Erklärungen jedem zu gestatten, der ein rechtliches Interesse glaubhaft macht.

2259 Ablieferung eines Testamentes an das N. s. **Erblasser** — Testament.

2260 Eröffnung eines Testaments durch das N. s. **Erblasser** — Testament.

2261 Hat ein anderes Gericht als das N. das Testament in amtlicher Verwahrung, so liegt dem anderen Gerichte die Eröffnung des Testaments ob. Das Testament ist nebst einer beglaubigten Abschrift des über die Eröffnung aufgenommenen Protokolls dem N. zu übersenden; eine beglaubigte Abschrift des Testaments ist zurückzubehalten.

2262 Das N. hat die Beteiligten, welche bei der Eröffnung des Testaments nicht zugegen gewesen sind, von dem sie betreffenden Inhalte des Testaments in Kenntnis zu setzen.

Verwandtschaft.

1597 Nach dem Tode des Kindes erfolgt die Anfechtung der Ehelichkeit durch Erklärung gegenüber dem N., die Erklärung ist in öffentlich beglaubigter Form abzugeben.

Das N. soll die Erklärung sowohl demjenigen mitteilen, welcher im Falle der Ehelichkeit, als auch demjenigen, welcher im Falle der Unehelichkeit Erbe des Kindes ist. Es hat die Einsicht der Erklärung jedem zu gestatten, der ein rechtliches Interesse glaubhaft macht. 1599, 1600.

Nachlassgläubiger.

Art.

147 **Einführungsgesetz** s. Erbe 2006.

§ **Erbe.**

1970—1974 Aufgebot der N. s. **Gläubiger** — Erbe.

1975, 1977—1981, 1984—1986, 1990, 2011, 2012 s. **Nachlass** — Erbe.

1994 Antrag eines N. auf Bestimmung einer Frist zur Errichtung des Inventars s. **Erbe** — Erbe.

1996 Vor der Entscheidung über die Bestimmung einer neuen Inventarfrist soll der N., auf dessen Antrag die erste Frist bestimmt worden ist, wenn thunlich gehört werden.

2005 Bewirkung der Aufnahme einer nicht bestehenden Nachlaßverbindlichkeit in das Inventar in der Absicht, die N. zu benachteiligen s. **Erbe** — Erbe.

2006 Der Erbe hat auf Verlangen eines N. vor dem Nachlaßgerichte den Offenbarungseid dahin zu leisten:

daß er nach bestem Wissen die Nachlaßgegenstände so vollständig

§ angegeben habe, als er dazu imstande sei.

Der Erbe kann vor der Leistung des Eides das Inventar vervollständigen.

Verweigert der Erbe die Leistung des Eides, so haftet er dem Gläubiger, der den Antrag gestellt hat, unbeschränkt. Das Gleiche gilt, wenn er weder in dem Termine noch in einem auf Antrag des Gläubigers bestimmten neuen Termine erscheint, es sei denn, daß ein Grund vorliegt, durch den das Nichterscheinen in diesem Termine genügend entschuldigt wird.

Eine wiederholte Leistung des Eides kann derselbe Gläubiger oder ein anderer Gläubiger nur verlangen, wenn Grund zu der Annahme besteht, daß dem Erben nach der Eidesleistung weitere Nachlaßgegenstände bekannt geworden sind.

2009 s. **Nachlassgegenstand** — Erbe.

2013 Die Vorschriften der §§ 1977—1980 und das Recht des Erben, die Anordnung einer Nachlaßverwaltung zu beantragen, werden nicht dadurch ausgeschlossen, daß der Erbe einzelnen N. gegenüber unbeschränkt haftet.

2015 Hat der Erbe den Antrag auf Erlassung des Aufgebots der N. innerhalb eines Jahres nach der Annahme der Erbschaft gestellt und ist der Antrag zugelassen, so ist der Erbe berechtigt, die Berichtigung einer Nachlaßverbindlichkeit bis zur Beendigung des Aufgebotsverfahrens zu verweigern. 2016, 2017.

2016 Die Vorschriften der §§ 2014, 2015 finden keine Anwendung, wenn der Erbe unbeschränkt haftet.

Das Gleiche gilt, soweit ein Gläubiger nach § 1971 von dem Aufgebote der N. nicht betroffen wird, mit der Maßgabe, daß ein erst nach dem Eintritte des Erbfalls im Wege der Zwangsvollstreckung oder der Arrestvollziehung erlangtes Recht sowie eine erst nach diesem Zeitpunkt im Wege der einstweiligen Verfügung erlangte Vormerkung außer Betracht bleibt.

2036 Verantwortlichkeit des Käufers eines Anteils an dem Nachlasse den N. gegenüber s. **Erbe** — Erbe.

2058—2063 Rechtsverhältnis zwischen den Erben und den N. s. **Erbe** — Erbe.

Erbschaftskauf.

2376 Haftung des Verkäufers der Erbschaft dafür, daß nicht unbeschränkte Haftung gegenüber den N. oder einzelnen von ihnen eingetreten ist s. **Erbschaftskauf** — Erbschaftskauf.

2382 Haftung des Käufers der Erbschaft den N. gegenüber von dem Abschlusse des Kaufes an s. **Erbschaftskauf** — Erbschaftskauf.

2384 s. **Nachlassgegenstand** — Erbschaftskauf.

1480 **Güterrecht** 1504 s. **Nachlass** — Erbe 1990.

419 **Schuldverhältnis** s. **Nachlass** — Erbe 1990.

Testament.

2115 Geltendmachung des Anspruchs eines N., der im Falle des Eintritts der Nacherbfolge dem Nacherben gegenüber wirksam ist s. **Erblasser** — Testament.

2144² s. **Nachlass** — Testament.

2145 s. **Nachlass** — Erbe 1990.

2146 s. **Nachlassgericht** — Testament.

2213 Ein N., der seinen Anspruch gegen den Erben geltend macht, kann den Anspruch auch gegen den Testamentsvollstrecker dahin geltend machen, daß dieser die Zwangsvollstreckung in die seiner Verwaltung unterliegenden Nachlaßgegenstände dulde.

2214 s. **Nachlassgegenstand** — Testament.

202 **Verjährung** s. Erbe 2015.

§ **Güterrecht.**
1480, 1504 s. **Erbe** — Erbe 1990, 1991.
Schuldverhältnis.
362 s. **Einwilligung** — Zustimmung 185.
419 s. **Erbe** — Erbe 1990, 1991.
Testament.
2120 Verfügungen des Vorerben zwecks Berichtigung von N. s. **Erblasser** — Testament.
2144, 2206 s. **Nachlass** — Testament.
2145 Haftung des Vorerben für N. nach dem Eintritte der Nacherbfolge s. **Erblasser** — Testament.
2187 s. **Erbe** — Erbe 1992.
2204 s. **Nachlass** — Erbe 2046, s. Erbe 2047.
2215 Der Testamentsvollstrecker hat dem Erben unverzüglich nach der Annahme des Amtes ein Verzeichnis der seiner Verwaltung unterliegenden Nachlaßgegenstände und der bekannten N. mitzuteilen 2220.
2217 s. **Nachlassgegenstand** — Testament.
202 **Verjährung** s. **Erbe** — Erbe 2014, 2015.
Zustimmung.
185 Haftung des Berechtigten als Erbe des Verfügenden für die N. desselben s. **Einwilligung** — Zustimmung.

Nachlassverwalter.

Erbe.
1984—1986, 2012 s. **Nachlass** — Erbe.

Nachlassverwaltung s. auch Verwaltung.

§ **Erbe.**
1975—1978, 1981—1984, 1990, 2000, 2013, 2062 Anordnung einer N. s. **Erbe** — Erbe.
1985, 2017, 2038 s. **Nachlass** — Erbe.
1988 Aufhebung und Ende der N. s. **Erbe** — Erbe.
2368 **Erbschein** s. **Erbschein** — Erbschein.

§ **Güterrecht.**
1480, 1504 s. **Erbe** — Erbe 1990.
419 **Schuldverhältnis** s. **Erbe** — Erbe 1990.
2145 **Testament** s. **Erbe** — Erbe 1990.

Nachlassverzeichnis.

Art. 140 **Einführungsgesetz** s. **E.G.** — E.G.
§ **Erbe.**
1960 Anordnung der Aufnahme eines N. durch das Nachlaßgericht s. **Erbe** — Erbe.
1993 s. **Nachlass** — Erbe.
2314 **Pflichtteil** s. **Nachlassgegenstand** — Pflichtteil.
Testament.
2215 Aufnahme eines N. s. **Erblasser** — Testament.

Nachleistung.

Dienstvertrag.
615 Anspruch auf Vergütung für nicht geleistete Dienste ohne Verpflichtung zur N. s. **Dienstvertrag** — Dienstvertrag.

Nachricht.

Testament.
2252 Wird der Erblasser nach dem Ablaufe der Frist, nach welcher sein Testament als nicht errichtet gilt, für tot erklärt, so behält das Testament seine Kraft, wenn die Frist zu der Zeit, zu welcher der Erblasser den vorhandenen N. zufolge noch gelebt hat, noch nicht verstrichen war.
Todeserklärung.
14 Die Todeserklärung ist zulässig, wenn seit zehn Jahren keine N. von dem Leben eines Verschollenen eingegangen ist.
Ein Verschollener, der das siebzigste Lebensjahr vollendet haben würde, kann für tot erklärt werden, wenn seit fünf Jahren keine N. von seinem Leben eingegangen ist.

§ Der Zeitraum von zehn oder fünf Jahren beginnt mit dem Schlusse des letzten Jahres, in welchem der Verschollene den vorhandenen N. zufolge noch gelebt hat. 13, 18.

16 Eingegangene N. über ein Fahrzeug, auf dem sich der Verschollene befunden hat s. **Todeserklärung** — Todeserklärung.

Nachsuchung.

Stiftung.

81, 83 N. der Genehmigung einer Stiftung bei der zuständigen Behörde s. **Stiftung** — Stiftung.

Nachteil.

Bedingung.

162 Wird der Eintritt der Bedingung von der Partei zu deren N. er gereichen würde, wider Treu und Glauben verhindert, so gilt die Bedingung als eingetreten.

Bürgschaft.

774 Zum N. des Gläubigers darf der Übergang der Forderung auf den Bürgen nicht geltend gemacht werden s. **Bürge** — Bürgschaft.

618 **Dienstvertrag** s. Handlung 842.

1580 **Ehescheidung** s. Verwandtschaft 1607.

Erbe.

1959 Verfügt der Erbe vor der Ausschlagung der Erbschaft über einen Nachlaßgegenstand, so wird die Wirksamkeit der Verfügung durch die Ausschlagung nicht berührt, wenn die Verfügung nicht ohne N. für den Nachlaß verschoben werden konnte.

1484 **Güterrecht** s. Erbe 1959.

Handlung.

824 Herbeiführung von N. für Erwerb und Fortkommen eines anderen durch Behauptung oder Verbreitung einer unwahren Thatsache s. **Handlung** — Handlung.

§

842 Die Verpflichtung zum Schadensersatze wegen einer gegen die Person gerichteten unerlaubten Handlung erstreckt sich auf die N., welche die Handlung für den Erwerb oder das Fortkommen des Verletzten herbeiführt.

Hypothek.

1143 s. **Bürge** — Bürgschaft 774.

1150 s. **Leistung** — Leistung 268.

1164, 1176, 1182 Geltendmachung einer Hypothek zum N. einer anderen Hypothek s. **Hypothek** — Hypothek.

Kauf.

469 Trennung mangelhafter Sachen ohne N. von den übrigen Sachen s. **Kauf** — Kauf.

508 Der Vorkaufsverpflichtete kann verlangen, daß der Vorkauf auf alle zu einem Gesamtpreise gekauften Sachen erstreckt wird, die nicht ohne N. für ihn getrennt werden können.

Leistung.

268 Zum N. des Gläubigers darf der Übergang der Forderung auf den Dritten nicht geltend gemacht werden s. **Leistung** — Leistung.

543 **Miete** s. **Kauf** — Kauf 469.

Pfandrecht.

1225 s. **Bürge** — Bürgschaft 774.

1249 s. **Leistung** — Leistung 268.

Pflichtteil.

2316 Eine Zuwendung der im § 2050 Abs. 1 bezeichneten Art kann der Erblasser nicht zum N. eines Pflichtteilsberechtigten von der Berücksichtigung ausschließen.

Schuldverhältnis.

426 Zum N. des Gläubigers darf der Übergang der Forderung auf einen Gesamtschuldner nicht geltend gemacht werden s. **Gesamtschuldner** — Schuldverhältnis.

Verwandtschaft.

1607 Soweit ein Verwandter auf Grund des § 1603 nicht unterhaltspflichtig

§ ist, hat der nach ihm haftende Verwandte den Unterhalt zu gewähren.
Das Gleiche gilt, wenn die Rechtsverfolgung gegen einen Verwandten im Inland ausgeschlossen oder erheblich erschwert ist. Der Anspruch gegen einen solchen Verwandten geht, soweit ein anderer Verwandter den Unterhalt gewährt, auf diesen über. Der Übergang kann nicht zum N. des Unterhaltsberechtigten geltend gemacht werden. 1608, 1620.

1709 Der Übergang des Unterhaltsanspruchs des unehelichen Kindes gegen den Vater auf die Mutter oder mütterliche Verwandte kann nicht zum N. des Kindes geltend gemacht werden. 1717.

1727 Wird die Einwilligung zur Ehelichkeitserklärung von der Mutter des unehelichen Kindes verweigert, so kann sie auf Antrag des Kindes durch das Vormundschaftsgericht ersetzt werden, wenn das Unterbleiben der Ehelichkeitserklärung dem Kinde zu unverhältnismäßigem N. gereichen würde.

1098 **Vorkaufsrecht** s. Kauf 508.

634 **Werkvertrag** s. **Kauf** — Kauf 469.

Nachtrag.

Ehe.

1328 Eine Ehe ist von Anfang an als gültig anzusehen, wenn nachträglich Befreiung von der Vorschrift des § 1312 bewilligt ist s. **Ehe** — Ehe.

Grundstück.

880 Nachträgliche Änderung des Rangverhältnisses von Rechten an einem Grundstück s. **Grundstück** — Grundstück.

Hypothek.

1116 Nachträgliche Ausschließung der Erteilung eines Hypothekenbriefes s. **Hypothek** — Hypothek.

Nießbrauch.

1052 Nachträgliche Sicherheitsleistung des Nießbrauchers s. **Niessbrauch** — Nießbrauch.

1261 **Pfandrecht** s. **Grundstück** — Grundstück 880.

Testament.

2128, 2129 s. **Niessbrauch** — Nießbrauch 1052.

1643 **Verwandtschaft** 1690 s. **Vormundschaft** — Vormundschaft 1829, 1830.

Vormundschaft.

1829, 1830 Abhängigkeit der Wirksamkeit eines vom Vormund ohne die erforderliche Genehmigung des Vormundschaftsgerichts geschlossenen Vertrages von der nachträglichen Genehmigung s. **Vormundschaft** — Vormundschaft.

Willenserklärung.

127 Wird zur Wahrung der Form des Rechtsgeschäfts telegraphische Übermittelung oder der des Vertrags Briefwechsel gewählt, so kann der andere Teil nachträglich Beurkundung verlangen.

Nachvermächtnisnehmer.

2289 **Erbvertrag** s. **Pflichtteil** — Pflichtteil 2338.

1513 **Güterrecht** s. **Pflichtteil** — Pflichtteil 2338.

Pflichtteil.

2338 Anordnung des Erblassers, daß nach dem Tode des Abkömmlings dessen g. Erben das ihm Hinterlassene oder den ihm gebührenden Pflichtteil als Nacherben oder als N. erhalten sollen s. **Pflichtteil** — Pflichtteil.

Nachweis.

Art. **Einführungsgesetz.**

145 s. **E.G.** — E.G.

146 s. **Hinterlegung** — Schuldverhältnis § 380.

§ **Erbe.**

1965 N., daß ein Erbrecht besteht oder

§ schaft beim Nachlaßgericht s. **Erbschaftskauf** — Erbschaftskauf.

2276 **Erbvertrag** s. Testament 2244.

Güterrecht.

1380 Der Mann kann bei g. Güterrecht ein zum eingebrachten Gut gehörendes Recht im eigenen N. gerichtlich geltend machen. Ist er befugt, über das Recht ohne Zustimmung der Frau zu verfügen, so wirkt das Urteil auch für und gegen die Frau. 1525.

1393 Umschreibung der zum eingebrachten Gute gehörenden Inhaberpapiere auf den N. der Frau bei g. Güterrecht s. **Güterrecht** — Güterrecht.

1443 Führung von Rechtsstreitigkeiten, die sich auf das Gesamtgut der a. Gütergemeinschaft beziehen, durch den Mann im eigenen N. s. **Güterrecht** — Güterrecht.

1450 Ist der Mann durch Krankheit oder durch Abwesenheit verhindert, ein sich auf das Gesamtgut beziehendes Rechtsgeschäft vorzunehmen oder einen sich auf das Gesamtgut der a. Gütergemeinschaft beziehenden Rechtsstreit zu führen, so kann die Frau im eigenen N. oder im N. des Mannes das Rechtsgeschäft vornehmen oder den Rechtsstreit führen, wenn mit dem Aufschube Gefahr verbunden ist. 1519.

1487 Die Rechte und Verbindlichkeiten des überlebenden Ehegatten sowie der anteilsberechtigten Abkömmlinge in Ansehung des Gesamtguts der f. Gütergemeinschaft bestimmen sich nach den für die eheliche Gütergemeinschaft geltenden Vorschriften der §§ 1442 bis 1449, 1455—1457, 1466, 1518.

1519 Auf das Gesamtgut der Errungenschaftsgemeinschaft finden die für die a. Gütergemeinschaft geltenden Vorschriften des § 1438 Abs. 2, 3 und der §§ 1442—1453, 1455—1457 Anwendung.

1525 Auf das eingebrachte Gut der Frau finden bei Errungenschaftsgemeinschaft die Vorschriften der §§ 1373—1383, 1390—1417 entsprechende Anwendung.

458 **Kauf** s. **Vollmacht** — Vollmacht 177.

Namen § 12.

12 Wird das Recht zum Gebrauch eines N. dem Berechtigten von einem anderen bestritten oder wird das Interesse des Berechtigten dadurch verletzt, daß ein anderer unbefugt den gleichen N. gebraucht, so kann der Berechtigte von dem anderen Beseitigung der Beeinträchtigung verlangen. Sind weitere Beeinträchtigungen zu besorgen, so kann er auf Unterlassung klagen.

Schuldverschreibung.

806 Die Umschreibung einer auf den Inhaber lautenden Schuldverschreibung auf den N. eines bestimmten Berechtigten kann nur durch den Aussteller erfolgen. Der Aussteller ist zur Umschreibung nicht verpflichtet.

Testament.

2117 Umschreibung der zur Erbschaft gehörenden Inhaberpapiere auf den N. des Vorerben s. **Erblasser** — Testament.

2244 Das Protokoll über Errichtung eines Testaments muß den N. des Dolmetschers enthalten. 2232, 2249.

Verein.

54 Haftung aus einem im N. eines rechtsunfähigen Vereins vorgenommenen Rechtsgeschäft s. **Verein** — Verein.

57 Die Satzung eines Vereins muß den Zweck, den N. und den Sitz des Vereins enthalten und ergeben, daß der Verein eingetragen werden soll.

Der N. soll sich von den N. der

§ **Willenserklärung.**

126 Ist durch G. schriftliche Form vorgeschrieben, so muß die Urkunde von dem Aussteller eigenhändig durch N. oder mittelst gerichtlich oder notariell beglaubigten Handzeichens unterzeichnet werden.

Bei einem Vertrage muß die Unterzeichnung der Parteien auf derselben Urkunde erfolgen. Werden über den Vertrag mehrere gleichlautende Urkunden aufgenommen, so genügt es, wenn jede Partei die für die andere Partei bestimmte Urkunde unterzeichnet.

Die schriftliche Form wird durch die gerichtliche oder notarielle Beurkundung ersetzt. 127, 129.

129 Ist durch G. für eine Erklärung öffentliche Beglaubigung vorgeschrieben, so muß die Erklärung schriftlich abgefaßt und die Unterschrift des Erklärenden von der zuständigen Behörde oder einem zuständigen Beamten oder Notar beglaubigt werden. Wird die Erklärung von dem Aussteller mittelst Handzeichens unterzeichnet, so ist die im § 126 Abs. 1 vorgeschriebene Beglaubigung des Handzeichens erforderlich und genügend.

Die öffentliche Beglaubigung wird durch die gerichtliche oder notarielle Beurkundung der Erklärung ersetzt.

Art. **Natur.**

95 **Einführungsgesetz** s. Geschäftsfähigkeit § 104.

§

2042 **Erbe** s. **Gemeinschaft** — Gemeinschaft 752, 753.

Gemeinschaft.

752, 753 Teilung in N. s. **Gemeinschaft** — Gemeinschaft.

Geschäftsfähigkeit.

104 Geschäftsunfähig ist:

1. . . . . .

§ 2. wer sich in einem die freie Willensbestimmung ausschließenden Zustande krankhafter Störung der Geistesthätigkeit befindet, sofern nicht der Zustand seiner N. nach ein vorübergehender ist.

Leistung.

269 Aus der N. des Schuldverhältnisses nicht zu entnehmender Ort der Leistung s. **Leistung** — Leistung.

Pfandrecht.

1213 Übergabe einer von N. fruchttragenden Sache an den Pfandgläubiger s. **Pfandrecht** — Pfandrecht.

Nebenleistung.

Grundschuld.

1191, 1194 Entrichtung von N. aus einem Grundstücke s. **Grundschuld** — Grundschuld.

Hypothek.

1115 Bei der Eintragung der Hypothek müssen der Gläubiger, der Geldbetrag der Forderung und, wenn die Forderung verzinslich ist, der Zinssatz, wenn andere N. zu entrichten sind, ihr Geldbetrag im Grundbuch angegeben werden; im übrigen kann zur Bezeichnung der Forderung auf die Eintragungsbewilligung Bezug genommen werden.

Bei der Eintragung der Hypothek für ein Darlehen einer Kreditanstalt, deren Satzung von der zuständigen Behörde öffentlich bekannt gemacht worden ist, genügt zur Bezeichnung der außer den Zinsen satzungsgemäß zu entrichtenden N. die Bezugnahme auf die Satzung.

1145 Befriedigt der Eigentümer den Gläubiger nur teilweise, so kann er die Aushändigung des Hypothekenbriefs nicht verlangen. Der Gläubiger ist verpflichtet, die teilweise Befriedigung auf dem Briefe zu vermerken und den Brief zum Zwecke der Berichtigung

§ des Grundbuchs oder der Löschung dem Grundbuchamt oder zum Zwecke der Herstellung eines Teilhypothekenbriefs für den Eigentümer der zuständigen Behörde oder einem zuständigen Notare vorzulegen.

Die Vorschrift des Abs. 1 Satz 2 gilt für Zinsen und andere N. nur, wenn sie später als in dem Kalendervierteljahr, in welchem der Gläubiger befriedigt wird, oder dem folgenden Vierteljahre fällig werden. Auf Kosten, für die das Grundstück nach § 1118 haftet, findet die Vorschrift keine Anwendung. 1150, 1167, 1168.

1158 Rechtsverhältnis zwischen Eigentümer und dem neuen Hypothekengläubiger in Ansehung der N., auf die die Forderung gerichtet ist, s. **Hypothek** — Hypothek.

1159 Rechtsverhältnis zwischen Eigentümer und dem neuen Hypothekengläubiger in Ansehung der Rückstände von N., auf die die Forderung gerichtet ist, s. **Hypothek** — Hypothek.

1178 Erlöschen der Hypothek für Rückstände von N. und Verzicht auf dieselbe s. **Hypothek** — Hypothek.

Kauf.

507 Hat sich der Dritte in dem Kaufvertrage zu einer N. verpflichtet, die der Vorkaufsberechtigte zu bewirken außer stande ist, so hat der Vorkaufsberechtigte statt der N. ihren Wert zu entrichten. Läßt sich die N. nicht in Geld schätzen, so ist die Ausübung des Vorkaufsrechts ausgeschlossen; die Vereinbarung der N. kommt jedoch nicht in Betracht, wenn der Vertrag mit dem Dritten auch ohne sie geschlossen sein würde.

Verjährung.

224 Verjährung des Anspruchs auf N. s. **Verjährung** — Verjährung.

1098 **Vorkaufsrecht** s. Kauf 507.

Vormundschaft.

1813 Der Vormund bedarf nicht der Genehmigung des Gegenvormundes zur Annahme einer geschuldeten Leistung:

1. . . . . .

5. wenn der Anspruch auf Erstattung von Kosten der Kündigung oder der Rechtsverfolgung oder auf sonstige N. gerichtet ist.

Nebensache.

Kauf.

470 Wandelung wegen Mangels der N. s. **Kauf** — Kauf.

543 **Miete** s. **Kauf** — Kauf 470.

Werkvertrag.

634 s. **Kauf** — Kauf 470.

651 Beschaffung von N. zur Herstellung eines Werkes s. **Werkvertrag** — Werkvertrag.

Nichtausübung.

Kauf.

506 Von der N. des Vorkaufsrechts abhängiger Kauf s. **Kauf** — Kauf.

1098 **Vorkaufsrecht** s. **Kauf** — Kauf 506.

Nichtbefugnis.

Namen.

12 Unbefugter Gebrauch eines gleichen Namens s. **Namen** — Namen.

Nießbrauch.

1053 Unbefugter Gebrauch einer zum Nießbrauch überlassenen Sache s. **Niessbrauch** — Nießbrauch.

Nichtbeobachtung.

Ehe.

1324 Eine Ehe ist nichtig, wenn bei der Eheschließung die im § 1317 vorgeschriebene Form nicht beobachtet worden ist. 1323, 1329.

Nichtberechtigter.

Bedingung.

161 Vorschriften zu Gunsten derjenigen, welche Rechte von einem N. herleiten s. **Bedingung** — Bedingung.

Nichtberechtigung

§ stattung nicht von dem Eigentümer, sondern von einem anderen ausgeht, dem Erzeugnisse oder sonstige Bestandteile einer Sache nach der Trennung gehören. 953, 954, 955, 957.

957 N. zur Gestattung der Aneignung von Erzeugnissen und sonstigen Bestandteilen einer Sache f. **Eigentum** — Eigentum.

986 N. des mittelbaren Besitzers einer Sache dem Eigentümer gegenüber, den Besitz an den Besitzer zu überlassen f. **Eigentum** — Eigentum.

990 f. **Eigentum** — Eigentum.

Art. **Einführungsgesetz.**

26 f. **E.G.** — E.G.

53, 120 f. **Hypothek** — Hypothek § 1128.

95 f. Ehe § 1358, Geschäftsfähigkeit § 109.

99, 102, 177, 178 f. **Schuldverschreibung** — Schuldverschreibung § 808.

122, 183 f. **Eigentum** — Eigentum § 910.

§ **Erbe.**

1942 Der Fiskus kann die ihm als g. Erben angefallene Erbschaft nicht ausschlagen.

1943 N. des Erben, eine Erbschaft auszuschlagen f. **Erbe** — Erbe.

2012 N. des Nachlaßpflegers oder eines Nachlaßverwalters, auf die Beschränkung der Haftung des Erben zu verzichten f. **Erbe** — Erbe.

2013 N. des Erben, die Anordnung einer Nachlaßverwaltung zu beantragen f. **Erbe** — Erbe.

2026 Der Erbschaftsbesitzer kann sich dem Erben gegenüber, solange nicht der Erbschaftsanspruch verjährt ist, nicht auf die Ersitzung einer Sache berufen, die er als zur Erbschaft gehörend im Besitze hat.

2033 N. eines Miterben, über seinen Anteil an den einzelnen Nachlaßgegenständen zu verfügen f. **Erbe** — Erbe.

2040 N. des Schuldners, gegen eine zum Nachlasse gehörende Forderung eine ihm gegen einen einzelnen Miterben zustehende Forderung aufzurechnen f. **Erbe** — Erbe.

Erbschaftskauf.

2375 N. des Käufers der Erbschaft, wegen Verschlechterung, Unterganges oder einer aus einem anderen Grunde eingetretenen Unmöglichkeit der Herausgabe eines Erbschaftsgegenstandes Ersatz zu verlangen f. **Erbschaftskauf** — Erbschaftskauf.

Erbvertrag.

2285 Die im § 2080 bezeichneten Personen können den Erbvertrag auf Grund der §§ 2078, 2079 nicht mehr anfechten, wenn das Anfechtungsrecht des Erblassers zur Zeit des Erbfalls erloschen ist.

Geschäftsfähigkeit.

109 Hat der mit einem Minderjährigen einen Vertrag Schließende die Minderjährigkeit gekannt, so kann er den Vertrag nur widerrufen, wenn der Minderjährige der Wahrheit zuwider die Einwilligung des Vertreters behauptet hat; er kann auch in diesem Falle nicht widerrufen, wenn ihm das Fehlen der Einwilligung bei dem Abschlusse des Vertrags bekannt war. 106.

Gesellschaft.

713 **Auftrag** — Auftrag 664.

719 Ein Gesellschafter kann nicht über seinen Anteil an dem Gesellschaftsvermögen und an den einzelnen dazu gehörenden Gegenständen verfügen; er ist nicht berechtigt, Teilung zu verlangen.

Gegen eine Forderung, die zum Gesellschaftsvermögen gehört, kann der Schuldner nicht eine ihm gegen einen einzelnen Gesellschafter zustehende Forderung aufrechnen.

732 Gegenstände, die ein Gesellschafter der Gesellschaft zur Benutzung über-

§ lassen hat, sind ihm bei der Auseinandersetzung zurückzugeben. Für einen durch Zufall in Abgang gekommenen oder verschlechterten Gegenstand kann er nicht Ersatz verlangen. 731, 738.

Grundstück.

884 Soweit der Anspruch auf Einräumung oder Aufhebung eines Rechtes an einem Grundstück oder an einem das Grundstück belastenden Rechte oder auf Änderung des Inhalts oder des Ranges eines solchen Rechtes durch die Vormerkung gesichert ist, kann sich der Erbe des Verpflichteten nicht auf die Beschränkung seiner Haftung berufen.

Güterrecht.

1375 Das Verwaltungsrecht des Mannes umfaßt bei g. Güterrecht nicht die Befugnis, die Frau durch Rechtsgeschäfte zu verpflichten, oder über eingebrachtes Gut ohne ihre Zustimmung zu verfügen. 1525.

1397 Hat der mit einer Frau einen Vertrag Schließende gewußt, daß die Frau Ehefrau ist, so kann er bei g. Güterrecht den Vertrag nur widerrufen, wenn die Frau der Wahrheit zuwider die Einwilligung des Mannes behauptet hat; er kann auch in diesem Falle nicht widerrufen, wenn ihm das Fehlen der Einwilligung bei dem Abschlusse des Vertrages bekannt war. 1401, 1404, 1448, 1525.

1410 Die Gläubiger des Mannes können bei g. Güterrecht nicht Befriedigung aus dem eingebrachten Gute verlangen. 1525.

1424 N. eines Dritten bei g. Güterrecht sich darauf zu berufen, daß der Mann auch nach Beendigung der Verwaltung und Nutznießung zur Fortführung der Verwaltung des eingebrachten Gutes berechtigt ist s. **Güterrecht** — Güterrecht.

§

1442 Ein Ehegatte kann nicht über seinen Anteil an dem Gesamtgut der a. Gütergemeinschaft und an den einzelnen dazu gehörenden Gegenständen verfügen; er ist nicht berechtigt, Teilung zu verlangen. 1471, 1487, 1497, 1519, 1546.

1448 Nimmt der Mann bei a. Gütergemeinschaft ohne Einwilligung der Frau ein Rechtsgeschäft der in den §§ 1444 bis 1446 bezeichneten Art vor, so finden die für eine Verfügung der Frau über eingebrachtes Gut geltenden Vorschriften des § 1396 Abs. 1, 3 und der §§ 1397, 1398 entsprechende Anwendung. 1487, 1519.

1472 Die Verwaltung des Gesamtguts der a. Gütergemeinschaft steht bis zur Auseinandersetzung beiden Ehegatten gemeinschaftlich zu. Die Vorschriften des § 1424 finden entsprechende Anwendung. 1497, 1546.

1475 Fällt eine Gesamtgutsverbindlichkeit im Verhältnisse der Ehegatten zu einander einem der Ehegatten allein zur Last, so kann dieser die Berichtigung aus dem Gesamtgute der a. Gütergemeinschaft nicht verlangen. 1474, 1498, 1546.

1484 s. **Erbe** — Erbe 1943.

1487 Die Rechte und Verbindlichkeiten des überlebenden Ehegatten sowie der anteilsberechtigten Abkömmlinge in Ansehung des Gesamtguts der f. Gütergemeinschaft bestimmen sich nach den für die eheliche Gütergemeinschaft geltenden Vorschriften der §§ 1442 bis 1449, 1455—1457, 1466, 1518.

1497 Bis zur Auseinandersetzung bestimmt sich das Rechtsverhältnis der Teilhaber am Gesamtgute der f. Gütergemeinschaft nach den §§ 1442, 1472, 1473.

1498 Auf die Auseinandersetzung finden bei f. Gütergemeinschaft die Vorschriften der §§ 1475, 1476, des § 1477

§ Abs. 1 und der §§ 1479—1481 Anwendung. 1518.

1519, 1525, 1546 s. **Errungenschaftsgemeinschaft** — Güterrecht.

Hypothek.

1120 s. **Eigentum** — Eigentum 955 bis 957.

1121 Erzeugnisse und sonstige Bestandteile des Grundstücks sowie Zubehörstücke werden von der Haftung für die Hypothek frei, wenn sie veräußert und von dem Grundstück entfernt werden, bevor sie zu Gunsten des Gläubigers in Beschlag genommen worden sind.

Erfolgt die Veräußerung vor der Entfernung, so kann sich der Erwerber dem Gläubiger gegenüber nicht darauf berufen, daß er in Ansehung der Hypothek in gutem Glauben gewesen sei. Entfernt der Erwerber die Sache von dem Grundstücke, so ist eine vor der Entfernung erfolgte Beschlagnahme ihm gegenüber nur wirksam, wenn er bei der Entfernung in Ansehung der Beschlagnahme nicht in gutem Glauben ist.

1125 Soweit die Einziehung des Miet- oder Pachtzinses dem Hypothekengläubiger gegenüber unwirksam ist, kann der Mieter oder der Pächter nicht eine ihm gegen den Vermieter oder den Verpächter zustehende Forderung gegen den Hypothekengläubiger aufrechnen. 1126.

1128 Ist ein Gebäude versichert, so kann der Versicherer sich nicht darauf berufen, daß er eine aus dem Grundbuch ersichtliche Hypothek nicht gekannt habe s. **Hypothek** — Hypothek.

1137 Stirbt der persönliche Schuldner, so kann sich der Eigentümer eines mit Hypotheken belasteten Grundstücks nicht darauf berufen, daß der Erbe für die Schuld nur beschränkt haftet. 1138.

1149 Der Eigentümer eines mit Hypotheken belasteten Grundstücks kann, solange nicht die Hypothekenforderung ihm gegenüber fällig geworden ist, dem Gläubiger nicht das Recht einräumen, zum Zwecke der Befriedigung die Übertragung des Eigentums an dem Grundstücke zu verlangen oder die Veräußerung des Grundstücks auf andere Weise als im Wege der Zwangsvollstreckung zu bewirken.

1184 Eine Hypothek kann in der Weise bestellt werden, daß das Recht des Gläubigers aus der Hypothek sich nur nach der Forderung bestimmt und der Gläubiger sich zum Beweise der Forderung nicht auf die Eintragung berufen kann (Sicherungshypothek).

Die Hypothek muß im Grundbuch als Sicherungshypothek bezeichnet werden.

Leihe.

603 Der Entleiher darf von der geliehenen Sache keinen anderen als den vertragsmäßigen Gebrauch machen. Er ist ohne die Erlaubnis des Verleihers nicht berechtigt, den Gebrauch der Sache einem Dritten zu überlassen.

Leistung.

266 Der Schuldner ist zu Teilleistungen nicht berechtigt.

272 Bezahlt der Schuldner eine unverzinsliche Schuld vor der Fälligkeit, so ist er zu einem Abzuge wegen der Zwischenzinsen nicht berechtigt.

Miete.

539 Kennt der Mieter bei dem Abschlusse des Vertrags den Mangel der gemieteten Sache, so stehen ihm die in den §§ 537, 538 bestimmten Rechte nicht zu. 541, 543.

545 N. des Mieters, die im § 537 bestimmten Rechte geltend zu machen oder nach § 542 Abs. 1 Satz 3 ohne Bestimmung einer Frist zu kündigen oder Schadensersatz wegen Nichterfüllung zu verlangen s. **Miete** — Miete.

§

549 Der Mieter ist ohne die Erlaubnis des Vermieters nicht berechtigt, den Gebrauch der gemieteten Sache einem Dritten zu überlassen, insbesondere die Sache weiter zu vermieten.

556 Dem Mieter eines Grundstücks steht wegen seiner Ansprüche gegen den Vermieter ein Zurückbehaltungsrecht nicht zu.

560 N. des Vermieters, der Entfernung der Sachen des Mieters von seinem Grundstück zu widersprechen s. **Miete** — Miete.

Nießbrauch.

1037 Der Nießbraucher ist nicht berechtigt, die dem Nießbrauch unterliegende Sache umzugestalten oder wesentlich zu verändern.

1074 N. zur Verfügung über dem Nießbrauch unterliegende Forderungen s. **Niessbrauch** — Nießbrauch.

1087 Soweit der Nießbraucher zum Ersatze des Wertes verbrauchbarer Sachen verpflichtet ist, darf er eine Veräußerung nicht vornehmen s. **Niessbrauch** — Nießbrauch.

Pfandrecht.

1211 N. des Verpfänders sich darauf zu berufen, daß der Erbe des persönlichen Schuldners für die Schuld nur beschränkt haftet s. **Pfandrecht** — Pfandrecht.

1232 Ist der Pfandgläubiger nicht im Besitze des Pfandes, so kann er, sofern er nicht selbst den Verkauf betreibt, dem Verkaufe durch einen nachstehenden Pfandgläubiger nicht widersprechen. 1266.

1265 s. Hypothek 1121.

1289 s. Hypothek 1125.

Pflichtteil.

2316 Eine Zuwendung der im § 2050 Abs. 1 bezeichneten Art kann der Erblasser nicht zum Nachteil eines Pflichtteilsberechtigten von der Berücksichtigung ausschließen.

704 **Sachen** s. **Miete** — Miete 560.

Schuldverhältnis.

405 Hat der Schuldner eine Urkunde über die Schuld ausgestellt, so kann er sich, wenn die Forderung unter Vorlegung der Urkunde abgetreten wird, dem neuen Gläubiger gegenüber nicht darauf berufen, daß die Eingehung oder Anerkennung des Schuldverhältnisses nur zum Schein erfolgt oder daß die Abtretung durch Vereinbarung mit dem ursprünglichen Gläubiger ausgeschlossen sei, es sei denn, daß der neue Gläubiger bei der Abtretung den Sachverhalt kannte oder kennen mußte.

417 Der Übernehmer einer Schuld kann dem Gläubiger die Einwendungen entgegensetzen, welche sich aus dem Rechtsverhältnisse zwischen dem Gläubiger und dem bisherigen Schuldner ergeben. Eine dem bisherigen Schuldner zustehende Forderung kann er nicht aufrechnen.

Aus dem der Schuldübernahme zu Grunde liegenden Rechtsverhältnisse zwischen dem Übernehmer und dem bisherigen Schuldner kann der Übernehmer dem Gläubiger gegenüber Einwendungen nicht herleiten.

Schuldverschreibung.

793, 797 N. des Inhabers einer Schuldverschreibung zur Verfügung über dieselbe s. **Schuldverschreibung** — Schuldverschreibung.

808 N. des Inhabers einer Urkunde, in welcher der Gläubiger benannt ist, die Leistung zu verlangen s. **Schuldverschreibung** — Schuldverschreibung.

Stiftung.

81 N. des Erben des Stifters zum Widerruf der Stiftung s. **Stiftung** — Stiftung.

Testament.

2065 Der Erblasser kann eine letztwillige

§ Verfügung nicht in der Weise treffen, daß ein anderer zu bestimmen hat, ob sie gelten oder nicht gelten soll.

Der Erblasser kann die Bestimmung der Person, die eine Zuwendung erhalten soll, sowie die Bestimmung des Gegenstandes der Zuwendung nicht einem anderen überlassen. 2192.

2138 Der Vorerbe kann für Verwendungen auf Gegenstände, die er nicht herauszugeben hat, nicht Ersatz verlangen f. **Erblasser** — Testament.

2140 N. eines Dritten, sich darauf zu berufen, daß der Vorerbe auch nach dem Eintritt des Falles der Nacherbfolge über Nachlaßgegenstände in dem gleichen Umfange verfügen kann wie vorher f. **Erblasser** — Testament.

2165 N. des Vermächtnisnehmers die Beseitigung von Rechten zu verlangen, mit denen der vermachte Gegenstand belastet ist f. **Erblasser** — Testament.

2180 Der Vermächtnisnehmer kann das Vermächtnis nicht mehr ausschlagen, wenn er es angenommen hat.

2211 Über einen der Verwaltung des Testamentsvollstreckers unterliegenden Nachlaßgegenstand kann der Erbe nicht verfügen.

2214 Gläubiger des Erben, die nicht zu den Nachlaßgläubigern gehören, können sich nicht an die der Verwaltung des Testamentsvollstreckers unterliegenden Nachlaßgegenstände halten.

2217 Wegen Nachlaßverbindlichkeiten, die nicht auf einem Vermächtnis oder einer Auflage beruhen, sowie wegen bedingter und betagter Vermächtnisse oder Auflagen kann der Testamentsvollstrecker die Überlassung der Nachlaßgegenstände nicht verweigern, wenn der Erbe für die Berichtigung der Verbindlichkeiten oder für die Vollziehung der Vermächtnisse oder Auflagen Sicherheit leistet.

2218 f. **Auftrag** — Auftrag 664.

2220 Der Erblasser kann den Testamentsvollstrecker nicht von den ihm nach den §§ 2215, 2216, 2218, 2219 obliegenden Verpflichtungen befreien.

27 **Verein** f. **Auftrag** — Auftrag 664.

Verwahrung.

691 Der Verwahrer ist im Zweifel nicht berechtigt, die hinterlegte Sache bei einem Dritten zu hinterlegen.

Verwandtschaft.

1611 N. des Bedürftigen wegen einer Beschränkung des Unterhaltsanspruchs andere Unterhaltspflichtige in Anspruch zu nehmen f. **Kind** — Verwandtschaft.

1622 Die Tochter kann eine Aussteuer nicht verlangen, wenn sie für eine frühere Ehe von dem Vater oder der Mutter eine Aussteuer erhalten hat.

1630 Die Vertretung des Kindes steht dem Vater insoweit nicht zu, als nach § 1795 ein Vormund von der Vertretung des Mündels ausgeschlossen ist.

1634, 1696, 1702, 1707 N. der Mutter zur Vertretung des Kindes f. **Kind** — Verwandtschaft.

1641 Der Vater kann nicht in Vertretung des Kindes Schenkungen machen.

1644 Der Vater kann Gegenstände, zu deren Veräußerung die Genehmigung des Vormundschaftsgerichts erforderlich ist, dem Kinde nicht ohne diese Genehmigung zur Erfüllung eines von dem Kinde geschlossenen Vertrags oder zu freier Verfügung überlassen.

1645 Der Vater soll nicht ohne Genehmigung des Vormundschaftsgerichts ein neues Erwerbsgeschäft im Namen des Kindes beginnen.

1656 Steht dem Vater die Verwaltung des seiner Nutznießung unterliegenden Ver-

§ mögens des Kindes nicht zu, so kann er auch die Nutznießung nicht ausüben. 1658.

1676 N. des Vaters zur Vertretung des Kindes s. **Kind** — Verwandtschaft.

1678 So lange die elterliche Gewalt des Vaters ruht, ist der Vater nicht berechtigt, sie auszuüben.

1682 Der Vater ist auch nach der Beendigung seiner elterlichen Gewalt zur Fortführung der mit der Sorge für die Person und das Vermögen des Kindes verbundenen Geschäfte berechtigt, bis er von der Beendigung Kenntnis erlangt oder sie kennen muß. Ein Dritter kann sich auf diese Berechtigung nicht berufen, wenn er bei der Vornahme eines Rechtsgeschäfts die Beendigung der elterlichen Gewalt kennt oder kennen muß.

Diese Vorschriften finden entsprechende Anwendung, wenn die elterliche Gewalt des Vaters ruht oder aus einem anderen Grunde seine Vermögensverwaltung aufhört.

1687, 1688 s. Vormundschaft 1777.

1718 Wer seine Vaterschaft nach der Geburt des Kindes in einer öffentlichen Urkunde anerkennt, kann sich nicht darauf berufen, daß ein anderer der Mutter innerhalb der Empfängniszeit beigewohnt habe.

Vollmacht.

166 N. des Vollmachtgebers, sich auf die Unkenntnis des Vertreters zu berufen s. **Vollmacht** — Vollmacht.

Vorkaufsrecht.

1102 Verliert der Käufer oder sein Rechtsnachfolger infolge der Geltendmachung des Vorkaufsrechts das Eigentum, so wird der Käufer, soweit der von ihm geschuldete Kaufpreis noch nicht berichtigt ist, von seiner Verpflichtung frei; den berichtigten Kaufpreis kann er nicht zurückfordern.

§ **Vormundschaft.**

1773 N. der Eltern zur Vertretung des Minderjährigen in den die Person oder das Vermögen betreffenden Angelegenheiten s. **Vormundschaft** — Vormundschaft.

1777 Der Vater kann einen Vormund nur benennen, wenn ihm zur Zeit seines Todes die elterliche Gewalt über das Kind zusteht; er hat dieses Recht nicht, wenn er in den die Person oder in den das Vermögen betreffenden Angelegenheiten nicht zur Vertretung des Kindes berechtigt ist. Das Gleiche gilt für die Mutter. 1782, 1797, 1856, 1868, 1880.

1782 Die Mutter kann einen von dem Vater als Vormund Benannten nicht von der Vormundschaft ausschließen. 1778, 1785, 1866.

1795 N. des Vormundes zur Vertretung des Mündels s. **Vormundschaft** — Vormundschaft.

1804 Der Vormund kann nicht in Vertretung des Mündels Schenkungen machen.

1805 Der Vormund darf nicht Vermögen des Mündels für sich verwenden.

1824 Der Vormund kann Gegenstände, zu deren Veräußerung die Genehmigung des Gegenvormundes oder des Vormundschaftsgerichts erforderlich ist, dem Mündel nicht ohne diese Genehmigung zur Erfüllung eines von diesem geschlossenen Vertrags oder zu freier Verfügung überlassen.

1893 s. Verwandtschaft 1682.

1898 Die Eltern des volljährigen Mündels sind nicht berechtigt, einen Vormund zu benennen oder jemand von der Vormundschaft auszuschließen. 1897.

1899 s. **Kind** — Verwandtschaft 1702.

1903 Wird der Vater des volljährigen Mündels zum Vormunde bestellt, so unterbleibt die Bestellung eines Gegenvormundes. Dem Vater stehen die

§ Befreiungen zu, die nach den §§ 1852 bis 1854 angeordnet werden können. Das Vormundschaftsgericht kann die Befreiungen außer Kraft setzen, wenn sie das Interesse des Mündels gefährden.

Diese Vorschriften finden keine Anwendung, wenn der Vater im Falle der Minderjährigkeit des Mündels zur Vermögensverwaltung nicht berechtigt sein würde. 1897, 1904.

1904 Wird dem volljährigen Mündel ein Gegenvormund bestellt, so stehen der Mutter als Vormund die im § 1852 bezeichneten Befreiungen nicht zu. 1897.

1905 Die Eltern des volljährigen Mündels sind nicht berechtigt, Anordnungen über die Einsetzung und Aufhebung eines Familienrats oder über die Mitgliedschaft zu treffen. 1897.

Nichtbestehen.

Bereicherung.

812 Anerkennung des N. eines Schuldverhältnisses s. **Bereicherung** — Bereicherung.

Art. **Einführungsgesetz.**

149, *151* s. Testament § 2234.

163 s. Verein § 44.

§ **Erbe.**

1994 Auf die Wirksamkeit der Bestimmung einer Inventarfrist ist es ohne Einfluß, wenn die Forderung des die Aufnahme des Inventars betreibenden Gläubigers nicht besteht.

2005 Aufnahme einer nicht bestehenden Nachlaßverbindlichkeit in das Inventar s. **Erbe** — Erbe.

Erbschaftskauf.

2376, 2378 Haftung des Verkäufers der Erbschaft dafür, daß nicht Vermächtnisse, Auflagen, Pflichtteilslasten, Ausgleichungspflichten oder Teilungsanordnungen bestehen s. **Erbschaftskauf** — Erbschaftskauf.

§ **Erbvertrag.**

2276 s. Testament 2234.

2289 s. **Pflichtteil** — Pflichtteil. 2238.

Grundstück.

891 Ist im Grundbuch ein eingetragenes Recht an einem Grundstück gelöscht, so wird vermutet, daß das Recht nicht bestehe.

1513 **Güterrecht** s. **Pflichtteil**—Pflichtteil 2338.

Hypothek.

1138, 1155 s. Grundstück 891.

Pflichtteil.

2338 Unwirksamkeit der Beschränkung des Pflichtteilsrechts, wenn zur Zeit des Erbfalls die den Grund der Anordnung bildende Überschuldung nicht mehr besteht s. **Pflichtteil**—Pflichtteil.

Schuldverhältnis.

397 Anerkennung des N. eines Schuldverhältnisses s. **Erlass**—Schuldverhältnis.

Testament.

2234 Als Richter, Notar, Gerichtsschreiber oder Zeuge kann bei der Errichtung des Testaments nicht mitwirken:

1. der Ehegatte des Erblassers, auch wenn die Ehe nicht mehr besteht;
2. . . . . 2232, 2235, 2236, 2244, 2249, 2250.

Verein.

44 Wo ein Verwaltungsstreitverfahren nicht besteht, bestimmen sich die Zuständigkeit und das Verfahren für die Entziehung der Rechtsfähigkeit des Vereins nach den Vorschriften der §§ 20, 21 der Gewerbeordnung.

62 Wo ein Verwaltungsstreitverfahren nicht besteht, kann ein Einspruch gegen Eintragung eines Vereins im Wege des Rekurses nach Maßgabe der §§ 20, 21 der Gewerbeordnung angefochten werden. 71.

Nichteintritt.

Bereicherung.

812 Die Verpflichtung zur Herausgabe

§ einer ungerechtfertigten Bereicherung besteht auch dann, wenn der rechtliche Grund später wegfällt oder der mit einer Leistung nach dem Inhalte des Rechtsgeschäfts bezweckte Erfolg nicht eintritt.

815 Rückforderung einer durch ungerechtfertigte Bereicherung erlangten Sache wegen N. des mit einer Leistung bezweckten Erfolges s. **Bereicherung** — Bereicherung.

820 Verpflichtung zur Herausgabe einer ungerechtfertigten Bereicherung, falls der mit einer Leistung bezweckte Erfolg nicht eintritt s. **Bereicherung** — Bereicherung.

Dienstvertrag.

617 N. der Verpflichtung zur Verpflegung des zur Dienstleistung Verpflichteten im Falle der Erkrankung s. **Dienstvertrag** — Dienstvertrag.

Eigentum.

908 s. **Handlung** — Handlung 836.

918 N. der Verpflichtung zur Duldung eines Notweges s. **Eigentum** — Eigentum.

935 N. des Erwerbs des Eigentums an einer Sache auf Grund der §§ 932 bis 934 s. **Eigentum** — Eigentum.

Art. **Einführungsgesetz.**

95 s. **Dienstvertrag** — Dienstvertrag § 617 s. **Handlung** — Handlung § 831.

§ **Erbunwürdigkeit.**

2339 N. der Folgen der Erbunwürdigkeit s. **Erbunwürdigkeit** — Erbunwürdigkeit.

2281 **Erbvertrag** 2285 s. **Erblasser** — Testament 2078.

Güterrecht.

1364 Die Verwaltung und Nutznießung des Mannes an dem eingebrachten Gut tritt bei g. Güterrecht nicht ein, wenn er die Ehe mit einer in der Geschäftsfähigkeit beschränkten Frau

§ ohne Einwilligung ihres g. Vertreters eingeht. 1426.

1386 N. der Verpflichtung des Mannes bei g. Güterrecht die Verbindlichkeiten der Frau zu tragen s. **Güterrecht** — Güterrecht.

1426 Tritt nach § 1364 die Verwaltung und Nutznießung des Mannes an dem eingebrachten Gut nicht ein oder endigt sie auf Grund der §§ 1418 bis 1420, so tritt Gütertrennung ein.

1529 s. **Errungenschaftsgemeinschaft** — Güterrecht.

Handlung.

827—829 N. der Verantwortlichkeit für zugefügten Schaden s. **Handlung** — Handlung.

831 N. der Schadensersatzpflicht des Geschäftsherrn s. **Handlung** — Handlung.

832, 834 N. der Schadensersatzpflicht eines Aufsichtspflichtigen s. **Handlung** — Handlung.

836, 838 N. der Schadensersatzpflicht des Besitzers eines Gebäudes, welches durch Einsturz oder Ablösung von Teilen Schaden verursacht s. **Handlung** — Handlung.

839 N. der Schadensersatzpflicht eines Beamten s. **Handlung** — Handlung.

Hypothek.

1178 N. des Erlöschens einer Hypothek s. **Hypothek** — Hypothek.

Kauf.

479 N. der Beschränkung der Aufrechnung des Schadensersatzanspruchs s. **Kauf** — Kauf.

485 N. des Rechtsverlusts des Käufers s. **Kauf** — Kauf.

Leistung.

265 N. der Beschränkung des Schuldverhältnisses s. **Leistung** — Leistung.

276 s. **Handlung** — Handlung 827.

283 N. der Verpflichtung zum Schadensersatz s **Leistung** — Leistung.

Nichterfüllung.

Nichterscheinen.

Nichtigkeit.

§ **Ehe.**

1305 s. **Kind** — Verwandtschaft 1701.

1323—1347 N. und Anfechtbarkeit der Ehe s. **Ehe** — Ehe.

1323 Eine Ehe ist nur in den Fällen der §§ 1324—1328 nichtig.

1324, 1329, 1344, 1345 N. einer Ehe:

1. wegen Formmangels s. **Ehe** — Ehe.

1325, 1329 2. wenn einer der Ehegatten zur Zeit der Eheschließung geschäftsunfähig war oder sich im Zustande der Bewußtlosigkeit oder vorübergehender Störung der Geistesthätigkeit befand s. **Ehe** — Ehe.

1326 3. wenn einer der Ehegatten zur Zeit der Eheschließung mit einem Dritten in einer gültigen Ehe lebte. 1323, 1329.

1327 4. wenn sie zwischen Verwandten oder Verschwägerten dem Verbote des § 1310 Abs. 1 zuwider geschlossen worden ist. 1323, 1329.

1328, 1329 5. wenn sie wegen Ehebruchs nach § 1312 verboten war s. **Ehe** — Ehe.

1342 Mitteilung der Anfechtung einer Ehe demjenigen gegenüber, der im Falle der N. der Ehe Erbe des verstorbenen Ehegatten ist s. **Ehe** — Ehe.

1343 Wird eine anfechtbare Ehe angefochten, so ist sie als von Anfang an nichtig anzusehen. Die Vorschrift des § 142 Abs. 2 findet Anwendung.

Die N. einer anfechtbaren Ehe, die im Wege der Klage angefochten worden ist, kann, solange nicht die Ehe für nichtig erklärt oder aufgelöst ist, nicht anderweit geltend gemacht werden.

§

1344 Einem Dritten gegenüber können aus der N. der Ehe Einwendungen gegen ein zwischen ihm und einem der Ehegatten vorgenommenes Rechtsgeschäft oder gegen ein zwischen ihnen ergangenes rechtskräftiges Urteil nur hergeleitet werden, wenn zur Zeit der Vornahme des Rechtsgeschäfts oder zur Zeit des Eintritts der Rechtshängigkeit die Ehe für nichtig erklärt oder die N. dem Dritten bekannt war.

Die N. kann ohne diese Beschränkung geltend gemacht werden, wenn sie auf einem Formmangel beruht und die Ehe nicht in das Heiratsregister eingetragen worden ist.

1345 War dem einen Ehegatten die N. der Ehe bei der Eheschließung bekannt, so kann der andere Ehegatte, sofern nicht auch ihm die N. bekannt war, nach der Nichtigkeitserklärung oder der Auflösung der Ehe verlangen, daß ihr Verhältnis in vermögensrechtlicher Beziehung, insbesondere auch in Ansehung der Unterhaltspflicht, so behandelt wird, wie wenn die Ehe zur Zeit der Nichtigkeitserklärung oder der Auflösung geschieden und der Ehegatte, dem die N. bekannt war, für allein schuldig erklärt worden wäre.

Diese Vorschrift findet keine Anwendung, wenn die N. auf einem Formmangel beruht und die Ehe nicht in das Heiratsregister eingetragen worden ist. 1346, 1347.

1346 Wird eine wegen Drohung anfechtbare Ehe für nichtig erklärt, so steht das im § 1345 Abs. 1 bestimmte Recht dem anfechtungsberechtigten Ehegatten zu. Wird eine wegen Irrtums anfechtbare Ehe für nichtig erklärt, so steht dieses Recht dem zur Anfechtung nicht berechtigten Ehegatten zu, es sei denn, daß dieser den Irrtum bei der Eingehung der Ehe kannte oder kennen mußte.

§
1347 Geltendmachung der Folgen der N. einer Ehe s. **Ehe** — Ehe.
1348 N. einer nach der Todeserklärung des einen Ehegatten von dem anderen Ehegatten eingegangenen Ehe s. **Ehe** — Ehe.

Art. **Einführungsgesetz.**
95 s. Geschäftsfähigkeit § 105.
131 s. **Gemeinschaft** — Gemeinschaft § 749.
149, 151 s. **Erblasser** — Testament § 2235.
159 s. **Ehe** — Ehe § 1348.
198, 207 s. **E.G.** — E.G.

§
2042 **Erbe** 2044 s. **Gemeinschaft** — Gemeinschaft 749.

Erbvertrag.
2276 s. **Erblasser** — Testament 2235.
2279 s. **Erblasser** — Testament 2077.
2298 N. einer in einem Erbvertrage getroffenen Verfügung s. **Erbvertrag** — Erbvertrag.
2300 s. Testament 2263.
2302 Ein Vertrag, durch den sich jemand verpflichtet, eine Verfügung von Todeswegen zu errichten oder nicht zu errichten, aufzuheben oder nicht aufzuheben, ist nichtig.

Gemeinschaft.
749 N. einer Vereinbarung, durch welche das Recht, die Aufhebung der Gemeinschaft zu verlangen, ausgeschlossen oder beschränkt wird s. **Gemeinschaft** — Gemeinschaft.

Geschäftsfähigkeit.
105 Die Willenserklärung eines Geschäftsunfähigen ist nichtig.

Nichtig ist auch eine Willenserklärung, die im Zustande der Bewußtlosigkeit oder vorübergehender Störung der Geistesthätigkeit abgegeben wird.

Gesellschaft.
723 N. der Vereinbarung, durch welche das Recht zur Kündigung einer Gesellschaft ausgeschlossen oder beschränkt wird s. **Gesellschaft** — Gesellschaft.

§ **Hypothek.**
1136 Eine Vereinbarung, durch die sich der Eigentümer eines mit Hypotheken belasteten Grundstücks dem Gläubiger gegenüber verpflichtet, das Grundstück nicht zu veräußern oder nicht weiter zu belasten, ist nichtig.

Kauf.
443 Eine Vereinbarung, durch welche die nach den §§ 433—437, 439—442 wegen eines Mangels im Rechte dem Verkäufer obliegende Verpflichtung zur Gewährleistung erlassen oder beschränkt wird, ist nichtig, wenn der Verkäufer den Mangel arglistig verschweigt. 445.
476 Eine Vereinbarung, durch welche die Verpflichtung des Verkäufers zur Gewährleistung wegen Mängel der Sache erlassen oder beschränkt wird, ist nichtig, wenn der Verkäufer den Mangel arglistig verschweigt. 480, 481.

Leistung.
248 Eine im voraus getroffene Vereinbarung, daß fällige Zinsen wieder Zinsen tragen sollen, ist mit Ausnahme der im Abs. 2 vorgesehenen besonderen Fälle, nichtig.

Miete.
540 Eine Vereinbarung, durch welche die Verpflichtung des Vermieters zur Vertretung von Mängeln der vermieteten Sache erlassen oder beschränkt wird, ist nichtig, wenn der Vermieter den Mangel arglistig verschweigt. 541, 543.

Pfandrecht.
1229 Eine vor dem Eintritte der Verkaufsberechtigung getroffene Vereinbarung, nach welcher dem Pfandgläubiger, falls er nicht oder nicht rechtzeitig befriedigt wird, das Eigentum an der Sache zufallen oder übertragen werden soll, ist nichtig. 1266, 1277.
523 **Schenkung** s. Kauf 443.

Schuldverschreibung.
795 Eine ohne staatliche Genehmigung in

§ Willenserklärung s. **Willenserklärung** — Willenserklärung.

118 Eine nicht ernstlich gemeinte Willenserklärung, die in der Erwartung abgegeben wird, der Mangel der Ernstlichkeit werde nicht verkannt werden, ist nichtig. 122.

122 Schadensersatz wegen N. einer Willenserklärung s. **Willenserklärung** — Willenserklärung.

125 N. eines Rechtsgeschäfts wegen Formmangels s. **Willenserklärung** — Willenserklärung.

134 Ein Rechtsgeschäft, das gegen ein g. Verbot verstößt, ist nichtig, wenn sich nicht aus dem G. ein anderes ergiebt.

138 Ein Rechtsgeschäft, das gegen die guten Sitten verstößt, ist nichtig.

Nichtig ist insbesondere ein Rechtsgeschäft, durch das jemand unter Ausbeutung der Notlage, des Leichtsinns oder der Unerfahrenheit eines anderen sich oder einem Dritten für eine Leistung Vermögensvorteile versprechen oder gewähren läßt, welche den Wert der Leistung dergestalt übersteigen, daß den Umständen nach die Vermögensvorteile in auffälligem Mißverhältnisse zu der Leistung stehen.

139 N. eines Teiles eines Rechtsgeschäfts s. **Willenserklärung** — Willenserklärung.

140 Entspricht ein nichtiges Rechtsgeschäft den Erfordernissen eines anderen Rechtsgeschäfts, so gilt das letztere, wenn anzunehmen ist, daß dessen Geltung bei Kenntnis der N. gewollt sein würde.

141 Wird ein nichtiges Rechtsgeschäft von demjenigen, welcher es vorgenommen hat, bestätigt, so ist die Bestätigung als erneute Vornahme zu beurteilen.

Wird ein nichtiger Vertrag von den Parteien bestätigt, so sind diese im Zweifel verpflichtet, einander zu gewähren, was sie haben würden, wenn der Vertrag von Anfang an gültig gewesen wäre.

142 Wird ein anfechtbares Rechtsgeschäft angefochten, so ist es als von Anfang an nichtig anzusehen.

Wer die Anfechtbarkeit kannte oder kennen mußte, wird, wenn die Anfechtung erfolgt, so behandelt, wie wenn er die N. des Rechtsgeschäfts gekannt hätte oder hätte kennen müssen.

Nichtigkeitserklärung.

Ehe.

1309 Niemand darf eine Ehe eingehen, bevor seine frühere Ehe aufgelöst oder für nichtig erklärt worden ist. Wollen Ehegatten die Eheschließung wiederholen, so ist die vorgängige N. nicht erforderlich.

Wird gegen ein Urteil, durch das die frühere Ehe aufgelöst oder für nichtig erklärt worden ist, die Nichtigkeitsklage oder die Restitutionsklage erhoben, so dürfen die Ehegatten nicht vor der Erledigung des Rechtsstreits eine neue Ehe eingehen, es sei denn, daß die Klage erst nach dem Ablaufe der vorgeschriebenen fünfjährigen Frist erhoben worden ist.

1313 Eine Frau darf erst zehn Monate nach der Auflösung oder N. ihrer früheren Ehe eine neue Ehe eingehen, es sei denn, daß sie inzwischen geboren hat.

Von dieser Vorschrift kann Befreiung bewilligt werden. 1322.

1325 Bestätigung einer nichtigen Ehe bevor sie für nichtig erklärt ist s. **Ehe** — Ehe.

1329 Die Nichtigkeit einer nach den §§ 1325 bis 1328 nichtigen Ehe kann, solange nicht die Ehe für nichtig erklärt oder aufgelöst ist, nur im Wege der Nichtigkeitsklage geltend gemacht werden. Das Gleiche gilt von einer

§ nach § 1324 nichtigen Ehe, wenn sie in das Heiratsregister eingetragen worden ist.

1341 Die Anfechtung einer Ehe gilt als nicht erfolgt, wenn die angefochtene Ehe vor der N. nach Maßgabe des § 1337 genehmigt oder bestätigt wird.

1343—1346 f. **Nichtigkeit** — Ehe.

Art.

198 **Einführungsgesetz** f. **E.G.**—E.G.

Nichtigkeitsklage.

§ **Ehe.**

1309, 1329 f. **Nichtigkeitserklärung** — Ehe.

1324 Erhebung der N., nachdem die Ehegatten, die eine nichtige Ehe geschlossen haben, zehn Jahre miteinander als Ehegatten gelebt hatten f. **Ehe** — Ehe.

Nichtvorhandensein.

Art. **Einführungsgesetz.**

86 f. **E.G.** — E.G.

§ **Erbe.**

1964 Wird der Erbe nicht innerhalb einer den Umständen entsprechenden Frist ermittelt, so hat das Nachlaßgericht festzustellen, daß ein anderer Erbe als der Fiskus nicht vorhanden ist.

Die Feststellung begründet die Vermutung, daß der Fiskus g. Erbe sei. 1965.

1966 Von dem Fiskus als g. Erben und gegen den Fiskus als g. Erben kann ein Recht erst geltend gemacht werden, nachdem von dem Nachlaßgerichte festgestellt worden ist, daß ein anderer Erbe nicht vorhanden ist.

1982, 1988, 1990 N. einer den Kosten der Nachlaßverwaltung entsprechenden Nachlaßmasse f. **Erbe** — Erbe.

2009 N. weiterer Nachlaßgegenstände als der im Inventar angegebenen f. **Erbe** — Erbe.

Erbfolge.

1925 N. von Abkömmlingen der Eltern des Erblassers f. **Erbe** — Erbfolge.

§

1926 N. von Abkömmlingen der Großeltern des Erblassers f. **Erbe** — Erbfolge.

1931 N. von Verwandten der ersten oder zweiten Ordnung f. **Erbe** — Erbfolge.

1480 **Güterrecht** 1504 f. **Erbe** — Erbe 1990.

Kauf.

490 Zusicherung des N. eines Hauptmangels der gekauften Sache f. **Kauf** — Kauf.

419 **Schuldverhältnis** f. **Erbe** — Erbe 1990.

2145 **Testament** f. **Erbe** — Erbe 1990.

1691 **Verwandtschaft** f. Vormundschaft 1810.

Vormundschaft.

1810 Ist ein Gegenvormund nicht vorhanden,

1. so soll die Anlegung des Mündelgeldes nur mit Genehmigung des Vormundschaftsgerichts erfolgen. 1852;

1812 2. so tritt an die Stelle der Genehmigung des Gegenvormundes zu einer Verfügung des Vormundes über Mündelvermögen die Genehmigung des Vormundschaftsgerichts,

sofern nicht die Vormundschaft von mehreren Vormündern gemeinschaftlich geführt wird. 1825, 1852.

1858 Die Einsetzung des Familienrates unterbleibt, wenn die erforderliche Zahl geeigneter Personen nicht vorhanden ist. 1868.

1864 Wird der Familienrat durch vorübergehende Verhinderung eines Mitglieds beschlußunfähig und ist ein Ersatzmitglied nicht vorhanden, so ist für die Dauer der Verhinderung ein Ersatzmitglied zu bestellen. Die Auswahl steht dem Vorsitzenden zu. 1867.

1879 Das Vormundschaftsgericht hat den Familienrat aufzuheben, wenn es an der zur Beschlußfähigkeit erforderlichen Zahl von Mitgliedern fehlt und

§ geeignete Personen zur Ergänzung nicht vorhanden sind.

Niederlassung.

Bürgschaft.

772 Besteht die Bürgschaft für eine Geldforderung, so muß die Zwangsvollstreckung in die beweglichen Sachen des Hauptschuldners an seinem Wohnsitz und, wenn der Hauptschuldner an einem anderen Orte eine gewerbliche N. hat, auch an diesem Orte, in Ermangelung eines Wohnsitzes und einer gewerblichen N. an seinem Aufenthaltsorte versucht werden. 777.

773, 775 Wesentliche Erschwerung der Rechtsverfolgung gegen den Hauptschuldner infolge einer nach der Übernahme der Bürgschaft eingetretenen Änderung des Wohnsitzes, der gewerblichen N. oder des Aufenthaltsorts des Hauptschuldners s. **Bürge** — Bürgschaft.

Leistung.

269 Ort der gewerblichen N. des Schuldners als Ort der Leistung s. **Leistung** — Leistung.

270 Ort der gewerblichen N. des Gläubigers als Ort der Leistung s. **Leistung** — Leistung.

Schuldverschreibung.

795 Im Inland ausgestellte Schuldverschreibungen auf den Inhaber, in denen die Zahlung einer bestimmten Geldsumme versprochen wird, dürfen nur mit staatlicher Genehmigung in den Verkehr gebracht werden.

Die Genehmigung wird durch die Centralbehörde des Bundesstaats erteilt, in dessen Gebiete der Aussteller seinen Wohnsitz oder seine gewerbliche N. hat. . . . .

Wohnsitz.

7 Wer sich an einem Orte ständig niederläßt, begründet an diesem Orte seinen Wohnsitz.

§ Der Wohnsitz kann gleichzeitig an mehreren Orten bestehen.

Der Wohnsitz wird aufgehoben, wenn die N. mit dem Willen aufgehoben wird, sie aufzugeben.

Niessbrauch.

Dienstbarkeit.

1090 s. Nießbrauch 1061.

1093 Als beschränkte persönliche Dienstbarkeit kann auch das Recht bestellt werden, ein Gebäude oder einen Teil eines Gebäudes unter Ausschluß des Eigentümers als Wohnung zu benutzen. Auf dieses Recht finden die für den N. geltenden Vorschriften der §§ 1031, 1034, 1036, des § 1037 Abs. 1 und der §§ 1041, 1042, 1044, 1049, 1050, 1057, 1062 entsprechende Anwendung.

Art.

185 **Einführungsgesetz** s. **E.G.** — E.G.

§ **Güterrecht.**

1372 Jeder Ehegatte kann bei g. Güterrecht verlangen, daß der Bestand des eingebrachten Gutes durch Aufnahme eines Verzeichnisses unter Mitwirkung des anderen Ehegatten festgestellt wird. Auf die Aufnahme des Verzeichnisses finden die für den N. geltenden Vorschriften des § 1035 Anwendung.

Jeder Ehegatte kann den Zustand der zum eingebrachten Gute gehörenden Sachen auf seine Kosten durch Sachverständige feststellen lassen.

1378 Gehört bei g. Güterrecht zum eingebrachten Gute ein Grundstück samt Inventar, so bestimmen sich die Rechte und die Pflichten des Mannes in Ansehung des Inventars nach den für den N. geltenden Vorschriften des § 1048 Abs. 1. 1525.

1384 s. **Nutzungen** — Güterrecht.

1423 s. Nießbrauch 1056.

1525 s. **Errungenschaftsgemeinschaft** Güterrecht.

1528 Jeder Ehegatte kann im Falle der

§ Errungenschaftsgemeinschaft verlangen, daß der Bestand seines eigenen und des dem anderen Ehegatten gehörenden eingebrachten Gutes durch Aufnahme eines Verzeichnisses unter Mitwirkung des anderen Ehegatten festgestellt wird. Auf die Aufnahme des Verzeichnisses finden die für den N. geltenden Vorschriften des § 1035 Anwendung.

Nießbrauch §§ 1030—1089.

1030—1067 N. an Sachen.

1030 Eine Sache kann in der Weise belastet werden, daß derjenige, zu dessen Gunsten die Belastung erfolgt, berechtigt ist, die Nutzungen der Sache zu ziehen (N.).

Der N. kann durch den Ausschluß einzelner Nutzungen beschränkt werden.

1031 Mit dem N. an einem Grundstück erlangt der Nießbraucher den N. an dem Zubehöre nach den für den Erwerb des Eigentums geltenden Vorschriften des § 926.

1032 Zur Bestellung des N. an einer beweglichen Sache ist erforderlich, daß der Eigentümer die Sache dem Erwerber übergiebt und beide darüber einig sind, daß diesem der N. zustehen soll. Die Vorschriften des § 929 Satz 2 und der §§ 930 bis 936 finden entsprechende Anwendung; in den Fällen des § 936 tritt nur die Wirkung ein, daß der N. dem Rechte des Dritten vorgeht.

1033 Der N. an einer beweglichen Sache kann durch Ersitzung erworben werden. Die für den Erwerb des Eigentums durch Ersitzung geltenden Vorschriften finden entsprechende Anwendung.

1034 Der Nießbraucher kann den Zustand der Sache auf seine Kosten durch Sachverständige feststellen lassen. Das gleiche Recht steht dem Eigentümer zu.

1035 Bei dem N. an einem Inbegriffe von Sachen sind der Nießbraucher und der Eigentümer einander verpflichtet, zur Aufnahme eines Verzeichnisses der Sachen mitzuwirken. Das Verzeichnis ist mit der Angabe des Tages der Aufnahme zu versehen und von beiden Teilen zu unterzeichnen; jeder Teil kann verlangen, daß die Unterzeichnung öffentlich beglaubigt wird. Jeder Teil kann auch verlangen, daß das Verzeichnis durch die zuständige Behörde oder durch einen zuständigen Beamten oder Notar aufgenommen wird. Die Kosten hat derjenige zu tragen und vorzuschießen, welcher die Aufnahme oder die Beglaubigung verlangt.

1036 Der Nießbraucher ist zum Besitze der Sache berechtigt.

Er hat bei der Ausübung des Nutzungsrechts die bisherige wirtschaftliche Bestimmung der Sache aufrechtzuerhalten und nach den Regeln einer ordnungsmäßigen Wirtschaft zu verfahren.

1037 Der Nießbraucher ist nicht berechtigt, die Sache umzugestalten oder wesentlich zu verändern.

Der Nießbraucher eines Grundstücks darf neue Anlagen zur Gewinnung von Steinen, Kies, Sand, Lehm, Thon, Mergel, Torf und sonstigen Bodenbestandteilen errichten, sofern nicht die wirtschaftliche Bestimmung des Grundstücks dadurch wesentlich verändert wird.

1038 Ist ein Wald Gegenstand des N., so kann sowohl der Eigentümer als der Nießbraucher verlangen, daß das Maß der Nutzung und die Art der wirtschaftlichen Behandlung durch einen Wirtschaftsplan festgestellt werden. Tritt eine erhebliche Änderung der Umstände ein, so kann jeder Teil eine entsprechende Änderung des Wirtschaftsplans verlangen. Die Kosten hat jeder Teil zur Hälfte zu tragen.

Das Gleiche gilt, wenn ein Berg-

§ werk oder eine andere auf Gewinnung von Bodenbestandteilen gerichtete Anlage Gegenstand des N. ist.

1039 Der Nießbraucher erwirbt das Eigentum auch an solchen Früchten, die er den Regeln einer ordnungsmäßigen Wirtschaft zuwider oder die er deshalb im Übermaße zieht, weil dies infolge eines besonderen Ereignisses notwendig geworden ist. Er ist jedoch, unbeschadet seiner Verantwortlichkeit für ein Verschulden, verpflichtet, den Wert der Früchte dem Eigentümer bei der Beendigung des N. zu ersetzen und für die Erfüllung dieser Verpflichtung Sicherheit zu leisten. Sowohl der Eigentümer als der Nießbraucher kann verlangen, daß der zu ersetzende Betrag zur Wiederherstellung der Sache insoweit verwendet wird, als es einer ordnungsmäßigen Wirtschaft entspricht.

Wird die Verwendung zur Wiederherstellung der Sache nicht verlangt, so fällt die Ersatzpflicht weg, soweit durch den ordnungswidrigen oder den übermäßigen Fruchtbezug die dem Nießbraucher gebührenden Nutzungen beeinträchtigt werden.

1040 Das Recht des Nießbrauchers erstreckt sich nicht auf den Anteil des Eigentümers an einem Schatze, der in der Sache gefunden wird.

1041 Der Nießbraucher hat für die Erhaltung der Sache in ihrem wirtschaftlichen Bestande zu sorgen. Ausbesserungen und Erneuerungen liegen ihm nur insoweit ob, als sie zu der gewöhnlichen Unterhaltung der Sache gehören.

1042 Wird die Sache zerstört oder beschädigt oder wird eine außergewöhnliche Ausbesserung oder Erneuerung der Sache oder eine Vorkehrung zum Schutze der Sache gegen eine nicht vorhergesehene Gefahr erforderlich, so hat der Nießbraucher dem Eigentümer unverzüglich Anzeige zu machen. Das Gleiche gilt, wenn sich ein Dritter ein Recht an der Sache anmaßt.

1043 Nimmt der Nießbraucher eines Grundstücks eine erforderlich gewordene außergewöhnliche Ausbesserung oder Erneuerung selbst vor, so darf er zu diesem Zwecke innerhalb der Grenzen einer ordnungsmäßigen Wirtschaft auch Bestandteile des Grundstücks verwenden, die nicht zu den ihm gebührenden Früchten gehören. 1044.

1044 Nimmt der Nießbraucher eine erforderlich gewordene Ausbesserung oder Erneuerung der Sache nicht selbst vor, so hat er dem Eigentümer die Vornahme und, wenn ein Grundstück Gegenstand des N. ist, die Verwendung der im § 1043 bezeichneten Bestandteile des Grundstücks zu gestatten.

1045 Der Nießbraucher hat die Sache für die Dauer des N. gegen Brandschaden und sonstige Unfälle auf seine Kosten unter Versicherung zu bringen, wenn die Versicherung einer ordnungsmäßigen Wirtschaft entspricht. Die Versicherung ist so zu nehmen, daß die Forderung gegen den Versicherer dem Eigentümer zusteht.

Ist die Sache bereits versichert, so fallen die für die Versicherung zu leistenden Zahlungen dem Nießbraucher für die Dauer des N. zur Last, soweit er zur Versicherung verpflichtet sein würde.

1046 An der Forderung gegen den Versicherer steht dem Nießbraucher der N. nach den Vorschriften zu, die für den N. an einer auf Zinsen ausstehenden Forderung gelten.

Tritt ein unter die Versicherung fallender Schaden ein, so kann sowohl der Eigentümer als der Nießbraucher verlangen, daß die Versicherungssumme zur Wiederherstellung der

§ Sache oder zur Beschaffung eines Ersatzes insoweit verwendet wird, als es einer ordnungsmäßigen Wirtschaft entspricht. Der Eigentümer kann die Verwendung selbst besorgen oder dem Nießbraucher überlassen.

1047 Der Nießbraucher ist dem Eigentümer gegenüber verpflichtet, für die Dauer des N. die auf der Sache ruhenden öffentlichen Lasten mit Ausschluß der außerordentlichen Lasten, die als auf den Stammwert der Sache gelegt anzusehen sind, sowie diejenigen privatrechtlichen Lasten zu tragen, welche schon zur Zeit der Bestellung des N. auf der Sache ruhten, insbesondere die Zinsen der Hypothekenforderungen und Grundschulden sowie die auf Grund einer Rentenschuld zu entrichtenden Leistungen.

1048 Ist ein Grundstück samt Inventar Gegenstand des N., so kann der Nießbraucher über die einzelnen Stücke des Inventars innerhalb der Grenzen einer ordnungsmäßigen Wirtschaft verfügen. Er hat für den gewöhnlichen Abgang sowie für die nach den Regeln einer ordnungsmäßigen Wirtschaft ausscheidenden Stücke Ersatz zu beschaffen; die von ihm angeschafften Stücke werden mit der Einverleibung in das Inventar Eigentum desjenigen, welchem das Inventar gehört.

Übernimmt der Nießbraucher das Inventar zum Schätzungswerte mit der Verpflichtung, es bei der Beendigung des N. zum Schätzungswerte zurückzugewähren, so finden die Vorschriften der §§ 588, 589 entsprechende Anwendung.

1049 Macht der Nießbraucher Verwendungen auf die Sache, zu denen er nicht verpflichtet ist, so bestimmt sich die Ersatzpflicht des Eigentümers nach den Vorschriften über die Geschäftsführung ohne Auftrag.

§ Der Nießbraucher ist berechtigt, eine Einrichtung mit der er die Sache versehen hat, wegzunehmen.

1050 Veränderungen oder Verschlechterungen der Sache, welche durch die ordnungsmäßige Ausübung des N. herbeigeführt werden, hat der Nießbraucher nicht zu vertreten.

1051 Wird durch das Verhalten des Nießbrauchers die Besorgnis einer erheblichen Verletzung der Rechte des Eigentümers begründet, so kann der Eigentümer Sicherheitsleistung verlangen.

1052 Ist der Nießbraucher zur Sicherheitsleistung rechtskräftig verurteilt, so kann der Eigentümer statt der Sicherheitsleistung verlangen, daß die Ausübung des N. für Rechnung des Nießbrauchers einem von dem Gerichte zu bestellenden Verwalter übertragen wird. Die Anordnung der Verwaltung ist nur zulässig, wenn dem Nießbraucher auf Antrag des Eigentümers von dem Gericht eine Frist zur Sicherheitsleistung bestimmt worden und die Frist verstrichen ist; sie ist unzulässig, wenn die Sicherheit vor dem Ablaufe der Frist geleistet wird.

Der Verwalter steht unter der Aufsicht des Gerichts wie ein für die Zwangsverwaltung eines Grundstücks bestellter Verwalter. Verwalter kann auch der Eigentümer sein.

Die Verwaltung ist aufzuheben, wenn die Sicherheit nachträglich geleistet wird. 1054, 1070.

1053 Macht der Nießbraucher einen Gebrauch von der Sache, zu dem er nicht befugt ist, und setzt er den Gebrauch ungeachtet einer Abmahnung des Eigentümers fort, so kann der Eigentümer auf Unterlassung klagen.

1054 Verletzt der Nießbraucher die Rechte des Eigentümers in erheblichem Maße und setzt er das verletzende Verhalten ungeachtet einer Abmahnung des Eigen-

§ tümers fort, so kann der Eigentümer die Anordnung einer Verwaltung nach § 1052 verlangen.

1055 Der Nießbraucher ist verpflichtet, die Sache nach der Beendigung des N. dem Eigentümer zurückzugeben.

Bei dem N. an einem landwirtschaftlichen Grundstücke finden die Vorschriften der §§ 591, 592, bei dem N. an einem Landgute finden die Vorschriften der §§ 591—593 entsprechende Anwendung.

1056 Hat der Nießbraucher ein Grundstück über die Dauer des N. hinaus vermietet oder verpachtet, so finden nach der Beendigung des N. die für den Fall der Veräußerung geltenden Vorschriften der §§ 571, 572, des § 573 Satz 1 und der §§ 574—576, 579 entsprechende Anwendung.

Der Eigentümer ist berechtigt, das Miet- oder Pachtverhältnis unter Einhaltung der g. Kündigungsfrist zu kündigen. Verzichtet der Nießbraucher auf den N., so ist die Kündigung erst von der Zeit an zulässig, zu welcher der N. ohne den Verzicht erlöschen würde.

Der Mieter oder der Pächter ist berechtigt, den Eigentümer unter Bestimmung einer angemessenen Frist zur Erklärung darüber aufzufordern, ob er von dem Kündigungsrechte Gebrauch mache. Die Kündigung kann nur bis zum Ablaufe der Frist erfolgen.

1057 Die Ersatzansprüche des Eigentümers wegen Veränderungen oder Verschlechterungen der Sache sowie die Ansprüche des Nießbrauchers auf Ersatz von Verwendungen oder auf Gestattung der Wegnahme einer Einrichtung verjähren in sechs Monaten. Die Vorschriften des § 558 Abs. 2, 3 finden entsprechende Anwendung.

1058 Im Verhältnisse zwischen dem Nießbraucher und dem Eigentümer gilt zu Gunsten des Nießbrauchers der Besteller als Eigentümer, es sei denn, daß der Nießbraucher weiß, daß der Besteller nicht Eigentümer ist.

1059 Der N. ist nicht übertragbar. Die Ausübung des N. kann einem anderen überlassen werden.

1060 Trifft ein N. mit einem anderen N. oder mit einem sonstigen Nutzungsrecht an der Sache dergestalt zusammen, daß die Rechte neben einander nicht oder nicht vollständig ausgeübt werden können, und haben die Rechte gleichen Rang, so findet die Vorschrift des § 1024 Anwendung.

1061 Der N. erlischt mit dem Tode des Nießbrauchers. Steht der N. einer juristischen Person zu, so erlischt er mit dieser.

1062 Wird der N. an einem Grundstücke durch Rechtsgeschäft aufgehoben, so erstreckt sich die Aufhebung im Zweifel auf den N. an dem Zubehöre.

1063 Der N. an einer beweglichen Sache erlischt, wenn er mit dem Eigentum in derselben Person zusammentrifft.

Der N. gilt als nicht erloschen, soweit der Eigentümer ein rechtliches Interesse an dem Fortbestehen des N. hat. 1072.

1064 Zur Aufhebung des N. an einer beweglichen Sache durch Rechtsgeschäft genügt die Erklärung des Nießbrauchers gegenüber dem Eigentümer oder dem Besteller, daß er den N. aufgebe. 1072.

1065 Wird das Recht des Nießbrauchers beeinträchtigt, so finden auf die Ansprüche des Nießbrauchers die für die Ansprüche aus dem Eigentume geltenden Vorschriften entsprechende Anwendung.

1066 Besteht ein N. an dem Anteil eines Miteigentümers, so übt der Nießbraucher die Rechte aus, die sich

§ aus der Gemeinschaft der Miteigentümer in Ansehung der Verwaltung der Sache und der Art ihrer Benutzung ergeben.

Die Aufhebung der Gemeinschaft kann nur von dem Miteigentümer und dem Nießbraucher gemeinschaftlich verlangt werden.

Wird die Gemeinschaft aufgehoben, so gebührt dem Nießbraucher der N. an den Gegenständen, welche an die Stelle des Anteils treten.

1067 Sind verbrauchbare Sachen Gegenstand des N., so wird der Nießbraucher Eigentümer der Sachen; nach der Beendigung des N. hat er dem Besteller den Wert zu ersetzen, den die Sachen zur Zeit der Bestellung hatten. Sowohl der Besteller als der Nießbraucher kann den Wert auf seine Kosten durch Sachverständige feststellen lassen.

Der Besteller kann Sicherheitsleistung verlangen, wenn der Anspruch auf Ersatz des Wertes gefährdet ist. 1075, 1084.

1068—1084 N. an Rechten.

1068 Gegenstand des N. kann auch ein Recht sein.

Auf den N. an Rechten finden die Vorschriften über den N. an Sachen entsprechende Anwendung, soweit sich nicht aus den §§ 1069—1084 ein anderes ergiebt.

1069 Die Bestellung des N. an einem Rechte erfolgt nach den für die Übertragung des Rechtes geltenden Vorschriften.

An einem Rechte, das nicht übertragbar ist, kann ein N. nicht bestellt werden. 1068.

1070 Ist ein Recht, kraft dessen eine Leistung gefordert werden kann, Gegenstand des N., so finden auf das Rechtsverhältnis zwischen dem Nießbraucher und dem Verpflichteten die Vorschriften entsprechende Anwendung, welche im Falle der Übertragung des Rechtes für das Rechtsverhältnis zwischen dem Erwerber und dem Verpflichteten gelten.

Wird die Ausübung des N. nach § 1052 einem Verwalter übertragen, so ist die Übertragung dem Verpflichteten gegenüber erst wirksam, wenn er von der getroffenen Anordnung Kenntnis erlangt oder wenn ihm eine Mitteilung von der Anordnung zugestellt wird. Das Gleiche gilt von der Aufhebung der Verwaltung. 1068.

1071 Ein dem N. unterliegendes Recht kann durch Rechtsgeschäft nur mit Zustimmung des Nießbrauchers aufgehoben werden. Die Zustimmung ist demjenigen gegenüber zu erklären, zu dessen Gunsten sie erfolgt; sie ist unwiderruflich. Die Vorschrift des § 876 Satz 3 bleibt unberührt.

Das Gleiche gilt im Falle einer Änderung des Rechtes, sofern sie den N. beeinträchtigt. 1068.

1072 Die Beendigung des N. tritt nach den Vorschriften der §§ 1063, 1064 auch dann ein, wenn das dem N. unterliegende Recht nicht ein Recht an einer beweglichen Sache ist. 1068.

1073 Dem Nießbraucher einer Leibrente, eines Auszugs oder eines ähnlichen Rechtes gebühren die einzelnen Leistungen, die auf Grund des Rechtes gefordert werden können. 1068.

1074 Der Nießbraucher einer Forderung ist zur Einziehung der Forderung, und wenn die Fälligkeit von einer Kündigung des Gläubigers abhängt, zur Kündigung berechtigt. Er hat für die ordnungsmäßige Einziehung zu sorgen. Zu anderen Verfügungen über die Forderung ist er nicht berechtigt. 1068.

§

1075 Mit der Leistung des Schuldners an den Nießbraucher erwirbt der Gläubiger den geleisteten Gegenstand und der Nießbraucher den N. an dem Gegenstande.

Werden verbrauchbare Sachen geleistet, so erwirbt der Nießbraucher das Eigentum; die Vorschriften des § 1067 finden entsprechende Anwendung. 1068.

1076 Ist eine auf Zinsen ausstehende Forderung Gegenstand des N., so gelten die Vorschriften der §§ 1077 bis 1079. 1068.

1077 Der Schuldner kann das Kapital nur an den Nießbraucher und den Gläubiger gemeinschaftlich zahlen. Jeder von beiden kann verlangen, daß an sie gemeinschaftlich gezahlt wird; jeder kann statt der Zahlung die Hinterlegung für beide fordern.

Der Nießbraucher und der Gläubiger können nur gemeinschaftlich kündigen. Die Kündigung des Schuldners ist nur wirksam, wenn sie dem Nießbraucher und dem Gläubiger erklärt wird. 1068, 1076.

1078 Ist die mit einem N. belastete Forderung fällig, so sind der Nießbraucher und der Gläubiger einander verpflichtet, zur Einziehung mitzuwirken. Hängt die Fälligkeit von einer Kündigung ab, so kann jeder Teil die Mitwirkung des anderen zur Kündigung verlangen, wenn die Einziehung der Forderung wegen Gefährdung ihrer Sicherheit nach den Regeln einer ordnungsmäßigen Vermögensverwaltung geboten ist. 1068, 1076.

1079 Der Nießbraucher und der Gläubiger sind einander verpflichtet, dazu mitzuwirken, daß das eingezogene Kapital nach den für die Anlegung von Mündelgeld geltenden Vorschriften verzinslich angelegt und gleichzeitig dem Nießbraucher der N. bestellt wird. Die Art der Anlegung bestimmt der Nießbraucher. 1068, 1076, 1083.

1080 Die Vorschriften über den N. an einer Forderung gelten auch für den N. an einer Grundschuld und an einer Rentenschuld. 1068.

1081 Ist ein Inhaberpapier oder ein Ordrepapier, das mit Blankoindossament versehen ist, Gegenstand des N., so steht der Besitz des Papiers und des zu dem Papiere gehörenden Erneuerungsscheins dem Nießbraucher und dem Eigentümer gemeinschaftlich zu. Der Besitz der zu dem Papiere gehörenden Zins-, Renten- oder Gewinn-Anteilscheine steht dem Nießbraucher zu.

Zur Bestellung des N. genügt an Stelle der Übergabe des Papiers die Einräumung des Mitbesitzes. 1068.

1082 Das mit einem N. belastete Inhaber- oder Ordrepapier ist nebst dem Erneuerungsschein auf Verlangen des Nießbrauchers oder des Eigentümers bei einer Hinterlegungsstelle mit der Bestimmung zu hinterlegen, daß die Herausgabe nur von dem Nießbraucher und dem Eigentümer gemeinschaftlich verlangt werden kann. Der Nießbraucher kann auch Hinterlegung bei der Reichsbank verlangen. 1068.

1083 Der Nießbraucher und der Eigentümer des mit einem N. belasteten Inhaber- oder Orderpapiers sind einander verpflichtet, zur Einziehung des fälligen Kapitals, zur Beschaffung neuer Zins-, Renten- oder Gewinnanteilscheine sowie zu sonstigen Maßnahmen mitzuwirken, die zur ordnungsmäßigen Vermögensverwaltung erforderlich sind.

Im Falle der Einlösung des Papiers finden die Vorschriften des § 1079 Anwendung. Eine bei der Einlösung

§ gezahlte Prämie gilt als Teil des Kapitals. 1068.

1084 Gehört ein Inhaberpapier oder ein Ordrepapier, das mit Blankoindossament versehen ist, nach § 92 zu den verbrauchbaren Sachen, so bewendet es bei den Vorschriften des § 1067. 1068.

1085—1089 N. an einem Vermögen.

1085 Der N. an dem Vermögen einer Person kann nur in der Weise bestellt werden, daß der Nießbraucher den N. an den einzelnen zu dem Vermögen gehörenden Gegenständen erlangt. Soweit der N. bestellt ist, gelten die Vorschriften der § 1086 bis 1088. 1089.

1086 Die Gläubiger des Bestellers des N. an einem Vermögen können, soweit ihre Forderungen vor der Bestellung entstanden sind, ohne Rücksicht auf den N. Befriedigung aus den dem N. unterliegenden Gegenständen verlangen. Hat der Nießbraucher das Eigentum an verbrauchbaren Sachen erlangt, so tritt an die Stelle der Sachen der Anspruch des Bestellers auf Ersatz des Wertes; der Nießbraucher ist den Gläubigern gegenüber zum sofortigen Ersatze verpflichtet. 1085, 1089.

1087 Der Besteller des N. an einem Vermögen kann, wenn eine vor der Bestellung entstandene Forderung fällig ist, von dem Nießbraucher Rückgabe der zur Befriedigung des Gläubigers erforderlichen Gegenstände verlangen. Die Auswahl steht ihm zu; er kann jedoch nur die vorzugsweise geeigneten Gegenstände auswählen. Soweit die zurückgegebenen Gegenstände ausreichen, ist der Besteller dem Nießbraucher gegenüber zur Befriedigung des Gläubigers verpflichtet.

Der Nießbraucher kann die Verbindlichkeit durch Leistung des geschuldeten Gegenstandes erfüllen. Gehört der geschuldete Gegenstand nicht zu dem Vermögen, das dem N. unterliegt, so ist der Nießbraucher berechtigt, zum Zwecke der Befriedigung des Gläubigers einen zu dem Vermögen gehörenden Gegenstand zu veräußern, wenn die Befriedigung durch den Besteller nicht ohne Gefahr abgewartet werden kann. Er hat einen vorzugsweise geeigneten Gegenstand auszuwählen. Soweit er zum Ersatze des Wertes verbrauchbarer Sachen verpflichtet ist, darf er eine Veräußerung nicht vornehmen. 1085, 1089.

1088 Die Gläubiger desjenigen, der den N. an einem Vermögen bestellt, deren Forderungen schon zur Zeit der Bestellung verzinslich waren, können die Zinsen für die Dauer des N. auch von dem Nießbraucher verlangen. Das Gleiche gilt von anderen wiederkehrenden Leistungen, die bei ordnugsmäßiger Verwaltung aus den Einkünften des Vermögens bestritten werden, wenn die Forderung vor der Bestellung des N. entstanden ist.

Die Haftung des Nießbrauchers kann nicht durch Vereinbarung zwischen ihm und dem Besteller ausgeschlossen oder beschränkt werden.

Der Nießbraucher ist dem Besteller gegenüber zur Befriedigung der Gläubiger wegen der im Abs. 1 bezeichneten Ansprüche verpflichtet. Die Rückgabe von Gegenständen zum Zwecke der Befriedigung kann der Besteller nur verlangen, wenn der Nießbraucher mit der Erfüllung dieser Verbindlichkeit in Verzug kommt. 1085, 1089.

1089 Die Vorschriften der §§ 1085 bis 1088 finden auf den N. an einer Erbschaft entsprechende Anwendung.

1275 **Pfandrecht** s. Nießbrauch 1070.

§ über seinen Anteil an dem Nachlasse verfügt, bedarf der gerichtlichen oder notariellen Beurkundung. 2032, 2037.

Erbschaftskauf.

2371 Ein Vertrag, durch den der Erbe die ihm angefallene Erbschaft verkauft, bedarf der gerichtlichen oder notariellen Beurkundung.

Erbschein.

2356 In Ansehung der nach den §§ 2354, 2355 erforderlichen Angaben hat derjenige, der die Erteilung eines Erbscheins beantragt, vor Gericht oder vor einem N. an Eidesstatt zu versichern, daß ihm nichts bekannt sei, was der Richtigkeit seiner Angaben entgegensteht; s. **Erbschein** — Erbschein.

Erbvertrag.

2276 Ein Erbvertrag kann nur vor einem Richter oder vor einem N. bei gleichzeitiger Anwesenheit beider Teile geschlossen werden. Die Vorschriften der § 2233—2245 finden Anwendung; was nach diesen Vorschriften für den Erblasser gilt, gilt für jeden der Vertragschließenden. 2290.

2277 s. Testament 2246.

2282 Die Erklärung der Anfechtung eines Erbvertrages bedarf der gerichtlichen oder notariellen Beurkundung.

2291 Die Zustimmungserklärung zur Aufhebung einer vertragsmäßigen Verfügung bedarf der gerichtlichen oder notariellen Beurkundung.

2296 Die Erklärung des Rücktritts von einer vertragsmäßigen Verfügung bedarf der gerichtlichen oder notariellen Beurkundung.

2300 s. Testament 2259.

Erbverzicht.

2348 Der Erbverzichtsvertrag bedarf der gerichtlichen oder notariellen Beurkundung. 2351, 2352.

Grundstück.

873 Zur Übertragung des Eigentums an einem Grundstücke, zur Belastung eines Grundstücks mit einem Rechte sowie zur Übertragung oder Belastung eines solchen Rechtes ist die Einigung des Berechtigten und des anderen Teiles über den Eintritt der Rechtsänderung und die Eintragung der Rechtsänderung in das Grundbuch erforderlich, soweit nicht das G. ein anderes vorschreibt.

Vor der Eintragung sind die Beteiligten an die Einigung nur gebunden, wenn die Erklärungen gerichtlich oder notariell beurkundet oder vor dem Grundbuchamt abgegeben oder bei diesem eingereicht sind oder wenn der Berechtigte dem anderen Teile eine den Vorschriften der Grundbuchordnung entsprechende Eintragungsbewilligung ausgehändigt hat. 877, 878—880, 892.

Güterrecht.

1372, 1528 s. **Niessbrauch** — Nießbrauch 1035.

1434 Der Ehevertrag muß bei gleichzeitiger Anwesenheit beider Teile vor Gericht oder vor einem N. geschlossen werden.

1491 Der Vertrag, durch den ein anteilsberechtigter Abkömmling auf seinen Anteil am Gesamtgute der f. Gütergemeinschaft verzichtet, bedarf der gerichtlichen oder notariellen Beurkundung. 1518.

1492 Der Vertrag, durch welchen die f. Gütergemeinschaft aufgehoben wird, bedarf der gerichtlichen oder notariellen Beurkundung. 1518.

1501 Eine Vereinbarung über die Anrechnung der Abfindung eines anteilsberechtigten Abkömmlings aus dem Gesamtgute der f. Gütergemeinschaft bedarf der gerichtlichen oder notariellen Beurkundung. 1518.

1516 Die Erklärung der Zustimmung zu den in den §§ 1511—1515 bezeichneten letztwilligen Verfügungen eines

§ Ehegatten bedarf der gerichtlichen oder notariellen Beurkundung. 1517, 1518.

Hypothek.

1116, 1154, 1180 s. Grundstück 873.

1145 Vorlegung des Hypothekenbriefes bei einem zuständigen N. zur Herstellung eines Teilhypothekenbriefes s. **Hypothek** — Hypothek.

Nießbrauch.

1035 Aufnahme eines Verzeichnisses von einem dem Nießbrauch unterliegenden Inbegriff von Sachen durch einen N. s. **Niessbrauch** — Nießbrauch.

1260 **Pfandrecht** s. Grundstück 873.

Pflichtteil.

2314 Aufnahme des Verzeichnisses der Nachlaßgegenstände durch die zuständige Behörde, einen Beamten oder N. s. **Pflichtteil** — Pflichtteil.

Schenkung.

518 Zur Gültigkeit eines Vertrags, durch den eine Leistung schenkweise versprochen wird, ist die gerichtliche oder notarielle Beurkundung des Versprechens erforderlich. Das Gleiche gilt, wenn ein Schuldversprechen oder ein Schuldanerkenntnis der in den §§ 780, 781 bezeichneten Art schenkweise erteilt wird, von dem Versprechen oder der Anerkennungserklärung.

Der Mangel der Form wird durch die Bewirkung der versprochenen Leistung geheilt.

Stiftung.

81 Der Erbe des Stifters ist zum Widerrufe der Stiftung nicht berechtigt, wenn der Stifter das Gesuch um Genehmigung der Stiftung bei der zuständigen Behörde eingereicht oder im Falle der gerichtlichen oder notariellen Beurkundung des Stiftungsgeschäfts das Gericht oder den N. bei oder nach der Beurkundung mit der Einreichung betraut hat.

§ **Testament.**

2121 Aufnahme des Verzeichnisses der Erbschaftsgegenstände durch die zuständige Behörde, einen Beamten oder N. s. **Erblasser** — Testament.

2215 Aufnahme des Verzeichnisses der Nachlaßgegenstände durch die zuständige Behörde, einen Beamten oder N. s. **Erblasser** — Testament.

2231—2233, 2238 Errichtung eines Testaments vor einem Richter oder N. s. **Erblasser** — Testament.

2234 Als Richter, N., Gerichtsschreiber oder Zeuge kann bei der Errichtung des Testaments nicht mitwirken:

1. der Ehegatte des Erblassers, auch wenn die Ehe nicht mehr besteht;
2. wer mit dem Erblasser in gerader Linie oder im zweiten Grade der Seitenlinie verwandt oder verschwägert ist. 2232, 2235, 2236, 2244, 2249, 2250.

2235 Als Richter, N., Gerichtsschreiber oder Zeuge kann bei der Errichtung des Testaments nicht mitwirken, wer in dem Testamente bedacht wird oder wer zu einem Bedachten in einem Verhältnisse der im § 2234 bezeichneten Art steht.

Die Mitwirkung einer hiernach ausgeschlossenen Person hat nur zur Folge, daß die Zuwendung an den Bedachten nichtig ist. 2232, 2244, 2249, 2250.

2236 Als Gerichtsschreiber oder zweiter N. oder Zeuge kann bei der Errichtung des Testaments nicht mitwirken, wer zu dem Richter oder dem beurkundenden N. in einem Verhältnisse der im § 2234 bezeichneten Art steht. 2232, 2244, 2249.

2237 Als Zeuge soll bei der Errichtung des Testaments nicht mitwirken:

1. . . . .

4. wer als Gesinde oder Gehülfe im Dienste des Richters oder des be-

§

urkundenden N. steht. 2232, 2244, 2249.

2243 Errichtung eines Testamentes durch einen Erblasser, der nach der Überzeugung des Richters oder des N. stumm oder sonst am Sprechen verhindert ist s. **Erblasser** — Testament.

2246 Das über die Errichtung des Testaments aufgenommene Protokoll soll nebst Anlagen, insbesondere im Falle der Errichtung durch Übergabe einer Schrift nebst dieser Schrift, von dem Richter oder dem N. in Gegenwart der übrigen mitwirkenden Personen und des Erblassers mit dem Amtssiegel verschlossen, mit einer das Testament näher bezeichnenden Aufschrift, die von dem Richter oder dem N. zu unterschreiben ist, versehen und in besondere amtliche Verwahrung gebracht werden. 2249.

2249 Ist zu besorgen, daß der Erblasser früher sterben werde, als die Errichtung eines Testaments vor einem Richter oder vor einem N. möglich ist, so kann er das Testament vor dem Vorsteher der Gemeinde, in der er sich aufhält, oder, falls er sich in dem Bereich eines durch L.G. einer Gemeinde gleichgestellten Verbandes oder Gutsbezirkes aufhält, vor dem Vorsteher dieses Verbandes oder Bezirkes errichten. Der Vorsteher muß zwei Zeugen zuziehen. Die Vorschriften der §§ 2234—2246 finden Anwendung; der Vorsteher tritt an die Stelle des Richters oder des N.

Die Besorgnis, daß die Errichtung eines Testaments vor einem Richter oder vor einem N. nicht mehr möglich sein werde, muß im Protokolle festgestellt werden. Der Gültigkeit des Testaments steht nicht entgegen, daß die Besorgnis nicht begründet war. 2250, 2252, 2256, 2266.

§

2250 Wer sich an einem Orte aufhält, der infolge des Ausbruchs einer Krankheit oder infolge sonstiger außerordentlicher Umstände dergestalt abgesperrt ist, daß die Errichtung eines Testaments vor einem Richter oder vor einem N. nicht möglich oder erheblich erschwert ist, kann das Testament in der durch den § 2249 Abs. 1 bestimmten Form oder durch mündliche Erklärung vor drei Zeugen errichten.

Wird die mündliche Erklärung vor drei Zeugen gewählt, so muß über die Errichtung des Testaments ein Protokoll aufgenommen werden. Auf die Zeugen finden die Vorschriften der §§ 2234, 2235 und des § 2237 Nr. 1—3, auf das Protokoll finden die Vorschriften der §§ 2240—2242, 2245 Anwendung. Unter Zuziehung eines Dolmetschers kann ein Testament in dieser Form nicht errichtet werden. 2251, 2252.

2252 Ein nach § 2249, § 2250 oder § 2251 errichtetes Testament gilt als nicht errichtet, wenn seit der Errichtung drei Monate verstrichen sind und der Erblasser noch lebt.

Beginn und Lauf der Frist sind gehemmt, solange der Erblasser außer Stande ist, ein Testament vor einem Richter oder vor einem N. zu errichten.

2256 Ein vor einem Richter oder vor einem N. oder nach § 2249 errichtetes Testament gilt als widerrufen, wenn die in amtliche Verwahrung genommene Urkunde dem Erblasser zurückgegeben wird. 2272.

2259 Befindet sich ein Testament bei einem N. in amtlicher Verwahrung, so ist es nach dem Tode des Erblassers an das Nachlaßgericht abzuliefern.

2271 s. Erbvertrag 2296.

§

196 **Verjährung** s. **Rechtsanwalt** — Verjährung.

Vertrag.

152 Wird ein Vertrag gerichtlich oder notariell beurkundet, ohne daß beide Teile gleichzeitig anwesend sind, so kommt der Vertrag mit der nach § 128 erfolgten Beurkundung der Annahme zustande, wenn nicht ein anderes bestimmt ist. Die Vorschrift des § 151 Satz 2 findet Anwendung.

311 Ein Vertrag, durch den sich der eine Teil verpflichtet, sein gegenwärtiges Vermögen oder einen Bruchteil seines gegenwärtigen Vermögens zu übertragen oder mit einem Nießbrauche zu belasten, bedarf der gerichtlichen oder notariellen Beurkundung.

312 Ein Vertrag über den Nachlaß eines noch lebenden Dritten ist nichtig. Das Gleiche gilt von einem Vertrag über den Pflichtteil oder ein Vermächtnis aus dem Nachlaß eines noch lebenden Dritten.

Diese Vorschriften finden keine Anwendung auf einen Vertrag, der unter künftigen g. Erben über den g. Erbteil oder den Pflichtteil eines von ihnen geschlossen wird. Ein solcher Vertrag bedarf der gerichtlichen oder notariellen Beurkundung.

313 Ein Vertrag, durch den sich der eine Teil verpflichtet, das Eigentum an einem Grundstücke zu übertragen, bedarf der gerichtlichen oder notariellen Beurkundung. Ein ohne Beobachtung dieser Form geschlossener Vertrag wird seinem ganzen Inhalte nach gültig, wenn die Auflassung und die Eintragung in das Grundbuch erfolgen.

Verwandtschaft.

1640 Aufnahme eines Verzeichnisses über das der Verwaltung des Vaters oder der Mutter unterliegende Vermögen des Kindes durch einen N. s. **Kind** — Verwandtschaft.

§

1730 Der Antrag auf Ehelichkeitserklärung sowie die Einwilligungserklärung der im § 1726 bezeichneten Personen bedarf der gerichtlichen oder notariellen Beurkundung.

1733 Nach dem Tode des Vaters ist die Ehelichkeitserklärung nur zulässig, wenn der Vater den Antrag bei der zuständigen Behörde eingereicht oder bei oder nach der gerichtlichen oder notariellen Beurkundung des Antrags das Gericht oder den N. mit der Einreichung betraut hat.

1748 Die Erklärung der Einwilligung zur Annahme an Kindesstatt bedarf der gerichtlichen oder notariellen Beurkundung.

1750 Der Vertrag auf Annahme an Kindesstatt muß bei gleichzeitiger Anwesenheit beider Teile vor Gericht oder vor einem N. geschlossen werden. 1770.

1753 Nach dem Tode des an Kindesstatt Annehmenden ist die Bestätigung des Annahmevertrages nur zulässig, wenn der Annehmende oder das Kind den Antrag auf Bestätigung bei dem zuständigen Gericht eingereicht oder bei oder nach der gerichtlichen oder notariellen Beurkundung des Vertrags das Gericht oder den N. mit der Einreichung betraut hat. 1770.

Vormundschaft.

1802 Aufnahme eines Verzeichnisses des Vermögens des Mündels durch eine zuständige Behörde, Beamten oder N. s. **Vormundschaft** — Vormundschaft.

Willenserklärung.

126 Ist durch G. schriftliche Form eines Rechtsgeschäfts vorgeschrieben, so muß die Urkunde von dem Aussteller eigenhändig durch Namensunterschrift oder mittelst gerichtlich oder notariell beglaubigten Handzeichens unterzeichnet werden.

Bei einem Vertrage muß die Unterzeichnung der Parteien auf derselben

§ Urkunde erfolgen. Werden über den Vertrag mehrere gleichlautende Urkunden aufgenommen, so genügt es, wenn jede Partei die für die andere Partei bestimmte Urkunde unterzeichnet.

Die schriftliche Form wird durch die gerichtliche oder notarielle Beurkundung ersetzt. 127, 129.

128 Ist durch G. gerichtliche oder notarielle Beurkundung eines Vertrags vorgeschrieben, so genügt es, wenn zunächst der Antrag und sodann die Annahme des Antrags von einem Gericht oder einem N. beurkundet wird.

129 Ist durch G. für eine Willenserklärung öffentliche Beglaubigung vorgeschrieben, so muß die Erklärung schriftlich abgefaßt und die Unterschrift des Erklärenden von der zuständigen Behörde oder einem zuständigen Beamten oder N. beglaubigt werden. Wird die Erklärung von dem Aussteller mittelst Handzeichens unterzeichnet, so ist die im § 126 Abs. 1 vorgeschriebene Beglaubigung des Handzeichens erforderlich und genügend.

Die öffentliche Beglaubigung wird durch die gerichtliche oder notarielle Beurkundung der Erklärung ersetzt.

Notlage.

Willenserklärung.

138 Ein Rechtsgeschäft, das gegen die guten Sitten verstößt, ist nichtig.

Nichtig ist insbesondere ein Rechtsgeschäft, durch das jemand unter Ausbeutung der N., des Leichtsinns oder der Unerfahrenheit eines andern sich oder einem Dritten für eine Leistung Vermögensvorteile versprechen oder gewähren läßt, welche den Wert der Leistung dergestalt übersteigen, daß den Umständen nach die Vermögensvorteile in auffälligem Mißverhältnisse zu der Leistung stehen.

Notstand.

§ Entmündigung.

6 Entmündigt kann werden:

1. wer infolge von Geisteskrankheit oder von Geistesschwäche seine Angelegenheiten nicht zu besorgen vermag;
2. wer durch Verschwendung sich oder seine Familie der Gefahr des N. aussetzt;
3. wer infolge von Trunksucht seine Angelegenheiten nicht zu besorgen vermag oder sich oder seine Familie der Gefahr des N. aussetzt oder die Sicherheit anderer gefährdet.

Die Entmündigung ist wieder aufzuheben, wenn der Grund der Entmündigung wegfällt.

Notweg.

Eigentum.

917 Fehlt einem Grundstücke die zur ordnungsmäßigen Benutzung notwendige Verbindung mit einem öffentlichen Wege, so kann der Eigentümer von den Nachbarn verlangen, daß sie bis zur Hebung des Mangels die Benutzung ihrer Grundstücke zur Herstellung der erforderlichen Verbindung dulden. Die Richtung des N. und der Umfang des Benutzungsrechts werden erforderlichen Falles durch Urteil bestimmt.

Die Nachbarn, über deren Grundstücke der N. führt, sind durch eine Geldrente zu entschädigen. Die Vorschriften des § 912 Abs. 2 Satz 2 und der §§ 913, 914, 916 finden entsprechende Anwendung. 924.

918 Die Verpflichtung zur Duldung des N. tritt nicht ein, wenn die bisherige Verbindung des Grundstücks mit dem öffentlichen Wege durch eine willkürliche Handlung des Eigentümers aufgehoben wird.

Wird infolge der Veräußerung eines

§ Teiles des Grundstücks der veräußerte oder der zurückbehaltene Teil von der Verbindung mit dem öffentlichen Wege abgeschnitten, so hat der Eigentümer desjenigen Teiles, über welchen die Verbindung bisher stattgefunden hat, den N. zu dulden. Der Veräußerung eines Teiles steht die Veräußerung eines von mehreren demselben Eigentümer gehörenden Grundstücken gleich. 924.

Art. **Einführungsgesetz.**

116 s. Eigentum § 917.

123 s. **E.G.** — E.G.

Notwehr.

§ **Selbstverteidigung.**

227 Eine durch N. gebotene Handlung ist nicht widerrechtlich.

N. ist diejenige Verteidigung, welche erforderlich ist, um einen gegenwärtigen rechtswidrigen Angriff von sich oder einem anderen abzuwenden.

Notwendigkeit.

917 **Eigentum** s. **Notweg** — Eigentum.

Art.

135 **Einführungsgesetz** s. **E.G.** — E.G.

§ **Erbe.**

2038 Die zur Erhaltung des Nachlasses notwendigen Maßregeln kann jeder Miterbe ohne Mitwirkung der anderen treffen. 2032.

Erbschaftskauf.

2381 Ersatz der vor dem Verkauf der Erbschaft auf dieselbe gemachten notwendigen Verwendungen s. **Erbschaftskauf** — Erbschaftskauf.

Kauf.

450 Verwendungen auf eine verkaufte Sache vor dem Übergange der Gefahr, die nach dem Übergange notwendig werden s. **Kauf** — Kauf.

Nießbrauch.

1039 N., übermäßige Früchte aus einer Sache zu ziehen s. **Niessbrauch** — Nießbrauch.

November.

Art. **Einführungsgesetz.**

37 G. über die Freizügigkeit vom 1. N. 1867 (Bundes-Gesetzbl. S. 55) s. **E.G.** — E.G.

38 G. vom 8. N. 1867, betreffend die Organisation der Bundeskonsulate, sowie die Amtsrechte und Pflichten der Bundeskonsuln (Bundes-Gesetzbl. S. 137) s. **E.G.** — E. G.

39 G. vom 14. Nov. 1867, betreffend die vertragsmäßigen Zinsen (Bundes-Gesetzbl. S. 159) s. **E.G.** — E.G.

Nutzlosigkeit.

§ **Eigentum.**

997 N. der Abtrennung der mit einer Sache verbundenen Bestandteile von dieser Sache s. **Eigentum** — Eigentum.

Nutzniessung.

Ehe.

1352 s. Ehescheidung 1585.

1357 s. **Güterrecht** — Güterrecht 1435.

1360 s. Verwandtschaft 1605.

Ehescheidung.

1581 s. Verwandtschaft 1604.

1585 Hat der geschiedene Mann einem gemeinschaftlichen Kinde Unterhalt zu gewähren, so ist die Frau verpflichtet, ihm aus den Einkünften ihres Vermögens und dem Ertrag ihrer Arbeit oder eines von ihr selbständig betriebenen Erwerbsgeschäfts einen angemessenen Beitrag zu den Kosten des Unterhalts zu leisten, soweit nicht diese durch die dem Manne an dem Vermögen des Kindes zustehende N. gedeckt werden. Der Anspruch des Mannes ist nicht übertragbar.

Art. **Einführungsgesetz.**

16 s. **Güterrecht** — Güterrecht §§ 1405, 1435.

135 s. Verwandtschaft § 1666.

204 s. **E.G.** — E.G.

§ **Güterrecht.**

1363 Das Vermögen der Frau wird bei g. Güterrecht durch die Eheschließung der Verwaltung und N. des Mannes unterworfen (eingebrachtes Gut).

Zum eingebrachten Gute gehört auch das Vermögen, das die Frau während der Ehe erwirbt.

1364 Die Verwaltung und N. des Mannes an dem eingebrachten Gut tritt bei g. Güterrecht nicht ein, wenn er die Ehe mit einer in der Geschäftsfähigkeit beschränkten Frau ohne Einwilligung ihres g. Vertreters eingeht. 1426.

1365 Die Verwaltung und N. des Mannes an dem eingebrachten Gut erstreckt sich bei g. Güterrecht nicht auf das Vorbehaltsgut der Frau.

1373—1409 Verwaltung und N. s. **Güterrecht** — Güterrecht.

1377 Nach der Beendigung der Verwaltung und N. des eingebrachten Gutes hat der Mann bei g. Güterrecht den Wert der für sich veräußerten und verbrauchten Sachen zu ersetzen. 1411, 1525.

1385, 1386 Der Mann ist bei g. Güterrecht der Frau gegenüber verpflichtet, für die Dauer der Verwaltung und N. des eingebrachten Gutes Verbindlichkeiten der Frau zu tragen s. **Güterrecht** — Güterrecht.

1391 Werden bei g. Güterrecht durch das Verhalten des Mannes die der Frau aus der Verwaltung und N. des Mannes zustehenden Ansprüche auf Ersatz des Wertes verbrauchbarer Sachen erheblich gefährdet, so kann die Frau von dem Manne Sicherheitsleistung verlangen. 1392, 1394, 1418, 1525.

1394 Die Frau kann bei g. Güterrecht Ansprüche, die ihr auf Grund der Verwaltung und N. des eingebrachten Gutes gegen den Mann zustehen, erst nach der Beendigung der Verwaltung und N. gerichtlich geltend machen, es sei denn, daß die Voraussetzungen vorliegen, unter denen die Frau nach § 1391 Sicherheitsleistung verlangen kann. Der im § 1389 Abs. 2 bestimmte Anspruch unterliegt dieser Beschränkung nicht. 1411, 1525.

1396 Verweigert der Mann bei g. Güterrecht die Genehmigung eines von der Frau über das eingebrachte Gut geschlossenen Vertrages, so wird derselbe nicht dadurch wirksam, daß die Verwaltung und N. aufhört. 1401, 1404, 1448, 1525.

1405 Dritten gegenüber ist bei g. Güterrecht ein Einspruch und der Widerruf der Einwilligung des Mannes zum selbständigen Betrieb eines Erwerbsgeschäfts der Frau nur nach Maßgabe des § 1435 wirksam. 1452, 1525, 1561.

1408 Das Recht, das dem Manne an dem eingebrachten Gute kraft seiner Verwaltung und N. zusteht, ist bei g. Güterrecht nicht übertragbar. 1525.

1409 Steht der Mann unter Vormundschaft, so hat ihn der Vormund bei g. Güterrecht in den Rechten und Pflichten zu vertreten, die sich aus der Verwaltung und N. des eingebrachten Gutes ergeben. Dies gilt auch dann, wenn die Frau Vormund des Mannes ist. 1525.

1411 Die Gläubiger der Frau können bei g. Güterrecht ohne Rücksicht auf die Verwaltung und N. des Mannes Befriedigung aus dem eingebrachten Gute verlangen, soweit sich nicht aus den §§ 1412—1414 ein anderes ergiebt. Sie unterliegen bei der Geltendmachung der Ansprüche der Frau nicht der im § 1394 bestimmten Beschränkung.

Hat der Mann verbrauchbare Sachen nach § 1377 Abs. 3 veräußert

§ oder verbraucht, so ist er den Gläubigern gegenüber zum sofortigen Ersatz verpflichtet. 1525.

1418—1425 Beendigung der Verwaltung und N. des Mannes an dem eingebrachten Gut s. **Güterrecht** — Güterrecht.

1426 Tritt nach § 1364 die Verwaltung und N. des Mannes an dem eingebrachten Gut nicht ein oder endigt sie auf Grund der §§ 1418—1420, so tritt Gütertrennung ein.

Für die Gütertrennung gelten die Vorschriften der §§ 1427—1431.

1431 Die Gütertrennung ist Dritten gegenüber nur nach Maßgabe des § 1435 wirksam.

Das Gleiche gilt im Falle des § 1425 von der Wiederherstellung der Verwaltung und N. des eingebrachten Gutes, wenn die Aufhebung in das Güterrechtsregister eingetragen worden ist. 1426.

1435 Ausschluß und Änderung der Verwaltung und N. des Mannes an dem eingebrachten Gut durch Ehevertrag s. **Güterrecht** — Güterrecht.

1436 Wird durch Ehevertrag die Verwaltung und N. des Mannes an dem eingebrachten Gut ausgeschlossen oder die a. Gütergemeinschaft, die Errungenschaftsgemeinschaft oder die Fahrnisgemeinschaft aufgehoben, so tritt Gütertrennung ein, sofern sich nicht aus dem Vertrag ein anderes ergiebt.

1448 Nimmt der Mann ohne Einwilligung der Frau ein Rechtsgeschäft der in den §§ 1444—1446 bezeichneten Art vor, so finden bei a. Gütergemeinschaft die für eine Verfügung der Frau über eingebrachtes Gut geltenden Vorschriften des § 1396 Abs. 1, 3 und der §§ 1397, 1398 entsprechende Anwendung. 1487, 1519.

§

1452 Auf den selbständigen Betrieb eines Erwerbsgeschäfts durch die Frau finden bei a. Gütergemeinschaft die Vorschriften des § 1405 entsprechende Anwendung. 1519.

1470 Dritten gegenüber ist die Aufhebung der a. Gütergemeinschaft nur nach Maßgabe des § 1435 wirksam.

1472 Die Verwaltung des Gesamtguts der a. Gütergemeinschaft steht bis zur Auseinandersetzung beiden Ehegatten gemeinschaftlich zu. Die Vorschriften des § 1424 finden entsprechende Anwendung. 1497, 1546.

1525 s. **Nutzungen** — Güterrecht.

1529 Der eheliche Aufwand fällt dem Gesamtgute der Errungenschaftsgemeinschaft zur Last.

Das Gesamtgut trägt auch die Lasten des eingebrachten Gutes beider Ehegatten; der Umfang der Lasten bestimmt sich nach den bei dem Güterstande der Verwaltung und N. für das eingebrachte Gut der Frau geltenden Vorschriften der §§ 1384—1387. 1531, 1537.

1542, 1545, 1547, 1548 s. **Errungenschaftsgemeinschaft** — Güterrecht.

1546 Nach der Beendigung der Errungenschaftsgemeinschaft findet in Ansehung des Gesamtguts die Auseinandersetzung statt. Bis zur Auseinandersetzung bestimmt sich das Rechtsverhältnis der Ehegatten nach den §§ 1442, 1472, 1473.

Die Auseinandersetzung erfolgt, soweit nicht eine andere Vereinbarung getroffen wird, nach den für die a. Gütergemeinschaft geltenden Vorschriften der §§ 1475—1477, 1479 bis 1481.

Auf das eingebrachte Gut der Frau finden die für den Güterstand der Verwaltung und N. geltenden Vorschriften der §§ 1421—1424 Anwendung.

§

1561 s. **Güterrechtsregister** — Güterrecht.

Verwandtschaft.

1604 Soweit die Unterhaltspflicht einer Frau ihren Verwandten gegenüber davon abhängt, daß sie zur Gewährung des Unterhalts imstande ist, kommt die dem Manne an dem eingebrachten Gute zustehende Verwaltung und N. nicht in Betracht. 1620.

1605 Soweit die Unterhaltspflicht eines minderjährigen Kindes seinen Verwandten gegenüber davon abhängt, daß es zur Gewährung des Unterhalts imstande ist, kommt die elterliche N. an dem Vermögen des Kindes nicht in Betracht.

1606 Unter den Verwandten der aufsteigenden Linie haften die näheren vor den entfernteren, mehrere gleich nahe zu gleichen Teilen für den Unterhalt. Der Vater haftet jedoch vor der Mutter; steht die N. an dem Vermögen des Kindes der Mutter zu, so haftet die Mutter vor dem Vater.

1649—1663 Dem Vater zustehende N. an dem Vermögen des Kindes s. **Kind** — Verwandtschaft.

1649 Dem Vater steht kraft der elterlichen Gewalt die N. an dem Vermögen des Kindes zu.

1650 Von der N. des Vaters ausgeschlossen (freies Vermögen) sind die ausschließlich zum persönlichen Gebrauche des Kindes bestimmten Sachen, insbesondere Kleider, Schmucksachen und Arbeitsgeräte.

1651 Freies Vermögen ist:

1. was das Kind durch seine Arbeit oder durch den ihm nach § 112 gestatteten selbständigen Betrieb eines Erwerbsgeschäfts erwirbt;
2. was das Kind von Todeswegen erwirbt oder was ihm unter Lebenden von einem Dritten unentgeltlich zugewendet wird, wenn der Erblasser durch letztwillige Verfügung, der Dritte bei der Zuwendung bestimmt hat, daß das Vermögen der N. des Vaters entzogen sein soll.

Die Vorschriften des § 1638 Abs. 2 finden entsprechende Anwendung.

1652, 1656 s. **Nutzungen** — Verwandtschaft.

1653 Der Vater darf verbrauchbare Sachen, die zu dem seiner N. unterliegenden Vermögen des Kindes gehören, für sich veräußern oder verbrauchen, Geld jedoch nur mit Genehmigung des Vormundschaftsgerichts. Macht der Vater von dieser Befugnis Gebrauch, so hat er den Wert der Sachen nach der Beendigung der N. zu ersetzen; der Ersatz ist schon vorher zu leisten, wenn die ordnungsmäßige Verwaltung des Vermögens es erfordert. 1642, 1659.

1654 Der Vater hat die Lasten des seiner N. unterliegenden Vermögens des Kindes zu tragen. Seine Haftung bestimmt sich nach den für den Güterstand der Verwaltung und N. geltenden Vorschriften der §§ 1384—1386, 1388. Zu den Lasten gehören auch die Kosten eines Rechtsstreits, der für das Kind geführt wird, sofern sie nicht dem freien Vermögen zur Last fallen, sowie die Kosten der Verteidigung des Kindes in einem gegen das Kind gerichteten Strafverfahren, vorbehaltlich der Ersatzpflicht des Kindes im Falle seiner Verurteilung.

1655 Gehört zu dem der N. des Vaters unterliegenden Vermögen des Kindes ein Erwerbsgeschäft, das von dem Vater im Namen des Kindes betrieben wird, so gebührt dem Vater nur der sich aus dem Betrieb ergebende jährliche Reingewinn. Ergiebt sich in einem Jahre ein Verlust, so verbleibt

§ der Gewinn späterer Jahre bis zur Ausgleichung des Verlustes dem Kinde. 1658.

1657 Ist der Vater von der Ausübung der N. des Vermögens des Kindes ausgeschlossen, so hat er eine ihm dem Kinde gegenüber obliegende Verbindlichkeit, die infolge der N. erst nach deren Beendigung zu erfüllen sein würde, sofort zu erfüllen. Diese Vorschrift findet keine Anwendung, wenn die elterliche Gewalt ruht.

1658 Das Recht, das dem Vater kraft seiner N. an dem Vermögen des Kindes zusteht, ist nicht übertragbar.

Das Gleiche gilt von den nach den §§ 1655, 1656 dem Vater zustehenden Ansprüchen, solange sie nicht fällig sind.

1659 Die Gläubiger des Kindes können ohne Rücksicht auf die elterliche N. Befriedigung aus dem Vermögen des Kindes verlangen.

Hat der Vater verbrauchbare Sachen nach § 1653 veräußert oder verbraucht, so ist er den Gläubigern gegenüber zum sofortigen Ersatze verpflichtet.

1660 Im Verhältnisse des Vaters und des Kindes zu einander finden in Ansehung der Verbindlichkeiten des Kindes die für den Güterstand der Verwaltung und N. geltenden Vorschriften des § 1415, des § 1416 Abs. 1 und des § 1417 entsprechende Anwendung.

1661 Die N. des Vaters an dem Vermögen des Kindes endigt, wenn sich das Kind verheiratet. Die N. verbleibt jedoch dem Vater, wenn die Ehe ohne die erforderliche elterliche Einwilligung geschlossen wird.

1662 Der Vater kann auf die N. an dem Vermögen des Kindes verzichten. Der Verzicht erfolgt durch Erklärung gegenüber dem Vormundschaftsgerichte; die Erklärung ist in öffentlich beglaubigter Form abzugeben.

§

1663 Hat der Vater kraft seiner N. ein zu dem Vermögen des Kindes gehörendes Grundstück vermietet oder verpachtet, so finden, wenn das Miet- oder Pachtverhältnis bei der Beendigung der N. noch besteht, die Vorschriften des § 1056 entsprechende Anwendung.

Gehört zu dem der N. unterliegenden Vermögen ein landwirtschaftliches Grundstück, so findet die Vorschrift des § 592, gehört zu dem Vermögen ein Landgut, so finden die Vorschriften der §§ 592, 593 entsprechende Anwendung.

1666 Hat der Vater das Recht des Kindes auf Gewährung des Unterhalts verletzt und ist für die Zukunft eine erhebliche Gefährdung des Unterhalts zu besorgen, so kann dem Vater auch die Vermögensverwaltung sowie die N. entzogen werden. 1687.

1667 Verletzung der mit der N. an dem Vermögen des Kindes verbundenen Pflichten des Vaters s. **Kind** — Verwandtschaft.

1673 Das Vormundschaftsgericht soll vor einer Entscheidung, durch welche die Sorge für die Person oder das Vermögen des Kindes oder die N. dem Vater entzogen oder beschränkt wird, den Vater hören, es sei denn, daß die Anhörung unthunlich ist.

1678 Solange die elterliche Gewalt des Vaters ruht, ist der Vater nicht berechtigt, sie auszuüben; es verbleibt ihm jedoch die N. an dem Vermögen des Kindes, unbeschadet der Vorschrift des § 1685 Abs. 2.

1685 N. der Mutter an dem Vermögen des Kindes s. **Kind** — Verwandtschaft.

1767 In dem Vertrage auf Annahme an Kindesstatt kann die N. des Annehmenden an dem Vermögen des Kindes sowie das Erbrecht des Kindes dem Annehmenden gegenüber ausgeschlossen werden.

§ Im übrigen können die Wirkungen der Annahme an Kindesstatt in dem Annahmevertrage nicht geändert werden.

1838 **Vormundschaft** s. Verwandtschaft 1666.

Nutzungen.

Bereicherung.

818, 820 Verpflichtung zur Herausgabe von N. einer ungerechtfertigten Bereicherung s. **Bereicherung** — Bereicherung.

628 **Dienstvertrag** s. Vertrag 347.

Eigentum.

987 Der Besitzer hat dem Eigentümer die N. herauszugeben, die er nach dem Eintritte der Rechtshängigkeit zieht.

Zieht der Besitzer nach dem Eintritte der Rechtshängigkeit N. nicht, die er nach den Regeln einer ordnungsmäßigen Wirtschaft ziehen könnte, so ist er dem Eigentümer zum Ersatze verpflichtet, soweit ihm ein Verschulden zur Last fällt. 990, 993, 1007.

988 Hat ein Besitzer, der die Sache als ihm gehörig oder zum Zwecke der Ausübung eines ihm in Wirklichkeit nicht zustehenden Nutzungsrechts an der Sache besitzt, den Besitz unentgeltlich erlangt, so ist er dem Eigentümer gegenüber zur Herausgabe der N., die er vor dem Eintritte der Rechtshängigkeit zieht, nach den Vorschriften über die Herausgabe einer ungerechtfertigten Bereicherung verpflichtet. 993, 1007.

991 Leitet der Besitzer das Recht zum Besitze von einem mittelbaren Besitzer ab, so finden die Vorschriften des § 990 in Ansehung der N. nur Anwendung, wenn die Voraussetzungen des § 990 auch bei dem mittelbaren Besitzer vorliegen oder diesem gegenüber die Rechtshängigkeit eingetreten ist. 993, 1007.

§

993 Liegen die in den §§ 987—992 bezeichneten Voraussetzungen nicht vor, so hat der Besitzer die gezogenen Früchte, soweit sie nach den Regeln einer ordnungsmäßigen Wirtschaft nicht als Ertrag der Sache anzusehen sind, nach den Vorschriften über die Herausgabe einer ungerechtfertigten Bereicherung herauszugeben; im übrigen ist er weder zur Herausgabe von N. noch zum Schadensersatze verpflichtet.

Für die Zeit, für welche dem Besitzer die N. verbleiben, finden auf ihn die Vorschriften des § 101 Anwendung. 1007.

994, 995 s. **Eigentum** — Eigentum.

Art. **Einführungsgesetz.**

146 s. Schuldverhältnis § 379.

164 s. **E.G.** — E.G.

§ **Erbe.**

2020 Der Erbschaftsbesitzer hat dem Erben die aus der Erbschaft gezogenen N. herauszugeben; die Verpflichtung zur Herausgabe erstreckt sich auch auf Früchte, an denen er das Eigentum erworben hat. 2021.

2023 Hat der Erbschaftsbesitzer zur Erbschaft gehörende Sachen herauszugeben, so bestimmt sich vor dem Eintritte der Rechtshängigkeit an der Anspruch des Erben auf Schadensersatz wegen Verschlechterung, Unterganges oder einer aus einem anderen Grunde eintretenden Unmöglichkeit der Herausgabe nach den Vorschriften, die für das Verhältnis zwischen dem Eigentümer und dem Besitzer von dem Eintritte der Rechtshängigkeit des Eigentumsanspruchs an gelten.

Das Gleiche gilt von dem Anspruche des Erben auf Herausgabe oder Vergütung von aus der Erbschaft gezogenen N. und von dem Anspruche des Erbschaftsbesitzers auf Ersatz von Verwendungen.

§
2038 s. Gemeinschaft 743, 745.

Erbschaftskauf.

2379 Dem Verkäufer der Erbschaft verbleiben die auf die Zeit vor dem Verkaufe fallenden N. 2382.

2380 Der Käufer der Erbschaft trägt von dem Abschlusse des Kaufes an die Gefahr des zufälligen Unterganges und einer zufälligen Verschlechterung der Erbschaftsgegenstände. Von diesem Zeitpunkt an gebühren ihm die N. und trägt er die Lasten.

Gemeinschaft.

743 Jedem Teilhaber gebührt ein seinem Anteil entsprechender Bruchteil der Früchte.

Jeder Teilhaber ist zum Gebrauche des gemeinschaftlichen Gegenstandes insoweit befugt, als nicht der Mitgebrauch der übrigen Teilhaber beeinträchtigt wird. 741.

745 Eine wesentliche Veränderung des gemeinschaftlichen Gegenstandes kann nicht beschlossen oder verlangt werden.

Das Recht des einzelnen Teilhabers auf einen seinem Anteil entsprechenden Bruchteil der N. kann nicht ohne seine Zustimmung beeinträchtigt werden. 741.

Güterrecht.

1371 Auf das Vorbehaltsgut finden bei g. Güterrecht die bei der Gütertrennung für das Vermögen der Frau geltenden Vorschriften entsprechende Anwendung. Die Frau hat jedoch einen Beitrag zur Bestreitung des ehelichen Aufwandes nur insoweit zu leisten, als der Mann nicht schon durch die N. des eingebrachten Gutes einen angemessenen Beitrag erhält.

1383 Der Mann erwirbt bei g. Güterrecht die N. des eingebrachten Gutes in derselben Weise und in demselben Umfange wie ein Nießbraucher. 1525.

1384 Der Mann hat bei g. Güterrecht außer den Kosten, welche durch die Gewinnung der N. entstehen, die

§ Kosten der Erhaltung der zum eingebrachten Gute gehörenden Gegenstände nach den für den Nießbrauch geltenden Vorschriften zu tragen. 1529.

1525 Das eingebrachte Gut wird bei der Errungenschaftsgemeinschaft für Rechnung des Gesamtguts in der Weise verwaltet, daß die N., welche nach den für den Güterstand der Verwaltung und Nutznießung geltenden Vorschriften dem Manne zufallen, zu dem Gesamtgute gehören.

Auf das eingebrachte Gut der Frau finden im übrigen die Vorschriften der §§ 1373—1383, 1390—1417 entsprechende Anwendung.

1529 s. **Nutzniessung** — Güterrecht.

Kauf.

446 Mit der Übergabe der verkauften Sache geht die Gefahr des zufälligen Unterganges und einer zufälligen Verschlechterung auf den Käufer über. Von der Übergabe an gebühren dem Käufer die N. und trägt er die Lasten der Sache.

Wird der Käufer eines Grundstücks vor der Übergabe als Eigentümer in das Grundbuch eingetragen, so treten diese Wirkungen mit der Eintragung ein. 451.

452 Der Käufer ist verpflichtet, den Kaufpreis von dem Zeitpunkt an zu verzinsen, von welchem an die N. des gekauften Gegenstandes ihm gebühren, sofern nicht der Kaufpreis gestundet ist.

467 s. Vertrag 347.

487 Bei der Wandelung hat der Käufer eines Tieres N. nur insoweit zu ersetzen, als er sie gezogen hat. 481, 492.

Leistung.

256 Wer zum Ersatze von Aufwendungen verpflichtet ist, hat den aufgewendeten Betrag oder, wenn andere Gegenstände als Geld aufgewendet worden sind, den als Ersatz ihres Wertes zu

§ zahlenden Betrag von der Zeit der Aufwendung an zu verzinsen. Sind Aufwendungen auf einen Gegenstand gemacht worden, der dem Ersatzpflichtigen herauszugeben ist, so sind Zinsen für die Zeit, für welche dem Ersatzberechtigten die N. oder die Früchte des Gegenstandes ohne Vergütung verbleiben, nicht zu entrichten.

280, 286 f. Vertrag 347.

292 Hat der Schuldner einen bestimmten Gegenstand herauszugeben, so bestimmt sich von dem Eintritte der Rechtshängigkeit an der Anspruch des Gläubigers auf Schadensersatz wegen Verschlechterung, Unterganges oder einer aus einem anderen Grunde eintretenden Unmöglichkeit der Herausgabe nach den Vorschriften, welche für das Verhältnis zwischen dem Eigentümer und dem Besitzer von dem Eintritte der Rechtshängigkeit des Eigentumsanspruchs an gelten, soweit nicht aus dem Schuldverhältnis oder dem Verzuge des Schuldners sich zu Gunsten des Gläubigers ein anderes ergiebt.

Das Gleiche gilt von dem Anspruche des Gläubigers auf Herausgabe oder Vergütung von N. und von dem Anspruche des Schuldners auf Ersatz von Verwendungen.

302 Hat der Schuldner die N. eines Gegenstandes herauszugeben oder zu ersetzen, so beschränkt sich seine Verpflichtung während des Verzugs des Gläubigers auf die N., welche er zieht.

543 **Miete** 555 f. Vertrag 347.

Nießbrauch.

1030, 1038, 1039 f. **Niessbrauch** — Nießbrauch.

Pfandrecht.

1213, 1214 Berechtigung des Pfandgläubigers, die N. des Pfandes zu ziehen. f. **Pfandrecht** — Pfandrecht.

1283 Hängt die Fälligkeit der verpfändeten Forderung von einer Kündigung ab, so bedarf der Gläubiger zur Kündigung der Zustimmung des Pfandgläubigers nur, wenn dieser berechtigt ist, die N. zu ziehen. 1273, 1279, 1284.

Sachen.

100 N. sind die Früchte einer Sache oder eines Rechtes sowie die Vorteile, welche der Gebrauch der Sache oder des Rechtes gewährt.

Schuldverhältnis.

379 Ist die Rücknahme der hinterlegten Sache nicht ausgeschlossen, so kann der Schuldner den Gläubiger auf die hinterlegte Sache verweisen.

Solange die Sache hinterlegt ist, trägt der Gläubiger die Gefahr und ist der Schuldner nicht verpflichtet, Zinsen zu zahlen oder Ersatz für nicht gezogene N. zu leisten.

Nimmt der Schuldner die hinterlegte Sache zurück, so gilt die Hinterlegung als nicht erfolgt.

Testament.

2111 Zur Erbschaft gehört, was der Vorerbe durch die Erbschaft erwirbt, sofern nicht der Erwerb ihm als N. gebührt.

2123 Feststellung des Maßes der N. an einem zur Erbschaft gehörenden Walde, Bergwerk u. dergl. f. **Erblasser** — Testament.

2133 Beeinträchtigung der dem Vorerben gebührenden N. f. **Erblasser** — Testament.

2184 Für N., die nicht zu den Früchten der vermachten Sache gehören, hat der Beschwerte nicht Ersatz zu leisten.

Vertrag.

347 Der Anspruch auf Schadensersatz wegen Verschlechterung, Unterganges oder einer aus einem anderen Grunde eintretenden Unmöglichkeit der Herausgabe bestimmt sich im Falle des Rücktritts vom Vertrage von dem Empfange der Leistung an nach den Vorschriften, welche für das Verhältnis zwischen dem Eigentümer und dem Besitzer von

§ dem Eintritte der Rechtshängigkeit des Eigentumsanspruchs an gelten. Das Gleiche gilt von dem Anspruch auf Herausgabe oder Vergütung von N. und von dem Anspruch auf Ersatz von Verwendungen. Eine Geldsumme ist von der Zeit des Empfanges an zu verzinsen. 327.

Verwandtschaft.

1652 Der Vater erwirbt die N. des seiner Nutznießung unterliegenden Vermögens des Kindes in derselben Weise und in demselben Umfange wie ein Nießbraucher.

1654 f. Güterrecht 1384.

1656 Steht dem Vater die Verwaltung des seiner Nutznießung unterliegenden Vermögens des Kindes nicht zu, so kann er auch die Nutznießung nicht ausüben; er kann jedoch die Herausgabe der N. verlangen, soweit nicht ihre Verwendung zur ordnungsmäßigen Verwaltung des Vermögens und zur Bestreitung der Lasten der Nutznießung erforderlich ist.

Ruht die elterliche Gewalt des Vaters oder ist dem Vater die Sorge für die Person und das Vermögen des Kindes durch das Vormundschaftsgericht entzogen, so können die Kosten des Unterhalts des Kindes aus den N. insoweit vorweg entnommen werden, als sie dem Vater zur Last fallen. 1658.

Vormundschaft.

1813 Der Vormund bedarf nicht der Genehmigung des Gegenvormundes zur Annahme einer geschuldeten Leistung.

1. . . . .

4. wenn der Anspruch zu den N. des Mündelvermögens gehört.

651 **Werkvertrag** f. Kauf 446.

Nutzungsberechtigte.

908 **Eigentum** f. **Nutzungsrecht** — Handlung 838.

Art.

72 **Einführungsgesetz** f. **E.G.** — E.G.

§ **Handlung.**

838 f. **Nutzungsrecht** — Handlung.

Nutzungsrecht.

Dienstbarkeit.

1090 f. **Grunddienstbarkeit** — Grunddienstbarkeit 1024.

1093 Als beschränkte persönliche Dienstbarkeit kann auch das Recht bestellt werden, ein Gebäude oder einen Teil eines Gebäudes unter Ausschluß des Eigentümers als Wohnung zu benutzen. Auf dieses Recht finden die für den Nießbrauch geltenden Vorschriften der §§ 1031, 1034, 1036, des § 1037 Abs. 1 und der §§ 1041, 1042, 1044, 1049, 1050, 1057, 1062 entsprechende Anwendung.

Der Berechtigte ist befugt, seine Familie sowie die zur standesmäßigen Bedienung und zur Pflege erforderlichen Personen in die Wohnung aufzunehmen.

Ist das Recht auf einen Teil des Gebäudes beschränkt, so kann der Berechtigte die zum gemeinschaftlichen Gebrauche der Bewohner bestimmten Anlagen und Einrichtungen mitbenutzen.

Eigentum.

908 f. Handlung 838.

955 Dem Eigenbesitzer einer Sache steht derjenige gleich, welcher die Sache zum Zwecke der Ausübung eines N. an ihr besitzt. 953, 954.

988 f. **Nutzungen** — Eigentum.

Art. **Einführungsgesetz.**

72, 196, 197 f. **E.G.** — E.G.

184 f. **Grunddienstbarkeit** — Grunddienstbarkeit § 1024.

§ **Grunddienstbarkeit.**

1024 Zusammentreffen einer Grunddienstbarkeit mit einem sonstigen N. an demselben Grundstück f. **Grunddienstbarkeit** — Grunddienstbarkeit.

§ **Handlung.**
838 Wer die Unterhaltung eines Gebäudes oder eines mit einem Grundstücke verbundenen Werkes für den Besitzer übernimmt oder das Gebäude oder das Werk vermöge eines ihm zustehenden N. zu unterhalten hat

§ ist für den durch den Einsturz oder die Ablösung von Teilen verursachten Schaden in gleicher Weise verantwortlich wie der Besitzer. 840.
1120 **Hypothek** s. Eigentum 955.
Nießbrauch.
1036, 1060 s. **Niessbrauch** — Nießbrauch.

Oberfläche.

§ **Eigentum.**
905 Das Recht des Eigentümers erstreckt sich auf den Raum über der O. und auf den Erdkörper unter der O.
950 Als Verarbeitung eines Stoffes gilt die Bearbeitung der O. eines Stoffes. 951.
Erbbaurecht.
1012 Ein Grundstück kann in der Weise belastet werden, daß demjenigen, zu dessen Gunsten die Belastung erfolgt, das veräußerliche und vererbliche Recht zusteht, auf oder unter der O. des Grundstücks ein Bauwerk zu haben (Erbbaurecht).
2172 **Testament** s. Eigentum 950.

Oberlehnsherrlichkeit.

Art.
114 **Einführungsgesetz** s. **E.G.** — E.G.

Obliegenheit.

§ **Testament.**
2217 Der Testamentsvollstrecker hat Nachlaßgegenstände, deren er zur Erfüllung seiner O. offenbar nicht bedarf, dem Erben auf Verlangen zur freien Verfügung zu überlassen. Mit der Überlassung erlischt sein Recht zur Verwaltung der Gegenstände.

Obrigkeit.

§
229 **Selbsthülfe** s. **Selbsthülfe** — Selbsthülfe.

Obstbäume.

Art.
122 **Einführungsgesetz** s. **E.G.** — E.G.

Obstgärten.

71 **Einführungsgesetz** s. **E.G.** — E.G.

Offenbarungseid.

147 **Einführungsgesetz** s. **E.G.** — E.G.

§ **Erbe.**
2006 Der Erbe hat auf Verlangen eines Nachlaßgläubigers vor dem Nachlaßgerichte den O. dahin zu leisten;

daß er nach bestem Wissen die Nachlaßgegenstände so vollständig angegeben habe, als er dazu imstande sei.

Der Erbe kann vor der Leistung des Eides das Inventar vervollständigen.

Verweigert der Erbe die Leistung des Eides, so haftet er dem Gläubiger, der den Antrag gestellt hat, unbeschränkt. Das Gleiche gilt, wenn er weder in dem Termine noch in einem auf Antrag des Gläubigers

§ bestimmten neuen Termin erscheint, es sei denn, daß ein Grund vorliegt, durch den das Nichterscheinen in diesem Termine genügend entschuldigt wird.

Eine wiederholte Leistung des Eides kann derselbe Gläubiger oder ein anderer Gläubiger nur verlangen, wenn Grund zu der Annahme besteht, daß dem Erben nach der Eidesleistung weitere Nachlaßgegenstände bekannt geworden sind.

2028 Wer sich zur Zeit des Erbfalls mit dem Erblasser in häuslicher Gemeinschaft befunden hat, ist verpflichtet, dem Erben auf Verlangen Auskunft darüber zu erteilen, welche erbschaftliche Geschäfte er geführt hat und was ihm über den Verbleib der Erbschaftsgegenstände bekannt ist.

Besteht Grund zu der Annahme, daß die Auskunft nicht mit der erforderlichen Sorgfalt erteilt worden ist, so hat der Verpflichtete auf Verlangen des Erben den O. dahin zu leisten:

daß er seine Angaben nach bestem Wissen so vollständig gemacht habe, als er dazu imstande sei.

Die Vorschriften des § 259 Abs. 3 und des § 261 finden Anwendung.

2057 Jeder Miterbe ist verpflichtet, den übrigen Erben auf Verlangen Auskunft über die Zuwendungen zu erteilen, die er nach den §§ 2050 bis 2053 zur Ausgleichung zu bringen hat. Die Vorschriften der §§ 260, 261 über die Verpflichtung zur Leistung des O. finden entsprechende Anwendung.

Leistung.

259 Besteht im Falle der Pflicht zur Rechnungslegung Grund zu der Annahme, daß die in der Rechnung enthaltenen Angaben über die Einnahmen nicht mit der erforderlichen Sorgfalt gemacht worden sind, so hat der Verpflichtete auf Verlangen den O. dahin zu leisten:

daß er nach bestem Wissen die Einnahmen so vollständig angegeben habe, als er dazu imstande sei.

In Angelegenheiten von geringer Bedeutung besteht eine Verpflichtung zur Leistung des O. nicht. 260.

260 Besteht Grund zu der Annahme, daß das Verzeichnis über den Inbegriff von Gegenständen nicht mit der erforderlichen Sorgfalt aufgestellt worden ist, so hat der Verpflichtete auf Verlangen den O. dahin zu leisten:

daß er nach bestem Wissen den Bestand so vollständig angegeben habe, als er dazu imstande sei.

Die Vorschrift des § 259 Abs. 3 findet Anwendung.

261 Der O. ist, sofern er nicht vor dem Prozeßgerichte zu leisten ist, vor dem Amtsgerichte des Ortes zu leisten, an welchem die Verpflichtung zur Rechnungslegung oder zur Vorlegung des Verzeichnisses zu erfüllen ist. Hat der Verpflichtete seinen Wohnsitz oder seinen Aufenthalt im Inlande, so kann er den Eid vor dem Amtsgerichte des Wohnsitzes oder des Aufenthaltsorts leisten.

Das Gericht kann eine den Umständen entsprechende Änderung der Eidesnorm beschließen.

Die Kosten der Abnahme des Eides hat derjenige zu tragen, welcher die Leistung des Eides verlangt.

2314 **Pflichtteil** s. Leistung 260.

Öffentlichkeit.

Auftrag.

663 Wer zur Besorgung gewisser Geschäfte öffentlich bestellt ist oder sich öffentlich erboten hat, ist, wenn er einen auf solche Geschäfte gerichteten Auftrag nicht annimmt, verpflichtet, die

§ Ablehnung dem Auftraggeber unverzüglich anzuzeigen. Das Gleiche gilt, wenn sich jemand dem Auftraggeber gegenüber zur Besorgung gewisser Geschäfte erboten hat. 675.

Auslobung.

657, 658 Öffentliche Bekanntmachung einer Auslobung s. **Auslobung** — Auslobung.

Dienstvertrag.

617 Die Verpflichtung des Dienstberechtigten dem erkrankten Dienstverpflichteten ärztliche Behandlung und Verpflegung zu gewähren, tritt nicht ein, wenn für die Verpflegung und ärztliche Behandlung durch eine Versicherung oder durch eine Einrichtung der öffentlichen Krankenpflege Vorsorge getroffen ist. 619.

Ehe.

1319 Öffentliche Ausübung des Amtes eines Standesbeamten s. **Ehe** — Ehe.

1342 Die Erklärung der Anfechtung einer Ehe ist in öffentlich beglaubigter Form abzugeben.

Ehescheidung.

1567 Ein Ehegatte kann auf Scheidung klagen, wenn der andere Ehegatte ihn böslich verlassen hat.

Bösliche Verlassung liegt nur vor:

1. . . . . .
2. wenn ein Ehegatte sich ein Jahr lang gegen den Willen des anderen Ehegatten in böslicher Absicht von der häuslichen Gemeinschaft fern gehalten hat und die Voraussetzungen für die öffentliche Zustellung seit Jahresfrist gegen ihn bestanden haben.

Die Scheidung ist im Falle des Abs. 2 Nr. 2 unzulässig, wenn die Voraussetzungen für die öffentliche Zustellung am Schlusse der mündlichen Verhandlung, auf die das Urteil ergeht, nicht mehr bestehen. 1564, 1570, 1571, 1574.

§

1577 Die Erklärung der Wiederannahme eines früheren Namens nach der Ehescheidung und die Erklärung des Mannes, daß er der Frau die Führung seines Namens nach der Ehescheidung untersage, ist in öffentlich beglaubigter Form abzugeben.

Eigentum.

911 Früchte, die von einem Baume oder einem Strauche auf ein Nachbargrundstück hinüberfallen, gelten als Früchte dieses Grundstücks. Diese Vorschrift findet keine Anwendung, wenn das Nachbargrundstück dem öffentlichen Gebrauche dient.

917, 918 Mangel der bei einem Grundstücke zur ordnungsmäßigen Benutzung notwendigen Verbindung mit einem öffentlichen Wege s. **Eigentum** — Eigentum.

935 Erwerb des Eigentums an Sachen, die im Wege öffentlicher Versteigerung veräußert werden s. **Eigentum** — Eigentum.

966, 979 Öffentliche Versteigerung eines Fundes s. **Eigentum** — Eigentum.

978—983 Fund in den Geschäftsräumen oder den Beförderungsmitteln einer öffentlichen Behörde oder einer dem öffentlichen Verkehre dienenden Verkehrsanstalt s. **Eigentum** — Eigentum.

980, 981 Öffentliche Bekanntmachung eines Fundes s. **Eigentum** — Eigentum.

Art. **Einführungsgesetz.**

52, 77, 80, 90—92, 94, 99, 103, 104, 109, 111, 114, 118, 121, 133, 135, 179, 187, 188, 191 s. **E.G.** — E.G.

85 s. Verein § 45.

95 s. Dienstvertrag § 617.

116 s. **Eigentum** — Eigentum § 917.

146 s. **Hinterlegung** — Schuldverhältnis § 372.

163 s. Jurist. Person d. öff. Rechts § 89, **Stiftung** — Stiftung § 86, **Verein** — Verein §§ 45, 50.

§ den übertragbaren Teil des Diensteinkommens, des Wartegeldes oder des Ruhegehalts ab, so ist die auszahlende Kasse durch Aushändigung einer von dem bisherigen Gläubiger ausgestellten, öffentlich beglaubigten Urkunde von der Abtretung zu benachrichtigen. Bis zur Benachrichtigung gilt die Abtretung als der Kasse nicht bekannt.

Stiftung.

86 Verwaltung der Stiftung von einer öffentlichen Behörde s. **Stiftung** — Stiftung.

88 s. **Verein** — Verein 50.

Testament.

2072 Zuwendung an eine öffentliche Armenkasse s. **Erblasser** — Testament.

2120 Die Einwilligungserklärung des Nacherben in eine Verfügung des Vorerben ist auf Verlangen in öffentlich beglaubigter Form abzugeben.

2121 Der Vorerbe hat auf Verlangen des Nacherben die Unterzeichnung des Nachlaßverzeichnisses öffentlich beglaubigen zu lassen.

2182 s. **Kauf** — Kauf 436, 444.

2194 Liegt die Vollziehung einer Auflage im öffentlichen Interesse, so kann auch die zuständige Behörde die Vollziehung verlangen.

2198 Die Erklärung, durch welche die Person des Testamentsvollstreckers bestimmt wird, ist in öffentlich beglaubigter Form abzugeben. 2199, 2228.

2204 s. **Erbe** — Erbe 2045.

2215 Die Unterzeichnung des Verzeichnisses der Nachlaßgegenstände hat auf Verlangen des Erben in öffentlich beglaubigter Form zu erfolgen. 2220.

Verein.

45 Durch die Satzung des Vereins kann vorgeschrieben werden, daß die Anfallberechtigten durch Beschluß der Mitgliederversammlung oder eines anderen Vereinsorgans bestimmt werden. Ist der Zweck des Vereins nicht auf einen wirtschaftlichen Geschäftsbetrieb gerichtet, so kann die Mitgliederversammlung auch ohne eine solche Vorschrift das Vermögen einer öffentlichen Stiftung oder Anstalt zuweisen.

50 Öffentliche Bekanntmachung der Auflösung des Vereins und Entziehung der Rechtsfähigkeit s. **Verein** — Verein.

61 Einspruch gegen die Eintragung eines Vereins, welcher nach dem öffentlichen Vereinsrechts unerlaubt oder verboten ist s. **Verein** — Verein.

74 Auflösung des Vereins auf Grund des öffentlichen Vereinsrecht s. **Verein** — Verein.

77 Die Anmeldungen zum Vereinsregister sind von den Mitgliedern des Vorstandes sowie von den Liquidatoren mittelst öffentlich beglaubigter Erklärung zu bewirken.

Verjährung.

196 In zwei Jahren verjähren die Ansprüche:

1. . . . .
11. der öffentlichen Anstalten, welche dem Unterrichte, der Erziehung, Verpflegung oder Heilung dienen.
12. . . . .
13. der öffentlichen Lehrer.
14. . . . .
15. der Personen, welche zur Besorgung gewisser Geschäfte öffentlich bestellt oder zugelassen sind. 201.

Verwandtschaft.

1597 Die Erklärung der Anfechtung der Ehelichkeit eines Kindes ist in öffentlich beglaubigter Form abzugeben. 1599, 1600.

1635 s. Ehescheidung 1567.

1642 s. Vormundschaft 1807.

1654 s. Güterrecht 1385.

§ an einen anderen O. als den Erfüllungso. f. **Kauf** — Kauf.

457 f. **Hinterlegung** — Schuldverhältnis 383.

Leistung.

244 Die Umrechnung einer in ausländischer Währung ausgedrückten Geldschuld erfolgt nach dem Kurswerte, der zur Zeit der Zahlung für den Zahlungso. maßgebend ist.

261 O. der Leistung eines Offenbarungseids f. **Leistung** — Leistung.

269, 270 O. der Leistung und der Niederlassung f. **Leistung** — Leistung.

Pfandrecht.

1236, 1237 O. der Versteigerung des Pfandes f. **Pfandrecht** — Pfandrecht.

Sachen.

701 Anweisung des O., an den die Sachen des Gastes gebracht werden sollen f. **Einbringung** — Sachen.

811 O. der Vorlegung von Sachen und Urkunden f. **Vorlegung** — Sachen.

Schuldverhältnis.

374 Die Hinterlegung hat bei der Hinterlegungsstelle des Leistungsorts zu erfolgen; hinterlegt der Schuldner bei einer anderen Stelle, so hat er dem Gläubiger den daraus entstehenden Schaden zu ersetzen.

383 O. der Versteigerung einer hinterlegten Sache f. **Hinterlegung** — Schuldverhältnis.

Sicherheitsleistung.

238 O. der Sicherheitsleistung f. **Sicherheitsleistung** — Sicherheitsleistung.

Stiftung.

80 Als Sitz der Stiftung gilt, wenn nicht ein anderes bestimmt ist, der O., an welchem die Verwaltung geführt wird.

Testament.

2231, 2232, 2249, 2250, 2267 O. der Errichtung eines Testaments f. **Erblasser** — Testament.

§

2231 Ein Testament kann in ordentlicher Form errichtet werden:

1. vor einem Richter oder vor einem Notar;
2. durch eine von dem Erblasser unter Angabe des O. und Tages eigenhändig geschriebene und unterschriebene Erklärung. 2247, 2248, 2267.

2241 Das Protokoll über die Errichtung eines Testaments muß enthalten:

1. O. und Tag der Verhandlung. 2232, 2249, 2250.

2267 Zur Errichtung eines gemeinschaftlichen Testaments nach § 2231 Nr. 2 genügt es, wenn einer der Ehegatten das Testament in der dort vorgeschriebenen Form errichtet und der andere Ehegatte die Erklärung beifügt, daß das Testament auch als sein Testament gelten solle. Die Erklärung muß unter Angabe des O. und Tages eigenhändig geschrieben und unterschrieben werden.

Todeserklärung.

16 Der Untergang eines Schiffes wird vermutet, wenn es an dem O. seiner Bestimmung nicht eingetroffen oder in Ermangelung eines festen Reiseziels nicht zurückgekehrt ist. 13, 17, 18.

Verein.

24 Als Sitz eines Vereins gilt, wenn nicht ein anderes bestimmt ist, der O., an welchem die Verwaltung geführt wird.

57 Der Name eines eingetragenen Vereins soll sich von dem Namen der an demselben O. oder in derselben Gemeinde bestehenden eingetragenen Vereine deutlich unterscheiden. 60.

Verwahrung.

697 Die Rückgabe der hinterlegten Sache hat an dem O. zu erfolgen, an welchem die Sache aufzubewahren war; der Verwahrer ist nicht ver-

§ pflichtet, die Sache dem Hinterleger zu bringen.

700 O. der Rückgabe der hinterlegten Sache s. **Verwahrung** — Verwahrung.

Werkvertrag.

644 Versendung eines Werkes an einen anderen O. als den Erfüllungso. s. **Werkvertrag** — Werkvertrag.

651 s. Kauf 447.

Wohnsitz.

7 Wer sich an einem O. ständig niederläßt, begründet an diesem O. seinen Wohnsitz.

Der Wohnsitz kann gleichzeitig an mehreren O. bestehen.

9 Eine Militärperson hat ihren Wohnsitz am Garnisono. Als Wohnsitz einer Militärperson, deren Truppenteil im Inlande keinen Garnisono. hat, gilt der letzte inländische Garnisono. des Truppenteils.

§ Diese Vorschriften finden keine Anwendung auf Militärpersonen, die nur zur Erfüllung der Wehrpflicht dienen oder die nicht selbständig einen Wohnsitz begründen können.

10 Die Ehefrau teilt den Wohnsitz des Ehemanns. Sie teilt den Wohnsitz nicht, wenn der Mann seinen Wohnsitz im Ausland an einem O. begründet, an den die Frau ihm nicht folgt und zu folgen nicht verpflichtet ist.

Ortsüblichkeit.

919 **Eigentum** s. **Eigentum** — Eigentum.

Ostsee.

16 **Todeserklärung** s. **Todeserklärung** — Todeserklärung.

P.

Art. **Pacht.**

71 **Einführungsgesetz** s. **E.G.** — E.G.

§ **Güterrecht.**

1421 s. Pacht 592, 593.

1423 Hat der Mann bei g. Güterrecht ein zum eingebrachten Gute gehörendes Grundstück vermietet oder verpachtet, so finden, wenn das Miet- oder Pachtverhältnis bei der Beendigung der Verwaltung und Nutznießung noch besteht, die Vorschriften des § 1056 entsprechende Anwendung.

1546 s. **Errungenschaftsgemeinschaft** — Güterrecht.

Nießbrauch.

1048 s. Pacht 588, 589.

§

1055 s. Pacht 591—593.

1056 Hat der Nießbraucher ein Grundstück über die Dauer des Nießbrauchs hinaus vermietet oder verpachtet, so finden nach der Beendigung des Nießbrauchs die für den Fall der Veräußerung geltenden Vorschriften der §§ 571, 572, des § 573 Satz 1 und der §§ 574—576, 579 entsprechende Anwendung.

Der Eigentümer ist berechtigt, das Miet- oder Pachtverhältnis unter Einhaltung der g. Kündigungsfrist zu kündigen. Verzichtet der Nießbraucher auf den Nießbrauch, so ist die Kündigung erst von der Zeit an zulässig,

§ zu welcher der Nießbrauch ohne den Verzicht erlöschen würde.

Der Mieter oder der Pächter ist berechtigt, den Eigentümer unter Bestimmung einer angemessenen Frist zur Erklärung darüber aufzufordern, ob er von dem Kündigungsrecht Gebrauch mache. Die Kündigung kann nur bis zum Ablaufe der Frist erfolgen.

Pacht §§ 581—597.

581 Durch den Pachtvertrag wird der Verpächter verpflichtet, dem Pächter den Gebrauch des verpachteten Gegenstandes und den Genuß der Früchte, soweit sie nach den Regeln einer ordnungsmäßigen Wirtschaft als Ertrag anzusehen sind, während der Pachtzeit zu gewähren. Der Pächter ist verpflichtet, dem Verpächter den vereinbarten Pachtzins zu entrichten.

Auf die P. finden, soweit sich nicht aus den §§ 582—597 ein anderes ergiebt, die Vorschriften über die Miete entsprechende Anwendung.

582 Der Pächter eines landwirtschaftlichen Grundstücks hat die gewöhnlichen Ausbesserungen, insbesondere die der Wohn- und Wirtschaftsgebäude, der Wege, Gräben und Einfriedigungen, auf seine Kosten zu bewirken. 581.

583 Der Pächter eines landwirtschaftlichen Grundstücks darf nicht ohne die Erlaubnis des Verpächters Änderungen in der wirtschaftlichen Bestimmung des Grundstücks vornehmen, die auf die Art der Bewirtschaftung über die Pachtzeit hinaus von Einfluß sind. 581.

584 Ist bei der P. eines landwirtschaftlichen Grundstücks der Pachtzins nach Jahren bemessen, so ist er nach dem Ablaufe je eines Pachtjahres am ersten Werktage des folgenden Jahres zu entrichten. 581.

585 Das Pfandrecht des Verpächters eines landwirtschaftlichen Grundstücks kann

§ für den gesamten Pachtzins geltend gemacht werden und unterliegt nicht der im § 563 bestimmten Beschränkung. Es erstreckt sich auf die Früchte des Grundstücks sowie auf die nach § 715 Nr. 5 und § 811 Nr. 4 der Civilprozeßordnung der Pfändung nicht unterworfenen Sachen. 581.

586 Wird ein Grundstück samt Inventar verpachtet, so liegt dem Pächter die Erhaltung der einzelnen Inventarstücke ob.

Der Verpächter ist verpflichtet, Inventarstücke, die infolge eines von dem Pächter nicht zu vertretenden Umstandes in Abgang kommen, zu ergänzen. Der Pächter hat jedoch den gewöhnlichen Abgang der zu dem Inventar gehörenden Tiere aus den Jungen insoweit zu ersetzen, als dies einer ordnungsmäßigen Wirtschaft entspricht. 581.

587 Übernimmt der Pächter eines Grundstücks das Inventar zum Schätzungswerte mit der Verpflichtung, es bei der Beendigung der P. zum Schätzungswerte zurückzugewähren, so gelten die Vorschriften der §§ 588, 589. 581.

588 Der Pächter eines Grundstücks trägt die Gefahr des zufälligen Unterganges und einer zufälligen Verschlechterung des Inventars. Er kann über die einzelnen Stücke innerhalb der Grenzen einer ordnungsmäßigen Wirtschaft verfügen.

Der Pächter hat das Inventar nach den Regeln einer ordnungsmäßigen Wirtschaft in dem Zustande zu erhalten, in welchem es ihm übergeben wird. Die von ihm angeschafften Stücke werden mit der Einverleibung in das Inventar Eigentum des Verpächters. 581, 587.

589 Der Pächter eines Grundstücks hat das bei der Beendigung der P. vor-

§ handene Inventar dem Verpächter zurückzugewähren.

Der Verpächter kann die Übernahme derjenigen von dem Pächter angeschafften Inventarstücke ablehnen, welche nach den Regeln einer ordnungsmäßigen Wirtschaft für das Grundstück überflüssig oder zu wertvoll sind; mit der Ablehnung geht das Eigentum an den abgelehnten Stücken auf den Pächter über.

Ist der Gesamtschätzungswert der übernommenen Stücke höher oder niedriger als der Gesamtschätzungswert der zurückzugewährenden Stücke, so hat im ersteren Falle der Pächter dem Verpächter, im letzteren Falle der Verpächter dem Pächter den Mehrbetrag zu ersetzen. 581, 587, 594.

590 Dem Pächter eines Grundstücks steht für die Forderungen gegen den Verpächter, die sich auf das mitgepachtete Inventar beziehen, ein Pfandrecht an den in seinen Besitz gelangten Inventarstücken zu. Auf das Pfandrecht findet die Vorschrift des § 562 Anwendung. 581.

591 Der Pächter eines landwirtschaftlichen Grundstücks ist verpflichtet, das Grundstück nach der Beendigung der P. in dem Zustande zurückzugewähren, der sich bei einer während der Pachtzeit bis zur Rückgewähr f. ordnungsmäßigen Bewirtschaftung ergiebt. Dies gilt insbesondere auch für die Bestellung. 581.

592 Endigt die P. eines landwirtschaftlichen Grundstücks im Laufe eines Pachtjahrs, so hat der Verpächter die Kosten, die der Pächter auf die noch nicht getrennten, jedoch nach den Regeln einer ordnungsmäßigen Wirtschaft vor dem Ende des Pachtjahrs zu trennenden Früchte verwendet hat, insoweit zu ersetzen, als sie einer ordnungsmäßigen Wirtschaft entsprechen und den Wert dieser Früchte nicht übersteigen. 581.

593 Der Pächter eines Landguts hat von den bei der Beendigung der P. vorhandenen landwirtschaftlichen Erzeugnissen ohne Rücksicht darauf, ob er bei dem Antritte der P. solche Erzeugnisse übernommen hat, so viel zurückzulassen, als zur Fortführung der Wirtschaft bis zu der Zeit erforderlich ist, zu welcher gleiche oder ähnliche Erzeugnisse voraussichtlich gewonnen werden.

Soweit der Pächter landwirtschaftliche Erzeugnisse in größerer Menge oder besserer Beschaffenheit zurückzulassen verpflichtet ist, als er bei dem Antritte der P. übernommen hat, kann er von dem Verpächter Ersatz des Wertes verlangen.

Den vorhandenen auf dem Gute gewonnenen Dünger hat der Pächter zurückzulassen, ohne daß er Ersatz des Wertes verlangen kann. 581.

594 Übernimmt der Pächter eines Landguts das Gut auf Grund einer Schätzung des wirtschaftlichen Zustandes mit der Bestimmung, daß nach der Beendigung der P. die Rückgewähr gleichfalls auf Grund einer solchen Schätzung zu erfolgen hat, so finden auf die Rückgewähr des Gutes die Vorschriften des § 589 Abs. 2, 3 entsprechende Anwendung.

Das Gleiche gilt, wenn der Pächter Vorräte auf Grund einer Schätzung mit einer solchen Bestimmung übernimmt, für die Rückgewähr der Vorräte, die er zurückzulassen verpflichtet ist. 581.

595 Ist bei der P. eines Grundstücks oder eines Rechtes die Pachtzeit nicht bestimmt, so ist die Kündigung nur für den Schluß eines Pachtjahres zulässig; sie hat spätestens am ersten Werktage

§ des halben Jahres zu erfolgen, mit dessen Ablaufe die P. endigen soll.

Diese Vorschriften gelten bei der P. eines Grundstücks oder eines Rechtes auch für die Fälle, in denen das Pachtverhältnis unter Einhaltung der g. Frist vorzeitig gekündigt werden kann. 581.

596 Dem Pächter eines Grundstücks steht das im § 549 Abs. 1 bestimmte Kündigungsrecht nicht zu.

Der Verpächter ist nicht berechtigt, das Pachtverhältnis nach § 569 zu kündigen.

Eine Kündigung des Pachtverhältnisses nach § 570 findet nicht statt. 581.

597 Giebt der Pächter den gepachteten Gegenstand nach der Beendigung der P. nicht zurück, so kann der Verpächter für die Dauer der Vorenthaltung als Entschädigung den vereinbarten Pachtzins nach dem Verhältnisse verlangen, in welchem die Nutzungen, die der Pächter während dieser Zeit gezogen hat oder hätte ziehen können, zu den Nutzungen des ganzen Pachtjahrs stehen. Die Geltendmachung eines weiteren Schadens ist nicht ausgeschlossen. 581.

Testament.

2130 s. Pacht 592, 593.

2135 Hat der Vorerbe ein zur Erbschaft gehörendes Grundstück vermietet oder verpachtet, so finden, wenn das Miet- oder Pachtverhältnis bei dem Eintritte der Nacherbfolge noch besteht, die Vorschriften des § 1056 entsprechende Anwendung.

Verwandtschaft.

1663 Hat der Vater kraft seiner Nutznießung ein zu dem Vermögen des Kindes gehörendes Grundstück vermietet oder verpachtet, so finden, wenn das Miet- oder Pachtverhältnis bei der Beendigung der Nutznießung noch besteht, die Vorschriften des § 1056 entsprechende Anwendung.

Gehört zu dem der Nutznießung unterliegenden Vermögen ein landwirtschaftliches Grundstück, so findet die Vorschrift des § 592, gehört zu dem Vermögen ein Landgut, so finden die Vorschriften der §§ 592, 593 entsprechende Anwendung.

Pächter.

Besitz.

868 Besitzt jemand eine Sache als Nießbraucher, Pfandgläubiger, P., Mieter, Verwahrer oder in einem ähnlichen Verhältnisse, vermöge dessen er einem anderen gegenüber auf Zeit zum Besitze berechtigt oder verpflichtet ist, so ist auch der andere Besitzer (mittelbarer Besitz). 871.

Art.

172 **Einführungsgesetz** s. **E.G.** — E.G.

§ **Güterrecht.**

1421 s. **Pacht** — Pacht 592, 593.

1423 s. **Pacht** — Nießbrauch 1056.

Hypothek.

1125 Soweit die Einziehung des Miet- oder Pachtzinses dem Hypothekengläubiger gegenüber unwirksam ist, kann der Mieter oder der P. nicht eine ihm gegen den Vermieter oder den Verpächter zustehende Forderung gegen den Hypothekengläubiger aufrechnen. 1126.

Nießbrauch.

1048 s. **Pacht** — Pacht 588, 589.

1055 s. **Pacht** — Pacht 591—593.

1056 s. **Pacht** — Nießbrauch.

Pacht.

581—583, 586—594, 596, 597 s. **Pacht** — Pacht.

3289 **Pfandrecht** s. Hypothek 1125.

Testament.

2130 s. **Pacht** — Pacht 592, 593.

2135 s. **Pacht** — Nießbrauch 1056.

§ **Verwandtschaft.**
1663 s. **Pacht** — Pacht 592, 593 **Pacht** — Nießbrauch 1056.

Pachtjahr.

1421 **Güterrecht** s. **Pacht** — Pacht 592.
1055 **Nießbrauch** s. **Pacht** — Pacht 592.
Pacht.
584, 592, 595 s. **Pacht** — Pacht.
2130 **Testament** s. **Pacht** — Pacht 592.
1663 **Verwandtschaft** s. **Pacht** — Pacht 592.

Art. **Pachtrecht.**

188 **Einführungsgesetz** s. **E.G.** — E.G.

Pachtverhältniss.

171 **Einführungsgesetz** s **E.G.** — E.G.
§ **Güterrecht.**
1423 s. **Pacht** — Güterrecht.
1546 s. **Errungenschaftsgemeinschaft** — Güterrecht.
1056 **Nießbrauch** s. **Pacht** — Nießbrauch.
595 **Pacht** 596 s. **Pacht** — Pacht.
2135 **Testament** s. **Pacht** — Testament.
1663 **Verwandtschaft** s. **Pacht** — Verwandtschaft.

Pachtvertrag s. auch **Vertrag.**

581 **Pacht** s. **Pacht** — Pacht.
1643 **Verwandtschaft** s. **Vormundschaft** — Vormundschaft 1822.
Vormundschaft.
1822 Eingehung eines P. durch den Vormund für einen Mündel s. **Vormundschaft** — Vormundschaft.
1902 Eingehung eines P. durch den Vormund für einen volljährigen Mündel s. **Vormundschaft** — Vormundschaft.

§ **Pachtzeit.**
1055 **Nießbrauch** s. **Pacht** — Pacht 591.
Pacht.
581, 583, 591, 595 s. **Pacht** — Pacht.

Art. **Pachtzins.**

53 **Einführungsgesetz** s. Hypothek §§ 1123, 1124.
§ **Hypothek.**
1123 Ist das Grundstück vermietet oder verpachtet, so erstreckt sich die Hypothek auf die Miet- oder Pachtzinsforderung.

Soweit die Forderung fällig ist, wird sie mit dem Ablauf eines Jahres nach dem Eintritte der Fälligkeit von der Haftung frei, wenn nicht vorher die Beschlagnahme zu Gunsten des Hypothekengläubigers erfolgt. Ist der Miet- oder P. im voraus zu entrichten, so erstreckt sich die Befreiung nicht auf den Miet- oder P. für eine spätere Zeit als das zur Zeit der Beschlagnahme laufende und das folgende Kalendervierteljahr. 1126, 1129.

1124 Wird der Miet- oder P. eingezogen, bevor er zu Gunsten des Hypothekengläubigers in Beschlag genommen worden ist, oder wird vor der Beschlagnahme in anderer Weise über ihn verfügt, so ist die Verfügung dem Hypothekengläubiger gegenüber wirksam. Besteht die Verfügung in der Übertragung der Forderung auf einen Dritten, so erlischt die Haftung der Forderung; erlangt ein Dritter ein Recht an der Forderung, so geht es der Hypothek im Range vor.

Die Verfügung ist dem Hypothekengläubiger gegenüber unwirksam, soweit sie sich auf den Miet- oder P. für eine spätere Zeit als das zur Zeit der Beschlagnahme laufende und das folgende Kalendervierteljahr bezieht.

§ **Ehescheidung.**

1571 s. **Verjährung** — Verjährung 206.

1580 s. Verwandtschaft 1610.

1585 Sorge der Frau für die P. des Kindes nach der Ehescheidung s. **Ehe** — Ehescheidung.

939 **Eigentum** 1002 s. **Verjährung** — Verjährung 206.

Art. **Einführungsgesetz.**

7, 14, 29, 44, 81, 103, 129, 136, 139, 150, 159, 163, 194, 199, 204, 206 s. **E.G.** — **E.G.**

16 s. Ehe § 1362.

51 Der § 8 Abs. 2 des G., betreffend die Fürsorge für die Witwen und Waisen der P. des Soldatenstandes des Reichsheeres und der Kaiserlichen Marine vom Feldwebel abwärts, vom 13. Juni 1895 (Reichs-Gesetzbl. S. 261) wird aufgehoben.

95 s. **Ehe** — Ehe § 1358, **Handlung** — Handlung § 831, Leistung § 278, **Willenserklärung** — Willenserklärung § 131.

118 **Grundstück** — Grundstück § 882.

135 s. **Kind** — Verwandtschaft § 1666, **Vormundschaft** — Vormundschaft § 1838.

146 s. **Hinterlegung** — Schuldverhältnis § 372.

151 s. Testament §§ 2238, 2239, 2242, **Erblasser** — Testament § 2245.

210 s. **Pflegschaft** — Vormundschaft § 1910.

§ **Erbe.**

1944, 1954, 1997 s. **Verjährung** — Verjährung 206.

1951 Die Berufung zum Erben beruht auf demselben Grunde auch dann, wenn sie in verschiedenen Testamenten oder vertragsmäßig in verschiedenen zwischen denselben P. geschlossenen Erbverträgen angeordnet ist.

2031 Überlebt eine für tot erklärte P. den Zeitpunkt, der als Zeitpunkt ihres Todes gilt, so kann sie die Herausgabe ihres Vermögens nach den für den Erbschaftsanspruch geltenden Vorschriften verlangen. . . . . . .

Das Gleiche gilt, wenn der Tod einer P. ohne Todeserklärung mit Unrecht angenommen worden ist.

2044 Der Erblasser kann durch letztwillige Verfügung die Auseinandersetzung in Ansehung des Nachlasses oder einzelner Nachlaßgegenstände ausschließen oder von der Einhaltung einer Kündigungsfrist abhängig machen. Die Vorschriften des § 749 Abs. 2, 3, der §§ 750, 751 und des § 1010 Abs. 1 finden entsprechende Anwendung.

Die Verfügung wird unwirksam, wenn dreißig Jahre seit dem Eintritte des Erbfalls verstrichen sind. Der Erblasser kann jedoch anordnen, daß die Verfügung bis zum Eintritt eines bestimmten Ereignisses in der P. eines Miterben oder, falls er eine Nacherbfolge oder ein Vermächtnis anordnet, bis zum Eintritte der Nacherbfolge oder bis zum Anfalle des Vermächtnisses gelten soll. Ist der Miterbe, in dessen P. das Ereignis eintreten soll, eine juristische P., so bewendet es bei der dreißigjährigen Frist. 2042.

2047 Schriftstücke, die sich auf die persönlichen Verhältnisse des Erblassers, auf dessen Familie oder auf den ganzen Nachlaß beziehen, bleiben den Erben gemeinschaftlich.

Erbfolge.

1922 Mit dem Tode einer P. (Erbfall) geht deren Vermögen (Erbschaft) als Ganzes auf eine oder mehrere P. (Erben) über.

Erbschein.

2354 Wer die Erteilung des Erbscheins als g. Erbe beantragt, hat anzugeben:

1. . . . .

3. ob und welche P. vorhanden sind oder vorhanden waren, durch die

§ er von der Erbfolge ausgeschlossen oder sein Erbteil gemindert werden würde;

4. . . . .

Ist eine P. weggefallen, durch die der Antragsteller von der Erbfolge ausgeschlossen oder sein Erbteil gemindert werden würde, so hat der Antragsteller anzugeben, in welcher Weise die P. weggefallen ist. 2355, 2356.

2358 Das Nachlaßgericht kann vor der Erteilung des Erbscheins eine öffentliche Aufforderung zur Anmeldung der anderen P. zustehenden Erbrechte erlassen.

2370 Hat eine für tot erklärte P. den Zeitpunkt überlebt, der als Zeitpunkt ihres Todes gilt, oder ist sie vor diesem Zeitpunkt gestorben, so gilt derjenige, welcher auf Grund der Todeserklärung Erbe sein würde, in Ansehung der in den §§ 2366, 2367 bezeichneten Rechtsgeschäfte zu Gunsten des Dritten auch ohne Erteilung eines Erbscheins als Erbe, es sei denn, daß der Dritte die Unrichtigkeit der Todeserklärung kennt oder weiß, daß die Todeserklärung infolge einer Anfechtungsklage aufgehoben worden ist.

Ist ein Erbschein erteilt worden, so stehen dem für tot Erklärten, wenn er noch lebt, die im § 2362 bestimmten Rechte zu. Die gleichen Rechte hat eine P., deren Tod ohne Todeserklärung mit Unrecht angenommen worden ist.

Erbvertrag.

2274 Der Erblasser kann einen Erbvertrag nur persönlich schließen.

2276 s. Testament 2238, 2239, 2241, 2242, **Erblasser**—Testament 2245.

2277 s. **Erblasser** — Testament 2246.

2283 s. **Verjährung** — Verjährung 206.

2284 Die Bestätigung eines anfechtbaren Erbvertrags kann nur durch den Erblasser persönlich erfolgen.

2285 Die im § 2080 bezeichneten P. können den Erbvertrag auf Grund der §§ 2078, 2079 nicht mehr anfechten, wenn das Anfechtungsrecht des Erblassers zur Zeit des Erbfalls erloschen ist.

2290 Ein Erbvertrag sowie eine einzelne vertragsmäßige Verfügung kann durch Vertrag von den P. aufgehoben werden, die den Erbvertrag geschlossen haben. Nach dem Tode einer dieser P. kann die Aufhebung nicht mehr erfolgen.

Der Erblasser kann den Vertrag nur persönlich schließen.

Erbverzicht.

2347 Der Erblasser kann den Erbverzichtsvertrag nur persönlich schließen. 2351, 2352.

114 **Geschäftsfähigkeit** s. **Vormundschaft** — Vormundschaft 1906.

Geschäftsführung.

686 Irrtum über die P. des Geschäftsherrn s. **Geschäftsführung** — Geschäftsführung.

Gesellschaft.

716 Berechtigung des Gesellschafters sich von den Angelegenheiten der Gesellschaft persönlich zu unterrichten s. **Gesellschaft** — Gesellschaft.

1028 **Grunddienstbarkeit** s. **Grundstück** — Grundstück 892.

Grundstück.

892 Beschränkung in der Verfügung über ein im Grundbuch eingetragenes Recht zu Gunsten einer bestimmten P. s. **Grundstück** — Grundstück.

Güterrecht.

1366 Vorbehaltsgut der Frau bei g. Güterrecht sind die ausschließlich zum persönlichen Gebrauche der Frau bestimmten Sachen.

1402 Rechtsgeschäfte zur ordnungsmäßigen Besorgung der persönlichen Ange-

§ legenheiten der Frau bei g. Güterrecht s. **Güterrecht** — Güterrecht.

1416 Kosten eines Rechtsstreits über persönliche Angelegenheiten der Frau bei g. Güterrecht s. **Güterrecht** — Güterrecht.

1418, 1428 s. **Pflegschaft** — Vormundschaft. 1910.

1443 Die Frau wird bei a. Gütergemeinschaft durch die Verwaltungshandlungen des Mannes weder Dritten noch dem Manne gegenüber persönlich verpflichtet. 1487, 1519.

1451 Rechtsgeschäfte zur ordnungsmäßigen Besorgung der Angelegenheiten der Frau bei a. Gütergemeinschaft s. **Gütergemeinschaft** — Güterrecht.

1459 Für Verbindlichkeiten der Frau, die Gesamtgutsverbindlichkeiten sind, haftet bei a. Gütergemeinschaft der Mann auch persönlich als Gesamtschuldner. 1530.

1463 Im Verhältnisse der Ehegatten zu einander sollen bei a. Gütergemeinschaft folgende Gesamtgutsverbindlichkeiten dem Ehegatten zur Last, in dessen P. sie entstehen s. **Gütergemeinschaft** — Güterrecht.

1464 Kosten eines Rechtsstreits über persönliche Angelegenheiten der Frau bei a. Gütergemeinschaft s. **Gütergemeinschaft** — Güterrecht.

1468 Die Frau kann auf Aufhebung der a. Gütergemeinschaft klagen:

1. . . . .

5. wenn das Gesamtgut infolge von Verbindlichkeiten, die in der P. des Mannes entstanden sind, in solchem Maße überschuldet ist, daß ein späterer Erwerb der Frau erheblich gefährdet wird. 1470, 1479, 1542.

1477 Jeder Ehegatte kann gegen Ersatz des Wertes die ausschließlich zu seinem persönlichen Gebrauche bestimmten Sachen bei a. Gütergemeinschaft übernehmen. 1474, 1502, 1546.

1480 Persönliche Haftung des Ehegatten als Gesamtschuldner für Gesamtgutsverbindlichkeiten, die nicht vor der Teilung des Gesamtguts der a. Gütergemeinschaft berichtigt sind s. **Gütergemeinschaft** — Güterrecht.

1487 Die Rechte und Verbindlichkeiten des überlebenden Ehegatten sowie der anteilsberechtigten Abkömmlinge in Ansehung des Gesamtguts der f. Gütergemeinschaft bestimmen sich nach den für die eheliche Gütergemeinschaft geltenden Vorschriften der §§ 1442 bis 1449, 1455—1457, 1466; 1518.

1489 Persönliche Haftung des überlebenden Ehegatten und persönliche Haftung der anteilsberechtigten Abkömmlinge bei f. Gütergemeinschaft s. **Gütergemeinschaft** — Güterrecht.

1498 Auf die Auseinandersetzung finden bei f. Gütergemeinschaft die Vorschriften der §§ 1475, 1476, des § 1477 Abs. 1 und der §§ 1479 bis 1481 Anwendung. 1518.

1499 Bei der Auseinandersetzung fallen dem überlebenden Ehegatten zur Last:

1. . . . .

2. die nach dem Eintritte der f. Gütergemeinschaft entstandenen Gesamtgutsverbindlichkeiten, die, wenn sie während der ehelichen Gütergemeinschaft in seiner P. entstanden wären, im Verhältnisse der Ehegatten zu einander ihm zur Last gefallen sein würden. 1518.

1502 Die anteilsberechtigten Abkömmlinge können bei f. Gütergemeinschaft diejenigen Gegenstände gegen Ersatz des Wertes übernehmen, welche der verstorbene Ehegatte nach § 1477 Abs. 2 zu übernehmen berechtigt sein würde. 1518.

1504 Soweit die anteilsberechtigten Abkömmlinge nach § 1480 den Gesamt-

§ er sich zur Erfüllung seiner Verbindlichkeit bedient, in gleichem Umfange zu vertreten wie eigenes Verschulden. Die Vorschrift des § 276 Abs. 2 findet keine Anwendung. 254.

Nießbrauch.

1063 Der Nießbrauch an einer beweglichen Sache erlischt, wenn er mit dem Eigentum in derselben P. zusammentrifft. 1072.

1085 Nießbrauch an dem Vermögen einer P. s. **Niessbrauch** — Nießbrauch.

Pfandrecht.

1210, 1211 Persönlicher Schuldner s. **Pfandrecht** — Pfandrecht.

1221, 1240 Verkauf eines Pfandes durch eine zur öffentlichen Versteigerung befugte P. s. **Pfandrecht** — Pfandrecht.

1256 Das Pfandrecht erlischt, wenn es mit dem Eigentum in derselben P. zusammentrifft s. **Pfandrecht** — Pfandrecht.

Pflichtteil.

2331 Zuwendung aus dem Gesamtgut an eine P., von der nur einer der Ehegatten abstammt, s. **Pflichtteil** — Pflichtteil.

Reallasten.

1108 Der Eigentümer des mit der Reallast belasteten Grundstücks haftet für die während der Dauer seines Eigentums fällig werdenden Leistungen auch persönlich, soweit nicht ein anderes bestimmt ist.

1111 Reallast zu Gunsten einer bestimmten P. s. **Reallasten** — Reallasten.

Sachen.

701 Verursachung eines Schadens an den eingebrachten Sachen des Gastes durch eine P., die derselbe bei sich aufgenommen hat s. **Einbringung** — Sachen.

Schuldverhältnis.

372 Der Schuldner kann die Sache hinterlegen, wenn er aus einem in der P. des Gläubigers liegenden Grunde oder infolge einer nicht auf Fahrlässigkeit beruhenden Ungewißheit über die P. des Gläubigers seine Verbindlichkeit nicht oder nicht mit Sicherheit erfüllen kann. 383.

385 Verkauf einer Sache durch eine zur öffentlichen Versteigerung befugte P. s. **Hinterlegung** — Schuldverhältnis.

387 Aufrechnung von Leistungen, die zwei P. einander schulden s. **Schuldverhältnis** — Schuldverhältnis.

802 **Schuldverschreibung** s. **Verjährung** — Verjährung 206.

Selbsthülfe.

230 Persönlicher Sicherheitsarrest s. **Selbsthülfe** — Selbsthülfe.

Stiftung.

86 s. Verein 26, 28.

88 Mit dem Erlöschen der Stiftung fällt das Vermögen an die in der Verfassung bestimmten P. Die Vorschriften der §§ 46—53 finden entsprechende Anwendung.

Testament.

2064 Der Erblasser kann ein Testament nur persönlich errichten.

2065 Der Erblasser kann die Bestimmung der P., die eine Zuwendung erhalten soll, nicht einem anderen überlassen. 2192.

2071 Hat der Erblasser ohne nähere Bestimmung eine Klasse von P. oder P. bedacht, die zu ihm in einem Dienst- oder Geschäftsverhältnisse stehen, so ist im Zweifel anzunehmen, daß diejenigen bedacht sind, welche zur Zeit des Erbfalls der bezeichneten Klasse angehören oder in dem bezeichneten Verhältnisse stehen.

2073 Hat der Erblasser den Bedachten in einer Weise bezeichnet, die auf mehrere P. paßt, und läßt sich nicht ermitteln, wer von ihnen bedacht werden sollte, so gelten sie als zu gleichen Teilen bedacht.

2080 Bezieht sich in den Fällen des § 2078

§ der Irrtum des Erblassers über den Inhalt seiner Erklärung nur auf eine bestimmte P. und ist diese anfechtungsberechtigt oder würde sie anfechtungsberechtigt sein, wenn sie zur Zeit des Erbfalls gelebt hätte, so ist ein anderer zur Anfechtung nicht berechtigt.

2082 s. **Verjährung** — Verjährung 206.

2101 Ist eine zur Zeit des Erbfalls noch nicht erzeugte P. als Erbe eingesetzt, so ist im Zweifel anzunehmen, daß sie als Nacherbe eingesetzt ist. Entspricht es nicht dem Willen des Erblassers, daß der Eingesetzte Nacherbe werden soll, so ist die Einsetzung unwirksam.

Das Gleiche gilt von der Einsetzung einer juristischen P., die erst nach dem Erbfalle zur Entstehung gelangt; die Vorschrift des § 84 bleibt unberührt. 2105, 2106.

2105 Hat der Erblasser angeordnet, daß der eingesetzte Erbe die Erbschaft erst mit dem Eintritt eines bestimmten Zeitpunkts oder Ereignisses erhalten soll, ohne zu bestimmen, wer bis dahin Erbe sein soll, so sind die g. Erben des Erblassers die Vorerben.

Das Gleiche gilt, wenn die Persönlichkeit des Erben durch ein erst nach dem Erbfall eintretendes Ereignis bestimmt werden soll oder wenn die Einsetzung eines zur Zeit des Erbfalls noch nicht erzeugten P. oder einer zu dieser Zeit noch nicht entstandenen juristischen P. als Erbe nach § 2101 als Nacherbeinsetzung anzusehen ist.

2106 Hat der Erblasser einen Nacherben eingesetzt, ohne den Zeitpunkt oder das Ereignis zu bestimmen, mit dem die Nacherbfolge eintreten soll, so fällt die Erbschaft dem Nacherben mit dem Tode des Vorerben an.

Ist die Einsetzung einer noch nicht erzeugten P. als Erbe nach § 2101 Abs. 1 als Nacherbeinsetzung anzusehen, so fällt die Erbschaft dem Nacherben mit dessen Geburt an. Im Falle des § 2101 Abs. 2 tritt der Anfall mit der Entstehung der juristischen P. ein. 2191.

2109 Die Einsetzung eines Nacherben bleibt auch nach dreißig Jahren wirksam:

1. wenn die Nacherbfolge für den Fall angeordnet ist, daß in der P. des Vorerben oder des Nacherben ein bestimmtes Ereignis eintritt, und derjenige, in dessen P. das Ereignis eintreten soll, zur Zeit des Erbfalls lebt;
2. . . . .

Ist der Vorerbe oder der Nacherbe, in dessen P. das Ereignis eintreten soll, eine juristische P., so bewendet es bei der dreißigjährigen Frist.

2163 Das Vermächtnis bleibt in den Fällen des § 2162 auch nach dem Ablaufe von dreißig Jahren wirksam:

1. wenn es für den Fall angeordnet ist, daß in der P. des Beschwerten oder des Bedachten ein bestimmtes Ereignis eintritt, und derjenige, in dessen P. das Ereignis eintreten soll, zur Zeit des Erbfalls lebt;
2. . . . .

Ist der Beschwerte oder der Bedachte, in dessen P. das Ereignis eintreten soll, eine juristische P., so bewendet es bei der dreißigjährigen Frist. 2210.

2182 Beschränkte persönliche Dienstbarkeit an einem vermachten Grundstück s. **Erblasser** — Testament.

2193 Der Erblasser kann bei der Anordnung einer Auflage, deren Zweck er bestimmt hat, die Bestimmung der P., an welche die Leistung erfolgen soll, dem Beschwerten oder einem Dritten überlassen.

2198 Der Erblasser kann die Bestimmung der P. des Testamentsvollstreckers einem Dritten überlassen. 2199, 2228

§

2201 s. **Pflegschaft** — Vormundschaft 1910.

2204 s. Erbe 2044, 2047.

2210 Der Erblasser kann anordnen, daß die Verwaltung des Nachlasses bis zum Eintritt eines bestimmten Ereignisses in der P. des Erben oder des Testamentsvollstreckers fortdauern soll. Die Vorschrift des § 2163 Abs. 2 findet entsprechende Anwendung.

2238 Die Schrift, welche den letzten Willen des Erblassers enthält, kann von dem Erblasser oder von einer anderen P. geschrieben sein. 2232, 2241, 2249.

2239 Die bei der Errichtung des Testaments mitwirkenden P. müssen während der ganzen Verhandlung zugegen sein. 2232, 2249.

2241 Das Protokoll über die Errichtung des Testaments muß enthalten:
1. . . . .
2. die Bezeichnung des Erblassers und der bei der Verhandlung mitwirkenden P. 2232, 2249, 2250.

2242 Das Protokoll über die Errichtung des Testaments muß von den mitwirkenden P. unterschrieben werden. 2232, 2249, 2250.

2245 Errichtung eines Testaments in einer fremden Sprache, wenn sämtliche mitwirkenden P. dieser Sprache mächtig sind s. **Erblasser** — Testament.

2246 Versiegelung des Testaments in Gegenwart der mitwirkenden P. s. **Erblasser** — Testament.

2256 Die Rückgabe einer in amtliche Verwahrung genommenen Testamentsurkunde darf nur an den Erblasser persönlich erfolgen. 2272.

2270 Verfügung eines Ehegatten in einem gemeinschaftlichen Testamente zu Gunsten einer P., die mit dem anderen Ehegatten verwandt ist oder ihm sonst nahe steht s. **Erblasser** — Testament.

§ **Verein.**

26 Der Vorstand eines Vereins kann aus mehreren P. bestehen.

28 Besteht der Vorstand eines Vereins aus mehreren P., so erfolgt die Beschlußfassung nach den für die Beschlüsse der Mitglieder des Vereins geltenden Vorschriften der §§ 32, 34, 40, 64, 70.

69 Der Nachweis, daß der Vorstand eines Vereins aus den im Register eingetragenen P. besteht, wird Behörden gegenüber durch ein Zeugnis des Amtsgerichts über die Eintragung geführt.

Verjährung.

196 In zwei Jahren verjähren die Ansprüche:
1. . . . .
7. derjenigen, welche, ohne zu den in Nr. 1 bezeichneten P. zu gehören, die Besorgung fremder Geschäfte oder die Leistung von Diensten gewerbsmäßig betreiben, wegen der ihnen aus dem Gewerbebetriebe gebührenden Vergütungen, mit Einschluß der Auslagen;
8. . . . .
12. derjenigen, welche P. zur Verpflegung oder zur Erziehung aufnehmen, für Leistungen und Aufwendungen der in Nr. 11 bezeichneten Art;
15. der Rechtsanwälte, Notare und Gerichtsvollzieher, sowie aller P., die zur Besorgung gewisser Geschäfte öffentlich bestellt oder zugelassen sind, wegen ihrer Gebühren und Auslagen, soweit nicht diese zur Staatskasse gehören. 201.

206 Verjährung gegen eine geschäftsunfähige oder in der Geschäftsfähigkeit beschränkte P. s. **Verjährung** — Verjährung.

Verlöbnis.

1298 Schadensersatzanspruch dritter P.,

§
1793, 1794, 1798, 1800, 1838, 1850, 1901 Sorge für die P. des Mündels s. **Vormundschaft** — Vormundschaft.
1822 Der Vormund bedarf der Genehmigung des Vormundschaftsgerichts:
1. . . . .
7. zu einem auf die Eingehung eines Dienst- oder Arbeitsverhältnisses gerichteten Vertrage, wenn der Mündel zu persönlichen Leistungen für längere Zeit als ein Jahr verpflichtet werden soll. 1812.
1839 Auskunft über die persönlichen Verhältnisse des Mündels s. **Vormundschaft** — Vormundschaft.
1849 Der Gemeindewaisenrat hat dem Vormundschaftsgericht die P. vorzuschlagen, die sich im einzelnen Falle zum Vormunde, Gegenvormund oder Mitglied eines Familienrates eignen.
1851 Das Vormundschaftsgericht hat dem Gemeindewaisenrat einen in der P. des Vormundes oder des Gegenvormundes eintretenden Wechsel mitzuteilen.
1858 Die Einsetzung eines Familienrats unterbleibt, wenn die erforderliche Zahl geeigneter P. nicht vorhanden ist. 1868.
1872 Die Mitglieder des Familienrats können ihr Amt nur persönlich ausüben.
1879 Das Vormundschaftsgericht hat den Familienrat aufzuheben, wenn es an der zur Beschlußfähigkeit erforderlichen Zahl von Mitgliedern fehlt und geeignete P. zur Ergänzung nicht vorhanden sind.
1886 Das Vormundschaftsgericht hat den Vormund zu entlassen, wenn in der P. des Vormundes einer der im § 1781 bestimmten Gründe vorliegt. 1878, 1895.
1893 s. **Kind** — Verwandtschaft 1682.
1899, 1900 s. **Kind** — Verwandtschaft 1702.
1906 Anordnung der vorläufigen Vormundschaft zur Abwendung einer erheblichen Gefährdung der P. des Volljährigen s. **Vormundschaft** — Vormundschaft.
1910 Pflegschaft für die P. eines Volljährigen s. **Pflegschaft** — Vormundschaft.
1914 Ist durch öffentliche Sammlung Vermögen für einen vorübergehenden Zweck zusammengebracht worden, so kann zum Zwecke der Verwaltung und Verwendung des Vermögens ein Pfleger bestellt werden, wenn die zu der Verwaltung und Verwendung berufenen P. weggefallen sind.
644 **Werkvertrag** 651 s. **Kauf** — Kauf 447.

Willenserklärung.

119 Als Irrtum über den Inhalt einer Willenserklärung gilt auch der Irrtum über solche Eigenschaften der P. oder der Sache, die im Verkehr als wesentlich angesehen werden. 120—122.
120 Eine Willenserklärung, welche durch die zur Übermittelung verwendete P. oder Anstalt unrichtig übermittelt worden ist, kann unter der gleichen Voraussetzung angefochten werden wie nach § 119 eine irrtümlich abgegebene Willenserklärung. 121, 122.
124 s. **Verjährung** — Verjährung 206.
131 Abgabe einer Willenserklärung gegenüber einer in der Geschäftsfähigkeit beschränkten P. s. **Willenserklärung** — Willenserklärung.
132 Unkenntnis des Erklärenden über die P. desjenigen, dem die Willenserklärung abzugeben ist s. **Willenserklärung** — Willenserklärung.
135 Verstößt die Verfügung über einen Gegenstand gegen ein g. Veräußerungsverbot, das nur den Schutz bestimmter P. bezweckt, so ist sie nur diesen P. gegenüber wirksam. 136.

Personenkreis.

Art.
163 **Einführungsgesetz** s. Stiftung § 87.

§ **Stiftung.**

87 Bei der Umwandlung des Zweckes der Stiftung ist die Absicht des Stifters thunlichst zu berücksichtigen, insbesondere Sorge zu tragen, daß die Erträge des Stiftungsvermögens dem P., dem sie zu statten kommen sollten, im Sinne des Stifters thunlichst erhalten bleiben.

Personenstand.

Art. **Einführungsgesetz.**

40 Änderung des G., betreffend die Eheschließung und die Beurkundung des P. von Bundesangehörigen im Auslande, vom 4. Mai 1870 s. **E.G.** — E.G.

46 Änderung des G. über die Beurkundung des P. und die Eheschließung vom 6. Februar 1875 s. **E.G.** — E.G.

Personenvereine.

166 **Einführungsgesetz** s. **E.G.** — E.G.

Persönlichkeit.

§ **Testament.**

2105 s. **Person** — Testament.

2162, 2178 Bestimmung der P. des mit einem Vermächtnis Bedachten, durch ein erst nach dem Erbfalle eintretendes Ereignis s. **Erblasser** — Testament.

Vormundschaft.

1913 Bestimmung der P. des Nacherben durch ein künftiges Ereignis s. **Pflegschaft** — Vormundschaft.

Pfand.

461 **Kauf** s. **Pfandrecht** — Kauf.

Pfandrecht.

1210, 1212—1221, 1223, 1226, 1228, 1230—1249, 1251, 1253, 1254, 1266 s. **Pfandrecht** — Pfandrecht.

Pfandbrief.

1642 **Verwandtschaft** s. Vormundschaft 1807.

§ **Vormundschaft.**

1807 Die im § 1806 vorgeschriebene Anlegung von Mündelgeld soll nur erfolgen:

1. . . . .

4. in Wertpapieren, insbesondere P., sowie in verbrieften Forderungen jeder Art gegen eine inländische kommunale Körperschaft oder die Kreditanstalt einer solchen Körperschaft, sofern die Wertpapiere oder die Forderungen von dem Bundesrate zur Anlegung von Mündelgeld für geeignet erklärt sind;

5. . . . .

Die L.G. können für die innerhalb ihres Geltungsbereichs belegenen Grundstücke die Grundsätze bestimmen, nach denen die Sicherheit einer Hypothek, einer Grundschuld oder einer Rentenschuld festzustellen ist. 1808, 1810, 1811, 1813.

Pfandgeld.

Art.

89 **Einführungsgesetz** s. **E.G.** — E.G.

Pfandgläubiger.

§ **Besitz.**

868 Besitzt jemand eine Sache als Nießbraucher, P., Pächter, Mieter, Verwahrer oder in einem ähnlichen Verhältnisse, vermöge dessen er einem anderen gegenüber auf Zeit zum Besitze berechtigt oder verpflichtet ist, so ist auch der andere Besitzer (mittelbarer Besitz). 871.

Art.

145 **Einführungsgesetz** s. **Pfandrecht** — Pfandrecht § 1269.

§ **Erbe.**

1971 P. und Gläubiger, die im Konkurse den P. gleichstehen, sowie Gläubiger, die bei der Zwangsvollstreckung in das unbewegliche Vermögen ein Recht auf Befriedigung aus diesem Vermögen haben, werden, soweit es sich um die Befriedigung aus den ihnen

§ haftenden Gegenständen handelt, durch das Aufgebot nicht betroffen. Das Gleiche gilt von Gläubigern, deren Ansprüche durch eine Vormerkung gesichert sind oder denen im Konkurs ein Aussonderungsrecht zusteht, in Ansehung des Gegenstandes ihres Rechtes 1974, 2016, 2060.

Pfandrecht.

1204—1206, 1208, 1210, 1211, 1213 bis 1221, 1223—1234, 1238, 1239, 1241—1243, 1245, 1247—1251, 1253, 1255, 1258, 1260, 1266 bis 1269, 1275—1277, 1280—1290, 1292, 1294—1296 s. **Pfandrecht** — Pfandrecht.

Art. **Pfandleihanstalt.**

94 **Einführungsgesetz** s. **E.G.** — E.G.

Pfandleiher.

94 **Einführungsgesetz** s. **E.G.** — E.G.

Pfandrecht.

§ **Bürgschaft.**

772 Steht dem Gläubiger ein P. oder ein Zurückbehaltungsrecht an einer beweglichen Sache des Hauptschuldners zu, so muß er auch aus dieser Sache Befriedigung suchen. Steht dem Gläubiger ein solches Recht an der Sache auch für eine andere Forderung zu, so gilt dies nur, wenn beide Forderungen durch den Wert der Sache gedeckt werden. 773, 777.

776 Giebt der Gläubiger ein mit der Forderung verbundenes Vorzugsrecht, eine für sie bestehende Hypothek, ein für sie bestehendes P. oder das Recht gegen einen Mitbürgen auf, so wird der Bürge insoweit frei, als er aus dem aufgegebenen Rechte nach § 774 hätte Ersatz erlangen können. Dies gilt auch dann, wenn das aufgegebene Recht erst nach der Übernahme der Bürgschaft entstanden ist.

Art. **Einführungsgesetz.**

145 s. P. § 1269.

188, 192—194 s. **E.G.** — E.G.

§ **Erbe.**

1990 Das Recht des Erben, die Befriedigung des Nachlaßgläubigers zu verweigern, wird nicht dadurch ausgeschlossen, daß der Gläubiger nach dem Eintritt des Erbfalls im Wege der Zwangsvollstreckung oder der Arrestvollziehung ein P. oder eine Hypothek oder im Wege der einstweiligen Verfügung eine Vormerkung erlangt hat. 1991, 1992, 2013, 2036.

1480 **Güterrecht** 1504 s. Erbe 1990.

Kauf.

439 Ein Pfandrecht an einem verkauften Gegenstande hat der Verkäufer zu beseitigen, auch wenn der Käufer die Belastung kennt. 440, 443, 445.

461 Der Verkäufer hat einen Mangel der verkauften Sache nicht zu vertreten, wenn die Sache auf Grund eines P. in öffentlicher Versteigerung unter der Bezeichnung als Pfand verkauft wird. 481.

Miete.

559—563 P. des Vermieters eines Grundstücks an den eingebrachten Sachen des Mieters s. **Miete** — Miete.

Pacht.

585 P. des Verpächters s. **Pacht** — Pacht.

590 P. des Pächters s. **Pacht** — Pacht.

Pfandrecht §§ 1204—1296.

1204—1272 P. an beweglichen Sachen.

1204 Eine bewegliche Sache kann zur Sicherung einer Forderung in der Weise belastet werden, daß der Gläubiger berechtigt ist, Befriedigung aus der Sache zu suchen (P.).

Das P. kann auch für eine künftige oder eine bedingte Forderung bestellt werden.

1205 Zur Bestellung des P. ist erforderlich,

§ daß der Eigentümer die Sache dem Gläubiger übergiebt und beide darüber einig sind, daß dem Gläubiger das P. zustehen soll. Ist der Gläubiger im Besitze der Sache, so genügt die Einigung über die Entstehung des P.

Die Übergabe einer im mittelbaren Besitze des Eigentümers befindlichen Sache kann dadurch ersetzt werden, daß der Eigentümer den mittelbaren Besitz auf den Pfandgläubiger überträgt und die Verpfändung dem Besitzer anzeigt. 1266, 1274.

1206 An Stelle der Übergabe der Sache zwecks Bestellung eines P. genügt die Einräumung des Mitbesitzes, wenn sich die Sache unter dem Mitverschlusse des Gläubigers befindet oder, falls sie im Besitz eines Dritten ist, die Herausgabe nur an den Eigentümer und den Gläubiger gemeinschaftlich erfolgen kann. 1266, 1274.

1207 Gehört die Sache nicht dem Verpfänder, so finden auf die Verpfändung die für den Erwerb des Eigentums geltenden Vorschriften der §§ 932, 934, 935 entsprechende Anwendung. 1266.

1208 Ist die Sache mit dem Rechte eines Dritten belastet, so geht das P. dem Rechte vor, es sei denn, daß der Pfandgläubiger zur Zeit des Erwerbes des P. in Ansehung des Rechtes nicht in gutem Glauben ist. Die Vorschriften des § 932 Abs. 1 Satz 2 des § 935 und des § 936 Abs. 3 finden entsprechende Anwendung. 1262, 1266, 1273.

1209 Für den Rang des P. ist die Zeit der Bestellung auch dann maßgebend, wenn es für eine künftige oder eine bedingte Forderung bestellt ist. 1266.

1210 Das Pfand haftet für die Forderung in deren jeweiligem Bestand, insbesondere auch für Zinsen und Vertragsstrafen. Ist der persönliche Schuldner nicht der Eigentümer des Pfandes, so wird durch ein Rechtsgeschäft, das der Schuldner nach der Verpfändung vornimmt, die Haftung nicht erweitert.

Das Pfand haftet für die Ansprüche des Pfandgläubigers auf Ersatz von Verwendungen, für die dem Pfandgläubiger zu ersetzenden Kosten der Kündigung und der Rechtsverfolgung sowie für die Kosten des Pfandverkaufs. 1266.

1211 Der Verpfänder kann dem Pfandgläubiger gegenüber die dem persönlichen Schuldner gegen die Forderung sowie die nach § 770 einem Bürgen zustehenden Einreden geltend machen. Stirbt der persönliche Schuldner, so kann sich der Verpfänder nicht darauf berufen, daß der Erbe für die Schuld nur beschränkt haftet.

Ist der Verpfänder nicht der persönliche Schuldner, so verliert er eine Einrede nicht dadurch, daß dieser auf sie verzichtet. 1266.

1212 Das P. erstreckt sich auf die Erzeugnisse, die von dem Pfande getrennt werden. 1266.

1213 Das P. kann in der Weise bestellt werden, daß der Pfandgläubiger berechtigt ist, die Nutzungen des Pfandes zu ziehen.

Ist eine von Natur fruchttragende Sache dem Pfandgläubiger zum Alleinbesitz übergeben, so ist im Zweifel anzunehmen, daß der Pfandgläubiger zum Fruchtbezuge berechtigt sein soll. 1266, 1273.

1214 Steht dem Pfandgläubiger das Recht zu, die Nutzungen zu ziehen, so ist er verpflichtet, für die Gewinnung der Nutzungen zu sorgen und Rechenschaft abzulegen.

Der Reinertrag der Nutzungen wird auf die geschuldete Leistung und, wenn

§ Kosten und Zinsen zu entrichten sind, zunächst auf diese angerechnet.

Abweichende Bestimmungen sind zulässig. 1266.

1215 Der Pfandgläubiger ist zur Verwahrung des Pfandes verpflichtet. 1266.

1216 Macht der Pfandgläubiger Verwendungen auf das Pfand, so bestimmt sich die Ersatzpflicht des Verpfänders nach den Vorschriften über die Geschäftsführung ohne Auftrag. Der Pfandgläubiger ist berechtigt, eine Einrichtung, mit der er das Pfand versehen hat, wegzunehmen. 1266.

1217 Verletzt der Pfandgläubiger die Rechte des Verpfänders in erheblichem Maße und setzt er das verletzende Verhalten ungeachtet einer Abmahnung des Verpfänders fort, so kann der Verpfänder verlangen, daß das Pfand auf Kosten des Pfandgläubigers hinterlegt oder, wenn es sich nicht zur Hinterlegung eignet, an einen gerichtlich zu bestellenden Verwahrer abgeliefert wird.

Statt der Hinterlegung oder der Ablieferung der Sache an einen Verwahrer kann der Verpfänder die Rückgabe des Pfandes gegen Befriedigung des Gläubigers verlangen. Ist die Forderung unverzinslich und noch nicht fällig, so gebührt dem Pfandgläubiger nur die Summe, welche mit Hinzurechnung der g. Zinsen für die Zeit von der Zahlung bis zur Fälligkeit dem Betrage der Forderung gleichkommt. 1266, 1275.

1218 Ist der Verderb des Pfandes oder eine wesentliche Minderung des Wertes zu besorgen, so kann der Verpfänder die Rückgabe des Pfandes gegen anderweitige Sicherheitsleistung verlangen; die Sicherheitsleistung durch Bürgen ist ausgeschlossen.

§ Der Pfandgläubiger hat dem Verpfänder von dem drohenden Verderb unverzüglich Anzeige zu machen, sofern nicht die Anzeige unthunlich ist. 1266.

1219 Wird durch den drohenden Verderb des Pfandes oder durch eine zu besorgende wesentliche Minderung des Wertes die Sicherheit des Pfandgläubigers gefährdet, so kann dieser das Pfand öffentlich versteigern lassen.

Der Erlös tritt an die Stelle des Pfandes. Auf Verlangen des Verpfänders ist der Erlös zu hinterlegen. 1266.

1220 Die Versteigerung des Pfandes ist erst zuläßig, nachdem sie dem Verpfänder angedroht worden ist; die Androhung darf unterbleiben, wenn das Pfand dem Verderb ausgesetzt und mit dem Aufschube der Versteigerung Gefahr verbunden ist. Im Falle der Wertminderung ist außer der Androhung erforderlich, daß der Pfandgläubiger dem Verpfänder zur Leistung anderweitiger Sicherheit eine angemessene Frist bestimmt hat und diese verstrichen ist.

Der Pfandgläubiger hat den Verpfänder von der Versteigerung unverzüglich zu benachrichtigen; im Falle der Unterlassung ist er zum Schadensersatze verpflichtet.

Die Androhung, die Fristbestimmung und die Benachrichtigung dürfen unterbleiben, wenn sie unthunlich sind. 1266.

1221 Hat das Pfand einen Börsen- oder Marktpreis, so kann der Pfandgläubiger den Verkauf aus freier Hand durch einen zu solchen Verkäufen öffentlich ermächtigten Handelsmäkler oder durch eine zur öffentlichen Versteigerung befugte Person zum laufenden Preise bewirken. 1235, 1266, 1295.

1222 Besteht das P. an mehreren Sachen, so haftet jede für die ganze Forderung. 1266.

§

1223 Der Pfandgläubiger ist verpflichtet, das Pfand nach dem Erlöschen des P. dem Verpfänder zurückzugeben.

Der Verpfänder kann die Rückgabe des Pfandes gegen Befriedigung des Pfandgläubigers verlangen, sobald der Schuldner zur Leistung berechtigt ist. 1266.

1224 Die Befriedigung des Pfandgläubigers durch den Verpfänder kann auch durch Hinterlegung oder durch Aufrechnung erfolgen. 1266.

1225 Ist der Verpfänder nicht der persönliche Schuldner, so geht, soweit er den Pfandgläubiger befriedigt, die Forderung auf ihn über. Die für einen Bürgen geltenden Vorschriften des § 774 finden entsprechende Anwendung. 1266.

1226 Die Ersatzansprüche des Verpfänders wegen Veränderungen oder Verschlechterungen des Pfandes sowie die Ansprüche des Pfandgläubigers auf Ersatz von Verwendungen oder auf Gestattung der Wegnahme einer Einrichtung verjähren in sechs Monaten. Die Vorschriften des § 558 Abs. 2, 3 finden entsprechende Anwendung. 1266.

1227 Wird das Recht des Pfandgläubigers beeinträchtigt, so finden auf die Ansprüche des Pfandgläubigers die für die Ansprüche aus dem Eigentume geltenden Vorschriften entsprechende Anwendung. 1266.

1228 Die Befriedigung des Pfandgläubigers aus dem Pfande erfolgt durch Verkauf.

Der Pfandgläubiger ist zum Verkaufe berechtigt, sobald die Forderung ganz oder zum Teil fällig ist. Besteht der geschuldete Gegenstand nicht in Geld, so ist der Verkauf erst zulässig, wenn die Forderung in eine Geldforderung übergegangen ist. 1243, 1266, 1282, 1283, 1294—1296.

1229 Eine vor dem Eintritte der Verkaufsberechtigung getroffene Vereinbarung, nach welcher dem Pfandgläubiger, falls er nicht oder nicht rechtzeitig befriedigt wird, das Eigentum an der Sache zufallen oder übertragen werden soll, ist nichtig. 1266, 1277.

1230 Unter mehreren Pfändern kann der Pfandgläubiger, soweit nicht ein anderes bestimmt ist, diejenigen auswählen, welche verkauft werden sollen. Er kann nur so viele Pfänder zum Verkaufe bringen, als zu seiner Befriedigung erforderlich sind. 1243, 1266.

1231 Ist der Pfandgläubiger nicht im Alleinbesitze des Pfandes, so kann er nach dem Eintritte der Verkaufsberechtigung die Herausgabe des Pfandes zum Zwecke des Verkaufs fordern. Auf Verlangen des Verpfänders hat an Stelle der Herausgabe die Ablieferung an einen gemeinschaftlichen Verwahrer zu erfolgen; der Verwahrer hat sich bei der Ablieferung zu verpflichten, das Pfand zum Verkaufe bereitzustellen. 1266.

1232 Der Pfandgläubiger ist nicht verpflichtet, einem ihm im Range nachstehenden Pfandgläubiger das Pfand zum Zwecke des Verkaufs herauszugeben. Ist er nicht im Besitze des Pfandes, so kann er, sofern er nicht selbst den Verkauf betreibt, dem Verkaufe durch einen nachstehenden Pfandgläubiger nicht widersprechen. 1266.

1233 Der Verkauf des Pfandes ist nach den Vorschriften der §§ 1234—1240 zu bewirken.

Hat der Pfandgläubiger für sein Recht zum Verkauf einen vollstreckbaren Titel gegen den Eigentümer erlangt, so kann er den Verkauf auch nach den für den Verkauf einer gepfändeten Sache geltenden Vorschriften bewirken lassen. 1244, 1266.

1234 Der Pfandgläubiger hat dem Eigentümer den Verkauf vorher anzudrohen

§ und dabei den Geldbetrag zu bezeichnen, wegen dessen der Verkauf stattfinden soll. Die Androhung kann erst nach dem Eintritte der Verkaufsberechtigung erfolgen; sie darf unterbleiben, wenn sie unthunlich ist.

Der Verkauf darf nicht vor dem Ablauf eines Monats nach der Androhung erfolgen. Ist die Androhung unthunlich, so wird der Monat von dem Eintritte der Verkaufsberechtigung an berechnet. 1233, 1245, 1266.

1235 Der Verkauf des Pfandes ist im Wege öffentlicher Versteigerung zu bewirken.

Hat das Pfand einen Börsen- oder Marktpreis, so findet die Vorschrift des § 1221 Anwendung. 1233, 1243 bis 1246, 1266.

1236 Die Versteigerung hat an dem Orte zu erfolgen, an dem das Pfand aufbewahrt wird. Ist von einer Versteigerung an dem Aufbewahrungsort ein angemessener Erfolg nicht zu erwarten, so ist das Pfand an einem geeigneten anderen Orte zu versteigern. 1233, 1245, 1246, 1266.

1237 Zeit und Ort der Versteigerung sind unter a. Bezeichnung des Pfandes öffentlich bekannt zu machen. Der Eigentümer und Dritte, denen Rechte an dem Pfande zustehen, sind besonders zu benachrichtigen; die Benachrichtigung darf unterbleiben, wenn sie unthunlich ist. 1233, 1243, 1245, 1246, 1266.

1238 Das Pfand darf nur mit der Bestimmung verkauft werden, daß der Käufer den Kaufpreis sofort bar zu entrichten hat und seiner Rechte verlustig sein soll, wenn dies nicht geschieht.

Erfolgt der Verkauf ohne diese Bestimmung, so ist der Kaufpreis als von dem Pfandgläubiger empfangen anzusehen; die Rechte des Pfandgläubigers gegen den Ersteher bleiben unberührt. Unterbleibt die sofortige Entrichtung des Kaufpreises, so gilt das Gleiche, wenn nicht vor dem Schlusse des Versteigerungstermins von dem Vorbehalte der Rechtsverwirkung Gebrauch gemacht wird. 1233, 1245, 1246, 1266.

1239 Der Pfandgläubiger und der Eigentümer können bei der Versteigerung mitbieten. Erhält der Pfandgläubiger den Zuschlag, so ist der Kaufpreis als von ihm empfangen anzusehen.

Das Gebot des Eigentümers darf zurückgewiesen werden, wenn nicht der Betrag bar erlegt wird. Das Gleiche gilt von dem Gebote des Schuldners, wenn das Pfand für eine fremde Schuld haftet. 1233, 1245, 1246, 1266.

1240 Gold- und Silbersachen dürfen nicht unter dem Gold- oder Silberwerte zugeschlagen werden.

Wird ein genügendes Gebot nicht abgegeben, so kann der Verkauf durch eine zur öffentlichen Versteigerung befugte Person aus freier Hand zu einem den Gold- oder Silberwert erreichenden Preise erfolgen. 1233, 1243—1248, 1266.

1241 Der Pfandgläubiger hat den Eigentümer von dem Verkaufe des Pfandes und dem Ergebnis unverzüglich zu benachrichtigen, sofern nicht die Benachrichtigung unthunlich ist. 1266.

1242 Durch die rechtmäßige Veräußerung des Pfandes erlangt der Erwerber die gleichen Rechte, wie wenn er die Sache von dem Eigentümer erworben hätte. Dies gilt auch dann, wenn dem Pfandgläubiger der Zuschlag erteilt wird.

P. an der Sache erlöschen, auch wenn sie dem Erwerber bekannt waren. Das Gleiche gilt von einem

§ Nießbrauch, es sei denn, daß er allen P. im Range vorgeht. 1266.

1243 Die Veräußerung des Pfandes ist nicht rechtmäßig, wenn gegen die Vorschriften des § 1228 Abs. 2, des § 1230 Satz 2, des § 1235, des § 1237 Satz 1 oder des § 1240 verstoßen wird.

Verletzt der Pfandgläubiger eine andere für den Verkauf geltende Vorschrift, so ist er zum Schadensersatz verpflichtet, wenn ihm ein Verschulden zur Last fällt. 1266.

1244 Wird eine Sache als Pfand veräußert, ohne daß dem Veräußerer ein P. zusteht oder den Erfordernissen genügt wird, von denen die Rechtmäßigkeit der Veräußerung abhängt, so finden die Vorschriften der §§ 932 bis 934, 936 entsprechende Anwendung, wenn die Veräußerung nach § 1233 Abs. 2 erfolgt ist oder die Vorschriften des § 1235 oder des § 1240 Abs. 2 beobachtet worden sind. 1266.

1245 Der Eigentümer und der Pfandgläubiger können eine von den Vorschriften der §§ 1234—1240 abweichende Art des Pfandverkaufs vereinbaren. Steht einem Dritten an dem Pfande ein Recht zu, das durch die Veräußerung erlischt, so ist die Zustimmung des Dritten erforderlich. Die Zustimmung ist demjenigen gegenüber zu erklären, zu dessen Gunsten sie erfolgt; sie ist unwiderruflich.

Auf die Beobachtung der Vorschriften des § 1235, des § 1237 Satz 1 und des § 1240 kann nicht vor dem Eintritte der Verkaufsberechtigung verzichtet werden. 1266, 1277.

1246 Entspricht eine von den Vorschriften der §§ 1235—1240 abweichende Art des Pfandverkaufs nach billigem Ermessen den Interessen der Beteiligten,

§ so kann jeder von ihnen verlangen, daß der Verkauf in dieser Art erfolgt.

Kommt eine Einigung nicht zustande, so entscheidet das Gericht. 1266.

1247 Soweit der Erlös aus dem Pfande dem Pfandgläubiger zu seiner Befriedigung gebührt, gilt die Forderung als von dem Eigentümer berichtigt. Im übrigen tritt der Erlös an die Stelle des Pfandes. 1266.

1248 Bei dem Verkaufe des Pfandes gilt zu Gunsten des Pfandgläubigers der Verpfänder als der Eigentümer, es sei denn, daß der Pfandgläubiger weiß, daß der Verpfänder nicht der Eigentümer ist. 1266.

1249 Wer durch die Veräußerung des Pfandes ein Recht an dem Pfande verlieren würde, kann den Pfandgläubiger befriedigen, sobald der Schuldner zur Leistung berechtigt ist. Die Vorschriften des § 268 Abs. 2, 3 finden entsprechende Anwendung. 1266.

1250 Mit der Übertragung der Forderung geht das P. auf den neuen Gläubiger über. Das P. kann nicht ohne die Forderung übertragen werden.

Wird bei der Übertragung der Forderung der Übergang des P. ausgeschlossen, so erlischt das P. 1266.

1251 Der neue Pfandgläubiger kann von dem bisherigen Pfandgläubiger die Herausgabe des Pfandes verlangen.

Mit der Erlangung des Besitzes tritt der neue Pfandgläubiger an Stelle des bisherigen Pfandgläubigers in die mit dem P. verbundenen Verpflichtungen gegen den Verpfänder ein. Erfüllt er die Verpflichtungen nicht, so haftet für den von ihm zu ersetzenden Schaden der bisherige Pfandgläubiger wie ein Bürge, der auf die Einrede der Vorausklage verzichtet hat. Die Haftung des bisherigen Pfandgläubigers tritt nicht

§ ein, wenn die Forderung kraft G. auf den neuen Pfandgläubiger übergeht oder ihm auf Grund einer g. Verpflichtung abgetreten wird. 1266.

1252 Das P. erlischt mit der Forderung, für die es besteht. 1266.

1253 Das P. erlischt, wenn der Pfandgläubiger das Pfand dem Verpfänder oder dem Eigentümer zurückgiebt. Der Vorbehalt der Fortdauer des P. ist unwirksam.

Ist das Pfand im Besitze des Verpfänders oder des Eigentümers, so wird vermutet, daß das Pfand ihm von dem Pfandgläubiger zurückgegeben worden sei. Diese Vermutung gilt auch dann, wenn sich das Pfand im Besitz eines Dritten befindet, der den Besitz nach der Entstehung des P. von dem Verpfänder oder dem Eigentümer erlangt hat. 1266, 1278.

1254 Steht dem P. eine Einrede entgegen, durch welche die Geltendmachung des P. dauernd ausgeschlossen wird, so kann der Verpfänder die Rückgabe des Pfandes verlangen. Das gleiche Recht hat der Eigentümer. 1266.

1255 Zur Aufhebung des P. durch Rechtsgeschäft genügt die Erklärung des Pfandgläubigers gegenüber dem Verpfänder oder dem Eigentümer, daß er das P. aufgebe.

Ist das P. mit dem Rechte eines Dritten belastet, so ist die Zustimmung des Dritten erforderlich. Die Zustimmung ist demjenigen gegenüber zu erklären, zu dessen Gunsten sie erfolgt; sie ist unwiderruflich. 1266.

1256 Das P. erlischt, wenn es mit dem Eigentum in derselben Person zusammentrifft. Das Erlöschen tritt nicht ein, solange die Forderung, für welche das P. besteht, mit dem Rechte eines Dritten belastet ist.

Das P. gilt als nicht erloschen, soweit der Eigentümer ein rechtliches Interesse an dem Fortbestehen des P. hat. 1266.

1257 Die Vorschriften über das durch Rechtsgeschäfte bestellte P. finden auf ein kraft G. entstandenes P. entsprechende Anwendung. 1266.

1258 Besteht ein P. an dem Anteil eines Miteigentümers, so übt der Pfandgläubiger die Rechte aus, die sich aus der Gemeinschaft der Miteigentümer in Ansehung der Verwaltung der Sache und der Art ihrer Benutzung ergeben.

Die Aufhebung der Gemeinschaft kann vor dem Eintritte der Verkaufsberechtigung des Pfandgläubigers nur von dem Miteigentümer und dem Pfandgläubiger gemeinschaftlich verlangt werden. Nach dem Eintritte der Verkaufsberechtigung kann der Pfandgläubiger die Aufhebung der Gemeinschaft verlangen, ohne daß es der Zustimmung des Miteigentümers bedarf; er ist nicht an eine Vereinbarung gebunden, durch welche die Miteigentümer das Recht, die Aufhebung der Gemeinschaft zu verlangen, für immer oder auf Zeit ausgeschlossen oder eine Kündigungsfrist bestimmt haben.

Wird die Gemeinschaft aufgehoben so gebührt dem Pfandgläubiger das P. an den Gegenständen, welche an die Stelle des Anteils treten.

Das Recht des Pfandgläubigers zum Verkaufe des Anteils bleibt unberührt.

1260—1271 P. an einem im Schiffsregister eingetragenen Schiffe.

1259 Für das P. an einem im Schiffsregister eingetragenen Schiffe gelten die besonderen Vorschriften der §§ 1260 bis 1271.

1260 Zur Bestellung des P. ist die Einigung des Eigentümers des Schiffes und des Gläubigers darüber, daß dem

§ Gläubiger das P. zustehen soll, und die Eintragung des P. in das Schiffsregister erforderlich. Die Vorschriften des § 873 Abs. 2 und des § 878 finden entsprechende Anwendung.

In der Eintragung müssen der Gläubiger, der Geldbetrag der Forderung und, wenn die Forderung verzinslich ist, der Zinssatz angegeben werden. Zur näheren Bezeichnung der Forderung kann auf die Eintragungsbewilligung Bezug genommen werden. 1259, 1272.

1261 Das Rangverhältnis der an dem Schiffe bestellten P. bestimmt sich nach den Vorschriften der §§ 879 bis 881 und des § 1151. 1259, 1272.

1262 Solange das P. im Schiffsregister eingetragen ist, behält es im Falle der Veräußerung oder Belastung des Schiffes seine Kraft, auch wenn der Erwerber im guten Glauben ist.

Ist das P. mit Unrecht gelöscht, so gelten im Falle der Veräußerung des Schiffes die Vorschriften des § 936 Abs. 1 Satz 1, Abs. 2 auch dann, wenn der Erwerber das Eigentum ohne Übergabe erlangt; die Vorschrift des § 936 Abs. 3 findet keine Anwendung. Wird ein P., welches dem mit Unrecht gelöschten P. im Range nachsteht, auf einen Dritten übertragen, so findet die Vorschrift des § 1208 Satz 1 Anwendung. 1259, 1272.

1263 Steht der Inhalt des Schiffsregisters in Ansehung eines P. mit der wirklichen Rechtslage nicht im Einklange, so kann die Berichtigung des Registers nach den für die Berichtigung des Grundbuchs geltenden Vorschriften der §§ 894, 895, 897, 898 verlangt werden.

Ist ein P. mit Unrecht gelöscht worden, so kann ein Widerspruch gegen die Richtigkeit des Schiffsregisters nach § 899 Abs. 2 eingetragen werden. Solange der Widerspruch eingetragen ist, gilt im Falle der Veräußerung oder Belastung des Schiffes dem Erwerber gegenüber das Gleiche, wie wenn das P. eingetragen wäre. 1259, 1272.

1264 Die Haftung des Schiffes beschränkt sich auf den eingetragenen Betrag der Forderung und die Zinsen nach dem eingetragenen Zinssatze. Die Haftung für g. Zinsen und für Kosten bestimmt sich nach der für die Hypothek geltenden Vorschrift des § 1118.

Ist die Forderung unverzinslich oder ist der Zinssatz niedriger als fünf vom Hundert, so kann das P. ohne Zustimmung der im Range gleich- oder nachstehenden Berechtigten dahin erweitert werden, daß das Schiff für Zinsen bis zu fünf vom Hundert haftet. 1259, 1272.

1265 Das P. erstreckt sich auf das Zubehör des Schiffes mit Ausnahme der Zubehörstücke, die nicht in das Eigentum des Eigentümers des Schiffes gelangt sind.

Auf die Haftung der Zubehörstücke finden die für die Hypothek geltenden Vorschriften der §§ 1121, 1122 entsprechende Anwendung. 1259, 1272.

1266 Die Vorschriften der §§ 1205—1257 finden insoweit keine Anwendung, als sich daraus, daß der Pfandgläubiger nicht den Besitz des Schiffes erlangt, Abweichungen ergeben. In dem Falle des § 1254 tritt an die Stelle des Anspruchs auf Rückgabe des Pfandes das Recht, die Aufhebung des P. zu verlangen. 1259, 1272.

1267 Der Verpfänder kann gegen Befriedigung des Pfandgläubigers die Aushändigung der zur Löschung des P. erforderlichen Urkunden verlangen.

§ Das gleiche Recht steht dem persönlichen Schuldner zu, wenn er ein rechtliches Interesse an der Berichtigung des Schiffsregisters hat. 1259, 1272.

1268 Der Pfandgläubiger kann seine Befriedigung aus dem Schiffe und dem Zubehör nur auf Grund eines vollstreckbaren Titels nach den für die Zwangsvollstreckung geltenden Vorschriften suchen. 1259, 1272.

1269 Ist der Gläubiger unbekannt, so kann er im Wege des Aufgebotsverfahrens mit seinem P. ausgeschlossen werden, wenn die im § 1170 oder die im § 1171 für die Ausschließung eines Hypothekengläubigers bestimmten Voraussetzungen vorliegen. Mit der Erlassung des Ausschlußurteils erlischt das P. Die Vorschrift des § 1171 Abs. 3 finden Anwendung. 1259, 1272.

1270 Auf das P. für die Forderung aus einer Schuldverschreibung auf den Inhaber, aus einem Wechsel oder aus einem anderen Papiere, das durch Indossament übertragen werden kann, finden die Vorschriften des § 1189, auf das P. für die Forderung aus einer Schuldverschreibung auf den Inhaber finden auch die Vorschriften des § 1188 entsprechende Anwendung. 1259, 1272.

1271 Das P. kann in der Weise bestellt werden, daß nur der Höchstbetrag, bis zu dem das Schiff haften soll, bestimmt, im übrigen die Feststellung der Forderung vorbehalten wird. Der Höchstbetrag muß in das Schiffsregister eingetragen werden.

Ist die Forderung verzinslich, so werden die Zinsen in den Höchstbetrag eingerechnet. 1259, 1272.

1272 Die Vorschriften der §§ 1260—1271 gelten auch für das P. an einer Schiffspart.

1273—1296 Pfandrecht an Rechten.

1273 Gegenstand des P. kann auch ein Recht sein.

Auf das P. an Rechten finden die Vorschriften über das P. an beweglichen Sachen entsprechende Anwendung, soweit sich nicht aus den §§ 1274—1296 ein anderes ergiebt. Die Anwendung der Vorschriften des § 1208 und des § 1213 Abs. 2 ist ausgeschlossen.

1274 Die Bestellung des P. an einem Rechte erfolgt nach den für die Übertragung des Rechtes geltenden Vorschriften. Ist zur Übertragung des Rechtes die Übergabe einer Sache erforderlich, so finden die Vorschriften der §§ 1205, 1206 Anwendung.

Soweit ein Recht nicht übertragbar ist, kann ein P. an dem Rechte nicht bestellt werden. 1273.

1275 Ist ein Recht, kraft dessen eine Leistung gefordert werden kann, Gegenstand des P., so finden auf das Rechtsverhältnis zwischen dem Pfandgläubiger und dem Verpflichteten die Vorschriften, welche im Falle der Übertragung des Rechtes für das Rechtsverhältnis zwischen dem Erwerber und dem Verpflichteten gelten, und im Falle einer nach § 1217 Abs. 1 getroffenen gerichtlichen Anordnung die Vorschrift des § 1070 Abs. 2 entsprechende Anwendung. 1273.

1276 Ein verpfändetes Recht kann durch Rechtsgeschäft nur mit Zustimmung des Pfandgläubigers aufgehoben werden. Die Zustimmung ist demjenigen gegenüber zu erklären, zu dessen Gunsten sie erfolgt; sie ist unwiderruflich. Die Vorschrift des § 876 Satz 3 bleibt unberührt.

Das Gleiche gilt im Falle einer Änderung des Rechtes, sofern sie das Pfandrecht beeinträchtigt. 1273.

1277 Der Pfandgläubiger kann seine Be-

§ friedigung aus dem Rechte nur auf Grund eines vollstreckbaren Titels nach den für die Zwangsvollstreckung geltenden Vorschriften suchen, sofern nicht ein anderes bestimmt ist. Die Vorschriften des § 1229 und des § 1245 Abs. 2 bleiben unberührt. 1273, 1282.

1278 Ist ein Recht, zu dessen Verpfändung die Übergabe einer Sache erforderlich ist, Gegenstand des P., so finden auf das Erlöschen des P. durch die Rückgabe der Sache die Vorschriften des § 1253 entsprechende Anwendung. 1273.

1279 Für das P. an einer Forderung gelten die besonderen Vorschriften der §§ 1280—1290. 1273.

1280 Die Verpfändung einer Forderung, zu deren Übertragung der Abtretungsvertrag genügt, ist nur wirksam, wenn der Gläubiger sie dem Schuldner anzeigt. 1273, 1279.

1281 Der Schuldner kann nur an den Pfandgläubiger und den Gläubiger gemeinschaftlich leisten. Jeder von beiden kann verlangen, daß an sie gemeinschaftlich geleistet wird; jeder kann statt der Leistung verlangen, daß die geschuldete Sache für beide hinterlegt oder, wenn sie sich nicht zur Hinterlegung eignet, an einen gerichtlich zu bestellenden Verwahrer abgeliefert wird. 1273, 1279, 1284, 1287, 1288.

1282 Sind die Voraussetzungen des § 1228 Abs. 2 eingetreten, so ist der Pfandgläubiger zur Einziehung der Forderung berechtigt und kann der Schuldner nur an ihn leisten. Die Einziehung einer Geldforderung steht dem Pfandgläubiger nur insoweit zu, als sie zu seiner Befriedigung erforderlich ist. Soweit er zur Einziehung berechtigt ist, kann er auch verlangen, daß ihm die Geldforderung an Zahlungsstatt abgetreten wird.

Zu anderen Verfügungen über die Forderung ist der Pfandgläubiger nicht berechtigt; das Recht, die Befriedigung aus der Forderung nach § 1277 zu suchen, bleibt unberührt. 1273, 1279, 1284, 1287, 1288.

1283 Hängt die Fälligkeit der verpfändeten Forderung von einer Kündigung ab, so bedarf der Gläubiger zur Kündigung der Zustimmung des Pfandgläubigers nur, wenn dieser berechtigt ist, die Nutzungen zu ziehen.

Die Kündigung des Schuldners ist nur wirksam, wenn sie dem Pfandgläubiger und dem Gläubiger erklärt wird.

Sind die Voraussetzungen des § 1228 Abs. 2 eingetreten, so ist auch der Pfandgläubiger zur Kündigung berechtigt; für die Kündigung des Schuldners genügt die Erklärung gegenüber dem Pfandgläubiger. 1273, 1279, 1284.

1284 Die Vorschriften der §§ 1281 bis 1283 finden keine Anwendung, soweit der Pfandgläubiger und der Gläubiger ein anderes vereinbaren. 1273, 1279.

1285 Hat die Leistung an den Pfandgläubiger und den Gläubiger gemeinschaftlich zu erfolgen, so sind beide einander verpflichtet, zur Einziehung mitzuwirken, wenn die Forderung fällig ist.

Soweit der Pfandgläubiger berechtigt ist, die Forderung ohne Mitwirkung des Gläubigers einzuziehen, hat er für die ordnungsmäßige Einziehung zu sorgen. Von der Einziehung hat er den Gläubiger unverzüglich zu benachrichtigen, sofern nicht die Benachrichtigung unthunlich ist. 1273, 1279.

1286 Hängt die Fälligkeit der verpfändeten

§ Forderung von einer Kündigung ab, so kann der Pfandgläubiger, sofern nicht das Kündigungsrecht ihm zusteht, von dem Gläubiger die Kündigung verlangen, wenn die Einziehung der Forderung wegen Gefährdung ihrer Sicherheit nach den Regeln einer ordnungsmäßigen Vermögensverwaltung geboten ist. Unter der gleichen Voraussetzung kann der Gläubiger von dem Pfandgläubiger die Zustimmung zur Kündigung verlangen, sofern die Zustimmung erforderlich ist. 1273, 1279.

1287 Leistet der Schuldner in Gemäßheit der §§ 1281, 1282, so erwirbt mit der Leistung der Gläubiger den geleisteten Gegenstand und der Pfandgläubiger ein P. an dem Gegenstande. Besteht die Leistung in der Übertragung des Eigentums an einem Grundstücke, so erwirbt der Pfandgläubiger eine Sicherungshypothek. 1273, 1279.

1288 Wird eine Geldforderung in Gemäßheit des § 1281 eingezogen, so sind der Pfandgläubiger und der Gläubiger einander verpflichtet, dazu mitzuwirken, daß der eingezogene Betrag, soweit es ohne Beeinträchtigung des Interesses des Pfandgläubigers thunlich ist, nach den für die Anlegung von Mündelgeld geltenden Vorschriften verzinslich angelegt und gleichzeitig dem Pfandgläubiger das P. bestellt wird. Die Art der Anlegung bestimmt der Gläubiger.

Erfolgt die Einziehung in Gemäßheit des § 1282, so gilt die Forderung des Pfandgläubigers, soweit ihm der eingezogene Betrag zu seiner Befriedigung gebührt, als von dem Gläubiger berichtigt. 1273, 1279.

1289 Das P. an einer Forderung erstreckt sich auf die Zinsen der Forderung. Die Vorschriften des § 1123 Abs. 2 und der §§ 1124, 1125 finden entsprechende Anwendung; an die Stelle der Beschlagnahme tritt die Anzeige des Pfandgläubigers an den Schuldner, daß er von dem Einziehungsrechte Gebrauch mache. 1273, 1279.

1290 Bestehen mehrere P. an einer Forderung, so ist zur Einziehung nur derjenige Pfandgläubiger berechtigt, dessen P. den übrigen P. vorgeht. 1273, 1279.

1291 Die Vorschriften über das P. an einer Forderung gelten auch für das P. an einer Grundschuld und an einer Rentenschuld. 1273.

1292 Zur Verpfändung eines Wechsels oder eines anderen Papiers, das durch Indossament übertragen werden kann, genügt die Einigung des Gläubigers und des Pfandgläubigers und die Übergabe des indossierten Papiers. 1273.

1293 Für das P. an einem Inhaberpapiere gelten die Vorschriften über das P. an beweglichen Sachen. 1273.

1294 Ist ein Wechsel, ein anderes Papier, das durch Indossament übertragen werden kann, oder ein Inhaberpapier Gegenstand des P., so ist, auch wenn die Voraussetzungen des § 1228 Abs. 2 noch nicht eingetreten sind, der Pfandgläubiger zur Einziehung und, falls Kündigung erforderlich ist, zur Kündigung berechtigt und kann der Schuldner nur an ihn leisten. 1273.

1295 Hat ein verpfändetes Papier, das durch Indossament übertragen werden kann, einen Börsen- oder Marktpreis, so ist der Gläubiger nach dem Eintritte der Voraussetzungen des § 1228 Abs. 2 berechtigt, das Papier nach § 1221 verkaufen zu lassen. 1273.

1296 Das P. an einem Wertpapier erstreckt sich auf die zu dem Papier gehörenden Zins-, Renten- oder Gewinnanteilscheine nur dann, wenn sie dem Pfand-

§ gläubiger übergeben sind. Der Verpfänder kann, sofern nicht ein anderes bestimmt ist, die Herausgabe der Scheine verlangen, soweit sie vor dem Eintritte der Voraussetzungen des § 1228 Abs. 2 fällig werden. 1273.

Sachen.

704 P. des Gastwirts an den eingebrachten Sachen des Gastes s. **Einbringung** — Sachen.

Schuldverhältnis.

401 Mit der abgetretenen Forderung gehen die Hypotheken oder P. die für sie bestehen, sowie die Rechte aus einer für sie bestellten Bürgschaft auf den neuen Gläubiger über. 412.

418 Infolge der Schuldübernahme erlöschen die für die Forderung bestellten Bürgschaften und P.

419 s. Erbe 1990.

Sicherheitsleistung.

233 Mit der Hinterlegung erwirbt der Berechtigte ein P. an dem hinterlegten Gelde oder an den hinterlegten Wertpapieren und, wenn das Geld oder die Wertpapiere nach landesg. Vorschrift in das Eigentum des Fiskus oder der als Hinterlegungsstelle bestimmten Anstalt übergehen, ein P. an der Forderung auf Rückerstattung.

2145 **Testament** s. Erbe 1990.

Verjährung.

223 Die Verjährung eines Anspruchs, für den eine Hypothek oder ein P. besteht, hindert den Berechtigten nicht, seine Befriedigung aus dem verhafteten Gegenstande zu suchen.

1630 **Verwandtschaft** s. Vormundschaft 1795.

Vormundschaft.

1795 Der Vormund kann den Mündel nicht vertreten:

1. . . . .
2. bei einem Rechtsgeschäfte, das die Übertragung oder Belastung einer durch P., Hypothek oder Bürgschaft gesicherten Forderung des Mündels gegen den Vormund oder die Aufhebung oder Minderung dieser Sicherheit zum Gegenstande hat oder die Verpflichtung des Mündels zu einer solchen Übertragung, Belastung, Aufhebung oder Minderung begründet;
3. bei einem Rechtsstreite zwischen den in Nr. 1 bezeichneten Personen sowie bei einem Rechtsstreit über eine Angelegenheit der in Nr. 2 bezeichneten Art.

Die Vorschrift des § 181 bleibt unberührt.

Werkvertrag.

647 Der Unternehmer hat für seine Forderungen aus dem Vertrag ein P. an den von ihm hergestellten oder ausgebesserten beweglichen Sachen des Bestellers, wenn sie bei der Herstellung oder zum Zwecke der Ausbesserung in seinen Besitz gelangt sind. 651.

Pfändung.

Art. **Einführungsgesetz.**

81 s. Schuldverhältnis § 394.

89 s. **E.G.** — E.G.

146 s. Schuldverhältnis § 377.

§ **Gesellschaft.**

725 Hat ein Gläubiger eines Gesellschafters die P. des Anteils des Gesellschafters an dem Gesellschaftsvermögen erwirkt, so kann er die Gesellschaft ohne Einhaltung einer Kündigungsfrist kündigen, sofern der Schuldtitel nicht bloß vorläufig vollstreckbar ist.

Miete.

559 Das Pfandrecht des Vermieters eines Grundstücks erstreckt sich nicht auf die der P. nicht unterworfenen Sachen.

563 Wird eine dem Pfandrechte des Vermieters unterliegende Sache für einen anderen Gläubiger gepfändet, so kann diesem gegenüber das Pfandrecht nicht wegen des Mietzinses für eine frühere

§ seiner Vermögensangelegenheiten einen P. erhalten hat. 2225.

Verwandtschaft.

1628 Das Recht und die Pflicht, für die Person und das Vermögen des Kindes zu sorgen, erstreckt sich nicht auf Angelegenheiten des Kindes, für die ein P. bestellt ist.

1629 Steht die Sorge für die Person oder die Sorge für das Vermögen des Kindes einem P. zu, so entscheidet bei einer Meinungsverschiedenheit zwischen dem Vater und dem P. über die Vornahme einer sowohl die Person als das Vermögen des Kindes betreffenden Handlung das Vormundschaftsgericht.

1676 Die elterliche Gewalt des Vaters ruht, wenn er nach § 1910 Abs. 1 einen P. für seine Person und sein Vermögen erhalten hat.

1693 Das Vormundschaftsgericht kann auf Antrag der Mutter dem Beistande die Vermögensverwaltung ganz oder teilweise übertragen; soweit dies geschieht, hat der Beistand die Rechte und Pflichten eines P. 1686, 1695.

1698 Wird für die Erziehung des Kindes an Stelle des Vaters ein P. bestellt, so steht der Mutter die Sorge für die Person des Kindes neben dem Vormund oder dem P. in gleicher Weise zu wie nach § 1634 neben dem Vater.

1752 Will ein Vormund seinen Mündel an Kindesstatt annehmen, so soll das Vormundschaftsgericht die Genehmigung nicht erteilen, solange der Vormund im Amte ist. Will jemand seinen früheren Mündel an Kindesstatt annehmen, so soll das Vormundschaftsgericht die Genehmigung nicht erteilen, bevor er über seine Verwaltung Rechnung gelegt und das Vorhandensein des Mündelvermögens nachgewiesen hat.

Das Gleiche gilt, wenn ein zur Vermögensverwaltung bestellter P. seinen Pflegling oder seinen früheren Pflegling an Kindesstatt annehmen will.

Vormundschaft.

1781 Zum Vormunde soll nicht bestellt werden:

1. . . . .
2. wer nach § 1910 zur Besorgung seiner Vermögensangelegenheiten einen P. erhalten hat. 1778, 1785, 1866, 1886.

1794 Das Recht und die Pflicht des Vormundes, für die Person und das Vermögen des Mündels zu sorgen, erstreckt sich nicht auf Angelegenheiten des Mündels, für die ein P. bestellt ist.

1909—1914, 1917 s. **Pflegschaft** — Vormundschaft.

Pflegling.

1752 **Verwandtschaft** s. **Pfleger** — Verwandtschaft.

1917 **Vormundschaft** 1920 s. **Pflegschaft** — Vormundschaft.

Pflegschaft.

Art. **Einführungsgesetz.**

23, 160, 210 s. **E.G.** — E.G.

§ **Güterrecht.**

1418 Die Frau kann bei g. Güterrecht auf Aufhebung der Verwaltung und Nutznießung klagen:

1. . . . .
4. wenn der Mann nach § 1910 zur Besorgung seiner Vermögensangelegenheiten einen Pfleger erhalten hat;
5. wenn für den Mann ein Abwesenheitspfleger bestellt und die baldige Aufhebung der P. nicht zu erwarten ist.

Die Aufhebung der Verwaltung

§ und Nutznießung tritt mit der Rechtskraft des Urteils ein. 1422, 1426, 1542, 1547.

1425 Wird die Entmündigung oder P. bei g. Güterrecht, wegen deren die Aufhebung der Verwaltung und Nutznießung des eingebrachten Gutes erfolgt ist, wieder aufgehoben, so kann der Mann auf Wiederherstellung seiner Rechte klagen. 1431, 1547.

1426, 1431 s. **Gütertrennung** — Güterrecht.

1428 s. Vormundschaft 1910.

1542, 1547 s. **Errungenschaftsgemeinschaft** — Güterrecht.

2201 **Testament** s. Vormundschaft 1910.

1676 **Verwandtschaft** s. Vormundschaft 1910.

Vormundschaft.

1786 Die Übernahme der Vormundschaft kann ablehnen:

1. . . . .
8. wer mehr als eine Vormundschaft oder P. führt; die Vormundschaft oder P. über mehrere Geschwister gilt nur als eine; die Führung von zwei Gegenvormundschaften steht der Führung einer Vormundschaft gleich.

Das Ablehnungsrecht erlischt, wenn es nicht vor der Bestellung bei dem Vormundschaftsgerichte geltend gemacht wird.

1909—1921 Pflegschaft.

1909 Wer unter elterlicher Gewalt oder unter Vormundschaft steht, erhält für Angelegenheiten, an deren Besorgung der Gewalthaber oder der Vormund verhindert ist, einen Pfleger. Er erhält insbesondere einen Pfleger zur Verwaltung des Vermögens, das er von Todeswegen erwirbt oder das ihm unter Lebenden von einem Dritten unentgeltlich zugewendet wird, wenn der Erblasser durch letztwillige Verfügung, der Dritte bei der Zuwendung bestimmt hat, daß dem Gewalthaber oder dem Vormunde die Verwaltung nicht zustehen soll.

Tritt das Bedürfnis einer P. ein, so hat der Gewalthaber oder der Vormund dem Vormundschaftsgericht unverzüglich Anzeige zu machen.

Die P. ist auch dann anzuordnen, wenn die Voraussetzungen für die Anordnung einer Vormundschaft vorliegen, ein Vormund aber noch nicht bestellt ist. 1916, 1917.

1910 Ein Volljähriger, der nicht unter Vormundschaft steht, kann einen Pfleger für seine Person und sein Vermögen erhalten, wenn er infolge körperlicher Gebrechen, insbesondere weil er taub, blind oder stumm ist, seine Angelegenheiten nicht zu besorgen vermag.

Vermag ein Volljähriger, der nicht unter Vormundschaft steht, infolge geistiger oder körperlicher Gebrechen einzelne seiner Angelegenheiten oder einen bestimmten Kreis seiner Angelegenheiten, insbesondere seine Vermögensangelegenheiten, nicht zu besorgen, so kann er für diese Angelegenheiten einen Pfleger erhalten.

Die P. darf nur mit Einwilligung des Gebrechlichen angeordnet werden, es sei denn, daß eine Verständigung mit ihm nicht möglich ist. 1781, 1920.

1911 Ein abwesender Volljähriger, dessen Aufenthalt unbekannt ist, erhält für seine Vermögensangelegenheiten, soweit sie der Fürsorge bedürfen, einen Abwesenheitspfleger. Ein solcher Pfleger ist ihm insbesondere auch dann zu bestellen, wenn er durch Erteilung eines Auftrags oder einer Vollmacht Fürsorge getroffen hat, aber Umstände eingetreten sind, die zum Widerrufe des Auftrags oder der Vollmacht Anlaß geben.

Das Gleiche gilt von einem Abwesenden, dessen Aufenthalt bekannt,

§ der aber an der Rückkehr und der Besorgung seiner Vermögensangelegenheiten verhindert ist.

1912 Eine Leibesfrucht erhält zur Wahrung ihrer künftigen Rechte, soweit diese einer Fürsorge bedürfen, einen Pfleger. Die Fürsorge steht jedoch dem Vater oder der Mutter zu, wenn das Kind, falls es bereits geboren wäre, unter elterlicher Gewalt stehen würde.

1913 Ist unbekannt oder ungewiß, wer bei einer Angelegenheit der Beteiligte ist, so kann dem Beteiligten für diese Angelegenheit, soweit eine Fürsorge erforderlich ist, ein Pfleger bestellt werden. Insbesondere kann einem Nacherben, der noch nicht erzeugt ist oder dessen Persönlichkeit erst durch ein künftiges Ereignis bestimmt wird, für die Zeit bis zum Eintritte der Nacherbfolge ein Pfleger bestellt werden.

1914 Ist durch öffentliche Sammlung Vermögen für einen vorübergehenden Zweck zusammengebracht worden, so kann zum Zwecke der Verwaltung und Verwendung des Vermögens ein Pfleger bestellt werden, wenn die zu der Verwaltung und Verwendung berufenen Personen weggefallen sind.

1915 Auf die P. finden die für die Vormundschaft geltenden Vorschriften entsprechende Anwendung, soweit sich nicht aus dem G. ein anderes ergiebt.

Die Bestellung eines Gegenvormundes ist nicht erforderlich.

1916 Für die nach § 1909 anzuordnende P. gelten die Vorschriften über die Berufung zur Vormundschaft nicht.

1917 Wird die Anordnung einer P. nach § 1909 Abs. 1 Satz 2 erforderlich, so ist als Pfleger berufen, wer als solcher von dem Erblasser durch letztwillige Verfügung, von dem Dritten bei der Zuwendung benannt worden ist; die Vorschriften des § 1778 finden entsprechende Anwendung.

§ Für den benannten Pfleger kann der Erblasser durch letztwillige Verfügung, der Dritte bei der Zuwendung die in den §§ 1852—1854 bezeichneten Befreiungen anordnen. Das Vormundschaftsgericht kann die Anordnungen außer Kraft setzen, wenn sie das Interesse des Pflegebefohlenen gefährden.

Zu einer Abweichung von den Anordnungen des Dritten ist, solange er lebt, seine Zustimmung erforderlich und genügend. Die Zustimmung des Dritten kann durch das Vormundschaftsgericht ersetzt werden, wenn der Dritte zur Abgabe einer Erklärung dauernd außer stande oder sein Aufenthalt dauernd unbekannt ist.

1918 Die P. für eine unter elterlicher Gewalt oder unter Vormundschaft stehende Person endigt mit der Beendigung der elterlichen Gewalt oder der Vormundschaft.

Die P. für eine Leibesfrucht endigt mit der Geburt des Kindes.

Die P. zur Besorgung einer einzelnen Angelegenheit endigt mit deren Erledigung.

1919 Die P. ist von dem Vormundschaftsgericht aufzuheben, wenn der Grund für die Anordnung der P. weggefallen ist.

1920 Eine nach § 1910 angeordnete P. ist von dem Vormundschaftsgericht aufzuheben, wenn der Pflegebefohlene die Aufhebung beantragt.

1921 Die P. für einen Abwesenden ist von dem Vormundschaftsgericht aufzuheben, wenn der Abwesende an der Besorgung seiner Vermögensangelegenheiten nicht mehr verhindert ist.

Stirbt der Abwesende, so endigt die P. erst mit der Aufhebung durch das Vormundschaftsgericht. Das Vormundschaftsgericht hat die P. auf-

§ zuheben, wenn ihm der Tod des Abwesenden bekannt wird.

Wird der Abwesende für tot erklärt, so endigt die P. mit der Erlassung des die Todeserklärung aussprechenden Urteils.

Pflicht s. auch **Verpflichtung.**

Bereicherung.

814 Das zum Zwecke der Erfüllung einer Verbindlichkeit Geleistete kann nicht zurückgefordert werden, wenn der Leistende gewußt hat, daß er zur Leistung nicht verpflichtet war, oder wenn die Leistung einer sittlichen P. oder einer auf den Anstand zu nehmenden Rücksicht entsprach.

Ehescheidung.

1568 Ein Ehegatte kann auf Scheidung klagen, wenn der andere Ehegatte durch schwere Verletzung der durch die Ehe begründeten P. oder durch ehrloses oder unsittliches Verhalten eine so tiefe Zerrüttung des ehelichen Verhältnisses verschuldet hat, daß dem Ehegatten die Fortsetzung der Ehe nicht zugemutet werden kann. Als schwere Verletzung der P. gilt auch grobe Mißhandlung. 1564, 1570, 1571, 1574.

Art. **Einführungsgesetz.**

38 Ergänzung des G., betreffend die Organisation der Bundeskonsulate, sowie die Amtsrechte und P. der Bundeskonsuln, vom 8. November 1867 s. **E.G.** — E.G.

136, 206—209 s. **E.G.** — E.G.

201 s. Ehescheidung § 1568.

§ **Geschäftsführung.**

679 Ein der Geschäftsführung entgegenstehender Wille des Geschäftsherrn kommt nicht in Betracht, wenn ohne die Geschäftsführung eine P. des Geschäftsherrn, deren Erfüllung im öffentlichen Interesse liegt oder eine Unterhaltungspflicht des Geschäftsherrn nicht rechtzeitig erfüllt werden würde. 683, 687.

Güterrecht.

1378 Gehört zum eingebrachten Gute bei g. Güterrecht ein Grundstück samt Inventar, so bestimmen sich die Rechte und die P. des Mannes in Ansehung des Inventars nach den für den Nießbrauch geltenden Vorschriften des § 1048 Abs. 1. 1525

1409 Steht der Mann bei g. Güterrecht unter Vormundschaft, so hat ihn der Vormund in den Rechten und P. zu vertreten, die sich aus der Verwaltung und Nutznießung des eingebrachten Gutes ergeben. Dies gilt auch dann, wenn die Frau Vormund des Mannes ist. 1525.

1446 Der Mann bedarf bei a. Gütergemeinschaft nicht der Einwilligung der Frau zu Schenkungen, durch die einer sittlichen P. oder einer auf den Anstand zu nehmenden Rücksicht entsprochen wird. 1448, 1468, 1487, 1495, 1519.

1457 Steht der Mann bei a. Gütergemeinschaft unter Vormundschaft, so hat ihn der Vormund in den Rechten und P. zu vertreten, die sich aus der Verwaltung des Gesamtguts ergeben. Dies gilt auch dann, wenn die Frau Vormund des Mannes ist. 1487, 1519.

1487 Die Rechte und Verbindlichkeiten des überlebenden Ehegatten sowie der anteilsberechtigten Abkömmlinge in Ansehung des Gesamtguts der f. Gütergemeinschaft bestimmen sich nach den für die eheliche Gütergemeinschaft geltenden Vorschriften der §§ 1442 bis 1449, 1455 bis 1457, 1466, 1518.

1495 Ein anteilsberechtigter Abkömmling kann gegen den überlebenden Ehegatten auf Aufhebung der f. Gütergemeinschaft klagen:

§ 1. wenn der überlebende Ehegatte ein Rechtsgeschäft der in den §§ 1444 bis 1446 bezeichneten Art ohne Zustimmung des Abkömmlinges vorgenommen hat und für die Zukunft eine erhebliche Gefährdung des Abkömmlinges zu besorgen ist. 1496, 1502, 1518.

1519, 1525 s. **Errungenschaftsgemeinschaft** — Güterrecht.

Pflichtteil.

2330 s. **Pflichtteil** — Pflichtteil.

2335 s. Ehescheidung 1568.

Schenkung.

534 Schenkungen, durch die einer sittlichen P. oder einer auf den Anstand zu nehmenden Rücksicht entsprochen wird, unterliegen nicht der Rückforderung und dem Widerrufe.

Testament.

2205 Der Testamentsvollstrecker ist zu unentgeltlichen Verfügungen nur berechtigt, soweit sie einer sittlichen P. oder einer auf den Anstand zu nehmenden Rücksicht entsprechen 2207, 2208.

2222 Der Erblasser kann einen Testamentsvollstrecker auch zu dem Zwecke ernennen, daß dieser bis zu dem Eintritt einer angeordneten Nacherbfolge die Rechte des Nacherben ausübt und dessen P. erfüllt.

Verwandtschaft.

1635 s. Ehescheidung 1568.

1641 Der Vater kann nicht in Vertretung des Kindes Schenkungen machen. Ausgenommen sind Schenkungen, durch die einer sittlichen P. oder einer auf den Anstand zu nehmenden Rücksicht entsprochen wird.

1667 Wird das Vermögen des Kindes dadurch gefährdet, daß der Vater die mit der Vermögensverwaltung oder die mit der Nutznießung verbundenen P. verletzt oder daß er in Vermögensverfall gerät, so hat das Vormundschaftsgericht die zur Abwendung der Gefahr erforderlichen Maßregeln zu treffen. 1670, 1687, 1692.

1674 Verletzt der Vormundschaftsrichter vorsätzlich oder fahrlässig die ihm obliegenden P., so ist er dem Kinde nach § 839 Abs. 1, 3 verantwortlich.

1693 Das Vormundschaftsgericht kann auf Antrag der Mutter dem Beistande die Vermögensverwaltung ganz oder teilweise übertragen; soweit dies geschieht, hat der Beistand die Rechte und P. eines Pflegers. 1686, 1695.

1737 Die Rechte und P., die sich aus dem Verwandtschaftsverhältnisse zwischen dem unehelichen Kinde und seinen Verwandten ergeben, bleiben auch durch die Ehelichkeitserklärung, soweit nicht das G. ein anderes vorschreibt, unberührt.

1764 Die Rechte und P., die sich aus dem Verwandtschaftsverhältnisse zwischen dem Kinde und seinen Verwandten ergeben, werden durch die Annahme an Kindesstatt nicht berührt, soweit nicht das G. ein anderes vorschreibt.

Vormundschaft.

1799 Der Gegenvormund hat darauf zu achten, daß der Vormund die Vormundschaft pflichtmäßig führt. Er hat dem Vormundschaftsgerichte Pflichtwidrigkeiten des Vormundes sowie jeden Fall unverzüglich anzuzeigen, in welchem das Vormundschaftsgericht zum Einschreiten berufen ist, insbesondere den Tod des Vormundes oder den Eintritt eines anderen Umstandes, infolge dessen das Amt des Vormundes endigt oder die Entlassung des Vormundes erforderlich wird.

1804 Der Vormund kann nicht in Vertretung des Mündels Schenkungen machen. Ausgenommen sind Schenkungen, durch die einer sittlichen P. oder einer auf den Anstand zu nehmenden Rücksicht entsprochen wird.

§

1846 Ist ein Vormund noch nicht bestellt oder ist der Vormund an der Erfüllung seiner P. verhindert, so hat das Vormundschaftsgericht die im Interesse des Mündels erforderlichen Maßregeln zu treffen.

1848 Verletzt der Vormundschaftsrichter vorsätzlich oder fahrlässig die ihm obliegenden P., so ist er dem Mündel nach § 839 Abs. 1, 3 verantwortlich.

1850 Der Gemeindewaisenrat hat in Unterstützung des Vormundschaftsgerichts darüber zu wachen, daß die Vormünder der sich in seinem Bezirk aufhaltenden Mündel für die Person der Mündel, insbesondere für ihre Erziehung und ihre körperliche Pflege, pflichtmäßig Sorge tragen. Er hat dem Vormundschaftsgerichte Mängel und Pflichtwidrigkeiten, die er in dieser Hinsicht wahrnimmt, anzuzeigen und auf Erfordern über das persönliche Ergehen und das Verhalten eines Mündels Auskunft zu erteilen.

1872 Der Familienrat hat die Rechte und P. des Vormundschaftsgerichts.

Pflichterfüllung.

Gesellschaft.

723 Ist eine Zeitdauer für die Gesellschaft bestimmt, so ist die Kündigung vor dem Ablaufe der Zeit zulässig, wenn ein wichtiger Grund vorliegt; ein solcher Grund ist insbesondere vorhanden, wenn ein anderer Gesellschafter eine ihm nach dem Gesellschaftsvertrag obliegende wesentliche Verpflichtung vorsätzlich oder aus grober Fahrlässigkeit verletzt oder wenn die Erfüllung einer solchen Verpflichtung unmöglich wird. 737.

Pflichtteil.

1580 **Ehescheidung** s. Verwandtschaft 1611.

Art.

137 **Einführungsgesetz** s. Pflichtteil § 2312.

§ **Erbvertrag.**

2289 s. Pflichtteil 2338.

2294 Der Erblasser kann von einer vertragsmäßigen Verfügung zurücktreten, wenn sich der Bedachte einer Verfehlung schuldig macht, die den Erblasser zur Entziehung des P. berechtigt oder, falls der Bedachte nicht zu den Pflichtteilsberechtigten gehört, zu der Entziehung berechtigen würde, wenn der Bedachte ein Abkömmling des Erblassers wäre. 2297.

2297 s. Pflichtteil 2336.

Güterrecht.

1369 Vorbehaltsgut bei g. Güterrecht ist, was die Frau als P. erwirbt. 1440, 1486, 1526, 1553.

1406 Die Frau bedarf bei g. Güterrecht nicht der Zustimmung des Mannes:
1. zur Annahme oder Ausschlagung einer Erbschaft oder eines Vermächtnisses, zum Verzicht auf den P. sowie zur Errichtung des Inventars über eine angefallene Erbschaft. 1525.

1440 Vorbehaltsgut bei a. Gütergemeinschaft ist, was durch Ehevertrag für Vorbehaltsgut eines der Ehegatten erklärt ist oder von einem der Ehegatten nach § 1369 oder § 1370 erworben wird.

1453 Die Frau bedarf bei a. Gütergemeinschaft nicht der Zustimmung des Mannes zum Verzicht auf den Pflichtteil. 1519.

1486 Vorbehaltsgut des überlebenden Ehegatten ist bei f. Gütergemeinschaft, was er bisher als Vorbehaltsgut gehabt hat oder nach § 1369 oder § 1370 erwirbt. 1518.

1505 Die Vorschriften über das Recht auf Ergänzung des P. finden bei f. Gütergemeinschaft zu Gunsten eines anteilsberechtigten Abkömmlings ent-

§ sprechende Anwendung; an die Stelle des Erbfalls tritt die Beendigung der f. Gütergemeinschaft, als g. Erbteil gilt der dem Abkömmlinge zur Zeit der Beendigung gebührende Anteil an dem Gesamtgut, als P. gilt die Hälfte des Wertes dieses Anteils. 1518.

1510 Jeder Ehegatte kann für den Fall, daß die Ehe durch seinen Tod aufgelöst wird, die Fortsetzung der Gütergemeinschaft durch letztwillige Verfügung ausschließen, wenn er berechtigt ist, dem anderen Ehegatten den P. zu entziehen oder auf Aufhebung der Gütergemeinschaft zu klagen. Auf die Ausschließung finden die Vorschriften über die Entziehung des P. entsprechende Anwendung. 1518.

1511 Der ausgeschlossene Abkömmling kann, unbeschadet seines Erbrechts, aus dem Gesamtgute der f. Gütergemeinschaft die Zahlung des Betrags verlangen, der ihm von dem Gesamtgute der ehelichen Gütergemeinschaft als P. gebühren würde, wenn die f. Gütergemeinschaft nicht eingetreten wäre. Die für den Pflichtteilsanspruch geltenden Vorschriften finden entsprechende Anwendung. 1516, 1518.

1513 Jeder Ehegatte kann für den Fall, daß mit seinem Tode die f. Gütergemeinschaft eintritt, einem anteilsberechtigten Abkömmlinge den diesem nach der Beendigung der f. Gütergemeinschaft gebührenden Anteil an dem Gesamtgute durch letztwillige Verfügung entziehen, wenn er berechtigt ist, dem Abkömmlinge den P. zu entziehen. Die Vorschriften des § 2336 Abs. 2—4 finden entsprechende Anwendung.

Der Ehegatte kann, wenn er nach § 2338 berechtigt ist, das Pflichtteilsrecht des Abkömmlings zu beschränken, den Anteil des Abkömmlinges am Gesamtgut einer entsprechenden Beschränkung unterwerfen. 1514, 1516, 1518.

1519, 1525, 1526 f. **Errungenschaftsgemeinschaft** — Güterrecht.

1553 f. **Fahrnisgemeinschaft** — Güterrecht.

Pflichtteil §§ 2303—2338.

2303 Ist ein Abkömmling des Erblassers durch Verfügung von Todeswegen von der Erbfolge ausgeschlossen, so kann er von dem Erben den P. verlangen. Der P. besteht in der Hälfte des Wertes des g. Erbteils.

Das gleiche Recht steht den Eltern und dem Ehegatten des Erblassers zu, wenn sie durch Verfügung von Todeswegen von der Erbfolge ausgeschlossen sind. 2312.

2304 Die Zuwendung des P. ist im Zweifel nicht als Erbeinsetzung anzusehen.

2305 Ist einem Pflichtteilsberechtigten ein Erbteil hinterlassen, der geringer ist als die Hälfte des g. Erbteils, so kann der Pflichtteilsberechtigte von den Miterben als P. den Wert des an der Hälfte fehlenden Teiles verlangen.

2306 Ist ein als Erbe berufener Pflichtteilsberechtigter durch die Einsetzung eines Nacherben, die Ernennung eines Testamentsvollstreckers oder eine Teilungsanordnung beschränkt oder ist er mit einem Vermächtnis oder einer Auflage beschwert, so gilt die Beschränkung oder die Beschwerung als nicht angeordnet, wenn der ihm hinterlassene Erbteil die Hälfte des g. Erbteils nicht übersteigt. Ist der hinterlassene Erbteil größer, so kann der Pflichtteilsberechtigte den P. verlangen, wenn er den Erbteil ausschlägt; die Ausschlagungsfrist beginnt erst, wenn der Pflichtteilsberechtigte von der Beschränkung oder der Beschwerung Kenntnis erlangt.

§ Einer Beschränkung der Erbeinsetzung steht es gleich, wenn der Pflichtteilsberechtigte als Nacherbe eingesetzt ist. 2307, 2308.

2307 Ist ein Pflichtteilsberechtigter mit einem Vermächtnisse bedacht, so kann er den P. verlangen, wenn er das Vermächtnis ausschlägt. Schlägt er nicht aus, so steht ihm ein Recht auf den P. nicht zu, soweit der Wert des Vermächtnisses reicht; bei der Berechnung des Wertes bleiben Beschränkungen und Beschwerungen der im § 2306 bezeichneten Art außer Betracht.

Der mit dem Vermächtnisse beschwerte Erbe kann den Pflichtteilsberechtigten unter Bestimmung einer angemessenen Frist zur Erklärung über die Annahme des Vermächtnisses auffordern. Mit dem Ablaufe der Frist gilt das Vermächtnis als ausgeschlagen, wenn nicht vorher die Annahme erklärt wird.

2308 Hat ein Pflichtteilsberechtigter, der als Erbe oder als Vermächtnisnehmer in der im § 2306 bezeichneten Art beschränkt oder beschwert ist, die Erbschaft oder das Vermächtnis ausgeschlagen, so kann er die Ausschlagung anfechten, wenn die Beschränkung oder die Beschwerung zur Zeit der Ausschlagung weggefallen und der Wegfall ihm nicht bekannt war.

Auf die Anfechtung der Ausschlagung eines Vermächtnisses finden die für die Anfechtung der Ausschlagung einer Erbschaft geltenden Vorschriften entsprechende Anwendung. Die Anfechtung erfolgt durch Erklärung gegenüber dem Beschwerten.

2309 Entferntere Abkömmlinge und die Eltern des Erblassers sind insoweit nicht pflichtteilsberechtigt, als ein Abkömmling, der sie im Falle der g. Erbfolge ausschließen würde, den P. verlangen kann oder das ihm Hinterlassene annimmt.

2310 Bei der Feststellung des für die Berechnung des P. maßgebenden Erbteils werden diejenigen mitgezählt, welche durch letztwillige Verfügung von der Erbfolge ausgeschlossen sind oder die Erbschaft ausgeschlagen haben oder für erbunwürdig erklärt sind. Wer durch Erbverzicht von der g. Erbfolge ausgeschlossen ist, wird nicht mitgezählt.

2311 Der Berechnung des P. wird der Bestand und der Wert des Nachlasses zur Zeit des Erbfalls zu Grunde gelegt. Bei der Berechnung des P. der Eltern des Erblassers bleibt der dem überlebenden Ehegatten gebührende Voraus außer Ansatz.

Der Wert ist, soweit erforderlich, durch Schätzung zu ermitteln. Eine vom Erblasser getroffene Wertbestimmung ist nicht maßgebend.

2312 Hat der Erblasser angeordnet oder ist nach § 2049 anzunehmen, daß einer von mehreren Erben das Recht haben soll, ein zum Nachlasse gehörendes Landgut zu dem Ertragswerte zu übernehmen, so ist, wenn von dem Rechte Gebrauch gemacht wird, der Ertragswert auch für die Berechnung des P. maßgebend. Hat der Erblasser einen anderen Übernahmepreis bestimmt, so ist dieser maßgebend, wenn er den Ertragswert erreicht und den Schätzungswert nicht übersteigt.

Hinterläßt der Erblasser nur einen Erben, so kann er anordnen, daß der Berechnung des P. der Ertragswert oder ein nach Abs. 1 Satz 2 bestimmter Wert zu Grunde gelegt werden soll.

Diese Vorschriften finden nur Anwendung, wenn der Erbe, der das Landgut erwirbt, zu den im § 2303

§ bezeichneten pflichtteilsberechtigten Personen gehört.

2313 Bei der Feststellung des Wertes des Nachlasses bleiben Rechte und Verbindlichkeiten, die von einer aufschiebenden Bedingung abhängig sind, außer Ansatz. Rechte und Verbindlichkeiten, die von einer auflösenden Bedingung abhängig sind, kommen als unbedingte in Ansatz. Tritt die Bedingung ein, so hat die der veränderten Rechtslage entsprechende Ausgleichung zu erfolgen.

Für ungewisse oder unsichere Rechte sowie für zweifelhafte Verbindlichkeiten gilt das Gleiche wie für Rechte und Verbindlichkeiten, die von einer aufschiebenden Bedingung abhängig sind. Der Erbe ist dem Pflichtteilsberechtigten gegenüber verpflichtet, für die Feststellung eines ungewissen und für die Verfolgung eines unsicheren Rechtes zu sorgen, soweit es einer ordnungsmäßigen Verwaltung entspricht.

2314 Ist der Pflichtteilsberechtigte nicht Erbe, so hat ihm der Erbe auf Verlangen über den Bestand des Nachlasses Auskunft zu erteilen. Der Pflichtteilsberechtigte kann verlangen, daß er bei der Aufnahme des ihm nach § 260 vorzulegenden Verzeichnisses der Nachlaßgegenstände zugezogen und daß der Wert der Nachlaßgegenstände ermittelt wird. Er kann auch verlangen, daß das Verzeichnis durch die zuständige Behörde oder durch einen zuständigen Beamten oder Notar aufgenommen wird.

Die Kosten fallen dem Nachlasse zur Last.

2315 Der Pflichtteilsberechtigte hat sich auf den P. anrechnen zu lassen, was ihm von dem Erblasser durch Rechtsgeschäft unter Lebenden mit der Bestimmung zugewendet worden ist, daß es auf den P. angerechnet werden soll.

§ Der Wert der Zuwendung wird bei der Bestimmung des P. dem Nachlasse hinzugerechnet. Der Wert bestimmt sich nach der Zeit, zu welcher die Zuwendung erfolgt ist.

Ist der Pflichtteilsberechtigte ein Abkömmling des Erblassers, so findet die Vorschrift des § 2051 Abs. 1 entsprechende Anwendung. 2316, 2329.

2316 Der P. eines Abkömmlinges bestimmt sich, wenn mehrere Abkömmlinge vorhanden sind und unter ihnen im Falle der g. Erbfolge eine Zuwendung des Erblassers zur Ausgleichung zu bringen sein würde, nach demjenigen, was auf den g. Erbteil unter Berücksichtigung der Ausgleichungspflicht bei der Teilung entfallen würde. Ein Abkömmling, der durch Erbverzicht von der g. Erbfolge ausgeschlossen ist, bleibt bei der Berechnung außer Betracht.

Ist der Pflichtteilsberechtigte Erbe und beträgt der P. nach Abs. 1 mehr als der Wert des hinterlassenen Erbteils, so kann der Pflichtteilsberechtigte von den Miterben den Mehrbetrag als P. verlangen, auch wenn der hinterlassene Erbteil die Hälfte des g. Erbteils erreicht oder übersteigt.

Eine Zuwendung der im § 2050 Abs. 1 bezeichneten Art kann der Erblasser nicht zum Nachteil eines Pflichtteilsberechtigten von der Berücksichtigung ausschließen.

Ist eine nach Abs. 1 zu berücksichtigende Zuwendung zugleich nach § 2315 auf den P. anzurechnen, so kommt sie auf diesen nur mit der Hälfte des Wertes zur Anrechnung.

2317 Der Anspruch auf den P. entsteht mit dem Erbfalle.

Der Anspruch ist vererblich und übertragbar.

§

2318 Der Erbe kann die Erfüllung eines ihm auferlegten Vermächtnisses soweit verweigern, daß die Pflichtteilslast von ihm und dem Vermächtnisnehmer verhältnismäßig getragen wird. Das Gleiche gilt von einer Auflage.

Einem pflichtteilsberechtigten Vermächtnisnehmer gegenüber ist die Kürzung nur soweit zulässig, daß ihm der P. verbleibt.

Ist der Erbe selbst pflichtteilsberechtigt, so kann er wegen der Pflichtteilslast das Vermächtnis und die Auflage soweit kürzen, daß ihm sein eigener P. verbleibt. 2323, 2324.

2319 Ist einer von mehreren Erben selbst pflichtteilsberechtigt, so kann er nach der Teilung die Befriedigung eines anderen Pflichtteilsberechtigten soweit verweigern, daß ihm sein eigener P. verbleibt. Für den Ausfall haften die übrigen Erben.

2320 Wer an Stelle des Pflichtteilsberechtigten g. Erbe wird, hat im Verhältnisse zu Miterben die Pflichtteilslast und, wenn der Pflichtteilsberechtigte ein ihm zugewendetes Vermächtnis annimmt, das Vermächtnis in Höhe des erlangten Vorteils zu tragen.

Das Gleiche gilt im Zweifel von demjenigen, welchem der Erblasser den Erbteil des Pflichtteilsberechtigten durch Verfügung von Todeswegen zugewendet hat. 2323, 2324.

2321 Schlägt der Pflichtteilsberechtigte ein ihm zugewendetes Vermächtnis aus, so hat im Verhältnisse der Erben und der Vermächtnisnehmer zu einander derjenige, welchem die Ausschlagung zu statten kommt, die Pflichtteilslast in Höhe des erlangten Vorteils zu tragen. 2323, 2324.

2322 Ist eine von dem Pflichtteilsberechtigten ausgeschlagene Erbschaft oder ein von ihm ausgeschlagenes Vermächtnis mit einem Vermächtnis oder einer Auflage beschwert, so kann derjenige, welchem die Ausschlagung zu statten kommt, das Vermächtnis oder die Auflage soweit kürzen, daß ihm der zur Deckung der Pflichtteilslast erforderliche Betrag verbleibt. 2323, 2324.

2323 Der Erbe kann die Erfüllung eines Vermächtnisses oder einer Auflage auf Grund des § 2318 Abs. 1 insoweit nicht verweigern, als er die Pflichtteilslast nach den §§ 2320 bis 2322 nicht zu tragen hat. 2324.

2324 Der Erblasser kann durch Verfügung von Todeswegen die Pflichtteilslast im Verhältnisse der Erben zu einander einzelnen Erben auferlegen und von den Vorschriften des § 2318 Abs. 1 und der §§ 2320—2323 abweichende Anordnungen treffen.

2325 Hat der Erblasser einem Dritten eine Schenkung gemacht, so kann der Pflichtteilsberechtigte als Ergänzung des P. den Betrag verlangen, um den sich der P. erhöht, wenn der verschenkte Gegenstand dem Nachlasse hinzugerechnet wird.

Eine verbrauchbare Sache kommt mit dem Werte in Ansatz, den sie zur Zeit der Schenkung hatte. Ein anderer Gegenstand kommt mit dem Werte in Ansatz, den er zur Zeit des Erbfalls hat; hatte er zur Zeit der Schenkung einen geringeren Wert, so wird nur dieser in Ansatz gebracht.

Die Schenkung bleibt unberücksichtigt, wenn zur Zeit des Erbfalls zehn Jahre seit der Leistung des verschenkten Gegenstandes verstrichen sind; ist die Schenkung an den Ehegatten des Erblassers erfolgt, so beginnt die Frist nicht vor der Auflösung der Ehe. 2330.

2326 Der Pflichtteilsberechtigte kann die Ergänzung des P. auch dann ver-

§ langen, wenn ihm die Hälfte des g. Erbteils hinterlassen ist. Ist dem Pflichtteilsberechtigten mehr als die Hälfte hinterlassen, so ist der Anspruch ausgeschlossen, soweit der Wert des mehr Hinterlassenen reicht. 2330.

2327 Hat der Pflichtteilsberechtigte selbst ein Geschenk von dem Erblasser erhalten, so ist das Geschenk in gleicher Weise wie das dem Dritten gemachte Geschenk dem Nachlasse hinzuzurechnen und zugleich dem Pflichtteilsberechtigten auf die Ergänzung anzurechnen. Ein nach § 2315 anzurechnendes Geschenk ist auf den Gesamtbetrag des P. und der Ergänzung anzurechnen.

Ist der Pflichtteilsberechtigte ein Abkömmling des Erblassers, so findet die Vorschrift des § 2051 Abs. 1 entsprechende Anwendung. 2330.

2328 Ist der Erbe selbst pflichtteilsberechtigt, so kann er die Ergänzung des P. soweit verweigern, daß ihm sein eigener P. mit Einschluß dessen verbleibt, was ihm zur Ergänzung des P. gebühren würde. 2330.

2329 Soweit der Erbe zur Ergänzung des P. nicht verpflichtet ist, kann der Pflichtteilsberechtigte von dem Beschenkten die Herausgabe des Geschenkes zum Zwecke der Befriedigung wegen des fehlenden Betrags nach den Vorschriften über die Herausgabe einer ungerechtfertigten Bereicherung fordern. Ist der Pflichtteilsberechtigte der alleinige Erbe, so steht ihm das gleiche Recht zu.

Der Beschenkte kann die Herausgabe durch Zahlung des fehlenden Betrages abwenden.

Unter mehreren Beschenkten haftet der früher Beschenkte nur insoweit, als der später Beschenkte nicht verpflichtet ist. 2330, 2332.

2330 Die Vorschriften der §§ 2325 bis 2329 finden keine Anwendung auf Schenkungen, durch die einer sittlichen Pflicht oder einer auf den Anstand zu nehmenden Rücksicht entsprochen wird.

2331 Eine Zuwendung, die aus dem Gesamtgute der a. Gütergemeinschaft, der Errungenschaftsgemeinschaft oder der Fahrnisgemeinschaft erfolgt, gilt als von jedem der Ehegatten zur Hälfte gemacht. Die Zuwendung gilt jedoch, wenn sie an einen Abkömmling, der nur von einem der Ehegatten abstammt, oder an eine Person, von der einer der Ehegatten abstammt, erfolgt oder wenn einer der Ehegatten wegen der Zuwendung zu dem Gesamtgut Ersatz zu leisten hat, als von diesem Ehegatten gemacht.

Diese Vorschriften finden auf eine Zuwendung aus dem Gesamtgute der f. Gütergemeinschaft entsprechende Anwendung.

2332 Der Pflichtteilsanspruch verjährt in drei Jahren von dem Zeitpunkt an, in welchem der Pflichtteilsberechtigte von dem Eintritte des Erbfalls und von der ihn beeinträchtigenden Verfügung Kenntnis erlangt, ohne Rücksicht auf diese Kenntnis in dreißig Jahren von dem Eintritte des Erbfalls an.

Der nach § 2329 dem Pflichtteilsberechtigten gegen den Beschenkten zustehende Anspruch verjährt in drei Jahren von dem Eintritte des Erbfalls an.

Die Verjährung wird nicht dadurch gehemmt, daß die Ansprüche erst nach der Ausschlagung der Erbschaft oder eines Vermächtnisses geltend gemacht werden können.

2333 Der Erblasser kann einem Abkömmlinge den P. entziehen:

1. wenn der Abkömmling dem Erb-

§ lasser, dem Ehegatten oder einem anderen Abkömmlinge des Erblassers nach dem Leben trachtet;

2. wenn der Abkömmling sich einer vorsätzlichen körperlichen Mißhandlung des Erblassers oder des Ehegatten des Erblassers schuldig macht, im Falle der Mißhandlung des Ehegatten jedoch nur, wenn der Abkömmling von diesem abstammt;

3. wenn der Abkömmling sich eines Verbrechens oder eines schweren vorsätzlichen Vergehens gegen den Erblasser oder dessen Ehegatten schuldig macht;

4. wenn der Abkömmling die ihm dem Erblasser gegenüber g. obliegende Unterhaltspflicht böswillig verletzt;

5. wenn der Abkömmling einen ehrlosen oder unsittlichen Lebenswandel wider den Willen des Erblassers führt. 2334, 2336.

2334 Der Erblasser kann dem Vater den P. entziehen, wenn dieser sich einer der im § 2333 Nr. 1, 3, 4 bezeichneten Verfehlungen schuldig macht. Das gleiche Recht steht dem Erblasser der Mutter gegenüber zu, wenn diese sich einer solchen Verfehlung schuldig macht.

2335 Der Erblasser kann dem Ehegatten den P. entziehen, wenn der Ehegatte sich einer Verfehlung schuldig macht, auf Grund deren der Erblasser nach den §§ 1565—1568 auf Scheidung zu klagen berechtigt ist.

Das Recht zur Entziehung erlischt nicht durch den Ablauf der für die Geltendmachung des Scheidungsgrundes im § 1571 bestimmten Frist.

2336 Die Entziehung des P. erfolgt durch letztwillige Verfügung.

Der Grund der Entziehung muß zur Zeit der Errichtung bestehen und in der Verfügung angegeben werden.

Der Beweis des Grundes liegt demjenigen ob, welcher die Entziehung geltend macht.

Im Falle des § 2333 Nr. 5 ist die Entziehung unwirksam, wenn sich der Abkömmling zur Zeit des Erbfalls von dem ehrlosen oder unsittlichen Lebenswandel dauernd abgewendet hat. 2338.

2337 Das Recht zur Entziehung des P. erlischt durch Verzeihung. Eine Verfügung, durch die der Erblasser die Entziehung angeordnet hat, wird durch die Verzeihung unwirksam.

2338 Hat sich ein Abkömmling in solchem Maße der Verschwendung ergeben oder ist er in solchem Maße überschuldet, daß sein späterer Erwerb erheblich gefährdet wird, so kann der Erblasser das Pflichtteilsrecht des Abkömmlinges durch die Anordnung beschränken, daß nach dem Tode des Abkömmlinges dessen g. Erben das ihm Hinterlassene oder den ihm gebührenden P. als Nacherben oder als Nachvermächtnisnehmer nach dem Verhältnis ihrer g. Erbteile erhalten sollen. Der Erblasser kann auch für die Lebenszeit des Abkömmlinges die Verwaltung einem Testamentsvollstrecker übertragen; der Abkömmling hat in einem solchen Falle Anspruch auf den jährlichen Reinertrag.

Auf Anordnungen dieser Art finden die Vorschriften des § 2336 Abs. 1 bis 3 entsprechende Anwendung. Die Anordnungen sind unwirksam, wenn zur Zeit des Erbfalls der Abkömmling sich dauernd von dem verschwenderischen Leben abgewendet hat oder die den Grund der Anordnung bildende Überschuldung nicht mehr besteht.

Testament.

2271 s. Erbvertrag 2294, Pflichtteil 2336.

§ **Vertrag.**

312 Ein Vertrag über den Nachlaß eines noch lebenden Dritten ist nichtig. Das Gleiche gilt von einem Vertrag über den P. oder ein Vermächtnis aus dem Nachlaß eines noch lebenden Dritten.

Diese Vorschriften finden keine Anwendung auf einen Vertrag, der unter künftigen g. Erben über den g. Erbteil oder den P. eines von ihnen geschlossen wird. Ein solcher Vertrag bedarf der gerichtlichen oder notariellen Beurkundung.

Verwandtschaft.

1611 Wer durch sein sittliches Verschulden bedürftig geworden ist, kann nur den notdürftigen Unterhalt verlangen.

Der gleichen Beschränkung unterliegt der Unterhaltsanspruch der Abkömmlinge, der Eltern und des Ehegatten, wenn sie sich einer Verfehlung schuldig machen, die den Unterhaltspflichtigen berechtigt, ihnen den P. zu entziehen, sowie der Unterhaltsanspruch der Großeltern und der weiteren Voreltern, wenn ihnen gegenüber die Voraussetzungen vorliegen, unter denen Kinder berechtigt sind, ihren Eltern den P. zu entziehen.

Der Bedürftige kann wegen einer nach diesen Vorschriften eintretenden Beschränkung seines Anspruchs nicht andere Unterhaltspflichtige in Anspruch nehmen. 1766.

1621 Der Vater und die Mutter können die Aussteuer verweigern, wenn sich die Tochter einer Verfehlung schuldig gemacht hat, die den Verpflichteten berechtigt, ihr den P. zu entziehen.

1643 Zu Rechtsgeschäften für das Kind bedarf der Vater der Genehmigung des Vormundschaftsgerichts in den Fällen, in denen nach § 1821 Abs. 1 Nr. 1 bis 3, Abs. 2 und nach § 1822 Nr. 1, 3, 5, 8—11 ein Vormund der Genehmigung bedarf.

Das Gleiche gilt für die Ausschlagung einer Erbschaft oder eines Vermächtnisses sowie für den Verzicht auf einen P.

1712 Der Erbe des Vaters ist berechtigt, das uneheliche Kind mit dem Betrage abzufinden, der dem Kinde als P. gebühren würde, wenn es ehelich wäre. 1717.

Vormundschaft.

1822 Der Vormund bedarf der Genehmigung des Vormundschaftsgerichts:

1. zu einem Rechtsgeschäfte, durch das der Mündel zu einer Verfügung . . . . über seinen künftigen P. verpflichtet wird. . . . . .
2. . . . . zum Verzicht auf einen P. . . . . 1812.

Art. **Pflichtteilsanspruch.**

139 **Einführungsgesetz** s. **E.G.**—E.G.

§ **Erbunwürdigkeit.**

2345 Hat sich ein Vermächtnisnehmer einer der im § 2339 Abs. 1 bezeichneten Verfehlungen schuldig gemacht, so ist der Anspruch aus dem Vermächtnis anfechtbar. Die Vorschriften der §§ 2082, 2083, des § 2339 Abs. 2 und der §§ 2341, 2343 finden Anwendung.

Das Gleiche gilt für einen P., wenn der Pflichtteilsberechtigte sich einer solchen Verfehlung schuldig gemacht hat.

2332 **Pflichtteil** s. **Pflichtteil**—Pflichtteil.

Testament.

2188 Wird die einem Vermächtnisnehmer gebührende Leistung auf Grund der Beschränkung der Haftung des Erben, wegen eines P. oder in Gemäßheit des § 2187 gekürzt, so kann der Vermächtnisnehmer, sofern nicht ein anderer Wille des Erblassers an-

§ zunehmen ist, die ihm auferlegten Beschwerungen verhältnismäßig kürzen. 2189.

2189 Der Erblasser kann für den Fall, daß die dem Erben oder einem Vermächtnisnehmer auferlegten Vermächtnisse und Auflagen auf Grund der Beschränkung der Haftung des Erben, wegen eines P. oder in Gemäßheit der §§ 2187, 2188 gekürzt werden, durch Verfügung von Todeswegen anordnen, daß ein Vermächtnis oder eine Auflage den Vorrang vor den übrigen Beschwerungen haben soll.

2213 Ein P. kann, auch wenn dem Testamentsvollstrecker die Verwaltung des Nachlasses zusteht, nur gegen den Erben geltend gemacht werden.

Pflichtteilsberechtigter.

2345 **Erbunwürdigkeit** f. **Pflichtteilsanspruch** — Erbunwürdigkeit.

Erbvertrag.

2281 Der Erbvertrag kann auf Grund der §§ 2078, 2079 auch von dem Erblasser angefochten werden; zur Anfechtung auf Grund des § 2079 ist erforderlich, daß der P. zur Zeit der Anfechtung vorhanden ist.

2285 f. Testament 2079, 2080.

2289 Ist der im Erbvertrage Bedachte ein pflichtteilsberechtigter Abkömmling des Erblassers, so kann der Erblasser durch eine spätere letztwillige Verfügung die nach § 2338 zulässigen Anordnungen treffen.

2294 f. **Pflichtteil** — Erbvertrag.

Pflichtteil.

2305—2309, 2313—2316, 2318—2322, 2325—2329, 2332 f. **Pflichtteil** — Pflichtteil.

Testament.

2079 Eine letztwillige Verfügung kann angefochten werden, wenn der Erblasser einen zur Zeit des Erbfalls vorhandenen P. übergangen hat, dessen Vorhandensein ihm bei der Errichtung der Verfügung nicht bekannt war oder der erst nach der Errichtung geboren oder pflichtteilsberechtigt geworden ist. Die Anfechtung ist ausgeschlossen, soweit anzunehmen ist, daß der Erblasser auch bei Kenntnis der Sachlage die Verfügung getroffen haben würde. 2080.

2080 Im Falle des § 2079 steht das Anfechtungsrecht einer letztwilligen Verfügung des Erblassers nur dem P. zu.

2271 Ist ein pflichtteilsberechtigter Abkömmling der Ehegatten oder eines der Ehegatten mit einem Vermächtnis bedacht, so findet die Vorschrift des § 2289 Abs. 2 entsprechende Anwendung.

Pflichtteilslast.

Erbschaftskauf.

2376 Die Verpflichtung des Verkäufers einer Erbschaft zur Gewährleistung wegen eines Mangels im Rechte beschränkt sich auf die Haftung dafür, ... daß nicht Vermächtnisse, Auflagen, P., bestehen. 2378, 2385.

Pflichtteil.

2318, 2320—2324 f. **Pflichtteil** — Pflichtteil.

Art. **Pflichtteilsrecht.**

216 **Einführungsgesetz** f. **E.G.** — E.G.

§ **Erbe.**

1967 Zu Nachlaßverbindlichkeiten gehören insbesondere die Verbindlichkeiten aus P., Vermächtnissen und Auflagen.

1972 P., Vermächtnisse und Auflagen werden durch das Aufgebot der Nachlaßgläubiger nicht betroffen, unbeschadet der Vorschrift des § 2060 Nr. 1.

1973 Der Erbe hat den ausgeschlossenen Gläubiger, vor den Verbindlichkeiten aus P., Vermächtnissen und Auflagen zu befriedigen. 1974, 1989, 2013.

§
966 Anzeige der Versteigerung eines Fundes bei der P. s. **Eigentum** — Eigentum.
967, 975, 976 Ablieferung des Versteigerungserlöses eines Fundes bei der P. s. **Eigentum** — Eigentum.
973, 974 Anmeldung des Rechtes an einem Funde bei der P. s. **Eigentum** — Eigentum.
975 Versteigerung und Herausgabe des Fundes durch die P. s. **Eigentum** — Eigentum.
976 Verzicht des Finders auf das Eigentum an dem Funde der P. gegenüber s. **Eigentum** — Eigentum.

Art. **Post.**

146 **Einführungsgesetz** s. Schuldverhältnis § 375.

§ **Schuldverhältnis.**

375 Ist die hinterlegte Sache der Hinterlegungsstelle durch die P. übersendet worden, so wirkt die Hinterlegung auf die Zeit der Aufgabe der Sache zur P. zurück.

Prämie.

Nießbrauch.

1083 Eine bei der Einlösung eines dem Nießbrauch unterliegenden Inhaberpapieres gezahlte P. gilt als Teil des Kapitals. 1068.

Preis.

Auslobung.

661 Bei Bewerbungen von gleicher Würdigkeit finden auf die Zuerteilung des P. die Vorschriften des § 659 Abs. 2 Anwendung.

Art.
137 **Einführungsgesetz** s. Güterrecht § 1515.

§ **Güterrecht.**

1515 Gehört zu dem Gesamtgut der f. Gütergemeinschaft ein Landgut, so kann angeordnet werden, daß das Landgut mit dem Ertragswert oder mit einem P., der den Ertragswert mindestens erreicht, angesetzt werden soll. 1516, 1518.

457 **Kauf** s. **Hinterlegung** — Schuldverhältnis 385.

Schuldverhältnis.

385 Freihändiger Verkauf von geschuldeten Sachen zum laufenden P. s. **Hinterlegung** — Schuldverhältnis.

Spiel.

764 Wird ein auf Lieferung von Waren oder Wertpapieren lautender Vertrag in der Absicht geschlossen, daß der Unterschied zwischen dem vereinbarten P. und dem Börsen- oder Marktpreise der Lieferungszeit von dem verlierenden Teile an den gewinnenden gezahlt werden soll, so ist der Vertrag als Spiel anzusehen. Dies gilt auch dann, wenn nur die Absicht des einen Teiles auf die Zahlung des Unterschieds gerichtet ist, der andere Teil aber diese Absicht kennt oder kennen muß.

Preisbewerbung.

661 **Auslobung** s. **Auslobung** — Auslobung.

Art. **Preussen.**

210 **Einführungsgesetz** s. **E.G.** — E.G.

Privatanstalten.

§ **Verjährung.**

196 In zwei Jahren verjähren die Ansprüche:

1. . . . . .

11. der öffentlichen Anstalten, welche dem Unterrichte, der Erziehung, Verpflegung oder Heilung dienen, sowie der Inhaber von P. solcher Art für Gewährung von Unterricht, Verpflegung oder Heilung und für die damit zusammenhängenden Aufwendungen. 201.

§ **Privatbeamte.**

622 **Dienstvertrag** s. **Dienstvertrag** — Dienstvertrag.

Privatdienst.

Verjährung.

196 In zwei Jahren verjähren die Ansprüche:

1. . . . .

8. derjenigen, welche im P. stehen, wegen des Gehalts, Lohnes oder anderer Dienstbezüge, mit Einschluß der Auslagen, sowie der Dienstberechtigten wegen der auf solche Ansprüche gewährten Vorschüsse. 201.

Privatgewässer.

960 **Eigentum** s. **Eigentum**—Eigentum.

Privatlehrer.

Verjährung.

196 In zwei Jahren verjähren die Ansprüche:

1. . . . .

13. der öffentlichen Lehrer und P. wegen ihrer Honorare, die Ansprüche der öffentlichen Lehrer jedoch nicht, wenn sie auf Grund besonderer Einrichtungen gestundet sind. 201.

Privatperson.

981 **Eigentum** s. **Eigentum** — Eigentum.

Art. **Privatrecht.**

55 **Einführungsgesetz** *165* s. **E.G.** — E.G.

§ **Güterrecht.**

1385 Der Mann ist bei g. Güterrecht der Frau gegenüber verpflichtet, für die Dauer der Verwaltung und Nutznießung zu tragen:

1. . . . .

§ 2. die privatrechtlichen Lasten, die auf den zum eingebrachten Gute gehörenden Gegenständen ruhen. 1388, 1529.

1529 s. **Errungenschaftsgemeinschaft** — Güterrecht.

Nießbrauch.

1047 Der Nießbraucher ist dem Eigentümer gegenüber verpflichtet, für die Dauer des Nießbrauchs . . . . . diejenigen privatrechtlichen Lasten zu tragen, welche schon zur Zeit der Bestellung des Nießbrauchs auf der Sache ruhten.

1654 **Verwandtschaft** s. Güterrecht 1385.

Probe.

Kauf.

494—496 Kauf nach P., Kauf auf P. s. **Kauf** — Kauf.

Prokura.

1643 **Verwandtschaft** s. Vormundschaft 1822.

Vormundschaft.

1822 Der Vormund bedarf der Genehmigung des Vormundschaftsgerichts:

1. . . . .

11. zur Erteilung einer P. 1812.

Protokoll.

Art. **Einführungsgesetz.**

150 s. **Erblasser** — Testament § 2249.

151 s. Testament § 2240, **Erblasser** — Testament §§ 2241—2245.

§ **Erbvertrag.**

2276 s. Testament 2240, **Erblasser** — Testament 2241—2245.

2277 s. **Erblasser** — Testament 2246.

2300 s. **Erblasser** — Testament 2260.

Testament.

2240 Über die Errichtung des Testaments muß ein P. in deutscher Sprache aufgenommen werden. 2232, 2249, 2250.

§

2241—2246, 2249, 2250 P. über die Errichtung eines Testaments s. **Erblasser** — Testament.

2260 P. über Eröffnung eines Testamentes s. **Erblasser** — Testament.

Protokollführer.

Kauf.

456 Bei einem Verkauf im Wege der Zwangsvollstreckung dürfen nicht mit der Vornahme oder Leitung des Verkaufs Beauftragte und die von ihm zugezogenen Gehilfen, mit Einschluß des P. den zum Verkaufe gestellten Gegenstand weder für sich persönlich oder durch einen anderen noch als Vertreter eines anderen kaufen. 457, 458.

Provinzialverband.

Art. **Einführungsgesetz.**

77 s. **E.G.** — E.G.

§ **Prozess.**

941 **Eigentum** s. Verjährung 209, 211.

Kauf.

477 s. Verjährung 211.

490 s. Verjährung 215.

Verjährung.

209 Die Verjährung wird unterbrochen, wenn der Berechtigte auf Befriedigung oder auf Feststellung des Anspruchs, auf Erteilung der Vollstreckungsklausel oder auf Erlassung des Vollstreckungsurteils Klage erhebt.

Der Erhebung der Klage stehen gleich:

1. . . . .

3. die Geltendmachung der Aufrechnung des Anspruchs im P.;

4. die Streitverkündung in dem P., von dessen Ausgange der Anspruch abhängt. 220.

211 Die Unterbrechung der Verjährung durch Klageerhebung dauert fort, bis der P. rechtskräftig entschieden oder anderweit erledigt ist.

Gerät der P. infolge einer Vereinbarung oder dadurch, daß er nicht betrieben wird, in Stillstand, so endigt die Unterbrechung mit der letzten Prozeßhandlung der Parteien oder des Gerichts. Die nach der Beendigung der Unterbrechung beginnende neue Verjährung wird dadurch, daß eine der Parteien den P. weiter betreibt, in gleicher Weise wie durch Klageerhebung unterbrochen. 214, 215, 219, 220.

214 Die Unterbrechung der Verjährung durch Anmeldung im Konkurse dauert fort, bis der Konkurs beendigt ist.

Die Unterbrechung gilt als nicht erfolgt, wenn die Anmeldung zurückgenommen wird.

Wird bei der Beendigung des Konkurses für eine Forderung, die infolge eines bei der Prüfung erhobenen Widerspruchs im P. befangen ist, ein Betrag zurückbehalten, so dauert die Unterbrechung auch nach der Beendigung des Konkurses fort; das Ende der Unterbrechung bestimmt sich nach den Vorschriften des § 211.

215 Die Unterbrechung der Verjährung durch Geltendmachung der Aufrechnung im P. oder durch Streitverkündung dauert fort, bis der P. rechtskräftig entschieden oder anderweit erledigt ist; die Vorschriften des § 211 Abs. 2 finden Anwendung.

Die Unterbrechung gilt als nicht erfolgt, wenn nicht binnen sechs Monaten nach der Beendigung des P. Klage auf Befriedigung oder Feststellung des Anspruchs erhoben wird. Auf diese Frist finden die Vorschriften der §§ 203, 206, 207 entsprechende Anwendung. 220.

Quittung.

§ **Schuldverhältnis.**

368 Der Gläubiger hat gegen Empfang der Leistung auf Verlangen ein schriftliches Empfangsbekenntnis (Q.) zu erteilen. Hat der Schuldner ein rechtliches Interesse, daß die Q. in anderer Form erteilt wird, so kann er die Erteilung in dieser Form verlangen.

369 Die Kosten der Q. hat der Schuldner zu tragen und vorzuschießen, sofern nicht aus dem zwischen ihm und dem Gläubiger bestehenden Rechtsverhältnisse sich ein anderes ergiebt.

Treten infolge einer Übertragung

§ der Forderung oder im Wege der Erbfolge an die Stelle des ursprünglichen Gläubigers mehrere Gläubiger, so fallen die Mehrkosten den Gläubigern zur Last.

370 Der Überbringer einer Q. gilt als ermächtigt, die Leistung zu empfangen, sofern nicht die dem Leistenden bekannten Umstände der Annahme einer solchen Ermächtigung entgegenstehen.

§ 371 Ist über die Forderung ein Schuldschein ausgestellt worden, so kann der Schuldner neben der Q. Rückgabe des Schuldscheins verlangen. Behauptet der Gläubiger, zur Rückgabe außer stande zu sein, so kann der Schuldner das öffentlich beglaubigte Anerkenntnis verlangen, daß die Schuld erloschen sei.

R.

Rain.

§ **Eigentum.**

921 Werden zwei Grundstücke durch einen Rain oder eine andere Einrichtung, die zum Vorteile beider Grundstücke dient, von einander geschieden, so wird vermutet, daß die Eigentümer der Grundstücke zur Benutzung der Einrichtung gemeinschaftlich berechtigt seien, sofern nicht äußere Merkmale darauf hinweisen, daß die Einrichtung einem der Nachbarn allein gehört. 922.

Rang.

1090 **Dienstbarkeit** s. Grunddienstbarkeit 1024.

Eigentum.

914 R. des Rechts auf eine Geldrente s. **Eigentum** — Eigentum.

Art. **Einführungsgesetz.**

63 s. Hypothek § 1124.

184, *189*, *194* s. **E.G.** — E.G.

§ **Erbe.**

1974 Die dem Erben nach § 1973 Abs. 1 Satz 2 obliegende Verpflichtung tritt im Verhältnisse von Verbindlichkeiten aus Pflichtteilsrechten, Vermächtnissen und Auflagen zu einander nur insoweit ein, als der Gläubiger im Falle des Nachlaßkonkurses im R. vorgehen würde. 2013, 2060.

Grunddienstbarkeit.

1024 Trifft eine Grunddienstbarkeit mit einer anderen Grunddienstbarkeit oder einem sonstigen Nutzungsrecht an dem Grundstücke dergestalt zusammen, daß die Rechte nebeneinander nicht oder nicht vollständig ausgeübt werden können, und haben die Rechte gleichen R., so kann jeder Berechtigte eine den Interessen aller Berechtigten nach billigem Ermessen entsprechende Regelung der Ausübung verlangen.

Grundschuld.

1198 Eine Hypothek kann in eine Grundschuld, eine Grundschuld kann in eine Hypothek umgewandelt werden. Die Zustimmung der im R. gleich- oder nachstehenden Berechtigten ist nicht erforderlich.

Grundstück.

879 Das Rangverhältnis unter mehreren Rechten, mit denen ein Grundstück belastet ist, bestimmt sich, wenn die Rechte in derselben Abteilung des Grundbuchs eingetragen sind, nach der

§ Reihenfolge der Eintragungen. Sind die Rechte in verschiedenen Abteilungen eingetragen, so hat das unter Angabe eines früheren Tages eingetragene Recht den Vorr.; Rechte, die unter Angabe desselben Tages eingetragen sind, haben gleichen R.

Die Eintragung ist für das Rangverhältnis auch dann maßgebend, wenn die nach § 873 zum Erwerbe des Rechtes erforderliche Einigung erst nach der Eintragung zu stande gekommen ist.

Eine abweichende Bestimmung des Rangverhältnisses bedarf der Eintragung in das Grundbuch.

880 Das Rangverhältnis kann nachträglich geändert werden.

Zu der Rangänderung ist die Einigung des zurücktretenden und des vortretenden Berechtigten und die Eintragung der Änderung in das Grundbuch erforderlich; die Vorschriften des § 873 Abs. 2 und des § 878 finden Anwendung. Soll eine Hypothek, eine Grundschuld oder eine Rentenschuld zurücktreten, so ist außerdem die Zustimmung des Eigentümers erforderlich. Die Zustimmung ist dem Grundbuchamt oder einem der Beteiligten gegenüber zu erklären; sie ist unwiderruflich.

Ist das zurücktretende Recht mit dem Rechte eines Dritten belastet, so finden die Vorschriften des § 876 entsprechende Anwendung.

Der dem vortretenden Rechte eingeräumte R. geht nicht dadurch verloren, daß das zurücktretende Recht durch Rechtsgeschäft aufgehoben wird.

Rechte, die den R. zwischen dem zurücktretenden und dem vortretenden Rechte haben, werden durch die Rangänderung nicht berührt.

881 Der Eigentümer kann sich bei der Belastung des Grundstücks mit einem Rechte die Befugnis vorbehalten, ein anderes, dem Umfange nach bestimmtes Recht mit dem R. vor jenem Rechte eintragen zu lassen.

Ist das Grundstück vor der Eintragung des Rechtes, dem der Vorr. beigelegt ist, mit einem Rechte ohne einen entsprechenden Vorbehalt belastet worden, so hat der Vorr. insoweit keine Wirkung, als das mit dem Vorbehalt eingetragene Recht infolge der inzwischen eingetretenen Belastung eine über den Vorbehalt hinausgehende Beeinträchtigung erleiden würde.

883 Zur Sicherung des Anspruchs auf Einräumung oder Aufhebung eines Rechtes an einem Grundstück oder an einem das Grundstück belastenden Rechte oder auf Änderung des Inhalts oder des R. eines solchen Rechtes kann eine Vormerkung in das Grundbuch eingetragen werden.

Der R. des Rechtes auf dessen Einräumung der Anspruch gerichtet ist, bestimmt sich nach der Eintragung der Vormerkung.

900 Für den R. des Rechts an einem Grundstücke ist die Eintragung in das Grundbuch maßgebend.

Hypothek.

1119 Ist die Forderung unverzinslich oder ist der Zinssatz niedriger als fünf vom Hundert, so kann die Hypothek ohne Zustimmung der im R. gleich- oder nachstehenden Berechtigten dahin erweitert werden, daß das Grundstück für Zinsen bis zu fünf vom Hundert haftet.

1124 Erlangt ein Dritter ein Recht an einer Forderung, die für eine Hypothek haftet, so geht es der Hypothek im R. vor. 1126, 1129.

1131 Wird ein Grundstück nach § 890 Abs. 2 einem anderen Grundstück im Grundbuche zugeschrieben, so erstrecken sich die an diesem Grundstücke be-

§ stehenden Hypotheken auf das zugeschriebene Grundstück. Rechte, mit denen das zugeschriebene Grundstück belastet ist, gehen diesen Hypotheken im R. vor.

1172 Der Wert der mit einer Gesamthypothek belasteten Grundstücke wird unter Abzug der Belastungen berechnet, die der Gesamthypothek im R. vorgehen. 1174—1176.

1182 Soweit im Falle einer Gesamthypothek der Eigentümer des Grundstücks, aus dem der Gläubiger befriedigt wird, von dem Eigentümer eines der anderen Grundstücke oder einem Rechtsvorgänger dieses Eigentümers Ersatz verlangen kann, geht die Hypothek an dem Grundstücke dieses Eigentümers auf ihn über. Die Hypothek kann jedoch, wenn der Gläubiger nur teilweise befriedigt wird, nicht zum Nachteile der dem Gläubiger verbleibenden Hypothek und, wenn das Grundstück mit einem im R. gleich- oder nachstehenden Rechte belastet ist, nicht zum Nachteile dieses Rechtes geltend gemacht werden.

1186 Eine Sicherungshypothek kann in eine gewöhnliche Hypothek, eine gewöhnliche Hypothek kann in eine Sicherungshypothek umgewandelt werden. Die Zustimmung der im R. gleich- oder nachstehenden Berechtigten ist nicht erforderlich.

Nießbrauch.

1060 Trifft ein Nießbrauch mit einem anderen Nießbrauch oder mit einem sonstigen Nutzungsrecht an der Sache dergestalt zusammen, daß die Rechte nebeneinander nicht oder nicht vollständig ausgeübt werden können, und haben die Rechte gleichen R., so findet die Vorschrift des § 1024 Anwendung.

§ **Pfandrecht.**

1208, 1209, 1290 R. der Pfandrechte s. **Pfandrecht** — Pfandrecht.

1232 Der Pfandgläubiger ist nicht verpflichtet, einem ihm im R. nachstehenden Pfandgläubiger das Pfand zum Zwecke des Verkaufes herauszugeben. Ist er nicht im Besitze des Pfandes, so kann er, sofern er nicht selbst den Verkauf betreibt, dem Verkaufe durch einen nachstehenden Pfandgläubiger nicht widersprechen. 1266.

1242 Der Nießbrauch an einem Pfande erlischt durch rechtmäßigen Pfandverkauf, es sei denn, daß er allen Pfandrechten im R. vorgeht. 1266.

1261 s. Grundstück 879—881.

1262 Wird ein in das Schiffsregister eingetragenes Pfandrecht, welches dem mit Unrecht gelöschten Pfandrecht im R. nachsteht, auf einen Dritten übertragen, so findet die Vorschrift des § 1208 Satz 1 Anwendung. 1259, 1272.

1264 Ist die Forderung unverzinslich oder ist der Zinssatz niedriger als fünf vom Hundert, so kann das Pfandrecht an einem Schiffe ohne Zustimmung der im R. gleich- oder nachstehenden Berechtigten dahin erweitert werden, daß das Schiff für Zinsen bis zu fünf vom Hundert haftet. 1259, 1272.

1289 s. Hypothek 1124.

Rentenschuld.

1203 Eine Rentenschuld kann in eine gewöhnliche Grundschuld, eine gewöhnliche Grundschuld kann in eine Rentenschuld umgewandelt werden. Die Zustimmung der im R. gleich- oder nachstehenden Berechtigten ist nicht erforderlich.

Testament.

2098, 2099 R. der Ersatzerben s. **Erblasser** — Testament.

2166 Der Wert des, mit einer vom Erblasser zu berichtigenden Hypothek be-

§ lasteten, als Vermächtnis hinterlassenen Grundstücks wird unter Abzug der Belastungen berechnet, die der Hypothek im R. vorgehen. 2167, 2168.

Rangänderung.

Grundstück.

880, 881, 883 s. **Rang** — Grundstück.

884 Soweit der Anspruch auf Änderung des Inhalts oder Ranges eines Rechts an einem Grundstück durch die Vormerkung gesichert ist, kann sich der Erbe des Verpflichteten nicht auf die Beschränkung seiner Haftung berufen. 885—888.

1261 **Pfandrecht** s. **Rang** — Grundstück 880, 881.

Rangverhältnis.

Grundstück.

879—881, 883 s. **Rang** — Grundstück.

Hypothek.

1151 Wird die Hypothekenforderung geteilt, so ist zur Änderung des R. der Teilhypotheken unter einander die Zustimmung des Eigentümers nicht erforderlich.

Pfandrecht.

1261 Das R. der an dem Schiffe bestellten Pfandrechte bestimmt sich nach den Vorschriften der §§ 879—881 und des § 1151. 1259, 1272.

Rat.

Auftrag.

676 Wer einem anderen einen R. oder eine Empfehlung erteilt, ist, unbeschadet der sich aus einem Vertragsverhältnis oder einer unerlaubten Handlung ergebenden Verantwortlichkeit, zum Ersatze des aus der Befolgung des R. oder der Empfehlung entstehenden Schadens nicht verpflichtet.

Rauch.

Eigentum.

906 Zuführung von R. auf ein fremdes Grundstück s. **Eigentum** — Eigentum.

Raum.

Besitz.

865 Die Vorschriften der §§ 858—864 gelten auch zu Gunsten desjenigen, welcher nur einen Teil einer Sache, insbesondere abgesonderte Wohnr. oder andere R. besitzt.

Dienstvertrag.

618 Der Dienstberechtigte hat R., Vorrichtungen oder Gerätschaften, die er zur Verrichtung der Dienste zu beschaffen hat, so einzurichten und zu unterhalten und Dienstleistungen, die unter seiner Anordnung oder seiner Leitung vorzunehmen sind, so zu regeln, daß der Verpflichtete gegen Gefahr für Leben und Gesundheit soweit geschützt ist, als die Natur der Dienstleistung es gestattet.

Ist der Verpflichtete in die häusliche Gemeinschaft aufgenommen, so hat der Dienstberechtigte in Ansehung des Wohn- und Schlafr., der Verpflegung sowie der Arbeits- und Erholungszeit diejenigen Einrichtungen und Anordnungen zu treffen, welche mit Rücksicht auf die Gesundheit, die Sittlichkeit und die Religion des Verpflichteten erforderlich sind. 619.

Eigentum.

905 Das Recht des Eigentümers eines Grundstücks erstreckt sich auf den R. über der Oberfläche und auf den Erdkörper unter der Oberfläche.

Art. **Einführungsgesetz.**

93 s. **E.G.** — E.G.

95 s. Dienstvertrag § 618.

§ **Miete.**

544 Ist eine Wohnung oder ein anderer zum Aufenthalte von Menschen bestimmter R. so beschaffen, daß die Benutzung mit einer erheblichen Gefährdung der Gesundheit verbunden

§ ist, so kann der Mieter das Mietverhältnis ohne Einhaltung einer Kündigungsfrist kündigen, auch wenn er die gefahrbringende Beschaffenheit bei dem Abschlusse des Vertrags gekannt oder auf die Geltendmachung der ihm wegen dieser Beschaffenheit zustehenden Rechte verzichtet hat.

570 Militärpersonen, Beamte, Geistliche und Lehrer an öffentlichen Unterrichtsanstalten können im Falle der Versetzung nach einem anderen Orte das Mietverhältnis in Ansehung der R., welche sie für sich oder ihre Familie an dem bisherigen Garnison- oder Wohnorte gemietet haben, unter Einhaltung der g. Frist kündigen. Die Kündigung kann nur für den ersten Termin erfolgen, für den sie zulässig ist.

580 Die Vorschriften über die Miete von Grundstücken gelten auch für die Miete von Wohnräumen und anderen R.

596 **Pacht** s. Miete 570.

Sachen.

97 Zubehör sind bewegliche Sachen, die, ohne Bestandteile der Hauptsache zu sein, dem wirtschaftlichen Zwecke der Hauptsache zu dienen bestimmt sind und zu ihr in einem dieser Bestimmung entsprechenden räumlichen Verhältnisse stehen.

Räumung.

Art.

93 **Einführungsgesetz** s. **E.G.**—E.G.

Realgemeinde.

164 **Einführungsgesetz** s. **E.G.**—E.G.

Realgewerbeberechtigung.

74 **Einführungsgesetz** s. **E.G.**—E.G.

Reallast.

§ **Eigentum.**

914 Auf die Rente für den Überbau finden die Vorschriften Anwendung, die für eine zu Gunsten des jeweiligen Eigentümers eines Grundstücks bestehende R. gelten. 916, 917.

Art. **Einführungsgesetz.**

53, 113—115, 120 s. **E.G.**—E.G.

§ **Reallasten** §§ 1105—1112.

1105 Ein Grundstück kann in der Weise belastet werden, daß an denjenigen, zu dessen Gunsten die Belastung erfolgt, wiederkehrende Leistungen aus dem Grundstücke zu entrichten sind. (R.)

Die R. kann auch zu Gunsten des jeweiligen Eigentümers eines anderen Grundstücks bestellt werden.

1106 Ein Bruchteil eines Grundstücks kann mit einer R. nur belastet werden, wenn er in dem Anteil eines Miteigentümers besteht.

1107 Auf die einzelnen Leistungen finden die für die Zinsen einer Hypothekenforderung geltenden Vorschriften entsprechende Anwendung.

1108 Der Eigentümer eines mit einer R. belasteten Grundstücks haftet für die während der Dauer seines Eigentums fällig werdenden Leistungen auch persönlich, soweit nicht ein anderes bestimmt ist.

Wird das Grundstück geteilt, so haften die Eigentümer der einzelnen Teile als Gesamtschuldner.

1109 Wird das Grundstück des Berechtigten geteilt, so besteht die R. für die einzelnen Teile fort. Ist die Leistung teilbar, so bestimmen sich die Anteile der Eigentümer nach dem Verhältnisse der Größe der Teile; ist sie nicht teilbar, so finden die Vorschriften des § 432 Anwendung. Die Ausübung des Rechtes ist im Zweifel nur in der Weise zulässig, daß sie für den Eigentümer des belasteten Grundstücks nicht beschwerlicher wird.

Der Berechtigte kann bestimmen, daß das Recht nur mit einem der Teile verbunden sein soll. Die Be-

§ stimmung hat dem Grundbuchamte gegenüber zu erfolgen und bedarf der Eintragung in das Grundbuch; die Vorschriften der §§ 876, 878 finden entsprechende Anwendung. Veräußert der Berechtigte einen Teil des Grundstücks, ohne eine solche Bestimmung zu treffen, so bleibt das Recht mit dem Teile verbunden, den er behält.

Gereicht die R. nur einem der Teile zum Vorteile, so bleibt sie mit diesem Teile allein verbunden.

1110 Eine zu Gunsten des jeweiligen Eigentümers eines Grundstücks bestehende R. kann nicht von dem Eigentum an diesem Grundstücke getrennt werden.

1111 Eine zu Gunsten einer bestimmten Person bestehende R. kann nicht mit dem Eigentum an einem Grundstücke verbunden werden.

Ist der Anspruch auf die einzelne Leistung nicht übertragbar, so kann das Recht nicht veräußert oder belastet werden.

1112 Ist der zu einer R. Berechtigte unbekannt, so finden auf die Ausschließung seines Rechtes die Vorschriften des § 1104 entsprechende Anwendung.

Testament.

2182 Ist ein Grundstück Gegenstand des Vermächtnisses, so haftet der Beschwerte im Zweifel nicht für die Freiheit des Grundstücks von Grunddienstbarkeiten, beschränkten persönlichen Dienstbarkeiten und R.

Rechenschaft.

Auftrag.

666 Der Beauftragte ist verpflichtet, dem Auftraggeber die erforderlichen Nachrichten zu geben, auf Verlangen über den Stand des Geschäfts Auskunft zu erteilen und nach der Ausführung des Auftrags R. abzulegen. 675.

§

681 **Geschäftsführung** s. Auftrag 666.

Gesellschaft.

713 s. Auftrag 666.

740 Der ausgeschiedene Gesellschafter kann am Schlusse jedes Geschäftsjahres R. über die inzwischen beendigten Geschäfte . . . . . verlangen.

Güterrecht.

1421 Nach der Beendigung der Verwaltung und Nutznießung hat der Mann bei g. Güterrecht das eingebrachte Gut der Frau herauszugeben und ihr über die Verwaltung R. abzulegen. 1546.

1546 Auf das eingebrachte Gut der Frau finden bei der Errungenschaftsgemeinschaft die für den Güterstand der Verwaltung und Nutznießung geltenden Vorschriften der §§ 1421—1424 Anwendung.

259 **Leistung** s. **Rechnung** — Leistung.

Pfandrecht.

1214 Steht dem Pfandgläubiger das Recht zu, die Nutzungen zu ziehen, so ist er verpflichtet, für die Gewinnung der Nutzungen zu sorgen und R. abzulegen. 1266.

Testament.

2130 Der Vorerbe hat auf Verlangen R. abzulegen. 2136.

2218 s. Auftrag 666.

27 **Verein** s. Auftrag 666.

Verwandtschaft.

1681 Endigt oder ruht die elterliche Gewalt des Vaters oder hört aus einem anderen Grunde seine Vermögensverwaltung auf, so hat er dem Kinde das Vermögen herauszugeben und über die Verwaltung R. abzulegen.

1890 **Vormundschaft** s. **Rechnungslegung** — Vormundschaft.

Rechnung.

Anweisung.

783 Der Angewiesene ist ermächtigt, für

§ R. des Anweisenden an den Anweisungsempfänger zu leisten.

Bürgschaft.

778 Wer einen anderen beauftragt, im eigenen Namen und auf eigene R. einem Dritten Kredit zu geben, haftet dem Beauftragten für die aus der Kreditgewährung entstehende Verbindlichkeit des Dritten als Bürge.

Erbe.

1979 Die Berichtigung einer Nachlaßverbindlichkeit durch den Erben müssen die Nachlaßgläubiger als für R. des Nachlasses erfolgt gelten lassen, wenn der Erbe den Umständen nach annehmen durfte, daß der Nachlaß zur Berichtigung aller Nachlaßverbindlichkeiten ausreiche. 1985, 1991, 2013, 2036.

Güterrecht.

1381 Erwirbt der Mann bei g. Güterrecht mit Mitteln des eingebrachten Gutes bewegliche Sachen, so geht mit dem Erwerbe das Eigentum auf die Frau über, es sei denn, daß der Mann nicht für R. des eingebrachten Gutes erwerben will. Dies gilt insbesondere auch von Inhaberpapieren und von Orderpapieren, die mit Blankoindossament versehen sind. 1525.

1525 Das eingebrachte Gut wird für R. des Gesamtguts bei der Errungenschaftsgemeinschaft in der Weise verwaltet, daß die Nutzungen, welche nach den für den Güterstand der Verwaltung und Nutznießung geltenden Vorschriften dem Manne zufallen, zu dem Gesamtgute gehören.

Auf das eingebrachte Gut der Frau finden im übrigen die Vorschriften der §§ 1373—1383, 1390 bis 1417 entsprechende Anwendung.

1537 Die Vorschriften des § 1535 und des § 1536 Nr. 1, 4 finden bei der Errungenschaftsgemeinschaft insoweit keine Anwendung, als die Verbindlichkeiten nach § 1529 Abs. 2 von dem Gesamtgute zu tragen sind

Das Gleiche gilt von den Vorschriften des § 1535 insoweit, als die Verbindlichkeiten durch den Betrieb eines Erwerbsgeschäfts, der für R. des Gesamtguts geführt wird, oder infolge eines zu einem solchen Erwerbsgeschäfte gehörenden Rechtes oder des Besitzes einer dazu gehörenden Sache entstehen.

Kauf.

457 Die Vorschrift des § 456 gilt auch bei einem Verkauf außerhalb der Zwangsvollstreckung, wenn der Auftrag zu dem Verkauf auf Grund einer g. Vorschrift erteilt worden ist, die den Auftraggeber ermächtigt, den Gegenstand für R. eines anderen verkaufen zu lassen, insbesondere in den Fällen des Pfandverkaufs und des in den §§ 383, 385 zugelassenen Verkaufs, sowie bei einem Verkaufe durch den Konkursverwalter. 458.

Leistung.

259 Wer verpflichtet ist, über eine mit Einnahmen oder Ausgaben verbundene Verwaltung Rechenschaft abzulegen, hat dem Berechtigten eine die geordnete Zusammenstellung der Einnahmen oder der Ausgaben enthaltende R. mitzuteilen und, soweit Belege erteilt zu werden pflegen, Belege vorzulegen.

Besteht Grund zu der Annahme, daß die in der R. enthaltenen Angaben über die Einnahmen nicht mit der erforderlichen Sorgfalt gemacht worden sind, so hat der Verpflichtete auf Verlangen den Offenbarungseid dahin zu leisten:

> daß er nach bestem Wissen die Einnahmen so vollständig angegeben habe, als er dazu imstande sei.

In Angelegenheiten von geringer Bedeutung besteht eine Verpflichtung

§ zur Leistung des Offenbarungseids nicht. 260.

Nießbrauch.

1052 Ist der Nießbraucher zur Sicherheitsleistung rechtskräftig verurteilt, so kann der Eigentümer statt der Sicherheitsleistung verlangen, daß die Ausübung des Nießbrauchs für R. des Nießbrauchers einem von dem Gerichte zu bestellenden Verwalter übertragen wird. 1054, 1070.

2128 **Testament** 2129 f. Nießbrauch 1052.

Verwandtschaft.

1646 Erwirbt der Vater mit Mitteln des Kindes bewegliche Sachen, so geht mit dem Erwerbe das Eigentum auf das Kind über, es sei denn, daß der Vater nicht für R. des Kindes erwerben will.

Vormundschaft.

1840—1843, 1854—1856, 1890—1892, 1903, 1904 f. **Vormundschaft** — Vormundschaft.

Rechnungsabschluss.

Gesellschaft.

721 Ein Gesellschafter kann den R. und die Verteilung des Gewinns und Verlustes erst nach der Auflösung der Gesellschaft verlangen.

Ist die Gesellschaft von längerer Dauer, so hat der R. und die Gewinnverteilung im Zweifel am Schlusse jedes Geschäftsjahrs zu erfolgen.

Rechnungslegung.

Erbe.

2028, 2057 f. Leistung 261.

Leistung.

259 f. **Rechnung** — Leistung.

261 Der Offenbarungseid ist, sofern er nicht vor dem Prozeßgerichte zu leisten ist, vor dem Amtsgerichte des Ortes zu leisten, an welchem die Verpflichtung zur R. oder zur Vorlegung des Verzeichnisses zu erfüllen ist.

Testament.

2218 Bei einer länger dauernden Nachlaßverwaltung des Testamentsvollstreckers kann der Erbe jährlich R. verlangen. 2220.

Verwandtschaft.

1667 Das Vormundschaftsgericht kann insbesondere anordnen, daß der Vater ein Verzeichnis des Vermögens einreicht und über seine Verwaltung Rechnung legt. 1668, 1670, 1687, 1692.

1752 Will jemand seinen früheren Mündel an Kindesstatt annehmen, so soll das Vormundschaftsgericht die Genehmigung nicht erteilen, bevor er über seine Verwaltung Rechnung gelegt und das Vorhandensein des Mündelvermögens nachgewiesen hat.

Das Gleiche gilt, wenn ein zur Vermögensverwaltung bestellter Pfleger seinen Pflegling oder seinen früheren Pflegling an Kindesstatt annehmen will.

Vormundschaft.

1840 Der Vormund hat über seine Vermögensverwaltung dem Vormundschaftsgerichte Rechnung zu legen.

Die Rechnung ist jährlich zu legen. Das Rechnungsjahr wird von dem Vormundschaftsgerichte bestimmt.

Ist die Verwaltung von geringem Umfange, so kann das Vormundschaftsgericht, nachdem die Rechnung für das erste Jahr gelegt worden ist, anordnen, daß die Rechnung für längere, höchstens dreijährige Zeitabschnitte zu legen ist. 1841 bis 1843.

1854 Der Vater kann den von ihm benannten Vormund von der Verpflichtung entbinden, während der Dauer seines Amtes Rechnung zu legen. 1855, 1856, 1903, 1917.

§
1890 Der Vormund hat nach der Beendigung seines Amtes dem Mündel das verwaltete Vermögen herauszugeben und über die Verwaltung Rechenschaft abzulegen. Soweit er dem Vormundschaftsgerichte Rechnung gelegt hat, genügt die Bezugnahme auf diese Rechnung. 1891, 1892.

Rechnungsjahr.

Vormundschaft.

1840 s. **Rechnungslegung** — Vormundschaft.

Recht

s. auch Berechtigung, Anspruch, Anfechtungsrecht, Bannrecht, Bergrecht, Büdnerrecht, Deichrecht, Ehrenrecht, Einziehungsrecht, Erbbaurecht, Erbpachtrecht, Erbrecht, Erziehungsrecht, Familienrecht, Flössereirecht, Flötzrecht, Güterrecht, Gesinderecht, Gläubigerrecht, Häuslerrecht, Jagdrecht, Mietrecht, Mühlenrecht, Nutzungsrecht, Pachtrecht, Pfandrecht, Pflichtteilsrecht, Pfründenrecht, Privatrecht, Rücktrittsrecht, Sachenrecht, Sielrecht, Sonderrecht, Unrecht, Vereinsrecht, Verfügungsrecht, Vergeltungsrecht, Versicherungsrecht, Verwaltungsrecht, Vorkaufsrecht, Vorzugsrecht, Wahlrecht, Wasserrecht, Widerrufsrecht, Widerspruchsrecht, Wiederkaufsrecht, Züchtigungsrecht, Zurückbehaltungsrecht, Zwangsrecht.

Bedingung.

160 Vereitelung oder Beeinträchtigung des von einer Bedingung abhängigen R. s. **Bedingung** — Bedingung.

161 Hat jemand unter einer aufschiebenden Bedingung über einen Gegenstand verfügt, so ist jede weitere Verfügung, die er während der Schwebezeit über den Gegenstand trifft, im Falle des Eintritts der Bedingung insoweit unwirksam, als sie die von der Bedingung abhängige Wirkung vereiteln oder beeinträchtigen würde. Einer solchen Verfügung steht eine Verfügung gleich, die während der Schwebezeit im Wege der Zwangsvollstreckung oder der Arrestvollziehung oder durch den Konkursverwalter erfolgt.

Dasselbe gilt bei einer auflösenden Bedingung von den Verfügungen desjenigen, dessen R. mit dem Eintritte der Bedingung endigt.

Die Vorschriften zu Gunsten derjenigen, welche R. von einem Nichtberechtigten herleiten, finden entsprechende Anwendung. 163.

Bereicherung.

812 Herausgabe einer ohne rechtlichen Grund erlangten Sache s. **Bereicherung** — Bereicherung.

816 Trifft ein Nichtberechtigter über einen Gegenstand eine Verfügung, die dem Berechtigten gegenüber wirksam ist, so ist er dem Berechtigten zur Herausgabe des durch die Verfügung Erlangten verpflichtet. Erfolgt die Verfügung unentgeltlich, so trifft die gleiche Verpflichtung denjenigen, welcher auf Grund der Verfügung unmittelbar einen rechtlichen Vorteil erlangt.

818 Die Verpflichtung zur Herausgabe erstreckt sich auf die gezogenen Nutzungen sowie auf dasjenige, was der Empfänger auf Grund eines erlangten R. oder als Ersatz für die Zerstörung, Beschädigung oder Entziehung des erlangten Gegenstandes erwirbt.

Ist die Herausgabe wegen der Beschaffenheit des Erlangten nicht möglich oder ist der Empfänger aus einem anderen Grunde zur Herausgabe außer stande, so hat er den Wert zu ersetzen.

Die Verpflichtung zur Herausgabe oder zum Ersatze des Wertes ist ausgeschlossen, soweit der Empfänger nicht mehr bereichert ist.

Von dem Eintritte der Rechts-

§ hängigkeit an haftet der Empfänger nach den a. Vorschriften.

819 Kenntnis vom Mangel des rechtlichen Grundes bei Empfang der Leistung s. **Bereicherung** — Bereicherung.

821 Wer ohne rechtlichen Grund eine Verbindlichkeit eingeht, kann die Erfüllung auch dann verweigern, wenn der Anspruch auf Befreiung von der Verbindlichkeit verjährt ist.

822 Wendet der Empfänger das Erlangte unentgeltlich einem Dritten zu, so ist, soweit infolge dessen die Verpflichtung des Empfängers zur Herausgabe der Bereicherung ausgeschlossen ist, der Dritte zur Herausgabe verpflichtet, wie wenn er die Zuwendung von dem Gläubiger ohne rechtlichen Grund erhalten hätte.

Besitz.

863 Gegenüber den in den §§ 861, 862 bestimmten Ansprüchen kann ein R. zum Besitz oder zur Vornahme der störenden Handlung nur zur Begründung der Behauptung geltend gemacht werden, daß die Entziehung oder die Störung des Besitzes nicht verbotene Eigenmacht sei. 865.

864 Ein nach den §§ 861, 862 begründeter Anspruch erlischt mit dem Ablauf eines Jahres nach der Verübung der verbotenen Eigenmacht, wenn nicht vorher der Anspruch im Wege der Klage geltend gemacht wird.

Das Erlöschen tritt auch dann ein, wenn nach der Verübung der verbotenen Eigenmacht durch rechtskräftiges Urteil festgestellt wird, daß dem Thäter ein R. an der Sache zusteht, vermöge dessen er die Herstellung eines seiner Handlungsweise entsprechenden Besitzstandes verlangen kann. 865.

Bürgschaft.

775 Hat sich der Bürge im Auftrage des Hauptschuldners verbürgt oder stehen ihm nach den Vorschriften über die Geschäftsführung ohne Auftrag wegen der Übernahme der Bürgschaft die R. eines Beauftragten gegen den Hauptschuldner zu, so kann er von diesem Befreiung von der Bürgschaft verlangen:

1. . . . . .

776 Giebt der Gläubiger ein mit der Forderung verbundenes Vorzugsr., eine für sie bestehende Hypothek, ein für sie bestehendes Pfandr. oder das R. gegen einen Mitbürgen auf, so wird der Bürge insoweit frei, als er aus dem aufgegebenen R. nach § 774 hätte Ersatz erlangen können. Dies gilt auch dann, wenn das aufgegebene R. erst nach der Übernahme der Bürgschaft entstanden ist.

Dienstbarkeit.

1090 s. **Grunddienstbarkeit** — Grunddienstbarkeit 1021—1024.

1093 Als beschränkte persönliche Dienstbarkeit kann auch das R. bestellt werden, ein Gebäude oder einen Teil eines Gebäudes unter Ausschluß des Eigentümers als Wohnung zu benutzen. Auf dieses R. finden die für den Nießbrauch geltenden Vorschriften der §§ 1031, 1034, 1036, des § 1037 Abs. 1 und der §§ 1041, 1042, 1044, 1049, 1050, 1057, 1062 entsprechende Anwendung.

Der Berechtigte ist befugt, seine Familie sowie die zur standesmäßigen Bedienung und zur Pflege erforderlichen Personen in die Wohnung aufzunehmen.

Ist das R. auf einen Teil des Gebäudes beschränkt, so kann der Berechtigte die zum gemeinschaftlichen Gebrauche der Bewohner bestimmten Anlagen und Einrichtungen mitbenutzen.

618 **Dienstvertrag** s. **Handlung** — Handlung. 844.

§ **Ehe.**

1305 Wenn dem Vater die sich aus der Vaterschaft ergebenden R. nach § 1701 nicht zustehen, so tritt an die Stelle seiner Einwilligung zur Eheschließung des Kindes die der Mutter. 1306.

1306 Hat ein Ehepaar das Kind gemeinschaftlich oder hat ein Ehegatte das Kind des anderen Ehegatten angenommen, so finden die Vorschriften des § 1305 Abs. 1 Satz 1, 2, Abs. 2 Anwendung.

Die leiblichen Eltern erlangen das R. zur Einwilligung zur Eingehung einer Ehe des Kindes auch dann nicht wieder, wenn das durch die Annahme an Kindesstatt begründete Rechtsverhältnis aufgehoben wird.

1342 Das Nachlaßgericht hat die Einsicht der Erklärung zur Anfechtung einer Ehe jedem zu gestatten, der ein rechtliches Interesse glaubhaft macht.

1346 Wird eine wegen Drohung anfechtbare Ehe für nichtig erklärt, so steht das im § 1345 Abs. 1 bestimmte R. dem anfechtungsberechtigten Ehegatten zu. Wird eine wegen Irrtums anfechtbare Ehe für nichtig erklärt, so steht dieses R. dem zur Anfechtung nicht berechtigten Ehegatten zu, es sei denn, daß dieser den Irrtum bei der Eingehung der Ehe kannte oder kennen mußte.

1347 Erklärt der Ehegatte, dem das im § 1345 Abs. 1 bestimmte R. zusteht, dem anderen Ehegatten, daß er von dem R. Gebrauch mache, so kann er die Folgen der Nichtigkeit der Ehe nicht mehr geltend machen; erklärt er dem anderen Ehegatten, daß es bei diesen Folgen bewenden solle, so erlischt das im § 1345 Abs. 1 bestimmte R.

Der andere Ehegatte kann den berechtigten Ehegatten unter Bestimmung einer angemessenen Frist zur Erklärung darüber auffordern, ob er von dem R. Gebrauch mache. Das R. kann in diesem Falle nur bis zum Ablaufe der Frist ausgeübt werden.

1353, 1354, 1357, 1358 Mißbrauch der den Ehegatten zustehenden R. s. **Ehe** — Ehe.

1353 Stellt sich das Verlangen eines Ehegatten nach Herstellung der Gemeinschaft als Mißbrauch seines R. dar, so ist der andere Ehegatte nicht verpflichtet, dem Verlangen Folge zu leisten. Das Gleiche gilt, wenn der andere Ehegatte berechtigt ist, auf Scheidung zu klagen.

1354 Dem Manne steht die Entscheidung in allen das gemeinschaftliche eheliche Leben betreffenden Angelegenheiten zu; er bestimmt insbesondere Wohnort und Wohnung.

Die Frau ist nicht verpflichtet, der Entscheidung des Mannes Folge zu leisten, wenn sich die Entscheidung als Mißbrauch seines R. darstellt. 1356.

1357 Der Mann kann das R. der Frau, innerhalb ihres häuslichen Wirkungskreises die Geschäfte des Mannes für ihn zu besorgen und ihn zu vertreten, beschränken oder ausschließen. Stellt sich die Beschränkung oder die Ausschließung als Mißbrauch des R. des Mannes dar, so kann sie auf Antrag der Frau durch das Vormundschaftsgericht aufgehoben werden. Dritten gegenüber ist die Beschränkung oder die Ausschließung nur nach Maßgabe des § 1435 wirksam.

1358 Das Vormundschaftsgericht kann die Zustimmung zu einer von der Frau einem Dritten gegenüber eingegangenen Verpflichtung ersetzen, wenn der Mann durch Krankheit oder durch Abwesenheit an der Abgabe einer Erklärung verhindert und mit dem Aufschube Gefahr

§ verbunden ist oder wenn sich die Verweigerung der Zustimmung als Mißbrauch seines R. darstellt.

Ehescheidung.

1565, 1574 Ausschluß des R. eines Ehegatten, auf Scheidung zu klagen s. **Ehe** — Ehescheidung.

1570 Das R. auf Scheidung erlischt in den Fällen der §§ 1565—1568 durch Verzeihung. 1576.

Eigentum.

903 Der Eigentümer einer Sache kann, soweit nicht das G. oder R. Dritter entgegenstehen, mit der Sache nach Belieben verfahren und andere von jeder Einwirkung ausschließen.

905 Das R. des Eigentümers eines Grundstücks erstreckt sich auf den Raum über der Oberfläche und auf den Erdkörper unter der Oberfläche.

908 s. Handlung 837.

910 Der Eigentümer eines Grundstücks kann Wurzeln eines Baumes oder eines Strauches, die von einem Nachbargrundstück eingedrungen sind, abschneiden und behalten. Das Gleiche gilt von herüberragenden Zweigen, wenn der Eigentümer dem Besitzer des Nachbargrundstücks eine angemessene Frist zur Beseitigung bestimmt hat und die Beseitigung nicht innerhalb der Frist erfolgt.

Dem Eigentümer steht dieses R. nicht zu, wenn die Wurzeln oder die Zweige die Benutzung des Grundstücks nicht beeinträchtigen.

914 R. auf eine Geldrente für den Überbau s. **Eigentum** — Eigentum.

915 Der Rentenberechtigte kann jederzeit verlangen, daß der Rentenpflichtige ihm gegen Übertragung des Eigentums an dem überbauten Teile des Grundstücks den Wert ersetzt, den dieser Teil zur Zeit der Grenzüberschreitung gehabt hat. Macht er von dieser Befugnis Gebrauch, so bestimmen sich die R. und Verpflichtungen beider Teile nach den Vorschriften über den Kauf. 924.

923 Steht auf der Grenze ein Baum, so gebühren die Früchte und, wenn der Baum gefällt wird, auch der Baum den Nachbarn zu gleichen Teilen.

Jeder der Nachbarn kann die Beseitigung des Baumes verlangen. Die Kosten der Beseitigung fallen den Nachbarn zu gleichen Teilen zur Last. Der Nachbar, der die Beseitigung verlangt, hat jedoch die Kosten allein zu tragen, wenn der andere auf sein R. an dem Baume verzichtet; er erwirbt in diesem Falle mit der Trennung das Alleineigentum. Der Anspruch auf die Beseitigung ist ausgeschlossen, wenn der Baum als Grenzzeichen dient und den Umständen nach nicht durch ein anderes zweckmäßiges Grenzzeichen ersetzt werden kann. 924.

925 s. **Grundstück** — Grundstück 873.

926 Erwerb des Eigentums an Zubehörstücken, die mit dem R. eines Dritten belastet sind s. **Eigentum** — Eigentum.

927 Der Eigentümer eines Grundstücks kann, wenn das Grundstück seit dreißig Jahren im Eigenbesitz eines anderen ist, im Wege des Aufgebotsverfahrens mit seinem R. ausgeschlossen werden.

928 Das R. zur Aneignung des aufgegebenen Grundstücks steht dem Fiskus des Bundesstaats zu, in dessen Gebiete das Grundstück liegt. Der Fiskus erwirbt das Eigentum dadurch, daß er sich als Eigentümer in das Grundbuch eintragen läßt.

936 Erlöschen des R. eines Dritten an einer veräußerten Sache s. **Eigentum** — Eigentum.

941 Die Ersitzung wird unterbrochen, wenn der Eigentumsanspruch gegen den Eigenbesitzer oder im Falle eines mittelbaren Eigenbesitzes gegen den Besitzer gerichtlich geltend gemacht wird,

§ *64, 68, 77, 85, 86, 90, 91, 94, 97, 100, 101, 103, 109, 110, 113, 120, 122, 123, 129—131, 133, 136, 138, 139, 145, 153, 168, 172, 181, 183, 184, 188, 189, 194, 197, 206—209, 216* s. **E.G.** — E.G.

16 s. Ehe § 1357.

95 s. Ehe § 1358; s. **Geschäftsfähigkeit** — Geschäftsfähigkeit § 107; s. Willenserklärung § 131.

116 s. **Grunddienstbarkeit** — Grunddienstbarkeit §§ 1021, 1022.

118 s. **Grundstück** — Grundstück §§ 892, 893.

119 s. **Grundstück** — Grundstück § 890.

131 s. **Gemeinschaft** — Gemeinschaft §§ 749—751.

135, 204 s. **Kind** — Verwandtschaft § 1666.

137 s. Erbe § 2049; s. **Pflichtteil** — Pflichtteil § 2312.

142 s. **Grundstück** — Grundstück § 873.

146 s. **Hinterlegung** — Schuldverhältnis §§ 376, 377, 382.

163 s. Verein § 48; s. Jur. Pers. d. öff. Rechts § 89.

190 s. **Eigentum** — Eigentum § 928.

201 s. **Ehe** — Ehescheidung § 1565.

§ **Erbbaurecht.**

1012 Ein Grundstück kann in der Weise belastet werden, daß demjenigen, zu dessen Gunsten die Belastung erfolgt, das veräußerliche und vererbliche R. zusteht, auf oder unter der Oberfläche des Grundstücks ein Bauwerk zu haben (Erbbaur.).

1015 s. **Grundstück** — Grundstück 873.

Erbe.

1942—2063 rechtliche Stellung des Erben s. **Erbe** — Erbe.

1942 Die Erbschaft geht auf den berufenen Erben unbeschadet des R. über, sie auszuschlagen (Anfall der Erbschaft).

1952 Das R. des Erben, die Erbschaft auszuschlagen, ist vererblich.

§

1953, 2010 rechtliches Interesse s. **Erbe** — Erbe.

1966 Von dem Fiskus als g. Erben und gegen den Fiskus als g. Erben kann ein R. erst geltend gemacht werden, nachdem von dem Nachlaßgerichte festgestellt worden ist, daß ein anderer Erbe nicht vorhanden ist.

1971 Pfandgläubiger und Gläubiger, die im Konkurse den Pfandgläubigern gleichstehen, sowie Gläubiger, die bei der Zwangsvollstreckung in das unbewegliche Vermögen ein R. auf Befriedigung aus diesem Vermögen haben, werden, soweit es sich um die Befriedigung aus den ihnen haftenden Gegenständen handelt, durch das Aufgebot nicht betroffen. Das Gleiche gilt von Gläubigern, deren Ansprüche durch eine Vormerkung gesichert sind oder denen im Konkurs ein Aussonderungsrecht zusteht, in Ansehung des Gegenstandes ihres R. 1974, 2016, 2060.

1976 Ist die Nachlaßverwaltung angeordnet oder der Nachlaßkonkurs eröffnet, so gelten die infolge des Erbfalls durch Vereinigung von R. und Verbindlichkeit oder von R. und Belastung erloschenen Rechtsverhältnisse als nicht erloschen.

1990 R. des Erben die Befriedigung des Nachlaßgläubigers zu verweigern s. **Erbe** — Erbe.

1991 Macht der Erbe von dem ihm nach § 1990 zustehenden R. Gebrauch, so finden auf seine Verantwortlichkeit und den Ersatz seiner Aufwendungen die Vorschriften der §§ 1978, 1979 Anwendung.

Die infolge des Erbfalls durch Vereinigung von R. und Verbindlichkeit oder von R. und Belastung erloschenen Rechtsverhältnisse gelten im Verhältnisse zwischen dem Gläubiger und dem Erben als nicht erloschen.

§ Die rechtskräftige Verurteilung des Erben zur Befriedigung eines Gläubigers wirkt einem anderen Gläubiger gegenüber wie die Befriedigung.

Die Verbindlichkeiten aus Pflichtteilsrechten, Vermächtnissen und Auflagen hat der Erbe so zu berichtigen, wie sie im Falle des Konkurses zur Berichtigung kommen würden. 1992, 2013, 2036.

2013 Die Vorschriften der §§ 1977 bis 1980 und das R. des Erben, die Anordnung einer Nachlaßverwaltung zu beantragen, werden nicht dadurch ausgeschlossen, daß der Erbe einzelnen Nachlaßgläubigern gegenüber unbeschränkt haftet.

2016 Die Vorschriften der §§ 2014, 2015 finden keine Anwendung, wenn der Erbe unbeschränkt haftet.

Das Gleiche gilt, soweit ein Gläubiger nach § 1971 von dem Aufgebote der Nachlaßgläubiger nicht betroffen wird, mit der Maßgabe, daß ein erst nach dem Eintritte des Erbfalls im Wege der Zwangsvollstreckung oder der Arrestvollziehung erlangtes R. sowie eine erst nach diesem Zeitpunkt im Wege der einstweiligen Verfügung erlangte Vormerkung außer Betracht bleibt.

2022 s. **Eigentum** — Eigentum 1003.

2038 s. **Gemeinschaft** — Gemeinschaft 745.

2041 Was auf Grund eines zum Nachlasse gehörenden R. erworben wird, gehört zum Nachlasse.

2042 s. **Gemeinschaft** — Gemeinschaft 749—751, 757.

2044 s. **Gemeinschaft** — Gemeinschaft 749—751.

2049 Hat der Erblasser angeordnet, daß einer der Miterben das R. haben soll, ein zum Nachlasse gehörendes Landgut zu übernehmen, so ist im Zweifel anzunehmen, daß das Landgut zu dem Ertragswert angesetzt werden soll.

2059 Bis zur Teilung des Nachlasses kann jeder Miterbe die Berichtigung der Nachlaßverbindlichkeiten aus dem Vermögen, das er außer seinem Anteil an dem Nachlasse hat, verweigern. Haftet er für eine Nachlaßverbindlichkeit unbeschränkt, so steht ihm dieses R. in Ansehung des seinem Erbteil entsprechenden Teiles der Verbindlichkeit nicht zu.

Das R. der Nachlaßgläubiger, die Befriedigung aus dem ungeteilten Nachlasse von sämtlichen Miterben zu verlangen, bleibt unberührt.

Erbfolge.

1933 Ausschluß des R. auf den Voraus s. **Erbe** — Erbe.

1940 Der Erblasser kann durch Testament den Erben oder einen Vermächtnisnehmer zu einer Leistung verpflichten, ohne einem anderen ein R. auf die Leistung zuzuwenden (Auflage).

Erbschaftskauf.

2374 Herausgabe dessen an den Käufer, was der Verkäufer einer Erbschaft vor dem Verkaufe auf Grund eines zur Erbschaft gehörenden R. erlangt hat s. **Erbschaftskauf** — Erbschaftskauf.

2376 Haftung des Verkäufers einer Erbschaft dafür, daß sein Erbrecht nicht durch das R. eines Nacherben beschränkt wird s. **Erbschaftskauf** — Erbschaftskauf.

2377 Die infolge des Erbfalls durch Vereinigung von R. und Verbindlichkeit oder von R. und Belastung erloschenen Rechtsverhältnisse gelten im Verhältnisse zwischen dem Käufer und dem Verkäufer einer Erbschaft als nicht erloschen. Erforderlichen Falles ist ein solches Rechtsverhältnis wiederherzustellen.

§

2384 rechtliches Interesse f. **Erbschaftskauf** — Erbschaftskauf.

2385 Die im § 2376 bestimmte Verpflichtung zur Gewährleistung beim Erbschaftskauf wegen eines Mangels im R. trifft den Schenker nicht f. **Erbschaftskauf** — Erbschaftskauf.

Erbschein.

2366 Erwerb eines R. an einem Erbschaftsgegenstand oder der Befreiung von einem zur Erbschaft gehörenden R. durch Rechtsgeschäft mit demjenigen, welcher in einem Erbscheine als Erbe bezeichnet ist f. **Erbschein** — Erbschein.

2367 Die Vorschriften des § 2366 finden entsprechende Anwendung, wenn an denjenigen, welcher in einem Erbschein als Erbe bezeichnet ist, auf Grund eines zur Erbschaft gehörenden R. eine Leistung bewirkt oder wenn zwischen ihm und einem anderen in Ansehung eines solchen R. ein nicht unter die Vorschrift des § 2366 fallendes Rechtsgeschäft vorgenommen wird, das eine Verfügung über das R. enthält. 2370.

2370 Ist ein Erbschein erteilt worden, so stehen dem für tot Erklärten, wenn er noch lebt, die im § 2362 bestimmten R. zu. Die gleichen R. hat eine Person, deren Tod ohne Todeserklärung mit Unrecht angenommen worden ist. 2367.

Erbvertrag.

2285 Die im § 2080 bezeichneten Personen können den Erbvertrag auf Grund der §§ 2078, 2079 nicht mehr anfechten, wenn das Anfechtungsrecht des Erblassers zur Zeit des Erbfalles erloschen ist.

2286 Durch den Erbvertrag wird das R. des Erblassers, über sein Vermögen durch Rechtsgeschäft unter Lebenden zu verfügen, nicht beschränkt.

§

2289 Beeinträchtigung des R. eines vertragsmäßig Bedachten durch eine
a) frühere letztwillige Verfügung
b) spätere Verfügung von Todeswegen f. **Erbvertrag** — Erbvertrag.

Gemeinschaft.

741 Steht ein R. mehreren gemeinschaftlich zu, so finden, sofern sich nicht aus dem G. ein anderes ergiebt, die Vorschriften der §§ 742—758 Anwendung (Gemeinschaft nach Bruchteilen).

745 R. des einzelnen Teilhabers auf einen seinem Anteil entsprechenden Bruchteil der Nutzung f. **Gemeinschaft** — Gemeinschaft.

749, 750, 751 R. die Aufhebung der Gemeinschaft zu verlangen f. **Gemeinschaft** — Gemeinschaft.

757 Gewährleistung wegen Mangels im R. f. **Gemeinschaft** — Gemeinschaft.

Geschäftsfähigkeit.

107 Rechtlicher Vorteil f. **Geschäftsfähigkeit** — Geschäftsfähigkeit.

Gesellschaft.

713 R. des geschäftsführenden Gesellschafters f. **Gesellschaft** — Gesellschaft.

718 Erwerbungen durch ein zum Gesellschaftsvermögen gehöriges R. f. **Gesellschaft** — Gesellschaft.

Grunddienstbarkeit.

1018 Ausschließung eines, sich aus dem Eigentum an einem belasteten Grundstück einem anderen Grundstuck gegenüber ergebenden R. f. **Grunddienstbarkeit** — Grunddienstbarkeit.

1021 R. zur Mitbenutzung einer zur Ausübung einer Grunddienstbarkeit gehaltenen Anlage f. **Grunddienstbarkeit** — Grunddienstbarkeit.

1022 R. zur Unterhaltung einer Anlage auf einer baulichen Anlage des mit einer Grunddienstbarkeit belasteten

§ Grundstücks s. **Grunddienstbarkeit** — Grunddienstbarkeit.

1023 R. auf Verlegung der Grunddienstbarkeit s. **Grunddienstbarkeit** — Grunddienstbarkeit.

1024 Trifft eine Grunddienstbarkeit mit einer anderen Grunddienstbarkeit oder einem sonstigen Nutzungsrecht an dem Grundstücke dergestalt zusammen, daß die R. nebeneinander nicht oder nicht vollständig ausgeübt werden können, und haben die R. gleichen Rang, so kann jeder Berechtigte einen den Interessen aller Berechtigten nach billigem Ermessen entsprechende Regelung der Ausübung verlangen.

1028 s. **Grundstück** — Grundstück 892.

1196 **Grundschuld** s. **Grundstück** — Grundstück 878.

Grundstück.

873—902 A. Vorschriften über R. an Grundstücken s. **Grundstück** — Grundstück.

873 Belastung eines Grundstückes mit einem R. und Belastung eines solchen R. s. **Grundstück** — Grundstück.

874 Eintragung eines R., mit dem ein Grundstück belastet wird s. **Grundstück** — Grundstück.

875 Aufhebung eines R. an einem Grundstück s. **Grundstück** — Grundstück.

876 Aufhebung eines belasteten R. an einem Grundstück s. **Grundstück** — Grundstück.

877 Änderung des Inhalts eines R. an einem Grundstück s. **Grundstück** — Grundstück.

879, 880, 881, 883, 900 Rangverhältnis unter mehreren R. mit denen ein Grundstück belastet ist, s. **Grundstück** — Grundstück.

880, 881 Rangänderung unter mehreren R. s. **Grundstück** — Grundstück.

882 Wird ein Grundstück mit einem R. belastet, für welches nach den für die

§ Zwangsversteigerung geltenden Vorschriften dem Berechtigten im Falle des Erlöschens durch den Zuschlag der Wert aus dem Erlöse zu ersetzen ist, so kann der Höchstbetrag des Ersatzes bestimmt werden.

883—886 Sicherung des Anspruchs auf Einräumung oder Aufhebung eines R. an einem Grundstück oder an einem das Grundstück belastenden R. oder auf Änderung des Inhalts oder des Ranges eines solchen R. durch eine Vormerkung s. **Grundstück** — Grundstück.

887 Ausschluß eines unbekannten Gläubigers, dessen Anspruch durch die Vormerkung gesichert ist, mit seinem R. s. **Grundstück** — Grundstück.

888 Erwerb eines eingetragenen R. an einem Grundstück und eines R. an einem solchen R. s. **Grundstück** — Grundstück.

889 Erlöschen eines R. an einem fremden Grundstück s. **Grundstück** — Grundstück.

891 Ist im Grundbuche für jemand ein R. eingetragen, so wird vermutet, daß ihm das R. zustehe.

Ist im Grundbuch ein eingetragenes R. gelöscht, so wird vermutet, daß das R. nicht bestehe.

892 Zu Gunsten desjenigen, welcher ein R. an einem Grundstück oder ein R. an einem solchen R. durch Rechtsgeschäft erwirbt, gilt der Inhalt des Grundbuchs als richtig, es sei denn, daß ein Widerspruch gegen die Richtigkeit eingetragen oder die Unrichtigkeit dem Erwerber bekannt ist. . . . s. **Grundstück** — Grundstück.

893 Die Vorschriften des § 892 finden entsprechende Anwendung, wenn an denjenigen, für welchen ein R. im Grundbuch eingetragen ist, auf Grund dieses R. eine Leistung bewirkt oder wenn zwischen ihm und einem an-

§ deren in Ansehung dieses R. ein nicht unter die Vorschriften des § 892 fallendes Rechtsgeschäft vorgenommen wird, das eine Verfügung über das R. enthält.

894—899 Berichtigung des Grundbuchs in Ansehung eines R. an einem Grundstück und eines R. an einem solchen R. f. **Grundstück** — Grundstück.

900 Eintragung eines R. in das Grundbuch, das zum Besitz des Grundstücks berechtigt oder dessen Ausübung nach den für den Besitz geltenden Vorschriften geschützt ist f. **Grundstück** — Grundstück.

901 Erlöschen eines mit Unrecht gelöschten R. an einem Grundstück f. **Grundstück** — Grundstück.

902 Die Ansprüche aus eingetragenen R. unterliegen nicht der Verjährung. Dies gilt nicht für Ansprüche, die auf Rückstände wiederkehrender Leistungen oder auf Schadensersatz gerichtet sind.

Ein R. wegen dessen ein Widerspruch gegen die Richtigkeit des Grundbuchs eingetragen ist, steht einem eingetragenen R. gleich.

Güterrecht.

1370 Vorbehaltsgut ist, was die Frau bei g. Güterrecht auf Grund eines zu ihrem Vorbehaltsgut gehörenden R. . . . . erwirbt. 1440, 1486, 1525.

1378 Gehört zum eingebrachten Gute ein Grundstück samt Inventar, so bestimmen sich bei g. Güterrecht die R. und die Pflichten des Mannes in Ansehung des Inventars nach den für den Nießbrauch geltenden Vorschriften des § 1048 Abs. 1. 1525.

1380 Der Mann kann bei g. Güterrecht ein zum eingebrachten Gute gehörendes R. im eigenen Namen gerichtlich geltend machen. Ist er befugt, über das R. ohne Zustimmung der Frau zu verfügen, so wirkt das Urteil auch für und gegen die Frau. 1525.

§

1381 Eigentum an einem mit Mitteln des eingebrachten Gutes erworbenen R. bei g. Güterrecht f. **Güterrecht** — Güterrecht.

1387 f. **Rechtsstreit** — Güterrecht.

1391 Wird durch das Verhalten des Mannes die Besorgnis begründet, daß die R. der Frau in einer das eingebrachte Gut erheblich gefährdenden Weise verletzt werden, so kann die Frau bei g. Güterrecht von dem Manne Sicherheitsleistung verlangen. 1394, 1418, 1525.

1400 Ein zum eingebrachten Gute gehörendes R. kann die Frau bei g. Güterrecht im Wege der Klage nur mit Zustimmung des Mannes geltend machen. 1401, 1404, 1525.

1407 f. **Rechtsstreit** — Güterrecht.

1408 Das R., das dem Manne an dem eingebrachten Gute kraft seiner Verwaltung und Nutznießung zusteht, ist bei g. Güterrecht nicht übertragbar. 1525.

1409 Steht der Mann unter Vormundschaft, so hat ihn der Vormund in den R. und Pflichten zu vertreten, die sich aus der Verwaltung und Nutznießung des eingebrachten Gutes bei g. Güterrecht ergeben. Dies gilt auch dann, wenn die Frau Vormund des Mannes ist. 1525.

1414 Das eingebrachte Gut haftet bei g. Güterrecht nicht für eine Verbindlichkeit der Frau, die nach der Eingehung der Ehe infolge eines zu dem Vorbehaltsgute gehörenden R. oder des Besitzes einer dazu gehörenden Sache entsteht, es sei denn, daß das R. oder die Sache zu einem Erwerbsgeschäfte gehört, das die Frau mit Einwilligung des Mannes selbständig betreibt. 1411, 1525.

1425 Klage des Mannes auf Wiederherstellung seiner R. bei g. Güterrecht f. **Güterrecht** — Güterrecht.

§

1431 Die Gütertrennung ist Dritten gegenüber nur nach Maßgabe des § 1435 wirksam.

Das Gleiche gilt im Falle des § 1425 von der Wiederherstellung der Verwaltung und Nutznießung, wenn die Aufhebung in das Güterrechtsregister eingetragen worden ist. 1426.

1438 Wird ein R. gemeinschaftlich, das im Grundbuch eingetragen ist oder in das Grundbuch eingetragen werden kann, so kann bei a. Gütergemeinschaft jeder Ehegatte von dem anderen die Mitwirkung zur Berichtigung des Grundbuchs verlangen. 1485, 1519.

1439 Von dem Gesamtgut ausgeschlossen sind bei a. Gütergemeinschaft Gegenstände, die nicht durch Rechtsgeschäft übertragen werden können. Auf solche Gegenstände finden die bei der Errungenschaftsgemeinschaft für das eingebrachte Gut geltenden Vorschriften, mit Ausnahme des § 1524 entsprechende Anwendung.

1440 Vorbehaltsgut ist, was bei a. Gütergemeinschaft durch Ehevertrag für Vorbehaltsgut eines der Ehegatten erklärt ist oder von einem der Ehegatten nach § 1369 oder § 1370 erworben wird.

1449 Verfügt der Mann bei a. Gütergemeinschaft ohne die erforderliche Zustimmung der Frau über ein zu dem Gesamtgute gehörendes R., so kann die Frau das R. ohne Mitwirkung des Mannes gegen Dritte gerichtlich geltend machen. 1487, 1519.

1457 Steht der Mann unter Vormundschaft, so hat ihn der Vormund bei a. Gütergemeinschaft in den R. und Pflichten zu vertreten, die sich aus der Verwaltung des Gesamtguts ergeben. Dies gilt auch dann, wenn die Frau Vormund des Mannes ist. 1487, 1519.

1462 Haftung des Gesamtguts der a. Gütergemeinschaft für eine Verbindlichkeit der Frau aus einem zum Vorbehaltsgut gehörenden R. s. **Gütergemeinschaft** — Güterrecht.

1473 Was auf Grund eines zum Gesamtgut gehörenden R. . . . . erworben wird, wird bei a. Gütergemeinschaft Gesamtgut. 1497, 1546.

1480 s. **Erbe** — Erbe 1990, 1991.

1484 s. Erbe 1952.

1485 Auf das Gesamtgut der f. Gütergemeinschaft finden die für die eheliche Gütergemeinschaft geltenden Vorschriften des § 1438 Abs. 2, 3 entsprechende Anwendung. 1518.

1486 Vorbehaltsgut des überlebenden Ehegatten ist, was er bisher als Vorbehaltsgut gehabt hat oder nach § 1369 oder § 1370 erwirbt.

Gehören bei f. Gütergemeinschaft zu dem Vermögen des überlebenden Ehegatten Gegenstände, die nicht durch Rechtsgeschäft übertragen werden können, so finden auf sie die bei der Errungenschaftsgemeinschaft für das eingebrachte Gut des Mannes gelten- Vorschriften, mit Ausnahme des § 1524, entsprechende Anwendung. 1518.

1487 R. und Verbindlichkeiten des überlebenden Ehegatten in Ansehung des Gesamtguts der f. Gütergemeinschaft s. **Gütergemeinschaft** — Güterrecht.

1497 Bis zur Auseinandersetzung bestimmt sich das Rechtsverhältnis der Teilhaber am Gesamtgute bei der f. Gütergemeinschaft nach den §§ 1442, 1472, 1473, 1518.

1504 s. **Erbe** — Erbe 1990, 1991.

1505 Die Vorschriften über das R. auf Ergänzung des Pflichtteils finden zu Gunsten eines anteilsberechtigten Ab-

§ kömmlinges entsprechende Anwendung; an die Stelle des Erbfalls tritt die Beendigung der f. Gütergemeinschaft, als g. Erbteil gilt der dem Abkömmlinge zur Zeit der Beendigung gebührende Anteil an dem Gesamtgut, als Pflichtteil gilt die Hälfte des Wertes dieses Anteils. 1518.

1515 f. Erbe 2049.

1519 Auf das Gesamtgut der Errungenschaftsgemeinschaft finden die für die a. Gütergemeinschaft geltenden Vorschriften des § 1438 Abs. 2, 3 und der §§ 1442 bis 1453, 1455 bis 1457 Anwendung.

1522 Eingebrachtes Gut eines Ehegatten bei der Errungenschaftsgemeinschaft sind Gegenstände, die nicht durch Rechtsgeschäft übertragen werden können, sowie R., die mit seinem Tode erlöschen oder deren Erwerb durch den Tod eines der Ehegatten bedingt ist.

1523 Eingebrachtes Gut eines Ehegatten bei der Errungenschaftsgemeinschaft ist, was durch Ehevertrag für eingebrachtes Gut erklärt ist.

1524 Eingebrachtes Gut eines Ehegatten ist, was er auf Grund eines zu seinem eingebrachten Gute gehörenden R. oder als Ersatz für die Zerstörung, Beschädigung oder Entziehung eines zum eingebrachten Gute gehörenden Gegenstandes oder durch ein Rechtsgeschäft erwirbt, das sich auf das eingebrachte Gut bezieht. Ausgenommmen ist der Erwerb aus dem Betrieb eines Erwerbsgeschäfts.

Die Zugehörigkeit einer durch Rechtsgeschäft erworbenen Forderung zum eingebrachten Gute hat der Schuldner erst dann gegen sich gelten zu lassen, wenn er von der Zugehörigkeit Kenntnis erlangt; die Vorschriften der §§ 406 bis 408 finden entsprechende Anwendung. 1439, 1486, 1554.

1525 Auf das eingebrachte Gut der Frau finden bei der Errungenschaftsgemeinschaft im übrigen die Vorschriften der §§ 1373—1383, 1390—1417 entsprechende Anwendung.

1526 Vorbehaltsgut der Frau bei Errungenschaftsgemeinschaft ist, was durch Ehevertrag für Vorbehaltsgut erklärt ist oder von der Frau nach § 1369 oder § 1370 erworben wird.

1529 f. **Errungenschaftsgemeinschaft** — Güterrecht.

1533 Haftung des Gesamtgutes der Errungenschaftsgemeinschaft für eine Verbindlichkeit der Frau infolge eines ihr zustehenden R. f. **Errungenschaftsgemeinschaft** — Güterrecht.

1537 Die Vorschriften des § 1535 und des § 1536 Nr. 1, 4 finden bei der Errungenschaftsgemeinschaft insoweit keine Anwendung, als die Verbindlichkeiten nach § 1529 Abs. 2 von dem Gesamtgute zu tragen sind.

Das Gleiche gilt von den Vorschriften des § 1535 insoweit, als die Verbindlichkeiten durch den Betrieb eines Erwerbsgeschäfts, der für Rechnung des Gesamtguts geführt wird, oder infolge eines zu einem solchen Erwerbsgeschäfte gehörenden R. oder des Besitzes einer dazu gehörenden Sache entstehen.

1546 Nach der Beendigung der Errungenschaftsgemeinschaft findet in Ansehung des Gesamtguts die Auseinandersetzung statt. Bis zur Auseinandersetzung bestimmt sich das Rechtsverhältnis der Ehegatten nach den §§ 1442, 1472, 1473.

1547 Wird die Errungenschaftsgemeinschaft auf Grund des § 1418 Nr. 3 bis 5 aufgehoben, so kann der Mann unter den Voraussetzungen des § 1425 Abs. 1 auf Wiederherstellung der Gemeinschaft klagen. 1548.

1551 Zu dem unbeweglichen Vermögen, das bei der Fahrnisgemeinschaft ein-

§ gebrachtes Gut ist, gehören Grundstücke nebst Zubehör, R. an Grundstücken, mit Ausnahme der Hypotheken, Grundschulden und Rentenschulden, sowie Forderungen, die auf die Übertragung des Eigentums an Grundstücken oder auf die Begründung oder Übertragung eines der bezeichneten R. oder auf die Befreiung des Grundstücks von einem solchen R. gerichtet sind. 1549.

1554 Eingebrachtes Gut eines Ehegatten ist, was er bei der Fahrnisgemeinschaft in der im § 1524 bezeichneten Weise erwirbt. Ausgenommen ist, was an Stelle von Gegenständen erworben wird, die nur deshalb eingebrachtes Gut sind, weil sie nicht durch Rechtsgeschäft übertragen werden können. 1549.

1561 s. Ehe 1357.

Handlung.

823 Vorsätzliche oder fahrlässige Verletzung eines R. eines anderen s. **Handlung** — Handlung.

837 Besitzt jemand auf einem fremden Grundstück in Ausübung eines R. ein Gebäude oder ein anderes Werk, so trifft ihn an Stelle des Besitzers des Grundstücks die im § 836 bestimmte Verantwortlichkeit. 840.

844 Entziehung des R. auf Unterhalt durch Tötung des Verpflichteten s. **Handlung** — Handlung.

850 Macht der zur Herausgabe einer entzogenen Sache Verpflichtete Verwendungen auf die Sache, so stehen ihm dem Verletzten gegenüber die R. zu, die der Besitzer dem Eigentümer gegenüber wegen Verwendungen hat.

851 Leistet der wegen der Entziehung oder Beschädigung einer beweglichen Sache zum Schadensersatze Verpflichtete den Ersatz an denjenigen, in dessen Besitze sich die Sache zur Zeit der Entziehung oder der Beschädigung befunden hat, so wird er durch die Leistung auch dann befreit, wenn ein Dritter Eigentümer der Sache war oder ein sonstiges R. an der Sache hatte, es sei denn, daß ihm das R. des Dritten bekannt oder infolge grober Fahrlässigkeit unbekannt ist.

Hypothek.

1116 s. **Grundstück** — Grundstück 873, 876, 878.

1120 s. **Eigentum** — Eigentum 954, 955.

1124 Besteht die Verfügung über den für die Hypothek haftenden Miet- oder Pachtzins in der Übertragung der Forderung auf einen Dritten, so erlischt die Haftung der Forderung; erlangt ein Dritter ein R. an der Forderung, so geht es der Hypothek im Range vor; s. **Hypothek** — Hypothek.

1126 Ist mit dem Eigentum an dem mit Hypotheken belasteten Grundstück ein R. auf wiederkehrende Leistungen verbunden, so erstreckt sich die Hypothek auf die Ansprüche auf diese Leistungen. Die Vorschriften des § 1123 Abs. 2 Satz 1, des § 1124 Abs. 1, 3 und des § 1125 finden entsprechende Anwendung.

1131 Wird ein Grundstück nach § 890 Abs. 2 einem anderen Grundstück im Grundbuche zugeschrieben, so erstrecken sich die an diesem Grundstücke bestehenden Hypotheken auf das zugeschriebene Grundstück. R., mit denen das zugeschriebene Grundstück belastet ist, gehen diesen Hypotheken im Range vor.

1132 s. **Grundstück** — Grundstück 875, 876, 878.

1138 s. **Grundstück** — Grundstück 891 bis 899.

1140 s. **Grundstück** — Grundstück 892, 893.

1148 Bei der Verfolgung des R. aus der Hypothek gilt zu Gunsten des

§ Gläubigers derjenige, welcher im Grundbuch als Eigentümer eingetragen ist, als der Eigentümer. Das R. des nicht eingetragenen Eigentümers, die ihm gegen die Hypothek zustehenden Einwendungen geltend zu machen, bleibt unberührt.

1149 Der Eigentümer des mit einer Hypothek belasteten Grundstücks kann, solange nicht die Forderung ihm gegenüber fällig geworden ist, dem Gläubiger nicht das R. einräumen, zum Zwecke der Befriedigung die Übertragung des Eigentums an dem Grundstücke zu verlangen oder die Veräußerung des Grundstücks auf andere Weise als im Wege der Zwangsvollstreckung zu bewirken.

1150 s. **Leistung** — Leistung 268.

1154 s. **Grundstück** — Grundstück 873, 878.

1155 s. **Grundstück** — Grundstück 891 bis 899.

1157 s. **Grundstück** — Grundstück 892, 894—899.

1158, 1159 s. **Grundstück** — Grundstück 892.

1165 Verzichtet der Gläubiger auf die Hypothek oder hebt er sie nach § 1183 auf oder räumt er einem anderen R. den Vorrang ein, so wird der persönliche Schuldner insoweit frei, als er ohne diese Verfügung nach § 1164 aus der Hypothek hätte Ersatz erlangen können.

1168 s. **Grundstück** — Grundstück 875, 876, 878.

1170, 1171, 1175, 1188 Ausschließung des unbekannten Hypothekengläubigers mit seinem R. s. **Hypothek** — Hypothek.

1171 Das R. des ausgeschlossenen Hypothekengläubigers auf den hinterlegten Betrag erlischt mit dem Ablaufe von dreißig Jahren nach der Erlassung des Ausschlußurteils, wenn nicht der

§ Gläubiger sich vorher bei der Hinterlegungsstelle meldet; der Hinterleger ist zur Rücknahme berechtigt, auch wenn er auf das R. zur Rücknahme verzichtet hat.

1177 R. des Eigentümers aus der Hypothek, falls sich die Hypothek mit dem Eigentum in einer Person vereinigt s. **Hypothek** — Hypothek.

1180 s. **Grundstück** — Grundstück 873, 875, 876, 878.

1182 Soweit im Falle einer Gesamthypothek der Eigentümer des Grundstücks, aus dem der Gläubiger befriedigt wird, von dem Eigentümer eines der anderen Grundstücke oder einem Rechtsvorgänger dieses Eigentümers Ersatz verlangen kann, geht die Hypothek an dem Grundstücke dieses Eigentümers auf ihn über. Die Hypothek kann jedoch, wenn der Gläubiger nur teilweise befriedigt wird, nicht zum Nachteile der dem Gläubiger verbleibenden Hypothek und, wenn das Grundstück mit einem im Range gleich- oder nachstehenden R. belastet ist, nicht zum Nachteile dieses R. geltend gemacht werden.

1184 Eine Hypothek kann in der Weise bestellt werden, daß das R. des Gläubigers aus der Hypothek sich nur nach der Forderung bestimmt und der Gläubiger sich zum Beweise der Forderung nicht auf die Eintragung berufen kann (Sicherungshypothek).

Juristische Personen des öff. R.

89 Die Vorschrift des § 31 findet auf den Fiskus sowie auf die Körperschaften, Stiftungen und Anstalten des öffentlichen R. entsprechende Anwendung.

Das Gleiche gilt, soweit bei Körperschaften, Stiftungen und Anstalten des öffentlichen R. der Konkurs zulässig ist, von der Vorschrift des § 42 Abs. 2.

§ **Kauf.**

433, 435, 437, 441, 444, 448, 449, 451 Verkauf von R. s. **Kauf** — Kauf.

434 Der Verkäufer ist verpflichtet, dem Käufer den verkauften Gegenstand frei von R. zu verschaffen, die von Dritten gegen den Käufer geltend gemacht werden können. 440, 443, 445.

435 Der Verkäufer eines Grundstücks oder eines R. an einem Grundstück ist verpflichtet, im Grundbuch eingetragene R., die nicht bestehen, auf seine Kosten zur Löschung zu bringen, wenn sie im Falle ihres Bestehens das dem Käufer zu verschaffende R. beeinträchtigen würden.

Das Gleiche gilt bei dem Verkauf eines Schiffes oder eines R. an einem Schiffe für die im Schiffsregister eingetragenen R. 440, 443, 445.

439 Der Verkäufer hat einen Mangel im R. nicht zu vertreten, wenn der Käufer den Mangel bei dem Abschlusse des Kaufes kennt.

Eine Hypothek, eine Grundschuld, eine Rentenschuld oder ein Pfandr. hat der Verkäufer zu beseitigen, auch wenn der Käufer die Belastung kennt. Das Gleiche gilt von einer Vormerkung zur Sicherung des Anspruchs auf Bestellung eines dieser R. 440, 443, 445.

440 Erfüllt der Verkäufer die ihm nach den §§ 433—437, 439 obliegenden Verpflichtungen nicht, so bestimmen sich die R. des Käufers nach den Vorschriften der §§ 320—327.

Ist eine bewegliche Sache verkauft und dem Käufer zum Zwecke der Eigentumsübertragung übergeben worden, so kann der Käufer wegen des R. eines Dritten, das zum Besitze der Sache berechtigt, Schadensersatz wegen Nichterfüllung nur verlangen, wenn er die Sache dem Dritten mit Rücksicht auf dessen R. herausgegeben hat oder sie dem Verkäufer zurückgewährt oder wenn die Sache untergegangen ist.

Der Herausgabe der Sache an den Dritten steht es gleich, wenn der Dritte den Käufer oder dieser den Dritten beerbt oder wenn der Käufer das R. des Dritten anderweit erwirbt oder den Dritten abfindet.

Steht dem Käufer ein Anspruch auf Herausgabe gegen einen anderen zu, so genügt an Stelle der Rückgewähr die Abtretung des Anspruchs. 441, 443, 445.

442 Bestreitet der Verkäufer den vom Käufer geltend gemachten Mangel im R., so hat der Käufer den Mangel zu beweisen. 443, 445.

443 Eine Vereinbarung, d[illegible] nach den §§ 433—437, 439—442 wegen eines Mangels im R. dem Verkäufer obliegende Verpflichtung zur Gewährleistung erlassen oder beschränkt wird, ist nichtig, wenn der Verkäufer den Mangel arglistig verschweigt. 445.

444 Auskunft über die rechtlichen Verhältnisse des verkauften Gegenstandes s. **Kauf** — Kauf.

449 Der Käufer eines Grundstücks hat die Kosten der Auflassung und der Eintragung, der Käufer eines R. an einem Grundstücke hat die Kosten der zur Begründung oder Übertragung des R. nötigen Eintragung in das Grundbuch, mit Einschluß der Kosten der zu der Eintragung erforderlichen Erklärungen, zu tragen. Dem Käufer fallen in beiden Fällen auch die Kosten der Beurkundung des Kaufes zur Last. 451.

464 Nimmt der Käufer eine mangelhafte Sache an, obschon er den Mangel kennt, so stehen ihm die in den §§ 462, 463 bestimmten Ansprüche nur zu, wenn er sich seine R. wegen des

§ Mangels bei der Annahme vorbehält. 480, 481.

467, 487 s. **Vertrag** — Vertrag 353.

475 Durch die wegen eines Mangels erfolgte Minderung wird das R. des Käufers, wegen eines anderen Mangels Wandelung oder von neuem Minderung zu verlangen, nicht ausgeschlossen. 480, 481.

485 Verlust der dem Käufer wegen eines Mangels der Sache zustehenden R. s. **Kauf** — Kauf.

499 Beseitigung der durch eine Verfügung über den gekauften Gegenstand begründeten R. Dritter beim Wiederkauf s. **Kauf** — Kauf.

Leistung.

255 Schadensersatzpflicht bei Verlust eines R. s. **Leistung** — Leistung.

268 R. des Besitzers und dessen, der Gefahr läuft, einen Gegenstand im Wege der Zwangsvollstreckung zu verlieren, durch Befriedigung des Gläubigers die Zwangsvollstreckung abzuwenden s. **Leistung** — Leistung.

273 Hat der Schuldner aus demselben rechtlichen Verhältnis, auf dem seine Verpflichtung beruht, einen fälligen Anspruch gegen den Gläubiger, so kann er, sofern nicht aus dem Schuldverhältnisse sich ein anderes ergiebt, die geschuldete Leistung verweigern, bis die ihm gebührende Leistung bewirkt wird (Zurückbehaltungsrecht).

Wer zur Herausgabe eines Gegenstandes verpflichtet ist, hat das gleiche R., wenn ihm ein fälliger Anspruch wegen Verwendungen auf den Gegenstand oder wegen eines ihm durch diesen verursachten Schadens zusteht, es sei denn, daß er den Gegenstand durch eine vorsätzlich begangene unerlaubte Handlung erlangt hat.

Der Gläubiger kann die Ausübung des Zurückbehaltungsrechts durch Sicherheitsleistung abwenden. Die Sicherheitsleistung durch Bürgen ist ausgeschlossen.

280, 286. s. **Vertrag** — Vertrag 353.

283 s. **Rechtskraft** — Leistung.

289 Von Zinsen sind Verzugszinsen nicht zu entrichten. Das R. des Gläubigers auf Ersatz des durch den Verzug entstehenden Schadens bleibt unberührt. 291.

Miete.

539 Kennt der Mieter bei dem Abschlusse des Vertrags den Mangel der gemieteten Sache, so stehen ihm die in den §§ 537, 538 bestimmten R. nicht zu. Ist dem Mieter ein Mangel der im § 537 Abs. 1 bezeichneten Art infolge grober Fahrlässigkeit unbekannt geblieben, oder nimmt er eine mangelhafte Sache an, obschon er den Mangel kennt, so kann er diese R. nur unter den Voraussetzungen geltend machen, unter welchen dem Käufer einer mangelhaften Sache nach den §§ 460, 464 Gewähr zu leisten ist. 541, 543.

541 Wird durch das R. eines Dritten dem Mieter der vertragsmäßige Gebrauch der gemieteten Sache ganz oder zum Teil entzogen, so finden die Vorschriften der §§ 537, 538, des § 539 Satz 1 und des § 540 entsprechende Anwendung. 543.

544 Kündigung des Mietverhältnisses wegen gesundheitsgefährdender Beschaffenheit der Mieträume auch wenn der Mieter auf die ihm wegen dieser Beschaffenheit zustehenden R. verzichtet hat s. **Miete** — Miete.

545 Zeigt sich im Laufe der Miete ein Mangel der gemieteten Sache oder wird eine Vorkehrung zum Schutze der Sache gegen eine nicht vorhergesehene Gefahr erforderlich, so hat der Mieter dem Vermieter unverzüglich Anzeige zu machen. Das Gleiche gilt,

§ wenn sich ein Dritter ein R. an der Sache anmaßt.

Unterläßt der Mieter die Anzeige, so ist er zum Ersatze des daraus entstehenden Schadens verpflichtet; er ist, soweit der Vermieter infolge der Unterlassung der Anzeige Abhilfe zu schaffen außer stande war, nicht berechtigt, die im § 537 bestimmten R. geltend zu machen oder nach § 542 Abs. 1 Satz 3 ohne Bestimmung einer Frist zu kündigen oder Schadensersatz wegen Nichterfüllung zu verlangen.

571, 572 Eintritt des Erwerbers des vermieteten Grundstücks in die sich aus dem Mietverhältnis ergebenden R. und Verpflichtungen des Vermieters f. **Miete** — Miete.

577 Wird das vermietete Grundstück nach der Überlassung an den Mieter von dem Vermieter mit dem R. eines Dritten belastet, so finden die Vorschriften der §§ 571—576 entsprechende Anwendung, wenn durch die Ausübung des R. dem Mieter der vertragsmäßige Gebrauch entzogen wird. Hat die Ausübung des R. nur eine Beschränkung des Mieters in dem vertragsmäßigen Gebrauche zur Folge, so ist der Dritte dem Mieter gegenüber verpflichtet, die Ausübung zu unterlassen, soweit sie den vertragsmäßigen Gebrauch beeinträchtigen würde. 578, 579.

578 Belastung eines vermieteten Grundstücks mit einem R., durch dessen Ausübung der vertragsmäßige Gebrauch dem Mieter entzogen oder beschränkt wird f. **Miete** — Miete.

Namen.

12 Wird das R. zum Gebrauch eines Namens dem Berechtigten von einem anderen bestritten oder wird das Interesse des Berechtigten dadurch verletzt, daß ein anderer unbefugt den gleichen Namen gebraucht, so kann der Berechtigte von dem anderen Beseitigung der Beeinträchtigung verlangen. Sind weitere Beeinträchtigungen zu besorgen, so kann er auf Unterlassung klagen.

Nießbrauch.

1031 f. **Eigentum** — Eigentum 926.

1032 Zur Bestellung des Nießbrauchs an einer beweglichen Sache ist erforderlich, daß der Eigentümer die Sache dem Erwerber übergiebt und beide darüber einig sind, daß diesem der Nießbrauch zustehen soll. Die Vorschriften des § 929 Satz 2 und der §§ 930—936 finden entsprechende Anwendung; in den Fällen des § 936 tritt nur die Wirkung ein, daß der Nießbrauch dem R. des Dritten vorgeht.

1040 Das R. des Nießbrauchers erstreckt sich nicht auf den Anteil des Eigentümers an einem Schatze, der in der Sache gefunden wird.

1042 Anmaßung eines R. von Seiten eines Dritten an einer mit einem Nießbrauch belasteten Sache f. **Niessbrauch** — Nießbrauch.

1051, 1054 Verletzung der R. des Eigentümers durch den Nießbraucher f. **Niessbrauch** — Nießbrauch.

1056 f. **Miete** — Miete 571, 572.

1060 f. Grunddienstbarkeit 1024.

1063 rechtliches Interesse des Eigentümers an dem Fortbestehen des Nießbrauches f. **Niessbrauch** — Nießbrauch.

1065 Beeinträchtigung des R. des Nießbrauchers f. **Niessbrauch** — Nießbrauch.

1066 Besteht ein Nießbrauch an dem Anteil eines Miteigentümers, so übt der Nießbraucher die R. aus, die sich aus der Gemeinschaft der Miteigentümer in Ansehung der Verwaltung der Sache und der Art ihrer Benutzung ergeben.

1068—1084 Nießbrauch an R. f. **Niessbrauch** — Nießbrauch.

§

1068 Gegenstand des Nießbrauchs kann auch ein R. sein.

Auf den Nießbrauch an R. finden die Vorschriften über den Nießbrauch an Sachen entsprechende Anwendung, soweit sich nicht aus den §§ 1069 bis 1084 ein anderes ergiebt.

1069 Bestellung des Nießbrauchs an einem R. f. **Niessbrauch** — Nießbrauch.

1070 R. kraft dessen eine Leistung gefordert werden kann, als Gegenstand des Nießbrauchs f. **Niessbrauch** — Nießbrauch.

1071 Aufhebung und Änderung eines dem Nießbrauch unterliegenden R. f. **Niessbrauch** — Nießbrauch.

1072 Die Beendigung des Nießbrauchs tritt nach den Vorschriften der §§ 1063, 1064 auch dann ein, wenn das dem Nießbrauch unterliegende R. nicht ein R. an einer beweglichen Sache ist. 1068.

1073 Dem Nießbraucher einer Leibrente, eines Auszugs oder eines ähnlichen R. gebühren die einzelnen Leistungen, die auf Grund des R. gefordert werden können. 1068.

Pacht.

595 Pacht eines R. f. **Pacht** — Pacht.

Pfandrecht.

1204—1271 Pfandr. an beweglichen Sachen und an R.

1204—1272 Pfandr. an beweglichen Sachen.

1208 Ist die verpfändete Sache mit dem R. eines Dritten belastet, so geht das Pfandr. dem R. vor, es sei denn, daß der Pfandgläubiger zur Zeit des Erwerbes des Pfandr. in Ansehung des R. nicht in gutem Glauben ist. Die Vorschriften des § 932 Abs. 1 Satz 2, des § 935 und des § 936 Abs. 3 finden entsprechende Anwendung. 1262, 1266, 1273.

1217 Verletzung der R. des Verpfänders von Seiten des Pfandgläubigers f. **Pfandrecht** — Pfandrecht.

1227 Beeinträchtigung des R. des Pfandgläubigers f. **Pfandrecht** — Pfandrecht.

1233 Erlangung eines vollstreckbaren Titels für das R. des Pfandgläubigers zum Verkauf des Pfandes f. **Pfandrecht** — Pfandrecht.

1237 Dritte, denen R. an dem Pfande zustehen, sind von dem Ort und der Zeit der Versteigerung besonders zu benachrichtigen. 1233, 1243, 1245, 1246, 1266.

1238 Das Pfand darf nur mit der Bestimmung verkauft werden, daß der Käufer den Kaufpreis sofort bar zu entrichten hat und seiner R. verlustig sein soll, wenn dies nicht geschieht.

Erfolgt der Verkauf ohne diese Bestimmung, so ist der Kaufpreis als von dem Pfandgläubiger empfangen anzusehen; die R. des Pfandgläubigers gegen den Ersteher bleiben unberührt. Unterbleibt die sofortige Entrichtung des Kaufpreises, so gilt das Gleiche, wenn nicht vor dem Schlusse des Versteigerungstermins von dem Vorbehalte der Rechtsverwirkung Gebrauch gemacht wird. 1233, 1245, 1256, 1266.

1242 Durch die rechtzeitige Veräußerung des Pfandes erlangt der Erwerber die gleichen R., wie wenn er die Sache von dem Eigentümer erworben hätte. Dies gilt auch dann, wenn dem Pfandgläubiger der Zuschlag erteilt wird. 1266.

1244, 1262 f. **Eigentum** — Eigentum 936.

1245 Zustimmung des Dritten zu einer Vereinbarung über die Art des Pfandverkaufs, wenn ihm an dem Pfande ein R. zusteht, das durch die Veräußerung erlischt f. **Pfandrecht** — Pfandrecht.

1249 Wer durch die Veräußerung des Pfandes ein R. an dem Pfande verlieren würde, kann den Pfandgläubiger befriedigen, sobald der

§ Schuldner zur Leistung berechtigt ist. Die Vorschriften des § 268 Abs. 2, 3 finden entsprechende Anwendung. 1266.

1255 Ist das Pfandr. mit dem R. eines Dritten belastet, so ist die Zustimmung des Dritten zu der Aufhebung des Pfandr. erforderlich. 1266

1256 Das Pfandr. erlischt, wenn es mit dem Eigentum in derselben Person zusammentrifft. Das Erlöschen tritt nicht ein, solange die Forderung, für welche das Pfandr. besteht, mit dem R. eines Dritten belastet ist.

Das Pfandr. gilt als nicht erloschen, soweit der Eigentümer ein rechtliches Interesse an dem Fortbestehen des Pfandr. hat. 1266.

1258 Besteht ein Pfandr. an dem Anteil eines Miteigentümers, so übt der Pfandgläubiger die R. aus, die sich aus der Gemeinschaft der Miteigentümer in Ansehung der Verwaltung der Sache und der Art ihrer Benutzung ergeben.

Die Aufhebung der Gemeinschaft kann vor dem Eintritte der Verkaufsberechtigung des Pfandgläubigers nur von dem Miteigentümer und dem Pfandgläubiger gemeinschaftlich verlangt werden. Nach dem Eintritte der Verkaufsberechtigung kann der Pfandgläubiger die Aufhebung der Gemeinschaft verlangen, ohne daß es der Zustimmung des Miteigentümers bedarf; er ist nicht an eine Vereinbarung gebunden, durch welche die Miteigentümer das R. die Aufhebung der Gemeinschaft zu verlangen, für immer oder auf Zeit ausgeschlossen oder eine Kündigungsfrist bestimmt haben.

Wird die Gemeinschaft aufgehoben, so gebührt dem Pfandgläubiger das Pfandr. an den Gegenständen, welche an die Stelle des Anteils treten.

§ Das R. des Pfandgläubigers zum Verkaufe des Anteils bleibt unberührt.

1260 s. **Grundstück** — Grundstück 873, 878.

1261 s. **Grundstück** — Grundstück 879 bis 881.

1263 s. **Grundstück** — Grundstück 897 bis 899.

1266 Die Vorschriften der §§ 1205 bis 1257 finden insoweit keine Anwendung, als sich daraus, daß der Pfandgläubiger nicht den Besitz des Schiffes erlangt, Abweichungen ergeben. In dem Falle des § 1254 tritt an die Stelle des Anspruchs auf Rückgabe des Pfandes das R. die Aufhebung des Pfandr. zu verlangen. 1259, 1272.

1267 Der Verpfänder kann gegen Befriedigung des Pfandgläubigers die Aushändigung der zur Löschung des Pfandr. erforderlichen Urkunden verlangen. Das gleiche R. steht dem persönlichen Schuldner zu, wenn er ein rechtliches Interesse an der Berichtigung des Schiffsregisters hat. 1259, 1272.

1269 s. **Hypothek** — Hypothek 1170, 1171.

1270 s. **Hypothek** — Hypothek 1188.

1273—1296 Pfandr. an R. s. **Pfandrecht** — Pfandrecht.

1273 Gegenstand des Pfandr. kann auch ein R. sein.

Auf das Pfandr. an R. finden die Vorschriften über das Pfandr. an beweglichen Sachen entsprechende Anwendung, soweit sich nicht aus den §§ 1274—1296 ein anderes ergiebt. Die Anwendung der Vorschriften des § 1208 und des § 1213 Abs. 2 ist ausgeschlossen.

1274 Bestellung des Pfandr. an einem R. s. **Pfandrecht** — Pfandrecht.

1275 Pfandr. an einem R. kraft dessen eine

§ Leistung gefordert werden kann s. **Pfandrecht** — Pfandrecht.

1276 Aufhebung oder Änderung eines verpfändeten R. s. **Pfandrecht** — Pfandrecht.

1277 Befriedigung des Pfandgläubigers aus einem verpfändeten R. s. **Pfandrecht** — Pfandrecht.

1278 Pfandr. an einem R., zu dessen Verpfändung die Übergabe einer Sache erforderlich ist s. **Pfandrecht** — Pfandrecht.

1282 Sind die Voraussetzungen des § 1228 Abs. 2 eingetreten, so ist der Pfandgläubiger zur Einziehung der Forderung berechtigt und kann der Schuldner nur an ihn leisten. Die Einziehung einer Geldforderung steht dem Pfandgläubiger nur insoweit zu, als sie zu seiner Befriedigung erforderlich ist. Soweit er zur Einziehung berechtigt ist, kann er auch verlangen, daß ihm die Geldforderung an Zahlungsstatt abgetreten wird.

Zu anderen Verfügungen über die Forderung ist der Pfandgläubiger nicht berechtigt; das R., die Befriedigung aus der Forderung nach § 1277 zu suchen, bleibt unberührt. 1273, 1279, 1284, 1287, 1288.

1289 s. **Hypothek** — Hypothek 1124.

Pflichtteil.

2303 R. der Abkömmlinge der Eltern und des Ehegatten des Erblassers, den Pflichtteil zu verlangen, wenn sie durch Verfügung von Todeswegen von der Erbfolge ausgeschlossen sind s. **Pflichtteil** — Pflichtteil.

2307 Schlägt der Pflichtteilsberechtigte das Vermächtnis nicht aus, so steht ihm ein R. auf den Pflichtteil nicht zu, soweit der Wert des Vermächtnisses reicht. 2306.

2312 R. des Einen von mehreren Erben ein zum Nachlasse gehörendes Landgut zu dem Ertragswerte zu übernehmen s. **Pflichtteil** — Pflichtteil.

2313 Bei der Feststellung des Wertes des Nachlasses bleiben R. und Verbindlichkeiten, die von einer aufschiebenden Bedingung abhängig sind, außer Ansatz. R. und Verbindlichkeiten, die von einer auflösenden Bedingung abhängig sind, kommen als unbedingte in Ansatz. Tritt die Bedingung ein, so hat die der veränderten Rechtslage entsprechende Ausgleichung zu erfolgen.

Für ungewisse oder unsichere R. sowie für zweifelhafte Verbindlichkeiten gilt das Gleiche wie für R. und Verbindlichkeiten, die von einer aufschiebenden Bedingung abhängig sind. Der Erbe ist dem Pflichtteilsberechtigten gegenüber verpflichtet, für die Feststellung eines ungewissen und für die Verfolgung eines unsicheren R. zu sorgen, soweit es einer ordnungsmäßigen Verwaltung entspricht.

2335, 2337 Erlöschen des R. zur Entziehung des Pflichtteils s. **Pflichtteil** — Pflichtteil.

Reallasten.

1105—1112 wiederkehrende Leistungen aus einem Grundstück zu fordern s. **Reallasten** — Reallasten.

Sachen.

93 Bestandteile einer Sache, die von einander nicht getrennt werden können, ohne daß der eine oder der andere zerstört oder in seinem Wesen verändert wird (wesentliche Bestandteile), können nicht Gegenstand besonderer R. sein.

95 Zu den Bestandteilen eines Grundstücks gehören solche Sachen nicht, die nur zu einem vorübergehenden Zwecke mit dem Grund und Boden verbunden sind. Das Gleiche gilt von einem Gebäude oder anderen Werke, das in Ausübung eines R. an einem fremden Grundstücke von

§

429 Der Verzug eines Gesamtgläubigers wirkt auch gegen die übrigen Gläubiger.

Vereinigen sich Forderung und Schuld in der Person eines Gesamtgläubigers, so erlöschen die R. der übrigen Gläubiger gegen den Schuldner.

Im übrigen finden die Vorschriften der §§ 422, 423, 425 entsprechende Anwendung. Insbesondere bleiben, wenn ein Gesamtgläubiger seine Forderung auf einen anderen überträgt, die R. der übrigen Gläubiger unberührt.

Selbstverteidigung.

226 Die Ausübung eines R. ist unzulässig, wenn sie nur den Zweck haben kann, einem anderen Schaden zuzufügen.

Stiftung.

82 R., zu deren Übertragung der Abtretungsvertrag genügt, gehen mit der Genehmigung der Stiftung auf die Stiftung über, sofern nicht aus dem Stiftungsgeschäfte sich ein anderer Wille des Stifters ergiebt.

88 s. Verein 48.

Testament.

2081 Die Anfechtung einer letztwilligen Verfügung, durch die ein Erbe eingesetzt, ein g. Erbe von der Erbfolge ausgeschlossen, ein Testamentsvollstrecker ernannt oder eine Verfügung solcher Art aufgehoben wird, erfolgt durch Erklärung gegenüber dem Nachlaßgerichte.

Das Nachlaßgericht soll die Anfechtungserklärung demjenigen mitteilen, welchem die angefochtene Verfügung unmittelbar zu statten kommt. Es hat die Einsicht der Erklärung jedem zu gestatten, der ein rechtliches Interesse glaubhaft macht.

Die Vorschrift des Abs. 1 gilt auch für die Anfechtung einer letztwilligen Verfügung, durch die ein R. für einen anderen nicht begründet wird, insbesondere für die Anfechtung einer Auflage.

§

2099 Das R. des Ersatzerben geht dem Anwachsungsrecht vor. 2190.

2108 Übergang des R. des Nacherben auf dessen Erben s. **Erblasser** — Testament.

2110 Ausdehnung des R. eines Nacherben s. **Erblasser** — Testament.

2111 Zur Erbschaft gehört, was der Vorerbe auf Grund eines zur Erbschaft gehörenden R. . . . . erwirbt s. **Erblasser** — Testament.

2113 Die Verfügung des Vorerben über ein zur Erbschaft gehörendes Grundstück oder über ein zur Erbschaft gehörendes R. an einem Grundstück ist im Falle des Eintritts der Nacherbfolge insoweit unwirksam, als sie das R. des Nacherben vereiteln oder beeinträchtigen würde.

Das Gleiche gilt von der Verfügung über einen Erbschaftsgegenstand, die unentgeltlich oder zum Zwecke der Erfüllung eines von dem Vorerben erteilten Schenkungsversprechens erfolgt. Ausgenommen sind Schenkungen, durch die einer sittlichen Pflicht oder einer auf den Anstand zu nehmenden Rücksicht entsprochen wird.

Die Vorschriften zu Gunsten derjenigen, welche R. von einem Nichtberechtigten herleiten, finden entsprechende Anwendung. 2112, 2114, 2136, 2138.

2115 Eine Verfügung über einen Erbschaftsgegenstand, die im Wege der Zwangsvollstreckung oder der Arrestvollziehung oder durch den Konkursverwalter erfolgt, ist im Falle des Eintritts der Nacherbfolge insoweit unwirksam, als sie das R. des Nacherben vereiteln oder beeinträchtigen würde. Die Verfügung ist unbeschränkt wirksam, wenn der Anspruch eines Nachlaßgläubigers oder ein an einem Erbschaftsgegenstande bestehendes R. geltend gemacht wird, das

§ im Falle des Eintritts der Nacherbfolge dem Nacherben gegenüber wirksam ist. 2112.

2127, 2128 Verletzung des R. des Nacherben seitens des Vorerben s. **Erblasser** — Testament.

2129 Wird dem Vorerben die Verwaltung nach den Vorschriften des § 1052 entzogen, so verliert er das R., über Erbschaftsgegenstände zu verfügen.

Die Vorschriften zu Gunsten derjenigen, welche R. von einem Nichtberechtigten herleiten, finden entsprechende Anwendung. . . . s. **Erblasser** — Testament.

2143 Tritt die Nacherbfolge ein, so gelten die infolge des Erbfalls durch Vereinigung von R. und Verbindlichkeit oder von R. und Belastung erloschenen Rechtsverhältnisse als nicht erloschen.

2145 s. **Erbe** — Erbe 1990, 1991.

2146 Das Nachlaßgericht hat die Anzeige von dem Eintritte des Falles der Nacherbfolge jedem zu gestatten, der ein rechtliches Interesse glaubhaft macht.

2165 Beseitigung der R., mit denen ein vermachter Gegenstand belastet ist s. **Erblasser** — Testament.

2169 Hat der Erblasser nur den Besitz der vermachten Sache, so gilt im Zweifel der Besitz als vermacht, es sei denn, daß er dem Bedachten keinen rechtlichen Vorteil gewährt.

2172 R. des Erblassers zur Wegnahme der mit einer Sache verbundenen, vermachten Sache s. **Erblasser** — Testament.

2174 Durch das Vermächtnis wird für den Bedachten das R. begründet, von dem Beschwerten die Leistung des vermachten Gegenstandes zu fordern.

2175 Hat der Erblasser eine ihm gegen den Erben zustehende Forderung oder hat er ein R. vermacht, mit dem eine

§ Sache oder ein R. des Erben belastet ist, so gelten die infolge des Erbfalls durch Vereinigung von R. und Verbindlichkeit oder von R. und Belastung erloschenen Rechtsverhältnisse in Ansehung des Vermächtnisses als nicht erloschen.

2176 Die Forderung des Vermächtnisnehmers kommt, unbeschadet des R., das Vermächtnis auszuschlagen, zur Entstehung (Anfall des Vermächtnisses) mit dem Erbfalle.

2180 s. **Erbe** — Erbe 1952, 1953.

2182 s. **Kauf** — Kauf 433—435, 437, 440—444.

2184 Herausgabe des seit dem Anfalle des Vermächtnisses auf Grund des vermachten R. Erlangten an den Vermächtnisnehmer s. **Erblasser** — Testament.

2204 s. Erbe 2049.

2206 Der Erbe ist verpflichtet, zur Eingehung von Verbindlichkeiten für den Nachlaß durch den Testamentsvollstrecker seine Einwilligung zu erteilen, unbeschadet des R., die Beschränkung seiner Haftung für die Nachlaßverbindlichkeiten geltend zu machen. 2208.

2208 Der Testamentsvollstrecker hat die in den §§ 2203—2206 bestimmten R. nicht, soweit anzunehmen ist, daß sie ihm nach dem Willen des Erblassers nicht zustehen sollen.

2211 Vorschriften zu Gunsten derjenigen, welche R. von einem Nichtberechtigten herleiten s. **Erblasser** — Testament.

2212 Ein der Verwaltung des Testamentsvollstreckers unterliegendes R. kann nur von dem Testamentsvollstrecker gerichtlich geltend gemacht werden.

2217 Erlöschen des R. des Testamentsvollstreckers zur Verwaltung der Nachlaßgegenstände s. **Erblasser** — Testament.

2222 Der Erblasser kann einen Testaments-

§ **erklärung** — Verwandtschaft, 1765 s. **Kindesstatt** — Verwandtschaft.

1638 Das R. und die Pflicht, für das Vermögen des ehelichen Kindes zu sorgen (Vermögensverwaltung), erstreckt sich nicht auf das Vermögen, welches das Kind von Todeswegen erwirbt oder welches ihm unter Lebenden von einem Dritten unentgeltlich zugewendet wird, wenn der Erblasser durch letztwillige Verfügung, der Dritte bei der Zuwendung bestimmt hat, daß der Erwerb der Verwaltung des Vaters entzogen sein soll.

Was das Kind auf Grund eines zu einem solchen Vermögen gehörenden R. oder als Ersatz für die Zerstörung, Beschädigung oder Entziehung eines zu dem Vermögen gehörenden Gegenstandes oder durch ein Rechtsgeschäft erwirbt, das sich auf das Vermögen bezieht, ist gleichfalls der Verwaltung des Vaters entzogen. 1651.

1646 Eigentum an einem mit Mitteln des ehelichen Kindes erworbenen R. s. **Kind** — Verwandtschaft.

1658 Das R., das dem Vater kraft seiner Nutznießung an dem Vermögen des ehelichen Kindes zusteht, ist nicht übertragbar.

1666 Verletzung des R. des ehelichen Kindes auf Gewährung des Unterhalts s. **Kind** — Verwandtschaft.

1693 Das Vormundschaftsgericht kann auf Antrag der Mutter dem Beistande die Vermögensverwaltung ganz oder teilweise übertragen; soweit dies geschieht, hat der Beistand die R. und Pflichten eines Pflegers. 1686, 1695.

1696 Der Vormund des ehelichen Kindes hat, soweit der minderjährigen Mutter die Sorge für die Person des Kindes zusteht, die rechtliche Stellung eines Beistandes. 1697, 1686.

1699—1704 Rechtliche Stellung der Kinder aus nichtigen Ehen s. **Kind** — Verwandtschaft.

1701 War dem Vater die Nichtigkeit der Ehe bei der Eheschließung bekannt, so hat er nicht die sich aus der Vaterschaft ergebenden R. 1700, 1721.

1702 War der Mutter die Nichtigkeit der Ehe bei der Eheschließung bekannt, so hat sie in Ansehung des Kindes nur diejenigen R., welche im Falle der Scheidung der allein für schuldig erklärten Frau zustehen.

Stirbt der Vater oder endigt seine elterliche Gewalt aus einem anderen Grunde, so hat die Mutter nur das R. und die Pflicht, für die Person des Kindes zu sorgen; zur Vertretung des Kindes ist sie nicht berechtigt. Der Vormund des Kindes hat, soweit der Mutter die Sorge zusteht, die rechtliche Stellung eines Beistandes.

Die Vorschriften des Abs. 2 finden auch dann Anwendung, wenn die rechtliche Gewalt des Vaters wegen seiner Geschäftsunfähigkeit oder nach § 1677 ruht. 1700, 1721.

1705—1718 Rechtliche Stellung der unehelichen Kinder s. **Kind** — Verwandtschaft.

1707 Der Mutter steht nicht die elterliche Gewalt über das uneheliche Kind zu. Sie hat das R. und die Pflicht, für die Person des Kindes zu sorgen; zur Vertretung des Kindes ist sie nicht berechtigt. Der Vormund des Kindes hat, soweit der Mutter die Sorge zusteht, die rechtliche Stellung eines Beistandes.

1737 Die R. und Pflichten, die sich aus dem Verwandtschaftsverhältnisse zwischen dem Kinde und seinen Verwandten ergeben, bleiben durch die Ehelichkeitserklärung unberührt, soweit nicht das G. ein anderes vorschreibt.

1764 Die R. und Pflichten, die sich aus dem

§ Verwandtschaftsverhältnisse zwischen dem Kinde und seinen Verwandten ergeben, werden durch die Annahme an Kindesstatt nicht berührt, soweit nicht das G. ein anderes vorschreibt.
1772 Verlust des R. den Familiennamen des Annehmenden zu führen f. **Kindesstatt** — Verwandtschaft.

Volljährigkeit.

3 Durch die Volljährigkeitserklärung erlangt der Minderjährige die rechtliche Stellung eines Volljährigen.

Vollmacht.

166 Soweit die rechtlichen Folgen einer Willenserklärung durch Willensmängel oder durch die Kenntnis oder das Kennenmüssen gewisser Umstände beeinflußt werden, kommt nicht die Person des Vertretenen, sondern die des Vertreters in Betracht.

Vorkaufsrecht.

1098 f. **Rechtsverhältnis** — Vorkaufsrecht.
1104 f. **Hypothek** — Hypothek 1170.

Vormundschaft.

1777 Der Vater kann einen Vormund nur benennen, wenn ihm zur Zeit seines Todes die elterliche Gewalt über das Kind zusteht; er hat dieses R. nicht, wenn er in den die Person oder in den das Vermögen betreffenden Angelegenheiten nicht zur Vertretung des Kindes berechtigt ist. Das Gleiche gilt für die Mutter. 1782, 1797, 1856, 1868, 1880.
1786 Erlöschen des R., die Übernahme der Vormundschaft abzulehnen f. **Vormundschaft** — Vormundschaft.
1793, 1794 R. und Pflicht des Vormundes, für die Person und das Vermögen des Kindes zu sorgen f. **Vormundschaft** — Vormundschaft.
1800 f. **Kind** — Verwandtschaft 1631.
1812 Der Vormund kann über eine Forderung oder über ein anderes R., kraft dessen der Mündel eine Leistung verlangen kann, nur mit Genehmigung des Gegenvormundes verfügen. 1825, 1852.
1821 Der Vormund bedarf der Genehmigung des Vormundschaftsgerichts:
1. zur Verfügung über ein Grundstück oder über ein R. an einem Grundstücke;
2. zur Verfügung über eine Forderung, die auf Übertragung des Eigentums an einem Grundstück oder auf Begründung oder Übertragung eines R. an einem Grundstück oder auf Befreiung eines Grundstücks von einem solchen R. gerichtet ist;
3. zur Eingehung der Verpflichtung zu einer der in Nr. 1, 2 bezeichneten Verfügungen;
4. zu einem Vertrage, der auf den entgeltlichen Erwerb eines Grundstücks oder eines R. an einem Grundstücke gerichtet ist.

Zu den R. an einem Grundstück im Sinne dieser Vorschriften gehören nicht Hypotheken, Grundschulden und Rentenschulden. 1812, 1827.
1838 f. **Kind** — Verwandtschaft 1666.
1872 R. des Familienrats.
1899 f. **Kind** — Verwandtschaft 1702, 1701.
1900 f. Verwandtschaft 1702.
1912 Eine Leibesfrucht erhält zur Wahrung ihrer künftigen R., soweit diese einer Fürsorge bedürfen, einen Pfleger. Die Fürsorge steht jedoch dem Vater oder der Mutter zu, wenn das Kind, falls es bereits geboren wäre, unter elterlicher Gewalt stehen würde.

Werkvertrag.

634 f. Kauf 475.
636 Wird das Werk ganz oder zum Teil nicht rechtzeitig hergestellt, so finden die für die Wandelung geltenden Vorschriften des § 634 Abs. 1—3 entsprechende Anwendung; an die

§ Stelle des Anspruchs auf Wandelung tritt das R. des Bestellers, nach § 327 von dem Vertrage zurückzutreten. Die im Falle des Verzugs des Unternehmers dem Besteller zustehenden R. bleiben unberührt.

640 Vorbehalt der R. bei Annahme einer mangelhaften Sache f. **Werkvertrag** — Werkvertrag.

651 f. **Kauf** — Kauf 433, 464.

Willenserklärung.

123 Wer zur Abgabe einer Willenserklärung durch arglistige Täuschung oder widerrechtlich durch Drohung bestimmt worden ist, kann die Erklärung anfechten.

Hat ein Dritter die Täuschung verübt, so ist eine Erklärung, die einem anderen gegenüber abzugeben war, nur dann anfechtbar, wenn dieser die Täuschung kannte oder kennen mußte. Soweit ein anderer als derjenige, welchem gegenüber die Erklärung abzugeben war, aus der Erklärung unmittelbar ein R. erworben hat, ist die Erklärung ihm gegenüber anfechtbar, wenn er die Täuschung kannte oder kennen mußte. 124, 143.

131 Bringt eine einer in der Geschäftsfähigkeit beschränkten Person gegenüber abgegebene Willenserklärung dieser lediglich einen rechtlichen Vorteil oder hat der g. Vertreter seine Einwilligung erteilt, so wird die Erklärung in dem Zeitpunkte wirksam, in welchem sie ihr zugeht.

135 f. **Rechtsgeschäft** — Willenserklärung.

137 Die Befugnis zur Verfügung über ein veräußerliches R. kann nicht durch Rechtsgeschäft ausgeschlossen oder beschränkt werden. Die Wirksamkeit einer Verpflichtung, über ein solches R. nicht zu verfügen, wird durch diese Vorschrift nicht berührt.

143 Anfechtungsgegner ist bei einem Vertrage der andere Teil, im Falle des § 123 Abs. 2 Satz 2 derjenige, welcher aus dem Vertrag unmittelbar ein R. erworben hat.

. . . .

Bei einem einseitigen Rechtsgeschäft anderer Art ist Anfechtungsgegner jeder, der auf Grund des Rechtsgeschäfts unmittelbar einen rechtlichen Vorteil erlangt hat. . . .

Rechtfertigung.

Bereicherung.

812—822 Ungerechtfertigte Bereicherung f. **Bereicherung** — Bereicherung.

951, 977 Herausgabe einer ungerechtfertigten Bereicherung f. **Bereicherung** — Bereicherung.

Art. **Einführungsgesetz.**

204 f. **E.G.** — E.G.

§

440 **Kauf** f. **Vertrag** — Vertrag 323.

Miete.

542 Wird dem Mieter der vertragsmäßige Gebrauch der gemieteten Sache ganz oder zum Teil nicht rechtzeitig gewährt oder wiederentzogen, so kann der Mieter ohne Einhaltung einer Kündigungsfrist das Mietverhältnis kündigen. Die Kündigung ist erst zulässig, wenn der Vermieter eine ihm von dem Mieter bestimmte angemessene Frist hat verstreichen lassen, ohne Abhilfe zu schaffen. Der Bestimmung einer Frist bedarf es nicht, wenn die Erfüllung des Vertrags infolge des die Kündigung rechtfertigenden Umstandes für den Mieter kein Interesse hat.

Wegen einer unerheblichen Hinderung oder Vorenthaltung des Gebrauchs ist die Kündigung nur zulässig, wenn sie durch ein besonderes Interesse des Mieters gerechtfertigt wird. 543, 545.

§
543 Herausgabe einer ungerechtfertigten Bereicherung s. **Miete** — Miete.

Vertrag.

323 Herausgabe einer ungerechtfertigten Bereicherung s. **Vertrag** — Vertrag.

Vormundschaft.

1836 Die Bewilligung einer Vergütung für den Vormund oder den Gegenvormund soll nur erfolgen, wenn das Vermögen des Mündels, sowie der Umfang und die Bedeutung der vormundschaftlichen Geschäfte es rechtfertigen.

Werkvertrag.

634 Der Bestimmung einer Frist zur Beseitigung eines Mangels bedarf es nicht, wenn die Beseitigung des Mangels unmöglich ist oder von dem Unternehmer verweigert wird oder wenn die sofortige Geltendmachung des Anspruchs auf Wandelung oder auf Minderung durch ein besonderes Interesse des Bestellers gerechtfertigt wird. 636, 640.

Rechtmässigkeit.

Ehe.

1305 s. Verwandtschaft 1701.

1318 Der Standesbeamte soll bei der Eheschließung in Gegenwart von zwei Zeugen an die Verlobten einzeln und nacheinander die Frage richten, ob sie die Ehe miteinander eingehen wollen, und nachdem die Verlobten die Frage bejaht haben, aussprechen, daß sie kraft dieses G. nunmehr rechtmäßig verbundene Eheleute seien.

Pfandrecht.

1242 s. **Recht** — Pfandrecht. 1266.

1243 Die Veräußerung des Pfandes ist nicht rechtmäßig, wenn gegen die Vorschriften des § 1228 Abs. 2, des § 1230 Satz 2, des § 1235, des § 1237 Satz 1 oder des § 1240 verstoßen wird. 1266.

1244 Wird eine Sache als Pfand veräußert, ohne daß dem Veräußerer ein Pfandrecht zusteht oder den Erfordernissen genügt wird, von denen die R. der Veräußerung abhängt, so finden die Vorschriften der §§ 932 bis 934, 936 entsprechende Anwendung, wenn die Veräußerung nach § 1233 Abs. 2 erfolgt ist oder die Vorschriften des § 1235 oder des § 1240 Abs. 2 beobachtet worden sind. 1266.

Rechtsänderung.

Eigentum.

925 s. **Grundstück** — Grundstück 873.

951 Wer infolge der Vorschriften der §§ 946—950 einen Rechtsverlust erleidet, kann von demjenigen, zu dessen Gunsten die R. eintritt, Vergütung in Geld nach den Vorschriften über die Herausgabe einer ungerechtfertigten Bereicherung fordern. Die Wiederherstellung des früheren Zustandes kann nicht verlangt werden.

Die Vorschriften über die Verpflichtung zum Schadensersatze wegen unerlaubter Handlungen sowie die Vorschriften über den Ersatz von Verwendungen und über das Recht zur Wegnahme einer Einrichtung bleiben unberührt. In den Fällen der §§ 946, 947 ist die Wegnahme nach den für das Wegnahmerecht des Besitzers gegenüber dem Eigentümer geltenden Vorschriften auch dann zulässig, wenn die Verbindung nicht von dem Besitzer der Hauptsache bewirkt worden ist.

977 Wer infolge der Vorschriften der §§ 973, 974, 976 einen Rechtsverlust erleidet, kann in den Fällen der §§ 973, 974 von dem Finder, in den Fällen des § 976 von der Gemeinde des Fundorts die Herausgabe des durch die R. Erlangten nach den Vorschriften über die Herausgabe einer ungerechtfertigten Be-

§

mung 158—163 s. **Bedingung** — Bedingung.

5. **Vertretung, Vollmacht** 164 bis 181 s. **Vollmacht** Vollmacht.

6. **Einwilligung, Genehmigung** 182—185 s. **Einwilligung** — Einwilligung.

Bedingung.

158 Wird ein R. unter einer aufschiebenden Bedingung vorgenommen, so tritt die von der Bedingung abhängig gemachte Wirkung mit dem Eintritte der Bedingung ein.

Wird ein R. unter einer auflösenden Bedingung vorgenommen, so endigt mit dem Eintritte der Bedingung die Wirkung des R.; mit diesem Zeitpunkte tritt der frühere Rechtszustand wieder ein. 163.

159 Sollen nach dem Inhalte des R. die an den Eintritt der Bedingung geknüpften Folgen auf einen früheren Zeitpunkt zurückbezogen werden, so sind im Falle des Eintritts der Bedingung die Beteiligten verpflichtet, einander zu gewähren, was sie haben würden, wenn die Folgen in dem früheren Zeitpunkt eingetreten wären.

160 Wer unter einer aufschiebenden Bedingung berechtigt ist, kann im Falle des Eintritts der Bedingung Schadensersatz von dem anderen Teile verlangen, wenn dieser während der Schwebezeit das von der Bedingung abhängige Recht durch sein Verschulden vereitelt oder beeinträchtigt.

Den gleichen Anspruch hat unter denselben Voraussetzungen bei einem unter einer auflösenden Bedingung vorgenommenen R. derjenige, zu dessen Gunsten der frühere Rechtszustand wieder eintritt. 163.

163 Ist für die Wirkung eines R. bei dessen Vornahme ein Anfangs- oder ein Endtermin bestimmt worden, so finden im ersteren Falle die für die aufschiebende, im letzteren Falle die für die auflösende Bedingung geltenden Vorschriften der §§ 158, 160, 161 entsprechende Anwendung.

Bereicherung.

812 Wer durch die Leistung eines anderen oder in sonstiger Weise auf dessen Kosten etwas ohne rechtlichen Grund erlangt, ist ihm zur Herausgabe verpflichtet. Diese Verpflichtung besteht auch dann, wenn der rechtliche Grund später wegfällt oder der mit einer Leistung nach dem Inhalte des R. bezweckte Erfolg nicht eintritt.

820 War mit der Leistung ein Erfolg bezweckt, dessen Eintritt nach dem Inhalte des R. als ungewiß angesehen wurde, so ist der Empfänger, falls der Erfolg nicht eintritt, zur Herausgabe so verpflichtet, wie wenn der Anspruch auf Herausgabe zur Zeit des Empfanges rechtshängig geworden wäre. Das Gleiche gilt, wenn die Leistung aus einem Rechtsgrunde, dessen Wegfall nach dem Inhalte des R. als möglich angesehen wurde, erfolgt ist und der Rechtsgrund wegfällt.

Zinsen hat der Empfänger erst von dem Zeitpunkt an zu entrichten, in welchem er erfährt, daß der Erfolg nicht eingetreten oder daß der Rechtsgrund weggefallen ist; zur Herausgabe von Nutzungen ist er insoweit nicht verpflichtet, als er zu dieser Zeit nicht mehr bereichert ist.

Bürgschaft.

767 Durch ein R., das der Hauptschuldner nach der Übernahme der Bürgschaft vornimmt, wird die Verpflichtung des Bürgen nicht erweitert.

770 Der Bürge kann die Befriedigung des Gläubigers verweigern, solange dem Hauptschuldner das Recht zusteht, das seiner Verbindlichkeit zu Grunde liegende R. anzufechten.

§ durch R. unter Lebenden zu verfügen, nicht beschränkt.

2295 Der Erblasser kann von einer vertragsmäßigen Verfügung zurücktreten, wenn die Verfügung mit Rücksicht auf eine rechtsgeschäftliche Verpflichtung des Bedachten, dem Erblasser für dessen Lebenszeit wiederkehrende Leistungen zu entrichten, insbesondere Unterhalt zu gewähren, getroffen ist und die Verpflichtung vor dem Tode des Erblassers aufgehoben wird.

Frist.

186 Für die in G., gerichtlichen Verfügungen und R. enthaltenen Frist- und Terminsbestimmungen gelten die Auslegungsvorschriften der §§ 187 bis 193.

Geschäftsfähigkeit.

111 Vornahme eines einseitigen R. durch einen Minderjährigen s. **Geschäftsfähigkeit** — Geschäftsfähigkeit.

112 Ermächtigt der g. Vertreter mit Genehmigung des Vormundschaftsgerichts den Minderjährigen zum selbständigen Betrieb eines Erwerbsgeschäfts, so ist der Minderjährige für solche R. unbeschränkt geschäftsfähig, welche der Geschäftsbetrieb mit sich bringt. Ausgenommen sind R., zu denen der Vertreter der Genehmigung des Vormundschaftsgerichts bedarf. 106.

113 Ermächtigt der g. Vertreter den Minderjährigen, in Dienst oder in Arbeit zu treten, so ist der Minderjährige für solche R. unbeschränkt geschäftsfähig, welche die Eingehung oder Aufhebung eines Dienst- oder Arbeitsverhältnisses der gestatteten Art oder die Erfüllung der sich aus einem solchen Verhältnis ergebenden Verpflichtungen betreffen. Ausgenommen sind Verträge, zu denen der Vertreter der Genehmigung des Vormundschaftsgerichts bedarf. 106.

115 Wird ein die Entmündigung aussprechender Beschluß infolge einer Anfechtungsklage aufgehoben, so kann die Wirksamkeit der von oder gegenüber dem Entmündigten vorgenommenen R. nicht auf Grund des Beschlusses in Frage gestellt werden. Auf die Wirksamkeit der von oder gegenüber dem g. Vertreter vorgenommenen R. hat die Aufhebung keinen Einfluß.

Diese Vorschriften finden entsprechende Anwendung, wenn im Falle einer vorläufigen Vormundschaft der Antrag auf Entmündigung zurückgenommen oder rechtskräftig abgewiesen oder der die Entmündigung aussprechende Beschluß infolge einer Anfechtungsklage aufgehoben wird.

Gesellschaft.

720 s. Schuldverhältnis 407, 408.

Grunddienstbarkeit.

1023 Beschränkt sich die jeweilige Ausübung einer Grunddienstbarkeit auf einen Teil des belasteten Grundstücks, so kann der Eigentümer die Verlegung der Ausübung auf eine andere, für den Berechtigten ebenso geeignete Stelle verlangen, wenn die Ausübung an der bisherigen Stelle für ihn besonders beschwerlich ist; die Kosten der Verlegung hat er zu tragen und vorzuschießen. Dies gilt auch dann, wenn der Teil des Grundstücks, auf den sich die Ausübung beschränkt, durch R. bestimmt ist.

Das Recht auf die Verlegung kann nicht durch R. ausgeschlossen oder beschränkt werden.

1028 s. **Grundstück** — Grundstück 892.

Grundstück.

880 Der einem vortretenden Rechte eingeräumte Rang an einem Grundstück geht dadurch nicht verloren, daß das zurücktretende Recht durch R. aufgehoben wird.

892 Erwerb eines Rechts an einem Grundstück oder eines Rechts an einem

§ solchen Rechte durch R. s. **Grundstück** — Grundstück.

893 Die Vorschriften des § 892 finden entsprechende Anwendung, wenn an denjenigen, für welchen ein Recht im Grundbuch eingetragen ist, auf Grund dieses Rechtes eine Leistung bewirkt oder wenn zwischen ihm und einem anderen in Ansehung dieses Rechtes ein nicht unter die Vorschriften des § 892 fallendes R. vorgenommen wird, das eine Verfügung über das Recht enthält.

Güterrecht.

1370 Vorbehaltsgut ist, was die Frau bei g. Güterrecht auf Grund eines zu ihrem Vorbehaltsgute gehörenden Rechtes oder als Ersatz für die Zerstörung, Beschädigung oder Entziehung eines zu dem Vorbehaltsgute gehörenden Gegenstandes oder durch ein R. erwirbt, das sich auf das Vorbehaltsgut bezieht. 1440, 1486, 1526.

1375 Das Verwaltungsrecht des Mannes umfaßt bei g. Güterrecht nicht die Befugnis, die Frau durch R. zu verpflichten oder über eingebrachtes Gut ohne ihre Zustimmung zu verfügen. 1525.

1379 Ist zur ordnungsmäßigen Verwaltung des eingebrachten Gutes bei g. Güterrecht ein R. erforderlich, zu dem der Mann der Zustimmung der Frau bedarf, so kann die Zustimmung auf Antrag des Mannes durch das Vormundschaftsgericht ersetzt werden, wenn die Frau sie ohne ausreichenden Grund verweigert.

Das Gleiche gilt, wenn die Frau durch Krankheit oder durch Abwesenheit an der Abgabe einer Erklärung verhindert und mit dem Aufschube Gefahr verbunden ist. 1525.

1398 Ein einseitiges R., durch das die Frau ohne Einwilligung des Mannes über eingebrachtes Gut verfügt, ist bei g. Güterrecht unwirksam. 1401, 1404, 1448, 1525.

1399 Zu R., durch die sich die Frau zu einer Leistung verpflichtet, ist bei g. Güterrecht die Zustimmung des Mannes nicht erforderlich.

Stimmt der Mann einem solchen R. zu, so ist es in Ansehung des eingebrachten Gutes ihm gegenüber wirksam. Stimmt er nicht zu, so muß er das R., soweit das eingebrachte Gut bereichert wird, nach den Vorschriften über die Herausgabe einer ungerechtfertigten Bereicherung gegen sich gelten lassen. 1401, 1404, 1525.

1402 Ist zur ordnungsmäßigen Besorgung der persönlichen Angelegenheiten der Frau ein R. erforderlich, zu dem die Frau der Zustimmung des Mannes bedarf, so kann bei g. Güterrecht die Zustimmung auf Antrag der Frau durch das Vormundschaftsgericht ersetzt werden, wenn der Mann sie ohne ausreichenden Grund verweigert. 1404, 1525.

1403 Ein einseitiges R., das sich auf das eingebrachte Gut bezieht, ist bei g. Güterrecht dem Manne gegenüber vorzunehmen.

Ein einseitiges R., das sich auf eine Verbindlichkeit der Frau bezieht, ist der Frau gegenüber vorzunehmen; das R. muß jedoch auch dem Manne gegenüber vorgenommen werden, wenn es in Ansehung des eingebrachten Gutes ihm gegenüber wirksam sein soll. 1404, 1525.

1405 Erteilt der Mann bei g. Güterrecht der Frau die Einwilligung zum selbstständigen Betrieb eines Erwerbsgeschäfts, so ist seine Zustimmung zu solchen R. und Rechtsstreitigkeiten nicht erforderlich, die der Geschäftsbetrieb mit sich bringt. Einseitige R., die sich auf das Erwerbsgeschäft be-

§ ziehen, sind der Frau gegenüber vorzunehmen.

. . . . .

Dritten gegenüber ist ein Einspruch und der Widerruf der Einwilligung nur nach Maßgabe des § 1435 wirksam. 1452, 1525, 1561.

1406 Die Frau bedarf bei g. Güterrecht nicht der Zustimmung des Mannes:
1. . . . . .
3. zur Vornahme eines R. gegenüber dem Mann. 1525.

1412 Das eingebrachte Gut haftet bei g. Güterrecht für eine Verbindlichkeit der Frau, die aus einem nach der Eingehung der Ehe vorgenommenen R. entsteht, nur dann, wenn der Mann seine Zustimmung zu dem R. erteilt oder wenn das R. ohne seine Zustimmung ihm gegenüber wirksam ist. 1411, 1525.

1424 Der Mann ist bei g. Güterrecht auch nach der Beendigung der Verwaltung und Nutznießung zur Fortführung der Verwaltung berechtigt, bis er von der Beendigung Kenntnis erlangt oder sie kennen muß. Ein Dritter kann sich auf diese Berechtigung nicht berufen, wenn er bei der Vornahme eines R. die Beendigung der Verwaltung und Nutznießung kennt oder kennen muß. 1472, 1546.

1431 Die Gütertrennung ist Dritten gegenüber nur nach Maßgabe des § 1435 wirksam. 1426.

1435 Wird durch Ehevertrag die Verwaltung und Nutznießung des Mannes ausgeschlossen oder geändert, so können einem Dritten gegenüber aus der Ausschließung oder der Änderung Einwendungen gegen ein zwischen ihm und einem der Ehegatten vorgenommenes R. oder gegen ein zwischen ihnen ergangenes rechtskräftiges Urteil nur hergeleitet werden, wenn zur Zeit der Vornahme des R. oder zur Zeit des Eintritts der Rechtshängigkeit die Ausschließung oder die Änderung in dem Güterrechtsregister des zuständigen Amtsgerichts eingetragen oder dem Dritten bekannt war.

Das Gleiche gilt, wenn eine in dem Güterrechtsregister eingetragene Regelung der güterrechtlichen Verhältnisse durch Ehevertrag aufgehoben oder geändert wird. 1405, 1431, 1470, 1545, 1548.

1438 Die einzelnen den Ehegatten gehörenden Gegenstände werden durch die a. Gütergemeinschaft gemeinschaftlich, ohne daß es einer Übertragung durch R. bedarf. 1485, 1519.

1439 Von dem Gesamtgut ausgeschlossen sind bei a. Gütergemeinschaft Gegenstände, die nicht durch R. übertragen werden können. Auf solche Gegenstände finden die bei der Errungenschaftsgemeinschaft für das eingebrachte Gut geltenden Vorschriften, mit Ausnahme des § 1524, entsprechende Anwendung.

1440 Vorbehaltsgut ist, was durch Ehevertrag bei a. Gütergemeinschaft für Vorbehaltsgut eines der Ehegatten erklärt ist oder von einem der Ehegatten nach § 1369 oder § 1370 erworben wird.

1444 Der Mann bedarf bei a. Gütergemeinschaft der Einwilligung der Frau zu einem R., durch das er sich zu einer Verfügung über das Gesamtgut im Ganzen verpflichtet, sowie zu einer Verfügung über Gesamtgut, durch die eine ohne Zustimmung der Frau eingegangene Verpflichtung dieser Art erfüllt werden soll. 1447, 1448, 1468, 1487, 1495, 1519.

1447 Ist zur ordnungsmäßigen Verwaltung des Gesamtguts bei a. Gütergemeinschaft ein R. der in den §§ 1444, 1445 bezeichneten Art erforderlich, so

§ kann die Zustimmung der Frau auf Antrag des Mannes durch das Vormundschaftsgericht ersetzt werden, wenn die Frau sie ohne ausreichenden Grund verweigert.

Das Gleiche gilt, wenn die Frau durch Krankheit oder durch Abwesenheit an der Abgabe einer Erklärung verhindert und mit dem Aufschube Gefahr verbunden ist. 1487, 1519.

1448 Nimmt der Mann bei a. Gütergemeinschaft ohne Einwilligung der Frau ein R. der in den §§ 1444 bis 1446 bezeichneten Art vor, so finden die für eine Verfügung der Frau über eingebrachtes Gut geltenden Vorschriften des § 1396 Abs. 1, 3 und der §§ 1397, 1398 entsprechende Anwendung. 1487, 1519.

1450 Ist der Mann bei a. Gütergemeinschaft durch Krankheit oder durch Abwesenheit verhindert, ein sich auf das Gesamtgut beziehendes R. vorzunehmen oder einen sich auf das Gesamtgut beziehenden Rechtsstreit zu führen, so kann die Frau im eigenen Namen oder im Namen des Mannes das R. vornehmen oder den Rechtsstreit führen, wenn mit dem Aufschube Gefahr verbunden ist. 1519.

1451 Ist bei a. Gütergemeinschaft zur ordnungsmäßigen Besorgung der persönlichen Angelegenheiten der Frau ein R. erforderlich, das die Frau mit Wirkung für das Gesamtgut nicht ohne Zustimmung des Mannes vornehmen kann, so kann die Zustimmung auf Antrag der Frau durch das Vormundschaftsgericht ersetzt werden, wenn der Mann sie ohne ausreichenden Grund verweigert. 1519.

1452 Auf den selbständigen Betrieb eines Erwerbsgeschäfts durch die Frau finden bei a. Gütergemeinschaft die Vorschriften des § 1405 entsprechende Anwendung.

§

1455 Wird durch ein R., das der Mann oder die Frau bei a. Gütergemeinschaft ohne die erforderliche Zustimmung des anderen Ehegatten vornimmt, das Gesamtgut bereichert, so kann die Herausgabe der Bereicherung aus dem Gesamtgute nach den Vorschriften über die Herausgabe einer ungerechtfertigten Bereicherung gefordert werden. 1487, 1519.

1456 Der Mann ist bei a. Gütergemeinschaft der Frau für die Verwaltung des Gesamtguts nicht verantwortlich. Er hat jedoch für eine Verminderung des Gesamtguts zu diesem Ersatz zu leisten, wenn er die Verminderung in der Absicht, die Frau zu benachteiligen oder durch ein R. herbeiführt, das er ohne die erforderliche Zustimmung der Frau vornimmt. 1487, 1519

1460 Das Gesamtgut haftet bei a. Gütergemeinschaft für eine Verbindlichkeit der Frau, die aus einem nach dem Eintritte der Gütergemeinschaft vorgenommenen R. entsteht, nur dann, wenn der Mann seine Zustimmung zu dem R. erteilt oder wenn das R. ohne seine Zustimmung für das Gesamtgut wirksam ist.

Für die Kosten eines Rechtsstreits der Frau haftet das Gesamtgut auch dann, wenn das Urteil dem Gesamtgute gegenüber nicht wirksam ist. 1459.

1468 Die Frau kann auf Aufhebung der a. Gütergemeinschaft klagen:

1. wenn der Mann ein R. der in den §§ 1444—1446 bezeichneten Art ohne Zustimmung der Frau vorgenommen hat und für die Zukunft eine erhebliche Gefährdung der Frau zu besorgen ist, 1470, 1479, 1542.
2. . . . .

1470 Dritten gegenüber ist die Aufhebung

§ der a. Gütergemeinschaft nur nach Maßgabe des § 1435 wirksam.

1472 Die Verwaltung des Gesamtguts steht bei a. Gütergemeinschaft bis zur Auseinandersetzung beiden Ehegatten gemeinschaftlich zu. Die Vorschriften des § 1424 finden entsprechende Anwendung. 1497, 1546.

1473 Was bei a. Gütergemeinschaft auf Grund eines zu dem Gesamtgute gehörenden Rechtes oder als Ersatz für die Zerstörung, Beschädigung oder Entziehung eines zu dem Gesamtgute gehörenden Gegenstandes oder durch ein R. erworben wird, das sich auf das Gesamtgut bezieht, wird Gesamtgut.

Die Zugehörigkeit einer durch R. erworbenen Forderung zum Gesamtgute hat der Schuldner erst dann gegen sich gelten zu lassen, wenn er von der Zugehörigkeit Kenntnis erlangt, die Vorschriften der §§ 406 bis 408 finden entsprechende Anwendung. 1497, 1546.

1484 f. Erbe 1959.

1485 Auf das Gesamtgut der f. Gütergemeinschaft finden die für die eheliche Gütergemeinschaft geltenden Vorschriften des § 1438 Abs. 2, 3 entsprechende Anwendung. 1518.

1486 Vorbehaltsgut des überlebenden Ehegatten bei f. Gütergemeinschaft ist, was er bisher als Vorbehaltsgut gehabt hat oder nach § 1369 oder § 1370 erwirbt.

Gehören zu dem Vermögen des überlebenden Ehegatten Gegenstände, die nicht durch R. übertragen werden können, so finden auf sie die bei der Errungenschaftsgemeinschaft für das eingebrachte Gut des Mannes geltenden Vorschriften, mit Ausnahme des § 1524, entsprechende Anwendung. 1518.

1487 Die Rechte und Verbindlichkeiten des überlebenden Ehegatten sowie der anteilsberechtigten Abkömmlinge in Ansehung des Gesamtguts der f. Gütergemeinschaft bestimmen sich nach den für die eheliche Gütergemeinschaft geltenden Vorschriften der §§ 1442 bis 1449, 1455—1457, 1466. Der überlebende Ehegatte hat die rechtliche Stellung des Mannes, die anteilsberechtigten Abkömmlinge haben die rechtliche Stellung der Frau. 1518.

1495 Ein anteilsberechtigter Abkömmling kann gegen den überlebenden Ehegatten auf Aufhebung der f. Gütergemeinschaft klagen:

1. wenn der überlebende Ehegatte ein R. der in den §§ 1444—1446 bezeichneten Art ohne Zustimmung des Abkömmlings vorgenommen hat und für die Zukunft eine erhebliche Gefährdung des Abkömmlinges zu besorgen ist. 1496, 1502, 1518.

1497 Bis zur Auseinandersetzung bestimmt sich das Rechtsverhältnis der Teilhaber am Gesamtgut der f. Gütergemeinschaft nach den §§ 1442, 1472, 1473. 1518.

1519 Auf das Gesamtgut der Errungenschaftsgemeinschaft finden die für die a. Gütergemeinschaft geltenden Vorschriften des § 1438 Abs. 2, 3 und der §§ 1442—1453, 1455—1457 Anwendung.

1522 Eingebrachtes Gut eines Ehegatten bei der Errungenschaftsgemeinschaft sind Gegenstände, die nicht durch R. übertragen werden können, sowie Rechte, die mit seinem Tode erlöschen oder deren Erwerb durch den Tod eines der Ehegatten bedingt ist.

1524 Eingebrachtes Gut eines Ehegatten bei der Errungenschaftsgemeinschaft ist, was er auf Grund eines zu seinem eingebrachten Gute gehörenden Rechtes oder als Ersatz für die Zer-

§ störung, Beschädigung oder Entziehung eines zum eingebrachten Gute gehörenden Gegenstandes oder durch ein R. erwirbt, das sich auf das eingebrachte Gut bezieht. Ausgenommen ist der Erwerb aus dem Betrieb eines Erwerbsgeschäfts.

Die Zugehörigkeit einer durch R. erworbenen Forderung zum eingebrachten Gute hat der Schuldner erst dann gegen sich gelten zu lassen, wenn er von der Zugehörigkeit Kenntnis erlangt; die Vorschriften der §§ 406 bis 408 finden entsprechende Anwendung. 1439, 1486, 1554.

1525 Auf das eingebrachte Gut der Frau finden bei der Errungenschaftsgemeinschaft die Vorschriften der §§ 1373 bis 1383, 1390—1417 entsprechende Anwendung.

1526 Vorbehaltsgut der Frau bei der Errungenschaftsgemeinschaft ist, was durch Ehevertrag für Vorbehaltsgut erklärt ist oder von der Frau nach § 1369 oder § 1370 erworben wird.

1532 Das Gesamtgut haftet für eine Verbindlichkeit der Frau, die aus einem nach dem Eintritte der Errungenschaftsgemeinschaft vorgenommenen R. entsteht, sowie für die Kosten eines Rechtsstreits, den die Frau nach dem Eintritte der Errungenschaftsgemeinschaft führt, wenn die Vornahme des R. oder die Führung des Rechtsstreits mit Zustimmung des Mannes erfolgt, oder ohne seine Zustimmung für das Gesamtgut wirksam ist. 1530.

1542 Die Frau kann unter den Voraussetzungen des § 1418 Nr. 1, 3—5 und des § 1468, der Mann kann unter den Voraussetzungen des § 1469 auf Aufhebung der Errungenschaftsgemeinschaft klagen. 1545.

1545 Dritten gegenüber ist die Beendigung der Errungenschaftsgemeinschaft nur nach Maßgabe des § 1435 wirksam.

§

1546 Nach der Beendigung der Errungenschaftsgemeinschaft findet in Ansehung des Gesamtguts die Auseinandersetzung statt. Bis zur Auseinandersetzung bestimmt sich das Rechtsverhältnis der Ehegatten nach den §§ 1442, 1472, 1473.

. . . . . .

Auf das eingebrachte Gut der Frau finden die für den Güterstand der Verwaltung und Nutznießung geltenden Vorschriften der §§ 1421—1424 Anwendung.

1548 Dritten gegenüber ist die Wiederherstellung der Errungenschaftsgemeinschaft, wenn die Beendigung in das Güterrechtsregister eingetragen worden ist, nur nach Maßgabe des § 1435 wirksam.

1552 Eingebrachtes Gut eines Ehegatten im Falle der Fahrnisgemeinschaft sind Gegenstände, die nicht durch R. übertragen werden können. 1549.

1554 Eingebrachtes Gut eines Ehegatten bei der Fahrnisgemeinschaft ist, was er in der im § 1524 bezeichneten Weise erwirbt. Ausgenommen ist, was an Stelle von Gegenständen erworben wird, die nur deshalb eingebrachtes Gut sind, weil sie nicht durch R. übertragen werden können. 1549.

1561 Die Eintragung in das Güterrechtsregister erfolgt in den Fällen des § 1357 Abs. 2 und des § 1405 Abs. 3 auf Antrag des Mannes.

Handlung.

841 Verantwortlichkeit eines Beamten, der durch Genehmigung von R. bei einer Geschäftsführung mitzuwirken hat s. **Handlung** — Handlung.

Hypothek.

1137 s. Bürgschaft 770.

1138, 1140, 1155 s. **Grundstück** — Grundstück 892, 893.

§

1157—1159 s. **Grundstück** — Grundstück 892.

1158, 1156 s. Schuldverhältnis 407, 408.

1183 Zur Aufhebung der Hypothek durch R. ist die Zustimmung des Eigentümers erforderlich. 1165.

Leistung.

246 Ist eine Schuld nach G. oder R. zu verzinsen, so sind vier vom Hundert für das Jahr zu entrichten, sofern nicht ein anderes bestimmt ist.

Miete.

574 Ein R., das zwischen dem Mieter und dem Vermieter in Ansehung der Mietzinsforderung vorgenommen wird, insbesondere die Entrichtung des Mietzinses, ist dem Erwerber gegenüber wirksam, soweit es sich nicht auf den Mietzins für eine spätere Zeit als das Kalendervierteljahr, in welchem der Mieter von dem Übergange des Eigentums Kenntnis erlangt, und das folgende Vierteljahr bezieht. Ein R., das nach dem Übergange des Eigentums vorgenommen wird, ist jedoch unwirksam, wenn der Mieter bei der Vornahme des R. von dem Übergange des Eigentums Kenntnis hat. 575, 577, 579.

Nießbrauch.

1056 s. Miete 574.

1062 Wird der Nießbrauch an einem Grundstück durch R. aufgehoben, so erstreckt sich die Aufhebung im Zweifel auf den Nießbrauch an dem Zubehör.

1064 Zur Aufhebung des Nießbrauchs an einer beweglichen Sache durch R. genügt die Erklärung des Nießbrauchers gegenüber dem Eigentümer oder dem Besteller, daß er den Nießbrauch aufgebe. 1072.

1071 Aufhebung oder Änderung eines dem Nießbrauch unterliegenden Rechts durch R. s. **Niessbrauch** — Nießbrauch.

Pfandrecht.

1210 Das Pfand haftet für die Forderung in deren jeweiligem Bestand, insbesondere auch für Zinsen und Vertragsstrafen. Ist der persönliche Schuldner nicht der Eigentümer des Pfandes, so wird durch ein R., das der Schuldner nach der Verpfändung vornimmt, die Haftung nicht erweitert. 1266.

1211 s. Bürgschaft 770.

1255 Aufhebung des Pfandrechts durch R. s. **Pfandrecht** — Pfandrecht.

1257 Die Vorschriften über das durch R. bestellte Pfandrecht finden auf ein kraft G. entstandenes Pfandrecht entsprechende Anwendung. 1266.

1261 s. Grundstück 880.

1276 Aufhebung oder Änderung eines verpfändeten Rechtes durch R. s. **Pfandrecht** — Pfandrecht.

Pflichtteil.

2315 Der Pflichtteilsberechtigte hat sich auf den Pflichtteil anrechnen zu lassen, was ihm von dem Erblasser durch R. unter Lebenden mit der Bestimmung zugewendet worden ist, daß es auf den Pflichtteil angerechnet werden soll. 2316, 2327.

Sachen.

810 Wer ein rechtliches Interesse daran hat, eine in fremdem Besitze befindliche Urkunde einzusehen, kann von dem Besitzer die Gestattung der Einsicht verlangen, wenn die Urkunde in seinem Interesse errichtet oder in der Urkunde ein zwischen ihm und einem anderen bestehendes Rechtsverhältnis beurkundet ist oder wenn die Urkunde Verhandlungen über ein R. enthält, die zwischen ihm und einem anderen oder zwischen einem von beiden und einem gemeinschaftlichen Vermittler gepflogen worden sind. 811.

Schuldverhältnis.

407 Bei der Übertragung der Forderung muß der neue Gläubiger eine Leistung, die der Schuldner nach der Abtretung

§ an den bisherigen Gläubiger bewirkt, sowie jedes R., das nach der Abtretung zwischen dem Schuldner und dem bisherigen Gläubiger in Ansehung der Forderung vorgenommen wird, gegen sich gelten lassen, es sei denn, daß der Schuldner die Abtretung bei der Leistung oder der Vornahme des R. kennt. 408, 412.

408 Wird eine abgetretene Forderung von dem bisherigen Gläubiger nochmals an einen Dritten abgetreten, so finden, wenn der Schuldner an den Dritten leistet oder wenn zwischen dem Schuldner und dem Dritten ein R. vorgenommen oder ein Rechtsstreit anhängig wird, zu Gunsten des Schuldners die Vorschriften des § 407 dem früheren Erwerber gegenüber entsprechende Anwendung.

Das Gleiche gilt, wenn die bereits abgetretene Forderung durch gerichtlichen Beschluß einem Dritten überwiesen wird oder wenn der bisherige Gläubiger dem Dritten gegenüber anerkennt, daß die bereits abgetretene Forderung kraft G. auf den Dritten übergegangen sei. 412.

Stiftung.

86 s. Verein 30

Testament.

2111 Zur Erbschaft gehört, was der Vorerbe auf Grund eines zur Erbschaft gehörenden Rechtes oder als Ersatz für die Zerstörung, Beschädigung oder Entziehung eines Erbschaftsgegenstandes oder durch R. mit Mitteln der Erbschaft erwirbt, sofern nicht der Erwerb ihm als Nutzung gebührt. Die Zugehörigkeit einer durch R. erworbenen Forderung zur Erbschaft hat der Schuldner erst dann gegen sich gelten zu lassen, wenn er von der Zugehörigkeit Kenntnis erlangt; die Vorschriften der §§ 406 bis 408 finden entsprechende Anwendung.

§

2140 Der Vorerbe ist auch nach dem Eintritte des Falles der Nacherbfolge zur Verfügung über Nachlaßgegenstände in dem gleichen Umfange wie vorher berechtigt, bis er von dem Eintritte Kenntnis erlangt oder ihn kennen muß. Ein Dritter kann sich auf diese Berechtigung nicht berufen, wenn er bei der Vornahme eines R. den Eintritt kennt oder kennen muß.

Verein.

30 Durch die Satzungen des Vereins kann bestimmt werden, daß neben dem Vorstande für gewisse Geschäfte besondere Vertreter zu bestellen sind. Die Vertretungsmacht eines solchen Vertreters erstreckt sich im Zweifel auf alle R., die der ihm zugewiesene Geschäftskreis gewöhnlich mit sich bringt.

34 Ein Mitglied des Vereins ist nicht stimmberechtigt, wenn die Beschlußfassung die Vornahme eines R. mit ihm oder die Einleitung oder Erledigung eines Rechtsstreits zwischen ihm und dem Vereine betrifft. 28.

54 Auf Vereine, die nicht rechtsfähig sind, finden die Vorschriften über die Gesellschaft Anwendung. Aus einem R., das im Namen eines solchen Vereins einem Dritten gegenüber vorgenommen wird, haftet der Handelnde persönlich; handeln mehrere, so haften sie als Gesamtschuldner.

68 Wird zwischen den bisherigen Mitgliedern des Vorstandes des eingetragenen Vereins und einem Dritten ein R. vorgenommen, so kann die Änderung des Vorstandes dem Dritten nur entgegengesetzt werden, wenn sie zur Zeit der Vornahme des R. im Vereinsregister eingetragen oder dem Dritten bekannt ist. Ist die Änderung eingetragen, so braucht der Dritte sie nicht gegen sich gelten zu lassen, wenn er sie nicht kennt, seine Un-

§ kenntnis auch nicht auf Fahrlässigkeit beruht. 70.

Verjährung.

202 s. Bürgschaft 770.

225 Die Verjährung kann durch R. weder ausgeschlossen noch erschwert werden. Erleichterung der Verjährung, insbesondere Abkürzung der Verjährungsfrist, ist zulässig.

Vertrag.

305 Zur Begründung eines Schuldverhältnisses durch R. sowie zur Änderung des Inhalts eines Schuldverhältnisses ist ein Vertrag zwischen den Beteiligten erforderlich, soweit nicht das G. ein anderes vorschreibt.

Verwandtschaft.

1630 s. Vormundschaft 1795.

1638 Was ein Kind durch ein R. erwirbt, das sich auf das Vermögen, das der Verwaltung des Vaters entzogen ist, bezieht, ist gleichfalls der Verwaltung des Vaters entzogen. 1651.

1643 Zu R. für das Kind bedarf der Vater der Genehmigung des Vormundschaftsgerichts in den Fällen, in denen nach § 1821 Abs. 1 Nr. 1—3, Abs. 2 und nach § 1822 N. 1, 3, 5, 8—11 ein Vormund der Genehmigung bedarf.

1651 s. Geschäftsfähigkeit 112.

1682 Der Vater ist auch nach der Beendigung seiner elterlichen Gewalt zur Fortführung der mit der Sorge für die Person und das Vermögen des Kindes verbundenen Geschäfte berechtigt, bis er von der Beendigung Kenntnis erlangt oder sie kennen muß. Ein Dritter kann sich auf diese Berechtigung nicht berufen, wenn er bei der Vornahme eines R. die Beendigung der elterlichen Gewalt kennt oder kennen muß.

Diese Vorschriften finden entsprechende Anwendung, wenn die elterliche Gewalt des Vaters ruht oder aus einem anderen Grunde seine Vermögensverwaltung aufhört.

1690 Die Genehmigung des Beistandes ist innerhalb seines Wirkungskreises zu jedem R. erforderlich, zu dem ein Vormund der Genehmigung des Vormundschaftsgerichts oder des Gegenvormundes bedarf. Ausgenommen sind R., welche die Mutter nicht ohne die Genehmigung des Vormundschaftsgerichts vornehmen kann. Die Vorschriften der §§ 1828—1831 finden entsprechende Anwendung.

Die Genehmigung des Beistandes wird durch die Genehmigung des Vormundschaftsgerichts ersetzt.

Das Vormundschaftsgericht soll vor der Entscheidung über die Genehmigung in allen Fällen, in denen das R. zu dem Wirkungskreise des Beistandes gehört, den Beistand hören, sofern ein solcher vorhanden und die Anhörung thunlich ist. 1686.

Vollmacht.

166 Hat im Falle einer durch R. erteilten Vertretungsmacht (Vollmacht) der Vertreter nach bestimmten Weisungen des Vollmachtgebers gehandelt, so kann sich dieser in Ansehung solcher Umstände, die er selbst kannte, nicht auf die Unkenntnis des Vertreters berufen. Dasselbe gilt von Umständen, die der Vollmachtgeber kennen mußte, sofern das Kennenmüssen der Kenntnis gleichsteht.

167 Die Erklärung zur Erteilung der Vollmacht bedarf nicht der Form, welche für das R. bestimmt ist, auf das sich die Vollmacht bezieht.

169 Soweit nach den §§ 674, 729 die erloschene Vollmacht eines Beauftragten oder eines geschäftsführenden Gesellschafters als fortbestehend gilt, wirkt sie nicht zu Gunsten eines Dritten, der bei der Vornahme eines R. das Erlöschen kennt oder kennen muß.

§

173 Die Vorschriften des § 170, des § 171 Abs. 2 und des § 172 Abs. 2 finden keine Anwendung, wenn der Dritte das Erlöschen der Vertretungsmacht bei der Vornahme des R. kennt oder kennen muß.

174 Ein einseitiges R., das ein Bevollmächtigter einem anderen gegenüber vornimmt, ist unwirksam, wenn der Bevollmächtigte eine Vollmachtsurkunde nicht vorlegt und der andere das R. aus diesem Grunde unverzüglich zurückweist. Die Zurückweisung ist ausgeschlossen, wenn der Vollmachtgeber den anderen von der Bevollmächtigung in Kenntnis gesetzt hatte.

180 Bei einem einseitigen R. ist Vertretung ohne Vertretungsmacht unzulässig. Hat jedoch derjenige, welchem gegenüber ein solches R. vorzunehmen war, die von dem Vertreter behauptete Vertretungsmacht bei der Vornahme des R. nicht beanstandet oder ist er damit einverstanden gewesen, daß der Vertreter ohne Vertretungsmacht handele, so finden die Vorschriften über Verträge entsprechende Anwendung. Das Gleiche gilt, wenn ein einseitiges R. gegenüber einem Vertreter ohne Vertretungsmacht mit dessen Einverständnisse vorgenommen wird.

181 Ein Vertreter kann, soweit nicht ein anderes ihm gestattet ist, im Namen des Vertretenen mit sich im eigenen Namen oder als Vertreter eines Dritten ein R. nicht vornehmen, es sei denn, daß das R. ausschließlich in der Erfüllung einer Verbindlichkeit besteht.

Vormundschaft.

1795 Der Vormund kann den Mündel nicht vertreten:

1. bei einem R. zwischen seinem Ehegatten oder einem seiner Verwandten in gerader Linie einerseits und dem Mündel andererseits, es sei denn, daß das R. ausschließlich in der Erfüllung einer Verbindlichkeit besteht;
2. bei einem R., das die Übertragung oder Belastung einer durch Pfandrecht, Hypothek oder Bürgschaft gesicherten Forderung des Mündels gegen den Vormund oder die Aufhebung oder Minderung dieser Sicherheit zum Gegenstande hat oder die Verpflichtung des Mündels zu einer solchen Übertragung, Belastung, Aufhebung oder Minderung begründet;
3. bei einem Rechtsstreite zwischen den in Nr. 1 bezeichneten Personen sowie bei einem Rechtsstreit über eine Angelegenheit der in Nr. 2 bezeichneten Art.

Die Vorschrift des § 181 bleibt unberührt. 1796.

1822 Der Vormund bedarf der Genehmigung des Vormundschaftsgerichts:

1. zu einem R., durch das der Mündel zu einer Verfügung über sein Vermögen im ganzen oder über eine ihm angefallene Erbschaft oder über seinen künftigen g. Erbteil oder seinen künftigen Pflichtteil verpflichtet wird, sowie zu einer Verfügung über den Anteil des Mündels an einer Erbschaft;

2. . . . .

13. zu einem R., durch das die für eine Forderung des Mündels bestehende Sicherheit aufgehoben oder gemindert oder die Verpflichtung dazu begründet wird. 1812.

1825 Das Vormundschaftsgericht kann dem Vormunde zu R., zu denen nach § 1812 die Genehmigung des Gegenvormundes erforderlich ist, sowie zu den im § 1822 Nr. 8—10 bezeichneten R. eine a. Ermächtigung erteilen.

§ Die Ermächtigung soll nur erteilt werden, wenn sie zum Zwecke der Vermögensverwaltung, insbesondere zum Betrieb eines Erwerbsgeschäfts, erforderlich ist. 1812.

1827 Hat der Mündel das achtzehnte Lebensjahr vollendet, so soll ihn das Vormundschaftsgericht, soweit thunlich, auch hören vor der Entscheidung über die Genehmigung eines der im § 1821 und im § 1822 Nr. 3 bezeichneten R. sowie vor der Entscheidung über die Genehmigung des Beginns oder der Auflösung eines Erwerbsgeschäfts.

1828 Das Vormundschaftsgericht kann die Genehmigung zu einem R. nur dem Vormunde gegenüber erklären. 1832.

1831 Ein einseitiges R., das der Vormund ohne die erforderliche Genehmigung des Vormundschaftsgerichts vornimmt, ist unwirksam. Nimmt der Vormund mit dieser Genehmigung ein solches R. einem anderen gegenüber vor, so ist das R. unwirksam, wenn der Vormund die Genehmigung nicht in schriftlicher Form vorlegt und der andere das R. aus diesem Grunde unverzüglich zurückweist. 1832.

1832 Soweit der Vormund zu einem R. der Genehmigung des Gegenvormundes bedarf, finden die Vorschriften der §§ 1828—1831 entsprechende Anwendung.

1852 Der Vater kann anordnen, daß der von ihm benannte Vormund bei der Anlegung von Geld den in den §§ 1809, 1810 bestimmten Beschränkungen nicht unterliegen und zu den im § 1812 bezeichneten R. der Genehmigung des Gegenvormundes oder des Vormundschaftsgerichts nicht bedürfen soll. Diese Anordnungen sind als getroffen anzusehen, wenn der Vater die Bestellung eines Gegenvormundes ausgeschlossen hat. 1855, 1856, 1903, 1904, 1917.

§

1893 s. Verwandtschaft 1682.

Willenserklärung.

117 Wird durch ein Scheingeschäft ein anderes R. verdeckt, so finden die für das verdeckte R. geltenden Vorschriften Anwendung.

125 Ein R., welches der durch G. vorgeschriebenen Form ermangelt, ist nichtig. Der Mangel der durch R. bestimmten Form hat im Zweifel gleichfalls Nichtigkeit zur Folge.

126 Ist durch G. schriftliche Form eines R. vorgeschrieben, so muß die Urkunde von dem Aussteller eigenhändig durch Namensunterschrift oder mittelst gerichtlich oder notariell beglaubigten Handzeichens unterzeichnet werden.

Bei einem Vertrage muß die Unterzeichnung der Parteien auf derselben Urkunde erfolgen. Werden über den Vertrag mehrere gleichlautende Urkunden aufgenommen, so genügt es, wenn jede Partei die für die andere Partei bestimmte Urkunde unterzeichnet.

Die schriftliche Form wird durch die gerichtliche oder notarielle Beurkundung ersetzt. 127, 129.

127 Die Vorschriften des § 126 gelten im Zweifel auch für die durch R. bestimmte schriftliche Form. Zur Wahrung der Form genügt jedoch, soweit nicht ein anderer Wille anzunehmen ist, telegraphische Übermittelung und bei einem Vertrage Briefwechsel; wird eine solche Form gewählt, so kann nachträglich eine dem § 126 entsprechende Beurkundung verlangt werden.

134 Ein R. das gegen ein g. Verbot verstößt, ist nichtig, wenn sich nicht aus dem G. ein anderes ergiebt.

135 Verstößt die Verfügung über einen Gegenstand gegen ein g. Veräußerungsverbot, das nur den Schutz bestimmter Personen bezweckt, so ist sie nur diesen Personen gegenüber un-

§ wirksam. Der rechtsgeschäftlichen Verfügung steht eine Verfügung gleich, die im Wege der Zwangsvollstreckung oder der Arrestvollziehung erfolgt.

Die Vorschriften zu Gunsten derjenigen, welche Rechte von einem Nichtberechtigten herleiten, finden entsprechende Anwendung. 136.

137 Die Befugnis zur Verfügung über ein veräußerliches Recht kann nicht durch R. ausgeschlossen oder beschränkt werden. Die Wirksamkeit einer Verpflichtung, über ein solches Recht nicht zu verfügen, wird durch diese Vorschrift nicht berührt.

138 Ein R., das gegen die guten Sitten verstößt, ist nichtig.

Nichtig ist insbesondere ein R., durch das jemand unter Ausbeutung der Notlage, des Leichtsinns oder der Unerfahrenheit eines anderen sich oder einen Dritten für eine Leistung Vermögensvorteile versprechen oder gewähren läßt, welche den Wert der Leistung dergestalt übersteigen, daß den Umständen nach die Vermögensvorteile in auffälligem Mißverhältnisse zu der Leistung stehen.

139 Ist ein Teil eines R. nichtig, so ist das ganze R. nichtig, wenn nicht anzunehmen ist, daß es auch ohne den nichtigen Teil vorgenommen sein würde.

140 Entspricht ein nichtiges R. den Erfordernissen eines anderen R., so gilt das letztere, wenn anzunehmen ist, daß dessen Geltung bei Kenntnis der Nichtigkeit gewollt sein würde.

141 Wird ein nichtiges R. von demjenigen welcher es vorgenommen hat, bestätigt, so ist die Bestätigung als erneute Vornahme zu beurteilen.

Wird ein nichtiger Vertrag von den Parteien bestätigt, so sind diese im Zweifel verpflichtet, einander zu gewähren, was sie haben würden, wenn der Vertrag von Anfang an gültig gewesen wäre.

142 Wird ein anfechtbares R. angefochten, so ist es als von Anfang an nichtig anzusehen.

Wer die Anfechtbarkeit kannte oder kennen mußte, wird, wenn die Anfechtung erfolgt, so behandelt, wie wenn er die Nichtigkeit des R. gekannt hätte oder hätte kennen müssen.

143 Die Anfechtung erfolgt durch Erklärung gegenüber dem Anfechtungsgegner.

Anfechtungsgegner ist bei einem Vertrage der andere Teil, im Falle des § 123 Abs. 2 Satz 2 derjenige, welcher aus dem Vertrag unmittelbar ein Recht erworben hat.

Bei einem einseitigen R., das einem anderen gegenüber vorzunehmen war, ist der andere der Anfechtungsgegner. Das Gleiche gilt bei einem R., das einem anderen oder einer Behörde gegenüber vorzunehmen war, auch dann, wenn das R. der Behörde gegenüber vorgenommen worden ist.

Bei einem einseitigen R. anderer Art ist Anfechtungsgegner jeder, der auf Grund des R. unmittelbar einen rechtlichen Vorteil erlangt hat. Die Anfechtung kann jedoch, wenn die Willenserklärung einer Behörde gegenüber abzugeben war, durch Erklärung gegenüber der Behörde erfolgen; die Behörde soll die Anfechtung demjenigen mitteilen, welcher durch das R. unmittelbar betroffen worden ist.

144 Die Anfechtung ist ausgeschlossen, wenn das anfechtbare R. von dem Anfechtungsberechtigten bestätigt wird.

Die Bestätigung bedarf nicht der für das R. bestimmten Form.

Zustimmung.

182 Hängt die Wirksamkeit eines Vertrags

§ oder eines einseitigen R., das einem anderen gegenüber vorzunehmen ist, von der Zustimmung eines Dritten ab, so kann die Erteilung sowie die Verweigerung der Zustimmung sowohl dem einen als dem anderen Teile gegenüber erklärt werden.

Die Zustimmung bedarf nicht der für das R. bestimmten Form.

Wird ein einseitiges R., dessen Wirksamkeit von der Zustimmung eines Dritten abhängt, mit Einwilligung des Dritten vorgenommen, so finden die Vorschriften des § 111 Satz 2, 3 entsprechende Anwendung.

183 Die vorherige Zustimmung (Einwilligung) ist bis zur Vornahme des R. widerruflich, soweit nicht aus dem ihrer Erteilung zu Grunde liegenden Rechtsverhältnisse sich ein anderes ergiebt. Der Widerruf kann sowohl dem einen als dem anderen Teile gegenüber erklärt werden.

184 Die nachträgliche Zustimmung (Genehmigung) wirkt auf den Zeitpunkt der Vornahme des R. zurück, soweit nicht ein anderes bestimmt ist.

Durch die Rückwirkung werden Verfügungen nicht unwirksam, die vor der Genehmigung über den Gegenstand des R. von dem Genehmigenden getroffen worden oder im Wege der Zwangsvollstreckung oder der Arrestvollziehung oder durch den Konkursverwalter erfolgt sind.

Rechtsgrund.

Bereicherung.

812, 820 s. **Rechtsgeschäft** — Bereicherung.

819 Kennt der Empfänger einer Leistung den Mangel des rechtlichen Grundes bei dem Empfang oder erfährt er ihn später, so ist er von dem Empfang oder der Erlangung der Kenntnis an zur Herausgabe verpflichtet, wie wenn der Anspruch auf Herausgabe zu dieser Zeit rechtshängig geworden wäre.

821 Wer ohne rechtlichen Grund eine Verbindlichkeit eingeht, kann die Erfüllung auch dann verweigern, wenn der Anspruch auf Befreiung von der Verbindlichkeit verjährt ist.

Leistung.

288 Eine Geldschuld ist während des Verzugs mit vier vom Hundert für das Jahr zu verzinsen. Kann der Gläubiger aus einem anderen R. höhere Zinsen verlangen, so sind diese fortzuentrichten.

Die Geltendmachung eines weiteren Schadens ist nicht ausgeschlossen. 291.

Rechtsgültigkeit.

Wohnsitz.

11 Ein eheliches Kind teilt den Wohnsitz des Vaters, ein uneheliches Kind den Wohnsitz der Mutter, ein an Kindesstatt angenommenes Kind den Wohnsitz des Annehmenden. Das Kind behält den Wohnsitz, bis es ihn rechtsgültig aufhebt.

Rechtshandlung.

Art. Einführungsgesetz.

33 G., betreffend die Anfechtung von R. eines Schuldners außerhalb des Konkursverfahrens vom 21. Juli 1879 s. **E.G.** — E.G.

Rechtshängigkeit.

Bereicherung.

818 s. **Recht** — Bereicherung.

819 Kennt der Empfänger einer Leistung den Mangel des rechtlichen Grundes bei dem Empfang oder erfährt er ihn später, so ist er von dem Empfang oder der Erlangung der Kenntnis an zur Herausgabe verpflichtet, wie wenn der Anspruch auf Herausgabe zu dieser Zeit rechtshängig geworden wäre.

Verstößt der Empfänger durch die

§ Annahme der Leistung gegen ein g. Verbot oder gegen die guten Sitten, so ist er von dem Empfange der Leistung an in der gleichen Weise verpflichtet.

628 **Dienstvertrag** s. **Nutzungen** — Vertrag 347.

Ehe.

1344 s. **Rechtsgeschäft** — Ehe.

1357 s. **Rechtsgeschäft** — Güterrecht 1435.

1360 s. Verwandtschaft 1613.

1580 **Ehescheidung** s. Verwandtschaft 1613.

Eigentum.

987 Der Besitzer hat dem Eigentümer die Nutzungen herauszugeben, die er nach dem Eintritte der R. zieht.

Zieht der Besitzer nach dem Eintritte der R. Nutzungen nicht, die er nach den Regeln einer ordnungsmäßigen Wirtschaft ziehen könnte, so ist er dem Eigentümer zum Ersatze verpflichtet, soweit ihm ein Verschulden zur Last fällt. 990, 993, 1007.

988 s. **Nutzungen** — Eigentum.

989 Der Besitzer ist von dem Eintritte der R. an dem Eigentümer für den Schaden verantwortlich, der dadurch entsteht, daß infolge seines Verschuldens die Sache verschlechtert wird, untergeht oder aus einem anderen Grunde von ihm nicht herausgegeben werden kann. 990, 991, 993, 1007.

991 s. **Recht** — Eigentum.

994 Der Besitzer kann für die auf die Sache gemachten notwendigen Verwendungen von dem Eigentümer Ersatz verlangen. Die gewöhnlichen Erhaltungskosten sind ihm jedoch für die Zeit, für welche ihm die Nutzungen verbleiben, nicht zu ersetzen.

Macht der Besitzer nach dem Eintritte der R. oder nach dem Beginne der im § 990 bestimmten Haftung notwendige Verwendungen, so bestimmt sich die Ersatzpflicht des Eigentümers nach den Vorschriften über die Geschäftsführung ohne Auftrag. 995, 997, 1007.

996 Für andere als notwendige Verwendungen kann der Besitzer Ersatz nur insoweit verlangen, als sie vor dem Eintritte der R. und vor dem Beginne der im § 990 bestimmten Haftung gemacht werden und der Wert der Sache durch sie noch zu der Zeit erhöht ist, zu welcher der Eigentümer die Sache wiedererlangt. 1007.

Art. **Einführungsgesetz.**

16 s. **Rechtsgeschäft** — Güterrecht § 1435.

152 s. **E.G.** — E.G.

§ **Erbe.**

2019 s. **Forderung** — Schuldverhältnis 407, 408.

2023 s. **Nutzungen** — Erbe.

2024 Ist der Erbschaftsbesitzer bei dem Beginne des Erbschaftsbesitzes nicht in gutem Glauben, so haftet er so, wie wenn der Anspruch des Erben zu dieser Zeit rechtshängig geworden wäre. Erfährt der Erbschaftsbesitzer später, daß er nicht Erbe ist, so haftet er in gleicher Weise von der Erlangung der Kenntnis an. Eine weitergehende Haftung wegen Verzugs bleibt unberührt.

Gesellschaft.

720 s. **Forderung** — Schuldverhältnis 407, 408.

Güterrecht.

1405 s. **Rechtsgeschäft** — Güterrecht.

1422 Wird bei g. Güterrecht die Verwaltung und Nutznießung des eingebrachten Gutes von Seiten des Mannes auf Grund des § 1418 durch Urteil aufgehoben, so ist der Mann zur Herausgabe des eingebrachten Gutes so verpflichtet, wie wenn der Anspruch auf Herausgabe

§ mit der Erhebung der Klage auf Aufhebung der Verwaltung und Nutznießung rechtshängig geworden wäre. 1425, 1546, 1548.

1431 s. **Rechtsgeschäft** — Güterrecht.

1435 s. **Rechtsgeschäft** — Güterrecht.

1470 s. **Rechtsgeschäft** — Güterrecht.

1473, 1524 s. **Forderung** — Schuldverhältnis 407, 408.

1479 Wird die a. Gütergemeinschaft auf Grund des § 1468 oder des § 1469 durch Urteil aufgehoben, so kann der Ehegatte, welcher das Urteil erwirkt hat, verlangen, daß die Auseinandersetzung so erfolgt, wie wenn der Anspruch auf Auseinandersetzung mit der Erhebung der Klage auf Aufhebung der Gütergemeinschaft rechtshängig geworden wäre. 1474, 1498, 1546.

1498 Auf die Auseinandersetzung in Ansehung des Gesamtguts der f. Gütergemeinschaft finden die Vorschriften der §§ 1475, 1476, des § 1477 Abs. 1 und der §§ 1479—1481 Anwendung; an die Stelle des Mannes tritt der überlebende Ehegatte, an die Stelle der Frau treten die anteilsberechtigten Abkömmlinge. Die im § 1476 Abs. 2 Satz 2 bezeichnete Verpflichtung besteht nur für den überlebenden Ehegatten. 1518.

1545, 1546, 1548 s. **Errungenschaftsgemeinschaft** — Güterrecht.

Handlung.

847 R. des Anspruchs auf Entschädigung in Geld wegen eines Schadens, der nicht Vermögensschaden ist s. **Handlung** — Handlung.

1156 **Hypothek** 1158 s. **Forderung** — Schuldverhältnis 407, 408.

Kauf.

467 s. **Nutzungen** — Vertrag 347.

478 s. **Rechtsstreit** — Kauf.

489 s. **Kauf** — Kauf.

Leistung.

280, 286 s. **Nutzungen** — Vertrag 347.

§

291 Eine Geldschuld hat der Schuldner von dem Eintritte der R. an zu verzinsen, auch wenn er nicht im Verzug ist; wird die Schuld erst später fällig, so ist sie von der Fälligkeit an zu verzinsen. Die Vorschriften des § 288 Abs. 1 und des § 289 Satz 1 finden entsprechende Anwendung.

292 s. **Nutzungen** — Leistung.

543 **Miete** 555 s. **Nutzungen** — Vertrag 347.

528 **Schenkung** s. Verwandtschaft 1613.

Schuldverhältnis.

407 Ist in einem nach der Abtretung der Forderung an einen anderen Gläubiger zwischen dem Schuldner und dem bisherigen Gläubiger anhängig gewordenen Rechtsstreit ein rechtskräftiges Urteil über die Forderung ergangen, so muß der neue Gläubiger das Urteil gegen sich gelten lassen, es sei denn, daß der Schuldner die Abtretung bei dem Eintritte der R. gekannt hat. 408, 412.

408 s. **Rechtsgeschäft** — Schuldverhältnis.

2111 **Testament** s. **Forderung** — Schuldverhältnis 407, 408.

Verjährung.

213 Die Unterbrechung durch Zustellung eines Zahlungsbefehls im Mahnverfahren gilt als nicht erfolgt, wenn die Wirkungen der R. erlöschen. 220.

Verlöbnis.

1300 Hat eine unbescholtene Verlobte ihrem Verlobten die Beiwohnung gestattet, so kann sie, wenn die Voraussetzungen des § 1298 oder des § 1299 vorliegen, auch wegen des Schadens der nicht Vermögensschaden ist, eine billige Entschädigung in Geld verlangen.

Der Anspruch ist nicht übertragbar und geht nicht auf die Erben über, es sei denn, daß er durch Vertrag anerkannt oder daß er rechtshängig geworden ist. 1302.

§ Vertrag.
347 f. **Nutzungen** — Vertrag.
Verwandtschaft.
1613 Für die Vergangenheit kann der zum Unterhalt Berechtigte Erfüllung oder Schadensersatz wegen Nichterfüllung nur von der Zeit an fordern, zu welcher der Verpflichtete in Verzug gekommen oder der Unterhaltsanspruch rechtshängig geworden ist.
639 **Werkvertrag** 651 f. **Rechtsstreit** — Kauf 478.

Rechtskraft.

Besitz.
864 f. **Recht** — Besitz.
Ehe.
1344 f. **Rechtsgeschäft** — Ehe.
1357 f. **Rechtsgeschäft** — Güterrecht 1435.
Ehescheidung.
1564 Die Auflösung der Ehe tritt mit der R. des Urteils ein.
1567 Bösliche Verlassung liegt nur vor:
1. wenn ein Ehegatte, nachdem er zur Herstellung der häuslichen Gemeinschaft rechtskräftig verurteilt worden ist, ein Jahr lang gegen den Willen des anderen Ehegatten in böslicher Absicht dem Urteile nicht Folge geleistet hat. 1564, 1570, 1571, 1574.

1584 Ist ein Ehegatte allein für schuldig erklärt, so kann der andere Ehegatte Schenkungen, die er ihm während des Brautstandes oder während der Ehe gemacht hat, widerrufen. Die Vorschriften des § 531 finden Anwendung.

Der Widerruf ist ausgeschlossen, wenn seit der R. des Scheidungsurteils ein Jahr verstrichen oder wenn der Schenker oder der Beschenkte gestorben ist.
Eigentum.
941 f. Verjährung 211, 212, 219.

§
1003 Der Besitzer kann bei Verwendungen den Eigentümer unter Angabe des als Ersatz verlangten Betrags auffordern, sich innerhalb einer von ihm bestimmten angemessenen Frist darüber zu erklären, ob er die Verwendungen genehmige. Nach dem Ablaufe der Frist ist der Besitzer berechtigt, Befriedigung aus der Sache nach den Vorschriften über den Pfandverkauf, bei einem Grundstücke nach den Vorschriften über die Zwangsvollstreckung in das unbewegliche Vermögen zu suchen, wenn nicht die Genehmigung rechtzeitig erfolgt.

Bestreitet der Eigentümer den Anspruch vor dem Ablaufe der Frist, so kann sich der Besitzer aus der Sache erst dann befriedigen, wenn er nach rechtskräftiger Feststellung des Betrags der Verwendungen den Eigentümer unter Bestimmung einer angemessenen Frist zur Erklärung aufgefordert hat und die Frist verstrichen ist; das Recht auf Befriedigung aus der Sache ist ausgeschlossen, wenn die Genehmigung rechtzeitig erfolgt. 974, 1007.

Art. **Einführungsgesetz.**
16 f. **Rechtsgeschäft** — Güterrecht § 1435.
95 f. **Rechtsgeschäft** — Geschäftsfähigkeit § 115.
146 f. **Recht** — Schuldverhältnis § 376.
201 f. Ehescheidung § 1567.
§ **Erbe.**
1973 Rechtskräftige Verurteilung des Erben zur Befriedigung eines ausgeschlossenen Nachlaßgläubigers f. **Erbe** — Erbe.
1991 f. **Recht** — Erbe.
2019 f. **Rechtshängigkeit** — Schuldverhältnis 407.
2022 f. Eigentum 1003.
Erbunwürdigkeit.
2342 Die Wirkung der Anfechtung des

§ trag oder die mit dem Zeugnisse der R. versehene Entscheidung vorgelegt wird.

Hypothek.

1156, 1158 s. **Rechtshängigkeit** — Schuldverhältnis 407.

Kauf.

477 s. Verjährung 212.

490 s. Verjährung 212, 215.

Leistung.

283 Ist der Schuldner rechtskräftig verurteilt, so kann der Gläubiger ihm zur Bewirkung der Leistung eine angemessene Frist mit der Erklärung bestimmen, daß er die Annahme der Leistung nach dem Ablaufe der Frist ablehne. Nach dem Ablaufe der Frist kann der Gläubiger Schadensersatz wegen Nichterfüllung verlangen, soweit nicht die Leistung rechtzeitig bewirkt wird; der Anspruch auf Erfüllung ist ausgeschlossen. Die Verpflichtung zum Schadensersatze tritt nicht ein, wenn die Leistung infolge eines Umstandes unmöglich wird, den der Schuldner nicht zu vertreten hat.

Wird die Leistung bis zum Ablaufe der Frist nur teilweise nicht bewirkt, so steht dem Gläubiger auch das im § 280 Abs. 2 bestimmte Recht zu.

Nießbrauch.

1052 Rechtskräftige Verurteilung des Nießbrauchers zur Sicherheitsleistung s. **Niessbrauch** — Nießbrauch.

2335 **Pflichtteil** s. Ehescheidung 1567.

Schuldverhältnis.

376 s. **Recht** — Schuldverhältnis.

407 s. **Rechtshängigkeit** — Schuldverhältnis.

419 s. **Recht** — Erbe 1991.

425 Andere als die in den §§ 422—424 bezeichneten Thatsachen wirken, soweit sich nicht aus dem Schuldverhältnis ein anderes ergiebt, nur für

§ und gegen den Gesamtschuldner, in dessen Person sie eintreten.

Dies gilt insbesondere von der Kündigung, dem Verzuge, dem Verschulden, von der Unmöglichkeit der Leistung in der Person eines Gesamtschuldners, von der Verjährung, deren Unterbrechung und Hemmung, von der Vereinigung der Forderung mit der Schuld und von dem rechtskräftigen Urteile. 429.

Testament.

2111 s. **Rechtshängigkeit** — Schuldverhältnis 407.

2128, 2129 s. **Niessbrauch** — Nießbrauch 1052.

2145 s. **Recht** — Erbe 1991.

2193 Der mit einer letztwilligen Zuwendung Bedachte muß dem rechtskräftig verurteilten Beschwerten eine angemessene Frist zur Vollziehung der letztwilligen Anordnung gewähren s. **Testament** — Testament.

2196 Wird die Vollziehung einer Auflage in Folge eines von dem Beschwerten zu vertretenden Umstandes unmöglich, so kann derjenige, welchem der Wegfall des zunächst Beschwerten unmittelbar zu statten kommen würde, die Herausgabe der Zuwendung nach den Vorschriften über die Herausgabe einer ungerechtfertigten Bereicherung insoweit fordern, als die Zuwendung zur Vollziehung der Auflage hätte verwendet werden müssen.

Das Gleiche gilt, wenn der Beschwerte zur Vollziehung einer Auflage, die nicht durch einen Dritten vollzogen werden kann, rechtskräftig verurteilt ist und die zulässigen Zwangsmittel erfolglos gegen ihn angewendet worden sind.

Verein.

73 Der eingetragene Verein verliert die Rechtsfähigkeit mit der R. des die

§ Entziehung der Rechtsfähigkeit aussprechenden Beschlusses.

Verjährung.

211 Die Unterbrechung der Verjährung durch Klageerhebung dauert fort, bis der Prozeß rechtskräftig entschieden oder anderweit erledigt ist. 214, 219, 220.

212 Die Urterbrechung der Verjährung durch Klageerhebung gilt als nicht erfolgt, wenn die Klage zurückgenommen oder durch ein nicht in der Sache selbst entscheidendes Urteil rechtskräftig abgewiesen wird. 220.

215 Die Unterbrechung der Verjährung durch Geltendmachung der Aufrechnung im Prozeß oder durch Streitverkündung dauert fort, bis der Prozeß rechtskräftig entschieden oder anderweit erledigt ist; die Vorschriften des § 211 Abs. 2 finden Anwendung. 220.

218 Ein rechtskräftig festgestellter Anspruch verjährt in dreißig Jahren, auch wenn er an sich einer kürzeren Verjährung unterliegt. 219, 220.

219 Als rechtskräftige Entscheidung im Sinne des § 211 Abs. 1 und des § 218 Abs. 1 gilt auch ein unter Vorbehalt ergangenes rechtskräftiges Urteil. 220.

325 **Vertrag** s. Leistung 283.

Verwandtschaft.

1635 s. Ehescheidung 1567.

1647 Die Vermögensverwaltung des Vaters endigt mit der R. des Beschlusses, durch den der Konkurs über das Vermögen des Vaters eröffnet wird.

1680 Die Verwirkung der elterlichen Gewalt tritt mit der R. des diesbezüglichen Urteils ein.

Vormundschaft.

1883 Wird der Mündel durch nachfolgende Ehe legitimiert, so endigt die Vormundschaft erst dann, wenn die Vaterschaft des Ehemannes durch ein zwischen ihm und dem Mündel ergangenes Urteil rechtskräftig festgestellt ist oder die Aufhebung der Vormundschaft von dem Vormundschaftsgericht angeordnet wird.

1908 Die vorläufige Vormundschaft über Volljährige endigt mit der rechtskräftigen Abweisung des Antrags auf Entmündigung. 1897.

Rechtslage.

894 **Grundstück** s. **Grundstück** — Grundstück.

Hypothek.

1138, 1155, 1157 s. **Grundstück** — Grundstück 894.

Pfandrecht.

1263 s. **Pfandrecht** — Pfandrecht.

Pflichtteil.

2313 s. **Recht** — Pflichtteil.

Rechtsmangel.

Eigentum.

955, 957 s. **Eigentum** — Eigentum.

1120 **Hypothek** s. **Eigentum** — Eigentum 955, 957.

Rechtsmittel.

Handlung.

839 s. **Handlung** — Handlung.

1674 **Verwandtschaft** s. **Handlung** — Handlung 839.

Vormundschaft.

1787 s. **Vormundschaft** — Vormundschaft.

1848 s. **Handlung** — Handlung 839.

Rechtsnachfolge.

Eigentum.

943 Gelangt die Sache durch R. in den Eigenbesitz eines Dritten, so kommt die während des Besitzes des Rechtsvorgängers verstrichene Ersitzungszeit dem Dritten zu statten. 945.

Verjährung.

221 Gelangt eine Sache, in Ansehung deren ein dinglicher Anspruch besteht,

§ **Gesellschaft.**

720 f. **Rechtshängigkeit** — Schuldverhältnis 407 f. **Rechtsgeschäft** — Schuldverhältnis 408.

Güterrecht.

1387 Der Mann ist der Frau gegenüber bei g. Güterrecht verpflichtet, zu tragen:
1. die Kosten eines R., in welchem er ein zum eingebrachten Gute gehörendes Recht geltend macht, sowie die Kosten eines R., den die Frau führt, sofern nicht die Kosten dem Vorbehaltsgute zur Last fallen; 1388, 1529.

1400 Führt die Frau bei g. Güterrecht einen R. ohne Zustimmung des Mannes, so ist das Urteil dem Manne gegenüber in Ansehung des eingebrachten Gutes unwirksam. 1401, 1404, 1525.

1405 f. **Rechtsgeschäft** — Güterrecht.

1407 Die Frau bedarf bei g. Güterrecht nicht der Zustimmung des Mannes:
1. zur Fortsetzung eines zur Zeit der Eheschließung anhängigen R.;
2. zur gerichtlichen Geltendmachung eines zum eingebrachten Gute gehörenden Rechtes gegen den Mann;
3. zur gerichtlichen Geltendmachung eines zum eingebrachten Gute gehörenden Rechtes gegen einen Dritten, wenn der Mann ohne die erforderliche Zustimmung der Frau über das Recht verfügt hat;
4. zur gerichtlichen Geltendmachung eines Widerspruchsrechts gegenüber einer Zwangsvollstreckung. 1525.

1412 Für die Kosten eines R. der Frau haftet bei g. Güterrecht das eingebrachte Gut auch dann, wenn das Urteil dem Manne gegenüber in Ansehung des eingebrachten Gutes nicht wirksam ist. 1411, 1525.

1415 Im Verhältnisse der Ehegatten zu einander fallen bei g. Güterrecht dem Vorbehaltsgute zur Last:
1. die Verbindlichkeiten der Frau aus einer unerlaubten Handlung, die sie während der Ehe begeht, oder aus einem Strafverfahren, das wegen einer solchen Handlung gegen sie gerichtet wird;
2. die Verbindlichkeiten der Frau aus einem sich auf das Vorbehaltsgut beziehenden Rechtsverhältnis, auch wenn sie vor der Eingehung der Ehe oder vor der Zeit entstanden sind, zu der das Gut Vorbehaltsgut geworden ist;
3. die Kosten eines R., den die Frau über eine der in Nr. 1, 2 bezeichneten Verbindlichkeiten führt. 1416, 1417, 1525.

1416 Im Verhältnisse der Ehegatten zu einander fallen bei g. Güterrecht die Kosten eines R. zwischen ihnen dem Vorbehaltsgute zur Last, soweit nicht der Mann sie zu tragen hat.

Das Gleiche gilt von den Kosten eines R. zwischen der Frau und einem Dritten, es sei denn, daß das Urteil dem Manne gegenüber in Ansehung des eingebrachten Gutes wirksam ist. Betrifft jedoch der R. eine persönliche Angelegenheit der Frau oder eine nicht unter die Vorschriften des § 1415 Nr. 1, 2 fallende Verbindlichkeit, für die das eingebrachte Gut haftet, so findet diese Vorschrift keine Anwendung, wenn die Aufwendung der Kosten den Umständen nach geboten ist. 1417, 1525.

1443 Das Gesamtgut der a. Gütergemeinschaft unterliegt der Verwaltung des Mannes. Der Mann ist insbesondere berechtigt, die zu dem Gesamtgute gehörenden Sachen in Besitz zu nehmen, über das Gesamtgut zu verfügen sowie R., die sich auf das Gesamtgut beziehen, im eigenen Namen zu führen.

Die Frau wird durch die Verwaltungshandlungen des Mannes

§ weder Dritten noch dem Manne gegenüber persönlich verpflichtet. 1487, 1519.

1450 s. **Rechtsgeschäft** — Güterrecht.

1452 Auf den selbständigen Betrieb eines Erwerbsgeschäfts durch die Frau finden die Vorschriften des § 1405 entsprechende Anwendung. 1519.

1454 Zur Fortsetzung eines bei dem Eintritte der a. Gütergemeinschaft anhängigen R. bedarf die Frau nicht der Zustimmung des Mannes.

1460 s. **Rechtsgeschäft** — Güterrecht.

1463 Im Verhältnisse der Ehegatten zu einander fallen folgende Gesamtgutsverbindlichkeiten dem Ehegatten zur Last, in dessen Person sie entstehen:
1. die Verbindlichkeiten aus einer unerlaubten Handlung, die er nach dem Eintritte der a. Gütergemeinschaft begeht, oder aus einem Strafverfahren, das wegen einer solchen Handlung gegen ihn gerichtet wird;
2. die Verbindlichkeiten aus einem sich auf sein Vorbehaltsgut beziehenden Rechtsverhältnis, auch wenn sie vor dem Eintritte der a. Gütergemeinschaft oder vor der Zeit entstanden sind, zu der das Gut Vorbehaltsgut geworden ist;
3. die Kosten eines R. über eine der in Nr. 1, 2 bezeichneten Verbindlichkeiten. 1464.

1464 Im Verhältnisse der Ehegatten zu einander fallen bei a. Gütergemeinschaft die Kosten eines R. zwischen ihnen der Frau zur Last, soweit nicht der Mann sie zu tragen hat.

Das Gleiche gilt von den Kosten eines R. zwischen der Frau und einem Dritten, es sei denn, daß das Urteil dem Gesamtgute gegenüber wirksam ist. Betrifft jedoch der R. eine persönliche Angelegenheit der Frau oder eine nicht unter die Vorschriften des § 1463 Nr. 1, 2 fallende Gesamtgutsverbindlichkeit der Frau, so findet diese Vorschrift keine Anwendung, wenn die Aufwendung der Kosten den Umständen nach geboten ist.

1473, 1524 s. **Rechtshängigkeit** — Schuldverhältnis 407; s. **Rechtsgeschäft** — Schuldverhältnis 408.

1487 Die Rechte und Verbindlichkeiten des überlebenden Ehegatten sowie der anteilsberechtigten Abkömmlinge in Ansehung des Gesamtguts der f. Gütergemeinschaft bestimmen sich nach den für die eheliche Gütergemeinschaft geltenden Vorschriften der §§ 1442—1449, 1455 bis 1457, 1466; der überlebende Ehegatte hat die rechtliche Stellung des Mannes, die anteilsberechtigten Abkömmlinge haben die rechtliche Stellung der Frau. 1518.

1519, 1525, 1529 s. **Errungenschaftsgemeinschaft** — Güterrecht.

1532 s. **Rechtsgeschäft** — Güterrecht.

1535 Im Verhältnisse der Ehegatten zu einander fallen folgende Gesamtgutsverbindlichkeiten dem Ehegatten zur Last, in dessen Person sie entstehen:
1. die Verbindlichkeiten aus einem sich auf sein eingebrachtes Gut oder sein Vorbehaltsgut beziehenden Rechtsverhältnis, auch wenn sie vor dem Eintritte der Errungenschaftsgemeinschaft oder vor der Zeit entstanden sind, zu der das Gut eingebrachtes Gut oder Vorbehaltsgut geworden ist;
2. die Kosten eines R., den der Ehegatte über eine der in Nr. 1 bezeichneten Verbindlichkeiten führt.

1536 Im Verhältnisse der Ehegatten zu einander fallen dem Manne zur Last:
1. die vor dem Eintritte der Errungenschaftsgemeinschaft entstandenen Verbindlichkeiten des Mannes;
2. die Verbindlichkeiten des Mannes,

§ die der Frau gegenüber aus der Verwaltung ihres eingebrachten Gutes entstehen, soweit nicht das Gesamtgut zur Zeit der Beendigung der Errungenschaftsgemeinschaft bereichert ist;

3. die Verbindlichkeiten des Mannes aus einer unerlaubten Handlung, die er nach dem Eintritte der Errungenschaftsgemeinschaft begeht, oder aus einem Strafverfahren, das wegen einer unerlaubten Handlung gegen ihn gerichtet wird;

4. die Kosten eines R., den der Mann über eine der in Nr. 1—3 bezeichneten Verbindlichkeiten führt. 1537.

1561 f. **Güterrechtsregister** — Güterrecht.

Hypothek.

1156, 1158 f. **Rechtshängigkeit** — Schuldverhältnis 407; f. **Rechtsgeschäft** — Schuldverhältnis 408.

Kauf.

478 Hat der Käufer den Mangel dem Verkäufer angezeigt oder die Anzeige an ihn abgesendet, bevor der Anspruch auf Wandelung oder auf Minderung verjährt war, so kann er auch nach der Vollendung der Verjährung die Zahlung des Kaufpreises insoweit verweigern, als er auf Grund der Wandelung oder der Minderung dazu berechtigt sein würde. Das Gleiche gilt, wenn der Käufer vor der Vollendung der Verjährung gerichtliche Beweisaufnahme zur Sicherung des Beweises beantragt oder in einem zwischen ihm und einem späteren Erwerber der Sache wegen des Mangels anhängigen R. dem Verkäufer den Streit verkündet hat.

Hat der Verkäufer den Mangel arglistig verschwiegen, so bedarf es der Anzeige oder einer ihr nach Abs. 1 gleichstehenden Handlung nicht. 479 bis 481.

§

489 In einem R. über den Anspruch auf Wandelung kann jede Partei auf öffentliche Versteigerung des gekauften Tieres und Hinterlegung des Erlöses antragen f. **Kauf** — Kauf.

Schuldverhältnis.

407 f. **Rechtshängigkeit** — Schuldverhältnis.

408 f. **Rechtsgeschäft** — Schuldverhältnis.

2111 **Testament** f. **Rechtshängigkeit** — Schuldverhältnis 407 f. **Rechtsgeschäft** — Schuldverhältnis 408.

34 **Verein** f. **Rechtsgeschäft** — Verein.

Verwandtschaft.

1596 Die Anfechtung der Ehelichkeit erfolgt bei Lebzeiten des Kindes durch Erhebung der Anfechtungsklage. Die Klage ist gegen das Kind zu richten.

Wird die Klage zurückgenommen, so ist die Anfechtung als nicht erfolgt anzusehen. Das Gleiche gilt, wenn der Mann vor der Erledigung des R. das Kind als das seinige anerkennt.

Vor der Erledigung des R. kann die Unehelichkeit nicht anderweit geltend gemacht werden. 1599, 1600.

1630 f. **Rechtsgeschäft** — Vormundschaft 1795.

1654 Zu den Lasten des Vermögens des ehelichen Kindes, das der Nutznießung des Vaters unterliegt, gehören auch die Kosten eines R., der für das Kind geführt wird sofern sie nicht dem freien Vermögen zur Last fallen.

1660 f. Güterrecht 1415, 1416.

1795 **Vormundschaft** f. **Rechtsgeschäft** — Vormundschaft.

639 **Werkvertrag** 651 f. Kauf 478.

Art. **Rechtsunfähigkeit.**

10 **Einführungsgesetz** f. **Rechtsgeschäft** — Verein § 54.

§
54 **Verein** s. **Rechtsgeschäft** — Verein.

Rechtsverfolgung.

Bürgschaft.

767 Der Bürge haftet für die dem Gläubiger von dem Hauptschuldner zu ersetzenden Kosten der Kündigung und der R.

773 Die Einrede der Vorausklage ist ausgeschlossen:

1. . . . .
2. wenn die R. gegen den Hauptschuldner infolge einer nach der Übernahme der Bürgschaft eingetretenen Änderung des Wohnsitzes, der gewerblichen Niederlassung oder des Aufenthaltsorts des Hauptschuldners wesentlich erschwert ist.

775 Hat sich ein Bürge im Auftrage des Hauptschuldners verbürgt oder stehen ihm nach den Vorschriften über die Geschäftsführung ohne Auftrag wegen der Übernahme der Bürgschaft die Rechte eines Beauftragten gegen den Hauptschuldner zu, so kann er von diesem Befreiung von der Bürgschaft verlangen:

1. . . . .
2. wenn die R. gegen den Hauptschuldner infolge einer nach der Übernahme der Bürgschaft eingetretenen Änderung des Wohnsitzes, der gewerblichen Niederlassung oder des Aufenthaltsorts des Hauptschuldners wesentlich erschwert ist.

1339 **Ehe** s. **Verjährung** 203.

Ehescheidung.

1571 s. Verjährung 203.

1580 s. Verwandtschaft 1607.

1002 **Eigentum** s. Verjährung 203.

Erbe.

1944, 1954, 1997 s. Verjährung 203.

2283 **Erbvertrag** s. Verjährung 203.

§ **Hypothek.**

1118 Kraft der Hypothek haftet das Grundstück auch für die g. Zinsen der Forderung sowie für die Kosten der Kündigung und der die Befriedigung aus dem Grundstücke bezweckenden R. 1145, 1159.

Pfandrecht.

1210 Das Pfand haftet für die Ansprüche des Pfandgläubigers auf Ersatz von Verwendungen, für die dem Pfandgläubiger zu ersetzenden Kosten der Kündigung und der R. sowie für die Kosten des Pfandverkaufs. 1266.

1264 s. Hypothek 1118.

802 **Schuldverschreibung** s. Verjährung 203.

2082 **Testament** s. Verjährung 203.

Verjährung.

203 Die Verjährung ist gehemmt, solange der Berechtigte durch Stillstand der Rechtspflege innerhalb der letzten sechs Monate der Verjährungsfrist an der R. verhindert ist.

Das Gleiche gilt, wenn eine solche Verhinderung in anderer Weise durch höhere Gewalt herbeigeführt wird. 210, 212, 215.

Verwandtschaft.

1594, 1599 s. Verjährung 203.

1607 Soweit ein Verwandter auf Grund des § 1603 nicht unterhaltspflichtig ist, hat der nach ihm haftende Verwandte den Unterhalt zu gewähren.

Das Gleiche gilt, wenn die R. gegen einen Verwandten im Inlande ausgeschlossen oder erheblich erschwert ist. Der Anspruch gegen einen solchen Verwandten geht, soweit ein anderer Verwandter den Unterhalt gewährt, auf diesen über. Der Übergang kann nicht zum Nachteile des Unterhaltsberechtigten geltend gemacht werden. 1608, 1620.

Vormundschaft.

1813 Der Vormund bedarf nicht der Ge-

§ nehmigung des Gegenvormundes zur Aufnahme einer geschuldeten Leistung:
1. . . . .
5. wenn der Anspruch auf Erstattung von Kosten der Kündigung oder der R., oder auf sonstige Nebenleistungen gerichtet ist

124 **Willenserklärung** s. Verjährung 203.

Rechtsverhältnis.

Anweisung.

792 R. zwischen Anweisungsempfänger und Angewiesenen s. **Anweisung** — Anweisung.

Bürgschaft.

774 Soweit der Bürge den Gläubiger befriedigt, geht die Forderung des Gläubigers gegen den Hauptschuldner auf ihn über. Der Übergang kann nicht zum Nachteile des Gläubigers geltend gemacht werden. Einwendungen des Hauptschuldners aus einem zwischen ihm und dem Bürgen bestehenden R. bleiben unberührt. 776.

Ehe.

1306 s. **Recht** — Ehe.

1311 Wer einen anderen an Kindesstatt angenommen hat, darf mit ihm oder dessen Abkömmlingen eine Ehe nicht eingehen, solange das durch die Annahme begründete R besteht.

1358 Kündigung eines von der Frau eingegangenen R. durch den Mann s. **Ehe** — Ehe.

Eigentum.

919 Die Kosten der Abmarkung sind von den Beteiligten zu gleichen Teilen zu tragen, sofern nicht aus einem zwischen ihnen bestehenden R. sich ein anderes ergiebt. 924.

922 Sind die Nachbarn zur Benutzung einer der im § 921 bezeichneten Einrichtungen gemeinschaftlich berechtigt, so kann jeder sie zu dem Zwecke, der sich aus ihrer Beschaffenheit ergiebt, insoweit benutzen, als nicht die Mitbenutzung des anderen beeinträchtigt wird. Die Unterhaltungskosten sind von den Nachbarn zu gleichen Teilen zu tragen. Solange einer der Nachbarn an dem Fortbestande der Einrichtung ein Interesse hat, darf sie nicht ohne seine Zustimmung beseitigt oder geändert werden. Im übrigen bestimmt sich das R. zwischen den Nachbarn nach den Vorschriften über die Gemeinschaft.

930 Ist der Eigentümer im Besitze der Sache, so kann die Übergabe dadurch ersetzt werden, daß zwischen ihm und dem Erwerber ein R. vereinbart wird, vermöge dessen der Erwerber den mittelbaren Besitz erlangt. 933, 936.

Art. **Einführungsgesetz.**

9, 11, 19, 20, 29, 90, 97, 101, 112, 157, 162, 182, 203 s. **E.G.** — E.G.

43 Der § 6 Abs. 2 des G., betreffend die R. der Reichsbeamten, vom 31. März 1873 (Reichs-Gesetzbl. S. 61) wird aufgehoben.

86 s. **Erbe** — Erbe 2043.

95 s. **Ehe** — Ehe § 1358.

137 s. **Erbe** — Erbe 2049.

§ **Erbe.**

1976, 1991 s. **Recht** — Erbe.

2032—2057 R. der Erben untereinander s. **Erbe** — Erbe.

2058—2063 R. zwischen den Erben und den Nachlaßgläubigern s. **Erbe** — Erbe.

2377 **Erbschaftskauf** s. **Recht** — Erbschaftskauf.

Grundstück.

897 Die Kosten der Berichtigung des Grundbuchs und der dazu erforderlichen Erklärungen hat derjenige zu tragen, welcher die Berichtigung verlangt, sofern nicht aus einem zwischen ihm und dem Verpflichteten bestehenden R. sich ein anderes ergiebt.

§ **Güterrecht.**

1415, 1463 f. **Rechtsstreit** — Güterrecht.

1480, 1504 f. **Recht** — Erbe 1991.

1497 Bis zur Auseinandersetzung bestimmt sich das R. der Teilhaber am Gesamtgute der f. Gütergemeinschaft nach den §§ 1442, 1472, 1473, 1518.

1515 f. **Erbe** — Erbe 2049.

1525 f. **Errungenschaftsgemeinschaft** — Güterrecht.

1535 f. **Rechtsstreit** — Güterrecht.

1546 Nach der Beendigung der Errungenschaftsgemeinschaft findet in Ansehung des Gesamtguts die Auseinandersetzung statt. Bis zur Auseinandersetzung bestimmt sich das R. der Ehegatten nach den §§ 1442, 1472, 1473.

Hypothek.

1117 f. Eigentum 930.

1138, 1155, 1157 f. Grundstück 897.

1143 f. Bürgschaft 774.

1156 Die für die Übertragung der Forderung geltenden Vorschriften der §§ 406—408 finden auf das R. zwischen dem Eigentümer und dem neuen Gläubiger in Ansehung der Hypothek keine Anwendung. Der neue Gläubiger muß jedoch eine dem bisherigen Gläubiger gegenüber erfolgte Kündigung des Eigentümers gegen sich gelten lassen, es sei denn, daß die Übertragung zur Zeit der Kündigung dem Eigentümer bekannt oder im Grundbuch eingetragen ist. 1185.

1157 Eine Einrede, die dem Eigentümer auf Grund eines zwischen ihm und dem bisherigen Gläubiger bestehenden R. gegen die Hypothek zusteht, kann auch dem neuen Gläubiger entgegengesetzt werden. Die Vorschriften der §§ 892, 894—899, 1140 gelten auch für diese Einrede. 1158.

1158 Soweit die Hypothekenforderung auf Zinsen oder andere Nebenleistungen gerichtet ist, die nicht später als in dem Kalendervierteljahr, in welchem der Eigentümer von der Übertragung Kenntnis erlangt, oder dem folgenden Vierteljahre fällig werden, finden auf das R. zwischen dem Eigentümer und dem neuen Gläubiger die Vorschriften der §§ 406—408 Anwendung; der Gläubiger kann sich gegenüber den Einwendungen, welche dem Eigentümer nach den §§ 404, 406—408, 1157 zustehen, nicht auf die Vorschriften des § 892 berufen.

1159 Soweit die Hypothekenforderung auf Rückstände von Zinsen oder anderen Nebenleistungen gerichtet ist, bestimmt sich die Übertragung sowie das R. zwischen dem Eigentümer und dem neuen Gläubiger nach den für die Übertragung von Forderungen geltenden a. Vorschriften. Das Gleiche gilt für den Anspruch auf Erstattung von Kosten, für die das Grundstück nach § 1118 haftet.

Die Vorschriften des § 892 finden auf die im Abs. 1 bezeichneten Ansprüche keine Anwendung. 1160.

Nießbrauch.

1032 f. Eigentum 930.

1070 Ist ein Recht, kraft dessen eine Leistung gefordert werden kann, Gegenstand des Nießbrauchs, so finden auf das R. zwischen dem Nießbraucher und dem Verpflichteten die Vorschriften entsprechende Anwendung, welche im Falle der Übertragung des Rechtes für das R. zwischen dem Erwerber und dem Verpflichteten gelten.

Wird die Ausübung des Nießbrauchs nach § 1052 einem Verwalter übertragen, so ist die Übertragung dem Verpflichteten gegenüber erst wirksam, wenn er von der getroffenen Anordnung Kenntnis erlangt oder wenn ihm eine Mitteilung

§ von der Anordnung zugestellt wird. Das Gleiche gilt von der Aufhebung der Verwaltung. 1068.

Pfandrecht.

1225 f. Bürgschaft 774.

1263 f. Grundstück 897.

1275 Ist ein Recht, kraft dessen eine Leistung gefordert werden kann, Gegenstand des Pfandrechts, so finden auf das R. zwischen dem Pfandgläubiger und dem Verpflichteten die Vorschriften, welche im Falle der Übertragung des Rechtes für das R. zwischen dem Erwerber und dem Verpflichteten gelten, und im Falle einer nach § 1217 Abs. 1 getroffenen gerichtlichen Anordnung die Vorschrift des § 1070 Abs. 2 entsprechende Anwendung. 1273.

Pflichtteil.

2312 f. **Erbe** — Erbe 2049.

2315, 2327 f. **Erbe** — Erbe 2051.

2316 f. **Erbe** — Erbe 2050.

Sachen.

99 f. **Recht** — Sachen.

810 f. **Rechtsgeschäft** — Sachen.

Schuldverhältnis.

369 Die Kosten der Quittung hat der Schuldner zu tragen und vorzuschießen, sofern nicht aus dem zwischen ihm und dem Gläubiger bestehenden R. sich ein anderes ergiebt.

417 Der Übernehmer einer Schuld kann dem Gläubiger die Einwendungen entgegensetzen, welche sich aus dem R. zwischen dem Gläubiger und dem bisherigen Schuldner ergeben. Eine dem bisherigen Schuldner zustehende Forderung kann er nicht aufrechnen.

Aus dem der Schuldübernahme zu Grunde liegenden R. zwischen dem Übernehmer und dem bisherigen Schuldner kann der Übernehmer dem Gläubiger gegenüber Einwendungen nicht herleiten.

419 f. **Recht** — Erbe 1991.

426 f. Bürgschaft 774.

§ **Testament.**

2143, 2175 f. **Recht** — Testament.

2145 f. **Recht** — Erbe 1991.

2204 f. **Erbe** — Erbe 2042—2056.

2218 Auf das R. zwischen dem Testamentsvollstrecker und dem Erben finden die für den Auftrag geltenden Vorschriften der §§ 664, 666—668, 670, des § 673 Satz 2 und des § 674 entsprechende Anwendung.

Bei einer länger dauernden Verwaltung kann der Erbe jährlich Rechnungslegung verlangen. 2220.

Vergleich.

779 Ein Vertrag, durch den der Streit oder die Ungewißheit der Parteien über ein R. im Wege gegenseitigen Nachgebens beseitigt wird (Vergleich), ist unwirksam, wenn der nach dem Inhalte des Vertrags als feststehend zu Grunde gelegte Sachverhalt der Wirklichkeit nicht entspricht und der Streit oder die Ungewißheit bei Kenntnis der Sachlage nicht entstanden sein würde.

Der Ungewißheit über ein R. steht es gleich, wenn die Verwirklichung eines Anspruchs unsicher ist.

Verwandtschaft.

1616—1625 R. zwischen den Eltern und dem ehelichen Kinde im allgemeinen f. **Kind** — Verwandtschaft.

1660 f. **Rechtsstreit** — Güterrecht 1415.

1700 R. zwischen den Eltern und einem Kinde das nach § 1699 als ehelich gilt f. **Kind** — Verwandtschaft.

1749 Ein angenommenes Kind kann, solange das durch die Annahme begründete R. besteht, nur von dem Ehegatten des Annehmenden an Kindesstatt angenommen werden.

1768—1772 Aufhebung des durch die Annahme an Kindesstatt begründeten R. f. **Kindesstatt** — Verwandtschaft.

Vollmacht.

168 Das Erlöschen der Vollmacht bestimmt

§ sich nach dem ihrer Erteilung zu Grunde liegenden R. Die Vollmacht ist auch bei dem Fortbestehen des R. widerruflich, sofern sich nicht aus diesem ein anderes ergiebt. Auf die Erklärung des Widerrufs findet die Vorschrift des § 167 Abs. 1 entsprechende Anwendung.

Vorkaufsrecht.

1098 Das R. zwischen dem Berechtigten und dem Verpflichteten bestimmt sich nach den Vorschriften der §§ 504 bis 514. Das Vorkaufsrecht kann auch dann ausgeübt werden, wenn das Grundstück von dem Konkursverwalter aus freier Hand verkauft wird.

Dritten gegenüber hat das Vorkaufsrecht die Wirkung einer Vormerkung zur Sicherung des durch die Ausübung des Rechtes entstehenden Anspruchs auf Übertragung des Eigentums.

183 **Zustimmung** f. **Rechtsgeschäft** — Zustimmung.

Rechtsverlust.

Eigentum.

936 f. **Eigentum** — Eigentum.

951, 977 f. **Rechtsänderung** — Eigentum.

485 **Kauf** f. **Kauf** — Kauf.

1032 **Nießbrauch** f. **Eigentum** — Eigentum 936.

Pfandrecht.

1208, 1244, 1262 f. **Eigentum** — Eigentum 936.

Rechtsverwirkung.

1238 **Pfandrecht** f. **Recht** — Pfandrecht.

Rechtsvorgänger.

Besitz.

861 Versagung des gerichtlichen Schutzes:
a. bei Entziehung des Besitzes;

862 b. bei Störung im Besitze f. **Besitz** — Besitz.

§ **Eigentum.**

943 f. **Rechtsnachfolge** — Eigentum.

Hypothek.

1164 Befriedigt der persönliche Schuldner den Gläubiger, so geht die Hypothek insoweit auf ihn über, als er von dem Eigentümer oder einem R. des Eigentümers Ersatz verlangen kann. Ist dem Schuldner nur teilweise Ersatz zu leisten, so kann der Eigentümer die Hypothek, soweit sie auf ihn übergegangen ist, nicht zum Nachteile der Hypothek des Schuldners geltend machen.

Der Befriedigung des Gläubigers steht es gleich, wenn sich Forderung und Schuld in einer Person vereinigen. 1165, 1176.

1173 Kann der Eigentümer eines der mit einer Gesamthypothek belasteten Grundstücke, der den Gläubiger befriedigt, von dem Eigentümer eines der anderen Grundstücke oder einem R. dieses Eigentümers Ersatz verlangen, so geht in Höhe des Ersatzanspruchs auch die Hypothek an dem Grundstücke dieses Eigentümers auf ihn über; sie bleibt mit der Hypothek an seinem eigenen Grundstücke Gesamthypothek. 1143, 1176.

1174 Befriedigt der persönliche Schuldner den Gläubiger, dem eine Gesamthypothek zusteht, oder vereinigen sich bei einer Gesamthypothek Forderung und Schuld in einer Person, so geht, wenn der Schuldner nur von dem Eigentümer eines der Grundstücke oder von einem R. des Eigentümers Ersatz verlangen kann, die Hypothek an diesem Grundstück auf ihn über; die Hypothek an den übrigen Grundstücken erlischt. 1176.

1182 f. **Recht** — Hypothek.

Testament.

2168 Ist neben dem vermachten Grundstück ein nicht zur Erbschaft gehörendes

§ Grundstück mit einer Gesamtgrundschuld oder einer Gesamtrentenschuld belastet, so finden, wenn der Erblasser zur Zeit des Erbfalls gegenüber dem Eigentümer des anderen Grundstücks oder einem R. des Eigentümers zur Befriedigung des Gläubigers verpflichtet ist, die Vorschriften des § 2166 Abs. 1 und des § 2167 entsprechende Anwendung.

221 **Verjährung** f. **Rechtsnachfolge** Verjährung.

Rechtsweg.

941 **Eigentum** f. **Verjährung** — Verjährung 210.

490 **Kauf** f. **Verjährung** — Verjährung 210.

210 **Verjährung** f. **Verjährung** — Verjährung.

1843 **Vormundschaft** f. **Vormundschaft** Vormundschaft.

Rechtswidrigkeit.

Selbstverteidigung.

227 f. **Selbstverteidigung** — Selbstverteidigung.

Rechtzeitigkeit.

Bürgschaft.

777 Rechtzeitige Anzeige des Gläubigers, daß er den Bürgen in Anspruch nehme f. **Bürge** — Bürgschaft.

Ehe.

1340 Hat der g. Vertreter eines geschäftsunfähigen Ehegatten die Ehe nicht rechtzeitig angefochten, so kann nach dem Wegfalle der Geschäftsunfähigkeit der Ehegatte selbst die Ehe in gleicher Weise anfechten, wie wenn er ohne g. Vertreter gewesen wäre.

Eigentum.

974, 980 Rechtzeitige Anmeldung von Rechten an einer gefundenen Sache f. **Eigentum** — Eigentum.

1003 f. **Rechtskraft** — Eigentum.

§ **Erbe.**

1996 Verhinderung des Erben an der rechtzeitigen Errichtung des Inventars f. **Erbe** — Erbe.

2009 Ist das Inventar rechtzeitig errichtet worden, so wird im Verhältnisse zwischen dem Erben und den Nachlaßgläubigern vermutet, daß zur Zeit des Erbfalls weitere Nachlaßgegenstände als die angegebenen nicht vorhanden gewesen seien.

2015 Wird das Ausschlußurteil gegen einen Nachlaßgläubiger erlassen oder der Antrag auf Erlassung des Urteils zurückgewiesen, so ist das Aufgebotsverfahren nicht vor dem Ablauf einer mit der Verkündung der Entscheidung beginnenden Frist von zwei Wochen und nicht vor der Erledigung einer rechtzeitig eingelegten Beschwerde als beendigt anzusehen. 2016.

2022 f. **Rechtskraft** — Eigentum 1003.

Erbvertrag.

2283 Hat im Falle des § 2282 Abs. 2 der g. Vertreter den Erbvertrag nicht rechtzeitig angefochten, so kann nach dem Wegfalle der Geschäftsunfähigkeit der Erblasser selbst den Erbvertrag in gleicher Weise anfechten, wie wenn er ohne g. Vertreter gewesen wäre.

Geschäftsführung.

679 Ein der Geschäftsführung entgegenstehender Wille des Geschäftsherrn kommt nicht in Betracht, wenn ohne die Geschäftsführung eine Pflicht des Geschäftsherrn, deren Erfüllung im öffentlichen Interesse liegt, oder eine g. Unterhaltspflicht des Geschäftsherrn nicht rechtzeitig erfüllt werden würde. 683, 687.

440 **Kauf** 454 f. **Vertrag** — Vertrag 326.

Leistung.

250 Im Falle der Zufügung eines Schadens kann der Gläubiger nach dem Ablaufe der zur Herstellung bestimmten Frist

§ den Ersatz in Geld verlangen, wenn nicht die Herstellung rechtzeitig erfolgt.
264 Mit dem Ablaufe der Frist geht das Wahlrecht auf den Schuldner über, wenn nicht der Gläubiger rechtzeitig die Wahl vornimmt.
283 s. **Rechtskraft** — Leistung.
296 Rechtzeitige Vornahme der zur Leistung des Schuldners erforderlichen Handlung des Gläubigers s. **Leistung** — Leistung.

Miete.

542 Kündigung des Mietverhältnisses wegen nicht rechtzeitiger Gewährung des Gebrauchs der vermieteten Sache s. **Miete** — Miete.

Pfandrecht.

1229 Eine vor dem Eintritte der Verkaufsberechtigung getroffene Vereinbarung, nach welcher dem Pfandgläubiger, falls er nicht oder nicht rechtzeitig befriedigt wird, das Eigentum an der Sache zufallen oder übertragen werden soll, ist nichtig. 1266, 1277.

Schuldverhältnis.

415 Verpflichtung des Übernehmers einer Schuld, den Gläubiger rechtzeitig zu befriedigen s. **Schuldübernahme** — Schuldverhältnis.

Selbsthülfe.

229 Die Selbsthülfe ist nicht widerrechtlich, wenn die obrigkeitliche Hülfe nicht rechtzeitig zu erlangen ist s. **Selbsthülfe** — Selbsthülfe.

Testament.

2166 Rechtzeitige Befriedigung des Gläubigers, dem an dem vermachten Grundstück eine Hypothek zusteht s. **Erblasser** — Testament.
2193 Steht die Bestimmung der Person, an welche die Leistung erfolgen soll, dem Beschwerten zu, so kann ihm, wenn er zur Vollziehung der Auflage rechtskräftig verurteilt ist, von dem Kläger eine angemessene Frist zur Vollziehung bestimmt werden; nach dem Ablaufe der Frist ist der Kläger berechtigt, die Bestimmung zu treffen, wenn nicht die Vollziehung rechtzeitig erfolgt.
202 **Verjährung** s. Erbe 2015.

Vertrag.

146 Der Antrag auf Schließung eines Vertrages erlischt, wenn er dem Antragenden gegenüber abgelehnt oder wenn er nicht diesem gegenüber nach den §§ 147—149 rechtzeitig angenommen wird.
325 s. **Rechtskraft** — Leistung 283.
326 Anspruch des einen Teils bei einem gegenseitigen Vertrage, Schadensersatz wegen Nichterfüllung zu verlangen oder von dem Vertrage zurücktreten zu können, wenn nicht die Leistung des anderen Teils rechtzeitig erfolgt ist s. **Vertrag** — Vertrag.

Verwandtschaft.

1595 Hat der g. Vertreter eines geschäftsunfähigen Mannes die Ehelichkeit eines Kindes nicht rechtzeitig angefochten, so kann nach dem Wegfalle der Geschäftsunfähigkeit der Mann selbst die Ehelichkeit in gleicher Weise anfechten, wie wenn er ohne g. Vertreter gewesen wäre. 1599, 1600.

Vormundschaft.

1875 Ein Mitglied des Familienrats, das ohne genügende Entschuldigung der Einberufung nicht Folge leistet oder die rechtzeitige Anzeige seiner Verhinderung unterläßt oder sich der Teilnahme an der Beschlußfassung enthält, ist von dem Vorsitzenden in die dadurch verursachten Kosten zu verurteilen.

Der Vorsitzende kann gegen das Mitglied eine Ordnungsstrafe bis zu einhundert Mark verhängen.

Erfolgt nachträglich genügende Entschuldigung, so sind die getroffenen Verfügungen aufzuheben.

§ **Werkvertrag.**

634 Nach dem Ablaufe der dem Unternehmer zur Beseitigung des Mangels gestellten Frist kann der Besteller Rückgängigmachung des Vertrages (Wandelung) oder Herabsetzung der Vergütung (Minderung) verlangen, wenn nicht der Mangel rechtzeitig beseitigt worden ist; der Anspruch auf Beseitigung des Mangels ist ausgeschlossen. 636, 640.

636 Rücktritt vom Werkvertrage wegen nicht rechtzeitiger Herstellung des Werkes s. **Werkvertrag** — Werkvertrag.

Willenserklärung.

121 Die einem Abwesenden gegenüber erfolgte Anfechtung einer Willenserklärung gilt als rechtzeitig erfolgt, wenn die Anfechtungserklärung unverzüglich abgesendet worden ist.

Rechtszustand.

158 **Bedingung** 160 s. **Rechtsgeschäft** — Bedingung.

Regalien.

Art. **Einführungsgesetz.**

73 Unberührt bleiben die landesg. Vorschriften über Regalien.

Regeln.

§ **Dienstbarkeit.**

1093 s. Nießbrauch 1036.

Eigentum.

987 Zieht der Besitzer einer Sache nach dem Eintritte der Rechtshängigkeit Nutzungen nicht, die er nach den R. einer ordnungsmäßigen Wirtschaft ziehen könnte, so ist er dem Eigentümer zum Ersatze verpflichtet, soweit ihm ein Verschulden zur Last fällt. 990, 993, 1007.

993 Liegen die in den §§ 987—992 bezeichneten Voraussetzungen nicht vor, so hat der Besitzer die gezogenen Früchte, soweit sie nach den R. einer ordnungsmäßigen Wirtschaft nicht als Ertrag der Sache anzusehen sind, nach den Vorschriften über die Herausgabe einer ungerechtfertigten Bereicherung herauszugeben; im übrigen ist er weder zur Herausgabe von Nutzungen noch zum Schadensersatze verpflichtet. 1007.

998 Ist ein landwirtschaftliches Grundstück herauszugeben, so hat der Eigentümer die Kosten, die der Besitzer auf die noch nicht getrennten, jedoch nach den R. einer ordnungsmäßigen Wirtschaft vor dem Ende des Wirtschaftsjahrs zu trennenden Früchte verwendet hat, insoweit zu ersetzen, als sie einer ordnungsmäßigen Wirtschaft entsprechen und den Wert dieser Früchte nicht übersteigen. 1007.

Güterrecht.

1378 s. Nießbrauch 1048.

1421 s. Pacht 592.

Hypothek.

1135 Einer Verschlechterung des Grundstücks im Sinne der §§ 1133, 1134 steht es gleich, wenn Zubehörstücke, auf die sich die Hypothek erstreckt, verschlechtert oder den R. einer ordnungsmäßigen Wirtschaft zuwider von dem Grundstück entfernt werden.

Nießbrauch.

1036 Der Nießbraucher ist zum Besitze der Sache berechtigt.

Er hat bei der Ausübung des Nutzungsrechts die bisherige wirtschaftliche Bestimmung der Sache aufrechtzuerhalten und nach den R. einer ordnungsmäßigen Wirtschaft zu verfahren.

1039 Der Nießbraucher erwirbt das Eigentum auch an solchen Früchten, die er den R. einer ordnungsmäßigen Wirtschaft zuwider zieht.

1048 Der Nießbraucher eines Grundstücks hat für den gewöhnlichen Abgang

§ sowie für die nach den R. einer ordnungsmäßigen Wirtschaft ausscheidenden Stücke Ersatz zu beschaffen; . . . .

Übernimmt der Nießbraucher das Inventar zum Schätzungswerte mit der Verpflichtung, es bei der Beendigung des Nießbrauchs zum Schätzungswerte zurückzugewähren, so finden die Vorschriften der §§ 588, 589 entsprechende Anwendung.

1055 s. Pacht 592.

1078 Hängt die Fälligkeit einer auf Zinsen ausstehenden Forderung, an der ein Nießbrauch besteht, von einer Kündigung ab, so kann jeder Teil die Mitwirkung des anderen zur Kündigung verlangen, wenn die Einziehung der Forderung wegen Gefährdung ihrer Sicherheit nach den R. einer ordnungsmäßigen Vermögensverwaltung geboten ist. 1068, 1076.

Pacht.

581 Durch den Pachtvertrag wird der Verpächter verpflichtet, dem Pächter den Gebrauch des verpachteten Gegenstandes und den Genuß der Früchte, soweit sie nach den R. einer ordnungsmäßigen Wirtschaft als Ertrag anzusehen sind, während der Pachtzeit zu gewähren.

588 Der Pächter hat das Inventar nach den R. einer ordnungsmäßigen Wirtschaft in dem Zustande zu erhalten, in welchem es ihm übergeben wird. 581, 587.

589 Der Verpächter kann die Übernahme derjenigen von dem Pächter angeschafften Inventarstücke ablehnen, welche nach den R. einer ordnungsmäßigen Wirtschaft für das Grundstück überflüssig oder zu wertvoll sind; 581, 587, 594.

592 Endigt die Pacht eines landwirtschaftlichen Grundstücks im Laufe eines Pachtjahrs, so hat der Verpächter die

§ Kosten, die der Pächter auf die noch nicht getrennten, jedoch nach den R. einer ordnungsmäßigen Wirtschaft vor dem Ende des Pachtjahrs zu trennenden Früchte verwendet hat, insoweit zu ersetzen, als sie einer ordnungsmäßigen Wirtschaft entsprechen und den Wert dieser Früchte nicht übersteigen. 581.

Testament.

2119 Geld, das nach den R. einer ordnungsmäßigen Wirtschaft dauernd anzulegen ist, darf der Vorerbe nur nach den für die Anlegung von Mündelgeld geltenden Vorschriften anlegen. 2136.

2130 s. Pacht 592.

2133 Bezug von Früchten aus der Erbschaft den R. einer ordnungsmäßigen Wirtschaft zuwider s. **Erblasser** — Testament.

1663 **Verwandtschaft** s. Pacht 592.

Regelmässigkeit.

993 **Eigentum** s. Sachen 101.

Sachen.

101 Ist jemand berechtigt, die Früchte einer Sache oder eines Rechtes bis zu einer bestimmten Zeit oder von einer bestimmten Zeit an zu beziehen, so gebühren ihm, sofern nicht ein anderes bestimmt ist:

1. die in § 99 Abs. 1 bezeichneten Erzeugnisse und Bestandteile, auch wenn er sie als Früchte eines Rechtes zu beziehen hat, insoweit, als sie während der Dauer der Berechtigung von der Sache getrennt werden;
2. andere Früchte insoweit, als sie während der Dauer der Berechtigung fällig werden; bestehen jedoch die Früchte in der Vergütung für die Überlassung des Gebrauchs oder des Fruchtgenusses, in Zinsen, Gewinnanteilen oder anderen

§ der a. Gütergemeinschaft nur nach Maßgabe des § 1435 wirksam.

1545 Dritten gegenüber ist die Beendigung der Errungenschaftsgemeinschaft nur nach Maßgabe des § 1435 wirksam.

1548 Dritten gegenüber ist die Wiederherstellung der Errungenschaftsgemeinschaft, wenn die Beendigung in das Güterrechtsregister eingetragen worden ist, nur nach Maßgabe des § 1435 wirksam.

1060 **Nießbrauch** f. **Grunddienstbarkeit** — Grunddienstbarkeit 1024.

Verein.

64, 70 R. der Beschlußfassung des Vorstandes des eingetragenen Vereins f. **Verein** — Verein.

76 R. der Beschlußfassung der zur Auflösung des Vereins bestellten Liquidatoren f. **Verein** — Verein.

Verwandtschaft.

1636 R. des Verkehrs zwischen dem Kinde und dem geschiedenen Ehegatten, dem die Sorge für die Person des Kindes nicht zusteht f. **Verwandtschaft** — Verwandtschaft.

Register f. auch **Güterrechtsregister.**

Art.

9 **Einführungsgesetz** f. **Erbschein**

§ — Erbschein § 2369.

2369 **Erbschein** f. **Erbschein** — Erbschein.

Art. **Registrierung.**

165 **Einführungsgesetz** f. **E.G.**—E.G.

Regulierung.

113 **Einführungsgesetz** f. **E.G.**—E.G.

Rehwild.

71 **Einführungsgesetz** *72* f. **Handlung**

§ — Handlung § 835.

835 **Handlung** f. **Handlung** — Handlung.

Reich.

§ **Eigentum.**

979 Die öffentlichen Behörden und die Verkehrsanstalten des R., der Bundesstaaten und der Gemeinden können die Versteigerung der an sie abgelieferten gefundenen Sache durch einen ihrer Beamten vornehmen lassen. 980, 983.

981 Sind seit dem Ablaufe der in der öffentlichen Bekanntmachung bestimmten Frist zur Anmeldung von Rechten an einer gefundenen Sache drei Jahre verstrichen, so fällt der Versteigerungserlös, wenn nicht ein Empfangsberechtigter sein Recht angemeldet hat, bei Reichsbehörden und Reichsanstalten an den Reichsfiskus. . . . . . 982, 983.

982 Die in den §§ 980, 981 vorgeschriebene Bekanntmachung erfolgt bei Reichsbehörden und Reichsanstalten nach den von dem Bundesrat, in den übrigen Fällen nach den von der Centralbehörde des Bundesstaats erlassenen Vorschriften. 983.

Güterrecht.

1393 Der Mann kann bei g. Güterrecht die Inhaberpapiere, statt sie nach § 1392 zu hinterlegen, auf den Namen der Frau umschreiben oder, wenn sie von dem R. oder einem Bundesstaat ausgestellt sind, in Buchforderungen gegen das R. oder den Bundesstaat umwandeln lassen. 1525.

1525 f. **Errungenschaftsgemeinschaft** — Güterrecht.

Schuldverhältnis.

395 Gegen eine Forderung des R. oder eines Bundesstaats sowie gegen eine Forderung einer Gemeinde oder eines anderen Kommunalverbandes ist die Aufrechnung nur zulässig, wenn die Leistung an dieselbe Kasse zu erfolgen hat, aus der die Forderung des Aufrechnenden zu berichtigen ist.

§ **Schuldverschreibung.**

795 Die Vorschriften des § 795 Abs. 1 bis 3 finden keine Anwendung auf Schuldverschreibungen, die von dem R. oder einem Bundesstaat ausgegeben werden.

Sicherheitsleistung.

236 Mit einer Buchforderung gegen das R. oder gegen einen Bundesstaat kann Sicherheit nur in Höhe von drei Vierteilen des Kurswerts der Wertpapiere geleistet werden, deren Aushändigung der Gläubiger gegen Löschung seiner Forderung verlangen kann.

Testament.

2117 Der Vorerbe kann die zur Erbschaft gehörenden Inhaberpapiere, statt sie nach § 2116 zu hinterlegen, auf seinen Namen mit der Bestimmung umschreiben lassen, daß er über sie nur mit Zustimmung des Nacherben verfügen kann. Sind die Papiere von dem R. oder einem Bundesstaat ausgestellt, so kann er sie mit der gleichen Bestimmung in Buchforderungen gegen das R. oder den Bundesstaat umwandeln lassen. 2136.

2118 Gehören zur Erbschaft Buchforderungen gegen das R. oder einen Bundesstaat, so ist der Vorerbe auf Verlangen des Nacherben verpflichtet, in das Schuldbuch den Vermerk eintragen zu lassen, daß er über die Forderungen nur mit Zustimmung des Nacherben verfügen kann. 2136.

Verwandtschaft.

1642 s. Vormundschaft 1807.

1667 Verpflichtungen des Vaters, wenn zu dem seiner Verwaltung unterliegenden Vermögen des Kindes Buchforderungen gegen das R. gehören s. **Verwandtschaft** — Verwandtschaft.

Vormundschaft.

1807 Die im § 1806 vorgeschriebene Anlegung von Mündelgeld soll nur erfolgen:

1. . . . .
2. in verbrieften Forderungen gegen das R. oder einen Bundesstaat sowie in Forderungen, die in das Reichsschuldbuch oder in das Staatsschuldbuch eines Bundesstaats eingetragen sind;
3. in verbrieften Forderungen, deren Verzinsung von dem R. oder einem Bundesstaate gewährleistet ist; . . . . . 1808, 1810, 1811, 1813.

1815 Umwandlung der zum Mündelvermögen gehörenden Inhaberpapiere in Buchforderungen gegen das R. s. **Vormundschaft** — Vormundschaft.

1816 Gehören Buchforderungen gegen das R. oder gegen einen Bundesstaat bei der Anordnung der Vormundschaft zu dem Vermögen des Mündels oder erwirbt der Mündel später solche Forderungen, so hat der Vormund in das Schuldbuch den Vermerk eintragen zu lassen, daß er über die Forderungen nur mit Genehmigung des Vormundschaftsgerichts verfügen kann. 1817, 1820, 1853.

Reichsadel.

Art.

58 **Einführungsgesetz** s. **E.G.** — E.G.

Reichsangehörigkeit.

Einführungsgesetz.

7, 14, 15—17, 19, 20, 22, 24 s. **E.G.** — E.G.

Reichsanstalt.

Eigentum.

979, 981, 982 s. **Reich** — Eigentum.

Reichsanzeiger.

Erbe.

2061 Die Aufforderung zur Anmeldung der Forderung der Nachlaßgläubiger

§ ist durch den Deutschen R. und durch das für die Bekanntmachungen des Nachlaßgerichts bestimmte Blatt zu veröffentlichen. . . . . 2045.

795 **Schuldverschreibung** f. **Schuldverschreibung** — Schuldverschreibung.

Art. **Reichsbank.**

144 **Einführungsgesetz** f. Vormundschaft § 1808.

§ **Güterrecht.**

1392 Hinterlegung der bei g. Güterrecht zum eingebrachten Gut der Frau gehörenden Inhaber- und Orderpapiere bei der R. mit der Bestimmung, daß die Herausgabe nur mit Zustimmung der Frau verlangt werden kann f. **Güterrecht** — Güterrecht.

1525 f. **Errungenschaftsgemeinschaft** — Güterrecht.

Nießbrauch.

1082 Der Nießbraucher kann auch Hinterlegung der seinem Nießbrauch unterliegenden Inhaber- oder Orderpapiere bei der R. verlangen. 1068.

Testament.

2116 Der Vorerbe hat auf Verlangen des Nacherben die zur Erbschaft gehörenden Inhaberpapiere nebst den Erneuerungsscheinen bei einer Hinterlegungsstelle oder bei der R. mit der Bestimmung zu hinterlegen, daß die Herausgabe nur mit Zustimmung des Nacherben verlangt werden kann. 2117, 2136.

Verwandtschaft.

1642 f. Vormundschaft 1808.

1667 f. **Vormundschaft** — Vormundschaft 1814.

Vormundschaft.

1808 Kann die Anlegung von Mündelgeld den Umständen nach nicht in der in § 1807 bezeichneten Weise erfolgen, so ist das Geld bei der R., bei einer Staatsbank oder bei einer anderen

§ durch L.G. dazu für geeignet erklärten inländischen Bank oder bei einer Hinterlegungsstelle anzulegen. 1809 bis 1811.

1814 Hinterlegung der zum Vermögen des Mündels gehörenden Inhaberpapiere bei der R. f. **Vormundschaft** — Vormundschaft.

Reichsbeamter.

Art. **Einführungsgesetz.**

43 Der § 6 Abs. 2 des G., betreffend die Rechtsverhältnisse der R. vom 31. März 1873 (Reichs-Gesetzbl. S. 61) wird aufgehoben.

48 Der § 16 Abs. 2 des G., betreffend die Fürsorge für die Witwen und Waisen der R. der Civilverwaltung vom 20. April 1881 (Reichs-Gesetzbl. S. 85) wird aufgehoben.

Reichsbehörde.

981 **Eigentum** 982 f. **Reich** — Eigentum.

Art. **Reichsfiskus.**

138 **Einführungsgesetz** f. Erbe § 1936.

§

981 **Eigentum** f. **Reich** — Eigentum.

Erbe.

1936 War der Erblasser ein Deutscher, der keinem Bundesstaate angehörte, so ist der R., wenn keine Erben vorhanden waren, g. Erbe.

Art. **Reichsgericht.**

6 **Einführungsgesetz** f. **E.G.** — E.G.

Reichsgesetz

f. auch **Gesetz, Landesgesetz.**

Art. **Einführungsgesetz.**

4 f. **E.G.** — E.G.

10 f. Verein § 22.

32—54 Verhältnis des B.G.B. zu den R. f. **E.G.** — E.G.

163 f. Stiftung § 85.

§ **Stiftung.**

85 Die Verfassung einer Stiftung wird, soweit sie nicht auf R. oder L.G. beruht, durch das Stiftungsgeschäft bestimmt.

Verein.

22 Ein Verein, dessen Zweck auf einen wirtschaftlichen Geschäftsbetrieb gerichtet ist, erlangt in Ermangelung besonderer reichsg. Vorschriften Rechtsfähigkeit durch staatliche Verleihung. Die Verleihung steht dem Bundesstaate zu, in dessen Gebiete der Verein seinen Sitz hat.

23 Einem Vereine, der seinen Sitz nicht in einem Bundesstaate hat, kann in Ermangelung besonderer reichsg. Vorschriften Rechtsfähigkeit durch Beschluß des Bundesrats verliehen werden.

Reichs-Gesetzblatt.

Art. **Einführungsgesetz.**

33 G., betreffend die Anfechtung von Rechtshandlungen eines Schuldners außerhalb des Konkursverfahrens, vom 21. Juli 1879 (R.G. S. 277 s. **E.G.** — E.G.

42 G., betreffend die Verbindlichkeit zum Schadensersatze für die bei dem Betriebe von Eisenbahnen, Bergwerken u. s. w. herbeigeführten Tötungen und Körperverletzungen, vom 7. Juni 1871 (R.G. S. 207) s. **E.G.** — E.G.

43 G., betreffend die Rechtsverhältnisse der Reichsbeamten, vom 31. März 1873 (R.G. S. 61) s. **E.G.** — E.G.

44, 45 Reichsmilitärgesetz vom 2. Mai 1874 (R.G. S. 45) s. **E.G.** — E.G.

46 R.G. S. 23: G. über die Beurkundung des Personenstandes und die Eheschließung vom 6. Februar 1875 s. **E.G.** — E.G.

47 R.G. S. 109: G., betreffend den Wucher, vom 24. Mai 1880 s. **E.G.** — E.G.

R.G. S. 197: G., betreffend Ergänzung der Bestimmungen über den Wucher vom 19. Juni 1893 s. **E.G.** — E.G.

48 R.G. S. 85: G., betreffend die Fürsorge für die Witwen und Waisen der Reichsbeamten der Civilverwaltung, vom 20. April 1881 s. **E.G.** — E.G.

49 R.G. S. 237: G., betreffend die Fürsorge für die Witwen und Waisen von Angehörigen des Reichsheeres und der Kaiserlichen Marine, vom 17. Juni 1887 s. **E.G.** — E.G .

50 R.G. S. 321: G., betreffend das Reichsschuldbuch, vom 31. Mai 1891 s. **E.G.** — E.G.

51 R.G. S. 261: G., betreffend die Fürsorge für die Witwen und Waisen der Personen des Soldatenstandes des Reichsheeres und der Kaiserlichen Marine vom Feldwebel abwärts, vom 13. Juni 1895 s. **E.G.** — E.G.

54 R.G. S. 459: G., betreffend die Beschränkungen des Grundeigentums in der Umgebung von Festungen, vom 21. Dezember 1871 s. **E.G.** — E.G.

Reichsheer.

Einführungsgesetz.

49 Der § 18 Abs. 2 des G., betreffend die Fürsorge für die Witwen und Waisen von Angehörigen des R. und der Kaiserlichen Marine, vom 17. Juni 1887 (Reichs-Gesetzbl. S. 237) wird aufgehoben.

51 Der § 8 Abs. 2 des G., betreffend die Fürsorge für die Witwen und Waisen der Personen des Soldatenstandes des R. und der Kaiserlichen Marine vom Feldwebel abwärts, vom 13. Juni 1895 (Reichs-Gesetzbl. S. 261) wird aufgehoben.

Reichskanzler.

§ **Ehe.**

1320 Hat keiner der Verlobten seinen Wohnsitz oder seinen gewöhnlichen Aufent-

§ halt im Inland und ist auch nur einer von ihnen ein Deutscher, so wird der zuständige Standesbeamte von der obersten Aufsichtsbehörde des Bundesstaats, dem der Deutsche angehört, und, wenn dieser keinem Bundesstaat angehört, von dem R. bestimmt.
1322 Für Deutsche, die keinem Bundesstaat angehören, steht die Bewilligung einer nach den §§ 1303, 1312 und 1313 zulässigen Befreiung dem R. zu.

Art.
31 **Einführungsgesetz** s. **E.G.** — E.G.

§ **Verwandtschaft.**
1723 Die Ehelichkeitserklärung eines Kindes, dessen Vater ein Deutscher ist, der keinem Bundesstaat angehört, steht dem R. zu.
1745 Ist der an Kindesstatt Annehmende ein Deutscher, der keinem Bundesstaat angehört, so steht die Bewilligung der Befreiung von den Erfordernissen des § 1744 dem R. zu.

Art. **Reichsland.**
5 **Einführungsgesetz** s. **E.G.** — E.G.

Reichsmilitärgesetz.

Einführungsgesetz.
44, 45 R. vom 2. Mai 1874 s. **E.G.** — E.G.

Reichsschuldbuch
s. auch **Schuldbuch, Staatsschuldbuch.**

Einführungsgesetz.
50 Änderung des § 9 des G. betreffend das R. vom 31. Mai 1891. (Reichs-Gesetzbl. S. 321) s. **E.G.** — E.G.

§ **Sicherheitsleistung.**
232 Wer Sicherheit zu leisten hat, kann dies bewirken .... durch Verpfändung von Forderungen, die in das R. oder in das Staatsschuldbuch eines Bundesstaats eingetragen sind .... 236.

§
1642 **Verwandtschaft** s. **Reich** — Vormundschaft 1807.

Vormundschaft.
1807 s. **Reich** — Vormundschaft.
1853 Der Vater kann den von ihm benannten Vormund von der Verpflichtung entbinden, Inhaber und Orderpapiere zu hinterlegen und den im § 1816 bezeichneten Vermerk in das R. oder das Staatsschuldbuch eintragen zu lassen. 1855, 1856, 1903, 1917.

Art. **Reichsstände.**
58 **Einführungsgesetz** s. **E.G.** — E.G.

Reichswährung.

§ **Leistung.**
244 Ist eine in ausländischer Währung ausgedrückte Geldschuld im Inlande zu zahlen, so kann die Zahlung in R. erfolgen, es sei denn, daß die Zahlung in ausländischer Währung ausdrücklich bedungen ist.

Reihenfolge.
1580 **Ehescheidung** s. **Kind** — Verwandtschaft 1607.

Art.
136 **Einführungsgesetz** s. **Vormundschaft** — Vormundschaft § 1776.

§
879 **Grundstück** s. **Rang** — Grundstück.
1261 **Pfandrecht** s. **Rang** — Grundstück 879.

Verwandtschaft.
1606—1608 R., nach der Verwandte für den Unterhalt bedürftiger Verwandten haften s. **Kind** — Verwandtschaft.
1609 R., in der mehreren bedürftigen Verwandten Unterhalt zu gewähren ist s. **Kind** — Verwandtschaft.

Vormundschaft.
1776 R. der als Vormünder zu berufenden Personen s. **Vormundschaft** — Vormundschaft.

§

1863 Der Familienrat wählt die Ersatzmitglieder aus und bestimmt die R., in der sie bei der Verhinderung oder dem Wegfall eines Mitglieds in den Familienrat einzutreten haben. 1868.

. . . . .

Reinertrag.

Art. 137 **Einführungsgesetz** f. Erbe § 2049.

§ **Erbe.**

2038 Ist die Auseinandersetzung unter mehreren Erben auf längere Zeit als ein Jahr ausgeschlossen, so kann jeder Miterbe am Schlusse jedes Jahres die Teilung des R. verlangen. 2032.

2049 Der Ertragswert eines zur Erbschaft gehörenden Landguts bestimmt sich nach dem R., den dasselbe nach seiner bisherigen wirtschaftlichen Bestimmung bei ordnungsmäßiger Bewirtschaftung nachhaltig gewähren kann.

2289 **Erbvertrag** f. Pflichtteil 2338.

Güterrecht.

1389 Die Frau kann verlangen, daß der Mann bei g. Güterrecht den R. des eingebrachten Gutes, soweit dieser zur Bestreitung des eigenen und des der Frau und den gemeinschaftlichen Abkömmlingen zu gewährenden Unterhalts erforderlich ist, ohne Rücksicht auf seine sonstigen Verpflichtungen zu diesem Zwecke verwendet. 1394.

1513 f. Pflichtteil 2338.

1515 f. Erbe 2049.

Pfandrecht.

1214 Steht dem Pfandgläubiger das Recht zu, die Nutzungen zu ziehen, so ist er verpflichtet, für die Gewinnung der Nutzungen zu sorgen und Rechenschaft abzulegen.

Der R. der Nutzungen wird auf die geschuldete Leistung und, wenn Kosten und Zinsen zu entrichten sind, zunächst auf diese angerechnet.

Abweichende Bestimmungen sind zulässig. 1266.

§ **Pflichtteil.**

2312 f. Erbe 2049.

2338 Hat sich ein Abkömmling in solchem Maße der Verschwendung ergeben oder ist er in solchem Maße überschuldet, daß sein späterer Erwerb erheblich gefährdet wird, so kann der Erblasser das Pflichtteilsrecht des Abkömmlinges durch die Anordnung beschränken, daß nach dem Tode des Abkömmlinges dessen g. Erben das ihm Hinterlassene oder den ihm gebührenden Pflichtteil als Nacherben oder als Nachvermächtnisnehmer nach dem Verhältnis ihrer g. Erbteile erhalten sollen. Der Erblasser kann auch für die Lebenszeit des Abkömmlinges die Verwaltung einem Testamentsvollstrecker übertragen; der Abkömmling hat in einem solchen Falle Anspruch auf den jährlichen R.

2204 **Testament** f. Erbe 2049.

Reingewinn.

Verwandtschaft.

1655 Gehört zu dem der Nutznießung des Vaters unterliegenden Vermögen des Kindes ein Erwerbsgeschäft, das von dem Vater im Namen des Kindes betrieben wird, so gebührt dem Vater nur der sich aus dem Betrieb ergebende jährliche R. Ergiebt sich in einem Jahre ein Verlust, so verbleibt der Gewinn späterer Jahre bis zur Ausgleichung des Verlustes dem Kinde. 1658.

Reise.

Todeserklärung.

16 Der Untergang eines Fahrzeugs wird vermutet, wenn es an dem Orte seiner Bestimmung nicht eingetroffen oder in Ermangelung eines festen Reiseziels nicht zurückgekehrt ist und wenn

bei Fahrten innerhalb der Ostsee ein Jahr,

§ bei Fahrten innerhalb anderer europäischer Meere, mit Einschluß sämtlicher Teile des Mittelländischen, Schwarzen und Asowschen Meeres, zwei Jahre,
bei Fahrten, die über außereuropäische Meere führen, drei Jahre
seit dem Antritte der R. verstrichen sind. Sind Nachrichten über das Fahrzeug eingegangen, so ist der Ablauf des Zeitraumes erforderlich, der verstrichen sein müßte, wenn das Fahrzeug von dem Orte abgegangen wäre, an dem es sich den Nachrichten zufolge zuletzt befunden hat. 13, 17, 18.

Reiseziel.

Todeserklärung.

16 f. **Reise** — Todeserklärung.

Rekurs.

62 **Verein** f. **Verein** — Verein.

Religion.

618 **Dienstvertrag** f. **Dienstvertrag** — Dienstvertrag.

Art. **Einführungsgesetz.**

87, *134* f. **E.G.** — E.G.

95 f. **Dienstvertrag** — Dienstvertrag § 618.

163 f. **Verein** — Verein § 43.

§

43 **Verein** 61 f. **Verein** — Verein.

1779 **Vormundschaft** 1801 f. **Vormundschaft** — Vormundschaft.

Religionsdiener.

1784 **Vormundschaft** 1888 f. **Vormundschaft** — Vormundschaft.

Art. **Religionsgesellschaft.**

84 **Einführungsgesetz** f. **E.G.** — E.G.

Rente f. auch **Geldrente, Leibrente, Rentengüter, Rentenschein, Rentenschuld.**

§

1361 **Ehe** f. **Leibrente** — Leibrente 760.

1580 **Ehescheidung** f. **Leibrente** — Leibrente 760.

Eigentum.

912—916 R. für den Überbau f. **Eigentum** — Eigentum.

917 R. für Duldung eines Notwegs f. **Eigentum** — Eigentum.

Art.

116 **Einführungsgesetz** f. **Eigentum** — Eigentum §§ 912, 916, 917.

§

843 **Handlung** f. **Leibrente** — Leibrente 760.

Leibrente.

759—761 f. **Leibrente** — Leibrente.

528 **Schenkung** f. **Leibrente** — Leibrente 760.

Verjährung.

197 In vier Jahren verjähren die Ansprüche auf Rückstände von . . . . . R., Auszugsleistungen . . . . . und allen anderen regelmäßig wiederkehrenden Leistungen. 201.

1612 **Verwandtschaft** 1614 f. **Leibrente** — Leibrente 760.

Rentenberechtigte.

Eigentum.

915 Der R. kann jederzeit verlangen, daß der Rentenpflichtige ihm gegen Übertragung des Eigentums an dem überbauten Teile des Grundstücks den Wert ersetzt, den dieser Teil zur Zeit der Grenzüberschreitung gehabt hat. Macht er von dieser Befugnis Gebrauch, so bestimmen sich die Rechte und Verpflichtungen beider Teile nach den Vorschriften über den Kauf.

Für die Zeit bis zur Übertragung des Eigentums ist die Rente fortzuentrichten. 924.

Rentengüter.

Art. **Einführungsgesetz.**

62 Unberührt bleiben die landesg. Vorschriften über R.

§ **Rentenpflichtige.**

915 **Eigentum** s. **Rentenberechtigte** — Eigentum.

Rentenschein.

Art. **Einführungsgesetz.**

100, 174, 175 s. **E.G.** — E.G.

§ **Güterrecht.**

1392 Die Hinterlegung der zum eingebrachten Gut gehörenden Inhaberpapiere, die nach § 92 zu den verbrauchbaren Sachen zählen, sowie von Zins-, Renten- oder Gewinnanteilscheinen kann bei g. Güterrecht nicht verlangt werden . . . . . 1393, 1525.

1525 s. **Errungenschaftsgemeinschaft** — Güterrecht.

1188 **Hypothek** s. Schuldverschreibung 801.

Nießbrauch.

1081 Der Besitz der zu dem, dem Nießbrauch unterliegenden Inhaber- oder Orderpapiere gehörenden Zins-, R.- oder Gewinnanteilscheine steht dem Nießbraucher zu. 1068.

1083 Der Nießbraucher und der Eigentümer des mit einem Nießbrauch belasteten Inhaber- oder Order-Papiers sind einander verpflichtet, zur Einziehung des fälligen Kapitals, zur Beschaffung neuer Zins-, R.- oder Gewinnanteilscheine sowie zu sonstigen Maßnahmen mitzuwirken, die zur ordnungsmäßigen Vermögensverwaltung erforderlich sind. 1068.

Pfandrecht.

1296 Das Pfandrecht an einem Wertpapier erstreckt sich auf die zu dem Papiere gehörenden Zins-, R.- oder Gewinnanteilscheine nur dann, wenn sie dem Pfandgläubiger übergeben sind. Der Verpfänder kann, sofern nicht ein anderes bestimmt ist, die Herausgabe der Scheine verlangen, soweit sie vor dem Eintritte der Voraussetzungen des § 1228 Abs. 2 fällig werden. 1273.

Schuldverschreibung.

799 Eine abhanden gekommene oder vernichtete Schuldverschreibung auf den Inhaber kann, wenn nicht in der Urkunde das Gegenteil bestimmt ist, im Wege des Aufgebotsverfahrens für kraftlos erklärt werden. Ausgenommen sind Zins-, R.- und Gewinnanteilscheine sowie die auf Sicht zahlbaren unverzinslichen Schuldverschreibungen.

801 Bei Zins-, R.- und Gewinnanteilscheinen beträgt die Vorlegungsfrist vier Jahre.

804 Ist ein Zins-, R.- oder Gewinnanteilschein abhanden gekommen oder vernichtet und hat der bisherige Inhaber den Verlust dem Aussteller vor dem Ablaufe der Vorlegungsfrist angezeigt, so kann der bisherige Inhaber nach dem Ablaufe der Frist die Leistung von dem Aussteller verlangen. Der Anspruch ist ausgeschlossen, wenn der abhanden gekommene Schein dem Aussteller zur Einlösung vorgelegt oder der Anspruch aus dem Scheine gerichtlich geltend gemacht worden ist, es sei denn, daß die Vorlegung oder die gerichtliche Geltendmachung nach dem Ablaufe der Frist erfolgt ist. Der Anspruch verjährt in vier Jahren.

In dem Zins-, R. oder Gewinnanteilscheine kann der im Abs. 1 bestimmte Anspruch ausgeschlossen werden.

805 Neue Zins- oder R. für eine Schuldverschreibung auf den Inhaber dürfen an den Inhaber der zum Empfange der Scheine ermächtigenden Urkunde (Erneuerungsschein) nicht ausgegeben werden, wenn der Inhaber der Schuld-

§ verschreibung der Ausgabe widersprochen hat. Die Scheine sind in diesem Falle dem Inhaber der Schuldverschreibung auszuhändigen, wenn er die Schuldverschreibung vorlegt.

Sicherheitsleistung.

234 Mit den zur Sicherheitsleistung zu hinterlegenden Wertpapieren sind die Zins-, R.-, Gewinnanteil- und Erneuerungsscheine zu hinterlegen.

Testament.

116 Die Hinterlegung von Inhaberpapieren, die nach § 92 zu den verbrauchbaren Sachen gehören, sowie von Zins-, R.- oder Gewinnanteilscheinen kann der Nacherbe nicht verlangen. . . . . 2117, 2136.

1667 **Verwandtschaft** s. Vormundschaft 1814, 1818.

Vormundschaft.

1814 Die Hinterlegung der zum Mündelvermögen gehörenden Inhaberpapiere, die nach § 92 zu den verbrauchbaren Sachen gehören, sowie von Zins-, R.- oder Gewinnanteilscheinen ist nicht erforderlich. Den Inhaberpapieren stehen Orderpapiere gleich, die mit Blankoindossament versehen sind. 1815, 1817—1819.

1818 Auf Antrag des Vormundes kann die Hinterlegung der zum Mündelvermögen gehörenden Zins-, R.- und Gewinnanteilscheine angeordnet werden, auch wenn ein besonderer Grund nicht vorliegt. 1819.

Rentenschuld.

Art. **Einführungsgesetz.**

53, 60, 117, 118 s. **E.G.** — E.G.

§ **Grundstück.**

880 Soll eine Hypothek, eine Grundschuld oder eine R. im Range zurücktreten, so ist außer der Einigung des zurücktretenden und des vortretenden Berechtigten und der Eintragung der Änderung in das Grundbuch auch die Zustimmung des Eigentümers erforderlich.

Güterrecht.

1551 Zum unbeweglichen Vermögen, das bei der Fahrnisgemeinschaft eingebrachtes Gut ist, gehören Grundstücke nebst Zubehör, Rechte an Grundstücken mit Ausnahme der Hypotheken, Grundschulden und R. . . . . 1549.

Kauf.

439 Eine Hypothek, eine Grundschuld, eine R. oder ein Pfandrecht hat der Verkäufer zu beseitigen, auch wenn der Käufer die Belastung kennt. Das Gleiche gilt von einer Vormerkung zur Sicherung des Anspruchs auf Bestellung eines dieser Rechte. 440, 443, 445.

Nießbrauch.

1047 Verpflichtung des Nießbrauchers dem Eigentümer gegenüber, die auf Grund einer R. zu entrichtenden Leistungen zu tragen s. **Niessbrauch** — Nießbrauch.

1080 Die Vorschriften über den Nießbrauch an einer Forderung gelten auch für den Nießbrauch an einer Grundschuld und an einer R. 1068.

Pfandrecht.

1261 s. Grundstück 880.

1291 Die Vorschriften über das Pfandrecht an einer Forderung gelten auch für das Pfandrecht an einer Grundschuld und an einer R. 1273.

Rentenschuld.

1199 Eine Grundschuld kann in der Weise bestellt werden, daß in regelmäßig wiederkehrenden Terminen eine bestimmte Geldsumme aus dem Grundstücke zu zahlen ist (R.).

Bei der Bestellung der R. muß der Betrag bestimmt werden, durch dessen Zahlung die R. abgelöst werden kann. Die Ablösungssumme muß im Grundbuch angegeben werden.

1200 Auf die einzelnen Leistungen finden

§ die für Hypothekenzinsen, auf die Ablösungssumme finden die für ein Grundschuldkapital geltenden Vorschriften entsprechende Anwendung.

Die Zahlung der Ablösungssumme an den Gläubiger hat die gleiche Wirkung wie die Zahlung des Kapitals einer Grundschuld.

1201 Das Recht zur Ablösung einer R. steht dem Eigentümer zu.

Dem Gläubiger kann das Recht, die Ablösung zu verlangen, nicht eingeräumt werden. Im Falle des § 1133 Satz 2 ist der Gläubiger berechtigt, die Zahlung der Ablösungssumme aus dem Grundstücke zu verlangen.

1202 Der Eigentümer kann das Recht zur Ablösung der R. erst nach vorgängiger Kündigung ausüben. Die Kündigungsfrist beträgt sechs Monate, wenn nicht ein anderes bestimmt ist.

Eine Beschränkung des Kündigungsrechts ist nur soweit zulässig, daß der Eigentümer nach dreißig Jahren unter Einhaltung der sechsmonatigen Frist kündigen kann.

Hat der Eigentümer gekündigt, so kann der Gläubiger nach dem Ablaufe der Kündigungsfrist die Zahlung der Ablösungssumme aus dem Grundstücke verlangen.

1203 Eine R. kann in eine gewöhnliche Grundschuld, eine gewöhnliche Grundschuld kann in eine R. umgewandelt werden. Die Zustimmung der im Range gleich- oder nachstehenden Berechtigten ist nicht erforderlich.

Sicherheitsleistung.

232 Wer Sicherheit zu leisten hat, kann dies bewirken:

. . . .

durch Verpfändung von Forderungen, für die eine Hypothek an einem inländischen Grundstücke besteht, oder durch Verpfändung von

§ Grundschulden oder R. an inländischen Grundstücken.

. . . .

238 Eine Hypothekenforderung, eine Grundschuld oder eine R. ist zur Sicherheitsleistung nur geeignet, wenn sie den Voraussetzungen entspricht, unter denen am Orte der Sicherheitsleistung Mündelgeld in Hypothekenforderungen, Grundschulden oder R. angelegt werden darf.

. . . .

Testament.

2114 Gehört zur Erbschaft eine Hypothekenforderung, eine Grundschuld oder eine R., so steht die Kündigung und die Einziehung dem Vorerben zu. Der Vorerbe kann jedoch nur verlangen, daß das Kapital an ihn nach Beibringung der Einwilligung des Nacherben gezahlt oder daß es für ihn und den Nacherben hinterlegt wird. Auf andere Verfügungen über die Hypothekenforderung, die Grundschuld oder die R. finden die Vorschriften des § 2113 Anwendung. 2112, 2136.

2165 Ruht auf einem vermachten Grundstück eine Hypothek, Grundschuld oder R., die dem Erblasser selbst zusteht, so ist aus den Umständen zu entnehmen, ob die Hypothek, Grundschuld oder R. als mitvermacht zu gelten hat.

Verwandtschaft.

1642 s. Vormundschaft 1807.
1643 s. Vormundschaft 1821.
1667 s. Vormundschaft 1819.

Vormundschaft.

1807 Die im § 1806 vorgeschriebene Anlegung von Mündelgeld soll nur erfolgen:

1. in Forderungen, für die eine sichere Hypothek an einem inländischen Grundstücke besteht, oder

§ in sicheren Grundschulden oder R. an inländischen Grundstücken;

. . . .

Die L.G. können für die innerhalb ihres Geltungsbereichs belegenen Grundstücke die Grundsätze bestimmen, nach denen die Sicherheit einer Hypothek, einer Grundschuld oder einer R. festzustellen ist. 1808, 1810, 1811, 1813.

1819 Solange die nach § 1814 oder nach § 1818 hinterlegten Wertpapiere oder Kostbarkeiten nicht zurückgenommen sind, bedarf der Vormund zu einer Verfügung über sie und, wenn Hypotheken-, Grundschuld- oder Rentenschuldbriefe hinterlegt sind, zu einer Verfügung über die Hypothekenforderung, die Grundschuld oder die R. der Genehmigung des Vormundschaftsgerichts. Das Gleiche gilt von der Eingehung der Verpflichtung zu einer solchen Verfügung. 1812.

1821 Der Vormund bedarf der Genehmigung des Vormundschaftsgerichts:

1. zur Verfügung über ein Grundstück oder über ein Recht an einem Grundstücke;
2. zur Verfügung über eine Forderung, die auf Übertragung des Eigentums an einem Grundstück oder auf Begründung oder Übertragung eines Rechtes an einem Grundstück oder auf Befreiung eines Grundstücks von einem solchen Rechte gerichtet ist;
3. zur Eingehung der Verpflichtung zu einer der in Nr. 1, 2 bezeichneten Verfügungen;
4. zu einem Vertrage, der auf den entgeltlichen Erwerb eines Grundstücks oder eines Rechtes an einem Grundstücke gerichtet ist.

Zu den Rechten an einem Grundstück im Sinne dieser Vorschriften gehören nicht Hypotheken, Grundschulden und R. 1812, 1827.

Rentenschuldbrief.

Eigentum.

952 Das Eigentum an dem über eine Forderung ausgestellten Schuldscheine steht dem Gläubiger zu. Das Recht eines Dritten an der Forderung erstreckt sich auf den Schuldschein.

Das Gleiche gilt für Urkunden über andere Rechte, kraft deren eine Leistung gefordert werden kann, insbesondere für Hypotheken-, Grundschuld- und R.

Grundstück.

896 Ist zur Berichtigung des Grundbuchs die Vorlegung eines Hypotheken-, Grundschuld- oder R. erforderlich, so kann derjenige, zu dessen Gunsten die Berichtigung erfolgen soll, von dem Besitzer des Briefes verlangen, daß der Brief dem Grundbuchamte vorgelegt wird. 898.

Hypothek.

1138, 1155, 1157 s. Grundstück 896.

1667 **Verwandtschaft** s. **Rentenschuld** — Vormundschaft 1819.

1819 **Vormundschaft** s. **Rentenschuld** — Vormundschaft.

Restitutionsklage.

Ehe.

1309 Wird gegen ein Urteil, durch das eine frühere Ehe aufgelöst oder für nichtig erklärt worden ist, die Nichtigkeitsklage oder die R. erhoben, so dürfen die Ehegatten nicht vor der Erledigung des Rechtsstreits eine neue Ehe eingehen, es sei denn, daß die Klage erst nach dem Ablaufe der vorgeschriebenen fünfjährigen Frist erhoben worden ist.

Reugeld.

Vertrag.

336 Die Draufgabe bei Eingehung eines

§ Vertrages gilt im Zweifel nicht als R.

359 Ist der Rücktritt von einem Vertrage gegen Zahlung eines R. vorbehalten, so ist der Rücktritt unwirksam, wenn das R. nicht vor oder bei der Erklärung entrichtet wird und der andere Teil aus diesem Grunde die Erklärung unverzüglich zurückweist. Die Erklärung ist jedoch wirksam, wenn das R. unverzüglich nach der Zurückweisung entrichtet wird.

Richter.

Art. **Einführungsgesetz.**

149 s. **E.G.** — E.G

150 s. **Notar** — Testament § 2249.

151 s. **Erblasser** — Testament §§ 2234 bis 2238, 2243, **Notar** — Erbvertrag § 2276.

§ **Erbvertrag.**

2274, 2275 s. **Erblasser** — Testament 2233.

2276 s. **Notar** — Erbvertrag.

2277 s. **Notar** — Testament 2246.

Testament.

2231—2233, 2238 Errichtung eines Testaments vor einem R. oder Notar s. **Erblasser** — Testament.

2234—2237, 2246, 2249, 2250, 2252, 2256 s. **Notar** — Testament.

2243 Errichtung eines Testaments durch einen Erblasser, der nach der Überzeugung des R. oder des Notars stumm oder sonst am Sprechen verhindert ist s. **Erblasser** — Testament.

Richtigkeit s. auch Unrichtigkeit.

Eigentum.

927 Ist vor der Erlassung des Ausschlußurteils gegen den Eigentümer eines Grundstücks, welches seit 30 Jahren im Eigenbesitz eines anderen ist, ein Dritter als Eigentümer oder wegen des Eigentums eines Dritten ein Widerspruch gegen die R. des Grundbuchs eingetragen worden, so wirkt das Urteil nicht gegen den Dritten.

Art. **Einführungsgesetz.**

118 s. Grundstück § 892.

189 s. **Grundstück** — Grundstück § 900.

§ **Erbschein.**

2356 Der Antragsteller hat die R. der in Gemäßheit des § 2354 Abs. 1, Nr. 1, 2, Abs. 2 gemachten Angaben durch öffentliche Urkunden nachzuweisen und im Falle des § 2355 die Urkunde vorzulegen, auf der sein Erbrecht beruht. Sind die Urkunden nicht oder nur mit unverhältnismäßigen Schwierigkeiten zu beschaffen, so genügt die Angabe anderer Beweismittel.

In Ansehung der übrigen nach den §§ 2354, 2355 erforderlichen Angaben hat der Antragsteller vor Gericht oder vor einem Notar an Eidesstatt zu versichern, daß ihm nichts bekannt sei, was der R. seiner Angaben entgegensteht. Das Nachlaßgericht kann die Versicherung erlassen, wenn es sie für nicht erforderlich erachtet.

Diese Vorschriften finden keine Anwendung, soweit die Thatsachen bei dem Nachlaßgericht offenkundig sind. 2357.

2361, 2366 R. eines Erbscheins s. **Erbschein** — Erbschein.

1028 **Grunddienstbarkeit** s. Grundstück 892.

Grundstück.

892 Zu Gunsten desjenigen, welcher ein Recht an einem Grundstück oder ein Recht an einem solchen Rechte durch Rechtsgeschäft erwirbt, gilt der Inhalt des Grundbuchs als richtig, es sei denn, daß ein Widerspruch gegen die R. eingetragen oder die Unrichtigkeit dem Erwerber bekannt ist.

. . . . . . 893, 894.

Art. **Rotwild.**

71 **Einführungsgesetz** *72* s. Handlung § 835.

§ **Handlung.**

835 Wird durch Schwarz-, R., Elch-, Dam- oder Rehwild, oder durch Fasanen ein Grundstück beschädigt, an welchem dem Eigentümer das Jagdrecht nicht zusteht, so ist der Jagdberechtigte verpflichtet, dem Verletzten den Schaden zu ersetzen. Die Ersatzpflicht erstreckt sich auf den Schaden, den die Tiere an den getrennten, aber noch nicht eingeernteten Erzeugnissen des Grundstücks anrichten.

. . . . . 840.

Rückerstattung.

Darlehn.

607—610 R. eines Darlehns s. **Darlehn** — Darlehn.

Dienstvertrag.

628 R. einer im Voraus entrichteten Vergütung im Falle der Kündigung für einen früheren Termin s. **Dienstvertrag** — Dienstvertrag.

Art. **Einführungsgesetz.**

104, *145* s. **E.G.** — E.G.

§ **Gesellschaft.**

733—735, 739 R. der Einlagen aus dem nach Berichtigung der Schulden übrig bleibenden Gesellschaftsvermögen s. **Gesellschaft** — Gesellschaft.

Güterrecht.

1478 Sind die Ehegatten geschieden und ist einer von ihnen allein für schuldig erklärt, so kann der andere verlangen, daß jedem von ihnen der Wert desjenigen zurückerstattet wird, was er in die a. Gütergemeinschaft eingebracht hat; reicht der Wert des Gesamtguts zur R. nicht aus, so hat jeder Ehegatte die Hälfte des Fehlbetrags zu tragen. 1474.

§ **Miete.**

543, 555 R. des im voraus für eine spätere Zeit entrichteten Mietzinses s. **Miete** — Miete.

Sicherheitsleistung.

233 Mit der Hinterlegung erwirbt der Berechtigte ein Pfandrecht an dem hinterlegten Gelde oder an den hinterlegten Wertpapieren und, wenn das Geld oder die Wertpapiere nach landesg. Vorschrift in das Eigentum des Fiskus oder der als Hinterlegungsstelle bestimmten Anstalt übergehen, ein Pfandrecht an der Forderung auf R.

Rückforderung s. auch **Rücknahme.**

Bereicherung.

813, 814, 817 R. des zur Erfüllung einer Verbindlichkeit Geleisteten s. **Bereicherung** — Bereicherung.

815 R. einer Leistung wegen Nichteintritts des mit derselben bezweckten Erfolges s. **Bereicherung** — Bereicherung.

817 R. einer Leistung, deren Zweck in der Art bestimmt war, daß der Empfänger durch die Annahme gegen ein g. Verbot oder gegen die guten Sitten verstoßen würde s. **Bereicherung** — Bereicherung.

1584 **Ehescheidung** s. **Schenkung** — Schenkung 531.

440 **Kauf** s. Vertrag 323.

Leihe.

604 R. der verliehenen Sache s. **Leihe** — Leihe.

Mäklervertrag.

656 R. des für den Nachweis der Gelegenheit zur Eingehung einer Ehe oder für die Vermittelung des Zustandekommens einer solchen versprochenen Mäklerlohnes s. **Mäklervertrag** — Mäklervertrag.

Miete.

556 R. der vermieteten Sache s. **Miete** — Miete.

§ Schenkung.
527, 531, 534 R. eines Geschenkes s. **Schenkung** — Schenkung.

Spiel.
762 Das auf Grund des Spieles oder der Wette Geleistete kann nicht deshalb zurückgefordert werden, weil eine Verbindlichkeit nicht bestanden hat. . . . . . 763.

Verjährung.
222 Das zur Befriedigung eines verjährten Anspruchs Geleistete kann nicht zurückgefordert werden, auch wenn die Leistung in Unkenntnis der Verjährung bewirkt worden ist. Das Gleiche gilt von einem vertragsmäßigen Anerkenntnisse sowie einer Sicherheitsleistung des Verpflichteten.

Verlöbnis.
1301 R. von Schenkungen seitens eines Verlobten im Fall des Rücktritts von dem Verlöbnisse s. **Verlöbnis** — Verlöbnis.

Vertrag.
323 Wird die aus einem gegenseitigen Vertrage dem einen Teile obliegende Leistung infolge eines Umstandes unmöglich, den weder er noch der andere Teil zu vertreten hat, so verliert er den Anspruch auf die Gegenleistung; bei teilweiser Unmöglichkeit mindert sich die Gegenleistung nach Maßgabe der §§ 472, 473.

Verlangt der andere Teil nach § 281 Herausgabe des für den geschuldeten Gegenstand erlangten Ersatzes oder Abtretung des Ersatzanspruchs, so bleibt er zur Gegenleistung verpflichtet; diese mindert sich jedoch nach Maßgabe der §§ 472, 473 insoweit, als der Wert des Ersatzes oder des Ersatzanspruchs hinter dem Werte der geschuldeten Leistung zurückbleibt.

Soweit die nach diesen Vorschriften nicht geschuldete Gegenleistung bewirkt ist, kann das Geleistete nach den Vorschriften über die Herausgabe einer ungerechtfertigten Bereicherung zurückgefordert werden. 325.

Verwahrung.
695 Der Hinterleger kann die hinterlegte Sache jederzeit zurückfordern, auch wenn für die Aufbewahrung eine Zeit bestimmt ist. 696.

Vorkaufsrecht.
1102 Verliert der Käufer oder sein Rechtsnachfolger infolge der Geltendmachung des Vorkaufsrechts das Eigentum, so wird der Käufer, soweit der von ihm geschuldete Kaufpreis noch nicht berichtigt ist, von seiner Verpflichtung frei; den berichtigten Kaufpreis kann er nicht zurückfordern.

Rückgabe s. auch **Rückgewähr.**

Eigentum.
1001 Bis zur Genehmigung der vom Besitzer gemachten Verwendungen kann sich der Eigentümer von dem Anspruche auf Ersatz derselben dadurch befreien, daß er die wiedererlangte Sache zurückgiebt. 972, 1007.

2022 Erbe s. Eigentum 1001.

Erbschein.
2366 R. eines unrichtigen Erbscheins s. **Erbschein** — Erbschein.

Gesellschaft.
732, 738 Gegenstände, die ein Gesellschafter der Gesellschaft zur Benutzung überlassen hat, sind ihm, soweit sie noch vorhanden sind, bei der Auflösung der Gesellschaft zurückzugeben. . . . . 731.

Handlung.
848 Verpflichtung zur R. einer durch unerlaubte Handlung entzogenen Sache s. **Handlung** — Handlung.

Leihe.
604 R. der geliehenen Sache s. **Leihe** — Leihe.

606 s. **Miete** — Miete 558.

§ tumsübertragung übergeben worden, so kann der Käufer wegen des Rechtes eines Dritten, das zum Besitze der Sache berechtigt, Schadensersatz wegen Nichterfüllung nur verlangen, wenn er die Sache dem Dritten mit Rücksicht auf dessen Recht herausgegeben hat oder sie dem Verkäufer zurückgewährt oder wenn die Sache untergegangen ist.

. . . . .

Steht dem Käufer ein Anspruch auf Herausgabe gegen einen anderen zu, so genügt an Stelle der R. die Abtretung des Anspruchs. 441, 443, 445.

467 s. **Vertrag** — Vertrag 346, 354.

487 An Stelle der R. eines gekauften Tieres bei der Wandelung hat der Käufer den Wert des Tieres zu vergüten s. **Kauf** — Kauf.

280 **Leistung** 286 s. **Vertrag** — Vertrag 346, 354.

Miete.

572 Hat der Mieter des veräußerten Grundstücks dem Vermieter für die Erfüllung seiner Verpflichtungen Sicherheit geleistet, so tritt der Erwerber in die dadurch begründeten Rechte ein. Zur R. der Sicherheit ist er nur verpflichtet, wenn sie ihm ausgehändigt wird oder wenn er dem Vermieter gegenüber die Verpflichtung zur R. übernimmt. 577, 579.

Nießbrauch.

1048 Übernimmt der Nießbraucher das Inventar zum Schätzungswerte mit der Verpflichtung, es bei der Beendigung des Nießbrauchs zum Schätzungswerte zurückzugewähren, so finden die Vorschriften der §§ 588, 589 entsprechende Anwendung.

1055 s. **Pacht** — Pacht 591.

1056 s. Miete 572.

Pacht.

587 Übernimmt der Pächter eines Grundstücks das Inventar zum Schätzungswerte mit der Verpflichtung, es bei der Beendigung der Pacht zum Schätzungswerte zurückzugewähren, so gelten die Vorschriften der §§ 588, 589. 581.

589 R. des gepachteten Inventars s. **Pacht** — Pacht.

591 R. des gepachteten Grundstücks s. **Pacht** — Pacht.

594 Übernimmt der Pächter eines Landguts das Gut auf Grund einer Schätzung des wirtschaftlichen Zustandes mit der Bestimmung, daß nach der Beendigung der Pacht die R. gleichfalls auf Grund einer solchen Schätzung zu erfolgen hat, so finden auf die R. des Gutes die Vorschriften des § 589 Abs. 2, 3 entsprechende Anwendung.

Das Gleiche gilt, wenn der Pächter Vorräte auf Grund einer Schätzung mit einer solchen Bestimmung übernimmt, für die R. der Vorräte, die er zurückzulassen verpflichtet ist. 581.

523 **Schenkung** s. Kauf 440.

2182 **Testament** s. Kauf 440.

Vertrag.

346 R. einer empfangenen Leistung beim Rücktritte von einem Vertrag s. **Vertrag** — Vertrag.

354 Kommt der Berechtigte mit der R. des empfangenen Gegenstandes oder eines erheblichen Teiles des Gegenstandes in Verzug, so kann ihm der andere Teil eine angemessene Frist mit der Erklärung bestimmen, daß er die Annahme nach dem Ablaufe der Frist ablehne. Der Rücktritt wird unwirksam, wenn nicht die R. vor dem Ablaufe der Frist erfolgt. 327.

Verwahrung.

700 Werden vertretbare Sachen in der Art hinterlegt, daß das Eigentum auf den Verwahrer übergehen und dieser verpflichtet sein soll, Sachen

§ **Verjährung.**

212 Die Unterbrechung der Verjährung durch Klageerhebung gilt als nicht erfolgt, wenn die Klage zurückgenommen oder durch ein nicht in der Sache selbst entscheidendes Urteil rechtskräftig abgewiesen wird.

. . . . 220.

214 Die Unterbrechung der Verjährung durch Anmeldung im Konkurse gilt als nicht erfolgt, wenn die Anmeldung zurückgenommen wird.

. . . .

216 Die Unterbrechung der Verjährung durch Stellung des Antrags auf Zwangsvollstreckung gilt als nicht erfolgt, wenn dem Antrage nicht stattgegeben oder der Antrag vor der Vornahme der Vollstreckungshandlung zurückgenommen oder die erwirkte Vollstreckungsmaßregel nach Abs. 1 aufgehoben wird. 220.

Verwahrung.

696 R. einer hinterlegten Sache s. **Verwahrung** — Verwahrung.

Verwandtschaft.

1596 Wird die Anfechtungsklage zurückgenommen, so ist die Anfechtung der Ehelichkeit des Kindes als nicht erfolgt anzusehen. 1599, 1600.

1651 s. **Geschäftsfähigkeit** — Geschäftsfähigkeit 112.

1667 s. Vormundschaft 1819.

Vormundschaft.

1819 Solange die nach § 1814 oder nach § 1818 hinterlegten Wertpapiere oder Kostbarkeiten des Mündels nicht zurückgenommen sind, bedarf der Vormund zu einer Verfügung über sie und, wenn Hypotheken-, Grundschuld- oder Rentenschuldbriefe hinterlegt sind, zu einer Verfügung über die Hypothekenforderung, die Grundschuld oder die Rentenschuld der Genehmigung des Vormundschaftsgerichts. Das Gleiche gilt von der Eingehung der Verpflichtung zu einer solchen Verfügung. 1812.

1888 R. der zur Übernahme oder zur Fortführung einer Vormundschaft durch einen Beamten oder Religionsdiener erforderlichen Erlaubnis s. **Vormundschaft** — Vormundschaft.

1908 Die vorläufige Vormundschaft endigt mit der R. oder der rechtskräftigen Abweisung des Antrags auf Entmündigung.

. . . . 1897.

Rücksicht.

Auslobung.

657 Wer durch öffentliche Bekanntmachung eine Belohnung für die Vornahme einer Handlung, insbesondere für die Herbeiführung eines Erfolges, aussetzt, ist verpflichtet, die Belohnung demjenigen zu entrichten, welcher die Handlung vorgenommen hat, auch wenn dieser nicht mit R. auf die Auslobung gehandelt hat.

Bereicherung.

814 Das zum Zwecke der Erfüllung einer Verbindlichkeit geleistete kann nicht zurückgefordert werden, wenn der Leistende gewußt hat, daß er zur Leistung nicht verpflichtet war, oder wenn die Leistung einer sittlichen Pflicht oder einer auf den Anstand zu nehmenden R. entsprach.

Dienstvertrag.

618 R. auf die Gesundheit, Sittlichkeit und die Religion des zu einer Dienstleistung Verpflichteten s. **Dienstleistung** — Dienstleistung.

Ehe.

1351 s. **Ehe** — Ehescheidung 1579.

1361 Die Unterhaltspflicht des von der Frau getrennt lebenden Mannes der Frau gegenüber fällt weg oder beschränkt sich auf die Zahlung eines Beitrages, wenn der Wegfall oder die Beschränkung mit R. auf die

§ Bedürfnisse sowie auf die Vermögens- und Erwerbsverhältnisse der Ehegatten der Billigkeit entspricht.

Ehescheidung.

1579 Beschränkung der Unterhaltspflicht des allein für schuldig erklärten Ehegatten dem geschiedenen Ehegatten gegenüber auf dasjenige, was mit R. auf die Bedürfnisse, sowie auf die Vermögens- und Erwerbsverhältnisse der Beteiligten der Billigkeit entspricht s. **Ehe** — Ehescheidung.

Art.

95 **Einführungsgesetz** s. **Dienstvertrag** — Dienstvertrag § 618.

§ **Erbvertrag.**

2295 Der Erblasser kann von einer vertragsmäßigen Verfügung zurücktreten, wenn die Verfügung mit R. auf eine rechtsgeschäftliche Verpflichtung des Bedachten, dem Erblasser für dessen Lebenszeit wiederkehrende Leistungen zu entrichten, insbesondere Unterhalt zu gewähren, getroffen ist, und die Verpflichtung vor dem Tode des Erblassers aufgehoben wird.

Geschäftsführung.

677 Geschäftsführung ohne Auftrag s. **Geschäftsführung** — Geschäftsführung.

Gesellschaft.

722 Sind die Anteile der Gesellschafter am Gewinne und Verluste nicht bestimmt, so hat jeder Gesellschafter ohne R. auf die Art und Größe seines Beitrags einen gleichen Anteil am Gewinne und Verluste.

Güterrecht.

1389 Die Frau kann bei g. Güterrecht verlangen, daß der Mann den Reinertrag des eingebrachten Gutes, soweit dieser zur Bestreitung des eigenen und des der Frau und den gemeinschaftlichen Abkömmlingen zu gewährenden Unterhalts erforderlich ist, ohne R. auf seine sonstigen Verpflichtungen zu diesem Zwecke verwendet. 1394.

1411 Die Gläubiger der Frau können, bei g. Güterrecht ohne R. auf die Verwaltung und Nutznießung des Mannes Befriedigung aus dem eingebrachten Gute verlangen s. **Güterrecht** — Güterrecht.

1421 s. **Pacht** — Pacht 593.

1446 Schenkungen, durch die bei a. Gütergemeinschaft einer sittlichen Pflicht oder einer auf den Anstand zu nehmenden R. entsprochen wird s. **Gütergemeinschaft** — Güterrecht.

1477 Übernahme desjenigen bei der Auseinandersetzung, was während der a. Gütergemeinschaft mit R. auf ein künftiges Erbrecht erworben ist s. **Gütergemeinschaft** — Güterrecht.

1487 Die Rechte und Verbindlichkeiten des überlebenden Ehegatten sowie der anteilsberechtigten Abkömmlinge in Ansehung des Gesamtguts der f. Gütergemeinschaft bestimmen sich nach den für die eheliche Gütergemeinschaft geltenden Vorschriften der §§ 1442 bis 1449, 1455—1457, 1466. 1518.

1495 Ein anteilsberechtigter Abkömmling kann gegen den überlebenden Ehegatten auf Aufhebung der f. Gütergemeinschaft klagen:

1. wenn der überlebende Ehegatte ein Rechtsgeschäft der in den §§ 1444 bis 1446 bezeichneten Art ohne Zustimmung des Abkömmlings vorgenommen hat und für die Zukunft eine erhebliche Gefährdung des Abkömmlings zu besorgen ist. 1496, 1502, 1518.

1498 Auf die Auseinandersetzung in Ansehung des Gesamtguts der f. Gütergemeinschaft finden die Vorschriften der §§ 1475, 1476, des § 1477 Abs. 1 und der §§ 1479—1481 Anwendung; an die Stelle des Mannes tritt der überlebende Ehegatte, an die

§ Stelle der Frau treten die anteilsberechtigten Abkömmlinge. Die im § 1476 Abs. 2 Satz 2 bezeichnete Verpflichtung besteht nur für den überlebenden Ehegatten. 1518.

1502 Wird die f. Gütergemeinschaft auf Grund des § 1495 durch Urteil aufgehoben, so steht dem überlebenden Ehegatten das im Abs. 1 bestimmte Recht nicht zu. Die anteilsberechtigten Abkömmlinge können in diesem Falle diejenigen Gegenstände gegen Ersatz des Wertes übernehmen, welche der verstorbene Ehegatte nach § 1477 Abs. 2 zu übernehmen berechtigt sein würde. Das Recht kann von ihnen nur gemeinschaftlich ausgeübt werden. 1518.

1521 Eingebrachtes Gut eines Ehegatten bei der Errungenschaftsgemeinschaft ist, was er von Todeswegen oder mit R. auf ein künftiges Erbrecht, durch Schenkung oder als Ausstattung erwirbt. Ausgenommen ist ein Erwerb, der den Umständen nach zu den Einkünften zu rechnen ist.

1519, 1525, 1546 f. **Errungenschaftsgemeinschaft** — Güterrecht.

1551 Eingebrachtes Gut eines Ehegatten ist das unbewegliche Vermögen, das er bei dem Eintritte der Fahrnisgemeinschaft hat oder während der Gemeinschaft durch Erbfolge, durch Vermächtnis oder mit R. auf ein künftiges Erbrecht, durch Schenkung oder als Ausstattung erwirbt. 1549.

1556 Erwirbt ein Ehegatte während der Fahrnisgemeinschaft durch Erbfolge, durch Vermächtnis oder mit R. auf ein künftiges Erbrecht, durch Schenkung oder als Ausstattung Gegenstände, die teils Gesamtgut, teils eingebrachtes Gut werden, so fallen die infolge des Erwerbes entstehenden Verbindlichkeiten im Verhältnisse der Ehegatten zu einander dem Gesamtgut und dem

§ Ehegatten, der den Erwerb macht, verhältnismäßig zur Last. 1549.

Kauf.

511 Das Vorkaufsrecht erstreckt sich im Zweifel nicht auf einen Verkauf, der mit R. auf ein künftiges Erbrecht an einen g. Erben erfolgt.

Nießbrauch.

1055 f. **Pacht** — Pacht 593.

1086 Die Gläubiger des Bestellers des Nießbrauchs an einem Vermögen können, soweit ihre Forderungen vor der Bestellung entstanden sind, ohne R. auf den Nießbrauch Befriedigung aus den dem Nießbrauch unterliegenden Gegenständen verlangen. 1085, 1089.

Pacht.

593 Zurücklassung der bei Beendigung der Pacht vorhandenen landwirtschaftlichen Erzeugnisse ohne R. darauf, ob dieselben bei dem Antritt der Pacht übernommen sind f. **Pacht** — Pacht.

Pflichtteil.

2330 Die Vorschriften der §§ 2325—2329 finden keine Anwendung auf Schenkungen, durch die einer sittlichen Pflicht oder einer auf den Anstand zu nehmenden R. entsprochen wird.

2332 Der Pflichtteilsanspruch verjährt in drei Jahren von dem Zeitpunkt an, in welchem der Pflichtteilsberechtigte von dem Eintritte des Erbfalls und von der ihn beeinträchtigenden Verfügung Kenntnis erlangt, ohne R. auf diese Kenntnis in dreißig Jahren von dem Eintritte des Erbfalls an.

. . . . .

Schenkung.

534 Schenkungen, durch die einer sittlichen Pflicht oder einer auf den Anstand zu nehmenden R. entsprochen wird, unterliegen nicht der Rückforderung und dem Widerrufe.

Testament.

2113 Schenkungen, durch die einer sittlichen Pflicht oder einer auf den Anstand

§ zu nehmenden R. entsprochen wird s. **Erblasser** — Testament.

2130 s. **Pacht** — Pacht 593.

2205 Zu unentgeltlichen Verfügungen ist der Testamentsvollstrecker nur berechtigt, soweit sie einer sittlichen Pflicht oder einer auf den Anstand zu nehmenden R. entsprechen. 2207, 2208.

Verwandtschaft.

1624 Ausstattung eines Kindes mit R. auf seine Verheiratung oder auf die Erlangung einer selbständigen Lebensstellung s. **Verwandtschaft** — Verwandtschaft.

1641 Der Vater kann nicht in Vertretung des Kindes Schenkungen machen. Ausgenommen sind Schenkungen, durch die einer sittlichen Pflicht oder einer auf den Anstand zu nehmenden R. entsprochen wird.

1659 Die Gläubiger des Kindes können ohne R. auf die elterliche Nutznießung Befriedigung aus dem Vermögen des Kindes verlangen.

. . . . .

1663 s. **Pacht** — Pacht 593.

1715 Die uneheliche Mutter kann den gewöhnlichen Betrag der zu ersetzenden, durch die Geburt des unehelichen Kindes entstehenden Kosten ohne R. auf den wirklichen Aufwand verlangen. 1716, 1717.

1098 **Vorkaufsrecht** s. Kauf 511.

Vormundschaft.

1779 Bei der Auswahl des Vormundes ist auf das religiöse Bekenntnis des Mündels R. zu nehmen. Verwandte und Verschwägerte des Mündels sind zunächst zu berücksichtigen.

1804 Der Vormund kann nicht in Vertretung des Mündels Schenkungen machen. Ausgenommen sind Schenkungen, durch die einer sittlichen Pflicht oder einer auf den Anstand zu nehmenden R. entsprochen wird.

Rückstände.

§ **Grundstück.**

902 Die Ansprüche aus eingetragenen Rechten unterliegen nicht der Verjährung. Dies gilt nicht für Ansprüche, die auf R. wiederkehrender Leistungen oder auf den Schadensersatz gerichtet sind.

Güterrecht.

1427 Für die Vergangenheit kann der Mann die Leistung eines Beitrags der Frau zur Bestreitung des ehelichen Aufwandes bei der Gütertrennung nur insoweit verlangen, als die Frau ungeachtet seiner Aufforderung mit der Leistung im R. geblieben ist. Der Anspruch des Mannes ist nicht übertragbar. 1426.

Hypothek.

1159 Rechtsverhältnis zwischen dem Eigentümer des mit Hypotheken belasteten Grundstücks und dem neuen Gläubiger soweit die Forderung auf R. von Zinsen und anderen Nebenleistungen gerichtet ist s. **Hypothek** — Hypothek.

1178 Erlöschen einer Hypothek für R. von Zinsen und anderen Nebenleistungen und Verzicht auf eine solche s. **Hypothek** — Hypothek.

440 **Kauf** s. Vertrag 320.

Leistung.

248 Kreditanstalten, die berechtigt sind, für den Betrag der von ihnen gewährten Darlehen verzinsliche Schuldverschreibungen auf den Inhaber auszugeben, können sich bei solchen Darlehen die Verzinsung rückständiger Zinsen im voraus versprechen lassen.

Verjährung.

197 In vier Jahren verjähren die Ansprüche auf R. von Zinsen, mit Einschluß der als Zuschlag zu den Zinsen, zum Zwecke allmählicher Tilgung des Kapitals zu entrichtenden Beträge, die Ansprüche auf R. von Miet- und Pachtzinsen, soweit sie nicht unter die Vorschrift des § 196 Abs. 1

§ Nr. 6 fallen, und die Ansprüche auf R. von Renten, Auszugsleistungen, Besoldungen, Wartegeldern, Ruhegehalten, Unterhaltsbeiträgen und allen anderen regelmäßig wiederkehrenden Leistungen. 201.

223 Die Verjährung eines Anspruchs, für den eine Hypothek oder ein Pfandrecht besteht, hindert den Berechtigten nicht, seine Befriedigung aus dem verhafteten Gegenstande zu suchen.

Ist zur Sicherung eines Anspruchs ein Recht übertragen worden, so kann die Rückübertragung nicht auf Grund der Verjährung des Anspruchs gefordert werden.

Diese Vorschriften finden keine Anwendung bei der Verjährung von Ansprüchen auf R. von Zinsen oder anderen wiederkehrenden Leistungen.

Vertrag.

320 Ist von einem Vertragschließenden teilweise geleistet worden, so kann die Gegenleistung insoweit nicht verweigert werden, als die Verweigerung nach den Umständen, insbesondere wegen verhältnismäßiger Geringfügigkeit des rückständigen Teiles, gegen Treu und Glauben verstoßen würde. 348.

Rücktritt s. auch **Rücktrittsrecht.**

628 **Dienstvertrag** s. Vertrag 347.

Erbvertrag.

2293, 2298, 2299 R. von einem Erbvertrage s. **Erbvertrag** — Erbvertrag.

2294—2297 R. von einer vertragsmäßigen Verfügung des Erblassers s. **Erbvertrag** — Erbvertrag.

Grundstück.

880 Das Rangverhältnis verschiedener Rechte an einem Grundstücke kann nachträglich geändert werden.

Zu der Rangänderung ist die Einigung des zurücktretenden und des vortretenden Berechtigten und die

§ Eintragung der Änderung in das Grundbuch erforderlich; die Vorschriften des § 873 Abs. 2 und des § 878 finden Anwendung. Soll eine Hypothek, eine Grundschuld oder eine Rentenschuld zurücktreten, so ist außerdem die Zustimmung des Eigentümers erforderlich. Die Zustimmung ist dem Grundbuchamt oder einem der Beteiligten gegenüber zu erklären; sie ist unwiderruflich.

Ist das zurücktretende Recht mit dem Rechte eines Dritten belastet, so finden die Vorschriften des § 876 entsprechende Anwendung.

Der dem vortretenden Rechte eingeräumte Rang geht nicht dadurch verloren, daß das zurücktretende Recht durch Rechtsgeschäft aufgehoben wird.

Rechte, die den Rang zwischen dem zurücktretenden und dem vortretenden Rechte haben, werden durch die Rangänderung nicht berührt.

881 Die Eintragung des Vorbehalts der Rangänderung muß bei dem Rechte erfolgen, das zurücktreten soll.

Kauf.

440 s. **Vertrag** — Vertrag 325—327.

454, 455 R. vom Kaufvertrage s. **Kauf** — Kauf.

467 s. **Vertrag** — Vertrag 346—348, 350—354, 356.

487 s **Vertrag** — Vertrag 351—353

506 Vorbehalt des R. für den Fall der Ausübung des Vorkaufsrechts s. **Kauf** — Kauf.

280 **Leistung** 286 s. **Vertrag** — Vertrag 346—356.

543 **Miete** 555 s. Vertrag 347.

1261 **Pfandrecht** s. Grundstück 880, 881.

2271 Der Widerruf einer Verfügung, die mit einer Verfügung des anderen Ehegatten in dem im § 2270 bezeichneten Verhältnisse steht, erfolgt bei Lebzeiten der Ehegatten nach den für den R. von einem Erbvertrage

§

355 Ist für die Ausübung des R. eine Frist nicht vereinbart, so kann dem Berechtigten von dem anderen Teile für die Ausübung eine angemessene Frist bestimmt werden. Das R. erlischt, wenn nicht der Rücktritt vor dem Ablaufe der Frist erklärt wird. 327.

356 Sind bei einem Vertrag auf der einen oder der anderen Seite mehrere beteiligt, so kann das R. nur von allen und gegen alle ausgeübt werden. Erlischt das R. für einen der Berechtigten, so erlischt es auch für die übrigen. 327.

Werkvertrag.

636 R. des Bestellers eines Werkes s. **Werkvertrag** — Werkvertrag.

Rückübertragung.

223 **Verjährung** s. **Rückstände** — Verjährung.

Rückwirkung.

Art.

146 **Einführungsgesetz** s. Schuldverhältnis § 375.

§ **Schuldverhältnis.**

375 Ist die hinterlegte Sache der Hinterlegungsstelle durch die Post übersendet worden, so wirkt die Hinterlegung auf die Zeit der Aufgabe der Sache zur Post zurück.

Zustimmung.

184 Die nachträgliche Zustimmung (Genehmigung) wirkt auf den Zeitpunkt der Vornahme des Rechtsgeschäfts zurück, soweit nicht ein anderes bestimmt ist.

Durch die R. werden Verfügungen nicht unwirksam, die vor der Genehmigung über den Gegenstand des Rechtsgeschäfts von dem Genehmigenden getroffen worden oder im Wege der Zwangsvollstreckung oder der Arrestvollziehung oder durch den Konkursverwalter erfolgt sind.

Rückzahlung.

Art.

98 **Einführungsgesetz** s. **E.G.** — E.G.

§ **Vormundschaft.**

1813 Der Vormund bedarf nicht der Genehmigung des Gegenvormundes zur Annahme einer geschuldeten Leistung:

1. . . . .

3. wenn Geld zurückgezahlt wird, das der Vormund angelegt hat;

4. . . . . 5. . . . .

Die Befreiung nach Abs. 1 Nr. 2, 3 erstreckt sich nicht auf die Erhebung von Geld, bei dessen Anlegung ein anderes bestimmt worden ist. Die Befreiung nach Abs. 1 Nr. 3 gilt auch nicht für die Erhebung von Geld, das nach § 1807 Abs. 1 Nr. 1 bis 4 angelegt ist.

Ruhegehalt.

Art.

81 **Einführungsgesetz** s. **E.G.** — E.G.

§ **Schuldverhältnis.**

411 Tritt eine Militärperson, ein Beamter, ein Geistlicher oder ein Lehrer an einer öffentlichen Unterrichtsanstalt den übertragbaren Teil des Diensteinkommens, des Wartegeldes oder des R. ab, so ist die auszahlende Kasse durch Aushändigung einer von dem bisherigen Gläubiger ausgestellten öffentlich beglaubigten Urkunde von der Abtretung zu benachrichtigen. Bis zur Benachrichtigung gilt die Abtretung als der Kasse nicht bekannt.

Verjährung.

197 In vier Jahren verjähren die Ansprüche . . . . . auf Rückstände von R. und allen anderen regelmäßig wiederkehrenden Leistungen. 201.

Russ.

Eigentum.

906 Der Eigentümer eines Grundstücks kann die Zuführung von Gasen, Dämpfen, Gerüchen, Rauch, R.,

§ Wärme, Geräusch, Erschütterungen und ähnliche von einem anderen Grundstück ausgehende Einwirkungen insoweit nicht verbieten, als die Einwirkung die Benutzung seines Grundstücks nicht oder nur unwesentlich beeinträchtigt oder durch eine Benutzung des anderen Grundstücks herbeigeführt wird, die nach den örtlichen Verhältnissen bei Grundstücken dieser Lage gewöhnlich ist. Die Zuführung durch eine besondere Leitung ist unzulässig.

Sache s. auch **Gegenstand.**

§ **Anweisung.**

783 Aushändigung einer Urkunde, in der jemand angewiesen wird an einen Dritten Geld, Wertpapiere oder andere vertretbare S. zu leisten s. **Anweisung** — Anweisung.

Besitz.

854 Erwerb des Besitzes einer S. s. **Besitz** — Besitz.

855 Ausübung der thatsächlichen Gewalt über eine S. für einen Anderen s. **Besitz** — Besitz.

856 Beendigung des Besitzes einer S. durch Aufgeben der thatsächlichen Gewalt über dieselbe s. **Besitz** — Besitz.

859 Wegnahme einer beweglichen S. mittelst verbotener Eigenmacht s. **Besitz** — Besitz.

865 Besitz eines Teiles einer S. s. **Besitz** Besitz.

866 Gemeinschaftlicher Besitz einer S. s. **Besitz** — Besitz.

867, 869 Aufsuchung einer aus der Gewalt des Besitzers auf ein im Besitz eines andern befindliches Grundstück gelangten S. s. **Besitz** — Besitz.

868 Besitzt jemand eine S. als Nießbraucher, Pfandgläubiger, Pächter, Mieter, Verwahrer oder in einem ähnlichen Verhältnisse, vermöge dessen er einem anderen gegenüber auf Zeit zum Besitze berechtigt oder verpflichtet ist, so ist auch der andere Besitzer (mittelbarer Besitz). 871.

870 Der mittelbare Besitz einer S. kann dadurch auf einen anderen übertragen werden, daß diesem der Anspruch auf Herausgabe der S. abgetreten wird.

872 Wer eine S. als ihm gehörend besitzt, ist Eigenbesitzer.

Bürgschaft.

772 Besteht die Bürgschaft für eine Geldforderung, so muß die Zwangsvollstreckung in die beweglichen S. des Hauptschuldners an seinem Wohnsitz und, wenn der Hauptschuldner an einem anderen Orte eine gewerbliche Niederlassung hat, auch an diesem Orte, in Ermangelung eines Wohnsitzes und einer gewerblichen Niederlassung an seinem Aufenthaltsorte versucht werden.

Steht dem Gläubiger ein Pfandrecht oder ein Zurückbehaltungsrecht an einer beweglichen S. des Hauptschuldners zu, so muß er auch aus dieser S. Befriedigung suchen. Steht dem Gläubiger ein solches Recht an der S. auch für eine andere Forderung zu, so gilt dies nur, wenn beide Forderungen durch den Wert der S. gedeckt werden. 773, 777.

Darlehen.

607 Vertretbare S. als Darlehen s. **Darlehen** — Darlehen.

§ **Dienstbarkeit.**

1090 s. **Niessbrauch** — Nießbrauch 1061.

1093 s. **Niessbrauch** — Nießbrauch 1031, 1034, 1036, 1037, 1041, 1042, 1044, 1049, 1050, 1057, 1062.

Ehe.

1361 Verpflichtung des von der Frau getrennt lebenden Mannes zur Herausgabe von den zur Führung eines abgesonderten Haushalts erforderlichen S. s. **Ehe** — Ehe.

1362 Zu Gunsten der Gläubiger des Mannes wird vermutet, daß die im Besitz eines der Ehegatten oder beider Ehegatten befindlichen beweglichen S. dem Manne gehören. Dies gilt insbesondere auch für Inhaberpapiere und für Ordrepapiere, die mit Blankoindossament versehen sind.

Für die ausschließlich zum persönlichen Gebrauche der Frau bestimmten S., insbesondere für Kleider, Schmucks. und Arbeitsgeräte, gilt im Verhältnisse der Ehegatten zu einander und zu den Gläubigern die Vermutung, daß die S. der Frau gehören.

Eigentum.

903 Der Eigentümer einer S. kann, soweit nicht das G. oder Rechte Dritter entgegenstehen, mit der S. nach Belieben verfahren und andere von jeder Einwirkung ausschließen.

904 Nichtberechtigung des Eigentümers einer S., die Einwirkung eines anderen auf dieselbe zu verbieten s. **Eigentum** — Eigentum.

908 s **Handlung** — Handlung 836.

927 Der Eigentümer eines Grundstücks kann, wenn das Grundstück seit dreißig Jahren im Eigenbesitz eines anderen ist, im Wege des Aufgebotsverfahrens mit seinem Rechte ausgeschlossen werden. Die Besitzzeit wird in gleicher Weise berechnet wie die Frist für die Ersitzung einer beweglichen S.

§

929—984 Erwerb und Verlust des Eigentums an beweglichen S. s. **Eigentum** — Eigentum.

929—936 Übertragung des Eigentums an einer beweglichen S. s. **Eigentum** — Eigentum.

929 1. die im Besitz des Erwerbers ist 932, 936.

930 2. die im Besitz des Eigentümers ist 933, 936.

931 3. die im Besitz eines Dritten ist 934, 936, 986.

935 Erwerb des Eigentums an S., die dem Eigentümer gestohlen worden, verloren gegangen oder sonst abhanden gekommen sind s. **Eigentum** — Eigentum.

936 Ist eine veräußerte S. mit dem Rechte eines Dritten belastet, so erlischt das Recht mit dem Erwerb des Eigentums.

937—945 Ersitzung einer beweglichen S. s. **Eigentum** — Eigentum.

938 Hat jemand eine S. am Anfang und am Ende eines Zeitraums im Eigenbesitze gehabt, so wird vermutet, daß sein Eigenbesitz auch in der Zwischenzeit bestanden habe.

943 Gelangt die S. durch Rechtsnachfolge in den Eigenbesitz eines Dritten, so kommt die während des Besitzes des Rechtsvorgängers verstrichene Ersitzungszeit dem Dritten zu statten. 945.

945 Mit dem Erwerbe des Eigentums durch Ersitzung erlöschen die an der S. vor dem Erwerbe des Eigenbesitzes begründeten Rechte Dritter, es sei denn, daß der Eigenbesitzer bei dem Erwerbe des Eigenbesitzes in Ansehung dieser Rechte nicht in gutem Glauben ist oder ihr Bestehen später erfährt. Die Ersitzungsfrist muß auch in Ansehung des Rechtes des Dritten verstrichen sein; die Vorschriften der

§ §§ 939—944 finden entsprechende Anwendung.
946, 949, 951 Verbindung beweglicher S. mit einem Grundstück s. **Eigentum** — Eigentum.
947, 949, 951 Verbindung beweglicher S. mit einander s. **Eigentum** — Eigentum.
948, 949, 951 Untrennbare Vermischung oder Vermengung beweglicher S. mit einander s. **Eigentum** — Eigentum.
950 Eigentum an einer S. durch Verarbeitung oder Umbildung eines oder mehrerer Stoffe neu hergestellten beweglichen S. s. **Eigentum** — Eigentum.
953—957 Erwerb von Erzeugnissen und sonstigen Bestandteilen einer S. s. **Eigentum** — Eigentum.
953 Erzeugnisse und sonstige Bestandteile einer S. gehören auch nach der Trennung dem Eigentümer der S., soweit sich nicht aus den §§ 954 bis 957 ein anderes ergiebt.
954 Wer vermöge eines Rechtes an einer fremden S. befugt ist, sich Erzeugnisse oder sonstige Bestandteile der S. anzueignen, erwirbt das Eigentum an ihnen, unbeschadet der Vorschriften der §§ 955—957, mit der Trennung. 953.
955 Erwerb des Eigentums an den Erzeugnissen und sonstigen zu den Früchten einer S. gehörenden Bestandteilen durch denjenigen, der eine S. im Eigenbesitze hat s. **Eigentum** — Eigentum.
956, 957 Erwerb des Eigentums an Erzeugnissen oder sonstigen Bestandteilen einer S., die der Eigentümer einem Dritten gestattet, sich anzueignen s. **Eigentum** — Eigentum.
958, 959 Aneignung herrenloser beweglicher S. s. **Eigentum** — Eigentum.
959 Eine bewegliche S. wird herrenlos, wenn der Eigentümer in der Absicht,

§ auf das Eigentum zu verzichten, den Besitz der S. aufgiebt.
965—984 Fund einer S. s. **Eigentum** — Eigentum.
965 Anzeige von dem Funde einer S. s. **Eigentum** — Eigentum.
966, 970 Verwahrung und Versteigerung der gefundenen S. durch den Finder s. **Eigentum** — Eigentum.
967, 975, 976 Ablieferung der gefundenen S. an die Polizeibehörde s. **Eigentum** — Eigentum.
969, 975 Herausgabe der gefundenen S. an den Verlierer s. **Eigentum** — Eigentum.
971 Bestimmung des Finderlohns nach dem Wert der gefundenen S. s. **Eigentum** — Eigentum.
973, 974 Erwerb des Eigentums an der gefundenen S. durch den Finder und Erlöschen der sonstigen Rechte an der S. s. **Eigentum** — Eigentum.
978 Ablieferung einer gefundenen S. an eine Behörde, Verkehrsanstalt oder einen ihrer Angestellten s. **Eigentum** — Eigentum.
979—983 Versteigerung einer gefundenen S. durch eine Behörde oder Verkehrsanstalt s. **Eigentum** — Eigentum.
984 Wird eine S., die so lange verborgen gelegen hat, daß der Eigentümer nicht mehr zu ermitteln ist (Schatz), entdeckt und infolge der Entdeckung in Besitz genommen, so wird das Eigentum zur Hälfte von dem Entdecker, zur Hälfte von dem Eigentümer der S. erworben, in welcher der Schatz verborgen war.
985—1007 Ansprüche aus dem Eigentume.
985 Der Eigentümer einer S. kann von dem Besitzer die Herausgabe derselben verlangen.
986 Herausgabe einer S. seitens des Besitzers an den mittelbaren Besitzer oder an den Eigentümer s. **Eigentum** — Eigentum.

§ Der Besitzer einer S., die nach § 931 durch Abtretung des Anspruchs auf Herausgabe veräußert worden ist, kann dem neuen Eigentümer die Einwendungen entgegensetzen, welche ihm gegen den abgetretenen Anspruch zustehen. 1007.

987, 988, 993 Herausgabe von Nutzungen und Früchten einer S. s. **Eigentum** — Eigentum.

988, 993 Besitz einer S. zum Zweck der Ausübung eines Nutzungsrechts s. **Eigentum** — Eigentum.

989 Der Besitzer ist von dem Eintritte der Rechtshängigkeit an dem Eigentümer für den Schaden verantwortlich, der dadurch entsteht, daß infolge seines Verschuldens die S. verschlechtert wird, untergeht oder aus einem anderen Grunde von ihm nicht herausgegeben werden kann. 990, 991, 993, 1007.

994—997, 999—1003 Ersatz für die auf eine S. gemachten Verwendungen s. **Eigentum** — Eigentum.

997 Hat der Besitzer mit der S. eine andere S. als wesentlichen Bestandteil verbunden, so kann er sie abtrennen und sich aneignen. Die Vorschriften des § 258 finden Anwendung. 1007.

1005 Befindet sich eine S. auf einem Grundstücke, das ein anderer als der Eigentümer der S. besitzt, so steht diesem gegen den Besitzer des Grundstücks der im § 867 bestimmte Anspruch zu.

1006 Zu Gunsten des Besitzers einer beweglichen S. wird vermutet, daß er Eigentümer der S. sei. Dies gilt jedoch nicht einem früheren Besitzer gegenüber, dem die S. gestohlen worden, verloren gegangen oder sonst abhanden gekommen ist, es sei denn, daß es sich um Geld oder Inhaberpapiere handelt.

Zu Gunsten eines früheren Besitzers wird vermutet, daß er während der Dauer seines Besitzes Eigentümer der S. gewesen sei.

Im Falle eines mittelbaren Besitzes gilt die Vermutung für den mittelbaren Besitzer.

1007 Wer eine bewegliche S. im Besitze gehabt hat, kann von dem Besitzer die Herausgabe der S. verlangen, wenn dieser bei dem Erwerbe des Besitzes nicht in gutem Glauben war.

Ist die S. dem früheren Besitzer gestohlen worden, verloren gegangen oder sonst abhanden gekommen, so kann er die Herausgabe auch von einem gutgläubigen Besitzer verlangen, es sei denn, daß dieser Eigentümer der S. ist oder die S. ihm vor der Besitzzeit des früheren Besitzers abhanden gekommen war. Auf Geld und Inhaberpapiere findet diese Vorschrift keine Anwendung.

Der Anspruch ist ausgeschlossen, wenn der frühere Besitzer bei dem Erwerbe des Besitzes nicht in gutem Glauben war oder wenn er den Besitz aufgegeben hat. Im übrigen finden die Vorschriften der §§ 986—1003 entsprechende Anwendung.

1008—1011 Miteigentum.

1008 Steht das Eigentum an einer S. mehreren nach Bruchteilen zu, so gelten die Vorschriften der §§ 1009 bis 1011.

1009 Die gemeinschaftliche S. kann auch zu Gunsten eines Miteigentümers belastet werden. 1008.

1011 Jeder Miteigentümer kann die Ansprüche aus dem Eigentume Dritten gegenüber in Ansehung der ganzen S. geltend machen, den Anspruch auf Herausgabe jedoch nur in Gemäßheit des § 432. 1008.

Art. Einführungsgesetz.

11, 52, 53, 89, 94, 109, 139, 144,

Art. *145, 146, 151, 172, 181, 184, 185* s. **E.G.** — E.G.
16 s. Ehe § 1362.
69 s. **Eigentum** — Eigentum § 958.
189 s. Grundstück § 900.
§ **Erbe.**
2022, 2023 Herausgabe der zur Erbschaft gehörenden S. seitens des Erbschaftsbesitzers gegen Ersatz aller Verwendungen s. **Erbe** — Erbe.
2025 Hat der Erbschaftsbesitzer einen Erbschaftsgegenstand durch eine strafbare Handlung oder eine zur Erbschaft gehörende S. durch verbotene Eigenmacht erlangt, so haftet er nach den Vorschriften über den Schadensersatz wegen unerlaubter Handlungen. Ein gutgläubiger Erbschaftsbesitzer haftet jedoch wegen verbotener Eigenmacht nach diesen Vorschriften nur, wenn der Erbe den Besitz der S. bereits thatsächlich ergriffen hatte.
2026 Der Erbschaftsbesitzer kann sich dem Erben gegenüber, solange nicht der Erbschaftsanspruch verjährt ist, nicht auf die Ersitzung einer S. berufen, die er als zur Erbschaft gehörend im Besitze hat.
2027 Der Erbschaftsbesitzer ist verpflichtet, dem Erben über den Bestand der Erbschaft und über den Verbleib der Erbschaftsgegenstände Auskunft zu erteilen.

Die gleiche Verpflichtung hat, wer, ohne Erbschaftsbesitzer zu sein, eine S aus dem Nachlaß in Besitz nimmt, bevor der Erbe den Besitz thatsächlich ergriffen hat.
2039 Jeder Miterbe kann verlangen, daß der Verpflichtete die zu leistende S. für alle Erben hinterlegt oder, wenn sie sich nicht zur Hinterlegung eignet, an einen gerichtlich zu bestellenden Verwahrer abliefert. 2032.
Erbschaftskauf.
2376 Fehler einer zur Erbschaft gehörenden S. hat der Verkäufer der Erbschaft nicht zu vertreten. 2378, 2385.
Gesellschaft.
706 Sind vertretbare oder verbrauchbare S. beizutragen, so ist im Zweifel anzunehmen, daß sie gemeinschaftliches Eigentum der Gesellschafter werden sollen. Das Gleiche gilt von nicht vertretbaren und nicht verbrauchbaren S., wenn sie nach einer Schätzung beizutragen sind, die nicht bloß für die Gewinnverteilung bestimmt ist.
Grundstück.
900 Die dreißigjährige Frist, nach welcher das Eigentum an einem Grundstück erworben wird, wird in derselben Weise berechnet wie die Frist für die Ersitzung einer beweglichen S.
Güterrecht.
1366 Vorbehaltsgut sind bei g. Güterrecht die ausschließlich zum persönlichen Gebrauche der Frau bestimmten S., insbesondere Kleider, Schmucksachen und Arbeitsgeräte.
1372 Jeder Ehegatte kann den Zustand der zum eingebrachten Gute gehörenden S. auf seine Kosten durch Sachverständige feststellen lassen:
1. bei g. Güterrecht s. **Niessbrauch** — Nießbrauch 1035;
1528 2. bei Errungenschaftsgemeinschaft s. **Niessbrauch** — Nießbrauch 1035.
1373 Der Mann ist bei g. Güterrecht berechtigt, die zum eingebrachten Gut gehörenden S. in Besitz zu nehmen. 1525.
1376 Ohne Zustimmung der Frau kann der Mann bei g. Güterrecht
1. über Geld und andere verbrauchbare S. der Frau verfügen.
2. . . . .

1377, 1392, 1525.
1377 Verbrauchbare S. mit Ausnahme von Geld darf der Mann bei g. Güterrecht auch für sich veräußern oder verbrauchen. Macht er von dieser

§ Befugnis Gebrauch, so hat er den Wert der S. nach der Beendigung der Verwaltung und Nutznießung zu ersetzen; der Ersatz ist schon vorher zu leisten, soweit die ordnungsmäßige Verwaltung des eingebrachten Gutes es erfordert. 1411, 1525.

1378 s. **Niessbrauch** — Nießbrauch 1048.

1381 Erwirbt der Mann bei g. Güterrecht mit Mitteln des eingebrachten Gutes bewegliche S., so geht mit dem Erwerbe das Eigentum auf die Frau über, es sei denn, daß der Mann nicht für Rechnung des eingebrachten Gutes erwerben will. Dies gilt insbesondere auch von Inhaberpapieren und von Orderpapieren, die mit Blankoindossament versehen sind.

Die Vorschriften des Abs. 1 finden entsprechende Anwendung, wenn der Mann mit Mitteln des eingebrachten Gutes ein Recht an S. der bezeichneten Art oder ein anderes Recht erwirbt, zu dessen Übertragung der Abtretungsvertrag genügt. 1525.

1391 Wenn die der Frau aus der Verwaltung und Nutznießung des Mannes am eingebrachten Gut zustehenden Ansprüche auf Ersatz des Wertes verbrauchbarer S. erheblich gefährdet sind, kann die Frau bei g. Güterrecht von dem Manne Sicherheitsleistung verlangen. 1392, 1394, 1418, 1525.

1392 Die Hinterlegung von den zum eingebrachten Gut gehörenden Inhaberpapieren, die nach § 92 zu den verbrauchbaren S. gehören, sowie von Zins-, Renten- oder Gewinnanteilscheinen kann die Frau bei g. Güterrecht vom Manne nicht verlangen. Den Inhaberpapieren stehen Orderpapiere gleich, die mit Blankoindossament versehen sind s. **Güterrecht** — Güterrecht.

1411 Hat der Mann verbrauchbare S. aus dem eingebrachten Gut nach § 1377 Abs. 3 veräußert oder verbraucht, so ist er den Gläubigern der Frau gegenüber bei g. Güterrecht zum sofortigen Ersatze verpflichtet. 1525.

1414 Das eingebrachte Gut haftet bei g. Güterrecht nicht für eine Verbindlichkeit der Frau, die nach der Eingehung der Ehe infolge eines zu dem Vorbehaltsgute gehörenden Rechtes oder des Besitzes einer dazu gehörenden S. entsteht, es sei denn, daß das Recht oder die S. zu einem Erwerbsgeschäfte gehört, das die Frau mit Einwilligung des Mannes selbständig betreibt. 1411, 1462, 1525.

1423 s. **Niessbrauch** — Nießbrauch 1056.

1443 Besitznahme der zum Gesamtgut der a. Gütergemeinschaft gehörenden S. durch den Mann s. **Güterrecht** — Güterrecht.

1462 Das Gesamtgut haftet nicht für eine Verbindlichkeit der Frau, die nach dem Eintritte der a. Gütergemeinschaft infolge eines zu dem Vorbehaltsgute gehörenden Rechtes oder des Besitzes einer dazu gehörenden S. entsteht, es sei denn, daß das Recht oder die S. zu einem Erwerbsgeschäfte gehört, das die Frau mit Einwilligung des Mannes selbständig betreibt. 1414, 1459.

1477 Übernahme der ausschließlich zum persönlichen Gebrauche bestimmten S. gegen Ersatz des Wertes bei der Auseinandersetzung in Ansehung des Gesamtguts der a. Gütergemeinschaft s. **Güterrecht** — Güterrecht.

1487 Die Rechte und Verbindlichkeiten des überlebenden Ehegatten sowie der anteilsberechtigten Abkömmlinge in Ansehung des Gesamtguts der f. Gütergemeinschaft bestimmen sich nach den für die eheliche Gütergemeinschaft geltenden Vorschriften der §§ 1442 bis 1449, 1455—1457, 1466. 1518.

1498 Auf die Auseinandersetzung finden

§ in Ansehung des Gesamtguts der f. Gütergemeinschaft die Vorschriften der §§ 1475, 1476, des § 1477 Abs. 1 und der §§ 1479—1481 Anwendung. 1518.

1502 Wird die f. Gütergemeinschaft auf Grund des § 1495 durch Urteil aufgehoben, so steht dem überlebenden Ehegatten das im Abs. 1 bestimmte Recht nicht zu. Die anteilsberechtigten Abkömmlinge können in diesem Falle diejenigen Gegenstände gegen Ersatz des Wertes übernehmen, welche der verstorbene Ehegatte nach § 1477 Abs. 2 zu übernehmen berechtigt sein würde. Das Recht kann von ihnen nur gemeinschaftlich ausgeübt werden. 1518.

1519, 1525, 1546 f. **Errungenschaftsgemeinschaft** — Güterrecht.

1533 Das Gesamtgut haftet für eine Verbindlichkeit der Frau, die nach dem Eintritte der Errungenschaftsgemeinschaft infolge eines ihr zustehenden Rechtes oder des Besitzes einer ihr gehörenden S. entsteht, wenn das Recht oder die S. zu einem Erwerbsgeschäfte gehört, das die Frau mit Einwilligung des Mannes selbständig betreibt. 1530.

1537 Die Vorschriften des § 1535 und des § 1536 Nr. 1, 4 finden insoweit keine Anwendung, als die Verbindlichkeiten nach § 1529 Abs. 2 von dem Gesamtgute der Errungenschaftsgemeinschaft zu tragen sind.

Das Gleiche gilt von den Vorschriften des § 1535 insoweit, als die Verbindlichkeiten durch den Betrieb eines Erwerbsgeschäfts, der für Rechnung des Gesamtguts geführt wird oder infolge eines zu einem solchen Erwerbsgeschäfte gehörenden Rechtes oder des Besitzes einer dazu gehörenden S. entstehen.

1540 Sind verbrauchbare S., die zum eingebrachten Gut eines Ehegatten gehört haben, nicht mehr vorhanden, so wird zu Gunsten des Ehegatten vermutet, daß die S. in das Gesamtgut der Errungenschaftsgemeinschaft verwendet worden seien und dieses um den Wert der S. bereichert sei.

Handlung.

833, 836, 849 Schadensersatz wegen Beschädigung einer S. f. **Handlung** — Handlung.

848 Wer zur Rückgabe einer S. verpflichtet ist, die er einem anderen durch eine unerlaubte Handlung entzogen hat, ist auch für den zufälligen Untergang, eine aus einem anderen Grunde eintretende zufällige Unmöglichkeit der Herausgabe oder eine zufällige Verschlechterung der S. verantwortlich, es sei denn, daß der Untergang, die anderweitige Unmöglichkeit der Herausgabe oder die Verschlechterung auch ohne die Entziehung eingetreten sein würde.

849 Ist wegen der Entziehung einer S. der Wert oder wegen der Beschädigung einer S. die Wertminderung zu ersetzen, so kann der Verletzte Zinsen des zu ersetzenden Betrags von dem Zeitpunkt an verlangen, welcher der Bestimmung des Wertes zu Grunde gelegt wird. 851.

850 Macht der zur Herausgabe einer entzogenen S. Verpflichtete Verwendungen auf die S., so stehen ihm dem Verletzten gegenüber die Rechte zu, die der Besitzer dem Eigentümer gegenüber wegen Verwendungen hat. 851.

Hypothek.

1117 f. **Eigentum** — Eigentum 929—931.

1120 f. **Eigentum** — Eigentum 954—957.

Kauf.

433 Durch den Kaufvertrag wird der Verkäufer einer S. verpflichtet, dem Käufer die S. zu übergeben und das Eigentum an der S. zu verschaffen. Der

§ Verkäufer eines Rechtes ist verpflichtet, dem Käufer das Recht zu verschaffen und, wenn das Recht zum Besitz einer S. berechtigt, die S. zu übergeben.

Der Käufer ist verpflichtet, dem Verkäufer den vereinbarten Kaufpreis zu zahlen und die gekaufte S. abzunehmen. 440, 443, 445.

440 Erfüllt der Verkäufer die ihm nach den §§ 433—437, 439 obliegenden Verpflichtungen nicht, so bestimmen sich die Rechte des Käufers nach den Vorschriften der §§ 320—327.

Ist eine bewegliche S. verkauft und dem Käufer zum Zwecke der Eigentumsübertragung übergeben worden, so kann der Käufer wegen des Rechtes eines Dritten, das zum Besitze der S. berechtigt, Schadensersatz wegen Nichterfüllung nur verlangen, wenn er die S. dem Dritten mit Rücksicht auf dessen Recht herausgegeben hat oder sie dem Verkäufer zurückgewährt oder wenn die S. untergegangen ist.

Der Herausgabe der S. an den Dritten steht es gleich, wenn der Dritte den Käufer oder dieser den Dritten beerbt oder wenn der Käufer das Recht des Dritten anderweit erwirbt oder den Dritten abfindet.

Steht dem Käufer ein Anspruch auf Herausgabe gegen einen anderen zu, so genügt an Stelle der Rückgewähr die Abtretung des Anspruchs. 441, 443, 445.

441, 443 Die Vorschriften des § 440 Abs. 2 bis 4 gelten auch dann, wenn ein Recht an einer beweglichen S. verkauft ist, das zum Besitze der S. berechtigt. 443, 445.

446, 433, 440, 448, 450 Übergabe der verkauften S. s. **Kauf** — Kauf.

447 Versendung der verkauften S. nach einem anderen Orte als dem Erfüllungsort s. **Kauf** — Kauf.

§

450 Verwendungen auf eine verkaufte S. s. **Kauf** — Kauf.

451, 433 Ist ein Recht an einer S. verkauft, das zum Besitze der S. berechtigt, so finden die Vorschriften der §§ 446—450 entsprechende Anwendung.

455 Verkauf einer beweglichen S. unter Vorbehalt des Eigentums bis zur Zahlung des Kaufpreises s. **Kauf** — Kauf.

457 s. **Hinterlegung** — Schuldverhältnis. 383, 385.

459—493 Gewährleistung wegen Mangel der S. s. **Kauf** — Kauf.

459 Haftung für Wert und Tauglichkeit einer verkauften S. s. **Kauf** — Kauf.

460 Der Verkäufer hat einen Mangel der verkauften S. nicht zu vertreten:
1. wenn der Käufer den Mangel bei dem Abschlusse des Kaufes kennt; 462, 481;

461 2. wenn die S. auf Grund eines Pfandrechts in öffentlicher Versteigerung unter der Bezeichnung als Pfand verkauft wird. 481.

463 Fehlt der verkauften S. zur Zeit des Kaufes eine zugesicherte Eigenschaft, so kann der Käufer statt der Wandelung oder der Minderung Schadensersatz wegen Nichterfüllung verlangen. Das Gleiche gilt, wenn der Verkäufer einen Fehler arglistig verschwiegen hat. 464, 481.

464 Nimmt der Käufer eine mangelhafte S. an, obschon er den Mangel kennt, so stehen ihm die in den §§ 462, 463 bestimmten Ansprüche nur zu, wenn er sich seine Rechte wegen des Mangels bei der Annahme vorbehält. 480, 481.

466 Behauptung eines Mangels der gekauften S. durch den Käufer s. **Kauf** — Kauf.

467 Umgestaltung der verkauften S. s. **Kauf** — Kauf.

§

469, 471 Wandelung wegen einzelner mangelhafter S. s. **Kauf** — Kauf.

472 Minderung wegen einzelner mangelhafter S. s. **Kauf** — Kauf.

473 Sind neben dem in Geld festgesetzten Kaufpreise Leistungen bedungen, die nicht vertretbare S. zum Gegenstande haben, so sind diese Leistungen in den Fällen der §§ 471, 472 nach dem Werte zur Zeit des Verkaufs in Geld zu veranschlagen. Die Herabsetzung der Gegenleistung des Käufers erfolgt an dem in Geld festgesetzten Preise; ist dieser geringer als der abzusetzende Betrag, so hat der Verkäufer den überschießenden Betrag dem Käufer zu vergüten. 481.

476 Eine Vereinbarung, durch welche die Verpflichtung des Verkäufers zur Gewährleistung wegen Mangel der S. erlassen oder beschränkt wird, ist nichtig, wenn der Verkäufer den Mangel arglistig verschweigt. 480, 481.

477 Verjährung des Anspruchs auf Wandelung oder auf Minderung sowie auf Schadensersatz wegen Mangels einer zugesicherten Eigenschaft bei verkauften beweglichen S. s. **Kauf** — Kauf.

478 Hat der Käufer den Mangel der gekauften S. dem Verkäufer angezeigt oder die Anzeige an ihn abgesendet, bevor der Anspruch auf Wandelung oder auf Minderung verjährt war, so kann er auch nach der Vollendung der Verjährung die Zahlung des Kaufpreises insoweit verweigern, als er auf Grund der Wandelung oder der Minderung dazu berechtigt sein würde. Das Gleiche gilt, wenn der Käufer vor der Vollendung der Verjährung gerichtliche Beweisaufnahme zur Sicherung des Beweises beantragt oder in einem zwischen ihm und einem späteren Erwerber der S. wegen des Mangels anhängigen Rechtsstreite dem Verkäufer den Streit verkündet hat.

Hat der Verkäufer den Mangel arglistig verschwiegen, so bedarf es der Anzeige oder einer ihr nach Abs. 1 gleichstehenden Handlung nicht. 479, 480, 481.

480 Verkauf einer nur der Gattung nach bestimmten S. s. **Kauf** — Kauf.

493 Die Vorschriften über die Verpflichtung des Verkäufers zur Gewährleistung wegen Mangel der S. finden auf andere Verträge, die auf Veräußerung oder Belastung einer S. gegen Entgelt gerichtet sind, entsprechende Anwendung.

496 War eine S. dem Käufer zum Zwecke der Probe oder der Besichtigung übergeben, so gilt sein Schweigen als Billigung.

500 Der Wiederverkäufer kann eine Einrichtung, mit der er die herauszugebende S. versehen hat, wegnehmen.

508 Ausdehnung des Vorkaufs auf alle S., die nicht ohne Nachteil für den Verpflichteten getrennt werden können s. **Kauf** — Kauf.

Leihe.

598 Durch den Leihvertrag wird der Verleiher einer S. verpflichtet, dem Entleiher den Gebrauch der S. unentgeltlich zu gestatten.

600 Verschweigt der Verleiher arglistig einen Mangel im Rechte oder einen Fehler der verliehenen S., so ist er verpflichtet, dem Entleiher den daraus entstehenden Schaden zu ersetzen.

601 Der Entleiher hat die gewöhnlichen Kosten der Erhaltung der geliehenen S., bei der Leihe eines Tieres insbesondere die Fütterungskosten, zu tragen.

Die Verpflichtung des Verleihers zum Ersatz anderer Verwendungen bestimmt sich nach den Vorschriften über die Geschäftsführung ohne Auf-

§ liegenden S. s. **Niessbrauch** — Nießbrauch.

1040 Das Recht des Nießbrauchers erstreckt sich nicht auf den Anteil des Eigentümers an einem Schatze, der in der S. gefunden wird.

1041, 1044 Erhaltung und Unterhaltung einer dem Nießbrauch unterliegenden S. s. **Niessbrauch** — Nießbrauch.

1042 Wird die dem Nießbrauch unterliegende S. zerstört oder beschädigt oder wird eine außergewöhnliche Ausbesserung oder Erneuerung der S. oder eine Vorkehrung zum Schutze der S. gegen eine nicht vorhergesehene Gefahr erforderlich, so hat der Nießbraucher dem Eigentümer unverzüglich Anzeige zu machen. Das Gleiche gilt, wenn sich ein Dritter ein Recht an der S. anmaßt.

1045 Versicherung einer dem Nießbrauch unterliegenden S. gegen Brandschaden und sonstige Unfälle s. **Niessbrauch** — Nießbrauch.

1046 An der Forderung gegen den Versicherer steht dem Nießbraucher der Nießbrauch nach den Vorschriften zu, die für den Nießbrauch an einer auf Zinsen ausstehenden Forderung gelten.

Tritt ein unter die Versicherung gegen Brandschaden und sonstige Unfälle fallender Schaden ein, so kann sowohl der Eigentümer als der Nießbraucher verlangen, daß die Versicherungssumme zur Wiederherstellung der S. oder zur Beschaffung eines Ersatzes insoweit verwendet wird, als es einer ordnungsmäßigen Wirtschaft entspricht. Der Eigentümer kann die Verwendung selbst besorgen oder dem Nießbraucher überlassen.

1047 Tragung der auf einer mit einem Nießbrauch belasteten S. ruhenden Lasten s. **Niessbrauch** — Nießbrauch.

1049 Macht der Nießbraucher Verwendungen auf die S., zu denen er nicht verpflichtet ist, so bestimmt sich die Ersatzpflicht des Eigentümers nach den Vorschriften über die Geschäftsführung ohne Auftrag.

Der Nießbraucher ist berechtigt, eine Einrichtung, mit der er die S. versehen hat, wegzunehmen.

1050 Veränderungen oder Verschlechterungen der S., welche durch die ordnungsmäßige Ausübung des Nießbrauchs herbeigeführt werden, hat der Nießbraucher nicht zu vertreten. 1057.

1053 Unbefugter Gebrauch einer mit einem Nießbrauch belasteten S. s. **Niessbrauch** — Nießbrauch.

1055 Der Nießbraucher ist verpflichtet, die S. nach der Beendigung des Nießbrauchs dem Eigentümer zurückzugeben.

1057 Die Ersatzansprüche des Eigentümers wegen Veränderungen oder Verschlechterungen der dem Nießbrauch unterliegenden S. sowie die Ansprüche des Nießbrauchers auf Ersatz von Verwendungen oder auf Gestattung der Wegnahme einer Einrichtung verjähren in sechs Monaten. Die Vorschriften des § 558 Abs. 2, 3 finden entsprechende Anwendung.

1060 Trifft ein Nießbrauch mit einem anderen Nießbrauch oder mit einem sonstigen Nutzungsrecht an der S. dergestalt zusammen, daß die Rechte neben einander nicht oder nicht vollständig ausgeübt werden können, und haben die Rechte gleichen Rang, so findet die Vorschrift des § 1024 Anwendung.

1063 Erlöschen des Nießbrauchs an einer beweglichen S. s. **Niessbrauch** — Nießbrauch.

1064 Aufhebung des Nießbrauchs an einer beweglichen S. s. **Niessbrauch** — Nießbrauch.

1066 Verwaltung und Art der Benutzung einer gemeinsamen S. während des

§ sich aus der Gemeinschaft der Miteigentümer in Ansehung der Verwaltung der S. und der Art ihrer Benutzung ergeben.

1273 Gegenstand des Pfandrechts kann auch ein Recht sein.

Auf das Pfandrecht an Rechten finden die Vorschriften über das Pfandrecht an beweglichen S. entsprechende Anwendung, soweit sich nicht aus den §§ 1274—1296 ein anderes ergiebt. Die Anwendung der Vorschriften des § 1208 und des § 1213 Abs. 2 ist ausgeschlossen.

1274 Bestellung des Pfandrechts an einem Recht, zu dessen Übertragung die Übergabe einer S. erforderlich ist s. **Pfandrecht** — Pfandrecht.

1278 Pfandrecht an einem Recht, zu dessen Verpfändung die Übergabe einer S. erforderlich ist s. **Pfandrecht** — Pfandrecht.

1281 Hinterlegung der geschuldeten S. für den Pfandgläubiger und den Gläubiger gemeinschaftlich s. **Pfandrecht** — Pfandrecht.

1293 Für das Pfandrecht an einem Inhaberpapiere gelten die Vorschriften über das Pfandrecht an beweglichen S. 1273.

Pflichtteil.

2325 Eine verschenkte verbrauchbare Sache kommt bei der Berechnung des Wertes des Pflichtteils mit dem Werte in Ansatz, den sie zur Zeit der Schenkung hatte. 2330.

1109 **Reallasten** s. **Gesamtgläubiger** — Schuldverhältnis 432.

Sachen §§ 90—103, 701—704, 809—811.

90 S. im Sinne des G. sind nur körperliche Gegenstände.

91 Vertretbare S. im Sinne des G. sind bewegliche S., die im Verkehre nach Zahl, Maß oder Gewicht bestimmt zu werden pflegen.

§

92 Verbrauchbare S. im Sinne des G. sind bewegliche S., deren bestimmungsmäßiger Gebrauch in dem Verbrauche oder in der Veräußerung besteht.

Als verbrauchbar gelten auch bewegliche S., die zu einem Warenlager oder zu einem sonstigen Sachinbegriffe gehören, dessen bestimmungsmäßiger Gebrauch in der Veräußerung der einzelnen S. besteht.

93 Bestandteile einer S., die von einander nicht getrennt werden können, ohne daß der eine oder der andere zerstört oder in seinem Wesen verändert wird (wesentliche Bestandteile), können nicht Gegenstand besonderer Rechte sein.

94 Zu den wesentlichen Bestandteilen eines Grundstücks gehören die mit dem Grund und Boden fest verbundenen S., insbesondere Gebäude, sowie die Erzeugnisse des Grundstücks, solange sie mit dem Boden zusammenhängen. Samen wird mit dem Aussäen, eine Pflanze wird mit dem Einpflanzen wesentlicher Bestandteil des Grundstücks.

Zu den wesentlichen Bestandteilen eines Gebäudes gehören die zur Herstellung des Gebäudes eingefügten S.

95 Zu den Bestandteilen eines Grundstücks gehören solche S. nicht, die nur zu einem vorübergehenden Zwecke mit dem Grund und Boden verbunden sind. Das Gleiche gilt von einem Gebäude oder anderen Werke, das in Ausübung eines Rechtes an einem fremden Grundstücke von dem Berechtigten mit dem Grundstücke verbunden worden ist.

S., die nur zu einem vorübergehenden Zwecke in ein Gebäude eingefügt sind, gehören nicht zu den Bestandteilen des Gebäudes.

96 Rechte, die mit dem Eigentum an einem Grundstücke verbunden sind,

§ gelten als Bestandteile des Grundstücks.

97 Zubehör sind bewegliche S., die, ohne Bestandteile der Hauptsache zu sein, dem wirtschaftlichen Zwecke der Hauptsache zu dienen bestimmt sind und zu ihr in einem dieser Bestimmung entsprechenden räumlichen Verhältnisse stehen. Eine S. ist nicht Zubehör, wenn sie im Verkehre nicht als Zubehör angesehen wird.

Die vorübergehende Benutzung einer S. für den wirtschaftlichen Zweck einer andern begründet nicht die Zubehöreigenschaft. Die vorübergehende Trennung eines Zubehörstücks von der Hauptsache hebt die Zubehöreigenschaft nicht auf.

98 Dem wirtschaftlichen Zwecke der Hauptsache sind zu dienen bestimmt:

1. bei einem Gebäude, daß für einen gewerblichen Betrieb dauernd eingerichtet ist, insbesondere bei einer Mühle, einer Schmiede, einem Brauhaus, einer Fabrik, die zu dem Betriebe bestimmten Maschinen und sonstigen Gerätschaften;
2. bei einem Landgute das zum Wirtschaftsbetriebe bestimmte Gerät und Vieh, die landwirtschaftlichen Erzeugnisse, soweit sie zur Fortführung der Wirtschaft bis zu der Zeit erforderlich sind, zu welcher gleiche oder ähnliche Erzeugnisse voraussichtlich gewonnen werden, sowie der vorhandene auf dem Gute gewonnene Dünger.

99 Früchte einer S. sind die Erzeugnisse der S. und die sonstige Ausbeute, welche aus der S. ihrer Bestimmung gemäß gewonnen wird.

Früchte eines Rechtes sind die Erträge, welche das Recht seiner Bestimmung gemäß gewährt, insbesondere bei einem Rechte auf Gewinnung von Bodenbestandteilen die gewonnenen Bestandteile.

Früchte sind auch die Erträge, welche eine S. oder ein Recht vermöge eines Rechtsverhältnisses gewährt. 101.

100 Nutzungen sind die Früchte einer S. oder eines Rechtes sowie die Vorteile, welche der Gebrauch der S. oder des Rechtes gewährt.

101 Ist jemand berechtigt, die Früchte einer S. oder eines Rechtes bis zu einer bestimmten Zeit oder von einer bestimmten Zeit an zu beziehen, so gebühren ihm, sofern nicht ein anderes bestimmt ist:

1. die im § 99 Abs. 1 bezeichneten Erzeugnisse und Bestandteile, auch wenn er sie als Früchte eines Rechtes zu beziehen hat, insoweit, als sie während der Dauer der Berechtigung von der S. getrennt werden;
2. andere Früchte insoweit, als sie während der Dauer der Berechtigung fällig werden; bestehen jedoch die Früchte in der Vergütung für die Überlassung des Gebrauchs oder des Fruchtgenusses, in Zinsen, Gewinnanteilen oder anderen regelmäßig wiederkehrenden Erträgen, so gebührt dem Berechtigten ein der Dauer seiner Berechtigung entsprechender Teil.

102 Wer zur Herausgabe von Früchten verpflichtet ist, kann Ersatz der auf die Gewinnung der Früchte verwendeten Kosten insoweit verlangen, als sie einer ordnungsmäßigen Wirtschaft entsprechen und den Wert der Früchte nicht übersteigen.

103 Wer verpflichtet ist, die Lasten einer S. oder eines Rechtes bis zu einer bestimmten Zeit oder von einer bestimmten Zeit an zu tragen, hat, sofern nicht ein anderes bestimmt ist, die regelmäßig wiederkehrenden Lasten nach

§ werden und nicht der Wert der Früchte nach den Regeln einer ordnungsmäßigen Wirtschaft zur Wiederherstellung der S. zu verwenden ist. 2136.

2135 s. **Niessbrauch** — Nießbrauch 1056.

2155 Hat der Erblasser die vermachte S. nur der Gattung nach bestimmt, so ist eine den Verhältnissen des Bedachten entsprechende S. zu leisten s. **Erblasser** — Testament.

2164 Das Vermächtnis einer S. erstreckt sich im Zweifel auf das zur Zeit des Erbfalls vorhandene Zubehör.

Hat der Erblasser wegen einer nach der Anordnung des Vermächtnisses erfolgten Beschädigung der S. einen Anspruch auf Ersatz der Minderung des Wertes, so erstreckt sich im Zweifel das Vermächtnis auf diesen Anspruch.

2169 Hat der Erblasser nur den Besitz der vermachten S., so gilt im Zweifel der Besitz als vermacht, es sei denn, daß er dem Bedachten keinen rechtlichen Vorteil gewährt.

2172 Die Leistung einer vermachten S. gilt auch dann als unmöglich, wenn die S. mit einer anderen S. in solcher Weise verbunden, vermischt oder vermengt worden ist, daß nach den §§ 946—948 das Eigentum an der anderen S. sich auf sie erstreckt oder Miteigentum eingetreten ist, oder wenn sie in solcher Weise verarbeitet oder umgebildet worden ist, daß nach § 950 derjenige, welcher die neue S. hergestellt hat, Eigentümer geworden ist.

Ist die Verbindung, Vermischung oder Vermengung durch einen anderen als den Erblasser erfolgt und hat der Erblasser dadurch Miteigentum erworben, so gilt im Zweifel das Miteigentum als vermacht; steht dem Erblasser ein Recht zur Wegnahme der verbundenen S. zu, so gilt im Zweifel dieses Recht als vermacht. Im Falle der Verarbeitung oder Umbildung durch einen anderen als den Erblasser bewendet es bei der Vorschrift des § 2169 Abs. 3.

2175 Vermächtnis eines Rechts, mit dem eine S. oder ein Recht des Erben belastet ist s. **Erblasser** — Testament.

2182, 2183 Vermächtnis einer nur der Gattung nach bestimmten S. s. **Erblasser** — Testament.

2185 Vermächtnis einer bestimmten zur Erbschaft gehörenden S. s. **Erblasser** — Testament.

Verjährung.

196 In zwei Jahren verjähren die Ansprüche:

1. . . . .

6. derjenigen, welche bewegliche S. gewerbsmäßig vermieten, wegen des Mietzinses. 197, 201.

212 Die Unterbrechung der Verjährung durch Klageerhebung gilt als nicht erfolgt, wenn die Klage zurückgenommen oder durch ein nicht in der S. selbst entscheidendes Urteil rechtskräftig abgewiesen wird. 220.

220 Unterbrechung der Verjährung bei Ansprüchen, die vor einem Schiedsgericht geltend zu machen sind, dadurch, daß der Berechtigte das zur Erledigung der S. Erforderliche vornimmt s. **Verjährung** — Verjährung.

221 Gelangt eine S., in Ansehung deren ein dinglicher Anspruch besteht, durch Rechtsnachfolge in den Besitz eines Dritten, so kommt die während des Besitzes des Rechtsvorgängers verstrichene Verjährungszeit dem Rechtsnachfolger zu Statten.

Vertrag.

314 Verpflichtet sich jemand zur Veräußerung oder Belastung einer S.,

§ so erstreckt sich die Verpflichtung im Zweifel auch auf das Zubehör der S.
323 s. **Kauf** — Kauf 472, 473.
346 Vergütung für Überlassung des Gebrauchs oder der Benutzung einer S. bei Rücktritt von einem Vertrage s. **Vertrag** — Vertrag.
352 Der Rücktritt vom Vertrage ist ausgeschlossen, wenn der Berechtigte die empfangene S. durch Verarbeitung oder Umbildung in eine S. anderer Art umgestaltet hat. 327, 353.

Verwahrung.

688 Durch den Verwahrungsvertrag wird der Verwahrer verpflichtet, eine ihm von dem Hinterleger übergebene bewegliche S. aufzubewahren.
691 Hinterlegung einer hinterlegten S. bei einem Dritten s. **Verwahrung** — Verwahrung.
694 Ersatz des durch die Beschaffenheit der hinterlegten S. dem Verwahrer entstehenden Schadens s. **Verwahrung** — Verwahrung.
695—697 Rückgabe der hinterlegten S. s. **Verwahrung** — Verwahrung.
700 Hinterlegung vertretbarer S. s. **Verwahrung** — Verwahrung.

Verwandtschaft.

1624 Gewährleistung desjenigen, der ein Kind ausstattet, wegen eines Fehlers der S. s. **Kind** — Verwandtschaft.
1646 Erwirbt der Vater mit Mitteln des Kindes bewegliche S., so geht mit dem Erwerbe das Eigentum auf das Kind über, es sei denn, daß der Vater nicht für Rechnung des Kindes erwerben will. Dies gilt insbesondere auch von Inhaberpapieren und von Orderpapieren, die mit Blankoindossament versehen sind.

Die Vorschriften des Abs. 1 finden entsprechende Anwendung, wenn der Vater mit Mitteln des Kindes ein Recht an S. der bezeichneten Art oder ein anderes Recht erwirbt, zu dessen Übertragung der Abtretungsvertrag genügt.
1650 Freies Vermögen des Kindes sind die ausschließlich zum persönlichen Gebrauche des Kindes bestimmten S., insbesondere Kleider, Schmucksachen und Arbeitsgeräte.
1653, 1659 Verbrauch und Veräußerung verbrauchbarer S., die zu dem der Nutznießung des Vaters unterliegenden Vermögen des Kindes gehören, durch den Vater s. **Kind** — Verwandtschaft.
1663 s. **Niessbrauch** — Nießbrauch 1056.
1667 s. **Vormundschaft** — Vormundschaft 1814.
1098 **Vorkaufsrecht** s. **Kauf** — Kauf 508.

Vormundschaft.

1814 Hinterlegung der zum Vermögen des Mündels gehörenden Inhaberpapiere, die nach § 92 zu den verbrauchbaren S. gehören s. **Vormundschaft** — Vormundschaft.
1843 Sachliche Prüfung der Rechnung des Vormundes über seine Vermögensverwaltung s. **Vormundschaft** — Vormundschaft.

Werkvertrag.

631 Herstellung oder Veränderung einer S. als Gegenstand des Werkvertrags s. **Werkvertrag** — Werkvertrag.
634 s. **Kauf** — Kauf 465—467, 469 bis 475.
639 s. **Kauf** — Kauf 477—479.
644 s. **Kauf** — Kauf 447.
647 Pfandrecht des Unternehmers an den in seinen Besitz gelangten S. des Bestellers s. **Werkvertrag** — Werkvertrag.
651 Übergabe einer vertragsmäßig hergestellten S. an den Besteller s. **Werkvertrag** — Werkvertrag.

Willenserklärung.

119 Als Irrtum über den Inhalt der Willenserklärung gilt auch der Irrtum

§ über solche Eigenschaften der Person oder der S., die im Verkehr als wesentlich angesehen werden. 120, 121, 122.

Sachenrecht.

854—1296 **Sachenrecht.**

1. 854—872 s. **Besitz** — Besitz.
2. 873—902 Allgemeine Vorschriften über Rechte an Grundstücken s. **Grundstück** — Grundstück.
3. 903—1011 s. **Eigentum** — Eigentum.
4. 1012—1017 s. **Erbbaurecht** — Erbbaurecht.
5. 1018—1093 Dienstbarkeiten.
   a) 1018—1029 s. **Grunddienstbarkeit** — Grunddienstbarkeit.
   b) 1030—1089 s. **Niessbrauch** — Nießbrauch.
   c) 1090—1093 Beschränkte persönliche Dienstbarkeit s. **Dienstbarkeit** — Dienstbarkeit.
6. 1094—1104 s. **Vorkaufsrecht** — Vorkaufsrecht.
7. 1105—1112 s. **Reallasten** — Reallasten.
8. 1113—1190 s. **Hypothek** — Hypothek.
9. 1191—1198 s. **Grundschuld** — Grundschuld.
10. 1199—1203 s. **Rentenschuld** — Rentenschuld.
11. 1204—1296 Pfandrecht an beweglichen Sachen und an Rechten s. **Pfandrecht** — Pfandrecht.

Sachinbegriff.

Güterrecht.

1372, 1528 s. **Niessbrauch** — Nießbrauch 1035.

1392 s. Sachen 92.

Nießbrauch.

1035 Nießbrauch an einem Inbegriff von Sachen s. **Niessbrauch** — Nießbrauch.

§

1084 s. Sachen 92.

Sachen.

92 Als verbrauchbar gelten auch bewegliche Sachen, die zu einem Warenlager oder zu einem sonstigen S. gehören, dessen bestimmungsmäßiger Gebrauch in der Veräußerung der einzelnen Sachen besteht.

2116 **Testament** s. Sachen 92.

1814 **Vormundschaft** s. Sachen 92.

Sachlage.

Auftrag.

665 Berechtigung des Beauftragten zur Abweichung von gegebenen Weisungen, wenn anzunehmen ist, daß bei Kenntnis der S. dieselbe gebilligt worden wäre s. **Auftrag** — Auftrag.

Ehe.

1333, 1334 Anfechtung einer Ehe, die der Ehegatte bei Kenntnis der S. nicht eingegangen wäre s. **Ehe** — Ehe.

2281 **Erbvertrag** 2285 s. **Erblasser** — Testament 2078, 2079.

713 **Gesellschaft** s. **Auftrag** — Auftrag 665.

Testament.

2078 Anfechtung einer letztwilligen Verfügung, die der Erblasser bei Kenntnis der S. nicht abgegeben haben würde s. **Erblasser** — Testament.

2079 Ausschließung der Anfechtung der letztwilligen Verfügung, wenn der Erblasser dieselbe auch bei Kenntnis der S. getroffen haben würde s. **Erblasser** — Testament.

27 **Verein** s. **Auftrag** — Auftrag 665.

Verwahrung.

692 Berechtigung des Verwahrers zur Änderung der vereinbarten Art der Aufbewahrung, wenn anzunehmen ist, daß bei Kenntnis der S. der Hinterleger dieselbe billigen würde s. **Verwahrung** — Verwahrung.

§ **Willenserklärung.**
119 Anfechtbarkeit einer Willenserklärung, wenn anzunehmen ist, daß bei Kenntnis der S. dieselbe nicht abgegeben worden wäre f. **Willenserklärung** — Willenserklärung.

Sachsen.

Art.
166 **Einführungsgesetz** f. **E.G.** — E.G.

Sachverhalt.

§ **Schuldverhältnis.**
405 Hat der Schuldner eine Urkunde über die Schuld ausgestellt, so kann er sich, wenn die Forderung unter Vorlegung der Urkunde abgetreten wird, dem neuen Gläubiger gegenüber nicht darauf berufen, daß die Eingehung oder Anerkennung des Schuldverhältnisses nur zum Schein erfolgt oder daß die Abtretung durch Vereinbarung mit dem ursprünglichen Gläubiger ausgeschlossen sei, es sei denn, daß der neue Gläubiger bei der Abtretung den S. kannte oder kennen mußte.

Sachverständiger.

1093 **Dienstbarkeit** f. Nießbrauch 1034.

Art.
79 **Einführungsgesetz** f. **E.G.** — E.G.

§ **Güterrecht.**
1372 Jeder Ehegatte kann den Zustand der zum eingebrachten Gute gehörenden Sachen auf seine Kosten durch S. feststellen lassen.
1. bei g. Güterrecht,
1528 2. bei der Errungenschaftsgemeinschaft.

Nießbrauch.
1034 Der Nießbraucher kann den Zustand der dem Nießbrauch unterliegenden Sache auf seine Kosten durch S. feststellen lassen. Das gleiche Recht steht dem Eigentümer zu.

§ **Testament.**
2122 Der Vorerbe kann den Zustand der zur Erbschaft gehörenden Sachen auf seine Kosten durch S. feststellen lassen. Das gleiche Recht steht dem Nacherben zu.

Verjährung.
196 In zwei Jahren verjähren die Ansprüche:
1. . . . .
17. der Zeugen und S. wegen ihrer Gebühren und Auslagen. 201.

Vormundschaft.
1802 Der Vormund kann sich bei der Aufnahme des Verzeichnisses von dem Vermögen des Mündels der Hülfe eines Beamten, eines Notars oder eines anderen S. bedienen.

Samen.

Sache.
94 S. wird mit dem Aussäen wesentlicher Bestandteil eines Grundstücks.

Sammlung.

Vormundschaft.
1914 Pflegschaft für ein durch öffentliche S. zusammengebrachtes Vermögen f. **Pflegschaft** — Vormundschaft.

Sand.

Nießbrauch.
1037 Der Nießbraucher eines Grundstücks darf neue Anlagen zur Gewinnung von Steinen, Kies, S., Lehm, Thon, Mergel, Torf und sonstigen Bodenbestandteilen errichten, sofern nicht die wirtschaftliche Bestimmung des Grundstücks dadurch wesentlich verändert wird.

Satzung f. auch Vereinssatzung.

Hypothek.
1115 Bei der Eintragung der Hypothek für ein Darlehen einer Kreditanstalt, deren S. von der zuständigen Be-

§ Mehrere Testamentsvollstrecker, denen ein Verschulden zur Last fällt, haften als Gesamtschuldner. 2220.

2226 s. **Schadensersatz** — Auftrag 671.

Verein.

31 s. **Schadensersatz** — Verein.

42 Der Verein verliert die Rechtsfähigkeit durch die Eröffnung des Konkurses.

Der Vorstand hat im Falle der Überschuldung die Eröffnung des Konkurses zu beantragen. Wird die Stellung des Antrags verzögert, so sind die Vorstandsmitglieder, denen ein Verschulden zur Last fällt, den Gläubigern für den daraus entstehenden Sch. verantwortlich; sie haften als Gesamtschuldner. 53.

53 Liquidatoren, welche die ihnen nach dem § 42 Abs. 2 und den §§ 50—52 obliegenden Verpflichtungen verletzen oder vor der Befriedigung der Gläubiger Vermögen den Anfallberechtigten ausantworten, sind, wenn ihnen ein Verschulden zur Last fällt, den Gläubigern für den daraus entstehenden Sch. verantwortlich; sie haften als Gesamtschuldner.

Verlöbnis.

1298—1300 s. **Schadensersatz** — Verlöbnis.

Vertrag.

307, 340 s. **Schadensersatz** — Vertrag.

323 s. **Leistung** — Leistung 281.

325 s. **Leistung** — Leistung 280, 283.

694 **Verwahrung** s. **Schadensersatz** — Verwahrung.

1674 **Verwandtschaft** s. **Handlung** — Handlung 839.

179 **Vollmacht** s. **Schadensersatz** — Vollmacht.

Vormundschaft.

1787 Wer die Übernahme der Vormundschaft ohne Grund ablehnt, ist, wenn ihm ein Verschulden zur Last fällt, für den Sch. verantwortlich, der dem Mündel dadurch entsteht, daß sich die Bestellung des Vormundes verzögert.

1833 Der Vormund ist dem Mündel für den aus einer Pflichtverletzung entstehenden Sch. verantwortlich, wenn ihm ein Verschulden zur Last fällt. Das Gleiche gilt von dem Gegenvormunde.

Sind für den Sch. mehrere neben einander verantwortlich, so haften sie als Gesamtschuldner. Ist neben dem Vormunde für den von diesem verursachten Sch. der Gegenvormund oder ein Mitvormund nur wegen Verletzung seiner Aufsichtspflicht verantwortlich, so ist in ihrem Verhältnisse zueinander der Vormund allein verpflichtet.

1848 s. **Handlung** — Handlung 839.

644 **Werkvertrag** 651 s. Kauf 447.

122 **Willenserklärung** s. **Schadensersatz** — Willenserklärung.

Schadensersatz

s. auch **Schaden, Ersatz.**

Auftrag.

671 Der Beauftragte darf den Auftrag nur in der Art kündigen, daß der Auftraggeber für die Besorgung des Geschäfts anderweite Fürsorge treffen kann, es sei denn, daß ein wichtiger Grund für die unzeitige Kündigung vorliegt. Kündigt er ohne solchen Grund zur Unzeit, so hat er dem Auftraggeber den daraus entstehenden Schaden zu ersetzen. 675.

676 Wer einem anderen einen Rat oder eine Empfehlung erteilt, ist, unbeschadet der sich aus einem Vertragsverhältnis oder einer unerlaubten Handlung ergebenden Verantwortlichkeit, zum Ersatze des aus der Befolgung des Rates oder der Empfehlung entstehenden Schadens nicht verpflichtet.

§
Bedingung.

160 Wer unter einer aufschiebenden Bedingung berechtigt ist, kann im Falle des Eintritts der Bedingung Sch. von dem anderen Teile verlangen, wenn dieser während der Schwebezeit das von der Bedingung abhängige Recht durch sein Verschulden vereitelt oder beeinträchtigt.

Den gleichen Anspruch hat unter denselben Voraussetzungen bei einem unter einer auflösenden Bedingung vorgenommenen Rechtsgeschäfte derjenige, zu dessen Gunsten der frühere Rechtszustand wieder eintritt. 163.

Besitz.

867 Ist eine Sache aus der Gewalt des Besitzers auf ein im Besitz eines anderen befindliches Grundstück gelangt, so hat ihm der Besitzer des Grundstücks die Aufsuchung und die Wegschaffung zu gestatten, sofern nicht die Sache inzwischen in Besitz genommen worden ist. Der Besitzer des Grundstücks kann Ersatz des durch die Aufsuchung und die Wegschaffung entstehenden Schadens verlangen. Er kann, wenn die Entstehung eines Schadens zu besorgen ist, die Gestattung verweigern, bis ihm Sicherheit geleistet wird; die Verweigerung ist unzulässig, wenn mit dem Aufschube Gefahr verbunden ist. 869.

Dienstvertrag.

618 Erfüllt der Dienstberechtigte die ihm in Ansehung des Lebens und der Gesundheit des zur Dienstleistung Verpflichteten obliegenden Verpflichtungen nicht, so finden auf seine Verpflichtung zum Sch. die für unerlaubte Handlungen geltenden Vorschriften der §§ 842—846 entsprechende Anwendung. 619.

627 Kündigt der zur Dienstleistung Verpflichtete ohne wichtigen Grund zur Unzeit, so hat er dem Dienstberechtigten den daraus entstehenden Schaden zu ersetzen. 628.

628 Wird die Kündigung des Dienstverhältnisses durch vertragswidriges Verhalten des anderen Teiles veranlaßt, so ist dieser zum Ersatze des durch die Aufhebung des Dienstverhältnisses entstehenden Schadens verpflichtet.

s. **Vertrag** — Vertrag 347.

1360 **Ehe** s. Verwandtschaft 1613, 1615.

1580 **Ehescheidung** s. Verwandtschaft 1613, 1615.

Eigentum.

904 Der Eigentümer einer Sache ist nicht berechtigt, die Einwirkung eines anderen auf die Sache zu verbieten, wenn die Einwirkung zur Abwendung einer gegenwärtigen Gefahr notwendig und der drohende Schaden gegenüber dem aus der Einwirkung dem Eigentümer entstehenden Schaden unverhältnismäßig groß ist. Der Eigentümer kann Ersatz des ihm entstehenden Schadens verlangen.

908 s. **Handlung** — Handlung 836—838.

951 Wer infolge der Vorschriften der §§ 946—950 einen Rechtsverlust erleidet, kann von demjenigen, zu dessen Gunsten die Rechtsänderung eintritt, Vergütung in Geld nach den Vorschriften über die Herausgabe einer ungerechtfertigten Bereicherung fordern. Die Wiederherstellung des früheren Zustandes kann nicht verlangt werden.

Die Vorschriften über die Verpflichtung zum Sch. wegen unerlaubter Handlungen sowie die Vorschriften über den Ersatz von Verwendungen und über das Recht zur Wegnahme einer Einrichtung bleiben unberührt. In den Fällen der §§ 946, 947 ist die Wegnahme nach den für das Wegnahmerecht des Besitzers gegenüber dem Eigentümer geltenden Vorschriften auch dann zu-

§ lässig, wenn die Verbindung nicht von dem Besitzer der Hauptsache bewirkt worden ist.

962 Der Eigentümer des Bienenschwarmes darf bei der Verfolgung fremde Grundstücke betreten. Ist der Schwarm in eine fremde nicht besetzte Bienenwohnung eingezogen, so darf der Eigentümer des Schwarmes zum Zwecke des Einfangens die Wohnung öffnen und die Waben herausnehmen oder herausbrechen. Er hat den entstehenden Schaden zu ersetzen.

989 Der Besitzer ist von dem Eintritte der Rechtshängigkeit an dem Eigentümer für den Schaden verantwortlich, der dadurch entsteht, daß infolge seines Verschuldens die Sache verschlechtert wird, untergeht oder aus einem anderen Grunde von ihm nicht herausgegeben werden kann. 990, 991, 993, 1007.

991 War der Besitzer bei dem Erwerbe des Besitzes in gutem Glauben, so hat er gleichwohl von dem Erwerb an den im § 889 bezeichneten Schaden insoweit zu vertreten, als er dem mittelbaren Besitzer verantwortlich ist. 993, 1007.

992 Hat sich der Besitzer durch verbotene Eigenmacht oder durch eine strafbare Handlung den Besitz verschafft, so haftet er dem Eigentümer nach den Vorschriften über den Sch. wegen unerlaubter Handlungen. 993, 1007.

993 Liegen die in den §§ 987—992 bezeichneten Voraussetzungen nicht vor, so hat der Besitzer die gezogenen Früchte, soweit sie nach den Regeln einer ordnungsmäßigen Wirtschaft nicht als Ertrag der Sache anzusehen sind, nach den Vorschriften über die Herausgabe einer ungerechtfertigten Bereicherung herauszugeben; im übrigen ist er weder zur Herausgabe von Nutzungen noch zum Sch. verpflichtet.

§ Für die Zeit, für welche dem Besitzer die Nutzungen verbleiben, finden auf ihn die Vorschriften des § 101 Anwendung. 1007.

1005 s. Besitz 867.

Art. **Einführungsgesetz.**

42 G., betreffend die Verbindlichkeit zum Sch. für die bei dem Betriebe von Eisenbahnen, Bergwerken u. s. w. herbeigeführten Tötungen und Körperverletzungen, vom 7. Juni 1871 (Reichs-Gesetzbl. S. 207) s. **E.G.** — E.G.

71, 72, 77, 107, 108 s. **E.G.** — E.G.

95 s. Dienstvertrag § 618 s. **Handlung** — Handlung §§ 831, 840.

146 s. Schuldverhältnis § 374.

163 s. Verein § 31.

§ **Erbe.**

2023 Sch. wegen Verschlechterung, Unterganges oder einer aus einem anderen Grunde eintretenden Unmöglichkeit der Herausgabe von Erbschaftsgegenständen. 2024. s. **Erbe** — Erbe.

2025 Hat der Erbschaftsbesitzer einen Erbschaftsgegenstand durch eine strafbare Handlung oder eine zur Erbschaft gehörende Sache durch verbotene Eigenmacht erlangt, so haftet er nach den Vorschriften über den Sch. wegen unerlaubter Handlungen. Ein gutgläubiger Erbschaftsbesitzer haftet jedoch wegen verbotener Eigenmacht nach diesen Vorschriften nur, wenn der Erbe den Besitz der Sache bereits thatsächlich ergriffen hatte.

Erbschaftskauf.

2385 Im Falle einer Schenkung ist der Schenker nicht verpflichtet, für die vor der Schenkung verbrauchten oder unentgeltlich veräußerten Erbschaftsgegenstände oder für eine vor der Schenkung unentgeltlich vorgenommene Belastung dieser Gegenstände Ersatz zu leisten. Die im § 2376 bestimmte Verpflichtung zur Gewährleistung

§ wegen eines Mangels im Rechte trifft den Schenker nicht; hat der Schenker den Mangel arglistig verschwiegen, so ist er verpflichtet, dem Beschenkten den daraus entstehenden Schaden zu ersetzen.

Geschäftsführung.

678 Steht die Übernahme der Geschäftsführung mit dem wirklichen oder dem mutmaßlichen Willen des Geschäftsherrn in Widerspruch und mußte der Geschäftsführer dies erkennen, so ist er dem Geschäftsherrn zum Ersatze des aus der Geschäftsführung entstehenden Schadens auch dann verpflichtet, wenn ihm ein sonstiges Verschulden nicht zur Last fällt. 687.

682 Ist der Geschäftsführer geschäftsunfähig oder in der Geschäftsfähigkeit beschränkt, so ist er nur nach den Vorschriften über den Sch. wegen unerlaubter Handlungen und über die Herausgabe einer ungerechtfertigten Bereicherung verantwortlich. 687.

Gesellschaft.

712 s. Auftrag 671.

723 Die Kündigung der Gesellschaft darf nicht zur Unzeit geschehen, es sei denn, daß ein wichtiger Grund für die unzeitige Kündigung vorliegt. Kündigt ein Gesellschafter ohne solchen Grund zur Unzeit, so hat er den übrigen Gesellschaftern den daraus entstehenden Schaden zu ersetzen.

Grundstück.

902 Die Ansprüche aus eingetragenen Rechten an Grundstücken unterliegen nicht der Verjährung. Dies gilt nicht für Ansprüche, die auf Rückstände wiederkehrender Leistungen oder auf Sch. gerichtet sind.

Ein Recht, wegen dessen ein Widerspruch gegen die Richtigkeit des Grundbuchs eingetragen ist, steht einem eingetragenen Rechte gleich.

§ **Handlung.**

823—853 Sch. wegen unerlaubter Handlungen s. **Handlung** — Handlung.

89 **Jur. Pers. d. öff. Rechts** s. Verein 31.

Kauf.

440 Ist eine bewegliche Sache verkauft und dem Käufer zum Zwecke der Eigentumsübertragung übergeben worden, so kann der Käufer wegen des Rechtes eines Dritten, das zum Besitze der Sache berechtigt, Sch. wegen Nichterfüllung nur verlangen, wenn er die Sache dem Dritten mit Rücksicht auf dessen Recht herausgegeben hat oder sie dem Verkäufer zurückgewährt oder wenn die Sache untergegangen ist. 441, 443, 445.

s. Vertrag 325, 326.

454 s. Vertrag 325, 326.

463 Fehlt der verkauften Sache zur Zeit des Kaufes eine zugesicherte Eigenschaft, so kann der Käufer statt der Wandelung oder der Minderung Sch. wegen Nichterfüllung verlangen. Das Gleiche gilt, wenn der Verkäufer einen Fehler arglistig verschwiegen hat. 464, 481.

467 s. **Vertrag** — Vertrag 347.

477 Der Anspruch auf Wandelung oder auf Minderung sowie der Anspruch auf Sch. wegen Mangels einer zugesicherten Eigenschaft verjährt, sofern nicht der Verkäufer den Mangel arglistig verschwiegen hat, bei beweglichen Sachen in sechs Monaten von der Ablieferung, bei Grundstücken in einem Jahre von der Übergabe an. Die Verjährungsfrist kann durch Vertrag verlängert werden.

Beantragt der Käufer gerichtliche Beweisaufnahme zur Sicherung des Beweises, so wird die Verjährung unterbrochen. Die Unterbrechung dauert bis zur Beendigung des Verfahrens fort. Die Vorschriften des § 211 Abs. 2 und des § 212 finden entsprechende Anwendung.

§ Die Hemmung oder Unterbrechung der Verjährung eines der im Abs. 1 bezeichneten Ansprüche bewirkt auch die Hemmung oder Unterbrechung der Verjährung der anderen Ansprüche. 480, 481, 490.

479 Der Anspruch auf Sch. kann nach der Vollendung der Verjährung nur aufgerechnet werden, wenn der Käufer vorher eine der im § 478 bezeichneten Handlungen vorgenommen hat. Diese Beschränkung tritt nicht ein, wenn der Verkäufer den Mangel arglistig verschwiegen hat. 480, 481, 490.

480 Der Käufer einer nur der Gattung nach bestimmten Sache kann statt der Wandelung oder der Minderung verlangen, daß ihm an Stelle der mangelhaften Sache eine mangelfreie geliefert wird. Auf diesen Anspruch finden die für die Wandelung geltenden Vorschriften der §§ 464 bis 466, des § 467 Satz 1 und der §§ 469, 470, 474 bis 479 entsprechende Anwendung.

Fehlt der Sache zu der Zeit, zu welcher die Gefahr auf den Käufer übergeht, eine zugesicherte Eigenschaft oder hat der Verkäufer einen Fehler arglistig verschwiegen, so kann der Käufer statt der Wandelung, der Minderung oder der Lieferung einer mangelfreien Sache Sch. wegen Nichterfüllung verlangen. 481.

490 Der Anspruch auf Wandelung sowie der Anspruch auf Sch. wegen eines Hauptmangels, dessen Nichtvorhandensein der Verkäufer des Tieres zugesichert hat, verjährt in sechs Wochen von dem Ende der Gewährfrist an. Im übrigen bleiben die Vorschriften des § 477 unberührt.

An die Stelle der in den §§ 210, 212, 215 bestimmten Fristen tritt eine Frist von sechs Wochen.

Der Käufer kann auch nach der Verjährung des Anspruchs auf Wandelung die Zahlung des Kaufpreises verweigern. Die Aufrechnung des Anspruchs auf Sch. unterliegt nicht der im § 479 bestimmten Beschränkung. 481, 491, 492.

Leistung.

249—257 Leistung von Sch. f. **Leistung** — Leistung.

276 f. **Handlung** — Handlung 827, 828.

280, 281, 283, 286 Sch. wegen Nichterfüllung f. **Leistung** — Leistung.

286—289 Sch. wegen Verzugs f. **Leistung** — Leistung.

292 Sch. wegen Verschlechterung, Unterganges oder einer aus einem anderen Grunde eintretenden Unmöglichkeit der Herausgabe eines bestimmten Gegenstandes seitens des Schuldners f. **Leistung** — Leistung.

Miete.

538 Ist ein Mangel der im § 537 bezeichneten Art bei dem Abschlusse des Vertrags vorhanden oder entsteht ein solcher Mangel später infolge eines Umstandes, den der Vermieter zu vertreten hat, oder kommt der Vermieter mit der Beseitigung eines Mangels in Verzug, so kann der Mieter statt die im § 537 bestimmten Rechte geltend zu machen, Sch. wegen Nichterfüllung verlangen. 539, 541.

543, 555 f. **Vertrag** — Vertrag 347.

545 Zeigt sich im Laufe der Miete ein Mangel der gemieteten Sache oder wird eine Vorkehrung zum Schutze der Sache gegen eine nicht vorhergesehene Gefahr erforderlich, so hat der Mieter dem Vermieter unverzüglich Anzeige zu machen. Das Gleiche gilt, wenn sich ein Dritter ein Recht an der Sache anmaßt.

Unterläßt der Mieter die Anzeige, so ist er zum Ersatze des daraus entstehenden Schadens verpflichtet; er ist, soweit der Vermieter infolge der

§ Unterlassung der Anzeige Abhülfe zu schaffen außer stande war, nicht berechtigt, die im § 537 bestimmten Rechte geltend zu machen oder nach § 542 Abs. 1 Satz 3 ohne Bestimmung einer Frist zu kündigen oder Sch. wegen Nichterfüllung zu verlangen.

571 Erfüllt der Erwerber eines vermieteten Grundstücks die sich aus dem Mietverhältnis ergebenden Verpflichtungen nicht, so haftet der Vermieter für den von dem Erwerber zu ersetzenden Schaden wie ein Bürge, der auf die Einrede der Vorausklage verzichtet hat. Erlangt der Mieter von dem Übergange des Eigentums durch Mitteilung des Vermieters Kenntnis, so wird der Vermieter von der Haftung befreit, wenn nicht der Mieter das Mietverhältnis für den ersten Termin kündigt, für den die Kündigung zulässig ist. 577, 579.

1056 **Nießbrauch** s. Miete 571.

Pfandrecht.

1220 Der Pfandgläubiger hat den Verpfänder von der Versteigerung des Pfandes unverzüglich zu benachrichtigen; im Falle der Unterlassung ist er zum Sch. verpflichtet. 1266.

1243 Verletzt der Pfandgläubiger eine für den Verkauf des Pfandes geltende Vorschrift, so ist er zum Sch. verpflichtet, wenn ihm ein Verschulden zur Last fällt. 1266.

1251 Erfüllt der neue Pfandgläubiger die mit dem Pfandrecht verbundenen Verpflichtungen nicht, so haftet für den von ihm zu ersetzenden Schaden der bisherige Pfandgläubiger wie ein Bürge, der auf die Einrede der Vorausklage verzichtet hat. 1266.

Sachen.

701 Ein Gastwirt, der gewerbsmäßig Fremde zur Beherbergung aufnimmt, hat einem im Betriebe dieses Gewerbes aufgenommenen Gaste den Schaden zu ersetzen, den der Gast durch den Verlust oder die Beschädigung eingebrachter Sachen erleidet. Die Ersatzpflicht tritt nicht ein, wenn der Schaden von dem Gaste, einem Begleiter des Gastes oder einer Person, die er bei sich aufgenommen hat, verursacht wird oder durch die Beschaffenheit der Sachen oder durch höhere Gewalt entsteht. 702, 703.

Schenkung.

523 Verschweigt der Schenker arglistig einen Mangel im Rechte, so ist er verpflichtet, dem Beschenkten den daraus entstehenden Schaden zu ersetzen.

Hatte der Schenker die Leistung eines Gegenstandes versprochen, den er erst erwerben sollte, so kann der Beschenkte wegen eines Mangels im Rechte Sch. wegen Nichterfüllung verlangen, wenn der Mangel dem Schenker bei dem Erwerbe der Sache bekannt gewesen oder infolge grober Fahrlässigkeit unbekannt geblieben ist. Die für die Gewährleistungspflicht des Verkäufers geltenden Vorschriften des § 433 Abs. 1, der §§ 434—437, des § 440 Abs. 2—4 und der §§ 441—444 finden entsprechende Anwendung.

524 Verschweigt der Schenker arglistig einen Fehler der verschenkten Sache, so ist er verpflichtet, dem Beschenkten den daraus entstehenden Schaden zu ersetzen.

Hatte der Schenker die Leistung einer nur der Gattung nach bestimmten Sache versprochen, die er erst erwerben sollte, so kann der Beschenkte, wenn die geleistete Sache fehlerhaft und der Mangel dem Schenker bei dem Erwerbe der Sache bekannt gewesen oder infolge

§ grober Fahrlässigkeit unbekannt geblieben ist, verlangen, daß ihm an Stelle der fehlerhaften Sache eine fehlerfreie geliefert wird. Hat der Schenker den Fehler arglistig verschwiegen, so kann der Beschenkte statt der Lieferung einer fehlerfreien Sache Sch. wegen Nichterfüllung verlangen. Auf diese Ansprüche finden die für die Gewährleistung wegen Fehler einer verkauften Sache geltenden Vorschriften ensprechende Anwendung.

528 s. Verwandtschaft 1613, 1615.

Schuldverhältnis.

374 Die Hinterlegung hat bei der Hinterlegungsstelle des Leistungsorts zu erfolgen; hinterlegt der Schuldner bei einer anderen Stelle, so hat er dem Gläubiger den daraus entstehenden Schaden zu ersetzen.

Der Schuldner hat dem Gläubiger die Hinterlegung unverzüglich anzuzeigen; im Falle der Unterlassung ist er zum Sch. verpflichtet. Die Anzeige darf unterbleiben, wenn sie unthunlich ist.

384 Der Schuldner hat den Gläubiger von der Versteigerung der hinterlegten Sache unverzüglich zu benachrichtigen; im Falle der Unterlassung ist er zum Sch. verpflichtet.

391 Die Aufrechnung wird nicht dadurch ausgeschlossen, daß für die Forderungen verschiedene Leistungs- und Ablieferungsorte bestehen. Der ausrechnende Teil hat jedoch den Schaden zu ersetzen, den der andere Teil dadurch erleidet, daß er infolge der Aufrechnung die Leistung nicht an dem bestimmten Orte erhält oder bewirken kann.

Schuldverschreibung.

795 Eine ohne staatliche Genehmigung in den Verkehr gelangte Schuldverschreibung ist nichtig; der Aussteller hat dem Inhaber den durch die Ausgabe verursachten Schaden zu ersetzen.

Diese Vorschriften finden keine Anwendung auf Schuldverschreibungen, die von dem Reiche oder einem Bundesstaat ausgegeben werden.

Selbsthülfe.

231 Wer eine der im § 229 bezeichneten Handlungen in der irrigen Annahme vornimmt, daß die für den Ausschluß der Widerrechtlichkeit erforderlichen Voraussetzungen vorhanden seien, ist dem anderen Teile zum Sch. verpflichtet, auch wenn der Irrtum nicht auf Fahrlässigkeit beruht.

Selbstverteidigung.

228 Wer eine fremde Sache beschädigt oder zerstört, um eine durch sie drohende Gefahr von sich oder einem anderen abzuwenden, handelt nicht widerrechtlich, wenn die Beschädigung oder die Zerstörung zur Abwendung der Gefahr erforderlich ist und der Schaden nicht außer Verhältnis zu der Gefahr steht. Hat der Handelnde die Gefahr verschuldet, so ist er zum Sch. verpflichtet.

86 **Stiftung** s. Verein 31.

Testament.

2078 s. Willenserklärung 122.

2138 Hat der Vorerbe der Vorschrift des § 2113 Abs. 2 zuwider über einen Erbschaftsgegenstand verfügt oder hat er die Erbschaft in der Absicht, den Nacherben zu benachteiligen, vermindert, so ist er dem Nacherben zum Sch. verpflichtet.

2182 s. Kauf 440.

2183 Sch. wegen Nichterfüllung des Vermächtnisses s. **Erblasser** — Testament.

2226 s. Auftrag 671.

Verein.

31 Der Verein ist für den Schaden verantwortlich, den der Vorstand, ein Mitglied des Vorstandes oder ein

§ anderer verfassungsmäßig berufener Vertreter durch eine in Ausführung der ihm zustehenden Verrichtungen begangene, zum Sch. verpflichtende Handlung einem Dritten zufügt.

Verlöbnis.

1298 Tritt ein Verlobter von dem Verlöbnisse zurück, so hat er dem anderen Verlobten und dessen Eltern sowie dritten Personen, welche an Stelle der Eltern gehandelt haben, den Schaden zu ersetzen, der daraus entstanden ist, daß sie in Erwartung der Ehe Aufwendungen gemacht haben oder Verbindlichkeiten eingegangen sind. Dem anderen Verlobten hat er auch den Schaden zu ersetzen, den dieser dadurch erleidet, daß er in Erwartung der Ehe sonstige sein Vermögen oder seine Erwerbsstellung berührende Maßnahmen getroffen hat.

Der Schaden ist nur insoweit zu ersetzen, als die Aufwendungen, die Eingehung der Verbindlichkeiten und die sonstigen Maßnahmen den Umständen nach angemessen waren.

Die Ersatzpflicht tritt nicht ein, wenn ein wichtiger Grund für den Rücktritt vorliegt. 1299, 1300. 1302.

1299 Veranlaßt ein Verlobter den Rücktritt des anderen durch ein Verschulden, das einen wichtigen Grund für den Rücktritt bildet, so ist er nach Maßgabe des § 1298 Abs. 1, 2 zum Sch. verpflichtet. 1300, 1302.

1300 Hat eine unbescholtene Verlobte ihrem Verlobten die Beiwohnung gestattet, so kann sie, wenn die Voraussetzungen des § 1298 oder des § 1299 vorliegen, auch wegen des Schadens, der nicht Vermögensschaden ist, eine billige Entschädigung in Geld verlangen.

Der Anspruch ist nicht übertragbar und geht nicht auf die Erben über, es sei denn, daß er durch Vertrag anerkannt oder daß er rechtshängig geworden ist. 1302.

Vertrag.

307 Wer bei der Schließung eines Vertrags, der auf eine unmögliche Leistung gerichtet ist, die Unmöglichkeit der Leistung kennt oder kennen muß, ist zum Ersatze des Schadens verpflichtet, den der andere Teil dadurch erleidet, daß er auf die Gültigkeit des Vertrags vertraut, jedoch nicht über den Betrag des Interesses hinaus, welches der andere Teil an der Gültigkeit des Vertrags hat. Die Ersatzpflicht tritt nicht ein, wenn der andere Teil die Unmöglichkeit kennt oder kennen muß.

Diese Vorschriften finden entsprechende Anwendung, wenn die Leistung nur teilweise unmöglich und der Vertrag in Ansehung des möglichen Teiles gültig ist oder wenn eine von mehreren wahlweise versprochenen Leistungen unmöglich ist. 309.

323 s. **Leistung** — Leistung 281.

325 Wird die aus einem gegenseitigen Vertrage dem einen Teile obliegende Leistung infolge eines Umstandes, den er zu vertreten hat, unmöglich, so kann der andere Teil Sch. wegen Nichterfüllung verlangen oder von dem Vertrage zurücktreten. Bei teilweiser Unmöglichkeit ist er, wenn die teilweise Erfüllung des Vertrags für ihn kein Interesse hat, berechtigt, Sch. wegen Nichterfüllung der ganzen Verbindlichkeiten nach Maßgabe des § 280 Abs. 2 zu verlangen oder von dem ganzen Vertrage zurückzutreten. Statt des Anspruchs auf Sch. und des Rücktrittsrechts kann er auch die für den Fall des § 323 bestimmten Rechte geltend machen.

Das Gleiche gilt in dem Falle des § 283, wenn nicht die Leistung bis zum Ablaufe der Frist bewirkt wird

§ oder wenn sie zu dieser Zeit teilweise nicht bewirkt ist. 326, 327.

326 Ist bei einem gegenseitigen Vertrage der eine Teil mit der ihm obliegenden Leistung im Verzuge, so kann ihm der andere Teil zur Bewirkung der Leistung eine angemessene Frist mit der Erklärung bestimmen, daß er die Annahme der Leistung nach dem Ablaufe der Frist ablehne. Nach dem Ablaufe der Frist ist er berechtigt, Sch. wegen Nichterfüllung zu verlangen oder von dem Vertrage zurückzutreten, wenn nicht die Leistung rechtzeitig erfolgt ist; der Anspruch auf Erfüllung ist ausgeschlossen. Wird die Leistung bis zum Ablaufe der Frist teilweise nicht bewirkt, so findet die Vorschrift des § 325 Abs. 1 Satz 2 entsprechende Anwendung.

Hat die Erfüllung des Vertrags infolge des Verzugs für den anderen Teil kein Interesse, so stehen ihm die im Abs. 1 bezeichneten Rechte zu, ohne daß es der Bestimmung einer Frist bedarf. 327.

338 Wird die von dem Geber geschuldete Leistung infolge eines Umstandes, den er zu vertreten hat, unmöglich oder verschuldet der Geber die Wiederaufhebung des Vertrags, so ist der Empfänger berechtigt, die Draufgabe zu behalten. Verlangt der Empfänger Sch. wegen Nichterfüllung, so ist die Draufgabe im Zweifel anzurechnen oder, wenn dies nicht geschehen kann, bei der Leistung des Sch. zurückzugeben.

340 Steht dem Gläubiger ein Anspruch auf Sch. wegen Nichterfüllung zu, so kann er die verwirkte Vertragsstrafe als Mindestbetrag des Schadens verlangen. Die Geltendmachung eines weiteren Schadens ist nicht ausgeschlossen. 341, 342.

341 Hat der Schuldner die Vertragsstrafe für den Fall versprochen, daß er seine Verbindlichkeit nicht in gehöriger Weise, insbesondere nicht zu der bestimmten Zeit, erfüllt, so kann der Gläubiger die verwirkte Strafe neben der Erfüllung verlangen.

Steht dem Gläubiger ein Anspruch auf Sch. wegen der nicht gehörigen Erfüllung zu, so finden die Vorschriften des § 340 Abs. 2 Anwendung. 342.

342 Wird als Vertragsstrafe eine andere Leistung als die Zahlung einer Geldsumme versprochen, so finden die Vorschriften der §§ 339—341 Anwendung; der Anspruch auf Sch. ist ausgeschlossen, wenn der Gläubiger die Strafe verlangt. 343.

347 Sch. im Falle des Rücktritts von einem Vertrage s. **Vertrag** — Vertrag.

Verwahrung.

694 Der Hinterleger hat den durch die Beschaffenheit der hinterlegten Sache dem Verwahrer entstehenden Schaden zu ersetzen, es sei denn, daß er die gefahrdrohende Beschaffenheit der Sache bei der Hinterlegung weder kennt noch kennen muß oder daß er sie dem Verwahrer angezeigt oder dieser sie ohne Anzeige gekannt hat.

Verwandtschaft.

1613 Für die Vergangenheit kann der zum Unterhalt Berechtigte Erfüllung oder Sch. wegen Nichterfüllung nur von der Zeit an fordern, zu welcher der Verpflichtete in Verzug gekommen oder der g. Unterhaltsanspruch rechtshängig geworden ist.

1615 Der g. Unterhaltsanspruch erlischt mit dem Tode des Berechtigten oder des Verpflichteten, soweit er nicht auf Erfüllung oder Sch. wegen Nichterfüllung für die Vergangenheit oder auf solche im Voraus zu bewirkende Leistungen gerichtet ist, die zur Zeit

§ des Todes des Berechtigten oder des Verpflichteten fällig sind.

1674 s. **Handlung** — Handlung 839.

1713 Der Unterhaltsanspruch des unehelichen Kindes erlischt mit dem Tode des Kindes, soweit er nicht auf Erfüllung oder Sch. wegen Nichterfüllung für die Vergangenheit oder auf solche im Voraus zu bewirkende Leistungen gerichtet ist, die zur Zeit des Todes des Kindes fällig sind.

Vollmacht.

179 Wer als Vertreter einen Vertrag geschlossen hat, ist, sofern er nicht seine Vertretungsmacht nachweist, dem anderen Teile nach dessen Wahl zur Erfüllung oder zum Sch. verpflichtet, wenn der Vertretene die Genehmigung des Vertrags verweigert.

Hat der Vertreter den Mangel der Vertretungsmacht nicht gekannt, so ist er nur zum Ersatze desjenigen Schadens verpflichtet, welchen der andere Teil dadurch erleidet, daß er auf die Vertretungsmacht vertraut, jedoch nicht über den Betrag des Interesses hinaus, welches der andere Teil an der Wirksamkeit des Vertrags hat.

Der Vertreter haftet nicht, wenn der andere Teil den Mangel der Vertretungsmacht kannte oder kennen mußte. Der Vertreter haftet auch dann nicht, wenn er in der Geschäftsfähigkeit beschränkt war, es sei denn, daß er mit Zustimmung seines g. Vertreters gehandelt hat.

1848 **Vormundschaft** s. **Handlung** — Handlung 839.

Werkvertrag.

635 Beruht der Mangel des Werkes auf einem Umstande, den der Unternehmer zu vertreten hat, so kann der Besteller statt der Wandelung oder der Minderung Sch. wegen Nichterfüllung verlangen.

638 Der Anspruch des Bestellers auf Beseitigung eines Mangels des Werkes sowie die wegen des Mangels dem Besteller zustehenden Ansprüche auf Wandelung, Minderung oder Sch. verjähren, sofern nicht der Unternehmer den Mangel arglistig verschwiegen hat, in sechs Monaten, bei Arbeiten an einem Grundstück in einem Jahre, bei Bauwerken in fünf Jahren. Die Verjährung beginnt mit der Abnahme des Werkes.

Die Verjährungsfrist kann durch Vertrag verlängert werden. 639, 646.

639 s. Kauf 477, 479.

651 s. Kauf 463, 477, 479.

Willenserklärung.

122 Ist eine Willenserklärung nach § 118 nichtig oder auf Grund der §§ 119, 120 angefochten, so hat der Erklärende, wenn die Erklärung einem anderen gegenüber abzugeben war, diesem, anderenfalls jedem Dritten den Schaden zu ersetzen, den der andere oder der Dritte dadurch erleidet, daß er auf die Gültigkeit der Erklärung vertraut, jedoch nicht über den Betrag des Interesses hinaus, welches der andere oder der Dritte an der Gültigkeit der Erklärung hat.

Die Schadensersatzpflicht tritt nicht ein, wenn der Beschädigte den Grund der Nichtigkeit oder der Anfechtbarkeit kannte oder infolge von Fahrlässigkeit nicht kannte (kennen mußte).

Schadensersatzanspruch s. **Schaden, Schadensersatz.**

Schadensersatzpflicht s. auch **Schaden, Schadensersatz.**

Art.

95 **Einführungsgesetz** s. **E.G. — E.G.**

Schadenzufügung

s. auch **Schaden, Schadensersatz.**

Art. **Einführungsgesetz.**

71, 72 s. Handlung § 835.

95 s. Handlung § 831.

§ **Handlung.**

826 Wer in einer gegen die guten Sitten verstoßenden Weise einem anderen vorsätzlich Schaden zufügt, ist dem anderen zum Ersatze des Schadens verpflichtet. 829.

827 Wer im Zustande der Bewußtlosigkeit oder in einem die freie Willensbestimmung ausschließenden Zustande krankhafter Störung der Geistesthätigkeit einem anderen Schaden zufügt, ist für den Schaden nicht verantwortlich. Hat er sich durch geistige Getränke oder ähnliche Mittel in einen vorübergehenden Zustand dieser Art versetzt, so ist er für einen Schaden, den er in diesem Zustande widerrechtlich verursacht, in gleicher Weise verantwortlich, wie wenn ihm Fahrlässigkeit zur Last fiele; die Verantwortlichkeit tritt nicht ein, wenn er ohne Verschulden in den Zustand geraten ist. 829.

828 Wer nicht das siebente Lebensjahr vollendet hat, ist für einen Schaden, den er einem anderen zufügt, nicht verantwortlich.

Wer das siebente, aber nicht das achtzehnte Lebensjahr vollendet hat, ist für einen Schaden, den er einem anderen zufügt, nicht verantwortlich, wenn er bei der Begehung der schädigenden Handlung nicht die zur Erkenntnis der Verantwortlichkeit erforderliche Einsicht hat. Das Gleiche gilt von einem Taubstummen. 829.

831 Wer einen anderen zu einer Verrichtung bestellt, ist zum Ersatze des Schadens verpflichtet, den der andere in Ausführung der Verrichtung einem Dritten widerrechtlich zufügt. Die Ersatzpflicht tritt nicht ein, wenn der Geschäftsherr bei der Auswahl der bestellten Person und, sofern er Vorrichtungen oder Gerätschaften zu beschaffen oder die Ausführung der Vorrichtung zu leiten hat, bei der Beschaffung oder der Leitung die im Verkehr erforderliche Sorgfalt beobachtet oder wenn der Schaden auch bei Anwendung dieser Sorgfalt entstanden sein würde.

Die gleiche Verantwortlichkeit trifft denjenigen, welcher für den Geschäftsherrn die Besorgung eines der im Abs. 1 Satz 2 bezeichneten Geschäfte durch Vertrag übernimmt. 840.

832 Wer kraft G. zur Führung der Aufsicht über eine Person verpflichtet ist, die wegen Minderjährigkeit oder wegen ihres geistigen oder körperlichen Zustandes der Beaufsichtigung bedarf, ist zum Ersatze des Schadens verpflichtet, den diese Person einem Dritten widerrechtlich zufügt. Die Ersatzpflicht tritt nicht ein, wenn er seiner Aufsichtspflicht genügt oder wenn der Schaden auch bei gehöriger Aufsichtsführung entstanden sein würde.

Die gleiche Verantwortlichkeit trifft denjenigen, welcher die Führung der Aufsicht durch Vertrag übernimmt. 840.

833 Wird durch ein Tier ein Mensch getötet oder der Körper oder die Gesundheit eines Menschen verletzt oder eine Sache beschädigt, so ist derjenige, welcher das Tier hält, verpflichtet, dem Verletzten den daraus entstehenden Schaden zu ersetzen. 834, 840.

834 Wer für denjenigen, welcher ein Tier hält, die Führung der Aufsicht über das Tier durch Vertrag übernimmt, ist für den Schaden verantwortlich, den das Tier einem Dritten in der im § 833 bezeichneten Weise zufügt. Die Verantwortlichkeit tritt nicht ein, wenn er bei der Führung der Aufsicht die im Verkehr erforderliche Sorgfalt beobachtet oder wenn der Schaden auch bei Anwendung dieser Sorgfalt entstanden sein würde. 840.

§

835 Wird durch Schwarz-, Rot-, Elch-, Dam- oder Rehwild oder durch Fasanen ein Grundstück beschädigt, an welchem dem Eigentümer das Jagdrecht nicht zusteht, so ist der Jagdberechtigte verpflichtet, dem Verletzten den Schaden zu ersetzen. Die Ersatzpflicht erstreckt sich auf den Schaden, den die Tiere an den getrennten aber noch nicht eingeernteten Erzeugnissen des Grundstücks anrichten.

Ist dem Eigentümer die Ausübung des ihm zustehenden Jagdrechts durch das G. entzogen, so hat derjenige den Schaden zu ersetzen, welcher zur Ausübung des Jagdrechts nach dem G. berechtigt ist. Hat der Eigentümer eines Grundstücks, auf dem das Jagdrecht wegen der Lage des Grundstücks nur gemeinschaftlich mit dem Jagdrecht auf einem anderen Grundstück ausgeübt werden darf, das Jagdrecht dem Eigentümer dieses Grundstücks verpachtet, so ist der letztere für den Schaden verantwortlich.

Sind die Eigentümer der Grundstücke eines Bezirkes zum Zwecke der gemeinschaftlichen Ausübung des Jagdrechts durch das G. zu einem Verbande vereinigt, der nicht als solcher haftet, so sind sie nach dem Verhältnisse der Größe ihrer Grundstücke ersatzpflichtig.

276 **Leistung** s. Handlung 827, 828.

226 **Selbstverteidigung** s. **Schaden** — Selbstverteidigung.

Schadloshaltung.

Handlung.

829 Wer in einem der in den §§ 823 bis 826 bezeichneten Fälle für einen von ihm verursachten Schaden auf Grund der §§ 827, 828 nicht verantwortlich ist, hat gleichwohl, sofern der Ersatz des Schadens nicht von einem aufsichtspflichtigen Dritten erlangt werden kann, den Schaden insoweit zu ersetzen, als die Billigkeit nach den Umständen, insbesondere nach den Verhältnissen der Beteiligten, eine Sch. erfordert und ihm nicht die Mittel entzogen werden, deren er zum standesmäßigen Unterhalte sowie zur Erfüllung seiner g. Unterhaltspflichten bedarf. 840.

Schafe.

Kauf.

481 Verkauf von Sch. s. **Kauf** — Kauf.

Schatz.

Eigentum.

984 Wird eine Sache, die so lange verborgen gelegen hat, daß der Eigentümer nicht mehr zu ermitteln ist (Sch.), entdeckt und infolge der Entdeckung in Besitz genommen, so wird das Eigentum zur Hälfte von dem Entdecker, zur Hälfte von dem Eigentümer der Sache erworben, in welcher der Sch. verborgen war.

Nießbrauch.

1040 Das Recht des Nießbrauchers erstreckt sich nicht auf den Anteil des Eigentümers an einem Sch., der in der Sache gefunden wird.

Schätzung.

Gesellschaft.

706 Sind vertretbare oder verbrauchbare Sachen beizutragen, so ist im Zweifel anzunehmen, daß sie gemeinschaftliches Eigentum der Gesellschafter werden sollen. Das Gleiche gilt von nicht vertretbaren und nicht verbrauchbaren Sachen, wenn sie nach einer Sch. beizutragen sind, die nicht bloß für die Gewinnverteilung bestimmt ist.

738 Im Falle des Ausscheidens eines Gesellschafters ist der Wert des Gesellschaftsvermögens, soweit erforderlich, im Wege der Sch. zu ermitteln.

§ **Kauf.**

507 Läßt sich eine Nebenleistung, die der Vorkaufsberechtigte zu bewirken außer stande ist, in Geld nicht schätzen, so ist die Ausübung des Vorkaufsrechts ausgeschlossen.

Pacht.

594 Übernimmt der Pächter eines Landguts das Gut auf Grund einer Sch. des wirtschaftlichen Zustandes mit der Bestimmung, daß nach der Beendigung der Pacht die Rückgewähr gleichfalls auf Grund einer solchen Sch. zu erfolgen hat, so finden auf die Rückgewähr des Gutes die Vorschriften des § 589 Abs. 2, 3 entsprechende Anwendung.

Das Gleiche gilt, wenn der Pächter Vorräte auf Grund einer Sch. mit einer solchen Bestimmung übernimmt, für die Rückgewähr der Vorräte, die er zurückzulassen verpflichtet ist. 581.

Pflichtteil.

2311 Der Wert des Nachlasses ist, soweit erforderlich, durch Sch. zu ermitteln.

1098 **Vorkaufsrecht** s. Kauf 507.

Vormundschaft.

1822 Der Vormund bedarf der Genehmigung des Vormundschaftsgerichts:

1\. . . . .

12\. zu einem Vergleich oder einem Schiedsvertrag, es sei denn, daß der Gegenstand des Streites oder der Ungewißheit in Geld schätzbar ist und den Wert von 300 Mark nicht übersteigt. 1812.

Schätzungswert s. auch **Gesamtschätzungswert.**

Art.

137 **Einführungsgesetz** s. **Pflichtteil** — Pflichtteil § 2312.

1378 **Güterrecht** s. **Niessbrauch** — Nießbrauch 1048.

Kauf.

501 Sch. als Wiederkaufspreis s. **Kauf** — Kauf.

§ **Nießbrauch.**

1048 Übernahme des Inventars eines mit einem Nießbrauch belasteten Grundstücks durch den Nießbraucher zum Sch. s. **Niessbrauch** — Nießbrauch.

Pacht.

587 Übernahme des Inventars eines Grundstücks durch den Pächter zum Sch. s. **Pacht** — Pacht.

594 s. **Schätzung** — Pacht.

Pflichtteil.

2312 Berechnung des Pflichtteils nach dem vom Erblasser bezüglich eines zum Nachlasse gehörenden Landgutes bestimmten Übernahmepreis, wenn dieser den Ertragswert erreicht und den Sch. nicht übersteigt s. **Pflichtteil** — Pflichtteil.

Sicherheitsleistung.

237 Mit einer beweglichen Sache kann Sicherheit nur in Höhe von zwei Dritteilen des Sch. geleistet werden.

. . . . .

Schein.

Schuldverhältnis.

405 Eingehung oder Anerkennung eines Schuldverhältnisses zum Sch. s. **Forderung** — Schuldverhältnis.

Willenserklärung.

117 Wird eine Willenserklärung, die einem anderen gegenüber abzugeben ist, mit dessen Einverständnisse nur zum Sch. abgegeben, so ist sie nichtig.

Wird durch ein Scheingeschäft ein anderes Rechtsgeschäft verdeckt, so finden die für das verdeckte Rechtsgeschäft geltenden Vorschriften Anwendung.

Scheingeschäft.

117 **Willenserklärung** s. **Schein** — Willenserklärung.

Schenker.

1584 **Ehescheidung** s. **Schenkung** — Ehescheidung.

§
2385 **Erbschaftskauf** s. **Schenkung** — Erbschaftskauf.
2301 **Erbvertrag** s. **Schenkung** — Erbvertrag.

Schenkung.

519—530, 532 s. **Schenkung** — Schenkung.
1624 **Verwandtschaft** s. **Schenkung** — Verwandtschaft.

Schenkung s. auch **Zuwendung.**

Ehescheidung.

1584 Ist ein Ehegatte bei der Ehescheidung allein für schuldig erklärt, so kann der andere Ehegatte Sch., die er ihm während des Brautstandes oder während der Ehe gemacht hat, widerrufen. Die Vorschriften des § 531 finden Anwendung.

Der Widerruf ist ausgeschlossen, wenn seit der Rechtskraft des Scheidungsurteils ein Jahr verstrichen oder wenn der Schenker oder der Beschenkte gestorben ist.

Art.
87 **Einführungsgesetz** s. **E.G.** — E.G.

§ **Erbschaftskauf.**

2385 Im Falle der Sch. einer Erbschaft ist der Schenker nicht verpflichtet, für die vor der Sch. verbrauchten oder unentgeltlich veräußerten Erbschaftsgegenstände oder für eine vor der Sch. unentgeltlich vorgenommene Belastung dieser Gegenstände Ersatz zu leisten. Die im § 2376 bestimmte Verpflichtung zur Gewährleistung wegen eines Mangels im Rechte trifft den Schenker nicht; hat der Schenker den Mangel arglistig verschwiegen, so ist er verpflichtet, dem Beschenkten den daraus entstehenden Schaden zu ersetzen.

Erbvertrag.

2287 Sch. des Erblassers in der Absicht, den Vertragserben zu beeinträchtigen s. **Erbvertrag** — Erbvertrag.
2288 Ist die Veräußerung oder die Belastung des Gegenstandes eines vertragsmäßig angeordneten Vermächtnisses schenkweise erfolgt, so steht dem Bedachten, soweit er Ersatz nicht von dem Erben erlangen kann, der im § 2287 bestimmte Anspruch gegen den Beschenkten zu.
2301 Auf ein Schenkungsversprechen, welches unter der Bedingung erteilt wird, daß der Beschenkte den Schenker überlebt, finden die Vorschriften über Verfügungen von Todeswegen Anwendung. Das Gleiche gilt für ein schenkweise unter dieser Bedingung erteiltes Schuldverschreiben oder Schuldanerkenntnis der in den §§ 780, 781 bezeichneten Art.

Vollzieht der Schenker die Sch. durch Leistung des zugewendeten Gegenstandes, so finden die Vorschriften über Sch. unter Lebenden Anwendung.

Güterrecht.

1369 Vorbehaltsgut bei g. Güterrecht ist, was die Frau durch Erbfolge, durch Vermächtnis oder als Pflichtteil erwirbt (Erwerb von Todeswegen) oder was ihr unter Lebenden von einem Dritten unentgeltlich zugewendet wird, wenn der Erblasser durch letztwillige Verfügung, der Dritte bei der Zuwendung bestimmt hat, daß der Erwerb Vorbehaltsgut sein soll. 1440, 1486, 1526, 1553.
1406 Die Frau bedarf nicht der Zustimmung des Mannes zur Ablehnung eines Vertragsantrages oder einer Sch.
1. bei g. Güterrecht; 1525.
1453 2. bei a. Gütergemeinschaft. 1519.
1440 Von dem Gesamtgut der a. Gütergemeinschaft ausgeschlossen ist das Vorbehaltsgut.

Vorbehaltsgut ist, was durch Ehevertrag für Vorbehaltsgut eines der Ehegatten erklärt ist oder von einem der Ehegatten nach § 1369 oder § 1370 erworben wird.

§

1446 Der Mann bedarf bei a. Gütergemeinschaft der Einwilligung der Frau zu einer Sch. aus dem Gesamtgut, sowie zu einer Verfügung über Gesamtgut, durch welche das ohne Zustimmung der Frau erteilte Versprechen einer solchen Sch. erfüllt werden soll. Das Gleiche gilt von einem Schenkungsversprechen, daß sich nicht auf das Gesamtgut bezieht.

Ausgenommen sind Sch., durch die einer sittlichen Pflicht oder einer auf den Anstand zu nehmenden Rücksicht entsprochen wird. 1448, 1468, 1487, 1495, 1519.

1477 Die Teilung des Überschusses aus dem Gesamtgute der a. Gütergemeinschaft erfolgt nach den Vorschriften über die Gemeinschaft.

Jeder Ehegatte kann gegen Ersatz des Wertes die ausschließlich zu seinem persönlichen Gebrauche bestimmten Sachen, insbesondere Kleider, Schmucksachen und Arbeitsgeräte, sowie diejenigen Gegenstände übernehmen, welche er in die Gütergemeinschaft eingebracht oder während der Gütergemeinschaft durch Erbfolge, durch Vermächtnis oder mit Rücksicht auf ein künftiges Erbrecht, durch Sch. oder als Ausstattung erworben hat. 1474, 1498, 1502, 1546.

1486 Vorbehaltsgut des überlebenden Ehegatten im Falle der f. Gütergemeinschaft ist, was er bisher als Vorbehaltsgut gehabt hat oder nach § 1369 oder § 1370 erwirbt. 1518.

1487 Die Rechte und Verbindlichkeiten des überlebenden Ehegatten sowie der anteilsberechtigten Abkömmlinge in Ansehung des Gesamtguts der f. Gütergemeinschaft bestimmen sich nach den für die eheliche Gütergemeinschaft geltenden Vorschriften der §§ 1442 bis 1449, 1455—1457, 1466, 1518.

§

1495 Ein anteilsberechtigter Abkömmling kann gegen den überlebenden Ehegatten auf Aufhebung der f. Gütergemeinschaft klagen:

1. wenn der überlebende Ehegatte ein Rechtsgeschäft der in den §§ 1444—1446 bezeichneten Art ohne Zustimmung des Abkömmlings vorgenommen hat und für die Zukunft eine erhebliche Gefährdung des Abkömmlings zu besorgen ist;
2. . . . . . 1496, 1502, 1518.

1498 Auf die Auseinandersetzung finden in Ansehung des Gesamtguts der f. Gütergemeinschaft die Vorschriften der §§ 1475, 1476, des § 1477 Abs. 1 und der §§ 1479—1481 Anwendung. 1518.

1502 Die anteilsberechtigten Abkömmlinge können im Falle der Aufhebung der f. Gütergemeinschaft diejenigen Gegenstände gegen Ersatz des Wertes übernehmen, welche der verstorbene Ehegatte nach § 1477 Abs. 2 zu übernehmen berechtigt sein würde. Das Recht kann von ihnen nur gemeinschaftlich ausgeübt werden. 1518.

1519, 1525, 1526, 1546 f. **Errungenschaftsgemeinschaft** — Güterrecht.

1521 Eingebrachtes Gut eines Ehegatten im Falle der Errungenschaftsgemeinschaft ist, was er von Todeswegen oder mit Rücksicht auf ein künftiges Erbrecht, durch Sch. oder als Ausstattung erwirbt. Ausgenommen ist ein Erwerb, der den Umständen nach zu den Einkünften zu rechnen ist.

1551 Eingebrachtes Gut eines Ehegatten ist das unbewegliche Vermögen, das er bei dem Eintritte der Fahrnisgemeinschaft hat oder während der Gemeinschaft durch Erbfolge, durch Vermächtnis oder mit Rücksicht auf ein künftiges Erbrecht, durch Sch. oder als Ausstattung erwirbt. 1549

§

1553 s. **Fahrnisgemeinschaft** — Güterrecht.

1556 Erwirbt ein Ehegatte während der Fahrnisgemeinschaft durch Erbfolge, durch Vermächtnis oder mit Rücksicht auf ein künftiges Erbrecht, durch Sch. oder als Ausstattung Gegenstände, die teils Gesamtgut, teils eingebrachtes Gut werden, so fallen die infolge des Erwerbes entstehenden Verbindlichkeiten im Verhältnisse der Ehegatten zu einander dem Gesamtgut und dem Ehegatten, der den Erwerb macht, verhältnismäßig zur Last. 1549.

Pflichtteil.

2325 Hat der Erblasser einem Dritten eine Sch. gemacht, so kann der Pflichtteilsberechtigte als Ergänzung des Pflichtteils den Betrag verlangen, um den sich der Pflichtteil erhöht, wenn der verschenkte Gegenstand dem Nachlasse hinzugerechnet wird.

Eine verbrauchbare Sache kommt mit dem Werte in Ansatz, den sie zur Zeit der Sch. hatte. Ein anderer Gegenstand kommt mit dem Werte in Ansatz, den er zur Zeit des Erbfalls hat; hatte er zur Zeit der Sch. einen geringeren Wert, so wird nur dieser in Ansatz gebracht.

Die Sch. bleibt unberücksichtigt, wenn zur Zeit des Erbfalls zehn Jahre seit der Leistung des verschenkten Gegenstandes verstrichen sind; ist die Sch. an den Ehegatten des Erblassers erfolgt, so beginnt die Frist nicht vor der Auflösung der Ehe. 2330.

2330 Die Vorschriften der §§ 2325—2329 finden keine Anwendung auf Sch., durch die einer sittlichen Pflicht oder einer auf den Anstand zu nehmenden Rücksicht entsprochen wird.

Schenkung.

516 Eine Zuwendung, durch die jemand aus seinem Vermögen einen anderen bereichert, ist Sch., wenn beide Teile darüber einig sind, daß die Zuwendung unentgeltlich erfolgt.

Ist die Zuwendung ohne den Willen des anderen erfolgt, so kann ihn der Zuwendende unter Bestimmung einer angemessenen Frist zur Erklärung über die Annahme auffordern. Nach dem Ablaufe der Frist gilt die Sch. als angenommen, wenn nicht der andere sie vorher abgelehnt hat. Im Falle der Ablehnung kann die Herausgabe des Zugewendeten nach den Vorschriften über die Herausgabe einer ungerechtfertigten Bereicherung gefordert werden.

517 Eine Sch. liegt nicht vor, wenn jemand zum Vorteil eines anderen einen Vermögenserwerb unterläßt oder auf ein angefallenes, noch nicht endgültig erworbenes Recht verzichtet oder eine Erbschaft oder ein Vermächtnis ausschlägt.

518 Zur Gültigkeit eines Vertrags, durch den eine Leistung schenkweise versprochen wird, ist die gerichtliche oder notarielle Beurkundung des Versprechens erforderlich. Das Gleiche gilt, wenn ein Schuldversprechen oder ein Schuldanerkenntnis der in den §§ 780, 781 bezeichneten Art schenkweise erteilt wird, von dem Versprechen oder der Anerkennungserklärung.

Der Mangel der Form wird durch die Bewirkung der versprochenen Leistung geheilt.

519 Der Schenker ist berechtigt, die Erfüllung eines schenkweise erteilten Versprechens zu verweigern, soweit er bei Berücksichtigung seiner sonstigen Verpflichtungen außer stande ist, das Versprechen zu erfüllen, ohne daß sein standesmäßiger Unterhalt oder die Erfüllung der ihm kraft G. obliegenden Unterhaltspflichten gefährdet wird.

§ Treffen die Ansprüche mehrerer Beschenkten zusammen, so geht der früher entstandene Anspruch vor.

520 Verspricht der Schenker eine in wiederkehrenden Leistungen bestehende Unterstützung, so erlischt die Verbindlichkeit mit seinem Tode, sofern nicht aus dem Versprechen sich ein anderes ergiebt.

521 Der Schenker hat nur Vorsatz und grobe Fahrlässigkeit zu vertreten.

522 Zur Entrichtung von Verzugszinsen ist der Schenker nicht verpflichtet.

523 Verschweigt der Schenker arglistig einen Mangel im Rechte, so ist er verpflichtet, dem Beschenkten den daraus entstehenden Schaden zu ersetzen.

Hatte der Schenker die Leistung eines Gegenstandes versprochen, den er erst erwerben sollte, so kann der Beschenkte wegen eines Mangels im Rechte Schadensersatz wegen Nichterfüllung verlangen, wenn der Mangel dem Schenker bei dem Erwerbe der Sache bekannt gewesen oder infolge grober Fahrlässigkeit unbekannt geblieben ist. Die für die Gewährleistungspflicht des Verkäufers geltenden Vorschriften des § 433 Abs. 1, der §§ 434 bis 437, des § 440 Abs. 2 bis 4 und der §§ 441 bis 444 finden entsprechende Anwendung.

524 Verschweigt der Schenker arglistig einen Fehler der verschenkten Sache, so ist er verpflichtet, dem Beschenkten den daraus entstehenden Schaden zu ersetzen.

Hatte der Schenker die Leistung einer nur der Gattung nach bestimmten Sache versprochen, die er erst erwerben sollte, so kann der Beschenkte, wenn die geleistete Sache fehlerhaft und der Mangel dem Schenker bei dem Erwerbe der Sache bekannt gewesen oder infolge grober Fahrlässigkeit unbekannt geblieben ist, verlangen, daß ihm an Stelle der fehlerhaften Sache eine fehlerfreie geliefert wird. Hat der Schenker den Fehler arglistig verschwiegen, so kann der Beschenkte statt der Lieferung einer fehlerfreien Sache Schadensersatz wegen Nichterfüllung verlangen. Auf diese Ansprüche finden die für die Gewährleistung wegen Fehler einer verkauften Sache geltenden Vorschriften entsprechende Anwendung.

525 Wer eine Sch. unter einer Auflage macht, kann die Vollziehung der Auflage verlangen, wenn er seinerseits geleistet hat.

Liegt die Vollziehung der Auflage im öffentlichen Interesse, so kann nach dem Tode des Schenkers auch die zuständige Behörde die Vollziehung verlangen.

526 Soweit infolge eines Mangels im Rechte oder eines Mangels der verschenkten Sache der Wert der Zuwendung die Höhe der zur Vollziehung der Auflage erforderlichen Aufwendungen nicht erreicht, ist der Beschenkte berechtigt, die Vollziehung der Auflage zu verweigern, bis der durch den Mangel entstandene Fehlbetrag ausgeglichen wird. Vollzieht der Beschenkte die Auflage ohne Kenntnis des Mangels, so kann er von dem Schenker Ersatz der durch die Vollziehung verursachten Aufwendungen insoweit verlangen, als sie infolge des Mangels den Wert der Zuwendung übersteigen.

527 Unterbleibt die Vollziehung der Auflage, so kann der Schenker die Herausgabe des Geschenkes unter den für das Rücktrittsrecht bei gegenseitigen Verträgen bestimmten Voraussetzungen nach den Vorschriften über die Herausgabe einer ungerechtfertigten Bereicherung insoweit fordern, als das

§

Geschenk zur Vollziehung der Auflage hätte verwendet werden müssen.

Der Anspruch ist ausgeschlossen, wenn ein Dritter berechtigt ist, die Vollziehung der Auflage zu verlangen.

528 Soweit der Schenker nach der Vollziehung der Sch. außer stande ist, seinen standesmäßigen Unterhalt zu bestreiten und die ihm seinen Verwandten, seinem Ehegatten oder seinem früheren Ehegatten gegenüber g. obliegende Unterhaltspflicht zu erfüllen, kann er von dem Beschenkten die Herausgabe des Geschenkes nach den Vorschriften über die Herausgabe einer ungerechtfertigten Bereicherung fordern. Der Beschenkte kann die Herausgabe durch Zahlung des für den Unterhalt erforderlichen Betrags abwenden. Auf die Verpflichtung des Beschenkten finden die Vorschriften des § 760 sowie die für die Unterhaltspflicht der Verwandten geltende Vorschrift des § 1613 und im Falle des Todes des Schenkers auch die Vorschriften des § 1615 entsprechende Anwendung.

Unter mehreren Beschenkten haftet der früher Beschenkte nur insoweit, als der später Beschenkte nicht verpflichtet ist.

529 Der Anspruch auf Herausgabe des Geschenkes ist ausgeschlossen, wenn der Schenker seine Bedürftigkeit vorsätzlich oder durch grobe Fahrlässigkeit herbeigeführt hat oder wenn zur Zeit des Eintritts seiner Bedürftigkeit seit der Leistung des geschenkten Gegenstandes zehn Jahre verstrichen sind.

Das Gleiche gilt, soweit der Beschenkte bei Berücksichtigung seiner sonstigen Verpflichtungen außer stande ist, das Geschenk herauszugeben, ohne daß sein standesmäßiger Unterhalt oder die Erfüllung der ihm kraft G. obliegenden Unterhaltspflichten gefährdet wird.

§

530 Eine Sch. kann widerrufen werden, wenn sich der Beschenkte durch eine schwere Verfehlung gegen den Schenker oder einen nahen Angehörigen des Schenkers groben Undankes schuldig macht.

Dem Erben des Schenkers steht das Recht des Widerrufs nur zu, wenn der Beschenkte vorsätzlich und widerrechtlich den Schenker getötet oder am Widerrufe gehindert hat.

531 Der Widerruf der Sch. erfolgt durch Erklärung gegenüber dem Beschenkten.

Ist die Sch. widerrufen, so kann die Herausgabe des Geschenkes nach den Vorschriften über die Herausgabe einer ungerechtfertigten Bereicherung gefordert werden.

532 Der Widerruf der Sch. ist ausgeschlossen, wenn der Schenker dem Beschenkten verziehen hat oder wenn seit dem Zeitpunkt, in welchem der Widerrufsberechtigte von dem Eintritte der Voraussetzungen seines Rechtes Kenntnis erlangt hat, ein Jahr verstrichen ist. Nach dem Tode des Beschenkten ist der Widerruf nicht mehr zulässig.

533 Auf das Widerrufsrecht bezüglich einer Sch. kann erst verzichtet werden, wenn der Undank dem Widerrufsberechtigten bekannt geworden ist.

534 Sch., durch die einer sittlichen Pflicht oder einer auf den Anstand zu nehmenden Rücksicht entsprochen wird, unterliegen nicht der Rückforderung und dem Widerrufe.

Testament.

2113 Eine Verfügung über einen Erbschaftsgegenstand, die unentgeltlich oder zum Zwecke der Erfüllung eines von dem Vorerben erteilten Schenkungsversprechens erfolgt, ist im Falle des Eintritts der Nacherbfolge insoweit unwirksam, als sie das Recht des Nacherben vereiteln oder beeinträchtigen

§ würde. Ausgenommen sind Sch., durch die einer sittlichen Pflicht oder einer auf den Anstand zu nehmenden Rücksicht entsprochen wird.

Die Vorschriften zu Gunsten derjenigen, welche Rechte von einem Nichtberechtigten herleiten, finden entsprechende Anwendung. 2112, 2114, 2138.

Verwandtschaft.

1624 Was einem Kinde mit Rücksicht auf seine Verheiratung oder auf die Erlangung einer selbständigen Lebensstellung zur Begründung oder zur Erhaltung der Wirtschaft oder der Lebensstellung von dem Vater oder der Mutter zugewendet wird (Ausstattung), gilt, auch wenn eine Verpflichtung nicht besteht, nur insoweit als Sch., als die Ausstattung das den Umständen, insbesondere den Vermögensverhältnissen des Vaters oder der Mutter, entsprechende Maß übersteigt.

Die Verpflichtung des Ausstattenden zur Gewährleistung wegen eines Mangels im Rechte oder wegen eines Fehlers der Sache bestimmt sich, auch insoweit die Ausstattung nicht als Sch. gilt, nach den für die Gewährleistungspflicht des Schenkers geltenden Vorschriften.

1641 Der Vater kann nicht in Vertretung des Kindes Sch. machen. Ausgenommen sind Sch., durch die einer sittlichen Pflicht oder einer auf den Anstand zu nehmenden Rücksicht entsprochen wird.

Vormundschaft.

1804 Der Vormund kann nicht in Vertretung des Mündels Sch. machen. Ausgenommen sind Sch., durch die einer sittlichen Pflicht oder einer auf den Anstand zu nehmenden Rücksicht entsprochen wird.

§ **Schenkungsversprechen.**

2301 **Erbvertrag** s. **Schenkung** — Erbvertrag.

Güterrecht.

1446, 1487, 1495 s. **Schenkung** — Güterrecht.

1519 s. **Errungenschaftsgemeinschaft** — Güterrecht.

Testament.

2113 s. **Schenkung** — Testament.

2207 Der Erblasser kann anordnen, daß der Testamentsvollstrecker in der Eingehung von Verbindlichkeiten für den Nachlaß nicht beschränkt sein soll. Der Testamentsvollstrecker ist auch in einem solchen Falle zu einem Sch. nur nach Maßgabe des § 2205 Satz 3 berechtigt. 2209.

Schiedsgericht.

941 **Eigentum** s. Verjährung 220.

Verjährung.

220 Ist der Anspruch vor einem Sch. oder einem besonderen Gerichte, vor einem Verwaltungsgericht oder einer Verwaltungsbehörde geltend zu machen, so finden die Vorschriften der §§ 209 bis 213, 215, 216, 218, 219 entsprechende Anwendung.

Sind in dem Schiedsvertrage die Schiedsrichter nicht ernannt oder ist die Ernennung eines Schiedsrichters aus einem anderen Grunde erforderlich oder kann das Sch. erst nach der Erfüllung einer sonstigen Voraussetzung angerufen werden, so wird die Verjährung schon dadurch unterbrochen, daß der Berechtigte das zur Erledigung der Sache seinerseits Erforderliche vornimmt.

Schiedsrichter.

941 **Eigentum** s. **Schiedsgericht** — Verjährung 220.

220 **Verjährung** s. **Schiedsgericht** — Verjährung.

§ gehoben wird, kann nicht durch einen g. Vertreter geschlossen werden. 1508.
1508 Auf einen Ehevertrag, durch welchen die Fortsetzung der Gütergemeinschaft ausgeschlossen oder die Ausschließung aufgehoben wird, finden die Vorschriften des § 1437 Anwendung. 1518.
458 **Kauf** s. **Vollmacht** — Vollmacht 177.
Miete.
566, 567 Sch. eines Mietvertrages s. **Miete** — Miete.
Vertrag.
145, 154, 155 Sch. eines Vertrags s. **Vertrag** — Vertrag.
307 Sch. eines Vertrags, der auf eine unmögliche Leistung gerichtet ist s. **Vertrag** — Vertrag.
Verwandtschaft.
1643, 1690 s. **Vormundschaft** — Vormundschaft 1829.
1750 Sch. eines Vertrags auf Annahme an Kindesstatt s. **Kindesstatt** — Verwandtschaft.
Vollmacht.
177, 179 Sch. eines Vertrages im Namen eines anderen ohne Vertretungsmacht s. **Vollmacht** — Vollmacht.
Vormundschaft.
1829 Sch. eines Vertrags durch den Vormund ohne die erforderliche Genehmigung des Vormundschaftsgerichts s. **Vormundschaft** — Vormundschaft.

Schluss.

Dienstvertrag.
621 Zulässigkeit der Kündigung eines Dienstverhältnisses für den Sch.
1. einer Kalenderwoche;
2. eines Kalendermonats;
3. eines Kalendervierteljahrs 622 s. **Dienstvertrag** — Dienstvertrag.
1567 **Ehescheidung** s. **Ehe** — Ehescheidung.

Art. **Einführungsgesetz.**
163 s. **Verein** — Verein § 39.
201 s. **Ehe** — Ehescheidung § 1567.
§ **Erbe.**
2038 Ist die Auseinandersetzung zwischen mehreren Erben auf längere Zeit als ein Jahr ausgeschlossen, so kann jeder Miterbe am Sch. jedes Jahres die Teilung des Reinertrages verlangen. 2032.
Gesellschaft.
721 Bei Gesellschaften von längerer Dauer hat im Zweifel der Rechnungsabsch. und die Gewinnverteilung am Sch. jedes Geschäftsjahres zu erfolgen.
740 Der ausgeschiedene Gesellschafter kann am Sch. jedes Geschäftsjahres Rechenschaft über die inzwischen beendigten Geschäfte, Auszahlung des ihm gebührenden Betrags und Auskunft über den Stand der noch schwebenden Geschäfte verlangen.
Miete.
565 Zulässigkeit der Kündigung des Mietverhältnisses bei Grundstücken für den Sch.
1. eines Kalendervierteljahrs;
2. eines Kalendermonats;
3. einer Kalenderwoche s. **Miete** — Miete.
566 Ein Mietvertrag über ein Grundstück, der für längere Zeit als ein Jahr geschlossen wird, bedarf der schriftlichen Form. Wird die Form nicht beobachtet, so gilt der Vertrag als für unbestimmte Zeit geschlossen; die Kündigung ist jedoch nicht für eine frühere Zeit als für den Sch. des ersten Jahres zulässig.
Pacht.
595 Zulässigkeit der Kündigung eines Pachtverhältnisses für den Sch. eines Pachtjahres s. **Pacht** — Pacht.
Pfandrecht.
1238 Das Pfand darf nur mit der Bestimmung verkauft werden, daß der

§ Käufer den Kaufpreis sofort bar zu entrichten hat und seiner Rechte verlustig sein soll, wenn dies nicht geschieht.

Erfolgt der Verkauf ohne diese Bestimmung, so ist der Kaufpreis als von dem Pfandgläubiger empfangen anzusehen; die Rechte des Pfandgläubigers gegen den Ersteher bleiben unberührt. Unterbleibt die sofortige Entrichtung des Kaufpreises, so gilt das Gleiche, wenn nicht vor dem Sch. des Versteigerungstermins von dem Vorbehalte der Rechtsverwirkung Gebrauch gemacht wird. 1233, 1245, 1246, 1266.

2335 **Pflichtteil** s. **Ehe** — Ehescheidung 1567.

Todeserklärung.

14 Die Todeserklärung ist zulässig, wenn seit zehn Jahren keine Nachricht von dem Leben des Verschollenen eingegangen ist. Sie darf nicht vor dem Sch des Jahres erfolgen, in welchem der Verschollene das einunddreißigste Lebensjahr vollendet haben würde.

. . . .

Der Zeitraum von zehn oder fünf Jahren beginnt mit dem Sch. des letzten Jahres, in welchem der Verschollene den vorhandenen Nachrichten zufolge noch gelebt hat. 13, 18.

15 Hat ein Friedenssch. nicht stattgefunden, so beginnt der dreijährige Zeitraum, nach welchem ein im Kriege Verschollener für tot erklärt wird, mit dem Sch. des Jahres, in welchem der Krieg beendigt worden ist. 13, 17, 18.

18 Als Zeitpunkt des Todes eines Verschollenen ist, sofern nicht die Ermittelungen ein Anderes ergeben, anzunehmen:

. . . .

in den Fällen des § 15 der Zeitpunkt des Friedenssch. oder der Sch. des Jahres, in welchem der Krieg beendigt worden ist. 19.

Verein.

39 Zulässigkeit des Austritts aus einem Verein am Sch. eines Geschäftsjahres s. **Verein** — Verein.

Verjährung.

201 Die Verjährung der in den §§ 196, 197 bezeichneten Ansprüche beginnt mit dem Sch. des Jahres, in welchem der nach den §§ 198—200 maßgebende Zeitpunkt eintritt. Kann die Leistung erst nach dem Ablauf einer über diesen Zeitpunkt hinausreichenden Frist verlangt werden, so beginnt die Verjährung mit dem Sch. des Jahres, in welchem die Frist abläuft.

Vertrag.

156 Bei einer Versteigerung kommt der Vertrag erst durch den Zuschlag zustande. Ein Gebot erlischt, wenn ein Übergebot abgegeben oder die Versteigerung ohne Erteilung des Zuschlags geschlossen wird.

1635 **Verwandtschaft** s. **Ehe** — Ehescheidung 1567.

Schmiede.

98 **Sachen** s. **Sachen** — Sachen.

Schmucksachen.

Ehe.

1362 Für die ausschließlich zum persönlichen Gebrauche der Frau bestimmten Sachen, insbesondere für Kleider, Sch. und Arbeitsgeräte, gilt im Verhältnisse der Ehegatten zu einander und zu den Gläubigern die Vermutung, daß die Sachen der Frau gehören.

Art.

16 **Einführungsgesetz** s. Ehe § 1362.

§ **Güterrecht.**

1366 Vorbehaltsgut bei g. Güterrecht sind die ausschließlich zum persönlichen Gebrauche der Frau bestimmten

§ Feststellung der Übergabe. 2232, 2249, 2250.

2243 Wer nach der Überzeugung des Richters oder des Notars stumm oder sonst am Sprechen verhindert ist, kann das Testament nur durch Übergabe einer Sch. errichten. Er muß die Erklärung, daß die Sch. seinen letzten Willen enthalte, bei der Verhandlung eigenhändig in das Protokoll oder auf ein besonderes Blatt schreiben, das dem Protokoll als Anlage beigefügt werden muß.

Das eigenhändige Niederschreiben der Erklärung sowie die Überzeugung des Richters oder des Notars, daß der Erblasser am Sprechen verhindert ist, muß im Protokolle festgestellt werden. Das Protokoll braucht von dem Erblasser nicht besonders genehmigt zu werden. 2232, 2249.

2246 Das über die Errichtung des Testaments aufgenommene Protokoll soll nebst Anlagen, insbesondere im Falle der Errichtung durch Übergabe einer Sch. nebst dieser Sch., von dem Richter oder dem Notar in Gegenwart der übrigen mitwirkenden Personen und des Erblassers mit dem Amtssiegel verschlossen, mit einer das Testament näher bezeichnenden Aufschrift, die von dem Richter oder dem Notar zu unterschreiben ist, versehen und in besondere amtliche Verwahrung gebracht werden. 2232, 2249.

2247 Wer minderjährig ist, oder Geschriebenes nicht zu lesen vermag, kann ein Testament nicht nach § 2231 Nr. 2 errichten.

2267 s. **Form** — Testament.

Schriftlichkeit.

784 **Anweisung** 792 s. **Form** — Anweisung.

766 **Bürgschaft** s. **Form** — Bürgschaft.

630 **Dienstvertrag** s. **Form** — Dienstvertrag.

§

1321 **Ehe** s. **Form** — Ehe.

Art. **Einführungsgesetz.**

95 s. **Form** — Geschäftsfähigkeit § 111.

163 s. **Form** — Verein §§ 33, 37.

§

2301 **Erbvertrag** s. **Form** — Schuldversprechen 780, 781.

111 **Geschäftsfähigkeit** s. **Form** — Geschäftsfähigkeit.

1154 **Hypothek** s. **Form** — Hypothek.

761 **Leibrente** s. **Form** — Leibrente.

566 **Miete** s. **Form** — Miete.

518 **Schenkung** s. **Form** — Schuldversprechen 780, 781.

Schuldverhältnis.

368, 410, 416 s. **Form** — Schuldverhältnis.

Schuldversprechen.

780—782 s. **Form** — Schuldversprechen.

81 **Stiftung** s. **Form** — Stiftung.

Testament.

2255 Ein Testament kann auch dadurch widerrufen werden, daß der Erblasser in der Absicht, es aufzuheben, die Testamentsurkunde vernichtet oder an ihr Veränderungen vornimmt, durch die der Wille eine schriftliche Willenserklärung aufzuheben, ausgedrückt zu werden pflegt.

33 **Verein** 37 s. **Form** — Verein.

1643 **Verwandtschaft** 1690 s. **Form** — Vormundschaft 1831.

1831 **Vormundschaft** 1873 s. **Form** — Vormundschaft.

Willenserklärung.

126, 127, 129 s. **Form** — Willenserklärung.

182 **Zustimmung** s. **Form** — Geschäftsfähigkeit 111.

Schriftstück.

Erbe.

2047 Sch., die sich auf die persönlichen Verhältnisse des Erblassers, auf dessen Familie oder auf den ganzen Nachlaß beziehen, bleiben den Erben gemeinschaftlich.

2204 **Testament** s. Erbe 2047.

§ **Verein.**
66 Die Abschrift der Vereinssatzung wird von dem Amtsgerichte beglaubigt und mit den übrigen Sch. aufbewahrt. 71.
79 Die Einsicht des Vereinsregisters sowie der von dem Verein bei dem Amtsgericht eingereichten Sch. ist jedem gestattet. . . . . .

Art. **Schulbaulast.**
132 **Einführungsgesetz** s. **E.G.** — **E.G.**

Schuld s. auch **Geldschuld, Grundschuld, Rentenschuld, Staatsschuld.**

§
787 **Anweisung** s. **Schuldner** — Anweisung.

Darlehen.
607 Wer Geld oder andere vertretbare Sachen schuldet, kann mit dem Gläubiger vereinbaren, daß das Geld oder die Sachen als Darlehen geschuldet werden sollen.

Ehe.
1345 War dem einen Ehegatten die Nichtigkeit der Ehe bei der Eheschließung bekannt, so kann der andere Ehegatte, sofern nicht auch ihm die Nichtigkeit bekannt war, nach der Nichtigkeitserklärung oder der Auflösung der Ehe verlangen, daß ihr Verhältnis in vermögensrechtlicher Beziehung, insbesondere auch in Ansehung der Unterhaltspflicht, so behandelt wird, wie wenn die Ehe zur Zeit der Nichtigkeitserklärung oder der Auflösung geschieden und der Ehegatte, dem die Nichtigkeit bekannt war, für allein schuldig erklärt worden wäre.

Diese Vorschrift findet keine Anwendung, wenn die Nichtigkeit auf einem Formmangel beruht und die Ehe nicht in das Heiratsregister eingetragen worden ist. 1346, 1347.
1351 s. **Ehe** — Ehescheidung 1578 bis 1582.

§ **Ehescheidung.**
1565 Ein Ehegatte kann auf Scheidung klagen, wenn der andere Ehegatte sich des Ehebruchs oder einer nach den §§ 171, 175 des Strafgesetzbuchs strafbaren Handlung schuldig macht.

Das Recht des Ehegatten auf Scheidung ist ausgeschlossen, wenn er dem Ehebruch oder der strafbaren Handlung zustimmt oder sich der Teilnahme schuldig macht. 1564, 1570, 1571, 1574.
1574 Wird die Ehe aus einem der in den §§ 1565—1568 bestimmten Gründe geschieden, so ist in dem Urteil auszusprechen, daß der Beklagte die Sch. an der Scheidung trägt.

Hat der Beklagte Widerklage erhoben und wird auch diese für begründet erkannt, so sind beide Ehegatten für schuldig zu erklären.

Ohne Erhebung einer Widerklage ist auf Antrag des Beklagten auch der Kläger für schuldig zu erklären, wenn Thatsachen vorliegen, wegen deren der Beklagte auf Scheidung klagen könnte oder, falls sein Recht auf Scheidung durch Verzeihung oder durch Zeitablauf ausgeschlossen ist, zur Zeit des Eintritts des von dem Kläger geltend gemachten Scheidungsgrundes berechtigt war, auf Scheidung zu klagen. 1575, 1576.
1576 Wird die Ehe geschieden, so ist der für schuldig erklärte Ehegatte auch im Scheidungsurteile für schuldig zu erklären.
1577 Der Mann kann der allein für schuldig erklärten Frau die Führung seines Namens untersagen.
1578—1583 Verpflichtung des allein für schuldig erklärten Ehegatten zur Unterhaltsgewährung s. **Ehe** — Ehescheidung.
1583 Ist die Ehe wegen Geisteskrankheit eines Ehegatten geschieden, so hat ihm der andere Ehegatte Unterhalt in

§ gleicher Weise zu gewähren wie ein allein für schuldig erklärter Ehegatte.

1584 Verpflichtung des allein für schuldig erklärten Ehegatten, zur Herausgabe von Schenkungen s. **Ehe** — Ehescheidung.

Eigentum.

1010 s. **Gemeinschaft** — Gemeinschaft 755.

1011 s. **Gesamtgläubiger** — Schuldverhältnis 432.

Art. **Einführungsgesetz.**

163 s. **Verein** — Verein § 52.

201 s. **E.G.** — E.G.

206 s. **Kind** — Verwandtschaft § 1635.

§ **Erbe.**

1967 Zu den Nachlaßverbindlichkeiten gehören die vom Erblasser herrührenden Sch. . . . . .

2042 s. **Gemeinschaft**—Gemeinschaft 755.

Erbunwürdigkeit.

2339 Erbunwürdig ist:

1. . . : .
4. wer sich in Ansehung einer Verfügung des Erblassers von Todeswegen einer nach den Vorschriften der §§ 267—274 des Strafgesetzbuchs strafbaren Handlung schuldig gemacht hat.

Die Erbunwürdigkeit tritt in den Fällen des Abs. 1 Nr. 3, 4 nicht ein, wenn vor dem Eintritte des Erbfalls die Verfügung, zu deren Errichtung der Erblasser bestimmt oder in Ansehung deren die strafbare Handlung begangen worden ist, unwirksam geworden ist, oder die Verfügung, zu deren Aufhebung er bestimmt worden ist, unwirksam geworden sein würde. 2345.

2345 Hat sich ein Vermächtnisnehmer einer der im § 2339 Abs. 1 bezeichneten Verfehlungen schuldig gemacht, so ist der Anspruch aus dem Vermächtnis anfechtbar. Die Vorschriften der §§ 2082, 2083, des § 2339 Abs. 2 und der §§ 2341, 2343 finden Anwendung.

Das Gleiche gilt für einen Pflichtteilsanspruch, wenn der Pflichtteilsberechtigte sich einer solchen Verfehlung schuldig gemacht hat.

Gemeinschaft.

755 Berichtigung der gemeinschaftlichen Sch. der Teilhaber s. **Gemeinschaft** — Gemeinschaft.

Gesellschaft.

733—735, 739 Berichtigung der gemeinschaftlichen Sch. der Gesellschafter s. **Gesellschaft** — Gesellschaft.

738 Befreiung des ausscheidenden Gesellschafters von Sch. s. **Gesellschaft** — Gesellschaft.

Güterrecht.

1386 Verpflichtung des Mannes bei g. Güterrecht, die Zinsen der von der Frau auf Grund ihrer g. Unterhaltspflicht geschuldeten Leistungen zu tragen s. **Güterrecht** — Güterrecht.

1467 Was ein Ehegatte zu dem Gesamtgut oder die Frau zu dem Vorbehaltsgute des Mannes schuldet, ist erst nach der Beendigung der a. Gütergemeinschaft zu leisten; soweit jedoch zur Berichtigung einer Sch. der Frau deren Vorbehaltsgut ausreicht, hat sie die Sch. schon vorher zu berichtigen. 1476.

1478 Auseinandersetzung zwischen Ehegatten, die in a. Gütergemeinschaft leben, im Falle die Ehe geschieden und einer von ihnen allein für schuldig erklärt ist s. **Gütergemeinschaft** — Güterrecht.

1487 Was der überlebende Ehegatte zu dem Gesamtgute schuldet oder aus dem Gesamtgute zu fordern hat, ist erst nach der Beendigung der f. Gütergemeinschaft zu leisten. 1518.

1529 s. **Errungenschaftsgemeinschaft** — Güterrecht.

1541 Was ein Ehegatte zu dem Gesamtgut

§ oder die Frau zu dem eingebrachten Gute des Mannes schuldet, ist erst nach der Beendigung der Errungenschaftsgemeinschaft zu leisten; soweit jedoch zur Berichtigung einer Sch. der Frau ihr eingebrachtes Gut und ihr Vorbehaltsgut ausreichen, hat sie die Sch. schon vorher zu berichtigen.

Hypothek.

1137 s. **Schuldner** — Hypothek.

1164 Der Befriedigung des Hypothekengläubigers steht es gleich, wenn sich Forderung und Sch. in einer Person vereinigen. 1165, 1176.

1173 Der Befriedigung des Gläubigers durch den Eigentümer eines mit einer Gesamthypothek belasteten Grundstücks steht es gleich, wenn ..... sich Forderung und Sch. in der Person des Eigentümers vereinigen. 1143, 1176.

1174 Vereinigung von Sch. und Forderung bei einer Gesamthypothek in einer Person s. **Hypothek** — Hypothek.

Kauf.

440 s. **Vertrag** — Vertrag 322, 323.

457 s. **Hinterlegung** — Schuldverhältnis 383.

509 Ist ein Grundstück Gegenstand des Vorkaufs, so bedarf es der Sicherheitsleistung insoweit nicht, als für den gestundeten Kaufpreis die Bestellung einer Hypothek an dem Grundstücke vereinbart oder in Anrechnung auf den Kaufpreis eine Sch., für die eine Hypothek an dem Grundstücke besteht, übernommen worden ist.

Leistung.

241—292 Verpflichtung zur Leistung.

243 s. **Schuldner** — Leistung.

246 Verzinsung einer Sch. nach G. oder Rechtsgeschäft s. **Leistung** — Leistung.

262—265 Wahl zwischen mehreren geschuldeten Leistungen s. **Leistung** — Leistung.

272 Bezahlung einer unverzinslichen Sch. vor der Fälligkeit s. **Leistung** — Leistung.

273 Verweigerung der geschuldeten Leistung (Zurückbehaltungsrecht) s. **Leistung** — Leistung.

279 300, 243 Schulden einer nur der Gattung nach bestimmten Sache s. **Leistung** — Leistung.

281 Anspruch des Gläubigers auf Herausgabe desjenigen, was der Schuldner als Ersatz für den geschuldeten Gegenstand erlangt hat, oder auf Abtretung des Ersatzanspruchs s. **Leistung** — Leistung.

293—304 Verzug des Gläubigers.

295 Verpflichtung des Gläubigers zur Abholung der geschuldeten Sache s. **Leistung** — Leistung.

304 Der Schuldner kann im Falle des Verzugs des Gläubigers Ersatz der Mehraufwendungen verlangen, die er für das erfolglose Angebot sowie für die Aufbewahrung und Erhaltung des geschuldeten Gegenstandes machen mußte.

Miete.

554 Die Kündigung des Mietverhältnisses wegen Verzug des Mieters ist unwirksam, wenn sich der Mieter von seiner Sch. durch Aufrechnung befreien konnte und unverzüglich nach der Kündigung die Aufrechnung erklärt. 555.

Nießbrauch.

1087 Der Nießbraucher eines Vermögens kann eine Verbindlichkeit des Bestellers des Nießbrauchs durch Leistung des geschuldeten Gegenstandes erfüllen. .... 1085, 1089.

Pfandrecht.

1211 Der Verpfänder kann dem Pfandgläubiger gegenüber die dem persönlichen Schuldner gegen die Forderung sowie die nach § 770 einem Bürgen zustehenden Einreden geltend machen. Stirbt der persönliche Schuldner, so

§ kann sich der Verpfänder nicht darauf berufen, daß der Erbe für die Sch. nur beschränkt haftet.

Ist der Verpfänder nicht der persönliche Schuldner, so verliert er eine Einrede nicht dadurch, daß dieser auf sie verzichtet. 1266.

1214 Anrechnung des Reinertrages von Nutzungen des Pfandes auf die geschuldete Leistung s. **Pfandrecht** — Pfandrecht.

1228 Besteht der geschuldete Gegenstand nicht in Geld, so ist der Verkauf des Pfandes erst zulässig, wenn die Forderung in eine Geldforderung übergegangen ist. 1243, 1266, 1282, 1283, 1294—1296.

1239 Haftung des Pfandes für eine fremde Sch. s. **Pfandrecht** — Pfandrecht.

Pflichtteil.

2333 Der Erblasser kann einem Abkömmlinge den Pflichtteil entziehen:

1. . . . .
2. wenn der Abkömmling sich einer vorsätzlichen körperlichen Mißhandlung des Erblassers oder des Ehegatten des Erblassers schuldig macht . . . . . .
3. wenn der Abkömmling sich eines Verbrechens oder eines schweren vorsätzlichen Vergehens gegen den Erblasser oder dessen Ehegatten schuldig macht. 2334.

2334 Der Erblasser kann dem Vater den Pflichtteil entziehen, wenn dieser sich einer der im § 2333 Nr. 1, 3, 4 bezeichneten Verfehlungen schuldig macht. Das gleiche Recht steht dem Erblasser der Mutter gegenüber zu, wenn diese sich einer solchen Verfehlung schuldig macht.

2335 Der Erblasser kann dem Ehegatten den Pflichtteil entziehen, wenn der Ehegatte sich einer Verfehlung schuldig macht, auf Grund deren der Erblasser

§ nach den §§ 1565 bis 1568 auf Scheidung zu klagen berechtigt ist.

1109 **Reallasten** s. **Gesamtgläubiger** — Schuldverhältnis 432.

Schuldverhältnis.

362 Das Schuldverhältnis erlischt, wenn die geschuldete Leistung an den Gläubiger bewirkt wird.

363, 364 Erfüllung durch eine andere als die geschuldete Leistung s. **Erfüllung** — Schuldverhältnis.

366 Tilgung mehrerer Sch. s. **Erfüllung** — Schuldverhältnis.

367 Tilgung einer Sch., bei der außer der Hauptleistung noch Zinsen und Kosten zu entrichten sind s. **Erfüllung** — Schuldverhältnis.

371 Anerkenntnis über das Erlöschen einer Sch. s. **Erfüllung** — Schuldverhältnis.

383 Versteigerung einer zur Hinterlegung nicht geeigneten geschuldeten Sache s. **Hinterlegung** — Schuldverhältnis.

387 Aufrechnung von Leistungen, die zwei Personen einander schulden s. **Schuldverhältnis** — Schuldverhältnis.

396 Schuldet der aufrechnende Teil dem anderen Teile außer der Hauptleistung Zinsen und Kosten, so finden die Vorschriften des § 367 entsprechende Anwendung.

397 Erlaß einer Sch. durch Vertrag s. **Erlass** — Schuldverhältnis.

405 Einwendungen des Schuldners, der eine Urkunde über die Sch. ausgestellt hat, im Falle der Abtretung der Forderung s. **Forderung** — Schuldverhältnis.

414—419 Übernahme einer Sch. s. **Schuldübernahme** — Schuldverhältnis.

420 Schulden mehrere eine teilbare Leistung oder haben mehrere eine teilbare Leistung zu fordern, so ist im Zweifel jeder Schuldner nur zu einem gleichen Anteile verpflichtet, jeder Gläubiger nur zu einem gleichen Anteile berechtigt.

§

421 Schulden mehrere eine Leistung in der Weise, daß jeder die ganze Leistung zu bewirken verpflichtet, der Gläubiger aber die Leistung nur einmal zu fordern berechtigt ist (Gesamtschuldner), so kann der Gläubiger die Leistung nach seinem Belieben von jedem der Schuldner ganz oder zu einem Teile fordern. Bis zur Bewirkung der ganzen Leistung bleiben sämtliche Schuldner verpflichtet.

425 Vereinigung der Sch. mit der Forderung
1. in der Person eines Gesamtschuldners s. **Gesamtschuldner** — Schuldverhältnis;

429 2. in der Person eines Gesamtgläubigers s. **Gesamtgläubiger** — Schuldverhältnis.

431 Schulden mehrere eine unteilbare Leistung, so haften sie als Gesamtschuldner.

432 Hinterlegung einer mehreren Gläubigern gegenüber geschuldeten Sache s. **Gesamtgläubiger** — Schuldverhältnis.

88 **Stiftung** s. **Verein** — Verein 52.

Testament.

2166 Belastung eines vermachten Grundstücks, das zur Erbschaft gehört, mit einer Hypothek für eine Sch. des Erblassers oder für eine Sch., zu deren Berichtigung der Erblasser dem Schuldner gegenüber verpflichtet ist s. **Erblasser** — Testament.

2167 Sind neben dem vermachten Grundstück andere zur Erbschaft gehörende Grundstücke mit der Hypothek belastet, so beschränkt sich die im § 2166 bestimmte Verpflichtung des Vermächtnisnehmers im Zweifel auf den Teil der Sch., der dem Verhältnisse des Wertes des vermachten Grundstücks zu dem Werte der sämtlichen Grundstücke entspricht. Der Wert wird nach § 2166 Abs. 1 Satz 2 berechnet. 2168.

§

2179 Für die Zeit zwischen dem Erbfall und dem Anfalle des Vermächtnisses finden in den Fällen der §§ 2177, 2178 die Vorschriften Anwendung, die für den Fall gelten, daß eine Leistung unter einer aufschiebenden Bedingung geschuldet wird.

Verein.

52 Hinterlegung des vom Verein geschuldeten Betrages, wenn sich im Falle der Auflösung des Vereins ein bekannter Gläubiger nicht meldet s. **Verein** — Verein.

Vertrag.

320 s. **Leistung** — Leistung 273.

322 Klage aus einem gegenseitigen Vertrage auf die geschuldete Leistung s. **Vertrag** — Vertrag.

323 Wird die aus einem gegenseitigen Vertrage dem einen Teile obliegende Leistung infolge eines Umstandes unmöglich, den weder er noch der andere Teil zu vertreten hat, so verliert er den Anspruch auf die Gegenleistung; bei teilweiser Unmöglichkeit mindert sich die Gegenleistung nach Maßgabe der §§ 472, 473.

Verlangt der andere Teil nach § 281 Herausgabe des für den geschuldeten Gegenstand erlangten Ersatzes oder Abtretung des Ersatzanspruchs, so bleibt er zur Gegenleistung verpflichtet; diese mindert sich jedoch nach Maßgabe der §§ 472, 473 insoweit, als der Wert des Ersatzes oder des Ersatzanspruchs hinter dem Werte der geschuldeten Leistung zurückbleibt.

Soweit die nach diesen Vorschriften nicht geschuldete Gegenleistung bewirkt ist, kann das Geleistete nach den Vorschriften über die Herausgabe einer ungerechtfertigten Bereicherung zurückgefordert werden. 325.

329 Verpflichtet sich in einem Vertrage der eine Teil zur Befriedigung eines

§ Gläubigers des anderen Teiles, ohne die Sch. zu übernehmen, so ist im Zweifel nicht anzunehmen, daß der Gläubiger unmittelbar das Recht erwerben soll, die Befriedigung von ihm zu fordern.

337, 338 Anrechnung der Draufgabe auf die von dem Geber geschuldete Leistung f. **Vertrag** — Vertrag.

339 Besteht eine geschuldete Leistung in einem Unterlassen, so tritt die Verwirkung der Vertragsstrafe mit der Zuwiderhandlung ein. 342, 343.

345 f. **Schuldner** — Vertrag.

358 Hat sich der eine Teil den Rücktritt vom Vertrage für den Fall vorbehalten, daß der andere Teil seine Verbindlichkeit nicht erfüllt, und bestreitet dieser die Zulässigkeit des erklärten Rücktritts, weil er erfüllt habe, so hat er die Erfüllung zu beweisen, sofern nicht die geschuldete Leistung in einem Unterlassen besteht.

Verwandtschaft.

1635 Sorge für die Person eines Kindes nach der Ehescheidung:
1. wenn ein Ehegatte allein für schuldig erklärt ist;
2. wenn beide Ehegatten für schuldig erklärt sind. 1637 f. **Kind** — Verwandtschaft.

1654 f. **Güterrecht** — Güterrecht 1386.
1098 **Vorkaufsrecht** f. Kauf 509.

Vormundschaft.

1813 Annahme einer dem Mündel geschuldeten Leistung durch den Vormund f. **Vormundschaft** — Vormundschaft.

Willenserklärung.

121 Die Anfechtung einer irrtümlich abgegebenen oder unrichtig übermittelten Willenserklärung muß in den Fällen der §§ 119, 120 ohne schuldhaftes Zögern (unverzüglich) erfolgen, nachdem der Anfechtungsberechtigte von

§ dem Anfechtungsgrunde Kenntnis erlangt hat. . . . . . .

Schuldanerkenntnis.

Erbvertrag.

2301 Auf ein Schenkungsversprechen, welches unter der Bedingung erteilt wird, daß der Beschenkte den Schenker überlebt, finden die Vorschriften über Verfügungen von Todeswegen Anwendung. Das Gleiche gilt für ein schenkweise unter dieser Bedingung erteiltes Schuldversprechen oder Sch. der in den §§ 780, 781 bezeichneten Art.

Vollzieht der Schenker die Schenkung durch Leistung des zugewendeten Gegenstandes, so finden die Vorschriften über Schenkungen unter Lebenden Anwendung.

Mäklervertrag.

656 Durch das Versprechen eines Lohnes für den Nachweis der Gelegenheit zur Eingehung einer Ehe oder für die Vermittelung des Zustandekommens einer Ehe wird eine Verbindlichkeit nicht begründet. Das auf Grund des Versprechens Geleistete kann nicht deshalb zurückgefordert werden, weil eine Verbindlichkeit nicht bestanden hat.

Diese Vorschriften gelten auch für eine Vereinbarung, durch die der andere Teil zum Zwecke der Erfüllung des Versprechens dem Mäkler gegenüber eine Verbindlichkeit eingeht, insbesondere für ein Sch.

Schenkung.

518 Zur Gültigkeit eines Vertrags, durch den eine Leistung schenkweise versprochen wird, ist die gerichtliche oder notarielle Beurkundung des Versprechens erforderlich. Das Gleiche gilt, wenn ein Schuldversprechen oder ein Sch. der in den §§ 780, 781 bezeichneten Art schenkweise erteilt

§ wird, von dem Versprechen oder der Anerkennungserklärung.

Der Mangel der Form wird durch die Bewirkung der versprochenen Leistung geheilt

Schuldversprechen. Schuldanerkenntnis.

781 Zur Gültigkeit eines Vertrags, durch welchen das Bestehen eines Schuldverhältnisses anerkannt wird (Sch.), ist schriftliche Erteilung der Anerkennungserklärung erforderlich. Ist für die Begründung des Schuldverhältnisses, dessen Bestehen anerkannt wird, eine andere Form vorgeschrieben, so bedarf der Anerkennungsvertrag dieser Form. 782.

782 Wird ein Schuldversprechen oder ein Sch. auf Grund einer Abrechnung oder im Wege des Vergleichs erteilt, so ist die Beobachtung der in den §§ 780, 781 vorgeschriebenen schriftlichen Form nicht erforderlich.

Spiel.

762 Durch Spiel oder durch Wette wird eine Verbindlichkeit nicht begründet. Das auf Grund des Spieles oder der Wette Geleistete kann nicht deshalb zurückgefordert werden, weil eine Verbindlichkeit nicht bestanden hat.

Diese Vorschriften gelten auch für eine Vereinbarung, durch die der verlierende Teil zum Zwecke der Erfüllung einer Spiel- oder einer Wettschuld dem gewinnenden Teile gegenüber eine Verbindlichkeit eingeht, insbesondere für ein Sch. 763.

Schuldbuch s. auch **Reichsschuldbuch, Staatsschuldbuch.**

Art.

97 **Einführungsgesetz** s. **E.G.** — E.G.

§ **Testament.**

2118 Gehören zur Erbschaft Buchforderungen gegen das Reich oder einen Bundesstaat, so ist der Vorerbe auf Verlangen des Nacherben verpflichtet, in das Sch. den Vermerk eintragen zu lassen, daß er über die Forderungen nur mit Zustimmung des Nacherben verfügen kann. 2136.

1667 **Verwandtschaft** s. Vormundschaft 1816.

Vormundschaft.

1816 Gehören Buchforderungen gegen das Reich oder gegen einen Bundesstaat bei der Anordnung der Vormundschaft zu dem Vermögen des Mündels oder erwirbt der Mündel später solche Forderungen, so hat der Vormund in das Sch. den Vermerk eintragen zu lassen, daß er über die Forderungen nur mit Genehmigung des Vormundschaftsgerichts verfügen kann. 1817, 1820, 1853.

Schuldenhaftung.

Güterrecht.

1410—1417 Sch. während der Ehe bei g. Güterrecht s. **Güterrecht** — Güterrecht.

1525 s. **Errungenschaftsgemeinschaft** — Güterrecht.

1660 **Verwandtschaft** s. **Güterrecht** — Güterrecht 1415—1417.

Schuldner

s. auch **Hauptschuldner, Gesamtschuldner, Selbstschuldner.**

Anweisung.

787 Im Falle einer Anweisung auf Schuld wird der Angewiesene durch die Leistung in deren Höhe von der Schuld befreit.

Zur Annahme der Anweisung oder zur Leistung an den Anweisungsempfänger ist der Angewiesene dem Anweisenden gegenüber nicht schon deshalb verpflichtet, weil er Sch. des Anweisenden ist.

664 **Auftrag** s. **Leistung** — Leistung 278.

§

774 **Bürgschaft** s. **Gesamtschuldner** — Schuldverhältnis 426.

Darlehen.

607 s. **Darlehen** — Darlehen.

609 Kündigung eines Darlehens durch den Sch. s. **Darlehen** — Darlehen.

Eigentum.

1010 s. Gemeinschaft 756.

1011 s. **Gesamtgläubiger** — Schuldverhältnis 432.

Art. **Einführungsgesetz.**

33 G. betreffend die Anfechtung von Rechtshandlungen eines Sch. außerhalb des Konkursverfahrens, vom 21. Juli 1879 (Reichs-Gesetzbl. S. 277) s. **E.G.** — E.G.

91 177 s. **E.G.** — E.G.

95 s. **Leistung** — Leistung § 278.

99, 102, 177, 178 s. **Gläubiger** — Schuldverschreibung § 808.

145 s. **Gläubiger** — Schuldverhältnis § 382.

146 s. **Gläubiger** — Schuldverhältnis §§ 372—374, 376, 378—382, s. Schuldverhältnis § 377.

§ **Erbe.**

2019 Die Zugehörigkeit einer durch Rechtsgeschäft mit Mitteln der Erbschaft erworbenen Forderung zur Erbschaft hat der Sch. erst dann gegen sich gelten zu lassen, wenn er von der Zugehörigkeit Kenntnis erlangt; die Vorschriften der §§ 406—408 finden entsprechende Anwendung. 2041.

Gemeinschaft.

2042 s. Gemeinschaft 756.

756 Hat ein Teilhaber gegen einen anderen Teilhaber eine Forderung, die sich auf die Gemeinschaft gründet, so kann er bei der Aufhebung der Gemeinschaft die Berichtigung seiner Forderung aus dem auf den Sch. entfallenden Teile des gemeinschaftlichen Gegenstandes verlangen. Die Vorschriften des § 755 Abs. 2, 3 finden Anwendung. 741.

§ **Gesellschaft.**

719 Der Sch. kann eine ihm gegen den einzelnen Gesellschafter zustehende Forderung nicht gegen eine zum Gesellschaftsvermögen gehörige Forderung aufrechnen.

720 Die Zugehörigkeit einer nach § 718 Abs. 1 erworbenen Forderung zum Gesellschaftsvermögen hat der Sch. erst dann gegen sich gelten zu lassen, wenn er von der Zugehörigkeit Kenntnis erlangt; die Vorschriften der §§ 406—408 finden ensprechende Anwendung.

733 s. **Gläubiger** — Gesellschaft.

Güterrecht.

1439 Von dem Gesamtgut der a. Gütergemeinschaft ausgeschlossen sind Gegenstände, die nicht durch Rechtsgeschäft übertragen werden können. Auf solche Gegenstände finden die bei der Errungenschaftsgemeinschaft für das eingebrachte Gut geltenden Vorschriften, mit Ausnahme des § 1524, entsprechende Anwendung.

1442 Gegen eine Forderung, die zu dem Gesamtgut der a. Gütergemeinschaft gehört, kann der Sch. nur eine Forderung aufrechnen, deren Berichtigung aus dem Gesamtgut verlangt werden kann. 1471, 1487, 1497, 1519, 1546.

1473 Die Zugehörigkeit einer durch Rechtsgeschäft erworbenen Forderung zum Gesamtgut der a. Gütergemeinschaft hat der Sch. erst dann gegen sich gelten zu lassen, wenn er von der Zugehörigkeit Kenntnis erlangt. Die Vorschriften der §§ 406—408 finden entsprechende Anwendung. 1497, 1546.

1486 Gehören bei der f. Gütergemeinschaft zu dem Vermögen des überlebenden Ehegatten Gegenstände, die nicht durch Rechtsgeschäft übertragen werden können, so finden auf sie die bei der Errungenschaftsgemeinschaft für das

§ eingebrachte Gut des Mannes geltenden Vorschriften, mit Ausnahme des § 1524, entsprechende Anwendung. 1518.

1487 Die Rechte und Verbindlichkeiten des überlebenden Ehegatten sowie der anteilsberechtigten Abkömmlinge in Ansehung des Gesamtguts der f. Gütergemeinschaft bestimmen sich nach den für die eheliche Gütergemeinschaft geltenden Vorschriften der §§ 1442 bis 1449, 1455 bis 1457, 1466; der überlebende Ehegatte hat die rechtliche Stellung des Mannes, die anteilsberechtigten Abkömmlinge haben die rechtliche Stellung der Frau.

Was der überlebende Ehegatte zu dem Gesamtgute schuldet oder aus dem Gesamtgute zu fordern hat, ist erst nach der Beendigung der f. Gütergemeinschaft zu leisten. 1518.

1497 Bis zur Auseinandersetzung bestimmt sich das Rechtsverhältnis der Teilhaber am Gesamtgute der f. Gütergemeinschaft nach den §§ 1442, 1472, 1473. 1518.

1519, 1546 f. **Errungenschaftsgemeinschaft** — Güterrecht.

1524 Die Zugehörigkeit einer durch Rechtsgeschäft erworbenen Forderung zum eingebrachten Gut hat der Sch. bei der Errungenschaftsgemeinschaft erst dann gegen sich gelten zu lassen, wenn er von der Zugehörigkeit Kenntnis erlangt, die Vorschriften der §§ 406 bis 408 finden entsprechende Anwendung. 1439, 1486, 1554.

1554 f. **Fahrnisgemeinschaft** — Güterrecht.

846 **Handlung** f. Leistung 254.

Hypothek.

1137 Der Eigentümer kann gegen die Hypothek die dem persönlichen Sch. gegen die Forderung sowie die nach § 770 einem Bürgen zustehenden Einreden geltend machen. Stirbt der persönliche Sch., so kann sich der Eigentümer nicht darauf berufen, daß der Erbe für die Schuld nur beschränkt haftet.

Ist der Eigentümer nicht der persönliche Sch. so verliert er eine Einrede nicht dadurch, daß dieser auf sie verzichtet. 1138.

1142, 1146, 1164—1167, 1174, 1176 f. **Gläubiger** — Hypothek.

1150 f. **Gläubiger** — Leistung 268.

1156 f. **Gläubiger** — Schuldverhältnis 406—408.

1158 f. **Gläubiger** — Schuldverhältnis 404, 406—408.

1161 Ist der Eigentümer des mit einer Hypothek belasteten Grundstücks der persönliche Sch., so finden die Vorschriften des § 1160 auch auf die Geltendmachung der Hypothekenforderung Anwendung.

Kauf.

438 Haftung des Verkäufers einer Forderung für die Zahlungsfähigkeit des Sch. f. **Kauf** — Kauf.

457 f. **Gläubiger** — Schuldverhältnis 383, f. **Hinterlegung** — Schuldverhältnis 385.

458 f. **Gläubiger** — Kauf.

Leistung.

241—292 Verpflichtung zur Leistung.

241, 264, 267, 268, 270, 271, 273, 274, 280, 281, 283, 284, 286, 290, 292 f. **Gläubiger** — Leistung.

242 Der Sch. ist verpflichtet, die Leistung so zu bewirken, wie Treu und Glauben mit Rücksicht auf die Verkehrssitte es erfordern.

243 Wer eine nur der Gattung nach bestimmte Sache schuldet, hat eine Sache von mittlerer Art und Güte zu leisten.

Hat der Sch. das zur Leistung einer solchen Sache seinerseits Erforderliche gethan, so beschränkt sich das Schuldverhältnis auf diese Sache.

§

247 Kündigungsrecht des Sch. s. **Leistung** — Leistung.

254 Hat bei der Entstehung eines Schadens, der nicht Vermögensschaden ist, ein Verschulden des Beschädigten mitgewirkt, so hängt die Verpflichtung zum Ersatze sowie der Umfang des zu leistenden Ersatzes von den Umständen, insbesondere davon ab, inwieweit der Schaden vorwiegend von dem einen oder dem anderen Teile verursacht worden ist.

Dies gilt auch dann, wenn sich das Verschulden des Beschädigten darauf beschränkt, daß er unterlassen hat, den Sch. auf die Gefahr eines ungewöhnlich hohen Schadens aufmerksam zu machen, die der Sch. weder kannte noch kennen mußte, oder daß er unterlassen hat, den Schaden abzuwenden oder zu mindern. Die Vorschrift des § 278 findet entsprechende Anwendung.

262—265 Wahlrecht des Sch. s. **Leistung** — Leistung.

266 Der Sch. ist zu Teilleistungen nicht berechtigt.

269 Ist ein Ort für die Leistung weder bestimmt noch aus den Umständen, insbesondere aus der Natur des Schuldverhältnisses, zu entnehmen, so hat die Leistung an dem Orte zu erfolgen, an welchem der Sch. zur Zeit der Entstehung des Schuldverhältnisses seinen Wohnsitz hatte.

Ist die Verbindlichkeit im Gewerbebetriebe des Sch. entstanden, so tritt, wenn der Sch. seine gewerbliche Niederlassung an einem anderen Orte hatte, der Ort der Niederlassung an die Stelle des Wohnsitzes.

Aus dem Umstand allein, daß der Sch. die Kosten der Versendung übernommen hat, ist nicht zu entnehmen, daß der Ort, nach welchem die Versendung zu erfolgen hat, der Leistungsort sein soll.

272 Bezahlt der Sch. eine unverzinsliche Schuld vor der Fälligkeit, so ist er zu einem Abzuge wegen der Zwischenzinsen nicht berechtigt.

275 Der Sch. wird von der Verpflichtung zur Leistung frei, soweit die Leistung infolge eines nach der Entstehung des Schuldverhältnisses eintretenden Umstandes, den er nicht zu vertreten hat, unmöglich wird.

Einer nach der Entstehung des Schuldverhältnisses eintretenden Unmöglichkeit steht das nachträglich eintretende Unvermögen des Sch. zur Leistung gleich.

276 Haftung des Sch.

1. wegen Vorsatzes 300.
2. wegen Fahrlässigkeit 287, 300 s. **Leistung** — Leistung.

278 3. für ein Verschulden seines g. Vertreters und der Personen, deren er sich zur Erfüllung seiner Verbindlichkeit bedient s. **Leistung** — Leistung.

287 4. für Unmöglichkeit der Leistung s. **Leistung** — Leistung.

279 Ist der geschuldete Gegenstand nur der Gattung nach bestimmt, so hat der Sch., solange die Leistung aus der Gattung möglich ist, sein Unvermögen zur Leistung auch dann zu vertreten, wenn ihm ein Verschulden nicht zur Last fällt.

282 Ist streitig, ob die Unmöglichkeit der Leistung die Folge eines von dem Sch. zu vertretenden Umstandes ist, so trifft die Beweislast den Sch.

283—292 Verzug des Sch. s. **Leistung** — Leistung.

285 Der Sch. kommt nicht in Verzug, so lange die Leistung infolge eines Umstandes unterbleibt, den er nicht zu vertreten hat.

291 Eine Geldschuld hat der Sch. von

§
2166 s. **Gläubiger** — Testament.

Verjährung.

196 In zwei Jahren verjähren die Ansprüche:

1. der Kaufleute, Fabrikanten, Handwerker und derjenigen, welche ein Kunstgewerbe betreiben, für Lieferung von Waren, Ausführung von Arbeiten und Besorgung fremder Geschäfte, mit Einschluß der Auslagen, es sei denn, daß die Leistung für den Gewerbebetrieb des Sch. erfolgt;
2. derjenigen, welche Land- oder Forstwirtschaft betreiben, für Lieferung von land- oder forstwirtschaftlichen Erzeugnissen, sofern die Lieferung zur Verwendung im Haushalte des Sch. erfolgt;
3. . . .

Soweit die im Abs. 1 Nr. 1, 2, 5 bezeichneten Ansprüche nicht der Verjährung von zwei Jahren unterliegen, verjähren sie in vier Jahren. 201.

Vertrag.

320 s. **Gläubiger** — Leistung 273.
322 s. **Gläubiger** — Leistung 274.
323 s. **Gläubiger** — Leistung 281.
325 s. **Gläubiger** — Leistung 280, 283.
339—341, 343, 360 s. **Gläubiger** — Vertrag.
345 Bestreitet der Sch. die Verwirkung der Vertragsstrafe, weil er seine Verbindlichkeit erfüllt habe, so hat er die Erfüllung zu beweisen, sofern nicht die geschuldete Leistung in einem Unterlassen besteht.
351 s. **Leistung** — Leistung 278.
691 **Verwahrung** s. **Leistung** — Leistung 278.

Schuldschein.

Eigentum.

952 Das Eigentum an dem über eine Forderung ausgestellten Sch. steht dem Gläubiger zu. Das Recht eines Dritten an der Forderung erstreckt sich auf den Sch.

Schuldverhältnis.

371 Ist über eine Forderung ein Sch. ausgestellt worden, so kann der Schuldner neben der Quittung Rückgabe des Sch. verlangen. Behauptet der Gläubiger, zur Rückgabe außer Stande zu sein, so kann der Schuldner das öffentlich beglaubigte Anerkenntnis verlangen, daß die Schuld erloschen sei.

Art. **Schuldtitel.**

131 **Einführungsgesetz** s. Gemeinschaft § 751.

§
2042 **Erbe** 2044 s. Gemeinschaft 751.

Gemeinschaft.

751 Hat ein Gläubiger die Pfändung des Anteils eines Teilhabers erwirkt, so kann er ohne Rücksicht auf eine gegenteilige Vereinbarung die Aufhebung der Gemeinschaft verlangen, sofern der Sch. nicht blos vorläufig vollstreckbar ist. 741.

Gesellschaft.

725 Hat ein Gläubiger eines Gesellschafters die Pfändung des Anteils des Gesellschafters an dem Gesellschaftsvermögen erwirkt, so kann er die Gesellschaft ohne Einhaltung einer Kündigungsfrist kündigen, sofern der Sch. nicht blos vorläufig vollstreckbar ist.

Schuldübernahme.

Schuldverhältnis.

414—419 Sch.
414 Eine Schuld kann von einem Dritten durch Vertrag mit dem Gläubiger in der Weise übernommen werden, daß der Dritte an die Stelle des bisherigen Schuldners tritt.
415 Wird die Sch. von dem Dritten mit dem Schuldner vereinbart, so hängt

§ ihre Wirksamkeit von der Genehmigung des Gläubigers ab. Die Genehmigung kann erst erfolgen, wenn der Schuldner oder der Dritte dem Gläubiger die Sch. mitgeteilt hat. Bis zur Genehmigung können die Parteien den Vertrag ändern oder aufheben.

Wird die Genehmigung verweigert, so gilt die Sch. als nicht erfolgt. Fordert der Schuldner oder der Dritte den Gläubiger unter Bestimmung einer Frist zur Erklärung über die Genehmigung auf, so kann die Genehmigung nur bis zum Ablaufe der Frist erklärt werden; wird sie nicht erklärt, so gilt sie als verweigert.

Solange nicht der Gläubiger die Genehmigung erteilt hat, ist im Zweifel der Übernehmer dem Schuldner gegenüber verpflichtet, den Gläubiger rechtzeitig zu befriedigen. Das Gleiche gilt, wenn der Gläubiger die Genehmigung verweigert. 416.

416 Übernimmt der Erwerber eines Grundstücks durch Vertrag mit dem Veräußerer eine Schuld des Veräußerers, für die eine Hypothek an dem Grundstücke besteht, so kann der Gläubiger die Sch. nur genehmigen, wenn der Veräußerer sie ihm mitteilt. Sind seit dem Empfange der Mitteilung sechs Monate verstrichen, so gilt die Genehmigung als erteilt, wenn nicht der Gläubiger sie dem Veräußerer gegenüber vorher verweigert hat; die Vorschrift des § 415 Abs. 2 Satz 2 findet keine Anwendung.

Die Mitteilung des Veräußerers kann erst erfolgen, wenn der Erwerber als Eigentümer im Grundbuch eingetragen ist. Sie muß schriftlich geschehen und den Hinweis enthalten, daß der Übernehmer an die Stelle des bisherigen Schuldners tritt, wenn nicht der Gläubiger die Verweigerung innerhalb der sechs Monate erklärt.

§ Der Veräußerer hat auf Verlangen des Erwerbers dem Gläubiger die Sch. mitzuteilen. Sobald die Erteilung oder Verweigerung der Genehmigung feststeht, hat der Veräußerer den Erwerber zu benachrichtigen.

417 Der Übernehmer einer Sch. kann dem Gläubiger die Einwendungen entgegensetzen, welche sich aus dem Rechtsverhältnisse zwischen dem Gläubiger und dem bisherigen Schuldner ergeben. Eine dem bisherigen Schuldner zustehende Forderung kann er nicht aufrechnen.

Aus dem der Sch. zu Grunde liegenden Rechtsverhältnisse zwischen dem Übernehmer und dem bisherigen Schuldner kann der Übernehmer dem Gläubiger gegenüber Einwendungen nicht herleiten.

418 Infolge der Sch. erlöschen die für die Forderung bestellten Bürgschaften und Pfandrechte. Besteht für die Forderung eine Hypothek, so tritt das Gleiche ein, wie wenn der Gläubiger auf die Hypothek verzichtet. Diese Vorschriften finden keine Anwendung, wenn der Bürge oder derjenige, welchem der verhaftete Gegenstand zur Zeit der Sch. gehört, in diese einwilligt.

Ein mit der Forderung für den Fall des Konkurses verbundenes Vorzugsrecht kann nicht im Konkurs über das Vermögen des Übernehmers geltend gemacht werden.

419 Übernimmt jemand durch Vertrag das Vermögen eines anderen, so können dessen Gläubiger, unbeschadet der Fortdauer der Haftung des bisherigen Schuldners, von dem Abschlusse des Vertrags an ihre zu dieser Zeit bestehenden Ansprüche auch gegen den Übernehmer geltend machen.

Die Haftung des Übernehmers beschränkt sich auf den Bestand des

§ Einer nach der Entstehung des Sch. eintretenden Unmöglichkeit steht das nachträglich eintretende Unvermögen des Schuldners zur Leistung gleich.

292 Hat der Schuldner einen bestimmten Gegenstand herauszugeben, so bestimmt sich von dem Eintritte der Rechtshängigkeit an der Anspruch des Gläubigers auf Schadensersatz wegen Verschlechterung, Unterganges oder einer aus einem anderen Grunde eintretenden Unmöglichkeit der Herausgabe nach den Vorschriften, welche für das Verhältnis zwischen dem Eigentümer und dem Besitzer von dem Eintritte der Rechtshängigkeit des Eigentumsanspruchs an gelten, soweit nicht aus dem Sch. oder dem Verzuge des Schuldners sich zu Gunsten des Gläubigers ein anderes ergiebt.

Das Gleiche gilt von dem Anspruche des Gläubigers auf Herausgabe oder Vergütung von Nutzungen und von dem Anspruche des Schuldners auf Ersatz von Verwendungen.

1109 **Reallasten** s. **Gesamtgläubiger** — Schuldverhältnis 432.

518 **Schenkung** s. **Schuldversprechen** — Schuldversprechen 781.

Schuldverhältnis §§ 362—432.

362—371 **Erfüllung** s. **Erfüllung** — Schuldverhältnis.

372—386 **Hinterlegung** s. **Hinterlegung** — Schuldverhältnis.

387—396 Aufrechnung.

387 Schulden zwei Personen einander Leistungen, die ihrem Gegenstande nach gleichartig sind, so kann jeder Teil seine Forderung gegen die Forderung des anderen Teiles aufrechnen, sobald er die ihm gebührende Leistung fordern und die ihm obliegende Leistung bewirken kann.

388 Die Aufrechnung erfolgt durch Erklärung gegenüber dem anderen Teile. Die Erklärung ist unwirksam, wenn sie unter einer Bedingung oder einer Zeitbestimmung abgegeben wird.

389 Die Aufrechnung bewirkt, daß die Forderungen, soweit sie sich decken, als in dem Zeitpunkt erloschen gelten, in welchem sie zur Aufrechnung geeignet einander gegenübergetreten sind.

390 Eine Forderung, der eine Einrede entgegensteht, kann nicht aufgerechnet werden. Die Verjährung schließt die Aufrechnung nicht aus, wenn die verjährte Forderung zu der Zeit, zu welcher sie gegen die andere Forderung aufgerechnet werden konnte, noch nicht verjährt war.

391 Die Aufrechnung zweier Forderungen wird nicht dadurch ausgeschlossen, daß für die Forderungen verschiedene Leistungs- oder Ablieferungsorte bestehen. Der aufrechnende Teil hat jedoch den Schaden zu ersetzen, den der andere Teil dadurch erleidet, daß er in Folge der Aufrechnung die Leistung nicht an dem bestimmten Orte erhält oder bewirken kann.

Ist vereinbart, daß die Leistung zu einer bestimmten Zeit an einem bestimmten Orte erfolgen soll, so ist im Zweifel anzunehmen, daß die Aufrechnung einer Forderung, für die ein anderer Leistungsort besteht, ausgeschlossen sein soll.

392 Durch die Beschlagnahme einer Forderung wird die Aufrechnung einer dem Schuldner gegen den Gläubiger zustehenden Forderung nur dann ausgeschlossen, wenn der Schuldner seine Forderung nach der Beschlagnahme erworben hat oder wenn seine Forderung erst nach der Beschlagnahme und später als die in Beschlag genommene Forderung fällig geworden ist.

393 Gegen eine Forderung aus einer vorsätzlich begangenen unerlaubten Handlung ist die Aufrechnung nicht zulässig.

394 Soweit eine Forderung der Pfändung

§ nicht unterworfen ist, findet die Aufrechnung gegen die Forderung nicht statt. Gegen die aus Kranken-, Hilfs- oder Sterbekassen, insbesondere aus Knappschaftskassen und Kassen der Knappschaftsvereine, zu beziehenden Hebungen können jedoch geschuldete Beiträge aufgerechnet werden.

395 Gegen eine Forderung des Reichs oder eines Bundesstaats sowie gegen eine Forderung einer Gemeinde oder eines anderen Kommunalverbandes ist die Aufrechnung nur zulässig, wenn die Leistung an dieselbe Kasse zu erfolgen hat, aus der die Forderung des Aufrechnenden zu berichtigen ist.

396 Hat der eine oder der andere Teil mehrere zur Aufrechnung geeignete Forderungen, so kann der aufrechnende Teil die Forderungen bestimmen, die gegen einander aufgerechnet werden sollen. Wird die Aufrechnung ohne eine solche Bestimmung erklärt oder widerspricht der andere Teil unverzüglich, so findet die Vorschrift des § 366 Abs. 2 entsprechende Anwendung.

Schuldet der aufrechnende Teil dem anderen Teile außer der Hauptleistung Zinsen und Kosten, so finden die Vorschriften des § 367 entsprechende Anwendung.

397 Erlaß f. **Erlass** — Schuldverhältnis.

398—413 Übertragung der Forderung f. **Forderung** — Schuldverhältnis.

414—419 Schuldübernahme f. **Schuldübernahme** — Schuldverhältnis.

420—432 Mehrheit von Schuldnern und Gläubigern.

420—427, 431 f. **Gesamtschuldner** — Schuldverhältnis.

428—430, 432 f. **Gesamtgläubiger** — Schuldverhältnis.

781 **Schuldversprechen** f. **Schuldversprechen** — Schuldversprechen.

2111 **Testament** f. **Forderung** — Schuldverhältnis 406—408.

§ **Vertrag.**

305 Zur Begründung eines Sch. durch Rechtsgeschäft sowie zur Änderung des Inhalts eines Sch. ist ein Vertrag zwischen den Beteiligten erforderlich, soweit nicht das G. ein anderes vorschreibt.

Schuldverschreibung.

Art. **Einführungsgesetz.**

99, 177 f. Schuldverschreibung § 808.

100, 101, 174, 176, 178 f. **E.G.** — E.G.

102 f. Schuldverschreibung §§ 807, 808.

§ **Hypothek.**

1187 Für die Forderung aus einer Sch. auf den Inhaber . . . . . kann nur eine Sicherungshypothek bestellt werden. . . . . . 1189.

1188 Zur Bestellung einer Hypothek für die Forderung aus einer Sch. auf den Inhaber genügt die Erklärung des Eigentümers gegenüber dem Grundbuchamte, daß er die Hypothek bestelle und die Eintragung in das Grundbuch; die Vorschrift des § 878 findet Anwendung.

Die Ausschließung des Gläubigers mit seinem Rechte nach § 1170 ist nur zulässig, wenn die im § 801 bezeichnete Vorlegungsfrist verstrichen ist. Ist innerhalb der Frist die Sch. vorgelegt oder der Anspruch aus der Urkunde gerichtlich geltend gemacht worden, so kann die Ausschließung erst erfolgen, wenn die Verjährung eingetreten ist.

Leistung.

247 Ist ein höherer Zinssatz als sechs vom Hundert für das Jahr vereinbart, so kann der Schuldner nach dem Ablaufe von sechs Monaten das Kapital unter Einhaltung einer Kündigungsfrist von sechs Monaten kündigen. Das Kündigungsrecht kann nicht durch Vertrag ausgeschlossen oder beschränkt werden.

§ Diese Vorschriften gelten nicht für Sch. auf den Inhaber.

248 Sparkassen, Kreditanstalten und Inhaber von Bankgeschäften können im voraus vereinbaren, daß nicht erhobene Zinsen von Einlagen als neue verzinsliche Einlagen gelten sollen. Kreditanstalten, die berechtigt sind, für den Betrag der von ihnen gewährten Dahrlehen verzinsliche Sch. auf den Inhaber auszugeben, können sich bei solchen Darlehen die Verzinsung rückständiger Zinsen im voraus versprechen lassen.

Pfandrecht.

1270 Auf das Pfandrecht für die Forderung aus einer Sch. auf den Inhaber, aus einem Wechsel oder aus einem anderen Papiere, das durch Indossament übertragen werden kann, finden die Vorschriften des § 1189, auf das Pfandrecht für die Forderung aus einer Sch. auf den Inhaber finden auch die Vorschriften des § 1188 entsprechende Anwendung. 1259, 1272.

Schuldverschreibung auf den Inhaber §§ 793—808.

793 Hat jemand eine Urkunde ausgestellt, in der er dem Inhaber der Urkunde eine Leistung verspricht (Sch. auf den Inhaber), so kann der Inhaber von ihm die Leistung nach Maßgabe des Versprechens verlangen, es sei denn, daß er zur Verfügung über die Urkunde nicht berechtigt ist. Der Aussteller wird jedoch auch durch die Leistung an einem nicht zur Verfügung berechtigten Inhaber befreit.

Die Gültigkeit der Unterzeichnung kann durch eine in die Urkunde aufgenommene Bestimmung von der Beobachtung einer besonderen Form abhängig gemacht werden. Zur Unterzeichnung genügt eine im Wege der mechanischen Vervielfältigung hergestellte Namensunterschrift. 807.

794 Der Aussteller wird aus einer Sch. auf den Inhaber auch dann verpflichtet, wenn sie ihm gestohlen worden oder verloren gegangen oder wenn sie sonst ohne seinen Willen in den Verkehr gelangt ist.

Auf die Wirksamkeit einer Sch. auf den Inhaber ist es ohne Einfluß, wenn die Urkunde ausgegeben wird, nachdem der Aussteller gestorben oder geschäftsunfähig geworden ist. 807.

795 Im Inland ausgestellte Sch. auf den Inhaber, in denen die Zahlung einer bestimmten Geldsumme versprochen wird, dürfen nur mit staatlicher Genehmigung in den Verkehr gebracht werden.

Die Genehmigung wird durch die Centralbehörde des Bundesstaats erteilt, in dessen Gebiete der Aussteller seinen Wohnsitz oder seine gewerbliche Niederlassung hat. Die Erteilung der Genehmigung und die Bestimmungen, unter denen sie erfolgt, sollen durch den Deutschen Reichsanzeiger bekannt gemacht werden.

Eine ohne staatliche Genehmigung in den Verkehr gelangte Sch. ist nichtig; der Aussteller hat dem Inhaber den durch die Ausgabe verursachten Schaden zu ersetzen.

Diese Vorschriften finden keine Anwendung auf Sch., die von dem Reiche oder einem Bundesstaat ausgegeben werden.

796 Der Aussteller kann dem Inhaber der Sch. nur solche Einwendungen entgegensetzen, welche die Gültigkeit der Ausstellung betreffen oder sich aus der Urkunde ergeben oder dem Aussteller unmittelbar gegen den Inhaber zustehen. 807.

797 Der Aussteller ist nur gegen Aus-

§ händigung der Sch. zur Leistung verpflichtet. Mit der Aushändigung erwirbt er das Eigentum an der Urkunde, auch wenn der Inhaber zur Verfügung über sie nicht berechtigt ist. 807.

798 Ist eine Sch. auf den Inhaber infolge einer Beschädigung oder einer Verunstaltung zum Umlaufe nicht mehr geeignet, so kann der Inhaber, sofern ihr wesentlicher Inhalt und ihre Unterscheidungsmerkmale noch mit Sicherheit erkennbar sind, von dem Aussteller die Erteilung einer neuen Sch. auf den Inhaber gegen Aushändigung der beschädigten oder verunstalteten verlangen. Die Kosten hat er zu tragen und vorzuschießen.

799 Eine abhanden gekommene oder vernichtete Sch. auf den Inhaber kann, wenn nicht in der Urkunde das Gegenteil bestimmt ist, im Wege des Aufgebotsverfahrens für kraftlos erklärt werden. Ausgenommen sind Zins-, Renten- und Gewinnanteilscheine sowie die auf Sicht zahlbaren unverzinslichen Sch.

Der Aussteller ist verpflichtet, dem bisherigen Inhaber auf Verlangen die zur Erwirkung des Aufgebots oder der Zahlungssperre erforderliche Auskunft zu erteilen und die erforderlichen Zeugnisse auszustellen. Die Kosten der Zeugnisse hat der bisherige Inhaber zu tragen und vorzuschießen.

800 Ist eine Sch. auf den Inhaber für kraftlos erklärt, so kann derjenige, welcher das Ausschlußurteil erwirkt hat, von dem Aussteller, unbeschadet der Befugnis, den Anspruch aus der Urkunde geltend zu machen, die Erteilung einer neuen Sch. auf den Inhaber an Stelle der für kraftlos erklärten verlangen. Die Kosten hat er zu tragen und vorzuschießen.

801 Der Anspruch aus einer Sch. auf den Inhaber erlischt mit dem Ablaufe von dreißig Jahren nach dem Eintritte der für die Leistung bestimmten Zeit, wenn nicht die Urkunde vor dem Ablaufe der dreißig Jahre dem Aussteller zur Einlösung vorgelegt wird. Erfolgt die Vorlegung, so verjährt der Anspruch in zwei Jahren von dem Ende der Vorlegungsfrist an. Der Vorlegung steht die gerichtliche Geltendmachung des Anspruchs aus der Urkunde gleich.

Bei Zins-, Renten- und Gewinnanteilscheinen beträgt die Vorlegungsfrist vier Jahre. Die Frist beginnt mit dem Schlusse des Jahres, in welchem die für die Leistung bestimmte Zeit eintritt.

Die Dauer und der Beginn der Vorlegungsfrist können von dem Aussteller in der Urkunde anders bestimmt werden.

802 Der Beginn und der Lauf der Vorlegungsfrist sowie der Verjährung des Anspruchs aus einer Sch. auf den Inhaber werden durch die Zahlungssperre zu Gunsten des Antragstellers gehemmt. Die Hemmung beginnt mit der Stellung des Antrags auf Zahlungssperre; sie endigt mit der Erledigung des Aufgebotsverfahrens und, falls die Zahlungssperre vor der Einleitung des Verfahrens verfügt worden ist, auch dann, wenn seit der Beseitigung des der Einleitung entgegenstehenden Hindernisses sechs Monate verstrichen sind und nicht vorher die Einleitung beantragt worden ist. Auf diese Frist finden die Vorschriften der §§ 203, 206, 207 entsprechende Anwendung. 808.

803 Werden für eine Sch. auf den Inhaber Zinsscheine ausgegeben, so bleiben die Scheine, sofern sie nicht eine gegenteilige Bestimmung enthalten, in Kraft, auch wenn die Hauptforderung erlischt

§ oder die Verpflichtung zur Verzinsung aufgehoben oder geändert wird.

Werden solche Zinsscheine bei der Einlösung der Hauptsch. nicht zurückgegeben, so ist der Aussteller berechtigt, den Betrag zurückzubehalten, den er nach Abs. 1 für die Scheine zu zahlen verpflichtet ist.

804 Ist ein für eine Sch. auf den Inhaber ausgegebener Zins-, Renten- oder Gewinnanteilschein abhanden gekommen oder vernichtet und hat der bisherige Inhaber den Verlust dem Aussteller vor dem Ablaufe der Vorlegungsfrist angezeigt, so kann der bisherige Inhaber nach dem Ablaufe der Frist die Leistung von dem Aussteller verlangen. Der Anspruch ist ausgeschlossen, wenn der abhanden gekommene Schein dem Aussteller zur Einlösung vorgelegt oder der Anspruch aus dem Scheine gerichtlich geltend gemacht worden ist, es sei denn, daß die Vorlegung oder die gerichtliche Geltendmachung nach dem Ablaufe der Frist erfolgt ist. Der Anspruch verjährt in vier Jahren.

In dem Zins-, Renten- oder Gewinnanteilscheine kann der im Abs. 1 bestimmte Anspruch ausgeschlossen werden.

805 Neue Zins- oder Rentenscheine für eine Sch. auf den Inhaber dürfen an den Inhaber der zum Empfange der Scheine ermächtigenden Urkunde (Erneuerungsschein) nicht ausgegeben werden, wenn der Inhaber der Sch. der Ausgabe widersprochen hat. Die Scheine sind in diesem Falle dem Inhaber der Sch. auszuhändigen, wenn er die Sch. vorlegt.

806 Die Umschreibung einer auf den Inhaber lautenden Sch. auf den Namen eines bestimmten Berechtigten kann nur durch den Aussteller erfolgen. Der Aussteller ist zur Umschreibung nicht verpflichtet.

807 Werden Karten, Marken oder ähnliche Urkunden, in denen ein Gläubiger nicht bezeichnet ist, von dem Aussteller unter Umständen ausgegeben, aus welchen sich ergiebt, daß er dem Inhaber zu einer Leistung verpflichtet sein will, so finden die Vorschriften des § 793 Abs. 1 und der §§ 794, 796, 797 entsprechende Anwendung.

808 Wird eine Urkunde, in welcher der Gläubiger benannt ist, mit der Bestimmung ausgegeben, daß die in der Urkunde versprochene Leistung an jeden Inhaber bewirkt werden kann, so wird der Schuldner durch die Leistung an den Inhaber der Urkunde befreit. Der Inhaber ist nicht berechtigt, die Leistung zu verlangen.

Der Schuldner ist nur gegen Aushändigung der Urkunde zur Leistung verpflichtet. Ist die Urkunde abhanden gekommen oder vernichtet, so kann sie, wenn nicht ein anderes bestimmt ist, im Wege des Aufgebotsverfahrens für kraftlos erklärt werden. Die im § 802 für die Verjährung gegebenen Vorschriften finden Anwendung.

1643 **Verwandtschaft** s. Vormundschaft 1822.

Vormundschaft.

1822 Der Vormund bedarf der Genehmigung des Vormundschaftsgerichts:

1. . . . .
9. zur Ausstellung einer Sch. auf den Inhaber oder zur Eingehung einer Verbindlichkeit aus einem Wechsel oder einem andern Papier, das durch Indossament übertragen werden kann. 1812, 1825.

Schuldversprechen.

2301 **Erbvertrag** s. **Schuldanerkenntnis** — Erbvertrag.

§

518 **Schenkung** s. **Schuldanerkenntnis** — Schenkung.

Schuldversprechen, Schuldanerkenntnis §§ 780—782.

780 Zur Gültigkeit eines Vertrags, durch den eine Leistung in der Weise versprochen wird, daß das Versprechen die Verpflichtung selbständig begründen soll (Sch.) ist, soweit nicht eine andere Form vorgeschrieben ist, schriftliche Erteilung des Versprechens erforderlich. 782.

781 Zur Gültigkeit eines Vertrags, durch den das Bestehen eines Schuldverhältnisses anerkannt wird (Schuldanerkenntnis), ist schriftliche Erteilung der Anerkennungserklärung erforderlich. Ist für die Begründung des Schuldverhältnisses, dessen Bestehen anerkannt wird, eine andere Form vorgeschrieben, so bedarf der Anerkennungsvertrag dieser Form. 782.

782 Wird ein Sch. oder ein Schuldanerkenntnis auf Grund einer Abrechnung oder im Wege des Vergleichs erteilt, so ist die Beobachtung der in den §§ 780, 781 vorgeschriebenen schriftlichen Form nicht erforderlich.

Schutz.

1093 **Dienstbarkeit** s. **Niessbrauch** — Nießbrauch 1042.

Dienstvertrag.

618 Sch. des zur Dienstleistung Verpflichteten gegen Gefahr für Leben und Gesundheit s. **Dienstvertrag** — Dienstvertrag.

Art. **Einführungsgesetz.**

89, *107*, *191* s. **E.G.** — E.G.

95 s. **Dienstvertrag** — Dienstvertrag § 618.

§ **Handlung.**

823 Verpflichtung desjenigen zum Schadensersatz, der gegen ein den Sch. eines andern bezweckendes G. verstößt s. **Handlung** — Handlung.

§ **Miete.**

545 Anzeige des Mieters von der Notwendigkeit, Vorkehrungen zum Sch. der vermieteten Sache gegen eine nicht vorhergesehene Gefahr zu treffen s. **Miete** — Miete.

Nießbrauch.

1042 Anzeige des Nießbrauchers von der Notwendigkeit, Vorkehrungen zum Sch. der mit dem Nießbrauch belasteten Sache gegen eine nicht vorhergesehene Gefahr zu treffen s. **Niessbrauch** — Nießbrauch.

Vormundschaft.

1908 Die vorläufige Vormundschaft über Volljährige ist von dem Vormundschaftsgericht aufzuheben, wenn der Mündel des vorläufigen vormundschaftlichen Sch. nicht mehr bedürftig ist. 1897.

Willenserklärung.

135 Verstoß gegen ein g. Veräußerungsverbot, das nur den Sch. bestimmter Personen bezweckt s. **Willenserklärung** — Willenserklärung.

Schutzmassregel.

907 **Eigentum** s. **Eigentum** — Eigentum.

Art. **Schutzvorrichtungen.**

71 **Einführungsgesetz** s. **E.G.** — E.G.

Schwagerschaft s. Verschwägerte.

Schwangerschaft.

21 **Einführungsgesetz** s. **E.G.** — E.G.

§

1715 **Verwandtschaft** s. **Kind** — Verwandtschaft.

Art. **Schwarzwild.**

71 **Einführungsgesetz** *72* s. **Handlung** — Handlung.

§ **Handlung.**

835 Verantwortlichkeit für den durch

§ **Vormundschaft.**
1776 Als Vormünder sind in nachstehender Reihenfolge berufen:
1. . . . . . .
3. der Großvater des Mündels von väterlicher S.
4. der Großvater des Mündels von mütterlicher S. f. **Vormundschaft** — Vormundschaft.

Art. **Seitenlinie.**
149 **Einführungsgesetz** f. Testament § 2234.
§
2276 **Erbvertrag** f. Testament 2234.
Testament.
2234 Als Richter, Notar, Gerichtsschreiber oder Zeuge kann bei der Errichtung des Testamentes nicht mitwirken:
1. . . . . . .
2. wer mit dem Erblasser in gerader Linie oder im zweiten Grade der S. verwandt oder verschwägert ist. 2232, 2235, 2236, 2244, 2249, 2250.
1589 **Verwandtschaft** f. **Verwandtschaft** — Verwandtschaft.

Seitenverwandte.
Erbverzicht.
2349 Verzichtet ein Abkömmling oder ein S. des Erblassers auf das g. Erbrecht, so erstreckt sich die Wirkung des Verzichts auf seine Abkömmlinge, sofern nicht ein anderes bestimmt wird.

Selbsthülfe.
Selbsthülfe §§ 229—231.
229 Wer zum Zwecke der S. eine Sache wegnimmt, zerstört oder beschädigt oder wer zum Zwecke der S. einen Verpflichteten, welcher der Flucht verdächtig ist, festnimmt oder den Widerstand des Verpflichteten gegen eine Handlung, die dieser zu dulden verpflichtet ist, beseitigt, handelt nicht widerrechtlich, wenn obrigkeitliche Hilfe nicht rechtzeitig zu erlangen ist und ohne sofortiges Eingreifen die Gefahr besteht, daß die Verwirklichung des Anspruchs vereitelt oder wesentlich erschwert werde. 231.
230 Die S. darf nicht weiter gehen, als zur Abwendung der Gefahr erforderlich ist.
Im Falle der Wegnahme von Sachen ist, sofern nicht Zwangsvollstreckung erwirkt wird, der dingliche Arrest zu beantragen.
Im Falle der Festnahme des Verpflichteten ist, sofern er nicht wieder in Freiheit gesetzt wird, der persönliche Sicherheitsarrest bei dem Amtsgerichte zu beantragen, in dessen Bezirke die Festnahme erfolgt ist; der Verpflichtete ist unverzüglich dem Gerichte vorzuführen.
Wird der Arrestantrag verzögert oder abgelehnt, so hat die Rückgabe der weggenommenen Sachen und die Freilassung des Festgenommenen unverzüglich zu erfolgen.
231 Wer eine der im § 229 bezeichneten Handlungen in der irrigen Annahme vornimmt, daß die für den Ausschluß der Widerrechtlichkeit erforderlichen Voraussetzungen vorhanden seien, ist dem anderen Teile zum Schadensersatze verpflichtet, auch wenn der Irrtum nicht auf Fahrlässigkeit beruht.

Selbstschuldner.
Bürgschaft.
773 Bürge als S. f. **Bürge** — Bürgschaft.

Selbständigkeit.
1352 **Ehe** f. **Ehe** — Ehescheidung.
Ehescheidung.
1585 Beitrag der Frau aus dem Ertrag

§ ihrer Arbeit oder eines von ihr selbständig betriebenen Erwerbsgeschäfts zur Bestreitung des Unterhalts eines gemeinschaftlichen Kindes s. **Ehe** — Ehescheidung.

Art. **Einführungsgesetz.**

16 s. **Güterrecht** — Güterrecht § 1405.

95 s. **Geschäftsfähigkeit** — Geschäftsfähigkeit § 112.

97 s. **E.G.** — E.G.

§ **Geschäftsfähigkeit.**

112 Ermächtigung des Minderjährigen zum selbständigen Betrieb eines Erwerbsgeschäfts s. **Geschäftsfähigkeit** — Geschäftsfähigkeit.

Güterrecht.

1367 Vorbehaltsgut bei g. Güterrecht ist, was die Frau durch ihre Arbeit oder durch den selbständigen Betrieb eines Erwerbsgeschäfts erwirbt.

1405, 1414 Selbständiger Betrieb eines Erwerbsgeschäfts durch die Frau:

a) bei g. Güterrecht s. **Güterrecht** — Güterrecht;

1427 b) bei Gütertrennung s. **Gütertrennung** — Güterrecht;

1452 c) bei a. Gütergemeinschaft 1462 s. **Gütergemeinschaft** — Güterrecht;

1533 d) bei der Errungenschaftsgemeinschaft 1519, 1525 s. **Errungenschaftsgemeinschaft** — Güterrecht.

1561 s. **Güterrechtsregister** — Güterrecht.

Verwandtschaft.

1624 Ausstattung eines Kindes mit Rücksicht auf seine Verheiratung oder auf die Erlangung einer selbständigen Lebensstellung s. **Kind** — Verwandtschaft.

1651 Freies Vermögen des Kindes ist:

1. was dasselbe durch seine Arbeit oder durch den ihm nach § 112 gestatteten selbständigen Betrieb eines Erwerbsgeschäfts erwirbt;

2. . . . .

§ Die Vorschriften des § 1638 Abs. 2 finden entsprechende Anwendung.

Vormundschaft.

1797 Mehrere Vormünder führen die Vormundschaft gemeinschaftlich. . . . . .

Innerhalb des ihm überwiesenen Wirkungskreises führt jeder Vormund die Vormundschaft selbständig.

. . . .

Wohnsitz.

9 Eine Militärperson hat ihren Wohnsitz am Garnisonorte. Als Wohnsitz einer Militärperson, deren Truppenteil im Inlande keinen Garnisonort hat, gilt der letzte inländische Garnisonort des Truppenteils.

Diese Vorschriften finden keine Anwendung auf Militärpersonen, die nur zur Erfüllung der Wehrpflicht dienen oder die nicht selbständig einen Wohnsitz begründen können.

10 Solange der Mann keinen Wohnsitz hat oder die Frau seinen Wohnsitz nicht teilt, kann die Frau selbständig einen Wohnsitz haben.

Selbstverteidigung s. auch **Verteidigung.**

Selbstverteidigung §§ 226—228.

226 Die Ausübung eines Rechtes ist unzulässig, wenn sie nur den Zweck haben kann, einem anderen Schaden zuzufügen.

227 Eine durch Notwehr gebotene Handlung ist nicht widerrechtlich.

Notwehr ist diejenige Verteidigung, welche erforderlich ist, um einen gegenwärtigen rechtswidrigen Angriff von sich oder einem anderen abzuwenden.

228 Wer eine fremde Sache beschädigt oder zerstört, um eine durch sie drohende Gefahr von sich oder einem anderen abzuwenden, handelt nicht widerrechtlich, wenn die Beschädigung oder die Zerstörung zur Abwendung der Gefahr erforderlich ist und der Schaden

§ nicht außer Verhältnis zu der Gefahr steht. Hat der Handelnde die Gefahr verschuldet, so ist er zum Schadensersatze verpflichtet.

Sicherheit s. auch **Sicherheitsleistung, Zuverlässigkeit.**

907 **Eigentum** s. **Eigentum** — Eigentum.

Art.

146 **Einführungsgesetz** s. **Hinterlegung** — Schuldverhältnis § 372.

§ **Entmündigung.**

6 Entmündigt kann werden:

1. . . . .
3. wer infolge von Trunksucht . . . die S. anderer gefährdet.

Hypothek.

1133, 1134 Gefährdung der S. einer Hypothek durch Verschlechterung des für dieselbe haftenden Grundstücks s. **Hypothek** — Hypothek.

Nießbrauch.

1078 Einziehung einer mit einem Nießbrauch belasteten Forderung wegen Gefährdung der S. s. **Niessbrauch** — Nießbrauch.

Pfandrecht.

1219 Gefährdung der S. des Pfandgläubigers s. **Pfandrecht** — Pfandrecht.

1286 Einziehung der verpfändeten Forderung wegen Gefährdung ihrer S. s. **Pfandrecht** — Pfandrecht.

1201 **Rentenschuld** s. **Hypothek** — Hypothek 1133.

Schuldverhältnis.

366 Trifft der aus mehreren Schuldverhältnissen verpflichtete Schuldner keine Bestimmung über die Leistung, so wird zunächst die fällige Schuld unter mehreren fälligen Schulden diejenige, welche dem Gläubiger geringere S. bietet, unter mehreren gleich sicheren die dem Schuldner lästigere, unter mehreren gleich lästigen die ältere Schuld und bei gleichem Alter jede Schuld verhältnismäßig getilgt. 396.

§

372 Hinterlegung der geschuldeten Sache, wenn der Schuldner infolge Ungewißheit über die Person des Gläubigers seine Verbindlichkeit nicht oder nicht mit S. erfüllen kann s. **Hinterlegung** — Schuldverhältnis.

Verwandtschaft.

1630 s. Vormundschaft 1795.

1642 s. Vormundschaft 1807.

1672 **Sicherheitsleistung** s. **Kind** — Verwandtschaft.

Vormundschaft.

1795 Der Vormund kann den Mündel nicht vertreten:

1. . . . .
2. bei einem Rechtsgeschäfte, das die Übertragung oder Belastung einer durch Pfandrecht, Hypothek oder Bürgschaft gesicherten Forderung des Mündels gegen den Vormund oder die Aufhebung oder Minderung dieser S. zum Gegenstande hat oder die Verpflichtung des Mündels zu einer solchen Übertragung, Belastung, Aufhebung oder Minderung begründet;
3. bei einem Rechtsstreite zwischen den in Nr. 1 bezeichneten Personen sowie bei einem Rechtsstreit über eine Angelegenheit der in Nr. 2 bezeichneten Art.

Die Vorschrift des § 181 bleibt unberührt.

1807 Die im § 1806 vorgeschriebene Anlegung von Mündelgeld soll nur erfolgen:

1. in Forderungen, für die eine sichere Hypothek an einem inländischen Grundstücke besteht, oder in sicheren Grundschulden oder Rentenschulden an inländischen Grundstücken;
2. . . . .

Die L.G. können für die innerhalb ihres Geltungsbereichs belegenen Grundstücke die Grundsätze be-

§ stimmen, nach denen die S. einer Hypothek, einer Grundschuld oder einer Rentenschuld festzustellen ist. 1808, 1810, 1811, 1813.

1822 Der Vormund bedarf der Genehmigung des Vormundschaftsgerichts:
1. . . . .
13. zu einem Rechtsgeschäft, durch das die für eine Forderung des Mündels bestehende S. aufgehoben oder gemindert oder die Verpflichtung dazu begründet wird. 1812.

Sicherheitsarrest.

Selbsthülfe.

230 Im Falle der Selbsthülfe durch Festnahme eines anderen ist der Antrag auf Fortsetzung des persönlichen S. bei dem Amtsgerichte zu stellen.

Sicherheitsleistung.

813 **Bereicherung** s. Verjährung 222.

Besitz.

867 S. des Besitzers einer Sache für den durch Aufsuchung und Wegschaffung seiner Sache von einem fremden Grundstück entstehenden Schaden s. **Besitz** — Besitz.

Bürgschaft.

775 Ist die Hauptverbindlichkeit noch nicht fällig, so kann der Hauptschuldner dem Bürgen, statt ihn zu befreien, Sicherheit leisten s. **Bürge** — Bürgschaft.

618 **Dienstvertrag** s. Handlung 843.

1351 **Ehe** s. Ehescheidung 1580.

Ehescheidung.

1580 Der einem geschiedenen Ehegatten zu leistende Unterhalt ist durch Entrichtung einer Geldrente nach Maßgabe des § 760 zu gewähren. Ob, in welcher Art und für welchen Betrag der Unterhaltspflichtige Sicherheit zu leisten hat, bestimmt sich nach den Umständen.

. . . . .

§ **Eigentum.**

997 s. Leistung 258.

1005 s. **Besitz** — Besitz 867.

Art. **Einführungsgesetz.**

90 s. **E.G.** — E.G.

163 s. Verein § 52.

204 s. **Kind** — Verwandtschaft § 1671.

§ **Erbe.**

1986 Ausantwortung des Nachlasses an den Erben unter S. an die Nachlaßgläubiger s. **Erbe** — Erbe.

Gesellschaft.

738 Sind gemeinschaftliche Schulden einer Gesellschaft noch nicht fällig, so können die Gesellschafter dem Ausscheidenden, statt ihn von den Schulden zu befreien, Sicherheit leisten s. **Gesellschaft** — Gesellschaft.

Güterrecht.

1391, 1392—1394, 1418 S. des Mannes für die Verwaltung und Nutznießung am eingebrachten Gut im Falle g. Güterrechts s. **Güterrecht** — Güterrecht.

1426 s. **Gütertrennung** — Güterrecht.

1525, 1542, 1547 s. **Errungenschaftsgemeinschaft** — Güterrecht.

Handlung.

843 Auf die Rente, die einem durch unerlaubte Handlung Verletzten zu gewähren ist, finden die Vorschriften des § 760 Anwendung. Ob, in welcher Art und für welchen Betrag der Ersatzpflichtige Sicherheit zu leisten hat, bestimmt sich nach den Umständen. 844, 845.

1170 **Hypothek** s. **Verjährung** — Verjährung. 208.

Kauf.

440 s. **Vertrag** — Vertrag 321.

509 Ist dem Dritten in dem Vertrage der Kaufpreis gestundet worden, so kann der Vorkaufsberechtigte die Stundung nur in Anspruch nehmen, wenn er für den gestundeten Betrag Sicherheit leistet.

§ Ist ein Grundstück Gegenstand des Vorkaufs, so bedarf es der S. insoweit nicht, als für den gestundeten Kaufpreis die Bestellung einer Hypothek an dem Grundstücke vereinbart oder in Anrechnung auf den Kaufpreis eine Schuld, für die eine Hypothek an dem Grundstück besteht, übernommen worden ist.

Leistung.

257 Wer berechtigt ist, Ersatz für Aufwendungen zu verlangen, die er für einen bestimmten Zweck macht, kann, wenn er für diesen Zweck eine Verbindlichkeit eingeht, Befreiung von der Verbindlichkeit verlangen. Ist die Verbindlichkeit noch nicht fällig, so kann ihm der Ersatzpflichtige, statt ihn zu befreien, Sicherheit leisten.

258 Die Gestattung der Wegnahme einer Einrichtung von einer herauszugebenden Sache kann verweigert werden, bis für den mit der Wegnahme verbundenen Schaden Sicherheit geleistet wird.

273 Der Gläubiger kann die Ausübung des Zurückbehaltungsrechts durch S. abwenden. Die S. durch Bürgen ist ausgeschlossen.

Miete.

562 S. des Mieters zur Abwendung der Geltendmachung des Pfandrechts des Vermieters f. **Miete** — Miete.

572 Hat der Mieter des veräußerten Grundstücks dem Vermieter für die Erfüllung seiner Verpflichtungen Sicherheit geleistet, so tritt der Erwerber in die dadurch begründeten Rechte ein. Zur Rückgewähr der Sicherheit ist er nur verpflichtet, wenn sie ihm ausgehändigt wird oder wenn er dem Vermieter gegenüber die Verpflichtung zur Rückgewähr übernimmt. 577, 579.

Nießbrauch.

1039 S. des Nießbrauchers für Erfüllung der Verpflichtung, bei Beendigung des Nießbrauchs dem Eigentümer den Wert der übermäßig gezogenen Früchte zu ersetzen f. **Niessbrauch** — Nießbrauch.

1051, 1052 Verpflichtung des Nießbrauchers zur S., falls durch sein Verhalten die Besorgnis einer erheblichen Verletzung der Rechte des Eigentümers begründet wird f. **Niessbrauch** — Nießbrauch.

1056 f. Miete 572.

1067 Der Besteller des Nießbrauchs an verbrauchbaren Sachen kann S. verlangen, wenn der Anspruch auf Ersatz des Wertes gefährdet ist. 1075, 1084.

590 **Pacht** f. **Miete** — Miete 562.

Pfandrecht.

1218, 1220 Anspruch auf Rückgabe des Pfandes gegen anderweitige S. des Verpfänders f. **Pfandrecht** — Pfandrecht.

Sachen.

704 f. **Miete** — Miete 562.

811 S. wegen Gefahr bei Vorlegung von Sachen f. **Vorlegung** — Sachen.

Sicherheitsleistung §§ 232—240.

232 Wer Sicherheit zu leisten hat, kann dies bewirken

durch Hinterlegung von Geld oder Wertpapieren,

durch Verpfändung von Forderungen, die in das Reichsschuldbuch oder in das Staatsschuldbuch eines Bundesstaats eingetragen sind,

durch Verpfändung beweglicher Sachen,

durch Bestellung von Hypotheken an inländischen Grundstücken,

durch Verpfändung von Forderungen, für die eine Hypothek an einem inländischen Grundstücke besteht, oder durch Verpfändung von Grundschulden

§ oder Rentenschulden an inländischen Grundstücken.

Kann die Sicherheit nicht in dieser Weise geleistet werden, so ist die Stellung eines tauglichen Bürgen zulässig.

233 Mit der Hinterlegung erwirbt der Berechtigte ein Pfandrecht an dem hinterlegten Gelde oder an den hinterlegten Wertpapieren und wenn das Geld oder die Wertpapiere nach landesg. Vorschrift in das Eigentum des Fiskus oder der als Hinterlegungsstelle bestimmten Anstalt übergehen, ein Pfandrecht an der Forderung auf Rückerstattung. 232.

234 Wertpapiere sind zur S. nur geeignet, wenn sie auf den Inhaber lauten, einen Kurswert haben und einer Gattung angehören, in der Mündelgeld angelegt werden darf. Den Inhaberpapieren stehen Orderpapiere gleich, die mit Blankoindossament versehen sind.

Mit den Wertpapieren sind die Zins-, Renten-, Gewinnanteil- und Erneuerungsscheine zu hinterlegen.

Mit Wertpapieren kann Sicherheit nur in Höhe von drei Vierteilen des Kurswerts geleistet werden. 232.

235 Wer durch Hinterlegung von Geld oder von Wertpapieren Sicherheit geleistet hat, ist berechtigt, das hinterlegte Geld gegen geeignete Wertpapiere, die hinterlegten Wertpapiere gegen andere geeignete Wertpapiere oder gegen Geld umzutauschen. 232.

236 Mit einer Buchforderung gegen das Reich oder gegen einen Bundesstaat kann Sicherheit nur in Höhe von drei Vierteilen des Kurswerts der Wertpapiere geleistet werden, deren Aushändigung der Gläubiger gegen Löschung seiner Forderung verlangen kann. 232.

237 Mit einer beweglichen Sache kann Sicherheit nur in Höhe von zwei Dritteilen des Schätzungswerts geleistet werden. Sachen, deren Verderb zu besorgen oder deren Aufbewahrung mit besonderen Schwierigkeiten verbunden ist, können zurückgewiesen werden. 232.

238 Eine Hypothekenforderung, eine Grundschuld oder eine Rentenschuld ist zur S. nur geeignet, wenn sie den Voraussetzungen entspricht, unter denen am Orte der S. Mündelgeld in Hypothekenforderungen, Grundschulden oder Rentenschulden angelegt werden darf.

Eine Forderung, für die eine Sicherungshypothek besteht, ist zur S. nicht geeignet. 232.

239 Ein Bürge ist tauglich, wenn er ein der Höhe der zu leistenden Sicherheit angemessenes Vermögen besitzt und seinen a. Gerichtsstand im Inlande hat.

Die Bürgschaftserklärung muß den Verzicht auf die Einrede der Vorausklage enthalten. 232.

240 Wird die geleistete Sicherheit ohne Verschulden des Berechtigten unzureichend, so ist sie zu ergänzen oder anderweitige Sicherheit zu leisten. 232.

88 **Stiftung** s. Verein 52.

Testament.

2128 Wird durch das Verhalten des Vorerben oder durch seine ungünstige Vermögenslage die Besorgnis einer erheblichen Verletzung der Rechte des Nacherben begründet, so kann der Nacherbe S. verlangen.

Die für die Verpflichtung des Nießbrauches zur S. geltenden Vorschriften des § 1052 finden entsprechende Anwendung. 2136.

2129 s. **Niessbrauch** — Nießbrauch 1052.

2217 Wegen Nachlaßverbindlichkeiten, die nicht auf einem Vermächtnis oder einer Auflage beruhen, sowie wegen bedingter und betagter Vermächtnisse

§ oder Auflagen kann der Testamentsvollstrecker die Überlassung der Gegenstände nicht verweigern, wenn der Erbe für die Berichtigung der Verbindlichkeiten oder für die Vollziehung der Vermächtnisse oder Auflagen Sicherheit leistet.

Verein.

52 Ist die Berichtigung einer Verbindlichkeit zur Zeit der Auflösung des Vereins nicht ausführbar oder ist eine Verbindlichkeit streitig, so darf das Vermögen den Anfallberechtigten nur ausgeantwortet werden, wenn dem Gläubiger Sicherheit geleistet ist. 53.

Verjährung.

202 Die Verjährung ist gehemmt, solange die Leistung gestundet oder der Verpflichtete aus einem anderen Grunde vorübergehend zur Verweigerung der Leistung berechtigt ist.

Diese Vorschrift findet keine Anwendung auf die Einrede des Zurückbehaltungsrechts, des nicht erfüllten Vertrags, der mangelnden S., der Vorausklage sowie auf die nach § 770 dem Bürgen und nach den §§ 2014, 2015 dem Erben zustehenden Einreden.

208 Unterbrechung der Verjährung durch Anerkennung des Anspruchs auf S. s. **Verjährung** — Verjährung.

222 Das zur Befriedigung eines verjährten Anspruchs Geleistete kann nach der Vollendung der Verjährung nicht zurückgefordert werden, auch wenn die Leistung in Unkenntnis der Verjährung bewirkt worden ist. Das Gleiche gilt von einem vertragsmäßigen Anerkenntnisse sowie einer S. des Verpflichteten.

Vertrag.

320 s. Leistung 273.

321 Verweigerung der Vorleistung, bis die Gegenleistung bewirkt oder Sicherheit für sie geleistet wird s. **Vertrag** — Vertrag.

§ **Verwandtschaft.**

1668, 1670—1672 S. des Vaters für das seiner Verwaltung unterliegende Vermögen des Kindes s. **Kind** — Verwandtschaft.

1098 **Vorkaufsrecht** s. Kauf 509.

Vormundschaft.

1786 Die Übernahme der Vormundschaft kann ablehnen:

1. . . . .

6. wer nach § 1844 zur S. angehalten wird;

7. . . . .

Das Ablehnungsrecht erlischt, wenn es nicht vor der Bestellung bei dem Vormundschaftsgerichte geltend gemacht wird. 1889.

1844 S. des Vormundes für das seiner Verwaltung unterliegende Vermögen des Mündels s. **Vormundschaft** — Vormundschaft.

Sicherung.

Art. **Einführungsgesetz.**

91, 194 s. **E.G.** — E.G.

140 s. **Erbe** — Erbe § 1960.

§ **Erbe.**

1960 S. des Nachlasses seitens des Nachlaßgerichts s. **Erbe** — Erbe.

1971 Nachlaßgläubiger, deren Ansprüche durch eine Vormerkung gesichert sind oder denen im Konkurs ein Aussonderungsrecht zusteht, werden in Ansehung des Gegenstandes ihres Rechtes durch das Aufgebot zur Anmeldung ihrer Forderungen nicht betroffen. 1974, 2016, 2060.

Grundstück.

883—888 S. des Anspruchs auf Einräumung oder Aufhebung eines Rechtes an einem Grundstück oder an einem das Grundstück belastenden Rechte oder auf Änderung des Inhalts oder des Ranges eines solchen Rechts und S. eines künftigen oder eines bedingten Anspruchs durch eine Vor-

§
1187 Für die Forderung aus einer Schuldverschreibung auf den Inhaber, aus einem Wechsel oder aus einem anderen Papiere, das durch Indossament übertragen werden kann, kann nur eine S. bestellt werden. Die Hypothek gilt als S., auch wenn sie im Grundbuche nicht als solche bezeichnet ist. Die Vorschrift des § 1154 Abs. 3 findet keine Anwendung. 1189, 1188.

1190 Eine Hypothek kann in der Weise bestellt werden, daß nur der Höchstbetrag, bis zu dem das Grundstück haften soll, bestimmt, im übrigen die Feststellung der Forderung vorbehalten wird. . . . . .

Die Hypothek gilt als S., auch wenn sie im Grundbuche nicht als solche bezeichnet ist.

. . . . .

Pfandrecht.

1287 Leistet der Schuldner in Gemäßheit der §§ 1281, 1282, so erwirbt mit der Leistung der Gläubiger den geleisteten Gegenstand und der Pfandgläubiger ein Pfandrecht an dem Gegenstande. Besteht die Leistung in der Übertragung des Eigentums an einem Grundstücke, so erwirbt der Pfandgläubiger eine S. 1273, 1279.

Sicherheitsleistung.

238 Eine Forderung, für die eine S. besteht, ist zur Sicherungsleistung nicht geeignet.

2166 **Testament** s. **Hypothek** 1190.

Werkvertrag.

648 Einräumung einer S. für Forderungen aus einem Werkvertrage s. **Werkvertrag** — Werkvertrag.

Sicherungsmassregel.

Art.
140 **Einführungsgesetz** s. **E.G.** — E.G.

Sicht.

174 **Einführungsgesetz** s. **E.G.** — E.G.

§ **Schuldverschreibung.**

799 Abhanden gekommene oder vernichtete auf S. zahlbare unverzinsliche Schuldverschreibungen können nicht im Wege des Aufgebotsverfahrens für kraftlos erklärt werden.

. . . . .

Siegel.

Art.
140 **Einführungsgesetz** s. **E.G.** — E.G.

§ **Erbe.**

1960 Bis zur Annahme der Erbschaft kann das Nachlaßgericht insbesondere die Anlegung von S., ... anordnen.

Sielrecht.

Art.
66 **Einführungsgesetz** s. **E.G.** — E.G.

Silbersachen.

§ **Pfandrecht.**

1240 Verpfändete Gold- und S. dürfen nicht unter dem Gold- oder Silberwerte zugeschlagen werden.

Wird ein genügendes Gebot nicht abgegeben, so kann der Verkauf durch eine zur öffentlichen Versteigerung befugte Person aus freier Hand zu einem den Gold- oder Silberwert erreichenden Preise erfolgen. 1238, 1243—1246, 1266.

Silberwert.

1240 **Pfandrecht** s. **Silbersachen** — Pfandrecht.

Sinn.

Art. **Einführungsgesetz.**

2, 5, 6 s. **E.G.** — E.G.

163 s. **Stiftung** — Stiftung § 87.

§
1392 **Güterrecht** s. **Sache** — Sachen 92.

1084 **Nießbrauch** s. **Sache** — Sachen 92.

Sache.

90 Sachen im S. des G. sind nur körperliche Gegenstände.

§

91 Vertretbare Sachen im S. des G. s. **Sache** — Sachen.

92 Verbrauchbare Sachen im S. des G. s. **Sache** — Sachen.

Stiftung.

87 Erhaltung der Erträge des Stiftungsvermögens im S. des Stifters s. **Stiftung** — Stiftung.

2116 **Testament** s. **Sache** — Sachen 92.

1643 **Verwandtschaft** s. Vormundschaft 1821.

Vormundschaft.

1814 s. **Sache** — Sachen 92.

1821 Der Vormund bedarf der Genehmigung des Vormundschaftsgerichts:

1. zur Verfügung über ein Grundstück oder über ein Recht an einem Grundstücke;
2. zur Verfügung über eine Forderung, die auf Übertragung des Eigentums an einem Grundstück oder auf Begründung oder Übertragung eines Rechtes an einem Grundstück oder auf Befreiung eines Grundstücks von einem solchen Rechte gerichtet ist;
3. Zur Eingehung der Verpflichtung zu einer der in Nr. 1, 2 bezeichneten Verfügungen;
4. zu einem Vertrage, der auf den entgeltlichen Erwerb eines Grundstücks oder eines Rechtes an einem Grundstücke gerichtet ist.

Zu den Rechten an einem Grundstück im S. dieser Vorschriften gehören nicht Hypotheken, Grundschulden und Rentenschulden. 1812, 1827.

Willenserklärung.

133 Bei der Auslegung einer Willenserklärung ist der wirkliche Wille zu erforschen und nicht an dem buchstäblichen S. des Ausdrucks zu haften.

Sitte s. auch **Verkehrssitten.**

Bereicherung.

814 Das zum Zwecke der Erfüllung einer

§ Verbindlichkeit Geleistete kann nicht zurückgefordert werden, wenn . . . . . oder wenn die Leistung einer sittlichen Pflicht oder einer auf den Anstand zu nehmenden Rücksicht entsprach.

817, 819 Verstoß gegen die guten S. durch Annahme einer Leistung s. **Bereicherung** — Bereicherung.

1580 **Ehescheidung** s. Verwandtschaft 1611.

Art. **Einführungsgesetz.**

30 s. **E.G.** — E.G.

§ **Güterrecht.**

1446 Schenkungen des Mannes aus dem Gesamtgut der a. Gütergemeinschaft, durch die einer sittlichen Pflicht oder einer auf den Anstand zu nehmenden Rücksicht entsprochen wird s. **Gütergemeinschaft** — Güterrecht.

1487 Die Rechte und Verbindlichkeiten des überlebenden Ehegatten sowie der anteilsberechtigten Abkömmlinge in Ansehung des Gesamtguts der s. Gütergemeinschaft bestimmen sich nach den für die eheliche Gütergemeinschaft geltenden Vorschriften der §§ 1442 bis 1449, 1455—1457, 1466, 1518.

1495 Ein anteilsberechtigter Abkömmling kann gegen den überlebenden Ehegatten auf Aufhebung der s. Gütergemeinschaft klagen:

1. wenn der überlebende Ehegatte ein Rechtsgeschäft der in den §§ 1444 bis 1446 bezeichneten Art ohne Zustimmung des Abkömmlings vorgenommen hat und für die Zukunft eine erhebliche Gefährdung des Abkömmlings zu besorgen ist; 1496, 1502, 1518.
2. . . . .

1519 s. **Errungenschaftsgemeinschaft** — Güterrecht.

Handlung.

826 Wer in einer gegen die guten S. verstoßenden Weise einem anderen vorsätzlich Schaden zufügt, ist dem

§ anderen zum Ersatze des Schadens verpflichtet. 829.

Pflichtteil.

2330 Die Vorschriften der §§ 2325 bis 2329 finden keine Anwendung auf Schenkungen, durch die einer sittlichen Pflicht oder einer auf den Anstand zu nehmenden Rücksicht entsprochen wird.

Schenkung.

534 Schenkungen, durch die einer sittlichen Pflicht oder einer auf den Anstand zu nehmenden Rücksicht entsprochen wird, unterliegen nicht der Rückforderung und dem Widerrufe.

Testament.

2113 Schenkungen des Vorerben aus der Erbschaft, durch die einer sittlichen Pflicht oder einer auf den Anstand zu nehmenden Rücksicht entsprochen wird f. **Erblasser** — Testament.

2205 Zu unentgeltlichen Verfügungen über Nachlaßgegenstände ist der Testamentsvollstrecker nur berechtigt, soweit sie einer sittlichen Pflicht oder einer auf den Anstand zu nehmenden Rücksicht entsprechen. 2207, 2208.

Verwandtschaft.

1611 Wer durch sein sittliches Verschulden bedürftig geworden ist, kann nur den notdürftigen Unterhalt verlangen.

1641 Der Vater kann nicht in Vertretung des Kindes Schenkungen machen. Ausgenommen sind Schenkungen, durch die einer sittlichen Pflicht oder einer auf den Anstand zu nehmenden Rücksicht entsprochen wird.

Vormundschaft.

1804 Der Vormund kann nicht in Vertretung des Mündels Schenkungen machen. Ausgenommen sind Schenkungen, durch die einer sittlichen Pflicht oder einer auf den Anstand zu nehmenden Rücksicht entsprochen wird.

§ **Willenserklärung.**

138 Ein Rechtsgeschäft, das gegen die guten S. verstößt, ist nichtig.

. . . .

Sittlichkeit.

Dienstvertrag.

618 Verpflichtung des Dienstberechtigten gegenüber dem zur Dienstleistung Verpflichteten, diejenigen Einrichtungen und Anordnungen zu treffen, welche mit Rücksicht auf die Gesundheit, die S. und die Religion des Verpflichteten erforderlich sind f. **Dienstvertrag** — Dienstvertrag.

Ehescheidung.

1568 Klage auf Ehescheidung wegen ehrlosen oder unsittlichen Verhaltens eines Ehegatten f. **Ehe** — Ehescheidung.

Art. **Einführungsgesetz.**

95 f. **Dienstvertrag** — Dienstvertrag § 618.

135 f. **E.G.** — E.G.

201 f. **Ehe** — Ehescheidung § 1568.

204 f. **Kind** — Verwandtschaft § 1666.

§

2297 **Erbvertrag** f. Pflichtteil 2336.

1513 **Güterrecht** f. Pflichtteil 2336.

Handlung.

847 Schadensersatz wegen eines Verbrechens oder Vergehens wider die S. f. **Handlung** — Handlung.

Pflichtteil.

2333 Der Erblasser kann einem Abkömmlinge den Pflichtteil entziehen:

1. . . . . .

5. wenn der Abkömmling einen ehrlosen oder unsittlichen Lebenswandel wider den Willen des Erblassers führt. 2336.

2335 f. **Ehe** — Ehescheidung 1568.

2336 Im Falle des § 2333 Nr. 5 ist die Entziehung des Pflichtteils unwirksam, wenn sich der Abkömmling zur Zeit des Erbfalls von dem ehrlosen oder

§ unsittlichen Lebenswandel dauernd abgewendet hat.
2271 **Testament** s. Pflichtteil 2336.

Verwandtschaft.
1635 s. **Ehe** — Ehescheidung 1568.
1666 Gefährdung des geistigen oder leiblichen Wohles des ehelichen Kindes durch ein ehrloses oder unsittliches Verhalten seitens des Vaters s. **Kind** — Verwandtschaft.
1838 **Vormundschaft** s. **Kind** — Verwandtschaft. 1666.

Sitz.

Art. **Einführungsgesetz.**
10 s. **Verein** — Verein § 22.
85 s. **Verein** — Verein § 45.
147 s. **E.G.** — E.G.
163 s. **Verein** — Verein §§ 29, 37, 44, 45, 50.

§ **Grundschuld.**
1194 Die Zahlung des Kapitals der Grundschuld sowie der Zinsen und anderen Nebenleistungen hat, soweit nicht ein anderes bestimmt ist, an dem Orte zu erfolgen, an dem das Grundbuchamt seinen S. hat.

Stiftung.
80 S. der Stiftung s. **Stiftung** — Stiftung.
86 s. **Verein** — Verein 29.
88 s. **Verein** — Verein 50.

Verein.
22—24, 29, 37, 44, 45, 50, 55, 57, 64 s. **Verein** — Verein.
57 Die Vereinssatzung muß den Zweck, den Namen und den S. des einzutragenden Vereins enthalten . . . . 60.
64 Bei der Eintragung eines Vereins sind der Name und der S. des Vereins . . . . . im Vereinsregister anzugeben. . . . . . 71.
1642 **Verwandtschaft** s. Vormundschaft 1807.

§ **Vormundschaft.**
1786 Die Übernahme der Vormundschaft kann ablehnen:
1. . . . . .
5. wer wegen Entfernung seines Wohns. von dem S. des Vormundschaftsgerichts die Vormundschaft nicht ohne besondere Belästigung führen kann;
6. . . . . .

Das Ablehnungsrecht erlischt, wenn es nicht vor der Bestellung bei dem Vormundschaftsgerichte geltend gemacht wird. 1889.
1807 Die im § 1806 vorgeschriebene Anlegung von Mündelgeld soll nur erfolgen:
1. . . . . .
5. bei einer inländischen öffentlichen Sparkasse, wenn sie von der zuständigen Behörde des Bundesstaats, in welchem sie ihren S. hat, zur Anlegung von Mündelgeld für geeignet erklärt ist. 1808 bis 1811.

. . . . .

Socialpolitik.

Art.
163 **Einführungsgesetz** s. **Verein** — Verein § 43.
§
43 **Verein** 61 s. **Verein** — Verein.

Sohn.

Art.
206 **Einführungsgesetz** s. **Kind** — Verwandtschaft § 1635.
§ **Verwandtschaft.**
1635 Sind bei der Ehescheidung beide Ehegatten für schuldig erklärt, so steht die Sorge für einen S. unter sechs Jahren der Mutter, für einen S., der über sechs Jahre alt ist, dem Vater zu s. **Kind** — Verwandtschaft.

Soldatenstand.

Art. **Einführungsgesetz.**
51 Der § 8 Abs. 2 des G., betreffend

§ die Fürsorge für die Witwen und Waisen der Personen des S. des Reichsheeres und der Kaiserlichen Marine vom Feldwebel abwärts, vom 13. Juni 1895 (Reichs-Gesetzbl. S. 261) wird aufgehoben.

Sondereigentum.

181 **Einführungsgesetz** s. **E.G.** — E.G.

Sondernachfolger.

§ **Eigentum.**
1010 Miteigentum s. **Eigentum** — Eigentum.
Art.
131 **Einführungsgesetz** s. Gemeinschaft § 751.
§ **Erbe.**
2038 s. Gemeinschaft 746.
2042 s. **Gemeinschaft** — Gemeinschaft 751, 755.
2044 s. **Eigentum** — Eigentum 1010 s. Gemeinschaft 751.
Gemeinschaft.
746 Haben die Teilhaber die Verwaltung und Benutzung des gemeinschaftlichen Gegenstandes geregelt, so wirkt die getroffene Bestimmung auch für und gegen die S. 741.
751 Haben die Teilhaber das Recht, die Aufhebung der Gemeinschaft zu verlangen, für immer oder auf Zeit ausgeschlossen oder eine Kündigungsfrist bestimmt, so wirkt die Vereinbarung auch für und gegen die S. Hat ein Gläubiger die Pfändung des Anteils eines Teilhabers erwirkt, so kann er ohne Rücksicht auf die Vereinbarung die Aufhebung der Gemeinschaft verlangen, sofern der Schuldtitel nicht bloß vorläufig vollstreckbar ist. 741.
755 Der Anspruch eines Teilhabers, daß die gemeinschaftliche Schuld aus dem gemeinschaftlichen Gegenstande berichtigt wird, kann auch gegen die S.
§ geltend gemacht werden s. **Gemeinschaft** — Gemeinschaft.

Sonderrecht.

Art.
163 **Einführungsgesetz** s. **Verein** — Verein § 35.
§
35 **Verein** s. **Verein** — Verein.

Sonderung.

2300 **Erbvertrag** s. Testament 2273.
Testament.
2273 Bei der Eröffnung eines gemeinschaftlichen Testamentes sind die Verfügungen des überlebenden Ehegatten, soweit sie sich sondern lassen, weder zu verkünden, noch sonst zur Kenntnis der Beteiligten zu bringen. . . . . .

Sonntag

s. auch **Feiertag, Tag, Werktag.**
Frist.
193 Ist an einem bestimmten Tage oder innerhalb einer Frist eine Willenserklärung abzugeben oder eine Leistung zu bewirken und fällt der bestimmte Tag oder der letzte Tag der Frist auf einen S. oder einen am Erklärungs- oder Leistungsorte staatlich anerkannten a. Feiertag, so tritt an die Stelle des S. oder des Feiertags der nächstfolgende Werktag. 186.

Sorge.

1093 **Dienstbarkeit** s. **Niessbrauch** — Nießbrauch 1041.
Ehe.
1314 s. **Kind** — Verwandtschaft 1669.
1352 s. **Ehe** — Ehescheidung 1585.
Ehescheidung.
1585 S. der Frau für die Person eines gemeinschaftlichen Kindes nach der Ehescheidung s. **Ehe** — Ehescheidung.
Eigentum.
909 Ein Grundstück darf nicht in der Weise vertieft werden, daß der Boden

§ des Nachbargrundstücks die erforderliche Stütze verliert, es sei denn, daß für eine genügende anderweitige Befestigung gesorgt ist. 924.

Art. **Einführungsgesetz.**

135 s. **Kind** — Verwandtschaft § 1666, s. **Vormundschaft** — Vormundschaft § 1838.

140 s. **Erbe** — Erbe § 1960.

163 s. **Stiftung** — Stiftung § 87.

204, *206* s. **E.G.** — E.G.

§ **Erbe.**

1960 S. des Nachlaßgerichts für die Sicherung des Nachlasses s. **Erbe** — Erbe.

Nießbrauch.

1041 S. des Nießbrauchers für die Erhaltung der einem Nießbrauch unterliegenden Sache in ihrem wirtschaftlichen Bestande s. **Niessbrauch** — Nießbrauch.

1074 Der Nießbraucher einer Forderung hat für die ordnungsmäßige Einziehung derselben zu sorgen. . . . . 1068.

Pfandrecht.

1214 S. des Pfandgläubigers für die Gewinnung von Nutzungen aus dem Pfande s. **Pfandrecht** — Pfandrecht.

Pflichtteil.

2313 Der Erbe ist bei Feststellung des Wertes des Nachlasses dem Pflichtteilsberechtigten gegenüber verpflichtet, für die Feststellung eines ungewissen und für die Verfolgung eines unsicheren Rechtes zu sorgen, soweit es einer ordnungsmäßigen Verwaltung entspricht.

Stiftung.

87 S. dafür, daß die Erträge des Stiftungsvermögens dem Personenkreise, dem sie zu statten kommen sollten, im Sinne des Stifters thunlichst erhalten bleiben s. **Stiftung** — Stiftung.

Testament.

2223 Der Erblasser kann einen Testamentsvollstrecker auch zu dem Zwecke ernennen, daß dieser für die Ausführung der einem Vermächtnisnehmer auferlegten Beschwerungen sorgt.

Verwandtschaft.

1627—1637, 1648, 1656, 1666, 1673, 1676, 1682, 1686, 1696—1698 S. für die Person des:

a) ehelichen Kindes s. **Kind** — Verwandtschaft.

1702 b) Kindes aus nichtiger Ehe s. **Kind** — Verwandtschaft.

1707 c) unehelichen Kindes s. **Kind** — Verwandtschaft.

1738 d) für ehelich erklärten Kindes s. **Ehelichkeitserklärung** — Verwandtschaft.

1765 e) angenommenen Kindes s. **Kindesstatt** — Verwandtschaft.

1627—1630, 1638—1648, 1656, 1666 bis 1673, 1681—1683 S. für das Vermögen des Kindes s. **Kind** — Verwandtschaft.

Volljährigkeit.

4 Steht ein Minderjähriger unter elterlicher Gewalt, so ist außer der Einwilligung des Minderjährigen zur Volljährigkeitserklärung auch die Einwilligung des Gewalthabers erforderlich, es sei denn, daß diesem weder die S. für die Person noch die S. für das Vermögen des Kindes zusteht.

Vormundschaft.

1793, 1794, 1798, 1800, 1838, 1850 S. für die Person des:

a) minderjährigen Mündels s. **Vormundschaft** — Vormundschaft.

1901 b) volljährigen Mündels s. **Vormundschaft** — Vormundschaft.

1793, 1794, 1798, 1850 S. für das Vermögen des Mündels s. **Vormundschaft** — Vormundschaft.

1801 S. für die religiöse Erziehung des Mündels s. **Vormundschaft** — Vormundschaft.

1845 s. **Kind** — Verwandtschaft 1669.

§
1893 s. **Kind** — Verwandtschaft 1682, 1683.
1899, 1900 s. **Kind** — Verwandtschaft 1702.

Sorgfalt.

Ehe.

1359 S. bei der Erfüllung der sich aus dem ehelichen Verhältnis ergebenden Verpflichtungen s. **Ehe** — Ehe.

908 **Eigentum** s. **Handlung** — Handlung 836, 838.

Art.
95 **Einführungsgesetz** s. **Handlung** — Handlung § 831.

§ **Erbe.**

2028 S. bei der Erteilung der Auskunft über die Führung der erbschaftlichen Geschäfte und den Verbleib der Erbschaftsgegenstände s. **Erbe** — Erbe.

2057 s. **Leistung** — Leistung 260.

Gesellschaft.

708 S. bei der Erfüllung der Verpflichtungen eines Gesellschafters s. **Gesellschaft** — Gesellschaft.

Handlung.

831, 834, 836, 838 Die Verantwortlichkeit zum Schadensersatz wegen unerlaubter Handlungen tritt nicht ein, wenn die im Verkehr erforderliche S. beobachtet oder wenn der Schaden auch bei Anwendung dieser S. entstanden sein würde s. **Handlung** — Handlung.

Leihe.

605 Der Verleiher kann die Leihe kündigen . . . . wenn der Entleiher durch Vernachlässigung der ihm obliegenden S. die geliehene Sache erheblich gefährdet.

Leistung.

259 Verpflichtung zur Leistung des Offenbarungseides, wenn Grund zu der Annahme besteht:

a) daß die in einer Rechnung enthaltenen Angaben über die Einnahmen nicht mit der erforderlichen S. gemacht worden sind s. **Leistung** — Leistung.

§
260 b) daß das Verzeichnis eines Inbegriffs von Gegenständen nicht mit der erforderlichen S. aufgestellt worden ist s. **Leistung** — Leistung.

276 Fahrlässig handelt, wer die im Verkehr erforderliche S. außer Acht läßt. Die Vorschriften der §§ 827, 828 finden Anwendung.

277 Wer nur für diejenige S. einzustehen hat, welche er in eigenen Angelegenheiten anzuwenden pflegt, ist von der Haftung wegen grober Fahrlässigkeit nicht befreit.

Miete.

553 Der Vermieter einer Sache kann ohne Einhaltung einer Kündigungsfrist das Mietverhältnis kündigen, ... wenn der Mieter die Sache durch Vernachlässigung der ihm obliegenden S. erheblich gefährdet. 555.

2314 **Pflichtteil** s. **Leistung** — Leistung 260.

Testament.

2131 Der Vorerbe hat dem Nacherben gegenüber in Ansehung der Verwaltung der Erbschaft nur für diejenige S. einzustehen, welche er in eigenen Angelegenheiten anzuwenden pflegt. 2136.

Verwahrung.

690 Wird die Aufbewahrung einer Sache unentgeltlich übernommen, so hat der Verwahrer nur für diejenige S. einzustehen, welche er in eigenen Angelegenheiten anzuwenden pflegt.

Verwandtschaft.

1664 Der Vater hat bei der Ausübung der elterlichen Gewalt dem Kinde gegenüber nur für diejenige S. einzustehen, welche er in eigenen Angelegenheiten anzuwenden pflegt.

Sparkassen s. auch **Kasse, Krankenkassen, Staatskassen.**

Art.
99 **Einführungsgesetz** s. **E.G.** — E.G.

§ **Leistung.**

248 S. . . . . können im voraus vereinbaren, daß nicht erhobene Zinsen von Einlagen als neue verzinsliche Einlagen gelten sollen. . . . .

1642 **Verwandtschaft** s. Vormundschaft 1807.

Vormundschaft.

1807 Die im § 1806 vorgeschriebene Anlegung von Mündelgeld soll nur erfolgen:

1. . . . .

5. bei einer inländischen öffentlichen S., wenn sie von der zuständigen Behörde des Bundesstaats, in welchem sie ihren Sitz hat, zur Anlegung von Mündelgeld für geeignet erklärt ist. 1808—1811.

Spediteur.

Kauf.

447 Übergang der Gefahr auf den Käufer mit Auslieferung der verkauften Sache an den S. s. **Kauf** — Kauf.

644 **Werkvertrag** 651 s. **Kauf** — Kauf 447.

Speisen.

196 **Verjährung** s. **Verjährung** — Verjährung.

Spiel.

Spiel, Wette §§ 762—764.

762 Durch S. oder durch Wette wird eine Verbindlichkeit nicht begründet. Das auf Grund des S. oder der Wette Geleistete kann nicht deshalb zurückgefordert werden, weil eine Verbindlichkeit nicht bestanden hat.

Diese Vorschriften gelten auch für eine Vereinbarung, durch die der verlierende Teil zum Zwecke der Erfüllung einer S.- oder einer Wettschuld dem gewinnenden Teile gegenüber eine Verbindlichkeit eingeht, insbesondere für ein Schuldanerkenntnis. 763.

§

763 Ein Lotterievertrag oder ein Ausspielvertrag ist verbindlich, wenn die Lotterie oder die Ausspielung staatlich genehmigt ist. Anderenfalls finden die Vorschriften des § 762 Anwendung.

764 Wird ein auf Lieferung von Waren oder Wertpapieren lautender Vertrag in der Absicht geschlossen, daß der Unterschied zwischen dem vereinbarten Preise und dem Börsen- oder Marktpreise der Lieferungszeit von dem verlierenden Teile an den gewinnenden gezahlt werden soll, so ist der Vertrag als S. anzusehen. Dies gilt auch dann, wenn nur die Absicht des einen Teiles auf die Zahlung des Unterschieds gerichtet ist, der andere Teil aber diese Absicht kennt oder kennen muß.

Spielschuld.

762 **Spiel** s. **Spiel** — Spiel.

Sprache.

Art.

151 **Einführungsgesetz** s. **Erblasser** — Testament §§ 2240, 2244, 2245.

§

2276 **Erbvertrag** s. **Erblasser** — Testament 2240, 2244, 2245.

Testament.

2240 Über die Errichtung des Testaments muß ein Protokoll in deutscher S. aufgenommen werden. 2232, 2249, 2250.

2244, 2245 Errichtung eines Testaments durch einen Erblasser, der der deutschen S. nicht mächtig ist s. **Erblasser** — Testament.

Sprechen.

Art.

151 **Einführungsgesetz** s. **Erblasser** — Testament § 2243.

§

2276 **Erbvertrag** s. **Erblasser** — Testament 2243.

§ **Testament.**
2243 Errichtung eines Testaments durch einen Erblasser, der stumm oder sonst am S. verhindert ist s. **Erblasser** — Testament.

Staat s. auch **Bundesstaat.**

Art. **Einführungsgesetz.**
7, 9, 10, 13, 15, 17, 21—25, 27 bis *29, 31, 56, 77, 82, 86—88, 103, 114, 121, 126, 136* s. **E.G.** — E.G.
163 s. Verein §§ 33, 43, 44.

§ **Frist.**
193 Ist an einem bestimmten Tage oder innerhalb einer Frist eine Willenserklärung abzugeben oder eine Leistung zu bewirken und fällt der bestimmte Tag oder der letzte Tag der Frist auf einen Sonntag oder einen am Erklärungs- oder Leistungsorte staatlich anerkannten a. Feiertag, so tritt an die Stelle des Sonntags oder des Feiertags der nächstfolgende Werktag. 186.

Schuldverschreibung.
795 Staatliche Genehmigung einer im Inland ausgestellten Schuldverschreibung auf den Inhaber, in der die Zahlung einer bestimmten Geldsumme versprochen wird s. **Schuldverschreibung** — Schuldverschreibung.

Spiel.
763 Ein Lotterievertrag oder ein Ausspielvertrag ist verbindlich, wenn die Lotterie oder die Ausspielung staatlich genehmigt ist. Andernfalls finden die Vorschriften des § 762 Anwendung.

Stiftung.
80—84 Staatliche Genehmigung einer Stiftung s. **Stiftung** — Stiftung.
2101 **Testament** s. **Stiftung** — Stiftung 84.

Verein.
22 Ein Verein, dessen Zweck auf einen wirtschaftlichen Geschäftsbetrieb gerichtet ist, erlangt in Ermangelung besonderer reichsgesetzlicher Vorschriften Rechtsfähigkeit durch staatliche Verleihung. Die Verleihung steht dem Bundesst. zu, in dessen Gebiete der Verein seinen Sitz hat.
33 Beruht die Rechtsfähigkeit des Vereins auf staatlicher Verleihung, so ist zu jeder Änderung der Satzung staatliche Genehmigung oder, falls die Verleihung durch den Bundesrat erfolgt ist, die Genehmigung des Bundesrats erforderlich 40.
43 Einem Vereine, dessen Rechtsfähigkeit auf staatlicher Verleihung beruht, kann die Rechtsfähigkeit entzogen werden, wenn er einen anderen als den in der Satzung bestimmten Zweck verfolgt. 44, 74.
44 Beruht die Rechtsfähigkeit eines Vereins auf staatlicher Verleihung durch den Bundesrat, so erfolgt die Entziehung durch Beschluß des Bundesrats.

Staatsangehörigkeit.

Art. **Einführungsgesetz.**
41 G. über die Erwerbung und den Verlust der Bundes- und S. vom 1. Juni 1870 (Bundes-Gesetzbl. S. 355) s. **E.G.** — E.G.

Staatsbank s. auch **Bank.**

144 **Einführungsgesetz** s. **Vormundschaft** — Vormundschaft § 1808.

§
1642 **Verwandtschaft** s. **Vormundschaft** — Vormundschaft 1808.

Vormundschaft.
1808 Anlegung von Mündelgeld bei der Reichsbank, einer S. oder bei einer anderen Bank s. **Vormundschaft** — Vormundschaft.

Staatsgewalt.

Verwandtschaft.
1723 Ein uneheliches Kind kann auf An-

§ trag seines Vaters durch eine Verfügung der S. für ehelich erklärt werden. . . . . .

Staatskasse s. auch **Kasse.**

Verjährung.

196 In zwei Jahren verjähren die Ansprüche:

1. . . . . .

15. der Rechtsanwälte, Notare und Gerichtsvollzieher sowie aller Personen, die zur Besorgung gewisser Geschäfte öffentlich bestellt oder zugelassen sind, wegen ihrer Gebühren und Auslagen, soweit nicht diese zur S. fließen;

16. . . . . . 201.

Staatsschuldbuch s. auch **Schuldbuch.**

Art.

97 **Einführungsgesetz** *98* s. **E.G.** — E.G.

§ **Sicherheitsleistung.**

232 Wer Sicherheit zu leisten hat, kann dies bewirken

. . . . .

durch Verpfändung von Forderungen, die in das Reichsschuldbuch oder in das S. eines Bundesstaats eingetragen sind. 236.

. . . . .

1642 **Verwandtschaft** s. Vormundschaft 1807.

Vormundschaft.

1807 Die im § 1806 vorgeschriebene Anlegung von Mündelgeld soll nur erfolgen:

1. . . . . .

2. in verbrieften Forderungen gegen das Reich oder einen Bundesstaat sowie in Forderungen, die in das Reichsschuldbuch oder in das S. eines Bundesstaats eingetragen sind. 1808, 1810, 1811, 1813.

3. . . . . .

1853 Der Vater kann den von ihm benannten Vormund von der Verpflichtung entbinden, Inhaber- und Orderpapiere zu hinterlegen und den im § 1816 bezeichneten Vermerk in das Reichsschuldbuch oder das S. eintragen zu lassen. 1855, 1856, 1903, 1917.

Art. **Staatsschulden** s. auch **Schuld.**

98 **Einführungsgesetz** s. **E.G.** — E.G.

§ **Staatsverband.**

1308 **Ehe** s. **Vormundschaft** — Vormundschaft 1847.

1673 **Verwandtschaft** s. **Vormundschaft** — Vormundschaft 1847.

Vormundschaft.

1827 Anhörung des Mündels über seine Entlassung aus dem S. s. **Vormundschaft** — Vormundschaft.

1847 Anhörung der Verwandten oder Verschwägerten des Mündels über die Entlassung des Mündels aus dem S. s. **Vormundschaft** — Vormundschaft.

Staatsverträge s. auch **Vertrag.**

Art.

56 **Einführungsgesetz** s. **E.G.** — E.G.

§ **Stamm.**

1924 **Erbfolge** 1927 s. **Erbe** — Erbfolge.

Stammforderung.

1667 **Verwandtschaft** s. Vormundschaft 1820.

Vormundschaft.

1820 Sind Inhaberpapiere des Mündels nach § 1815 auf den Namen des Mündels umgeschrieben oder in Buchforderungen umgewandelt, so bedarf der Vormund auch zur Eingehung der Verpflichtung zu einer Verfügung über die sich aus der Umschreibung oder der Umwandlung ergebenden S. der Genehmigung des Vormundschaftsgerichts.

§ Das Gleiche gilt, wenn bei einer Buchforderung des Mündels der im § 1816 bezeichnete Vermerk eingetragen ist. 1812.

Art. **Stammgüter.**

59 **Einführungsgesetz** s. **E.G.** — E.G.

§ **Stammwert.**

Eigentum.

995 Zu den notwendigen Verwendungen im Sinne des § 994 gehören auch die Aufwendungen, die der Besitzer zur Bestreitung von Lasten der Sache macht. Für die Zeit, für welche dem Besitzer die Nutzungen verbleiben, sind ihm nur die Aufwendungen für solche außerordentliche Lasten zu ersetzen, die als auf den S. der Sache gelegt anzusehen sind. 1007.

Erbschaftskauf.

2379 Den Käufer einer Erbschaft treffen die von der Erbschaft zu entrichtenden Abgaben, sowie die außerordentlichen Lasten, welche als auf den S. der Erbschaftsgegenstände gelegt anzusehen sind. 2382.

§ **Güterrecht.**

1385 Der Mann ist bei g. Güterrecht der Frau gegenüber verpflichtet, für die Dauer der Verwaltung und Nutznießung am eingebrachten Gute zu tragen:

1. die der Frau obliegenden öffentlichen Lasten mit Ausschluß der auf dem Vorbehaltsgute ruhenden Lasten und der außerordentlichen Lasten, die als auf den S. des eingebrachten Gutes gelegt anzusehen sind;
2. . . . . . 1388, 1529.

1529 s. **Errungenschaftsgemeinschaft** — Güterrecht.

Nießbrauch.

1047 Verpflichtung des Nießbrauchers, für die Dauer des Nießbrauchs die auf der Sache ruhenden öffentlichen Lasten mit Ausschluß der außerordentlichen Lasten, die als auf den S. der Sache gelegt anzusehen sind, zu tragen s. **Niessbrauch** — Nießbrauch.

Testament.

2126 Der Vorerbe hat im Verhältnisse zu dem Nacherben nicht die außerordentlichen Lasten zu tragen, die als auf den S. der Erbschaftsgegenstände gelegt anzusehen sind. Auf diese Lasten finden die Vorschriften des § 2124 Abs. 2 Anwendung.

1654 **Verwandtschaft** s. Güterrecht 1385.

Stand.

Auftrag.

666 Auskunfterteilung des Beauftragten über den Stand des Geschäfts s. **Auftrag** — Auftrag.

997 **Eigentum** s. Leistung 258.

681 **Geschäftsführung** s. **Auftrag** — Auftrag 666.

Gesellschaft.

713 s. **Auftrag** — Auftrag 666.

716 Berechtigung des Gesellschafters, sich aus den Geschäftsbüchern und den Papieren der Gesellschaft eine Übersicht über den S. des Gesellschaftsvermögens anzufertigen s. **Gesellschaft** — Gesellschaft.

740 Der ausgeschiedene Gesellschafter kann am Schlusse jedes Geschäftsjahres Rechenschaft über die inzwischen beendigten Geschäfte, Auszahlung des ihm gebührenden Betrags und Auskunft über den S. der noch schwebenden Geschäfte verlangen.

Güterrecht.

1374 Der Mann hat bei g. Güterrecht das eingebrachte Gut ordnungsmäßig zu verwalten. Über den S. der Verwaltung hat er der Frau auf Verlangen Auskunft zu erteilen. 1525.

1525 s. **Errungenschaftsgemeinschaft** — Güterrecht.

§ gemeinschaft finden die Vorschriften der §§ 1475, 1476, des § 1477 Abs. 1 und der §§ 1479 bis 1481 Anwendung; an die S. des Mannes tritt der überlebende Ehegatte, an die S. der Frau treten die anteilsberechtigten Abkömmlinge. Die im § 1476 Abs. 2 Satz 2 bezeichnete Verpflichtung besteht nur für den überlebenden Ehegatten. 1518.

1525 f. **Errungenschaftsgemeinschaft** — Güterrecht.

Hypothek.

1180 An die S. der Forderung, für welche die Hypothek besteht, kann eine andere Forderung gesetzt werden f. **Hypothek** — Hypothek.

Kauf.

486 Die Gewährfrist beim Kauf eines Tieres kann durch Vertrag verlängert oder abgekürzt werden, die vereinbarte Frist tritt an die S. der g. Frist. 481.

487 Der Käufer eines Tieres kann nur Wandelung, nicht Minderung verlangen.

Die Wandelung kann auch in den Fällen der §§ 351 bis 353, insbesondere wenn das Tier geschlachtet ist, verlangt werden; an S. der Rückgewähr hat der Käufer den Wert des Tieres zu vergüten. Das gleiche gilt in anderen Fällen, in denen der Käufer infolge eines Umstandes, den er zu vertreten hat, insbesondere einer Verfügung über das Tier, außer stande ist, das Tier zurückzugewähren.

Ist vor der Vollziehung der Wandelung eine unwesentliche Verschlechterung des Tieres infolge eines von dem Käufer zu vertretenden Umstandes eingetreten, so hat der Käufer die Wertminderung zu vergüten.

Nutzungen hat der Käufer nur insoweit zu ersetzen, als er sie gezogen hat. 481, 492.

§ **Pfandrecht.**

1219 Der Versicherungserlös tritt an die S. des Pfandes f. **Pfandrecht** — Pfandrecht.

1266 Die Vorschriften der §§ 1205 bis 1257 finden insoweit keine Anwendung, als sich daraus, daß der Pfandgläubiger nicht den Besitz des Schiffes erlangt, Abweichungen ergeben. In dem Falle des § 1254 tritt an die S. des Anspruchs auf Rückgabe des Pfandes das Recht, die Aufhebung des Pfandrechts an dem Schiffe zu verlangen. 1259, 1272.

Pflichtteil.

2320 Wer an S. des Pflichtteilsberechtigten g. Erbe wird, hat im Verhältnisse zu Miterben die Pflichtteilslast und, wenn der Pflichtteilsberechtigte ein ihm zugewendetes Vermächtnis annimmt, das Vermächtnis in Höhe des erlangten Vorteils zu tragen.

Das Gleiche gilt im Zweifel von demjenigen, welchem der Erblasser den Erbteil des Pflichtteilsberechtigten durch Verfügung von Todeswegen zugewendet hat. 2323, 2324.

Schuldverhältnis.

398 Eine Forderung kann von dem Gläubiger durch Vertrag mit einem anderen auf diesen übertragen werden (Abtretung). Mit dem Abschlusse des Vertrages tritt der neue Gläubiger an die S. des bisherigen Gläubigers.

Testament.

2068 Hat der Erblasser seine Kinder ohne nähere Bestimmung bedacht und ist ein Kind vor der Errichtung des Testaments mit Hinterlassung von Abkömmlingen gestorben, so ist im Zweifel anzunehmen, daß die Abkömmlinge insoweit bedacht sind, als sie bei der g. Erbfolge an die S. des Kindes treten würden. 2091.

2069 Hat der Erblasser einen seiner Abkömmlinge bedacht und fällt dieser

§ beginnt mit der S. des Antrags auf Zahlungssperre f. **Schuldverschreibung** — Schuldverschreibung.

Sicherheitsleistung.

232 Kann Sicherheit nicht in anderer Weise geleistet werden, so ist die S. eines tauglichen Bürgen zulässig. 239.

Stiftung.

86 f. Verein 26, 42.

88 f. Verein 48.

Testament.

2204 f. Erbe 2053.

2229 Die Unfähigkeit eines Entmündigten zur Errichtung eines Testaments tritt schon mit der S. des Antrags ein, auf Grund dessen die Entmündigung erfolgt.

2230 Hat ein Entmündigter ein Testament errichtet, bevor der die Entmündigung aussprechende Beschluß unanfechtbar geworden ist, so steht die Entmündigung der Gültigkeit des Testaments nicht entgegen, wenn der Entmündigte noch vor dem Eintritte der Unanfechtbarkeit stirbt.

Das Gleiche gilt, wenn der Entmündigte nach der S. des Antrags auf Wiederaufhebung der Entmündigung ein Testament errichtet und die Entmündigung dem Antrage gemäß wieder aufgehoben wird.

Verein.

26 Der Vorstand eines Vereins hat die S. eines g. Vertreters . . . .

37 Die Mitgliederversammlung ist zu berufen, wenn der durch die Satzung bestimmte Teil oder in Ermangelung einer Bestimmung der zehnte Teil der Mitglieder die Berufung schriftlich unter Angabe des Zweckes und der Gründe verlangt.

Wird dem Verlangen nicht entsprochen, so kann das Amtsgericht, in dessen Bezirke der Verein seinen Sitz hat, die Mitglieder, welche das Verlangen gestellt haben, zur Berufung der Versammlung ermächtigen, und über die Führung des Vorsitzes in der Versammlung Bestimmung treffen. Auf die Ermächtigung muß bei der Berufung der Versammlung Bezug genommen werden.

42 Wird die S. des Antrags auf Konkurseröffnung über das Vermögen eines Vereins verzögert, so sind die Vorstandsmitglieder, denen ein Verschulden zur Last fällt, den Gläubigern für den daraus entstehenden Schaden verantwortlich; sie haften als Gesamtschuldner. 53.

48 Die Liquidatoren haben die rechtliche S. des Vorstandes eines Vereins, soweit sich nicht aus dem Zwecke der Liquidation ein anderes ergiebt.

. . . .

73 Sinkt die Zahl der Vereinsmitglieder unter drei herab, so hat das Amtsgericht auf Antrag des Vorstandes und, wenn der Antrag nicht binnen drei Monaten gestellt wird, von Amtswegen nach Anhörung des Vorstandes dem Vereine die Rechtsfähigkeit zu entziehen. . . . .

Verjährung.

202 f. **Erbe** — Erbe 2015.

209 Die Verjährung wird in gleicher Weise wie durch Klageerhebung unterbrochen:

1. . . . .

5. durch Vornahme einer Vollstreckungshandlung und soweit die Zwangsvollstreckung den Gerichten oder anderen Behörden zugewiesen ist, durch die S. des Antrags auf Zwangsvollstreckung. 220.

216 Die Unterbrechung der Verjährung durch Vornahme einer Vollstreckungshandlung gilt als nicht erfolgt, wenn die Vollstreckungsmaßregel auf Antrag des Berechtigten oder wegen Mangels der g. Voraussetzungen aufgehoben wird.

Die Unterbrechung durch S. des

Art. s. Stiftung §§ 85—88, s. Verein § 45.

§ **Erbe.**

2043 Die Auseinandersetzung unter Erben ist ausgeschlossen, solange die Entscheidung über die Genehmigung einer vom Erblasser errichteten S. noch aussteht. 2042.

Juristische Personen des öffentlichen Rechts.

89 Die Vorschrift des § 31 findet auf den Fiskus, sowie auf die Körperschaften, S. und Anstalten des öffentlichen Rechts entsprechende Anwendung.

Das Gleiche gilt, soweit bei Körperschaften, S. und Anstalten des öffentlichen Rechtes, der Konkurs zulässig ist, von der Vorschrift des § 42 Abs. 2.

Stiftung §§ 80—88.

80 Zur Entstehung einer rechtsmäßigen S. ist außer dem Stiftungsgeschäfte die Genehmigung des Bundesstaats erforderlich, in dessen Gebiete die S. ihren Sitz haben soll. Soll die S. ihren S. nicht in einem Bundesstaate haben, so ist die Genehmigung des Bundesrats erforderlich. Als Sitz der S. gilt, wenn nicht ein anderes bestimmt ist, der Ort, an welchem die Verwaltung geführt wird.

81 Das Stiftungsgeschäft unter Lebenden bedarf der schriftlichen Form.

Bis zur Erteilung der Genehmigung ist der Stifter zum Widerruf berechtigt. Ist die Genehmigung bei der zuständigen Behörde nachgesucht, so kann der Widerruf nur dieser gegenüber erklärt werden. Der Erbe des Stifters ist zum Widerruf nicht berechtigt, wenn der Stifter das Gesuch bei der zuständigen Behörde eingereicht oder im Falle der gerichtlichen oder notariellen Beurkundung des Stiftungsgeschäfts das Gericht oder

§ den Notar bei oder nach der Beurkundung mit der Einreichung betraut hat.

82 Wird die S. genehmigt, so ist der Stifter verpflichtet, das in dem Stiftungsgeschäfte zugesicherte Vermögen auf die S. zu übertragen. Rechte, zu deren Übertragung der Abtretungsvertrag genügt, gehen mit der Genehmigung auf die S. über, sofern nicht aus dem Stiftungsgeschäfte sich ein anderer Wille des Stifters ergiebt.

83 Besteht das Stiftungsgeschäft in einer Verfügung von Todeswegen, so hat das Nachlaßgericht die Genehmigung einzuholen, sofern sie nicht von dem Erben oder dem Testamentsvollstrecker nachgesucht wird.

84 Wird die S. erst nach dem Tode des Stifters genehmigt, so gilt sie für die Zuwendungen des Stifters als schon vor dessen Tode entstanden.

85 Die Verfassung einer S. wird, soweit sie nicht auf Reichs- oder L.G. beruht, durch das Stiftungsgeschäft bestimmt.

86 Die Vorschriften des § 26, des § 27 Abs. 3 und der §§ 28—31, 42 finden auf S. entsprechende Anwendung, die Vorschriften des § 27 Abs. 3 und des § 28 Abs. 1 jedoch nur insoweit, als sich nicht aus der Verfassung, insbesondere daraus, daß die Verwaltung der S. von einer öffentlichen Behörde geführt wird, ein anderes ergiebt. Die Vorschriften des § 28 Abs. 2 und des § 29 finden auf S., deren Verwaltung von einer öffentlichen Behörde geführt wird, keine Anwendung.

87 Ist die Erfüllung des Stiftungszwecks unmöglich geworden oder gefährdet sie das Gemeinwohl, so kann die zuständige Behörde der S. eine andere

§ **Verwandtschaft.**
1654 Verpflichtung des Vaters, die Kosten der Verteidigung des Kindes in einem gegen dasselbe gerichteten S. zu tragen f. **Kind** — Verwandtschaft.
1660 f. Güterrecht 1415.
1674 f. **Handlung** — Handlung 839.
1848 **Vormundschaft** f. **Handlung** — Handlung 839.

Strāucher.

Eigentum.
907, 910, 911, 923 f. **Eigentum** — Eigentum.
Art. **Einführungsgesetz.**
122 f. **Eigentum** — Eigentum §§ 910, 923.
124, *183* f. **E.G.** — E.G.

Streit f. **Streitigkeit.**

Streitgegenstand.

§ **Vollmacht.**
176 Zuständig für die Bewilligung der Veröffentlichung der Kraftloserklärung einer Vollmachtsurkunde ist sowohl das Amtsgericht, in dessen Bezirke der Vollmachtgeber seinen a. Gerichtsstand hat, als das Amtsgericht, welches für die Klage auf Rückgabe der Urkunde, abgesehen von dem Werte des S., zuständig sein würde. . . . . .

Streitigkeit.

Auslobung.
660 Streit über die Verteilung einer für die Vornahme einer Handlung ausgesetzten Belohnung f. **Auslobung** — Auslobung.
Art. *163* **Einführungsgesetz** f. Verein §§ 44, 52.
§ **Erbe.**
1986 Ist die Berichtigung einer Nachlaßverbindlichkeit zur Zeit nicht ausführbar oder ist eine Verbindlichkeit streitig, so darf die Ausantwortung des Nachlasses an die Erben nur erfolgen, wenn dem Gläubiger Sicherheit geleistet wird f. **Erbe** — Erbe.
2046 Aus dem Nachlasse sind bei der Auseinandersetzung zunächst die Nachlaßverbindlichkeiten zu berichtigen. Ist eine Nachlaßverbindlichkeit noch nicht fällig oder ist sie streitig, so ist das zur Berichtigung Erforderliche zurückzubehalten f. **Erbe** — Erbe.

Gesellschaft.
733 Ist eine Schuld der Gesellschafter noch nicht fällig oder ist sie streitig, so ist bei der Auseinandersetzung das zur Berichtigung Erforderliche zurückzubehalten. . . . . 731.

Güterrecht.
1475 Aus dem Gesamtgute der a. Gütergemeinschaft sind bei der Auseinandersetzung zunächst die Gesamtgutsverbindlichkeiten zu berichtigen. Ist eine Gesamtgutsverbindlichkeit noch nicht fällig oder ist sie streitig, so ist das zur Berichtigung Erforderliche zurückzubehalten. . . . . 1474, 1498, 1546.
1498 Auf die Auseinandersetzung in Ansehung des Gesamtguts der f. Gütergemeinschaft finden die Vorschriften der §§ 1475, 1476, des § 1477 Abs. 1 und der §§ 1479—1481 Anwendung. 1518.
1546 f. **Errungenschaftsgemeinschaft** — Güterrecht.

Leistung.
282 Ist streitig, ob die Unmöglichkeit der Leistung die Folge eines von dem Schuldner zu vertretenden Umstandes ist, so trifft die Beweislast den Schuldner.
88 **Stiftung** f. Verein 52.
2204 **Testament** f. **Erbe** — Erbe 2046.

Verein.
44 Die Zuständigkeit und das Verfahren

§ für die Entziehung der Rechtsfähigkeit eines Vereins bestimmen sich in den Fällen des § 43 nach den für streitige Verwaltungssachen geltenden Vorschriften der L.G. . . . .

52 Ist die Berichtigung einer Verbindlichkeit zur Zeit der Auflösung eines Vereins nicht ausführbar oder ist eine Verbindlichkeit streitig, so darf das Vermögen den Anfallberechtigten nur ausgeantwortet werden, wenn dem Gläubiger Sicherheit geleistet ist. 53.

Vergleich.

779 Vertrag, durch den der Streit oder die Ungewißheit der Parteien über ein Rechtsverhältnis im Wege gegenseitigen Nachgebens beseitigt wird (Vergleich) f. **Vergleich** — Vergleich.

Vormundschaft.

1822 Der Vormund bedarf der Genehmigung des Vormundschaftsgerichts:

1\. . . . .

12\. zu einem Vergleich oder einem Schiedsvertrag, es sei denn, daß der Gegenstand des Streites oder der Ungewißheit in Geld schätzbar ist und den Wert von dreihundert Mark nicht übersteigt;

13\. . . . . 1812.

1843 Die Ansprüche, die zwischen dem Vormund und dem Mündel bei der Rechnungslegung streitig bleiben, können schon vor der Beendigung des Vormundschaftsverhältnisses im Rechtswege geltend gemacht werden.

Streitverkündung.

941 **Eigentum** f. Verjährung 209.

Kauf.

478 . . . . . Hat der Käufer vor der Vollendung der Verjährung des Anspruchs auf Wandelung oder Minderung in einem zwischen ihm und einem späteren Erwerber der Sache wegen des Mangels anhängigen Rechtsstreit dem Verkäufer den Streit verkündet, so kann er auch nach der Vollendung der Verjährung die Zahlung des Kaufpreises insoweit verweigern, als er auf Grund der Wandelung oder der Minderung dazu berechtigt sein würde.

Hat der Verkäufer den Mangel der verkauften Sache arglistig verschwiegen, so bedarf es der Anzeige oder einer ihr nach Abs. 1 gleich stehenden Handlung nicht. 479—481.

485 Rechtsverlust des Käufers eines Tieres, wenn er nicht rechtzeitig dem Verkäufer den Streit verkündet f. **Kauf** — Kauf.

490 f. Verjährung 215.

Verjährung.

209 Die Verjährung wird in gleicher Weise wie durch Klageerhebung unterbrochen:

1\. . . . . .

4\. durch die S. in dem Prozesse, von dessen Ausgange der Anspruch abhängt;

5\. . . . . 220.

215 Die Unterbrechung der Verjährung durch Geltendmachung der Aufrechnung im Prozeß oder durch S. dauert fort, bis der Prozeß rechtskräftig entschieden oder anderweit erledigt ist; die Vorschriften des § 211 Abs. 2 finden Anwendung.

Die Unterbrechung gilt als nicht erfolgt, wenn nicht binnen sechs Monaten nach der Beendigung des Prozesses Klage auf Befriedigung oder Feststellung des Anspruchs erhoben wird. Auf diese Frist finden die Vorschriften der §§ 203, 206, 207 entsprechende Anwendung. 220.

639 **Werkvertrag** 651 f. Kauf 478.

Stummsein.

Art. **Einführungsgesetz.**

151 f. **Erblasser** — Testament § 2243.

210 f. **Pflegschaft** — Vormundschaft § 1910.

Empfehlenswerte Werke aus dem Verlag von Otto Dreyer, Berlin W.

Aussprüche aus den Dramen Shakspeares.

(der deutsche Text steht dem englischen gegenüber)

von E. Jacobi.

5½ Bogen 8vo. Preis brochirt Mark 1.—

Im Schaufenster gewesene Exemplare 0,50 Mark.

120 Schachprobleme

von

Samuel Loyd in New-York

gesammelt von Rechtsanwalt

Max Weiss, Bamberg.

Preis nur 2 Mark, elegant gebunden 3 Mark.

Berliner Schachlieder

gesammelt und herausgegeben

von der

Berliner Schachgesellschaft

Preis: **0,75 Mark.**

Mit Unterstützung sangesfreudiger Schachfreunde ist hier eine Sammlung allerliebster nach bekannten Melodien verfasster Dichtungen zusammen gekommen, welche in ihrer Gesamtheit dazu beitragen, die edle Kunst des Schachspiels zu verherrlichen und ihr immer neue Freunde zuzuführen. — Jeder aktive wie auch inaktive Freund des edlen Schach sollte deshalb nicht verfehlen, bei Gelegenheit geselliger Zusammenkünfte sein „Kommersbuch" zur Hand zu nehmen.

Sämtliche Werke sind durch den Verlag: Berlin W. 57, Kurfürsten-Strasse 19, direct, wie auch durch jede Buchhandlung zu beziehen.

Empfehlenswerte Werke aus dem Verlag von Otto Dreyer, Berlin W.

Der geschulte Kaufmann

Dritte verbesserte Auflage.

Eine Anleitung für den praktischen Geschäftsmann von

Albert Seldis.

Brochirt 20 Bogen gross 8vo.) Preis Mk. 1,50, gebund. Mk. 2,50.

Im Schaufenster gewesene Exemplare 75 Pf.

Inhaltsverzeichniss.

Praktischer Theil.

Praxis des Geschäfts. — Sammle Menschen- und Waarenkenntniss. — Der Ruf mit seinen wohlthätigen, der Verruf mit seinen nachtheiligen Folgen. — Auf welche Weise ist ein guter Ruf zu erlangen? — Täuschung im Geschäft. — Das moderne Raubsystem. — Concurrenz. — Käufer im Laden oder im Geschäft. — Ein neuer Artikel, eine neue Erfindung. — Die verschiedenen Zeitperioden. — Das Annoncen-System. — Rohstoffe, Fabrikate. — Das Creditnehmen von Waaren. — Das Creditgeben von Waaren. — Die Corruption. — Muth, Talent, Unternehmungsgeist und Geistesgegenwart. — Nationalitäten. — Sitten. — Der tüchtige Geschäftsmann. — Rothschild. — David Ricardo. — Stephan Gérard. — Nicolas Longworth. — John Fredleys. — Der Kaufmann auf Reisen. — Die Familie und deren Verbindungen. — Letzter Wille eines Kaufmanns. — Der Umgang. — Der Privatumgang. — Der Handlungslehrling. — Lebensperioden. — Die Jugend. — Das Alter. — Erkundigung. — Vortheile und Nachtheile einer grossen Stadt. — Vortheile und Nachtheile einer kleinen Stadt. — Die Haushaltung. — Wichtigkeit der Gesundheit. — Erhaltung der Gesundheit. — Die Pflege der Gesundheit. — Vergleich zwischen einem genügsamen, enthaltsamen, zufriedenen, häuslichen Menschen und einem Diener des Luxus, des Aufwandes, der Schwelgerei. — Religiöse Gesinnung. — Politische Gesinnung.

Theoretischer Theil.

Der Ehrtrieb. — Der Nachahmungstrieb. — Der Spieltrieb. — Der Wissenstrieb. — Der Arbeitstrieb. — Der Veränderungstrieb. — Der Gesellschafts- oder Geselligkeitstrieb. — Der Selbsterhaltungstrieb. — Was versteht man unter Conjunktur. — Dienende und arbeitende Klassen. — Lebensklugheit. — Schein. — Täuschung. — Der Wahn. — Irrthum. — Erkenntniss. — Urtheilsvermögen, Urtheilskraft. — Bürgschaft. — Kaufmännische Bildung — Menschenkenntniss. — Charakter. — Achtung. — Stolz. — Ehrsucht. — Herrschsucht. — Habsucht. — Die Gewohnheit. — Causalität. — Vergnügungen. — Popularität. — Styl. — Unterricht. — Wartung, Disziplin, Zucht. — Hoffnung und Furcht. — Interesse. — Verstand. — Vernunft. — Reichthum, Armuth. — Glück, Unglück.

Sämtliche Werke sind durch den Verlag: Berlin W. 57, Kurfürsten-Strasse 19, direct, wie auch durch jede Buchhandlung zu beziehen.

Empfehlenswerte Werke aus dem Verlag von Otto Dreyer, Berlin W.

Das grosse Glück der Gemüthsruhe.

12 B . 2.50.

Di verlangt keinen der Bequemlic t untergraben d, vom Wahn-I von der Langen igen, ist das letz n, wie es in diese gründet ist.

In alben Jahrhundert kaufmä ge Kaufmann den Tag ü expedirt und nach den v so kann er sich in seinen sich durch obiges Buch kehrs einzuführen. Dassel Ereignissen im Geschäfts d sowohl als das Gemüt

Wand chalpen

24 Bog ; Mk. 2.

»W ch den Normann in frisch und anschaulich ges hes den Alpenfreunden und Italienreisenden reiche Anregung gewähren und manchen nützlichen Wink geben wird. Wir können das elegant ausgestattete Buch angelegentlich empfehlen.

University of Toronto Library

DO NOT REMOVE THE CARD FROM THIS POCKET

Acme Library Card Pocket
Under Pat. "Ref. Index File"
Made by LIBRARY BUREAU

Sämtliche Werke sind durch den Verlag: Berlin W. 57, Kurfürsten-Strasse 19, direct, wie auch durch jede Buchhandlung zu beziehen.

Lightning Source UK Ltd.
Milton Keynes UK
UKHW010811110119
335238UK00010B/1079/P

9 780331 102833